2024학년도 중등임용 전문상담교사 대비

콕콕! 적중! 정혜영의
전문상담이론

3

정혜영 편저

이 책의 특징

- 2005~2023학년도 기출문제 전 영역 반영
- 2005~2023학년도 기출문제 년도 제시 및 최신 기출문제 수록
- 한국교육과정평가원의 "평가영역 및 평가내용 요소"기준을 따른 교과 내용
- 내용 중요도에 따른 색깔 맞춤 표시
- 강의 수강시 워크북, 형성평가 문제 및 답안, 기말고사 문제 및 해설 제공

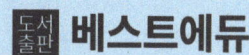

머리말

이 교재는 전문상담교사 임용고시를 준비하는 수험생들을 위해 만들어진 서적입니다. 그러므로 이 교재는 임용고시 시험을 잘 칠 수 있도록 내용과 형식이 구성되어 있습니다. 교재 특성 및 시험을 치기 위해 교재를 활용하는 방법은 다음과 같습니다.

첫째, 기출년도가 표시되어 있습니다. 그러므로 이론을 공부하시면서 최근 기출된 내용부터 자주 기출된 내용, 기출이 되었으나 오랫동안 출제되지 않았던 내용이 무엇인지 확인 가능합니다.

둘째, 기출된 적이 있는 이론 내용은 붉은색으로 표시가 되어 있습니다. 그러므로 시각적으로 기출영역을 확인할 수 있어 손쉽게 기출내용을 확인이 가능합니다. 이를 통해 변별력 있게 교재에 수록된 이론 및 개념들을 공부할 수 있습니다.

셋째, 기출된 적이 없으나 중요한 이론 내용은 파란색으로 표시가 되어 있습니다. 파란색으로 표시된 내용은 기출된 적은 없지만, 기출된 내용과 관련성이 있어 꼭 공부를 해둬야 하는 내용이거나, 이론 특성상 중요하다고 언급되거나 전문상담 임용고시 특성상 중요하게 공부를 해둬야 하는 내용에 해당합니다. 이를 통해 중요도 변별이 가능하므로 교재 내용을 중요도 우선순위에 따라 선택적으로 공부를 할 수 있습니다. 즉 본인의 학습에 있어 학습의 범위와 양을 계획할 수 있습니다.

넷째, 각 이론 내용 파트별 최근 기출문제가 수록되어 있습니다. 이를 통해 최근 기출문제 유형을 직접 확인이 가능하며, 이론 내용을 기출문제를 적용하여 정리할 수 있는 기회가 주어집니다. 또한, 최근 기출문제의 난이도를 동시에 확인할 수가 있어 본인의 학습에 있어 학습의 깊이를 계획할 수 있습니다.

다섯째, 풍부한 사례들이 제시되어 있습니다. 임용고시 시험 문제 자체가 95% 이상 사례로 출제가 되고 있어 개념들을 단순히 이해하는 것이 아니라 사례에 적용하는 것까지 연습이 되어야 합니다. 되도록 사례들을 통해 개념을 함께 이해할 수 있도록 내용을 구성하였으므로 개념들을 구체적으로 이해하기가 용이합니다.

여섯째, 임용고시 출제 영역인 교과평가 영역 범위를 충족시킬 수 있도록 내용을 수록하였으며, 기출영역과 관련된 이론 내용 및 최신 이론들까지 교재에 모두 포함이 되어 있습니다. 이로 인해 매년 교재 안에서 문제가 출제되는 비율이 95% 이상을 나타내고 있어 임용고시 합격을 보장하는 가장 신뢰할 수 있는 도구가 되고 있습니다. 그러므로 본 교재를 여러 번 회독하는 것만으로도 시험 합격에 큰 도움이 됩니다.

일곱째, 핵심구조화 지도가 함께 출간되어 본교재의 방대한 내용을 간략하게 정리하여 공부할 수 있도록 돕고 있습니다. 공부한 내용을 한눈에 지도처럼 볼 수 있게 하여 암기에 효율성을 높이는 부교재가 핵심구조화 지도입니다. 또한 강의 수강시 컬러본 요약노트가 제공되며, 워크북과 형성평가, 기말고사 등 각종 공부자료들이 제공이 됩니다. 이처럼 본교재와 핵심구조화 지도 부교재, 그리고 제공되는 자료들을 목적에 맞게 활용하면 공부과정을 탁월하게 도울 수 있습니다. 교재와 부교재, 제공되는 자료들을 연계하여, 공부계획을 세우는 것을 권장합니다.

최근 매년 전공시험 출제 경향이 바뀌고 있습니다. 그 결과 매년 학습의 방향을 잡기가 어려워지고 있습니다. 그러나 합격을 위한 원칙적인 학습 방향은 언제나 동일하고, 그 학습 방향을 충실히 지켜 공부할 경우, 어떠한 출제 경향에도 대비 가능합니다. 즉 '이론의 영역은 넓게, 이론의 내용은 깊고 상세하게' 공부하는 것입니다. 이론의 영역을 넓게 공부를 해두면 어떠한 새로운 영역에서 문제가 출제되어도 대비 가능합니다. 이론의 내용을 깊고 상세하게 공부를 해두면 어떠한 어려운 문제 유형에도 대비 가능합니다. 그 두 방향의 학습이 가능하도록 보다 넓게 이론들을 수록하고 보다 상세하게 개념들을 정리한 교재입니다. 이 교재를 통해 임용고시 시험을 준비하고 계시는 선생님들의 목표가 성취될 수 있기를 소망합니다.

정혜영 드림

콕콕!! 적중!
정혜영의 전문상담이론 III

PART I 집단상담

1. 집단상담의 정의와 유형/형태 ········· 10
2. 집단상담의 기초개념 ············· 18
3. 집단상담자 ················· 23
4. 집단원 ··················· 35
5. 집단의 치료적 요인 ············· 45
6. 집단상담의 윤리 ··············· 61
7. 서스만의 상담 및 심리교육 프로그램 개발과 평가 ········ 73
8. 집단상담의 발달 단계 ············ 78
9. 집단상담의 치료적 기법 ··········· 105
10. 어빈 얄롬과 몰린 레스츠의 집단정신치료 ········ 118
11. 정신분석에 근거한 집단상담 ········ 125
12. T집단, 참만남집단, 감수성훈련집단 ······· 128

PART II 진로상담

1. 진로의 개념 ················ 138
2. 진로상담의 필요성 ············· 140
3. 진로상담의 목표와 내용 ·········· 141
4. 파슨스의 특성-요인 이론 ·········· 145
5. 보딘의 정신역동적 진로상담 ········ 154
6. 굿스타인의 행동주의적 진로상담 ······ 158

CONTENTS

7 로의 욕구이론 ··· 160
8 홀랜드의 인성이론 ·· 165
9 크럼볼츠의 사회학습 이론 ······································ 172
10 다위스와 로프퀴스트의 직업적응 이론 ···················· 182
11 블라우 등의 사회학적 이론 ··································· 190
12 긴즈버그의 발달이론 ·· 192
13 수퍼의 발달이론 ··· 195
14 타이드만과 오하라의 발달이론 ······························ 208
15 투크만의 발달이론 ··· 211
16 고프레션의 직업포부 발달이론 ······························ 213
17 인지적 정보처리 이론 ··· 221
18 사회인지진로이론 ·· 229
19 가치중심적 진로접근 모델 ····································· 237
20 진로발달이론의 진화 ·· 239
21 코크란의 내러티브 진로상담 ································· 244
22 진로 의사결정 모델 ·· 251
23 진로상담의 대안이론 ·· 261
24 진로상담 과정 ·· 269
25 진로상담의 기법 ··· 276
26 진로상담 영역 ·· 284
27 진로 관련 검사 ··· 288
28 직업 정보의 개념과 활용 ······································ 301
29 진로정보 자료 ·· 307

PART III 아동 심리학

1. 발달의 기본 개념 ········· 322
2. 신체 및 신경계의 발달과 특성 ········· 328
3. 인지발달과 심리 ········· 344
4. 언어발달 ········· 361
5. 사회인지 발달 ········· 368
6. 사회성 발달과 심리 ········· 382
7. 발달이상 ········· 409

PART IV 청소년 심리학

1. 청소년기 발달 ········· 412
2. 발달 이론과 맥락적 환경 ········· 429
3. 학업 문제 ········· 450
4. 대인관계 문제 ········· 457
5. 청소년 비행 ········· 469
6. 학교중퇴 ········· 487
7. 청소년 가출 ········· 492

CONTENTS

PART V 상담실습 및 심리치료
(학교 상담현장 특성 및 대처)

1. 학교 상담의 기본 개념 …………………………… 502
2. 청소년 지원 체제 ………………………………… 507
3. 종합적 학교상담 모형(미국) …………………… 515
4. 종합적 학교상담 프로그램 ……………………… 521
5. 전문상담교사의 역할 …………………………… 531
6. 학교에서 심리치료 활용1: 학교폭력 ………… 537
7. 학교에서 심리치료 활용2: 성폭력 …………… 558
8. 학교에서 심리치료 활용3: 인터넷 중독 ……… 581
9. 학교에서 심리치료 활용4: 급식 및 섭식 장애 … 591
10. 학교에서 심리치료 활용5: 자살문제 이해와 심리치료 … 599
11. 학교에서 심리치료 활용6: 자해문제의 이해와 심리치료 … 615
12. 다양한 치료방법1: 사이버 상담 ……………… 619
13. 다양한 치료방법2: 미술치료 ………………… 624
14. 다양한 치료방법3: 놀이치료 ………………… 630

콕콕!! 적중! 정혜영의 전문상담이론 III

PART I. 집단상담

1. 집단상담의 정의와 유형/형태
2. 집단상담의 기초개념
3. 집단상담자
4. 집단원
5. 집단의 치료적 요인
6. 집단상담의 윤리
7. 서스만의 상담 및 심리교육 프로그램 개발과 평가
8. 집단상담의 발달 단계
9. 집단상담의 치료적 기법
10. 어빈 얄롬과 몰린 레스츠의 집단정신치료
11. 정신분석에 근거한 집단상담
12. T집단, 참만남집단, 감수성훈련집단

1 집단상담의 정의와 유형/형태

1 집단의 정의

집단(group)이란 상호 의존적인 관계에서 사회적 상호작용을 통해 서로 영향을 주고받는 2인 이상의 상호 독립적인 개인들의 집합체를 말한다. '그룹' 혹은 '모둠'이라고도 한다.

2 건강하고 의미있는 집단의 조건

1 심리적 유의성

집단이 구성원 개개인에게 의미있게 작용하기 위해서는 자율적이고 독립적인 생활을 영위할 수 있을 정도의 지적 수준과 정신상태, 기본적인 위생관리를 할 수 있는 역량 등 자기지도 능력을 갖춘 사람들로 구성되어야 한다.

2 직접적 의사소통

효과적인 의사소통이 이루어지기 위해서는 다른 사람들을 거치지 않고 당사자들 간의 면대면 상태에서 언어 및 비언어 메시지를 주고받아야 한다.

3 유의한 상호작용

구성원들이 의미있는 상호작용을 하기 위해서는 구성원들 간에 공유된 정체감, 즉 '우리라는 집단의식(we-ness)'이 있어서 구분된 전체에 속한다는 느낌을 지닐 수 있어야 한다.

4 역동적 상호관계

구성원들끼리 힘과 에너지를 교류하고 형성하여 서로 영향을 주고받는 상태가 되기 위해서는 구성원들의 행동을 조절하는 일련의 가치관이나 규범이 집단구조에서 설정되어야 하고, 집단원 개개인이 자신의 집단적 위치와 역할에 대한 명확한 인식을 하는 것이 바람직하다. 이때 신뢰를 바탕으로 자발적이고 적극적인 태도로 집단활동에 참여하면서 구성원들의 참여 수준과 응집력은 높아지고 집단의 목표를 성취하는 원동력이 된다.

5 생산적 상호의존

독립성이 발달되기 전에 습득해야 하는 필수적인 과업인 상호의존성은 다른 사람과 도움을 주고받을 줄 알아야 하는 것인데, 그러기 위해서는 집단 참여를 통해 의사결정, 문제해결, 잠재력 개발 혹은 변화, 성장 등과 같은 생산적인 성과가 있어야 한다.

3 집단의 유형

집단의 유형은 목표, 집단원들의 관심사, 상담자의 기법과 역할, 집단의 주제 등에 따라 다양하게 나뉜다. 집단상담자는 운영하고자 하는 집단의 목적 명확하게 설정하는 것은 물론 그 목적을 성취하기 위한 방법을 잘 알고 있어야 한다. 어떤 집단이든 집단역동을 활용하고 집단과정이 독특하다는 공통점이 있다.

학자별 집단의 유형

학자명	연도	집단의 유형
Toseland & Rivas	2001	처치집단, 지지집단, 교육집단, 성장집단, 치료집단, 사회화집단, 과업집단
Gladding	2003	집단지도, 집단상담, 집단 심리치료
Trotzfey	2006	생활지도·생활기술 집단, 상담집단, 심리치료집단, 지지·자조집단, 자문집단, 성장집단
Jacobs, Masson, Harvill & Schimmel	2012	교육집단, 토론집단, 과업집단, 성장경험집단, 상담·치료집단, 지지집단, 자조집단

1 상담집단(Counseling Group)

덜 구조화되어 있으며, 집단에서 논의되는 내용은 정의적이고 개인적인 것이다. 상담자의 주된 역할은 집단 구성원들이 사적인 문제들을 편안하게 나눌 수 있는 안전하고 확신적인 분위기를 만드는 것이다.

정의	개인적·교육적·사회적·직업적 문제에 초점을 맞추며, 치료적·예방적·교육적 목표 달성을 위해 집단역동과 과정을 활용하는 집단을 말한다.
리더	'집단상담자' 또는 '그룹 카운슬러(group counselor)'라고 한다.
목표	치료적 목표 외에도 예방과 교육적인 목표로 상담함. 심리사회적 측면에서, 성, 이혼 및 재혼, 직업, 학업, 종교, 부모 역할, 인간 내면의 심리적 특성 등 수많은 사회적 쟁점을 나눔. 또한 대인관계문제, 자기이해증진, 부적응행동 극복 등을 목표로 한다.
특징	(1) 실행 지향적 접근을 한다. (2) 비교적 잘 기능한 구성원들에 의해 집단의 초점이 결정된다. (3) 발달과업이나 스트레스 대처방안 탐색과 관련된 문제에 초점을 맞춘다. (4) 비교적 짧은 기간에 해결가능한 문제와 의식적인 내용에 초점을 맞춘다. (5) 집단원의 사고, 감정, 행동을 강조함으로써 대인관계 기술 및 문제해결 전략 강구 (6) 개인의 내적 자원을 발견하고, 발달 저해요소를 건설적인 방향으로 변화시키는 데 초점 (7) 보통 4~12명 정도로 구성된 소집단 경험을 중심으로 진행된다(치료집단과 동일). (8) 심각한 심리행동장애 치료에는 관심을 두지 않는다(치료집단의 몫).

2 치료집단(therapy group) 2013 기출

치료를 목적으로 사용되는 집단. 집단치료(group therapy)는 대개 '정상적으로' 기능할 수 없는 사람을 대상으로 하므로 상담집단보다 장기간이 필요하며 지도자도 더 훈련받고 전문적인 기술을 가지고 있어야 한다.

정의	우울, 분노, 불안, 공포, 심리신체증상 등에서 상담집단에 비해 더 심각한 정도의 정서행동 문제나 정신장애를 치료하기 위한 목적으로 구성되어 입원이나 외래의 형태로 이루어지는 집단
리더	집단치료자
목표	치료적 목표 및 대인관계문제, 자기이해증진, 부적응행동 극복 등 다양함
주요대상	(1) 정신장애로 정신건강 관련 기관에 수용된 십대 청소년 (2) 성 학대를 당했던 사람 (3) 섭식장애 혹은 기타 물질중독 및 남용 증상이 있는 사람 (4) 만성 불안, 공포 또는 공황발작으로 고통을 겪고 있는 사람 (5) 인재, 자연재해, 참전 등으로 외상후스트레스장애로 진단받은 사람
특징	(1) 상담집단에 비해 구성원들 대부분이 자신의 문제를 해결하거나 다른 사람을 도울 능력이 상대적으로 부족하다. (2) 집단상담자와 마찬가지로 집단치료자는 상담 및 심리치료 이론들에 관한 지식을 비롯하여 심리치료에 관한 지식과 임상 경험을 고루 갖추어야 한다.
차별되는 치료법	(1) 무의식적 요소와 과거사, 성격의 재구성에 초점을 맞추어 치료를 함 (2) 초기경험으로 퇴행을 유도하는 기법, 무의식적 역동을 다루는 기법, 정화를 위한 외상적 상황의 재경험을 하도록 돕는 방법, 꿈 탐색, 저항해석, 전이 다루기, 미해결과제에서 새로운 관점 개발하기 등

3 성장집단 2009, 2012, 2013 기출

건강하고 잘 기능하고 있는 사람들에게 자기인식과 대인관계에 있어서 자신의 잠재력을 탐색하고 실험할 기회를 제공하는 집단. 주로 신뢰, 개방, 공유, 모험적인 행동 등으로부터 길러지는 집중적이고 개인적이고 친밀한 경험이 참여자들에게 제공된다.

정의	개인의 자아인식을 확장하고 자신의 잠재력을 개발하고 싶어하는 사람들의 성장과 발달을 촉진하기 위해 구성되는 집단이 성장 집단(Growth Group)이다.
리더	'집단상담자', '집단리더', '촉진자'로 불린다.
목표	생활방식의 변화, 가치관 명료화, 자신과 타인의 감정인식, 생산적인 태도 형성, 대인 간 의사소통 증진, 대인관계 형성 및 유지 능력 향상
특징	(1) 원리상 구성원이 안정된 분위기 속에서 집단의 치료적 요소를 경험하도록 하여, 자기자신을 정직하게 평가하여 자신의 참모습을 깨닫게 하는 한편, 사고, 감정, 행동의 변화를 꾀하게 함으로써 궁극적으로 **인간적 성장을 실현**하도록 한다. (2) 스스로를 작은 세계에 가두어버리는 사람들에게 참여자 스스로 환경을 선택하게 함으로써 더 넓은 세상으로 나아가 부단히 성장과 발전을 할 수 있도록 돕는다. (3) 주로 구성원들이 삶에서 겪게 되는 개인적 관심사와 문제 및 갈등 등 발달상의 문제에 대한 집중적인 체험 기회를 제공한다.(경험적/체험적 접근) (4) 참여하는 사람들은 **솔직한 나눔**과 **경청**을 통해서 자신과 다른 구성원들의 지각을 비교하여 어떤 정보가 자신에게 적합한 것인지를 선별하여 취한다.
집단 유형	(1) 훈련집단: 참여자들이 대인관계에서 감성/민감성(sensibility)을 높이는 한편, 인간관계 기술을 신장시키기 위해 고안된 집단. '감수성훈련집단 혹은 실험훈련집단으로도 불리며, 줄여서 'T-집단' 또는 'T-그룹'이라고 한다. (2) 참만남 집단: 칼 로저스가 주도한 집단의 형태로서 모든 장면에서 성장할 수 있는 기회를 제공하기 위한 훈련 형태에서 발전된 집단이다. 원어대로 '엔카운터 그룹(Encounter Group)'으로도 불리는데, 구성원들의 사회적 기술 개발보다는 주로 일치성(genuineness)과 진정성(authenticity) 신장에 목표를 두고 있다. 리더는 구성원들이 진솔한 자세로 서로의 내면을 개방하여 자신의 생각과 감정을 솔직하게 표현하는 상호작용을 촉진할 수 있게 하는 역할을 담당한다. (3) 마라톤 집단: 며칠 동안 잇단 회기를 열어 참여자들의 방어를 감소시키고 더 밀도있는 친밀감을 창출하여 집중적이고 심화된 상호작용을 유도함으로써 인간적 성장을 꾀하기 위한 집단이다.

4 교육집단(심리교육집단/가이던스) 2012 기출

교육적, 직업적, 사회적 정보와 같은 학생의 개인적 요구나 관심사에 적절한 정보를 제공하는 데 사용된다. 지도집단은 비교적 구조적이며, 논의될 주제가 일반적으로 집단 지도자에 의해서 선정된다는 특성을 가지고 있다. 또한 심리적 장애를 치료하는 것보다는 문제의 예방에 주로 관심을 둔다.

정의	치료적 측면보다는 주로 정의적·인지적 측면의 정신건강 교육과 이와 관련된 다양한 주제에 대한 정보를 제공하기 위해 구성되는 집단
리더	주관하는 기관의 성격에 따라 '집단상담자', '집단리더', '교육자', '강사'로 불린다.
주요 주제	진학지도, 학습방법, 성교육, 이성교제, 학교폭력·집단 괴롭힘, 교우관계, 진로의식·진로탐색·진로 의사결정, 문제 해결 기술, 의사소통 기술, 스트레스 관리, 대인관계 기술, 의사결정 기술, 다양성·다문화 교육, 흡연·음주 등 물질 오남용 등
특징	(1) 성병이나 에이즈 등 잠재적 위협, 진학과 결혼 등 발달적 인생사건, 실직과 주위사람의 죽음 등 급박한 삶의 위기 등에 대한 교육 및 심리적 동요를 예방할 목적으로 일반적으로 이루어진다. (2) 교육집단의 리더는 참여자들의 학습효과를 극대화하기 위해 참여자들이 필요로 하는 정보를 제공하면서 그들 간의 상호작용을 촉진시킴으로써 교육자와 촉진자 역할을 동시에 수행한다. (3) 교육집단의 일반적인 절차는 우선 리더가 강의나 발표 형식으로 참여자들에게 필요한 정보를 제공한 다음, 발표 내용과 정보 및 자료에 대해 질문을 받고, 각자의 소감을 나누면서 주제와 관련된 토의를 한다. (4) 그 사례로 고입·대입 수험생 학부모를 위한 교육, 자녀와의 효과적인 의사소통을 위한 부모교육, 알코올을 비롯한 물질오남용의 위험성에 관한 교육, 학대 혐의자 교육, 음주운전자의 안전교육 등을 들 수 있다.

5 과업집단(task team) 2013 기출

기업체나 산업체의 하위 부서나 구성원들 사이에서 가치관의 차이와 사회규범의 불일치 등이 문제를 일으킬 때 이러한 역동이 직원들의 의사소통 능력, 업무 만족도, 동기 수준, 생산성을 크게 약화시키게 된다. 또한 직원들 간에 심리적 갈등, 하위집단 형성, 성희롱, 성폭력 같은 문제가 야기되기도 한다. 이러한 문제점을 해결 또는 예방하기 위해 구성된 집단

정의	특정 과업을 완수하기 위한 목적으로 구성되는 집단
리더	보통 '리더' 혹은 '팀장', 자문과 관련된 경우 '컨설턴트(consultant)'로 불린다.
목표	조직 내 구성원들의 갈등이 생기거나 과업을 수행하기 어려워하는 부서가 생겨날 경우 기관과 집단원들의 역동 변화를 통해 갈등 조정 및 해소 또는 문제 발생 예방.
사례	동아리 회원들의 임원 후보자들 선발, 교칙 수정을 위한 교사들 혹은 학생들의 협의, 대학 기숙사 관리위원들의 운영규정 및 세칙 제정 혹은 개정, 학교폭력 예방 및 대책 마련을 위한 학교상담위원들의 협의, 각종 영역 전문가들의 협의 등
특징	(1) 주로 의식적인 수준의 행동을 강조하고 집단 역동을 활용하여 어떤 결과를 성공적으로 추출할 것인지에 초점을 맞춘다. (2) 특정 목적을 완수하기 위해 결성된 태스크포스 혹은 특별과업팀, 위원회, 직원회의처럼 사전에 계획된 집단, 토론집단, 스터디 모임, 학습집단 등이 포함된다. (3) 리더(컨설턴트)가 하는 일은 조직 체계의 문제점을 분석, 진단하여 산출된 자료를 바탕으로 해당 기관과 작업 집단들의 역동을 변화시키기 위해 조직의 구성원들과 작업을 하는 것. 리더는 과업을 지속적으로 수행해나가고, 구성원들이 협의와 상호작용을 촉진한다.

6 자조집단(self-help group) 📖 2013 기출

정의	정신건강 전문가의 도움을 필요로 하지 않거나 전문가들이 돕기에 한계가 있는 문제를 지닌 사람들이 스스로 돕는 집단.
리더	'특정 문제를 이미 겪었거나 극복한 사람' 또는 구성원들이 차례로 집단 리더를 한다. '리더', '팀장'으로 불린다.
사례	과식자 익명집단, 근친상간 생존자 집단, 알코올 중독자 집단, 마약중독자 집단, 심장수술 환자집단, 성 중독자 집단, 12단계 등
특징	(1) 물질오남용이나 체중조절과 같이 집단원들이 공통적으로 겪는 특정 문제를 중심으로 구성된다. (2) 집단원들은 자신의 어려움을 기꺼이 내어놓고, 자신의 경험과 필요한 정보를 나눈다. (3) 집단원들은 지지와 격려를 바탕으로 변화를 체험하게 되면서 미래에 대한 희망을 되찾게 된다. (4) 자조집단의 응집력은 다른 집단에 비해 쉽게 높아진다.

7 지지집단 📖 2013 기출

정의	공통의 특정 문제와 관심사에 대해 각자의 생각과 감정을 나누어 그것을 점검해 보기 위한 집단
리더	'리더' 혹은 '팀장'으로 불린다.
목표	자신의 경험과 어려움, 감정을 진솔하게 나누는 것
대상	재혼을 통해 새 자녀를 두게 된 부모, 최근 신체장애를 입게 된 사람들, 가까운 사람이 임종을 앞두고 있거나 사망한 사람들, 각급 학교에 재학중인 미혼모, 자연재해 피해자, 인재 희생자, 회복센터에 입원중인 노인, 에이즈 감염자 등
특징	(1) 구성원들은 흔히 다른 사람들과 유사한 문제를 겪고 있고, 비슷한 생각과 감정을 체험하고 있다는 사실을 깨닫게 된다. (2) 리더의 역할은 참여자들이 아주 개인적인 경험을 솔직하게 개방하여 서로의 감정을 나누도록 독려하는 일이다.

[2013년 기출]

집단목적에 따른 집단유형에 관한 설명 중 옳은 것만을 〈보기〉에서 있는 대로 고르시오.

―〈보기〉―
ㄱ. 과업집단은 집단원들의 협의와 상호작용을 촉진하고, 특정 목표 달성에 관심을 두며, 토론집단, 학습집단 등이 그 예이다.
ㄴ. 성장집단은 집단원들 자신의 참모습을 깨닫고, 대인관계기술을 습득하고, 집단원들의 잠재력 개발에 관심을 두며, 감수성훈련 집단, 참만남집단 등이 그 예이다.
ㄷ. 치료집단은 비교적 잘 기능하는 사람들을 대상으로 하여 집단원들의 내적 근원을 발견하고, 삶의 문제를 탐색하고, 성격의 재구성에 관심을 두며, T-집단, 신체자각집단 등이 그 예이다.
ㄹ. 지지집단은 지도자 없이 진행되는 집단으로 유사한 문제를 겪으면서 공유하게 되는 유사한 생각과 감정들을 서로 나누는 것에 관심을 두며, 12단계집단, AA집단 등이 그 예이다.

4. 집단의 형태

1. 집단과정을 촉진시키기 위한 정형화된 프로그램의 사용 여부에 따른 분류 　2008, 2015 기출

분류	구조화 집단	반구조화 집단	비구조화 집단
정의	내용중심 집단. 집단상담자가 집단의 목표와 과정, 내용, 절차 등을 체계적으로 구성해 둔 상태에서 집단을 주도적으로 이끌어 가는 형태. 구조화된 프로그램으로 집단 진행	비구조화 집단의 형태로 운영하되 필요할 때마다 구조화 집단에서 활동되는 활동을 이용하는 방식으로 두 집단의 형태를 혼합한 집단의 형태	과정중심의 집단. 집단의 내용과 활동방법 등에 대해 순차적으로 구성하지 않은 상태에서, 집단의 과정 자체와 집단원들 간에 일어나는 지금-여기에서의 상호작용에 초점을 두는 집단형태. 회기별로 오늘은 어떤 순서로 진행할 것인지 가르쳐 주지 않는다.
주제	자기주장 및 자기표현 훈련, 사회적 기술, 가치관 명료화, 진로 의사결정, 스트레스 관리, 부모 역할 훈련 등		감수성 훈련집단, T집단, 참만남집단 등
특징	(1) 일반적으로 어떤 특정 주제에 초점을 맞춰 진행되는 것으로, 집단원들이 생활상의 문제를 보다 구체적으로 인식하고 효과적으로 대처할 수 있는 기술을 습득하도록 돕는 활동으로 구성되어 있다. (2) 구조화된 연습문제, 활동지, 읽을거리, 과제, 약속 등을 활용하여 집단을 이끌어간다. (3) 집단이 종결될 때에는 집단원의 변화된 정도를 평가하기 위해 다른 질문지를 사용하기도 한다. (4) 장점: 합의된 공동목표를 달성하는 데 시간과 경비를 절약한다. 수줍음을 타거나 의사소통에 어려움이 있는 사람들이 성격 변화의 기회를 얻기 쉽다. (5) 단점: 비구조화 집단에 비해 더 깊은 수준의 집단경험을 하기 어렵다.	(1) 주로 집단초기 단계에서 집단원의 신뢰감 형성하기 위해서나 집단 중간 단계에서 저항이나 갈등 해소 등으로 집단 활동의 집중력과 응집력을 높이기 위해 구조화된 활동을 활용한다. (2) 구성원들 간의 역동적이고 탄력적인 활동을 촉발할 수 있는, 구조화된 활동을 적시에 활용하는 것이 바람직하다.	(1) 집단원들에게 애매모호함과 부담감을 안겨주기 때문에 비구조화 집단의 특성, 집단 규범, 목표 등에 대해 구조화하고 교육한 후 집단을 진행해야 한다. (2) 장점: 구조화 집단에 비해 훨씬 폭넓고 깊은 자기 탐색이 이루어질 수 있다는 것이다. (3) 단점: 구조화 집단에 비해 구성원 개개인의 상호작용과 자기 탐색을 원활하게 촉진시킬 수 있는 능력과 임상 경험을 겸비한 집단리더가 요구된다는 것이다.

2. 집단과정에서 새로운 구성원들에게 개방되는가 여부에 따른 분류 　2006, 2007, 2008, 2020 기출

	개방집단	폐쇄집단
정의	회기 동안 새로운 구성원이 들어올 수 있는 집단의 형태	회기가 시작되면 새로운 구성원이 들어올 수 없는 집단의 형태
특징	(1) 의사소통이나 협동의식 같은 사회적 기술을 익히는 것이 핵심목표인 경우 등 유치원 아동이나 초등학교 저학년 집단 또는 장기적으로 운영되는 치료 집단에 적합하다. (2) 리더에게는 기존의 구성원들과 새로운 구성원 사이에 균형을 맞추는 행동양식과 태도가 필요하다. (3) 장점: 집단원들의 변화를 통해 집단원들을 자극시킨다. 좀 더 다양한 사람들과 상호작용할 기회가 생긴다. 서로 다른 사람들이 우리의 관계 안에 들어오거나 떠나는 일상생활을 더 정확히 반영한다. 사회기술 훈련에 적합하다. (4) 단점: 너무 많은 사람들이 한꺼번에 들어오거나 나갈 경우 안정성이 떨어진다, 응집력이 약해진다. 갈등이 일어날 수 있다. 집단 흐름에 방해를 받을 수 있다.	(1) 일반적으로 구체적인 집단목표 설정된 학교 장면에서 운영되는 집단상담의 형태로 적합하다. (2) 장점: 집단응집력이 높다. 집단의 역할과 규범이 안정적이다. 구체적인 목표를 설정한 폐쇄집단은 학교에서의 집단상담에 적합할 수 있다. (3) 단점: 중도 탈락자가 생길 경우, 집단 크기가 너무 작아질 수 있고, 의미 있는 상호작용이 줄어들거나 이루어지기 어렵다. 새로운 사고나 가치의 유입이 어려워 집단외부의 의견이나 소수의 의견을 무시한 채 집단사고에 빠질 위험이 있다. 새로운 사고의 유입이 이루어지지 않으므로 집단에 순응하라는 압력을 받게 된다.

3 집단 회기가 연이어 있는지 시간을 두고 나누어져 있는지 여부에 따른 분류

2007 기출

	집중집단	분산집단
정의	일정한 기간 동안 집중적으로 집단상담을 실시하는 형태. 2박 3일, 3박 4일 이런 식으로 집단상담을 경험. 예 마라톤집단	보통 주 1회의 형태로 나누어서 미리 계획된 전체 회기가 마무리될 때까지 집단을 실시하는 형태. 예 weekly
특징	(1) 장점: 집단상담 장면에 깊이 몰입하게 되는 경험 덕분에 방어가 감소되고 보다 심도 있는 통찰과 역동적인 상호작용이 활발하게 나타난다.	(1) 단점: 집중집단만큼 집단상담 경험 자체에 깊이 몰입되기 어렵다. (2) 장점: 참여하고 난 후 일주일 동안 일상생활 장면에서 집단에서 배운 것을 숙고해보고 적용해 볼 수 있다.

4 집단원의 동질성과 이질성에 따른 분류 2007, 2008, 2015 기출

	동질집단	이질집단
정의	집단원들이 가진 배경이 서로 비슷하거나 동질적인 사람들로 구성된 집단. 예 동일한 전공을 가진 대학원생들의 집단, 알콜중독자 집단 등	서로 배경이 다른 사람들끼리 구성된 집단 예 참여동기, 학력, 사전 집단 경험 유무, 개인적·경험적 배경이 상이한 집단원들로 구성
특징	• 장점: 초기단계에서 원활한 상호교류, 공감적 이해, 응집력↑, 참석률 높음, 갈등이 적음, 증상완화 조기에 이루어짐. • 단점: 다소 피상적, 치료집단에서는 비효과적(성격의 재구성 목적인)	• 장점: 역동적 상호작용 촉진(갈등 해소를 통해 개인 성장과 문제해결력 증진), 다양한 학습 기회, 현실검증 기회 (학습의 전이 ↑) • 단점: 갈등 심화, 상호작용 역동을 다루는 집단상담자의 역량 문제
	• 갈등영역과 대처양식에선 최대한 이질적으로 구성을 하는 동시에 취약성 수준과 불안 감내력 수준은 동질적으로 구성을 한다. 이질집단으로 구성하면 좋은 요소는 성별, 태도(능동-수동), 사고, 감정, 대인관계 어려움 수준이다. 동질집단으로 구성하면 좋은 요소는 지능, 불안감내력, 피드백 교환 등과 같이 치료과정에 참여하는 능력이다.	

5 집단에 참여하는 동기에 따른 분류

	자발적 집단	비자발적 집단
정의	참여 동기가 자발적인 사람들로 구성된 집단. 집단 프로그램 참여 안내문 등을 보고 스스로 성장과 변화의 동기를 가지고 집단에 참여	보호관찰 명령 등으로 자신의 의지나 동기와는 상관없이 의무적으로 집단에 참여한 사람들로 구성된 집단

> **잠깐 Quiz** 다음 철균이와 지희가 속한 집단 형태의 명칭을 쓰세요(목적에 따른 분류 제외).
>
> • 철균: 저는 스트레스 관리 프로그램이라는 제목의 집단상담에 나가고 있어요. 매 회기마다 상담 선생님이 스트레스를 줄일 수 있는 구체적인 활동을 제시하시면, 집단원들과 함께 그 활동을 하지요.
> • 지희: 저는 요새 따돌림을 받는 아이들로 구성된 집단에 참여하고 있어요. 같은 나이 대에, 경험까지 같으니 너무 좋아요. 어떤 얘기를 해도 아이들이 이해해 줄 거라고 생각하니 쉽게 말하게 되죠.

[2020년 기출]

다음은 전문상담교사가 고등학생을 대상으로 집단상담 오리엔테이션을 하는 내용의 일부이다. 밑줄 친 ㉠에서 상담교사가 말하는 집단 형태의 명칭을 쓰고, 이 집단형태의 장점과 단점을 각각 1가지씩 서술하시오.

상담교사: 이번 집단상담의 주제는 '효과적인 스트레스 관리'입니다. 우리 학교에서 진행하는 집단상담은 주제에 따라 ㉠ 집단상담 시작 이후에 새로운 친구들이 참여하는 것을 허용하기도 하고 그렇지 않기도 해요. 이 집단의 경우에는 더 이상 새로운 친구들의 참여를 허용하지 않을 거예요. 오늘 여기 모인 9명만 5주 동안 함께 하게 되는 거죠. 그렇기 때문에 집단상담 마지막 시간까지 여러분 모두가 빠지지 않고 참여하는 게 정말 중요해요. 끝날 때까지 함께 잘 마무리하길 바랍니다.

 2 집단상담의 기초개념

1 집단상담의 정의

집단상담(group counseling)은 훈련받은 전문가인 상담자와 비교적 정상범위의 적응수준에 속하는 사람들을 대상으로 그들의 태도를 수정함으로써, 전개된 문제를 보다 능률적으로 취급할 수 있도록 상호 간의 문제를 탐색·조사함으로써, 개인적인 발달에 초점을 둠으로써 개인발달을 돕는 사회적·심리적인 기능이다.

2 목표

목표 설정 시, 구체성, 현실성 그리고 개인적 특성이 반영되어야 한다.
1) 자기발견, 자기개발
2) 감정의 바람직한 표현, 발상의 촉진
3) 자기 문제(관심사)에의 직면, 해결의 권장
4) 집단생활에서 자아 개념의 강화(또는 자기표현의 향상), 협동심의 향상
5) 대인관계능력의 향상
    (※ 보다 생활환경에 건전하게 적응토록 정서적 차원에서의 개인의 문제를 먼저 다룸)

3 집단상담의 특성

1) 집단상담자와 2인 이상의 집단원들 사이의 상호작용에서 발생하는 힘과 에너지를 활용하는 역동적인 대인관계 과정이다.
2) 집단상담은 집단원들의 적응과 발달을 도모하는 데 초점을 맞춘다. 즉, 사고와 행동 변화, 대인관계 기술 향상, 성에 관한 올바른 지식 습득, 가치관과 태도 수정, 직업 및 진로 의사결정 등을 다룬다.
3) 일반적으로 정신증이나 심각한 정도의 신경증이나 성격장애를 갖고 있는 사람들은 제외하고 정상범위의 적응수준에 속하는 사람들을 대상으로 이루어진다.

> **집단상담에 참여할 수 없는 대상**
> - 정도가 심한 정신신경증 및 정신증 환자
> - 규칙적으로 참여하지 못할 자
> - 자살 우려가 있는 자
> - 낮은 참여 동기 또는 완강한 거부자

4) 구성원들은 지속적인 상호관계를 통해 자신과 자신을 둘러싼 상황에 대해 통찰을 경험하고, 새로운 행동과 태도를 습득하게 된다.
5) 참여자들은 집단상담자의 도움을 받아 자신의 관심사와 느낌을 탐색하는 한편, 기존의 태도와 가치관을 좀더 생산적인 방향으로 수정함으로써 성장과 발달을 꾀하게 된다.
6) 참여자들이 개인적인 관심사를 나눔으로써 치료 기능이 창출되고 활성화된다.

4 집단상담과 개인상담의 비교

1 공통적으로 갖추어야 할 기본적 조건

(1) 가치 있는 개인으로 수용이 되는 것
(2) 자신의 행동에 대한 책임감을 갖는 것
(3) 인간 행동에 대한 이해를 심화시키는 것
(4) 개인의 정서적 생활의 다양성 탐색, 충동적 정서를 통제하는 데 전보다 더 자신을 얻는 것
(5) 자신이 관심과 가치를 검증, 그 결과를 실제 생활과정과 행동계획에 통합시키는 것

2 개인 상담이 더 잘 적용되는 경우

(1) 내담자가 매우 복잡한 위기적인 문제를 가졌거나, 전반적으로 대인 관계의 '실패자'일 경우
(2) 집단 앞에서 이야기하는 데 대한 두려움이 큰 경우
(3) 남의 인정과 주목에 대한 욕구가 너무 강하기 때문에 집단 상황에 맞지 않는 경우

3 집단 상담에서의 경험

(1) 개인의 과거나 집단 밖에서의 사건보다 서로의 인간관계에 더 집중 - 타인의 생각, 감정에 관심, 존중
(2) 개인 상담을 받는 사람들보다 '지금-여기'에 더 집중하는 경향 (현실검증이 가장 중요한 과제) - 집단 내에서 자신의 감정과 사고 등을 자유롭게 표현, 타인의 평가적 반응을 접한다.
(3) 집단의 상호 작용에 의한 변화 강조 - 다른 사람의 이야기를 듣고, 몰입하며 보다 생산적으로 반응하는 것을 배우는 것이 중요하다. 다른 사람이 집단 내에서 자신의 문제를 솔직하게 토의하는 것을 관찰함으로써 저항은 감소하고 보다 쉽게 자기를 노출시킬 수 있게 된다.
(4) 일상적인 사회과정 장면보다 안전하게 느껴진다. - 타인에 대한 보다 깊은 이해를 도우면서도 일상적인 대인 관계에서의 부담은 주지 않는다.

4 집단 상담과 개인 면담

개인 상담과 집단 상담은 상호 보완적이며, 필요에 따라 상담자의 판단에 따라 적절하게 사용한다.

예 개인면담을 병행하는 경우: 내담자가 집단 내 일어나는 상호관계에 대한 이해 부족, 자신의 관심에 급급한 경우 / 상담자가 특정 개인의 행동이나 동기에 대한 혼돈이 생길 경우 개인면담을 통해 지나치게 한 개인에게만 주목하는 현상 방지 / 개인의 성장배경의 이유로 집단에 참여 할 능력이 부족한 경우는 남의 말을 듣는 것만으로는 행동변화를 기대할 수 없으므로 개인 상담으로 대치

▶ 개인상담 VS 가족상담 VS 개인상담

		개인상담	가족상담	집단상담
공통점		내담자(구성원의)의 문제 해결을 돕는다.		
차이점	상담 단위	개인을 단위	가족집단을 단위	5~20명 정도의 개인적, 혈연적 관계가 없는 다수
	개입대상	개인의 역사	가족 관계 내의 반복적인 상호작용	집단 안에서의 역동
	주요문제	• 성격, 무의식적 갈등 • 행동, 부적응 • 정서 문제	• 부부문제 • 부모-자녀 갈등 • 고부갈등 • 가족불화 • 가족 정서행동문제	• 대인관계 • 사회 부적응 • 불안, 행동 등의 문제
	상담목표	• 성격의 재구조화 • 증상제거 및 행동수정 및 인지 변화	가족기능 향상	사회적 기능 향상
	문제의 초점	• 개인의 심리·내적 문제 • 무의식적 소망, 감정전이, 외상사건 • 행동학습 및 기능회복 • 비합리적 신념 및 역기능적 인지도식 • 자아실현	• 의사소통 • 체계 내에서의 행동 방식 • 상호작용 패턴 • 가족 체계 • 시스템	• 집단 역동 • 집단 참여 • 피드백
	상담자 역할	이론별로 다양함	적극적, 참여관찰자	유동적, 촉진자
	상담 기간	기본적으로 장기 상담	개인상담보다 기간이 짧음. 가족의 관계구조가 변화하여 증상과 문제가 해소되면, 그 효과가 빠르고 오래 지속된다고 봄	단기: 마라톤 집단 장기: weekly 집단

5 집단상담의 강점·한계점 2005, 2007, 2013 기출

다른 사람들의 피드백을 필요로 하고, 말하기보다는 들어봄으로써 더 많은 것을 배울 수 있는 사람들에게는 집단상담이 개인상담보다 더 강력한 치료적 환경이다.

1 집단상담의 강점

(1) **효율성·경제성·실용성**: 제한된 시간에 다수의 사람들에게 적은 비용으로 다양한 임상 장면에서 폭넓게 활용할 수 있다.

(2) **다양한 자원 제공**: 참여자들의 다양성을 바탕으로 서로의 차이점을 공유하며 경험의 지평을 넓혀갈 수 있다. 이를 통해 자신에 대한 인식 확장 및 타인에 대한 수용의 폭이 확대된다.

(3) **성장을 위한 환경 제공**: 상호 신뢰관계를 토대로 각자의 문제와 관심사를 나눔으로써 타인의 경험, 감정, 관심 등에 대해 대리학습이 일어나고, 이러한 과정에서 의사소통 기술과 대인관계 능력이 향상되어 자연스럽게 자아 성장으로 이어진다.

(4) **실생활의 축소판**: 집단원들 간의 자유로운 상호작용은 서로 지지적이고 수용적이며 양육적인 대리가족 체제를 제공하는 한편, 각자 내면에 누적되어 있던 분노, 의심, 불안, 질투, 우울과 같은 부정적 감정이 표출되어 복잡하게 얽힌 감정들을 확인, 정리, 해소하면서 한층 인간적 성장을 앞당길 수 있다. 그래서 집단상담은 '사회적 소우주'(얄롬), '사회의 반영', '소사회'라고 불리기도 한다.

(5) **새로운 행동의 실험실**: 집단원들이 공통의 관심사를 나누며 더욱 적응적이고 건설적인 새로운 행동과 사회적 기술을 직접 시험해 보거나 연습할 수 있는 장으로 활용할 수 있으며, 자신의 실험적 행동에 대해 다양한 관점의 진솔한 피드백을 받을 수 있다.

(6) **모델링**: 집단 상담에서는 남들이 자신의 문제를 어떻게 해결하고 표현하는지 행동을 관찰함으로써 대리적-간접적인 학습을 할 수 있다. 이를 통해 해결의지와 자기효능감을 향상시킬 수 있다.

(7) **보편성 획득**: 자신이 현재 경험하고 있는 어려움이 혼자만의 어려움이 아니라는 안도감과 보편성 획득

(8) **집단원들의 상담자적 역할**: 집단원들 모두 어려움을 호소하는 구성원에게 격려, 지지, 조언 등을 제공함으로써 치료적 역할을 할 뿐만 아니라, 상담자와 다른 측면의 통찰과 해결책을 제시해주기도 한다.

(9) **조언에 대한 수용성 증가**: 집단상담의 참여자들은 같은 내용이라도 상담자의 개인적인 조언은 거부하거나 저항하지만, 동료들의 집단적인 공통의견은 잘 받아들이는 경향이 있다.

(10) **문제 예방**: 사람들의 잠재적인 문제가 악화되거나 발생하기 전에 사전에 대처할 수 있는 반응과 환경을 제공할 수 있다.

(11) **상담에 대한 긍정적 인식 확대**: 상담에 대해 잘 알지 못하거나 막연하게 부정적인 인식을 가지고 있던 사람들이 집단경험을 통하여 긍정적인 인식을 가질 수 있다.

2 집단상담의 한계점

(1) **비밀유지의 한계** 2009, 2012, 2013, 2015 특시, 2017, 2018 기출: 개인상담의 경우 비밀유지 원칙을 파기할 가능성이 있는 사람은 상담자 뿐이다. 그러나 집단상담의 경우, 비밀유지 원칙의 파기의 가능성은 집단원 전체에게 확대되어, 집단 밖에서 일어나는 일에 대해 통제할 수 없다/

(2) **개인에 대한 관심 미약**: 집단상담에서는 상대적으로 집단원의 개인적인 문제나 관심사가 충분히 다뤄지는 데 한계가 있다. 특히 지나치게 소극적인 집단원의 경우, 집단상담 안에서 얻게 되는 소득이 거의 없을 수 있다.

(3) **역효과의 가능성**: 특히 비자발적 참여자, 미처 준비가 안 된 참여자는 자칫 개인적인 감정이나 문제로 다른 참여자들의 집단경험에 걸림돌이 될 수 있다.

(4) 집단 압력의 가능성 📖 2015 특시 : 집단 구성원들은 집단의 기대치에 부응해야 할 것 같은 미묘한 압박감을 느낄 수 있다. 특히 다른 구성원들과 판이하게 다른 특성이나 배경을 가진 사람은 집단의 지배적인 구성원들의 가치관에 동조해야 할 것 같은 압력을 받을 수 있다. 이럴 경우, 집단원은 자기탐색을 심화시킬 기회를 잃고 집단압력에 떠밀려 자신의 욕구와 무관한 결정을 할 수 있다.

(5) 집단 경험에 대한 중독 : 집단은 서로 수용과 공감, 지지, 격려, 조력을 제공해주는 공간이다. 이로 인해 집단 경험에 대한 충족감으로 집단 자체를 목적으로 삼고 경험하는 경우가 있다. 자칫, 집단 상담이 만병통치약인 듯 생각할 경우가 생긴다.

(6) 동질성과 이질성의 문제 📖 2015 기출 : 비슷한 연령과 생활 배경 및 수준을 가진 참여자들로 구성되면 공통적인 문제가 주로 논의되기 쉬우므로, 다른 새롭고 다양한 관점을 학습할 기회가 적고 너무 이질적인 참여자들로 구성되면 초기단계에서 원활한 상호 교류나 공감적 이해가 힘들거나 집단응집력이 약하다는 제한점을 가지게 된다.

[2013년 기출]

개인상담과 비교할 때 집단상담의 장점으로 옳은 것만을 〈보기〉에서 있는 대로 고르시오.

〈보기〉

ㄱ. 집단원들 간의 상호교류를 통해 소속감이 높아지고 현실 검증의 기회가 많다.
ㄴ. 다양한 관점의 피드백을 받으면서 새롭고 위험부담이 있는 행동을 연습해 볼 수 있다.
ㄷ. 집단원 전체나 집단역동의 문제보다는 집단원의 개인적인 문제가 더 중요하게 다루어진다.
ㄹ. 집단원들이 자신의 대인관계 양식을 탐색하고 좀 더 효과적인 사회기술을 학습할 기회가 많다.
ㅁ. 집단원들의 사인한 정보에 대한 비밀보장을 보다 강하게 강조하기 때문에 쉽게 신뢰로운 관계가 형성된다.

3 집단상담자

1 정의

집단상담자(group counselor) 혹은 집단치료자(group therapist)란 집단에 대해 전문적인 교육과 훈련을 성공적으로 이수하고 슈퍼바이저의 수련감독 아래 임상실습을 마친 전문가를 말한다.

2 집단상담자의 역할

집단상담자는 집단원들에게 정서적 자극, 보살핌, 칭찬, 보호, 수용, 해석, 설명 등이 포함된다. 집단상담자는 또한 자기개방을 통해 시범을 보이고 한계를 설정하며, 규칙과 시간을 관리하는 역할을 한다.

(1) 집단규범을 정한다.
(2) 집단을 구조화한다.
(3) 집단원들의 모델역할을 한다.
(4) 집단의 흐름을 적절히 통제한다.
(5) 집단원들을 보호·격려·수용한다.
(6) 집단의 목표 및 세부계획을 수립한다.
(7) 집단원들을 선별하고, 선발한다.
(8) 적절한 집단작업을 주도적으로 실행한다.
(9) 관찰 결과를 토대로 집단과정을 해석한다.
(10) 집단원들의 언어적 표현과 비언어적 표현에 적절한 반응을 보인다.
(11) 집단의 상호작용을 면밀히 관찰하여 시의적절하게 의미있는 반응을 보인다.

1 집단 활동의 시작을 돕는다.

(1) 상담집단이 처음 시작할 때, 집단상담자는 그들로 하여금 **상호작용을 시작하도록** 이끌어줘야 한다. "이제 시작합시다. 지금 이 시간 우리 각자는 어떤 느낌이나 생각을 가지고 있습니까?", "이제 시작하도록 합시다. 우리 각자는 어떤 기대를 가지고 이 집단에 참여하고 있습니까?"

(2) 집단상담자는 **집단원들의 초기 불안에 대해 솔선하여 자기개방을 하는 모범**을 보여야 한다. 자신의 불안이나 집단에 대한 기대 등을 이야기함으로써 비교적 낯선 사람들이 처음 만나 느끼게 되는 불안, 긴장, 수줍음, 갈등 등에 대해 이야기할 수 있는 길을 터 놓는다.

(3) 경험이 적은 집단상담자는 **구조화된 활동을 도입해서 집단을 시작**하면 좋다.

2 집단의 방향을 제시하고 집단 규준의 발달을 돕는다.

(1) 집단상담자는 집단 초기 단계에 그 집단이 나아갈 방향을 제시하고 일반적인 오리엔테이션을 제공해 줄 책임을 지고 있다. 이를 위해 집단상담자는 집단상담의 일반적인 목적과 목표, 간략한 이론적인 면에 대해 적당한 기회를 포착하여 이야기해 주어야 한다.

(2) 집단상담이 효과적으로 운영되려면 **집단규준을 발전시켜야** 한다. 이 규준은 집단의 목표 달성을 돕고, 집단자체의 유지발전을 돕는 기능을 한다.

(3) 집단상담자는 집단원들이 그 집단에서 느끼고 행동해야 할 **표준을** 제시함으로써 집단의 규준 발달과 유지에 솔선할 수 있다. 예를 들어, "지금-여기"에 초점을 두는 것, "느낌수준"에 강조점을 두는 것, 정직한 피드백 교환을 중시하는 것 등이다.

3 집단의 분위기 조성을 돕는다.

(1) 집단 분위기는 집단원이 스스로 문제를 해결하여 생산적인 인간으로 성장, 발달하도록 돕기도 하며, 집단과정의 발전에 활력소 역할을 한다.

(2) 집단의 분위기가 허용적이어서 안전감을 줄 때 집단원은 개인적으로 의미있는 경험을 탐색할 수 있고, 그의 기본적 신념이나 가정들에 대해 질문할 수 있고 새로운 방법으로 행동할 수 있고 있는 그대로의 자기를 노출할 수 있고 집단원 상호간에도 신뢰할 수 있게 된다.

(3) 집단상담자는 안전하고 신뢰로운 집단 분위기를 조성하기 위해 스스로 권위주의적 태도를 버려야 한다. 집단상담자는 항상 집단들의 느낌이나 생각을 이해하려는 진정한 태도를 보여야 하고, 집단원들이 다른 의견을 가질 권리가 있음을 인정하고 존중해 주어야 한다.

4 행동의 모범을 보인다.

(1) 집단상담자는 집단원의 행동이 집단상담자 자신이 본을 보인 그 행동의 직접적인 결과라는 사실을 명심할 필요가 있다. 그러므로 집단원에게 바라는 여러 가지 행동을 스스로 해 보이려고 노력해야 한다.

(2) 집단원들이 진솔한 의사소통을 하길 원하면 집단상담자가 적절한 자기노출을 하며 진솔한 자신의 감정 표현을 해야 한다.

(3) 때론 스스로 본을 보이는 대신, 녹음이나 녹화된 모델, 동료 모델 등을 활용하여 바람직한 행동의 예를 제시할 수도 있다.

5 의사소통 및 상호작용을 촉진시킨다.

(1) 집단상담자는 의사소통을 방해하는 요인을 극복하고 원활한 상호관계를 발달시키도록 도와주어야 한다.

(2) 집단원간의 의사소통을 방해하는 장애물을 찾아내도록 돕고, 의문을 제기하고 문제를 명료화하며, 집단원이 가능한 한 모두 참여하도록 도움으로써 상호간의 이해와 의견의 일치를 발달시킨다.

(3) 전문가적 식견과 객관적인 태도로 갈등의 심층에 깔려 있는 원인을 발견하고 이를 기술적으로 표면화시킴으로 집단원들로 하여금 가능한 해결책을 모색하도록 돕는다.

(4) 반영, 연결 등의 기법을 사용함으로써 의사소통을 촉진하고 집단원들의 비언어적 메시지를 정확하게 파악하도록 한다.

6 집단원을 보호한다.

(1) 집단상담자는 심신의 위험으로부터 집단원을 보호하는 역할을 해야 한다. 어떠한 집단원이 참여를 바라지 않거나, 개인적인 문제를 밝히길 꺼려한다면 이를 인정해줘야 한다.
(2) 집단압력이 가해질 경우, 즉시 차단하여야 한다. 집단원들이 희생양을 만들 경우에도 이를 막아야 한다.

7 집단활동의 종결을 돕는다.

(1) 집단원들이 집단에서 학습한 것을 실제의 삶에 적용하는 데 대한 시사를 준다.
(2) 모임과 모임의 사이와 집단 전체가 끝난 후에도 계속적인 노력을 기울이려는 계약을 맺게 한다.
(3) 집단을 떠난 뒤에 그들이 맞닥뜨리게 될 심리적인 문제를 위하여 준비를 시킨다.
(4) 추후 지도를 위한 집단모임을 계획하게 한다.
(5) 추가적인 집단상담을 받을 수 있는 곳을 알려준다.
(6) 집단이 종결된 후에도 개인 상담의 가능성을 시사해 준다.
(7) 집단 전체 마지막 모임에서, 한 사람씩 차례로 돌아가면서 한 마디씩 이야기할 수 있는 기회가 제공되어야 한다.
(8) 집단활동의 종결에 앞서 평가활동 시간을 갖는다.

3 집단상담자의 자질 2015 기출

1 자기 수용 2015 기출 : 자기를 있는 그대로 받아들이며 인정하는 것

자기 수용적 태도는 집단원들에게 자신의 약한 부분과 한계를 기꺼이 드러내기도 하고 사소한 실수에 낙담하지 않게 만들며, 집단원들과 직접적이고 솔직한 관계를 형성하게 하여 집단원들이 느끼는 두려움이나 기대를 직접 표현할 수 있게 한다.

2 개방적 태도 2015 기출 : 새로운 경험, 자신의 것과는 다른 유형의 삶과 그 가치에 대해 기꺼이 수용하는 자세

집단상담자의 개방적 태도는 집단원의 감정과 신념을 솔직하게 개방하는 촉매 역할. 집단원들이 자신의 약한 모습과 두려움을 노출해도 좋다는 인정의 분위기뿐만 아니라, 집단원의 문제는 책임 있는 실천과 부단한 노력으로 극복될 수 있다는 사실을 직접 보여줌으로써 집단과정에 활력을 불어넣는다.

3 타인의 복지에 대한 관심: 집단원을 비롯한 주변 사람의 안녕과 행복한 삶을 영위할 수 있도록 배려하는 마음을 기꺼이 보살피는 행동으로 나타내는 것

집단원을 돌보는 방법에는 집단원 개개인에게 온정과 관심, 그리고 지지를 아끼지 않을 뿐만 아니라 집단참여를 촉구하는 것도 포함된다. 이는 집단상담자가 자신의 이익을 위해 집단을 이용하지 않는다는 의미이기도 하고, 각자의 참여 정도는 집단원 스스로 결정하도록 하는 것이 바람직하다.

4 유머 감각 [2015 기출]: 집단원들에게 웃음을 안겨줄 수 있는 말이나 행동을 할 수 있는 능력

유머 감각은 기술, 기법 혹은 개입방법이라기보다는 인간관계 형성과 유지에 중요한 개인적 특성이다. 집단상담자의 유머 감각은 웃음을 통해 집단원의 문제를 새로운 각도에서 조망할 수 있게 한다.

5 자발적 모범: 집단원들의 행동변화를 위해 바람직한 행동의 모델 역할을 담당하는 것

즉각적인 긍정적 피드백 등을 몸소 실천함으로써 집단원들에게 대리학습의 기회를 마련하는 것이다. 이러한 모방학습의 기회는 집단과정을 촉진시키는 강한 원동력이다.

6 공감적 이해능력: 상대방의 감정을 함께 경험하고 나누는 감정의 공유

각기 독특한 자질과 관점을 지닌 집단원의 주관적 경험세계에 동참하여 개개인의 준거틀에 기반을 둔 감정을 함께 느끼고 이해한 것을 언어 및 비언어로 나타내는 것을 말한다. 이를 통해 집단상담자는 집단원에 대해 민감하고 정확하게 이해한 것을 토대로 그들과 상호교류할 수 있을 뿐만 아니라 집단의 목표 달성을 위한 방향으로 집단원들이 자연스럽게 나아갈 수 있도록 도울 수 있다. 한편, 공감은 자기 자신의 반응에 주의하면서 잠시 상대방의 감정 세계에 머무르다가 다시 자신의 세계로 되돌아온다는 점에서 동조, 동정 또는 동일시와 구별된다.

7 심리적 에너지: 집단원 개개인을 이해하고 그들의 욕구를 충족시키기 위해 활용되는 역동적 자원

활력 넘치는 집단상담자의 열정과 확신은 집단원들을 매료시키는 한편, 상담과정을 촉진시키는 원동력이다. 심리적 에너지가 충만한 집단상담자는 자신을 솔직하게 표현하고, 실천중심적인 행동을 통해 생동감 넘치는 리더십을 발휘한다. 심리적 영양 공급을 게을리하는 집단상담자는 자칫 자신이 기대한 집단과 실제 집단 간의 불일치로 열정을 상실하거나 자기 자신을 포함하여 집단원들을 탓하게 되어 집단에 대한 실망과 비관적인 태도로 이어지기 쉽다.

8 새로운 경험 추구: 편견이나 선입관 혹은 정형화된 사고를 벗어나 자신과 다른 세계에서 온 집단원들의 문화에 대해 개방적이며 배우고자 하는 태도

집단상담자는 경험의 폭이 넓고 깊을수록 각기 다른 삶의 경험으로 서로 다른 가치관을 지니고 있는 집단원들에 대한 이해의 깊이와 넓이는 그만큼 크다. 새로운 경험에 개방적이지 않은 집단상담자는 집단원들 간의 차이를 존중하지 않거나 다양한 문화적 배경에 대한 이해가 부족한 나머지 자신의 세계관을 집단원들에게 강요하거나 주입하려는 잘못을 범하기도 한다.

9 창의성: 종래의 집단 운영 방식을 매번 답습하기보다는 새로운 것을 창안하여 집단상담에 적용할 수 있는 능력

창의적인 집단상담자는 지속적으로 기법, 활동 그리고 작업방식에 변화를 추구한다. 변화를 추구하는 집단상담자가 이끄는 집단은 진부하거나 지루해지지 않고 생동감이 넘친다.

코틀러(Kottler)의 유능한 집단상담자의 특성	(1) 신뢰성 (2) 자기수용 (3) 카리스마 (4) 유머 감각 (5) 융통성 (6) 정직성 (7) 열정 (8) 현실감각

4 집단상담자의 전문성

1 개인상담 경험 ▶ 2015 기출: 상담자로서의 경험과 내담자로서의 경험 두 가지가 필요하다.

(1) 내담자로서의 경험
① 상담자가 되고자 하는 동기 탐색과 내담자로서 상담의 필요성과 그 효과를 몸소 체험해볼 수 있게 한다.
② 장차 자신의 내담자들에게 영향을 미칠 수 있는 사항들에 대한 통찰을 얻을 수 있다.
> 예 집단원 이해에 장애가 되는 선입관, 왜곡된 인식을 초래하는 미결사안, 집단원들에게 잘못 주입시킬 수 있는 삶의 철학 및 인생관 혹은 가치관, 미처 확인되지 않은 잠재된 욕구, 집단과정을 촉진 혹은 방해할 수 있는 욕구와 갈등 및 용기·노력·성실·정직·보살핌 같은 성격적 특성 등

(2) 상담자로서의 경험
① 무엇보다도 새로운 사람을 만나 치료적인 대화를 나누는 일에 자신감을 심어준다.
② 집단원들과의 치료적인 의사소통과 인간관계 형성·유지 기술로 전이되어 집단작업의 촉매가 된다.

2 집단상담 경험

집단상담의 구성원으로 참여하는 경험은 집단원들의 입장 이해와 집단상담자의 리더십 관찰을 통한 대리학습, 자기탐색과 자기이해를 바탕으로 한 윤리적인 집단작업 수행능력 등을 얻을 수 있다.

(1) 집단원 경험
① 자기탐색이나 자아성장의 집단에 참여하게 될 경우, 집단 안에서 자기개방, 응집력, 지지, 격려 등 집단원의 경험을 체험할 수 있다.
② 미해결과제 탐색 및 해결방안을 탐색을 하고, 집단에 참여하는 기회를 얻음으로써, 자기이해를 증진하고 집단 안에서 새로운 행동 등에 대한 학습 경험을 할 수 있다.

(2) 집단상담자 집단 경험
① 집단상담자 수련 집단인 교육지도 실습집단에 참여하게 될 경우, 수련감독자의 감독 하에 예비집단상담자들로 이루어진 집단 경험을 하게 될 수 있다.
② 이러한 집단은 집단상담자 교육 및 훈련이 목적으로, 집단의 과정을 이해하는 여러 실습 경험이 있게 된다.

③ 이 때 예비집단상담자들 간의 경쟁심, 인정욕구, 불안, 힘겨루기 등의 특성들을 경험하여 집단운영의 다양한 쟁점들을 경험할 수 있다.
④ 또한 집단리더가 집단에 필요한 기본적이고 유용한 기술과 전략을 가르쳐주게 되어 이를 경험하게 된다.

(3) 집단상담자 경험
① 집단상담자로서 직접 실습을 하는 경험이다. 수련감독자의 지도하에 예비집단상담자로서 단독 혹은 공동리더가 되어 실제 집단을 이끌어보는 과정을 말한다.
② 이를 통해 예비집단상담자는 집단 운영에 필요한 실무를 익힐 수 있고, 이를 위한 기술과 능력을 체득하고 발전시킬 수 있다.
③ 또한 전문가로서 유용성과 자신감이 생겨나 양질의 서비스를 제공할 수 있게 된다.

3 집단계획 및 조직능력

집단의 목적부터 평가에 이르기까지 구체적이고 체계적인 계획을 수립하고 전체 일정을 조직할 수 있는 역량을 말한다. 이는 잠재적 집단원들 대상의 요구조사, 집단의 총회기 수, 집단모임 시간과 장소, 주제, 준비물, 논의사항, 평가 절차 등 각 회기별 및 전체 회기에 대한 것을 말한다.

4 상담·심리치료 이론에 관한 지식 [2015 기출]

각 이론적 접근에 대한 습득에 그치지 않고 임상 장면에의 적용 능력을 두루 갖추어야 한다. 상담·심리치료 이론은 잠재적 집단원들과 그들의 관심사, 그들이 겪을 수 있는 갖가지 복잡한 심리적인 문제들을 조망, 이해, 설명 조력하는 데 필수적이고 실용적인 도구이자 열쇠이다.

5 인간에 대한 폭넓은 식견 [2015 기출]

집단원의 발달과정에 따른 과업을 신체적·인지적·심리사회적·성격적·문화적·도덕적 측면에서 조망할 수 있는 지식과 경험을 말한다. 이러한 지식과 경험을 바탕으로 집단상담자는 집단원의 행동과 사고의 변화, 자율적인 의사결정 촉진, 문제해결 능력 신장을 위하여 사회의 다양한 쟁점과 문제점에 대해서도 깊은 관심과 안목을 갖는다.

* 집단상담자는 전문적인 교육과 훈련을 성공적으로 이수한 정신건강 전문가이다.

[2015년 기출]

다음은 예비 집단상담자가 집단상담 전문가에게 보낸 자기소개서의 일부이다. 집단상담자가 되기 위해 노력해야 할 점을 ㉠~㉣ 중에서 찾고 보완해야 할 자질을 쓰시오. 그리고 ㉤과 관련하여 예비 집단상담자가 개인상담에서의 상담자 경험과 내담자 경험을 통해 얻을 수 있는 교육적 효과를 각각 2가지씩 서술하시오.

자기소개서

이름: 이은주

안녕하십니까? 저는 앞으로 집단상담 전문가가 되고 싶은 이은주입니다. 찾아뵙고 선생님의 지도를 받기 전에 간단히 제 소개를 드리고자 합니다. 저는 고등학교 시절에 참여했던 집단상담 덕분에 고민이 많았던 청소년기를 잘 견뎌낼 수 있었습니다. 그 이후 기회가 되는대로 집단상담에 참여하였고, 그러면서 자연스럽게 집단상담 전문가가 되고 싶다는 희망을 가지게 되었습니다.

…(중략)…

㉠ 저는 있는 그대로의 저를 받아들이며 강점은 물론이고 약점도 저의 일부로 여깁니다. ㉡ 저는 새로운 경험을 추구하며, 저와 다른 방식의 삶과 그 가치를 기꺼이 수용하는 자세를 지니고 있습니다. ㉢ 저는 쓸데없는 농담으로 시간을 낭비하지 않고, 늘 신중하며 진지하게 사람을 대하는 장점을 가지고 있습니다. ㉣ 사람들에 대한 폭 넓은 이해력을 가지기 위하여 상담이론을 열심히 공부하고 있습니다.

…(중략)…

㉤ 집단상담자가 되기 위해서는 무엇보다 먼저 개인상담을 직접 체험해 보는 것이 중요하다는 말을 들었습니다. 아직 제가 개인상담은 경험해 보지 못했지만, 그래야 한다면 개인상담을 경험해 보도록 하겠습니다.

…(하략)…

집단상담 성과와 관련된 집단상담자의 인간적 자질과 전문적 특성

이형득(2002)	인간적 자질	• 인간에 대한 선의 • 용기 • 끈기 • 자신에 대한 각성 • 창조적 자세 • 유머
	전문적 자질	• 이론적 틀 가지기 • 전문가의 조언 아래 장기적이고 다양한 훈련의 기회
윤관현, 이장호, 최송미(2006)	집단상담자의 바람직한 특성	• 집단원을 민감하고 정확하게 이해한 것을 토대로 집단원들과 상호교류할 수 있는 능력 • 비소유적 온정과 집단원에 대한 수용성을 발휘할 수 있는 능력 • 집단장면에서 성숙되고 순수한 심정으로 임할 수 있는 자세 • 자기 자신에 대한 깊은 이해
	전문적 자질	• 인간행동에 대한 깊은 이해 • 개별적 행동의미를 명료화시키는 능력 • 개입 및 상호작용 속도와 깊이를 조절하는 능력

집단상담 성과와 관련된 집단상담자의 인간적 자질과 전문적 특성

박성수, 김창대, 이숙영(2000)	인간적 자질	• 정서적으로 함께 함 • 용기 • 자기인식 • 진솔성 • 집단과정에 대한 신념과 열정 • 힘	• 개인적 능력 • 자신을 직면하는 기꺼움 • 진실성 • 정체성 • 창의성 • 삶의 중심유지 능력
	집단지도자의 기술	• 집단의 구성 및 유지 • 집단규범의 설정 • 집단상담의 문제를 윤리적으로 다루기 • 집단과정의 정확한 이해 및 치료적 활용	• 집단분위기 조성 • 의사소통 및 상호작용의 촉진 • 집단상담자로서의 모델링
Corey(2007)	인간으로서 집단상담가	• 용기 • 집단원과 함께 있음 • 집단과정에 대한 믿음 • 자신의 문화에 대한 인식 • 개인적인 힘 • 기꺼이 새로운 경험을 찾는 태도 • 유머감각 • 개인적인 헌신과 적극적인 참여	• 기꺼이 모범을 보임 • 선의와 보살핌 • 개방성 • 공격에 대처할 때 비방어적이 됨 • 활력 • 자기자각 • 창조성
	직업인으로서 집단상담가	• 적극적 경청 • 명료화 • 촉진하기 • 해석하기 • 직면하기 • 저지하기 • 모범보이기 • 평가하기	• 반영하기 • 요약하기 • 공감하기 • 질문하기 • 지지하기 • 진단하기 • 솔선수범하기 • 종결짓기

5 집단리더십

1 정의

리더십은 사회적 상호작용의 특수한 형태로서 집단과 개인의 목표달성을 촉진하기 위해 다른 사람들에게 영향을 주고 동기화시키도록 개인들 간의 협력이 허용되는 상호 호혜, 의사교류, 사회적 교환 과정, 적응·목표 추구 과정 그리고 때로 변형과정을 이끄는 능력을 뜻한다.

2 유형

집단리더십은 대체로 집단상담자가 집단 개입에 얼마나 적극적이고, 지시적이며, 구조적인 입장을 취하는가에 따라 달라진다.

(1) 민주형, 독단형(전제형), 방임형 2006 기출

	민주형	독단형	방임형
정의	집단중심적 또는 비지시적 리더십으로서 인본주의 또는 형이상학적 이론을 따르는 상담자들이 선택하는 유형	리더 중심적이고 독재형 또는 권위주의적 유형으로서 구성원들의 변화에 필요한 통찰이나 집단행동을 집단원들보다는 전문가가 주도하며 발전시킬 수 있다고 믿는 유형	수동적 혹은 소극적 유형으로서 집단상담자는 집단의 방향이 전적으로 구성원들에게 있고, 집단과정과 결과에 대한 책임 역시 그들에게 달려 있다고 믿는 유형
특징	• 구성원들과 집단에 책임을 공유한다. • 자신의 지식과 경험뿐 아니라 구성원들의 자율성, 자기이해, 문제해결 능력을 인정한다. • 집단 내에 합리적이고 촉진적인 분위기를 조성한다면, 집단과 구성원들은 스스로 잠재력을 개발하게 된다고 가정한다. • 모든 문제의 해답을 알고 있는 전문가처럼 행동하기보다는 인간발달 과정의 촉진자로서의 역할을 수행한다. • 주로 명료화, 재진술, 반영, 피드백, 과정에 대한 평가 등과 같은 집단 기술을 사용한다.	• 집단에서 제시되는 자료의 의미를 이해할 수 있는 유일한 사람이라는 입장을 취한다. • 인간 행동과 집단역동에 관한 지식과 경험을 토대로 집단 방향을 독자적으로 설정하고 집단과정을 주도한다. • 집단역동과 집단원 개개인의 행동을 분석 및 해석을 통해, 행동에 대한 이해의 폭을 확대시키는 것이 리더의 역할이라고 믿는다.	• 초심 집단상담자들이 비지시적인 리더십을 발휘하다가 때로 방임형 리더십으로 변질되는 경우가 종종 있다. • 개인적인 애정 욕구를 충족시키고자 하는 집단상담자들이 때로 방임형 리더십을 보이기도 한다. • 가장 큰 문제는 이 유형의 집단상담자가 이끄는 집단의 구성원들은 집단을 통해 얻을 수 있는 것이 거의 없다는 점이다.

[2006년 기출]

〈보기〉는 집단상담자의 지도성 유형을 설명한 것이다. 각각 어떤 유형에 해당하는지 쓰시오.

──〈보기〉──
1) 집단구성원이 스스로 집단의 방향을 결정하고 문제를 해결할 수 있도록 도와준다.
2) 집단의 진행은 전적으로 집단구성원의 책임이라고 생각하여 가능한 한 관여하지 않는다.
3) 집단구성원만의 힘으로는 변화를 가져올 수 없다고 생각하여 집단과정을 주도적으로 이끈다.

(2) 개인내적 지향, 대인관계적 지향

개인내적 지향	• 개인내적 지향의 집단지도자들은 참가자들을 일 대 일 방식을 대하는 것을 선호한다. 이 형태는 집단 내에서의 개인상담 형태처럼 보이기도 한다. • 개인 내에 존재하는 개인 내적 갈등, 역동, 내면적 관심에 주안점을 둔다. 즉 개인의 과거, 통찰의 발달, 내적 갈등에 흥미를 가진다. 개인내적 지향의 지도자는 집단의 역동이나 참가자간의 상호작용의 과정에 보다는 개인에게 더 큰 흥미를 가진다.
대인관계적 지향	• 대인관계 지향 상담 방식은 참가자간의 상호작용과 집단 내의 관계에 주안점을 둔다. 개인의 무의식 과정이나 개인내적 갈등에는 관심이 적다. • 지금 현 상태에 관심을 두고 참가자들 간의 상호작용과 전체적인 집단의 관계를 보며, 집단역동과 집단 내의 효과를 저해시키는 것에 관심이 있다. • 유능한 집단상담자는 두 방식을 종합해 자신의 것으로 만들 수 있어야 한다. 즉 자신의 개성에 맞는 상담방식을 지니고 특정 개인이나 집단에 이러한 두 가지 지향을 적절히 안배할 수 있어야 한다.

(3) 네이피어와 거쉔펠드 및 탄넨바움과 슈미트(Napier & Gershenfeld / Tannenbaum & Schmidt)의 상담자 중심적(전제형) 지도성, 집단원 중심적 지도성을 양극으로 하여 제시하는 상담자 유형

① 의사결정과정에서 상담자의 권한 영역과 집단원의 자유재량 영역이 어느 정도인가에 따라서 상담자 중심적 지도자와 집단원 중심적 상담자를 하나의 연속선 위에서 파악하여, 그 가운데 상담자의 다양한 행위 유형을 제시하고 있다.

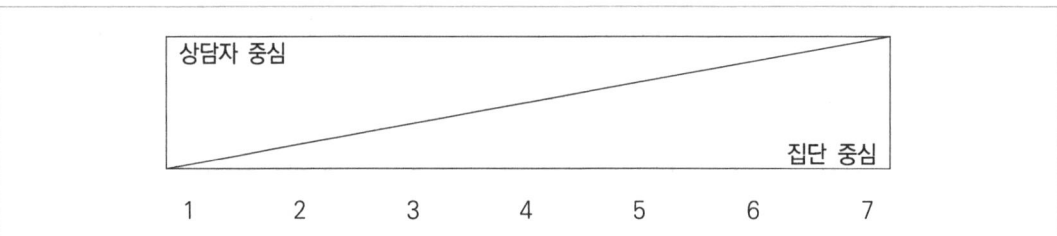

1: 집단상담자가 미리 정하여 일방적으로 알리는 형태
2: 집단상담자가 미리 결정하여 따르도록 설득하는 형태
3: 집단상담자가 그의 결정을 제시하고 이해시키기 위하여 질문을 받는 형태
4: 집단상담자가 임시적 결정을 제시하고 집단의 반응을 참작하여 최종결정을 하는 형태
5: 집단상담자가 몇 가지 안을 제시하고 집단이 그 중에서 결정을 하는 형태
6: 집단상담자가 범위를 정해 주고 그 안에서 집단이 토의, 결정케 하는 형태
7: 문제, 범위, 결정 등 모든 것을 집단(집단상담자도 포함)에서 토의하고 결정하는 형태

② 앞의 그림은 상담자가 택할 수 있는 지도성 행동의 범위를 나타낸 것이다. 각 형태는 집단상담자가 행사하는 권위와 집단에 주어지는 자유의 정도와 직결되어 있다.

왼쪽으로 옮겨갈수록	오른쪽으로 옮겨갈수록
• 집단상담자 중심이 되어 강한 통제를 하게 된다. • 집단상담자는 그 집단의 방향과 결과 혹은 성공 실패에 대한 전적인 책임을 지게 된다. • 집단상담자는 고도로 지시적이 되지 않으면 집단이 우왕좌왕하므로 시간만 허비하게 된다고 본다. • 집단상담자는 스스로를 전문가로 보고 전문적인 기술을 동원하여 적극적으로 집단을 이끌어 나가려고 노력한다. • 보통으로 행동주의나 형태주의적 입장을 취하는 집단 상담자들에게서 볼 수 있다. • 왼쪽으로 옮아 갈수록 집단이 더욱 조직화되는 경향을 띠게 된다. • 집단 상담자에 의하여 사전에 계획된 조직적인 프로그램에 따라, 집단상담자의 구체적인 지시에 의하여 집단활동이 전개된다.	• 집단 중심적인 형태, 집단상담자는 가능한 한 통제를 풀어 주게 된다. • 집단상담자는 집단의 방향결정과 결과의 책임을 집단에게로 이양한다. • 집단상담자 자신도 한 사람의 집단을 집단활동에 참여하게 된다. • 집단상담자는 "우리 집단의 성공 실패는 구성원 모두의 책임이다."라는 태도를 취한다. • 보통으로 T집단과 만남 집단의 상담자들에게서 볼 수 있다. • 오른쪽으로 옮겨 갈수록 집단상담자는 집단원들이 지도성을 행사하도록 기다린다. • 사전에 계획도 준비도 하지 않고 그냥 와서 집단이 목적, 조직, 활동을 스스로 발전시키도록 돕는다. • 보통 집단원들에게 불안이나 적대감정을 유발시키며 그 결과 집단상담자가 무능하다든가 무성의하다는 공격을 받게 된다. 이 형태에서는 이와 같은 비난이나 공격을 집단활동의 자료로 활용하는 것이다.

> **집단리더십 발휘토록 집단운영의 성과를 높일 수 있는 6가지 방법/지침**
> (1) **모델 기용**: 모델링, 즉 모방학습 방법을 활용한다. 모델이 될 만한 사람을 집단에 참여시키는 한편, 대체로 이질적인 집단참여자들로 나머지를 구성하는 방법이다.
> (2) **집단과정의 중요성 인식**: 집단원들의 상호작용 즉 집단과정은 집단내용보다 중요하다.
> (3) **적절한 집단 규모와 목표 설정**: 적절한 크기의 집단과 감당할 수 있을 만한 수준의 목표를 설정한다.
> (4) **집단원들의 자발적 참여 권장**: 집단원들이 집단작업에 자발적으로 참여하도록 안전하면서도 참여 동기를 유발시키는 분위기를 조성해야 한다.
> (5) **집단평가서 작성**: 집단이 끝날 무렵에 집단원들이 무기명으로 집단평가서를 작성하도록 하는 것이 좋다.
> (6) **집단회기의 녹음·녹화**: 집단회기를 녹음 또는 녹화하여 회기가 끝난 후 되돌려보는 것이다. 집단상담자는 자신이 집단에서 어떤 행동과 역할을 수행하고 있고, 집단원들 간의 상호작용 촉진을 위해 어떻게 개입하고 있는지를 관찰할 수 있다.

6 공동리더십

2인 이상의 리더 혹은 집단상담자가 협력하여 한 집단을 이끄는 것이다. 공동리더십은 국내외에서 집단상담자 교육의 일환으로 널리 활용되고 있는데, 임상 경험이 풍부한 상담자를 '리더'로, 경험이 적은 상담자를 '코리더' 또는 '보조 리더'라고 부른다.

장점	(1) **상담자의 소진 가능성 감소**: 한 상담자가 집단을 이끌어가는 동안 다른 상담자는 문제의 소지가 있는 집단원에게 주의를 기울임으로써 서로 소진 가능성을 줄일 수 있다. (2) **역할분담 용이**: 집단상담자들은 서로 협의를 통해 상부상조하며 집단을 이끌 수 있는 반면, 집단원들은 두 상담자의 서로 다른 관점에서 도움을 얻을 수 있다. (3) **상호 보완**: 한 상담자가 참석할 수 없거나, 심리적으로 소진되거나 일시적으로 정서적인 어려움을 겪게 되는 경우, 다른 상담자가 집단을 주도적으로 이끌 수 있다. (4) **상호 피드백 교환**: 한 집단상담자는 다른 상담자의 공명판 역할을 할 수 있고, 또한 서로의 감정이 지나치게 주관적으로 치우치지 않도록 조절할 수 있을 뿐만 아니라 유용한 피드백을 교환할 수 있다. (5) **상호 정보교환**: 서로의 전문 정보를 교환함으로써 집단을 이끄는 방식과 전략에서 다양한 방법을 배울 수 있다. (6) **집단리더십 모델링**: 서로의 집단 운영방식을 지켜봄으로써 집단리더십에 관한 기술과 전략을 서로 나누고 모방을 통한 학습이 일어날 수 있다는 점이다.
단점	(1) 인력 활용의 비효율성 (2) 집단상담자들 간의 의견 불일치 (3) 경쟁심 유발 (4) 집단원 편애 가능성
극복방안	(1) 개방적 의사소통 통로를 열어놓는다. (2) 신뢰와 존경을 바탕으로 서로의 전문성을 인정한다. (3) 서로의 강점과 약점을 함께 확인한다. (4) 서로에 대해 더 잘 알기 위한 시간을 마련한다. (5) 집단계획, 목표/세부목표, 규범 등에 관하여 협의·결정한다. (6) 집단회기 전과 후에 반드시 모임을 갖고 상의한다.

7. 집단상담자의 문제행동

1 집단상담자의 문제행동 4가지

(1) 지나친 개입
① 집단원들의 진술에 일일이 반응하고 개입하는 것으로서, 집단원들의 상호작용을 촉진하려는 노력이나 오히려 상호작용을 방해할 수 있다.
② 집단상담자는 다른 집단원들이 반응을 보일 때까지 기다려 주거나 연결 등과 같은 집단기술을 통해 집단원들의 참여를 독려한다.

(2) 방어적 태도
① 집단원들의 평가나 비판에 감정적으로 거리를 두는 것으로, 이럴 경우 집단원들도 방어적으로 될 수 있고 자칫 집단원과 집단상담자 간에 적대감이 형성될 수 있다.
② 문제 행동을 보이는 집단원의 경우엔 리더가 반응을 보이지 않음으로써 문제행동 패턴을 반복하게 만들 수 있다.
③ 집단상담자는 집단원들의 이야기를 수용적으로 경청하고 불만을 표현하게 할 필요가 있다.

(3) 폐쇄적 태도
① 집단과정에서 집단상담자가 자신의 반응을 최소화하는 것으로, 집단원들의 자기개방을 가로막는다.
② 집단상담자가 폐쇄적인 태도를 보이는 이유: 전문가의 이미지를 손상시키지 않으려고 하기 때문에, 집단상담자의 사적인 내용의 노출이 치료적 관계형성을 가로막는다고 여기기 때문에.

(4) 과도한 자기개방
① 집단상담자가 집단과정 중 자신의 사적인 내용을 과도하게 드러내는 것으로, 집단상담자의 역할을 포기하는 것과 같다.
② 자기개방은 집단의 일원으로 기능하게 하는 집단압력에 굴복한 결과일 수도 있다. 또한 자기개방 없이 집단원들에게 자기개방을 통해 모험하기를 기대하는 것은 불공평하다는 태도의 결과일 수 있다.
③ 지금-여기 경험에 집중하여 자기개방을 촉진하며, 집단성과를 떨어뜨리는 감정표출은 자제하도록 한다.

상담자의 자기개방 지침 3가지

(1) 상담자의 역할 수행에 방해되는 사적인 문제가 있다면 다른 전문가의 도움을 받아 그 문제를 최우선적으로 해결한다.
(2) 집단작업과 관련된 자기개방은 일반적으로 유익하고 생산적인 반면, 집단에서 다루고 있는 주제와 관련없는 개인적인 사건이나 문제를 털어놓는 것은 비생산적이다.
(3) 상담자의 사적인 문제를 끄집어내는 것은 일반적으로 바람직하지 않으므로, 집단들 사이에 자기개방의 빈도와 깊이에서 큰 차이가 나지 않도록 균형 유지를 위한 조정자 역할을 '여기 지금'에 관련된 반응 위주로 함으로써 집단 내의 상호작용을 증진한다.

4 집단원

1 집단원의 기능적 역할 📗 2012 기출

1) 집단의 문제나 목표에 대해 새로운 아이디어나 변화된 방법을 제안한다.
2) 집단 내 구성원들이 알아야 할 정보나 함께 분명하게 규명해야 할 가치관에 대해 의견을 묻거나 의견을 제시하는 역할을 한다.
3) 다른 집단원이 한 말을 요약해주거나 명료화하는 역할을 한다.
4) 집단과정에 대해 평가하고 집단의 목표를 향해 적절하게 수행되어가고 있는가를 비평하는 역할을 한다.
5) 집단역동이 형성되고 집단 분위기가 촉진되는 데 조력하는 역할을 한다.
6) 집단 안에서 일어난 일을 기억하고 정보가 필요할 때 그 정보를 제공하는 역할을 한다.
7) 집단원들에게 적절한 피드백을 제공하고 집단원이 내놓은 이야기에 격려, 조언, 수용 등의 태도를 보인다.
8) 집단 안에 갈등이 일어날 때, 이를 중재하고 불일치된 의견을 조정하도록 도움으로써 긴장을 해소하는 역할을 한다.

> **참고** 집단원 유형: 공격하는 사람, 차단하고 저항하는 사람, 자신의 어려움을 호소하는 사람, 권위나 우월감을 과시하는 사람, 수수방관하는 사람, 자기 이야기만 하는 사람, 집단과 관련없는 정보들을 화제로 갖고 와 이야기거리를 만드는 사람 등

기능이 잘되는 집단의 특징

- 집단원들의 목표는 집단 목표와 일치된다.
- 건강한 규범이 설정되어 건실한 구조와 자발성 사이에 균형을 유지한다.
- 역기능적 집단 역할은 지속적으로 저지되는 한편, 집단의 힘은 협력과 과업완수를 위해 작업하는 집단원들에게 집중된다.
- 높은 수준의 신뢰, 안전 그리고 응집력이 형성되어 있다.
- 집단원들 사이에 정보와 경험이 공유된다.
- 리더십 유형이 민주적이며 책임을 분담한다.
- 갈등과 의견 불일치는 집단과정에 필수적인 일로 다뤄진다.
- 개방성과 진솔성의 수준이 높으며 건강한 피드백이 오고간다.
- 집단과 집단원들의 변화와 성장이 목격된다.

---

2 조해리 창문(Johari Window) 📗 2020 기출

러프트와 잉엄(Joseph Luft & Harry Ingham)은 인간관계 상호작용에 나타나는 네 가지 영역을 창문에 비유하여 설명한다. 모든 사람은 네 가지 마음의 창을 가지고 있다고 본다.

1 개방된 영역(Open area)

내가 알고 있는 나, 타인에게 알려진 나 영역. 이러한 정보는 공공적이거나 쉽게 관찰할 수 있는 실제적 정보, 다른 사람에게 드러내기 꺼리지 않는 정보다. 어떤 사람과의 관계에서 이 부분이 클수록, 그 사람과 가까운 인간관계를 맺고 있음을 뜻함. 자신과 상대방에게 알려진 행동, 감정, 동기가 서로에게 이해됨으로써 상호작용과 교류를 위한 근간을 구성한다. 즉 개방적이고 효과적인 의사소통이 가능하다.

2 감추고 있는 영역(Hidden area)

내가 알고 있는 나, 타인에게 알려지지 않은 나 영역. 상대방에게 노출하기를 꺼려하는 정보 의미. 예를 들어 개인적 감정, 사생활, 공포, 불안, 의심, 성생활, 혼란, 갈등, 싸움 등이다. 신뢰하는 친구나 직장동료일수록 더 많이 노출한다. 자신의 의견이나 감정을 표출하지 않고 타인으로부터 정보를 얻으려는 경향이 커져 효과적인 의사소통이 이루어지지 않는다.

3 맹인적 영역(Blind area)

내가 모르는 나, 타인에게 알려진 나 영역. '기분 나쁜 입김(bad breath)'으로 불리는 정보. 다른 사람이 자신에 대해 갖는 인상, 자신의 행동에 대한 다른 사람의 설명을 의미한다. 이는 다른 사람들에게 약한 부분이 있음을 의미한다. 피드백을 받지 못할 때 이 부분이 넓어진다.

4 알려지지 않은(미지의) 영역(Unknown area)

내가 모르는 나, 타인에게 알려지지 않은 나 영역. 무의식의 세계에 해당. 이는 탐구하고 확장될 잠재능력의 영역과 같다. 자신의 견해를 표출하지 못하며 타인으로부터도 피드백을 받지 못해 정상적인 의사소통이 불가능하다.

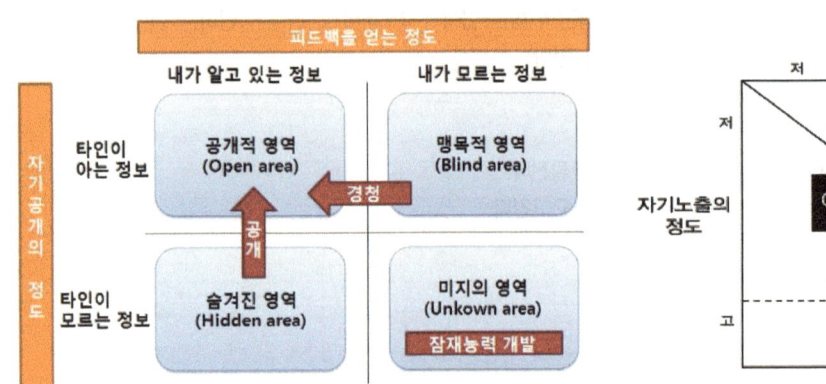

5 조해리의 창은 자기노출과 피드백이라는 두 개념을 명료화하기 위해 개발된 개념

(1) **자기노출(자기개방):** 자신의 입장을 명확히 밝히고 자신을 남에게 보여줌으로써 타인이 자신을 알 수 있도록 하는 행위. 다른 사람과 감정과 정보를 공유할 수 있을 만큼 신뢰수준이 높을 때 가능하다.

(2) **피드백:** 타인이 자신에게 개방적, 수용적이라고 지각하고 이해할 때 일어남. 서로가 서로에 대한 생각과 느낌을 말해주고 이것이 어떠한 영향을 갖는지 말해준다.

6 조해리의 창은 창틀의 크기와 형태가 고정된 것이 아니라 상호신뢰수준과 자기노출, 피드백 교환 정도에 따라 유동적으로 결정됨

(1) 효과적인 의사소통을 위해서는 창의 크기와 형태를 변화시키려는 노력이 필요하다.

(2) 자신이 느끼는 것을 상대에게 알려주고 상대방이 알려져 있지 않은 사실들을 이야기해줄 때,(자기노출↑, 피드백↑) 맹목적 영역과 숨겨진 영역이 줄어들고, 미지의 영역 역시 의식수준으로 나타나 공개적 영역이 늘어날 것이다.

[2020년 기출]

다음은 전문상담교사가 집단상담의 주요 치료적 요인의 기능을 조하리의 창(Johari's window)을 적용하여 집단원들에게 설명하기 위해 고안한 도식이다.

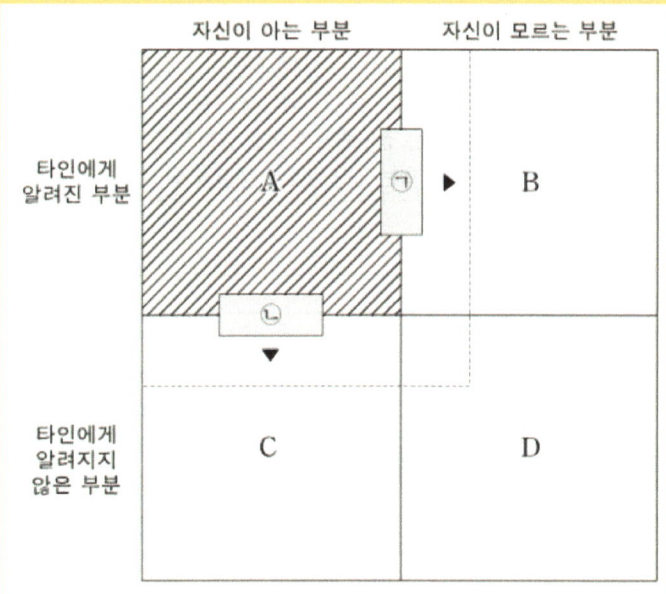

〈작성방법〉

- 코리(M. Corey) 등이 제시한 집단상담의 치료적 요인 중 ㉠, ㉡에 해당하는 요인의 명칭을 순서대로 쓸 것.
- A~D 중 관련된 영역의 명칭을 사용하여, 위 도식의 빗금친 A 영역을 확장시키기 위한 ㉠, ㉡의 기능을 각각 1가지씩 순서대로 서술할 것.

3. 집단원의 문제행동

1 대화 독점 📖 2011, 2023 기출

정의	• 집단원 개개인에게 할당되는 일정한 시간을 특정 집단원이 일방적으로 독차지하여 사용하는 행동
원인	• 끊임없이 다른 집단원과 동일시하는 경향이 있어 다른 집단원과 관련된 상황과 연결시켜 자신의 일상생활에 대한 이야기를 장황하게 늘어놓음.
문제 양상	• 다른 집단원들에게 집단 시간을 고르게 배분하기 어려워 집단원들의 불만이 생겨날 수 있다. • 집단상담자가 대화 독점 행동을 하는 집단원을 방임할 경우, 다른 집단원들도 대화 독점 하는 행동을 학습할 수 있다. • 대화 독점을 하는 집단원의 이야기를 들어주다 보면 다른 집단원들은 피로감과 지루함을 느껴 결국 집단 에너지가 고갈될 수 있다.

해결 방안	• 대화 독점하는 집단원을 놔둘 경우 집단원들의 불만이 폭발할 수 있으므로 집단상담자는 문제 행동에 적극적이고 즉각적으로 개입해야 한다. 이 때 집단상담자는 문제행동을 하는 집단원으로 하여금 자신의 행동을 탐색해 보고, 대화 독점 행위가 어떤 결과를 초래할 수 있는지 생각해보도록 해야 한다.
	• 문장완성기법을 사용하여 대화 독점하는 집단원에게 이를 말하게 한 후, 집단원들 간에 피드백을 교환하도록 하는 것도 방법이다. 이는 문제 행동을 하는 집단원에게 통찰을 줄 수 있다.
	  • 내가 다른 사람이 말하도록 했다면, _____
	  • 만일 내가 말을 하지 않았다면, _____
	  • 내가 말을 많이 하는 이유는, _____
	  • 사람들이 내게 귀를 귀울이지 않으면, 나는 _____

2 소극적 참여 📖 2009, 2011, 2013, 2022 기출

정의	• 집단회기가 진행되는 중에 침묵으로 일관하거나 철수 행동을 보이는 등, 집단 활동에 적극적으로 참여하지 않는 태도
원인	• 집단원의 성격적 특성, 말할 가치가 없다는 느낌, 특정 집단원 또는 집단상담자에 대한 저항감, 집단상담자에 대한 Test, 집단원 역할에 대한 몰이해, 다른 집단원이나 집단상담자에 대한 열등감, 집단상담자의 모호한 지시사항, 집단의 진행 방향에 대한 불만, 집단에 대한 믿음 부족, 신뢰감 상실, 거절에 대한 두려움, 남들에게 자신이나 가족에 대해 노출해서는 안 된다는 신념, 언어표현 능력이 부족해서 어리석게 보일 것에 대한 걱정, 의사소통 혹은 침묵과 관련된 정신적 상처 등.
문제 양상	• 다른 집단원들에게 집단에 대한 의구심이 생겨나게 한다. • 소극적인 대처를 하는 집단구성원에 대해 다른 집단원이 죄책감이 생겨날 수도 있다. • 다른 집단원들은 소극적으로 참여하는 집단원에 대해 아는 바가 없어지고 일방적으로 자신들이 관찰 당한다는 느낌에 불안 혹은 불만을 갖게 될 수 있다. • 소극적인 집단원처럼 집단에 대한 참여가 둔화될 수 있다. • 집단역동이 침체되면서 집단의 응집력이 떨어진다.

해결 방안	• 소극적인 집단원이 집단에 참여할 수 있는 기회를 제공한다(주의점: 다른 집단원이 소극적인 집단원에게 비난하거나 공격적인 태도를 취하지 않도록 / 집단상담자는 소극적인 집단원과 개인 면담 하지 않는다 왜냐하면 다른 집단원들과 직접적인 상호작용하는 것에 대해 책임감 가지도록 하기 위해). • 연결 기술을 사용하여 다른 집단원들의 말과 행동에 대해 소극적인 집단원이 어떻게 생각하고 느꼈는지 물어보거나 다른 집단원들이 소극적인 집단원에 대해 어떻게 느끼고 있는지를 물어본다. • 집단상담자는 소극적인 집단원의 침묵이 생산적인 침묵인지 비생산적인 침묵인지 파악해야 한다. 생산적인 침묵이란, 집단에서의 일을 숙고하고 감정을 정리하느라 하게 되는 침묵이며 이럴 경우 몇 분간 기다려주어야 한다. 그러나 비생산적인 침묵은 두려움, 분노, 지루함, 모호함의 상태에서 침묵하는 것으로 이 때는 집단상담자가 즉각적으로 개입하는 것이 바람직하다. 2013 기출

[2022년 기출]

다음은 집단 리더인 최 교사와 공동 리더인 임 교사의 대화내용의 일부이다. 밑줄 친 ㉠에서 나타날 수 있는 부정적 영향과 밑줄 친 ㉡에 해당하는 상담자의 개입 시 주의점을 각각 1가지 서술하시오.

최 교사: 지혜가 오늘도 아무 말을 하지 않고 있는 거 관찰하셨지요?
임 교사: 그러게요, 저도 신경이 계속 쓰였는데요. ㉠ <u>지혜가 계속 말을 안 하고 소극적인 자세로 있으면 다른 집단원들에게 부정적인 영향을 미치게 될 텐데, 그것도 걱정이에요.</u> 선생님은 지혜의 침묵에 대해 어떻게 생각하세요?
최 교사: 글쎄요. 지혜가 워낙 내향적인 성격이어서 그럴 수도 있고 아니면 아직 집단에 대한 신뢰가 부족해서 그럴 수도 있을 것 같아요.
임 교사: 네, 그렇군요. 지혜가 말로 표현은 안 하더라도 다른 집단원들의 이야기를 들으면서 혼자 깊이 생각하고 깨닫고 있을 가능성도 있겠네요.
최 교사: 그렇지요. 그럼 다음 회기에도 ㉡ <u>지혜가 말을 하지 않고 있으면 개입해 보는 것이 좋을 것 같습니다.</u>

3 습관적 불평

정의	• 거의 매 회기마다 집단에 대해 불평을 늘어놓는 행동. 집단상담자의 운영방식이나 집단과정에 대한 불평들이다.
원인	• 집단 초기에 나타나는 흔한 현상, 비자발적 집단원들로 구성될 경우 더욱 빈번히 나타남.
문제 양상	• 집단 분위기를 해치며 집단의 흐름을 방해한다. • 다른 집단원들의 불평으로 이어질 수 있으며 응집력을 저해한다. • 다른 집단원들과의 논쟁과 갈등으로 이어질 수 있다.
해결 방안	• 대화의 초점을 다른 집단원이나 주제로 돌린다. 회기가 마치고 나면 불평을 한 집단원과 개인면담을 함으로써 불평의 이유를 듣는다(주의점: 문제 행동을 보이는 집단원의 행동을 직면시키거나 지적해선 안 된다. 자칫 갈등이 불거질 경우, 집단상담자와 문제 집단원의 언쟁이 다른 집단원에게 불편감을 줄 수 있다). • 생산적인 집단활동을 위해 협조와 도움을 요청한다. • 문제 행동의 집단과 시선 접촉을 피함으로써 나서지 않게 한다. 반면 동맹자, 즉 집단에 활력소를 불러일으키는 집단원에게 질문이나 피드백을 제공하게 하여 집단 분위기를 고양시킨다. • 집단 상담자의 관심이나 집단 안에서의 역할을 원해서 불평하는 것이라면 이를 제공한다. • 집단의 긍정적인 가치를 깨닫게 되면 이런 불평들은 대개 사라진다.

4 일시적 구원(band-aiding: 반창고 붙이기, 상처 싸매기) 2013, 2019 기출

정의	• 타인의 고통을 지켜보는 것이 어려워 이를 사전 봉쇄하기 위해 가식적 지지를 하는 행위
원인	• 다른 집단원의 상처를 달래고 고통을 줄여 사람들을 안심시키면서 자신도 마음의 안정을 취하려는 의도. 고통을 회피하기 위한 방편.
문제 양상	• 고통을 겪는 집단원이 충분히 자신의 감정을 토로하고 호소함으로써 그 경험을 통해 성장을 할 기회를 뺏음.
해결 방안	• 고통스러운 경험을 노출하는 집단원이 있을 때, 일시적 구원을 하려는 집단원으로 하여금 자신의 느낌과 생각을 탐색하도록 한다. 특히, 자신의 미결감정을 회피하거나 억압하려던 이유였다면 교정적 정서체험을 하도록 돕는다. **교정적 정서적 체험** 2007 기출 외상적 경험이었던 사건을 안전하고 지지적인 집단 환경 안에서 재연함으로써 구성원들로부터 외상 경험의 대상들과는 다른 피드백과 지지, 현실검증을 경험함으로써 역기능적인 패턴을 교정하는 체험을 하는 것을 말한다.

[2019년 기출]

다음은 전문상담교사들이 집단상담을 진행하면서 겪은 어려움을 수퍼바이저에게 이야기한 내용이다.

강 교 사: 집단상담을 하면서 어려운 점은 특정 집단원이 자신의 아픈 상처와 고통을 드러내려고 할 때 그 집단원의 상처를 달래주고 고통을 완화시켜 주면서 집단원들을 기분 좋게 하려는 집단원이 있다는 거요. 언뜻 보면 다른 집단원들에게 관심을 보이고 돌보는 행동처럼 보일 수 있지만 실제로는 자신의 고통을 피하기 위한 방편인 것 같기도 해요. 그러한 상황이 되면 자신의 아픈 기억을 이야기하려던 집단원이 당황하기도 하고요.

김 교 사: 맞아요. 저도 비슷한 경험을 한 적이 있어요. 집단원 중의 한 사람이 자신의 어려움을 호소하려고 할 때마다 그를 위로한다고 '괜찮아.', '잘 될 거야.', '네가 걱정한다고 해결될 일이 아니잖아.' '너무 신경 쓰지 마.' 등의 말을 하면서 겉으로는 지지해 주는 것 같은데...... 이러한 상황이 반복되는 것은 바람직하지 않은 것 같아요. 이럴 때 어떻게 대처해야 할지 고민이 돼요.

수퍼바이저: 네, 집단상담에서 자주 나타나는 그러한 문제행동을 (㉠)(이)라고 하는데, 이러한 집단원의 행동은 고통을 드러내려는 집단원에게 ㉡ <u>여러 문제점들을 발생시켜요.</u> 따라서 집단상담자는 ㉢ <u>이러한 문제 행동을 하는 집단원에 대하여 적절하게 대처해야 합니다.</u> 이를 통해 문제행동이 해소되면 어려움을 호소하는 집단원은 물론 그러한 문제행동을 하는 집단원에게도 도움이 됩니다.

〈작성방법〉

• 괄호 안의 ㉠에 해당하는 문제행동의 명칭을 쓸 것
• 밑줄 친 ㉡에 해당하는 문제점을 2가지 서술할 것.
• 밑줄 친 ㉢에 해당하는 대처방안을 2가지 서술할 것.

5 사실적 이야기 늘어놓기

정의	• 느낌, 생각보다는 과거 이야기를 사실 중심으로 두서없이 늘어놓는 행위
원인	• 집단 상담 경험이 없는 구성원이 자신의 과거를 털어놓으면 집단상담자가 이를 해결해 줄 것이라는 오해로 인한 것. 또는 자신의 진술한 느낌이나 생각의 노출을 꺼리는 방어 수단.
문제 양상	• 다른 집단원들로 하여금 지루함과 피곤함을 느끼게 한다. • 주관적 감정을 이해할 수 없어 다른 집단원들이 정서적 도움을 제공할 수 없어 무력감을 느끼게 한다. 그 결과 집단의 효과에 대해 의구심을 갖게 한다. • 한정된 시간에 계속 무의미한 내용을 늘어놓아 시간 배분에 대한 다른 집단원의 불만을 야기한다. • 말하는 본인도 공허함과 무의미함을 느끼게 된다.
해결 방안	• 지금-여기에 초점을 맞추도록 과거 경험에서 야기된 감정을 현재형으로 표출하게 돕는다. • 차단 기술을 사용하여, 과거의 사건이나 상황에 대한 느낌을 토로하도록 돕는다.

6 질문공세

정의	• 다른 집단원이 질문에 대한 대답을 하기도 전에 연속해서 질문을 던지는 행위.
원인	• 자신에 관한 노출을 하지 않아도 될 거라는 무의식적인 은폐 수단.
문제 양상	• 질문이 질문을 받는 집단원의 자기 탐색과 통찰의 수단으로 사용되는 것이 아니라, 다른 집단원에 대한 호기심 충족의 도구로 사용. • 질문을 받는 집단원이 질문에 대해 답변을 계속해야 한다는 부담감을 줌. • 자신의 감정을 탐색하기보다는 생각에 의존한 답변을 하게 만들며, 방어적인 태도를 갖게 만들 수도 있다.
해결 방안	• 질문공세를 하는 집단원이 질문 속에 포함된 핵심 내용을 자신을 주어로 해서 직접 표현해 보도록 한다. 이를 통해 질문을 상대방에 대해 알기를 원한다는 관심의 표현으로 전환할 수 있다. • 질문을 하기 전에 자신의 마음속에 일어나고 있는 일을 말해보도록 제안한다. 이를 통해 연속적인 질문을 던지는 자신의 욕구를 탐색해 볼 수 있다.

7 충고 일삼기

정의	• 다른 집단원에게 인지적인 사항, 즉 해야 할 것과 하지 말아야 할 것을 일러주는 행위.
원인	• 다른 집단원에게 도움이 되고자 하는 동기와 의도.
문제 양상	• 충고하는 사람은 승자, 제공받는 사람은 패자라는 미묘한 분위기를 형성하여 집단 역동에 부정적 영향을 미친다. • 자기 방어나 저항의 형태로서 다른 집단원의 감정표출이나 미결감정의 재경험을 조기에 차단해버린다. • 집단원들은 충고에 귀 기울이지 않을뿐더러 충고대로 실행에 옮겼다가 결과가 좋지 않았을 때 실패를 충고한 사람에게 전가할 수 있다. 이를 통해 실패를 통한 학습의 기회를 박탈한다. 마찬가지로, 충고를 통해 성공했을 때도 문제 해결의 이유를 충고에 돌림으로써, 문제가 발생할 때마다 충고에 의존하게 될 수 있다.
해결 방안	• 집단상담자는 충고하는 집단원이 있다 하더라도 충고를 받는 집단원에게 자신의 문제를 더 깊이 탐색하도록 돕고 그것의 가치를 강조한다. • 교육회기를 통해 집단원들에게 섣부른 충고가 효과적인 조력방법이 아니라는 것을 일깨워 준다. 집단 경험이 없는 집단원들은 자신의 문제를 내놓는 집단원이 충고 받기를 원한다고 착각할 수 있다. 그러나 이럴 경우 모든 집단원들이 좌절감을 경험할 수 있음을 알려줘야 한다. • 충고를 일삼는 집단원에게 그러한 행동의 동기를 탐색하도록 돕는다.

8 적대적 태도 📖 2009 기출

정의	• 누적된 부정적인 감정을 집단상담자나 다른 집단원에게 표출하는 것.
원인	• 두려움이나 열등감, 상대적인 무능력감에 대한 방어적인 표현일 수 있음
문제 양상	• 다른 집단원들에게도 적대적 태도와 감정을 불러일으킬 수 있다. • 집단원들은 심리적으로 위협을 느끼고 자기개방을 하길 껄끄럽게 여겨 집단응집력을 저해시킨다.
해결 방안	• 다른 집단원들이 적대적인 태도를 보이는 집단원에게 받은 영향과 느낌에 대해 이야기를 한다. (주의점: 피드백을 주고받는 것이 공개적인 비난 방식이 돼선 안 된다.) • 적대적 태도를 보이는 집단원이 집단에서 원하는 것이 무엇인지 탐색하도록 하여 그것을 표현하도록 돕는다.

9 의존적 자세 📖 2020 기출

정의	• 집단상담자나 다른 집단들이 자신을 보살피고 자신에 관한 사안을 대신 결정해 줄 것을 기대하는 태도. 자신의 무력감을 호소하는 방식으로 나타난다.
원인	• 타인의 관심 유도, 책임 회피 등의 욕구 충족, 다른 사람의 제안이 무엇이든지 간에 스스로는 그 일을 실천하거나 해결할 수 없다는 믿음이다.
문제 양상	• 집단원이 의존적인 집단원을 돕기 위해 열심히 조언이나 정보, 피드백을 제공하게 될 때, 해당 집단원은 "네, 그렇지만~" 식의 반응을 보여 집단원들의 제안을 교묘하게 회피하거나 무시한다. 이러한 반복이 결국 집단원들을 허탈하게 만들거나 죄의식을 갖게 만들어 집단역동에 부정적인 영향을 끼친다. • 조언을 받아들인다 하더라도 이를 올바르게 실천하지 못한다.
해결 방안	• 타인에게 의존함으로써 얻었던 욕구 충족의 고리(타인의 관심 유도, 책임 회피 등)를 끊는다. • 의존적인 집단원에게 자신의 경향성을 인식시키고 자주적이고 독립적인 새로운 삶에 대해 재고해 보도록 돕는다.

10 우월한 태도

정의	• 다른 집단원들 위에 군림하려는 자세를 취하는 것이다. 이런 집단원은 자신의 능력이 탁월하거나 도덕적인 사람으로 행동하면서, 다른 집단원들의 행동에 대해 판단하거나 비평하는 비판적인 자세를 취한다.
문제 양상	• 다른 집단원들로부터 적대감을 불러일으키며 집단원들이 자기개방을 하지 않게 됨으로써 집단역동에 부정적인 영향을 미친다. 그 결과 집단 분위기는 폐쇄적이고 긴장감이 생기게 된다.
해결 방안	• 집단상담자는 우월한 태도를 보이는 집단원에게 자기 탐색의 기회를 제공한다.

11 하위집단 형성 📖 2016, 2020 기출

정의	• 집단 내에서 일종의 파벌을 형성하는 것으로서, 일부 집단원들이 집단 내에서 또 다른 집단을 만들어 세력을 형성하고 단합을 하는 것을 뜻한다. 이들은 때때로 다른 집단원들을 견제하거나 집단상담자에게 영향력을 행사한다.
원인	• 집단 밖의 사회화. 연령, 출신학교, 출신지역, 종교, 직업, 결혼유무, 사회경제적 지위 등

문제 양상	• 하위집단과 다른 집단 간의 친밀감과 공유된 정보의 차이로 괴리감이 형성되고 응집력을 저해한다. • 하위집단들은 자신들의 중요한 문제를 전체 집단 내에서 논의하기보다는 집단 밖에서 논의할 수 있다. • 집단과정에서 같은 하위집단에 속하는 집단원들을 옹호하는 반면, 다른 집단원들을 따돌릴 수 있다. 즉 집단 대 개인, 집단 대 집단으로 갈등이 생겨날 수 있다.
해결 방안	• 하위집단 형성에 따른 문제점을 직접적이고 개방적으로 다룬다. 하위집단원들에게 집단이 진정 효과적으로 기능하기를 바라는지 묻는다. 이 과정을 통해 하위집단이 집단 전체에 미치는 악영향을 인식시킨다.

[2020년 기출]

다음은 전문상담교사들이 공동으로 진행하는 중학교 3학년 학생 8명으로 구성된 집단상담에서 일어난 문제 행동에 대해 논의한 내용의 일부이다. 〈작성 방법〉에 따라 서술하시오.

> 김교사: 지난 회기에 ㉠ 태익이가 집단에 늦게 왔을 때 호준이가 왜 늦었냐고 했더니 용재와 현우가 똘똘 뭉쳐서 너도 늦으면서 왜 그러냐고 마치 태익이를 감싸듯이 말을 하더라구요. 다른 친구들이 이야기할 때, 세 명이 서로 눈길을 주고받기도 하고....
> 이교사: 저도 보았어요. 어떤 친구는 자신의 이야기를 할 때 세 명의 눈치를 보면서 머뭇거리더군요.
> 김교사: 이러한 문제가 반복되면 적절한 개입이 필요할 것으로 보입니다. 그리고 ㉡ 현주는 다른 친구들이 자신의 문제를 대신 해결해 주기를 바라는 것 같아요. 그렇지만 막상 친구들이 조언을 해 주면 잘 받아들이지 않아요.
> 이교사: 네, 맞아요. 친구들이 엄마와 관계가 좋지 않은 현주에게 다른 가족의 도움을 받아보는 게 어떻겠냐고 하자, 현주는 아무 소용이 없다며 받아들이지 않더군요. 이런 상황이 반복되니까 이제는 현주가 뭔가를 상의하려 해도 친구들이 귀담아 듣지 않아요.

〈작성방법〉

• 밑줄 친 ㉠, ㉡에 해당하는 문제 행동의 유형을 순서대로 쓸 것.
• 밑줄 친 ㉠, ㉡에 해당하는 문제 행동에 대한 집단상담자의 대처방안을 각각 1가지씩 순서대로 서술할 것.

12 지성화 📖 2023 기출

정의	• 감정적인 것을 노출하는 것을 꺼리는 집단원이 지적인 부분만 언급하여 말하는 경우. 이런 집단원은 개인의 불안, 자아에 대한 위협, 불편한 감정과 충동 등을 억누르기 위해 분석적 사고나 궤변 등의 인지적 능력을 사용한다.
원인	• 감정에 대한 저항
문제 양상	• 지성화를 사용하는 집단원이 자신의 감정을 은폐하는 인상을 주어 집단원들 간에 자유로운 감정 표현을 억제시켜 라포 형성을 저해한다. • 지성화를 사용하는 집단원은 자기 개방을 하지 않는 인상을 주기 때문에 다른 집단원들이 관찰 당한다는 느낌을 주어 집단 분위기를 폐쇄시키고 경직시킨다.
해결 방안	• 자신이 말하는 내용과 관련된 감정을 인식하고 직접 경험하고 정리하여 표현할 수 있는 기회를 제공한다. 이를 위해 역할연습을 하게 하거나 집단상담자가 직접 감정표현을 시범 보인다. • 지성화의 원인이 외상경험과 관련이 있을 경우, 개인 상담을 받게 한다.

13 감정화

정의	• 인지적이고 이성적인 면은 외면한 채, 모든 걸 감정적으로만 처리하여 집단의 흐름을 저해하는 경우.
원인	• 관심에 대한 욕구. 직면에 대한 방어.
문제 양상	• 지나치게 감정에 휩싸이거나 눈물을 보이는 것이 집단 작업을 제대로 수행하는 것이라고 여겨 집단 작업에 그 집단원이 큰 기여를 하고 있다는 인상을 다른 집단원들에게 줄 수 있다. • 감정화를 사용하는 집단원에게 필요 이상의 집단 시간을 허비하여 다른 집단원들에게 실망과 좌절, 분노감을 느끼게 할 수 있다. • 회기 종료를 앞둔 시점이라면 감정화를 사용한 집단원에게 집단상담자가 관심을 보이느라 회기 종료가 지연될 수 있고, 이로 인해 집단원들이 불만감이 생겨날 수 있다.
해결 방안	• 감정화의 원인이 고통스러운 사건의 결과인지 주변 사람들의 동정을 얻기 위함인지 분명히 파악하여 대응한다. 동정을 얻기 위해 감정화를 사용하는 집단원일 경우 집단상담자는 위로, 동정, 껴안아 주는 등의 표현을 차단해야 한다. • 집단원들에게 둘씩 짝을 짓게 하여 서로의 생각과 감정을 나누게 한다. • 감정화를 사용하는 집단원의 고통을 인정해 주고, 집단회기를 마친 후, 이야기를 나누도록 한다.

참고 잦은 지각과 결석

(1) 문제점
- 집단상담자와 집단원의 주의를 흐트러뜨려서 집단의 신뢰분위기를 망친다.
- 집단규범 이행에 혼란을 초래한다.
- 지각하거나 불참한 집단원에 대한 감정이 집단작업에 부정적 영향을 미쳐 집단응집력을 저해시킨다.
- 여러 집단원들이 자주 지각하거나 결석하는 것은 응집력의 이상 징후이다.

(2) 해결방안
- 상담자가 모범을 보여 규칙적인 출석의 중요성을 인식시킨다.
- 지각이나 결석이 예견되는 경우, 집단상담자는 신속하게 전화를 걸어 이를 알린다.
- 여러 명의 집단원들이 만성적인 지각과 결석을 하는 경우, 집단원들 간의 상호작용보다는 내적 상태의 과정에 초점을 맞춘다.
- 만성적인 지각과 결석으로 집단분위기를 해치는 집단원에게 집단을 떠나줄 것을 요청한다.

5 집단의 치료적 요인

1 집단역동(group dynamics) 2007 기출

1 집단과정

(1) **정의**: 집단상담자와 집단원 사이 혹은 집단원들 간의 상호작용 및 에너지 교환을 통해 집단 내에서 발생하는 변화의 추이를 말한다.
> 예 집단원들의 교류하는 방식, 집단상담자가 집단원들에게 반응하는 방식, 집단원들이 집단상담자에게 어떻게 말하는지 등

2 집단역동의 정의 및 관찰 체크리스트

(1) **정의**: 집단 내, 집단원들 사이, 그리고 집단상담자와 집단원들 사이에서 발생하는 지속적인 상호작용과 상호관계에서 발생되는 힘. '집단역학', '집단역동성'이라고도 한다.

(2) **관찰 체크리스트**: 문제행동을 하는 집단원, 집단의 흐름에 영향을 주는 주요 요소들로는 집단상담자에 대한 집단원들의 신뢰 수준, 집단원들 간의 신뢰와 갈등, 집단원의 참여도, 힘겨루기, 하위집단화, 주의·시선을 끄는 행동, 소모적인 게임 등

(3) **집단역동의 촉진방법**
① 집단흐름의 주요 요소들에 주목: 신뢰감 부족, 책임감 결여, 힘 과시, 갈등, 동맹구축, 주의·시선 끄는 행동 등
② 집단발달 저해하는 역동에 주의: 집단원들의 부정적·적대적·소극적 자세를 유발하는 결여된 요소들에 대응한다.
③ 집단원들이 골고루 참여할 수 있도록 적절한 개입을 하는 것이 필요하다.: 집단원들간의 응집성, 안전감, 참여의 적극성, 소속감, 기대감, 집단역동에 대한 대처방식, 집단상담자에 대한 역동, 목적 의식 등에 대해 점검하여 집단원 개개인들이 집단 장 안에서 열외됨이 없이 교류를 활성화시키도록 노력해야 한다.
> 예 대화를 독점하는 집단원은 차단하고 유사한 주제에 관심을 가지는 집단원은 연결시키고 지금-여기에 집단원들이 머무르게 하는 등의 방법으로 집단역동을 촉진한다.

3 집단역동에 영향을 미치는 요인

(1) **집단원의 배경**: 성별, 연령, 출신지역, 학력, 결혼상태, 직업, 사회경제적 지위, 종교, 인종, 민족 등의 집단원 개개인의 배경

(2) **집단목적의 명료성**: 집단목적과 무관한 주제에 초점을 맞추고 집단작업이 이루어질 경우, 집단원들은 좌절감과 실망감을 느끼게 된다. 그러므로 집단상담자는 집단원들이 집단 목적에 적합하게 집단에 참여하고 있는가를 지속적으로 평가해야 한다.

(3) 집단의 크기
① **집단원 수가 너무 많을 경우**: 한 개인에게 주어지는 시간이 너무 적은 것에 대한 불만이 생길 수 있다. 또한 집단 상호작용이 산만해질 수 있으며, 자신을 드러내길 주저하게 되어 집단응집력에도 영향을 미친다.
② **집단크기가 너무 작을 경우**: 집단참여에 대해 부담을 갖게 되어 소극적인 태도를 보일 수 있다.
③ 적절한 크기: 6~12명 정도의 인원수가 적절하다.

(4) 집단회기의 길이
한 회기의 길이기 지나치게 짧으면 구성원들의 개인별 참여 시간이 부족하게 된다. 따라서 개개인의 관심사에 대해 심도있게 다룰 수가 없게 된다. 그러므로 집단 회기의 길이는 1~3시간이 일반적이다.

(5) 집단모임의 장소
① **접근의 용이성**: 집단 참석이 용이한 장소일수록 집단원들의 참석률이 높다. 이동거리가 짧고, 찾기 쉬우며, 접근하기 용이한 장소를 택하는 것이 중도탈락률을 줄이는 방법이다.
② **방음시설 여부**: 집단원들의 말소리가 새어나가지 않을 만큼의 방음시설이 되어 있어야 한다. 방음이 제대로 되어있지 않을 경우, 집단원들로 하여금 비밀유지에 대한 확신을 심어줄 수 없게 된다.
③ **편안함 및 안전성**: 실내장식, 채광상태, 조명, 의자의 편안한 정도와 배열 상태 등이 집단과정과 역동, 성과에도 직접적인 영향을 미친다. 특히 의자는 반드시 등받이가 있어야 한다. 그리고 가능하다면, 집단원의 발달과정에 맞는 체형에 적합한 의자일 경우가 좋다. 의자는 가급적 같은 종류의 것을 준비하는 게 좋다. 다른 종류의 의자일 경우 미묘한 갈등을 유발할 수 있다.
④ **탁자 사용 여부**: 구조화된 집단일 경우, 글씨를 쓰거나 그림을 그리기 위해 탁자가 필요하다. 그 외에는 가급적 탁자를 쓰지 않는 것이 좋다. 왜냐하면 집단원들 사이를 가로막아 원활한 심리적 상호작용을 방해하기 때문이다. 또한 집단원들이 비언어적 메시지를 관찰하는 데 장애가 된다.
⑤ **좌석배열**: 집단원들 간에 서로 몸을 돌리지 않고도 쉽게 전체적으로 잘 보일 수 있고 대면할 수 있는 원형이 일반적으로 바람직하다. 또한 원형은 상하관계가 부각되지 않은 평등한 배열이라 적절하다.

(6) 집단모임의 빈도
① **회기를 너무 자주 갖는 경우**: 집단원들은 자칫 지루함을 느낄 수 있게 된다.
② **회기의 간격이 너무 떨어져 있는 경우**: 다시 만날 때 생소한 느낌이 들 수 있다.
③ 집단모임의 빈도는 집단의 유형, 집단원의 연령과 정신기능 수준에 따라 다소 차이가 있다. 일반적으로 초등학생 집단과 중학생 집단은 일주일에 1~2회기가 적절한 반면 고등학생, 대학생, 성인 집단은 일주일에 1회가 적절하다. 정신기능 수준이 낮은 사람들로 구성될 경우 하루에 1회기, 일주일에 2~3회기를 갖는다.

(7) 집단모임의 시간
집단모임을 하루 중 어떤 시간에 갖는가도 집단역동에 영향을 미친다. 점심시간 직후나 늦은 밤 시간에는 집단원들이 쉽게 피로감을 느끼게 되어 집단역동에 부정적으로 작용할 수 있다. 반면 초, 중, 고등학생 집단은 수업시간에 집단을 할 때와 방과 후에 집단을 할 때, 집단역동이 다를 수 있다.

(8) 집단참여 동기
집단참여가 자발적으로 이루어졌는가, 강제조치에 의한 비자발적인 것인가에 따라 집단역동이 달라질 수 있다. 비자발적인 집단참여자들로 구성된 집단의 리더는 이러한 집단의 독특한 역동을 잘 이해하고 집단계획과 준비를 철저하게 해야 한다.

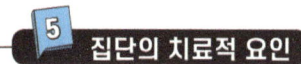

2 집단응집성(group cohesiveness) 2010, 2013 기출

1 정의

집단응집성이란 집단 내에서 함께하는 느낌, 또는 공동체라는 느낌을 의미한다.

(1) 응집성이 있는 집단은 집단원이 집단 내에 존재하는 것에 대한 보상이 주어지고 집단원이 소속감이나 유대감을 나누는 집단을 의미한다.
(2) 진정한 의미의 응집성은 대체로 집단에서 갈등을 경험하고 고통을 나누며 의미있는 정도의 위험을 감수하기로 마음먹은 이후에 형성되지만 응집성의 가장 중요한 기초는 초기단계에 형성된다.

> **초기단계 집단응집성을 보여주는 지표**
> - 집단원끼리의 협력관계
> - 집단에 출석하고 제시간에 참석하려는 의지
> - 신뢰가 부족하거나 신뢰하기 두려워하는 마음에 대해 이야기를 꺼내는 것
> - 집단을 좀 더 안전한 곳으로 만들려는 노력
> - 다른 이의 이야기를 듣고 그들을 있는 그대로 수용하려고 하는 태도
> - 지지와 돌봄
> - 집단의 상호작용 중에 지금-여기에 초점을 맞추어 다른 사람에 대한 반응과 그들에 대한 지각을 표현하려는 의지

2 집단응집성을 높이는 선행조건

> **집단응집성을 높이는 선행조건**
> - 동질집단으로 구성
> - 자유롭게 감정표현하도록 도움
> - 집단원들이 안전감을 느끼도록 신뢰로운 분위기 조성
> - 민주적 리더십: 의존적 태도와 파괴적인 동맹 형성 예방
> - 집단상담자에 대한 도전을 개방적이고, 성숙하게 다룸

3 르윈(Lewin)의 집단응집성의 요소

> - 구성원의 동질성
> - 분명한 목표인식
> - 갈등 관리 방식
> - 빈번한 긍정적 강화
> - 지도력의 유형
> - 집단의 크기

4 집단응집성을 촉진하기 위한 방법

(1) **집단초기에 신뢰감이 형성:** 집단을 시작할 때 각 집단원이 집단에 대해 가지고 있는 불신감을 함께 나눌 수 있는 기회를 제공하면 이는 좀 더 생산적인 작업으로 향하는 통로가 될 수 있다.

(2) 상담자가 모범을 보임으로써 위험을 감수하는 행동을 촉진: 상담자와 집단원들은 집단원이 위험을 감수하면 그들은 위험을 감수했다는 것에 대해 진심어린 강화와 지지를 보내며 이런 강화와 지지는 다른 집단원과의 친밀감을 높인다.

(3) 집단 목표와 개인의 목표: 집단원과 지도자가 협력하여 세우는 데 집단이 분명한 목표를 세우지 못하면 집단 내에서 상호반목이 생길 수 있으며 결과적으로 집단의 분열을 초래한다.

(4) 집단의 적극적인 참여자가 되도록 요청: 특히 수동적이거나 침묵하거나 위축된 집단원에 대해서는 집단에 대한 그들의 느낌을 표현하게 한다. 여러 가지 이유 때문에 관찰만 하고 있을 수 있으므로 이유는 집단 전체에서 공개적으로 검토되어야 한다.

(5) 응집성은 상담자가 자신의 역할을 집단원과 함께 나눔: 집단원이 탐색하고 싶은 주제에 대해 논의의 주도권을 가지도록 격려되면 더 협력적인 집단이 될 수 있다. 특히 지도자 대 집단원의 일대일 상호작용보다 '집단원 대 집단원의 상호작용'을 촉진하는 것이 좋다.

> 예 지도자가 집단원에게 다른 집단원의 말과 행동에 대한 반응을 묻거나 피드백을 해주게 하거나 자신의 생각과 감정을 나누게 하거나 집단 상호작용 중에 가능하면 많은 집단원을 관여하게 하는 방법을 찾음으로써 가능하다.

(6) 갈등은 집단에서 피할 수 없는 현상으로 갈등이 발생했을 때 갈등의 원인을 인식하고 개방적인 태도로 다루는 것: 즉, 집단에서 갈등을 수용하고 집단원 사이의 갈등을 솔직하게 다룸으로써 관계가 강화된다.

(7) 집단의 매력: 집단이 집단원의 관심사를 다루고 집단원이 존중된다는 느낌을 받으며 분위기가 지지적이면 집단에 매력적으로 느껴질 가능성이 높다.

3 집단의 변화촉진 요인   2009, 2010, 2012, 2013 논술, 2014 논술, 2015, 2018, 2020 기출

1 정의

(1) 상호작용하는 구성원들 사이에 변화와 성장을 촉진하는 다양한 요인과 동력을 말한다.

(2) 구성원들의 변화를 촉진 동력이 결여된 경우 집단원들은 변화와 성장보다는 정체되면서 회의감으로 중도에 집단을 떠나기도 한다.

(3) 사람들은 대개 현재보다는 나아질 것이라는 희망으로 집단에 참여한다. 이들은 집단에서 있는 그대로 받아들여지는 경험을 통해 그동안 굳게 닫아 놓았던 마음의 문을 열게 된다. 집단원들은 자기개방을 통해 카타르시스를 체험하고, 유머와 직면을 통해 통찰을 얻게 되며, 다른 집단원들의 피드백을 통해 일종의 동지애, 돌봄, 사랑의 감정을 느끼게 된다.

2 얄롬과 집단치료적 요인 11가지 2009, 2010, 2012, 2013 논술, 2014 논술, 2015 기출

> **참고** 얄롬(Irvin D. Yalom)의 치료적 요인 연구
>
> - 얄롬은 동료들과 장기 집단치료에 성공적이었던 20명의 환자들을 대상으로 치료적 요인을 연구. 이들을 대상으로 치료적 요인을 묻는 Q-sort분류를 완성하였다.
> - 치료적 요인 12가지 범주에 각각의 범주를 기술하기 위한 5개 항목 사용하여 전체적으로 60개의 항목을 만듦. 각 항목은 3X5 크기의 카드에 기록되었는데, 환자는 잘 섞여진 이 카드들의 뭉치를 받아 아래와 같은 방식에 따라 분류된 7개의 파일에다 지정된 수의 카드를 넣도록 하였다.
> - ▶ 분류방법
>   (1) 집단에서 나에게 가장 도움이 된다(2장의 카드).
>   (2) 대단히 도움이 된다(6장의 카드).
>   (3) 많이 도움이 된다(12장의 카드).
>   (4) 도움이 된다(20장의 카드).
>   (5) 거의 도움이 되지 않는다(12장의 카드).
>   (6) 보다 적게 도움이 된다(6장의 카드).
>   (7) 집단에서 나에게 전혀 도움이 되지 않는다(2장의 카드).

(1) 희망고취(Instillation of Hope)
① **개념**: 삶에 대한 희망감. 문제 해결 가능성에 대한 희망감을 뜻한다. 내담자가 계속해서 상담을 받게 하고, 또한 상담 방법에 신뢰를 갖게 하여 그 자체로 치료적 효과가 있다.
② **치료적 효과**: 집단상담자들은 집단의 효용성에 대한 내담자의 믿음과 확신을 증가시킴으로써 희망을 심어주기라는 요인을 부각시킨다. 즉 치료적 효과는 치료에 대한 동기 유발을 시킨다는 데 있다.

(2) 보편성(Universality)
① **개념**: '나 혼자가 아니구나'라는 느낌. 자신 혼자만의 문제는 아니라는 느낌을 준다.
② **치료적 효과**: 보편성의 치료적 효과는 자신에 대한 불필요한 방어를 해제하도록 해주고, 수치심이나 무가치한 느낌을 줄여준다. 또한 자존감을 증가시켜주고 자신을 수용할 수 있게 도와준다.

(3) 정보공유(정보전달, Imparting Information)
① **개념**: 건강한 삶에 관한 정보 습득. 집단상담자나 다른 집단원들이 제공하는 충고, 제안, 직접적인 지도 등에 해당한다.
② **치료적 효과**: 특정 이슈에 대한 정보를 제공받는 것 자체가 도움이 된다는 점이다. 그러나 과정중심 집단에서는 덜 중요하게 취급된다.

(4) 이타주의(Altruism)
① **개념**: 다른 사람들을 위해 기꺼이 나누어줌.
② **치료적 효과**: 자존감을 높여주며, 힘든 상황을 스스로의 힘으로 극복할 수 있는 능력을 길러준다는 점이다. 즉 타인에게 도움이 됨으로써 자신의 존재감을 느낀다.

(5) 초기가족 교정적 재현(Corrective Recapitulation Of The Primary Familygroup)
① **개념**: 초기 아동기와 유사한 역동 체험을 하면서 교정적 학습하는 것. 즉 가족원 중 어떤 사람이 집단 내에 있는 것처럼 느끼고 그 경험을 통해 배우는 것이다. 중요한 점은 초기 경험을 그냥 재현하는 것이 아니라 교정적으로 체험한다는 것이다.
② **치료적 효과**: 교정적 정서 체험을 통한 미해결과제 해결, 가족경험에 의한 심리적 장애 이해, 재경험을 통한 집단 내에서 치유적 경험, 성장과정에 대한 이해, 새로운 행동 실험.

(6) 사회화 기술 발달(Development Of Socializing Techniques)
① 개념: 성숙한 사람들의 특성으로 나타나는 사회화 기술 것. 이들은 자신의 적응적 사회행동에 관한 정보를 얻고 여러 가지 사회적 습성에 대해 인식하게 된다.
② 치료적 효과: 사회기술 연습, 바람직한 사회기술 정보 습득, 타인에 대한 신뢰감 형성 관계 맺는 방식 배움, 갈등 해결법을 배운다.

(7) 모방행동(Imitative Behavior)
① 개념: 다른 사람들의 긍정적 행동의 모방. 즉 집단원이나 집단상담자의 행동이나 작업을 관찰함으로써 도움을 얻는 것.
② 치료적 효과: 새로운 행동을 실험하는 모험시도의 모습, 긍정적 행동의 습득, 자기발견을 향해 나아감.

(8) 대인관계 학습(Interpersonal Learning)
① 개념: 다른 사람들과의 상호작용을 통해 학습을 하는 것.
② 치료적 효과: 집단원들이 방어를 벗어날 수 있도록 집단이 운영되면, 그들은 가장 생생하게 자신의 문제를 집단에 내보이게 되고 집단상담자는 이 집단 내에서 나타나는 부적응적 대인관계 행동을 알아, 이를 치료적으로 해결한다. 즉 타인에게 자신이 어떤 사람인지 이해, 타인과 역기능을 일으키는 자신의 특성을 자각하고 통찰하여 교정적 정서체험을 하고 전이에 대한 해결을 하며 통찰을 하게 된다.

(9) 집단응집력(Group Cohesiveness)
① 개념: 다른 사람들과 서로 연결되어 있다는 느낌. 이는 치료적 요인을 촉진시키기 위한 전제 조건이 되며, 다른 사람에게 수용된다는 느낌, 혼자가 아니라는 느낌을 준다.
② 치료적 효과: 생산적인 집단작업을 가능케 함, 집단에 대한 매력 상승, 정서적 요소로 작용

(10) 정화(Catharsis)
① 개념: 과거에 표출해본 적이 없었던 감정 방출하는 것이다. 이는 집단과정의 필수적 요소로, 이러한 정서의 개방적 표현은 집단의 윤활유같은 역할을 한다. 그러나 인지적 학습과 같은 다른 요인에 의해 보완이 필요하다.
② 치료적 효과: 정서적 방출로 인한 치유경험을 한다.

(11) 실존적 요인(Existential Factors)
① 개념: 삶에 대한 책임을 수용하는 것. 집단상담을 통해 타인들로부터 받을 수 있는 지도와 도움에 한계가 있으며, 자신의 삶을 영위하는 데 궁극적인 책임은 자신의 것이라는 점, 그리고 아무리 친밀한 사이라도 타인과 함께할 수 없는 부분이 있다는 점을 깨닫는 것이다.
② 치료적 효과: 삶에 대한 책임 수용, 삶에 진술한 태도

3 얄롬과 레스츠의 치유적 요인 질문지(Curative Factor Questionnaire: CFQ)
2015, 2018 기출

(1) 희망고취

희망 고취	51. 다른 사람이 좋아지는 것을 보는 것이 나를 고취시킨다.
	52. 다른 사람이 나와 비슷한 문제를 해결했다는 것을 알았다.
	53. 다른 사람이 나와 비슷한 문제를 해결했다는 것을 보았다.
	54. 호전된 다른 집단원들이 나를 격려하는 것을 본다.
	55. 집단이 나와 유사한 문제에 부딪힌 다른 사람을 도왔다는 사실이 내게 용기를 북돋아 주었다.

5 집단의 치료적 요인

(2) 보편성

보편성	
	11. 나만이 그런 문제를 갖고 있는 것이 아니라는 것을 알게 된다. "우리는 모두 한 배를 타고 있다."
	12. 나 자신도 다른 사람들만큼 잘 지내고 있다는 것을 알게 된다.
	13. 다른 사람도 어느 정도는 나와 비슷한 '나쁜' 생각과 감정을 지니고 있다는 사실을 알게 된다.
	14. 다른 사람도 나만큼 불행하거나 혼란스러운 배경과 부모가 있다는 사실을 알게 된다.
	15. 나에게 '사람으로 태어나서 좋다'라는 느낌을 주었던 사람과 내가 그렇게 다르지 않다는 사실을 알게 된다.

(3) 지도

지도	
	26. 의사가 내가 무엇인가를 하도록 제안·조언한다.
	27. 집단원들이 내가 무엇인가를 하도록 제안·조언한다.
	28. 내가 무엇을 해야 할 지를 집단원들이 말해 준다.
	29. 집단 내의 어떤 사람이 삶의 문제에 대해 명쾌한 제안을 한다.
	30. 집단원들이 내게 삶에서 중요한 사람에게 다르게 처신하도록 조언한다.

(4) 이타주의

이타주의	
	1. 다른 사람을 도움으로써 나는 더욱 자신에 대한 존경심을 갖게 된다.
	2. 나의 요구보다 타인의 요구를 우선시한다.
	3. 나 자신을 잊고 다른 사람을 돕는 것을 생각한다.
	4. 나 자신의 일부를 다른 사람에게 준다.
	5. 다른 사람을 도우며 그들의 삶에 중요한 사람이 된다.

(5) 가족재정립

가족재정립	
	41. 집단에 있다는 것은 어떤 의미에서 내가 성장한 가정에서 나의 삶을 다시 체험하고 이해하는 것 같았다.
	42. 집단에 있음으로 해서 과거에 지녔던 나의 부모, 형제자매 또는 기타 중요한 타인들과의 오래된 심리적 장애를 이해하는 데 다소 도움이 되었다.
	43. 집단에 있는 것이 어떤 의미에서는 더 수용적이고 이해해 주는 가족들과 함께 하는 것 같았다.
	44. 집단에 있음으로 해서 나의 가정에서 내가 어떻게 성장했는가를 이해하는 데 다소 도움이 되었다.
	45. 집단은 마치 나의 가족처럼 생각되었다. 즉, 어떤 집단원이나 치료자는 친부모처럼 여겨졌고, 또 어떤 사람은 친척처럼 여겨졌다. 집단경험을 통해 나는 내가 부모나 친척(형제자매 등)과 맺었던 과거의 관계를 이해한다.

(6) 대인관계-출력

대인관계-출력	
	21. 사람과 잘 지내는 기술을 개선한다.
	22. 집단과 다른 사람에 대해 더욱 신뢰감을 갖게 된다.
	23. 내가 다른 집단원과 어떤 방식으로 관계 맺는가를 알게 된다.
	24. 집단은 내가 타인들에게 접근하는 것을 배울 수 있는 기회를 준다.
	25. 집단 내의 특정 집단원과의 어려움을 극복한다.

(7) 동일시

동일시	
	36. 집단에서 나보다 더 적응을 잘하는 사람과 비슷해지려고 노력한다.
	37. 다른 사람들이 위험을 감수하며 난처한 일을 해 봄으로써 이득을 얻는 것에 대한 관찰이 내가 동일한 일을 해 보는 데 도움이 된다.
	38. 다른 집단원의 버릇이나 스타일을 채택한다.
	39. 나의 치료자를 존경하거나 그처럼 행동한다.
	40. 내가 본받을 수 있는 사람을 집단에서 발견한다.

(8) 자기이해

자기이해	
	46. 내가 어떤 사람을 좋아하거나 싫어하는 이유가 그 사람과는 아무런 관계가 없고, 과거에 다른 사람으로 인한 심리적인 장애나 경험과 관계있다는 사실을 알게 된다.
	47. 내가 왜 그런 식으로 생각하고 느끼는지 알게 된다. 즉, 내 문제에 대한 몇 가지 원인과 근원을 알게 된다.
	48. 이전에는 알지 못했거나 받아들일 수 없었던 자신의 부분을 발견·수용한다.
	49. 내가 어떤 사람·상황에 대해 (삶의 초기에 속하는 감정으로) 비현실적으로 대처하는 것을 알게 된다.
	50. 오늘날의 감정과 행동이 어떻게 나의 어린 시절이나 성장과 관련되는지 알게 된다. 즉, 내가 왜 지금의 내가 되었는지에 대한 몇 가지 원인이 내 인생의 초기 시절에 있다.

(9) 대인관계-입력

대인관계-입력	
	16. 집단은 나에게 내가 다른 사람들에게 어떤 인상을 주는지에 대해 가르쳐 준다.
	17. 내가 다른 사람들에게 어떤 성격으로 보이는지 알게 된다.
	18. 다른 집단원들이 나에 대해 어떻게 생각하는지 솔직히 말해 준다.
	19. 다른 사람을 짜증나게 하는 나의 습관이나 태도를 지적해 준다.
	20. 내가 진짜 생각하는 것을 말하지 않음으로써 때로 사람들을 혼란에 빠뜨린다는 사실을 알게 된다.

(10) 집단응집력

집단응집력	
	6. 집단에 소속되고 수용된다.
	7. 다른 사람들과 친밀한 접촉을 지속한다.
	8. 자신의 당혹스러운 점을 밝히고도 여전히 집단에 의해 수용된다.
	9. 더 이상 혼자라는 느낌을 갖지 않는다.
	10. 나를 이해하고 수용하는 사람들의 집단에 소속된다.

(11) 정화

정화	
	31. 마음속에 있는 것을 털어놓는다.
	32. 다른 집단원들에 대한 긍정적·부정적 느낌을 표현한다.
	33. 집단리더에 대한 긍정적·부정적 느낌을 표현한다.
	34. 감정표현 방법을 배운다.
	35. 참는 대신 나를 괴롭히는 것이 무엇인지를 말할 수 있다.

(12) 실존적 요인

실존적 요인	56. 삶이 때로 부당하고 공정하지 않다는 것을 안다.
	57. 궁극적으로 삶의 고통과 죽음은 피할 길이 없음을 인식한다.
	58. 내가 아무리 다른 사람과 가깝게 지낸다 할지라도, 여전히 홀로 삶과 마주쳐야 한다는 것을 인식한다.
	59. 나의 삶과 죽음에 대한 기본적인 문제들을 직면하고, 그럼으로써 좀 더 솔직하게 나의 삶을 영위하고 사소한 일에 덜 얽매이게 된다.
	60. 나 자신이 다른 사람에게 아무리 많은 지도와 후원을 받았다 할지라도 내 인생을 살아가는 방식에 대한 궁극적인 책임은 나에게 있다는 사실을 배운다.

[2018년 기출]

(가)는 준서(고2, 남)의 집단상담 소감문이고, (나)는 전문상담 교사가 집단상담 수퍼비전을 받고 나서 작성한 축어록의 일부이다. 얄롬(I. Yalom)과 레스츠(M. Leszcz)가 제시한 집단상담의 치료 요인 중 (   ) 안에 공통으로 해당하는 요인의 명칭을 쓰고, 밑줄 친 ㉠이 드러나는 내용을 (가)에서 찾아 쓰시오.

(가)

집단따돌림을 당했을 때의 기억들이 끊임없이 나를 괴롭혔다. 그럴 때마다 상담실에 가서 도움을 받았다. 오늘은 집단상담 시간에 '생애 곡선'을 그려 보았다. 태어나서 죽을 때까지 나의 모습을 써보고 이야기하면서 많은 생각을 하게 됐다. 우리는 인생에서 고통과 죽음을 피할 길이 없는 것 같다. 부모님이나 선생님이 아무리 도와주신다고 하더라도 살아가는 것에 한 책임은 나에게 있는 게 아닐까? 나의 가치와 삶의 의미는 어떤 걸까? 조금 더 생각을 해야겠다. 최근에 따돌림을 당해서 힘들어 했던 경호가 집단상담에 열심히 참여하면서 변해 가는 모습을 보며, 나도 어려움을 극복할 수 있을 것 같다고 생각 했다. 다음 집단상담 시간이 기다려진다.

(나)

상담 교사: 준서의 소감문을 보면 준서에게 긍정적인 변화가 일어나고 있는 것 같아요. 이 변화에 도움을 주는 치료 요인이 (   )(이)라는 생각이 들었어요.
수퍼바이저: 치료적 요인으로 (   )을/를 생각한 이유는 무엇인가요?
상담 교사: 준서가 집단상담 소감문에 쓴 내용이 기억나요. '우리는 인생에서 고통과 죽음을 피할 길이 없는 것 같다.'는 것을 알게 되었다고 했는데 이 과정을 통해서 성장과 변화가 일어나는 것 같아요. 이것이 (   )의 효과라고 보여져요.
수퍼바이저: 네, 그렇지요. 그리고 제가 보기에는 ㉠ 희망 고취도 치료적 요인으로 함께 나타나는 것 같습니다.

4 코리의 집단상담 치료적 요인 _{2014, 2020 기출}

(1) 자기개방: 집단구성원 측면

① 정의: 자신의 개인적인 문제와 관심, 욕구와 목표, 기대와 두려움, 희망과 좌절, 즐거움과 고통, 개인적인 경험 등을 언어행동과 비언어행동을 통해 드러내는 것을 말한다.
② 효과
㉠ 집단구성원은 다른 사람에게 자기개방을 통해서 자신에 대한 이해를 심화시킬 수 있다. 집단원은 더 풍부하고 통합된 자기 이미지를 발전시키며 자신이 다른 사람들에게 더욱 좋은 영향력을 미친다는 것을 인식할 수 있다.

ⓛ 이 과정을 통해서 참가자는 치유의 힘을 경험하고 대개 원하던 삶의 변화로 이어지는 새로운 통찰력을 얻는다.
③ 유의점
㉠ 자기개방이 안전한 주제로 제한되면 집단은 표면적 수준을 넘어서는 진전이 불가능할 것이다.
㉡ 자기개방이 단순히 개인적인 것을 밝히는 것에 국한되어 있는 것은 아니다. 집단지도자와 다른 집단원들을 향한 지속적인 반응도 개방이다.
④ 개입방법: 집단지도자는 집단구성원에게 자기개방이 반드시 필요한 요소라는 사실을 알려야 한다. 집단원이 개인적인 것에 대한 이야기를 덜 하거나 익명성을 유지한다면 다른 집단원들이 그들을 보호하는 것을 어렵게 할 것이다.

> **집단의 적절한 자기개방을 위한 지침**
> - 자기개방의 정도는 집단의 목표 및 목적과 관련되어야 한다.
> - 집단에서 어떤 사람에 대해 지속적으로 반응하는 집단구성원이 있다면, 비난없이 참여 수준을 제지하는 개방으로 이끌도록 격려해야 한다.
> - 집단구성원은 다른 사람들이 자신에 대하여 '무엇'을 '얼마만큼' 알기 원하는지 결정해야 한다. 그들은 또한 기꺼이 위험을 무릅쓰고자 하는 것과 그들이 얼마나 멀리 가고자 하는지를 결정해야 한다.
> - 자기개방을 위해서는 어느 정도 위험을 감수해야 한다. 집단이 안전한 개방에만 제한되어 있다면 상호작용은 점점 무의미해질 것이다.
> - 집단의 발전 단계는 자기개방의 적절함과 관련이 있다. 초기 단계에서의 개방은 너무 지나칠 수 있지만 작업 단계에서는 적절할 수 있다.

(2) 자기개방: 집단지도자 측면
① 효과: 지도자의 적당한 자기개방은 위험을 감수하는 모델에 사용될 수 있고, 참여와 신뢰 구축의 주요 요소가 될 수 있다.
② 유의점
㉠ 집단지도자는 집단에서 자신에 대하여 얼마나 많이, 언제, 그리고 무슨 목적을 위해서 개방해야 하는지가 중요하다.
㉡ 초심 상담자는 지도자의 자기개방의 사용을 잘못 판단하는 경우가 있다. 때때로 자기개방 욕구는 집단원들이 자신을 좋아하게 만들려는 필요에서 생긴다.
③ 개입방법
㉠ 때때로 집단지도자는 도와야할 책임이 있는 집단에 개인적으로 참여한다.
㉡ 지도자는 지도자 되기를 멈추게 하는 집단의 압력과 집단의 한 집단원이 되라는 압력을 피해야 한다.
㉢ 지도자는 때때로 개인적인 방법으로 참여할 수 있지만 집단지도자의 역할은 집단구성원 사이의 상호작용 과정을 시작하게 하기, 돕기, 지도하기, 평가하기이다.
㉣ Yalom은 선택적 치료자의 자기개방을 요구했다. 이는 집단원의 승인, 지지, 격려를 제공한다. 집단지도자는 집단원의 변화를 돕기 위해 과거로부터 자세한 개인적인 사건을 개방하기보다는 즉각적 반응으로 자기개방을 한다.

(3) 피드백
① 정의: 피드백은 다른 사람의 행동, 사고, 감정, 경험에 대한 반응으로, 이 반응과 관련된 개인의 솔직한 생각과 감정을 되돌려주는 것을 말한다.

② 효과
  ㉠ 피드백은 집단구성원이 변화에 대한 동기를 강화시키고 타인에게 영향을 주는 자신의 행동에 대해 통찰하게 하고, 기꺼이 위험을 감수하게 하며, 집단 경험을 더 긍정적으로 생각하게 하는 것과 관련이 있다.
  ㉡ 피드백이 정직하고 신중하게 주어졌을 때, 집단구성원은 타인에게 미치는 영향을 이해할 수 있고, 대인관계에서 무엇을 바꾸고 싶은지 결정할 수 있도록 한다.
  ㉢ 상호 피드백 교환 과정을 통해서, 집단구성원은 대인관계 방식을 다른 새로운 관점으로부터 볼 기회를 갖고, 행동에 대해 의미있는 변화를 할 수 있다.
③ 개입방법: 지도자는 참가자에게 피드백을 교환하는 방법을 가르쳐야 한다. 지도자는 효과적인 피드백 전달을 모델링하고 구성원에게 사려깊은 피드백 교환을 하도록 권장한다.

효과적인 피드백을 제시할 때의 지침
(1) 분명하고 정확한 피드백이 모호한 발언보다 더 도움이 된다.
(2) 다른 사람들에게 피드백을 주자. 그리고 그들에게 충고나 판단을 하기보다 그들이 당신에게 어떤 영향을 주었는지에 대해 더 많이 이야기를 나누라.
(3) 집단에서 행동과 관련된 특정한 '지금-여기' 피드백이 특히 유용하다.
(4) 적절한 시기에 무비판적인 방식으로 제공되는 피드백은 받아들이는 사람이 그 정보에 대해 반영할 기회를 제공한다.
(5) 대인관계와 관련된 피드백이 가장 의미 있다.
(6) 피드백을 줄 때, 당신이 그 사람에게 경험한 어려움에만 집중하기보다 개인의 강점을 말해주는 것이 대인관계 피드백의 반응을 증가시킬 수 있다.

(4) 직면
① 효과
  ㉠ 돌봄과 존중적인 직면을 통해 집단구성원은 그들이 말하고 행하는 것 사이에서의 불일치를 검증하게 되고 잠재적인 가능성을 점차 인식하게 되며 깨달음을 행동으로 옮길 방법을 찾게 된다.
  ㉡ 민감한 직면은 자기 대면 능력을 향상시켜 집단원이 집단상담에서 배운 것을 일상생활에서 마주치는 문제에 적용하는 데 도움이 된다.
  ㉢ 효과적인 직면은 지속적인 행동의 변화를 가져다준다.

(5) 응집력
① 응집적인 집단의 특성: 지지하는 분위기, 유대감, 경험 공유, 상호 집단 안에서의 소속감, 온기, 친밀함, 배려의 수용을 담고 있다.
② 효과
  ㉠ 응집력은 집단원들이 자유롭게 의미있는 교류를 하도록 분위기를 제공한다.
  ㉡ 집단응집력은 자기개방, 피드백, 즉각적인 상호작용, 집단 내 갈등의 건설적인 표출, 위험을 감수하는 의지, 행동으로 옮기는 실행 등 이러한 실행적인 행동을 육성한다.

얄롬(Yalom)이 제시하는 응집력의 효과
- 참석률이 좋고 이탈률이 낮게 한다.
- 집단원은 더 높은 수용력과 친밀감, 이해도를 보인다.
- 집단원이 갈등을 통해 해결하고 인식하는 것을 돕는다.
- 집단이 안전하고 헌신을 보장한다고 느끼며 분노를 자유롭게 표현하고 갈등을 다루길 주저하지 않는다.
- 처음에는 지지와 수용을 북돋는 치료적 요인으로 작용하다 나중에는 대인관계 학습 과정에 중대한 역할을 한다.

(6) 보편성
① 정의: 집단구성원들이 더 이상 혼자가 아니라는 점과 다른 사람들도 자신과 비슷한 생각과 감정을 가지고 있다는 사실을 깨닫게 되는 것.
② 효과
  ㉠ 사실을 깨닫게 되는데 이러한 유대감은 집단이 앞으로 나아가는 원동력이 된다.
  ㉡ 상호개방을 통해 집단구성원은 보편적이고 인본주의적 주제에 더 분투할 때 응집력이 최고조에 이른다. 상담자는 공동으로 나타나는 기초적인 문제, 감정, 욕구에 집중함으로써 집단 응집력을 높이도록 도울 수 있다.
③ 보편적 주제: 어린시절이나 청년기의 고통스러운 경험, 외로움을 방치 당한 경험, 사랑의 두려움, 인식으로부터 차단당한 감정의 배움, 삶의 의미 탐색, 끝나지 않은 부모와의 문제, 특정한 사람과의 진실한 연결의 탐색 등이다.

(7) 희망
① 정의: 희망은 변화할 수 있다는 믿음이다.
② 효과
  ㉠ 염세적이고 변화에 대해 회의적인 사람도 삶에 치열하게 분투해온 다른 사람들을 지켜보고 어울리다 보면 자신의 삶도 달라질 수 있을 것이라는 낙관적 영감을 얻는다.
  ㉡ 집단원들은 변화를 위한 힘이 자신에게 있다는 사실을 알게 된다.
  ㉢ 집단상담의 효용성에 대한 믿음과 확신을 갖게 된다.
③ 개입방법: 상담자는 절망적인 집단구성원들이 절망감에 빠지지 않도록 보호해야 하며, 변화와 더 좋은 결과가 가능하다는 확신과 함께 집단에 다가가는 것이 필수적이다.

(8) 모험시도와 신뢰
① 모험시도의 정의: 모험한다는 것은 상처받을지도 모르는 상황에 자신을 개방하는 것이며 변화하기 위해 적극적으로 행동하는 것이다. 즉 자신의 약점을 기꺼이 공개하고, 인정하며, 변화를 꾀하는 것이다.
② 모험시도의 개입방법: 누구에게도 말해 본 적이 없는 가장 깊고 어두운 비밀을 진솔한 방식으로 소리내어 말함으로써 삶의 행동 방식에 놀랄만한 변화를 갖고 오게 된다.
③ 모험시도의 조건: 누군가 자신을 개방하고자 하는 것은 다른 집단구성원과 지도자를 얼마나 믿는지에 달려있다.
  ㉠ 집단의 신뢰 수준이 높아질수록 집단구성원은 안락한 수준에서 벗어나려고 스스로 노력한다.
  ㉡ 신뢰는 사람들로 하여금 자신의 여러 면을 드러내게 하며 과감한 행동을 부추기고 스스로를 새로운 각도로 보게 한다.
④ 효과: 집단원들이 자신을 기꺼이 개방하고 새로운 행동을 시도할 수 있도록 용기를 준다.

(9) 관심과 이해
① 정의
  ㉠ 관심은 그 사람의 말을 들어주고 공감하는 것이다. 또한 친절, 동정심, 지원, 심지어 반박도 관심으로 표현될 수 있다.
  ㉡ 관심은 이해, 즉 다른사람들로부터 진정한 지지로 '지도자는 당신의 모든 기분을 이해합니다. 여기서는 모든 것을 털어놓아도 됩니다. 당신을 마음껏 드러내세요. 모든 사람을 기쁘게 하려고 노력할 필요가 없습니다.'라는 말을 듣는 것과 같다.
  ㉢ 이해는 자신의 감정과 가치를 표현할 수 있는 권리를 지지한다는 것을 포함한다.
② 효과: 관심과 이해는 타인의 괴로움을 진정으로 이해하는 공감으로 발전한다.

(10) 힘

① 정의: 힘은 자신의 내부에 아직 개발되지 않은 자발성, 창의성, 용기, 강점이 있다는 깨달음에 의해서 갖게 되는 것이다. 여기서 말하는 힘은 다른 사람에 대한 지배력이 아니라 자기 인생의 진로를 결정하는 데 필요한 힘이 자신에게 있다는 깨달음이다.

② 효과: 전에는 거부했던 방식을 통해 집단구성원은 개인적 힘을 경청할 수 있고 자신의 힘을 가로막고 있는 것이 무엇인지 발견하게 된다. 현재 상황에서 더 나은 삶을 영위하기 위해 앞으로 나아갈 수 있다는 깨달음을 얻을 때 그들은 힘을 갖게 된다.

③ 유의점: 지도자는 그 집단원이 경험할지 모르는 무기력함의 배경을 이해하는 것이 중요하다. 일부 개인은 일상생활에서 새롭게 생긴 힘을 주장하는 것이 안전하지 못할 수도 있다.

(11) 정화

① 정의: 개인의 억압된 감정을 표출함으로써 그 감정을 해소하는 것.

② 효과
  ㉠ 억압된 감정의 분출은 그 자체만으로 치료적 효과가 있는데 그것은 위협적인 감정을 억누르는 데 쓰였던 에너지가 분출되기 때문이다.
  ㉡ 쌓여있던 고통과 그간 나타내지 않았던 감정을 표현하고 나면 사람들은 대개 엄청난 신체적 정신적 해방감을 느끼게 된다.
  ㉢ 감정의 표출은 집단에서 신뢰와 응집력을 촉진한다.

③ 유의점: 정화는 그 자체만으로는 장기적 변화를 가져오는 데 한계가 있다. 집단원은 자신의 감정을 인식하고, 자신의 사고패턴과 행동을 진단하기 위해, 자신의 감정을 표현하고 다루어야 한다.

④ 개입방법: 집단경험에서 목표로 하는 것은 감정을 표출하고 난 후 감정적인 상황과 이러한 감정적 패턴 아래에 놓인 인지와 연관된 집단원의 통찰이다. 그러므로 지도자는 감정적 탐색을 인지적이고 행동적인 작업과 연결시키도록 도와야 한다.

(12) 인지적 요인

① 정의
  ㉠ 인지적 요인은 설명, 명료화, 해석, 사고의 정립, 문제에 대한 새로운 시각을 제공해주는 인지적 틀의 제공을 말하는 것으로, 특정 경험과 관련된 감정의 의미를 개념화하여 개인의 고통을 더 깊게 탐색하는 것이다.
  ㉡ 얄롬은 집단 경험의 유익함을 얻기 위해서는 집단구성원에게 '지금 여기' 경험의 관점을 제공하는 인지적 틀이 요구된다고 하였다.

(13) 변화의 의지

① 정의: 변화의 의지는 집단구성원이 집단 과정을 통해 행동을 바꾸기 위한 방법을 모색하겠다는 것을 의미한다.

② 개입방법
  ㉠ 참가자는 자신이 왜 집단 속에 있는지 되돌아보며, 삶의 변화를 위한 행동 계획과 전략을 수립해야 한다.
  ㉡ 집단은 집단원이 현실적이고 책임질 수 있는 계획을 세우고, 그것이 얼마나 효과적인지 평가할 수 있도록 돕는다.

(14) 시도의 자유

① 효과: 집단에서 새로운 행동을 실험할 경우, 집단구성원은 일상에서 감추고 있는 자신의 모습을 보여줄 수도 있고, 수줍은 집단원은 집단 안에서 적극적인 모습을 보이도록 시도할 수 있다. 새로운 행동을 시도한 후에 집단원은 자신이 얼마나 변화하고 싶은지 인지하게 된다.

(15) 유머

① 효과

㉠ 유머는 집단원이 문제에 대해 통찰이나 새로운 시각을 갖게 해주며, 즐거운 분위기에서 작업할 수 있게 해주며, 치료에 효과적이다.

㉡ 유머는 종종 집단구성원과 지도자 간의 관계의 균형을 유지하게 하고, 집단구성원에게 힘을 주며, 효과적인 치료적 환경을 조성한다.

㉢ 유머는 집단구성원이 그들의 상황을 바라볼 때 모순적이고 역설적인 관점을 찾아내게 하며, 그들이 직접적으로 통제하지 않는 상황을 극복하고 균형감과 통제력을 갖도록 하는 변형적 특성을 갖고 있다.

[2014년 기출]

다음은 전문상담교사가 진행하는 집단상담 과정에 대한 기록의 일부이다. 지문에 근거하여 집단상담에서 작용한 치료적 요인 4가지를 제시하고, 집단상담에 긍정적으로 작용한 이유를 요인별로 서술하시오.

> 대인관계의 어려움이 있는 학생들을 대상으로 계획한 10회기의 집단상담 중 8회기가 끝났다. 자발적으로 참여했음에도 처음에 집단원들은 좀처럼 자신의 이야기를 하려고 하지 않았다. 2회기에는 내가 중학교 때 겪었던 대인관계의 어려움에 대해 이야기를 하자, 집단원들도 점차 속마음을 드러내기 시작하였다. 4회기의 역할 바꾸기 활동에서는 집단원들이 눈물을 흘리기도 하고 후련하다고 말하기도 하는 등 의미 있는 변화를 보였다.
> …(중략)…
> 혜진이는 자신의 소극적 행동에 대한 집단원들의 다양한 반응이 도움이 되어 자신감을 되찾은 것 같다. 지민이는 수줍음의 문제가 완전히 해결되지는 않았지만, 이제는 친구들에게 먼저 말을 걸겠다는 다짐을 하는 등의 진전이 있었다.

---

5 코틀러의 집단상담 치료적 요인 [2020 기출]

(1) **지지**: 어려운 상황으로부터의 회복을 도울 사람이 있다는 느낌

(2) **소속감**: 유대감과 신뢰감 창출을 통해 안전감 제공

(3) **정화**: 강렬한 정서 해소를 통해 긍정적 변화 산출

(4) **대리학습**: 관찰을 통한 학습 발생

(5) **자각**: 체험을 통한 자신의 행동 자각, 자신의 행동이 타인에게 미치는 영향 통찰, 성장과 학습 동기 증진

(6) **가족 재연**: 가족을 연상시키는 대인간 맥락을 제공하여 부모와 같은 인물, 형제자매 경쟁, 힘과 통제를 위한 투쟁과 같은 현재와 과거의 가족 관련 문제에 대한 작업

(7) **공적 서약**: 현실적 실현 가능한 목표와 실행계획 공언

(8) **과업 촉진**: 문제에 관한 진술과 집단에서 배운 것을 실천하겠다는 다짐으로 집단회기를 마치고, 실천성과에 대한 보고로 집단회기를 시작함으로써 집단참여 목표달성에 접근

(9) **모험 시도**: 집단의 핵심으로 누구에게도 말해본 적이 없는 가장 깊고 어두운 비밀을 진정한·솔직한·진솔한 방식으로 소리내어 말하고 삶의 행동방식에 놀랄 만한 변화를 가져오게 되는 광경을 상상

- **(10) 시연**: 실생활 실험실과 같은 안전한 환경에서 역할연습이나 심리극과 같은 전략으로 새로운 대안행동 혹은 다른 사람들과 관계맺는 새로운 방식을 시도하고, 이에 대한 피드백을 통해 새로운 전략을 정교하게 다듬음
- **(11) 직면·피드백**: 온전히 자기 자신이 될 수 있고 다른 사람들이 자신에 대해 솔직하게 반응하는 것을 들을 수 있음. 다른 사람들의 생각과 반응에 이차적인 추측을 할 필요가 없고, 온전히 자기 자신이 되어 현재 진행되고 있는 것에 대한 생각, 감정, 반응을 적극 표현함
- **(12) 마법**: 말이 필요 없을 정도로 사람들이 극적으로 변화함

[2020년 기출]

다음은 집단상담에 참여한 고등학교 2학년 학생들이 작성한 소감문의 일부이다. 밑줄 친 ㉠, ㉡에 해당하는 코틀러(J. Kottler)가 제시한 치료 요인의 명칭을 순서대로 쓰시오.

- 나는 초등학교 때 친구들에게 거짓말을 했다가 집단 따돌림을 당한 적이 있었다. 그 기억이 너무 고통스럽고 부끄러워서 아무에게도 말하지 않았다. ㉠ 이번 집단상담에서 용기를 얻어 그동안 숨겨왔던 비밀을 솔직하고 진정성 있게 친구들에게 이야기할 수 있었고, 그 이후로 친구들에게 조금씩 마음을 열고 다가갈 수 있게 되었다.
- 나는 이번 집단상담에서 3회기 때의 경험을 잊을 수가 없다. 누군가에게 그렇게까지 깊이 이해받아본 건 난생 처음이었다. ㉡ 마음에 온통 햇빛이 드는 것 같았다. 마치 새로운 사람이 된 것처럼 스스로도 믿을 수 없을 만큼 큰 변화가 있었다. 작년에 친구들이 나를 심하게 놀려서 친구들을 믿지 못했는데, 이제는 편안한 마음으로 친구들과 잘 어울릴 수 있게 되었다.

6 대표 학자들의 치료적 요인 종합정리, 『대표 학자들별 치료적 요인 - 권경인, 2001』

연구자	Corsini & Rosenberg (1955)	Berzon(1963)	Yalom (1975)	Yalom (1995)	Bloch (1979)	Corey (2000)	Kivlighan (1997)
갯수		9개	12개	11개	10개	11개	4개
치료적 요인	상호작용	다른 사람에 의해 표현된 감정에 대한 반응	대인관계학습-투입	대인관계 학습	대인관계를 통한 학습	피드백	타인-자기 집중
		다른 사람의 피드백에 의해 자기를 아는 것					
	관찰자치료	자기를 명료하고 주장적으로 표현하는 것	대인관계학습-산출				
		다른 사람에게서 정직, 용기, 개방, 정서의 표현을 목격하는 것					
	감정, 사고 표출	정서의 표출	카타르시스	카타르시스	카타르시스	정화	감정적 자각-통찰
	수용	집단에서 친밀감과 온화함을 느끼는 것			수용	관심과 이해	관계-분위기
			응집력	집단의 응집력		응집력	
	이타주의	다른 사람을 돕기 위한 긍정적 관심, 수용, 공감	이타주의	이타주의	이타주의		
	보편성	다른 사람과의 유사성 인식	보편성	보편성	보편성	보편성	
	주지화	자신의 정서적 역동에 대한 자각이 증대됨	자기이해		자기이해	인지적 요인	
			희망고취	희망고취	희망고취	희망	
			지도	정보교환	지도		
			동일시	모방행동	대리학습		
			가족 재구조화	일차적 가족관계 재현			
			실존요인	실존적 요인들			
	전이					시도의 자유	
	현실검증					변화 의지	문제 정의 및 변화
	기타: 승화, 자발성, 지도자 권위, 이완, 경쟁, 강화 등			사회화기법의 발달	자기노출	자기개방	
						직면, 유머,힘	

6 집단상담의 윤리

2006, 2008, 2010, 2012, 2015, 2015 특시, 2016, 2017, 2018 기출

1 집단지도자가 되기 위해 준비하는 사람들의 윤리

1) 심리학적 지식과 기술의 기초를 튼튼히 하는 것만큼 윤리적 문제에 관한 철저한 기초 지식을 갖추어야 한다.
2) 전문 분야의 윤리적 기준을 반드시 숙지하고, 또한 윤리적 결정을 내리는 방법을 (집단상담 수업과 슈퍼바이저 지도하에 실습과정을 통해) 배워야 한다.
3) 기존의 윤리강령을 상담현장에서 직면하게 될 다양한 딜레마에 적용하는 방법을 익혀야 한다.
4) 윤리적인 집단상담자가 된다는 것은 단순히 법이나 윤리강령의 위반을 피하는 것, 그 이상을 의미한다. 윤리적으로 상담한다는 것은 개인적으로나 전문적으로 높은 의식수준을 요구한다.

2 집단참여에서의 윤리

1 사전동의 및 사전 오리엔테이션

(1) 사전동의(informed consent) 2017 기출
① 정의: 사람들이 집단 참여 여부와 참여 방법에 대한 합리적인 결정을 내릴 수 있도록 집단치료에 대한 기본적인 정보를 제시하는 과정이다.
② 유의점: 미성년자나 합리적인 의사결정을 내리기 어려운 정신질환자의 경우에는 보호자의 사전동의서도 함께 받아야 한다.
③ ASGW(1998)의 '최선의 실천을 위한 지침'은 그 진술서에 다음의 정보를 포함시킬 것은 제안한다.

- 집단의 성격과 목적 및 목표에 관한 정보
- 비밀유지 및 비밀유지의 예외적 상황
- 집단지도자의 이론적 성향
- 제공될 수 있는 집단상담 서비스
- 집단원과 지도자의 역할 및 책임
- 주어진 특정 집단의 운영을 위해 요구되는 지도자의 자격요건

(2) 오리엔테이션(orientation) 2007, 2017 기출
① 정의: 집단 시작에 앞서 집단경험을 통해 얻을 수 있는 점, 집단의 목적, 집단에 참여하게 되면서 겪게 될 수 있는 잠재적인 문제 등을 포함하여 구두로 전달하는 일.
② (사전 홍보시) 정보제공의 내용: 집단 횟수, 기간, 시간, 장소, 선정절차, 크기, 유형, 대상, 비용 지불, 종결 절차 등이다.

③ 기준을 위반하게 되는 경우, 어떤 제재를 받게 될 것인가에 대한 결정. 기준 위반에 따른 벌칙 적용은 구체적, 명확, 강제적이어야 한다.

오리엔테이션에 포함해야 할 내용

- **집단상담자의 자격제시**: 자격증 명시, 집단원들과 집단상담자의 역할 기대, 권리, 책임에 대한 의사소통
- **집단의 목적 및 절차 소개**: 집단의 목적과 집단활동의 목적을 명확히 이해하고, 이를 집단원들에게 구두로 전달. 자신이 담당할 집단작업과 활동의 이론적 배경, 집단과정의 작용을 설명할 것. 또한 집단원들에게 자신의 리더십 유형을 설명한다.
- **심리적 모험 가능성**
  - 집단경험에 의해 발생할 수 있는 잠재적인 인생 변화와 모험에 대해 이야기를 나누고, 집단원들이 이런 가능성에 직면할 준비가 됐는지 탐색한다.
  - 집단압력과 불확실성, 부적절한 확신을 심어주는 행위, 적대적으로 직면하는 행위의 희생양, 집단과정이 그들의 생활에 위기를 가져다줄 수 있는 가능성, 회기 진행될수록 방어하게 되어 집단 떠나는 현상. 첫 회기부터 고통에 노출될 수 있는 가능성, 상황이 악화되어서 종결될 가능성, 숨겨온 감정 등이 일어나는 것 등
  - 이러한 가능성들에 대한 극복방안을 미리 준비할 것. 추수상담으로 대처 가능.
  - 이러한 두려움들은 조기에 탐색되고 발견되어 자각하는 것이 중요.
  - 집단상담자는 집단원들에게 자기결정권, 즉 자기자신에 대해 무엇을, 얼마나 깊이 있게 탐색할 것인지 결정할 권리가 있음을 강조.
  - 자기결정권에는 집단참여와 중도포기에 관한 권리도 포함된다.
- **집단원의 심리적 안전 보호**: 집단 안에서의 잠재적 위험성을 사전에 파악하고 집단원들이 부정적 경험을 하지 않도록 지침 설정, 대처방안 마련. 희생양을 만드는 행동엔 즉각적 개입.
- **집단원의 약물복용 제재**: 향정신성약물을 복용하거나 물질을 투여하고 있는지 사전 조사. 알코올을 비롯한 불법 약물복용 일절 금함.
- **개인상담과 병행**: 상담이나 심리치료를 받고 있는지 조사. 만일 이미 다른 전문가에게 상담 받고 있는 잠재적 집단원이 있다면 해당 상담자에게 집단 참여 사실을 직접 알리도록 조언.
- **상담료에 관한 내용**: 집단원이 상담료에 관한 규정을 알지 못한 상황에서 불참한 집단회기에 대해서는 상담료를 징수하지 않는다. 집단참여에 대한 상담료 지불과 관련된 계약은 집단상담자와 집단원 사이에 일정한 기간에 체결해야 한다. 계약서에 명시된 기간이 만료되기 전까지 집단상담 서비스에 대한 상담료를 인상해서는 안 된다.
- 그 외 집단 예비단계에서 논의한 기준들

---

2 비자발적 참여 ▶ 2011, 2017, 2018 기출

(1) 자발적인 잠재적 집단원들이든 비자발적인(강제적인) 참여자(예 법정 명령)이든 집단성격, 목적, 절차, 특정 활동 참여를 거절할 수 있는 권리, 비밀유지 한계, 능동적 참여가 미치는 영향 등에 대해 구체적이고 명확한 정보가 제공되어야 한다.

(2) 지도자는 사전동의를 통해 집단원들에게 집단 참여자로서의 권리와 책임 둘 다를 인식하도록 해준다. 지도자는 집단원들에게 집단에 참여하여 그 일부가 되면 어떤 일이 일어나는지를 각별히 유의해서 알려주어야 한다.

(3) 정책적인 집단치료 요구사항에 대한 자신의 느낌과 생각을 표현할 수 있는 기회를 주어야 한다. 때로는 집단원들이 치료의 성격에 대한 잘못된 정보나 선입견, 집단이나 수반된 과정에 대한 비신뢰, 겁먹고 자신을 드러내기를 주저하며 노출한 내용이 악용될지 모르는 염려 등에 빠질 가능성이 있기 때문이다.

> **집단원들이 집단참여 거부 이유**
> - 집단상담이나 집단치료에 대한 잘못된 정보나 고정관념
> - 집단상담자에 대한 불신
> - 집단활동의 효과에 대해 낮은 신뢰감
> - 집단상담은 자신을 세뇌하기 위한 시도라는 오해
> - 자신을 정신병 혹은 문제가 심각한 사람으로 간주하고 있다는 믿음

(4) 민감한 지도자는 이런 문제들을 열린 태도로 다룰 것이다. 집단원들이 자신의 두려움과 저항에 맞서 대처하는 데 필요한 지지를 제공해 줄 수 있고, 이를 공개적으로 다룸으로써 충분히 이해하도록 돕는다.

(5) 집단원들에게 침묵할 자유가 있으며, 어떤 문제를 논의하고 어떤 영역을 비밀로 유지할 것인지 결정할 수 있는 권리가 있음을 알려준다.

(6) 지도자는 강제집단이 당연히 동기가 결여된 내담자들로 구성되어 있을 것이라는 가정 하에 시작하지는 말아야 한다. 왜냐하면 이런 믿음은 부정적인 영향을 미치기 때문이다. 대신 어떤 불신도 존중하는 태도로 다루어야 하는데, 이런 불신이 신뢰의 증대로 이어지는 탐색을 위한 아주 좋은 재료가 될 수 있기 때문이다.

[2011년 기출]

학교 집단상담에서 집단원의 비자발적 참여를 다루는 방법으로 옳은 것만을 〈보기〉에서 모두 고르시오.

〈보기〉
ㄱ. 집단 참여와 표현을 독려, 강화한다.
ㄴ. 집단원으로서 가질 수 있는 자유와 권리를 알려 준다.
ㄷ. 사전에 만나 집단의 목표 등 상세한 정보를 제공한다.
ㄹ. 비자발적 참여에 대한 느낌과 생각을 표현할 기회를 준다.
ㅁ. 집단에서 나눈 이야기는 비밀보장이 된다는 것을 알려 준다.

3 집단을 떠날 자유(집단이탈) 2017, 2018 기출

(1) 집단지도자는 집단참여를 위한 적절한 준비작업과 사전 선별을 통해 집단원들이 집단을 조기에 그만 둘 위험성을 줄일 수 있다. 이에 대한 예비 조항이 미리 마련되어 있어야 한다.

(2) 지도자는 집단 초기에 집단을 중도에 그만두는 절차에 대해 모든 집단원들에게 설명해야 한다.

(3) 집단원은 집단을 떠날 권리가 있지만, 최종 결정을 내리기 전에 집단지도자와 다른 이들에게 알리는 것이 중요하다.

(4) 어떤 집단원이 집단에 남아 있도록 다른 이들이 부당한 압력을 행사한다면 집단지도자가 개입해야 한다. 그리고 집단원이 떠나고 싶어 하는 이유를 고려해 보는 것이 중요하다.

(5) 집단 참여를 중단하고자 하는 이유를 다른 집단원에게 알릴 수 있는 기회를 제공해야 한다. 집단을 떠나는 것을 너무 성급하게 허용하면, 그 집단원에게 통찰과 개인적 성장의 좋은 계기의 기회를 놓칠 수도 있다.

(6) 집단원 선발을 위한 개별면접과 준비교육 시간 동안 예비 집단원에게 집단의 성격을 알리는 일에 노력을 기울이며, 시간제한이 있는 폐쇄집단의 경우 집단원들이 자신의 책임을 다하도록 전념하는 것이 중요함을 강조한다. 또한 집단에 대한 의구심이나 우려가 있다면 이를 마음에 넣어두는 대신 말로 표현하는 것이 얼마나 중요한지를 역시 강조한다.

(7) 한 집단원이 신중한 고려와 설명 없이 집단을 떠날 경우, 그 결과는 떠나는 사람뿐 아니라 남아 있는 사람들에게도 부정적일 수 있다. 왜냐하면 남는 집단원들은 불필요한 죄책감을 갖게 되기 때문이다. 집단을 떠나는 것과 관련된 요인들을 논의하겠다는 약속을 이행한다면 관련된 모든 사람들이 미해결 문제를 표현하고 탐색할 기회를 가질 수 있다.

> **법적 구속력하에 있는 집단원 이탈**
>
> 미성년자 초범자들에 대해 법원이 형량 대신 집단상담 10회기 참여를 선고했다고 할 때, 집단상담자는 이들이 집단에 성실하게 참여하지 않은 것을 법원에 보고하게 될 것이고, 이를 재차 심의하여 형량대로 복역하도록 법적 조치를 받을 수 있음을 설명해 줘야 함.

(8) **집단이탈 절차** [2017 기출]
① 집단을 떠나기로 결정하기 전에 반드시 집단상담자와 집단원들에게 알려줄 것을 강조.
② 중도포기에 따른 부작용 논의. 집단상담자는 조기에 집단을 떠나기로 결정한 집단원은 집단에 참석해 다른 집단원에게 이유를 밝히도록 격려.
③ 집단이탈 요인 탐색하는 한편 집단참여에 대해 신중하게 고려할 시간을 갖도록 권장.
④ 해결되지 않은 미결감정이 있을 경우, 이를 탐색하는 기회를 갖도록 도움.
⑤ 떠나지 말라고 집단압력을 행사하는 집단원이 있을 경우, 즉각 개입함

(9) **집단이탈 권리 안내**: 집단상담자는 집단원 선별을 위한 면담이나 오리엔테이션 시간을 통해 잠재적 집단원들에게 중도포기 권리를 설명하고, 폐쇄집단의 경우, 끝까지 참여하는 것의 중요성을 강조한다.

[2017년 기출]

다음은 전문상담교사가 중학교 3학년 남학생들을 대상으로 실시한 학습능력향상 집단상담 축어록이다. 밑줄 친 민수의 행동에 대해 전문상담교사가 민수에게 해야 하는 개입을 3가지 서술하시오.

정민: 전 아무리 공부를 해도 성적이 오르지 않아요. 선생님, 단기간 내에 성적을 올릴 수 있는 확실한 방법은 없나요?
민수: (못마땅한 듯이 집단원들을 쏘아본다.)
영철: 3학년이 되니까 과학이 너무 어려워요. 전 과포자라고요. 아버지께서는 저에게 꼭 공대에 들어가야 한다고 하시는 데요. 중 2 때는 수포자, 중 3이 되니 과포자, 내 인생에 희망이 없네요.
민수: 여기는 우리 학교 꼴통들만 모여 있는 집합소 같아요. 저 애들과 같이 공부 못하는 아이 취급받는다는 게 짜증나요. 선생님, 저 이 집단상담 그만할래요. 여기 온다고 성적이 오르는 것도 아니고요. (씩씩거리며) 차라리 이 시간에 공부하는 것이 저에게 더 도움이 될 거 같아요. (일어나서 나가려고 한다.)
경인: 선생님! 민수가 나가려고 해요. 민수야, 중간에 갑자기 너 혼자 그만두는 게 어딨어!

4 집단참여에 따른 심리적 위험 2015 특시 기출

(1) 위험의 가능성: 집단원은 희생양이 될 수도 있고, 집단압력에 시달리고, 신뢰감이 무너지며, 부적절한 안심시키기와 적대적인 직면에 처할 수도 있다.

(2) 집단상담자의 대처
① 예비집단원이 이러한 위험 가능성을 인식하도록 안내하고, 이런 위험이 발생하지 않도록 모든 조치를 취하며, 위험 가능성을 줄일 수 있는 방법을 고려하는 것이 지도자의 윤리적 책임이다.
② 지도자는 결과를 신중하게 고려하지 않고 성급하게 행동하는 것의 위험성을 집단원들에게 경고할 책임이 있다.
③ 지도자는 집단에서 무엇을 탐색하고 어느 정도 깊이 다룰지를 결정할 권리가 집단원들에게 있음을 강조해야 한다.
④ 모든 심리적 위협을 해결할 수는 없지만 최대한 사전에 안전장치를 마련해놓는 것이 좋으며, 이를 위해 계약에 위험과 관련된 조항을 마련해 놓는 것이 좋다.
⑤ 집단지도자는 집단에서 작동하는 힘에 대해 그리고 이런 힘들을 윤리적으로 가동시키는 방법에 대해 폭넓고 깊은 이해를 가져야 한다.

위험성을 줄이는 방법

- 집단원들의 한계 인식하기
- 그들의 요구 존중하기
- 밀어붙이거나 독단적인 방식이 아니라 집단원이 시도해 보도록 초대하는 방식 적용하기
- 공격적인 언어적 직면 피하기
- 판단을 내리기보다 행동을 있는 그대로 묘사하기
- 지도자의 해석을 받아들이도록 강요하기보다 지도자의 짐작을 잠정적인 형태로 제시하기 등
---

(3) 심리적 위험의 경우
① **집단상담자의 힘의 남용:** 집단지도자가 집단 안에서 상당한 힘과 위신 및 지위를 갖고 있다는 점과 때로는 지도자가 그것을 인식하지 못하거나 또는 도취하게 만들 수 있음을 지적한다.
② **자기노출:** 자기노출은 모든 집단에 반드시 필요하다. 그러나 이것은 어디까지나 좀 더 충분한 자기이해라는 목적을 위한 수단일 뿐이지 그 자체로 미화되어서는 안 된다.
③ **비밀유지의 문제:** 모든 집단의 잠재적인 위험이다. 집단지도자는 비밀유지의 중요성을 계속 강조해야 한다. 그러나 이런 경우에도 부적절하게 얘기할 가능성은 존재한다.
④ **집단압력**
　㉠ 정의: 응집력이 발달됨에 따라 집단원들은 구성원들에게 집단의 기대치에 부응해야한다는 압박감을 제공하게 된다.
　㉡ 문제점: 집단압력은 개인의 주도적인 선택권이나 자율권을 포기하게 만든다.

집단압력을 받는 예

(1) 집단구성원이 개인적인 결정과는 무관하게 집단의 압력으로 집단상담의 진행절차, 주제를 결정하고 자신의 감정 역시 집단압력에 따라 과도하게 표현하는 경우다.
(2) 집단압력이 다른 구성원들로부터 구체적으로 표현되지 않아도 집단구성원 자신이 스스로 말하지 않으면 불안해서 견디지 못하는 심리상태가 되는 경우다.

ⓒ 해결책
- 상담자는 집단압력을 느끼는 구성원에게 불안을 제거해 주고 미리 주도권과 선택권이 있음을 알려 주어야 한다.
- 상담자는 주제의 선택이나 감정표현의 수준이 집단구성원들에게 유익하게 활용되고 있는지를 항상 검토하여 심리적 압박감을 조절하도록 도와주어야 한다.

⑤ **희생양 만들기**: 가끔 한 사람이 집단의 희생양으로 지목될 수 있다. 집단지도자는 분명히 이런 행동을 제거하고 일어나고 있는 일을 탐색하기 위해 단호한 조치를 취해야 한다. 일반적으로, 다른 사람을 희생양으로 만들고 있는 사람에게 먼저 초점을 두고 탐색하는 것이 좋다.

⑥ **직면의 경험**: 유익하고 강력한 도구지만 잘못 사용할 가능성이 있으며, 파괴적인 방식으로 할 때 특히 그럴 가능성이 있다. 지도자는 집단원들에게 중대한 심리적 위험을 초래할 수 있는 행동을 경계해야 한다. 지도자는 비생산적인 직면의 위험을 줄이기 위해 시범을 보여야 하며, 집단원들의 인격을 판단하는 행동을 삼가야 한다.

[2015년 기출]

다음은 집단상담 축어록의 일부이다. 집단상담에서 발생할 수 있는 문제점 중에서 (가), (나)에 나타난 것을 순서대로 쓰시오.

(가)

상담교사: (이슬의 표정을 보며) 이슬아, 오늘은 말이 별로 없구나. 저번까지는 네가 이런저런 피드백도 잘 해줘서 친구들에게 많은 도움이 되었는데.
이 슬: (바닥을 쳐다보며) 오늘부터는 말 안 할 거예요.
상담교사: 그 이유가 무언지 궁금하구나.
이 슬: (머뭇거리며) 오늘 다른 반 아이들이 지난주에 제가 집단에서 한 이야기에 대해 수군대는 것을 들었어요.

(나)

효인: 우리 아빠와 엄마는 제가 어릴 때 헤어지셨어요. 그래서 외할머니께서 저를 키우셨어요. 이건 처음 말하는 거예요.
수민: 저도 다른 사람한테 한 번도 말하지 않은 비밀이 있어요. 최근에 남자 친구가 생겼어요. 아무도 몰라요. 엄마가 알면 큰일 나요. 그런데 여기서는 이야기해도 될 것 같아요.
진아: (눈치를 보며 주저하다가) 저는 딱히 털어놓을 만한 비밀이 없어서…….
효인: 비밀이 없다고? 우리는 모두 말했는데.

---

3 비밀유지의 문제 ☑ 2009, 2012, 2015 특시, 2017, 2018 기출

❶ 비밀유지에 대해 집단원들 교육시키기

(1) 뜻하지 않게 미묘하게 비밀을 누설하는 경향에 따른 위험성에 대해 여러 차례 집단원들의 주의를 환기시키는 것이 바람직하다. 집단 밖에서 적절한 수위를 넘어서 말하는 경향이 있을 수 있고, 부주의하게 제공할 수도 있다. 집단에서 비밀유지가 관심사가 되고 있는 것 같다면 집단 회기 중에 이 문제를 충분히 논의해야 한다.

(2) 집단 지도자는 비밀유지의 중요성을 전달하고, 집단원들이 이에 동의한다는 내용의 계약서에 서명하도록 하며, 나아가 이를 어기는 사람들에게는 어떤 형태의 제재를 가하는 것이 좋다.

(3) 비밀유지가 중요하다는 점에 대해 지도자가 모범을 보여주는 것은 집단원들이 따라야 할 규범을 정하는 데 매우 중요한 역할을 한다. 지도자가 비밀유지를 진지하게 여긴다고 집단원들이 느낀다면 그들 또한 이 문제에 대해 마음을 쓸 것이다.

2 비밀유지의 윤리적, 법률적 차원

(1) 집단상담자는 집단원들에게 비밀유지 약속을 위반할 때 그 결과가 무엇인지를 알려줄 윤리적, 법률적 책임이 있다.

(2) 일반적으로 집단원들이 집단 회기 중에 그들이 무엇을 배웠는지에 대해 말한다면 그것은 비밀유지를 위반하는 것이 아니다. 하지만 그들 자신이 어떻게 통찰을 얻었고 집단에서 실제로 어떻게 상호작용을 했는지에 대해 말한다면 그것은 비밀유지를 위반할 가능성이 높은 행동이다.

(3) 상담자는 처음부터 비밀유지의 한계를 분명히 말해주어야 하며, 의무 참여 집단의 경우 상담자에게 요구되는 모든 보고절차를 집단원들에게 알려주어야 한다. 또한 비밀유지에 영향을 주지만 상담자들이 지켜야 하는 어떤 문서화 작업이나 문서 보관절차에 대해서도 언급해야 한다.

(4) 일반적으로 자격증을 취득한 상담자에게 법률적으로 내담자가 말한 내용에 관해 비밀보장을 해야만하는 비밀유지 특권이 주어진다. 비밀유지 특권(privileged communication)의 개념은 다음과 같은 경우를 제외하고는 이들 전문가가 내담자가 말한 내용을 누설할 수 없음을 의미한다.
① 내담자가 자신이나 다른 사람 혹은 기물에 심각한 손상을 입힐 것으로 판단되는 경우
② 아동 학대나 노인 학대가 의심되는 경우
③ 법원으로부터 정보를 제공하라는 명령을 받을 경우
④ 슈퍼비전을 받고 있는 경우
⑤ 내담자가 서면으로 허락한 경우가 예외적인 경우이다.

(5) 일반적으로 집단 참여자들 간의 상호작용과 관련된 비밀유지는 법령에 의해 보장되거나 보호받을 수 없다. 집단지도자는 비밀을 유지해야 하는 윤리적, 법률적 책무가 있지만, 다른 집단원에 대한 비밀유지 규정을 어긴 집단원에게는 법률적으로 어떤 책임을 묻지 않는다.

3 집단에서 미성년자의 비밀유지

(1) 미성년자가 집단에 참여하기 전에 부모나 보호자로부터 서면 승인서를 받아두는 게 좋다. 승인서에는 집단의 목적에 대한 간략한 기술과 목적 달성을 위한 필수 조건으로서 비밀유지의 중요성 및 비밀유지를 어기지 않으려는 지도자의 의도 등의 주제를 포함시킨다.

(2) 부모에게 집단의 목적을 알려주고 자녀에 대한 약간의 피드백을 주는 것은 가능하지만, 자녀가 말한 구체적인 내용을 언급하지 않도록 주의해야 한다.

(3) 아동과 청소년이 참여하는 집단지도자는 비밀유지가 좀 더 잘 지켜지도록 각별히 노력해야 할 책임이 있다. 미성년자들에게는 비밀유지의 한계에 대해 반드시 가르쳐야 한다. 이런 접근을 통해 집단상담자에 대한 이들의 신뢰를 두텁게 할 수 있다.

4 비밀유지에 관한 지침 요약

(1) 집단의 성공에는 비밀유지가 필수적이지만 모든 집단원들이 비밀유지에 관한 지침을 준수할 것을 보장하기 위해 지도자가 할 수 있는 일은 거의 없다. 지도자는 자신의 입장에서만 비밀을 보장할 수 있을 뿐이며 집단의 다른 사람들에 대해서는 보장할 수 없다.

(2) 집단지도자는 상담에 영향을 미칠 관련 법령을 반드시 숙지해야 한다.

(3) 집단지도자는 집단을 시작할 때 지도자와 집단원의 역할과 책임 및 비밀유지의 한계에 대해 설명한다.

(4) 집단에서 완벽한 비밀유지는 가능하지 않다는 것을 알려주어야 한다. 그 한계를 알려주어야 집단원들이 집단 회기 중 어떤 개인정보를 그리고 어느 정도 노출할지 결정할 수 있다.

(5) 집단 참여자들에게 집단에서 일어나는 일에 대해 말하거나 글로 쓰지 않으며, 누가 참여했는지 말하지 않겠다고 동의하는 계약서에 서명하도록 요구하는 것이 현명한 방침이다.

(6) 집단지도자는 비밀유지 준수의 중요성을 집단이 전개되는 여러 단계에서 강조해야 한다. 집단원 선발을 위한 개별면접 중에 이 주제를 언급해야 하고, 첫 집단 회기에 이를 분명히 해야 한다. 그리고 집단과정 중 적절한 시점에 주의를 환기시켜야 한다. 누군가가 비밀유지가 지켜지지 않고 있다고 지적하면 집단지도자는 집단원들과 함께 가능한 한 빨리 이 문제를 다룰 책임이 있다.

(7) 집단상담자는 사전 동의하에 또는 사용처에 대해 집단원이 알고 있는 경우에만 집단시간을 비디오 촬영하거나 녹음한다.

[2018년 기출]

다음은 전문상담교사가 중학생 대상의 집단상담을 계획·운영한 과정에 관한 내용이다. (가)~(라) 중 비윤리적 행동에 해당하는 사례 2가지를 찾아 기호를 쓰고, 그 이유를 각각 서술하시오.

(가) 프로그램 계획 회의에서 유사 집단상담 프로그램을 진행했던 동료 상담교사가 현실치료 상담 기법을 활용하는 데 효과가 좋았다며 제안하다. 하지만 이 기법과 관련하여 아직 미숙하고 수련을 받지 않았기 때문에 포함시키지 않았다.

(나) 집단상담 참여자를 모집하기 위하여 담임교사들에게 홍보를 부탁하고, 12명의 학생이 신청하다. 그 중 10명은 자발적으로 신청하고 2명은 담임교사가 의뢰하였다. 이에 비자발적으로 신청한 학생 2명의 부모님에게만 동의서를 받았다.

(다) 집단상담 시작 전에 집단 구성원의 사생활 보호와 비밀보장의 중요성을 강조하고 이를 집단의 규준으로 삼았다. 하지만 비밀보장의 한계로 집단상담 과정에서 사생활 보호나 비밀보장이 완전하게 지켜지지 못할 수도 있음을 알렸다.

(라) 찬수는 2회기 참여 후, 집단상담에 참여하지 않았다. 그만두고 싶은 경우 사전에 알려야 한다는 안내를 하지 않았기 때문에 찬수의 결정을 존중하여 본인에게 직접 연락을 하지 않고 집단상담을 계속 진행하였다.

4 집단에서 지도자 가치관의 역할

1 가치 문제에 대한 작업의 윤리적 측면

(1) 집단원들은 집단에서 가치와 관련된 많은 문제를 내놓는다. 집단상담은 집단지도자가 자신의 세계관을 집단원들에게 강요하는 곳이 아니다.

(2) 가치관은 흔히 의식적으로 알아차리지 못한 채 은밀하게 전달된다. 그러나 집단원들 가운데 일부는 다른 문화적 가치를 고수할 가능성이 있다. 그들이 자신의 가치관을 바꾸는 편이 나을 것이라고 가정한다면 집단지도자는 그들에게 해를 입힐 수 있다.

2 가치의 갈등 다루기

(1) 때로는 집단지도자와 집단원들의 특정 가치관 간에 존재하는 극명한 차이와 관련된 윤리적인 문제에 직면할 수 있다. 이러한 가치관의 갈등이 있으면 유연한 보편주의(soft universalism)의 틀 안에서 그 갈등을 고려하는 것이 좋다. 모든 문화권은 어떤 기본적인 보편적 가치들을 공유하므로, 이것을 찾아보고 존중하는 방식으로 대화를 통해 차이점을 명료화시키고 상호 가치를 충족시키는 치료적 해결책을 찾아보는 것이다.

(2) 집단원들이 집단지도자의 입장에 대해 물어본다면, 그들이 부담을 느끼지 않도록 판단하지 않는 태도를 견지할 수 있는 범위 내에서 집단지도자의 입장을 밝히는 것이 적절할 수 있다. 집단지도자는 자신의 가치에 대해 분명해야 하며 자신의 것과 다른 가치관에 대해 작업할 때는 객관성을 유지해야 한다.

(3) 집단과정 자체와 관련된 많은 가치들은 집단지도자가 행하는 것과 행하지 않고 생략하는 것 둘 다에 의해 전달될 수 있다.

5 배경이 다양한 집단원들을 상담할 때의 윤리적 쟁점

1 가치와 다양성 다루기

(1) 집단상담자는 인종과 성, 종교, 성 정체성, 심리적 성숙, 경제적 계층, 가족력, 신체적 특성이나 한계점, 지리적 위치 등을 포함한 영역에서 내담자 간의 개인차에 대해 폭넓은 민감성을 유지하면서 작업해야 한다.

(2) 사회적 정의의 문제 즉, 인종차별주의, 계층주의, 성차별주의 및 이성애중심주의 등은 흔히 배경이 다양한 사람들이 집단에 참여할 때 부각되는 주제이다.

(3) 일반적으로 집단참여와 관련된 집단규범 가운데 어떤 내용은 일부 내담자들의 문화적 규범과 맞지 않을 수 있다. 모든 사람들이 동일한 가치체계 안에서 같은 방식으로 참여할 필요는 없다. 핵심적인 것은 집단지도자가 집단원들이 집단참여를 통해 유익을 얻고 있고, 그들이 집단에서 배우는 것이 일상에도 적용될 수 있다는 믿음을 갖게 되는 환경을 제공하는 것이다.

(4) 문화적 다양성은 집단원이 집단에서 어떤 문제를 내놓을지, 또한 이러한 문제를 탐색하려 할지 혹은 그렇게 하기를 꺼려할지에 영향을 미친다. 그러므로 다양성에 주목하고 또 그것을 다루는 것은 윤리적 책무이자 좀 더 효과적인 상담 작업으로 인도하는 것이다.

2 준비와 실천을 위한 윤리와 기준

(1) 전문기구들은 윤리강령과 상담자 훈련 및 실천을 위한 기준에, 문화적 이해와 역량을 포함시킴으로써 상담자가 문화적 다양성과 관련된 역량을 기르는 일의 중요성을 강조한다.

> **집단상담자가 취해야 할 노력**
> (1) 성 및 성적 성향과 관련된 주제를 집단에서 생산적으로 탐색할 수 있는 방식을 이해한다.
> (2) 문제를 평가하고 개입을 계획하는 데 불리하게 작용하는 사회적, 환경적, 정치적 요인들의 영향을 고려한다.
> (3) 내담자의 문화권 안에서 가족 및 공동체 위계의 역할을 존중한다.
> (4) 집단원들의 종교적, 영성적 신념과 가치를 존중한다.
> (5) 집단원들이 겪는 어려움이 다른 사람의 차별주의나 편견 때문인 경우를 인식하도록 도와줌으로써 그들이 부당하게 그런 어려움을 개인적 문제로 받아들이지 않도록 한다.
> (6) 집단과정에 내포된 기본적인 가치관(예컨대, 자기노출, 자신의 삶에 대해 성찰하기, 모험 감수하기)에 대해 집단원들에게 알린다.

(2) **유의할 점**: 집단상담자는 자신이 어떤 정형화에 기초하여 사람들을 대하는 경향성은 없는지 유의해서 살펴보아야 한다. 이를 위해 집단지도자는 나이, 장애, 민족성, 성, 인종, 종교 혹은 성적 성향에 근거한 자신의 편견이 무엇인지 먼저 알아차려야 한다.

6 집단상담자의 전문적 역량과 훈련

1 지도자 역량 문제

(1) 역량은 집단상담에서 주요 윤리적 문제 중 하나이다. 집단지도자는 자기 역량의 범위를 인식하고, 집단운영에 필요한 훈련과 경험을 통해 적절하게 준비된 집단만을 이끌도록 스스로를 제한해야 한다.
(2) 지속적인 교육의 중요성을 절실히 깨닫는다. 전문적 역량은 진로 전반에 걸쳐 지속적으로 발달해 가는 과정이다.

2 집단상담자를 위한 전문적 훈련 기준

(1) 체험적인 집단활동에 참여하는 것
(2) 집단을 운영해 보는 기회를 갖는 것
(3) 유능한 슈퍼바이저에게 슈퍼비전을 받는 것

3 훈련 및 개인 경험 📖 2015 기출

예비 집단상담자는 자신이 이끌고자 하는 일반적인 유형의 집단에 맞는 광범위한 훈련을 반드시 받아야 하며, 이 외에 개인 심리치료, 집단치료, 슈퍼비전이 주어지는 훈련집단에 참여하는 게 필요하다.

(1) **집단지도자를 위한 개인 심리치료**: 자신을 위한 상담, 즉 개인상담과 집단상담을 받는 것이 중요하다. 내담자에 대한 수용성을 저해할 수 있는 편견과 집단원들에 대한 지각을 왜곡시킬 수 있는 미해결 문제, 집단과정을 촉진하거나 저해할 수 있는 그 외의 욕구, 현재의 갈등, 자신의 강점을 충분히 인식하고 활용할 수 있는 방법 등을 탐색할 수 있다.

(2) **집단지도자를 위한 자기탐색 집단**: 이런 유형의 집단은 치료적 가치를 지닐 뿐만 아니라 수련생들을 위한 강력한 교육 수단이 될 수 있다.

(3) **집단지도자를 위한 훈련집단**: 훈련집단은 치료집단이 되지 않더라도 통찰과 자각을 가져올 수 있다. 비판에 대한 자신의 반응, 경쟁적 성향, 인정 욕구, 질투, 유능해 지는 것에 대한 불안, 특정 집단원들에 대한 감정, 공동 지도자나 집단원들과의 힘겨루기에 대해 배울 수 있다.

7 윤리적, 법률적 실천을 위한 기준

1) 집단을 이끄는 전문가는 자신의 특정 직종의 윤리강령의 범위 안에서 상담해야 하고 법률적 기준을 준수해야 할 의무가 있다. 전문가들은 내담자에게 해를 끼치거나 상담운영을 제대로 수행하지 못할 경우 민사상 책임을 진다.

2) 태만은 '실천 기준(standard of care)'에서 벗어난 것을 말한다. 즉 내담자에게 해를 끼칠 정도로, 통상적으로 수용되는 것을 제공해야 하는 치료자의 임무를 이행하지 않는 행위를 말한다. 이러한 실천 기준에는 세심하게 문서로 기록하여 보관하기, 필요시 자문 구하기, 자문 받은 내용을 기록 문서로 남겨 두기가 포함된다.

3) 기록 보관방법에 상관없이 어떤 양식으로든 집단 회기와 치료 목표 및 성과에 대한 기록을 남겨 두는 것이 중요하다.

8 다중관계 2006 기출

1) 집단상담자는 집단원의 능력을 저해하고 **자신의 객관성에 혼란을 주고 전문가적 역량을 발휘할 수 없게 하는 집단원과의 다중관계를 피한다.**

2) 집단상담자는 집단기간을 통해 집단원과 개인적 혹은 사회적 접촉을 진전시키기 위해 집단상담자로서의 **역할과 힘을 사용하지 않는다.**

3) 집단상담자는 집단 중에나 집단 종결 후에 자신의 이익을 위해서 집단원과의 직업적 관계를 사용하지 않는다.

4) 집단상담자는 집단원과 성적 관계를 맺지 않는다.

5) 집단상담자는 자신의 가족, 친척, 고용인, 친구 등을 집단원으로 받지 않는다.

6) 집단 밖에서 집단원끼리의 친밀한 관계를 맺는 것이 집단원들에게 미칠 수 있는 영향에 대해 전체 집단원들과 논의한다.

[2006년 기출]

다음은 집단상담자가 지켜야 할 윤리 지침의 하나이다. 어떤 윤리 지침인지 쓰시오.

> 집단상담자는 집단상담이 진행되는 동안에는 집단구성원과 부적절한 개인적 관계를 피해야 한다. 왜냐하면 이러한 관계는 집단상담자의 객관성과 전문적 판단을 해칠 수 있고, 또한 집단상담자가 자신의 이익을 위해 힘이나 역할을 오용할 수 있기 때문이다.

7 서스만의 상담 및 심리교육 프로그램 개발과 평가

1 상담 및 심리교육 프로그램의 주요 영역

1 미국의 집단전문가협회(ASGW, Association for Specialist in Group Work)가 제시하는 상담 및 심리교육 프로그램 영역

과제 및 작업집단	• 각종 위원회, 정책입안 회의, 조직, 학습 집단 등에서 조직개발, 자문, 경영 등과 같은 분야를 다룰 때 집단의 원리를 적용하여 그 과정이 효과적으로 진행되게 할 수 있다.
생활지도 및 심리교육 집단	• 약물남용 예방, 스트레스 관리, 부모 효율성 훈련, 자기주장 훈련 등 현재 생의 위기에 처해 있는 것은 아니지만 앞으로 그와 같은 문제에 접할 가능성이 있는 대상에 대한 교육 및 심리장애 예방 교육이 있다.
상담 및 대인문제 해결집단	• 대인문제 해결능력을 개발시켜 미래에 닥칠 유사한 성격의 문제를 쉽게 처리할 수 있도록 하는 것으로 진로, 교육, 개인적, 사회적, 발달적 문제를 다룬다.
심리치료 및 성격재구성 집단	• 급성 혹은 만성적인 정신적·정서적 문제를 다룰 수 있으며, 우울, 성격장애, 불안 및 정신신체 장애 등과 같은 문제가 해당된다.

2 서스만(Sussman, 2001)의 프로그램

1 서스만(Sussman, 2001)의 프로그램 개발 원리

(1) **체계적인 이론적 기반**: 프로그램의 이론적 기반에 근거하여 매개변인과 조절변인을 설정해야 한다.

(2) **경험적이고 과학적인 방법**: 매개변인과 조절변인의 변화를 경험적이고 과학적인 방법을 사용해서 측정해야 프로그램 개발자가 프로그램의 효과에 대해 주관적으로 가질 수 있는 편견을 감소시킬 수 있다.

(3) **개발과정의 엄격성**: 프로그램의 개발과정이 방법상 엄격해야 프로그램의 소비자나 개발 비용을 제공한 사람이 프로그램의 효과를 합리적으로 판단하고 평가할 수 있다.

(4) **평가 결과 반영**: 단계별로 과학적인 평가가 이루어져야 어떤 변인이 어떤 방법으로 기능해서 프로그램의 효과를 나타냈는지 설명할 수 있고 사회적 환경이나 맥락, 대상에 따라 프로그램을 수정할 때도 분명한 방향성을 가질 수 있다.

2 서스만(Sussman, 2001)의 프로그램 개발 모형

단계	단계별 과제
1단계 문헌연구	• 프로그램 효과를 내는 매개변인의 확인 • 문제행동의 원인에 대한 이론적 고찰 • 문제행동을 통제하는 방법의 탐색
2단계 활동의 수집	• 유사한 목적을 위한 과제에서 유사한 활동이나 방법 수집 • 새로운 활동의 개발
3단계 활동의 선정	• 지각된 효율성 연구를 통한 활동의 선정 • 심층면접, 델파이기법, 초점집단 면접, 카드분류, 설문지 등으로 지각된 효능평가 실시
4단계 선정된 활동의 즉시적 효과 연구	• 단일집단연구, 유사실험설계, 실험설계를 통한 요소연구 • 집단 간 비교연구, 요소연구
5단계 프로그램의 제작 및 예비 연구	• 프로그램 활동 및 요소의 구성 • 예비연구를 통한 실험 • 예비연구 시 다양한 평가 실시 • 프로그램의 수정(활동, 내용, 전략, 모형 등의 측면에서)
6단계 프로그램의 장기적 효과 연구	• 이전 연구의 개별적 검토 • 메타분석 • 프로그램 내 변인 간 관련성을 가설적 개념화 후 검증 • 변인 간 관련성에 대한 모형의 검증

3 서스만(Sussman, 2001)의 활동요소 선정 기준 [2020 기출]

☞ 이는 프로그램을 실시하고 난 다음에 그 효과를 평가하는 것과는 목적이 다르다. 수없이 많이 수집된 프로그램 활동요소 중에서 무엇을 선정할지를 정하기 위해 필요한 평가절차인 것이다.

(1) 수용성
① 목표집단에 의해 그 프로그램 혹은 프로그램의 활동요소가 참신하고, 재미있고, 유용하며, 목표행동을 도달하는 데 직접적인 효과가 있다고 느낄 수 있어야 하는 것

(2) 접근성
① 활동요소에 대한 참여가 가능한 정도.
② 예를 들어, 활동요소가 목표집단이 사용하는 언어나 문화와 잘 맞지 않거나, 목표집단이 그 요소를 이해할 수 있는 수준이 되지 않거나(예 독해력), 사회·환경적 요인(예 비용, 운송수단, 아동 돌봄 시설)이 부적절하지는 않은지 살펴보아야 한다.

(3) 목표달성에 도움이 되는 정도
① 그 요소가 프로그램의 목표를 달성하는 데 얼마나 도움이 될 수 있는가 하는 것이다.
② 활동 자체로는 매우 유익하고 흥미로운 것이라 하더라도, 프로그램의 목표와 관련성이 별로 없거나 목표달성에 도움이 되지 않는 활동이라면 우선순위에서 뒤로 미루어야 한다.
③ 즉시적 효과: 목표 달성에 도움이 된다는 것은 프로그램 전체를 통해 도달하고자 하는 긍정적 목표라기보다는 궁극적 목표에 영향을 주지만 프로그램의 활동요소를 통해 즉시 그 효과가 나타날 수 있는 보다 구체적인 효과를 말한다.

7 서스만의 상담 및 심리교육 프로그램 개발과 평가

④ 즉시적 효과를 측정해 본다는 것은 프로그램의 활동요소가 태도 변화, 구체적인 지식, 신념, 가치, 규범 또는 의도의 변화, 헌신할 마음의 준비, 기술의 습득, 특정한 행동의 시작이나 중단 등에 미치는 효과를 살펴보는 것이다.

(4) 목표집단에 미치는 영향력
① 프로그램 활동을 실시했을 때 그 대상이 되는 사람들에게 과연 의도했던 효과가 나타날 것인가 하는 것이다.
② 이를 알아보는 가장 좋은 방법은 이후 프로그램의 실시 대상자와 가장 유사한 사람들을 표본으로 하여 그 반응을 살펴보는 것이다. 따라서 프로그램 활동요소를 선정할 때는 궁극적인 프로그램 대상자와 매우 유사한 특성을 가진 사람들 혹은 관련 집단에 속한 사람들에게 프로그램 활동을 소개하고, 그 효과에 대해 평가해 보도록 한다.

4 서스만(Sussman, 2001)이 제시한 지각된 효율성 평가방법

(1) 심층면접
① 정의: 어떤 방향으로 면접을 할 것인지 주제를 정해 그것과 관련된 다양한 사안에 대해 시간 제한 없이 최대한 자세히 면접하는 것.
② 방법: 여러 시간 지속되기도 하고, 여러 번 추가 면접이 진행되기도 한다.(↔ 간단면접)

(2) 델파이 기법(Delphi technique)
① 정의: 문서를 통해 의견을 교환하는 방법.
② 방법: 목표집단을 대표할 수 있는 사람들, 관련 분야의 전문가 집단 등 다양한 사람에게 프로그램 활동의 내용을 보내서 내용의 적절성에 대해 양적 및 질적 평가를 받고 대안적 의견을 얻는다. 이런 의견을 수합하여 프로그램 활동 내용을 수정·보완한 다음 다시 새 버전의 프로그램 활동에 대한 의견을 구한다.
④ 장점: 한 자리에 모여 의견을 나누기 어려운 다양한 사람의 의견이 프로그램에 반영되도록 할 수 있고 지속적인 피드백 과정을 통해 심도있는 의견교환과 판단이 가능하다.

(3) 초점집단(focus group) 면접
① 방법: 진행자는 주요한 문제영역과 관련하여 비교적 동질적 특성을 가진 8~10명으로 구성된 사람들에게 프로그램이 필요한 문제 상황에 대한 토론, 문제해결을 위한 자원 및 지금까지의 해결방안, 그리고 제시된 프로그램 활동에 대한 평가 등을 시행할 수 있다.
② 장점: 개개인을 면접하는 것보다 시간과 비용 면에서 효과적이며 구성원의 상호작용을 통해 다양한 관점을 접할 수 있다.

(4) 카드분류
① 방법: 프로그램의 활동 내용이나 전달 방법에 대한 그림을 담은 카드를 제시한 다음, 응답자에게 그 카드를 '인상적이고 기억에 남는 것'과 '평범하고 눈에 띄지 않는 것'으로 구별하도록 하거나 선호하는 순서대로 배열하도록 요청할 수 있다.
② 장점: 글자를 익히지 못했거나 해독능력이 떨어지는 대상 등에도 쉽게 적용할 수 있는 방법

(5) 설문지
① 정의: 프로그램을 구성하고 있는 활동요소를 제시한 다음 각 활동에 대한 흥미도, 신뢰도, 지각된 유용성을 평정하도록 하는 것이다.

(6) 그 외: 역할극, 주제가 있는 이야기 기법, 투사적 기법 등이 가능하다.

5 서스만(Sussman, 2001)이 제시한 프로그램 활동요소의 네 가지 관계 유형

(1) 동일목표 지향성
① 정의: 2~3가지 프로그램 활동요소가 하나의 효과를 얻기 위해 구성되어 있는 유형.
② 특징: 한 가지 목표를 얻기 위해 다른 형태의 활동을 하지만 궁극적으로는 같은 목표를 지향하는 활동의 관계를 의미한다.

> **+ 동일목표 지향성 활동요소 관계 유형의 예**
>
> 김은영과 이상희(2008)의 '초등학생의 학교폭력 예방을 위한 배려증진 프로그램'에서는 '조망수용 능력의 확대'라는 공통된 목표를 이루기 위해 1주차에는 '조각 붙이기 작업', '배려송 만들기' 등의 활동요소를, 2주차에는 '안경 바꾸기' 활동요소를 배정하는 것

(2) 빌딩블록형
① 정의: 2~3개의 프로그램 활동요소가 연계적인 과정으로 구성되어, 앞에 제공된 활동이 다음에 제공되는 활동이 기초과정 혹은 필수과정처럼 되어 있는 유형
② 특징: 순서가 제대로 지켜지지 않는다면 의도했던 목표를 달성하는 것이 어려워진다.

> **+ 빌딩블록형 활동요소 관계 유형의 예**
>
> 진로 관련 프로그램에서 전반부에는 '자기자신의 이해'를 위한 활동요소를 배치하고, 중반부에는 '직업 세계에 대한 이해'를 위한 활동요소를 배치한다. 그리고 이런 과정을 다 마친 다음에야 '합리적 의사결정' 활동요소를 배치한다.

(3) 상보적 관계형
① 정의: 2~3개의 프로그램 활동요소가 각기 다른 형식으로 진행되면서 서로 간에 상승효과를 주는 유형
② 특징: 두 활동은 전혀 다른 성격과 목표를 지향하는 것 같지만 상보적 역할을 하게 된다.

> **+ 상보적 관계형 활동요소 관계 유형의 예**
>
> 인터넷 중독을 해결하기 위한 프로그램을 만들면서 인터넷에 대한 '비합리적 신념을 다루어 주는 프로그램 활동'을 제공하고 더불어 대인관계에서의 스트레스를 제대로 풀지 못하면 인터넷 중독이 심화될 수 있다고 보고 '대인관계 기술 훈련'을 함께 배우도록 하는 경우다.

(4) 실시집단에 따른 유형
① 정의: 같은 목표를 가진 프로그램이라도 어떤 집단을 대상으로 실시되는가, 어떤 방법으로 실시되는가에 따라 프로그램의 활동요소는 달라질 수 있다.

> **+ 실시집단에 따른 유형 활동요소 관계 유형의 예**
>
> '학습전략 프로그램'을 실시하고자 할 때는 그 대상이 학부모인가, 초등학생인가, 중·고등학생인가 등에 따라 프로그램의 활동요소는 달라질 수 있다. 학부모를 대상으로 하는 경우라면 세세한 학습전략 내용을 훈련하도록 하는 활동보다 자녀에게 학습동기를 유발하도록 하는 대화방법이나 학습전략의 점검과 지도방법에 초점을 두는 활동이 더 강조될 수 있다. 또한 초등학생 경우는 학업습관의 형성과 관련된 활동이, 중고생을 대상으로 한 프로그램에서는 시험불안과 관련된 활동이 상대적으로 강조될 수 있다.

6 서스만(Sussman, 2001)이 제시한 프로그램 활동요소의 연구방법

(1) **핵심요소비교연구**: 같은 목표를 가진 프로그램 활동요소 중 무엇이 더 효과적인가.
(2) **순서기반연구**: 두 개 혹은 그 이상 요소를 어떤 방법으로 배열하는 게 효과적인가.
(3) **집단비교평가연구**: 활동요소가 특정 대상에게 어느 정도 효과가 있다고 나왔을 때, 이 요소가 다른 집단이나 다른 상황에서도 같은 효과를 발휘할 것인가.

서스만의 상담 및 심리교육 프로그램 개발과 평가

[2020년 기출]

다음은 고등학생용 '직업기초능력 향상 진로지도 프로그램' 개발 절차 중 프로그램 구성 단계에서 나눈 전문상담교사들의 대화 내용이다. 작성방법에 따라 답안을 작성하시오.

김교사: 다음 회의에서는 목표 달성을 위한 프로그램 활동 요소의 선정을 위해 서스만(S. Sussman)이 제시한 4가지 선정 기준에 따라, 수집한 자료들을 평가하면서 활동 요소들을 조직해 가기로 하지요.
정교사: 무엇보다도 ⓒ <u>프로그램에 참여할 학생들이 잘 이해하고, 실제로 참여할 수 있는 활동 요소를 선정하는 것이 중요하겠지요.</u>
이교사: 그렇지요. ⓔ <u>수용성(acceptability)</u>도 선정 기준으로 꼼꼼히 챙겨봐야겠어요.

〈작성방법〉

• 밑줄 친 ⓒ에 해당하는 서스만이 제시한 활동요소 선정 기준의 명칭을 쓸 것.
• 밑줄 친 ⓔ이 의미하는 내용을 2가지 서술할 것

8. 집단상담의 발달 단계

1 집단의 준비 및 구성(집단의 구성 단계) 〔2007, 2023 기출〕

1 집단을 위한 제안서 만들기

집단 규칙과 지침에 대한 논의는 집단과정에 대한 집단원들의 책임의식을 높이기 위해 모든 집단원들이 참석한 가운데 집단 초기에 하는 것이 더 효과적일 수 있다.

> **집단 제안서 만들 때 지침**
> 1. **합당한 근거.** 당신의 집단에 대한 명확하고 설득력 있는 합당한 근거를 가지고 있는가? 집단의 필요성에 대해 사람들이 제기할 수 있는 질문에 답할 수 있는가?
> 2. **목표.** 당신이 가장 달성하고 싶은 것은 무엇인지, 또 이를 위해 어떻게 할 것인지에 대한 명확한 생각을 갖고 있는가? 당신이 세운 목표는 구체적이고 측정 가능하며 정해진 시간 내에 달성할 수 있는 것인가?
> 3. **실제적인 고려사항.** 집단원들의 자격이 규정되어 있는가? 집단회기의 시간, 횟수, 집단 전체의 기간이 합당하게 정해져 있는가?
> 4. **절차.** 정해진 목표를 달성하는 데 필요한 세부적인 절차가 정해져 있는가? 이러한 절차는 참가자 집단에 적합하고 또 현실적인가?
> 5. **평가.** 당신의 제안서에는 정해진 목표를 어느 정도 잘 달성했는지를 평가할 수 있는 전략이 포함되어 있는가? 당신의 평가방법은 객관적이고 실제적이며 적절한가?

2 집단원의 모집과 선별

(1) 집단 홍보와 집단원 모집을 위한 지침
① 집단에 관련된 정보를 (가능하면 서면으로) 제공해야 한다.
② 집단 홍보지를 작성할 때 집단에 대한 정확한 그림을 제시하고 집단에 대한 비현실적인 기대를 갖게 만들 수도 있는 집단성과에 대한 약속은 하지 않는 것이 좋다.
③ 집단을 통해서 도움 받을 가능성이 가장 높다고 생각되는 사람들을 직접 접촉하는 것이 홍보지를 통한 광고의 후속 작업으로 아주 좋은 방법이다.
④ 소속기관 동료들에게 알리는 것도 집단 홍보와 집단원 모집을 위해 중요하다. 동료들이 접촉하는 사람들 중에서 집단에 참여할 가능성이 있는 사람들에게 집단에 관한 서면 정보를 주는 것을 포함해서 예비적인 선별작업을 해줄 수도 있다.

(2) 집단원 선별과 선정절차 〔2023 기출〕
① 예비 선별회기 갖기
  ㉠ 개별면담
    • 선별절차는 양방향 과정이다. 이 과정에서 예비 집단원들이 집단과 지도자에 대해 나름의 판단을 내리도록 권장해야 한다.
    • 이 집단원이 집단상황에서 어떨지에 대한 감을 잡을 수 있다.

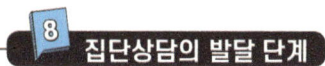

ⓒ 집단면담
- 집단 참여에 확신이 없는 사람들에게 가장 큰 도움이 될 수 있다. 자살충동, 반사회적, 급성 정신병, 심한 편집증, 극히 자기중심적인 사람은 집단상담에 적합하지 않다.

ⓒ 집단원의 평가와 선별
- 선별할 수 없어도 집단원들을 준비시키기 위해 짧게나마 개별적으로 접촉할 수 있고 집단지도자는 어떤 형태로든 오리엔테이션을 제공한다.

② 집단원의 평가와 선별
㉠ 집단원 선발 개별면담에서는 집단 신청자가 변화하기를 어느 정도 원하며 또 변화를 위해 필요한 노력을 기울일 용의가 어느 정도 있느냐이다.
㉡ 집단원 선별과 선발과정은 주관적이다. 집단에 포함되지 않은 신청자들에게 집단에 포함되지 않은 것에 대한 그들의 반응을 다루는 데 필요한 지지를 제공하고 집단참여의 대안들을 제안하는 것을 포함한다.
㉢ 개별적인 선별이 현실적으로 가능하지 않은 경우에 실무자들이 대안적인 전략을 고안할 것을 권유한다.
  예 예비 집단원 몇 명을 모아 한꺼번에 선별과 오리엔테이션을 실시한다.
㉣ 집단상담에 참여하는 것이 부적절한 사람: 심한 정신증 및 신경증을 가진 사람, 자살 우려가 있는 사람, 낮은 참여동기를 가진 사람, 집단참여에 완강하게 거부하는 사람, 집단에 규칙적으로 참여할 수 없는 사람

얄롬이 제시하는 집단구성원으로서 선별해야 할 대상

- 자살충동을 가진 사람
- 급성 정신병을 가진 사람
- 반사회적인 사람
- 편집증 환자
- 극히 자기중심적인 사람
- 극도의 위기에 있는 사람

---

3 집단 구성 시 실제적인 고려사항

(1) 집단원 구성 2007 기출

① 집단의 목적과 목표가 동질적인 경우
㉠ 목표대상이 동질적인 집단에 속한 사람들로만 집단을 구성하는 것이 더 적절하다.
㉡ 집단원들이 공유하는 이런 유사성은 집단의 응집력을 높이고 이는 이들이 자신의 삶의 위기들을 개방적이고 집중적으로 탐색할 수 있게 해준다.

② 집단의 목적과 목표가 이질적인 경우
㉠ 집단이 외부 사회구조의 축소판과 같은 조건이 바람직한 경우(자기성장 집단과 과정 중심 집단, 대인관계 집단, 특정한 치료집단)에 적절하다.
㉡ 집단원들은 일상의 현실을 반영하는 환경에서 다양한 사람들이 제공하는 피드백의 도움을 받아 새로운 행동을 실험하고 대인관계 기술을 개발할 수 있다.

(2) 집단의 크기

① 집단원들의 나이, 지도자의 경험, 집단의 유형, 집단에서 탐색할 문제에 따라 다르다.
② 적절한 크기: 6~7명에서 10~12명이 보통 수준

③ 집단의 목표와 내담자들에게 기대하는 몰입 정도 고려하여 결정
   ㉠ 집단의 크기가 너무 작을 경우: 내담자들의 상호관계 및 행동 범위가 좁아지고, 각자 받는 압력이 너무 커져서 비효율적임
   ㉡ 집단의 크기가 너무 클 경우: 일부 내담자는 전적으로 참여할 수 없고, 상담자가 각 개인에게 적절한 주의를 기울이지 못함

(3) 회기의 빈도와 시간
① 내담자의 연령, 모임의 종류, 모임의 빈도에 따라 회기가 달라진다.
② 보통 1주일에 한 번 혹은 두 번 정도(일주일 이상의 간격을 두고 만나는 것은 비효과적임)이다.
③ 문제의 심각성이나 집단의 목표에 따라 모임의 빈도는 증감하며, 1주일에 한 번 만나는 집단은 1시간~1시간 30분, 2주일에 한 번 만나는 집단은 2시간 정도이다.
   > 예) 청소년의 경우는 1시간~1시간 30분, 아동의 경우는 20~40분 정도가 적당함
④ 상담시간 사이의 간격은 상담 경험에 대하여 생각해 볼 기회를 준다.
⑤ **연속(마라톤)집단**: 일반적인 집단상담 시간보다 더 오랫동안(한 번에 15~20시간 이상) 하는 것
⑥ 정해진 시간은 반드시 지킬 필요 있다. 즉, 습관적으로 시간을 넘기는 것 바람직하지 않다.

(4) 집단의 전체 기간
집단을 시작할 때 종료일자를 공지하여 집단원들이 집단작업에 한계가 있다는 점을 명확하게 알 수 있도록 한다. 고등학생, 대학생 집단은 대체로 약 15주 진행이 된다.

(5) 집단 모임 장소
① 사생활이 반드시 보호되는 장소로 어수선하지 않고 편안하게 좌석을 배치할 수 있는 방을 선호한다.
② 집단원들이 원형으로 앉을 수 있는 것이 좋고 공동지도자들은 서로 반대편에 앉는 것이 좋다. 이렇게 하면 모든 집단원들의 비언어적 메시지를 관찰할 수 있고, 지도자와 집단원들 간에 '우리 대 그들'로 나누어지는 분위기가 생기는 것을 방지할 수 있다.

(6) 개방집단 대 폐쇄집단
① **개방집단**: 구성원들의 변동이 있다.

개방집단 계획시 고려할 점

- 집단원 구성의 변동 속도가 어느 정도일지 미리 생각해야 한다.
- 많은 집단원들이 한두 회기밖에 참석하지 못할 것으로 생각하고 개입을 구상해야 한다.
- 한 회기 내에서는 다룰 수 없는 어떤 집단원의 고통스러운 문제에 대한 탐색은 촉진하지 않는 것이 좋다.
- 집단원들이 그 회기에 대한 경험과 느낌을 탐색할 시간도 충분히 남겨두어야 한다.
- 새로운 집단원이 들어오면 적어도 6회기는 참여하겠다는 동의를 구한다.
---

② **폐쇄집단**: 대개 시간이 제한되어 있고 회기 수도 미리 정해져 있다. 일반적으로 새로운 집단원을 받아들이지 않는다.

[2007년 기출]

다음에 제시된 A중학교 2학년을 위한 집단상담 프로그램 계획을 보고 ①, ②에 답하시오.

- 프로그램 이름: 친구와 함께
- 집단상담 기간: 2006년 10월 13일~12월 1일(8주간)
- 집단상담 시간: 주 1회 금요일 오후 3:00~5:00(2시간)
- 집단상담 장소: 본관 1층 상담실
- 집단상담 내용: 친구 사귀는 기술 훈련
- 집단상담 참가인원: 10명 내외
- 수료기준: 1회부터 참석하여 결석 2회 이내인 학생
- 홍보 계획: 교내 게시판 및 인터넷 홈페이지 활용
- 집단상담 참여 신청: 9월 26일~29일, 상담실에서 신청서 작성, 제출
- 집단상담 지도자: 상담부 김선영 선생님

위와 같이 유사한 연령층, 또는 관심사가 같은 사람들로 구성된 집단을 (①)집단이라고 한다. 이와 같은 집단상담을 계획할 때 꼭 포함해야 하는 사항 중 위의 계획에서 빠진 것은 (②)이다

4 사전집단 모임의 활용

(1) 사전집단 준비의 유용성에 대한 연구
사전집단 준비, 즉 기대를 정하고 집단규칙과 절차를 설정하며, 역할에 대해 준비시키고, 집단참여 기술의 습득을 돕는 이 작업은 집단의 응집력과 집단원들의 만족 및 집단에 대해 심리적으로 편안하게 느끼는 정도와 정적인 상관이 있다.

(2) 집단원들을 위한 오리엔테이션과 준비
① 집단원들이 적극적으로 참여하고 그들끼리 서로 교류하고 지도자와도 교류하도록 한다.
② 상호작용을 강조하는 모델을 도입함으로써 참여자 개개인의 역동과 집단의 성격에 관한 흥미로운 정보가 드러나게 할 수 있다.
③ 유의사항: 집단원들에게 너무 많은 정보를 쏟아 붓지 않도록 한다. 집단참여와 관련된 주제에 관한 정보는 서면 자료 형태로 전달될 수 있고 집단원들은 질문을 할 수 있다. 적절하게 설명하지 않으면 '저항'이 나타날 수 있다.

(3) 지도자와 집단원들의 기대 명료화하기 2023 기출
집단원들의 집단에 대한 기대를 질문하고, 지도자도 집단원들에게 기대하는 것이 무엇인지에 대한 지도자의 생각을 알려줌으로써 지도자 자신의 기대를 집단원들과 나눈다.

(4) 얄롬(Yaom)이 제시하는 사전집단 준비(과정)의 목표

- 집단원들과 동맹을 맺도록 노력한다.
- 치료집단이 어떻게 집단원들의 대인관계를 향상시키는지 설명한다.
- 집단치료에서 많은 것을 얻어낼 수 있는 방법이 무엇인지 안내한다.
- 집단에서 좌절과 실망이 있을 것을 예상한다.
- 출석과 집단의 지속기간에 대해 이야기한다.
- 집단치료에 대한 믿음을 준다.
- 비밀유지와 집단 내에서 끼리끼리 모이는 행위 등의 기본규칙 논의한다.

(5) 기본규칙의 수립
① 비밀유지에 대해 개별면접 때 논의하거나 집단과정 전반에 걸쳐서 주기적으로 언급한다.
② 비밀유지 약속의 파기: 근친강간과 아동학대등 사람/물질적 자산에 위험을 초래할 가능성이 있는 경우이다.
③ 기관에서 정해놓은 기본규칙과 정책에 대해서도 집단원들과 논의해야 한다.

5 집단 상담에 평가 포함시키기

(1) **집단상담 평가**: 집단 활동을 통해 어느 정도 목표가 달성되었으며, 얼마만큼의 진전이 이루어졌는가에 대해 알아보는 과정이다.

(2) **평가연구 방법**: 집단구조 내에서 개선을 꾀하고자 할 때 유용한 자료를 제공한다.
① 개별 집단원 중심 측정도구는 집단원 개개인의 행동과 태도의 변화를 측정하기 위해 사용된다.
② 집단 중심 측정도구는 자기이해 증진, 불안 감소, 대인관계 향상과 같이 집단의 모든 구성원들에게 공통적인 변화를 평가한다.

(3) **평가방식** 2012 기출
① **간접평가**: 집단과정 개선에 직접적인 도움을 제공하지 못함. 간접적 평가는 그 사실들이 집단 전체에 전달되지 못하고 이해되지 못하기 때문에 그 집단이 이에 대해 개선할 기회를 갖지 못하는 문제점을 가지고 있다.
② **매 회기 끝날 무렵 평가**
  ㉠ 상담자 자신이 솔선하여 모범을 보일 수도 있고 혹은 적당하게 보여지는 한 집단원을 지적하여 시작하게 할 수도 있으며, 때로는 자유의사에 맡기기도 하고, 차례로 돌아가면서 할 수도 있다.
  ㉡ 모임이 끝날 때마다 하는 평가는 주로 집단과정에 강조점을 두고 할 수 있으나 특정 개인들의 행동에 대하여 평가해도 무방하다.
③ **집단 기간 중이나 마지막에 평가**
  ㉠ 집단과정의 중간에 완전히 한 번의 모임을 떼어서 평가에 활용할 필요가 있다.
  ㉡ 이 때는 주로 집단원의 개인적 행동에만 치중하는 것이 보다 바람직하다.
  ㉢ 질문지나 평정방법을 사용해도 좋고, 자유 기술 형식을 취해도 좋으나 각 집단원은 집단상담자까지 포함한 모든 집단원의 행동 특징이나 변화에 대해 기록한 평가서를 써 오게 한다.
  ㉣ 모든 집단원이 돌아가면서 한 사람씩을 대상으로 하여 집중적으로 피드백을 해 준다.
  ㉤ 집단상담의 전 과정이 끝날 무렵에는 한 두 번의 모임을 할애하여 전체 경험에 관해 평가를 하게 한다. 집단 전반에 대한 반응과 개개인의 목표 달성 여부를 다룬다.
④ **추후(추수) 평가**
  ㉠ 상담의 전과정이 끝나고 2~3개월이 지난 후 모든 집단원을 불러 모아 하는 평가이다.
  ㉡ 집단경험이 어떤 결과를 가져왔는지, 그 때의 변화가 어느 정도 계속되고 있으며, 집단상담의 효과가 어느 정도인지 등에 대해서 평가한다.

(4) **평가종류** 2012 기출
① **공개토의**
  ㉠ 집단과정이나 집단원간의 상호작용에 대해 생각하는 바를 솔직하게 털어놓고 의견을 교환하는 방법이다.
  ㉡ 준비 없이 언제 어디서든 실시할 수 있으나 평가규준이 불분명하여 일관성이나 체계성이 없을 가능성이 있다.

② 측정도구
　㉠ 간단하면서도 무기명으로 답할 수 있는 질문지나 평정척도를 사용하여 다른 방법으로는 얻을 수 없는 정보를 쉽게 얻을 수 있다.
　㉡ 집단 자체나 개개 집단원의 목적과 목표, 집단의 역학 및 지도성 등에 관한 사실을 알아볼 수 있다. 응답지를 집단원과 함께 토의하고 나눌 수 있다.

③ 녹음이나 녹화장치
　㉠ 집단활동의 내용을 모두 기록할 수 있으며 억양의 변화나 정서 특징까지도 확인할 수 있다.
　㉡ 기록의 보존에 대해 집단원이 거부감을 가져 지금-여기에서 솔직하게 반응하는 것을 방해할 수 있다.

④ 관찰자나 기록자
　㉠ 특정 집단원을 선정하여 집단원의 행동에 대해 관찰을 기록하도록 한 후, 집단에 피드백을 하는 방식이다.
　㉡ 관찰자는 집단 활동에 참여하지 않고 관찰, 기록하여 이 정보를 평가시에 집단에 보고한다. 집단원이 돌아가면서 하거나 전문가를 초빙해서 하기도 한다.

[2012년 기출]

집단상담의 성과를 적절하게 평가하기 위해 유의해야 할 사항으로 옳은 것만을 〈보기〉에서 있는 대로 고르시오.

〈보기〉

ㄱ. 집단상담의 회기가 끝날 무렵의 평가는 집단상담자가 먼저 시작할 수도 있고 한 집단원을 지명하여 시작하게 할 수도 있다.
ㄴ. 녹음이나 녹화장치를 이용한 집단상담의 평가는 억양의 변화나 정서적인 측면까지도 파악할 수 있어서 효과적이고 객관성을 확보할 수 있다.
ㄷ. 집단상담의 회기가 끝날 무렵의 평가는 주로 집단과정에 강조점을 두고 할 수는 있으나 특정 집단원들의 행동에 대해서는 평가하지 말아야 한다.
ㄹ. 집단평가의 방법 중 공개토의 방식은 언제 어디서나 평가에 대한 별다른 준비 없이 실시할 수 있으나 평가해야 할 규준이 불분명하여 많은 시간이 소요될 가능성이 높다.
ㅁ. 어떤 집단원이 집단상담의 회기가 끝나고 집으로 돌아가는 길에 오늘 집단모임이 시간낭비였다고 혼자 중얼거리는 것과 같은 간접적 평가는 집단과정의 개선에 직접적인 도움이 되지 않는다.

6 집단 구성에서 공동지도자의 문제

준비된 공동지도자들은 집단원들이 의미 있는 집단경험을 하도록 효과적으로 준비시키는 작업을 할 가능성이 더 높다.

> **공동지도자들이 집단 첫 회기 전에 함께 고려해야 할 사항**
> - 개인적이고 전문적인 차원에서 서로에 대해서 어느 정도 알 수 있는 시간을 갖는다.(문화적, 인종적 배경, 장점과 약점, 이론적 접근 방식과 집단을 이해하는 방식, 윤리적인 관점)
> - 함께 집단을 이끈다는 것에 대해 우려하는 점이 있는가, 개인적으로나 전문적으로 가장 다루기 힘든 상황은 무엇인가?
> - 공동지도자의 갈등과 의견 불일치를 어떻게 다룰 것이고 어떤 종류의 지지가 필요할까?

7 집단 구성 단계에서의 집단원의 역할

- 집단의 성격에 대한 적절한 지식을 갖추고, 집단이 자신에게 미칠 수 있는 영향이 무엇인지 알아야 한다.
- 이 지도자가 이끄는 이 집단이 이 시점에 자신에게 적합한지를 판단하기 위해, 집단지도자와 함께 자신의 기대와 우려사항을 탐색해 본다.
- 집단에 참여할지 말지를 결정하는 과정에 관여해야 하며, 집단에 참여하도록 강요받아서는 안 된다.
- 집단경험에서 얻고자 하는 것이 무엇인지, 또한 자신의 목표를 어떻게 달성할 것인지에 대해 생각해봄으로써 집단 참여를 앞두고 자신을 준비시킨다.
- 집단에 참여하는 자신의 목적이 무엇인지를 이해해야 한다. 자신의 가치, 지각, 태도, 개인적인 문제점을 알아보기 위해 표준화된 검사도구나 지도자가 제작한 도구로 사전검사를 받아볼 수 있다.

2 1회기 집단상담

1 집단 첫 회기의 과제

- 집단 시작하기
- 집단구성원들이 서로를 소개하기
- 긍정적인 집단분위기를 형성하기
- 집단상담의 목적을 명료화하기
- 집단상담자의 역할을 설명하기
- 상담집단이 어떻게 진행될 것인가를 설명하기
- 집단구성원들이 집단상담을 통해 얻고자 기대하는 것을 표현하도록 조력하기
- 표현하지 않는 집단구성원들을 참여하도록 끌어내기
- 활동을 사용하기
- 집단구성원들의 정서적 안정 수준을 확인하기
- 집단규칙을 설명하기
- 앞으로 사용될 어떤 특별한 용어를 설명하기
- 집단구성원들의 상호작용 스타일 평가하기
- 다문화적 및 다양성 주제와 나타날 수 있는 집단역동을 민감하게 관찰하기
- 집단진행에 방해가 되는 집단구성원들 차단하기
- 집단구성원들의 다양한 질문을 처리하기
- 집단구성원 간에 서로 시선접촉을 하면서 이야기하도록 하기
- 집단상담 첫 회기 종결하기

2 이론가별 집단상담의 발달단계

	corey (2007)	Mackenzie (1983)	Earley (2000)	Tuckman (기출)	Yalom(1985)	이형득 (1979)	이형득 (2002)	정원식, 박성수, 김창대 (1999)	이장호, 윤관현, 최송미 (2006)
집단 발달 단계	집단의 구성 단계		도입 단계	오리엔테이션 단계	오리엔테이션단계			집단 준비 단계	
	초기 단계	관여단계	포함 단계		집단 시작 단계	시작 단계	도입 단계	초기 단계	참여 단계
	과도기	차별화 단계	갈등 단계	갈등 단계		갈등단계	갈등 단계	준비 단계	과도기 단계	과도적 단계
	작업 단계	개인화 단계	작업 단계	응집 단계		응집력 발달단계	응집성 발달 단계	작업 단계	작업 단계	작업 단계
		친밀단계	친밀 단계	과제 수행 단계	집단 형성 이후 단계	하위집단형성단계	생산적 단계			
						자기개방 단계				
	종결 단계	종결단계	종결 단계	해체 단계	종결단계	종결 단계	종결 단계	종결 단계	종결 단계
								추수 작업	

3 초기단계(탐색단계, 관여단계, 참여단계, 도입단계)

1 초기 단계의 특성 2005, 2009, 2013 기출

(1) 집단의 초기 단계에서 가장 중요한 과정은 집단의 소개와 탐색이다.
(2) 집단원들은 서로를 알아가기 시작하고 집단이 기능하는 방식을 학습한다.
(3) 명시적, 암시적 규범들을 형성한다.
(4) 집단원들은 신뢰형성을 촉진하는 존중, 공감, 수용, 관심, 반응의 기본적 태도를 배운다.
(5) 집단에 대한 집단의 소망과 두려움을 탐색하고 기대를 명료화, 개인적 목표를 확인한다.
(6) 집단이 안전한지 가늠한다.
(7) 상담자와 집단구성원들에 대한 신뢰감이 형성되지 않아 불안이 나타난다.
(8) 집단상담 구조가 아직 형성되지 않아 혼란감과 막연한 느낌을 갖는다.

2 초기단계의 과업 2006, 2009, 2011, 2012, 2013, 2016, 2022 기출

(1) 집단원의 불안과 불신 다루기

① 불안의 양상

> **불안의 양상**
> - 다른 구성원들로부터 거절되지는 않을까.
> - 어느 정도로 자기노출을 해야 할 것인가.
> - 내가 나의 느낌을 잘 표현할 수 있을까.
> - 다른 집단구성원이 나를 이상한 사람으로 보지 않을까.
> - 집단에서 개인적인 문제를 노출하도록 압력받게 되지 않을까.
> - 내가 집단에서 한 얘기를 다른 사람이 알게 되지 않을까.
> - 내가 나 자신에 대해 지나치게 많이 말하게 되지 않을까.
> - 집단 안에서 내가 위축감을 느끼게 되지 않을까.
> - 나도 모르는 나의 모습을 알게 되고 그것이 사람들 앞에서 노출되지 않을까.
> - 내가 변화하고 나서 내 주변 사람들이 날 싫어하게 되지 않을까.

② 불안의 원인
  ㉠ 목표의 모호성: 초기 회기에서 집단원들은 집단경험으로부터 무엇을 얻길 원하는지 보통 모호하고 불분명하다. 이로 인하여 집단원들의 불안 수준이 높아져서, 그들은 주저하는 태도를 보이거나 집단지도자가 방향을 제시해주기를 바란다.
  ㉡ 집단리더에 대한 불신: 초기 몇 회기 동안 집단원은 집단에서 하는 지도자의 행동을 관찰하고 집단이 얼마나 안전한지 가늠한다.
   ▶ 해결책: 지도자는 초기 회기일수록 부정적인 반응들을 열린 마음과 수용적인 태도로 다뤄야 한다.
  ㉢ 집단구성원들에 대한 불신: 집단원들이 집단이 그들의 문제를 해결하는 데 도움이 되는지에 대해 확신을 가지지 못할 수도 있고, 또 몇몇 집단원들은 그들이 개인적으로 중요한 주제를 말할 자유가 있다고 믿지 못해 자리에 앉아 조용히 관찰만 하거나 어떤 일이 일어나기만 기다릴 수도 있다.
  ㉣ 문화적인 요인: 집단원들은 그들이 가지고 있는 문화적인 전통에 충실하여 조용히 하고 있는데, 지도자나 다른 집단원들에게도 그들이 집단에 참여하지 않고 '뒤로 물러나 있는 것처럼 보일 수 있다.
   ▶ 해결책: 집단상담자는 집단원들에게 자신의 문화적인 규범을 어기지 않으면서 집단에 참여할 수 있는 방법에 대해 집단원들과 나눔으로써 그들의 거부감을 줄일 수 있다.

> **+ 문화적 요인의 예**
> - 개인적인 문제를 여러 사람 앞에서 말하는 것이 좋지 않은 일이라는 문화적 배경
> - 개인적인 문제를 노출하거나 감정을 표현하는 것은 약하다는 표시라는 문화적 배경
> - 집단에서 자신의 가족에 대해 이야기하는 것을 금기시하는 문화적 배경

② 해결방안1: 집단원 불안 다루기
  ㉠ 집단상담자는 집단원들이 이러한 불안을 느낄 수 있다는 사실을 인식하고 이러한 불안, 두려움, 기대 등을 서로 나누고 탐색하도록 촉진함으로써 집단을 시작할 수 있다.
  ㉡ 처음에는 짝지어서 이야기를 하다가 다시 네 사람씩 이야기하는 방식으로 운영하면 신뢰할 수 있는 분위기를 조성하는 데 도움이 된다.

ⓒ 집단원들은 자신의 문제가 진지하게 다루어질 것인지, 자신의 생각이나 감정을 표현하기에 이곳이 안전한 장소인지를 시험한다. 그리고 다른 집단원들이 자신의 긍정적이든 부정적이든 모든 반응들을 존중하고 수용하면서 잘 듣는 것처럼 느껴지면 자신의 좀 더 깊은 측면을 다룰 준비를 갖추게 된다.

ⓔ 집단원들의 거부감이나 염려 또는 주저하는 마음을 다루는 효과적인 방법은 그들의 두려움을 잘 듣고 그것들을 완전히 표현하도록 촉진하는 것이다.

③ 해결방안2: 초기저항(주저함) 다루기
  ㉠ 양상: 집단원들이 집단에 깊이 관여하기를 주저하는 현상이다.
  ㉡ 원인: 지도자를 두려워 함, 지도자를 의심, 집단이 자신의 문제를 해결하는 데 도움이 되는지 의구심, 개인적으로 중요한 주제를 말할 자유가 있다고 믿지 못해 조용히 관찰, 집단 초기에 그들의 문제가 진지하게 다루어지는지, 집단이 생각, 감정을 표현하기에 안전한 장소가 되는지 시험한다.
  ㉢ 해결방안: 불안을 서로 나누기, 2~4명이서 먼저 이야기를 나누기

④ 해결방안3: 숨은 안건(주제) 다루기
  ㉠ 양상: 완전히 논의되지 않은 주제. 이러한 주제를 직면하도록 권유하지 않는다면 집단에서 방어적일 수 있다는 집단 규범이 작용하여 집단과정이 지루한 분위기 속으로 빠져든다. 이 때 집단 긴장감, 불신감이 생겨나며 집단상담자도 더 힘들여 운영, 뭔가 잘 이해되지 않는다는 생각이 든다.
  ㉡ 원인: 비밀누설에 대한 두려움, 집단원에 대한 불신감
  ㉢ 해결방안: 집단상담자는 집단원들이 하고 싶은 이야기를 하고 있는지 끊임없이 점검하려는 의지가 필요하며, 각 집단원에게 지속적으로 떠오르는 생각, 감정을 집단에서 표현하도록 단호하지만 존중하는 태도로 도전

⑤ 해결방안4: 신뢰와 불신문제 다루기
  ㉠ 양상: 신뢰로울 경우, 집단원들은 비난에 대한 두려움 없이 자신의 감정을 자유롭게 표현하고, 구체적인 목표와 탐색할 영역을 스스로 결정하며, 타인보다 자신에 초점을 맞추고, 자신의 일부를 노출할 위험을 기꺼이 감수하는 모습을 보이게 된다.
  ㉡ 원인: 집단원이 집단을 스스로의 모습에 도전할 수 있는 안전한 장소라고 느낄 때, 위험을 감수하려는 의지가 생긴다.
  ㉢ 해결방안: 집단원들이 위험을 감수하면서 겪는 불안이나 불편감을 견디려는 의지를 가지도록 한다.

(2) 신뢰 형성하기
  ① 신뢰형성의 구체적인 방법: 모델링
    ㉠ 신뢰를 형성하기 위해 집단 초기 단계에서 지도자가 모범을 보이고 지도자의 행동을 통해 올바른 태도를 보여주는 것 중요하다.
    ㉡ 집단에서 지도자가 보여주는 모범은 집단원들에게 다른 사람과 건설적인 방법으로 관계를 형성하는 방법을 가르칠 수 있는 가장 강력한 방법 중 하나이다.
    ㉢ 효과: 지도자가 적절한 자기노출을 하려고 할 때, 집단원들의 자기개방과 진솔성을 촉진시킨다.

② 신뢰형성에 도움되는 태도와 행동들

> (1) 주의집중과 경청: 다른 사람들이 자신의 이야기를 경청하고 이해하고 있다고 느끼면 타인이 자신에게 관심으로 돌보려 한다는 것을 믿게 되나, 반대의 경우 깊은 이야기나 개인적인 이야기를 하지 않으려 한다.
> (2) 비언어적 행동의 이해: 지도자가 비언어적 메시지를 잘못 이해하거나 무시, 또는 강하게 직면하게 되면 집단원들 사이의 신뢰수준은 손상된다. 지도자는 자신이 관찰한 것을 지적하기에 두려움을 갖지 말되 집단원을 존중하고 비독단적인 태도로 직면할 것이다.
> (3) 공감: 집단원들이 서로 깊은 공감을 하도록 돕는다. 이는 서로간에 지지를 보여줄 수 있는 방식이다.
> (4) 진실성과 자기노출: 집단지도자가 진실한 모습을 보여줌으로써 집단원들이 진실한 모습으로 상호작용하도록 하는 하나의 모범을 보여줄 수 있다. 집단지도자는 자신을 노출함으로써 집단원들끼리도 자신을 노출하도록 촉진할 수 있다.
> (5) 존중: 비판적 판단을 하지 않을 것, 행위에 꼬리표를 붙이지 않을 것, 자신 혹은 타인이 붙인 꼬리표 이면에 있는 것을 보아주는 것, 솔직하게 느껴지는 온정성이나 지지를 표현하는 것, 진실하면서 위험을 감수하는 태도를 보이는 것, 타인의 독특한 권리를 인정하는 것
> (6) 돌보는 태도로 하는 직면: 직면을 거칠게, 치고 빠지는 식으로, 언어적으로 학대하는 방식으로 하면 신뢰를 손상시킨다. 직면을 솔직하지만 돌보는 태도로 할 수 있다는 점을 알려줄 필요가 있다.

(3) 집단 구조화하기 2008, 2016, 2022 기출

① 정의: 구조화의 내용은 집단의 성격과 목적, 집단상담자의 역할, 집단의 진행절차 지켜야 할 기본 규칙 등을 설명하는 것이다.
② 효과: 적절한 구조화는 응집성을 높이고 자기노출을 하는 데 도움이 된다.

(4) 집단 규칙 설명하기(정하기) 2016, 2020 기출

① 정의: 집단구조화에 포함되어야 할 내용에는 집단규칙에 대한 설명이 있다. 집단상담자는 집단참여에 필요한 지침을 소개하고, 집단규칙을 설명한다.
② 집단규칙에 포함되어야 할 내용

> 1. 시간 엄수
> 2. 음주 상태에서 집단참여 금지
> 3. 집단 활동과 토론에의 적극 참여
> 4. 집단원들의 사적인 정보에 대한 비밀 유지
> 5. 집단에서 음식을 먹거나, 음주, 흡연 금지
> 6. 다른 집단원을 비난, 공격하거나 궁지에 빠뜨리는 행위 금지

③ 유의점
  ㉠ 첫 회기에 모든 집단규칙에 대해 일일이 논의해야 하는 것은 아니다. 왜냐하면 시작부터 해야 할 일과 해서는 안 되는 일에 대해 장황하게 언급하다 보면, 집단원들이 지루해할 수 있고 자칫 위협적으로까지 들릴 수 있기 때문이다.
  ㉡ 효율성을 고려할 때, 집단규칙은 집단의 첫 회기를 시작하면서 자연스럽게 소개하는 것이 좋다. 그렇다고 해서 집단의 분위기의 상황을 고려하지 않고, 집단의 문을 처음으로 열자마자 의례적이고 형식적으로 공표하는 방식을 취하는 것은 재고해 보아야 한다.
  ㉢ 집단상담자는 아동들과 함께 규칙을 제정하여 아동들이 집단참여를 하는 데 자신의 책임을 올바르게 인식하도록 돕는다.

(5) 집단규범 발달시키기 2016, 2020 기출

① 정의: 집단목적을 달성하기 위해 집단원들이 실천해야 하는 행동기준. 집단에서 바람직하다고 생각되는 역할행동 혹은 표준적이라고 생각되는 태도나 행동양식이다. 집단발달을 촉진하기 위해서는 건설적인 집단규범(group norms) 발달을 촉진해야 한다.

② 특징
　㉠ 집단규범은 집단이 효과적으로 가능하도록 하기 위해 필요한 행동이 무엇인지에 대해 집단원이 공유하는 신념체계로 초기 단계 동안 형성된다. 즉 '해야 할 것(Do's)과 해서는 안 되는 것(Dont's)에 대한 공유된 신념이 집단규범이다.
　㉡ 집단규범은 명시적으로 표현될 수도 있지만 많은 집단은 암시적인 규범을 가진다.

> - **명시적 규범(explicit norms)**: 집단의 형태와 관계없이 많은 집단에서 공통적, 공식적으로 적용, 권장되는 행동 기준을 말한다. 집단 오리엔테이션이나 집단 초기에 집단규범을 논의, 확인하는 일은 집단상담자의 중요한 과업에 속한다.
> - **암묵적(암시적) 규범(implicit norms)**: 집단의 명시적 규범 외에 집단에 대해 집단원이 나름대로 가지고 있는 신념을 토대로 이루어지는 일련의 행동기준을 말한다. 암묵적 규범은 때로 집단상담자에 대한 모델링 때문에 나타나기도 한다. 즉, 집단원은 집단상담자의 언행을 보고 나름대로의 해석을 통해 독자적인 규범을 생성해 내는 것이다.
>   예 집단상담자가 공격적인 언사나 부정적인 어투를 사용한다면, 집단원들은 암묵적으로 집단 내에서 그러한 행동을 해도 좋다고 인정하는 것으로 오인될 수 있다. 또한 집단원에 따라서는 집단을 마치 개인의 의사와 상관없이 모든 것을 털어놓아야 하는 장소로 생각할 수 있다. 또한 눈물을 흘리는 빈도와 정도를 마치 감정 정화의 강도와 집단작업의 참여도에 비례하는 것으로 잘못 알고 있는 집단원이 있을 수 있다.

　㉢ 암시적인 규범은 집단에서 어떤 일이 발생할 것인지에 대한 선입견 때문에 지도자의 행동을 모델링하는 과정에서 형성된다. 그러므로 집단상담자는 아무리 암묵적으로 표현한다고 하더라도 집단규범 형성에 중요한 영향을 주게 되는 자신의 역할을 인식해야 한다.
　㉣ 잘못된 규범이 발달하는 경우, 집단의 발달을 저해하기도 한다.
　　예 집단상담자가 지나치게 권위를 내세운 나머지, 집단원들이 집단상담자에 대한 질문이나 도전을 허용하지 않는 규범, 소극적인 집단의 분위기를 전환시키기 위해서 일정한 방향으로 돌아가면서 발언하도록 한 조치가 반복되면서 일종의 '순번제' 참여 형식의 규범, 집단 초기부터 지나치게 부정적인 감정의 토로 혹은 정화에 치중하다가 긍정적인 느낌 표현의 기회를 상실하게 되는 경우
　㉤ 암시적인 규범이 명시적으로 될 수 있으면 역효과가 줄어든다.
　㉥ 집단상담에 대한 오리엔테이션은 좀 더 응집력 있고 생산적인 집단을 만들 수 있는 집단규범을 확인하고 논의하는 일을 포함한다.
③ 방법
　㉠ 집단규범은 집단상담자가 집단원들과 논의를 거친 후 명시화하는 것이 바람직하다.
　㉡ 어떤 집단규범은 집단상담자가 가르치기도 하지만 대부분의 집단규범은 집단원들이 스스로 규범을 확립할 수 있도록 해야한다.
　㉢ 집단규범은 집단상담 경험이 집단원들에게 의미있고 가치있는 과정이 되도록 도울뿐만 아니라 집단의 유지, 발전 및 과업 성취에 도움을 주는 태도나 역할행동 등으로 구성된다.

④ 내용

• 사람은 누구나 느낌이 있고, 이를 표현할 권리가 있음을 인정한다. • 다른 집단원을 무비판적으로 수용한다. • 각자의 관심사에 대해 작업할 주제를 정한다. • 광범위하게 자기를 개방한다. • 자기 자신에게 초점을 맞추고 행동양식의 변화를 위해 작업한다. • 자발적으로 솔직한 피드백을 교환한다. • 집단에 빠지지 않고 시간을 엄수한다. • 집단작업과 활동에 적극적으로 참여한다. • 다른 집단원과의 갈등은 집단 내에서 다룬다.	• 집단원들의 반복적인 피드백에 방어적인 태도로 항변하기보다는 주의깊게 들어보고 진지하게 자신을 되돌아본다. • 사고와 감정 표현에서 '여기 지금'에 초점을 맞춘다. • 지적인 방식보다는 느낌에 초점을 두고 표현한다. • 상황과 사건보다는 이에 대한 느낌이 중요하다는 점을 명심하고, 이를 즉각적으로 자유롭게 표현한다. • 다른 집단원의 도움을 받기도 하고 치료적 도움을 주기도 한다. • 다른 사람을 통하지 않고 직접적인 의사소통으로 의미 있는 경험을 나눈다. • 다른 집단원의 언행이 일치하지 않는 경우, 직접적이면서도 공격적이지 않은 방식으로 직면한다.

⑤ 타인초점 맞출 때, 자기초점 맞추게 하기
  ㉠ 양상: 자신의 이야기를 하지 않고 타인에게 초점을 맞추어 집단에 참여하는 경우, 집단참여의 의미가 없어진다.
  ㉡ 원인: 자기 탐색을 피하고자, 집단 참여 경험이 없어서
  ㉢ 해결방안: 집단원이 자신의 경험과 반응에 대해 이야기하도록 방향을 전환하도록 반응해주거나 직접 시범을 보인다.(집단원들이 자신을 노출하기 위해서는 미리 신뢰감이 형성되어야 함)

⑥ 그때 거기 초점 맞출 때, 지금 여기 초점 맞추게 하기
  ㉠ 양상: 그때 거기 초점 맞추는 방식이란, 집단 밖 대인관계 방식을 이야기하거나, 과거의 경험에 대해 이야기하는 것을 말한다.
  ㉡ 원인: 자기 탐색을 피하고자, 집단 참여 경험이 없어서
  ㉢ 해결방안: 지금 무엇을 경험하고 있는지에 초점을 맞추어 말하도록 한다. 집단원들이 일상생활에서의 문제를 해결하고 싶어하면 그 문제를 집단 속으로 가지고 들어와 지금-여기의 맥락에서 다루도록 권유한다(지금 여기에 그런 일을 겪게 한 사람과 비슷하게 느껴지는 사람이 있나요?)

(6) 목표확인 및 명료화하기 📖 2008, 2016, 2022 기출

① 집단지도자는 초기단계에서 집단원 각자의 구체적인 목표를 확인, 명료하게 설정하도록 돕는다.

> **➕ 목표의 예**
> • 자신의 대인관계 스타일과 자각
> • 가까운 사람에게 자신의 마음을 더 열고 진솔해짐
> • 타인과 자신의 욕구와 감정에 더욱 민감해짐
> • 다른 사람에게 도움이 되는 피드백을 해주는 방법을 배우기
> • 자신에 대한 자각 증진, 그 결과 선택과 결정의 폭을 넓힘
> • 성장초기에 했던 선택과 결정에 대한 도전
> • 문제를 해결할 더 나은 방법 발견
> • 자신이 원하는 것을 타인에게 요구하는 법을 배움

② 집단원이 왜 집단에 참여하며 자신의 목표를 성취하기 위해 집단을 어떻게 최대한 활용할 수 있는지에 대해 분명히 알지 못하면 집단에서 진정한 성숙이 일어나지 않는다.
③ 구체적인 목표 설정은 집단상담의 효과와 이에 대한 평가를 위해 필수적이다.
④ 집단목표를 통해 집단원들은 보다 능동적이고, 책임감을 가지게 된다.

⑤ 방법
　⊙ 지도자의 역할은 집단원들의 불분명한 목표를 작업 가능한 형태로 돕는 것이다.
　ⓒ 집단원의 개인적인 목표를 협력적인 방법으로 설정하는 것은 지도자의 책임이다.
　ⓒ 목표를 규정하고 구체화하는 것은 한 번에 끝날 수 있는 일이 아니라 지속적으로 일어나는 일이다. 집단과정 전체에 걸쳐 지도자는 집단원을 도와 그들의 개인적인 목표가 적절한지, 어느 정도 성취되고 있는지 지속적으로 평가하고, 적절하다면 목표를 수정하도록 도와야 한다.
　ⓔ 계약을 체결하는 것은 집단원이 자신의 목표를 명료하게 세우고 도달하게 하는 데 매우 효과적인 방법이다. 계약이란, 집단원이 무엇을 탐색하고 어떤 행동을 변화시키고 싶은지에 대해 진술한 내용이다.
　ⓜ 계약과 과제주기 방법을 효과적으로 연결지어 사용할 수 있다.

참고 회기경험 보고서 작성

- 집단 밖에서 경험보고서를 작성함으로써 집단경험으로부터 더 많은 것을 얻어갈 수 있다. 집단이 끝난 후 잠깐 특정한 느낌, 상황, 행동, 생각을 기록하거나 삶 중에서 일정기간을 돌아보고 그것에 대해 기록할 수도 있다.
  ▸ 경험보고서를 활용할 수 있는 방법은
    1) 집단에 가지고 와서 문제를 일으켰던 특정한 경험을 나누고, 그 상황을 달리 대처할 수 있는 좋은 방법에 대해 논의
    2) 일상생활에서 다른 사람을 만나기 위한 준비작업으로 활용
    3) 집단원이 집단 속에서 자신에 대한 반응을 자발적으로 적도록 하는 방법이 있다.
- 집단 중기쯤에는 그 시점에서 가지는 느낌, 그 시점까지의 참여정도, 목표를 달성하기 위해 집단 밖에서 그들이 할 일, 집단이 그 시점에서 종결한다면 무엇을 느끼게 될지를 논의하면서 집단 참여도를 높이도록 동기화할 수 있다.

[2012년 기출]

다음은 전문상담교사가 진행한 집단상담 축어록의 일부이다. 코리(G. Corey)의 집단 발달단계에 근거할 때, 이 단계에서 집단상담자의 역할로 옳은 것만을 〈보기〉에서 있는 대로 고른 것은?

> 상담교사: 지금까지 자기소개 활동을 통해 서로에 대해 보다 잘 알게 되었으리라 생각합니다. 그러면 이제 여러분들이 집단에 대해 어떤 기대를 하고 있는지에 대해 이야기를 나누어 보기로 하겠습니다. 앞으로 이 집단상담 참여를 통해 얻고자 하는 점에 대해 약 2분 정도 생각해 보세요. (2분이 지난 후) 자, 시간이 되었네요. 그러면 준비된 사람부터 말해 봅시다.
> 들 국 화: 저는 초등학교 때부터 지금까지 절친하게 지냈던 친구와 작은 오해로 인해 최근 사이가 멀어졌어요. 상담선생님을 비롯해서 경험이 많은 다른 친구들에게 이러한 문제를 해결하는 방법을 배우고 싶어요.

〈보기〉
ㄱ. 집단원들에게 필요한 지침과 집단 규칙을 소개하여 집단과정을 촉진한다.
ㄴ. 집단원들이 직면하기와 같은 적절한 행동을 계속해서 모델링하도록 돕는다.
ㄷ. 집단원들이 자신을 이해하고 통합하며 집단에서 무엇을 배웠는지를 기억하도록 돕는다.
ㄹ. 집단원들이 기꺼이 위험을 감수하도록 지원하고 그들이 일상생활에서 이러한 행동을 실행하도록 돕는다.
ㅁ. 집단의 분위기를 보다 안전하고 신뢰롭게 조성하기 위해서, '지금-여기'에 초점을 맞추어 자기를 개방하는 법을 모방하도록 시범을 보인다.

4. 과도기 단계(전환단계, 갈등단계, 준비단계)

1 과도기 단계의 특성 2005, 2009, 2013 기출

(1) 과도기 단계는 불안과 방어심리가 다양한 저항의 형태로 표현되는 단계이다.

(2) 방어적 태도들에 다른 갈등이 표출이 되고 집단상담자에 대한 도전 역시 특징적으로 나타난다. 반면, 집단원들 사이에 자신을 통제하고 조절하려는 노력도 나타난다.

(3) 집단상담자는 표출된 감정의 반영, 다른 집단원들의 참여 독려, 의사소통 내용에 대한 재진술, 명료화, 무감각하거나 부적절한 공격 행동 차단, 서로 공통점에 대한 연결, 갈등 상황에 대한 직접적인 개방 등 갈등을 중재할 수 있는 기술이 있어야 한다.

(4) 과도기 단계에 나타나는 집단원의 특성
  ① 불안: 과도기 단계에서는 개인이나 집단 전체 내에서 불안 수준이 매우 높다.
    ▶ 해결책: 집단원들이 서로를 또는 지도자를 충분히 신뢰하여 개방할 수 있을 때 불안이 줄어든다.
  ② 방어: 집단원들은 종종 두려움과 싸우고 불편한 상황을 다루기 위해 오랫동안 사용해왔던 방어기제에 의지한다. 방어적 행동은 집단 밖에서 한 집단원의 대인관계 스타일에 대한 중요한 단서를 제공한다.
    예) 친밀함과 관련된 두려움을 다룸으로써 집단원들은 다른 사람과 거리 두기 위해 사용하는 방법들을 자각하게 된다.
    ▶ 해결책: 집단상담자가 방어하는 집단원의 문제에 대해 진술하고 집단원과 자신이 어떤 영향을 받는지 말해줌으로써 개입을 해도 여전히 방어적인 분위기가 형성될 경우, 집단상담자는 자신의 자질 부족 때문에 방어가 형성되는 것인지 집단원 두려움 때문인지 평가작업을 해야 한다.
  ③ 두려움: 두려움의 종류는 다음과 같다.

> (1) 자기개방에 대한 두려움: 집단원들은 그들이 준비도 되기 전에 개방하라는 압력을 받을 거라는 생각에 자기개방을 두려워한다.
>   ▶ 해결책: 무엇을 얼마나 이야기할 것인가를 결정하는 권리가 집단원에게 있음을 알린다.
> (2) 노출됨과 취약한 상태에 처할 것에 대한 두려움: 몇몇 집단원들은 취약한 상태에 들어가는 기분을 피하고 싶어 집단에 충분히 참여하기를 망설인다.
>   ▶ 해결책: 집단지도자는 이런 사람들이 집단 안에서는 취약한 상태에 들어감으로써 새롭고 건강한 경험을 하게 하면서, 그들이 과거경험들을 표현할 수 있도록 돕는 것이 중요.
> (3) 거절에 대한 두려움: 집단원들이 거절에 대한 두려움 때문에 집단에서 다른 집단원들과 깊게 관련되는 것을 꺼리기도 함.
>   ▶ 해결책: 집단원들에 대한 것인지 자신에 대한 것인지 알아야 함. 자신의 투사와 거절당하는 것 같이 지각하는 점인지를 다뤄야 함.
> (4) 오해받거나 판단될 것에 대한 두려움: 다양한 형태로 억압 또는 차별을 경험했던 집단원들은 판단되거나 오해받을지도 모른다는 두려움이 자신을 집단에 알리는 데 매우 큰 걸림돌이 된다.
>   ▶ 해결책: 집단원들이 겪은 예전의 고통을 표현하도록 도움으로써 지도자는 위험을 감수하는 새롭고 더 효과적인 방법을 탐색하게 함.
> (5) 도전받거나 소외될 것 같은 두려움: 어떤 집단원들은 지도자나 다른 집단원들로부터 도전을 받는 것에 대한 두려움을 피하는 방법으로 집단에서 침묵하거나 숨어있다. 어떤 사람들은 사람들 사이의 갈등이 일어나는 것을 극도로 어려워하고, 집단에서 자신들에게 집중이 될까봐 두려워한다.
>   ▶ 해결책: 지도자는 집단원들이 숨어 있음으로써 자신이나 귀중한 만남을 할 수도 있는 다른 사람들을 속이고 있다는 점을 보도록 도움으로써 그들을 스스로 드러내는 자리로 나아가도록 도와야 함.
> (6) 통제를 잃을 것에 대한 두려움: 고통스러운 부분에 대해 이야기할 수 있지만 훨씬 더 상처 입기 쉬운 상태로 남게 될 것에 대한 두려움을 가진다.
>   ▶ 해결책: 지도자는 집단 상담에서 고통 가운데 혼자 고립되어 있는 것과 다른 사람들과 고통을 나누고 지지받는 것 사이의 차이를 알게 하고, 자신이 그렇게 하기로 선택하지만 않는다면, 고통을 혼자 다루지 않아도 된다는 것을 깨닫게 할 수 있다.

▶ 해결책: 집단원들과 공통적 두려움과 걱정을 나눔으로써 집단원이 느끼고 경험하고 있는 것을 당연한 것으로 받아들이고 집단에서 자신의 두려움을 표현할 수 있는 환경을 구성해야 한다.

④ **갈등**: 집단지도자는 갈등을 다룰 수 있어야하며, 갈등을 문제로 만드는 것은 갈등을 회피하는 태도이다. 갈등과 불신의 원인이 되는 집단의 다양성의 영역에는 나이, 성, 언어, 성적 지향, 사회 경제적 지위, 장애, 인종, 민족, 학식 등이 있다. 문화적 배경과 상관없이 그들의 원가족에서 습득한 패턴 때문에 갈등을 다루는 데 어려움을 겪기도 한다.

▶ 해결책: 집단지도자는 갈등에 관련된 집단원 각자의 입장에서 심정을 반영하고, 서로 공통적이거나 일치하는 부분을 연결한다. 갈등에 대해 집단원들이 직접적으로 말할 수 있게 도우며, 집단원들이 그들 간의 상호작용을 통해 더 큰 자기인식과 다양한 문화적 맥락에 있는 타인을 이해하도록 촉진하는 것이다.

⑤ **신뢰형성의 문제**: 초기단계의 중요한 작업이지만 과도기 단계에서도 여전히 중요한 과제.

▶ 신뢰가 높을 때: 집단원들은 집단 활동에 적극적으로 참여. 자신의 사적 세계를 다른 사람에게 알리고 집단의 안과 밖에서 위험을 감수하며 남이 아닌 자신에게 집중, 의미있는 개인적 주제를 집단에서 다루며 다른 집단원들을 지지하거나 그들에게 도전한다.

> **신뢰가 부족함을 보여주는 징후**
> - 자신의 이야기를 하기보다 다른 사람을 돕는 데 많은 에너지 투여함
> - 집단지도자에게 집단을 주도하라고 요구, 무엇을 해야 하는지 말해달라고 함.
> - 집단에서 다루기에는 너무 큰 문제를 가지고 있다고 하거나 아무런 문제가 없다고 함.

⑥ **지배권 경쟁**: 집단에서 지배권을 유지하는 문제는 책임의 분배나 의사결정 과정에 대한 토론 등이 포함된다. 집단원들의 주요한 불안은 책임을 너무 많이 지거나 너무 적게 지는 것과 관련된다.

▶ 해결책: 이러한 주제를 드러내서 지금-여기에서 이야기를 나누어야 하며 이를 무시할 때 숨겨진 주제가 된다.

⑦ **상담자에 대한 도전**: 지도자들은 과도기 단계에서 개인적인 측면과 전문적인 측면 모두에 대해 실망감의 표현, 의문의 제기 등 훨씬 많은 직면을 받는다. 또한 초기에 형성된 집단 규칙이나 행동규범 등 집단 구조에 대해 도전을 받을 수 있다.

▶ 해결책: 지도자는 방어적이지 않은 태도(개방적 태도)로 집단원들이 말한 내용을 살펴보고, 그럼으로써 도전과 공격을 구별할 수 있다. 지도자가 집단원에게 어떻게 반응하는가가 집단원들이 나중에 상담자에게 신뢰를 가지고 다가갈 것인가 아닌가에 영향을 미친다.

2 과도기 단계에서의 과업 2011 기출

(1) 저항 행동을 적절히 다루기

① 양상: 과도기 단계에서 집단원들은 개인적인 이야기를 꺼내게 되면서 불안감을 겪게 되고 집단 참여에 주저하게 되어 집단상담에 대한 저항으로 이어진다. → 관찰자 자세, 질문을 주로 함, 충고, 안전한 소재 얘기, 집단 밖의 얘기, 사실적 내용 등

② 해결방안: 상담자는 집단원의 저항 현상에 대해 스스로 인정할 수 있도록 안전하고 개방적인 집단분위기를 조성해야 한다. 그리고 자신이 저항하는 원인을 탐색하고 솔직해질 수 있도록 격려한다.

(2) 갈등을 다루기

① 순기능적인 갈등: 집단원의 본래 모습이 드러나기 시작하면서 개인의 성격 특성이나 고유의 상호작용 양식, 방어기제 등이 표현되어 갈등이 야기된다.

② **역기능적인 갈등**: 상담자의 부적절한 집단 프로그램 구성, 사전 준비의 부족, 역기능적인 개입, 사후관리 부족 등으로 인해 갈등을 겪게 되는 경우이다.
③ **해결방법**: 순기능적 갈등에 대한 해결방법은 집단원들이 자유롭게 표현할 수 있도록 촉진하는 것이며, 역기능적인 갈등에 대한 해결방법은 집단 발달을 저해하므로 최대한 억제되도록 노력해야 한다.

(3) 신뢰감 형성
① **양상**: 자신의 취약한 부분들을 드러내는 문제와 집단원과 집단상담자에 대한 불신으로 불안, 두려움, 방어적 태도 등이 나타난다.
② **해결방안**: 자신의 취약한 부분을 드러내도 안전할 것이라는 믿음과 집단원과 집단상담자의 문제해결 능력에 대한 신뢰를 가질 수 있도록 돕는 것으로, 불안과 두려움을 표현하게 하고, 방어적인 태도를 집단상담자가 다루고 원인을 함께 논의함으로써 해결할 수 있다.

(4) 전이와 역전이 다루기
① **전이양상**: 집단원들은 해결되지 않은 갈등들이 현재 어떤 식으로 역기능적인 행동 패턴을 만들고 유지시켰는지 통찰할 수 있다. 이를 통해 집단 밖의 상황에서 어떻게 기능하고 있는지 역동적으로 이해할 수 있다.
② **해결방법**: 상담자는 상징적인 역할을 하고, 내담자가 상담자에게 이야기하면서, 미해결 과제를 다룰 수 있다. 이와 함께 상담자와 내담자는 감정을 탐색하고 통찰을 얻기 위한 방법으로 역할을 바꾸어 볼 수도 있다.
③ 힘에 대한 주제는 역전이를 이해하는 것과 밀접한 관련이 있다. 왜냐하면 집단원들은 상담자를 전문가, 완전한 인간 또는 지나친 부모로서 높이 보는 대신 자신의 힘은 포기한다. 내담자의 복종적 태도에 의존하는 불안한 상담자는 집단원들을 무기력하게 한다.

5 작업 단계(생산단계, 활동단계)

1 작업단계의 특징 📖 2005, 2009, 2016 기출

(1) **높은 응집력**: 상호 신뢰를 바탕을 응집력을 가지고 문제행동에 대한 변화를 촉진한다.
(2) **높은 생산성**: 집단목적을 달성하기 위해 책임을 공유하며 집단에 적극적으로 참여한다.
① 참가자들은 진정으로 하나의 집단이 되었고 더 많은 자율성을 허용하는 관계기술들을 발달시키며 상담자에게 덜 의존하게 된다.
② 상호관계와 자기탐색이 증가되며, 집단은 지속적으로 결과들을 생산해 내는 데 주안점을 둔다.

> - 지금-여기에 초점을 둔다. 사람들은 집단상담에서 느끼고 행하는 것에 대해 즉각적으로 말하는 것을 배우며 의미있는 상호작용을 하려 한다.
> - 자신의 목표와 관심사들을 더 쉽게 인식하며 이에 대한 책임감을 배운다.
> - 참가자들은 행동변화를 얻기 위해 집단 외부에서 기꺼이 실행하고 연습한다. 일상생활에서의 생각들, 감정들, 행동들을 기꺼이 통합하려고 노력하며 이전 방식으로 생각하고 행동하는 자신을 더 잘 파악할 수 있다.
> - 끊임없이 집단에 대한 만족도를 평가하며, 회기 중에 변화가 필요하다는 것을 알게 되면, 문제를 변화시키기 위해 적극적이게 된다.

(3) 회기동안 제기된 중대한 문제들을 탐색하고자 하는 집단원들의 노력과 집단 내 역동성에 대한 집단원들의 관심이 특징이다.
(4) **덜 구조적 개입**: 질문받기를 기다리기보다 스스로 집단 상호작용에 참가하는 법을 배우게 된다.
(5) **책임감을 갖고 핵심적 역할을 수행**: 지도자의 요청 없이도 작업에 스스로 동참하고 자발적인 피드백을 한다.
(6) 상호간의 신뢰를 바탕으로 집단에서 자기노출이 시작되고, 참여자들은 이해와 관심을 가지고 그 문제에 대해 깊이 탐색하도록 서로간에 격려한다.
(7) 작업단계에서 상담자는 자신의 문제를 노출하는 집단원들을 이해하고 수용하며 바람직하지 못한 행동패턴을 버리고 생산적인 대안행동을 학습하도록 도움
(8) 작업단계에선 집단상담을 통해서 배운 것을 일상생활에서의 다양한 상황에 적용할 수 있도록 과제를 내주게 된다. 이를 위해 집단원들이 과제를 고안하도록 격려한다.
> 예 이러한 과제는 일기를 통해 집단 경험에 대한 통찰을 증진하여 일상생활에 영향을 주도록 하거나 일상생활에서의 중대한 관계에 대해 다르게 행동할 것을 연습하게 하는 것 등이다. 이를 통해 일상의 삶에 중요한 변화를 만들어 내도록 돕는다.

2 과도기 단계에서 작업단계로의 진전

과도기 단계에 있는 집단을 작업단계로 가게 하기 위해 지도자가 어떻게 개입해야 하는가?

(1) 집단원들이 가진 불만의 원천을 찾아내고 표현할 수 있도록 도와주어 집단원들간의 상호작용을 유도해야 한다. 집단에 대한 부정적 생각이나 감정 표현은 생산적인 작업을 할 수 있는 좋은 기회다.
> 예 "여기 있는 사람들에게 이 집단을 향상시키기 위해 그들이 어떻게 하기를 바라는지 한 가지씩 말해 보세요."

(2) 자신에 대한 더 깊은 탐색을 유도한다.
> 예 만약 집단에서 자신에 대해 말하는 것을 꺼려할 경우 집단상담자는 "여기 있는 사람들 중에 당신을 가장 매정하다고 비난하고 있다고 생각되는 사람과 이야기를 나눌 의향이 있으세요? 그 사람이 당신에 대해 어떻게 생각할 것 같은지 그 장본인에게 모두 말해 주세요."라고 말하면서 판단 하에 놓여있는 상황에 대한 두려움을 인정하도록 돕고 그러한 감정을 탐색하도록 돕는다.

(3) 투사하고 있는 자신의 모습을 인식하여 지금-여기에서의 자신의 과거와 현재 삶을 연결하도록 돕는다.
> 예 만약, 한 집단원이 한 번도 주목 받은 적이 없다고 토로한다면, "당신이 집단에서 가지고 있는 그 감정이 집단 밖의 당신의 삶에서도 흔히 나타나는지 궁금하군요"라고 말하면서 자신에 대한 통찰을 촉진한다.

3 단계마다 집단원들의 두려움을 다루는 상담자의 개입의 차이점

집단 내에서 형성된 신뢰의 수준, 관계의 질, 집단의 발전단계에 따라 개입이 집단원의 불안과 두려움을 다루는 수준은 달라진다.

> **+ 사례**
> 어느 집단원이 "여기 있는 사람들이 나에게 비판적일까 봐 두려워요. 나는 말하기 전에 수도 없이 연습해요. 왜냐하면 다른 사람들이 내가 멍청하다고 생각하지 않도록 나 자신을 분명하게 표현하고 싶으니까요."라고 말을 한다.

(1) **초기단계에서의 개입**: "두려움 그 자체를 이야기하도록 하라!"
① 다른 집단원들에게 그들이 가지고 있는 불안감, 특히 다른 사람이 자신을 어떻게 볼까 하는 두려움을 털어 놓도록 한다.
② "또 이런 감정을 가지고 계신 분 계십니까?"라고 말함으로써 탐색해 보고 싶은 두려움을 가지고 있는 집단원들이 자신들의 두려움을 공유할 수 있도록 한다. 또한 집단원의 연결을 통해 신뢰와 응집력을 모두 확립한다.

(2) 과도기 단계에서의 개입: "두려움 이면의 밑마음, 투사된 것, 욕구 등을 탐색한다!"
  ① 판단에 대한 두려움으로 억제해온 자신을 인정케 해서 격려한다.
  ② 이 집단에서 특별히 어떤 두려움을 갖는지 살피기. 투사할 가능성이 있는 자신의 가정 점검하는 방법 배우도록 돕는다.
  ③ "그런 두려움이 들 때 이방에서 누구를 가장 의식했나요.", "무엇에 대한 두려움인가요?", "당신이 표현하지 못한 생각이나 감정이 무엇이죠?"
  ④ 구성원들이 의견을 나눔으로 상호작용에 참여토록 한다. 집단원 간의 의견교환은 보다 깊은 탐색을 가능하게 한다.

(3) 작업단계에서의 개입: "집단원들이 마음속에 품고 있던 감정을 털어 놓음으로써 추측과 오해를 넘어서는 갈등을 해결"
  ① 작업단계에서 불안을 나타내면 집단 전체가 그 사람의 작업에 동참하도록 한다.
  ② 집단원들 간의 신뢰를 좀먹을 수 있는 반응들을 더 깊이 탐구하고 표현한다.
  ③ 두려움을 표현하는 집단원의 과거를 현재 상황과 연결시켜 지금까지 살면서 자신을 판단한다고 느꼈던 중요한 사람을 탐색하게 한다. 다른 집단원들에게도 그들 개인 삶 속에 중요한 사람들과 얽힌 미해결문제를 털어놓게 하는 촉매제가 될 수 있다.

4 작업단계의 과업

(1) **집단 규범**: 초기단계에서 형성된 집단 규범은 작업단계에 이르러 보다 발전하며 확고해진다. 집단원들은 좀 더 적극적으로 행동하게 되며 불문율이 보다 분명하게 자리잡는다.
  예) 솔직하게 말하기, 상호작용하기, 자기 개방하기, 자발적으로 주도적으로 임하기 등

(2) 작업단계에서는 다음과 같은 집단 행동들이 나타나야 한다.

> - 집단원들은 지지와 도전을 동시에 받으며 행동 변화를 더욱 강화한다.
> - 집단원들은 보다 직접적인 방법으로 다른 사람들과의 상호작용이 증가한다.
>   - 집단내의 통제나 힘의 대립, 상호갈등이 자주 토의되며 심층적으로 탐색.
>   - 상호작용에 주의를 기울임으로써 일상적인 갈등 상황을 다루는 법을 배우게 됨.
> - 집단원들의 자기 수용이 증가할수록 집단의 치료 능력도 점차 발전한다.
>   - 자신의 깊은 내면을 보여줘도 존중 받는다는 것을 깨달으면서 점차 체면에 구애받지 않음

(3) **집단의 응집력**: 집단응집력은 효과적으로 작용하는 집단의 가장 큰 특징으로서 작업단계에서 응집력은 실제로 자기 표출이나 피드백 주고 받기, 여기-지금(here-and-now) 상호작용의 토론, 직면 그리고 통찰을 행동으로 옮기는 등의 행동지향적 태도를 고양시키는 역할을 한다.

(4) 작업단계에서 신뢰감 쌓기
  ① 집단내 안정은 발달 후기 단계에서조차 문제될 수 있는데 이때마다 신뢰가 재정립되어야 한다.

작업단계 신뢰부족이 나타나는 이유	
• 다른 사람이 나를 어떻게 생각할지 두려워요 • 강도 높은 작업이 부담 • 경험의 유효성에 대한 회의 • 현 상태에 그대로 머물고 싶은 마음	• 집단원간의 분노나 고통스런 경험을 표현하는 것에 대한 무서움 • 집단 상담이 결국은 끝날 것이기 때문에 미리부터 서서히 끝내려는 것

② 강도 높고 생산적인 집단 상담의 경우 신뢰의 문제가 다시 수면 위로 떠오르는 일이 종종 발생한다. 이런 일을 겪고 나면 집단원들은 겁에 질리거나 뒤로 물러서는 경향이 있으므로, 지도자는 이런 현상을 항시 주지하고 예방조치를 취해야 한다.
▶ 해결책: 집단이 전체적으로 역행하는 기미가 보이면 상담자가 현재 상황을 설명해주고 집단원들로 하여금 느낌과 생각을 표현하게 하는 것이 효과적이다.

(5) 자기개방과 감정의 정화
① 보다 깊은 자아인식을 하고 신체적·정신적 해방감을 느낀다.

(6) 역기능적 행동패턴의 탐색과 수용
① 피드백이나 직면을 통해 역기능적 행동패턴에 대해 탐색하고 그것을 수용한다.
▶ 해결책: 지금-여기에 초점을 두고 직접적인 방식으로 상호작용을 하면서 비판적이지 않은 방식으로 피드백이 이루어지도록 피드백을 활성화시킨다. 또한 지도자는 집단원들이 자신의 말과 행동의 차이를 알고, 자신의 자원 및 잠재력을 인식하여 이를 행동으로 옮길 수 있도록, 문제행동에 대해 직면시킨다. 집단상담자는 집단원이 자신의 경험을 인지적으로 이해할 수 있게 의미의 해석을 도울 수 있다.

(7) 생산적인 대안행동의 선택과 실행
① 생산적인 대안행동을 집단의 지지 속에서 실행해 보는 것이다.

[2013년 기출]

집단상담의 진행과정을 1단계, 2단계, 3단계, 4단계로 나눌 때, (가)~(라)를 집단발달단계에 따라 순서대로 쓰시오.

(가)
- 집단원들은 존중, 공감, 수용 등 기본적인 태도를 배운다.
- 상담자는 신뢰로운 분위기를 형성하기 위해 적극적으로 노력한다.

(나)
- 집단원들은 집단에서 배운 것을 일상생활에서 일반화하기 한 준비를 한다.
- 상담자는 집단원들 간의 건설적인 피드백을 통해 변화를 촉진하고 집단원들의 강점을 확인시켜 준다.

(다)
- 집단원들의 저항과 갈등을 직접적이고 효과적으로 다룬다.
- 신뢰와 응집력의 수준이 높아져서 집단원들은 자유롭고 직접적으로 상호작용한다.

(라)
- 집단원들은 개인인 심사를 완전히 드러내기를 꺼린다.
- 통제와 힘의 대결로 인해 다른 집단원들 혹은 상담자와의 갈등을 경험한다.

6 종결 단계(통합단계)

1 종결단계의 특성 2005, 2009, 2014 기출

(1) **학습의 강화**: 집단원들은 집단상담에서 자신이 경험한 것의 의미를 명확히 하고 자신들이 얻은 깨달음을 더욱 공고히 한다.

(2) 일상생활에 적용하고 싶은 새로운 행동이 무엇인지 결정한다. 또한 학습한 것을 일상생활에 잘 적용할 수 있는 전략을 세운다.

(3) 집단의 마지막 단계에서 집단원들은 관계를 잘 마무리할 수 있는 경험의 기회를 가진다.

(4) 경험이 풍부한 집단지도자들은 종결이 중요하고, 집단원들과 종결을 준비하고 진행하는 데 시간을 쏟고 있다고 말한다.

　① 집단을 종결하는 시간은 집단의 유형(개방형 또는 폐쇄형), 집단상담의 지속기간 등 많은 변수에 따라 달라진다. 중요한 것은 어떤 집단이든 간에 충분한 시간을 할애하여 각자의 경험을 통합하고 평가해야 하는 것이다.

　② 집단상담자는 집단원으로 하여금 학습결과를 잘 정리하고 이를 실천하겠다는 의지와 희망을 갖는 동시에 집단상담에 대한 긍정적 시각을 가지고 떠나도록 도와야 한다.

2 집단상담 마지막 단계의 과업 2010, 2011, 2014 기출

코리가 제시하는 종결단계에서의 집단상담자 과업

- 이별 감정 다루기
- 미해결과제 다루기
- 집단경험의 개관과 요약
- 학습결과의 적용문제
- 집단원의 성장 및 변화의 평가
- 피드백 주고받기
- 작별인사
- 지속적 성장 또는 문제해결을 위한 계획
- 추수집단 모임의 결정
- 마침을 위한 파티문제 등

(1) **집단경험 되돌아보기**

　① 이번 상담을 통해 배운 것이 무엇이고 어떻게 그런 교훈을 얻게 됐는지 돌아보게 한다.

　② 이번 상담에서 배운 것들, 전기가 되었던 순간, 집단상담에서 도움이 되었던 점과 어려웠던 점, 어떻게 하면 더 좋은 집단상담이 되었을 것인가, 이번 상담을 전체적으로 어떻게 보는가에 대해 토의하는 시간을 마련한다.

　③ 집단원들에게 자신이 깨우친 것을 구체적인 언어로 표현하고 그들이 얻은 통찰을 어떻게 행동으로 옮겼는지 설명하는 것이 얼마나 중요한지 강조한다. 이를 통해 집단에서 깨우친 것을 일상에 적용하게 돕는다.

(2) **집단상담의 초기지각 후기지각 비교**

　① 첫 시간에 집단원들에게 방안을 둘러보게 하며 질문한다. "각기 다른 사람들을 보면서 어떤 생각이 드는지 잘 관찰해 보세요. 더 끌리는 사람이 있는지, 위협적으로 느껴지는 사람이 있는지, 다른 사람에 대해 벌써 제멋대로 판단을 내리고 있는지?" 묻고 그 당시 떠오르는 생각이나 느낌은 말하지 말라고 한다.

② 마지막 시간에 상담을 하는 동안 일어났던 일과 자기 자신 및 다른 사람에 대해 깨달은 사실들을 말로 표현하도록 한다.

(3) 피드백 주고받기
① 막바지에 이르면 좀더 초점이 분명한 피드백을 주고받는 작업이 필요하다.
② **내용**: 집단에 참가한 기분이 어떤지, 집단상담이 어떤 의미가 있는지, 점점 두드러지는 갈등은 무엇인지, 결심한 게 있다면 무엇인지 묻는 것부터 시작해서 한 집단원에 대해 나머지 사람들은 어떻게 느끼고 생각하는지에 대한 피드백.
③ **유의점**
  ㉠ 보편적인 피드백은 기억에 남지 않을뿐더러 남들이 자신을 어떻게 보는지 파악하는 데 별로 도움이 되지 않기 때문에 감상적인 표현을 하지 말라고 주의를 준다.
    예) "당신이 좋아요, 친해진 것 같아요, 대단한 사람이에요" 등
  ㉡ 상담 후반기의 피드백은 개인에게 마무리를 지을 수 있는 기회를 제공하는 방향으로 건설적인 피드백이 주어져야 한다. 이 때 상담자는 이전 단계에서 말하지 않았던 부정적이나 비판적인 피드백을 하지 않도록 부탁한다.

(4) 이별감정(분리감정) 다루기
① 분리에 대한 두려움이나 불안감을 표현하도록 한다.
② 집단원들의 일체감, 응집력은 개인적 갈등과 씨름하고 끝까지 함께 한 결과임을 깨닫기
③ 종결에 대한 어려움 점검, 상실감을 다루는 것에 대한 개인적 한계 깨닫기
④ 집단결과에 대한 집단원들의 노력 인식시키기
⑤ 작별(이별)을 하는 과정에서의 문제

> 종결단계에서 집단원들은 좀 더 쉽게 집단을 떠나기 위해 스스로 거리를 두거나, 문제가 많은 것으로 행동하며, 또한 따지기 좋아하는 모습을 나타내거나, 다른 집단원이 성취한 일들을 폄하하기도 한다. 이는 그들만의 방식은 그들이 어떻게 고통과 해결되지 않은 애도나 슬픔을 다루어왔는지 보여준다. 이에 집단은 집단원들에게 새롭고 더 나은 방식으로 관계를 가지는 방법을 배울 수 있는 훌륭한 기회로 삼는다.

(5) 미해결 문제 다루기
① 상담 후반에 미결문제를 털어놓고 탐색하도록 돕는다. 이런 작업을 통해 남은 시간 동안 각자 계획한 것들을 달성할 수 있도록 다음과 같은 질문과 함께 자극할 수 있다.
② **방법**: "만약 오늘이 상담 마지막 시간이라면 당신의 행동에 대해 어떻게 생각할까요? 다르게 행동한다면 어떻게 하고 싶나요?"

(6) 행동변화 실습
① 매주 열리는 집단상담을 통해 새로운 행동을 실행에 옮기는 과제를 실행해보고, 다음 시간에 자신들이 여러 상황에서 어떻게 새로운 행동을 시도했는지 발표하게 한다.
② 상담의 마지막 단계에 지도자는 각자의 학습을 강화하고 명확히 하는 수단으로 이러한 실행(집단 내, 일상생활)의 중요성을 다시 한번 강조하고 계속 시도하라고 격려한다.

(7) 좀더 심도 있는 학습 수행하기
① 변화를 집단 밖 환경에 적용할 수 있도록 구체적인 행동계획을 발전시킨다.
② 집단 내에서 배운 것을 다른 상황 속에서 사용할 수 있도록 하는 다양한 방법들에 대해 정기적으로 토론한다.
③ **방법**: 상담자는 집단원들에게 앞으로 6개월 혹은 1년 후에 만들고 싶은 변화를 생각해 보게 함(미래 투사기법)으로써 자신이 원하는 것을 얻기 위해 얼마나 노력해야 하는지 깨닫도록 자극한다.

(8) 다짐과 과제
① 마지막 시간에 앞으로의 다짐을 쓰게 한다. 이것은 상담종결 후에도 집단원들이 자신들의 목적을 성공적으로 달성할 수 있도록 돕는다.
② 여기서 중요한 것은 집단원들 각자가 계획을 짜야 하며 이루지 못할 너무 거창한 계획은 도움이 되지 않는다는 것을 명시한다.
③ 집단 내에서 큰 소리로 자신의 계획을 발표함으로써 집단원들의 피드백을 받게 하는 것도 좋다.
④ 집단상담의 전 과정 동안 집단원들에게 과제를 내줄 것을 권장하며 마지막 단계로 접어들수록 다양한 성격들의 과제가 세심하게 다뤄져야 한다.

(9) 좌절 극복하기
① 집단원들이 현실적인 방해요소들을 극복하고 낙담하거나 포기하지 않도록 강화시킨다.
② 지원체계를 만듦으로서 좌절을 극복하고 자신의 목표에 계속 초점을 맞추게 한다.
③ 자신이 기대하지 않은 결과가 나올 경우 어떻게 극복하는지 서로 토론한다. 다만 너무 지나친 계획을 세우지 않도록 한다.
④ 추수모임에 참석하여 계획을 재평가할 수 있는 기회를 제공하는 것도 중요하다.

(10) 집단 성과 평가하기
① 설문지, 공개토론 등의 방식으로 집단의 경험을 평가한다. 개인적, 집단적 측면에서 성장하고 변화한 측면에 대해 집단원들과 함께 평가한다.
② 집단상담자는 집단원들이 그들의 진보를 집단시작 시점과 현재를 비교하여 살펴보고 그것의 적용 가능성도 알아보도록 도와야 한다.
③ 평가척도들은 집단원들의 경험과 집단에 대한 평가를 상담자에게 알리기도 하고 집단원들의 태도와 가치의 변화를 좀 더 상세하게 알려주기도 한다.
④ 내용: 집단 경험이 당신의 인생에 어떤 영향을 미쳤는지, 구체적으로 깨닫게 된 것이 무엇인지, 결심을 실행하는 과정에서 문제점은 무엇인지, 집단상담에 참여하는 동안 삶에서 중요한 사람들에게 어떤 영향을 미쳤다고 생각하는지, 상담이 끝난 후로 어떤 좌절이 있었는지, 집단에 참가하지 않았다면 현재의 삶은 어떨 것인지 등

(11) 최종 마무리와 작별인사
① 집단상담자는 그동안 집단이 이룩한 성과와 개개인이 성취한 긍정적 학습에 대하여 진심으로 치하하는 반응을 한 후 다음과 같은 사실에 관해서 언급해준다.
  ㉠ 학습한 새로운 행동을 자신의 것으로 정착시키기 위해서는 지속적인 노력이 필요하다는 사실
  ㉡ 학습한 행동을 가정, 직장, 사회에서 실행할 때 서서히 지혜롭게 하지 않을 경우 주위로부터 오해를 사거나 배척받을 가능성이 있다는 사실
② 전 집단원이 차례로 상호 간의 언어, 비언어 반응을 교환하면서 작별의 인사를 나눔으로써 집단의 전 과정을 마무리한다.

종결시 비밀보장 문제

- 마지막 회기에서는 다시 한번 상담이 끝난 후에도 비밀을 지킬 것을 언급한다.
- 지도자들은 비밀을 지키면서도 집단상담이 경험을 이야기하는 방법을 가르쳐주는데, 즉 자신이 깨달은 사실만 이야기하고 그 과정까지는 상세히 설명하지 말라는 것이다.
- 자신에 관한 이야기만 하고 다른 집단원들의 문제에 대해서는 말하지 말라고 당부한다.

3 추수상담

(1) 목적: 추수모임은 새로운 작업을 시도하는 것보다는 집단경험을 일상에 어떻게 적용했는지, 일상생활에서 어떠한 변화를 체험하고 있는지, 좀더 다양한 모험들을 감수하고 있는지, 새로운 행동에 대한 결과가 어떠한지 등을 탐색하는 상담이다.

(2) 방법
① 상담이 끝난 후 어려움을 공유하고 계속적인 변화를 위해 취했던 구체적인 방법들을 이야기한다. 상담하는 동안 겪었던 가장 긍정적 경험을 잊지 않기 위해 어떻게 했는지도 이야기한다.
② 집단상담에서의 경험과 관련된 생각 및 감정을 표현하고 작업할 기회도 갖는다.

(3) 효과
① 추수모임은 집단원으로 하여금 자신의 목표를 얼마나 잘 지키고 있는지 평가할 것임을 알게 하기 때문에 더욱 열심히 변화하게 만든다.
② 추수모임은 집단원들이 변화를 위해 자신이 되고자 하는 것과 모험을 감수할 필요성에 대한 책임이 있다는 것을 상기시켜주는 또 다른 기회를 제공한다.

[2011년 기출]

아래에 제시된 축어록에 근거하여 집단원 각각을 대상으로 상담자가 가장 중요하게 다루어야 할 종결 과제 1가지씩을 찾아 설명하시오.

전문상담교사가 여고생들을 대상으로 집단상담을 실시하는 동안 집단원들에게 크고 작은 변화가 일어났다. 상담의 후반기에 집단원들은 자신의 변화된 모습에 대하여 아래와 같이 다양하게 반응하였다.

진주(별칭): 저는 집단상담에 처음 들어올 때에는 담임 선생님이 시켜서 억지로 들어왔어요. 그런데 점차로 이 집단에 참여하면서 내게 도움이 된다는 생각도 들게 되었고 이제는 내가 많이 달라진 것 같아요. (…중략…) 그런데 다음 번 모임이 마지막이라고 생각하니까 서운해요. 이 모임이 참 좋았었는데…….

공주(별칭): 저도 이제는 하루하루의 생활이 전과는 많이 달라졌어요. 학교에 오는 것도 그렇게 싫지는 않아요. 그리고 선생님들도 제가 달라진 것을 아시고 칭찬해 주세요. (…중략…) 이제는 정말 제가 해야 할 일이 무엇인가에 대해 많이 생각해요. 다른 친구들한테도 집단상담을 추천해야겠어요. 여기에서 무슨 일이 어떻게 일어났는지 자세히 설명해주면서 말이에요.

하나(별칭): 저는 이제 친구들을 더 이상 괴롭히지 않을 생각이에요. 그동안 왜 그렇게 했었는지 모르겠어요. (…중략…) 이번 집단상담을 통해 배운 분노조절기법은 제게 큰 도움이 될 것 같아요. 앞으로 그것을 얼마나 잘 실천할 수 있을지 그게 문제지만……. 누군가 내 성질을 건드렸을 때 상담에서 배운 분노조절기법을 활용하여 그 상황을 잘 넘겨야 할텐데 말이에요.

장미(별칭): 여러분들은 모두 많이 좋아졌군요. 부럽네요. 정말……. 저도 물론 지난 번 싸운 친구와 화해하여 나아진 것도 있지만 아직도 많이 힘들어요. (…중략…) 나를 짜증나게 하는 애들을 보면 여전히 참을 수가 없어요. 그런 애들은 손을 봐 줘야 마음이 어느 정도 진정이 돼요. 이 문제는 어떻게 하지요?

7 터크만(Tuckman)의 연속적 발달단계 2010 기출

1 형성기(Forming, 오리엔테이션 단계)

(1) 목표를 설정하거나 이해, 라포를 형성하는 단계이다.
(2) 집단의 구조, 목적, 지도력 등에 대한 불확실성이 높은 단계로 구성원들은 어떤 행위가 수용될 수 있을까 저울질한다.
(3) 집단지도자는 집단과 그 과업에 대한 지식을 집단원들과 효과적으로 의사소통을 해야 한다.

2 격동기(Storming, 갈등단계)

(1) 집단 내 갈등 단계로 작업행위, 목표의 상대적 우선순위, 구성원 각자의 역할과 책임, 집단지도자의 지시 등 갈등목표를 설정하거나 이해하는 단계이다.
(2) 적대감 혹은 강한 감정표현 등이 혼합되어 나타나고 의사결정이나 소통에 어려움을 갖는다.
(3) 집단지도자 역할의 중요성과 목표에 대한 갈등이 나타나고 집단의 통제권을 두고 갈등이 존재한다.

3 규범기(Norming, 구조 발달단계)

(1) 정보를 공유하고 서로 다른 조건들을 수용하는 단계로 집단 내의 규정이나 규칙이 제정된다.
(2) 공감과 관심 그리고 긍정적 감정표현이 집중되고 구성원들 간의 밀접한 상호관계가 형성된다.
(3) 집단에 대한 정체성을 갖고 강한 응집력을 갖는 단계이다.

4 수행기(성과기, Performing, 작업단계)

(1) 집단의 구조가 기능화되는 단계로 집단의 에너지가 서로를 알고 이해하는 데서 과업을 직접 수행하는 데로 옮겨진다.
(2) 집단의 에너지가 과업수행을 위해 충분히 발휘되고 팀원이 자신의 역할을 이해하고 적극적으로 수행한다.
(3) 서로 협력할 때와 개별적으로 일할 때를 구분한다.

5 해산기(Adjourning, 휴지단계)

(1) 목표를 성취한 후에 해산을 준비하는 단계로 과업활동을 정리하고 최종적인 성취에 대해서 평가하며 만족감을 갖는 단계이다.
(2) 영구적인 작업집단의 경우는 성과기가 마지막이지만 과업활동기간에 간직했던 우정을 다진다.

8 집단상담의 발달 단계

[2010년 기출]

집단 발달에 대한 터크만(B. Tuckman)의 연속적 단계 이론을 집단상담의 과정에 적용할 때, 다음 성장보고서에 나타나는 단계로 가장 적절한 것은?

> 오늘 만남은 정말 좋았다. 처음으로 우리가 남이 아니라는 느낌이 들었다. 한 명 한 명이 진정한 가족처럼 느껴졌다. 장미님이 신체적 비밀을 말하고 다른 친구들이 위로해 주는 것을 보고, 나도 모르게 엄마와 냉전 중이라는 사실을 고백했다. 비밀을 고백해야 하는 분위기였다. 역시 우리는 친구들이었다. 나를 위로해 주고 눈물을 흘리기도 했다. 정말 행복했다. 모임을 마친 후에도 아쉬움이 남았는데, 나뿐만이 아니었다. 모든 친구들이 남아서 음료수를 마시며 웃음꽃을 피웠다. 집에 와서 생각해 보니 모임 중에 개나리님에게 약간 불만을 느꼈지만 그 자리에서 말할 수 없었다. 분위기를 해칠 것 같았기 때문이었다. 그래도 좋은 분위기였다. 이렇게 정을 나누는 분위기가 너무 좋다. 다음 모임이 정말 기다려진다. 더 자주 모이면 좋을 것 같다.

① 싸우기(Storming) ② 수행하기(Performing) ③ 형성하기(Forming)
④ 해산하기(Adjourning) ⑤ 규범형성(Norming)

집단상담 발달 단계별 특성, 발생가능 문제점, 집단원과 상담자의 기능 요약

	초기단계	과도기단계	작업단계	종결단계
개관	집단설명, 구조 설정	불안, 방어, 저항	학습과 실행	학습 다지기, 이별 다루기
특징	• 집단분위기 적응 • 집단에 대한 기대, 집단의 기능, 참여방법 습득 • 감수할 위험 수준, 탐색 수준 낮음 • 개방성이 증가할수록 신뢰 수준 증가 • 집단 내 자신의 위치 규정 • 자신의 수용 여부 확인 • 신뢰와 불신이 핵심적 주제 • 침묵이나 어색한 순간 발생 • 집단원 개개인의 집단의 안전성과 구성원들에 대한 평가작업 • 신뢰를 촉진하는 존중, 공감, 수용, 돌봄, 반응 등의 태도 습득	• 자각이 증대됨에 따라 타인이 자신에 대한 수용 여부에 대한 염려 증가 • 집단 환경의 안전성 확인 위한 테스트 • 위험과 안전 중 고심 • 통제와 힘에 대한 역동, 갈등 • 집단상담자에 대한 신뢰성 탐색 • 타인의 경청을 유도하기 위해 자신에 대한 표현법 학습	• 높은 수준의 신뢰와 응집 • 개방적인 의사소통 및 경험에 대한 정확한 표현 • 자유롭고 직접적인 상호작용 • 위협을 감수하고 자신을 드러냄. 이해하고 논의되길 원하는 개인적인 주제들을 꺼냄. • 참가자들 간의 갈등을 인식하고, 직접적이고 효과적으로 다룸 • 피드백이 자유롭게 주어지고 수용되어지며 비방어적으로 고려됨 • 모욕적X, 비판단적인 형태의 직면 • 집단 밖에서의 행동변화 기도 • 변화에 대한 시도가 지지받고 있음을 느끼고 위험을 무릅쓰고 새로운 행동을 시도 • 절망감을 넘어선 변화에 대한 기대	• 슬픔과 우려 • 곧 끝난다는 사실에 덜 열심히 참여 • 집단원들은 어떻게 변하고 싶은지 결정 • 집단에서 배운 것들을 실생활에 옮길 수 있을 것인지에 대한 염려 • 두려움과 희망, 근심을 표현 • 일상생활 주요 관계에 대한 대처 연습 • 집단 평가작업 • 추수상담, 변화 계획 나누기

	초기단계	과도기단계	작업단계	종결단계
집단원기능	• 집단분위기 점검 및 적응 • 신뢰 분위기 형성을 위한 노력 • 자신의 감정과 생각을 표현 • 집단에 대한 두려움, 소망, 염려, 주저, 기대 등 표현 • 자기개방 및 노출에 대한 노력 • 집단규범 설정 과정에 동참 • 개인적이고 구체적인 목표 설정 • 집단과정에 대한 기초적 지식 습득	• 부정적 반응이라도 인식하고 표현 • 자신의 저항을 존중. 기꺼이 다룸 • 의존으로부터 독립으로 전향 • 건설적인 방식으로 타인을 직면하려고 노력 • 집단 내 상황에 기꺼이 직면 • 갈등을 기꺼이 경험	• 논하고자 하는 문제들을 집단회기에 가져올 것 • 다른 이에게 피드백을 주고 받아들이는 데 개방적이기 • 타인의 존재로부터 그리고 집단 내 상담에서 받은 영향 나누기 • 새로운 기술과 행동을 시도하고 그 결과 나누기 • 도전과 지지를 타인에게 주고 자기직면에 참가하기 • 지속적인 만족도 평가 및 필요에 따라 참여정도 변화시키기	• 이별 감정 조절 • 집단작업의 중요성 다지기 • 배운 내용을 일상생활에 적용시킬 준비 • 미해결 문제 정리 • 집단상담의 영향 평가 • 변화를 위한 시간, 노력, 연습에 대한 인식 • 변화와 실천에 대한 결정과 계획 〈추수상담에서〉 • 스스로 강화시킬 자기주도 프로그램 모색
상담자기능	• 집단 내에서의 지침과 적극적으로 집단에 참여하는 방법 가르치기 • 규칙과 규범 정하기 • 집단과정의 기본적인 측면 가르치기	• 갈등 상황을 다루고 갈등을 인식하는 것에 대한 가치 가르침 • 집단원이 자신의 특성과 방어기제 인식하도록 도움 • 저항과 불안 존중. • 방어를 건설적으로 다루도록 도움 • 어떤 도전도 직접적이고 실질적으로 다룸으로써 전문가로서 모델링 제공 • 문제행동에 대한 전문가의 태도를 집단원들이 학습하도록 도움 • 집단원들의 상호의존과 독립이 가능하도록 조력 • 지금-여기와 관련된 반응들을 표현토록 독려	• 적절한 행동 모델 제시. 직면을 독려하고 집단에 대한 자신의 반응을 계속적으로 드러냄 • 지지와 반박 사이의 균형 유지 • 위험을 감수하는 참가자의 의지를 지지하고 일생생활에서의 실행을 독려 • 적절한 시기에 행동 패턴의 의미를 설명하여 참가자들의 깊은 자기 탐색 및 다른 행동방식을 고려할 수 있도록 지원 • 집단활동에 집중하고 원하는 것을 분명히 요구하도록 돕기 • 공동주제를 탐색하고 작업에 연관되도록 돕기 • 통찰을 행동으로 변화시키기. 새로운 기술들을 수행하도록 격려. • 응집력을 높이는 행동 장려 • 집단 기준을 강화하고 발전시키는 데 유의 • 행동 변화의 치료적 요소 인식하고 참가자들의 생각이나 감정 행동에서 원하는 대로 변할 수 있도록 개입	• 이별감정 다루기 • 미결문제 다루기 • 변화에 대한 강화, 더 변할 수 있음에 대한 격려 • 학습한 내용을 일상에 적용토록 돕기 • 집단원의 다짐을 받고 과제실천 독려 • 이해, 통찰, 강화를 돕는 개념적 구조화. 상담에서 습득한 사실을 기억하게 함 • 바람직한 피드백 주고 받기 • 비밀유지 당부 〈종결 이후〉 • 개인상담 가능성 열기 • 지지 격려 자원에 대한 정보 제시 • 집단상담이 집단원들에게 미친 영향 평가 • 집단상담 내용 요약 및 기록

9 집단상담의 치료적 기법

- 개인상담에서와 마찬가지로 집단상담에서는 적극적 경청을 통한 공감적 이해, 수용, 배려, 존중, 관심이 밑바탕이 된다.
- 이러한 기술은 집단 내에서 안전한 분위기를 조성하는 한편, 구성원들의 변화를 촉진하는 중요한 요소이기도 하다.
- 적극적 경청과 관련된 기술로는 구조화, 명료화, 재진술, 반영, 요약, 질문, 해석, 직면 그리고 정보 제공 등이 있다.
- 집단상담에서는 개인상담에서 사용되는 상담의 기본 기술 외에도 **연결, 차단, 피드백, 보편화, 촉진, 지지**, 진단, 종결 그리고 평가 등과 같이 더욱 다양한 기술이 필요하다.

1 변화촉진 분위기 조성 기술

변화촉진 분위기란 집단원들이 집단 작업을 통해 긍정적이고 생산적인 방향으로의 변화를 촉진시키는 환경적 요소의 일부를 가리키는 말이다.

1 적극적 경청

(1) **정의**: 적극적 경청이란 집단원의 음성 언어 및 비음성 언어에 대해 민감하게 반응하여 집단상담자 자신이 이한 내용을 자신의 말과 행동으로 되돌려주는 것이다.

(2) **목적**: 상대의 대화내용에 집중할 수 있고, 몸짓이나 음성의 변화 등에 주의하며, 숨겨진 의미를 감지할 수 있다.

(3) **유의점**: 적극적 경청이 어려운 까닭은 두 사람 이상의 집단원들의 음성 메시지와 비음성 메시지를 동시에 경청하고 이해하기 어려운 복잡한 상황과 집단상담자의 주의산만 때문이다. 말하고 있지 않은 경우에도 수시로 집단을 둘러보면서 집단원들의 얼굴 표정, 자세 또는 몸의 움직임 등을 살피고 그들이 어떻게 느끼고 생각하는지, 그들이 말하는 내용 이상의 메시지가 무엇인지를 파악해야 한다.

(4) **적극적 경청의 저해 요인**
  ① 집단상담자 역할을 지나치게 의식하는 경우
  ② 다음에 말할 것에 대해 너무 신경쓰는 경우
  ③ 집단원의 음성 언어나 비음성 언어에 집중하지 않는 경우
  ④ 집단원의 입장에서 이해하기보다는 집단상담자의 입장에서 그들을 판단하고 평가하고자 하는 경우

2 공감적 이해

(1) 정의: 공감적 이해란 역지사지(易地思之), 즉 집단원의 내면 감정을 가슴으로 느끼고, 그의 입장을 머리로 이해하는 것을 말한다. 공감적 이해의 핵심은 집단원이 경험하는 것을 파악하여 그의 내면세계에 들어가 그의 입장에서 주관적 감정을 공유하고 상황을 이해하는 것이다.

(2) 유의점: 동시에 그와 동일시하지 않고 집단상담자 자신의 개방성을 유지하는 데 있다.

3 모델링

(1) 정의: 모델링이란 집단상담자가 집단원들의 모델 역할을 담당함으로써 보고 배울 수 있도록 하는 방법을 말한다.

(2) 목적: 집단구성원이 집단에서 역할에 대해 배우고자 할 때 사용. 집단에서 어떤 주제와 어떤 방식으로 대화를 나눠야 하는지, 또는 다른 집단원의 자기개방에 어떻게 반응을 보여야 하는지에 낯설어하며 집단구성원에게 도움이 된다.

(3) 방법
① 집단상담자는 집단원들의 집단 참여에 대해 집단원의 이름과 함께 반응을 보임으로써 집단원들이 안전감을 가지고 집단에 참여할 수 있는 촉진제 역할을 한다.
② 재진술이나 반영과 같은 상담 기술을 활용하여 집단원의 조심스러운 참여에도 적극적으로 반응함으로써 참여 행동을 강화해 준다.
③ 집단원들이 각자 자신의 역할을 인식하고 점차 적극적으로 참여하게 되면, 집단상담자의 반응 횟수는 점차 줄여나간다.

> **＋ 모델링을 위한 언어 반응의 예**
> - 간접질문법: "D씨가 자신의 감정을 솔직하게 표현해 주어서 고맙습니다. 그런데 A씨는 어떤 느낌이 드는지 궁금하네요."
> - 자기 표현법: "D가 집안의 어려움에 대해 이야기할 때, A가 D의 슬픔을 함께하고 격려하는 말을 들으니 따스한 느낌이 드는구나."
> - 반영법: "D는 '소경 안내하기' 활동을 통해 단짝이었던 A와 다시 친해지게 되어 기쁜가 보구나."

4 적극적 참여 유도

(1) 정의: 적극적 참여 유도란 집단원들이 모두 집단에 적극적으로 참여하도록 유도하는 일을 말한다. 그 기본적인 방법으로는 순서대로 돌아가기와 손들기가 있다.

(2) 방법: 집단원들의 적극적인 참여를 유도하기 위해서는 두 방법을 적용할 때, 집단상담자는 시선 접촉, 몸 기울이기, 흥미와 관심 표현하기와 같은 비음성 언어를 적극적으로 활용할 필요가 있다.
① **순서대로 돌아가기**: 이는 집단상담자가 집단원에게 잠시 시간을 주고난 후, 집단 개개인이 시계 방향이나 시계 반대 방향으로 차례로 돌아가며 집단작업에 참여하거나 반응하는 것을 말한다. 이외에도 집단상담자는 자연스럽고 부드러운 표정, 시선의 접촉 유지, 음성 언어에의 관심 표현, 심리적 관심 기울이기, 고개 끄덕여 주기, 말을 이어주는 질문하기 등을 통해 집단원들을 지속적으로 집단작업에 끌어들인다.
② **손들기**: 이는 집단상담자가 열거하는 진술문이 집단원 자신에게 해당되면 손을 들게 하는 방법이다. '거수하기'라고도 불리는 이 방법은 손들기 시범을 통해 집단원들에게 손을 들어줄 것을 요구하는 것을 비음성 언어로 표현할 수 있다.

2 과정 기술

- 집단의 과정 기술이란 집단의 진행과 전반적인 흐름에 관한 반응, 그리고 여기 지금의 상호작용을 촉진하기 위해 사용되는 음성·비음성 언어 기술이다.
- 집단상담자는 일반적으로 구조화로 집단회기를 시작하면서 진단을 병행한다.
- 집단상담자는 연결, 차단, 피드백, 보편화 등과 같은 기술을 토대로 '지금-여기'의 상호작용 촉진을 도모하는 한편, 집단원들을 지지·격려하고, 무비판적인 자세로 집단원 개개인을 있는 그대로 수용한다.
- 집단회기를 마칠 무렵이 되면, 집단상담자는 종결과 평가에 필요한 기술을 활용하여 집단회기를 종료하는 작업을 수행한다.

1 구조화 ▨ 2015 기출

(1) **정의**: 구조화란 집단상담자가 집단원들에게 집단상담 참여에 필요한 제반 규정과 한계에 관하여 설명하는 것을 뜻한다. 구조화는 상담자의 역할에 대한 인식, 상담과정에서 이루어지는 작업의 이해, 그리고 상담목표에 대한 동의를 위해 상담자와 내담자 사이에 이루어지는 상호작용의 과정이다.

(2) **목적**: 집단원들이 새로운 행동을 학습하고, 생산적인 집단 분위기를 위한 규범을 창출하며, 필요한 경우 집단의 구조를 개선하고, 나아가 그들의 인간적 성장을 촉진하기 위한 틀을 제공하기 위함이다.

(3) **구조화 3가지 종류**
① 집단에 관한 구조화: 이에는 집단에의 적극적 참여, 생산적인 집단의 형성 및 유지를 위한 지침, 상담시간 준수, 불참하거나 늦게 되는 경우에 취해야 할 조치, 위급상황시 연락 방법, 상담실 이용 방법, 그리고 기타 집단원들이 알아두어야 할 제반사항 등이 포함된다.
② 집단의 한계에 의한 구조화: 집단의 한계란 집단상담자와 집단원 사이에 가능한 사항과 그렇지 않은 사항을 명백히 구분짓는 것을 말한다. 집단의 한계에 관한 구조화에는 집단원의 책임, 시간, 행동 애정에 관한 내용 그리고 집단상담자의 역할 등으로 구성된다.
③ 비밀 유지에 관한 구조화: 이는 다음과 같은 상황에서 실시한다.
  ㉠ 아동 학대·방치의 단서가 발견된 경우
  ㉡ 집단원들 간에 비밀유지 원칙이 무시되는 경우가 발생하는 경우
  ㉢ 집단원 중에 자기 자신이나 타인을 해하려는 상황이 임박했다고 판단되는 경우

2 진단

(1) **정의**: 집단원의 행동과 감정 및 사고의 유형을 분류하고, 증상 유무를 확인하며, 어떤 진단적 범주에 속하는지 파악하는 것 이상으로, 지속적으로 이루어지는 사정(査定, assessment). 문제행동 평가와 문제해결을 위한 개입 전략을 포함한다.

(2) **목적**
① 집단원들의 집단참여 목적에 부합하는 집단을 선택하여 목적을 달성할 수 있도록 돕는 것
② 위급한 상황에 처한 집단원의 안녕을 도모하는 방향으로 적극적인 조치를 취하는 것
③ 집단에 부적절한 집단원이 다른 형태의 전문적 도움을 받을 수 있도록 안내함으로써 전문가로서의 소임과 윤리적 책임을 완수하는 것

3 초점 맞추기 📖 2015, 2022 기출

(1) **정의**: 초점 맞추기란 집단에서 논의되고 있는 주제 혹은 소주제에 초점을 맞추는 것을 말한다.

(2) **방법**
① 한 회기에서 초점은 순간순간 공통적 주제(부모와의 관계), 집단활동(신뢰의 원) 또는 개인적 문제(특정한 강박증)로 옮겨간다.
② 집단상담자는 집단의 초점이 어디에 맞추어져 있는지, 그리고 집단목적과의 일치 여부를 지속적으로 관심을 두고 관찰해야 집단의 초점을 적절한 주제와 집단원의 관심사에 잘 맞추고 유지할 수 있고, 논의 내용이나 개인 작업의 정도를 더 깊은 수준으로 심화시킬 수 있다.

(3) **초점 맞추기 과정**: [초점 설정 → 초점 유지 → 초점 이동 → 초점 심화] 등 4가지 과정이 필요에 따라 앞뒤로 오가며 이루어진다.

① **초점 설정**: 집단의 초점을 설정하는 방법은 매우 다양하다. 단순히 집단원들에게 다음에 다룰 주제나 활동에 대해 말해줌으로써 설정될 수도 있다.

> **+ 초점 설정을 위한 진술의 예**
> - "이제 남은 한 시간은 ~에 대해 이야기를 나누어보겠습니다."
> - "앞으로 10여분 동안 누구씨의 누구와의 갈등 문제에 대해 들어보기로 하겠습니다."
> - "오늘은 ~에 대해 정리해 보도록 하겠습니다."
> - "지금부터 모두 돌아가면서 ~문제에 대해 이야기를 나누고 싶습니다. 그러면 어느 분부터 들어보기로 할까요."

② **초점 유지**
㉠ 정의: 초점 유지란 집단 내에서 집단의 목적에 부합된다고 판단되는 주제를 지속적이고 의도적으로 다루는 것을 말한다.
㉡ 내용: 한 가지 주제에 대해 이야기를 나누던 중 다른 주제의 이야기를 꺼내는 집단원이 있다면, 이를 차단하여 본래의 주제에 관한 이야기로 되돌려 놓는 것도 초점 유지의 일환이다.
㉢ 방법: 일단 초점이 맞추어지면 집단상담자는 집단의 초점이 산만해져서 다시 제 궤도에 올려놓거나 특정 주제나 사람에게 맞출 필요는 없는지에 대해 집단의 흐름을 면밀히 관찰해야 한다. 또한 다른 주제나 집단원 또는 활동으로 옮겨갈 필요는 없는지 지속적으로 결정해야 한다.

> **+ 초점 유지을 위한 진술의 예**
> - "선생님, 누구씨의 문제를 더 다루어 보는 것이 어떨까요?"
> - "A씨, D씨가 자신의 고통스러웠던 경험을 충분히 털어놓을 수 있도록 조금만 기다려 주실래요?"
> - "방금 D씨가 말한 아버지와의 갈등에 대해 잠시 더 생각해 볼까요?"
> - "지금 다루고 있는 주제에 대해 앞으로 10분 정도만 이야기를 더 나누고, 새로운 주제로 옮기기로 하겠습니다."

③ **초점 이동**: 집단의 초점 이동은 집단의 초점을 더 이상 유지할 필요가 없는 경우에 행하는데, 이는 초점 유지와 맞물려 있다.

> **초점 이동 결정을 위한 고려사항**
> - 남은 집단 시간의 충분성 고려
> - 현재에 초점에 대한 집단원들의 관심 정도
> - 집단의 분위기 전환을 위해 초점을 옮길 필요성
> - 집단 초점이 맞추어진 주제, 사람, 활동의 성격
> - 새로운 주제로 초점을 옮길 필요나 욕망
> - 현재 집단 초점의 대상을 다룬 시간의 길이나 과거 경험
> - 현재 초점의 집단목적과의 관련성

9 크럼볼츠의 사회학습 이론

④ 초점 심화
　㉠ 정의: 초점 심화란 집단원들이 긍정적이고 생산적인 변화를 얻을 수 있도록 집단작업을 더 깊은 수준에서 진행하는 것이다.
　㉡ 방법: 집단상담자는 집단원들과 집중적인 방식으로 작업을 하되, 집단원들 간에는 더 개인적인 방법으로 나눔의 기회를 맛볼 수 있도록 적극적인 촉진자 역할을 해야 한다. 그리고 때때로 집단원들이 자신의 사적인 문제와 상황을 재고해볼 수 있게 하는 질문을 던지거나 집중적인 활동을 준비하는 것이 바람직하다.

> **[2015년 기출]**
>
> 다음은 세 명의 전문상담교사가 집단상담을 진행하면서 겪은 어려움을 집단수퍼비전 시간에 이야기한 내용이다. (　　)안에 들어 갈 집단상담 기술의 명칭을 쓰시오.
>
> 김 교사: 학생들의 시간 관리에 대해서 이야기를 나누고 있는데, 원재라는 아이가 어제 본 영화에 관한 이야기를 시작하는 거예요. 그 영화를 본 몇 명의 학생들이 그 이야기에 가담하면서 순식간에 영화에 관한 토론장이 되어버렸어요. 오늘 다루어야 할 주제를 절반도 다루지 못했는데, 아이들이 모두 영화 이야기에 집중해서 당황했어요.
> 이 교사: 저희 집단에 있는 서희라는 아이는 궁금한 것이 뭐가 그리 많은지 다른 아이들이 이야기할 때마다 계속해서 질문만 하는 거예요. 적극적으로 참여하는 것 같아서 처음에는 그냥 두었는데, 솔직히 서희의 그런 행동 때문에 다른 아이들의 고민을 보다 깊이 있게 다루지 못하고 있다는 생각이 들었어요. 제가 뭘 잘못한 것인지 모르겠어요.
> 박 교사: 저희 집단에서는 오늘 집단원들의 원가족에 대해 토론하였어요. 약 10분이 넘게 토론이 계속되기는 했지만 집단원들의 얘기는 겉돌기만 할 뿐, 핵심주제가 논의되지는 않았어요.
> 수퍼바이저: 흥미롭게도 세 분이 모두 비슷한 경험을 하셨네요. 여러분들의 사례와 관련해서 두 가지 집단상담 기술을 제안하고 싶습니다. 우선, 집단리더는 집단상담의 과정을 촉진시키기 위해서 집단과정에 부정적인 영향을 주는 집단원의 말이나 행동은 차단시켜야 합니다. 또 한 가지 여러분들이 적용했어야 할 집단과정기술은 (　　)입니다. 이 기술은 집단원들에게 집단의 목적을 일깨워주는 효과가 있어서 자주 사용됩니다.

4 연결 　2007, 2011, 2012, 2014, 2015 특시, 2019 기출

(1) **정의**: 연결이란 집단지도자가 집단원들 간의 사고와 행동에서의 유사점과 차이점들을 지적하는 방식으로 활용되는 기법이다.

(2) **목적**: 특정 집단원의 행동이나 말을 다른 집단원의 관심사와 접속시켜서 서로 공감대를 형성하게 한다. 이를 통해 더욱 깊은 수준의 감정을 표출하게 하도록 돕는다.

(3) **방법**: 집단상담자는 집단원들의 진술 내용과 감정을 연결함으로써 감추어진 의미를 발견하기도 한다. 집단원들의 비음성 언어를 면밀히 관찰하여 상담자의 눈에 비친 그들의 느낌과 사고를 함께 묶거나 연결해줄 수 있다.

(4) **효과**
　① 집단원들의 공동 관심사나 공통 상황에 주의하여 연결시켜 주는 것은 집단원들이 자연스럽게 보편화를 체험할 수 있게 한다.
　② 집단원들의 상호작용을 촉진시킨다.
　③ 집단의 응집력을 증강시킨다.(집단 초기 응집력을 형성하기 위해 사용하기에 좋다)

(5) **유의점**: 집단상담자의 통찰력이 필요하다.

[2019년 기출]

다음은 전문상담교사가 학생들을 대상으로 실시한 집단상담 축어록의 일부이다. 전문상담교사가 사용한 집단상담 고유의 기법 명칭을 쓰고, 이 기법의 효과를 3가지 서술하시오.

> 나 은: (화가 난 표정으로) 우리 반 애들은 얼굴이 예쁜 애들끼리만 어울리고 나처럼 얼굴이 예쁘지 않은 애들과는 얘기도 안 하려고 해요. 그래서 나는 학교에 와도 늘 혼자예요.
> 채 연: 맞아요. 지난번에 친구들이 주말에 영화를 보러 간다고 해서 나도 같이 가고 싶다고 했는데 안 된다고 거절을 하더라고요. 그런데 옆에 있던 희수가 자기도 가고 싶다고 하니까 '그래, 희수는 예쁘니까 같이 가자.'고 하지 뭐예요.
> 보 라: (고개를 끄덕이며) 나한테도 그랬는데…….
> 상담교사: 나은이, 채연이, 보라는 단지 얼굴이 예쁘지 않다는 이유로 친구들이 함께 어울려 주지 않아서 속상했나 보구나.

5 차단 📖 2007, 2010, 2022 기출: 가로막기, 저지하기로도 불림

(1) 정의: 집단과정에 부정적인 영향을 주거나 집단원의 성장을 저해하는 의사소통에 집단상담자가 직접 개입하여 집단원의 역기능적인 음성 언어 혹은 비음성 언어를 중지시키는 기술이다.

(2) 목적: 집단원의 인격을 존중하면서 비생산적인 행동을 저지하는 기술이다.

(3) 유의점: 도중에 집단원의 활동을 가로막는 일은 자칫 예의에 어긋나거나 불손한 행동으로 오해받을 수 있기 때문에 고도의 민감성과 단도직입성이 요구된다. 차단은 그로 인해 집단원의 감정에 상처를 입히거나 분노와 저항을 불러일으킬까 두려워하는 집단상담자에게 쉽지 않은 기술로 여겨지기도 한다.

(4) 적절한 차단 시기
① 다른 집단원을 언어적·신체적으로 공격할 때
② 다른 집단원의 비밀누설 혹은 사생활을 침해할 때
③ 잡담을 늘어놓거나 집단의 목적과 무관한 이야기를 할 때
④ 집단의 초점을 옮기고 싶을 때
⑤ 부정확한 사실을 말하거나 '거기 그때'의 형식 등 사실적인 이야기만 늘어놓을 때
⑥ 집단원 간에 소모적인 논쟁을 할 때
⑦ 상처 싸매기를 시도할 때
⑧ 중언부언하거나 질문공세를 퍼부을 때
⑨ 회기 종결이 임박했을 때

9 크럼볼츠의 사회학습 이론

[2010년 기출]

다음 밑줄 친 부분에서 전문상담교사가 사용한 집단상담기법을 적용할 상황으로 적절하지 않은 것은?

> 나 비: 지난 주에 조금 이야기했는데요. 원래 제가 서울에서 태어났거든요. 태어난 지 얼마 되지 않아 춘천으로 이사를 했어요. 그리고 파주로 갔어요. 아빠가 군인이셨거든요. 그래서 자주 이사를 다녔어요. 그리고 대구로 갔어요. 대구에서 초등학교를 다녔어요. 거기서 동생이 태어났어요. 남동생이에요. 동생은 좀 크게 태어났어요. 아기 때도 컸었고, 유치원에서도 제일 키가 컸어요. 초등학교 때도 친구들 중에서 제일 컸어요. 그래서 제가 매일 놀렸어요. 동생은 너무 싫어 했어요. 그리고 동생은.
> 상담교사: <u>나비님, 잠깐만요. 여기서 나비님의 이야기를 중단시키겠어요.</u> 아빠가 군인이셔서 나비님이 어려서부터 이사를 많이 다녔나 보군요. 그런데 여기서는 말하는 내용보다 말하는 방법을 다루고 싶어요. (집단원들을 바라보며) 나비님의 말을 들으면서 어떤 느낌이 들었는지 말해 주시겠어요?

① 집단의 초점을 옮기고 싶을 때
② 집단원이 눈물을 보이기 시작할 때
③ 집단원이 횡설수설하며 계속 중언부언할 때
④ 다른 집단원에게 정확하지 않은 사실을 말할 때
⑤ 회기의 종료가 임박해서 집단원이 심각한 주제를 새롭게 꺼낼 때

6 피드백

(1) **정의**: 피드백이란 집단원의 사고나 감정, 행동이나 태도에 대해 강점이나 문제점을 드러내어 되돌려주는 것을 말한다.

(2) **방법**: 집단상담자는 집단원들이 신뢰를 바탕으로 안심하고 생산적인 피드백을 교환할 수 있도록 집단원들의 두려움과 기대, 그리고 집단원 간의 갈등과 대립을 공개적으로 표현하도록 지지·격려하고, 이를 위해 안전하고 수용적인 분위기를 조성해야 한다.

(3) **특징**: 피드백의 질은 집단의 발전 정도를 가늠해볼 수 있는 지표다. 즉, 피드백이 솔직하고, 책임있고, 모험적이며, 그 집단 안에서 인간 상호 간의 관계를 다룬다면, 그 자체로 응집력과 신뢰가 이루어졌다는 것을 나타낸다.

피드백을 제공하기 위한 지침

- 포괄적이기보다는 주목할 만한 점에 시의적절하게 구체적으로 피드백한다.
- 상대방에 대해 좋아하는 점과 감정을 표현한다.
- 피드백을 받은 사람과의 관계에서 원하는 바를 표현한다.
- 충고·평가·비판없이 상대방에게서 받고 있는 영향을 느낌 형태로 표현한다.
---

(4) **긍정적 피드백**: 이는 집단원의 강점이나 장점을 드러내어 음성 언어와 비음성 언어로 되돌려 주는 것

① **효과**: 행동 변화의 가능성을 높여준다. 집단원들 간의 신뢰감과 응집력을 높인다. 특히 초중고 학생집단의 경우, 또래들의 긍정적 피드백은 긍정적 변화를 유발하는 데 강력한 촉매 역할을 한다.

② **방법**: 집단원이 매우 사적인 문제를 탐색하거나 새로운 행동을 시도할 때 격려와 지지를 아끼지 않고 지지해주는 것이 좋다.

(5) **부정적 피드백:** 이는 집단원의 문제행동이나 비생산적인 사고 또는 사고방식을 드러내어 음성 언어와 비음성 언어로 되돌려 주는 것을 말한다.
  ① 목표: 집단원에게 왜곡과 잘못을 교정하기 위한 정보를 제공해주는 것
  ② 유의점
      ㉠ 집단원의 잘못된 행동에 대한 부정적 피드백은 긍정적 피드백이 선행될 때, 그리고 서로 신뢰감이 형성된 상태에서 좀더 쉽게 받아들여지는 경향이 있다.
      ㉡ 집단원들 간에 신뢰감이 형성되어 있지 않고 부정적 피드백을 수용할 준비가 되지 않은 상태에서는 심각한 문제가 발생한다.
      ㉢ 도미노 현상처럼 한 집단원의 부정적 피드백은 또 다른 부정적 피드백을 불러와서 심각한 갈등상황으로 이어져, 결국 집단이 와해되는 일이 종종 발생하게 된다.

7 보편화 2011 기출

(1) **정의**: 이는 집단원이 다른 집단원과 상호작용하게 되면서 그들도 자기 자신과 유사한 감정과 관심을 가지고 있다는 사실을 깨닫도록 돕기 위한 기술이다.
(2) **효과**: 특정한 문제로 고립감을 경험하고 있는 집단원에게 고유의 변화촉진 요인과 강력한 치유의 힘으로 작용한다.
(3) **방법**: 집단상담자는 "방금 아무개가 말한 내용이 중요하다는 생각이 드는데, 이런 경험을 해본 사람이 또 없을까요"와 같이 다른 집단원들의 유사한 경험과 관심사를 나눌 수 있도록 촉진한다.

[2011년 기출]

다음은 집단상담에서 집단원 슬기(중3, 여)가 한 말이다. 이 말에 대한 집단상담자의 반응 (가)~(나)에 해당하는 집단상담 기술을 보기에서 찾아쓰시오.

슬 기: 이야기하고 싶지 않아요. (짜증스러운 말투와 표정으로)와야 하니까 오긴 했지만 종일 수업에 지쳐서 피곤해요. 상담 선생님 말도 잘 이해가 안 되고요. 솔직히 말해서, 선생님께서 아직 경험이 별로 없으셔서 그런지 우리를 잘 이해 못하시는 것 같아요.
(가) "많은 친구들이 슬기와 비슷한 마음이 들 것 같아요. 몇몇 친구들 표정이 동감이라고 말하는 것처럼 보이던데요. 누군가 비슷한 마음을 좀 표현해 볼까요?"
(나) "슬기가 이야기할 때 지우가 고개를 갸우뚱하는 것을 보았어요. 지우는 슬기 말을 들으면서 어떤 마음이 들었나요?"
(다) "선생님이 우리를 잘 이해하지 못하는 것 같다고 표현했는데, 앞으로는 확인되지 않은 '우리', '모두'보다는 확실하게 마음이 확인되는 '나', '누구와 누구' 이렇게 분명하게 말해 주었으면 좋겠어요."

8 여기 지금 상호작용 촉진 2021 기출

(1) 집단을 활성화시키기 위해 집단상담자는 집단을 여기 지금으로 이끄는 것과 집단 내용의 흐름을 정지시키는 일을 담당해야 한다.
(2) 그러나 여기 지금에 초점을 맞춘다고 해서 집단원들의 과거사나 생애사를 무시해야 한다는 것은 아니다.
(3) 지금 여기에 초점을 맞추는 정도만큼 집단의 힘과 효과는 증가된다.

# 크럼볼츠의 사회학습 이론

> **집단원들의 상호작용을 촉진하기 위한 지침**
>
> - 집단상담자에게 의존하는 경향을 줄인다.
> - 갈등과 대립을 공개적으로 표현하도록 격려한다.
> - 직접적인 의사소통의 장애물을 극복하도록 돕는다.
> - 집단참여에 대한 두려움과 기대를 표현하도록 격려한다.
> - 집단참여를 적극 유도하여 모든 집단원들을 참여시킨다.
> - 사적인 문제를 탐색하거나 새로운 행동을 시도할 때 격려와 지지를 보낸다.
> - 서로 신뢰하고 생산적인 의견교환을 할 수 있는 안전하고 수용적인 분위기를 조성한다.

9 지지 · 격려 2007 기출

(1) 정의: 집단원이 힘든 이야기를 하거나 감정적으로 어려움이 있을 때 집단원의 어려움을 이해하고 응원하는 기법이다.

(2) 효과
① 집단원들이 새로운 환경에 적응하게 되면서 생기게 되는 불편함이나 불안에 대처하고 자신의 생각이나 감정을 다른 집단원들과 나눌 수 있도록 집단원의 활동과 반응을 긍정적으로 수용하고 표현하는 역할을 말한다.
② 집단원이 자신의 이야기를 계속할 수 있게 하고 용기를 내어 자신을 탐색하게 한다.

(3) 언어적 지지 · 격려와 비언어적 지지 · 격려
집단상담자는 음성 언어를 통한 의사소통 외에도 부드러운 목소리, 따스한 말씨, 편안하고 밝은 얼굴표정으로 개방된 자세 등 비음성 언어로도 지지와 격려를 나타낼 수 있다.

(4) 생산적인 지지 · 격려와 비생산적인 지지 · 격려

지지와 격려가 생산적일 때	지지와 격려가 비생산적일 때
• 집단원이 위기에 처했을 때, • 다루기 어려운 문제를 과감하게 다루고자 할 때, • 건설적인 변화를 시도하면서도 변화에 대한 확신이 부족할 때, • 과거의 습관을 벗어버리려고 애쓸 때 집단상담자가 그에 대해 지지 · 격려한 경우	• 집단원이 갈등이나 고통스러운 감정을 충분히 경험하기도 전에 지지와 격려를 한 것이 문제행동에 대한 일시적인 구원이나 상처 싸매기에 해당되는 경우 • 집단원이 사실적인 이야기를 늘어놓거나 다른 집단원들을 방해하거나 집단원 자신에게 최선의 선택이 아닌 결정을 내리려고 한 것에 지지 · 격려한 경우 • 집단원의 의존성을 강화하는 게임 행동에 대해 지지 · 격려한 경우를 들 수 있다.

10 종결

집단활동이 종결되는 시기가 다가오면서 집단원들은 새로운 이별을 감당하기 어려워할 수 있으므로 집단상담자는 마지막 회기 2~3주 전에 집단의 종결이 임박했음을 다음의 작업내용과 함께 알려야 한다.

> **집단종결시 작업내용**
>
> - 집단에서 습득한 것을 실생활에 적용할 수 있도록 돕기
> - 집단 종류 후 실행해야 할 일에 대한 계약 체결하기
> - 집단 후 겪게 될 수 있는 심리적 문제에 대비하도록 준비시키기
> - 추수 집단 약속하기
> - 추가적인 상담 서비스에 관하여 안내하기
> - 집단 종료 후 개인적으로 도움을 요청할 수 있는 방법을 안내하기

3. 내용 기술

- 집단의 내용 기술이란 주로 집단원들 사이에 이루어지는 의사소통 내용을 치료적 측면에서 의미있게 다루기 위한 도구이다.
- 반영과 같은 기술은 일상생활에서 흔히 경험할 수 없다는 점에서 강력한 치료 효과가 있다.
- 내용 기술은 크게 자기이해 촉진 반응과 실행 반응의 두 가지로 나눌 수 있다.
- 자기이해 촉진 반응은 집단원이 각자의 문제를 더 잘 이해하도록 돕고 관계 형성을 촉진하게 하는 기능을 한다.
- 집단상담자의 지각을 통해 생성되는 실행 반응에는 집단원으로 하여금 혼자서는 불가능한 통찰을 얻게 하고, 자신의 행동에 대해 책임을 지게 하며, 사고나 행동을 건설적으로 변화시키는 기능이 있다.
  ▶ 자기이해 촉진 반응: 명료화, 재진술, 반영, 요약의 기술
  ▶ 실행 반응: 질문, 직면, 해석, 정보제공, 자기표현의 기술

1 명료화

(1) **정의**: 명료화란 집단원의 모호한 진술 다음에 진술 내용의 공백을 채우거나 진술 내용에 의미를 부여하기 위해 사용되는 질문 형태의 반응 기술이다. 집단상담자는 집단원이 좀더 정확하고 구체적인 진술을 하도록 고안된 특별한 형태의 질문을 하는데 이것이 명료화이다.

(2) **목적**
① 집단원이 좀더 구체적으로 말하도록 돕기 위함
② 집단원의 진술 내용을 정확하게 들었는지를 확인하기 위함
③ 모호하거나 혼동되는 진술 내용을 명확하게 하기 위함
④ 집단상담자가 이해한 의미를 집단원에게 투사하는 것을 방지하기 위함

2 재진술

(1) **정의**: 어떤 상황, 사건, 사람 또는 생각을 기술하는 집단원의 진술 중 내용 부분을 집단상담자가 다른 동일한 말로 바꾸어 기술하는 것을 말한다.

(2) **목적**: 집단원에 관한 정보를 함축적으로 되돌려줌으로써 집단원 자신이 한 말의 내용에 주의를 기울이도록 돕는 것이다. 특히, 재진술은 집단원의 느낌에 대한 반응이 다소 이르다고 판단되거나 집단원이 지나치게 자기 파괴적인 말을 할 때, 그 내용의 심각성을 강조하거나 깨닫게 하기 위해 사용되기도 한다.

> **＋ 재진술 사용 예**
> - 상황 초점의 경우: "~상황이군요."
> - 사건 초점의 경우: "~(일/사건)이 있으셨군요."
> - 사람 초점의 경우: "(아무개를) ~하게 보고 계시군요."
> - 생각 초점의 경우: "(~에 대해) ~생각을 하고 계시군요."

3 반영

(1) **정의**: 집단원의 느낌이나 진술의 정서적인 부분을 집단상담자가 그 느낌의 원인이 되는 상황, 사건, 사람, 또는 생각과 함께 다른 동일한 의미의 말로 바꾸어 되돌려 주는 기술이다.

(2) **특징**: 반영은 감정의 재진술, 즉 집단원의 생각, 느낌, 행동 등을 거울처럼 비추어 되돌려 주는 기술이다.

(3) **목적**: 반영은 집단원의 입장을 집단상담자가 공감하고, 이해하며, 세심하게 잘 귀담아 듣고 있음을 집단원에게 온전히 전달하는 데 사용되는 기술이다.

(4) **효과**: 자신의 내면에 관심을 갖게 하고, 감정을 표현하도록 독려. 자신의 감정을 수용하고, 관리할 수 있게 하여 자기 이해를 촉진한다.

(5) **방법**: 반영 요령은 먼저 집단원의 감정 상태와 그 감정의 원인을 탐색하여 공감하고 이해한다. 그리고 나서 그 집단원의 욕구 또는 바라는 것을 파악하여 다음과 같은 형식으로 되돌려주는 것이다.

(6) **요령**

> **+ 반영 사용 예**
> - 감정의 반영: "당신은 무슨 (사건·상황·사람·생각) 때문에 그런 (기분·느낌·감정)을 느끼시는군요."
> - 행동의 반영: "당신은 무슨 (사건·상황·사람·생각) 때문에 그런 행동을 하고 계시군요."
> - 태도의 반영: "당신은 무슨 (사건·상황·사람·생각) 때문에 그런 태도/자세/마음가짐을 취하고 계시군요."

4 요약

(1) **정의**: 집단원의 둘 이상의 언어적 표현들을 서로 묶어서 진술의 내용 부분을 다른 동일한 의미의 말로 바꾸어 기술하는 재진술과 반영을 확대한 기술이다.

(2) **목적**: 집단원들의 언어적 표현들의 핵심이 되는 부분들을 서로 엮어서 공통 주제나 유형을 파악하고, 지나치게 두서없는 이야기를 차단하며, 상담의 진척 정도를 검토할 수 있게 하기 위함이다.

(3) **효과**: 집단원들로 하여금 자신의 문제에 대해 깨달을 수 있게 할 뿐만 아니라 정체되거나 지나치게 산만해진 집단의 흐름을 촉진하거나 전환할 수 있다.

5 직면 2005, 2012 기출

(1) **정의**: 직면은 집단원의 언행 혹은 말의 앞뒤가 불일치되는 경우, 말과 행동의 모순점을 집단상담자의 말로 드러내어 주는 기술이다.

(2) **효과**: 직면을 통해 집단원은 자신의 모순적이거나 비생산적인 말이나 행동이 다른 사람에게 어떤 영향을 주는지 깨달을 수 있다. 집단원의 통찰을 유도하고 변화의 물꼬를 트는 데 필수적인 기술이다.

(3) **유의점**
① 집단원을 직면시키는 데는 집단의 성숙도와 준비상태가 고려되어야 하며 무엇보다, 집단원과의 신뢰감 형성이 전제되어야 한다.
② 그 집단원에 대한 진솔한 보살핌과 세련된 직면 기술의 활용능력이 요구된다.
③ 집단원을 직면시키려면, 낙인을 찍거나, '꼬리표 붙이기'와 같은 발언은 삼간다.

④ 집단상담자는 따스한 태도와 부드러운 어조로 집단원의 언행 불일치에 따른 느낌을 공유한다. 왜냐하면 직면은 집단원에게 자칫 공격적인 메시지로 인식되어 불필요한 저항이나 반감을 불러일으킬 수 있기 때문이다.

(4) **대안**: 집단상담자는 직면을 섣불리 사용하는 집단원에게 집단원에게 '너 전달법'이 아닌 '나 전달법'으로 자신의 느낌을 표현하도록 돕는다.

6 해석 📖 2013 기출

(1) **정의**: 해석은 집단상담자가 집단원의 행동 원인에 대한 설명 혹은 연관성 여부를 잠정적인 가설의 형태로 기술하는 것

(2) **목적**: 집단원이 자신의 행동의 원인과 목적에 대해 통찰하도록 돕는 데 있다.

(3) **유의점**
① 해석은 반드시 집단원이 받아들일 준비가 되어 있는가의 여부를 확인해서 적절한 시기에 제공되어야 한다.
② 해석은 사실적인 진술보다는 잠정적인 가설의 형태로 제시하는 것이 중요하다.
③ 해석을 하고 나면 집단원이 그 직관적인 추론의 타당성을 고려해 볼 수 있는 시간적 여유를 주는 것이 바람직하다.

7 정보제공

(1) **정의**: 정보제공은 집단원들이 필요로 하는 자료나 사실적인 정보를 집단상담자가 구두로 전달해 주는 것이다.

(2) **목적**: 집단원이 문제해결 혹은 의사결정을 위한 대안 모색과 평가, 자신이 처한 상황을 다른 시각에서 조망하여 잘못된 생각이나 신념에 변화를 유도하기 위함이다. 정보제공은 일반적으로 집단원이 회피해왔던 문제점들을 검토해볼 수 있는 기회를 제공하는 기능이 있다.

8 자기표현

(1) **정의**: 자기 자신을 주어로 하여 집단원의 행동에 대한 집단상담자 자신의 의사와 감정을 전달하는 방법이다. **토마스 고든은 이 방법을 '나 전달법(I-message)'** 📖 2019 기출 이라고 명명하였는데, 신뢰관계가 돈독한 인간관계에서 가장 효과적이라고 주장하였다.

(2) **목적**: 자기표현은 집단원의 행동이 용납될 수 없거나 강한 불쾌감을 불러일으키거나 욕구가 좌절되거나 방해 받을 때, 집단원에게 이러한 정보를 전달함으로써 인간관계를 더욱 돈독하게 할 수 있는 기술이다.

(3) **장점**: 집단원들의 감정을 말로 표현하도록 격려하는 한편, 다른 집단원이 보인 태도나 행동에 대해 도전 혹은 적대적인 반응을 유발하게 되는 상황을 예방할 수 있는 이중 효과가 있다.

자기표현의 절차
• 자신의 감정을 헤아려 본다: '나는 어떤 느낌인가?' • 감정을 유발시킨 원인을 파악한다: '왜 그런 느낌이 들었을까?' • 집단원이 원하는 바를 파악한다: '당신의 ~한 행동으로 인해 나는 ~한 느낌이 듭니다.' • 상대방의 행동 변화를 제안, 요구, 주장하는 내용을 표현한다: '나는 당신이 ~하는 게 좋습니다.'

[2013년 기출]

집단상담 과정에서 전문상담교사가 사용한 밑줄 친 부분의 상담기법에 관한 설명으로 적절하지 않은 것은?

> 은   경: 선생님은 저에 대해 모든 것을 아시는 것처럼 말씀하시지만, 선생님은 아무 것도 모르세요.
> 상담교사: 은경아, 내가 너에 대해서 말한 것 때문에 화가 난 것 같구나. <u>혹시 내가 아빠를 기억나게 하지는 않니? 지난번에 네 아빠가 모든 것을 아는 것처럼 말해서 화가 난다고 말했었던 것 같은데……. 내가 너에게 아빠를 기억나게 해서 나에게 화를 내는 것은 아닌지 궁금하구나.</u>
> 은   경: 제가 그랬나요? (잠시 생각에 잠기다가) 사실 어릴 때부터 아빠는 저를 무시했어요. 아빠만이 아니에요. 엄마와 언니도 저를 무시했어요.
> 상담교사: <u>부모님과 언니가 너를 무시한다는 생각이 너를 괴롭히는 것 같구나. 네가 어린 시절에 식구들에게서 무시 당했다고 느꼈던 것 때문에 나한테 예민해진 것 같은데, 어떻게 생각하니?</u>

① 집단원이 새로운 방식으로 자신의 문제를 바라보게 한다.
② 집단원의 사고, 감정, 행동의 이면에 숨겨진 진정한 이유를 이해할 수 있도록 한다.
③ 집단원이 있는 그대로 받아들여지고 있다고 느끼게 되어 깊은 수준의 자기탐색을 가능하게 한다.
④ 집단원이 자신의 감정을 통찰하게 되어 더 이상 감정을 억제하지 않고 자유롭게 경험하게 한다.
⑤ 문제의 근원이 집단원 자신에게 있다는 사실을 깨달아 자신의 감정과 행동에 대해 스스로 책임을 질 수 있게 한다.

10 어빈 얄롬(Irvin Yalom)과 몰린 레스츠(Molyn Leszcz)의 집단정신치료

1 치료자의 기본 과업

1) 집단의 구성과 유지
2) 집단문화 형성
3) 지금-여기의 활성화와 명료화

2 지금 - 여기에서 작업하기

1 지금-여기에 초점의 2가지 원리(함께 작용해야 함)

(1) **지금-여기에서 경험하는 것**: 지금-여기에서 느끼는 감정들이 주된 화제여야 한다. 즉 모임에서 당면하고 있는 사건들이 그 집단단원들의 바깥 생활이나 과거 사건들에 우선한다.

(2) **과정에 대한 명료화**: 집단은 그 속에서 이루어지는 상호작용을 탐색해야 한다. 또한 집단은 순수한 경험을 넘어서 그 경험을 통합하려고 시도해야 한다.

> ☞ (1), (2)의 두 가지 측면은 공생적이다.
> ① 집단은 지금-여기에서 살고 있으며 그 집단은 자기 자신에게로 되돌아온다. 즉 집단은 자기반영의 순환과정을 수행하고 방금 일어난 지금-여기의 행위를 검토한다.
> ② 첫 번째인 지금-여기의 경험만 있게 되면, 강력한 집단 경험은 있으나 인지적인 틀을 갖추지 못해 그 경험은 순간적인 것으로 끝나게 된다. 즉 집단원들이 스스로에 대해 집단체험을 유지하고, 그것을 일반화하고, 대인관계적 행동을 확인하고 바꾸며, 배웠던 것을 일상생활에 적용할 인지적 틀을 갖추는 게 필요하다.
> ③ 반면 두 번째인 과정에 대한 검토만 있어도 집단 자체의 활력과 의미가 사라져 집단이 무미건조한 지적 연습으로 변질되게 된다.
> ④ 따라서 치료자는 지금-여기 안에서 두 가지 구분된 작업을 수행한다. 즉 지금-여기로 집단을 나아가게 하는 것과 자기 반영의 순환과정으로 안내하는 것(과정언급)이다.

2 과정 집중: 집단의 원동력

과정집중은 집단의 동력실이다. 과정에 집중하게 될 때, 지금-여기의 행동에 대하여 사람 사이에 있는 즉각적인 현재의 관계 특성에 대하여 지적해주게 되고 이것은 일상적인 사회 장면에서 경험하거나 배울 수 없는 경험이 된다.

3 지금-여기에서 치료자의 과업

(1) 지금-여기의 경험을 활성화 시키기
① 치료자의 과업은 집단을 지금-여기로 움직이도록 이끈다. 이를 위해 치료자는 대인관계 직면, 정서적 표현, 자기탐지, 정보의 중요한 출처로서 집단의 가치 등과 같은 규범을 정한다.
② 지금-여기의 활성화는 집단규범 구조의 부분이 된다. 그리고 궁극적으로 집단원들이 지금-여기를 강조하게 됨으로써 치료자를 지원하게 된다.

(2) 과정 명료화 하기
① 치료자의 과업은 지금-여기의 경험 속에서 무슨 일이 벌어졌는가의 과정을 관찰하고 이해하도록 돕는 것이다. 즉 집단원들이 다른 사람과 갖는 관계의 본질에 대해 상호작용이 갖는 의미를 이해하도록 돕는 일이다.
② 과정의 명료화의 과정언급은 일상의 사회관계에선 하지 않는 일이기 때문에 강한 저항을 일으키고 이를 극복해야할 과제가 있다.
③ 과정언급이라는 과업은 대부분 치료자의 책임으로 남는다.
> 예 단순히 행동에 명칭을 부여하는 일에서부터 여러 행위들을 나열시키는 일, 행위들을 결합시켜 단일 행동유형을 만드는 일, 바람직하지 못한 환자의 행동유형의 결과를 지적하는 일, 그러한 행동의 의미와 동기에 대해 보다 복잡한 추론적 설명 또는 해석을 하는 일 등이 있다.

과정명료화의 단계

(1) 환자들은 먼저 자신이 다른 사람과 무슨 일을 하는지 알아야 한다.(단순 행위에서부터 장시간에 걸쳐 펼쳐질 복잡한 유형에 이르기까지)
(2) 환자들은 자기 행위가 다른 사람에게 미칠 영향, 다른 사람들이 그 행위자를 인식하는 데 미칠 영향 그리고 궁극적으로 그 행위가 행위자의 자기존중에 어떤 영향을 주게 되는지에 대하여 분명히 인정해야 한다.
(3) 환자들은 자신이 사람을 대하는 양식에 대해 스스로 만족하고 있는지 판단해야 한다.
(4) 환자들은 변화하고자 하는 의지를 실행해야 한다.
(5) 환자들은 의도를 결심으로, 결심을 행동으로 바꾸어야 한다.
(6) 환자들은 변화를 공고히 하고, 집단에서의 변화를 삶의 전반에 적용해야 한다.

---

3 치료집단의 구성

1 집단에 만족을 느끼고 집단원의 자격을 유지하게 만드는 4가지 요인

(1) 집단이 자신의 개인적 욕구, 즉 치료에서 그들의 목표를 충족시킨다고 볼 경우
(2) 다른 집단원과의 관계로부터 만족을 얻는 경우
(3) 집단과업에 참여하는 것에서 만족을 얻는 경우
(4) 외부세계와 비교하여 집단원 자격에서 만족을 얻는 경우

4. 집단의 시작(집단형성 단계)

1. 오리엔테이션 단계: 오리엔테이션, 주저하는 참여, 의미의 추구, 의존

(1) 첫 회: 내담자 불안 감소, 집단의 목적과 방법에 관한 소개, 비밀보장과 같은 기본법칙에 대한 언급, 자기 소개 등.

(2) 집단원들의 관심과 과업: 소속의 문제(안이냐 밖이냐)
① 첫 번째 오리엔테이션 단계의 주제: 안이냐 밖이냐가 주된 관심이다. 즉, 자신의 자리를 잡기 위해서 집단 내에서의 사회적 관계를 신경 쓴다.
② 이 집단에 참여하게 된 목적을 어떻게 성취할지를 결정한다.

(3) 특징
① 치료의 이론적 근거를 찾음. 이러한 근거를 찾는 이유는 개인적 치료목표와 집단활동과의 관련에 대해 집단원이 혼동을 느끼기 때문에 질문을 하게 되는 것이다.
② 사회적 관계에 주의하면서 서로를, 집단을 잼. 자신을 생존 가능하게 하는 역할을 찾으며 집단원들이 자신을 존경할지 무시할지, 거부할지 좋아할지 의문을 가진다.
③ 초기집단은 당황하고 시험적이고 망설인다면 의존적인 집단이 됨. 치유자라는 치료자의 전문성, 집단에게 머무를 장소를 제공하는 주인 역할, 집단원을 준비시키고 치료비를 받고 하는 등의 모든 행동은 그들로 하여금 치료자가 보살펴주리라는 기대를 강화한다.
④ 초기 대화 양식과 내용은 비교적 전형적이고 제한적임. 문제들은 합리적으로 접근. 문제를 내놓은 내담자들의 비합리적 측면은 지지나 예의, 집단의 평안을 위해 억압된다.
⑤ 이전의 치료 경험이나 상처 경험 등의 보편화는 집단원들에게 대단한 위안을 주고 응집성을 위한 기반이 된다.
⑥ 충고를 구하려고 하는 경향. 어떤 실질적 해결책에 대한 요구가 있다.
⑦ 초기에는 집단의 방향과 구조가 필요함. 조용한 지도자는 불안을 과장하고 퇴행을 조장하게 된다.

2. 갈등 단계: 갈등, 주도, 반항

(1) 집단원들의 관심과 과업: 주도권의 문제(위냐, 아래냐)
① 두 번째 갈등 단계의 주제: 수용, 인정, 집단에 대한 헌신, 받아들여지는 행동의 정의와 방향, 구조, 의미의 추구보다는 주도, 통제, 권력에 몰두.
② 이 단계의 갈등의 특징은 집단원간 또는 집단원과 지도자 간의 갈등이다.
③ 각 집단원은 자신이 좋아하는 만큼의 주도권과 권력을 행사하려는 시도를 하고, 점차적으로 통제의 위계와 사회적 계층이 생기게 된다.

(2) 특징
① 부정적인 언급과 집단원들 간의 비난이 좀더 자주 일어난다.
② 통제를 위한 주도권 투쟁
③ 치료자를 향한 적개심의 돌출: 지도자에 대한 비현실적 기대와 실망으로 인한 환멸을 느낀다.

10 어빈 얄롬과 몰린 레스츠의 집단정신치료

3 응집성 발달 단계

(1) **집단원들의 관심과 과업**: 친밀감의 문제(가까우냐 머냐)
(2) **특징**
   ① 세 번째 응집성 발달 단계의 주제: 갈등의 시기를 지나 점진적으로 응집성 있는 단위로 진전. 집단 내 의식, 공동목표와 집단정신, 일치된 집단행동, 협동, 상호지지, 집단통합과 상호성, 우리-의식의 일치, 지지와 의사소통의 자유, 동료 간의 친밀감과 신뢰의 형성 등.
   ② 집단의 대인관계가 균형, 공명, 안전이 전부이고 상호신뢰, 자기개방이 증가한다.
   ③ 주관심사는 친교와 친밀감. 첫 단계는 안이냐, 밖이냐 문제. 두 번째 단계는 위냐, 아래냐 문제. 세 번째 단계는 가까운가, 먼가의 문제로 특징을 나눌 수 있다.
   ④ 이 단계의 주요 불안은 사람들이 나를 좋아하지 않거나 사람들과 충분히 가깝지 않거나 또는 너무 가까운가와 관련된 문제로 인한 것이다.
   ⑤ 자기개방이 증가되나 한편으로 의사소통이 제한. 즉 응집성을 위해 부정적인 감정의 표현을 삼가게 된다.
   ⑥ 응집성 증가 시기는 두 단계로 나누어짐
      ㉠ 초기 단계의 큰 상호지지(외부세계에 대항하는 집단) 단계
      ㉡ 발전된 집단작업 단계의 각 구성원의 자신의 저항과 싸움에서 비롯된 긴장이 있는 참된 팀워크의 단계

5 집단의 발전(집단형성 이후 단계)

1 하위집단 형성 2016 기출

(1) **개인 요인**
   ① 치료집단에서 하위집단은 전체 집단과의 관계보다 서로 개인적으로 맺는 관계가 더 만족을 가져온다고 믿는 두 명 이상의 집단원에게서 일어난다.
   ② 치료에 들어온 일차적 이유인 개인적 변화보다 욕구 만족을 선택한 것이다. 욕구좌절은 치료 초기에 일어나게 되고, 집단 내에서 욕구를 만족하는 것이 불가능함을 알고 종종 공적인 집단 밖에서 욕구를 만족하려고 시도하는 것이다. 이것은 어떤 의미에서 행동화(acting out)이다.
   ③ 이들은 치료장면 밖에서 행동을 하여 내적 긴장을 감소시키고 직접적인 표현 또는 기분이나 감정의 탐색을 피한다. 이러한 행동화는 개인이 자신의 행동을 검토하지 않으려고 거부할 때 저항이 된다.
   ④ 집단 안에서 검토되지 않는 집단 밖의 행동은 특별히 강력한 형태의 저항이 된다. 하지만 집단 밖의 행동을 집단 안으로 가져와 작업을 하게 되면 상당한 치료적 중요성을 가질 수 있다.

(2) **집단요인**
   ① 하위집단형성은 집단 내에 있는 상당한 정도의 적개심이 지도자에게 향한 것이다. 적개심이 표명된 것이다. 지도자가 권위적이고 제한적이라거나, 집단원들이 서로 연대하여 한두 명의 집단원을 희생양으로 만들 경우 생겨날 수 있다.

② 하위 집단은 집단 발달에 문제가 있다는 신호가 된다. 응집력이 부족하고 집단원들이 크고, 복잡한 집단관계에서 단순하고, 더 적은, 더 작업이 가능한 하위집단으로 은둔하게 만든다.

(3) 하위집단의 영향 📖 2016 기출

① 포함되는 경우
  ㉠ 집단원의 동맹을 집단의 목표에서 하위집단의 목표로 옮기면서 충성의 문제가 생긴다.
  ㉡ 사랑이나 성적 관계를 맺은 집단원들은 집단과의 관계보다 그들의 쌍방관계가 더 중요하게 된다. 그들은 집단에서 서로 도와줄 수 있는 동료로서의 가치를 희생하게 된다. 비밀을 공개하기를 거부하고, 집단에서 정직하기보다 연애행동에 빠진다. 서로에 대한 매력을 유지하기 위해 집단 안에서 포즈를 취하고, 서로를 의식하며, 무엇보다 가장 중요한 치료의 우선적인 목적을 말살하게 된다.
  ㉢ 하위집단이 긍정적으로 작용할 경우: 집단 내의 분쟁이나 골칫거리를 밝혀내고 포용하고 궁극적으로 통합하는 필요한 구성요인으로서 발생한다. 자기를 개방하는데 장애를 지닌 내담자들은 자기가 혼자가 아니라는 것을 느끼며 더 작업을 잘 할 수 있다.

② 포함되지 않는 경우: 하위집단에서 배제되었을 때 소외감을 느끼며, 그들의 특별한 관계에 대한 부러움을 드러내길 원하지 않을 수도 있으며, 하위집단에 대해 논하는 것이 집단원들의 분노감을 살까봐 걱정하게 된다.

[2016년 기출]

다음은 전문상담교사가 중학교 2학년 학생들을 대상으로 실시한 집단상담에 대해 수퍼비전을 받은 축어록의 일부이다. 하위집단이 집단상담에 미치는 부정적 영향과 작업단계의 특징에 대해 〈작성 방법〉에 따라 서술하시오.

• 수퍼비전 1회기
상담 교사: 3회기에 '우리 가족 소개'라는 주제로 집단상담을 진행했습니다. 훈이가 주인공으로 선정되어 본인의 가족을 소개하면서 엄마와 말다툼한 이야기를 했습니다. 훈이의 이야기가 끝나자, 철수도 자신의 가족 갈등에 대하여 이야기했습니다. 그 이후 훈이와 철수가 더욱 가까워지는 것 같았습니다. 집단상담이 끝난 후 철수, 훈이, 그리고 몇몇 아이들이 같이 귀가하더군요.
수퍼바이저: 음, 선생님은 훈이와 철수의 이러한 역동이 신경 쓰이시는 건가요?
상담 교사: 네, 조금 걱정이 됩니다.
수퍼바이저: 네, 제가 생각하기에도 지금부터는 하위집단이 형성될 가능성에 주의를 기울여야 합니다. 하위 집단의 형성은 집단상담 운영에 긍정적인 영향을 미치기도 하지만, 반대로 부정적인 영향을 미치기도 하기 때문입니다.

• 수퍼비전 2회기
상담 교사: 6회기에서는 '친구 사귀는 데 방해가 되는 걸림돌 극복 방법'을 주제로 집단상담을 진행했습니다. 경아는 걸림돌을 극복하려다 좌절했던 경험을 이야기했고, 혜리는 그와 비슷한 상황에서 효과적으로 극복했던 경험을 이야기했습니다. 학생들은 이들의 이야기에 공감하며, 걸림돌을 극복할 수 있는 다양한 제안들을 내 놓았습니다.
수퍼바이저: 선생님의 집단은 작업단계 과정에 있는 것으로 보여집니다.

〈작성방법〉

• 수퍼비전 1회기에서 언급된 하위집단이 집단상담에 미치는 부정적인 영향 2가지를 얄롬(I. Yalom)과 레스츠(M. Leszcz)의 주장에 근거하여 쓸 것.
• 수퍼비전 2회기에서 나타난 작업단계의 특징 2가지를 코리(G. Corey)의 이론에 근거하여 쓸 것

10 어빈 얄롬과 몰린 레스츠의 집단정신치료

2 자기개방

(1) 자기개방의 순서
① 의미 있는 관계에서 한 사람이 개방을 시작한다.
② 그와 지속적인 관계를 맺고 있는 사람은 개방한 사람에게 책임감과 의무감을 느끼게 된다.
③ 그 사람은 방금 들은 내용에 따라 적절한 언급으로 그 개방을 인정하고 자신에 대해서도 개방을 하여 답한다.
④ 개방했던 사람이나 개방한 것을 들었던 사람이나 이제는 둘다 약점이 생겼고 관계는 더 깊어진다.
⑤ 참가자들은 더 솔직해지고 깊은 개방을 나누며 관계의 최적 수준에 도달할 때까지를 이를 계속한다.

(2) 자기개방의 적응적 기능
① 집단원들의 참여, 책임, 서로 간의 의무감이 증가한다.
② 내담자들은 자기개방에 대하여 다른 집단원들로부터 강화를 받을 뿐만 아니라 집단 밖의 인간관계에서도 원만해지고 비슷한 강화를 받게 된다.
③ 때로 내담자들은 자기개방에 큰 저항을 나타낸다. 집단원들은 비난, 조롱, 거부를 받을 것에 대한 비참한 공상을 하게 되고, 자기 개방을 한 뒤 그 비참한 공상이 틀린 것이라고 증명될 때 대단히 치료적인 경험을 하게 된다.

(3) 부적응적인 자기개방
① 자기개방이 너무 적으면 현실검증을 할 기회를 제한받는다. 즉 타당한 피드백을 얻을 기회를 상실한다. 또한 관계를 진전시킬 수가 없게 된다.
② 다른 집단원들로부터 진실된 수용 기회를 얻을 수가 없어 자아존중감이 올라가는 경험을 거의 할 수가 없게 된다.
③ 거부에 대한 두려움이 아니라 통제 영역에서 갈등을 겪고 있을 때도 자기개방을 두려워할 수 있다. 이들은 다른 사람들이 자기개방을 통해 취약해졌을 때만 개방으로 응수하려 한다.
④ 집단에 밝히고 싶지 않은 비밀이 있는 개인은 표면적 수준에서만 참여하기 때문에 집단에 방해가 된다.
⑤ 집단의 판단적 분위기는 자기개방을 방해한다.
⑥ 치료자는 사생활 보장에 대한 건강한 욕구와 신경증적으로 강박적인 비밀주의 간의 차이를 구별해야 한다.
⑦ 자기개방을 너무 많이 하는 것도 부적응적이다. 이들은 상대와의 관계에 대해 상관을 하지 않고 개방함으로써 관계를 엉망으로 만든다. 자기개방을 초기에 지나치게 할 경우 조기 탈락을 할 수도 있다.

3 종결

(1) 내담자의 종결
① 치료적 효과는 집단 중에 일어날 수도 있고 종결 후, 시간이 지나 일어날 수도 있다.
② 종결 후 퇴보도 일어날 수 있다. 대부분은 종결 후 불안, 우울을 경험하며 애도 기간은 종결과정에서 반드시 일어나야 한다. 이 때 긍정적 집단 경험을 내면화할 필요가 있다.
③ 오래된 집단원과의 이별: 집단원들이 한 집단원의 공헌을 아쉬워하며 그 집단원이 종결을 하지 못하도록 압박을 줄 수 있다. 집단치료의 집단원들은 정서지능이 증가하고 과정을 진단하고 촉진하는 전문가가 된다. 그러므로 그 집단원이 떠나도 역할흡입이 작용한다. 오래된 집단원이 떠나면 다른 집단원이 집단에서 배운 기술을 연습하기 시작한다. 또한 오래된 집단원의 상실을 공개적으로 다룸으로써 집단에 귀중한 모델이 된다.

⑥ 어떠한 집단원은 사회적 기술 계발이 목적이 아니라, 사교적 모임으로써 종결을 연기할 수 있다. 이 때 치료자는 학습의 전이에 초점을 두고 집단 밖에서 위험을 감수하도록 격려해야 한다.
⑦ 종결저항으로 증상이 재발하는 경험이 있을 수 있다. 이 때 치료자는 집단에 머물도록 하지 않고 이 현상의 의미가 종결에 대한 저항임을 알려줘야 한다.
⑧ 어떤 집단원은 점진적으로 회복되는가 하면, 어떤 집단원은 스타카토형 진전을 보인다. 즉 눈에 보이는 진전을 보이지 않다가 갑자기 나아진다. 이는 한 집단원뿐만 아니라 집단 전체에서 일어날 수 있다.
⑨ 버림받는 것에 민감한 자존감이 낮은 집단원은 진전을 최소화하거나 숨긴다. 그러나 일단 정말로 그들이 호전되면 치료자는 필요없다. 종결 임박의 징조는 집단이 개인에게 그렇게 중요하지 않게 되는 것이다.
⑩ 집단은 몇 회기간 그들의 손실 및 종결과 결부된 문제들을 다루어볼 수 있다. 집단원의 상실은 상실과 유기에 민감한 개인들에게 특별한 작업 기회를 제공한다. 상실은 나눈 동료이기 때문에 그들은 공동장면에서 애도하고 다른 사람들이 상실을 넘어 계속해 성장하는 것을 목격한다. 한 집단원이 떠날 때야말로 나머지 집단원들이 자신의 치료가 얼마나 진전 있었는지를 점검할 수 있는 기회이다.

(2) 치료자의 종결
① 치료자는 집단을 이끌다가 중단해야 할 때 집단원들이 잦은 결석을 하거나 그만둘 것이라고 위협을 할 수 있다. 이 때 치료자는 집단원 각자와 맺은 미해결 과제(unfinished business)를 해결할 기회를 가질 수 있다.
② 치료자는 이사, 질병, 전문적 지위의 변화 때문에 집단 지도를 끝내야 할 경우가 있다. 이 때 집단원들이 집단을 계속하기로 결정한다면 새로 지도자를 찾아주는 것이 지도자의 책임이다.

(3) 집단의 종결
① 집단은 종결을 부정하고 무시함으로써 종결을 피한다. 치료자는 그들이 과업에 초점을 맞추도록 해주어야 한다. 단기치료집단의 경우 집단의 종결이 다가오고 있음을 규칙적으로 상기시키고 목표 습득을 위해 집단을 집중시키는 것이 필수적이다.
② 종결에 대해 부적응적으로 다루는 집단원들에게 주의를 기울여야 한다. 이별에 분노와 회피반응으로 지각이나 결석 등의 행동을 할 때 이를 직면시키고, 이 집단은 그들의 집단이고 어떻게 끝낼까의 문제는 그들이 결정해야 함을 상기시킨다.
③ 집단 상실에 대한 고통은 과거 경험을 나눔으로써 다루어진다. 마지막 모임에선 개인적 증언들이 일어나고 이 때 치료자는 너무 빨리 끝내지 않고 충분히 끝까지 작업하도록 도와주어야 한다.
④ 치료자 역시 종결에 대한 불편감을 경험한다. 치료자는 이별에 대한 감정을 개방하고 집단 작업을 촉진하며 상실과 애도의 감정을 함께 토론한다.

11 정신분석에 근거한 집단상담

2010 기출

- 정신분석학 집단상담은 자유연상, 꿈과 환상의 분석, 저항과 전이의 해석, 훈습과 같은 정신분석적 기법을 이용하여 8~11명의 환자들을 집단으로 면접하는 것이다.
- 정신분석 집단상담은 주로 전이의 분석으로 이루어지기 때문에, 집단은 가능한 한 다양한 특성을 가진 사람들로 구성되는 것이 좋다. 다양성은 다면적인 상호작용과 다면적인 전이를 촉진하기 때문이다.
- 그러므로 집단원을 선별하는 데 예비적인 개별 면접의 과정을 통해 선별할 필요가 있다.
- 정신분석적 집단상담의 주된 노력은 집단활동을 통하여 과거의 일을 재경험하도록 함으로써 무의식적 갈등을 의식화하게 하여 그 갈등을 해소할 수 있는 경험의 기회를 제공해 주려는 데 있다.

1 집단상담자의 역할

1) 집단상담자는 전이와 저항에 대하여 항상 주의를 기울여야 하고, 적절한 때에 이들에 대해 해석해 주고, 언어화를 통해 통찰하도록 도와주며, 집단원들로 하여금 어린 시절의 경험을 재생할 수 있도록 도와야 한다.
2) 볼프(Wolf, 1969)는 집단상담자는 자신에게 향한 집단원들의 전이 행동을 지각하고 잘 처리할 수 있어야 한다고 보았다. 즉, 집단원들이 그를 아버지로 혹은 권위자로 보고 그에게 나타내는 적개심이나 칭찬 등을 감당하고 이를 잘 활용하기를 배워야 한다.
3) 집단 내에서 이루어지는 여러 갈등을 원만히 해결하는 기술도 터득해야 한다.
4) 집단에 대해 권위자로서 독단적인 태도를 취하지 말아야 하며, 여러 가지 문제의 심층에 깔린 역할을 이해하고 적절히 해석할 줄도 알아야 한다.
5) 슬랩손(Slavson, 1964)이 말한 집단상담자의 네 가지 기능

지도적 기능	집단상담자는 집단이 해결하려고 노력하고 있는 밑바탕에 깔려 있는 숨은 주제를 지적해 주어, 그 집단으로 하여금 그 주제에 초점을 맞춰 활동을 계속해 나가도록 도와야 한다.
자극적 기능	집단으로 하여금 활기를 되찾게 하기 위하여 보다 능동적으로 질문하고, 앞서 토의한 생각을 재생시키기도 한다.
확충적 기능	집단원들의 의식적 자아와 무의식적 자아 사이에 관련을 지어 주는 역할을 한다.
해석적 기능	집단원들의 마음속에 숨은 무의식을 의식화하려는 노력을 한다. 이 해석의 기능은 적절한 때에 이루어져야 한다.

2　집단상담의 목표

내담자의 성장과 발전을 저해하는 신경증적 갈등을 경감시켜 내담자의 인격적 성숙을 도모하는 것.
1) 다양한 환경적 압력을 현실적으로 대처해 나갈 수 있도록 판단하는 능력과 행동 기능의 회복을 돕는다.
2) 내담자가 부적응 행동에서 벗어날 수 있도록 자기 내면세계에 대한 통찰을 얻게 한다.

3　집단상담의 과정

정신분석 상담자는 집단에서 다음과 같은 세 가지 작업을 한다.
1) 첫째, 내담자로 하여금 자신의 문제를 숨김없이 드러내도록 격려하고, 제시된 문제의 뿌리 또는 **원인을 탐색**한다.
2) 둘째, 집단원들의 언행, 꿈, 환상 등에 어떤 무의식적인 재료(충동, 방어 등)가 내포되어 있는지를 유의하고, 필요한 경우에는 그 의미를 언급해 준다.
3) 셋째, 집단상담자는 집단원들 간의 표면적 의사소통이 나타내는 진정한 의미(접근, 저항, 동조 등)에 주목하고 해석을 가한다.

4　집단상담의 기법

1　자유연상, 꿈, 환상의 분석

(1) 집단에서의 자유연상은 다른 집단원들에 의하여 제지당하거나 촉진될 수 있다.
(2) 집단에서 꿈과 환상은 첫 번째나 두 번째 회기에서 집단원들에게 자주 꾸는 꿈이나 최근의 꿈 이야기를 해보라고 하면서 분석 과정이 시작된다.
(3) 꿈을 기술하게 하는 목적은 집단원들의 참여를 유도하고 집단원들 간에 상호작용이나 토론이 이루어지도록 하기 위한 것이다.
(4) 어떤 집단원이 자유연상으로 꿈에 대해 얘기하고 그에 대한 환상이나 백일몽까지 이야기하도록 한다.
(5) **상담자 역할**: 집단상담자는 다른 집단원이 꿈이나 환상을 말하는 집단원에게 비난을 함부로 하지 못하게 해야 한다. 또한 어떤 집단원이 말한 무의식적 내용을 토대로 다른 집단원들이 자기 나름대로 연상되는 것을 말할 경우, 상담자는 그 사람의 성격, 특징, 연상 내용, 관련된 꿈 등을 종합하여 분석한다.

11 정신분석에 근거한 집단상담

2 저항(resistance)의 분석

(1) 대개 저항은 집단 내에서는 방관하는 형태로 나타난다. 또한 다른 집단원의 신경증적 행동에만 관심을 표명한다든가, 불필요하게 긴 이야기를 한다든가, 동정을 구하는 눈물을 흘린다든가 하는 형태로 나타난다.

(2) 내담자가 저항을 하는 이유는 억압된 충동 때문인데, 대개의 경우 단점이 노출되었을 때 느끼게 되는 불안으로부터 자아를 보호하기 위해서다.

(3) **전이(transference)의 분석**: 집단 분석은 다양한 집단원들로 이루어지기 때문에 다면적 전이 현상이 유도되어 보다 폭넓은 전이 관계가 관찰될 수 있다.

(4) **훈습(working through)**: 현재 상황에서 지속되고 있는 전이적 왜곡 반응을 좀더 이성적이고 현실적인 대안으로 바꾸어 나가는 의식적인 노력을 말한다.

3 자유연상(free association)

(1) 볼프와 슈바르츠는 자유연상의 한 방법으로 '돌림차례법(go-around technique)'을 사용한다.

> 예 차례로 돌아가면서 한 사람씩 택하여 모든 집단원들이 그 사람을 볼 때, 마음에 연상되는 것이 있으면 무엇이든지 이야기하게 하는 것이다. 이렇게 함으로써 집단활동이 활발해질 뿐 아니라 각 집단원은 자신이 타인들의 눈에 어떻게 비치고 왜 그렇게 보이는가에 대한 통찰을 얻게 된다.

[2010년 기출]

정신역동적 치료 집단의 과정에 대한 다음의 설명에서 (가)~(다)에 들어갈 적절한 단어로 묶인 것은?

- 집단 내의 전이는 전치와 외재화 전이로 구분할 수 있다. 전치는 초기 아동기의 기억, 환상 또는 이미지가 현재의 중요한 타인과의 관계에서 (가)되지만, 자아 기능들과 자기 표상들은 손상되지 않은 상태로 자기의 경계 안에 머무르는 것을 말한다. 반면 외재화 전이는 구조들과 자기대상 사이의 분화가 발달하기 이전 단계의 정신 작용에서 유래하는데, 이때 집단구성원은 자신의 자기 측면들을 치료자에게 투사하려고 시도할 수 있다.
- 집단 내 왜곡된 (나)을 관찰하면, 첫째, 치료자는 자신의 역전이 반응을 검토하여 이 반응이 치료적 틀에 미친 영향을 인식하려고 시도한다. 그런 다음 이 인식을 집단의 문제와 관련하여 설명한다. 치료적 틀을 (다)하는 것은 집단이 그 사건에 대한 자체의 무의식적 반응에 대해 작업을 가능하게 하는 요소이다. 둘째, 치료자와 집단은 (나)의 세부 사항들에 초점을 맞추고, 이 투사적 동일시 과정에서 구성원 각자가 담당하는 역할 (다)하기 시작한다.

	(가)	(나)	(다)		(가)	(나)	(다)
①	억압	통찰	통합	②	억압	상호 작용	명료화
③	재경험	통찰	통합	④	재경험	상호 작용	명료화
⑤	재경험	통찰	명료화				

12 T집단, 참만남집단, 감수성훈련집단

1 배경

1) T집단은 1947년 여름, 미국의 메인 주 베델 지역의 굴드 아카데미에서 전국훈련연구소(National Training Laboratories: NTL, T집단 중심 실험연구소) 주체로 처음으로 실시되었다. 이 당시의 T집단은 인간관계 기술의 습득이라는 목표로 시작하여 개인과 집단의 발전을 도모하는 훈련이었다.

2) 집단 훈련의 실험실 방법이라는 취지로 시작된 T집단은 종전의 집단 형태가 심리치료적인 입장에서 활용되었던 것에 비해, 첫째 교육적인 훈련이란 면에 강조점을 두고 있으며, 둘째 주로 집단적으로 실시되고, 셋째, 지적 학습이기보다는 정의(情意)적 체험학습이며, 넷째 의지적이며 행동화를 중시하고 있다는 특징이 있다.

3) T집단은 집단역할과 장이론에 근거를 두고 있다.

4) 이후 T집단은 인간의 상호작용과 집단 과정의 특성을 관찰하는 인간관계 기법에 관한 훈련으로 집단원들이 자기발견을 통해 대인관계 기술을 습득할 수 있게 했다.

5) T집단은 보다 높은 수준의 자아실현과 대인관계의 향상을 목적으로 했기 때문에 심리학자, 교육학자, 사회사업가, 의사 등의 전문가들이 각자의 고유한 영역과 입장에서 T집단의 발전에 공헌할 수 있었다.

6) T집단은 인간관계를 중시하는 직업인, 기업인 등에게서도 환영을 받아 일반인들에게도 많이 인식되고 있다.

7) T집단 운동이 벤, 브레드포드, 리핏 등에 의해 워싱턴에 NTL 조직을 두면서 지속적인 발전을 시도될 시기에 시카고 대학의 로저스는 T집단을 금세기 가장 의미 있는 사회적 발명품이라고 높이 평가하면서, 이를 자신의 이론과 접목시켜 발전시켰다. 이는 후에 '참만남 집단'으로 불리게 되었다.

8) 참만남 집단은 다양한 교회나 종교 단체의 여러 프로그램에 녹아 들어가 현재까지도 많은 종교적 성장 체험(부부, 십 대, 약혼한 사람들, 가족, 이혼 및 사별자들의 모임, 자기탐색을 원하는 사람들)의 대부분이 참만남 집단과 유사한 상담과 의사소통 기술을 사용한다.

9) 한편 감수성 훈련은 T집단과 참만남 집단의 이론적 기반과 전제에서 출발한 것으로 이해된다. Faith, Wong, Carpenter(1995)에 의하면 감수성 훈련집단은 T집단, 참만남 집단, 체험집단, 관계 증진 훈련, 공감 훈련, 마이크로 카운슬링, 인간관계 훈련 등의 총칭이라고 주장된다.

10) 이후 T집단(인간관계 내에서의 훈련), 산업체 장면 중심의 감수성 훈련집단(대인관계 감수성 훈련), 로저스의 인간중심 접근에 바탕을 둔 참만남 집단 등의 이름으로 많은 실제 집단과 연구가 진행되어 왔다. 이러한 집단 훈련 과정은 각종 전문직 종사자나 상담을 전공하는 학생들을 대상으로 심리교육, 인간적 성적, 집단 과정 학습의 측면에서 널리 활용되고 있다.

2 집단의 정의와 특징

1 T집단(Training Group)

(1) 목적: 인간관계 및 집단관계의 개선을 탐색하고 기술 획득. 나아가 개인의 전인적 발달을 위한 기법 습득이다.

(2) 성격

① 일종의 학습 실험실로서 '지금-여기'에서의 즉시적 생각과 느낌 및 반응에 강조점을 둔다.
② 학습하는 방법의 학습에 초점을 두어 10~15명의 집단원과 한두 명의 집단상담자의 도움하에 이루어진다.
③ 집단원들이 목표 설정, 관찰, 피드백, 자료분석, 활동계획, 평가 등에 직접 관여하는 일련의 경험에 토대한 학습활동으로 진행한다.
④ 집단원간의 경험을 통해, 각 집단 참여자가 성장하고 발전하는 데 중점을 두며, 서로가 협력자로서 독특한 개인으로서 서로를 지지하여 동기를 유발하며, 집단 경험의 결과로서 대인관계 기술을 배우고, 자신의 새로운 자아상과 현실적 가능성을 발견하는 집단이다.

2 참만남 집단(Encounter Group) 2007 기출

(1) 목적: 집중적인 고도의 친교적 집단 경험을 통해 태도, 가치관 및 생활양식의 변화 등을 포함하는 개인적 변화를 이루는 것이다.

(2) 성격

① 초기 T집단 모형인 인간관계 훈련집단 모형이 갖고 있는 유용성의 한계를 보완하려는 노력에 의하여 발전한다.
② 실존적이고 인본주의적 사상을 기초로 하였으며 로저스의 인간중심상담 이론이 배경이다.
③ 지금-여기의 상황에 초점을 두고, 개방성과 솔직성, 대인적 맞닥뜨림, 자기노출 그리고 직접적이고 강한 정서적 표현을 격려한다.

[2007년 기출]

다음 글을 읽고 밑줄 친 말을 가장 잘 나타내는 집단상담 관련 용어를 각각 쓰시오.

(가) <u>이 집단</u>은 특히 개인의 성장과 의사소통 및 관계의 발전과 개선에 초점을 두는데, 로저스가 중심이 되어 시작되었다.
(나) <u>이것은</u> 집단원들의 사고, 감정, 행동 사이에 존재하는 불일치나 모순을 지적하고 도전하는 상담기술이다.
(다) <u>이것은</u> '끊임없이 변화하는 집단 속에서 집단원들의 상호작용으로 인해 발생되고 교환되는 복합적인 힘'으로 정의된다. 이것을 이해하기 위해서는 집단의 물리적 환경뿐 아니라 집단원들의 배경, 참여 동기 수준, 집단의 정서적 분위기, 집단규준 등을 파악해야 한다.
(라) <u>이 경험</u>은 몇 단계를 거쳐 이루어진다. 먼저 집단원은 위험을 무릅쓰고 자신의 강한 감정을 다른 집단원들에게 표현한다. 이때, 다른 집단원들이 그런 감정을 소유하고 표현하는 것이 그 집단원이 생각하는 것만큼 위험하고 부적절하지 않다는 것을 인식하도록 돕는다. 이런 피드백을 통해 타인에게 자신의 감정이 왜곡되어 있었고, 감정을 억누르고 행동을 피하는 것이 부적절하다는 것을 깨닫는다. 이 과정을 통해 타인과 좀 더 깊이 있고 솔직한 관계를 맺을 토대가 형성된다.

3 감수성훈련집단(Sensitivity Group)

(1) 정의

윤관현, 이장호, 최송미, 2006	'나-너-우리 관계'에 대한 감수성을 개발함으로써 자신의 내면세계에 대한 보다 정확한 인식과 조화를 기하고, 조직 속에서 타인과의 관계를 협동적이고 생산적으로 발전시키는 특수한 소집단 훈련
이장호, 김정희, 1992	레빈의 소집단역학 연구와 로저스의 인간중심상담의 두 가지 개념을 토대로 이루어진 것
T집단과 동일	자신과 타인 그리고 상호 관계에서 나타나는 감정과 마음의 흐름을 예민하게 감지하고 적절히 반응하는 감수성을 개발함으로써 자신의 내면세계에 대한 보다 정확한 인식과 조화를 기하고, 마음과 감정의 교류를 체험적으로 학습하며, 조직 속에서 타인과의 관계를 협동적이고 생산적으로 발전시키는 특수한 집단 훈련

(2) 목표
자기 내면세계에 대한 탐구를 통한 '개인적 성장'과 다른 참가자들과의 참만남을 통해 '더불어 사는 능력의 획득'하는 것이다.

3 주요개념

1 장이론과 집단 역학

(1) 레빈은 인간의 심리적 행동을 이해하는 연구과정을 통해 각 개인은 자신이 조정할 수 있는 장(field)이라고 부르는 생활공간을 갖고 있다고 보았다.

(2) **생활공간(life field)**: 개인과 개인에 대해서 존재하는 심리적 환경으로 이루어지며, 이것은 어떤 특정한 수단이 개인에게 영향을 주는 모든 심리적 요인의 총체라고 할 수 있으며, 생활공간은 그 당시의 개인이나 집단에 대해서 존재하지 않는 모든 것을 배제한다. 또한 생활공간 내의 여러 요소들은 상호의존적인 관계에 있으며, 행동의 결정요인은 행동이 일어난 한 시점에서 장의 성질에 의한다. (Douglas, 1979)

(3) **레빈의 장이론 특징**: 인간의 행동을, 행동이 일어나는 순간에 존재하는 장의 한 기능으로 여긴다. 따라서 행동이 일어난 상황은 서로 다른 부분적 요소가 아니라 하나의 전체로 볼 때 인간행동 분석이 가능해진다.

2 참여와 집단역동

(1) T집단, 감수성훈련집단, 참만남집단은 8~15명의 비교적 작은 비구조화된 집단으로 집단원 모두가 학습자로 직접 참여하여 자기개방, 피드백 주고받기, 집단과정을 관찰, 분석, 계획, 평가하는 직접적인 경험을 주로 한다.

(2) 집단경험의 결과로 기대되는 것은 대인관계 기술을 배우고, 자신의 새로운 자아상과 현실적 가능성을 발견하는 것이다. 즉, 인간관계에 대한 자기탐구의 집중적인 노력이며, 집단원들의 경험 자체를 자료로 하여 인간관계 기술의 개선 및 집단 역학적 현상의 이해 방법을 학습하려는 시도라고 할 수 있다.

(3) 참여는 신뢰의 발달, 피드백의 역할과 같은 핵심 요인과 함께 집단의 성과를 결정짓는 요인이다. 집단상담자와 집단원의 능력에 따라 집단원의 참여가 활발해질 때 집단응집성이 증진될 수 있고, 궁극적으로 집단성과를 가져올 수 있다.

12 T집단, 참만남집단, 감수성훈련집단

3 교육, 훈련, 실험

T집단의 핵심적 특징은 교육, 훈련, 실험실이다.

(1) 교육적 집단: 레빈에 따르면 T집단의 목표 중 하나는 개인이 집단에 참가함으로써 새로운 종류의 교육적 경험을 얻게 하는 데 있다. 레빈의 T집단의 참가자들이 자기와 집단의 힘에 관하여 더 많은 것을 학습하게 될 것이라고 본다.

(2) 실험실과 훈련의 개념: T집단은 위협이 없는 안전한 곳에서 집단원으로 하여금 습관처럼 행해지는 전형적인 행동양식을 돌아보는 과정을 거쳐 바람직하지 못한 이전의 행동을 버리고 새로운 행동을 실험할 수 있는 기회를 준다.

콜렘뷔스키와 블룸베르그가 말하는 T집단이 실험실이라는 말의 의미

- T집단은 하나의 축소 사회를 만들어 내려고 한다.
- T집단은 집단 과정을 통해 행동에 대한 조사, 탐구, 실험을 강조한다.
- T집단은 집단원들로 하여금 학습하도록 원조하는 방향을 지향한다.
- T집단은 학습을 쉽게 하게 하기 위하여 심리적으로 안정된 분위기를 만드는 것을 강조한다.
- T집단원들은 집단상담자의 도움을 받을 수 있지만, 무엇을 학습할 것인가는 스스로 결정한다.

---

4 T집단의 중요한 4가지 요소, 얄롬(레빈 이론 근거)

피드백	• 자신과 다른 집단원의 피드백을 검토하여 집단원 개인의 지각에 대한 왜곡을 감소시키고, 타당성을 검증받도록 돕는 것이 가장 효과적인 방법이다.
해빙	• 보통 개인의 신념체계는 얼음처럼 단단해서 상이한 경험을 쉽게 받아들이지 않는다. • 해빙은 집단원 각자가 자신과 자신의 관계에 대해 고수해온 수많은 가정들이 재검토되도록 돕는 작업과 관련 있다. • 해빙을 위해 집단상담자는 집단원들의 가치와 신념이 도전받을 수 있는 환경을 만들어야 한다.
참여자 관찰	• 집단 안에서 집단원들은 그들 자신과 집단을 객관적으로 관찰해야 한다.
인지적 도움	• 이는 인지행동적 집단에서 가져온 개념으로서 활동지나 적당한 읽을거리, 짧은 강의나 동영상 등을 통해 대인관계 기술 등 학습해야 할 내용들을 전달하는 것이다. • 얄롬은 이러한 활동이 T집단의 기본적인 충실함으로 보여주는 것으로서, 이러한 활동을 할 때 T집단은 교실이 되고 T집단의 참여자들은 학생으로 간주된다고 묘사하였다.

4 집단상담자의 역할과 기능

1 T집단

(1) 집단상담자의 기능은 집단원들의 정직과 안정성을 보장해주고 격려해주는 것이다.
(2) 집단상담자의 역할은 집단의 집단원이자 상호작용자이며, 자원 제공자가 되어야 한다.

(3) 집단상담자가 해야 할 활동은 집단을 시작하고 집단을 유지시켜 거짓행동에 도전할 수 있는 분위기를 조성하는 것이다.

> **이형득(1997)이 제시한 T집단 상담자의 주요 역할**
> - 학습에 적합한 장면을 구성하기
> - 행동의 모범 보이기
> - 집단 규준의 발전과 유지를 돕기
> - 의사소통의 통로 열어주기
> - 전문적인 조력자이자 한 사람의 집단원으로서 집단에 참여하기

2 참만남 집단 2007 기출

(1) 효율적인 집단상담자의 행동 변인
① **정서적 자극**: 도전, 직면, 집단 내 활동, 개인적으로 집단 내에서 위험을 감수하는 모습을 보이는 것이며, 자기개방을 많이 하는 모델링 등을 포함한다.
② **돌봄**: 지지, 애정, 칭찬, 보호, 따뜻함, 수용, 진실성, 집단원에 대한 염려를 보임 등이다.
③ **의미귀인**: 설명, 명료화, 해석, 변화를 위한 인지적 틀을 제공하는 것, 감정과 경험을 의미와 사고로 돌려주기 등으로 구현된다.
④ **집단운영 역할**: 집단 내의 한계 설정, 규칙 및 규범 제시하기, 목표 설정, 시간 관리, 집단활동 속도 조정, 멈춤, 중재, 집단 내 절차의 제안 등을 말한다.

(2) 네 가지 기능과 집단 성과의 관계
① 집단상담자가 집단상담 과정에서 돌봄의 기능을 많이 수행할수록, 집단 경험에 대한 의미 귀인 활동을 많이 할수록 집단상담은 긍정적인 결과를 보였다.
② 정서적 자극과 집단 운영적 기능은 집단의 성과와 역U자 형태의 관계를 가졌다.
③ 가장 효율적인 집단상담자: 적당한 정도의 정서적 자극을 제공하고 적절한 정도로 집단 운영 행동을 하면서 돌봄과 의미 귀인을 많이 제공하는 사람이다.
   ㉠ 연구에 따르면 돌봄 행동과 의미 귀인은 집단의 성과를 낳기 위해 모두 필수적이다.
   ㉡ 얄롬에 따르면, 집단상담자는 여러 가지 방법으로 집단원이 인지적 작업을 통해 그의 경험을 통합하고 일반화하며, 다른 생활 상황에도 연결해 자신의 경험을 이해할 수 있도록 전달해야 한다.
   ㉢ 따라서 집단상담자는 매 회기 대부분을 지금-여기에서의 감정을 탐색하고 알아차리고 나누는 데 할애하더라도 각 회기의 끝에 집단원들이 모임에서 가장 의미 있는 사건이 무엇이며, 왜 의미 있었는지를 보고함으로써 인지적 통찰을 갖도록 하는 것이 집단원의 변화와 집단 성과 창출을 위해 매우 중요하다.

(3) 참만남집단의 모형
① **로저스의 모형**
   ㉠ 집단이 극히 **비조직적인 형태로**, 즉 어떤 유도된 목표나 진행 절차 없이 시작되기 때문에 심리적으로 안전한 분위기를 조성하기 위해 집단상담자는 노력해야 한다.
   ㉡ 집단의 촉진자로서, 집단원의 한 일원으로서 타인과 사적인 수준에서 깊은 의사소통을 하기 위해 자신과 다른 집단원 간에 이루어지는 의사소통의 의미를 파악하려고 노력해야 한다.
   ㉢ 공격적, 판단적 태도가 아니라 **참된 자신의 모습으로 피드백하고, 집단원들을 직면시키려고 노력해야 한다.

12 T집단, 참만남집단, 감수성훈련집단

ㄹ 어떤 집단원이 원할 경우 그 감정 상태에 혼자 머무를 수 있는 특권을 그에게 주어야 하며, 그 감정을 표출하기를 원할 경우 집단 전체와 함께 그를 도와야 한다.

② 슈톨러(Stoller)의 모형
㉠ 이 모형에서 집단상담자는 행동의 모범이나 설명을 통해 집단원들이 가장 효과적인 집단활동을 할 수 있도록 도와야 한다.
㉡ 집단상담자는 집단원들에게 어떻게 하라고 말하거나 그들이 스스로 적합한 활동을 할 수 있도록 기다리는 대신에 모범을 보이거나 설명함으로서 집단을 이끌어 간다.

③ 슈츠(Schutz)의 모형
㉠ 개방적 참만남 모형으로, 인간이 사회적, 신체적 긴장감으로부터 해방될 때 실제적이고 보다 풍부한 감각으로 자신과 다른 사람들을 경험할 수 있다는 가정에 근거하여 지적인 이해보다 행함과 경험을 강조한다.
㉡ 이 모형에서 집단상담자는 신체를 통해 표현되는 핵심적 정서 문제를 파악하려고 노력하며, 집단원들에게 집중적인 정서적 경험을 제공하려고 한다.
㉢ 이를 위해 집단상담자는 대인 간 의사소통이나 개인의 정화를 촉진할 수 있는 여러 가지 방법과 기술로서 언어적 방법을 포함하여 심리극, 도형, 신체 운동 연습, 명상 등의 방법을 이용한다.

5 집단상담 목표

자기이해	• 참된 자기를 알게 하는 것으로, 집단은 지금-여기의 상황에 초점을 두고 개방성과 진솔성, 대인적 맞닥뜨림, 자기노출, 그리고 직접적인 정서적 표현을 통해 개인의 태도, 가치관 및 생활양식을 변화시키는 것을 목적으로 한다. • 자기이해 영역의 하위 목표로서 자기탐색, 자기이해, 자기수용, 자기개방과 이를 통한 결과로 긍정적인 자아개념의 확립을 들 수 있다.
타인이해	• 타인에 대한 이해와 수용은 집단의 역동성을 이해하고 보다 큰 조직의 원리를 배우며 자신의 경험에서 어떻게 배울 것인가를 학습하는 바탕이 된다. • 타인이해의 하위 목표로서 타인에 대한 이해 능력 증진, 타인의 관점의 이해 습득, 존중감, 신뢰감, 친밀감 계발을 들 수 있다.
대인관계 역량 및 기술 증진	• 자기이해와 타인이해가 함께 작용하여 대인관계 역량과 기술을 증진하게 된다. • 일차적으로 자신과 타인의 감정을 탐색하고 표현하는 과정을 통해 집단원들 간에 상호적인 정서적 교류가 이루어지도록 하는 데 목표를 둔다. 대인관계 역량 및 기술 증진의 하위목표로는 타인과의 관계 형성, 타인의 성장과 발달을 돕는 능력의 증진을 들 수 있다.
집단과정 및 역동에 대한 학습	• 이러한 일차적, 이차적 목표를 통해 집단원들은 집단이 어떻게 움직이며, 무엇이 집단을 움직이게 하는가를 이해하고, 보다 큰 사회 조직은 어떻게 움직이는지 이해하게 된다.

6. 집단상담 과정

1. T집단

(1) 레빈(Kurt Lewin)의 제시한 집단의 단계
① 해빙: 집단원 스스로와 다른 집단원에게 가지고 있는 신념과 가치, 특히 역할 기대의 변화에 관련된 것. 목표가 애매하거나 없을 때 해빙의 과정이 더 촉진된다.
② 재구조화: 집단원은 새로운 인간관계를 수립하고 새로운 행동을 시행하도록 스스로 고무되고 집단원들에 의해 격려된다.
③ 재결빙: 집단에서 일어난 행동 변화가 영속적으로 되도록하는 것으로, 종결 단계이다.

2. 참만남집단 2007 기출

(1) 로저스(Carl Rogers)의 모형
① 집단활동 초기에는 거북한 침묵과 피상적인 교류, 자기노출에 대한 저항감 등이 나타난다.
② 상호 의사 교환의 횟수가 늘어남에 따라 점차적으로 과거 자신의 부정적 감정을 표현하게 되고, 부정적 감정에서 출발하여 지금-여기 집단 안에서 느끼는 대인 감정을 즉시 표현하는 것도 가능하게 된다.
③ 자기수용적 태도와 그에 따른 행동의 변화가 일어나며, 상호 간에 보다 개방적이고 정직해지기 위해 맞닥뜨림의 위험을 감수하게 된다.
④ 일상적인 대인관계에서 사용하던 가면이 벗겨지고 기본적인 만남이 이루어지며, 집단원 상호 간의 긍정적인 감정과 친밀감을 표현하면서 마침내는 행동 변화의 단계로 발전한다.

(2) 슈톨러(Stoller)의 모형
이는 마라톤 참만남 집단이라 불린다. 시간집중의 중요성을 강조하고, 피로나 시간 집중 자체가 집단이나 개인의 발달에 촉진 작용을 한다고 보아 수면 시간을 제외한 24~48시간에 집중적으로 활동하는 집단 과정을 시도하였다.

시작단계	집단원들은 어색함을 느끼고 서로 낯설다. 자신들의 감정을 주고받는 대신 외적인 사건이나 사태에 관한 이야기를 나눈다.
중간단계	사실적인 사건의 이야기로부터 긍정적인 것이든 부정적인 것이든 그들의 감정을 주고받는 변화가 일어난다. 이 단계에서 집단원 상호 간에 상당한 따뜻함과 이해가 발전하지만, 한편으로는 높은 공격성과 욕구좌절이 일어나기도 한다.
마지막 단계	집단이 그 집단 과정의 목표에 접근해 갈 때 나타나는 단계. 집단 내에서 방어적인 태도가 거의 없어진다. 자발적으로 자신의 감정을 표현하며 친밀감이 높아진다.

(3) 슈츠(Schutz)의 모형
① 프로이트의 정신분석적 접근, 빌헬름 라이히의 신체활동의 강조점, 레빈주의의 집단역동 모형 등의 이론을 통합한 것. 신체적 느낌과 에너지 이완을 통한 개인의 정서적 문제 해방에 관심을 둔다.
② 개방적 참만남 집단이라고도 불리는데, 집단 과정은 사회적, 신체적 긴장감에서 해방되면 자신과 타인에 대해 보다 풍부한 감각적 경험을 하게 된다는 가정에 근거한다.
③ 집단과정에서 관계성, 따뜻함, 친밀감을 깊고 풍부하게 하기 위해 개방적이고 정적한 커뮤니케이션을 확립하는 것을 가장 중요하게 여긴다.
④ 목표를 달성하기 위해 슈츠는 신체적 활동을 통한 환상이나 상상적 신체활동을 이용한다.

MEMO

콕콕!! 적중! 정혜영의 전문상담이론 III

PART II. 진로상담

1. 진로의 개념
2. 진로상담의 필요성
3. 진로상담의 목표와 내용
4. 파슨스의 특성-요인 이론
5. 보딘의 정신역동적 진로상담
6. 굿스타인의 행동주의적 진로상담
7. 로의 욕구이론
8. 홀랜드의 인성이론
9. 크럼볼츠의 사회학습 이론
10. 다위스와 로프퀴스트의 직업적응 이론
11. 블라우 등의 사회학적 이론
12. 긴즈버그의 발달이론
13. 수퍼의 발달이론
14. 타이드만과 오하라의 발달이론
15. 투크만의 발달이론
16. 고프레션의 직업포부 발달이론
17. 인지적 정보처리 이론
18. 사회인지진로이론
19. 가치중심적 진로접근 모델
20. 진로발달이론의 진화
21. 코크란의 내러티브 진로상담
22. 진로 의사결정 모델
23. 진로상담의 대안이론
24. 진로상담 과정
25. 진로상담의 기법
26. 진로상담 영역
27. 진로 관련 검사
28. 직업 정보의 개념과 활용
29. 진로정보 자료

1 진로의 개념

1 진로(career)와 관련된 개념 이해

개념 구분	개념 설명
진로	• 가장 상위개념 • 한 개인이 생애 동안 일과 관련해서 경험하고 거쳐 가는 모든 체험들을 의미
직업	• 일반적으로 보수를 받는 것을 전제로 한 일을 의미함 • 한국직업사전: '개인이 계속적으로 수행하는 경제 및 사회활동의 종류'로 규정
진로발달	• 각 개인이 자기가 설정한 진로목표에 접근해 가고 그 목표를 달성해 가는 과정을 지칭하는 것으로 사용
진로교육	• 개인의 진로선택, 적응, 발달에 초점을 둔 교육으로 각 개인이 자기 자신과 일의 세계를 인식 및 탐색하여 자기 자신에게 적합한 일을 선택하고, 선택한 일을 잘 수행할 수 있도록 취학 전부터 시작하여 평생 동안 학교, 가정, 사회에서 가르치고, 지도하고, 도와주는 활동을 총칭 • 교육적 작용 중시
직업교육	• 개인이 일의 세계를 탐색하여 자기의 적성·흥미·능력에 맞는 일을 선택하고, 그 일에서 필요로 하는 지식·기능·태도·이해 및 판단력과 일에 대한 습관 등을 개발하는 형식 또는 비형식적인 교육을 말한다
진로상담	• 개인의 진로발달을 촉진시키거나 진로계획, 진로·직업의 선택과 결정, 실천, 직업적응, 진로변경 등의 과정을 돕기 위한 활동을 의미
직업상담	• 선택 가능한 직업의 결정, 각 직업의 조건들, 취업에 필요한 조건, 취업절차 등보다 구체적인 수준에서 취업을 돕는 활동을 지칭
진로지도	• 사람들이 활동하는 생애 동안 그들의 진로발달을 자극하고 촉진하기 위해서 전문상담자나 교사 등과 같은 전문인이 여러 다양한 장면에서 수행하는 활동으로서 진로계획, 의사결정, 적응문제 등에 조력하는 것을 의미

2 진로상담과 일반상담과의 관계

1 진로상담(career counseling)의 기능

(1) 내담자가 이미 잠정적으로 선택한 진로결정을 확고하게 해 주는 것.
(2) 직업목적을 명료하게 해주는 것.
(3) 내담자가 자기 자신과 직업 세계에 대해 지금까지 알지 못했던 사실을 발견하도록 도와주는 것

2 진로상담과 일반상담과의 관계

(1) 진로상담에서는 진로계획을 인생 전체의 일부로 간주하고 올바른 진로계획의 수립을 돕는다.
(2) 진로상담을 효과적으로 하기 위하여, 상담자는 일반상담의 기법에다 진로선택 및 진로계획 수립에 활용할 독특한 기법 및 정보자료를 원용하게 된다.
(3) 진로선택은 합리적인 '문제해결식 사고'가 보다 강조되므로 일반적인 개입문제의 경우와는 차이가 있다. 내담자가 가지고 있는 갈등적인 태도, 포부, 감정들과 연결되어서 이루어져야 한다.
(4) 진로는 상담자와의 면담에서 얻어지는 정보만으로 결정되는 것도 아니므로 한 개인의 장기간의 인생경험과 교육 및 학습의 산물이다.
(5) 진로상담도 전체적 일반상담의 기초 위에서 수행되어야 한다.

2 진로상담의 필요성

- 학교에서의 진로지도는 개인의 '자아실현'을 도와준다는 측면이 우선 강조되어야 하기 때문에 '학생 개인'의 측면에 비중을 두면서 진로상담의 필요성과 목적을 논의해야 한다.

청소년들이 불합리한 진로결정을 하도록 하는 원인-이재창(1994)	'개인 발달적 측면'에 관련된 진로지도의 필요성과 목적-장석민(1997)
(1) 입시위주의 진로지도 (2) 부모 위주의 진로결정 (3) 자신에 대한 이해부족 (4) 왜곡된 직업의식 (5) 일의 세계에 대한 이해부족	(1) 적성과 능력을 포함한 자아특성의 발견과 개발 (2) 다양한 일과 직업세계에 대한 이해 (3) 일과 직업에 대한 적극적 가치관 및 태도육성 (4) 진로선택의 유연성과 다양한 제고 (5) 능동적 진로개척 능력과 태도의 육성

1 청소년기의 발달적 특징

1) 에릭슨(Erikson, 1963)는 이 시기에 형성되는 새로운 자기인식은 청소년들이 일생을 헌신할 만한 선택과 결정을 하도록 만드는 것이며, 진로의 선택과 한 직업에의 헌신이 정체감 형성에 중요한 영향을 미친다고 보았다.
2) 피아제(Piaget, 1969)의 인지발달 단계에 따르면, 청소년기에는 구체적 조작단계의 사고에서 형식적 조작단계의 사고로 점차적으로 전환이 일어난다. 그렇기 때문에 점차 자기를 분석할 수 있게 되며, 성인들의 직업세계에 자신을 투사할 수 있게 된다.
3) 청소년기에 진로목표를 설정하고 이를 달성하도록 촉진시키는 일은 자아정체감 형성은 물론 부적응적 행동의 예방이라는 차원에서 중요하다.
4) 아직 미성숙한 청소년들은 자신의 잠재능력과 직업에 대한 정보 부족, 직업의 세계에 대한 인식이 부족하므로 진로 지도가 필요하다.
5) 청소년들의 고민 중 대부분은 진로에 관한 고민이다.

2 노동시장 환경의 급속한 변화

현대사회는 수많은 직종이 생겨났다 사라지며, 안정적인 직장 생활이 보장되지 않는다.

3 진로상담의 목표와 내용

1 진로상담의 일반적인 목표 *2005, 2006 2012, 2009 기출*

1 자신에 대한 더욱 정확한 이해 증진

(1) 올바른 이해란 더욱 정확한 이해, 객관적인 이해를 의미한다. 직업의 종류가 다양하고 복잡해지면서 자신에게 가장 적합한 직업을 선택하는 게 점점 어려워지고 있다.

(2) 자신에게 맞는 일과 직업 선택을 위해 이해해야 할 요인
   ① 자신의 성격과 신체적 특성
   ② 자신의 능력, 적성, 흥미
   ③ 자신의 가치관과 신념
   ④ 자신이 하려는 일과 자신의 인성적 특성 및 가치관의 연관성

2 직업세계에 대한 이해증진

(1) 산업화로 인하여 직업이 전문화, 고도화되면서 선진국의 경우 2~3만 종류의 직업이 존재하게 되었고, 이 중 50%의 직업이 앞으로 없어지고 또한 새로운 직업들이 생겨날 예정이다. 일과 직업세계의 다양한 측면과 변화양상 등을 올바르게 이해할 수 있도록 하는 일은 진로지도의 매우 중요한 목표가 된다.

(2) 직업세계 이해증진을 위한 세부목표
   ① 직업의 종류와 특성
   ② 직업세계의 구조와 기능
   ③ 그 직업 안의 생활양식
   ④ 직업에 속하는 개인 및 환경의 특성과 요인 등

3 합리적인 의사결정 능력의 증진

(1) 진로지도의 최종결과는 어떤 '결정'의 형태로 나타난다. 진로 결정은 개인의 일생을 통해 성취해야 할 중요한 과업으로, 그 결과에 의해 능력발휘의 기회, 거주지, 친구유형, 사회·경제적 지위, 정신 및 신체적 건강, 가족 간의 관계 등 생활의 모든 측면이 영향을 받는다. 겔랏(Gelatt)은 진로지도의 중요한 목적 가운데 하나가 학생들이 훌륭한 결정을 내릴 수 있도록 돕는 것이라고 가정하고, 결정은 결과만 가지고 평가할 것이 아니라 결정을 내리게 되는 과정에 의해서 평가되어야 한다고 주장. 진로지도는 청소년들의 진로에 관한 의사결정 과정에 초점을 두고 의사결정 기술을 증진시키도록 조력하는 것을 중요한 목표로 삼아야 한다.

(2) 합리적 의사결정 능력 증진을 위한 세부 목표
   ① 책임과 융통성 있는 진로계획을 수립
   ② 진로정보를 파악하는 능력 획득
   ③ 취업 기회나 상급학교 진학에 대한 지식 획득
   ④ 합리적인 진로선택에 대한 능력 개발

4 정보탐색 및 활용능력의 함양

진로지도 및 진로상담에서는 '정보제공'이 매우 큰 비중을 차지하고 있다. 그 이유는 내담자가 직업세계에 대해서 정확히 알고 나서 선택을 하도록 도와주어야 하기 때문이다. 이때 상담자는 단순하게 내담자가 원하는 정보를 알려 주는 서비스도 해야 하지만, 학생 내담자 스스로가 필요한 정보를 탐색하고 활용하도록 안내하는 역할을 하는 일도 무척 중요하다. 이러한 능력은 정보화 시대를 살아가는 바람직한 모습으로, 진로정보 탐색뿐만 아니라 다양한 정보를 신속하게 수집, 분석, 가공하여 적절하게 활용하는 능력을 갖추도록 돕는다.

5 일과 직업에 대한 올바른 가치관 및 태도 형성

진로지도의 중요한 목표 중의 하나는 학생들이 일과 직업에 대한 올바른 가치관 및 태도를 갖도록 하는 것이다. 일이란, 부를 창조하는 원천이며, 생계의 수단이자 사회봉사와 자아실현의 수단이다. 청소년들이 올바른 직업관과 직업의식을 형성하도록 하기 위해서는 다음과 같은 고정관념에서 벗어나도록 해야 한다. -이재창(1997)

(1) 일 자체를 목적으로 하기보다는 수단으로 여기는 생각에서 벗어나야 한다.
(2) 직업 자체에 대한 편견을 버리도록 해야 한다.
(3) 성역할에 대한 고정관념에서 벗어나도록 해야 한다.

[2009년 기출]

다음은 고등학교 2학년인 하진이 전문상담교사에게 호소한 진로상담 내용의 일부이다. 하진에게 가장 필요한 진로상담의 목표는?

> 저는 이번 시험에서도 주요 과목에서 모두 1등급이 나왔어요. 앞으로의 진로와 관련해서 적성검사, 흥미검사, 성격검사도 받아보았어요. 어른들의 의견도 들어보면서 나중에 무엇을 해야 할지 모르긴 해 봤고요. 여러 직업들에 대해서 어떤 일을 주로 하는지, 그 직업을 가지려면 무엇을 해야 할지도 인터넷에서 찾아보았어요. 그런데 부모님이나 선생님이 원하는 것도 괜찮아 보이고, 저는 다른 것을 하고 싶기도 하고, 어떻게 해야 할지 모르겠어요. 계획을 세워서 열심히 하고 있는 친구들을 보면 부러워요.

2 학교 수준별 진로상담의 내용

1 초등학교

(1) **목적**: 직업선택에 필요한 초보적인 지식 및 기능의 습득, 일에 대한 기본적인 태도와 가치관의 형성

(2) **구체적인 목표**
  ① 자신을 이해
  ② 다양한 직업역할의 유형에 대한 인식 및 자기가 한 일에 대한 책임의식 고취
  ③ 협동적인 사회 행동의 필요성에 대한 인식과 자세의 함양

- **(3) 진로결정 요인**
    - ① 욕구가 지배적
    - ② 환상적인 역할연출이 중요하게 작용
    - ③ 아동의 취향
- **(4) 진로지도 방법**: 저학년에서는 형식적인 조작이 불가능하기 때문에 구체적인 방법
    - 예 견학, 시뮬레이션, 시범, 필름, 슬라이드, 비디오테이프의 상영)을 사용하여 어린이들이 직접 보고, 만지고, 행동으로 표현해 볼 수 있는 지도방법을 사용
- **(5)** 고학년으로 올라가면서 점차적으로 추상적 개념을 도입이 바람직하다.

2 중학교

- **(1) 목적**: 직업에 대한 지식과 진로결정 기술을 확립하도록 지도하는 것이 핵심이다.
- **(2) 구체적인 목표**
    - ① 초등학교에서 강조되던 일에 대한 안내를 계속해 나감
    - ② 긍정적인 자아개념의 발달
    - ③ 의사결정 능력의 증진
    - ④ 직업정보 및 탐색적인 경험을 제공
    - ⑤ 학생들이 자신의 진로계획을 세워 보도록 도와줌
- **(3) 쩡커(Zunker, 1999)의 중학생 진로지도**
    - ① 의사결정과 문제 해결 기술의 증진
    - ② 자아개념을 교육 및 직업적 목표와 연계시키는 일
    - ③ 학생의 장점과 능력을 다루는 일
    - ④ 직업 탐색
- **(4)** 중학교에선 초등학생 때보다 좀 더 추상적인 방법을 사용할 수 있으나, 논리적 사고가 완전한 수준에 도달한 것은 아니기 때문에 추상적인 방법에 비해 구체적인 것이 더 효과적이다.
- **(5)** 이 시기에는 특히 자신의 감정과 태도를 자연스럽게 표현하고 탐색할 수 있는 기회를 제공해 주는 것이 좋다.
- **(6)** 모든 교사가 담당 교과와 관련하여 학교에서 의도하는 진로지도의 목적과 관계되는 내용을 수업시간에 학습내용과 관련지어 지도할 때 실제적인 진로지도가 될 수 있다.

3 고등학교: 고등학교 시기는 잠정기와 전환기에 해당

잠정기	전환기
• 학생 개인의 욕구, 흥미, 능력, 가치관 등을 고려하여 잠정적인 진로를 선택 • 선택이 환상, 논의, 교과, 일 등을 통해 시도 • 그러나 이러한 선택이 현실적 요인들이 고려되지 않았기 때문에 진로계획이 잠정적	• 졸업 후, 자신의 능력, 적성, 흥미, 경제적 여건, 직업포부, 중요 타인의 의견들을 고려하여 자신의 진로를 선택하고 진로를 개척해 나갈 탐색과 준비를 해야 함 • 상급학교에 진학할 것인지 직업세계에 입문할 것인지 결정. 진학지도와 취업지도가 중요한 과제 • 진학을 위한 상급학교와의 협동 하에 연계 강화, 취업을 위해 현장실습이 가능한 산학협동 방안 실현함으로써 효과 증대

3. 학교에서의 진로지도 방법

1. 교과학습을 통한 진로지도

각 교과담당 교사들이 해당 교과를 그 자체의 학문체계로서 가르치면서 동시에 진로지도의 관점에서 삶의 문제 및 직업의 문제와 더욱 밀접하게 관련지어서 가르쳐야 한다.

(1) 해당 교과의 학습이 장래 자기의 진로에서 어떠한 역할을 수행하는가를 설명한다.
(2) 그 교과를 전공한 사람이 어떤 부류의 직업에 종사하는지를 이야기해 준다.
(3) 그 교과를 통해 특정 직업에 대하여 준비시킨다.

2. 학급관리를 통한 진로지도

(1) 담임은 매일 갖게 되는 조회시간이나 종례시간 등을 이용해 기본적인 사항 전달이 끝나면 학생들이 자신에 진로에 대해 성찰해볼 수 있는 시간을 가진다. 진로선택과 관련된 예화를 들려주거나, 졸업한 선배의 모범적인 사례를 소개해 주거나, 졸업 후 선택할 수 있는 진로 유형을 설명해주거나, 직업 훈련기관을 소개해 주는 일 등을 할 수 있다.
(2) 담임은 자율학습시간이나 특별활동 시간 등을 활용하여 진로탐색 프로그램을 집단상담 방식으로 운영할 수도 있다.
(3) 담임은 학급 게시판 등에 진로유형이나 특정 직업에 대한 정보를 제공하는 것을 주요 목표로 삼고 1주일 단위로 교체하면서 진로에 대한 정보를 제공한다.

3. 학교행사를 통한 진로지도

(1) **진로의 날 행사**: 학생들에게 자신의 진로에 대한 관심을 고조시키고 자기이해와 각종 직업에 대한 이해도를 높여 현명한 진로를 추구하게 하는 게 목적. 구체적인 내용으로, 선배와의 대화, 직업이니 초청 강연, 영상자료 상영 등이 있다.
(2) **진로주간 행사**: 한 학기에 1회 정도 진로주간을 설정하고 관심 있는 대학과 직장을 방문하여 직접 알고 싶은 내용을 확인하고 체험할 수 있도록 지도. 대학은 설치 학과, 교과과정, 교수진, 시설, 졸업 후 진로 상황 등을 확인하고 직장은 취업에 필요한 조건, 취업 후 업무성격, 작업환경, 보수, 사용하는 프로그램이나 기자재, 장래 직업 전망, 직업의 보람과 만족도 등을 확인한다.

4 파슨스(Parsons)의 특성-요인 이론

1 이론의 개요

1 파슨스(Talcott Parsons)의 직업지도 모형

(1) **개인의 이해**: 적성, 능력, 흥미, 포부, 환경 등에 대한 이해

(2) **직업세계의 이해**: 장단점, 보수, 취업기회, 장래 전망 등에 관한 지식

(3) **이들 정보에 기초한 합리적인 선택**: 내담자가 자신에 대한 이해와 직업에 관한 정보를 통해서 합리적인 선택을 할 수 있도록 도움

2 클레인과 웨이너(Klein & Weiner, 1977)가 제시하는 특성-요인 이론의 가설

(1) 사람들은 믿을 수 있고 타당하게 측정될 수 있는 독특한 특성을 지니고 있다.

(2) 비록 다양한 특성을 지닌 종사자들이 주어진 직무를 성공적으로 수행하는 경향이 있지만, 직업은 직업적 성공을 위해 필요한 매우 구체적인 특성을 종사자들이 지닐 것을 요구한다.

(3) 직업선택은 직접적인 인지과정이며, 따라서 개인의 특성과 직업의 특성을 연결하는 것이 가능하다.

(4) 개인의 특성과 직업의 요구사항이 서로 밀접하게 관련을 맺을수록 직업적 성공(생산성의 증가 또는 직무만족)의 가능성은 커진다.

2 이론의 내용

1 자료 중시

특성-요인 이론에서는 개인의 특성에 대한 객관적 자료와 직업의 특성에 관한 자료를 중시하고 있다. 즉, 개인의 적성, 지능, 사회경제적 지위, 흥미, 가치관, 성격 등에 관한 과학적인 자료를 개인에게 제시해 주고 직업의 특성에 관한 자료를 제시해 주어 가장 합리적이고 현명한 선택과 결정을 하도록 조력하는 것을 중시하고 있다.

2 특성(trait)

검사를 통해 측정될 수 있는 개인의 특성(적성, 흥미, 성격, 가치)

3 요인(factor)

성공적인 직업수행을 위해 요구되는 특성(책임, 성실, 직업성취도 등)으로, 직업의 구성요소이다.

> **밀러(Miller, 1974)가 말하는 특성-요인이론의 5가지 가정**
> - 직업발달은 개인과 직업특성 간의 관계를 합리적으로 추론하여 의사결정을 도출해 가는 인지과정이다.
> - 직업선택의 과정에서 발달보다는 선택 그 자체가 강조된다.
> - 개인에게는 각기 자기에게 맞는 하나의 적절한 직업이 있다. 한 사람이 여러 가지 직업에 두루 적합하다고 볼 수는 없다.
> - 각 직업에는 그 직업에 맞는 특정한 형태의 사람이 종사하고 있다. 따라서 어떤 특정한 직업에서 유능하게 일할 수 있는 사람의 특성에는 어떤 제한이 있다고 볼 수 있다.
> - 누구나 자신의 특성에 알맞은 직업을 선택할 수 있다.

3 진단(변별 진단)

진단이란, 일련의 관련이 있거나 관련이 없는 사실들로부터 일관된 형식이 갖는 의미를 논리적으로 사고하는 과정을 의미한다. 내담자의 미래에 대한 방향설정과 적응을 위하여 이와 같은 일관된 형식이 갖는 의미를 판단하고 예측해 주며, 내담자의 장점과 경향성을 이해하는 것이다.

1 윌리암슨(Williamson,1939)의 진단의 네 가지 범주 [2008 기출]

진로 무선택	공식적인 교육과 훈련을 끝마친 후에 어떤 직업을 갖고 싶으냐고 물었을 때, 내담자는 자신의 선택의사를 표현할 수 없고 또 자신이 무엇을 원하는지조차 모른다고 대답한다.
불확실한 선택	내담자는 직업을 선택했고 또 그것을 직업 명칭으로 말할 수도 있지만, 자신의 결정에 대하여 의심을 나타낸다.
현명하지 못한 선택	한편으로는 내담자의 능력과 흥미 간의 불일치, 또 한편으로는 내담자의 능력과 직업이 요구하는 것들 간의 불일치로 정의되며 이 범주는 이러한 변인들의 가능한 모든 결합들을 포함한다. 그렇지만 현명하지 못한 선택은 내담자가 충분한 적성을 가지고 있지 않은 직업을 결정함을 의미한다.
흥미와 적성 간의 모순	흥미를 느끼는 직업이 있으나 그 직업을 가질 능력이 부족한 경우, 적성이 있는 직업에는 흥미가 적고 흥미가 있는 직업에는 적성이 낮은 경우 등이 여기에 속한다.

▶ 진단은 진로상담의 필수요건으로, 내담자의 진로선택 문제를 분류하고 식별하는 데 확신을 가질 수 있게 하는 기준이 된다. 이런 변별적인 상담 과정은 내담자가 '잘못되어 있는' 것에 대한 진단이다.

2 윌리암슨(Williamson)의 진단체계의 결함

(1) **진단들에 있어 채점자 간의 신뢰도가 낮음**: 여러 연구에 의하면 한 사람 이상의 평가자가 내담자 문제를 평가할 때 그 일치도가 50%를 초과하지 못했다.

(2) 진단체계에 있는 범주들이 종속적이면서 상호의존적: 따라서 내담자가 하나 이상의 범주로 분류될 수 있었다.

(3) 체계와 범주의 제한점: 직업문제를 진단하기 위한 대부분의 체계들이 철저하지 못했을 뿐 아니라 상담자들이 서로 다른 범주를 사용해서 일치의 확률이 떨어지게 된다.

3 크리츠(Crites, 1969)의 진단체계  2008, 2010 기출

(1) 윌리암슨의 진단체계뿐만 아니라 다른 진단체계들이 가진 문제에 대한 극복 방안으로 제시됨

(2) 독립적이고 상호 배타적인 진단체계를 고안

(3) 기본 원리: 내담자의 적성, 흥미, 선택 사이의 일치 원리

(4) **장점**: 상담자가 이러한 변인들에 대한 객관적 자료를 가지고 있으면 이 체계들의 범주가 독립적이고 상호 관련성이 없으므로, 내담자의 문제를 체계 속에 정확히 분류해 넣을 수 있다.

(5) **한계**: 이 체계가 사용한 변인들이 한정되어 있으므로, 이 체계와는 다른 준거로 내담자가 진단되어야 할 경우 문제가 될 수 있다.

예) 우유부단성 VS 만성적인 미결정

적응문제	• **적응된 사람**: 자신의 흥미 분야와 적절한 적성수준에서 직업을 선택한다. 그는 다양한 흥미유형을 갖고 있을지 모르나, 적어도 직업선택에서는 그런 유형 중의 하나와 일치시킨다. 그가 '확신이 없이' 상담하러 올지라도 실제로 그에게는 '문제가 없다.' → 적성 일치, 흥미 일치, 선택 O • **부적응된 사람**: 자신의 흥미 분야나 적성수준과 일치하지 않는다. 여기서의 문제는 의사결정과정에 관련된 변인들 사이의 완전한 불일치다. → 적성 불일치, 흥미 불일치, 선택 O
우유부단의 문제	• **가능성이 많은 사람**: 두 번 또는 그 이상의 선택을 하기도 하지만 이런 선택의 각각은 그의 흥미 분야나 적성수준에서 일치한다. 그는 흥미유형이 다양할 수 있지만, 직업선택 시에는 자신의 흥미유형 중 하나와 일치되는 것을 선택한다. 그의 문제는 그가 이런 여러 대안들 중에서 하나를 결정할 수 없다는 것이다. → 적성 일치, 흥미 일치, 선택 多 • **우유부단한 사람**: 이들은 선택을 하지 못한다. 그는 여러 흥미유형을 갖고 있을 수 있고, 적성수준이 높거나 보통이거나 낮을 수 있다. 그러나 이런 변인들의 수준에 관계없이, 그의 문제는 미래에 그가 갖고자 하는 직업에 확신을 갖고 말할 수 없다는 것이다. → 적성 일치 또는 불일치, 흥미 일치 또는 불일치, 선택 X
비현실성의 문제	• **비현실적인 사람**: 그의 흥미 분야와 일치하거나 또는 일치하지 않는 분야를 선택한다. 그러나 그는 그의 측정된 적성수준보다 높은 적성을 요구하는 직업을 선택한다. → 본인의 적성 < 환경에서 요구하는 적성, 흥미 일치 또는 불일치, 높은 수준 선택 • **수행불가능한 사람**: 그의 흥미 분야와는 일치하지만 측정된 적성 수준보다 낮은 적성을 요구하는 직업을 선택한다. → 본인의 적성 > 환경에서 요구하는 적성, 흥미 일치, 낮은 수준 선택 • **강요된 사람**: 적절한 적성수준에서 선택을 하지만 그의 흥미 분야와는 일치하지 않는 직업을 선택한다. 그의 문제가 비록 적응이나 우유부단의 문제로 보이지만 선택이 이루어졌기 때문에 여기에 해당한다. 내담자의 선택이 비현실적이 되는 이유는 그것이 적절하지 못한 흥미 영역에서 이루어지기 때문이다. 스트롱(Strong)은 개인이 적절한 흥미를 갖지 못하는 직업을 갖게 될 때, 그가 다른 직업으로 전환할 가능성이 약 5대 1이라는 것을 발견했다. → 적성 일치, 흥미 불일치, (강요된)선택 O

4 진로상담의 과정

1 윌리암슨(Williamson, 1939)의 진로상담의 과정 2008, 2010 기출

상담자	분석	• 여러 자료로부터 태도, 흥미, 가정환경, 지식, 교육적인 능력, 적성들에 대한 자료들을 주관적, 객관적 방법으로 수집한다. • 분석의 내용: 내담자의 현재 상태 및 미래의 가능성 등을 종합적으로 이해하기 위해 적절한 측정기술을 선택, 활용하여 신뢰할 수 있고 타당성 있는 정보와 자료들을 모으는 데 초점 • 분석을 위한 도구: 누가기록, 면접, 시간할당표, 자서전, 일화기록, 심리검사 6가지다.
	종합	• 내담자의 독특성이나 개별성을 강조하기 위하여, 사례연구 기술과 검사목록에 의하여 자료를 수집하고 요약한다. • 종합의 내용: 내담자의 다양한 측면을 정리하고 재배열하여 하나의 전체적인 상을 그려보는 것. 이때 내담자 생활의 대인관계적 측면과 대인 내적 측면의 장단점에 대한 정보 이용 • 방법: 내담자의 적응과 부적응, 장단점 등을 분석하기 위한 표를 요약하고 체계적으로 정리하는 것
	진단	• 내담자의 문제들과 뚜렷한 특징들을 묘사하고 개인목록과 학문적, 직업적 능력의 목록을 비교하여 문제의 원인들을 탐색한다. • 진단의 내용: 문제를 사실적으로 확인 + 원인을 발견 + 내담자의 반응과 논리적 결과를 검토 → 객관적이고 주관적인 자료에 기초한 행동프로그램을 제안 • 주요단계: 문제 확인과 원인발견 • 주의점: 성급한 결론을 내려선 안 된다. 즉 진단은 잠정적인 것이어야 함. 이는 인간의 행동이 복잡하고 다양하여 잘못 판단할 가능성이 많기 때문. 그러므로 새로운 진단이 생기면 바뀔 수 있다는 것을 명심해야 한다.
	예측	• 조정 가능성, 문제들의 결과의 다양한 가능성을 판단한다. 이에 의하여 내담자가 고려해야 할 문제를 위한 대안적 조치와 중점 사항을 예측한다. • 예측 내용 "가능한 선택들을 기초로 하여 이루어짐. 진단은 과거와 현재의 상태에 관련된 것인 반면 예후는 미래와 관련된 것으로 일종의 예언을 시도하는 것. • 주의점: 상담자는 진단 후 충분히 생각할 시간을 가질 필요가 있으며, 가능하면 관계 문헌을 살펴본다든지 관련 사례를 참고하여 다음 예언을 해야 한다. 예 지능이 낮다고 하는 진단이 나왔다면 어려운 학교과제를 잘 수행하지 못할 것으로 예측
내담자	상담	• 미래에 혹은 현재에 바람직하게 적응하기 위하여 무엇을 해야 하는가에 대해서 내담자와 함께 협동적으로 이야기한다. • 상담 내용: 일반화된 방식으로 생활 전체를 다루는 것을 학습하는 단계. 이때 상담이란 무미건조한 치료상황 그 이상의 것으로, 다양한 기법에 의한 개인적 조력을 통해 상담에서 배운 학습을 모든 문제 상황에 적용할 수 있도록 돕는 안내된 학습이며 재교육이다. • 윌리암슨의 상담에 대한 설명 - 자기이해를 위한 안내된 학습이라 할 수 있는 관계 포함 - 내담자가 자기생활에 적응하고 개인적인 목표를 달성하는 데 필요한 재교육 또는 재학습 - 상담에는 내담자가 자기 자신을 이해하고 또 일상생활에 적용시킬 기술을 숙달하는 데 상담자가 주어야 할 개인적인 도움 포함 - 상담이라는 용어에는 치료효과를 낳을 수 있는 기법 또는 관계 포함 - 어떤 형태의 재교육은 치료에 의해 정화가 일어날 때 자연스럽게 이루어진다는 사실 내포
	추수지도	• 새로운 문제가 야기되었을 때 위의 단계를 반복한다. 그리고 내담자가 바람직한 행동계획을 실행하도록 계속적으로 돕는다. • 추수지도 내용: 상담의 효과를 평가하고자 할 경우나 상담종료 후 내담자에게 다시 문제가 발생했을 때 실시 • 추수지도 방법: 상담에서 학습했던 것을 일상생활에 적용할 때 이루어지는 진전을 강화, 평가, 점검하는 단계

▶ 특성-요인 상담에서 상담자는 주로 교육자 역할을 수행한다. 중재과정은 내담자를 교육하고 설득하며, 그들에게 상담자의 축적된 자료로부터의 추론이 합리적이라는 것을 확신시킬 것을 강조한다.

[2008년 기출]

다음은 진로상담 과정에서 명희가 자신에 대해 말한 내용이다. 물음에 답하시오.

> 명 희: 선생님, 저는 아이들을 좋아해요. 초등학교 선생님이 된다면, 재미있을 것 같아요. 수업 시간에 발표를 잘해서 선생님들께 칭찬을 받은 적도 많아요. 그래서 학생들을 잘 가르칠 수 있을 것 같아요. 그런데 제가 교사가 되고 나서 후회하지 않을지 확신이 서질 않아요. 그렇다고 다른 직업을 가지면 더 나을 거라는 생각이 들지도 않아요. 어찌할 바를 모르겠어요.

- 명희를 특성-요인 진로상담의 관점에서 진단하려고 한다. 크리츠(Crites)에 따르면, 명희는 어떤 유형의 사람으로 진단 되는지 쓰시오.
  _____사람

- 윌리암슨(Williamson)의 진로상담 6단계에 따라 상담을 하려고 한다. 명희를 진단한 후, 진행해야 할 다음 단계의 명칭을 쓰시오.
  _____단계

2 특성-요인이론에 입각한 진로상담의 과정

(1) **1단계**: 초기면담. 촉진적 관계 형성이 중요. 내담자의 개인 배경과 자료 수집

(2) **2단계**: 검사실시. 내담자 이해를 위한 면담도 병행. 적성검사, 흥미 검사 등을 실시하고 해석하는 데 대부분의 시간 할애

(3) **3단계**: 직업정보를 주는 단계. 직업전망서, 팸플릿, 직업안내에 관한 소책자 등 제시

5 진로상담 기법

1 면담기법

(1) 특성-요인 진로상담에서는 합리적이고 인지적인 모형을 활용

(2) 내담자가 양자택일적인 행동과정에서 선택에 직면했을 때 사용할만한 기법들

(3) 행동 지향적이며, 상담자는 이 방법들을 사용할 때 능동적으로 됨

(4) 상담자는 내담자들의 감정이나 태도를 수용만 할 뿐, 판단을 내려서는 안 됨

(5) 상담자의 역할이 자기 주장적이며 지배적이라는 점에서 로저스 학파의 비지시적 상담이 유행할 때, 지시적이 라며 비판을 받았음

(6) 윌리암슨(Williamson,1939)이 제시한 진로상담의 일반적인 기법 2008, 2010, 2011 기출

촉진적 관계형성	상담자는 내담자의 신임을 얻기 위해 전문가로서 인식되기를 기대하며, 내담자로 하여금 상담자를 신뢰하고 문제를 맡기도록 하는 수준에서 관계를 유지하려고 한다.
자기 이해의 신장	상담자는 내담자가 자신의 장점이나 특징들에 대하여 개방된 평가를 하도록 도우며, 이런 장점이나 특징들이 문제해결에 어떻게 관련되는지에 대한 통찰력을 갖도록 격려한다. 유능한 상담자는 '내담자로 하여금 그의 장점을 성공과 만족을 가져오는 방법으로 이용하도록 하는' 사람이다.
행동계획의 권고나 설계	상담자는 내담자가 이해하는 관점에서 권고(상담)를 하여야 한다. 또한 상담자는 내담자가 표현한 학문적, 직업적 선택 또는 감정, 습관, 행동, 태도에 반대되는 또는 일치하는 증거를 언어로 정리해준다. 상담은 내담자가 그들의 성격에 알맞은 행동들이 이루어질 수 있다는 생각을 하도록 돕는 데 임기응변의 재치가 필요하다는 것을 상담자는 알게 된다. 내담자가 시도해 볼 수 있는 풍부하고 가능한 다음 단계들을 생산하는 데 내담자의 개방된 마음과 한계성 사이에 균형을 이루게 하는 것이 쉬운 일은 아니다.
계획의 수행	일단 행동의 계획이 일치했다면 상담자는 진로선택을 하는 데 직접적인 도움이 되는 여러 가지 제안을 함으로써 내담자가 직업을 잘 선택하도록 돕는다.
위임	모든 상담자가 모든 내담자를 상담할 수는 없다. "상담자가 내담자에게 하는 가장 적절한 충고는, 너의 문제를 이해하는 데 도움을 얻으려면 다른 상담자를 만나 보라"라고 윌리암슨은 말했다.

(7) 달리(Darley)가 제시한 진로상담자의 면담 원칙
① 내담자에게 강의하거나 고자세로 말하지 말라.
② 간략한 어휘를 사용하고 내담자에게 제공하는 정보를 상대적으로 적은 범위에 국한시켜라.
③ 어떤 정보나 해답을 제공하기 전에 내담자가 정말로 이야기하기를 원하는지 확인하라.
④ 내담자가 지니고 있는 여러 가지 태도를 상담자가 지각하고 있는지 확인하라. 왜냐하면 이러한 것이 논의를 방해하거나 주요한 문제를 보지 못하게 하기 때문이다.

(8) 특성-요인 접근법에 공통되는 주제는 내담자에 대한 내면적 수용. 이는 내담자의 독특성을 인정한다는 뜻

2 검사의 해석(Williamson) 2011 기출

(1) 직접 충고: 상담자의 견해를 솔직히 표명
① 정의: 내담자들이 탐색하고 따를 수 있는 가장 만족할 만한 선택, 행동 또는 계획에 관해 자신의 견해를 솔직히 표명하는 것
② 효과: 이 방법은 내담자가 '고집스럽고 또 솔직한 견해'를 요구할 때나 '심각한 실패와 좌절을 가져올 충분한 이유가 있는 행동이나 선택'을 고집할 때 사용하는 것이 좋다.

(2) 설득: 내담자가 비합리적 선택을 하지 않도록 설득
① 목적: 내담자가 결과적으로 대안적인 행동을 도출할 수 있도록 합리적이고 논리적인 방법을 증거로 정리한다.
② 방법: 상담자는 내담자에게 다음 단계의 진단과 결과의 암시를 이해하도록 설득한다. 상담자는 내담자의 선택을 좌우하지 않지만 새로운 문제를 피할 수 있도록 설득한다.

(3) 설명
① 정의: 내담자가 진로선택 관련 의사결정을 하도록 설명하는 것
② 방법: 상담자의 진단과 검사자료뿐 아니라 비검사 자료들을 해석하여, 내담자가 의미를 이해하고 가능한 선택을 하며 선택한 결과에 대한 이해를 도울 수 있도록 해석하고 설명함

> **+ 윌리암슨의 검사 해석의 예**
>
> "당신의 적성검사 결과로 제가 말씀드릴 수 있는 것은 당신이 의과대학에 가서 성공할 확률이 낮다는 것입니다. 그러나 기업 분야에서의 성공 가능성은 낙관적입니다.
> 그 이유는 당신의 의사로서 성공할 수 있는 흥미유형을 갖고 있지 않기 때문입니다. 반면에 수학에 뛰어나고 일반적인 능력이 높으며 회계사에 대한 흥미가 높습니다. 이 점으로 보아 회계사를 직업으로 선택하는 것이 어떨까 생각합니다.
> 검사결과와 저의 조언을 생각하시고 부모님과 상의하시고 회계학을 가르치시는 블랭크 교수도 찾아뵙고 나서, 다음 주 화요일 10시에 당신이 내린 결론을 제게 말씀해 주십시오.
> 저는 당신이 적성에 맞는 직업을 선택하기를 바라기 때문에 당신에게 영향을 줄 의도는 없습니다. 그러나 양쪽의 득실을 비교해 보고 결정하시기 바랍니다.
> 우리는 성공할 수 있는 적성의 증거를 찾아야 하며, 성공하고자 하는 단순한 바람은 충분한 증거가 아니라는 것을 기억하시기 바랍니다."

[2011년 기출]

다음에서 설명하고 있는 학자가 제안한 상담이론의 원리를 반영한 것만을 〈보기〉에서 모두 고르시오.

> 이 학자는 특성-요인 이론의 원리를 확대하고 정교화하였다. 그에 의하면 진로 상담을 위한 5가지 기술은 촉진적 관계형성, 자기이해 증진, 행동계획 설계, 계획수행, 의뢰이다. 또한 그는 개인의 직업과 관련한 문제를 미결정, 불확실한 선택, 현명하지 못한 선택, 흥미와 적성 간 불일치로 분류하고, 문제에 맞는 처치를 강조하다.

―〈보기〉―
ㄱ. 내담자가 진로의사결정 전후로 경험하는 불안을 감소시킨다.
ㄴ. 내담자가 해야 할 일에 해 상담자의 견해를 솔직히 전달한다.
ㄷ. 내담자가 검사 결과를 이해하고 현명한 선택을 하도록 설명한다.
ㄹ. 내담자가 일의 세계에서 자신의 인식과 경험 간 일치를 실현하도록 돕는다.

3 직업 정보

(1) 브레이필드(A. Brayfield, 1950)의 직업정보 제시의 세 가지 기능 2022 기출

정보제공 기능	• 직업에 관한 정보를 제공하는 목적이다. • 이미 선택한 바를 확인시켜 주기 위한 것이다. • 두 가지 방법이 똑같이 매력적이며 합당할 때, 망설임을 해결해 주기 위한 것이다. • 다른 면에서 실질적인 선택에 대하여 내담자의 지식을 증가시키기 위한 것이다.
재조정 기능	• 내담자가 현실에 비추어 부적당한 선택을 점검해 보도록 돕는다. • 냉철한 현실검증을 위해 기초정보를 제공한다.
동기화 기능	• 상담자가 직업정보를 제공하는 이유는 내담자를 의사결정과정에 적극적으로 참여시키기 위한 것이다. • 의존적인 내담자가 스스로 한 선택에 대하여 보다 큰 책임감을 가질 때까지 상담자는 내담자와 접촉하고 내담자의 현재 활동이 장기적인 진로목표와 무관할 때는 선택에 대한 동기를 지속시켜 주기 위해 정보를 제공한다.

[2022년 기출]

다음은 전문상담교사와 재유(중3, 남)의 대화 내용이다. 브레이필드(A. Brayfield)가 제시한 직업정보 기능에 근거하여 [A]의 대화에 해당하는 기능의 명칭을 쓰시오.

> 상담교사: 재유가 외국에서 전학와서 학교에 적응하는 데도 쉽지 않은데 부모님이 진학 준비를 빨리 안 한다고 하시니 속상하고 막막했군요.
> 재　유: 네, 이제 3학년 1학기 시작인데, 뭐 벌써 진학을 준비해요. 친구를 사귀고 학교 공부하기도 바빠요. 아직 알아보고 싶지 않아요.
> 상담교사: 지금 당장 고등학교와 대학교 진학을 준비하는 것은 아니더라도 진학을 준비하고 결정하는 것이 모두 학교 적응에 도움돼요. [A] 고등학교의 유형이나 학과, 대학교의 학과나 전공 분야, 그에 관련된 직업들, 그 직업들과 관련된 정보를 많이 알면 하고 싶은 일, 갖춰야 할 능력 등을 알 수 있으니 진로를 결정하는 데 도움이 됩니다.
> 재　유: 맞아요. 친구들도 진학에 대해 고민하고 고등학교에 대해 이야기를 많이 나눠요. 비슷한 고민을 하면 친구들과 친해지기도 쉽고, 앞으로의 적응에도 도움이 되겠네요. 어서 빨리 고등학교 정보, 대학교 정보를 많이 찾으며, 고등학교 진학 준비를 하고 싶어요.
> 상담교사: 재유는 정말 이해가 빠르네요.
> 재　유: 선생님, 오래전부터 궁금했던 직업이 있어요. 영화에서 보면 비행기가 착륙할 때 관제탑이랑 통신을 하는데, 관제탑에서 일하는 사람의 직업이 뭐예요?
> 상담교사: 항공교통관제사라는 직업에 대해 궁금해 했군요. [정보제공 기능] 항공교통관제사는 전문적인 교육, 실습을 거치고 항공교통관제사라는 자격증을 취득해야 해요.
> … (중략) …
> 재　유: 궁금증이 많이 풀리고, 새로운 것도 알게 되었어요. 항공교통관제사의 대부분이 공무원이라는 것도 신기했어요. 아, 그리고 공무원이 되려면 대학을 졸업하지 않아도 된다고 하던데, 맞아요? 저는 한국에서 모든 고등학생이 대학에 진학해야 하고, 대학을 졸업해야 공무원 시험이나 취업이 가능하다고 알고 있거든요.

(2) 배어와 로우버(Baer & Roeber, 1951)의 직업정보를 제시의 추가적인 기능

탐색	내담자가 선정한 직업 분야에 해당하는 일의 세계에 대하여 광범위하게 탐색하도록 직업 정보를 제시
확신	내담자의 진로 선택이 합당하며 부당한 것은 배제되었음을 확신하도록 직업 정보를 제시
평가	직업군과 직업의 이해에 대한 내담자의 지식과 이해가 믿을 수 있는지 또는 관련이 있는지 점검해 보기 위해 직업 정보를 제시
놀람	내담자가 특정 직업을 선택한 후에 그 직업에 대하여 확실성이나 불확실성을 보여주는지에 대해 결정을 내릴 수 있도록 직업정보를 제시

6 평가 · 2005 기출

1 공헌점

(1) 진로상담을 전개할 때 개인의 여러 가지 특성을 고려하게 한 것이 이 이론의 가장 큰 공헌점
(2) 특성-요인 이론에 의해서 강조된 표준화 검사도구와 직업세계 분석과정은 진로상담에 매우 유용하다.

2 한계점

(1) 검사도구에서 밝혀진 결과가 어떤 직업에서의 성공 여부를 정확하게 예언해 주지 못한다는 예언타당도 문제가 제기되고 있다. 특히 인사선발이나 배치 상황에선 문제가 될 수 있다.
(2) 직업선택을 1회적인 행위로 간주하여 장기간에 걸친 인간의 직업적 발달을 도외시하고 있다. 또한, 개인이 소지하고 있는 여러 특성 간의 역동성 및 개인이 그 많은 요인 중에서 어느 것을 우선적으로 고려하느냐에 따라 직업선택이 달라질 수 있음을 고려하지 못하고 있다.
(3) 개인의 특성과 직업 간의 관계를 기술하지만, 개인의 특성이 어떻게 발달하였는가, 개인이 왜 그러한 특성을 가지게 되었는가에 대한 설명이 없다.
(4) 개념적인 단순함으로 인해 많은 상담자나 상담프로그램에서 활용되고는 있지만, 이론이 자체적으로는 효율적인 진로상담을 위한 지침을 제공하고 있지 못하고 있다.

5 보딘의 정신역동적 진로상담

1 이론의 개요

1 개관

(1) 보딘(Bordin,1968)은 진로상담에서 개인 내에서 행동과 관련 있는 동기 체계를 발견하는 것을 초점을 두었다.

(2) 보딘은 부모의 압력과 개인이 획득하는 방어기제의 목적을 강조한 프로이트의 관점을 취하면서, 전 생애에 걸친 건강한 성격의 발달에 대한 에릭슨의 개념을 포함시키고 있다.

(3) 진로 선택의 주요 요인은 내담자의 욕구와 관련되어 있으며, 진로 선택은 발달적인 과정이다.

(4) 진로 선택 의사결정에서 중요한 요인은 내담자의 동기유발과 방어기제이다.

(5) 개인이 직업을 선택하기 어려워하는 것은 성격 발달의 변천과 연관시켜 볼 수 있으며, 직업을 선택하도록 도와줌으로써 완전한 발달이 되도록 영향을 줄 수 있다.

2 목표

(1) 내담자가 진로에 대한 의사결정을 하도록 도와준다. 즉 내담자의 현실적인 진로 의사결정을 하지 못하도록 방해하는 조건들을 제거하고 선택불안을 감소하도록 돕는다.

(2) 진로 의사결정과 관련된 문제 해결이 지속적이기 위한 성격의 건설적 변화를 목표로 삼는다.

2 진단

1 보딘(Bordin, 1946)의 진단체계 2006, 2022 기출

의존성	• 자신의 문제를 해결할 개인적 책임과 인생의 발달적 과업 숙달에 어려움을 겪는 사람이다. • 자신의 문제 해결이나 의사결정을 위한 적극적인 노력을 못하도록 방해하는 의존성으로 인해 갈등하는 경우로, 직업 문제해결을 다른 사람에게 지나치게 의존한다.
정보의 부족	• 경제적으로나 교육적으로 결핍된 환경에서 자란 사람들은 적절한 정보원에 접근할 수 있는 기회가 제한된다. • 체험의 폭 제한, 체험의 부적절성, 필요한 기술을 습득할 기회의 부족으로 인한 것으로, 정보를 접할 기회가 부족한 사람을 말한다. • 이들은 의존적인 것처럼 보일 수 있으나, 실제로는 정보에 어두운 것이다.
내적갈등	• 내부의 심리적 요소 간의 갈등이나 자아개념과 환경 자극 간의 차이에서 비롯되는 것으로, 선택을 내려야 할 때, 둘 이상의 자아개념에서 내적 갈등을 겪고 있다.

선택에 대한 불안	• 자신이 하고 싶어하는 일과 중요한 타인(부모 등)이 자신에게 바라는 일이 서로 다를 때, 또는 직업에 대한 긍정적인 측면과 부정적인 측면 간에 내적인 갈등이 있을 때, 진로 선택에 대한 불안을 경험하게 되는 것이다. • 여러 가지 대안 중에 결정을 내리지 못하고 불안한 느낌을 가지는 것으로, 진로대안들 가운데 선택을 하지 못하고 불안해하는 것이다.
확신 결여	• 직업적 대안 선택에도 불구하고 확신을 갖지 못하고 타인으로부터 확신을 구하려고 하는 경우이다. • 이들은 선택을 했지만 확신을 하지 못하고 불안해 한다. 또는 선택을 한 후 확인을 하기 위해 상담자를 찾는다.

2 보딘과 코플린(Kopplin)의 진단체계

동기부여에서 오는 갈등의 원인을 분석하였다.

종합의 곤란	극히 미미한 증상과 갈등의 경우로 중요한 문제는 인식의 명확성을 성취하거나 종합하는 것이 곤란하다고 발견되었다. 이 경우 내담자는 상담과정에서 생산적으로 활동한다.
정체감 문제	실제적인 자아와 자아개념의 형성과 관련된 것에서 오는 문제로 추정된다.
만족 갈등	직업활동을 통해 특별한 유형의 사회심리적 만족을 얻어 보려는 시험적인 직업 선택에서 오는 문제이다.
변화 지향	내담자가 자신에 대한 불만이 있어서 자신을 변화시키기 위해 직업을 선택하는 것에서 오는 문제이다.
표출된 증상	직업 선택이 이루어졌다 해도 혼란이 오면 내담자가 이 일을 해나가는 것이 불가능해지는 것에서 오는 문제이다.
분류 불가	동기를 갖지 않아서 오는 갈등과 관계있는 문제로, 문제 이외의 것이다.

[2022년 기출]

다음은 전문상담교사가 작성한 연미(고3, 여)의 진로상담 사례 기록이다. 보딘 (E. Bordin)의 정신역동적 분류에 따라 밑줄 친 ㉠에 해당하는 연미의 진로 문제 유형 1가지를 쓰시오.

진로 특성
• 흥미: 천문 우주, 기상 변화 관측 및 분석 등
• 적성: 과학 및 수리 영역
• 발달 과정 및 진로 목표: 초등학교 - 과학자 / 중학교 - 우주 과학자 / 고2까지 - 항공우주공학자
• 진로 선택의 어려움: 연미가 고3 1학기 시작할 때 어머니가 암 진단을 받아 투병생활을 하고 있다. 어머니의 치료로 아버지는 일을 자주 쉬게 되고, 최근에는 가정 수입도 줄어들고 있다. 연미는 아버지의 건강 상태도 좋지 않은 것 같아 걱정이 많다. 연미는 어머니를 돌볼 수 있고, 아버지를 도울 수 있는 방법이 간호사가 되는 것이라고 생각한다. ㉠ 간호학과나 간호사에 관한 정보를 찾고 대학교 학과 지원 방법 등을 알아봐야 하는데, 스스로 알아본 것도 없고, 주변에서 알려 주는 사람도 없어서 어느 대학에 진학해야 할지 어려움을 겪고 있다. 처음에는 두렵고 막막해서 공부에 집중할 수 없었는데 다시 마음먹고 학업 및 학교생활에 충실히 임하고 있다. 그리고 연미는 과학자를 포기하는 것에 대해 내적 갈등이 심했지만 지금은 충분히 정리되었다고 한다. 그래서 이제는 간호사가 되겠다는 확신을 가지고 있다.

3 상담 과정

1 보딘의 진로상담 과정

진로의사결정의 정신역동, 즉 내담자의 인생에 있어 성격과 직업 간의 조화를 이루는 데 초점을 맞추어야 한다.

(1) 탐색과 계약의 설정 단계(exploration and contact setting)
① 상담자는 내담자의 방어적 태도의 의미를 탐색하고 상담과정을 구조화하여 상담계약을 한다.
② 내담자는 다른 사람들에게 수없이 이야기했지만 해결책을 찾지 못한 자기 이야기를 되풀이한다. 이때 상담자는 내담자의 이야기를 끝까지 들어야 한다. 왜냐하면 불필요한 충고보다 따뜻한 배려, 비평가적인 수용, 의사소통의 진솔성 등의 치료적 관계를 발전시키는 맥락에서 경청한다.
③ 대체로 인간중심 진로상담에서의 공감, 무조건적 긍정적 존중, 진솔성의 측면과 일치한다.

(2) 중대한 결정 단계(critical decision, 비판적 결정 단계)
① 내담자는 진로에 대한 결정을 내리는 것이 아니라, 진로 선택 문제에 한정된 상담을 할 것인지 성격 변화를 위한 상담을 할 것인지를 양자택일한다.
② 즉 정신역동적 진로상담자는 내담자에게 개인적 발달과 진로 발달의 상호관계를 해결하는 과정에 좀더 광범위하게 관여할 수 있는 선택권을 제공하는 것이다.
③ 내담자가 성격변화라는 목표에 대해 작업하기로 결정한 경우
  ㉠ 크리츠(Crites, 1981)가 재조명(refocusion)이라고 부른 과정에 해당하는 것으로, 내담자는 진로선택을 외부에서 부가된 과제라고 보던 제한적인 관점에서 진소선택 문제를 자기 성격의 내적 부분으로 소유하는 관점으로 변화하게 된다.
  ㉡ 상담자와 내담자는 본질적으로 동등하게 적극적으로 참여하는 협력경니 상호작용을 통해 내담자가 의사결정에 관련된 자아를 수용할 수 있도록 촉진한다.

(3) 변화를 위한 작업 단계(working for change, 변화를 위한 노력 단계)
① 내담자가 직업적 정체감에 한정된 것이지만 어느 정도의 성격 변화를 위한 상담을 선택한 것이다. 이 단계의 취지는 자아에 대한 인식과 이해를 증가시키는 것이다.
② 크리츠(Crites, 1981)가 재구조화(reconstructing)라고 부르는 과정으로, 이 과정에선 내담자가 어떤 종류의 사람인지를 재정의한다. 즉 자신이 선택하고자 하는 것과 관련지어 자신의 성격, 특히 욕구와 흥미 등에서 더 큰 변화가 필요한 부분을 모색하고, 이를 통해 내담자의 자아를 각성시키고 이해를 촉진시킨다.
③ 이러한 과정은 의사소통에 의해 촉진되며 진로상담의 관계 차원과 더불어 진행된다. 즉 '지금-여기'에서 일어나고 있는 일에 대해 내담자가 자신에게 이끌어진 느낌에 주로 반응을 하게 되며, 이러한 관계는 상담실 밖의 사람들과 내담자가 상호작용하는 것의 원형이 된다.

4. 진로상담 기법

1 보딘의 상담 기법

(1) 명료화
① 문제와 관련된 내담자의 생각과 언어적인 표현에 초점을 두며 새로운 이야기의 시작과 이미 이야기된 것을 요약하는 데 도움을 준다.
② 현재의 문제와 관련이 있는 자료에 내담자의 사고와 말을 집중시키려는 의도를 가지고 있다.
③ 명료화는 그 내용이나 형태 때문에 상담의 시작 단계에서 가장 많이 활용되며, 개방형 질문, 충고적인 제안 및 약간의 설명 개입 기법과 함께 사용될 수 있다.

(2) 비교(comparison)
① 비교를 통해 개인과 진로발달 관계를 설명하는 데 중점을 두며 내담자가 가진 문제가 선명히 드러나도록 유사점과 차이점을 비교 대조해 준다.
② 개인적 발달과 진로발달의 상호관계를 설명할 때 편리하다.
③ 진로상담 과정의 새로운 방향을 찾아내기 위하여 내담자 과거 행동과 현재 행동을 비교할 수 있다.
④ 이러한 비교는 진로상담 동안 내내 사용될 수 있지만 특히 상담 중간 단계에서 많이 사용된다.

(3) 소망 방어체제의 해석
① 내담자가 자신의 동기 상태와 진로 의사결정과정 사이의 관계를 각성하도록 돕기 위한 기법이다. 즉 내담자 욕구(소망), 내적 동기와 정신의 방어체계를 확인하고, 직업결정 사이의 관계를 지각하도록 시도한다.
② 다른 두 개의 치료기법에 비해 목적이 매우 치료적이다.

(4) 요약하자면, 진로상담기법이란 내담자 정신역동 상태를 탐색하기로 합의(계약)하고, 검사와 상담을 통해 문제를 명료화하고, 비교하고, 대비하고, 내담자의 욕구의 소망, 방어 체계를 해석해 줌으로써, 내담자가 직업 혹은 성격변화 목표를 결정하고, 변화를 실행하도록 하게 하는 상담기법이다.

6 굿스타인의 행동주의적 진로상담

1 이론의 개요

1 개관

(1) 행동주의적 진로상담은 학습이론을 이론적 바탕으로 하고 있다.
(2) 대표적인 이론가는 굿스타인(Goodstein, 1972)과 크럼볼츠(Krumboltz, 1969)이다.
(3) 굿스타인은 내담자의 문제행동을 학습된 부적응 행동이라고 보고, 다양한 방법을 이용하여 내담자의 부적응 행동을 바람직한 행동으로 변화시키려고 하였다.
(4) **굿스타인은 문제행동의 원인, 특히 진로선택 문제의 원인은 불안이라고 보았다.** 2005 기출

2 주요개념 및 진단

1 굿스타인의 주요개념 및 진단

(1) **결과불안**: 선택을 하지 못한 결과로 인한 불안이다.
(2) **선행불안**: 선택을 하기 전, 선행되는 불안이다.
(3) 결과불안과 선행불안에 있어 불안의 역할

결과불안 (우유부단)	• 경험의 제한: 정보 획득과 적절하고 적응적인 반응을 배울 수 있는 충분한 기회의 부족 ⇨	• 부적절하거나 부적응적인 행동: 직업선택을 못하거나 비현실적인 직업을 선택함 ⇨	• 실패선택문제를 해결하지 못함 ⇨	• 불안(결과): 선택을 못하는 무능력과 선택을 하라는 사회적 압력간의 갈등이다.
선행불안 (무결단성)	• 경험의 무제한: 정보획득과 적절하고 적응적인 반응을 배울 수 있는 충분한 기회가 있음 ⇨	• 불안(선행): 선택이 불안을 유발한다. 예를 들어 선택은 부모에게 도전하는 것이거나 독립해나가는 것을 의미하는 등, 불안을 유발시키는 단서가 된다. ⇨	• 학습기회를 사용하지 못함: 적절한 정보를 선택할 기회가 제공되어도 불안이 그 기회를 활용하지 못하게 막거나, 비록 정보를 배울 수 있는 기회가 있을지라도 불안이 정보 획득을 방해한다. ⇨	• 부적절하고 부적응적인 행동: 직업을 선택하지 않거나 비현실적인 선택을 한다.

6 굿스타인의 행동주의적 진로상담

(4) 진단 유형
① 우유부단
  ㉠ 원인은 경험이 제한된 데서 기인하는 자아와 일의 세계에 대한 정보의 부족이다.
  ㉡ 내담자는 선택을 할 수 없거나 실제적이지 못한 선택을 한다. 결과적으로 내담자는 진로 발달 과업을 숙달하지 못한 것에 불안을 느낀다.
  ㉢ 이 과정에서 불안은 우유부단의 후행 결과로 인한 것이다.
② 무결단성
  ㉠ 진로선택과 결정에 있어 오래 지속된 불안이 일어나며 이는 종종 내담자의 진로선택에 위압적이거나 지나친 요구를 하는 부모에게서 비롯된다.
  ㉡ 진로 선택의 문제에 무력한 사람들은 불안 때문에 진로를 결정하지 못한다.
  ㉢ 이 과정에서 불안은 선행원인과 후행결과 모두가 작용하여 불안감이 부적절한 느낌을 일으킨다.

3 치료

1 치료목적
(1) 선행 및 결과에 따른 불안을 제거하거나 줄이고
(2) 의사결정 기술을 획득하는 것이다.

2 치료과정 2005 기출

치료과정은 진단 결과에 따라 다르다.
(1) 1단계: 역조건 형성
  ① 역조건형성을 통해 진로의사 결정과 관련된 불안을 제거한다.
  ② 역조건 형성을 위해서 치료자는 진로문제를 취급하고 난 이후 상담관계를 형성하도록 노력해야 한다. 즉 무비판적 수용, 따뜻한 관심 등의 조건이 충족되면 내담자는 안전한 반응이 나타나게 되는데, 조건반응이 강해지면, 내담자의 반응체계에서 무조건자극에 대치가 되고, 이로 인해 내담자는 불안을 느끼지 않고 진로결정을 할 수 있게 된다.
(2) 2단계: 도구적 학습
  ① 내담자가 필요로 하는 정보를 찾거나 진로선택에 요구되는 반응을 획득할 수 있도록 도구적 학습을 경험하게 한다.
(3) 진단결과, 선행불안이 원인이라면 (1), (2) 단계로 치료과정이 진행되며 결과불안이 원인이라면 (1) 단계는 생략하고 (2) 단계에서 치료를 시작할 수 있다.
(4) 상담기법: 체계적 둔감법, 강화, 모방, 대리학습, 변별학습

7 로(Roe)의 욕구이론

1 이론의 배경

1) 로(Anne Roe)는 초기 아동기 특히 12세 이전에 부모가 보여준 자녀양육방식이 자녀의 진로 선택에 영향을 준다고 보았다.
2) 직업선택이 생물학적, 사회학적 심리학적 개인차에 기초한다고 가정하였지만 특히 부모가 자녀를 대하는 양육 방식이 자녀의 심리적 욕구와 상호작용해서 직업선택이 이루어질 수 있음을 가정하였다.
3) 매슬로우(Maslow)의 욕구위계론을 바탕으로 할 때, 직업과 기본욕구 만족의 관련성에 관해 논의하는 게 효율적이라고 보았다. 직업은 모든 수준의 기본 욕구를 충족시킬 수 있는 요소이며 특히 생리적 욕구, 안전의 욕구와 명확한 관련성을 보인다.
4) 성격이 유일하고 가장 중요한 변인이라고는 생각하지 않았다.

2 이론의 내용

1 로(Anne Roe)의 직업분류 이론의 흥미와 욕구에 대한 다섯 가지 명제

(1) 유전은 모든 특성의 발달 잠재성에 제한을 가한다. 일반적으로 유전은 흥미나 태도와 같은 변인보다는 지능이나 기질에 대해 더 구체적이고 강력한 제한을 가하는 것으로 보인다.
(2) 유전된 특징의 발달 정도와 방식은 개인의 특이한 경험뿐만 아니라 문화적인 배경과 가정의 사회경제적 지위의 모든 측면에 의해서도 영향을 받는다.
(3) 흥미, 태도, 상대적으로 약하고 일반적인 유전적 통제력을 가진 다른 성격 변인들의 발달유형은 주로 개인적인 경험에 의해 결정된다. 개인적인 경험에 의해 관심은 무의식적으로 특정한 방향으로만 주어진다.
(4) 관심-방향성의 관점에서 정신 에너지의 최종적인 형태는 흥미의 주요 결정 요인이다.
(5) 욕구 강도, 욕구 만족도, 욕구의 조직화는 성취에 대한 동기유발의 정도를 결정하는 주요인이다.

2 로(Roe)의 직업분류 체계 📖 2012, 2013 기출

(1) **분류 원리1**: 흥미에 기초하여 직업을 여덟 개의 군집으로 나누고, 각각의 군집에 알맞은 직업 목록을 작성하였다.
(2) **분류 원리2**: 직업활동과 관련된 인간관계의 특성과 강도에 기초한 연속선상에 직업들을 배열. 연속선상에서 가까이 위치한 군집들이 떨어진 군집보다 인간관계의 특성과 강도 면에서 더 유사하다.

(3) 분류 원리3: 각 직업 곤란도와 책무성(책임, 능력, 기술의 정도)을 고려하여 8×6의 구조를 만들었다.
　① 기준들 사이의 상관관계는 없으며 책무성의 정도가 단계 구분에 결정적인 영향을 미친다.
　② 책무성에는 결정을 내리는 횟수와 곤란도뿐만 아니라 다양한 문제들을 어떻게 처리해야 하는지도 포함된다.

단계	군집							
	서비스직	비지니스직	단체직	기술직	옥외활동직	과학직	일반문화직	예능직
1	개인치료사, 사회사업, 전문상담가	프로모터	대통령과 각료, 실업계 거물, 국제 은행가	발명가, 고문, 기사, 선장	전문조언가	연구원, 대학교수, 의학전문가, 박물관장	대법원 판사, 대학교수, 학자	창조적 예술가, 대학교수, 도서관장
2	사회사업가, 직업상담원	공익기관의 상담원	공인회계사, 기업과 정부의 행정관, 노조 직원, 중개인	응용과학자, 공장장, 함선의 장교, 기사	응용과학자, 지주와 소작인, 조경가	과학자, 간호사, 약사, 수의사	편집자, 초·중학교 교사	운동선수, 예술비평가, 디자이너, 음악편곡자
3	YMCA직원, 탐정, 복지사업가, 경위	외판원, 도·소매업 딜러	회계사, 고용관리인, 식당 및 세탁소 주인	비행사, 중개업자, 현장주임, 방송기술자	농사고문, 농장 소유주, 삼림감시원, 낚시감시원	엑스레이 기술자, 박물관 기술자, 기상관측자, 지압사	치안판사, 라디오 아나운서, 리포터, 사서	광고작성자, 디자이너, 실내장식가, 쇼맨
4	이용사, 주방장, 보조간호사, 순경	경매인, 구매원, 호별방문자, 투표면접자	출납원, 은행직원, 급사, 도매점 주임, 판매원	전기기사, 현장주임, 정비사	낙농제품 검증인, 석유 굴착 기술자	기술보조원	법률서기	광고예술가, 장식가, 사진사, 자동차 경주자
5	택시기사, 소방원	행상인	문서정리원, 주식 판매원, 공증인, 타자수	불도저 기사, 배달부, 제련소 노동자, 트럭 기사	정원사, 농장소작인, 카우보이, 광부보조자	수의보조원, 과학 기구의 비전문 조무사		삽화가, 광고전단 작성자, 무대담당원
6	가정부, 병원 조무사, 엘리베이터 기사		배달원	조수, 노동자, 포장인	목장일꾼, 농장노동자, 벌목원			

(4) 직업군
　① 서비스직
　　㉠ 사회사업, 가이던스 등 다른 사람의 욕구와 복지에 관심을 가지고 봉사하는 것과 관련
　　㉡ 다른 사람을 위해 무엇인가를 하고 있는 환경이 이 군집의 본질적 요인
　② 비즈니스직
　　㉠ 일대일 만남을 통해 공산품, 투자상품, 부동산 등을 판매하는 것과 관련. 대인관계가 중요
　　㉡ 타인을 도와주기보다는 어떤 행동을 취하도록 상대방을 설득하는 데 초점
　③ 단체직
　　㉠ 사업, 제조업, 행정 등 관리직 화이트칼라 군집
　　㉡ 기업의 조직과 효율적인 기능과 관련된 직업으로 인간관계 질은 형식적
　④ 기술직
　　㉠ 상품과 재화의 생산, 유지, 운송과 관련된 직업군
　　㉡ 대인관계는 상대적으로 덜 중요. 사물을 다루는 데 관심
　⑤ 옥외활동직
　　㉠ 농산물, 수산자원, 지하자원, 임산물, 천연자원 개발, 보존, 수확하는 것과 축산업과 관련된 직업군
　　㉡ 대인관계 중요하지 않음

⑥ 과학직
- ㉠ 과학이론과 이론을 특정한 환경에 적용하는 것과 관련. 의학직 포함
- ㉡ 심리학, 인류학 분야뿐만 아니라 물리학과 같은 과학적 연구에서도 보다 구체적인 인간관계를 호소하는 일반문화직과 관련이 있는 직업이 있다.

⑦ 일반문화직
- ㉠ 문화유산의 보존과 전수와 관련. 개인보다 인류의 활동에 흥미. 교육, 언론, 법률, 성직, 언어학과 인문학과 관련된 직업
- ㉡ 대부분 초중등 교사들은 이 군집에 속하나 고등교육기관 교사들은 가르치는 교과에 따라 서로 다른 직업군 포함

  예 예술교사는 예능직, 과학교사는 과학직

⑧ 예능직
- ㉠ 창조적인 예술과 연예에 관련된 특별한 기술을 사용하는 것과 관련된 직업
- ㉡ 개인과 대중, 또는 조직화된 한 집단과 대중 사이의 관계에 초점
- ㉢ 인간관계가 중요하나 서비스직에서의 인간관계와 똑같은 특성을 지닌 것은 아님

(5) 수준

① 1단계(고급 전문관리)
- ㉠ 중요한 사안에 대해 독립적인 책임을 지는 전문가들뿐만 아니라 개혁자, 창조자, 최고 경영관리자 포함
- ㉡ 중요하고 독립적이며 다양한 책임을 가짐
- ㉢ 정책을 만듦
- ㉣ 박사나 이에 준하는 정도의 교육을 받은 사람들

② 2단계(중급 전문관리)
- ㉠ 자율성이 있으나 고급단계보다 더 좁은 영역에 대한 덜 중요한 책임이 따른다.
- ㉡ 중요도와 다양성의 측면에서 자신과 타인에 대한 중간 수준의 책임
- ㉢ 정책을 해석
- ㉣ 석사학위 이상, 박사와 그에 준하는 정도의 교육보다는 낮은 수준의 교육을 받은 사람들

③ 3단계(준 전문관리)
- ㉠ 타인에 대한 낮은 수준의 책임
- ㉡ 정책을 적용
- ㉢ 오직 자신만을 위한 의사결정
- ㉣ 고등학교 기술학교 또는 그에 준하는 정도의 교육수준을 받은 사람들

④ 4단계(숙련직): 견습이나 다른 특수한 훈련과 경험을 필요로 한다.

⑤ 5단계(반숙련직): 약간의 훈련과 경험을 요구하며 4단계보다 매우 낮은 수준의 훈련. 훨씬 더 적은 자율과 주도권이 주어진다.

⑥ 6단계(비숙련직): 간단한 지시를 따르거나 단순한 반복활동에 종사하기 때문에 특수한 훈련이나 교육을 필요로 하지 않는다.

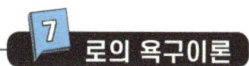

3 부모-자녀관계의 직업선택

(1) 초기의 경험은 가정환경에 의해 주로 영향을 받으며 특히 부모와의 관계에 의해 영향을 받는다.
   ① 발달 초기의 부모 행동
      ㉠ 자녀에 대한 감정적인 집중은 과보호적이거나 과요구적으로 될 수 있다. 과보호적-과요구적(과잉보호-과잉요구)의 부모양육태도는 자녀의 호기심을 제한하거나 자녀의 완벽성을 요구하게 된다.
      ㉡ 자녀에 대한 회피는 감정적 무시와 거부로 표현된다. 무시-거부는 정서적으로 거부하고 벌이나 비난을 하며 애정을 보이지 않는다.
      ㉢ 자녀에 대한 수용은 무관심한 수용과 애정적인 수용으로 나타난다. 무관심한 수용-애정적 수용(일상적 수용-애정적 수용)은 자녀가 안정감을 느낄 수 있는 환경을 조성하고 부모의 애정을 느끼게 하며 자녀의 독립성을 격려하고 수용적인 태도를 취한다.
(2) 욕구구조는 유전적 특성과 함께 어렸을 때 경험하는 좌절과 만족에 의해 형성된다.

(3) 부모-자녀 관계유형 및 특징 2015 특시, 2019 기출

	A. 자녀에 대한 감정적 집중(애착)	
과보호적 분위기	• 부모가 자식을 특별히 소중히 여기고 지나친 보호를 하려하며, 자식도 부모에게 의존하기를 기대한다. • 이러한 부모들은 자녀의 낮은 수준의 요구는 즉시 들어주나, 상위의 요구는 아이의 행동이 부모나 사회의 기대에 일치할 때에만 들어준다. • 이러한 분위기에서 자란 아이들은 훗날 타인에게 의존적이며 일반적으로 동조적인 행동을 많이 나타내게 된다.	• 직업선택 - 서비스 - 예술 - 연예활동 관련 직업
과요구적 분위기	• 자식이 부모의 요구에 부합되고 성취를 한 경우에 부모는 자녀를 사랑하고 귀히 여긴다. • 부모는 자식이 무슨 일을 하든 남보다 뛰어나길 바란다. • 자식에게 엄격한 훈련을 시키고 되고, 취학 후에는 우수한 성적을 받아 오도록 무리한 요구를 하게 된다.	• 직업선택 - 일반문화: 법조인, 교사, 학자, 도서관 사서 - 예술 - 연예활동 관련 직업
	B. 자녀회피	
무시적 분위기 (방임형)	• 자녀와의 접촉 및 자녀에 대한 부모로서의 책임을 회피하려는 경향 • 자녀의 욕구 충족을 위해서 별로 노력하지 않는다. • 자녀에 대한 관심이 적으나 감정적으로 거부하지는 않는다.	• 직업선택 - 과학 - 옥외활동직
거부적 분위기 (거부형)	• 자녀의 행복을 전적으로 무시하고 자녀들의 신체적, 심리적 요구를 충족시켜 주려는 노력을 거의 하지 않는다.	• 직업선택 - 과학
	C. 자녀수용	
무관심한 (태평한) 분위기	• 부모가 자식을 수용하기는 하나 부모-자녀 관계가 별로 밀착되어 있지 않다. • 자녀들을 수용적으로 대하지만 요구나 욕구에 대해서 민감하지 않다. 또한 무언가를 잘 하도록 강요하지도 않는다.	• 직업선택 - 기술직(엔지니어, 항공사, 응용과학) - 단체직(은행원, 회계사 점원)
애정적 분위기	• 무관심한 분위기와 유사하나 그보다는 부모-자녀 관계가 더 튼튼 • 부모는 자녀가 어떠한 것을 요구하든 들어주려고 노력 • 무관심한 분위기에 비하여 부모는 자녀에게 더욱 사려 깊은 격려를 한다.	• 직업선택 - 서비스 - 비지니스직

(4) 가정 분위기 유형에 따른 직업지향 📖 2005, 2006, 2012 기출

① 따뜻한 부모-자녀 관계에서 성장한 사람: 인간지향적인 성격을 형성한다. 즉, 서비스직, 비즈니스직, 단체직, 문화직, 예능직을 선택한다.

　㉠ **과보호형 가정환경**: 인간지향적인 성격을 갖고 예능계통 직업을 희망한다.

　㉡ **온정적이고 수용적인 환경**: 인간지향적인 성격을 갖고 다른 사람들과 함께 일하고 접촉하는 서비스 직종의 직업을 희망한다.

② 차가운 부모-자녀의 관계에서 성장한 사람: 자신에게 어떤 문제가 있을 때, 부모나 주위 사람에게 도움을 청하지 않고 사람과의 접촉이 아닌 다른 수단을 통해서 해결하는 방법을 터득한다. 비인간 지향적인 직업, 즉 기술직, 옥외활동직, 과학직을 선택한다.

[2015년 특시 기출]

다음은 로우(A. Roe)의 양육태도 유형 분류 방식을 적용하여 두 내담자가 가지고 있는 부모와의 관계 특성을 분석한 내용의 일부이다. ㉠, ㉡에 들어갈 아버지의 양육태도 유형을 순서대로 쓰시오.

내담자	부모와의 관계 특성	양육태도 유형
영주 (고1, 여)	• 영주가 어릴 때부터 아버지는 회사 일에만 신경을 썼고 어머니가 자녀 양육과 교육 문제를 도맡아 왔다. • 어머니가 암으로 돌아가신 후, 아버지는 영주가 진로에 대해 상의하려 할 때마다 '엄마가 없으니…'하고 한숨만 푹 쉬면서 자리를 피한다.	㉠
설아 (고3, 여)	• 설아가 어릴 때부터 아버지는 '아이들은 실수하면서 큰다'고 말하면서 설아가 하고 싶은 것을 대부분 허용하였다. • 아버지는 예술 분야 직업의 현실적인 어려움 때문에 설아가 실용음악과에 진학하려는 것을 염려하지만, 설아의 의견을 존중하여 실용 음악과가 있는 대학의 입시 정보를 찾아주곤 한다.	㉡

---

3 평가

1 한계점

(1) 실증적인 근거가 결여되어 있다.

(2) 검증하기가 매우 어렵다. 부모-자녀 관계는 자녀의 발달과정 동안 내내 동일하지 않을 뿐만 아니라 한 부모라 하더라도 자녀에 대한 아버지와 어머니의 태도가 각기 다를 수 있기 때문이다.

(3) 진로상담을 위한 구체적인 절차를 제공하지 못하고 있다.

8 홀랜드(J. Holland)의 인성이론

1 이론의 배경

홀랜드(John Lewis Holland)의 이론은 다음과 같은 가정을 기초로 하고 있다. "직업적 흥미는 일반적으로 성격이라고 불리는 것의 일부분이기 때문에 개인의 직업적 흥미에 대한 설명은 곧 개인의 성격에 대한 설명이다"

2 이론의 내용

1 기본 가정

(1) **여섯가지 직업 성격 유형**: 대부분의 사람들은 여섯 가지 유형, 즉 '실재적(R), 탐구적(I), 예술적(A), 사회적(S), 설득적(E), 관습적(C)'으로 분류된다.
(2) **여섯가지 환경 유형**: 여섯 가지 종류, '실재적(Realistic, 현실적), 탐구적(Investigative), 예술적(Artistic), 사회적(Social), 설득적(Enterprising, 기업적), 관습적(Conventional)'인 환경이 있다.
(3) 사람들은 자신의 능력과 기술을 발휘하고 태도와 가치를 표현하고 자신에게 맞는 역할을 수행할 수 있는 환경을 찾는다.
(4) **구조적 상호이론(유형론적 상호작용이론)**: 개인의 행동은 성격과 환경의 상호작용에 따라 결정. 즉 진로란 한 쪽 방향으로만 움직이는 것이 아니라 직업이 사람을 변하게 하기도 하고 사람이 직업을 변하게 하기도 한다.

2 성격유형 발달

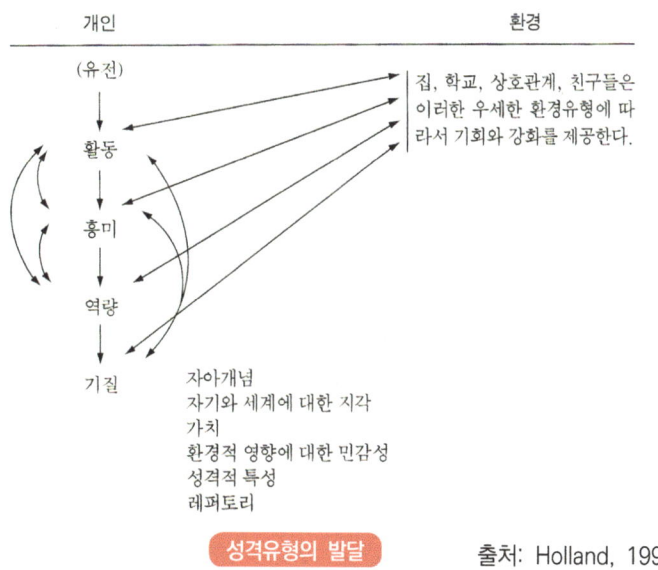

성격유형의 발달   출처: Holland, 1992

(1) 개인의 성격유형이란, 개인과 환경 간의 상호작용을 통해 발달된 개인의 재능을 말한다.
(2) 18~30세 사이에 가장 잘 드러난다.
(3) 각 성격유형은 개인적 요인과 다양한 문화 간의 상호작용이다.
(4) 각 선호 활동은 보다 강한 흥미로 변화하여 능력을 요구하는 집단 속에 속하게 되고, 이러한 흥미와 능력은 특별한 재능을 가질 수 있도록 유도하고 독특한 방식을 생각하고 지각하고 행동하게끔 유도한다.
(5) 아이들의 초기활동은 장기적으로 흥미와 역량을 만들어가고 그 경험을 통해 독특한 자아개념, 외모, 기질을 갖게 된다.
(6) 환경에 부모의 태도가 영향. 부모의 태도는 아동의 흥미발달에도 영향을 미치지만 환경적 기회라는 큰 범주를 제공하였다.
(7) 직업적 정체성은 나이가 들어감에 증가: 변별성 일관성과 관련되어 있기 때문이다.

3 여섯 가지 유형 2011 기출

(1) 개인은 여섯 가지 기본 성격유형 중 하나와 유사하다.
(2) 여섯 가지 직업 환경이 있다.
(3) 여섯 가지 유형 중의 한 가지가 사람을 우세하게 지배하지만 하위유형 또는 성격패턴이 있다.
(4) 개인과 환경의 일치도가 적절하지 않을 때 일치하지 못하는 환경을 떠난다. 자신이 가지고 있는 인성적 특성의 표출을 허용하고 이에 맞는 직무환경을 선택할 것이 중요하다.
(5) RIASEC이라는 육각형 모형을 통해 성공적인 진로결정을 위한 효과적이고 체계적인 방법을 제시한다. 내담자가 자신에게 최적의 선택 및 결정을 할 수 있도록 개인과 환경에 대한 정확하고 유용한 정보를 제공해 주어 자기탐색, 자기이해, 자기인식을 높여준다.
(6) 개인의 완전한 프로파일은 여섯 가지 유형의 특성을 모두 포함할 것이다. 그러나 하위유형은 개인에게서 발달되는 아주 우세한 유형의 세 개를 기초로 전개된다.
(7) 3개 코드는 개인이 환경을 다루기 위한 다양한 범주의 전략을 알 수 있게 해주기 때문에 유용하다.

(8) 6가지 유형 설명 2005, 2006 기출

Holland의 6가지 직업적 성격의 특성 2005, 2006 기출

실재적 유형	기계, 도구, 동물에 관한 체계적인 조작활동을 좋아한다. 이 유형의 사람은 사회적 기술이 부족하다. 실재적인 유형에 속하는 전형적인 직업은 기술자다.
탐구적 유형	분석적이고 호기심이 많고 조직적이며 정확하다. 그러나 이들은 흔히 리더십 기술이 부족하다. 대표적인 직업은 과학자다.
예술적 유형	표현이 풍부하고 독창적이며 비순응적이다. 이들은 규범적인 기술이 부족하다.
사회적 유형	다른 사람과 함께 일하거나 다른 사람을 돕는 것을 즐기지만 도구와 기계를 포함하는 질서정연하고 조직적인 활동을 싫어한다. 사회적 유형은 기계적이고 과학적인 능력이 부족하다. 사회복지가, 교육자, 상담가는 사회적 유형이다.
설득적 유형	조직 목표나 경제적 목표를 달성하기 위해 타인을 조작하는 활동을 즐긴다. 그러나 상징적이고 체계적인 활동을 싫어하며 과학적 능력이 부족하다. 기업경영인, 정치가
관습적 유형	체계적으로 자료를 잘 처리하고 기록을 정리하거나 자료를 재생산하는 것을 좋아한다. 그 대신 심미적 활동은 피한다. 경리사원, 사서 등이 이에 속하는 유형이다.

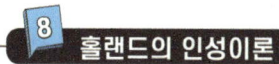

직업적 성격유형	성격특징	선호/비선호 직업적 활동	대표적인 직업
실재적 유형(R)	남성적이고, 솔직하고, 성실하며, 검소하고, 지구력이 있고, 신체적으로 건강하며, 소박하고, 말이 적으며, 고집이 있고, 직선적이며, 단순하다.	• 분명하고, 질서정연하게, 그리고 체계적으로 대상이나 연장, 기계, 동물들을 조작하는 활동 내지는 신체적 기술을 좋아한다. • 교육적인 활동이나 치료적인 활동을 좋아하지 않는다.	기술자, 자동차 및 항공기 조종사, 정비사, 농부, 엔지니어, 전기·기계기사, 운동선수 등
탐구적 유형(I)	탐구심이 많고, 논리적·분석적·합리적이며, 정확하고, 지적 호기심이 많으며, 비판적·내성적이고, 수줍음을 잘 타며, 신중하다.	• 관찰적·상징적·체계적으로 물리적·생물학적·문화적 현상을 탐구하는 활동을 좋아한다. • 사회적이고 반복적인 활동들을 좋아하지 않는다.	과학자, 생물학자, 화학자, 물리학자, 인류학자, 지질학자, 의료기술자, 의사 등
예술적 유형(A)	상상력이 풍부하고, 감수성이 강하며, 자유분방하며, 개방적이다. 또한 감정이 풍부하고, 독창적이며, 개성이 강한 반면 협동적이진 않다.	• 예술적 창조와 표현, 변화와 다양성을 좋아하고, 틀에 박힌 것을 싫어한다. 모호하고, 자유롭고, 상징적인 활동을 좋아한다. • 명쾌하고 체계적이고 구조화된 활동을 좋아하지 않는다.	예술가, 작곡가, 음악가, 무대감독, 작가, 배우, 소설가, 미술가, 무용가, 디자이너 등
사회적 유형(S)	사람들과 어울리기 좋아하며, 친절하고, 이해심이 많으며, 남을 잘 도와주고, 봉사적이며, 감정이고, 이상주의적이다.	• 타인의 문제를 듣고, 이해하고, 도와주고, 치료해 주고, 봉사하는 활동을 좋아한다. • 기계·도구·물질과 함께 명쾌하고, 질서정연하고, 체계적인 활동을 좋아하지 않는다.	사회복지가, 교육자, 간호사, 유치원교사, 종교지도자, 상담가, 임상치료가, 언어치료사 등
설득적 (기업적) 유형(E)	지배적이고, 통솔력·지도력이 있으며 말을 잘 하고, 설득적이며, 경쟁적이고, 야심적이며, 외향적이고, 낙관적이고, 열성적이다.	• 조직의 목적과 경제적 이익을 얻기 위해 타인을 선도·계획·통제·관리하는 일과 그 결과로 얻어지는 위신·인정·권위를 좋아한다. • 관찰적·상징적·체계적 활동을 좋아하지 않는다.	기업경영인, 정치가, 판사, 영업사원, 상품구매인, 보험회사원, 판매원, 관리자, 연출가 등
관습적 유형(C)	정확하고, 빈틈이 없고, 조심성이 있으며, 세밀하고, 계획성이 있으며, 변화를 좋아하지 않으며, 완고하고, 책임감이 강하다.	• 정해진 원칙과 계획에 따라 자료들을 기록, 정리, 조직하는 일을 좋아하고, 체계적인 작업환경에서 사무적, 계산적 능력을 발휘하는 활동을 좋아한다. • 창의적, 자율적이며 모험적, 비체계적인 활동에서 혼란을 느낀다.	공인회계사, 경제분석가, 은행원, 세무사, 경리사원, 컴퓨터 프로그래머, 감사원, 안전관리사, 사서, 법무사 등

4 육각형 모형

홀랜드 이론에 있는 구성요인들 사이의 관계를 도표로 나타내 준다. 육각형 모형은 각 유형 간의 심리적 유사성을 살펴보는 데 중요하다.

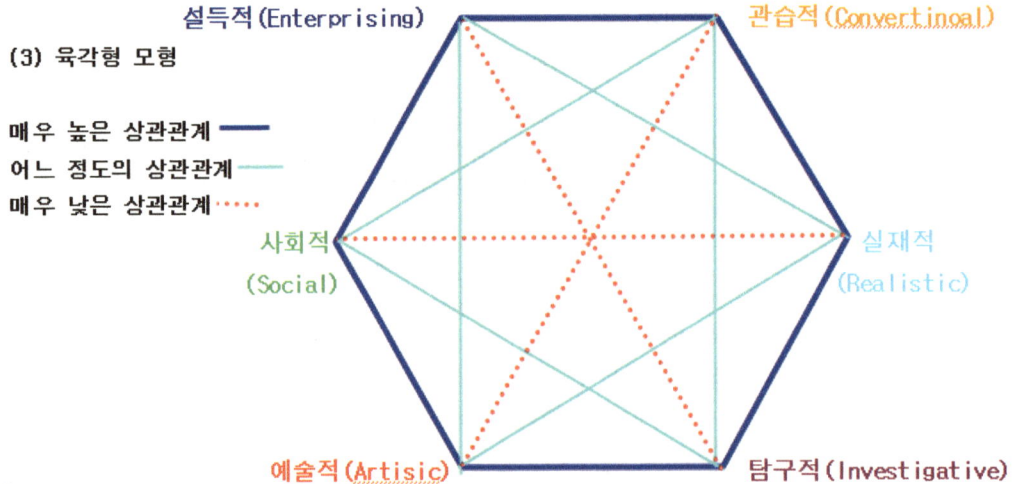

(1) **순환-순서 가설**: 육각형 모형에 포함된 6가지 흥미 유형이 R→I→A→S→E→C 순서로 육각형의 순환고리를 이루고 있다는 것. 6가지 유형 사이의 거리가 가까울수록 유형 간 상관관계도 높다.

(2) **주변관계 가설**: 6가지 유형 간 상관관계 크기가 서로 일정한 비율을 따른다. 즉 육각형 모형에서 각 유형 간 거리가 동일하면 상관의 크기도 동일하다.

5 다섯 가지의 주요 개념

(1) **일관성(consistency)** 2010, 2016, 2021 기출
① 정의: 성격유형 간이나 환경모형 간의 관련 정도를 의미하는 것으로 정육각형 모형상의 두 유형 간 근접성에 따라 설명된다. 육각형의 꼭지점에서 서로 가까운 곳에 위치하면 할수록 그 개인은 좀더 일관성에 근접해 있다고 말할 수 있다.
  예) 실제적(R)이면서 탐구적인(I) 성격유형을 가진 사람은 관습적(C)이면서 예술적인 (A) 성격유형을 가진 사람보다 높다.
② 일관성의 정도(CI)

일관성의 수준	성격유형
높음	RI, SE 등 개인의 코드 중 첫 두 문자가 육각형에 인접한 경우
중간	RA, RE 등 첫 두 문자 사이에 다른 문자가 있을 경우
낮음	RS, IE 등 코드 첫 두 문자가 두 개의 간섭하는 문자를 가질 경우

(2) **변별성(차별성, differentiation)** 2021, 2023 기출
① 정의: 직업 성격유형이나 직업환경이 얼마나 잘 구별되는지를 뜻하는 것으로, 직업적 흥미 특성이 얼마나 뚜렷하게 나타나는가를 나타내는 것이다.
② 변별성이 높은 사람은 일에서 경쟁력이 높고, 만족도도 높을 것이며, 사회적이고 교육적 행동에도 적절히 개입할 것이다. 이렇게 개인이나 환경이 RIASEC 중 어떤 하나에 분명하게 나타내는 정도를 변별성이라고 한다.

> **+ 변별의 예**
> 어떤 사람은 특정 직업흥미유형과 유사하면서 다른 유형과는 유사하지 않을 수 있고, 환경도 마찬가지로 어떤 한 가지 유형에만 지배될 수 있다. 이와는 반대로 여러 가지 흥미유형과 골고루 유사한 사람이나 6가지 흥미유형과 비슷한 특징을 가진 환경은 구분되지 않게 된다.

③ 변별성은 현장에서 중요하게 사용되고 있는데, 내담자가 모든 것에 흥미가 있거나 어떤 것에도 흥미가 없을 경우, 내담자의 진로결정이 왜 어려움을 겪는지를 알 수 있기 때문이다.

(3) 정체성(identity) 📖 2015 기출

① 정의: 개인적 측면에서의 정체성이란 개인의 목표, 흥미, 재능에 대한 명확하고 견고한 청사진을 말한다. 환경적 측면에서의 정체성이란 조직의 투명성, 안정성, 목표, 일, 보상의 통합이라고 규정된다.

② 홀랜드 이론의 핵심 과정은 한 개인의 성격이 직업명에 투사된다는 것이다. 그 투사과정은 내적·외적 요인들에 따라 나타나는데, 성격의 명확성과 관련된다. 이는 문화, 성역할, 자기효능감 등이 투사과정이나 그 과정에 있는 개인에게 다시 영향을 줄 수 있다는 뜻이다.

(4) 일치성(congruence) 📖 2016, 2023 기출

① 정의: 사람은 자신의 유형과 비슷하거나 정체성이 있는 환경유형에서 일하거나 생활할 때 일치성이 높아지게 된다. 즉 개인의 직업 성격유형과 환경유형의 일치 정도이다.
   예 실제적인(R) 성격유형을 가진 사람은 실제적인(R) 환경에서 활발하게 활동한다.

② 환경은 그 환경에 맞는 흥미유형을 가진 사람들에게 더 많은 기회와 보상을 제공하기 때문에 개인은 자신에게 맞는 환경에서 능력을 최대한 발휘한다.

③ 육각형은 개인의 유형과 환경 간의 일치 정도를 측정하는 데 사용될 수 있다. 완벽한 조합은 실제적 환경에 실제적인 유형이다. 다음으로 최선의 적합은 환경유형에 인접한 성격유형이다.

④ 일치성이 낮은 경우, 실제적인(R) 성격의 사람이 설득적인(E) 환경에서 일하는 것. 일치성이 가장 낮은 경우, 인성유형과 환경유형이 육각형 모형의 반대편 꼭지점이 있을 때로, 현실적(R)인 사람이 사회적(S) 환경에 있을 때

(5) 계측성(calculus) 📖 2021 기출

① "유형(환경)내 또는 유형 간의 관계는 육각형 모델에 따라 정리될 수 있는데, 육각형 모델에서 유형(환경) 간의 거리는 그것들 사이의 이론적인 관계에 반비례한다" 육각형은 개인(환경)간 또는 개인 내에 있는 일관성의 정도를 나타내 주는 도형이다.

[2016년 기출]

다음은 효주(2, 여), 동우(2, 남), 연지(2, 여)의 홀랜드 (J. Holland) 검사결과이다. 학생들의 일관성과 일치성 수준에 대해 〈작성 방법〉에 따라 서술하시오.

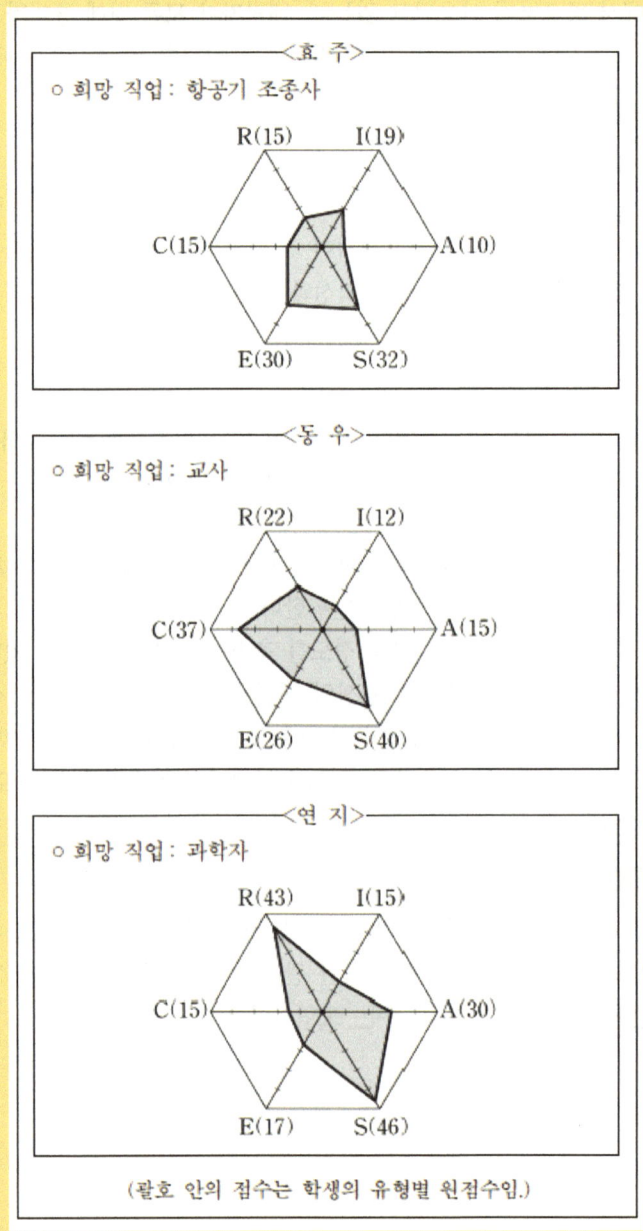

(괄호 안의 점수는 학생의 유형별 원점수임.)

─〈보기〉─
- 세 학생 중, 일관성(consistency) 수준이 가장 높은 학생은 누구이며, 그 이유가 무엇인지 쓸 것.
- 세 학생 중, 일치성(congruence) 수준이 가장 높은 학생은 누구이며, 그 이유가 무엇인지 학생의 희망 직업과 진로 코드를 비교하여 쓸 것.

3 상담과정 및 목표

1 상담과정

(1) 정체성 바탕으로 호소문제 파악
   ① 내담자의 직업적 성격유형 파악한다. 즉 성격유형이 어떤 식으로 변화 및 발달해 왔는지 살펴본다.
   ② 내담자의 성격유형을 파악한다. 즉, 성격유형이 일관되게 유지됐는지 다양하게 변해왔는지, 변했다면 어떠한 이유인지를 파악한다.

(2) 개인과 개인 간, 개인과 환경 간, 환경과 환경 간의 일치성 고려
   ① 자신의 생활 유형과 유사한 직업 환경에서 생활했는지, 성격 유형에 있어 부모와 같은 유의미 타자와 일치도는 어떤지, 전공 분야와 직업 분야가 유사한지 등을 확인한다.

(3) 내담자의 개인 내적 유형 간 변별성과 일관성 고려
   ① 변별성 고려: 변별성을 확인한다. 분명하지 않은 경우 원인을 탐색한다.
   ② 일관성 고려: 일관성이 낮을 때 원인을 탐색한다. 진로 고민에 미치는 영향을 탐색한다.

2 상담 목표

개인의 성격유형과 일치되는 환경 특성을 선택하도록 조력하는 것
① 내담자의 직업적 성격유형을 통해 내담자와 일과의 상호작용을 확인한다.
② 변별성, 일관성, 일치성의 개념을 활용하여 의사결정 과정의 어려움을 예측한다.
③ 내담자의 유형에 대한 이해를 바탕으로 다양한 진로대안과 개인의 특성을 비교, 검토하면서 진로대안을 탐색한다.
④ 학과 및 직업의 선택 시 '홀랜드 학과/직업 코드표'를 이용하여 내담자의 유형과 일치하거나 유사한 유형의 학과 혹은 직업을 탐색한다.

4 평가 2011 기출

1 한계점

(1) 홀랜드 이론에서는 성격만이 편파적으로 강조되어 여러 가지 다른 중요한 개인적, 환경적 요인이 도외시되고 있다.
(2) 진로상담에 적용할 수 있는 구체적인 절차를 제공해 주지 못하고 있다. 특히 상담자가 내담자와의 대면관계에서 사용할 수 있는 과정과 기법에 관한 가이드가 없다.
(3) 홀랜드의 모형을 측정하는 검사도구가 성적 편파적인 문제를 아직 해결하지 못하고 있다.
(4) 홀랜드 이론은 성격요인을 중요시하고 있으면서도 그 발달과정에 대한 설명이 결여되어 있다.
(5) 사람들은 자신의 환경 및 자기 자신이 변화하는 가능성이 있음에도 불구하고, 이 점을 고려하지 않았다. 자신의 성격에 맞지 않는 직업 환경을 선택하더라도 인간은 자신의 특성을 수정하거나 작업환경을 개조함으로써 자신의 역할을 잘 수행해 나갈 수 있는 가능성이 있다는 사실을 외면하고 있다.

9 크럼볼츠(J. Krumboltz)의 사회학습 이론

1 이론의 배경 　2011, 2012 기출

- 강화이론, 고전적 행동주의 이론, 인지적 정보처리 이론에 기원한다.
- 특히 행동에 대한 일반적인 사회학습 이론(반두라의 사회학습이론)을 기초로 개인의 성격과 행동은 그의 독특한 학습경험에 의해서 가장 잘 설명될 수 있다고 가정하여, 진로의사 결정에 영향을 미치는 요인들의 상호작용을 밝히고 있다.

2 이론의 내용

1 진로결정 요인 　2006, 2013, 2014 기출

(1) **유전적 요인과 특별한 능력/적성**(genetic endowments and special abilities)
  ① 개인의 타고난 유전적 재능으로 학습된 것이 아니라 물려받거나 타고난 개인의 특성에 해당한다. 신체적 외모, 특정 질병에 걸릴 소인, 그 밖의 기질 등이다.
  ② 개인의 진로기회를 제한하는 타고난 특질을 말한다.
  　예　인종, 성별, 신체적 모습과 특징, 지능, 예술적 재능, 근육의 기능 등

(2) **환경적 조건과 사건**(environmental conditions and events)
  ① 환경에서의 특정한 사건이 기술개발, 활동, 진로선호 등에 영향을 미친다는 것이다. 이는 개인의 통제를 벗어나는 것도 있고, 통제할 수 있는 것도 있으며, 계획된 것도 있고, 계획되지 않은 우연적인 것도 있을 수 있다.
  ② 미첼과 크럼볼츠(Mitchell & Krumboltz, 1996)는 일의 기회, 소수민족 보호와 같은 사회정책, 직업에 제공되는 보상, 노동법, 물리적 여건, 자연환경, 기술의 발전, 사회조직의 변화, 가족자원, 교육체제, 공동체 및 지역사회 영향 등 12가지 환경조건의 범주를 제시하였다. 또한 기후나 자연재해, 사건 등도 영향을 미칠 수 있다.

(3) **학습경험**(learning experiences)
  ① 한 개인이 어떤 진로에 대해 '좋다', '싫다'라는 경향을 갖게 될 때 이는 이전 학습경험의 결과라고 본다.
  ② 개인이 과거에 학습한 경험은 현재 또는 미래의 교육적, 직업적 의사결정에 영향을 미치는데, 크게 두 가지 유형의 학습경험을 가정하고 있다.

크럼볼츠의 사회학습 이론

도구적 학습경험	• 학습이론에서 행동과 그 행동의 결과와의 관계를 학습하게 된다는 것으로, 행동의 결과가 긍정적이라면, 그 행동은 증가할 것이라는 가정에 기초한다. • 도구적 학습경험(instrumental learning experiences)의 순서는 선행사건(antecedents) → 행동(behavior) → 결과(consequences)이다. 예 수업시간에 발표를 했는데(행동) 선생님으로부터 말을 조리있게 잘한다는 칭찬을 들었다면 (긍정적 결과) 아나운서와 같은 직업에 관심을 가질 수 있다.

연합적 학습경험	• 연합적 학습경험(associate learning experiences)은 이전에는 중립적이던 자극이 긍정적 또는 부정적 자극과 함께 짝지어 경험되면서 중립적 자극이 부정적 또는 긍정적인 자극의 성격을 띠게 되는 것
	• 연합적 학습경험에는 고전적 조건화와 관찰 두 가지 유형이 있다.
	  – 고전적 조건화의 예: 자동차라는 것은 중립적 자극이지만 자동차 사고를 경험한 사람은 자동차에 대해 부정적인 느낌을 갖게 된다. 이런 사람은 자동차와 관련된 직업에 대해서 싫어하는 태도를 보일 수 있다.
	  – 관찰의 예: 교사나 버스기사가 그들의 직업을 수행하는 것을 관찰하고 그 관찰경험이 긍정적인 것이라면 그 직업에 호감을 가질 것이고 부정적이라면 그 직업을 싫어하게 될 것이라는 것이다.
	• 미첼과 크럼볼츠(1996)는 대리경험이나 간접경험도 연합학습의 일종으로 볼 수 있다고 지적했다. 대리학습은 직접 관찰에 의한 것과 간접관찰에 의한 것 두 가지 경우가 가능하다.
	  – 직접관찰의 예: 해당 직업 수행하는 것 관찰
	  – 간접관찰의 예: 영화, 텔레비전, 책 등

(4) 과제접근 기술(task approach skills): 당면한 문제를 다루는 기술

① 개인이 환경을 이해하고, 이에 대처하고 미래를 예견하는 능력이나 경향으로 학습경험, 유전적 요인, 환경적인 조건이나 사건의 상호작용으로 나타난다.

    예 문제해결 기술, 일하는 습관, 정보수집 능력, 감성적 반응, 인지적 과정, 학습능력 등이다.

② 존 크럼볼츠(John D. Krumboltz)는 진로결정 요인들 중에서,
    ㉠ **환경적 요인**: '유전적 요인과 특별한 능력' 및 '환경적 조건과 사건'
    ㉡ **심리적 요인**: '학습경험'과 '과제접근 기술'

③ **환경적 요인**: 개인에게 영향을 미치나 일반적으로 개인이 통제할 수 있는 영역 밖에 있는 것으로 상담을 통해서 변화시키는 것이 불가능하다.

④ **심리적 요인**: 개인의 생각과 감정과 행동을 결정하게 된다. 결국 상담자는 내담자가 이러한 요인들의 영향을 이해하고 변화시키도록 도와주어야 할 것이다.

[2014년 기출]

다음은 전문상담교사가 사회학습 진로이론(Learning Theory of Career Counseling: LTCC)을 적용하여 진로선택을 고민하고 있는 민기(중2, 남)를 상담한 축어록의 일부이다. 상담 내용에 근거하여 민기의 진로결정에 영향을 준 3가지 요인을 서술하시오.

민   기: 선생님, 아빠는 저보고 공부를 열심히 해서 작은아버지처럼 공무원이 되라고 하시는데 저는 공무원보다는 사업가가 되고 싶어요.
상담교사: 그렇구나. 그럼 최근에 사업가에 관심을 갖게 된 계기가 있었어?
민   기: 며칠 전 TV에서 성공한 기업인에 대한 방송을 보고 나서부터는 대기업의 CEO가 된 미래의 내 모습을 상상하면 막 가슴이 뛰고 즐거워져요. 그래서 성공할 수 있는 사업 아이템을 인터넷에서 찾아보기도 했어요. 또 Wee센터에서 실시한 여름 방학 직업 체험 프로그램에 참여해 보기도 했어요.
상담교사: 민기가 성공한 기업인에 대한 방송을 보고 가슴이 뛰고 즐거웠고 직업체험 프로그램에도 참여했다고 했는데, 예전에도 그런 일이 있었을까?
민   기: 글쎄, 부모님이 바쁠 때는 가끔 도와드리는데 가게에 손님이 들어와서 제 설명을 듣고 물건을 사면 '나는 잘할 수 있어'하는 생각이 드니까 뿌듯했어요.
상담교사: 민기는 사람들에게 서비스를 하는 것에 흥미가 있고 손님들이 물건을 사 가게 되면 더 자신감이 생기는구나.

2 진로와 관련된 내담자의 인지

(1) 진로와 관련하여 갖게 되는 사고와 신념은 유전적 요인, 환경적 조건, 학습경험, 당면한 여러 가지 문제들을 다루는 기술에 의해 형성된다.

(2) 개인은 이전의 경험을 통해 '나는 이것이 좋고 저것이 싫어', '나는 이것을 잘하고 저것을 못해', '나는 이것이 중요해' 등 자신의 흥미, 적성, 가치를 일반화하게 된다. 마찬가지로 세상에 대해서도 일반화를 하게 된다.

(3) 이러한 일반화는 주관적이며 어느 정도 틀릴 가능성이 있으므로 상담과정에서 진로신념검사를 통해 내담자의 진로선택에 방해가 되는 생각들을 밝혀내는 것이 중요하다.

(4) **진로신념검사(CBI: Career Belief Inventory)** 2013 기출: 내담자들의 진로문제 해결을 하기 어렵게 만드는 정신적 장애물들(비합리적 신념이나 가정)이 무엇인가를 명료화하게 해주는 상담도구. 5개의 영역, 25개의 척도, 96문항으로 구성. 5점 척도로 평정

영역	척도
영역1 나의 현재 진로 상태	취업상태, 진로계획, 진로를 계획하는 것에 자아(ego)나 불안, 자유롭게 이야기하려는 의지
영역2 나의 행복을 위해 필요하다고 생각되는 것	성취, 대학교육, 좋아하는 일, 앞서고자 하는 의욕, 구조화된 업무환경
영역3 나의 결정에 영향을 미치는 요인들	책임이 누구에게 있는가, 전문가에 대해서 기대하는 것은 무엇인가, 누구를 기쁘게 하려고 하는가, 누구와 경쟁하는가, 선택하고자 하는 것이 얼마나 다양한가, 진로가 얼마나 경직되어 있는가.
영역4 내가 이루고자 하는 변화	초기에 훈련받은 것과 다른 것을 하고자 하는가, 새로운 직업을 찾아보려 하는가, 직장을 옮기려 하는가.
영역5 내가 주도적으로 문제를 해결하고자 하는 노력	기술을 향상시키려고 하는가, 어떤 힘든 일이 있을 때 일을 시작해 보기도 전에 최종 결정을 내리지는 않는가, 실패에 대한 생각으로 무기력해 있지는 않는가, 직업훈련 받는 것을 싫어하지 않는가, 현재 직장에서 좀 더 잘 지내기 위해 어떻게 해야 하는지 알고 있는가, 자신을 방해하고 있는 장애물은 무엇인가, 성공하기 위해서는 고된 일도 있게 마련이라는 생각을 하는가.

3 '계획된 우연(Planned Happenstance)' 모형 2016, 2019 기출

(1) **미첼, 레빈과 크럼볼츠(Mitchell, Levin과 Krumboltz, 1999)**: 삶에서 나타나게 되는 다양한 우연적인 사건에 주목하면서 한 사람의 진로발달과정에서 예기치 않은 사건이 일어날 수밖에 없고, 이러한 사건은 그 사람의 진로에 긍정적 또는 부정적으로 작용하게 된다고 하였다. 그런데 사람의 노력 여하에 따라 이러한 예기치 않은 사건들이 진로에 긍정적, 부정적으로 작용하도록 할 수 있으며 이러한 경우를 '계획된 우연'이라고 부른다.

(2) 우연하게 일어나는 다양한 일들을 자신의 진로에 적극적으로 유리하게 만들어 가는 능력은 교육하고 가르칠 때 갖춰질 수 있다. 그러므로 사회학습이론에서는 진로상담자의 교육적 역할을 중시한다.

(3) **관련 기술**: 삶에서 일어나는 우연한 일들을 자신의 진로에 유리하게 활용하기 위해 도움이 되는 기술로 호기심, 인내심, 융통성, 낙관성, 위험감수 등이 있다.

① **호기심(curiosity)**
  ㉠ 새로운 학습기회를 탐색하는 것, 우연한 사건으로 생겨난 선택사항을 추구하는 데 사용
  ㉡ 개인이 어떤 환경에 놓이거나 뜻하지 않은 일을 겪을 때 새로운 것을 탐색하고 경험해 보고자 하며 그 속에서 흥미로운 것들을 찾아내는 과제접근 기술

② **인내심(persistence)**
  ㉠ 좌절에도 불구하고 노력을 지속하는 것
  ㉡ 흥미를 느끼는 것만으로는 상황이나 과제를 해결하는 데 한계가 있다는 점에서 인내심은 호기심을 보완하는 기능
  ㉢ 자신에게 주어진 과제나 문제 상황을 포기하지 않고 실수를 거듭하더라도 해내는 과제접근기술

③ **융통성(flexibility)**
  ㉠ 태도와 상황을 변화시키는 것
  ㉡ 진로환경이나 직업상황이 변화할 때 이에 맞게 적절하게 대응하는 과제접근기술

④ **낙관성(optimism)**
  ㉠ 새로운 기회가 올 때 그것을 긍정적으로 보는 것, 새로운 기회 추구에 대한 보상에 의해 생겨남
  ㉡ 개인이 뜻하지 않는 일을 겪을 때 그것을 기회로 받아들이고 스스로에게 도움이 되는 바람직한 것으로 바라보는 것

⑤ **위험감수(risk taking)**
  ㉠ 불확실한 결과 앞에서도 행동하는 것
  ㉡ 계획에 없는 상황이나 문제가 발생할 때 위험을 감수하는 용기를 가지고 자신의 진로를 개척해 나갈 수 있는 지혜로서의 기술

(4) **계획된 우연의 4가지 단계**

① 단계1: 계획된 우연을 자연스러운 일로 만들기
  ㉠ 상담자는 내담자에게 모든 사람에게 계획되지 않은 일이 영향을 미치며, 특히 그 일을 전후하여 자신이 했던 행동이 큰 영향을 미친다는 사실을 알아차리도록 해야 한다.
  ㉡ 내담자에게 우연히 일어났던 일에 대하여 질문하고 그 사건을 가능하게 했던, 기여했던, 만들어 냈던 그리고 유용하게 했던 행동이 무엇인지를 구체화한다.

> • "계획되지 않은 일들이 OO씨의 진로에 어떤 영향을 주었나요?"
> • "OO씨는 어떻게 그러한 각각의 일들이 OO씨 자신에게 영향을 미치도록 할 수 있었나요?"
> • "그 일이 당신에게 어떤 영향을 미쳤나요?"
> • "당신은 미래에 일어날 계획되지 않은 일에 대해 어떻게 느끼나요?"

② 단계2: 호기심을 학습과 탐색의 기회로 바꿀 수 있도록 돕기
  ㉠ 상담자는 자신에게 완벽한 직업을 찾아 줄 것이라는 잘못된 기대를 갖는 많은 내담자에게 상담을 통해 학습과 탐색의 기회를 찾을 수 있도록 도와줌으로써 그러한 기대를 재구조화해야 한다.

> - "OO씨는 어떨 때 호기심을 느끼게 되었나요?"
> - "우연한 사건들이 어떻게 OO씨의 호기심을 자극할 수 있었나요?"
> - "자신의 호기심을 높이기 위해 어떤 행동을 해 왔나요?"
> - "OO씨는 어떻게 호기심 속에 담겨진 진로관련 의미들을 찾아볼 수 있었나요?"

③ 단계3: 바람직한 기회를 만들도록 가르치기
  ㉠ 우연적 사건이 발생하는 것은 필연적이라는 것을 내담자에게 가르쳐야 함은 물론이고, 바람직한 우연 사건을 내담자 스스로 만들어 낼 수 있도록 조력하는 것이 중요하다.
  ㉡ 예를 들어, 다양한 종류의 사람들과 대화하기, 끊임없이 배우기, 새로운 것을 시도하기, 특정한 활동에 참여하기 등 내담자가 자신에게 계획된 우연적 사건을 적극적으로 만들어야 한다는 사실을 강조해야 한다.

> - "자신에게 일어났으면 하고 바라는 우연적인 일이 있다면, 어떤 것이 있는지요?"
> - "그런 바람직한 일이 일어날 가능성을 증가시키기 위해서 지금 OO씨가 할 수 있는 일은 무엇일까요?"
> - "만일 OO씨가 그렇게 행동한다면 삶이 어떻게 바뀔까요?"
> - "만일, OO씨가 아무것도 하지 않는다면 삶이 어떻게 바뀔까요?"
> - "당신이 흥미 있는 직업에 대해 배울 수 있는 기회를 만들고자 어떤 일을 할 수 있나요?"

④ 단계4: 과제 실천에 방해가 되는 요인을 극복하기
  ㉠ 내담자가 자신의 진로를 찾고 진로 준비행동을 실천하는 데 방해가 되는 내·외적 요인을 찾아내고, 내담자와 그것을 극복하기 위한 방법에 대해 의논하고 알려주어야 한다.
  ㉡ 내담자의 5가지 과제해결기술(호기심, 인내심, 유연성, 낙관성, 위험감수성)을 발휘하는 데 어렵게 만드는 원인은 무엇이며, 이로 인하여 기회를 찾는 것이 방해받고 있는지 등에 대한 탐색이 필요하다.

> - "OO씨가 원하는 것을 하는 데 어떤 어려움을 겪어 왔나요?"
> - "그러한 어려움이 얼마나 지속적인지를 어떻게 알 수 있었나요?"
> - "다른 사람들은 그러한 어려움을 어떻게 극복하였던가요?"
> - "OO씨가 어떻게 그러한 어려움을 극복하려는 첫 시도를 할 수 있을까요?"

4 진로결정 요인들의 결과 _2022 기출_

진로결정 요인들은 상호작용하여 다음과 같은 유형의 결과로 나타난다.

(1) **자기관찰 일반화**: 이는 자기 자신의 직접적, 간접적인 수행이나 자신의 흥미나 가치를 평가하는 외현적, 내면적인 자기 진술 의미. 경험의 결과 흥미가 생기는 것이다.

(2) **세계관 일반화**: 학습경험의 결과 사람들은 자기가 살고 있는 환경을 관찰하고 이러한 일반화를 또 다른 환경에서 어떤 일이 일어날 것인가를 예측하는 데 이용할 수 있다.

9 크럼볼츠의 사회학습 이론

(3) 과제접근 기술: 환경에 대처하고, 자신의 관찰을 통한 일반화나 세계관 일반화와 관련지어 환경을 해석하고, 미래 사건에 대해 예견하는 인지적 능력, 수행능력 그리고 감정적인 경향으로 작업습관, 감정적 반응과 같은 정신체제, 지각과 사고 과정 등을 포함한다.

(4) 행위의 산출: 학습경험과 위 3가지의 결과로 인한 의사결정과 관련된 특수행위

[2022년 기출]

다음 (가)는 전문상담교사가 동호(고2, 남)를 상담하면서 작성한 상담 기록의 일부이고, (나)는 상담 축어록의 일부이다. 크럼볼츠(J. Krumboltz)의 사회학습 진로 이론에 근거하여 동호의 자기관찰 일반화 내용과 세계관 일반화 내용을 각각 서술하시오.

〈가〉

진로 방해 요소: 어떤 일을 새로 시작할 때는 신나고 재미있다가 시간이 조금만 지나면 지루해져서 다른 것으로 관심이 옮겨 간다. 한두 번 실패하고 나면 더욱 하기 싫어지고 심지어 자신이 무능하다고 느낀다.

〈나〉

상담교사: 새로 배우는 코딩이 금방 지루해지고 두려워질까 봐 걱정이 많구나.
동　　호: 네, 이번에는 정말 포기하지 않고, 제가 원하는 목표를 성취하고 싶어요.
상담교사: 새로운 것을 재밌게 잘 하는데 금방 지루해지고, 한두 번 실패하면 무능하다고 느껴서 쉽게 포기하는 것 같구나. 무엇이든 계속 해 봐야 잘 할 수 있는데, 지루하다고 손을 놓게 되면 당연히 잘 못하게 되니 무능감까지 느낄 수 있지.
동　　호: (침묵) 좀 알 것 같아요. 재미있던 일이 두려운 일로 바뀌는 게 아니라 제가 두렵다고 생각해서 그렇게 된 것이죠? 제 자신에 대해서도 제가 스스로 무능하다고 평가한다는 것이죠?
상담교사: 아주 정확하게 설명하고 있구나.

… (중략) …

동　　호: 그리고 제가 뭘 시작하려면 부모님의 눈치를 봐요. 포기할 거면서 뭘 또 시작하려고 하냐고 저한테 핀잔을 주셔요.
상담교사: 부모님이 응원을 안 해 주시고 핀잔을 하시니 정말 속상하겠구나.
동　　호: 가족들이 다 그래요. 왠지 동생까지 저를 비웃는 것 같아요. 가끔 '괜찮아, 너무 걱정하지 마' 하면서 위로해 준다고 하는데 진심이 아닌 것 같아요.
상담교사: 부모님의 말씀 때문에 가족들이 다 그렇게 생각한다고 느끼는구나.
동　　호: 그런 것 같아요. 심지어 친구들까지 저를 '쉽게 포기하는 아이'라고 비웃는 것 같아요.

3 진로상담

1 진로상담의 목표 📗 2011 기출

(1) 끊임없이 변화하는 직업 환경 속에서 내담자가 만족스러운 삶을 창조할 수 있는 기술, 흥미, 신념, 가치, 일 습관, 개인적 특성에 대한 학습을 촉진한다.
(2) 진로를 선택하는 것보다는 자신과 환경에 대한 학습을 강조한다.
(3) 목표에 영향을 주는 3가지 기준
　① 능력과 흥미 확장(현재 특성에 맞춰 결정)
　② 직무변화 대비(직업이 안정적이란 기대를 하지 않음)
　③ 진단뿐만 아니라 행동 격려 원함

2 상담자 역할 📗 2011 기출

(1) 내담자가 능력 개발할 수 있는 새로운 영역의 탐색을 돕는다.
(2) 변화하는 직업세계에 진입을 돕는다.
(3) 의사결정과 함께 이 결정을 실현시키도록 돕는다.
(4) 문제 이외의 시각 넓히기: 의사결정이 의미하는 바를 다룬다.

[2011년 기출]

변화하는 직업 세계의 흐름에 대응하기 위해 진로상담자가 유념해야 할 것으로서 크롬볼츠(J. Krumboltz)가 제안한 내용으로 옳은 것만을 〈보기〉에서 모두 고르시오.

〈보기〉

ㄱ. 개인은 직업이 안정적으로 유지될 것이라는 가정을 하지 말고 직무 변화에 대비하여야 한다.
ㄴ. 개인은 자기 자신이나 진로를 변화시킬 때 우연적 사건들의 영향을 의식하지 말아야 한다.
ㄷ. 진로상담자는 진로 선택뿐 아니라 모든 진로 문제를 다루는 데 중요한 역할을 수행하여야 한다.
ㄹ. 개인은 자신의 흥미를 확장하기보다 지금까지의 경험을 반영하는 특성에 적합한 진로의사결정을 하여야 한다.
ㅁ. 진로상담자는 흥미, 적성 등의 특성 탐색을 통해 내담자를 진단할 뿐 아니라, 내담자의 의사결정과 실행을 촉진, 격려하여야 한다.

9 크럼볼츠의 사회학습 이론

3 기본가정

> 근본가정: '행동은 타고난 정신과정을 통해서가 아니라 학습경험을 통해 나타난 것으로 이해해야 한다.'

(1) 가정1: 진로상담 목표는 하나의 진로의사결정을 하도록 돕는 것이 아니라, 내담자가 보다 만족스러운 진로와 인생을 살아가기 위해 행동하는 것을 배우도록 돕는다.

(2) 가정2: 개인적 특성과 직업 특성을 짝짓기 위해서가 아니라 학습을 촉진하기 위해서 진로 관련 검사를 활용해야 한다.
  ▸ 진로신념검사: 내담자의 진로선택에 방해가 되는 생각들을 밝히고, 내담자의 진로발달 및 선택을 방해하는 생각과 가정을 명료화하여 이를 상담에서 구체적으로 다루는 검사

(3) 가정3: 탐색적 활동에 집중하면서 우연히 일어난 일을 유용하게 활용할 수 있다는 점을 알게 된다.
  ▸ 크롬볼츠는 계획하지 않은 일을 잘 관리하기 위해서는 다음의 세 단계를 밟아야 한다고 제안한다.
  ① 예기치 않은 일이 발생되기 전에 먼저 그것을 경험할 수 있도록 미리 조치를 취한다.
  ② 그 일이 일어나고 있는 동안에 가능한 기회가 무엇인지를 찾는다.
  ③ 그 일이 지나고 난 뒤 그 일이 자신에게 유리하게 작용할 수 있도록 활동을 시작한다.

(4) 가정4: 상담의 성공 여부는 상담 밖 현장에서 내담자가 무엇을 이루었는가에 달려 있다.

4 상담과정

(1) 1단계: 내담자 기대에 대해 안내하기

계획되지 않았던 사건이 정상적이고 필요한 요소가 되는 상담과정에 대해 내담자를 준비시킨다.

> **＋ 1단계 적용 예**
> - "미래를 계획하면서 경험하는 불안은 정상적인 것이고, 오히려 신나는 모험으로 생각할 수 있어요."
> - "상담의 목표는 00씨를 보다 만족시켜 줄 수 있는 삶을 만들어 내도록 돕는 것입니다."
> - "진로란, 평생 동안의 학습과정으로 계획되지 않았던 수많은 사건을 만나 그때마다 결정을 내리는 겁니다."
> - "미래를 예측할 수 없으므로 모든 사람의 진로는 예기치 못한 일들의 영향을 받습니다."

(2) 2단계: 내담자의 관심을 출발점으로 확인하기

내담자를 보다 만족스럽게 만들어주는 것이 무엇인가를 확인한다.

> **＋ 2단계 적용 예**
> - 적극적 경청/내담자의 상황과 감정 이해하고 있음을 확신시킴
> - "힘이 넘친다고 느끼는 활동들은 뭐가 있지요?"
> - "이런 힘이 넘치는 활동들을 어떻게 발견하게 되었나요?"

(3) 3단계: 계획되지 않은 일이 현재의 기반이 된 내담자의 성공 경험 활용하기

과거의 성공이 현재의 행동에 교훈을 준다는 것을 내담자가 알아차릴 수 있게 함으로써 주인의식을 갖게 한다.

> **＋ 3단계 적용 예**
> - "그 일이 00씨에게 긍정적인 영향력을 발휘할 수 있도록 하기 위해서 무엇을 했나요?"
> - "그 기회를 어떻게 알아차렸나요?"
> - "그 일이 일어난 다음, 그것을 최대한 활용하기 위해 어떻게 했나요?"
> - "새롭게 배워야 했던 기술은 무엇이었나요?"

(4) 4단계: 잠재적인 기회를 알아차릴 수 있는 내담자의 감수성 키우기

예기치 않았던 사건을 기회로 활용하는 방법을 배울 수 있도록 돕는다.

> **+ 4단계 적용 예**
> - "OO씨에게 어떤 기회가 왔으면 하는지 얘기해 보세요."
> - "그 기회가 일어날 가능성을 높이기 위해 지금 무엇을 해볼 수 있을까요?"
> - "그렇게 행동하면 OO씨의 삶은 어떻게 변화될까요?"
> - "아무것도 하지 않았다면 OO씨의 삶이 어떻게 변화될까요?"

(5) 5단계: 장애요인 극복하기

건설적인 행동을 방해하는 역기능적 신념들을 극복할 수 있도록 내담자를 돕는다.

> **+ 5단계 적용 예**
> - "OO씨가 정말 하고 싶은 것을 하지 못하도록 막는 것이 무엇이라고 생각하세요?"
> - "OO씨가 원하는 것에 다가가기 위해 제일 먼저 할 수 있는 것이 무엇일까요?"
> - "만일 OO씨가 적절한 행동을 취한다면 OO씨의 인생이 얼마나 더 만족스러워질까요?"
> - "우리가 다음번 만나기 전까지 무엇을 한번 시도해 볼 수 있을까요?"

[2016년 기출]

다음은 전문상담교사가 효나(3, 여)와 진행한 진로상담 축어록의 일부이다. 상담교사가 적용한 이론의 명칭과 주요 기술에 대해 〈작성 방법〉에 따라 서술하시오.

효　　나: 선생님, 요즘 제가 어떤 직업을 가져야 할지 걱정되고 그래서 많이 불안해요.
상담교사: 진로에 대해 고민하면서 불안해하는 것은 너무나 자연스러운 일이야. 선생님은 오히려 효나가 그런 불안을 신나는 모험을 떠나기 전의 느낌으로 여겼으면 좋겠어. 효나는 평소에 어떤 일을 할 때 힘이 넘친다는 느낌이 드는지 선생님한테 말해 줄래?
효　　나: 전에 친구 은이가 어려운 수학 문제를 가지고 와서 제가 그 문제를 풀어 줬는데, 너무 고마워하는 거예요. 그때 가르쳐 주는 일에 대해 그런 느낌을 받았어요.
상담교사: 그랬구나. 그럼 효나는 그 다음에 그런 느낌을 더 느끼기 위해 해 본 일이 있니?
효　　나: 그 후에 우리 반 연재가 수학 문제를 풀면서 스트레스를 많이 받기에 제가 도와줬어요. 그런데 몇 번을 설명해 줘도 연재가 이해를 못 하는 거예요. 그래도 포기하지 않았어요.
상담교사: 그래서 어떻게 했어?
효　　나: 이런저런 방법으로 설명해 주다가 연재가 좋아하는 게임의 규칙을 예로 들어 설명해 줬어요. 그랬더니 연재가 이해를 하더라구요. 저는 친구 성향에 맞게 다양한 방법으로 설명해 줄 수 있어요.
상담교사: 효나는 그런 기회가 일어날 가능성을 높이기 위해 어떤 것을 해 볼 수 있을까? 혹시 초등학생에게 수학을 가르치는 멘토링 프로그램에 참여해 볼 의향이 있니?
효　　나: 네, 초등학생도 잘 가르칠 수 있을 것 같아요.
…(중략)…
상담교사: 그럼, 효나가 정말 하고 싶은 것을 가로막는 것이 있다면 무엇일까? 선생님과 같이 생각해 볼까?

〈작성방법〉

- 상담교사가 적용한 크럼볼츠(J. Krumboltz) 이론의 명칭을 쓸 것.
- 크럼볼츠가 제시한 '기회를 자신의 진로에 유리하게 활용하는 데 도움이 되는 5가지 기술' 중 축어록에 나타난 3가지 기술의 명칭과 각각의 근거를 효나의 반응에서 찾아 쓸 것.

5 상담자가 유의해야 할 사항

(1) 사람들은 해결할 수 있는 문제가 존재한다는 사실을 인식하지 않을지도 모른다(사람들은 대부분의 문제가 삶의 일상적인 부분이며 바꿀 수 없는 것이라고 가정함).

(2) 사람들은 결정을 하거나 문제를 해결하는 데 필요한 노력을 기울이지 않을지도 모른다(사람들은 대안을 탐색하는 데 거의 노력을 기울이지 않는다. 또한 그들은 늘 똑같은 방법만 취하려고 함).

(3) 사람들은 부적절한 이유로 잠재적으로 만족을 주는 대안을 제거할지도 모른다(사람들은 잘못된 가정으로부터 과일반화를 하고 잠재적으로 가치로운 대안을 간과함).

(4) 사람들은 부적절한 이유로 부적절한 대안을 선택할지도 모른다(사람들은 잘못된 신념과 비현실적인 기대 때문에 잠재적인 진로를 현실적으로 평가할 수 없음).

(5) 사람들은 목표를 달성하기에는 스스로 생각하기에 무능력하다는 것에 대해 불안해하거나 분노를 겪을지도 모른다(개인들의 목표는 비현실적이거나 다른 목표와 상충될 수 있음).

10 다위스와 로프퀴스트(Dawis & Lofquist)의 직업적응 이론

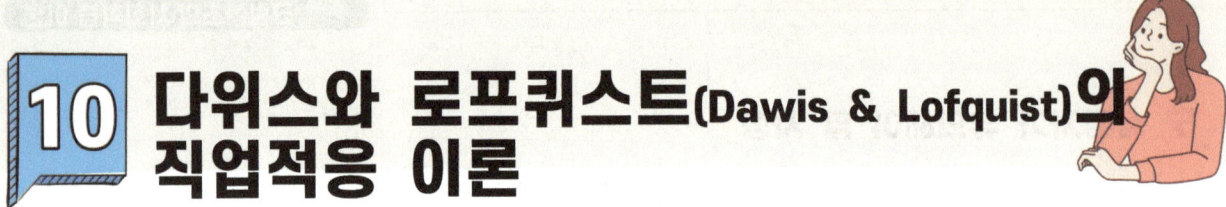

1 이론의 배경

- 개인의 특성에 해당하는 욕구와 능력을 환경에서의 요구사항과 연관 지어 직무만족이나 직무유지 등의 진로행동을 설명하려는 이론이다.
- 개인-환경 조화 상담이라 칭함. 직업적응 이론이 개인과 환경간의 상호작용을 강조하고 있다.

2 이론의 내용

1 기본가정

(1) '인간은 생존과 안녕을 위한 요구조건, 즉 욕구를 지니고 있으며, 이러한 욕구를 만족시키려는 행동을 하려 한다'
(2) 결국 직업적응 이론은 개인과 환경 간의 상호작용을 통한 욕구충족을 강조한다.

2 적응

(1) 개인의 욕구와 환경의 요구조건은 모두 변하기 마련인데, 이런 개인과 환경간의 조화롭지 못한 상태에 이르게 되면, 환경의 요구조건을 변화시키거나 자신의 욕구구조를 변화시켜 조화 상태에 이르려고 한다. 이것이 적응이다.
(2) **직업적응**: 개인과 직업 환경의 조화를 성취하고 유지하는 과정으로 이해된다.

3 성격구조

(1) 개인의 능력과 가치의 목록 및 이들 간의 관계를 뜻한다.
(2) 가치는 욕구의 보다 기본적인 차원을 뜻하며, 여기에서 욕구는 개인이 주어진 강도로 강화물을 요구하는 정도이다.
(3) 개인의 욕구와 가치는 어느 정도 안정적이다. 가치는 욕구 이면의 더 기본적인 차원이며 능력은 개인의 기술 이면의 더 기본적인 차원이다. 즉 욕구와 가치의 관계는 기술과 능력의 관계와 같아서, 가치가 욕구를 통해 드러난다면 능력은 기술을 통해 드러나게 된다.
(4) 가치와 능력은 개인이 성장하면서 노출되는 환경에서 주어지는 강화에 의해 점차 안정적으로 변한다.

4 성격양식(personality style) 2015 특시 기출: 성격구조가 작동하는 방식

(1) 민첩성(celerity)
① 환경과의 작용에서 빨리 혹은 천천히 반응하는 정도를 말한다. 즉 반응의 신속성의 정도(얼마나 빨리 과제에 접근하는가?)이다.
② 높은 수준의 민첩성: 업무를 더 빨리 시작하고, 작업 단서에 더 빨리 반응한다.
③ 낮은 수준의 민첩성: 과제수행이나 의사결정을 미루는 경향이 있다.

(2) 속도(역량, Pace)
① 활동 수준이 높거나 낮은 정도를 말한다. 즉 상호작용에 소모되는 에너지의 정도(얼마나 강력하게 상호작용하는가?)이다.
② 높은 수준의 속도: 바쁘게 움직이는 것과 작업활동을 계속 개입하여 하는 것을 의미한다.
③ 낮은 수준의 속도: 활동수준과 에너지 소비 정도가 낮음을 의미한다.

(3) 리듬(rhythm)
① 활동수준의 패턴이 안정적이거나 특정한 사이클이 있는지의 여부를 말한다. 즉 반응 속도의 일정한 리듬(얼마나 안정적이고 일정한가?)이다.
② 규칙적인 리듬을 가진 사람: 동일한 수준의 노력이나 강도로 일을 한다.
③ 불규칙적인 리듬을 가진 사람: 작업 노력에 일정한 형태가 나타나지 않는다.

(4) 지속성(지구력, endurance)
① 환경과의 상호작용에서 반응의 길이를 말한다. 즉 상호작용을 유지하는 기간(얼마나 오랫동안 상호작용하는가?)이다.
② 높은 지속성을 가진 사람: 노력을 오랫동안 유지하며 장기간의 프로젝트를 완수할 수 있다.
③ 낮은 지속성을 가진 사람: 노력을 지속하는 것을 포기하거나 작업 과제를 완수하지 못한다.

5 직업 환경이론

직업 환경은 직업 환경구조와 직업 환경양식을 통해 파악된다.

(1) 직업 환경구조: 주어진 직업에서 요구하는 능력과 강화인 패턴으로 구성된다.
① 직업에서 요구하는 능력: 주어진 직업이 어떤 능력을 가진 개인을 필요로 하는지를 뜻한다.
② 강화인 패턴: 주어진 직업 환경이 개인의 어떤 욕구를 충족시켜 줄 수 있는지를 나타낸다.

(2) 직업 환경양식: 직업 환경이 반응하는 데 걸리는 민첩성, 속도, 리듬, 지속성의 차원에서 기술된다. 강화를 줄 수 있는 영역이 무엇인지를 기준으로 직업을 분류하는 것이 가능하다고 주장한다. 직업환경에서 중요한 두 개 개념으로 신호와 강화인이 존재한다.
① 신호: 어떤 반응이 적절하고 언제 그 반응을 해야 하는지에 관한 자극 조건을 말한다.
② 강화인: 반응의 유지 및 이후에 그 반응이 일어날 가능성과 관련된 요소이다.

6 직업적응이론에서 만족, 충족과 직업적응과의 관계 ┃ 2007, 2015 특시 기출

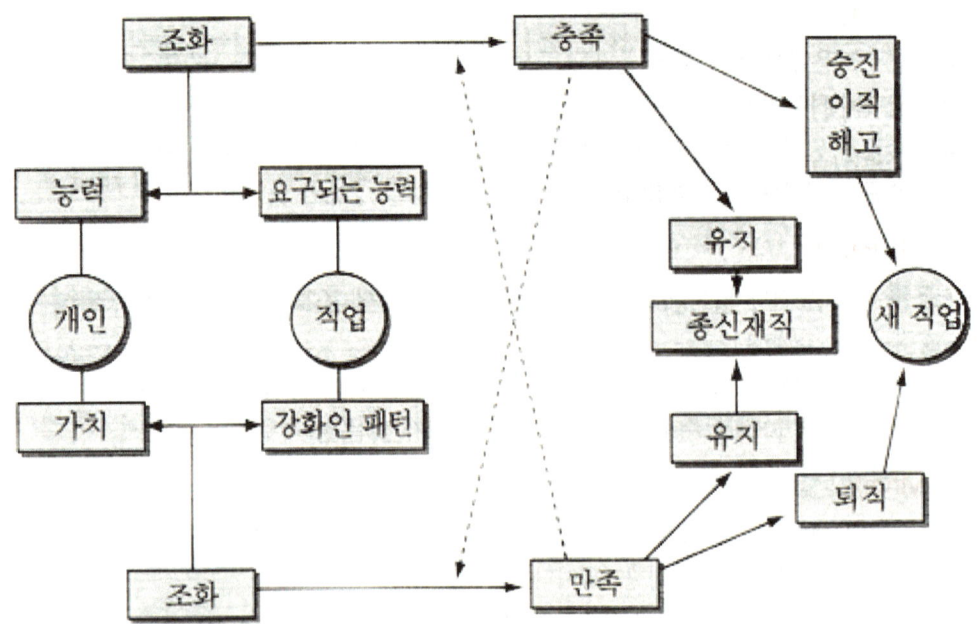

출처: Dawais & Lofquist, 1984, p.62에서 인용

만족, 충족과 직업적응의 관계

(1) 개인과 환경의 적응과정에는 각각의 성격뿐만 아니라 적응양식이 영향을 주게 된다.
(2) 적응양식도 개인의 환경과 조화를 이루기 위해 사용하는 행동들인데, 개인이 비슷한 직업성격을 가지고 있다고 하더라도 적응양식에 따라 달라질 수 있다.
(3) 여기서 직업이란 개인이 조화를 이루려고 하는 가장 주된 환경이다.
(4) 개인과 환경 서로가 원하는 것을 충족시켜 줄 때 조화롭다고 한다.
(5) 개인은 환경이 원하는 기술을 가지고 있고 직업환경은 개인의 욕구를 충족시켜줄 강화인을 가지고 있다.
(6) 결국 직업적응이란 개인과 직업이 서로 조화를 이루려고 노력하는 역동적인 과정이다.
  ① 만족: 조화의 내적 지표. 직업환경이 개인의 욕구를 얼마나 채워주고 있는지에 대한 개인의 평가
  ② 충족: 조화의 외적 지표. 직업에서 요구하는 과제와 이를 수행할 수 있는 개인의 능력이 있을 때 즉 과업을 수행할 수 있는 기술(능력)을 개인이 가지고 있을 때 직업의 요구가 충족된다고 할 수 있다.

다위스와 로프퀴스트의 직업적응 이론

(7) 적응양식의 4가지 측면

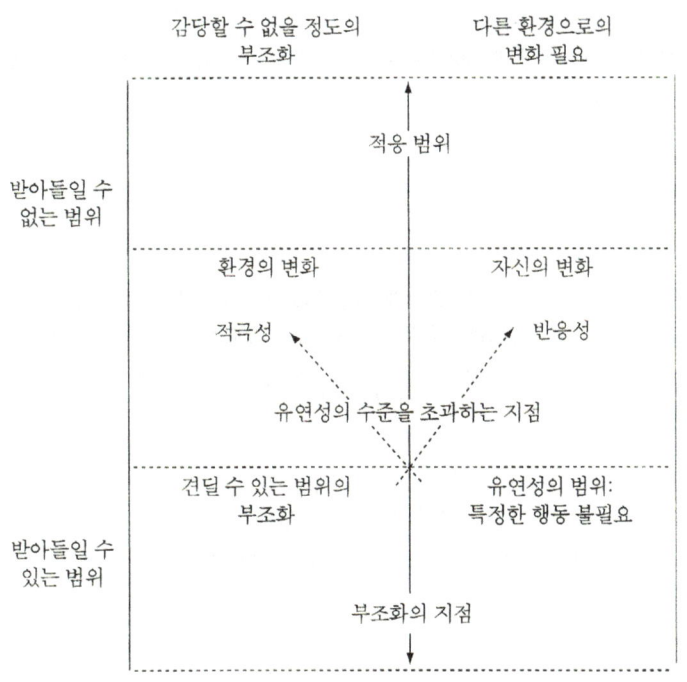

출처: Lofquist & Dawais, 1992, p.19에서 인용

적응양식 차원들 간의 관계

유연성	개인-환경 간의 부조화가 있을 때 여기에 대해 대처반응을 하기 전에 부조화를 견딜 수 있는 정도. 유연성이 낮을수록 작은 부조화에도 견디지 못하고 대처반응을 하게 됨
적극성	개인-환경 간 부조화의 정도가 유연성의 범위를 넘어설 때, 환경을 변화시킴으로써 대처하는 방식
반응성	개인-환경 간 부조화의 정도가 유연성의 범위를 넘어설 때, 자신의 직업성격을 변화시킴으로써 대처하는 방식
인내	환경과의 부조화가 있을 때 환경을 떠나지 않고 부조화를 견뎌 내는 것. 대처전략을 이용해서 환경과의 조화를 이루기 위해 노력하는 기간과 관련됨

7 개인의 직업적응양식 차원들의 관계

(1) 개인은 자신과 환경과의 부조화의 정도가 유연성의 범위 안에 있으면 별다른 대처행동 없이 환경에 적응하게 된다.

(2) 개인-환경 간 부조화가 받아들일 수 없는 범위면 적응행동을 통해 여기에 대처하게 되는데 적극적 행동이나 반응적 행동을 통해 부조화를 줄이려고 노력하게 된다.

(3) **인내**: 이러한 노력을 얼마나 오래 지속하느냐와 관련이 있다.
   ① 개인의 대처방식은 크게 적극적 대처방식, 반응적 대처방식 불일치를 견디는 방식으로 구분된다. 견디는 대처방식은 불일치의 범위가 작을 때 불일치를 조정하려는 노력을 하는 대신 그 차이를 견디는 것이다.
   ② 인내심이 많을수록 대처방식을 사용해서 노력하면서 불일치를 좀더 오래 견딜 수 있다.

(4) 노력의 결과, 부조화의 정도가 받아들일 수 있는 범위로 줄어들면 개인-환경 간 적응이 이루어졌다고 볼 수 있다.

(5) 부조화가 개인의 적응행동을 통해 변화시킬 수 있는 범위, 즉 적응범위를 넘어서면 개인은 이직을 고려하게 될 것이다.

> **[2015년 특시 기출]**
>
> 다음은 현서(고3, 남)와 현서가 인턴으로 근무하는 회사에 대한 정보이다. 다위스와 로프퀴스트(R.Dawis & L.Lofquist)의 직업적응이론에서 제시한 성격양식의 4가지 요소를 설명하고, 현서의 사례에서 개인-환경 부조화의 내용을 찾아 서술하시오.
>
> 〈내담자 정보〉
> - 현서는 상업계 고등학교에서 재무 회계를 전공하고 있는 성적이 우수한 졸업반 학생임.
> - 최근 3개월 동안 A 기업의 인턴 사원으로 재무팀에서 선배들에게 열심히 배우면서 근무하고 있음.
> - 전문 지식 부족과 업무 절차 이해 부족으로 실수가 많고, 타부서와의 관련 업무에서도 어려움을 느끼고 있음.
> - 3개월 후 계약직 채용 평가를 받을 예정이며, 장기적으로는 정식 직원으로 채용되어 A 기업에서 근무하기를 희망함.
>
> 〈회사 정보〉
> - A기업은 영업 실적이 매우 좋고, 보수와 사원 복지가 좋은 제조업체임.
> - 재무 부서 직원 중 80%가 대학 졸업자이고 모두 업무 능력이 뛰어남.
> - A 기업은 사원들에게 자기계발을 할 수 있도록 다양한 기회를 제공함.
> - 인턴 사원의 경우, 6개월 근무 후 좋은 평가를 받으면 계약직으로 채용되고, 채용 2년 후 재평가 결과가 우수하면 정식 직원이 됨.
> - 선배들이 후배들의 업무를 지원하는 멘토링 프로그램이 있음

3 진로상담의 과정

1) 개인과 직업환경을 평가
2) 개인과 환경의 조화 정도 평가
3) 부조화를 해결하기 위한 대처전략 수립
4) 구체적인 진로상담 과정

   (1) 직업관계의 형성

   (2) 내담자 욕구와 중요한 환경의 평가

   (3) 개인과 환경 간 조화 평가

   (4) 개인과 환경과의 조화 정도와 현재 문제의 관련성 파악

   (5) 적응 전략의 결정과 학습문제

   (6) 해결 정도의 평가

10 다위스와 로프퀴스트의 직업적응 이론

4 평가도구 2019, 2022 기출

직업적응 이론의 가장 장점 중의 하나는 직업적응과 관련된 다양한 검사도구가 잘 개발되었다는 점이다. 평가 과정에서 주관적인 평가를 먼저 하고 검사도구를 통한 객관적인 평가를 실시할 것을 권고해야 한다. 내담자의 주관적인 잘못된 평가가 부조화를 낳는 데 기여하므로, 내담자의 주관적인 평가가 객관적인 평가와 일치하는지를 파악하기 위해서 내담자의 가치를 충족시킬 수 있는 직업 강화인에 대한 정보를 직접 얻기 위해서는 컴퓨터화된 진로검사를 사용하는 것이 도움이 된다.

1 미네소타중요도검사(MIQ: Minnesota Importance Questionnaire) 2019, 2022 기출

개인이 일의 환경에 대하여 지니는 20가지의 욕구와 6가지의 가치관을 측정하는 도구로, 190개의 문항으로 구성되어 있다. 다음은 6가지 가치이다.

(1) **성취(achievement)**: 수행을 고무시키는 환경의 중요성으로 개인의 능력을 사용하고 성취감을 주는 일을 하려는 욕구를 반영한다.

(2) **편안함(comfortance)**: 긴장하지 않고, 편안, 안전, 보상적인 환경이 중요하다. 편안함이라는 가치에는 근로자가 직업에서 스트레스를 덜 받도록 해주는 특정 측면들과 관련된 욕구가 포함되어 있다. 이런 욕구들은 항상 바쁘고, 혼자 일하고, 다른 일을 하고, 양호한 보수를 받는 것을 비롯하여 매우 다양하다. 편안함의 또 다른 측면은 지속적인 고용에 대한 욕구와 같은 장기적인 것이다. 이러한 요소는 모두 스트레스가 없는 근무환경을 강조한다.

(3) **지위(status)**: 명성과 재인식을 제공하는 환경의 중요성으로 다른 사람들에게 어떻게 인식되는가와 개인이 받는 인정에 강조점을 둔다.

(4) **이타주의(altruism)**: 타인과 조화를 이루며 봉사하는 환경의 중요성으로 어떻게 다른 사람들을 돕거나 사람들과 함께 일할 수 있는가와 관련되어 있다. 지위와 상반되는 개념이다.

(5) **안전(safety)**: 예측가능하고 안정적인 환경의 중요성으로 위험한 상황을 피한다는 좁은 의미의 안전함을 뜻하기보다는 질서정연함을 말한다.

(6) **자율성(autonomy)**: 시작을 자극하는 환경의 중요성으로 자신이 가진 아이디어를 시도하거나 스스로 결정을 내리는 것을 말한다.

가치(평가)	욕구척도	MIQ 진술문
성취	능력실현	나는 나의 능력을 이용해서 무엇인가를 할 수 있다.
	성취	직업은 내게 성취감을 준다.
편안함	활동성	나는 내내 바쁘다.
	독립성	나는 직업에서 홀로 일할 수 있다.
	다양성	나는 매일 다른 일을 한다.
	보상	나의 봉급은 다른 사람의 것과 비교된다.
	안정성	직업은 꾸준한 고용을 제공한다.
	근무환경	직업은 좋은 작업조건을 갖는다.

가치(평가)	욕구척도	MIQ 진술문
지위	승진	직업은 승진의 기회를 제공한다.
	인정	나는 내가 하는 일에 대한 인식을 갖는다.
	권위	나는 무엇을 해야 할 것인가를 사람들에게서 말한다.
	사회적 지위	나는 공동사회에서 상당한 인물이다.
이타주의	동료	나의 협력자는 친하기 쉽다.
	도덕가치	나는 도덕적으로 잘못됐다는 생각 없이 일을 한다.
	사회봉사	나는 타인을 위해 무엇인가를 할 수 있다.
안전	회사정책과 실행	회사는 정책을 정당하게 실시한다.
	감독·인간관계	사장은 근로자를 후원한다.
	감독·기술	사장은 근로자를 잘 훈련(교육)시킨다.
자율성	책임감	나는 나의 생각을 실행시킨다.
	창조성	나는 나 자신의(스스로) 결정을 한다.
	자율	나는 나의 일을 감독 없이 스스로 할 수 있다.

2 미네소타 직무기술 설문지(MJDQ:Minnesota Job Description Questionnaire)

일의 환경이 MIQ에서 정의한 20개의 욕구를 만족시켜 주는 정도를 측정하는 도구로, 하위 척도는 MIQ와 동일하다. 이 검사는 각 직업군에서 일하는 재직자들이 직업에서 제공하는 여러 가지 특성들을 평가하도록 되어 있다. 각 직업에 대하여 MJDQ를 통해 직업의 특성이 평가되면, 이를 바탕으로 각 직업의 강화인 패턴(ORP)이 만들어진다.

3 직업강화인 패턴(ORP)

각 직업에 미네소타 중요도검사(MIQ)에서 평가된 개인의 욕구를 얼마나 충족시켜 줄 수 있는지를 프로파일로 표시해둔 것이다.

4 직업적성 패턴(OAP)

특정한 직업이 개인에게 요구하는 능력도 비슷한 과정을 통해 만들어진다. 같은 직업군에서 일하는 사람들에게 일반적성검사를 실시한 후, 검사 점수와 슈퍼바이저의 수행능력 평가를 함께 고려해서 생산성과 상관이 높은 3~4가지 능력을 추출해낸 것이 직업적성 패턴이다.

5 미네소타 만족 질문지(MSQ: Minnesota Satisfaction Questionnaire)

직무만족의 원인이 되는 일의 강화요인을 측정하는 도구로, 능력의 사용, 성취, 승진, 활동, 다양성, 작업조건, 회사의 명성, 인간자원의 관리체계 등의 척도로 구성되어 있다.

10 다위스와 로프퀴스트의 직업적응 이론

6 미네소타 충족 척도(MSS: Minnesota Satisfactoriness Scales)

미네소타 만족성 척도라고도 불림. 환경의 충족 정도를 측정한다.

7 미네소타 직업분류체계(MOCS Ⅲ)

직업적성(직업에서 요구되는 능력)은 지각, 인지, 동작의 3가지 영역으로 나누어 각각 높은 수준, 평균, 중요하지 않은 수준으로 구분하고 직업강화인은 내적 강화, 사회적 강화, 환경적 강화의 3가지 영역에서 3가지 수준으로 구분한다. 이 두 가지 축의 구분으로 1769개의 직업이 분류된다.

8 검사 활용

(1) **개인의 가치와 직업환경의 강화인 간의 조화**: 미네소타 중요도질문지(MIQ)와 직업강화인 패턴(ORP)의 조화 정도를 통해 측정된다.

(2) **직업의 요구와 개인의 능력과의 조화**: 직업적성 패턴(OAP)과 개인의 능력 프로파일과의 조화를 통해 평가한다.

(3) **직업적응**: 미네소타 만족질문지(MSQ)와 미네소타 충족 척도(MSS)를 통해 평가된다.

[2019년 기출]

다음은 전문상담교사가 주아(고3, 여)의 진로상담 사례를 요약한 내용이다. 다위스와 로프퀴스트(R. Dawis & L. Lofquist)의 직업적응 이론에서 제시한 6가지 가치에서 주아의 내적 갈등을 설명하는 3가지 가치를 사례와 연결 지어 서술할 것.

〈학업 특성 진로발달 과정〉

주아는 공부를 잘 하고 다양한 흥미를 가진 학생이다. 중1 때 진로탐색 활동을 하면서 자신의 흥미와 적성을 대략 파악하였다. 주아는 스스로 논리적 추론 능력, 수리 능력, 언어 능력 등이 우수하다고 생각하였다. 주아는 수학을 좋아하고 수학이나 과학 문제를 푸는 것을 재미있어 하였다. 여러 수학경시대회에서 상을 받았다. 주아는 의사인 부모처럼 공부를 많이 해서 부모의 바람에 따라 의사가 되고 싶어 했다.

…(중략)…

고등학생이 되어서도 주아는 여전히 성적이 우수하고, 흥미를 느끼는 여러 과목과 관련된 다양한 직업들을 탐색하면서 새로운 직업들에 관심을 가지게 되었다. 몇 개의 직업 대안을 고려하는 가운데 여전히 의사라는 직업에 매력을 느끼고, 성적이 계속 좋으면 의사가 되는 데는 문제가 없을 것이라 생각했다. 부모를 보면서 의사라는 직업은 의미 있는 일이라고 생각했고, 사회적 지위도 높은 직업인 것 같아 선망하였다. 그런데 고2 말에 국제 구호 활동을 하는 사회복지사에 관한 책을 읽고 그 직업에 대해 관심을 갖게 되었다. 사회 약자를 위해 늘 뭔가를 해주고 싶었던 주아는 난민 구조 활동을 통해 위험에 처한 사람들을 돕고 싶었다. 그러나 사회복지사는 의사보다 사회적으로 인정받거나 높은 수준의 학력이나 능력을 요구하는 것 같지 않고, 의사에 비해 보수도 턱없이 부족하다는 점이 마음에 걸렸다. 주아는 의사도 남을 위해 일하는 직업이지만 분쟁지역에서 난민을 돕는 일이 병원에서 진료하는 것보다 더 의미 있다고 생각하다. 난민 구조 활동의 위험성을 알고 있었지만 부모가 매우 위험하다고 반대하니 더 고민하게 되었다. 남을 돕는 것도 중요하지만 자신의 생명과 건강 역시 중요하기 때문에 갈등하고 있다. 고3이 되어서 진로를 빨리 결정해야 하는데 의대와 사회복지학과 사이에서 고민하고 있다.

11 블라우(Blau) 등의 사회학적 이론

1 이론의 배경   2006, 2012 기출

개인을 둘러싼 사회, 문화적 환경이 개인의 행동에 영향을 미친다는 사회학적 지식을 바탕으로 생성된 이론이다. 이 이론의 핵심은 가정, 학교, 지역사회 등의 사회적 요인이 직업선택과 발달에 영향을 미친다는 것이다. 대표학자로는 블라우(Blau), 밀러(Miller), 폼(Form)이 있다.

2 이론의 내용

1 사회계층과 개인 직업의 연관성

(1) 개인이 속해 있는 사회계층이 개인의 직업적 야망에 지대한 영향을 미친다.

(2) 사회계층에 따라 그 속에서 생활하고 있는 대다수 사람들의 사회적 반응, 교육받은 정도, 직업적 야망, 일반지능 수준 등을 결정하는 독특한 심리적 환경을 조성하게 되는데 이것이 결과적으로 직업선택 및 발달에 영향을 미치게 된다는 것이다.

(3) 저소득층 가정의 자녀들은 열망하는 직업과 그들이 실제로 가질 수 있으리라고 예상하는 직업 간에는 상당히 차이가 나타난다. 이는 빈약한 교육과 무능력에 의한 것일 수도 있지만, 근본적으로는 자신이 원하는 직업에 접근하는 것을 주위환경이 허용하지 않을 것이라는 생각에 의한 것이다.

(4) 부모를 진로선택에 영향을 미치는 중요한 요인으로 간주하고 있다. 부모들이 어떠한 가정분위기를 조성하느냐에 따라 자녀들의 직업적 야망의 성취 여부는 얼마든지 달라질 수 있다.

2 진로선택에 영향을 주는 주요 사회요인

가정 (의 사회경제적 지위)	가정의 사회경제적 지위, 부모의 직업, 부모의 수입, 부모의 교육정도, 주거지역, 주거양식, 가정의 종족적 배경, 가족규모, 부모의 기대, 형제의 영향, 출생 순서, 가정의 가치관, 가정에 대한 개인의 태도
학교	교사와의 관계, 동료와의 관계, 교사의 영향, 동료의 영향, 학교의 가치
지역사회	지역사회에서 주로 하는 일, 지역사회의 목적 및 가치관, 지역사회 내에서 특수한 경험을 할 수 있는 기회, 지역사회의 경제조건, 지역사회의 기술변화

11 블라우 등의 사회학적 이론

3 진로선택에 영향을 주는 그 외 사회적 요인

진로상담을 전개할 때는 위의 세 가지 요인 이외에 다음과 같은 사회적 요인들을 좀 더 고려해야 한다.

가정의 영향력	자녀에 대한 부모의 기대, 형제간의 영향, 가족의 가치관 및 내담자의 태도
압력집단	교사, 동료, 친지 등의 특정 개인이나 부모가 내담자로 하여금 어느 한 직업에 가치를 두도록 영향력을 지니고 있는 정도
역할지각	자신의 다양한 역할 수행에 대한 개인의 지각 및 이것이 그 사람에 대한 타인의 지각과 일치하는 정도

4 밀러와 폼(Miller & Form, 1951)의 직업생애 단계

준비 단계 →	시작 단계 →	시행 단계 →	안정 단계 →	은퇴 단계
일에 대한 방향이 서는 단계	시간제 일의 경험과 형식교육을 포함하는 단계	취업을 하고 만족스런 직업을 찾을 때까지 몇 차례 변화를 시도하는 단계	직업세계와 지역사회에서 안정을 확립하는 단계	일에서 물러나 다른 활동을 추구하는 단계

3 시사점

1) 이 이론의 특징은 개인이 통제할 수 없는 요인들이 직업선택에 중요한 영향을 끼친다는 것이다. 즉, 개인이 가지고 있는 직업선택의 재량권은 다른 이론에서 가정되는 것보다 훨씬 적다.
2) 사회학적 이론을 고려하여 진로상담을 할 때에는 개인을 둘러싸고 있는 제반 상황을 파악하여 지도하여야 한다.

12 긴즈버그(Ginzberg)의 발달이론

1 이론의 배경 📖 2007, 2012, 2013 기출

1) 직업선택은 하나의 발달과정이다. 그것은 단 한 번의 결정이 아니라 일련의 결정들이 계속적으로 이루어진다. 각 단계의 전 단계의 결정 및 다음 단계의 결정과 밀접한 관계를 가지고 있다.
2) 직업선택의 과정은 비가역적. 나중에 이루어지는 결정은 그 이전의 결정의 영향을 받게 된다.
3) 직업선택은 가치관, 정서적 요인, 교육의 양과 종류, 실제 상황적 여건의 상호작용에 의해 결정된다.
4) 직업선택의 과정은 바람과 가능성 간의 타협으로 볼 수 있으며, 이와 같은 타협 때문에 직업선택 과정은 비가역적이다. 📖 2012, 2013 기출

2 직업선택의 과정 📖 2007, 2017 기출

1 환상기: 환상적 직업선택 단계(6~10세)

(1) 현실여건, 자신의 능력이나 가능성을 고려하지 않고 욕구를 중시하는 시기다.
(2) 독단적으로 특정 직업을 택해서 그 직업에서 하는 일을 놀이 활동을 통해서 표출하려고 한다.
(3) 이 연령층의 아이들은 현실적인 장애를 의식하지 못하기 때문에 자기가 원하는 것은 무엇이든지 다 할 수 있다고 믿는다.

2 잠정기: 시험적 직업선택 단계(11~17세) 📖 2017 기출

(1) 하위단계

단계	연령	내용
흥미단계	11~12세	• 자신의 흥미에 입각해서 직업을 선택하려는 경향
능력단계	12~14세	• 자신이 흥미를 느끼는 분야에서 성공을 거둘 수 있는 능력을 지니고 있나 시험해 보기 시작한다. • 세상에는 다양한 직업이 있으며, 직업에 따라 보수도 다르고 필요로 하는 교육이나 훈련의 유형도 각기 다르다는 사실을 처음으로 인식하게 된다. • 자신이 원하는 직업분야에서 요구하는 능력, 자신이 그런 능력이 있는지 여부에 대해 보다 잘 이해
가치단계	15~16세	• 직업을 선택할 때에 고려해야 하는 다양한 요인들을 인정 • 개인적 가치나 삶의 우선순위 고려하여 미래 진로 생각 • 특히 각 직업세계에 종사하는 사람들의 생활양식을 고려, 그러한 직업인들의 생활양식과 가치관 및 생애목표가 자신과 맞는지 평가해 본다.

(2) 전환단계(17~18세)
① 고등학교 3학년. 진로계획은 여전히 잠정적이다.
② 주관적 요소에서 자신을 둘러싼 현실적 외부요인에 관심을 돌리게 된다.
③ 자신의 결정이 미래 생활에 영향 미칠 거란 인식을 갖고 있다.
④ 진로결정과 선택에 따른 책임감을 인식하는 시기이다.

[2017년 기출]

다음은 위센터에서 진행한 사례 배정 회의 내용이다. 이에 기초하여 긴즈버그의 진로발달이론에서 제시한 하위 발달 단계의 낮은 단계부터 순서대로 내담자의 이름을 쓰고, 민규에게 해당하는 하위 발달 단계의 특징 3가지 서술하시오.

- 협의 일시: 2016년 ○월 ○일
- 협의 장소: ○○ Wee 센터 회의실
- 회의 내용
  - 진로상담 내담자는 민규, 영희, 태희 3명임.
  - 이들 3명은 모두 '잠정기' 내에서 각각 다른 하위단계인 것으로 확인됨.
  - 접수면접 과정에서 "자신이 하고 싶은 일이 무엇이고, 그 이유는 무엇인가요?"라는 질문에 이들은 다음과 같이 대답함.
- 민규: "나는 상담자가 되고 싶어요. 왜냐하면 나는 사람들 만나는 것을 좋아하기 때문이에요. 상담은 전망도 좋고 다른 사람을 도와줄 수 있다는 점이 아주 매력적이에요. 그런데 상담자가 되려면 공부를 좀 더 열심히 해야 할 것 같아요."
- 영희: "나는 만화가가 되고 싶어요. 그 이유는 만화 그리는 것이 재미있고 만화를 좋아하기 때문이에요."
- 태희: "나는 수학 선생님이 되고 싶어요. 그 이유는 내가 수학을 좋아하고 잘 하기 때문이에요. 실제로 수학 성적도 아주 높기 때문에 충분히 가능하다고 생각해요."

3 현실기: 현실적 직업선택 단계

(1) 현실적인 선택이 이루어지게 된다. 이 시기 청소년들은 직업 흥미를 보다 구체화한다.
(2) 직업의 요구조건, 교육기회, 개인적 요인 등과 같은 현실요인을 고려하고 타협해서 결정에 도달하게 된다.
(3) 현실적 직업선택 단계는 정서적 불안정, 개인적 문제, 재정적인 풍족함 등의 원인 때문에 늦어지기도 한다.

탐색단계 (exploration stage)	• 직업선택을 위해 필요하다고 판단되는 교육이나 경험을 쌓으려고 노력하는 단계 • 이전에 행했던 잠정적 진로 선택을 좁히기 위해 관심 직업들을 탐색하기 시작
구체화 단계 (결정화, crystalization stage)	• 직업목표를 정하고, 자신의 결정에 관련된 내적, 외적 요소를 종합할 수 있는 단계
특수화 단계 (구체화, specification stage)	• 자신이 한 결정을 더욱 구체화시키고, 세밀한 계획을 세우는 단계

3　추후 진로발달 이론 수정

1) 20대 초반이나 중반에 최종적 진로를 결정해야 한다는 주장을 번복하였다. 즉 "진로선택 과정은 개인의 일의 생애와 상호 공존하는 것. 따라서 언제나 선택이 가능하다."라고 수정한다.
2) 직업선택과 발달과정은 전생애에 걸친 것이며 개방적이다.
3) 직업선택에서 불가역성은 타당하지 않다.
4) 타협이라는 용어를 적정화(optimization)라는 용어로 대체한다. 소망과 가능성 사이의 타협이라기보다, 변화하는 욕구와 환경 사이에서 가장 적합한 직업을 찾는 지속적 탐색과정임을 강조하였다.
5) 구성요건을 고려해야 한다. 즉, 가정의 경제적 빈곤, 부모의 태도와 가치관, 교육기관의 부적합성, 소수민족, 학교교육과 직업세계와의 불연계성 등을 들고 있다.
6) 직업세계의 기회구조를 고려해야 한다.
7) 개인의 가치지향을 더 강조해야 하고 개인의 만족추구에 주요 역할을 하는 것으로 고려되어야 한다.

4　평가

1) 초기에는 개인의 흥미, 능력, 가치관이 직업관을 좌우하나 종국에 가서는 이러한 것들과 외적 조건과의 타협에 의해서 직업선택이 이루어진다는 점
2) 진로지도에 필요한 개인의 직업적 성숙도의 규준을 제공하고, 직업선택 과정에서 단계별 문제의 발전과 지도에 도움을 줄 수 있다는 장점
3) 이 이론은 제한된 표본들에 대한 경험적 관찰결과를 기초로 형성되었기 때문에 일반화하는 데에는 문제가 있다.
4) 직업선택이 20대 초반에 절정에 달하는 과정으로 봄으로써 진로발달이 아동기로부터 20대 초반에 이르기까지만의 국한적인 과정으로 보았다.

13 수퍼(Super)의 발달이론

1 이론의 배경 2007 기출

1) 도널드 에드윈 수퍼(Donald Edwin Super)는 진로발달을 아동기부터 성인 초기까지의 국한된 과정이라고 한 긴즈버그(Ginzberg)의 초기 이론에 이의를 제기하고 진로발달은 인간의 전 생애에 걸쳐서 이루어지고 변화되는 것이라고 하였다.
2) 직업선택을 타협의 과정으로 본 Ginzberg의 이론을 보완하여 타협과 선택이 상호 작용하는 일련의 적응과정으로 보고, 발달을 개인과 환경과의 상호작용에 따른 결과와 같이 개인과 환경과의 상호작용에 의한 적응과정이라고 하였다.

2 진로발달 요인과 주요 명제

1 진로발달 요인

수퍼(D. Super)는 진로발달의 요인을 다음과 같이 11가지로 요약하였다.

(1) 개인차
(2) 다양한 가능성
(3) 직무능력의 유형
(4) 동일시와 모델의 역할
(5) 적응의 연속성
(6) 생애단계
(7) 진로유형
(8) 발달의 지도가능성
(9) 상호작용의 결과로서의 발달
(10) 직무만족
(11) 진로유형의 역동성

2 주요 명제

위 진로발달 요인을 기초로 수퍼는 다음과 같은 10가지 명제를 내세우고 있는데, 이는 곧 그의 이론의 중심개념이기도 한다.

(1) 인간은 능력, 흥미, 성격 등에 있어서 차이가 있다.
(2) 인간은 이러한 특성의 차이로 인해 특정한 직업들에 대하여 적합성을 지니게 된다.
(3) 각 직업(군)에는 각기 요구되는 일정 범위의 능력, 흥미, 인성특성이 있다.
(4) 개인의 직업적 선호와 능력, 생활장면 및 자아개념은 시간의 경과와 경험에 따라 변화한다.
(5) 이 과정은 일련의 생애단계로서 성장기, 탐색기, 확립기, 유지기, 쇠퇴기의 과정으로 특징지을 수 있다. 이들 단계 중에는 다시 몇 개의 하위단계로 구분되는 것들이 있다.

(6) 개인의 진로유형의 본질은 부모의 사회, 경제적 수준, 개인의 정신능력 및 인성특성, 주어진 직업기회 등에 의해서 결정된다.
(7) 개인의 성장은 능력과 흥미의 성숙과정을 촉진시키고, 자아개념의 발달을 도와줌으로써 지도된다.
(8) 직업발달 과정은 본질적으로 자아개념을 발달시키고 실천해 나가는 과정이다.
(9) 개인의 사회적 요인, 이른바 자아개념과 현실성 간의 타협이란 역할수행의 하나며, 이러한 역할은 환상이나 상담, 면접 또는 학급, 클럽, 여가활동, 취업활동 등에서 수행된다.
(10) 자신의 직업과 인생에 대한 만족은 얼마나 자기의 능력, 흥미, 성격특성, 가치관에 맞는 길을 찾느냐에 달려 있다.

3 자아개념

1) 진로 자아개념: 심리사회적 개념이며 객관적인 동시에 주관적인 요소를 포함한다.
2) 진로발달은 자기개념의 발달이다.
3) 자기개념의 형성에는 다양한 개인적 요인과 사회적(상황적) 요인들이 복합적으로 작용한다.
4) 자기개념은 사회학습의 산물인 동시에 성장과 쇠퇴의 변화과정을 겪는다.
5) 자기개념의 변화적 속성에는 주관적인 특성과 객관적인 특성이 동시에 내포되어 있다.
6) 자기개념은 시간의 흐름에 따라 끊임없이 변화하며 자기개념에 바탕을 둔 의사결정을 하게 된다.
7) 개인의 자아개념은 유아기부터 사망에 이르기까지 형성단계, 전환단계, 실천단계를 거쳐서 계속 발달, 보완된다. 그러나 청년기 이후에는 대개의 경우 자아개념에 큰 변화가 오지 않는다.

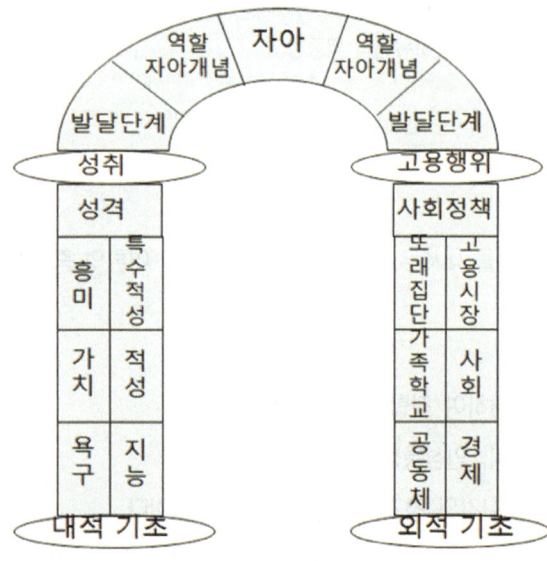

1) **왼쪽 기둥**: 개인과 각 개인의 생물학적 기초에서 출발하는 심리적 특성
2) **오른쪽 기둥**: 개인의 경제적 자원, 공동체, 학교, 가족 등의 사회적 양상과 지리적 특성
3) 사회적 요인과 개인의 심리적 특성의 상호작용 진행과정을 개인의 진로발달이라고 표현한 것
4) 수퍼에 따르면 인간은 자아 이미지와 일치하는 직업을 선택한다고 한다. 즉 '나는 이런 사람이다.' 하고 느끼고 생각하던 바를 살릴 수 있는 직업을 택한다는 것이다.
5) 자아개념은 어떤 역할, 상황, 지위에서 특정한 기능을 수행하고 있으며 일련의 복잡한 관계 속에서 자신에 대한 상을 제공한다.
6) Super는 아치웨이 모형을 통해 다양한 개인적 혹은 상황적 결정요인이 전 생애과정에서 개인이 수행하는 생애역할의 군집을 형성하고, 이러한 개인 및 상황적 결정요인들이 개인의 자아개념 발달에 상호작용하며 영향을 미친다고 설명하였다.

8) 이처럼 종단적 및 횡단적 과정 속에서 진로 자아개념이 형성된다.

4 진로성숙과 진로적응

1 진로성숙 2021 기출

(1) 정의: 진로 성숙도는 진로발달의 연속선상에서 개인이 도달하는 위치로, 진로선택과정에서 나타나는 인지적 및 정서적 특성의 상대적 위치이다. 푸아드(Fouad, 1988)는 진로성숙을 개인이 자신의 연령 수준에서 주어지는 진로문제에 대처할 수 있는 준비도(자원)라고도 하였다.

(2) 진로계획, 진로탐색(이상은 진로발달에 대한 태도), 의사결정, 직업세계에 대한 정보, 선호하는 직업군에 대한 지식(이상은 진로발달에 대한 지식과 기술), 현실성 등이 진로성숙의 하위요인이다.

(3) 요인
① 직업선택과 직업정보 관련 사항을 다루는 직업선택에 대한 경향성으로 진로 의사결정을 수행하기 위해 자신이 활용가능한 자원을 효과적으로 사용하는 것이다.
② 선호직업에 대한 정보와 계획, 즉 일하고자 하는 직업에 대해 개인이 갖고 있는 특별한 정보와 진로계획이 얼마나 구체적인가에 대한 것이다.
③ 계속적인 직업선택의 안정성뿐만 아니라 직업 분야의 수준 내에서의 일관성까지 관계되는 직업 선호도의 일관성이다. 진로 성숙도가 높은 청소년은 탐색기의 발달과업인 결정화와 구체화 과정을 통해 자신의 진로 목표를 점차 좁혀 나간다.
④ 선택과 능력, 활동, 흥미 사이의 관계를 언급하는 직업 선호도를 분별. 개인의 특성이 분화와 통합을 적절하게 이루었는지를 보는 것으로, 직업 흥미가 충분히 분화되어 있고, 자신이 지향하는 직업가치와 선호직업, 보상체계 등이 통합되어 있다면 진로 선택이나 진로 적응과정이 보다 수월할 것이다.
⑤ 직업 선호가 얼마나 현실적인가이다. 자신이 적성이나 능력과 관심 직업이 일치하는지, 선호하는지 직업이 자신의 사회경제적 지위에서 접근 가능한지 등이 이와 관련된 평가항목에 해당한다.

2 진로적응 2021 기출

(1) 성인에게 적용하는 진로성숙의 개념. 각 개인이 일의 세계와 자신의 개인적 환경 사이에서 추구하는 균형에 초점을 맞춘다. 즉 진로적응은 성인이 진로조건의 변화에 대응함에 따라 그 개인이 환경에 영향을 주고, 환경은 다시 그 개인에게 영향을 주게 되는 과정에서 나타난다.

(2) 피아제(Piaget)의 동화와 조절의 과정에 근거한 적응의 개념이라고도 볼 수 있다.

(3) 진로적응은 보다 효과적으로 자신의 진로발달을 관리하는 방법을 찾기 위해 역동적인 환경 내에서 행하는 책임 있는 행위자로서 성인을 개념화한다.

(4) 진로적응은 아동 및 청소년에게도 적용 가능하다.

[2021년 기출]

다음은 진로 집단상담(중3 대상)에서 전문상담교사와 학생들이 나눈 대화 내용의 일부이다. 수퍼(D. Super)가 개인의 진로발달 수준을 평가하기 위해 제안한 개념 중 밑줄 친 ㉠과 ㉡에 해당하는 개념의 명칭을 순서대로 쓰고, 두 개념의 의미를 진주와 진주 아버지의 진로 관련 행동과 연결하여 서술하시오.

상담교사: 오늘 집단상담을 마치면서 소감을 한번 얘기해보세요.
진   주: 저는 이번 집단상담에서 ㉠ 진로를 계획하고 직업을 탐색하며 직업 세계에 관한 정보를 갖는 것이 필요하다는 것을 알게 되었어요. 그리고 제가 좋아하는 직업군에 대해서 알아보고 진로를 결정하는 방법도 알게 되어 좋았어요. 우리가 나이와 발달 단계에 맞게 잘 준비하고 있다는 것을 알게 되었어요.
지   우: 선생님, 그럼 어른이 된 미래에는 나이나 발달 단계에 맞게 무엇을 해야 하나요?
상담교사: 어른이 되면 ㉡ 주어진 삶의 역할이나 자신이 처한 사회적 상황에 맞게 생각하고 행동해야 해요. 복잡하게 변화하는 사회나 직업 세계에서 마주하게 될 문제들에 대처하기 위해 얼마나 준비되었는지가 중요해요. 주변의 어른들을 생각해 보세요.
진   주: 아, 이제 알겠어요. 우리 아빠는 디지털 가전 서비스 센터에서 일을 하시는데, 늘 공부를 열심히 하세요. 선생님 말씀을 들어 보니 이해가 되네요. 디지털 기술이 계속 발전하니까 거기에 맞춰 공부하시는 것 같아요.

5 발달이론의 특징

1) 성인기의 진로발달은 생물학적인 발달인 연령과 무관하다.
2) 주어진 단계를 성공적으로 마쳐서 얻어진 심리적 변화가 반드시 영속적인 것은 아니다. 즉, 진로단계 사이에서 발생하는 전환의 시점은 연대기적 연령보다는 개인의 성격과 생애환경의 기능에 의한 것이다.
3) 성인기 진로발달에서는 발달의 불안정성이 정상적이며, 성공적인 발달적 변화에서 얼마든지 발생할 수 있다고 보고, 이러한 그의 생각은 '재순환'이라는 개념에서 암시적으로 나타난다.
4) **재순환**: 정상적인 발달궤도 중에 본래 생애순환과정에서 초기에 놓인다고 보았던 단계로 복귀하는 것을 말한다. 이는 개인적 발달을 촉진할 뿐만 아니라 기술과 사회적 변화에 대처할 수 있게 한다.
   (1) 많은 사람들이 이직이나 진로변경 등으로 탐색단계로 돌아가 자신의 흥미와 가치를 재평가하게 되며 여러 단계를 다시 순환하게 되는데, 이처럼 이전에 거쳐 왔던 단계로 다시 돌아가는 것을 '재순환(recycle)'이라고 한다.
   (2) 재순환은 병리적 퇴행이 아니라 성숙과 적응능력, 창의적 문제해결을 위한 수단이다.
5) **소순환 과정**: 대순환(maxicycle) 과정인 생애발달 단계 내에서 발생할 수 있는 성장, 탐색, 확립, 유지, 쇠퇴(은퇴) 단계를 '소순환(minicycle)' 과정이라고 하였다.

생애단계	생애를 통한 발달과업 순환과 재순환			
	청소년기(14~24세)	성인초기(25~45세)	성인중기(45~65세)	성인후기(65 이상)
쇠퇴기	취미시간 줄이기	운동참여 줄이기	가장 중요한 것에 초점 맞추기	작업시간 줄이기
유지기	현재 직업선택 확증하기	직업지위 안정화하기	경쟁에서 자기 지위 확보하기	자신이 즐기는 활동 유지하기
확립기	선택 분야 시작하기	알맞은 지위에 안착하기	새로운 기술 개발하기	과거에 하고 싶었던 것 하기
탐색기	기회에 대한 추가 학습하기	원하는 기회 탐색하기	새로운 과업 찾기	좋은 은퇴할 곳 찾기
성장기	현실적 자아개념 개발하기	타인과 관계맺기 학습	자신의 한계수용	비직업 역할 개발하고 가치 부여하기

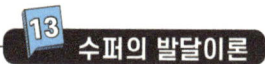

6. 진로발달의 단계 ✎ 2005, 2006 2007, 2009, 2019 기출

1. 성장기(Growth Stage, 0~13세)

(1) 가정과 학교에서의 주요인물과 동일시함으로써 자아개념을 발달시킨다.
(2) 이 시기의 초기에는 욕구와 환상이 지배적이나 사회참여와 현실검증이 증가함에 따라 흥미와 능력을 중요시하게 된다.

환상기	• fantasy: 욕구가 지배적이며 환상적인 역할수행이 중요시된다. • 아동은 호기심을 통해 직업세계를 접한다. 아동이 관심을 갖게 되는 직업은 환상 속에 존재하는 직업이다.
흥미기	• interest: 개인의 취향이 곧 활동의 목표 및 내용을 결정하는 요인이 된다. • 이 식의 아동은 관심 직업에 대한 보다 구체적인 정보를 수집하고 일의 세계와 관련된 자신의 이해가 점점 깊어진다.
능력기	• capacity: 능력을 더욱 중요시하며 직업의 요구조건을 고려하게 된다. • 일의 세계에 대한 흥미와 이해가 깊어지면서 일의 세계를 보다 현실적으로 지각하게 되면서 능력기가 시작된다. • 아동은 관심 직업의 현실적인 정보를 보다 풍부하게 축적하면서 직업 성공의 요건으로 능력의 중요성을 인식하고 직업에 필요한 훈련이나 자격요건을 생각하게 된다.

2. 탐색기(Exploration Stage, 14~24세)

(1) 학교생활, 여가활동, 시간제 일을 통해서 자아검증, 역할시행, 직업적 탐색을 행한다. 현실감이 증가한다.
(2) 진로에 대한 구체적인 탐색을 통해 상급학교나 구직을 통한 의사결정을 해야 한다. 즉 미래에 대한 계획이 주요한 진로발달의 과업이다.

결정화	• crystallization: 성장기에 획득한 직업과 자신에 대한 정보를 기반으로 한다. 즉 이제까지 정보를 종합하는 방식으로 변화 • 자신에 대한 이해와 직업에 대한 이해를 바탕으로 할 때 개인은 자신이 어떤 직업을 선호할 것인지 분명히 할 수 있다.
구체화	• specification: 지금까지 고려해왔던 직업들 중에 특정 직업의 선호로 구체화되는 시기 • 특정한 직업선호를 통해 다음 시기인 실행기의 발달과업으로 넘어갈 수 있게 된다. • 구체화기의 중요한 발달과업은 진로선택과 관련된 의사결정 능력의 습득이다.
실행기	• implementation: 선택한 특정 직업을 성취하기 위해 필요한 능력이나 기술을 위해 노력을 기울이는 시기. 어떤 교육이나 훈련이 필요한지, 현실적인 가능성 등을 고려하여 노력한다. • 이 시기는 대개 청소년기 후기나 성인 초기에 나타나는데, 특정한 진로를 결정하고 이를 향하여 몰입한다.

3. 확립기(Establishment Stage, 25~44세)

자신에게 적합한 분야를 발견하고 거기에서 영구적인 위치를 확보하기 위해 노력을 한다. 자신의 생활터전을 안정시키기 위해 노력하는 시기다.

정착 (안정화)	• stabilizing: 자신이 선택한 직업이 자신의 자아개념을 적절히 나타낼 수 있는 기회를 제공할 수 있는가를 평가하는 직업 입문 단계에서 시작 • 개인은 조직문화를 평가하고 자신이 입문해 직업에서 성공하는데 필요한 기술과 흥미를 가지고 있는지를 확인한다.
공고화	• consolidating: 개인은 직업에 정착함에 따라 자신이 직업선택을 잘했던 것인가에 의문을 품기보다는 점차 신뢰할 만한 생산자가 되어 가고 긍정적인 평판이 발달해 간다.
발전	• advacing: 신뢰할만한 생산자가 되어 가는 것에 초점을 맞추게 되면 높은 봉급과 책임있는 지위로 승진하게 되는데 이를 발전기라고 한다.

4 유지기(Maintenance Stage, 45~65세)

이미 정해진 직업에 정착하여 그것을 유지하기 위한 노력을 한다. 안정된 생활 속에서 지낼 수 있게 된다.

보유	• holding: 이제까지 성취한 것을 계속 유지
갱신	• updating: 지금까지 익숙했던 직업 관련 기술과 지식을 새로운 내용으로 갱신
혁신	• innovating: 이전에 과제를 수행했던 방식과는 다르게 시도 • 이전과는 다른 종류의 과제 수행 • 새로운 도전적 과제를 발견

5 쇠퇴기(Disengagement Stage, 65세 이후)

정신적, 신체적인 힘이 약해짐에 따라 직업전선에서 은퇴하여 다른 활동을 찾게 된다. 발달과업은 감속(퇴화, deceleration), 은퇴계획(retirement planning), 은퇴생활(retirement living)이다.

[2019년 기출]

다음은 전문상담교사가 주아(고3, 여)의 진로상담 사례를 요약한 내용이다. 수퍼(D. Super)의 진로발달이론에 근거하여 주아에게 해당하는 진로발달 단계의 명칭을 쓰고, 이 시기에 주아가 수행해야 할 과업 1가지를 사례와 연결 지어 서술할 것.

〈내방경위 및 호소문제〉
주아는 대학진학 및 학과선택 문제가 고민되어 상담실을 방문하였다. 새로운 꿈이 생기면서 지금까지 목표로 삼았던 것들이 다 바뀔 것 같아 혼란스러워했다. 지금까지는 진로 문제로 부모와 충돌이 없었지만 이로 인해 부모와의 갈등이 심해졌다.

〈학업 특성 진로발달 과정〉
주아는 공부를 잘 하고 다양한 흥미를 가진 학생이다. 중1 때 진로탐색 활동을 하면서 자신의 흥미와 적성을 대략 파악하였다. 주아는 스스로 논리적 추론 능력, 수리 능력, 언어 능력 등이 우수하다고 생각하였다. 주아는 수학을 좋아하고 수학이나 과학 문제를 푸는 것을 재미있어 하였다. 여러 수학경시대회에서 상을 받았다. 주아는 의사인 부모처럼 공부를 많이 해서 부모의 바람에 따라 의사가 되고 싶어 했다.
…(중략)…
고등학생이 되어서도 주아는 여전히 성적이 우수하고, 흥미를 느끼는 여러 과목과 관련된 다양한 직업들을 탐색하면서 새로운 직업들에 관심을 가지게 되었다. 몇 개의 직업 대안을 고려하는 가운데 여전히 의사라는 직업에 매력을 느끼고, 성적이 계속 좋으면 의사가 되는 데는 문제가 없을 것이라 생각했다. 부모를 보면서 의사라는 직업은 의미 있는 일이라고 생각했고, 사회적 지위도 높은 직업인 것 같아 선망하였다. 그런데 고2 말에 국제 구호 활동을 하는 사회복지사에 관한 책을 읽고 그 직업에 대해 관심을 갖게 되었다. 사회 약자를 위해 늘 뭔가를 해주고 싶었던 주아는 난민 구조 활동을 통해 위험에 처한 사람들을 돕고 싶었다. 그러나 사회복지사는 의사보다 사회적으로 인정 받거나 높은 수준의 학력이나 능력을 요구하는 것 같지 않고, 의사에 비해 보수도 턱없이 부족하다는 점이 마음에 걸렸다. 주아는 의사도 남을 위해 일하는 직업이지만 분쟁지역에서 난민을 돕는 일이 병원에서 진료하는 것보다 더 의미 있다고 생각하다. 난민 구조 활동의 위험성을 알고 있었지만 부모가 매우 위험하다고 반대하니 더 고민하게 되었다. 남을 돕는 것도 중요하지만 자신의 생명과 건강 역시 중요하기 때문에 갈등하고 있다. 고3이 되어서 진로를 빨리 결정해야 하는데 의대와 사회복지학과 사이에서 고민하고 있다.

7 수퍼(Super)의 직업발달 과업

직업발달과업	일반적인 특징
구체화(14~17세)	자신의 흥미, 가치는 물론 가용자원과 장차 일어날지도 모를 일, 그리고 선호하는 직업을 위한 계획 등을 인식하여 일반적인 직업 목적을 형성하는 지적과정 단계의 과업이다. 이 과업은 선호하는 진로에 대하여 계획하고 그 계획을 어떻게 실행할 것인가를 고려하는 것이다.
특수화(18~21세)	잠정적인 직업에 대한 선호로부터 특정한 직업에 대한 선호로 옮기는 단계의 과업이다. 이 과업은 직업선택을 객관적으로 명백히 하고, 선택된 직업에 대해서 더욱 구체적으로 이해하여 진로계획을 특수화하는 것이다.
실행화(22~24세)	선호하는 직업을 위한 교육훈련을 끝마치고 취업하는 단계의 과업이다.
안정화(25~35세)	직업에서 실제 일을 수행하고 재능을 활용함으로써, 진로선택이 적절한 것임을 보여주고 자신의 위치를 확립하는 단계의 과업이다.
공고화(35세~)	승진, 지위획득, 경력개발 등을 통하여 자신의 진로를 안정되게 하는 단계의 과업이다.

8 생애진로무지개(life rainbow) 2014, 2022 기출

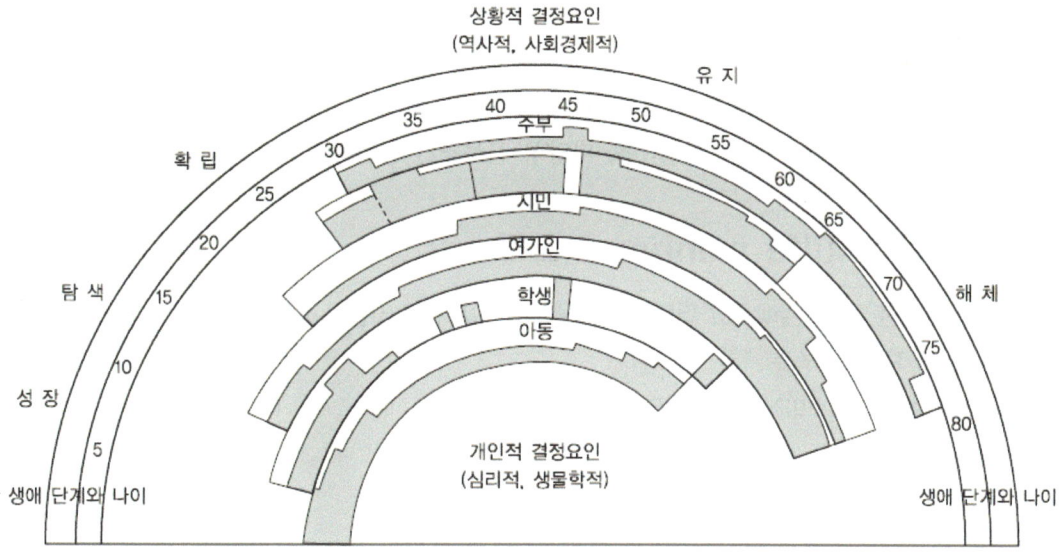

1 정의

종단적인 생애주기(진로발달의 측면)와 생애 공간(진로의 공간적이고 역할적인 측면)을 통합하여 이차원상의 도식으로 표현하는 것이다. 생애주기는 시간적 차원을 뜻하며, 대순환으로 해석될 수 있고, 이에 상응하는 각각의 생애 단계는 소순환으로 설명될 수 있다. 생애공간은 공간적 차원으로서 개인이 생활하는 사회적 상황을 다루는 것이다.

(1) **생애공간(life space)**: 일생을 통해 수행하게 되는 여러 가지 역할로
(2) **생애주기(life span)**: 연령에 따른 발달 단계

2 생애역할(life role)

자녀, 학생, 여가인, 시민, 근로자(직업인), 배우자(이상 6가지 역할), 주부, 부모, 은퇴자 등 9가지 역할

(1) 여러 가지 역할들의 결합과 그에 부여하는 중요성이 개인의 생애구조를 형성한다. 생애역할은 9가지 이외에도 개인에 따라 다른 새로운 역할(예, 종교인)이 중요하게 지각될 수도 있다.

(2) 전 생애 발달과정에서 어떤 시기에 몇 가지 생애역할이 중요하게 부각되면서 개인은 역할 간의 갈등을 겪게 되고 이로 인해 진로문제가 발생할 수 있다.

(3) 두 사람이 같은 직업을 가진다고 하더라도 그 사람들 각각이 서로 다른 상황에서 살고 있기 때문에 그 직업은 두 사람에게 서로 다른 의미를 지닌다.

(4) 생애역할은 한 개인을 둘러싼 주요한 사회적 환경과 관련이 된다. 즉 역할은 한 개인이 처한 사회환경 속에서 그가 어떠한 행위를 하도록 요구한다.
   ① 개인극장: 생애역할과 관련된 환경이 극장인데 생애역할이 수행되는 곳을 개인극장이라고 한다. 개인극장은 가정, 학교, 지역사회, 직장이다.
   ② 특정한 생애역할에 우선권을 부여하는지를 결정하기는 상대적으로 쉬울 수 있고 또 어떤 경우는 그렇지 않을 수 있기 때문에 가끔 한 극장에서 전형적으로 수행한 생애역할이 다른 극장으로 흘러넘쳐 갈등을 야기할 수 있다.

(5) 역할 중요성
   ① 참여: 어떤 일에 상대적으로 더 집중하여 활동을 하는지, 활동 수행과 관련된 양과 질을 의미한다.
   ② 전념: 앞으로의 수행에 관한 자신의 계획, 바람, 또는 현재 수행에 대한 확신 등이다.
   ③ 지식: 역할에 관한 정보, 기술 등 인지적 지식 측면을 뜻한다.
   ④ 가치기대: 역할 수행과 관련하여 여러 욕구나 가치의 충족 여부와 관련이 있다. 개인이 추구하는 가치로는 능력 활용, 성취 욕구, 심미적 욕구, 이타주의, 자율성, 창의성, 경제적 보상, 생활양식, 신체적 활동, 명예, 모험, 사회적 상호작용, 다양성 근무조건 등이 있다.

3 생애진로무지개(life rainbow) 활동

(1) 내담자가 어떤 역할을 수행하고 어떤 가치관을 추구하며 현재 자신의 생활에서 어떤 측면을 중요하게 생각하는지 등을 효과적으로 탐색할 수 있다.

(2) 내담자의 현재 또는 미래의 역할갈등을 확인해볼 수 있다.

(3) 생애역할의 우선권을 알아볼 수 있다.

> **[2014년 기출]**
>
> 다음은 전문상담교사가 수퍼(D. Super)의 생애무지개(life rainbow) 모형을 적용하여 슬기(고1, 여)를 상담한 내용이다. 생애주기(life span)와 생애공간(life space)의 2가지 축을 쓰고, 교차 지점에서 발생한 슬기의 갈등을 서술하시오.
>
> 슬 기: 선생님, 저는 집에만 가면 정말 짜증이 나요. 학교 갔다 와서 쉬면서 음악도 듣고 싶고 친구들하고 채팅도 하고 싶은데, 엄마는 밥 먹기가 무섭게 들어가서 공부하라고 재촉해요. 또 제가 방에 있으면 부모님이 번갈아 들어와서 제가 뭐하나 감시하는 거예요. 그럴 때면 정말 아무도 간섭하지 않는 곳으로 도망가고 싶어요. (눈물을 흘린다)
> 상담교사: 선생님이 슬기 말을 들어 보니까 부모님의 간섭 때문에 답답하겠구나.

9 진로상담 평가와 목적

1 평가 *2007 기출*

(1) **문제평가**: 내담자의 문제, 동기, 강점과 약점 등을 평가한다.

(2) **개인평가**: 심리적/사회적/신체적 차원을 평가한다. 즉 사회적 태도, 성격적 특징, 사회경제적 상태, 대인관계, 질병, 가족사항, 출생순위, 부모의 양육태도 등을 평가한다.

(3) **예후평가**: 진로상담의 예후, 직업적 적응에 대한 예후를 살펴본다. 즉 동기, 면접, 상담 목적 및 계획, 직업에 대한 만족감, 직업에 적응 수준 등을 통한 예측을 한다.

2 목적

(1) 개인발달과 진로발달 모두를 촉진하여 적응력 증진시키기
(2) 개인의 성숙도와 진로성숙도 모두 고려한다.
(3) 강점의 활용하여 개인의 삶의 의미 설정하도록 돕기

10 상담방법 *2010 논술형 기출*

1 자아개념 평가

(1) 한 개인의 진로발달에서 양과 질은 자아개념을 통합해 가면서 서서히 발달하게 되며, 진로선택은 자아개념과 다른 내적 가치(가치, 흥미, 능력) 및 외적 가치(구직활동, 직업시장, 경제적 상황)에 의해 중재되고 더불어 생애역할과의 조화 속에서 실행된다.

(2) 개인의 진로는 자신의 자아개념에 의해 영향을 받거나 중재된다. 자아개념은 전 생애를 통해 발달하며, 직업을 선택하는 것은 자아개념을 완성하기 위한 하나의 도구가 된다. 상담자는 이러한 자아개념이 내담자의 진로발달 및 의사결정에 부정적인 영향을 끼치고 있지 않는지 등을 면밀히 평가할 필요가 있다.

2 진로발달 단계 및 각 단계에서의 적절한 과업 수행 여부 평가

(1) 현재 내담자의 연령에 따른 발달단계의 확인분만 아니라 실제 상황에 입각한 소순환 단계를 확인할 필요가 있으며, 그러한 단계에서 내담자의 발달과업이 자라 수행되고 있는지에 대한 평가가 필요하다.

(2) 내담자가 처한 발달단계에서의 과업 수행이 적절한지를 평가하는 진로성숙도(진로적응도) 평가가 필요하다.

3 생애역할 확인

내담자의 생애역할을 확인하고 그러한 생애역할 간의 조화 여부에 대해 면밀히 평가한 후, 내담자의 호소 문제가 역할 간의 갈등에 기인하는 부분이 있는지를 확인할 필요가 있다.

11 상담목표

1 상담 목적

자신의 생애역할에 대한 통합적이고 적합한 개념을 형성하여 이를 수용할 수 있도록 하고, 현실에 반하는 개념을 검토하게 하며, 그러한 자아개념을 실현시켜 일에서의 성공, 사회적 기여, 개인적 만족으로 이끄는 진로선택을 하게 하는 것을 목적으로 한다.

2 세부 목표

(1) 내담자의 진로성숙도를 확인하고, 내담자에게 요구되는 태도, 능력, 지식, 발달과업의 성취 여부를 확인한다. 그리고 그러한 확인 과정 중 발견된 부족한 부분을 채우기 위해 노력한다.

(2) 내담자의 자아개념을 분석하고 평가한다. 그리고 자아개념이 내담자의 상황에 부적절하게 형성되어 있다면 상담을 통해 자아개념을 강화한다.

(3) 내담자는 진로가 생애역할들을 상호작용하는 조합이라는 것을 이해하고, 인생의 균형을 이루기 위해 각 역할을 적절하게 선택하고, 그 중요도를 결정해야 한다는 사실을 수용한다.

(4) 내담자는 자신의 흥미, 능력, 가치를 확인하고 그러한 특성을 각 생애역할에 맞게 적절히 분배한다.

12 개입전략: C-DAC 상담모형 *2010 논술형, 2022 기출*

평가는 크게 **생애구조와 주요한 직업 역할, 진로발달 수준과 자원, 가치, 흥미, 능력을 포함하는 직업정체성, 직업적인 자아개념과 생애 주제**의 4가지 평가를 포함한다.

1 사정(평가)

1단계	• 내담자의 생애구조(개인의 생애를 구성하는 사회적 요소)와 직업 역할 현저성에 초점을 둔다. • 내담자가 그 직업 역할을 중요한 것으로 고려한다면, 추가 사정은 더욱 의미가 있다. 그렇지 않다면, 진로 지향 프로그램이 추천된다. • 역할 명확성 검사(현저성 검사, Salience Inventory): 내담자의 5가지 생애역할(학생, 직업인, 시민, 주부, 여가인)의 상대적 중요도를 몰입과 가치기대라는 차원에서 측정한다. • 개인의 삶에서 정의되는 핵심적인 역할과 주변적인 역할의 유형을 평가한다.
2단계	• 직업역할에 대한 자각을 측정하는데 이를 진로 단계(내담자의 직업발달 과제)와 진로관심(내담자가 성장기, 탐색기, 확립기, 유지기, 쇠퇴기에서 가지는 관심의 정도)이라고 한다. • 성인용 진로관심검사(Adult Career Concerns Inventory, ACCI)는 진로단계와 진로관심을 측정하는 도구로 이 내용은 면접을 통해서도 얻어질 수 있다. • 추가적으로 이 단계에서 실시하는 사정에는 의사결정 시 과제의 선택이나 대처를 위한 내담자의 자원을 측정하는 것도 포함한다. • 진로발달검사(CDI)는 진로계획, 탐색, 직업정보, 직업지식 등의 변인을 측정하기 위해 사용된다. • 진로완성검사(Career Mastery Inventory)를 사용하여 내담자의 적응 자원을 측정해 사정이 이루어진다. • 상담자는 발달과업이 내담자와 연관되어 있는지를 알아야 한다. 여기서는 내담자가 당면한 문제와 내담자가 갖고 있는 극복자원에 대한 평가를 통해 내담자의 문제에 보다 명확히 접근할 수 있는데, 극복자원이란 내담자가 직면한 특정한 발달과업들을 다루는 태도나 역량을 말한다.
3단계	• 능력, 흥미, 가치 측정이 포함된다. • 홀랜드의 RIASEC를 측정치로 이용한다. • 적성판별검사(Differential Aptitude Test)는 적성 측정을 위한 도구로, 가치검사(VI) 혹은 직업가치 도구(Work Values Inventory)는 가치 측정 도구로 추천된다. • 이 단계의 목표는 내담자의 특성들을 평가하면서 내담자의 진로정체성 내용을 탐색하고, 그러한 정체성이 내담자 생애의 다양한 역할에서 어떻게 나타나고 있는지를 탐색하는 데 있다.
4단계	• 생애 공간 내에서의 내담자의 자기 도식을 사정하기 위해 형용사 체크리스트, 카드 소트(Sort) 등을 이용해서 자기개념과 생애주제를 사정하는 것이 포함된다. • 이전 단계에서까지는 객관적인 평가에 중점을 두었다면 이 단계에서의 평가는 내담자의 주관적인 자아개념에 대한 주관적인 평가가 추가된다. 내담자의 자아개념을 평가하기 위해 C-DAC모형은 2가지 방법을 제안하는데 내담자의 현재에 나타나는 자기상에 초점을 두는 횡단적인 방법과 내담자의 생애 전체에 걸쳐 발달되어 온 주제에 초점을 두는 종단적인 방법이다.

[2022년 기출]

다음은 전문상담교사가 작성한 연미(고3, 여)의 진로상담 사례 기록이다. 수퍼(D. Super)의 진로발달이론을 적용하여 밑줄 친 ⓒ과 ⓒ에 해당하는 역할의 명칭을 순서대로 쓰고, 상담교사가 연미의 ⓒ과 ⓒ의 역할을 비교하여 탐색하려는 이유를 수퍼 (D. Super)의 진로발달 평가 및 상담(C-DAC) 모형에 근거하여 서술하시오.

- 진로 특성:
  - 흥미: 천문 우주, 기상 변화 관측 및 분석 등
  - 적성: 과학 및 수리 영역
  - 발달 과정 및 진로 목표: 초등학교 - 과학자 / 중학교 - 우주 과학자 / 고2까지 - 항공우주공학자

- 생애 역할과 진로발달단계: 연미는 간호사라는 직업을 희망하지만 ⓒ <u>자신의 직업적 정체성은 과학자라고 생각하는 것 같다.</u> ⓒ <u>간호학과 진학은 부모님에 대한 애정과 딸로서 현재의 어려움을 극복하기 위한 자신만의 최선의 노력이라고 생각한다.</u> 과학자와 간호사라는 직업이 연미에게 무엇을 의미하는지 더 비교해서 탐색할 필요가 있다. 연미는 진로발달단계에서 탐색기의 구체화시기에 해당한다. 그러나 간호학과 진학 준비로 인해 탐색기의 다른 하위 단계에 속할 수 있다.

2 자료 통합과 해석

사정이 이루어지면 상담자는 내담자에게 자료를 해석해 준다. 이 해석과정을 통합적 해석이라 하며, 이를 통해 내담자의 생애를 펼쳐 보인다.

3 상담목표

자아개념을 현실적인 방법으로 직업세계로 이행한다.

4 절차

상담자는 성장, 탐색, 확립, 유지, 쇠퇴와 같은 진로 발달과제에 적절한 진로발달 상담 절차를 추천한다. 생애단계와 발달과제를 통합하는 다양한 기법이 사용될 수 있다.

5 과정

진로발달을 촉진하기 위해 상담은 코칭, 연수, 조언, 수정, 재구성을 사용할 수 있다. 수퍼는 순환적 상담을 장려했는데, 이러한 상담에서의 면접은 어떤 때는 지시적이고 어떤 때는 비지시적이다.

13 평가

1) 내담자의 진로발달 수준을 평가하고 내담자에 대한 체계적인 정보자료에 바탕을 둔 과학적인 진로상담이 이루어질 수 있는 토대를 마련하였다.
2) 진로발달 단계별로 완수해야 할 진로성숙의 과제들을 구체적으로 제시함으로써 아동 및 청소년의 진로발달을 촉진하는 다양한 진로교육프로그램의 개발과 보급에 크게 기여하였다.
3) 이론 자체의 포괄성 때문에 경험 연구를 통해 쉽게 검증하기가 용이하지 않다.
4) 진로발달은 개인과 그를 둘러싼 환경과의 역동적인 상호작용을 통해 변화하는 과정으로 객관적인 검사로 개인 간 진로발달 정도를 상호 비교하는 것이 타당한가에 대해 문제가 제기되고 있다.
5) 진로성숙이나 진로적응성과 같은 개념에 대한 조작적 정의가 일관적이지 못하다.
6) 개인마다 서로 다른 진로발달 과정을 거칠 수 있는데, 지나치게 개인 간의 공통성을 찾고자 하면서 개인의 진로발달에 영향을 미치는 맥락성과 개별성을 간과하였다.

14 타이드만과 오하라(Tiedeman & O'Hara)의 발달이론

1 이론의 배경 2007, 2010 기출

1) 타이드만(Tiedeman)과 오하라(O'Hara)는 직업발달의 단계는 연령과 관계없이 문제의 성질에 의해 좌우되며 일생 동안 여러 번 반복될 수도 있다는 입장이다.
2) 수퍼(Super)가 연령의 증가에 따라 직업의식이 어떻게 발달하는가를 설명하고 있다면, 타이드만과 오하라는 의사결정 과정을 통해서 직업의식이 어떻게 발달해 가는가를 설명하고 있다.
3) 진로선택과정은 분화와 통합을 통해 직업정체감을 형성해 나가는 지속적인 과정이다.

2 직업 정체감

1) 타이드만과 오하라에 따르면 직업발달이란 직업 자아정체감을 형성해 나가는 계속적 과정이다.
2) 직업 자아정체감은 개인이 자신의 제반 특성을 파악하고 자신의 자아를 실현시킬 수 있는 일이 무엇인가에 대한 자신의 인식 또는 생각을 말한다. 의사결정을 되풀이하는 과정에서 성숙해진다.
3) 새로운 경험을 쌓을수록 개인의 정체감은 분화와 통합의 과정을 거치면서 발달되게 된다.
4) 인간은 성장함에 따라 학교나, 직업의 선택, 생애목적의 설정 등 다양한 사항에서 결정을 내려야 할 국면에 놓이게 되는데, 문제에 대해 결정을 내려보는 것이 직업적 자아의 확립에 도움이 된다.
5) 결국 진로발달이란, 자아개념을 직업적 용어로 정의하는 연속적인 과정이라고 할 수 있다.

3 진로의사결정 단계 2010 기출

1 예상기(전직업기, Anticipation/Preoccupation Period)

탐색	• 자신이 지향할 수 있는 목적들을 전부 고려해 보고, 각 대안의 목적을 자신이 과연 밀고 나갈 만한 능력과 여건을 갖추고 있는지 자신을 예비평가해 본다. • 아울러 각 대안이 충분한 가치를 지니고 있는지 여부도 분석해 본다. • 실천 가능한 진로를 탐색하면서 재검토한다. • 상상으로 다양한 활동을 경험하며 잠정적인 목표를 설정한다. • 장래의 대안적 진로행동을 한다. • 포부, 능력, 흥미, 직업선택의 사회적 의미를 숙고한다.

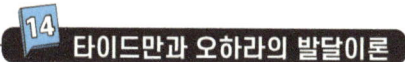

구체화	• 자기가 나아갈 수 있는 여러 개의 방향 및 각 방향을 취했을 때 나타날 수 있는 결과를 충분히 고려 • 자기의 가치관이나 목적 및 실용성에 비추어 적합한 어느 하나를 밀고 나갈 준비를 한다. • 대안에 대해 지속적으로 평가를 한다. • 대안을 줄여나가면서 잠정적인 선택을 하고 잠정적 선택을 가치와 우선순위에 따라 재평가한다. • 목표를 제한적이고 구체적으로 설정하지만 변경이 가능하다. • 생각을 명확히 굳힌다.
선택	• 구체화 과정에 뒤이어 명확한 목표를 설정한다. • 이 단계 이르면 자기가 하고자 하는 것과 그렇지 않은 것을 분명하게 진술할 수 있게 된다. • 이 단계에서 행해지는 선택의 적절성 유무는 선택에 이르는 구체화 과정의 적합성 여부에 의해 좌우된다. • 목표 달성을 위한 특정 행동을 한다.
명료화	• 이미 내린 선택을 보다 신중히 분석, 검토해 보고 미흡한 점이나 의심스러운 사항이 있을 때는 이를 명확히 하는 작업을 한다. • 지위를 예상하고 진로결정에 대한 불안을 약화시킨다. • 예상기가 끝난다.

2 실천기(적응기, Implementation/Adjustment Period)

: 이전 단계에서 내린 결정을 실천에 옮기는 단계이다.

적응	• 새로운 상황, 이를테면 학교나 직장에 들어가서 인정과 승인을 받기 위해 노력을 개시한다. • 그래서 새 집단이나 조직의 요구 또는 풍토에 적응하기 위해 자신의 일면을 수정하거나 아예 버리기도 한다. 즉 새로운 상황의 요구에 대해서 수용적인 태세가 된다. 즉, 수용과 집단과의 융합 자세 • 진로구체화를 위해 사회적 상호작용을 한다. • 직업사회체계 내에서 자기명료화를 하고, 자아를 보호한다. • 사회적 목적의 전체 진로구조 내에서 개인적 목표를 구체화한다.
개혁	• 수용적이던 이전 단계에서와는 달리 자신의 역할에 대해 강경한 태도를 보이기 시작한다. • 일단 새 집단 내에서 인정을 받게 되면 주위 동료나 다른 사람들이 자기와 관점을 같이할 것이라 믿고 자신의 의견이나 주장을 행사하려 하게 되는 것이다. • 따라서 이 단계에 들어서면 개인이 집단에 의해 움직여질 뿐만 아니라 자기가 속한 집단에 대해 개인이 영향력을 미치게 된다. • 이러한 독단적 요구가 감소함에 따라 통합기에 들어가게 된다.
통합	• 집단의 요구와 개인의 요구 간에 균형이 이루어지게 된다. • 직업집단과 상호작용을 통해 목표를 타협한다. • 개인은 집단에 소속된 일원으로서의 자신에 대한 새로운 자아개념, 즉 자아정체감을 형성한다. • 자아와 직장에 대한 객관성을 확보한다. • 수행한 결과나 행동에 대해 만족한다. • 그러나 이것은 고정적인 것이 아니라 일종의 역동적 평형상태이다. • 따라서 변화가 가능하며 그 경로가 분화와 통합의 과정을 계속 주도해 나가게 되는데, 이것이 곧 개인의 직업적 성숙을 가져오게 한다.

4　요약

1) **탐색 → 구체화 → 선택 → 명료화 → 적응 → 개혁 → 통합의 연속적 관계**는 진로와 관련된 선택을 해야 할 때마다 거치게 되는 과정이다.

2) 타이드만(Tiedeman)과 오하라(O'Hara)의 이론에서는 직업발달을 교육 또는 직업적 추구에 있어서 개인이 나아갈 방향을 선택하고, 선택된 방향에 들어가서 잘 적응하고 발전하는 과정에서 이루어지는 자아의 발달로 개념화하고 있다고 볼 수 있다.

15 투크만(Tuchman)의 발달이론

1 개요

1) 자아인식, 진로인식 및 진로의사결정이라는 세 가지 요소를 중심으로 하는 8단계의 진로발달 이론을 제시하였다.
2) 학생들의 진로발달을 위한 교육에서 요구되는 사항이 무엇인지를 알게 해주는 토대를 마련하였다.
3) 기능훈련을 제외한 진로교육의 모든 측면을 광범위하게 내포하고 있다.

2 발달단계 2012 기출

1. 일방적 의존성의 단계 (유치원~초등학교 1학년)	외적통제에 의존하는 진로발달 단계. 일에 대해 듣게 되는 이야기와 가정에서 사용하는 도구들을 중심으로 진로의식을 형성하게 된다.
2. 자기주장의 단계 (초등학교 1~2학년)	아동은 점차 자율성을 갖게 되며 친구의 선택과 같은 단순한 형태의 선택이 가능하게 된다. 또한 일에 대한 간단한 지식이나 개념을 이해하기 시작한다.
3. 조건적 의존성의 단계 (초등학교 2~3학년)	아동은 자아를 인식하기 시작하여 보다 독립적인 존재가 된다. 이 단계에서 자아인식의 초점은 동기와 욕구, 친구와의 관계형성에 주어진다.
4. 독립성의 단계 (초등학교 4학년)	아동은 일의 세계를 이론적으로 탐색한다. 또한 기술과 직업세계에 대한 인식, 사회 내에서의 자신의 위치 등을 생각해 보며 진로결정에 대해 관심을 갖게 된다.
5. 외부지원의 단계 (초등학교 5~6학년)	아동은 외부의 승인이나 인정을 구하게 된다. 아울러 직업적 흥미와 목표, 작업조건, 직무내용 등에 관심을 갖게 된다.
6. 자기결정의 단계 (중학교 1~2학년)	개인은 자신의 규칙과 규범을 설정하고 자아인식을 위해 노력하며 직업군을 탐색하기 시작한다. 또한 직업관을 갖기 시작하며 진로결정의 기본 요인들을 현실적인 관점에서 탐색한다.
7. 상호관계의 단계 (중학교 3학년~고등학교 1학년)	개인은 동료집단의 문화와 교우관계를 중시하는 관점에서 진로를 선택하게 된다. 직업선택의 가치, 일에 대한 기대와 보상, 작업환경, 의사결정의 효율성 등에 대해 관심을 갖는다.
8. 자율성의 단계 (고등학교 2~3학년)	개인은 직업에 대한 탐색과 아울러 자기 자신에 대한 인식을 확고히 하게 된다. 진로문제에서 자신의 적합성 여부, 교육조건, 선택 가능성 등에 초점을 두면서 대안을 점차적으로 줄여나간다.

> **[2012년 기출]**
>
> 터크만(B. Tuckman)의 진로발달이론에서 제시한 중학교 1학년의 진로발달 특징으로 가장 적절한 것은?
>
> ① 직업선택의 가치, 일에 대한 기대와 보상, 의사결정의 효율성 등에 대하여 관심을 가진다.
> ② 자신의 규칙과 규범을 설정하고 자아인식을 위해 노력하며 직업군을 탐색하기 시작한다.
> ③ 진로문제에서 자신의 적합성 여부, 교육조건, 선택 가능성 등에 초점을 두면서 대안을 점차적으로 줄여나간다.
> ④ 기술과 직업세계에 대한 인식, 사회 내에서의 자신의 위치 등을 생각해 보며 진로결정에 대하여 관심을 가진다.
> ⑤ 자아를 인식하기 시작하여 더욱 독립적인 존재가 되며 자아인식의 초점은 동기와 욕구, 친구와의 관계형성이다.

3 평가

1) 개인의 진로발달을 촉진시키기 위하여 우리가 활용할 수 있는 매체의 선택이나 활동 내용의 구성에 많은 시사점을 주고 있다.
2) 톨버트(Tolbert)는 이 이론이 현존하는 여러 연구와 이론들을 광범위하게 종합하여 훌륭하게 구성되었다고 보면서 실천가들에게 많은 유용성을 제공하고 있다고 평가한다.

16 고프레션(Gottfredson)의 직업포부 발달이론(제한-타협이론)

1 이론적 배경 2007 기출

1) 진로선택과정은 자신의 흥미, 능력, 가치, 사회계층 등을 고려하여 직업포부를 형성해가는 과정이다.
2) 자아개념이나 흥미 같은 내적 요인에만 초점을 두었던 이전의 발달이론과는 달리 성역할이나 사회적 명성 같은 사회적 요인과 추론능력, 언어능력과 같은 인지적 요인을 통합시켜 직업포부이론의 발달에 대해 체계적인 설명을 시도하였다.
3) 수퍼(Super)와 달리 진로선택은 일차적으로 사회적 자아실현을 한 뒤, 이차적으로 심리적 자아실현을 한다. (흥미나 가치는 성이나 사회계층에 의해 제한 받음)
4) 고프레션은 인지발달에 초점을 두고, 아동은 자기 자신과 자신의 사회적 위치에 대해 인식하면서 자기 자신과 공존할 수 없는 진로대안들을 제외시켜 나가기 시작한다고 제안하였다.
5) 제한-타협이론은 크게 두 가지 중요한 내용으로 구성된다.
   (1) 제한이론: 각 발달단계별로 어떤 발달과업들이 수행되느냐의 내용이 담겨있는 이론(발달단계별 발달과업 수행에 관한 내용)
   (2) 타협이론: 진로선택에 대한 내용이 담겨있는 이론(진로선택에 대한 내용)

2 주요개념

1 제한(Circumscription, 직업포부, 제한타협)

(1) 정의: 자기개념과 일치하지 않는 직업적 대안들을 제외하는 과정. 직업선택 기준에서 사회적 계급 측면을 근거로 하여 개인이 수용하기 어려운 직업적 대안들을 줄여나가는 과정이다. 이러한 제한의 기준은 사회적 수용성에서 시작하여 보다 추상적인 적합성으로 발달한다.

(2) 제한과정
① 수용 가능한 진로대안의 영역을 줄여나가는 과정이다.
② 아동의 추상적 사고능력의 발달로 4단계 제한과정 거친다.
③ 각 단계를 거치는 연령보다는 각 단계를 거쳐 나가는 순서가 발달적으로 더 중요하다.

2 타협(Compromise) 2021 기출

(1) 정의: 가장 선호되는 직업 대안을 포기하고 덜 적합하지만 보다 접근이 용이한 직업 대안을 선택하는 과정. 협상의 주요 요소는 제한된 탐색과 지식, 더 큰 투자, 더 큰 접근가능성, 성역할, 사회적 지위, 흥미 중 자기개념에 덜 중요한 차원부터 포기하기가 있다.

(2) 타협과정
① 자기가 원하는 흥미 영역의 직업을 선택한다고 해도 그 직업을 선택할 수 있는 현실적 여건이 어려운 경우 어떤 부분을 포기할 수밖에 없는 과정이다.
② 타협: 흥미 > 사회적 지위 > 성역할 순서로 자신에게 적합한 진로대안을 포기해나간다.

3 직업포부(career aspirations) 2008, 2013 기출

(1) 개인이 특정 시점에서 가장 좋은 직업적 대안이라고 생각하는 하나의 희망직업이다.
(2) 흥미, 능력, 가치, 사회계층, 성취동기 등을 모두 반영하는 개념이다.
(3) 자아개념은 진로선택의 주요 요인이 되며, 자아개념은 사회적 지위, 지적 수준, 성역할의 경험에 의해 형성된다.
(4) 아동기에 결정한 직업포부를 성인이 되어서도 고수하는 경우가 많다. 따라서 아동이 자신의 직업포부를 결정하는 과정 자체가 미래 진로발달에 중요한 역할을 한다.

[2008년 기출]

이것이 무엇인지 쓰시오.

이것은 개인이 어떤 직업을 갖기를 열망하는가에 대한 개념으로, 흥미나 적성과 같이 미래의 직업 선택을 예언해주는 중요한 개념 중의 하나이다. 갓프레드슨(Gottfredson)에 따르면, 이것은 자아개념, 직업에 대한 이미지, 선호성, 직업에의 접근 가능성 등의 요소들에 의해 형성된다.

3 직업포부의 발달단계

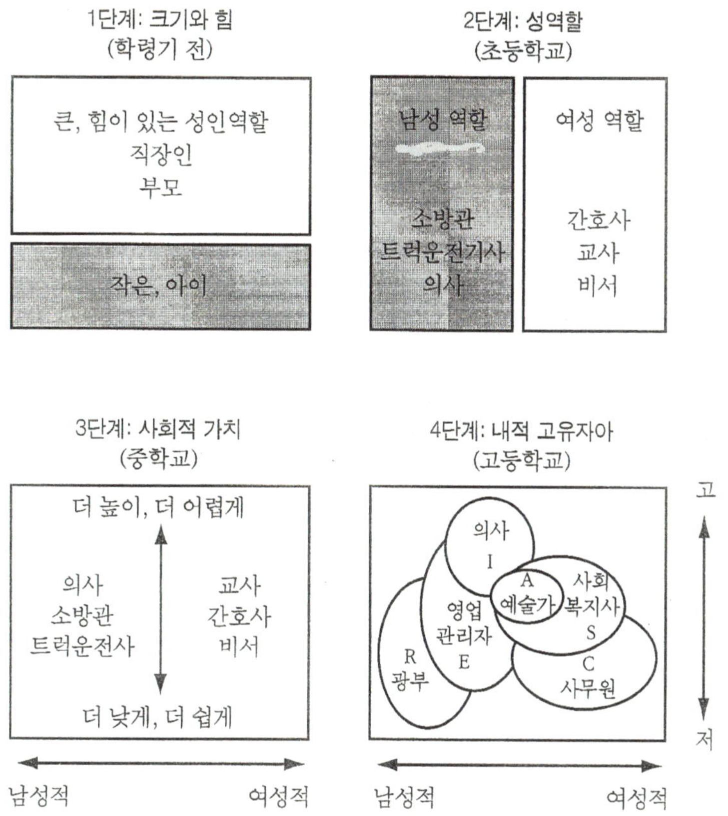

Gottfredson의 진로발달 단계

1단계: 크기와 힘 (학령기 전)
- 큰, 힘이 있는 성인역할 / 직장인 / 부모
- 작은, 아이

2단계: 성역할 (초등학교)
- 남성 역할: 소방관, 트럭운전기사, 의사
- 여성 역할: 간호사, 교사, 비서

3단계: 사회적 가치 (중학교)
- 더 높이, 더 어렵게 / 더 낮게, 더 쉽게
- 남성적 — 여성적
- 의사, 소방관, 트럭운전사 / 교사, 간호사, 비서

4단계: 내적 고유자아 (고등학교)
- 의사 I, 사회복지사 S, 예술가 A, 영업관리자 E, 사무원 C, R 광부
- 고 — 저, 남성적 — 여성적

출처: Gottfredson, 2005.

1 직업과 관련된 개인발달의 단계 2008, 2011, 2015, 2022, 2023 기출

힘과 크기 지향성 (3~5세)	• Orientation to size and power: 서열획득단계라고도 불리우며, 서열의 개념을 획득하는 것이 중요한 시기 • 크다/작다와 같이 단순한 방법으로 사람들을 분류 • 성이나 성역할에 대해선 아직 모르지만 여성과 남성이 신체적으로 다르다는 것은 안다. • 사고과정이 구체화되며, 어른이 된다는 것의 의미를 알게 된다. • 자신보다 크고 힘이 센 어른들만이 일이라는 것을 할 수 있다는 생각으로 선망을 갖는 시기이기도 하다. • 직업에 대한 생각: '나는 작은 어린아이다. 그런데 어른은 크고, 어른이 되면 일이라는 것을 하게 된다'라는 것으로, 크기와 힘에 대한 개념이 일과 관련된 영역에도 적용
성역할 지향성 (6~8세)	• Orientation to sex and roles: 자아개념이 성의 발달에 의해서 영향을 받게 된다. • 어디엔가 동일시하고 싶어 하는데 가장 쉬운 방법이 이분법적 동일시이기 때문에 남성, 여성으로 정체감을 형성하는 시기이다. 남녀 대결 구도는 자기를 찾기 위한 노력의 일환. • 성역할 개념을 습득하고, 자신의 성이 반대의 성보다 우월하다고 지각 • 성역할 사회화가 나타나면서 직업에 대한 성역할 고정관념도 이 시기에 습득된다. • 직업에 대한 생각: 여자만 하는 직업과 남자만 하는 직업으로 분류하는 성역할 경계선이 형성되기 시작한다.

사회적 가치 지향성 (9~13세)	• Orientation to social valuation: 사회계층에 대한 개념이 생기면서 상황 속에서의 자아를 인식하게 되고, 일의 수준에 대한 이해를 확장시킨다. • 아이들은 어떤 사회적 규칙에 의해 나눠 갖는다는 것을 알게 되며, 특히 능력이 그 분배의 가장 핵심적인 원리로 작용한다는 것을 깨닫게 된다. 이에 자신의 상대적 능력에 대해 판단하기 시작하고, 이를 사회 속에서 상대적 서열과 관련짓는다. • 높은 지위의 직업과 낮은 지위의 직업에 대한 개념이 생기면서 존경을 받거나 돈을 많이 벌거나 등의 직업에 대해 생각하게 된다. 그리고 자신의 능력을 기준으로 적합한 직업군을 줄여나간다. • 직업에 대한 생각: 사회적 지위가 너무 낮아서 받아들일 수 없는 지위 하한선과 그 직업을 갖기 위해 많은 노력을 해야 하는 지위 상한선이 형성
내적 고유한 자아 지향성 (14세 이후)	• Orientation to the internal unique self: 내성적인 사고를 통하여 자아인식이 발달되며, 타인에 대한 개념이 생겨난다. 자아성찰과 사회계층의 맥락에서 직업적 포부가 더욱 발달하게 된다. • 내가 어떤 사람인지, 내가 뭘 좋아하는지, 내가 어떻게 자랐는지, 내 주변 사람들의 기대는 어떠한지 등의 고민을 거쳐 자기정체감을 확립하게 되고 지금까지 생각했던 성역할과 사회적 지위도 만족시키면서 자기정체감까지 만족시키는 직업을 선택하게 된다(자신의 가치, 능력, 성격 등의 기준으로 직업 선택). • 1~3단계가 진로대안을 제외시키는 과정이라면, 이 단계에서는 가능한 대안들 가운데 어떤 대안이 가장 좋은지 선택하는 것에 초점 • 이런 내적 자아 확립 단계에서는 내적 자아의 고유성 중 가장 대표하는 것이 흥미여서 흥미별로 직업을 분류하고 자신의 흥미에 맞는 직업세계를 추구하는 경우가 많다. • 직업에 대한 생각: 지금까지 생각해 왔던 성역할과 사회적 지위도 만족시키면서 자기 정체감까지 만족시키는 직업을 선택

2 진로포부의 제한 📖 2023 기출

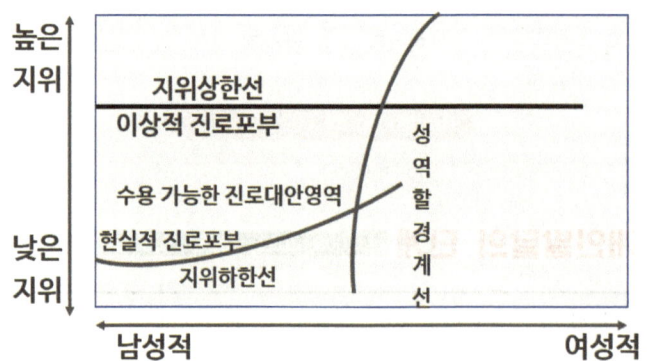

(1) **진로포부 제한**: 수용가능한 진로대안 영역 내에서 자신의 흥미에 맞고 자신의 특성에 맞는 직업으로 축소해 나간다. 수용가능한 진로대안 영역이란 성역할 경계선, 지위 상한, 지위 하한으로 둘러싸인 부분이다.

(2) **사회적 공간**: 수용 가능한 직업들의 범위를 뜻한다.

16 고프레선의 직업포부 발달이론

[2015년 기출]

다음은 갓프레드슨(L. Gottfredson)이 제안한 이론의 네 번째 단계에 근거하여 진행된 사례 요약의 일부이다. 이 이론에서 제안한 네 번째 단계의 명칭을 쓰고, 이 단계의 특징을 3가지만 서술하시오. 그리고 진로대안을 제거하는 데 필요한 요소를 이 단계의 특징에서 찾아 현수(중3, 남) 사례와 연결하여 서술하시오.

〈상담 사례 요약〉

현수는 어려서부터 학업성적이 우수하고 다재다능하여 부모님의 기대가 컸다. 초등학교 시절 우연히 발레를 접하고, 그것에 재미를 느껴서 계속하고 싶어 했다. 어려운 동작도 잘 따라 해서 발레선생님도 소질이 있다고 칭찬하셨다. 그 후에도 계속 연습하면서 발레리노가 되는 꿈을 키워왔다. 최근에 현수는 이 사실을 부모님께 말씀드렸다. 그러자 아버지는 크게 화를 내며 반대하셨다. 아버지는 현수가 연습도 못하도록 엄하게 통제하셨다. 아버지는 현수가 학업성적도 좋은데, 남자라면 남들이 우러러보는 법관 같은 직업을 가져야 한다고 하셨다. 현수도 발레를 직업적으로 하고 싶지만, 여자들이 주로 갖는 직업이라는 생각이 들어서 답답한 마음에 진로상담을 신청하였다. 진로흥미검사를 실시하여 현수의 흥미유형이 'AS'임을 확인하였다. 상담을 통해 현수는 진로를 잠정적으로 결정하고, 지속적인 발레 연습을 통해 장차 대학의 무용학과에 진학하기로 결정하였다. 또한 현수는 부모님을 설득하는 한편, 무용학과 진학을 위해 최선을 다하기로 다짐하였다.

3 타협의 과정 📖 2011, 2021 기출

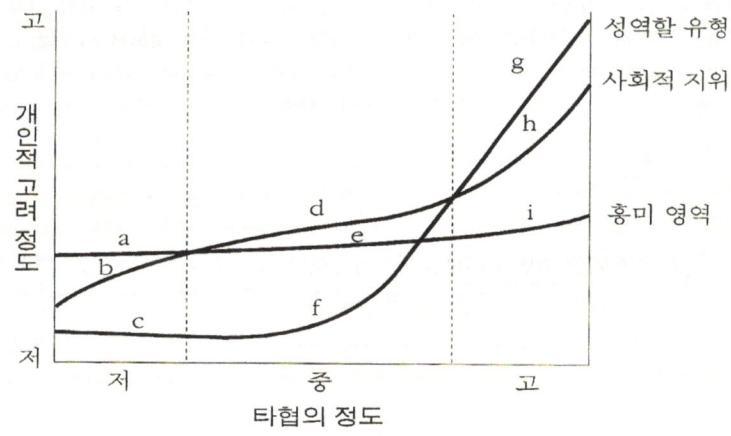

출처: Gottfredsom, 2003.

타협의 정도에 따른 타협 영역

주: 각 그래프는 타협의 정도에 따라 성역할 유형, 지위, 흥미 영역에 대한 중요도가 달라짐을 나타낸다.

(1) 타협의 중요도

① 타협을 많이 해야 하는 상황: 성역할 〉 사회적 지위 〉 흥미 순서대로 각 영역이 중요하게 여겨진다.
② 타협을 중간 정도 해야하는 상황: 사회적 지위 〉 흥미 〉 성역할 순서대로 각 영역이 중요하게 여겨진다.
③ 타협을 적게 하는 상황: 흥미 〉 사회적 지위 〉 성역할 순서대로 각 영역이 중요하게 여겨진다.

(2) 타협예측 📖 2011, 2021 기출

① **타협이 상대적으로 적을 때(즉 모든 대안들이 사회적 위치 내에 있을 때):** 자신의 흥미를 최대한 살리는 일을 최우선 순위로 둔다.

② **타협이 중간 정도일 때(즉 대안들의 일부가 사회적 위치 밖에 있을 때):** 명성, 성 유형에 대한 수용능력을 포기하기 전에 직업에 대한 흥미를 포기하는 경향이 있다.

③ **타협이 많을 때(즉, 모든 대안들이 사회적 위치 밖에 존재할 때):** 수용할만한 성유형을 유지하기 위해 흥미, 명성 모두 포기하는 경향이 있다.

[2021년 기출]

다음 (가)는 전문상담교사가 미소(고2, 여)를 상담하고 작성한 상담 일지의 일부이고, (나)는 수퍼바이저와 나눈 대화 내용의 일부이다. 갓프레드슨의 제한타협이론을 적용해서 미소의 진로의사결정 타협과정을 서술하시오.

(가)

1. 흥미와 관련된 활동
   미소는 건축 설계와 전통 건축의 목공 기술에 흥미를 느끼고 건축학과의 전통건축학과에 관한 정보를 찾아보았다. 그 후, 전통건축박람회에 참가해서 체험 활동을 해 보고 3개월 동안 주말 교육 프로그램을 수강하였다. 이러한 활동을 통해 건축학과보다 전통건축학과에 진학하기로 마음먹었다.

2. 내적·외적 갈등
   미소가 건축학과를 고려했던 이유는 유명한 건축 설계사가 되면 멋진 대형 복합 건물 등을 설계하고 세계적인 명성을 얻을 수 있을 것이라고 생각했기 때문이었다. 하지만 명성을 얻는 것보다 나무를 만지고 가공하는 것이 더 재밌고 즐거워서 전통 건축학과 진학을 결정했다. 그러나 집에서 진로 이야기만 하면 부모님과 갈등이 생긴다. 특히 어머니는 사범 계열 진학을 강력하게 요구하고 있다. 집에서 미소의 진로 이야기만 나오면 가족 간의 전체 분위기가 악화된다.

(나)

- 수퍼바이저: 미소는 진로 이야기를 하면서 부모님과의 갈등보다 자신이 문제라고 했죠. 내적 갈등을 주목해 봅시다. 내적 갈등을 일으키는 요소가 뭐라고 보세요? 이 부분은 또 어떤 진로이론으로 설명할 수 있을까요?
- 김 교 사: 음, 내적 갈등을 일으키는 요소라고 한다면... 아, 갓프레드슨(L. Gottfredson)의 이론이네요.

---

(2) 사람들은 자기개념과 일치하는 직업의 범주(사회적 공간)에서 직업을 찾게 된다. 처음에는 최상의 선택을 하려고 하지만 여건이 되지 않으면 적합한 직업범위 안에서 최선의 선택을 하려고 한다. 이는 수용가능한 형태의 타협이다.

+(3) 직업인지지도(Cognitive map of occupations)

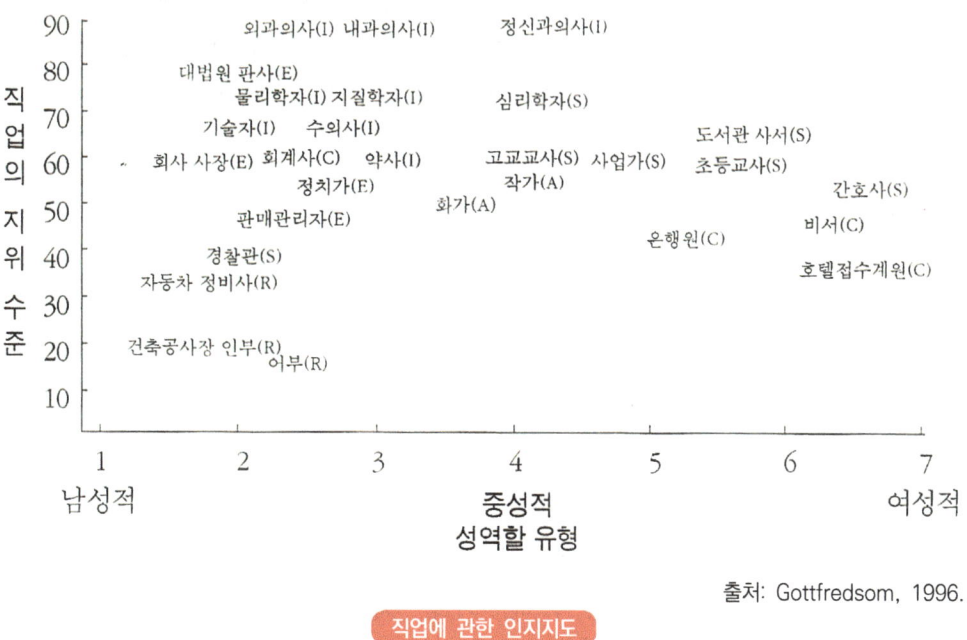

출처: Gottfredsom, 1996.

직업에 관한 인지지도

특정 직업명을 제시하고 얼마나 남성적(여성적) 직업이라고 생각하는지, 사회적 지위는 얼마나 높다고 생각하는지 응답하게 한 후 그 결과를 종합하여 나타낸 것

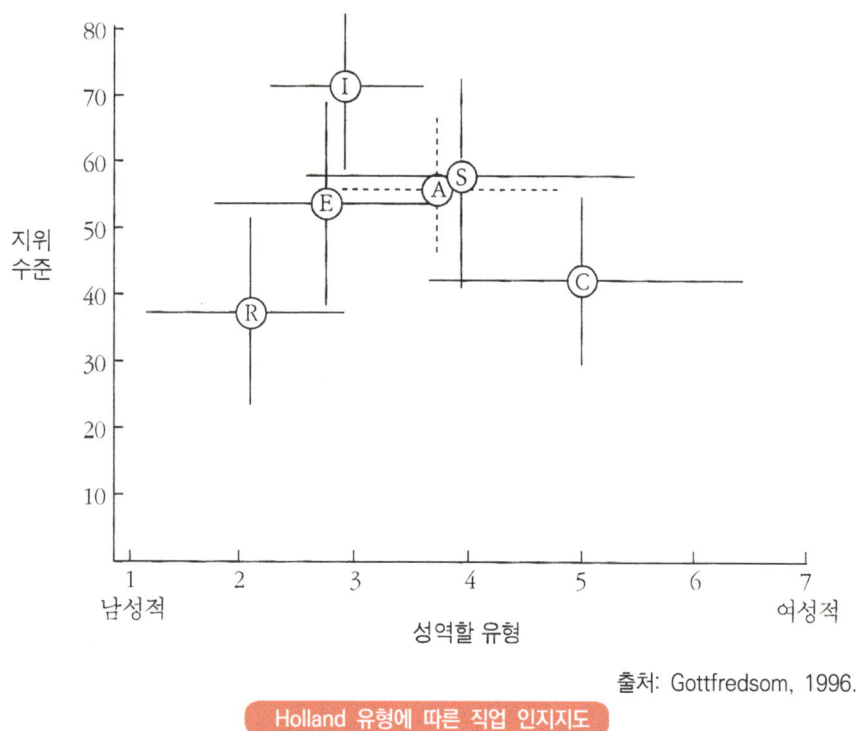

출처: Gottfredsom, 1996.

Holland 유형에 따른 직업 인지지도

직업적 특성이 유사한 것끼리 묶어보면 Holland의 직업성격유형인 RIASEC으로 분포가 된다는 것

(4) 타협이 불가능한 경우: 사람들은 자기개념과 일치하지 않는 직업을 선택할 수도 있다. 이 때 지나친 타협을 하기보다 타협을 하지 않고 미룬다. 즉 직업선택을 피한다. 이 때 피하는 방법으로 더 많은 대안을 탐색하거나 노력의 경계를 다시 고려하거나 결정을 막연히 피한다.

(5) **타협의 강도를 선택할 때**: 개인적 사회적 여건 등에 의해 장해가 발생하거나 사회적 기회가 감소되면 선택할 수 있는 직업 범위가 감소하고 결국 자기개념에 부합하는 직업들도 어렵게 된다.

(6) **타협에는 포기 과정이 따른다.** 자신에게 보다 더 중요한 측면이 있다. 발달초기에 형성되는 사회적 자기개념이 더 중요하다. 그래서 포기해야 할 상황이 되면 흥미를 먼저 포기하고 다음으로 명성, 성유형을 포기한다.

4 직업적 선호의 발달단계

(1) 직업선호의 주요 결정요인은 자아개념이 발달하면서 설정되는 포부에 대한 한계다. 즉 인생에 대한 아동기의 단순하고 구체적인 안목에서, 청소년기와 성인기에는 보다 구체적이고 복잡하면서도 추상적인 사고를 하게 되는 것이다.

(2) **1단계**: 어린이로서의 구체적 사고를 통하여 자신이 생각하고 있는 직업에 대해서 긍정적인 입장을 취하게 된다.

(3) **2단계**: 자신이 선호하는 직업에 대해서 더 엄격한 평가를 할 수 있게 된다.

(4) **3단계**: 평가를 위한 좀 더 많은 기준들을 갖게 된다.

(5) **4단계**: 청소년으로서 자신에 대한 자각, 자신의 성 유형, 사회계층 등의 모든 조건들을 고려한다.

(6) 갓프레드슨(L. Gottfredson)은 이 과정에서 사회, 경제적 배경과 지능 수준을 강조, 사람들은 직업세계에서 자신의 사회적 공간, 지적 수준, 성 유형에 맞는 직업을 선택한다고 보았다. 📗 2012 기출

4 상담과정

1 상담목표

(1) **타협을 통한 진로의사결정에 이르는 것**: 타협의 불가피성에 대한 인식이 선행목표이다.

(2) **타협에 대한 적응**: 타협 이후 결과 예상하면서 의사결정 과정으로 되돌아갈 수도 있다.

2 상담방법

(1) **내담자 인식 정도 확인**: 진로의사결정 과정이 어떤 것을 선택하기 위해 다른 어떤 것을 포기해야 하는 과정이라는 것에 대한 인식이다.

(2) **선택에 대한 갈등 명료화**: 내담자의 진로대안을 확인하고, 각 진로대안에 대한 내담자의 기대를 파악한다.

(3) **진로대안의 조건과 내담자 자원 파악**

3 개입전략

(1) **타협의 불가피성에 대한 수용 촉진**: 포기하지 않으면 어떤 결정도 내릴 수 없다.

(2) **타협과정 촉진**: 타협 전 준비 정도 확인

(3) **타협에 대한 부적응 조력**: 결정에 대한 어려움이 있는 내담자 문제를 다룬다. 자신이 포기한 것들에 대한 부적응을 돕는다.

17 인지적 정보처리 이론
(cognitive information processing: CIP)

- 피터슨, 샘프슨, 리어던(Peterson, Sampson, Reardon, 1991)에 의해 개발된 것
- 개인이 어떻게 진로 결정을 내리고 진로문제 해결과 의사결정을 할 때 어떻게 정보를 이용하는지의 측면에서 인지적 정보처리 이론을 진로발달에 적용시킨 것

1 기본가정 [2009 기출]

1) 진로선택은 인지와 정서의 상호작용에 의한 결과이다.
2) 진로의사 결정은 하나의 문제해결 활동이다.
3) 진로문제를 해결하는 능력은 지식뿐 아니라 인지적 조작의 가용성에 달려 있다.
4) 진로문제의 해결은 고도의 기억력을 요하는 과제이다.
5) 진로문제를 보다 잘 해결하고자 하는 욕구는 곧 자신과 직업세계를 보다 잘 이해함으로써 직업선택에 만족을 얻고자 하는 것이다.
6) 진로발달은 자신과 직업에 대한 정보를 가지고 일련의 구조화된 기억구조를 형성함으로써 이루어진다.
7) 진로정체성은 자기를 얼마나 아느냐에 달렸다.
8) 진로성숙도는 자신의 진로문제를 해결하는 개인의 능력과 관련된다.
9) 진로상담의 궁극적 목적은 정보처리 기술을 향상시키는 것이다.
10) 진로상담의 궁극적 목표는 내담자로 하여금 진로문제를 잘 해결하고 의사결정을 잘 할 수 있도록 하는 것이다.

2 인지적 정보처리 이론의 특징

1) 진로상담을 하나의 학습과정으로 간주한다.
2) 다른 이론들과 다른 인지적 정보처리 이론의 주요한 차이는 개인이 자신의 운명을 결정, 통제하는 데 있어 무엇보다 인지의 역할을 강조한다는 점이다.
3) 진로의사결정은 인지 + 정서의 상호작용의 결과이다.
4) 합리적 의사결정: 자기지식 + 직업지식 + 사고방식 + 사고방식이 어떻게 영향 주는지를 아는 것(초인지)이 합쳐져서 이루어진다.
5) 자기지식과 직업지식: 끊임없이 변한다. 도식 역시 일생동안 발달한다.
6) 정보처리능력을 향상시킴으로써 내담자는 자신의 진로문제해결 능력을 향상시킬 수 있다.

3 인지적 정보처리 이론의 주요개념

1 인지적 정보처리 과정

단기기억에서 입력을 선별 → 번안해서 부호화 → 장기기억 속에 저장 → 작업기억 속에서 입력정보를 활용하며 재생, 변형 → 문제해결

2 의사결정 기술 영역: 진로문제 해결의 절차(CASVE) 📖 2011, 2017 기출

(1) **의사소통(communication)**: 질문들을 받아들여 부호화하며 송출
  ① 외부의 요구와 내부의 상태 사이에서 격차를 느낄 때, 현재 미결정 상태와 결정 상태의 차이를 더욱 분명하게 파악하기 위해 자신과 환경에 의문을 가지게 된다.
  ② 의문을 가질 때 야기시키는 단서는 내적단서와 외적 단서가 있다.
    ㉠ 내적단서: 내담자의 부정적인 정서인식, 회피행동, 생리적인 변화를 포함하며, 이러한 과정에서 이전에는 그 존재를 부정해왔던 것을 인정하는 것과 같은 어떤 문제에 봉착하게 된다.
    ㉡ 외적단서: 한 명 이상의 의미있는 사람으로부터 발생하거나 투입된 긍정적 또는 부정적 사건을 말한다.
  ③ 문제의 인식단계로 볼 수 있으며, 개인은 정보를 수집할 필요가 있는지 또는 어떤 선택을 해야 하는지를 생각하게 된다.

(2) **분석(Analysis)**: 한 개념적 틀 안에서 문제를 찾고 분류
  ① 문제의 원인을 명확히 하고 문제 요인들 간의 관계를 정리하는 단계다.
  ② 자신의 흥미, 능력(기술), 선호하는 고용조건, 가정환경 등을 재검토하거나 새로운 직업정보를 학습하고 기존의 직업정보를 재검토한다.
  ③ 또한 대인관계 상태, 적응력 부족, 개인의 지식수준 등 직업 문제를 심화시키거나 해결하는 데 도움을 줄 수 있는 여러 요인을 진단한다.
  ④ 내담자의 자기정보와 직업정보를 연결을 할 수 있으며, 의사결정에서 기존의 접근방식에 대해 검토해보고 긍정적 사고와 부정적 사고가 자신의 의사결정에 어떻게 영향을 미치는지를 확인한다.

(3) **통합(Synthesis, 종합)**: 일련의 행위를 형성
  ① 문제에 대한 인식과 원인 분석을 통해 정보를 종합하여 행동 대안을 도출하는 과정이다.
  ② **정교화**: 브레인스토밍, 추론, 비유, 자유연상 등 해결책을 광범위하고 창조적으로 창출하는 것
  ③ **구체화**: 주어진 상황이나 개인적 사정을 감안하여 적절한 대안을 선별함으로써 가능한 선택 대안 범위를 축소해 나가는 과정
  ④ 정교화와 구체화 과정을 통해 가능한 행동 대안이 구성된다. 즉 먼저 대안의 수를 늘리고 여러 대안 중 자신에게 적합하다고 판단되는 3~4개 정도의 대안을 선정한다. 대안의 수를 줄여나갈 때는 분석단계에서 수집한 자신과 직업에 관한 정보를 활용할 수 있다.

(4) **평가(Valuing)**: 성공과 실패의 확률에 관해 각각의 행위를 판단하고 다른 사람에게 미칠 파급효과를 판단
  ① 통합단계에서 결정한 3~4개의 대안 중, 각 직업을 보다 구체적으로 평가하는 단계이다.
  ② 어떤 행동 대안을 선택하는 것이 자기 자신과 주변 사람, 사회를 위한 최선의 길인가에 대해 고민하게 된다.

③ 개인은 자신의 가치 체계에 따라 실행 가능한 행동 대안 각각을 평가하여 우선순위를 부여한다.
④ 평가과정에서 개인은 각 대안의 장단점을 정리하고, 직업가치관을 살펴보며, 자신이나 가까운 주변인 및 사회에 미칠 손익을 평가한다.
⑤ 구직 기회나, 자격, 직무사항, 교육이나 훈련경비 등도 고려하여 대안을 평가한다.
⑥ 이 단계에서 최초의 선택을 하는 경우에는 반드시 스스로에게 의미있는 기준을 적용해야 한다. 이 단계에서 선택의 결과에 따라 앞으로의 선택 방향에 지속적인 영향을 미치며 선택 행동 자체에 대한 몰입 정도 역시 영향을 받기 때문이다.

(5) 실행(execution): 책략을 통해 계획을 실행

① 이 단계에서 개인은 자신의 최초 선택을 어떻게 행동으로 옮길 수 있을지를 생각해야 한다.
② 그렇기 때문에 선택을 실행하기 위한 계획과 전략을 구상한다.
③ 실행하기 위한 중간 단계와 중요한 사건, 취업하기나 자격증 시험과 같은 세부 목표 역시 이때 함께 개발된다.
④ 개발된 실행 계획에 대해선 다양한 점검을 통해 현실적인 실행 가능성을 검토한다.

(6) 과정의 순환

① 계획을 실행하고 나면, 자신의 의사결정이 이전 격차를 성공적으로 감소시켰는지 평가하는 의사소통 단계로 되돌아간다.
② 개인의 의사결정이 성공적: 현재의 해결책을 실행하면서 새롭게 야기된 문제를 해결하는 작업을 하게 된다.
③ 개인의 해결책이 실패적: 지금까지 의사결정 과정(CASVE 순환)을 통해 도출된 스스로에 대한 정보와 선택에 대한 새로운 정보를 바탕으로 다시 새로운 의사결정 과정 시작

[2017년 기출]

다음은 전문상담교사가 수지(고2, 여)와 경원(고2, 남)을 상담한 내용이다. (가), (나)의 상담 내용이 피터슨 등의 인지정보처리이론에서 제안한 정보처리기술 중 어느 기술에 해당하는지 각각 쓰고, 각 기술에 포함되는 내담자의 활동을 1가지씩 서술하시오.

(가)

상담교사: 상담을 통해 도움을 받고 싶은 내용이 무엇인가요?
수　지: 그동안 저는 교사가 되면 안정되고 여유로운 생활을 할 거라고 생각했어요. 그런데 요즘 들어 교사가 저의 적성에 맞는지 잘 모르겠어요.
상담교사: 진로에 대해 갈등하는 이유가 있나요?
수　지: 제가 지역아동센터에서 3개월 동안 학습 멘토링 봉사활동을 했어요. 그런데 초등학생들을 대상으로 학습지도를 하다 보니 가르치는 일이 따분하고 재미가 없더라고요. 수업 시간에 딴 짓을 하는 아이를 보면 화가 나서 참을 수가 없었어요.

(나)

상담교사: 지금까지 알아본 직업들의 장단점을 이야기해 보세요.
경　원: 우선 공무원은 안정적이지만 공무원 시험에 합격하기가 어려워요. 그리고 군인은 조직을 통솔하고 국가에 기여하는 일이기는 하지만 위험해요. 사업을 하면 돈은 많이 벌 수 있지만 실패할 위험이 커요.
상담교사: 그래요. 지금부터는 그 직업들의 우선 순위를 정해 볼까요?
경　원: 저는 아무래도 사업가가 가장 좋을 것 같아요. 그 다음은 공무원이고, 군인이 마지막이에요.

3 지식영역: 자기지식(자기정보) 📖 2020 기출

(1) 여러 가지 생활사건으로 구성되어 있다.

(2) **일화기억**
   ① 자기지식을 구성하는 기억
   ② 생활사건의 연결망으로 구성되어 있어 외현적으로 나타나기 어렵다.
   ③ 개인의 삶의 경험과 행동을 이해하고, 예언할 수 있게 해 준다.
   ④ 자기지식을 얻는 데는 사건의 해석과 재구성이라는 두 가지 기본적인 과정을 거친다.
      ㉠ 해석: 장기기억에 저장된 사건에 현재의 사건을 견주어 보는 것(과거→ 현재)
      ㉡ 재구성: 과거 사건들을 현재의 사건에 적합하게 재해석하는 것(현재→ 과거)

4 지식영역: 직업지식(직업정보) 📖 2020 기출

(1) 구체적인 것에서 추상적인 것에 이르기까지 위계적으로 구성되어 있다.

(2) **의미기억**
   ① 직업지식을 구성하는 기억
   ② 사실, 개념, 개념 간의 관계에 대한 연결망으로 구성되어 있어 외현적으로 나타나기 쉽다.
   ③ 직업지식에 저장된 의미기억은 직업세계를 이해하도록 도와준다.
   ④ 직업지식이 발달하는 데는 '도식특화'와 '도식일반화'라는 과정을 통해 이루어진다.
      ㉠ 도식특화: 하향식 과정을 통해 이루어지는데, 그 과정에서 추상적 개념이 세부적이고 구체적인 하위 개념으로 발전하게 된다.
      ㉡ 도식일반화: 상향식 과정을 통해 이루어지는데, 그 과정에서 세부적이고 구체적인 개념이 상위의 추상적인 개념으로 발전한다.

5 실천(실행)과정 영역: 초인지(meta cognition) 📖 2020 기출

(1) 하위기능을 감독하고 안내하며 통제한다. 이러한 통제 및 통합과정을 실천(실행)과정 영역이라 한다.

(2) **자기대화(self-talk)**: 진로선택과 다른 문제에 대해 자기 스스로가 주는 내적 메시지로, 진로문제 해결과 진로의사결정 같은 주어진 과업을 얼마나 잘 완성하고 있는지 자신과 빠르고 조용하게 하는 대화이다.
   ① **긍정적 자기독백(대화)**: 다양한 진로문제를 해결하고 진로의사결정을 하도록 동기화를 부여하면서 개인이 적절한 진로선택을 하도록 돕는다.
   ② **부정적 자기독백(대화)**: 의사결정상의 어려움과 관련되는데 진로문제 해결과 진로 의사결정과정을 방해한다.
      예 나는 할 줄 아는 게 아무 것도 없어

(3) **자기자각(self-awareness)**: 자신이 무슨 일을 하는지 그리고 그것을 왜 하는지에 대한 인식이다.
   ① 자기자각이 있다는 것은 현재 상황에 대해 자신이 어떤 생각을 하는지, 어떻게 느끼는지, 자신의 선택에 관한 정보를 어떻게 분석하는지, 대안들을 어떻게 종합하는지, 대안의 우선순위를 어떻게 정하는지, 수행계획을 어떻게 실행하는지를 안다는 것을 뜻한다.
   ② 즉 효과적인 문제해결자가 될 수 있음을 의미한다.

(4) 감독 및 통제(monitoring & control): 자신이 문제해결 과정에 어디에 있는지를 점검할 수 있고 문제해결에서 요구되는 많은 정보와 관심을 통제하는 정도를 의미한다.

① 개인은 CASVE 주기를 통해 자신의 방식을 감독하고 각 단계에서 얼마의 시간을 투입해야 할지를 통제할 수 있다. 자신의 진로의사결정 기술을 감독하고 통제하는 데 실패하면 지나치게 많은 시간을 투자하거나 너무 적은 시간을 소요하게 된다.

② 감독: 문제 해결과 의사결정에서 자신의 진행 방향을 계속 인지하고 있는 능력. 즉 많은 정보를 찾을 때와 멈출 때를 알고, 다음 단계의 과정을 계속할 만큼 충분히 성공적으로 과제를 완수했는지를 알고, 적절한 선택을 위한 도움이 필요할 때를 아는 것이다.

③ 통제: 개인이 다음의 적절한 문제 해결과 의사결정 과제를 의도적으로 하려는 것을 의미한다. 문제해결과 의사결정에 어려움을 야기하는 부정적 사고를 통제하는 능력이 포함된다.

6 정보피라미드 모형

-Peterson, Sampson, & Reardeon, 1991

[2020년 기출]

다음은 전문상담교사와 선우(고1, 남)의 진로상담 내용의 일부이다. 피터슨과 샘슨(G. Peterson & J. Sampson)이 제안한 인지적 정보처리(Cognintive Information Processing: CPI) 이론의 정보처리 영역 피라미드를 적용하여 〈작성 방법〉에 따라 서술하시오.

> 선 우: 선생님, ㉠ 저는 의자에 앉아서 일하는 것보다 몸을 움직이고 밖에서 일하는 것이 체질에 맞는 것 같아요. 그리고 앞으로는 친환경 농업이 유망직종이라고 하잖아요. 그래서 저는 졸업하고 바로 농장 일을 시작하고 싶어요.
> 상담교사: 밖에서 일하는 게 너에게 잘 맞고, 앞으로 유망직종이라서 농장 일을 하고 싶다는 말이구나. 혹시 농장 일을 해본 적 있니?
> 선 우: 지난 여름에 집 근처 농장에 가서 아르바이트를 해본 적이 있어요.
> 상담교사: 그랬구나. 어떤 것 같아?
> 선 우: 너무 더워서 힘이 들었지만 농장 일을 해보기를 잘 했다는 생각이 들었어요. 재미있고 보람도 느껴졌고요. 농장 경험을 통해 그동안 미처 생각하지 못했던 것들을 알게 되었어요. ㉡ 저에 대해 모르고 있었던 것들이 많더라고요. 앞으로 무엇을 더 준비하고 알아보아야 할지, 시간을 어떻게 활용하면 좋을지, 시간을 갖고 계획해보려고 해요. 꿈만 꾸기보다 직접 농장 아르바이트를 시도하다니, 제 스스로가 대견하다는 생각이 들었어요.

〈작성방법〉

- 밑줄 친 ㉠, ㉡에 해당하는 정보처리 영역의 명칭을 순서대로 쓸 것.
- 선우의 진로의사결정과 관련된 '자기자각(self-awareness)'과 '자기대화(self-talk)' 내용을 밑줄 친 ㉡에서 찾아서 각각 1가지씩 서술할 것.

4 진로사고검사(CTI)

내담자가 가지고 있는 진로의사결정상의 부정적 사고를 다루기 위해 Smpson 등이 개발한 검사

의사결정 혼란	의사결정과정에 대한 이해부족 혹은 불안 등의 정서적 문제로 인해 의사결정과정을 시작하거나 지속할 수 없는 어려움에 관한 척도이다. 의사결정과정 혼란 척도는 CASVE 과정 중 CAS와 연관된 어려움이다.
수행불안	특정 진로선택에 전념할 수 없는 어려움을 반영하는 척도로, CASVE 주기 중 평가 국면(V)의 어려움과 관련된다.
외적 갈등	주변의 타인에게서 얻은 정보의 중요성과 자신이 지각한 정보의 중요성 간의 균형조절의 어려움을 반영하는 척도다. 사람들은 자기 자신의 의견과 다른 사람의 의견 사이의 균형에서 곤란해할 때, 자신의 진로의사결정에 대한 책임감을 회피하게 된다. 외적 갈등 척도는 CASVE 주기 중 평가 국면(V)상의 어려움과 관련된다.

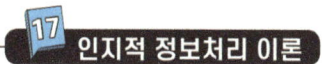

5. 진로상담 모형

이 모형은 내담자가 진로상담을 통하여 어떻게 자신의 진로문제를 해결하고 진로의사결정을 하는지를 나타낸다.

1 초기면접

상담자는 내담자와 신뢰관계를 형성하며 내담자의 진로문제에 관한 정보를 수집한다. 이 때 진로상담 서비스 수준을 결정하기 위한 초기 평가도 이루어진다.

2 예비평가

진로문제 해결과 의사결정을 위해 개인의 준비도를 평가하는 단계로, 이를 측정하기 위하여 진로사고검사(CTI)를 실시한다.

3 문제 규정 및 원인분석

(1) 진로문제 해결을 위하여 내담자의 호소문제를 규정하고 원인을 파악하는 단계이다.

(2) 이 단계에서는 인지적 정보처리 영역 피라미드와 의사결정 CASVE 과정을 사용한다. 즉 피라미드의 네 가지 요인을 모두 적용하여 내담자의 문제가 어느 영역에서 발생하였는지를 진단하고, CASVE 과정을 적용하여 현재 내담자의 위치를 탐색할 수 있다.

(3) 이 때 주의해야할 사항은 내담자의 문제를 판단적인 말보다는 중립적인 말로 설명하고 진술하여야 한다는 것이다.

4 목표설정

(1) 전 단계를 통하여 내담자의 문제가 파악되고 현재 상태를 이해한 후 문제를 해결하기 위한 목표를 설정하는 단계이다.

(2) 행동적인 용어로 진술된 목표는 개별학습계획(Individual learning Plan: ILP)에 기록되며, 이는 개입을 위한 융통성 있는 구조를 제공하고 상담자와 내담자 간의 계약으로 이용된다.

5 개별학습계획 개발

(1) 개별학습계획 개발을 위해 상담자와 내담자 간의 협력적인 작업이 필요한 단계다.

(2) 개별학습계획은 진로상담 목표를 달성하기 위한 것으로, 구체적인 학습계획을 통하여 내담자에게 진로문제를 해결을 위한 구체적인 활동사항을 제공한다.

(3) 목표달성을 위한 활동을 결정할 때 활동의 내용, 각 활동의 목표, 활동의 소요시간, 각 활동의 우선순위 등을 함께 고려해야 한다 .이는 구체적인 계획을 세울수록 목표달성의 가능성이 높아지기 때문이다.

6 개별학습계획 실행

(1) 이 단계는 개발된 개별학습계획을 실행하는 단계로, 단회에 그치는 실행이 아닌 진로상담 목표가 달성될 때까지 계속해서 개발, 실행의 과정을 반복한다.

(2) 이때 상담자는 내담자가 개별학습계획을 지속적으로 수행할 수 있도록 실행과정에서 내담자에게 용기를 주고 격려하며, 보다 많은 정보와 명료화 및 강화를 제공해야 한다.

7 요약, 반복 및 일반화

(1) 이 단계에서는 개별학습계획 실행의 결과를 평가해 보는 단계로서 상담목표를 달성했을 경우에는 상담을 종결할 수 있으나, 달성하지 못한 목표나 문제가 남아 있다면 남은 문제를 확인하고 원인을 파악하여 진로상담 과정을 반복하게 된다.

(2) 또한 이 단계에서는 내담자가 상담과정을 통하여 학습한 진로의사결정 방식을 미래의 진로문제 및 개인의 문제해결에 일반화할 수 있도록 도와주어야 한다.

18 사회인지진로이론(SCCT)

1 배경 2011 기출

1) 해켓, 베츠, 렌트(Hackett, Betz, Lent) 등에 의해 개념화되었으며 1981년에 처음 소개되고, 1994년에 이론모형이 제안되었다. 그리고 1996년에 진로상담에까지 확장되었다. 이들은 최초로 반두라(Bandura)의 사회인지이론을 진로의사결정과정에 적용하여 진로선택에 자기효능감의 역할을 강조하였다.
2) 진로의사결정 과정과 관련된 사안들에 대해 개인 내적 요인에만 초점을 두었던 이론들의 한계점을 지적하면서 맥락에도 초점을 두는 새로운 관점을 취하고 있다.
3) 성, 인종, 사회계층과 같이 개인이 선택할 수 없는 인구학적 특성을 포함하는 개인 특성과 이런 인구학적 특성에 의해 개인에게 이익과 불이익을 주는 환경적 배경이 개인의 진로 발달 및 선택에 어떤 영향을 미치는지를 설명하기 위해 이론적 범위를 확장하여 왔다.
4) 이론의 배경
   (1) 크럼볼츠(Krumboltz)의 사회학습 이론: 학습경험
   (2) 해켓과 베츠(Hackett & Betz)의 여성의 진로발달: 자기효능감에 대한 남녀 간의 자원 차이
   (3) 반두라(Bandura)의 사회인지이론: 자기효능감, 결과기대

2 주요개념 2011 기출

1 자기효능감(self-efficacy)

(1) 자기효능감이란, 목표한 과업을 성취하기 위해 필요한 행동을 계획하고 수행할 수 있는 자신의 능력에 대한 신념을 의미한다.
(2) 자기효능감은 과거성취 경험, 대리학습, 사회적 설득, 특정 영역에서의 생리적·정서적 경험에 의해 형성되고 변화되지만 이 중 가장 영향력 있는 요인은 과거 수행에서의 성취다.
(3) 개인이 무엇을 할 수 있는가가 바로 행동의 실행으로 이어지기보다는 무엇을 해낼 수 있다는 자신감이 행동의 실행을 결정한다고 가정한다.
(4) 사회인지진로이론에서는 진로선택에서의 자기효능감의 역할을 강조한다. 특히 여성들은 낮은 자기효능감 때문에 자신의 진로선택 범위를 축소시킬 수 있다고 제안한다.
(5) 사회인지진로이론에서는 자기효능감이 장애와 맞설 때 얼마나 노력하고, 밀고, 나가고, 생각하고, 느끼는지를 결정할 뿐만 아니라, 개인이 어떤 활동과 환경을 선택할 것인가를 결정한다고 가정한다.

2 결과기대

(1) 결과기대는 특정한 과업을 수행했을 때 자신과 주변에 일어날 일에 대한 평가를 의미한다. 즉, 내가 이 일을 하면 어떤 상황이 벌어질까에 대한 예측이라고 할 수 있다.

(2) 자기 효능감은 내가 이 일을 할 수 있을까에 대한 믿음이지만, 결과기대는 능력과 상관없이 단순히 자신이 어떤 과업을 수행했을 때 자신과 타인에게 일어날 이에 대한 믿음이다.

(3) 결과기대에는 물리적 보상, 사회적 평가, 자신에 대한 평가 등의 측면이 있는데 이 중 특히 개인이 중요한 가치를 두고 있는 측면에서의 결과기대가 행동 수행의 중요한 동기가 된다.

(4) 결과기대는 자기효능감과 유사한 원인에 의해 형성되며, 특정 과업 수행을 전제로 하기 때문에 자기효능감의 영향을 받는다.

(5) 자기효능감과 결과기대는 모두 현실에 대한 개인의 지각내용이다. 그러나 자기효능감과 결과 기대 중 무엇이 실제 수행을 더 크게 예언하는가에 대해서는 그 활동의 특성에 따라 달라진다는 논의가 있다. 수행의 질이 결과를 보장해 주는 상황에서는 자기효능감이 주된 원인이 되고, 결과기대는 부분적인 설명력만 가지게 되는데 비해, 결과가 수행의 질과 밀접하게 관련되지 않는 경우에는 결과기대가 동기와 행동에 독립적인 기여를 한다.

3 목표

(1) 목표란 어떤 특정한 활동에 열중하거나 어떤 미래의 결과를 이루겠다는 것에 대한 결심이다. 개인은 특정 목표를 세우는 결심을 통해 필요한 행동을 실행하고 성취를 추구하게 된다.

(2) 목표는 당장의 성과가 눈에 보이지 않아도 장기간 동안 개인의 행동을 조직하고 유지시키는 데 도움을 준다.

(3) 자기효능감, 결과기대, 목표라는 인지적 개념들은 서로에게 영향을 미친다.

(4) 목표는 자기조절 행동에서 중요한 역할을 하며 진로계획, 의사결정, 진로포부, 진로선택 등이 모두 목표에 해당된다고 할 수 있다.

4 개인변인과 환경변인 2018, 2023 기출

(1) **개인변인**: 민족 혹은 인종, 신체적 건강 혹은 장애, 유전적 재능 등이 개인변인에 해당된다. 이러한 개인변인은 독립적으로 진로흥미나 선택에 영향을 미치기 보다는 사회문화적 환경과의 상호작용 아래에서 개인의 경험을 형성하는 것으로 이해된다. 예 성사회화

(2) **환경변인**

배경맥락변인	개인이 진로발달의 과정에서 자신의 속한 가족, 사회, 문화에 의해 사회적 기능을 익히고 역할을 내면화할 때 스며들어 결국 자기효능감, 결과기대 등에 영향을 미치고 궁극적으로 직업적 흥미를 형성한다는 것
근접맥락변인	비교적 진로선택의 시점에 직접적으로 상호작용하는 환경적 요인으로, 특정 진로를 추구할 수 있는 가족의 정서적 및 재정적 지원, 당시의 경제 상황, 해당 시기의 사회문화적 진로장벽 등이 해당된다. 이 변인은 개인의 진로발달에 중재적 영향을 미칠 수 있고 직접적인 영향을 미칠 수도 있다.

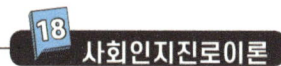

5 로장벽(career barriers)

(1) **정의**: 진로를 선택하고 실행해나가는 과정에서 개인의 진로목표 실현을 방해하거나 가로막는 내적·외적 요인들. 즉, 진로장벽이 여성이 자신이 능력을 충분히 발휘하지 못하고 있고, 그 결과 성취가 부족하거나 능력 이하의 성취를 하게 하는 요인이라고 본다.

(2) SCCT에서는 주로 환경 요인 중에서 근접맥락에서의 방해요인으로 진로장벽을 거론하고, 진로상담을 통해 변화시킬 수 있는 중요한 요인으로 다루고 있다.

(3) 진로장벽을 높게 지각하는 학생은 진로 준비행동을 적게 하며, 희망과 진로결정 효능감이 높을수록 진로 준비행동 수준도 높아진다.

(4) 극복할 수 있는 진로장벽은 진로 준비행동에 직접적인 효과를 지니는 것으로 나타났으나 좌절만 시키는 진로장벽은 진로 준비행동과 부적 효과를 보였다.

[2018년 기출]

(가)는 렌트(R. Lent), 브라운(S. Brown), 해켓(G. Hackett)의 사회인지진로이론에 관한 설명이고, (나)는 아라(고3, 여)가 상담과정에서 작성한 자기소개서의 일부이다. ( ) 안에 해당하는 명칭을 쓰고, (나)에서 아라의 진로발달에 영향을 미치는 ㉠의 예를 2가지 찾아 서술하시오.

(가)

- 사회인지진로이론에서는 개인의 진로 발달과 선택에 영향을 미치는 변인으로 개인적 변인뿐만 아니라 환경적 변인을 강조하고 있다.
- 개인적 변인은 개인의 진로 발달과 선택에 영향을 미치는 요인들로 성, 민족, 인종, 신체적 건강 등을 포함한다.
- 환경적 변인은 개인이 속하는 사회문화적 환경을 뜻하며 ( ) 변인과 ㉠ 근접 맥락 변인으로 구분된다.

(나)

저는 초등학교 때부터 할머니와 함께 주민센터에서 나오는 정부지원금으로 생활해 왔습니다.
…(중략)…
어려운 사람들을 위한 복지제도가 얼마나 중요한지 중학교 때 알게 되었습니다. 그리고 우리 가족을 포함해서 주변에 어렵고 힘든 사람들이 정말 많다는 것을 알게 되었습니다. 할머니는 지원이 나올 때면 기분이 좋아 보였고, 그런 할머니의 모습을 보고 가난하고 어렵게 사는 사람들도 희망을 가질 수 있다는 것을 알았습니다. 어려운 가정환경 때문인지 저는 사회복지와 경제 분야에 대해 관심이 많아졌습니다.
…(중략)…
경제적으로 어려운 상황에 처해 있는 저로서는 대학에 진학하는 것이 쉽지 않은 일입니다. 그러나 이런 어려움에도 불구하고 저는 장차 사회복지사가 되어 우리처럼 어려운 상황에 처해 있는 사람들을 돕고 싶습니다.

3 진로행동 모형

1 흥미모형

흥미모형에서는 직업적 흥미가 자기효능감과 결과기대에 의해 예측된다. 자기효능감과 결과기대는 함께 흥미를 예언하고, 목표는 활동의 선택 및 실행을 가져오고, 나아가 수행 결과로 이어진다.

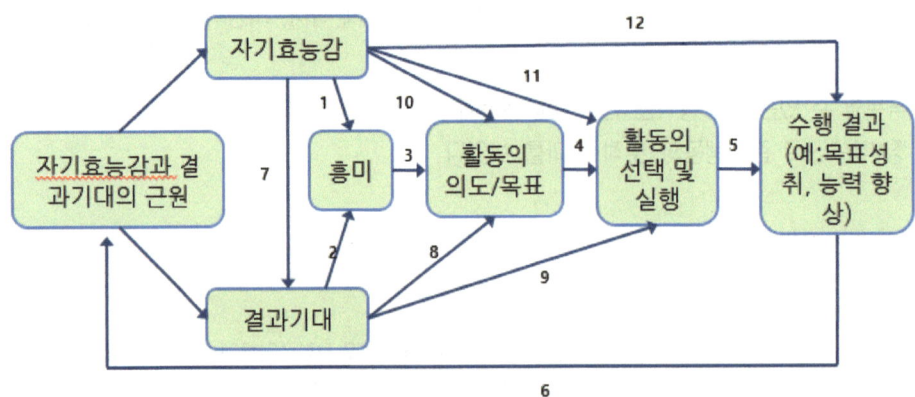

(1) **가정1)** 어느 시기의 개인의 직업적·학업적 흥미는 그 시점의 자기효능감과 결과기대를 반영한다.

(2) **가정2)** 개인의 직업적 흥미는 또한 그 직업과 관련된 능력을 얼마나 가지고 있는가에 영향을 받지만, 이 둘의 관계는 자기효능감에 의해 매개된다.

(3) 흥미발달 모형은 흥미가 자기 효능감과 결과기대에 의해 직접적으로 형성된다고 설명한다.

(4) **지속적 흥미** = 자기효능감 + 결과 기대

(5) 자기효능감과 결과기대는 흥미, 활동의도 및 목표, 활동선택과 실행에 영향. 궁극적으로 실행결과에도 영향을 미친다.

(6) 실행결과는 다시 자기효능감과 결과기대를 높이거나 저하, 다시 흥미에 영향을 미친다.

(7) **흥미**: 청소년기에 비교적 안정적으로 형성된다. 환경이 개인에게 우호적이지 않을 때 용이하게 조절된다. 따라서 개인의 흥미는 인생의 어느 시점에서도 변할 수 있다.

(8) **흥미의 변화**: 삶의 중요한 전환기 혹은 기술의 변혁 등 환경의 변환기에 새로운 경험과 기술에 노출될 때 변화한다.

(9) 흥미는 단순히 자기효능감이나 결과기대에 의해서만 형성되지 않는다. 선택모형에서 알 수 있듯이, 자기효능감과 결과기대의 근원으로서 학습경험이 개인적 배경과 환경적 배경에 의해 제한받는다.

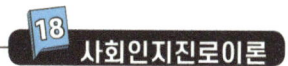

2 선택모형 2015, 2021 기출

선택모형에서는 흥미모형의 인과관계 고리를 가지고 오면서, 활동목표와 선택변인이 구체적인 진로/학업 선택목표와 실행이라는 점에서 차이가 있다.

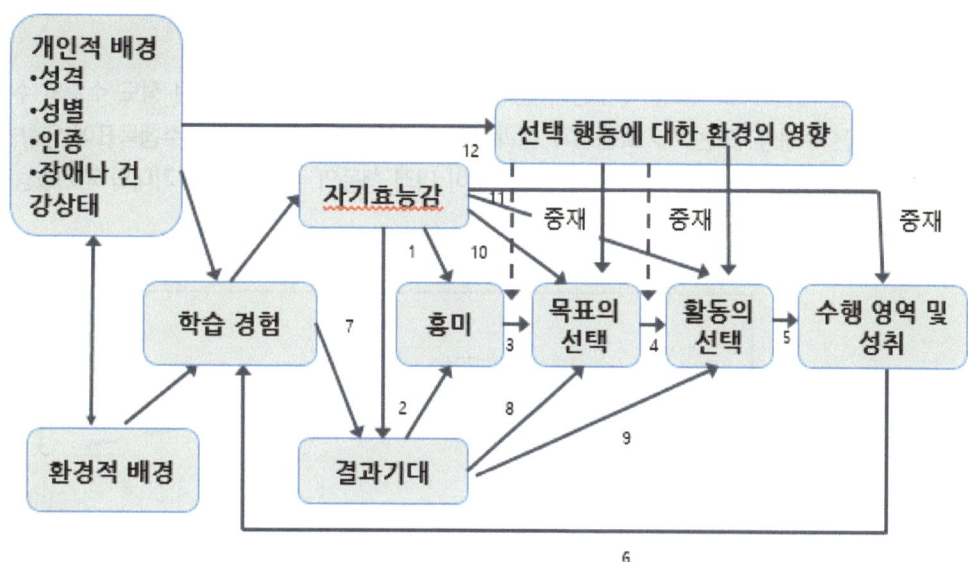

(1) **가정3)** 자기효능감은 선택할 목표와 활동에 직접적 또는 간접적으로 영향을 미친다.
(2) **가정4)** 결과기대는 선택할 목표와 활동에 직접적으로도 영향을 미치고 간접적으로도 영향을 미친다.
(3) **가정5)** 사람들은 자신에게 가장 흥미로운 영역의 직업이나 학문 영역에 들어가고 싶어할 것이다(즉, 그 영역에서 목표를 선택한다).
(4) **가정6)** 사람들은 목표를 정하고, 목표를 명확한 용어로 말하고, 실제 진입할 수 있는 지점에 근접한다면, 자신이 선택한 목표와 일치하는 영역의 직업이나 학문 영역에 들어가려고 시도할 것이다.
(5) **가정7)** 흥미는 목표의 선택에 영향을 미치는 것을 통해 진입 행동(활동)에 간접적으로 영향을 미친다.
(6) 진로흥미발달이 진로와 관련된 선택으로 이어지는 과정을 설명한다.
(7) 개인변인, 맥락변인이 진로관련 선택에 직·간접적으로 영향을 미치고 있음을 보여준다.
(8) **진로선택 과정의 3가지 요소**
   ① 여러 가지 진로 관련 흥미들 가운데 주된 하나의 목표를 선택하여 표현한다.
   ② 선택한 것을 실현하기 위한 활동이다. 예 어떤 직업훈련이나 전공에 등록하기
   ③ 거기에서 성취를 이루어 내는 것이다. 예 학업 실패, 합격
   ④ 위 세 가지가 피드백 순환 고리를 형성하면서 미래 진로 행동을 형성해 나간다.
(9) 흥미발달 모형 내에서 초기에 가정하는 것처럼, 자기효능감과 결과기대는 특정한 진로 관련 흥미를 증진 → 흥미는 목표에 중요한 영향 → 목표는 개인이 수행하기 위해 설계한 행동에 영향
(10) 개인의 목표와 관련된 행동은 특정 성과 경험을 가져옴 → 자기강화와 결과기대를 수정, 강화하도록 영향 미침 → 진로행동을 확고하게 하거나 재정립
(11) **목표형성**: 특정 영역에 대해 향상된 흥미와 자기효능감, 결과기대는 해당 영역의 활동에 계속 참여하고자 하는 의도를 증가, 활동의 내용도 좀더 높은 수준의 것을 선택하게 한다.

(12) **실행**: 개인은 자신이 설정한 목표에 따라 무엇을 해야 하는지 결정, 행동에 옮기게 된다.

(13) **진로장벽**: SCCT에서 흥미가 진로목표나 실천으로 이어지기 어렵게 만드는 근접맥락변인을 설명하면서 등장한 개념 중 하나가 진로장벽이다.

3 수행모형 | 2017 기출

수행모형에서는 개인이 그 목표를 추구함에 있어 어느 정도 지속할 것이고, 어떤 정도 수준의 수행을 해낼 것인지 예측한다. 이전 수행성취도는 자기효능감과 결과기대에 영향을 미치고, 이것이 수행목표에 영향을 미치고, 최종적으로 수행수준을 이끈다. 다시 말하면, 과거의 수행이 미래 행동의 결과에 대한 기대와 자기효능감에 영향을 미친다는 것이다.

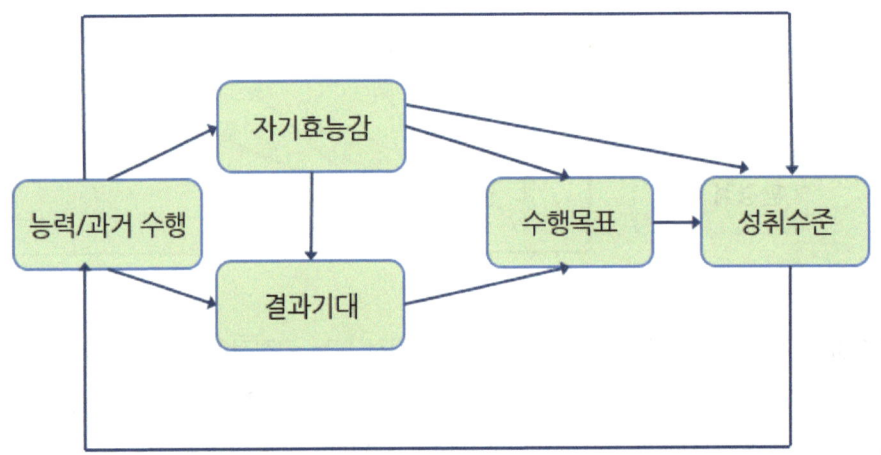

(1) **가정8)** 자기효능감은 수행목표를 통해 학업 수행에 직간접적으로 모두 영향을 미친다.

(2) **가정9)** 능력(또는 적성)은 자기효능감을 통해 진로와 학업수행에 직간접적으로 모두 영향을 미친다.

(3) 개인의 수행수준과 수행의 지속성을 설명: 능력, 자기효능감, 목표라는 요인을 포함한다.

(4) **능력**: 개인의 과거 수행수준에 의해 파악될 수 있는데, 개인의 수행수준과 수행의 지속성에 직접 영향, 자기효능감 등 인지적 변인들을 통해 간접적으로 영향을 미친다.

(5) 개인의 능력, 자기효능감 등의 형성에는 개인에게 학습경험을 제공하는 교사의 수준 등 환경맥락변인들의 역할이 크다.

(6) **목표**: 선택모형에서의 목표는 '무엇(내용)'을 할 것인가와 관련되어 있지만, 수행모형에서의 목표는 '얼마나 잘(수준)' 할 것인가와 관련되어 있다.

(7) 수행수준 목표와 그 수준에 이르기까지의 하위 목표들이 명확하고 잘 조직되어 있을 때: 높은 수준의 수행이 보다 용이하다.

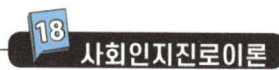

[2017년 기출]

다음에서 (가)는 전문상담교사와 수퍼바이저 간의 대화 내용이고, (나)는 수퍼바이저가 이야기하는 내용의 근간이 되는 렌트, 브라운, 해켓의 사회인지진로이론에서 제시하는 진로모형을 설명하는 그림이다. ㉠, ㉡에 들어갈 용어를 순서대로 쓰시오.

(가)

상담교사: 제가 상담하고 있는 수철이는 자기가 하고 싶어하는 직업 선택은 잘하는데 그것을 꾸준히 유지하거나 실제로 수행하고 달성하는 것은 잘 못하는 것 같아요. 수철이가 자신의 목표를 지속적으로 추구하고 성취할 수 있도록 도와주는 방법이 있을까요?

수퍼바이저: 물론 있지요. 예를 들어, 고등학교 때 그림을 잘 그려서 많은 상을 받았던 학생은 그림 실력에 자신감을 갖고, 대학의 미술 관련 전공에 지원할 거예요. 대학에 진학해서는 과거 자신의 능력과 자신감에 기초하여 더 나은 그림을 그리겠다는 목표를 세우게 되고 이러한 목표를 달성하기 위해 지속적으로 노력하게 되죠. 이처럼 자신이 선택한 진로 영역에서의 수행 수준과 지속성 수준을 예측할 수 있는 모형을 활용할 수 있어요.

(나)

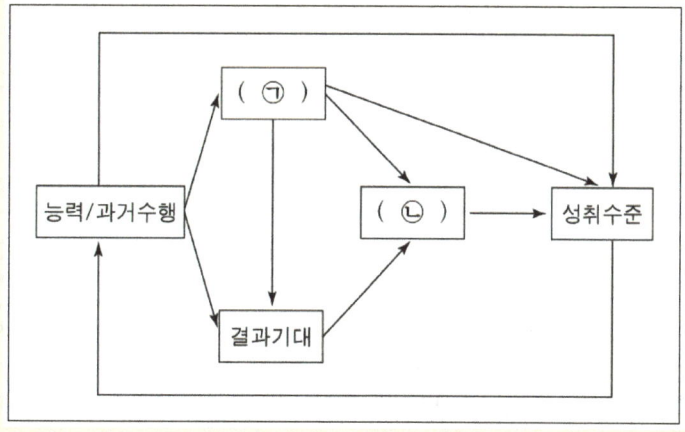

4 상담전략

1 기본지침(Brown & Lent, 1996)

(1) 내담자가 비현실적이라고 느꼈거나 혹은 부적절한 자기효능감이나 결과에 대한 기대 때문에 제외한 진로대안들에 대해서 확인한다.

(2) 내담자가 가능한 진로를 너무 일찍 제외해 버리게 한 진로장벽에 대해 확인하고 평가한다.

(3) 내담자기 잘못된 직업정보와 부적절한 자기 효능감을 수정한다. 즉 사회인지진로이론에서는 낮은 자기효능감과 낮은 결과기대가 진로 미결정의 주요한 원인으로 보고, 자기효능감과 결과기대를 현실화하여 보다 확장된 진로 대안 안에서 선택하도록 돕는다.

2 목표 📖 2014 기출

(1) 가장 중요한 목표: 내담자의 직업 성격의 중요한 측면과 일치하는 진로선택을 하도록 도와주는 것이다. 기존 상담과의 차이점은 내담자가 낮은 자기효능감이나 잘못된 결과기대 때문에 결과 대상에서 제외한 진로대안들까지 확장하여 내담자와 잘 어울릴 수 있는 가능성들을 탐색해 본다는 점이다.

(2) 상담과정: 상담목표를 성취하기 위해 제외된 진로 대안의 확인, 진로장벽 지각에 대한 분석, 자기 효능감 변화 촉진 등의 주요 과정을 거친다.

제외된 진로 대안의 확인	• 자기효능감과 확인된 능력 사이의 차이와 결과기대와 직업정보 사이의 차이를 평가한다. • **방법1) 표준화된 검사 실시** 　- 제외된 진로 대안을 확인하기 위해 직업흥미검사, 직업가치관검사, 적성검사 등의 표준화검사를 실시한다. 　- 각 검사 결과에서 추천하는 직업들을 비교해 본 다음, 직업흥미검사에서는 추천되지 않았지만 다른 검사에서는 추천된 직업들을 제외된 진로대안으로 파악할 수 있다. 　- 이를 통해 직업흥미검사 결과, 적성, 능력 점수의 편차로 잘못된 결과기대와 부정확한 자기효능감을 확인할 수 있다. • **방법2) 변형된 직업카드 분류법** 　- 내담자에게 직업 이름이 적혀 있는 카드 묶음을 주고 '선택하고 싶은 직업', '선택하지 않을 직업', '잘 모르는 직업' 세 가지로 분류하라고 한다. 　- 다만 전통적인 직업카드 분류법의 과정과 달리, '선택하지 않을 직업'과 '잘 모르는 직업'에 초점을 둔다. 　- 또한 이들 가운데 만일 그 일을 잘할 수 있는 능력이 있다면 선택할 직업(자기효능감)과, 성공을 확신할 수 있다면 선택할 직업(결과기대), 어떤 경우라도 선택하지 않을 직업(흥미없는 직업)으로 분류하여 탐색한다. 　- 내담자가 실제 능력이나 기술이 부족하다면 기술을 더 향상할 수 있는 직업을 탐색하고, 자신의 능력이나 기술에 대해 잘못된 판단을 가지고 있다면 자기효능감을 변화시킬 직업을 탐색한다.
진로 장벽 지각에 대한 분석 📖 2014 기출	• 진로장벽을 확인하고, 진로장벽에 대한 지각이 얼마나 현실성이 있는지 평가하고, 이러한 장벽을 만나게 될 가능성이 어느 정도인지 평가할 수 있도록 돕는다. • 진로 대안에 대한 **의사결정 대조표**를 작성할 것을 제안 　- 선호하는 진로대안의 대차대조표를 작성한다. 즉 직업목록을 작성하고 각 직업을 선택했을 때 나타날 수 있는 긍정적 결과와 부정적 결과를 적어보게 한다. 　- 표 내용 중, 부정적인 예상결과에 초점을 두는데, 바로 그 내용이 내담자가 지각하고 있는 진로장벽의 내용이 될 수 있다. • 상담자는 각 진로 장벽들을 만나게 될 가능성이 얼마나 되는지 내담자에게 예측해 보게 하고, 당면할 가능성이 가장 높은 진로 장벽을 예방하거나 극복할 수 있는 전략을 세우도록 돕는다.
자기효능감 변화 촉진	• 새로운 성공경험을 하게 하거나, 과거의 경험을 재해석하거나, 재귀인이 도움이 되는 구체적 자료를 수집하거나 제시한다. • 성공한 것을 내담자 스스로 성공 경험으로 지각하는 게 중요하다. • 상담자는 내담자가 발달적으로 적합한 수행을 해낸 것에 대해 다시 인식하고 얼마나 잘했는가가 아니라 발달적 진전을 이뤘다는 것에 스스로 강화할 수 있도록 도와야 한다. • 성공의 원인을 과제난이도가 낮아서 또는 노력을 했기 때문이라고 귀인하는 것이 아니라 자신의 능력에 제대로 귀인할 수 있도록 도와야 한다.

19 가치중심적 진로접근 모델
: 브라운(Brown, 1996)이 제안한 이론

1 기본 가정

1) 인간행동이 개인의 가치에 의해 상당 부분 영향을 받는다.
2) 개개인은 가치에 기반한 행동규준을 갖게 되고 이는 자신의 행위와 타인의 행위를 판단하는 규칙이 된다.
3) 흥미가 진로 결정에 별로 큰 역할을 하지 않는다고 본다. 흥미는 행동규준의 표준작용을 하지 않기 때문이다.
4) 가치들은 개인이 원하는 목표설정에 중추적인 역할을 하기 때문에 진로결정 과정에서 가장 중요하다. 2022 기출
5) 가치는 행동역할을 합리화하는 데 매우 강력한 결정요인이다.
6) 가치는 물려받은 특성과 경험의 상호작용을 통해 형성된다.
7) 인간발달에 있어 가치는 매우 중요한 역할을 한다.
8) 가치는 개인이 처한 환경에서 행동을 가이드하는 중요성에 의해 우선 순위가 매겨진다.
9) 대기업과 같이 복잡한 환경에서는 우세한 가치들이 힘 있는 엘리트들에 의해 확립되며, 이렇게 확립된 가치들은 개인과 환경 간의 작용과 반작용을 형성할 때 가장 크게 영향을 미치는 단일 결정요인이 된다.

2 기본 명제

1) 개인이 우선권을 부여하는 가치들은 그리 많지가 않다.
2) 우선 순위가 높은 가치들은 아래와 같은 조건들을 만족시킬 경우 생애 역할 선택에 있어 가장 중요한 결정요인이 된다.
   (1) 생애역할 가치를 만족시키려면 한 가지 선택권만 이용할 수 있어야 한다.
   (2) 생애역할 가치를 실행하기 위한 선택권은 명확하게 그려져야 한다.
   (3) 각 선택권을 실행에 옮기는 난이도는 동일하다.
3) 가치는 환경 속에서 가치를 담은 정보를 획득함으로써 학습된다.
4) 생애만족은 모든 필수적인 가치들을 만족시키는 생애역할에 달려 있다.
5) 한 역할의 현저성은 역할 내에 있는 필수적인 가치들의 만족 정도와 직접 관련된다.
6) 생애역할에서의 성공은 많은 요인들에 의해 결정되는데, 이들 중에서는 학습된 기술도 있고 인지적, 정의적, 신체적 적성 등도 있다.

3. 상담 진행에서의 유의점

1 상담 시 확인 사항

브라운(D. Brown)은 진로상담자들이 내담자에게 다음과 같은 것들을 질문을 통해 알아봐야 한다고 제언

(1) 의사결정을 방해하는 정서적인 문제가 있는가?
(2) 내담자에게 진로와 생애역할간의 관계가 분명하게 있는가?
(3) 가치가 구체화 되어 왔고 우선 순위가 매겨져 있다는 증거가 있는가?

2 진로상담에서 유의할 점

위 제언의 구체화된 내용이 진로상담에서 상담자가 유의할 점이다.

(1) 면접과정에서 정서적인 문제를 주의 깊게 살펴보아야 한다.
(2) 양적 및 질적인 방법으로 가치들이 평가되어져야 한다.
(3) 검사결과를 해석하고 그에 대해서 이야기를 나누는 것도 하나의 개입으로 생각할 수 있다.
(4) 상담자의 역할은 직업탐색 프로그램이나 컴퓨터를 이용한 진로탐색 프로그램 등을 활용하여 내담자의 가치와 진로를 연결시켜 주는 것이다.

[2022년 기출]

다음은 전문상담교사가 작성한 연미(고3, 여)의 진로상담 사례 기록이다. 브라운 (D. Brown)의 가치중심적 모형을 적용하여 준서의 진로의사결정 과정에 나타난 밑줄 친 ㉠ 요소의 명칭을 쓰고, 가치가 ㉠보다 진로의사결정에 결정적 영향을 미치는 이유를 설명하시오.

> 상담교사: 진로를 탐색할 때 우리는 자신의 흥미, 적성, 성역할, 신체적 조건, 부모님의 기대 등 여러 요소를 살펴봐요. 이번 시간에는 자신의 주요 특성을 진로 검사 결과나 다른 활동 등과 연결해서 생각해 보고 이야기를 나눠 봅시다.
>
> 준 서: 저는 원래 첼로 연주자, 음악가 같은 직업을 가지려고 했어요. ㉠ <u>음악을 너무 좋아해서 연주할 때 설레고 즐겁거든요.</u> 사실 지금도, 앞으로도 그럴 것 같아요. 그리고 저의 흥미 유형은 예술형과 실재형이에요. 아버지도 성악가라서 부모님이 제가 첼리스트가 되는 것을 기대하셔요. 근데 제가 키가 작고 몸도 좀 약한 편이거든요. 그래서인지 제가 학교폭력을 당했어요. 첼로 연주를 정말 좋아하지만 학교폭력 피해자가 된 후부터는 경찰관이라는 직업을 가지려고 해요. 저처럼 힘없고 약한 아이들이 학교폭력 피해를 받지 않게 보호해 주고 싶고 약한 사람을 지켜 주고 싶어요.

20 진로발달이론의 진화 : 구성주의 진로발달이론

1 배경

1) 사비카스(M. Savickas)에 의해 제안. 수퍼의 진로발달이론을 현대적으로 확장한 것으로 2000년대에 소개. 2005년에 완성된 이론의 모습을 갖추게 되었다.
2) 사회구성주의를 메타이론을 삼아 진로발달이론의 주요 개념을 재개념화. 발달은 내적 구조의 성숙보다는 환경(context)에의 적응과정을 통해 이루어지는 것이라고 본다.
3) 환경이 개인을 형성하지만 개인도 환경을 만들어 간다는 입장에서, 발달의 가소성 및 발달의 주체로서의 개인에 대한 인식 향상을 상담의 중요한 목표로 삼는다.
4) 개인이 자신의 진로 관련 행동과 직업적 경험에 의미를 부여하면서 스스로의 진로를 구성해 간다고 본다.
5) 상담자는 내담자가 자신에게 의미 있는 경험을 찾아내도록 촉진하고, 이를 통해 내담자 자신만의 진로 이야기를 만들어 갈 수 있도록 돕는다. 그리고 이 진로 이야기 속에서 내담자의 직업적 성격, 진로적응도, 생애주제를 찾아간다.

2 기본가정

1) 사회는 사회적 역할을 통해 개인의 삶의 과정을 구성한다.
2) 직업은 핵심적인 역할을 부여하고 성격조직의 중심이 된다.
3) 개인의 진로 유형(직업 지위, 직업의 순서, 지속기간, 변경 빈도 등)은 부모의 사회경제적 지위와 교육수준, 능력, 성격, 자아개념, 기회에 대한 적응능력에 달려 있다.
4) 능력, 성격, 자아개념 등 직업 관련 특성에는 개인차가 존재한다.
5) 각 직업이 요구하는 직업 관련 특성도 서로 다르다.
6) 사람들은 다양한 직업을 가질 자질을 가지고 있다.
7) 일에서의 역할이 자신의 탁월한 직업 관련 특성과 맞는 정도가 직업적 성공을 좌우한다.
8) 만족감은 직업적 자아개념의 실현가능성에 비례한다.
9) 진로구성 과정이란 직업적 자아개념의 발달 및 실현의 과정이다.
10) 자아개념과 직업적 선호는 계속 변한다.
11) 진로는 성장, 탐색, 확립, 유지, 쇠퇴의 과정을 순환한다.
12) 전환기에는 성장, 탐색, 확립, 유지, 쇠퇴의 5단계가 반복된다.
13) 진로성숙도란 발달 과업의 수행 정도로 정의할 수 있다.
14) 진로적응도란 발달 과업을 수행할 수 있는 준비도와 자원이다(태도, 신념, 능력).

15) 진로구성은 진로발달 과업에 의해 시작되고 발달 과업에 대한 반응으로 완성된다.
16) 발달 과업을 설명하는 대화, 적응력 훈련, 자아개념을 명료화하는 활동으로 촉진할 수 있다.

3 주요개념

1 직업적 성격(vocational personality)

(1) **정의**: 진로와 관련된 각 개인의 능력, 욕구, 가치, 흥미 등을 의미한다.
(2) 구성주의 진로발달 이론에서도 진로와 관련된 개인의 특성은 서로 다르고, 이러한 개인의 특성에 맞는 진로를 선택할 수 있도록 돕는 것이 진로상담이라고 본다.
(3) 구성주의 진로발달이론의 관점을 취하는 상담자도 표준화된 직업흥미검사를 사용하는데, 그 결과를 가지고 내담자의 '진짜' 흥미라고 해석하지는 않고 하나의 가설로만 간주한다.

2 진로적응도(career adaptability)

(1) **정의**: 일이 자신에게 맞도록 자신을 일에 맞추어 나가는 과정에 동원되는 개인의 태도, 능력, 행동을 의미하는 것으로, 현재 당면한 진로발달 과업, 직업전환, 마음의 상처 등을 극복하는 데 필요한 개인의 준비도와 자원을 의미하는 심리적 구인이다.
  ① 고용 상태의 변화, 직업 종류와 구조의 변화, 직무의 내용 및 요구되는 직업능력의 변화 등에 대해 적응할 수 있는 능력으로 진로성숙도의 개념을 대체하는 개념이다.
  ② 진로적응도는 자신의 진로를 구성해 나가는 과정에서의 극복과정을 강조한다.
  ③ 구성주의 진로발달이론에서는 발달과정을 내부 구조의 성숙으로 보기보다는 환경에의 적응과정으로 개념화한다.
  ④ 진로적응도를 통해 개인은 자신의 자아개념을 직업적 역할 속에서 실현해 내고(수퍼 발달이론의 핵심 요소), 그것이 바로 자신의 진로를 새롭게 만드는 과정이 된다.

3 진로적응도 차원 📖 2018, 2022 기출

(1) 사바카스는 진로적응도가 발휘되는 장면에 필요한 진로적응도의 자원과 전략에 따라 네 가지 차원을 구분하고, 이를 각각 관심, 통제, 호기심, 자신감이라고 명명하였다.
  ① **진로 관심**: 미래에 대한 지향성과 미래를 위해 계획하는 것을 의미한다.
  ② **진로 통제**: 개인이 진로를 구성해 나가는 데 있어서 가능성과 유능감을 의미한다.
  ③ **진로 호기심**: 자신의 정체성과 직업세계를 어떻게 맞출지를 이해하고 있는가를 포함하는 탐색적인 태도와 호기심을 의미한다.
  ④ **진로 자신감**: 개인의 의도적인 노력의 결과가 성공적으로 이어지는지에 대한 결과기대를 의미한다.
(2) 〈진로적응도 차원〉 표에서의 질문은 사회가 개인에게 촉진하는 질문이고, 문제는 그 질문에 잘 대처하지 못했을 때를 적응 차원은 그 질문에 잘 대처했을 때를 나타낸다.

(3) 진로적응도를 구성하는 요소: 태도, 신념, 역량
   ① 태도, 신념, 역량은 진로적응의 ABC'로 이것이 발달 과업 성취, 직업전환 수행, 마음의 상처 해결 등을 위한 구체적 대처 행동을 생산해 내는 것이다.
   ② 태도: 대처 행동을 할 때 느끼는 감정(정서)적 측면
   ③ 신념: 행동을 이끌어 가는 능동성 측면
   ④ 역량: 이해력과 문제 해결력을 포함하는 인지적 능력
   ⑤ 태도, 신념, 역량은 진로 관련 선택과 수행에 필요한 자원을 의미한다.

(4) 진로적응도 차원(Savickas, 2005)

질문	진로문제	적응차원	태도와 신념	역량	대처행동	관계측면	개입
미래가 있는가?	무관심	관심	계획적인	계획하기	알아차리는, 관여하는, 준비하는	의존적	방향성을 잡는 활동
누가 내 미래의 주인인가?	미결정	통제	결정적인	결정하기	주장적인, 훈육된 의도적인	독립적	의사결정 연습
미래에 대해 원하는 것이 무엇인가?	비현실성	호기심	궁금해하는	탐색하기	실험적인 위험을 감수하는, 질문하는	의존적	정보탐색 활동
할 수 있을까?	억제	자신감	효과 있는	문제해결	지속하는, 노력하는, 근면한	동등한	자기존중감 향상

[2022년 기출]

다음은 전문상담교사가 동호(고2, 남)를 상담하면서 작성한 상담 기록의 일부이다. 동호의 '진로 특성 및 준비 행동'에 해당하는 사비카스 (M. Savickas) 구성주의 진로 이론의 진로적응 차원의 명칭 2가지를 쓰고, 각 차원에 해당하는 진로적응도의 역량 요소를 사례와 연결 지어 각각 서술하시오.

진로 특성 및 준비 행동: 새로운 일을 알아보는 것을 좋아하고, 소프트웨어 개발, 인공지능에 관한 정보를 모으고 있다. 인공지능 전문가라는 직업이 아직 모호하고 자신에게 실현 가능할지 모르겠지만, 다양한 새로운 정보를 계속 분석하여 필요한 노력을 시도하고 있다. 관련 학과 진학을 알아보고, 방학 동안 학원에서 코딩 기초 지식을 수강하고 있다. 관련 학과의 입학 정보, 졸업 후 진로 방향, 향후 직업 전망 등의 정보를 모으고 진로 계획을 세우려고 한다.

4 생애주제 (life theme)

(1) **정의**: 직업의 선택을 통해 자아개념을 구체화하는 것이며, 일을 통해 자신을 드러내는 진로 관련 행동의 이유이다.

(2) 직업적 선호를 표현하는 과정에서 개인은 자신이 어떤 사람이라고 생각하는지를 직업적 용어를 써서 나타내고 어떤 직업에 들어가서는 자신의 자아개념을 구현해보려고 노력하고 그 직업에서 안정을 되찾은 후에는 자신의 잠재력을 실현하고 자기존중감을 유지하려 한다는 수퍼의 가정에 근거하고 있다.

(3) 각 개인은 저마다의 생애주제를 가지고 있고, 자신만의 고유한 생애주제를 활용하여 의미 있는 선택을 하고 직업인으로서의 역할에도 적응해 나간다.

(4) 진로 이야기: 생애주제를 담은 개인의 진로 관련 경험담을 진로 이야기라고 한다. 내담자의 여러 진로 이야기를 통합하여 생애주제를 찾아 나가는 과정이 상담의 과정이다.

4 상담전략

1 상담전략: 스토리텔링

2 진로유형면접을 사용

(1) 진로스토리를 이끌어내기 위한 일종의 구조화된 면접방법이다.
(2) 면접자료를 통해 내담자의 생애주제를 이끌어 낼 수 있고, 이와 함께 직업적 성격과 진로적응도 파악할 수 있다.
(3) 특히 내담자는 진로유형면접의 질문들에 답해 나가면서 자신의 진로 이야기를 만들어 나가게 되고, 그 이야기를 통해 진로나 교육과 관련된 다양한 선택을 하면서 더욱 자신의 삶의 의미를 더하게 된다.

3 진로유형면접 📗 2023 기출

영역	질문	의미
준비도	• OO씨의 진로를 만들어 나가는 데 있어 저와 만나는 시간을 어떻게 활용할 수 있을까요?	• 상담의 출발점 제시(목표 설정)
역할모델	• 자라면서 가장 존경했던 사람은 누구인가요? • 어떤 사람의 삶을 따라서 살고 싶은가요? • 세 사람의 역할모델을 얘기해 보세요. - 이 사람들의 어떤 면을 특히 존경하나요?/이 사람들을 각각 얼마나 좋아하나요?/OO씨는 이 사람들과 어떻게 다른가요?	• 이상적 자아를 나타냄: 질문의 초점은 누구를 존경했는가가 아니라 어떤 점을 존경했는가.
잡지/TV 프로그램	• 정기적으로 구독하는 잡지가 있나요? 그 잡지의 어떤 점이 좋은가요? • 정말 좋아하는 TV프로그램은 무엇인가요? 그 이유는?	• 개인의 생활양식에 맞는 환경에 대한 선호
책/영화	• 좋아하는 책이나 영화에 대해 얘기해 주세요.	• 동일한 문제에 당면해 있는 주인공을 드러내고, 이 주인공이 어떻게 그 문제를 다루어 나가는지를 보여줌
여가와 취미	• 여가시간을 어떻게 보내고 싶은가요? • 취미는 무엇인가요? • 취미생활의 어떤 점이 좋은가요?	• 자기표현을 다루고 겉으로 드러난 흥미가 무엇인지 나타냄
명언	• 좋아하는 명언이나 좌우명이 있나요? 기억하고 있는 명언이 있으면 얘기해주세요.	• 생애사의 제목을 제공
교과목	• 중학교 때와 고등학교 때 좋아하는 과목이 무엇이었나요? 그 이유는? • 싫어했던 과목은? 그 이유는?	• 선호하는 직무와 근로환경 나타냄
생애초기 기억	• 가장 어릴 적 기억은 어떤 것인가요? 3~6세 시기에 OO씨에게 일어났던 일 중 기억에 남는 일 세 가지를 듣고 싶습니다.	• 무엇에 몰두하여 노력을 기울이고 있는지 드러냄

20 진로발달이론의 진화

[2023년 기출]

다음은 전문상담교사가 용규(중3, 남)를 상담한 내용의 일부이다. 사비카스(M. Savickas)의 구성주의 진로 이론에 근거한 진로 유형 면접에서 밑줄 친 ⓒ, ⓒ이 탐색하는 것의 의미를 순서대로 서술하시오.

상담교사: 용규는 요즘 아버지랑 갈등이 있어서 많이 힘들 것 같은데 어때요?
용　　규: 아버지 때문에 힘들 때도 있지만 발레하면서 땀을 흠뻑 흘리면 기분이 나아져요.
상담교사: 힘든 마음을 덜어낼 수 있어서 다행이네요. 내가 몇 가지 질문을 하고 싶은데, 괜찮아요?
용　　규: 네.
상담교사: 용규의 ⓒ 진로를 만들어 나가기 위해 이 상담 시간을 어떻게 활용할 수 있을까요?
용　　규: 어떻게 하면 저의 꿈을 인정받을 수 있을지 상담을 통해 알고 싶어요.
상담교사: 용규는 지금까지 자라면서 가장 존경했던 사람은 누구예요?
용　　규: 폴 포츠요. 선생님도 이 사람 아세요?
상담교사: 오! 그 사람 공연을 TV로 봤는데 정말 감동적이었어요. 그 사람의 어떤 점이 존경스러웠어요?
용　　규: 온갖 역경을 극복하고 끝내 자기의 꿈을 이루잖아요. 저도 폴 포츠처럼 제 꿈을 꼭 이루고 싶어요.
상담교사: 꼭 이루고 싶은 꿈을 가지고 있다는 것이 용규에게는 매일 힘이 될 수 있겠다는 생각이 드네요. 용규가 정말로 좋아하는 TV 프로그램은 무엇인가요? 이유도 함께 말해 주면 좋겠어요.
용　　규: 음……. 친구들은 별로 관심 없어 하는 것 같던데요. 저는 TV에서 클래식 음악이나 예술 공연 보는 것을 좋아하고요. 라디오 클래식 음악 방송도 좋아해요.
… (중략) …
상담교사: 용규가 ⓒ 좋아하는 명언이나 좌우명이 있나요?
용　　규: 하하! 저는 '고생 끝에 낙이 온다.', '안 되면 되게 하라.' 같은 말 좋아해요.
상담교사: 뭔가 정말 용규의 의지가 느껴지는 말들이네요. 이런 명언이나 좌우명을 좋아하는 이유를 이야기해 주겠어요?
… (하략) …

21 코크란(Cochran)의 내러티브 진로상담

1 배경

1 이론의 배경

(1) 내러티브 상담을 진로상담에 적용하는 방법을 이해하기 위한 코크란의 접근은 그의 저서 『진로상담: 내러티브 접근(Career Counseling: A Narrative Approach)』(1997)에 기술되어 있다.

(2) 이 책에서 크크란은 내러티브 관점을 사용한 진로상담의 7개 '에피소드' 또는 국면을 설명한다.

① 앞의 3개의 에피소드인 진로문제 정교화하기, 생애사 구성하기, 미래 내러티브 이끌어내기에서는 진로 내러티브에서 의미를 추출하는 것을 강조한다.

② 그 다음 네 번째에서 여섯 번째 에피소드에서는 각각 실재 구성, 삶의 구조 바꾸기, 역할 실연하기인데, 실연과 적극적인 태도에 초점을 둔다.

③ 마지막 일곱 번째 에피소드는 결정 구체화하기를 일컫는다. 7개의 에피소드 또는 국면은 다음과 같이 개관할 수 있다.

7개의 에피소드	주요 내용	주요 기법
(1) 진로문제 정교화하기	진로문제를 능동적으로 정교화한다.	일상적인 대화, 직업 카드 분류, 그림그리기, 일화, 이력서의 기법
(2) 생애사 구성하기	자신의 과거에 대한 삶을 이야기하여 구성한다.	성공경험, 생애선, 커리어-오-그램, 진로 가계도, 삶의 장
(3) 미래 내러티브 이끌어내기	자신의 의미있는 미래의 삶을 이야기로 구성한다.	성공경험, 생애선, 커리어-오-그램, 진로 가계도, 삶의 장, 미래 진로 자서전, 유도된 환상, 글로 쓴 내러티브 개요
(4) 실재 구성	진로 대본을 행동으로 실행한다.	직업자료 읽기, 자료읽기보다 능동적인 활동
(5) 삶의 구조 바꾸기	진로에 대한 상황이나 자기 자신에서 변화를 일으킨다.	진로 프로젝트
(6) 역할 실연하기	자신이 원하는 직업 목표를 가능하게 만들기 위해 의미 있고 즐거운 활동을 시도한다.	구체화
(7) 결정 구체화하기	내담자의 진로문제와 이상적이거나 가능성 있는 해결책 간의 괴리를 줄인다.	장애물을 확인하고 제거하기, 기회 실현하기, 진로 결정에 대해 성찰하기

2 일곱 가지 에피소드

1 진로문제 정교화하기

(1) **핵심 목표**: 내러티브 상담의 첫 단계는 내담자의 관심사를 명료화하는 것이다.
   ① 상담이 성립하려면 내담자는 반드시 이상과 현실 간의 괴리가 있어야 한다. 왜냐하면 이러한 불일치에 대해 내담자는 무언가 하기를 원하게 되기 때문이다.
   ② 또한 내담자는 그 간격을 메우는 방법에 대한 확신이 없어야 한다. 그래야 지금 현실과 이상간의 괴리를 줄이려고 노력하게 된다.

(2) **방법**: 문제를 정교화하고 괴리의 차이를 메우는 방법들을 활용한다.
   ① 일상적인 대화: 내담자의 이야기에 대해 상담자가 보이는 흥미는 상담자가 내담자 및 상담자와 공유하는 문제에 관심이 있다는 것을 보여준다.
   ② 일상적인 대화가 아닌 방법으로 '직업 카드 분류'와 '그림그리기' 기법, '일화' 기법, '이력서' 기법을 활용하는 것이 있다.
      ㉠ 직업 카드 분류는 내담자가 자신의 삶을 바라보는 데 사용하는 구성개념을 상담자와 내담자가 이해할 수 있게 도와준다.
      ㉡ 그림그리기 기법은 내담자가 되고 싶은 나와 그 방해물을 이해하는 데 도움을 준다.
      ㉢ 일화 기법은 내담자가 해주는 짧은 이야기를 진로패턴과 연결짓는 방법이다.
      ㉣ 이력서 기법은 이력서의 내용을 해체하거나 재구성하여 진로 탐색을 강화하는 것이다.

(3) **직업 카드 분류 기법**: 직업 카드 분류(Vocational Card Sort, VCS)는 타일러(Tyler, 1961)가 개발하고 이후 돌리버(Dolliver, 1967)가 수정, 보완한 것이다.
   ① 일부 상담자는 특정 직업군에서 가능한 진로를 선택하도록 하기 위해 카드 분류 기법을 사용하기도 한다. 그러나 코크란(1997)은 내담자와 상담자가 고려할 구성개념과 가치를 끌어내기 위하여 카드 분류를 사용한다.
   ② 구성주의 접근을 카드 분류에 사용할 때, 상담자는 먼저 내담자에게 카드 뭉치를 '수용한다', '어쩌면', '거부한다'로 나누도록 요청한다. 그리고 난 후 수용이나 거절로 분류된 카드 더미를 갖고 내담자가 그 안에서 원하는 만큼 최대한 많은 더미로 나누어 보게 하는데, 이러한 유목화를 통해 내담자가 거부하는(또는 수용하는) 공통적인 이유가 드러난다. 내담자가 카드 뭉치를 여러 개의 더미로 나누면, 상담자는 각 더미 "어떠한 점 때문에 이들 직업을 거부(또는 수용)하나요?"라고 질문한다.
   ③ 내담자가 일단의 직업을 거부 또는 수용하는 이유를 말하면, 상담자는 내담자가 하는 말에 대해 추가 질문을 하거나 요약한다. 상담자는 내담자에게 중요한 가치 또는 구성개념이 무엇인지 알아내려고 시도한다. 수용과 거부로 분류된 카드 더미에 대해 일정한 절차를 거친다. 코크란은 이러한 절차를 거친 결과로 얻은 구성개념의 예를 다음과 같이 몇 가지 제시했다.
      ㉠ 나 자신이 되기, 좀더 개인주의적인 vs. 지나치게 순응적인, 지나치게 통제적인
      ㉡ 기계와 전기 관련 실무에 자신 있는 vs. 예술적인 일에 대한 재능 부족
      ㉢ 권위와 명성, 존경받는 것 vs. 나쁜 결과를 책임져야 하는 것에 대한 두려움
   ④ 이런 방식으로 카드 분류를 사용하면 상담자와 내담자는 이러한 절차를 거친 결과 도출된 구성개념에 대해 논의할 수 있다. 또한 이들은 수용이나 거부 더미에 포함된 여러 직업에 대해 논의하고 이 직업이 구성개념과 어떻게 맞는지에 대해서도 논의할 수 있다. 그 결과 내담자는 직업에 대해서 배우고 자신에 대해서도 배운다.

(4) 그림그리기 기법: 그림그리기는 보통 내담자를 이완시키거나 심상기법(Dail, 1989)을 사용하게 하면서 시작하는 직관적인 접근이다.
① 내담자는 '내가 무엇인가'를 나타내는, 즉 현재 내담자가 마주하고 있는 실제 상황의 표상을 나타내는 그림이나 상징을 그리라는 지시를 받는다.
② 또 다른 두 가지 그림은 '되고 싶은 나'와 '나를 방해하는 것'인데, 이 그림들은 이야기의 중간 부분을 나타낸다.
③ 네 번째 부분인 '무엇으로 장애물을 극복할 것인가?'는 이야기의 결말, 즉 내담자가 미래에 어떻게 되고 싶은지를 알아내는 데 활용할 수 있다. 이러한 접근은 내담자 평가에 대한 코크란(1997)의 내러티브 접근과 아주 잘 맞다.

(5) 일화(anecdotes) 기법: 일화란 내담자에게 해주는 짧은 이야기로 상담자가 내담자 삶의 면면을 이해하는 데 도움이 된다.
① 내담자가 일화를 말하면, 이어서 상담자와 내담자는 이 일화의 중요성 및 그것이 진로패턴과 얼마나 맞는지를 알아보기 위해 함께 작업한다.
② 이 이야기를 해석하면서 상담자는 일반화를 하는 것이 아니라 최대한 정확한 해석을 하고자 한다.

(6) 이력서 기법(Toporek & Flamer, 2009): 이력서는 코프란의 첫 에피소드가 아니라 마지막 에피소드 동안 사용해야 하는 것처럼 보일 수도 있지만, 각각의 직업을 하나의 장(chapter)으로 본다면 개인의 직업생활의 장을 확인하기 위해 그것을 사용할 수도 있다.
① 이력서를 놓고 내담자와 논의하면서 상담자는 애매하거나 혼란스러운 부분을 찾아봄으로써 이력서를 해체할 수 있고, 내담자와 논의할 수 있는 약점이나 실패감이 있는지를 확인할 수 있다.
② 이를 통해 이야기를 공동 구성하여(다시 써서) 정교화하고 탐색할 필요가 있는 관심 영역을 알아볼 수 있다.
③ 또한 논의에서 제외된 기존의 장점을 탐색하고 강화할 수 있다.
④ 이 방법은 상당한 직업경험이 있는 내담자에게 특히 유용할 수 있다.

2 생애사 구성하기

(1) 핵심 목표: 내담자의 생애사를 탐색하는 데는 2가지 기본적인 의도가 있다.
① 내담자의 흥미, 가치, 능력 및 동기에 관한 정보를 모으기 위한 것이다.
② 대부분의 다른 이론과는 달리, 개인이 자기 삶의 이야기를 선택하고 조직하는 방식에 주목하기 위한 것이다.

(2) 생애사를 알아보는 방법
① 생애사를 알아보는 가장 일반적인 방법은 사람들에게 자기 삶의 중요한 사건들을 설명하고 그것의 의미에 대해 말하도록 요청하는 것이다. 흔히 상담자는 내담자에게 마치 다른 사람에 대해 말하듯이 3인칭 관점에서 자신의 삶을 설명하도록 요구한다. 그러나 1인칭 관점을 사용하는 것도 중요하다. 이를 통해 이야기에 더 많은 의미를 부여할 수 있기 때문이다.
② 상담자는 내담자 경험의 패턴을 구성하는 작업을 돕기 위해 내담자가 이야기를 하는 동안 적절한 시점에 내담자가 긍정적인 의미나 부정적인 의미에 주의를 기울이도록 지적할 수 있다.
③ 또한 코크란은 내담자가 자신의 약점을 곱씹는 경우가 너무도 많으므로, 상담자는 내담자의 강점을 강조하라고 제안했다.

④ 내담자가 미래에 대한 소망을 나타낼 때 상담자가 이에 대해 언급하는 것이 특히 유익하다. 코크란은 강점을 강조하고 미래를 내다봄으로써 내담자의 이야기를 재구성한다. 각색(dramatization)은 이야기의 의미 발견을 자극하는 효과적인 방법이다. 이 방법을 사용할 때 상담자는 이야기의 내레이터가 되어 내담자를 제3자로 칭할 수 있다. 내담자에 대해 3인칭으로 이야기함으로써 상담자는 해당 사건의 정서적인 측면을 부각하고, 어떤 패턴을 밝힐 수 있도록 그것을 다른 사건들과 연관되도록 설정한다.

(3) 생애사 구성의 기법 5가지: 상담자는 생애사를 구성하기 위해 여러 가지 기법을 사용할 수 있다. 각 기법은 내담자가 삶의 경험에서 의미를 이끌어내기 위해 이야기를 하도록 돕는 서로 다른 방법을 제공한다.

① 성공경험: 강점이나 성공경험의 목록을 만들기 위해 상담자는 내담자에게 즐겁고 성취감을 느꼈던 활동의 목록을 작성하도록 한다. 강점에는 기초 능력이나 기술, 특별한 지식 또는 정직함과 같은 성격 특성이 포함된다. 강점 목록을 사용할 때 상담자는 강점들이 서로 유사한지 혹은 다른지를 살피고 강점들 간에 존재하는 패턴을 발견하기 위해 도표를 만들어 볼 수도 있다.

② 생애선(lifeline): 생애선을 그릴 때 내담자는 먼저 종이 한가운데 가로로 긴 선을 그린다. 그런 다음 삶의 중요한 경험을 기록하고 종이에 연대기순으로 적어 놓는다. 생애선의 각 점에는 특정한 사건을 나타내기 위해 이름을 붙인다. 이 생애선은 사건뿐만 아니라 사건과 관련된 생각과 감정까지 포함한다.

③ 커리어-오-그램(Career-O-Gram): 이는 생애선 같은 하나의 선이기보다는 개인의 발달에서 중요한 요소들을 여러 개의 범주로 나누고 범주들 간에 관련성이 있는 경우에 연결고리가 존재하는 곳을 표시하기 위해 한 범주에서 다른 범주로 선을 그려 넣는 것이다(Thomgren & Feit, 2001). 중요한 범주로는 주요 목표나 실제 종사하였던 직업, 대인관계, 의미 있는 경험, 일반적인 주제가 있다. 커리어-오-그램을 사용할 때 상담자는 내담자 삶의 경험에 대한 정보를 통합한 다음 내담자가 진로목표 달성을 위해 실행할 수 있도록 결정하는 과정을 명료화하는 작업을 돕는다.

④ 진로 가계도(Career-genogram): 디 파비오(Di Fabio)는 가계도 개념을 정교화하여 내담자가 친척들의 삶의 이야기와 진로를 깊이 생각해 보게 함으로써 진로 가계도를 개발했다.

⑤ 삶의 장(life chapters): 삶의 장에서는 내담자에게 자신의 삶이 책이고 삶에서 중요한 장(chapters)의 제목을 붙인다고 상상해 보게 한다. 이때 내담자에게 유치원, 초등학교, 군대 훈련 같은 흔한 단어는 사용하지 말라고 한다. 이보다는 내담자에게 독특한 제목을 사용해야 한다. 예컨대, '골목대장 철수', '달아나기 위한 뜀박질', '첫사랑' 등 그 외 의미있는 다른 제목을 붙일 수 있다. 그런 다음 상담자는 철수 삶의 각 장이나 시기가 갈등과 목표, 의미있는 영향, 흥미, 기술과 어떤 관련성이 있는지에 대해 물어볼 수 있다. 이러한 연습은 모두 과거 사건에 그리고 그 정도는 제한적이지만 현재 사건에 초점을 둔다.

3 미래 내러티브 이끌어내기

(1) 핵심 목표: 이 단계는 내담자의 강점과 흥미 및 가치를 평가하는 데 초점을 둔다. 미래 내러티브를 구성할 때 내담자는 미래에도 나타날 자신의 강점과 흥미와 가치를 고려하는 것이 좋기 때문이다.

(2) 사용 기법: 이때 사용하는 여러 기법은 생애사를 구성할 때 필요한 기법들의 연장이다. 성공경험과 생애선, 커리오-오-그램, 삶의 장 기법이 포함되고, 그리고 미래 진로 자서전, 유도된 환상, 글로 쓴 내러티브 개요의 기법이 있다.

① 성공경험: 이 활동에서 내담자는 자신의 미래 삶에서 과연 무엇이 성공인지를 생각해 볼 수 있다. 또한 그들은 과거 사건에서 강점을 확인하고 이러한 강점을 가장 잘 사용할 수 있는 활동을 생각해 볼 수도 있다.
② 생애선: 이 활동에서는 생애선을 미래로 확장시켜 자신의 삶을 더 온전하게 만들어줄 것으로 기대하고 개인이 소망하는 경험을 찾아볼 수 있다.
③ 커리오-오-그램: 이 활동에서는 개인이 소망하는 미래 직업이나 의미있는 사건을 예측해 볼 수 있다. 이러한 경험들은 현재의 욕구와 강점, 그리고 갈등 해결을 반영한다.
④ 삶의 장: 내담자는 자신에게 중요한 성취를 뜻하는 장의 제목들을 만들어낼 수 있다. 만약 내담자가 장에 부정적인 제목을 붙인다면, 긍정적인 제목으로 바꾸게 할 수 있다. 예를 들어, '승진하기에는 경험 부족'을 '승진할 수 있을 만큼 배우기'로 고칠 수 있다.
⑤ 미래 진로 자서전(Future Career Autobiography): 삶의 장 활동과 유사하지만 더 간결하다(Rehfuss, 2009). 이 기법은 내러티브 형식으로 된 개인의 가치 및 선택과 더불어 사적인 선호와 진로 선호를 포함한다. 이는 진로탐색 강좌의 가치를 평가하는 사전/사후 측정도구로서 예비 연구에서 활용되고 있다. 진로 자서전에서 관찰된 변화는 진로선택 과정에서의 진전과 일관된 것으로 나타났다(Rehfuss, 2009).
⑥ 유도된 환상(Guided Fantasy): 유도된 환상은 기술적이거나 평가적이거나, 아니면 이 둘을 조합한 것일 수 있다. 보통 유도된 환상은 마지막 시점을 표현할 때가 많다. 예를 들면, 상담자는 시상식이나 은퇴식 및 자신의 장례식에 가는 환상을 제시할 수 있다. 이런 환상의 목적의 일부는 내담자가 이루고 싶어 하는 성취에 대해 성찰하도록 도와주는 것이다.
⑦ 글로 쓴 내러티브 개요(written and narrative outline): 코크란(1997)에 따르면, 보고서는 내담자와 협력해서 작성한다. 여기에는 사명, 강점, 일에 대한 욕구, 취약점, 가능성이라는 5개의 영역이 있다.
  ㉠ 사명 진술문(mission statement)은 내담자의 미래에 대한 목표를 집약한 것이다.
  ㉡ 강점 목록은 보통 성취에 대한 내담자 자신의 표현을 반영하여 몇 개의 영역으로 구분한다.
  ㉢ 일에 대한 욕구 영역은 내담자의 직업가치를 반영하며 수행을 촉진하기 위해 내담자가 필요로 하는 것에 초점을 둔다.
  ㉣ 내담자의 취약점, 즉 내담자의 목표 달성을 저해할 수 있는 특성에 초점을 둔다.
  ㉤ 내담자에게 직업 가능성이나 관련 분야 설명 목록을 제시한다.
  ㉥ 내담자는 이러한 보고서를 받으면 이것을 읽고 질문하거나 의견을 제시할 기회를 갖게 된다. 이어서 상담자는 보고서를 말로 설명할 수도 있다. 내러티브 보고서의 결말을 짓고 나면 상담자와 내담자는 **내러티브 현실화하기**(actualizing the narrative)라고 불리는 좀더 능동적인 과정으로 나아갈 수 있다. 보고서 쓰기로 상담을 끝낸다면 목표와 가치, 흥미, 능력, 강점 및 약점을 기술하기만 하고 더 나아가지는 않는 셈이다. 세 가지 유형의 실연을 통해 내담자는 현실을 구성하고, 삶의 구조를 바꾸고, 역할을 실연한다.

4 실재 구성

(1) 핵심 목표: 문제가 직업적응이든 의사결정이든 간에 개인은 대본을 실연할 필요가 있다. 즉 대본을 행동으로 실행하는 것이 목표이다. 다양한 행동을 시도할 필요가 있다. 더 적극적으로 탐색할수록 성공적인 결과를 얻을 가능성이 더 높다.

(2) 실연 방법

① 직업에 대한 설명 자료를 읽어 보는 것은 좋은 출발점이다.
② 자료 읽기에 그치지 않고 어떤 분야에서 일하고 있는 사람들과 이야기하거나 그들을 인터뷰하는 것이 직업 탐색에 더 풍부한 경험이 된다. 읽기보다 더 능동적인 활동으로는 봉사 활동, 직장 방문, 친구와 토론하기, 친구와 하루에 한 가지 직업 체험하기 등이 있다.
③ 능동적인 직업 탐색에는 세 가지 중요한 목적이 있다.
　㉠ 첫째, 내담자를 현실세계에 몰입시키는 것이다. 내담자는 무언가를 해야 하고, 무언가를 확인해 보아야 한다.
　㉡ 둘째, 내담자가 다양한 출처에서 정보를 얻고 많은 정보원과 이야기를 나누면서 정보를 평가할 수 있게 하는 것이다.
　㉢ 셋째, 다양한 직업에 종사하는 사람들과 함께 해당 직업에 대해 대화하면서 내담자가 그 직종에서 일하는 자신의 모습을 상상해 보도록 하는 것이다. 이런 과정을 거치면 내담자는 사람들과 면담을 하고 이야기를 나누기 시작할 때보다 가능한 직업적 선택에 대해 더 명확한 생각을 갖게 된다.

5 삶의 구조 바꾸기

(1) 핵심 목표: 진로에 대한 상황이나 자기 자신, 또는 이 둘 다에서 변화를 일으키는 것이 목표이다.

(2) 내용 및 특징

① 직업적응 상담에서 내담자는 흔히 자신이 일하는 방식이나 누구와 함께 일할지와 관련해서 어떤 긍정적인 변화를 이루기를 기대한다. 진로의사결정 상담에서 내담자가 기대하는 바는 현재 자신이 처한 상황과는 다른 새로운 장면에 있는 것이다. 변화와 함께 훈련이나 급여 인상, 또는 인정받는 것과 같은 새로운 기회가 주어진다.
② 하지만 변화는 실패의 두려움, 일을 잘 못해 낼 것에 대한 불안 등과 같은 좀더 부정적인 측면을 야기할 수도 있다.
③ 삶의 구조를 바꿀 때 흔히 어떤 주제가 드러난다. 코크란(1992)은 이런 주제를 진로 프로젝트(career project)라고 부른다.
　㉠ 사람들은 자신의 진로와 직간접적으로 관련된 많은 다양한 과업을 수행한다. 그들은 친구를 사귀고 시험을 치르고 공과금을 내는 등의 활동을 한다. 이러한 것들은 서로 관련이 없는 과업처럼 보일 수도 있다.
　㉡ 사람들이 이런 과업에 접근하는 방식에서 드러나는 주제들이 있을 수 있다. 만약 사람들이 자신이 다른 사람들과 상호작용하고 재정을 관리하는 등의 방식에 대해 좋은 감정을 느낀다면, 그들은 자신이 하는 일이 갖는 의미에 대해 긍정적인 느낌을 받을 것이다.
　㉢ 좀더 많은 사건과 정보를 끌어낸다면 내담자의 개인적 주제나 진로 프로젝트가 무엇인지를 명료화하거나 변경하는 데 도움이 될 수 있다.

6 역할 실연하기

(1) 핵심 목표: 시도해 보기 또는 역할 실연하기의 목표는 자신이 원하는 직업 목표를 가능하게 만들기 위해 의미 있고 즐거운 활동을 시도해 보는 것이다.

(2) 내용 및 특징

① 사람들은 어떤 역할을 성취하기 위해 노력하지만, 결과적으로 성공할 수도 있고 성공하지 못할 수도 있다. 어떤 활동이 최선일지 명확하지 않아서 사람들은 여러 가지 활동을 시도한다. 또한, 어떤 활동은 즉각적으로 달성할 수 있는 것일 수도 있다.

② 흔히 사람들은 작은 역할에서 시작하는데, 이것이 더 많은 역할 실연을 위한 다른 기회로 발전한다. 자신의 행동을 통해서 존재하고 있던 가능성들을 발견할 수 있는데, 이것은 내담자가 계획할 수 있는 성질의 것이 아닐 수 있다. 이것은 이후 진로발달이나 직업 탐색에 직접적인 영향을 미칠 수도 있고 그렇지 않을 수도 있다.

7 결정 구체화하기

(1) 핵심 목표: 이 단계의 목표는 내담자의 진로문제와 이상적이거나 가능성 있는 해결책 간의 괴리를 줄이는 것이다. 이럴 때 구체화(crystalization)가 이루어진다.

(2) 내용 및 특징

① 때때로 구체화는 내담자가 이전의 6개 에피소드를 경험할 때 일어난다. 여러 직업 가운데 하나를 선택하는 것은 의도적인 과정이라기보다는 이전의 6개 에피소드에서 기술한 방식에 따라 활동한 결과 자연스럽게 나오는 과정이다.

② 모든 의사결정에서 어떤 특정한 선택에 초점을 둘 필요는 없다. 어떤 사람들은 직업적 가능성을 탐색하는 것만으로도 충분하다. 예를 들어, 대학의 신입생은 즉각적으로 전공이나 직업적 대안을 결정하기보다는 기회를 탐색하는 위치에 있을 수 있다. 또 어떤 경우에는 진로문제가 상사와 잘 지내는 방법을 찾는 것과 같이 직업적응과 관련될 것일 수도 있다.

(3) 코크란(1997)의 구체화 촉진의 3가지 방법

① 장애물을 확인하고 제거하기: 때때로 선택을 구체화하는 과정에서 직업을 획득하는 능력에 대한 확신 부족과 같은 내적인 장애물이나, 특정 직업을 선택하라는 부모의 압력 같은 외적 요인이 작용한다. 이러한 장애물은 새로운 이야기를 시작하여 낡은 이야기에서 자신을 꺼낼 기회가 된다.

② 기회 실현하기: 사람들은 어떤 선택을 실현함으로써 새로운 역할과 새로운 기회를 이용한다. 상담자는 내담자가 하는 일에서 새로운 도전을 받아들이도록 격려할 수 있다.

③ 진로 결정에 대해 성찰하기: 내담자는 보통 직업을 선택하는 경험을 성찰해 볼 수 있다. 내러티브 진로 상담 과정을 논의하는 것은 진로선택 문제를 다른 관점에서 보게 해주는 탁월한 방법이다.

22 진로 의사결정 모델

- 진로 의사결정 모델들은 직업을 선택하는 실질적인 과정을 설명하기 위하여 개발되었다. 선택의 개념은 직업에 대한 선호의 개념으로부터 설명될 필요가 있다. 그러나 직업적 선호는 실제로 행해진 선택과는 상당히 다를 수도 있다.
- 브룸(Vroom,1964)은 직업적 선택과 직업적 획득을 구별해야 할 필요가 있다는 것을 지적했다. 이처럼 의사결정 모델들은 직업에 대한 선호나 직업적 획득보다는 직업적 선택에 초점을 두고 있다.
- 해렌(Harren,1979)은 진로 의사결정 모델을 "개인이 정보를 조직하고, 여러 가지 대안들을 신중하게 검토하고, 그리고 행동과정에 전념하는 심리학적인 과정에 대한 설명"으로 정의한다.
- 젭슨과 딜리(Jepsen & Dilly,1974)는 선택과정은 몇 가지 요소들 즉, 의사결정자와 둘 혹은 그 이상의 대안들이 있는 결정 상황들을 포함한다고 지적한다. 따라서 진로 의사결정 모델들은 의사결정자가 가치를 부여할 수 있을 만큼 진로의사 결정의 결과가 명확하게 예상될 수 있는 것이어야 한다는 것을 전제로 한다.

1 기술적 진로 의사결정 모델

1 브룸(Vroom)의 기대모델(expectancy model)

(1) **가정**: 일과 관련된 개인의 행동 설명에 초점을 맞추고 있으며, 인간의 행동은 내부로부터 동기화된다.

(2) **일 역할**: 역할 종사자에 의하여 행해진 일련의 기능이다.

(3) **동기**: 자발적인 행동을 조절하는 과정이다.

(4) **유인가**: 특정한 결과에 대한 정서적 방향성으로, 선호와 같은 개념이다. 결과는 긍정적 부정적 혹은 중성적 유인가를 갖는다. 동기는 유인가와 관련이 있다.

(5) 결과의 유인가와 의사결정자가 목적으로 하는 가치가 동등하지 않다. 결과에 대한 유인가는 실질적으로 주어지는 만족에 기반을 두고 있지 않다. 개인이 그 결과로부터 주어질 것으로 기대하는 만족에 기반을 두고 있다.

(6) 개인은 어떤 목적이나 목표(안정, 지위, 수입 등)를 획득하기 위하여 직업을 선택한다. 직업의 유인가는 목표의 유인가의 총계와 직접적으로 연관이 되어 있다. 의사결정자는 어느 정도 결과에 대한 선호와 기대에 기반을 두고 결정을 내리게 된다.

(7) **기대**: 선택이 현실화 될 수 있다는 믿음이다.

(8) 르윈(Lewin,1951)의 힘 개념을 인용: 행동은 힘들이 상호충돌하는 곳에서 일어나는데, 이렇게 힘들이 상호충돌하는 것은 어떤 대안들로부터 나아가거나 물러서도록 사람을 움직인다.

(9) 브룸은 힘을 유인가와 기대들의 결과로 설명한다. 의사결정자들로 하여금 특정한 진로를 선택하게 만드는 힘은 모든 결과들에 대한 유인가의 총합과 기대(주어진 진로에 대한 선택이 바라는 결과의 획득을 가져올 것이라는)의 강도와 직접적으로 연관되어 있다고 주장한다.

2 재니스와 만(Janis & Mann)의 갈등모델

(1) 가정: 각 개인이 의사결정을 하려고 할 경우에는 언제나 갈등이 발생한다.

(2) 갈등: 의사결정에 직면해 있는 각 개인 내부에 "주어진 행동과정을 수용하고, 거부하려는 상반되는 경향이 동시에 존재하기 때문에" 일어나는 것. 의사결정에서 야기된 갈등은 스트레스를 유발한다.

(3) 스트레스와 의사결정상의 갈등간의 관계에 대한 네 가지 기본 가정
① 의사결정의 갈등으로부터 야기된 스트레스의 양은 개인의 목표, 그러한 목표와 관련된 욕구들, 그리고 어떤 욕구들은 의사결정의 결과로써 채워지지 않을 것이라는 예상과 관련된다. 욕구들이 채워지지 않을 것이라는 예상이 커질수록 스트레스도 증가한다.
② 위협과 기회는 의사결정을 촉진한다. 의사결정의 스트레스는 위협이나 기회가 생길 때마다, 의사결정자가 현재 행동의 방향을 얼마나 분명히 하느냐 하는 정도와 상관이 있다.
③ 문제와 위협에 대한 모든 형태의 대안들이 심각한 위험을 수반한 것으로 지각되었을 때, 바람직한 대안이 선택될 가능성이 없어진다. 그리고 방어적인 회피가 일어난다. 방어적인 회피는 대안들로부터 야기될 손실의 축소나, 이익의 과장, 지연, 다른 것들에 대한 의존, 자료에 대한 선택적 주의집중 등으로 특징 지워진다.
④ 의사결정상의 갈등으로 적당한 스트레스가 야기되었을 경우, 합리적인 대안들이 찾아질 것이라는 희망이 있는 한, 유용한 대안들을 평가하거나 확인하기 위하여 세심한 노력을 기울인다.

(4) 의사결정자가 의사결정의 기회에 직면했을 때 스스로에게 던지는 일련의 질문들
① 첫 번째 질문: "만약 내가 변화하지 않는다면 위험이 따르는가?"
 → 대답 "아니다": 스트레스가 발생하지 않는다. 그 결과 갈등이 일어나지 않는다.
 → 대답 "그렇다": 스트레스와 갈등 발생, 두 번째 질문을 한다.
② 두 번째 질문: "만약 내가 변화한다면 심각한 위험이 있는가?"
 → 대답: "아니다": 갈등 없이 변화가 일어난다.
 → 대답: "그렇다": 갈등이 크다면 세 번째 질문을 한다.
③ 세 번째 질문: "그 문제에 대한 실행 가능한 해결책을 찾을 수 있는가?"
 → 대답: "아니다": 회피 방어가 생겨난다.
 → 대답: "그렇다": 네 번째 질문을 한다.
④ 네 번째 질문: "실행가능한 대안들을 탐색할 시간이 충분한가?"
 → 대답: "아니다": 과도한 경계가 생겨난다. 시간적 한계에 직면한다.
 → 대답: "그렇다": 대안 탐색을 한다.

(5) 재니스와 만(Janis & Mann)은 의사결정에 있어 세심한 접근을 하는 것은 의사결정자에게 결정 후의 스트레스를 최소화시키는 경향이 있다고 가정한다. 만약 세밀하게 모든 대안들을 고려한다면, 결정으로부터 생겨나는 문제들을 더 잘 처리할 수 있고, 최선의 결정에 이를 것으로 생각한다.

2 처방적 진로 의사결정 모델

1 미첼(Mitchell)의 재개념화 된 선택 모델

(1) 레스틀(Restle)의 선택모델을 재개념화: 레스틀의 원 모델은 의사결정자가 결정상황의 함의들을 마음 속에 있는 이상적인 상황과 비교한다고 가정한다.

(2) 미첼은 레스틀의 모델에서 문제점을 제시하였다. 수많은 진로 의사결정의 과정에 있는 사람들이 그들의 마음 속에 이상적인 대안들을 가지고 있지 않고, 대신 '어떤 특성들과 우수성에 대한 선호'를 가지고 있다는 것이다.

(3) 선택은 여러 가지 대안들로부터 하는 것이기 때문에 의사결정자는 대안적 진로의 여러 측면들을 명백히 구분할 수 있어야 한다.

(4) 선호(preferences)의 요소들을 분류하는 방법
① 절대적 강제성(Absolute constraints): 진로의 어떤 특성들은, 대안을 실행 가능화하기 위해서 제시되거나 또는 제시되지 않아야 한다. 제시되어야 하는 것들은 긍정적 절대성(positive absolutes)이라고 하고, 제시되지 말아야 하는 것들은 부정적 절대성(negative absolutes)라고 부른다.
② 부정적인 특성들: 진로선택의 바람직하지 않은 다양한 측면들
③ 긍정적인 특성들: 진로선택의 바람직한 다양한 측면들
④ 중성적인 특성들: 이 요소들은 당장은 선택과 무관하다.

(6) 진로선택의 원리들
① 만약 주어진 진로선택의 대안이 대안으로서의 절대성을 만족시키지 못한다면 그것이 선택될 가능성은 제로(0)이다.
② 주어진 대안이 진로의사 결정자가 진로선택을 하는데 긍정적인 요소라고 생각하는 것에 부합하는 긍정적인 특성을 가졌다면 그 진로가 선택될 가능성은 제로(0)보다 커진다.

(7) 미첼(Mitchell, 1975)이 제시하는 진로결정자의 의사결정 방법들
① 단지 대안들의 긍정적인 특성들만 비교할 수도 있다.
② 부정적인 특성에 대비되는 긍정적인 특성에 가중치를 주는 방법으로, 한 번에 한 가지 대안만을 고려할 수도 있다.
③ 부정적 특성들 때문에 어떤 대안을 선택할 수도 있다. 이러한 선택은 회피적 행동이다.
④ 오직 부정적인 특성만을 가지고 그 대안들을 볼 수도 있다. 이런 경우 그 의사결정자는 그 선택의 부정적인 영향을 최소화하는 것이다.
⑤ 긍정적 특성과 부정적 특성을 둘 다 가지고 있는 것으로 대안을 볼 수도 있고, 이러한 측면들이 동시에 고려될 수도 있다.
⑥ 진로의사 결정자는 긍정적인 특징들만 지닌 것으로 어떤 대안들을 볼 수도 있고, 다른 대안들은 부정적인 특징들만 가진 것으로 볼 수도 있으며, 또 다른 대안들은 양쪽 특성들을 모두 가진 것으로 생각할 수도 있다.

(8) 절대적 강제성이 없거나(긍정적) 혹은 있을 때(부정적) 어떤 대안은 배제될 것이다. 그러나 만약 의사결정자가 오직 대안의 긍정적인 특성들에만 초점을 둔다면 그 선택이 대안의 여러 가지 측면들에 매겨지는 계수의 크기에 관련될 것이라는 것을 예견할 수 있다. 이러한 가중치들은 특유의 것이기 때문에 개개인으로부터 도출되어야 하며, 이를 위해 인터뷰나 질문지법을 사용한다.

2 미첼과 비치(Mitchell & Beach)의 주관적 기대효용 모델 📖 2023 기출

(1) **의사결정의 주관적 기대효용(subjective expected utility: SEU) 모델**: 수학적 원리에서 파생되었다. 의사결정자들이 바람직한 결과를 얻을 수 있는 가능성의 극대화를 도와주는 모델이다.

(2) 가능성의 극대화라 불리는 이 원리는 의사결정자가 여러 결과들에 직면했을 때, 각 결과의 가치나 효용, 그 결과 발생의 가능성에 따라서 취하게 될 행동을 예상할 수 있다.

(3) SEU = (Pk × Uk) + (1 - Pk)(-Uk)
   ① Pk(확률) = 특정한 진로의사결정이 이루어지면 생길 수 있는 결과 K가 발생할 수 있는 가능성(0~1)
   ② Uk(가중치) = 결과 K를 받아들이는 것에 대한 효용(1~10)
   ③ 1-Pk = 동일한 진로의사결정이 이루어져도 결과 K가 발생하지 않을 가능성
   ④ -Uk = K를 받아들이지 않은 것에 대한 비효용(1~10)

(4) **라이트(Wright, 1984)의 수정된 주관적 기대효용 모델** 📖 2016 기출
   ① Wright는 올바른 의사결정을 하기 위해 보다 간단한 대수적 접근을 제안하였다.
   ② 선택의 상황에 직면하여 모든 긍정적인 효용에 관심을 두는 예와, 부정적인 효용성을 보다 간단한 방식으로 연결하는 예는 다음과 같다.
   ③ '수학교사'와 '엔지니어' 중 하나를 선택해야 할 상황에 직면한 진로 의사결정자의 예

효용(1~10)	획득하게 될 가능성(0~1)	
	수학교사	엔지니어
직업적 안정성(9)	1.0	0.8
높은 보수(10)	0.1	1.0
지위(6)	0.2	0.6
지리적 유동성(6)	1.0	0.9
도전성(7)	0.4	0.8
여가시간(4)	1.0	0.4
가족과 지낼 수 있는 시간(7)	1.0	0.4
결과		
수학교사의 SEU	9+1+1.2+6+2.8+4+7= 31.0	
엔지니어의 SEU	7.2+10+3.6+5.4+5.6+1.6+2.8=36.2	

▶ SEU 의사결정 모델에 의하면 이 사람은 엔지니어가 될 것이다.

(5) **앞의 도표의 효용성들은 모두 긍정적이지만 부정적인 것도 있을 수 있다.** 예를 들어 어떤 의사결정자들은 위험한 환경에서 일하는 것에 -8의 가중치를 줄 수도 있고, 대도시로 통근하는 것에 -10의 가중치를 할당할 수도 있다. 부정적인 가중치가 할당되면, 두 가지 진로선택에 대한 주관적 기대효용에 대한 평가는 다음과 같이 나타날 수 있다.

효용(1~10)	획득하게 될 가능성(0~1)	
	세일즈맨	회계사
높은 보수(8)	0.9	0.9
직업적 자율성(10)	0.8	0.2
안정성(4)	0.3	0.8
자유시간(8)	0.9	0.3
통근거리(-8)	0.9	0.5
배우자를 만날 기회(7)	0.8	0.7
결과		
세일즈맨의 SEU	7.2+8.0+1.2+7.2-7.2+5.6=22.0	
회계사의 SEU	7.2+2.0+3.2+2.4-4.0+4.9=15.7	

▶ 이 모델은 세일즈맨이 되는 것이 더 나은 선택이라고 제시한다.

[2016년 기출]

다음은 전문상담교사가 직업 선택을 고민하고 있는 영지(고3, 여)와 함께, 라이트(G. Wright)가 제안한 의사결정 절차를 거치면서 작성한 표이다. 상담교사가 적용한 의사결정 절차(모형)의 명칭을 쓰고, ㉠, ㉡, ㉢의 의미를 순서대로 서술하시오.

고려중인 직무특성	㉠ 가중치	연예인		회계사	
		㉡ 확률	가중치×확률	㉡ 확률	가중치×확률
고소득	9	0.6	5.4	0.9	8.1
독립성	6	0.8	4.8	0.2	1.2
안정성	8	0.3	2.4	0.8	6.4
여가/가족 시간	9	0.3	2.7	0.4	3.6
승진	7	0.3	2.1	0.7	4.9
좋은 학군	5	0.5	2.5	0.8	4.0
장거리 통근	-8	0.4	-3.2	0.2	-1.6
교통체증	-6	0.5	-3.0	0.9	-5.4
㉢ 합계점수			13.7		21.2

3 트벌스키(Tversky)의 관점에 따른 배제모델

(1) 트벌스키는 관점에 따른 배제(elimination by aspects: EBA)모델을 제시하여, 동시에 모든 선택들에 초점을 맞추어 불확실한 상황에서도 효과적일 수 있는 의사결정 모델을 개발하였다.

(2) 트벌스키에 따르면, 의사결정 과정의 각 단계마다 특정한 측면이나 직업의 특성이 고려된다. 예를 들어, 일련의 잠재적 진로선택이 이루어지면, 의사결정자는 월급에 주의를 기울일 것이고 그러한 최소한의 기대를 충족시킬 것 같지 않은 대안들은 배제할 것이다.

(3) 트벌스키는 배제의 원칙에서 주요한 흐름은, 보유하고 있는 대안들이 실제로 배제된 대안들보다 더 우수하다는 것을 보장하지 못하는 것에 있다고 경고한다.

(4) 진로의사 결정은 순차적으로 이루어진다. 즉 다양한 선택의 시점에 어떤 대안들은 배제된다. 그는 진로의사 결정의 과정에서 다양한 직업들의 상이한 관점들이 고려되면 될수록 진로선택의 구체성이 증가될 수 있다고 제안한다.

(5) **트벌스키가 제시하는 진로 의사결정 과정**
① 고려해야 할 진로들에 관련된 여러 관점(측면)이나 특징들을 확인할 것. 이러한 확인의 과정은 진로 상담의 맥락 내에서 발생되는 단일 사건이나 혹은 계속되는 과정의 연속으로써 고려될 수 있다.
② 중요성에 따라 여러 가지 측면들의 등급을 분류할 것. 이 과정은 주관적인 평가(예 가치), 객관적인 강제(예 물리적 필요와 태도), 직업 그 자체의 성질(예 작업환경, 월급, 명성)에 기반을 두고 등급화 해야 한다.
③ 가장 중요한 관점의 등급이(가장 높게 분류된) 수용할 만한지 확인한다.
④ 고려되고 있는 관점에 대해 수용할 만한 등급에서 벗어난 진로들을 배제한다.
⑤ 고려되고 있는 일련의 진로들이 수용할 만큼 짧게 될 때까지 3, 4단계를 반복한다.
⑥ 남아 있는 직업들에 대해 더 깊이 탐구한다.

3 진로의사결정 수준 이론

1 진로결정수준(결정과 미결정)

(1) **진로결정수준**: 자신의 전공 및 직업의 선택과 관련된 확신의 정도이다.
(2) **결정**: 확신의 정도가 높은 상태이다.
(3) **미결정**: 확신의 정도가 낮은 상태이다.
(4) 진로의 결정과 미결정을 하나의 연속선상에 있는 특성으로 본다.

2 진로 미결정 분류 2010, 2012, 2013 기출

(1) 진로미결정은 원인에 따라 정보 부족으로 인한 진로미결정과 성격적 원인으로 인한 진로미결정으로 구분한다.
(2) 발달적 미결정과 우유부단

발달적 미결정(undecided)	우유부단(indecision)
• 정보가 부족하거나 의사결정능력이 부족하여 아직 결정을 못했거나 결정에 몰입하지 못하는 개인을 말한다. • 구체적으로 진로를 결정하지 못한 사람이지만, 이들의 미결정은 정상적이고 일시적인 것이며 발달단계에 따라 나아가는 중이다. • 진로와 관련된 결정을 하는 데 자기 자신, 직업의 세계 및 의사결정과정에 대한 추가적인 정보를 얻을 때까지 결정의 과정을 연기한 사람으로 볼 수 있다.	• 성격적인 특성에서 우유부단한 성격특성을 동반하여 만성적인 미결정 상태에 남아 있는 것이다. • 성격적으로 결단성이 부족한 사람으로 진로와 관련된 결정뿐 아니라 일상생활과 관련된 다양한 결정을 못하는 어떤 특성을 소유하고 있다.

참고 정보부족으로 인한 발달적 미결정은 '결정하지 못한 사람'이라고 명명하고, 진로미결정은 물론 일반적인 결정상황에서 결정을 회피하려는 성격특성을 '우유부단한 특성'으로 개념화 한다. 또한 미결정상태를 변화시키고자 하는 의지를 가지고 결정에 이르고 싶어 하는 동기를 가진 이들과, 변화하고자 하는 의지를 가지지 않은 편안한 미결정자 집단으로 분류하기도 한다.

4 겔랏(Gelatt)의 연속적 의사결정 이론

1 연속적 의사결정

(1) 정의: 의사결정이 원활하게 탐색적 결정에서 최종적 결정으로 진행되는 과정을 말한다.

(2) 제라트는 의사결정 과정을 중시하였다. 직업선택과 발달의 과정을 의사결정 순환과정으로 본 것으로서 상담을 위해 구안된 것이다.

(3) 순환과정: 목적의식 수립 → 정보수집 → 가능한 대안의 열거 → 각 대안의 실현가능성 예측 → 가치평가 → 의사결정 → 의사결정의 평가 → 재투입

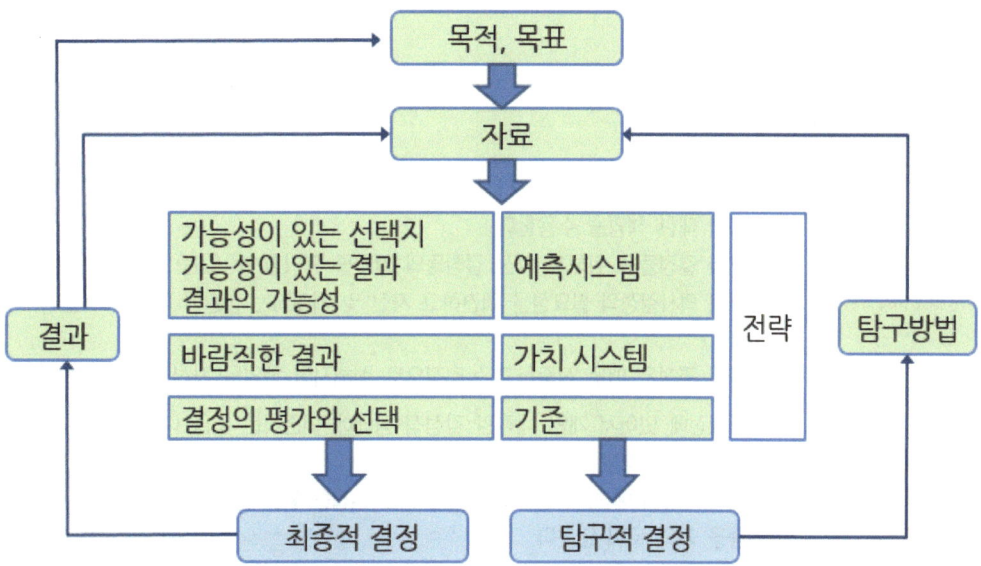

(4) 연속적 의사결정 과정에 대한 지침
① 정보를 수집하게 한다.
② 의사결정의 시기를 판단하게 한다.
③ 범하기 쉬운 오류에 대해 주의를 준다.
  ㉠ 무능력: 선택지의 가능성을 정확하게 평가할 수 없다.
  ㉡ 부족: 가능성 있는 선택지를 수집, 탐색할 수 없다.
  ㉢ 선택적 지각: 이미 머릿속에 있는 것 밖에 인식하지 못한다.
④ 눈앞의 결정이 최종적인 목표 달성에 영향을 미친다는 점을 이해시킨다.
⑤ 연속적 의사결정과정 단계: 연속적 의사결정과정을 이해시킨다.
  ㉠ 모든 선택지를 인지한다.
  ㉡ 충분한 정보를 수집한다.
  ㉢ 정보의 관련성과 신뢰성을 검토한다.
  ㉣ 가치 시스템에서 각각의 결과를 평가한다.
⑥ 실행 지도를 평가한다.

5. 해렌(Haren)의 진로 의사결정 유형이론 ▶ 2008, 2012, 2013, 2017, 2021 기출

1 주요개념

(1) **진로의사결정 유형**: 어떤 개인이 결정을 내릴 때 선호하는 접근방식을 일컫는 개념으로, Harren(1979)은 "의사결정이 필요한 과제를 인식하고 그에 반응하는 개인의 특징적 유형, 개인이 의사결정을 내리는 방식"이라고 정의하였다.

(2) **직업적 자아개념**: 개인이 그 자신에게 귀인시키는 직업적으로 관련된 태도와 특성을 의미하며 정체감과 자아존중감으로 나뉜다.

(3) **의사결정 유형**: 개인이 의사결정 과제를 지각하고 그에 반응하는 특징적인 방식을 말하며 합리적 유형, 직관적 유형, 의존적 유형으로 나뉜다.

2 의사결정 유형

합리적 유형 (rational style)	• 의사결정 과업에 대해서 논리적이고 체계적으로 접근하는 것을 의미한다. • 결정에 대한 책임을 수용한다. • 이후의 결정들을 위해서 이전 결정들의 결과를 평가할 수 있는 능력을 소유하고 있다. • 미래의 의사결정의 필요성을 예견하고 자신 및 기대되는 상황에 대한 정보를 수집하는 등의 준비를 한다. • 따라서 결정은 매우 신중하고 논리적으로 행해지며 책임을 자신이 지는 것이 특징이다.
직관적 유형 (intuitive style)	• 의사결정에 있어서 개인 내적인 감정적 상태에 의존하는 것을 나타낸다. • 결정에 대한 책임은 수용한다. • 미래에 대해서 예견을 거의 하지 않고 정보 수집을 위한 활동도 별로 없으며 사실에 대해서 논리적인 비중을 거의 두지 않는다. • 오히려 환상을 활용하고 현재의 느낌에 주의를 기울이는 것으로 특징지어진다. • 이 양식을 채택하는 사람들은 결정과정에 대한 각 단계의 선택과 수용이 비교적 빨리 이루어지며, 종종 어떻게 결정에 도달하였는가를 명백하게 진술하지 못하는 경향이 있다. • 합리적 유형과 마찬가지로 결정의 책임은 자신이 지고자 한다.
의존적인 유형 (dependent style)	• 위 두 경우와는 달리 결정에 대한 자신의 책임을 거부하며 그 책임을 자신 이외의 가족이나 친구 그리고 동료들에게 전가하는 특징이 있다. • 타인들의 기대에 크게 영향을 받고 수동적, 복종적이며 사회적인 승인에 대한 욕구가 높고 환경을 제한된 선택을 제공하는 것으로 지각한다. • 의사결정을 내려야할 때 정서적으로 불안을 느끼며 남의 눈치를 보기 때문에 소신있게 일을 처리하지 못하며, 개인적인 독립이나 성숙에 장애가 된다.

참고 **즉흥적 유형**(Scott & Bruce 추가): 의사결정을 피하고 조급하게 가능한 빨리 의사결정을 끝내려고 한다.

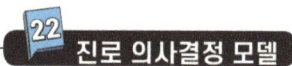

[2013년 기출]

다음은 중학교 3학년 학생들이 자신의 희망직업에 대해 말하는 내용이다. 해런(V. Harren)의 의사결정이론에 근거하여 볼 때 (가)~(다) 학생의 진로의사결정유형을 쓰시오.

(가) 나는 공무원이 되려고 해. 아빠가 안정적인 직업이 최고라고 하셨어. 나는 잘 모르겠지만 정년이 될 때까지 신분이 보장되는 직업을 갖는 것이 중요한가 봐. 공무원이 되려면 공부를 잘해야 한다고 아빠가 말하셔서 열심히 하려고 해.

(나) 나는 백댄서가 될지 프로게이머가 될지 고민 중이야. 둘 다 멋있고 신나는 직업인 것 같아. 물론 힘들 때도 있겠지만, 수많은 관중 앞에서 화려한 조명을 받으며 멋진 가수들과 함께 춤을 추거나 신나게 게임하는 것은 상상만 해도 즐거워.

(다) 나는 상담자가 되고 싶어. 사람을 만나 고민을 들어주는 것은 참 의미 있는 일이라고 생각해. 성격검사나 적성검사에서도 이 직업이 나에게 적합하다고 나왔어. 커리어넷을 보니까 상담을 공부할 수 있는 학과들도 많고, 상담직의 장래 전망도 괜찮아. 부모님과 친구들도 나에게 적합한 일이라고 말해 주었어.

3 의사결정 과정

(1) **인식단계**: 분화가 일어나기 시작하는 시기로 개인이 심리적 불균형을 느끼고 어떤 결정을 해야 할 필요성을 인식하는 것을 의미한다.

(2) **계획단계**: 여러 가지 대안을 탐색하고 그것들의 가치의 우선순위를 관련지으면서 교체하고, 확장하고, 제한하는 과정이다.

(3) **확신단계**: 자신의 선택에 대해 깊이 탐색하고 다각도로 검토하여 선택의 장단점을 명료화한다.

(4) **이행단계**: 사회적 인정에 대한 욕구와 자신이 선택한 가치 사이에 조화와 균형을 추구하며 자신의 선택에 적응하게 된다.

6 합리적 의사결정 과정 5단계 [2014 기출]

목표(문제)의 명료화	• 문제가 무엇인지 정의 내리는 과정 • 결정해야 할 문제나 상황에 대한 올바른 이해가 이루어진 바탕에서 자신이 추구하는 가치와 목표를 뚜렷하게 세우고 원하는 바를 명백하게 제시한다. 예 1년간 활동할 개발 활동부서 정하기
대안 찾기(탐색)	• 해결책을 궁리하여 수집하는 과정 • 자기가 원하는 결과를 성취하기 위한 방법을 찾는다. 과거의 경험과 다른 사람들의 경험담 등이 좋은 자료가 된다. 가능한 한 많은 대안을 찾아보도록 노력한다. 예 리코더부, 그리기부, 서예부: 내가 하고 싶고 할 수 있는 개발 활동부서 뽑아보기

기준 확인	• 대안의 선택 기준을 확인하는 과정 • 목표 달성을 위한 여러 가지 대안 중에서 어떤 하나를 선택하고 결정하는데 필요한 기준을 설정하는 것. 즉, 각 대안들에 대한 선택기준과 해결책을 결정하기 위한 기준을 제시한다. 예 하고 싶어야 함, 도움이 되어야 함, 비용이 적게 들어야 함 등
대안 평가 결정	• 대안을 평가해서 결정하는 과정 • 각각의 대안을 설정한 기준과 비교, 대조해 가면서 판단하여, 각각의 대안을 평가하고 그중에서 하나를 결정하는 단계. 즉 각 대안을 바람직한 정도, 가능성, 위험성 등의 기준에 따라 등급을 매기는 방식으로 최선의 대안을 결정한다. 예 리코더부: 좋은 점 - 하고 싶고 잘 할 수 있다 　　　　　나쁜 점 - 별 도움이 안된다. 그리기부로 결정
계획 설정(수립) 및 실천하기	• 계획을 세워서 실천하는 과정 • 결정한 바를 시행하기 위하여 계획을 수립하고 이에 따른 실천을 하는 단계. 이 과정 중에도 새로운 정보를 얻을 수 있는데, 이러한 경우에는 의사결정자가 원래의 계획을 재검토해서 자신의 목표를 향해 올바로 나아가는가를 검토해야 한다. 만약 그렇지 못하다면 그 계획을 수정하거나 새로운 계획을 수립해야 한다. 예 부모님께 그리기부를 하겠다고 설명하고 용구를 사는 비용에 대해 의논. 그리기부 신청

[2014년 기출]

다음은 전문상담교사가 진로의사결정 5단계에 따라 수아(고1, 여)를 상담한 축어록의 일부이다. 바로 다음 단계의 주요 활동내용을 쓰시오.

상담교사: 수아야, 오늘 상담을 시작하기 전에 그 동안의 상담내용을 정리해 볼까?
수　　아: 지금까지의 상담에서 제가 중요하게 여기는 가치와 원하는 것이 무엇인지 확실히 알게 되었어요. 그리고 제가 하고 싶은 것을 하려면 어떤 방법이 필요한지도 알게 되었어요. 정말 이렇게 많은 방법이 있을 줄 몰랐어요.
상담교사: 그래, 수아가 이제 원하는 것도 분명히 알게 되었고 그것을 성취할 수 있는 방법도 많이 찾았구나. 수아가 적극적으로 상담에 참여하는 모습이 참 보기가 좋았어. 그런데 우리가 지난주 상담 시간에 나눈 이야기가 더 있는 것 같은데…….
수　　아: 참, 지난주에는 제가 찾은 여러 가지 방법 중에서 무엇을 기준으로 선택해야 할지 정했지요.
상담교사: 그렇지, 지난주는 선택기준을 정했지. 그럼 다음단계로 넘어가 볼까?

23 진로상담의 대안이론

1 진로무질서 이론(Chaos theory of career, 카오스진로이론)

1 진로 무질서이론의 주요 주장

(1) **비예측성과 비선형성**: 체제 내에서의 모든 요소들이 상호작용 하며 복잡하게 엉켜 있기 때문에 이를 단순하게 설명할 수 없다.

(2) 개인을 복잡하고 역동적인 체제로 이해해야 하며, 진로는 체제로서의 개인이 나머지 세상(다층적으로 층화된 체제로 이해되어야 함)과 상호작용하면서 나타나는 확산적인 특성으로 이해해야 한다.

(3) **프라이어와 브라이트(Pryor & Bright)의 기존 이론 비판**
   ① 기존 이론은 개인의 진로에 영향을 주는 잠재적 영향력을 충분히 포함하지 못하고 있으며 특히 개인적인 맥락뿐만 아니라 주관적인 맥락을 포괄하지 못하고 있다.
   ② 기존 이론은 매칭 또는 조화의 역동에만 초점을 둔 편협한 관점으로 인간의 상호작용적이고 적응적인 특성을 충분히 반영해 주지 못하고 있다.
   ③ 기존 이론은 인간의 경험을 새롭게 해석해 나가고, 의미를 부여할 수 있다는 점을 간과하고 있다.
   ④ 진로발달이 때때로 예상하지 못하였던 사건과 경험, 즉 우연에 의해 변화될 수 있으며, 때로는 그 영향이 결정적으로 중요할 수 있다는 사실을 기존의 이론은 담아내지 못하고 있다.

2 주요개념

(1) **유인(attraction)**
   ① 프라이어와 브라이트(Pryor & Bright, 2011)는 유인을 개인이 변화가 발생했을 때 자기를 논리적으로 조직하고 유지하고 보유하는 데 사용되는 과정으로 정의했다.
   ② **유인자(attractor)**: 유인은 네 개의 유형으로 세분되는데, 이들은 유인자로 불린다. 이들은 각각 목표 유인자, 진동 유인자, 패턴 유인자, 우연 유인자로 명명되었다. 이들 유인자는 변화하는 삶의 도전에 반응하는 데 사용되는 패턴을 나타낸다.

(2) **목표 유인자(point attractor)**
   ① 목표 유인자 행동패턴을 사용하는 사람들은 성격, 능력, 흥미에 기초한 최상의 직업을 선택하는 것에 초점을 둔다. 극단적으로 그들은 '편협한 시야, 배타적 집착, 의사결정에서의 과도한 자신감, 진로대안에 대한 집착, 이상적·목표 지배적 사고, 강박적 행동'을 하는 것으로 보인다.
   ② 그들은 삶에 존재하는 불확실성이나 기회를 무시한다.

(3) **진동유인자(pendulum attractor)**
   ① 이 유전자는 말 그대로 행동에서 양극단을 오간다. 프라이어와 브라이트에 의하면 이 행동 패턴을 사용하는 사람들은 이분법적인 사고를 하는 경향이 있으며, 경직된 신념을 고수한다.
   ② 때때로 이러한 사고에 사로잡힌 내담자들은 서로 원원하는 시나리오를 생성하지 못하며, 균형 있는 해결책을 제시할 수 없다. 그들의 방식은 상황을 악화시키는데, 마치 최저점에서 시계추를 멈춘 것과 같이 행동하는 것처럼 보인다. 갈등적 요구가 타협되지 않아 양쪽 모두 악화된다.

(4) 패턴 유인자(pattern attractor)
① 이 행동패턴은 '관례적, 습관적, 예측 가능한 사고와 행동'으로 묘사된다. 이 패턴의 사람들은 사람과 사물을 분류하고 조직화함으로써 삶을 통제하려고 하고, 일관성과 관례를 중요시한다.
② 극단적으로는 실패에 대한 공포, 불안정, 자의식, 불확실성, 걱정, 안전에 대한 욕구가 패턴 유인자 행동패턴을 보이는 사람들의 동기원이 된다. 이러한 패턴 유인 안에서 사람들의 움직임은 제한된다.
③ 계획되지 않은 주요한 부정적 사건에 의해 통제의 착각이 깨질 때, 그들은 특징적으로 이전 대처방식으로 퇴행하려고 하며, 변화의 결과를 생각하지 않고, 변화가 그들에게 영향을 미치지 않을 것이라고 영향력을 부정하며, 맞닥뜨린 새로운 환경 조건에 대응할 수 있는 자신감을 완전히 상실한다.

(5) 우연 유인자(torus attractor)
① 목표 유인자, 진동 유인자, 패턴 유인자는 닫힌 체계의 사고로서 이 유전자들을 사용하는 사람들은 이러한 행동패턴을 사용하며 강한 통제감을 느끼는 경향이 있다. 그들은 질서와 안정성을 선호한다.
② 열린 체계 사고인 우연 유인자는 '작은 차이가 모든 전체 체계의 주요한 구조 변화를 유발할 수 있다는 점에서 비선형적 변화가 가능하다'고 인식한다.
③ 프라이어와 브라이트(2011)에 의하면 우연 유인자 사고는 개인의 적응, 성장 능력을 향상시키며, 기회를 질서의 반대로 인식하지 않고 존재의 한 부분으로 인식한다.

(6) 혼돈이론과 영성
① 프라이어와 브라이트(2011)는 진로발달을 개념화할 때 혼돈 이론에 영성을 통합하는 것이 중요하다고 강조한다. 프라이어와 브라이트(2011)는 진로 상담자로서 관심을 기울여야 할 진로발달과 영성의 다섯 가지 차원을 기술하였다.
② 영성의 5가지 차원
  ㉠ 연결(connection): 인간 공동체, 세상 및 우주가 어떻게 상호 연결되었는지에 초점을 둔다.
  ㉡ 목적(purpose): '인간의 의미감, 목적 및 중요성'에 초점을 둔다.
  ㉢ 초월(transcendence): 이해를 초월하는 위대한 힘이 존재한다는 생각을 강조한다.
  ㉣ 조화(harmony): '모두를 이해 가능한 전체로 어울리도록 하는 것'에 관심이 있다.
  ㉤ 소명(calling): 사람들이 삶을 부르심의 결과로 인식하는 것이다.

3 진로무질서 이론의 상담 기법

(1) **현실 체크리스트**: 개인에게 체크리스트를 준 후 각각의 문항에 응답하게 한다. 이 문항에는 "예기치 않은 사건이 당신의 삶에 영향을 미친 적이 있는가?" "어떤 것을 몰랐기 때문에 이득을 얻었던 적이 있는가?"와 같은 질문이 포함되어 있다. 이후 "그렇다"란 반응이 많이 나온 질문을 중심으로 토의한 후에 "아니다"라는 응답이 나온 대상으로 서로의 생각을 나누도록 상담자가 집단을 이끈다.

(2) **복잡성 지각 지표**: 계속적인 변화에 대한 개인의 전형적인 반응을 측정하기 위해 고안되었다. 이 지표에는 지속적인 변화, 비선형성, 단계변화와 같은 진로 무질서이론의 주요 개념들이 포함되어 있다. 이 지표를 통해 내담자의 열려진 사고와 변화에 대한 수용도를 측정한다.

(3) **행운 준비도 지표**: 우연에 의해 만들어진 결과와 기회를 인식하고 활용하며 적응하는 능력을 의미한다. 이 지표에는 8개의 차원이 포함되어 있으며 융통성, 낙관주의, 위험감수, 호기심, 인내, 전략, 효능감, 행운이다. 이러한 특징들은 개인이 불확실성을 감내할 수 있는 능력과 관련된다.

(4) 기회카드: 내담자들이 '때때로... 상황에서 마술이 일어난다면..'이란 질문이 적혀진 기회 카드를 뽑은 후 의견을 나누게 한다. 이를 통해 내담자들은 자신이 예상하지 못하였던 여러 사건을 어떻게 받아들이고, 이에 대처할 수 있을지를 생각해 볼 수 있게 된다.

(5) 매체활용: 〈당신이 잠든 사이〉 또는 〈나비 효과〉와 같이 예측할 수 없는 사건의 영향을 다룬 영화를 보여 주고 토론하게 함으로써, 진로 무질서 이론의 기본 가정을 내담자들이 이해할 수 있도록 한다.

2 비이성적 이론

1 개요

(1) 개인의 의사결정 과정은 합리적이거나 체계적이기보다는 비합리적이고 직관적이다.

(2) **네이서(Neisser)**
  ① 1단계: 현상을 무의식적으로 해석
  ② 2단계: 의식적 검열
   → 일상에서의 결정은 2단계에 가기 전에 이루어지는데, 진로의사결정과정도 이러한 범주에서 벗어나기가 어렵다.

(3) 진로상담의 과제: 계획성과 합리성을 강조하기 보다는 개인으로 하여금 변화에 민감하게 반응하고, 불확실성과 모호함을 견디면서 적응적인 반응양식을 새롭게 개발하도록 돕는 것이다.

2 긍정적 불확실 이론

(1) **겔라트(Gelatt, 1989)**: 긍정적 불확실 이론에서는 의사결정자들이 확실성과 합리성에 대한 맹목적인 추구에서 벗어나 보다 유연한 태도로 의사결정 과정에 임할 것을 강조한다.

(2) 의사결정 과정은 정보를 활용하여 선택하고 활동하도록 배열하는 과정이라고 정의 내리고, 과거와는 다른 수집, 의사결정과정, 행동화를 요구한다.

(3) **특징**

특징	내용
정보에 대한 인식전환	모든 정보는 급속하게 구식이 되기 때문에, 완벽한 정보는 존재하지 않는다. 따라서 정보수집도 의사결정의 과정의 일부이기는 하지만 상담자는 내담자로 하여금 자신의 안목을 활용하여 정보의 경중을 평가하고, 어느 시점에서는 독창적인 판단에 의해 의사결정에 임할 수 있도록 도와야 한다.
의사결정과정에서도 과거의 패러다임을 수정해야 한다	객관적이고 합리적인 의사결정, 명확한 목표 설정과 현실 인식을 토대로 한 의사결정만이 최고는 아니며, 때로는 자기기만이나 환상도 유용한 대처방식이 될 수 있다. 따라서 상담자는 내담자로 하여금 자신의 주관을 개발하도록 지원하고, 자신의 고루한 신념을 바꿔 도전적인 태도를 지니도록 격려할 필요가 있다.
행동화 과정에는 합리성과 융통성의 조화가 필요하다	이성적 판단에 편향되거나 직관적 판단에만 의존하기보다는 이 둘 간의 적절한 조화를 통한 선택과정이 필요하다. 상담자는 내담자로 하여금 과거를 기억하고 미래를 상상하며, 융통성을 발휘할 수 있도록 격려할 필요가 있다. 변화에 부응함과 동시에 변화를 만들 수 있는 능력을 인식하도록 해야 한다.

3 정서중심이론

(1) 와이스와 크로판자노(Weiss & Cropanzano,1996)의 정서이론: 특정한 일과 관련된 사건에 대한 명확한 반응을 정서라 칭하면서, 특정한 정서반응이 후속적으로 일과 관련된 여러 가지 일화를 이끌어 낸다는 사실을 강조한다.
(2) 우리의 진로결정행동에는 은연중에 정서가 중요한 역할을 하고 있으며, 직장에서의 태도, 일과 관련된 경험이나 행동에 있어서도 정서가 그 주도적 기능을 담당하고 있다.

3 비판적 여성주의 접근(Chronister, McWhirter, & Forrest, 2006; M Whirter, 1994)

이 접근은 맥허터(McWhirter, 1994)의 역량강화 모델(empowerment model)을 토대로 한 다양한 여성 관련 진로상담의 한 접근법이다. 최근 크로니스터(Chronister 등, 2006) 등은 이 접근을 상세히 설명했으며 이를 사례에 적용하였다. 이 접근은 역량강화 개념을 포함하고 있다는 점에서 특별히 중요하며, 향후 다양한 여성, 특히 유색 여성, 이민자 여성, 여성 동성애자, 빈곤 여성, 장애 여성들과 상담하는 데 매우 유용할 것이다. 더불어 사회정의 목표와 조화를 이루는 것이 진로상담자로서 해야 할 매우 중요한 역할이다.

1 이론적 배경

(1) 이 접근법에서는 무엇보다 역량강화가 어떤 의미인지를 이해하는 것이 중요하다.
(2) 힘없고 주변으로 밀려난 사람들, 기관들, 집단을 위한 과정으로, 목표는 다음과 같다.
　① 삶의 맥락에서 일에 대한 역동적 힘을 인식시킴
　② 삶을 합리적으로 통제할 수 있는 기술과 능력을 개발시킴
　③ 상담을 통해 증진된 역량을 발휘함
　④ 다른 사람들의 권리를 침해하지 않음
　⑤ 공동체에서 다른 사람들의 역량강화에 적극적으로 참여하게 함

2 비판적 여성주의 접근 5가지 구성요인

(1) 협력(collaboration)
　① 협력 요인은 상담과정에서 내담자와 상담자가 꼭 해야 할 역동적인 작업동맹의 역할을 말한다.
　② 협력을 통해 상담자와 내담자가 함께 상담목표를 설정하고 그것을 성취하며 상담자와 내담자 사이의 관계를 유지하는 것이 중요함을 강조한다. 따라서 협력은 모형에서 상담과정의 가장 핵심이다.

(2) 역량(competence)
　① 역량 요인은 내담자가 자신의 능력을 깨닫고 사용하는 것이 중요하며, 새로운 능력을 개발할 수 있도록 그들을 돕는 것이 중요하다는 것을 나타낸다.
　② 역량은 내담자의 감정을 구축하고 활용할 수 있도록 돕기 위해 특별한 도구를 사용한다는 것을 뜻한다. 역량의 중심 신조는 상담이란 내담자의 병리적인 면이나 나약함을 찾기보다는 모든 내담자가 자신의 강점을 가지고 있다는 것에서 시작해야 한다는 생각에 뿌리가 있다.

(3) 맥락(context)

① 맥락 요인은 여성 진로발달을 이해하는 데 결정적이다. 이를테면, 생태학적 모형은 개인의 생태주의를 구성하는 체계와 그 하위체계의 중요성을 매우 강조한다. 우리는 직업적 행동이 거시체계, 외부체계, 중간체계, 미시체계가 서로 얽혀 있는 맥락 속에서 일어난다고 생각한다.
② 진로상담의 대상 범위가 점차 확대되고 있으며, 개인별 역량강화를 이해하고 돕기 위하여 각 여성의 인생 맥락을 이해하는 것이 매우 중요하다.

(4) 비판적 의식(critical consciousness)

① 맥허터(McWhirter, 1994)는 비판적 의식의 구성요인에 대한 파울로 프레이리(Paulo Preire, 1970)와 마틴-바로(Ignacio Martin-Baro, 1994)의 연구를 통합하였는데, 그녀는 이 개념을 역량 분석의 이중과정(역량이 어떻게 발생하는지와 인생 맥락에서 어떻게 표현되는지를 밝히는 것)과 역동적 변화에 대해 인식을 일으킬 수 있는 여성들의 비판적 자기반성을 포함하여 정의하였다.
② 맥허터(McWhirter, 1994)는 상담자는 자신의 비판적 의식을 개발하는 것이 중요하다는 것을 강조하였다. 그녀는 다문화 관련 문헌을 연구하고 교차문화를 경험하며, 다른 공동체 사람들과 대화하고 치열한 자기반성을 통해서 비판적 의식에 도달할 것을 제안하였다.
③ 이는 상담자들이 실천하기를 주장하는 사고와 학습의 유형이다. 상담자는 반드시 자기 자신, 자신의 편견과 편향, 어떻게 자신의 힘을 사용하고 자신이 어떻게 다른 사람에 의해 통제되는지에 대해 잘 알아야 한다. 다시 말해, 상담자는 인종차별주의, 성차별, 동성애차별주의, 그리고 그 외의 모든 '○○주의'가 상담자에게 어떤 영향을 미치는지를 알아야만 한다. 여러 차례 상담자에게 이루어지는 깊이 있는 철저한 배움과 자기반성은, 자신의 삶에서 이러한 힘의 영향을 깨닫게 함으로써 내담자들의 역량강화를 가능하게 하는 데 매우 중요하다.

(5) 공동체(community)

① 공동체 요인은 여성들에게 그들의 인생 행로에서 자신을 지지해줄 공동체를 발견하도록 돕는 것과 다른 이들의 역량강화를 도움으로써 그들 스스로도 역량을 강화할 수 있도록 적절한 공동체를 찾도록 돕는 것 모두가 필요함을 의미한다.
② 강간과 폭력 피해 여성들과의 초기 작업에서는 그들이 다른 이들을 도움으로써 스스로 역량이 강화될 수 있음을 보여주었다. 맥허터(McWhirter, 1994)가 주장한 여성 진로상담에서의 비판적 여성주의 접근은 역량강화의 필수요소들을 조직화하는 데 매우 유용하며, 따라서 여성들에게 보다 더 적합하고 성취 가능한 도움을 줄 수 있을 것이다.

4 다문화 진로상담

1 다문화 상담의 주요개념

(1) **상담관계 형성**: 다문화 진로상담일수록, 촉진적 관계형성이 중요하다. 상담자와 내담자의 유대관계가 확보가 되어야 내담자의 기대를 충분히 공감할 수 있으며, 내담자의 문화와 욕구에 맞는 목표 및 과제를 설정할 수 있다.

(2) 강점 강화: 내담자의 강점 및 자원을 찾고 계발하는 상담적 접근이 필요하다. 이를 위해 해결중심 단기치료나 이야기치료 접근을 할 수 있다. 이는 상담자가 알지못함의 자세에서 내담자의 강점과 자원을 발견하고 촉진한다는 점에서 적절한 기법이 될 수 있다.

(3) 문화적 특성을 고려하여 진단: 표준화된 진로검사는 주류 문화를 기반으로 개발되고 규준이 마련되어 있으므로, 다문화에 속하는 내담자에게 적용하기에 부적합할 수 있다. 상담자가 내담자의 문화를 이해하고 개인의 반응을 적절하게 해석할 수 있다고 판단이 될 때, 측정되는 구인이 문화적으로 동일한 의미를 갖는다고 판단이 될 때 실시할 수 있다.

(4) 사회적 네트워크의 활용: 내담자 문화와 동질한, 조력할 수 있는 집단을 만날 수 있도록 조력할 필요가 있으며, 또한 내담자에게 적절한 역할모델이 될 수 있는 대상을 만나 동기유발이 되고 바람직한 행동을 모방할 수 있도록 돕는 것이 필요하다.

(5) 상담과정에 대한 명확한 설명: 다문화 내담자일수록 상담과정에 대한 명확한 설명과 구조화 과정이 필요하다.

(6) 체계론적 접근(가족상담): 진로선택에 가족의 결정이 영향을 미칠 수 있다. 그러므로 확대가족을 상담에 초대하여 의사결정 과정에 참여하는 방안을 고려하는 것이 필요할 수 있다. 또한 가족의 기대와 가족과의 상호작용이 개인의 진로발달 및 선택에 어떻게 영향을 미치는지 탐색할 필요가 있다.

2 빙햄과 워드(Bingham & Ward, 1996)의 다문화 진로상담 모형 [2023 기출]

진로선택을 제한하는 문화적 요인들과 진로발달을 막는 고정관념을 강조하고, 내담자-상담자 관계형성에서 중요한 변인인 인종적 정체감을 소개하고 있다.

(1) 1단계: 라포와 문화적으로 적절한 관계 형성
① 명확한 이해, 신뢰와 협동을 통해 상담관계를 형성한다.
② 라포를 바탕으로 내담자가 자신의 이야기를 상담자에게 자유롭게 표현을 하면, 내담자는 문화적 정보제공자로서 상담자에게 탁월한 교사가 된다.
③ 상담자는 내담자의 비언어적 행동이나 반응과 같은 구체적인 문화적 단서들을 인식함으로써 적절한 상담관계를 형성하고자 한다.

(2) 2단계: 진로 이슈 확인
① 상담자가 내담자의 세계관에 대해 이해하면 진로의사결정을 막는 장벽들에 대해 이해할 수 있다.
② 차별을 경험하는 소수민들은 다른 민족집단과 제한적인 경험만을 하게 되며, 남들이 자신을 수용하지 않는다고 지각한다.
③ 상담자는 문화집단들이 자신의 미래에 전망이 없다는 공동의 압박경험을 공유하고 있음을 깨달아야 하며, 이들이 진로의사결정을 제한하는 장벽을 극복하지 못할 거라고 느끼기 쉬움을 알아야 한다.
④ 소수민족 내담자들은 진로에 대한 책임감을 느끼는 동시에 과거와 현재의 내적, 외적 장애가 그들의 진로의사결정에 여러 방식으로 영향을 미친다는 것을 깨닫도록 도움을 받아야 한다.
⑤ 이 과정의 중요한 목표는 내담자가 진로선택을 제한하는 경험들을 확인하도록 돕는 것이다.

(3) 3단계: 문화적 변인들의 영향 평가
① 진로선택을 제한하는 문화적 요인들을 확인한다. 가정환경, 종교, 문화적 역사가 미래에 대한 그들의 전망을 어떻게 형성하는지를 내담자가 이해하는 것이 중요하다.
② 어떤 민족집단들은 부모, 형제, 조부모, 아주머니와 삼촌들 등 확대가족에게 영향을 받을 수 있다. 내담자들은 그들이 추구하는 것과 가족이 적절하다고 보는 것 사이에서 결정을 하도록 요청받으면 갈등하게 된다.
③ 또한 중요한 이슈는 각 민족집단에서 결정을 내리는 방식들이다. 어떤 소수집단에서는 가족 성원들 간에 내리는 집단적인 결정을 보다 적절하다고 여긴다.

(4) 4단계: 진로 상담목표 설정
① 이 과정에서 상담자는 내담자가 만족스러운 성과를 추구하는 데 보다 적극적이 되도록 격려해야 한다.
② 어떤 소수민 내담자들은 상담과정에서 순종적으로 참여해야한다고 생각해서 상담자에게 모든 결정을 맡긴다. 상담자들은 적극적으로 참여하는 것을 불편하게 여기는 내담자에게 상담과정에서 상담자와 내담자가 상담목표를 서로 협상하는 것이 적절한 행동이라는 것을 알려줘야 한다.
③ Leong(1993)은 어떤 소수민들에게는 자아실현에 기반한 목표보다는 현실적인 목표가 실질적으로 더 적절하다고 제안한다. 집단주의적 내담자들은 가족의 욕구를 채워주기 위해 직업에 즉각적으로 진입하기를 원하며, 장기 목표는 그 다음에 고려하고자 계획할 수 있다.

(5) 5단계: 문화적으로 적절한 상담개입 실시(개입 전략 실행)
① 어떤 소수민 집단에게는 개입전략을 수립하고 전달할 때 가족의 승인과 참여가 필요하다. 이 경우에 내담자들은 스스로 자유롭게 참여하기 전에 가족의 승인을 얻어야 하므로 상담자가 어떤 가족 성원들이 내담자의 의사결정에 힘을 줄 수 있는지 알아보는 것은 매우 생산적이다.
② 어떤 문화집단에서는 집단적 개입이 생산적이다. 내담자의 고유언어를 사용하는 집단상담 개입에 의해 큰 서비스 혜택을 받을 수 있다. 또한 집단상담의 진행을 촉진하기 위해 통역자를 투입하는 것도 유용할 수 있다.
③ 빙햄과 워드는 상담개입이 여러 회기 필요할 수도 있다고 지적한다. 많은 소수집단이 하나의 계획에 도달하는 데 상당한 시간을 필요로 한다.
④ 개입전략을 수행하는 과정에 심리검사 등의 도구가 사용될 경우, 내담자의 인종/민족적 특징에 적절한 것이어야 한다.

(6) 6단계: 의사결정
① 내담자가 목표에 이르는 것을 방해하는 모든 장벽에서 자유로워지도록 하기 위해 의사결정과정을 지속적으로 점검하는 것이 필요하다.
② 어떤 장벽들은 없애기 어려울 수 있고, 어떤 내담자들은 상담자를 기쁘게 하기 위해 결정을 내리기도 한다. 내담자는 이 단계에서 당황하지 말고 의사결정 과정을 충분한 수준까지 반복할 수 있도록 격려받아야 한다.

[2023년 기출]

다음 (가)는 빙햄과 워드(R. Bingham & C. Ward)의 다문화 진로 상담 모형의 단계별 진로 상담 활동이며, (나)는 이주 배경을 가진 야스민(고3, 여)과 전문상담교사의 첫 회기 상담 장면의 일부이다. 괄호 안의 ㉠을 위한 상담자의 반응을 (나)에서 찾아 서술하고, 괄호 안의 ㉡에 해당하는 말을 쓰시오.

(가)

- 1단계: 문화적으로 적절한 관계 형성
- 2단계: (㉠)
- 3단계: (㉡)
- 4단계: 진로 상담 목표 설정
- 5단계: 문화적으로 적절한 개입 전략 실행
- 6단계: 의사 결정
- 7단계: 수행과 추수 지도

(나)

상담교사: 야스민은 한국에 온 지 얼마나 되었나요?
야 스 민: 저는 시리아에서 부모님과 한국에 온 지 4년 조금 넘었어요.
상담교사: 오, 시리아에서 온 지 4년이 되었군요. 상담을 하면서 나는 야스민과 시리아 문화나 야스민이 한국 생활에서 느끼는 것에 대해 얘기하는 것을 언제든지 환영해요. 야스민은 나와의 상담에서 기대하는 것이 있나요?
야 스 민: 네. 저도 선생님과 제 고민을 편하게 이야기할 수 있으면 좋을 것 같아요.
상담교사: 담임 선생님께 듣기로는 야스민이 대학 진학을 원한다고 들었어요.
야 스 민: 네. 요즘 친구들이 입시 준비하는 걸 보면 저도 한국에서 대학을 가고 싶다는 생각을 해요.
상담교사: 한국에서 대학 진학을 생각하고 있군요. 그런데 이와 관련해서 염려하는 문제가 있는지 얘기해 볼래요?
야 스 민: 네. 저는 대학에 가서 한국 문학을 공부해 보고 싶어요. 그런데 아직 부모님께 말씀을 못 드렸어요. 게다가 아버지께서 하시는 일이 코로나 때문에 점점 어려워져서 지금 경제적으로 힘든 상황이에요. 그래서 제 대학 진학을 부모님께서 지원해 주시기는 힘들 것 같아요.

24 진로상담 과정

1 진로상담과 심리상담의 차이점

1) 진로상담은 문제를 이해하고 그에 대한 목표를 수립하는 과정보다는 의사결정이나 행동화하기 위한 전략 구상 또는 행동화를 위한 조력과정이 심리상담에 비해 중요하다.
2) 심리상담에 비해 진로상담, 특히 진학상담은 전문가에 의해 주도되기보다는 비전문가에 의해 실행되기 때문에 상담자의 가치관 및 사회 전반적인 진로문화에 의해 오염되는 경우가 많다.
3) 내담자가 놓인 경제 현실 및 진로 상황에 따라 개인의 진로 선택 및 의사결정이 상당히 변화될 수 있으므로, 진로상담자는 개인의 심리적 특성 분석에 의해 선택이나 의사결정을 한다는 '심리적 환원주의'의 오류를 벗어나야 한다.

2 진로상담모델

1 스포캔(Spokane, 1991)의 진로상담모델

주요단계	도입단계 (상담 구조화)			활동단계 (통찰증진과 변화촉진)			완료단계 (진로선택)	
하위단계	시작하기	고무하기	완화하기	평가하기	질문하기	합의하기	실행하기	추후점검하기
주요 치료적 과제	치료적 맥락의 확립	내담자 열망에 대한 열거	불일치점에 대한 자각	인지구조에 대한 포착	구조적 행동의 동기화	불안 다루기	지속적인 추구	성과에 대한 강화
상담자 과정	자기기대	희망의 활성화	불일치 정의	가설의 일반화	가설검증	가설공유	불일치 해결	종결
상담자 기술	구조화, 수용	환상	반영, 명확화	검증, 해석	조사, 지도	자신감 찾기, 안심하기	강화	간헐적 접촉
내담자 태도	안도	흥분	불안	전진, 통찰	자기 효능감, 통제, 탐색	타협	철수, 충성	만족, 확신

2 스포캔의 진로상담모델 단계별 상담내용

주요 단계	하위 단계	진로상담 내용
도입 단계	(1) 시작하기	앞으로의 상담을 위한 구조화를 하는데, 내담자와 상담자가 함께 문제를 찾아내는 것이 중요하다.
	(2) 고무하기	내담자가 그의 꿈과 열망들에 대해서 자세히 이야기한다. 진로상담자는 환상하기를 연습시키거나, 자신의 미래에 대해 상상을 하게 하거나, 단순히 내담자에게 무엇을 하고 싶은지 또는 꿈(장래희망)이 무엇인지 묻는 것 등 다양한 기법을 사용하여 내담자들이 탐색하고 싶어하는 영역을 찾아낸다.
	(3) 완화하기	내담자의 현재 모습과 내담자가 되고자 하는 진로 사이의 불일치를 찾을 수 있도록 돕는다.
활동 단계	(1) 평가하기	평가의 해석까지 포함한다. 상담자는 내담자의 관심영역과 내담자의 자기자각에 대한 가설을 발전시켜 나간다.
	(2) 질문하기	내담자와 상담자가 함께 인터뷰와 평가도구를 통해 정보를 모으고 가설들을 설정하기 시작한다.
	(3) 합의하기	내담자는 타협과정을 통해 대안을 선택한다.
완료 단계	(1) 실행하기	내담자는 불일치를 해결하고 진로를 선택한다. 상담자는 내담자가 목표에 부합하는 적절한 행동을 할 수 있도록 강화한다. 상담자는 내담자를 위해 대변자로서의 역할을 하고 내담자가 이미 가지고 있는 지지체제를 자각하고 활용할 수 있도록 한다.
	(2) 추후 점검하기	내담자와의 상담을 끝내고 추수상담으로 넘어간다. 경우에 따라 상담자는 추수회기를 갖지 않기도 하고, 정기적으로 내담자의 상태를 점검하기도 한다.

3 진로상담의 과정

1 접수면접

(1) **필립스(Pillips, 1992)의 진로상담 5가지 주제영역**: 자기 탐색과 발견, 선택의 준비도, 의사결정 과정, 선택과 결정, 실천.

(2) 웨스트우드, 에머슨과 보겐(Westwood, Amundson & Borgen, 1994)의 취업로드맵: 사례개념화 방법

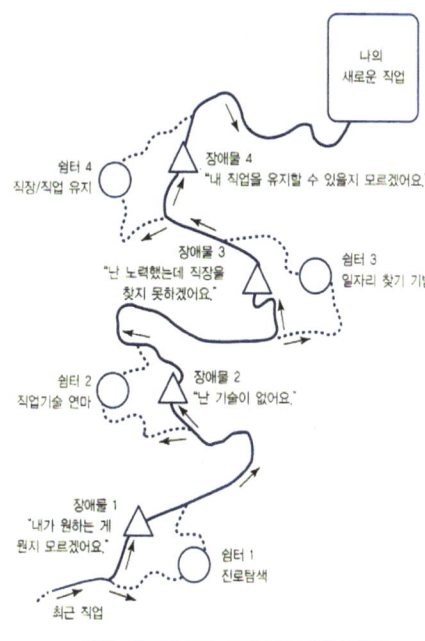

취업로드맵, Westwood, 1994

① 취업로드맵은 진로선택 이후의 진로문제까지 포함하는 진로 경로 전체단계를 아우르는 사례개념화 틀이다.

② HRDC(캐나다 인적자원개발)이 제안한 4개 영역을 취업 로드맵으로 제시하였다. 즉, 진로탐색과 의사결정, 직업기술 연마, 일자리 찾기 기법들, 일자리 유지 기술들이 있다.

③ 호소문제에 따라 개입방법을 제안한다.

④ 장점: 내담자-자신의 상태 가시적 파악 / 상담자-각 단계에 적합한 기법 적용 / 불필요한 노력과 시간을 줄임

2 관계수립

(1) **편들어주기(mattering)**: 내가 잘하고 있든 못하고 있든 간에 중요한 사람으로 인식되며, 주목받고 있고 배려받으며, 인정받고 있다는 믿음. 작업 동맹으로 이해될 수도 있음

(2) **편들기의 수준**: ① 주목하기 ② 중요시 ③ 도움 주고받기 ④ 개인적/전문적 관계 맺기

(3) **내담자와 좋은 관계를 형성하기 위해 고려해야 할 사항**
  ① 상담을 하러 온 내담자는 불안도가 높은 채 상담실로 온다.
  ② 상담자는 자신의 문제를 해결하기 위해 그동안 행해 왔던 내담자의 노력을 인정하고 격려할 필요가 있다.

(4) 상담자는 내담자와 전문적이면서 개인적인 관계를 형성해야 한다.

(5) 상담자들은 내담자의 바람과 욕구를 파악하는 한편 왜 이 시점에서 내담자가 상담자를 찾아왔는지 확인할 필요가 있다.

(6) 관계 수립과 동시에 상담자는 진로상담에 대한 구조화 작업을 해야 한다.

3 내담자 분류

(1) **샘슨 등(Sampson, 1992)의 진로의사결정 정도에 따른 내담자 분류** 2007, 2009, 2010, 2013, 2015 기출

진로 결정자	진로 미결정자	우유부단형
• 자신의 선택이 잘 된 것인지 명료화하기를 원하는 내담자	• 자신의 모습, 직업 혹은 의사결정을 위한 지식이 부족한 내담자	• 생활에 전반적인 장애를 주는 불안을 동반한 내담자
• 자신의 선택을 이행하기 위해 도움이 필요한 내담자	• 다양한 능력으로 지나치게 많은 기회를 갖게 되어 진로 결정을 하기 어려운 내담자	• 일반적으로 문제해결 과정에서 부적응적인 성격을 지니고 있는 내담자
• 진로의사가 결정된 것처럼 보이나 실제로는 결정을 못하는 내담자	• 진로 결정을 하지 못하지만 성격적인 문제는 없는 내담자	

① **진로 미결정자**: 정상적으로 발달하고 있는 사람으로, 진로 선택을 구체화할 수 없지만 진로 선택의 과업으로 압력이나 스트레스는 받지 않는 것이 특징이다.
  ㉠ 의사결정을 할 수 없다면, 직업세계나 의사결정의 과정에 더 많은 정보를 수집하기 때문이다.
  ㉡ 진로결정이 어려운 이유로는 자기명료화의 부족, 직업에 관한 정보의 부족, 결단성의 부족, 진로선택에 대한 주관적인 중요도 등 4가지를 중요한 이유라고 생각한다.
  ㉢ 결단성의 부족은 성격적 요인이기 때문에 이 문제가 심각하면 우유부단형과 유사하다.
② **우유부단형**: 결정을 쉽게 못하는 성격적 특징을 가지고 있으며 외적 요인에 의해 통제되는 경향과 자신의 상황을 다른 사람의 탓으로 돌리는 경향을 가지고 있다.(진로문제 < 성격문제)
  ㉠ 의사결정을 할 수 없다면, 성격적인 문제인 경우가 많다.
  ㉡ 관계를 형성하고 유지하는 데 유의해야 할 내담자로 성격적인 문제 때문이나 상담이나 관계형성이 어려울 수 있다.
  ㉢ 지나치게 경쟁적이거나 타인을 의식하기 때문에 자발적인 의사결정을 하기 어렵다.
  ㉣ 사고보다는 감정에 지배되는 행동양식의 소유자로 한번 결정한 것을 유지하기 어렵다.

[2015년 기출]

다음은 동주(중3, 남)가 전문상담교사에게 이야기한 내용의 일부이다. 샘슨, 피터슨, 리즈와 리어든(J.Sampson, G.Peterson, J. Lenz & R.Reardon)의 내담자 유형 분류를 적용하여 동주가 어느 유형에 속하는지 쓰고 해당 유형의 특징 3가지를 서술하시오.

동 주: 저는 집에서나 학교에서 아무 문제없이 즐겁게 잘 지내요. 최근에 생긴 진로 고민 이외에는 고민도 없어요. 어렸을 때부터 늘 이것저것 궁금한 게 많았고, 하고 싶은 것도 많았어요. 과학관에도 자주 갔고, 피아노 학원, 미술 학원도 재미있게 다녔어요. 학교에 들어와서는 중국어와 일본어도 하고 싶어서 인터넷 강의로 외국어 공부도 했어요. 학교 성적도 다 잘 나오는 편이에요.
상담교사: 그러면 너는 진학에 대해서는 어떤 생각을 하고 있니?
동 주: 제가 지금 3학년이잖아요. 진로를 결정하려고 하는데, 과학고를 추천하는 선생님, 외국어를 추천하는 선생님, 외국에 있는 예술과학고 같은 학교를 추천하는 선생님들이 계신데, 저는 다 가고 싶어요. 그런데 그럴 수는 없잖아요. 나중에 제가 이 모든 걸 다 할 수 있는 학교를 세워 볼까요?(상담교사와 함께 웃음) 하고 싶은 것이 너무 많아서 진로를 어떻게 결정해야 할지 잘 모르겠어요. 너무 고민이에요. 좋아하는 것만 했지, 어떤 직업이 있는지는 지금까지 생각해 보지 않아서 직업에 관한 정보는 거의 없어요. 저도 아직 저를 잘 모르겠어요.

4 문제 평가 및 목표설정

(1) 문제 평가
① 브라운과 브룩스(1990): 수퍼의 생애 아치에 제시된 항목들을 중심으로 내담자 문제를 평가할 것을 제안하였다.

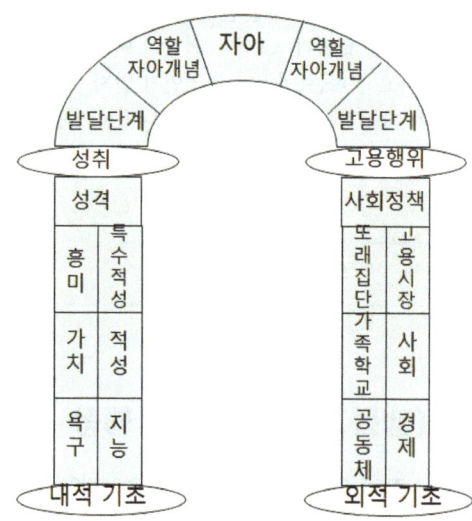

(2) 목표설정 📖 2007, 2009, 2010, 2012 기출

① 목표설정 단계에서 유의해야 할 사항
  ㉠ 상담자는 내담자와 함께 목표를 설정해야 하므로 일단 목표가 설정되면 그것을 내담자와 합의하는 과정을 거친다.
  ㉡ 목표를 구체적이고도 그 결과를 가시적으로 평가할 수 있는 형태로 진술해야 한다.

② 크롬볼츠와 다른 학자들이 제시하는 목표 설정의 준거: 목표는 구체적이고 관찰 가능한 형태로 진술되어야 하며 현실적이고 성취 가능한 것, 평가 가능한 것이어야 한다. 구체적이고 가시적인 목표는 자기의 문제가 해결될 수 있다는 희망을 가지게 하는 효과를 가지고 있다.

③ 진로 의사결정 수준에 따른 목표

진로 결정자	• 진로를 결정하게 된 과정 탐색 • 합리적 과정으로 명백하게 내린 결정인지 확인 • 내담자의 잠재 가능성을 확인	• 충분한 진로정보 확인 • 결정된 진로를 준비
진로 미결정자	• 진로에 대한 탐색 • 현재 자신의 능력에 대한 구체적인 파악 • 직업정보의 제공	• 구체적 직업정보의 활용 • 자기탐색 • 의사결정의 연습
우유부단형	• 불안이나 우울의 감소 • 불확실감의 감소 • 동기의 개발 • 기본적 생활습관의 변화 • 긍정적 자아개념의 확립 • 자아 정체감 형성	• 타인의 평가에 대한 지나친 민감성의 극복 • 자존감의 회복 • 열등감 수준의 저하 • 가족의 기대와 내담자 능력간의 차이 인정 • 가족 갈등의 해소 • 부모나 사회에 대한 수동-공격성의 극복

[2010년 기출]

다음은 진로상담을 신청한 민수(고1, 남)의 호소 내용이다. 진로선택·결정의 수준에 따라 내담자의 유형을 나눌 때, 민수와 같은 내담자의 유형과 그에 맞는 상담목표를 쓰시오.

> 민수는 어린 시절에 당한 교통사고의 후유증으로 여러 번 수술을 해야 했다. 그로 인해 학업을 성실히 수행하지 못하여 성적이 떨어졌고, 장래를 계획해 볼 수 없었다. 그러나 건강이 어느 정도 회복되면서 민수는 앞으로 어떻게 살아야 할지 고민이 되었다. 자신이 좋아하고 잘하는 영역이 무엇인지 알지 못하며, 설령 자신에게 맞는 진로를 찾더라도 그것을 하기 위해서 무엇을 준비해야 하는지, 필요한 정보는 어디에서 얻을 수 있는지 몰라 답답하였다. 지금까지는 어머니가 많은 문제를 해결해 주셨지만, 앞으로는 스스로 알아보고 결정하고 싶어졌다.

- 유형: _____
- 목표: _____

5 문제해결을 위한 개입(행동계획 수립 및 행동 실행을 위한 조력)

(1) 개입은 내담자의 의사결정 수준에 따라 차별적으로 이루어져야 한다.

(2) 내담자의 문제 상황에 따라 제시된 방법들을 선택적으로 활용할 수 있다.

진로 결정자	• 진로문제를 구체적으로 준비할 수 있도록 현장 견학이나 실습의 기회를 가지게 한다. • 결정한 목표를 향하여 더 치밀하게 정보를 수집하고 구체적인 실천방안을 모색하게 한다. • 진로 결정을 재확인하고 구체적인 직업탐색을 할 수 있도록 한다. • 진로 결정 과정에서 따르는 불안을 줄이고 자신감을 향상시키는 개입이 이루어져야 한다. • 결정된 진로를 실천하는 과정에서 부딪히는 문제들을 해결하도록 조력한다. • 잠재된 능력을 개발해 효과적으로 진로에 적응할 수 있도록 조력한다. • 목표로 하는 직업에 도달할 수 있는 가능한 방법을 알아오게 하거나 알려주고 그것들을 실천할 수 있도록 내담자와 함께 계획을 세운다. 때로는 그 직업에 종사하고 있는 사람을 만나 구체적이고 자세한 정보를 얻게 하는 것도 유익하다.
진로 미결정자	• 진로를 결정하지 못하는 것이 단순한 정보의 부족인지 심리적인 문제인지를 확인한다. • 경우에 따라 체계적인 개인상담이 수행되어야 하며 실제 결정 과정을 도와준다. • 자기이해, 즉 흥미와 적성 그리고 다른 필요한 정보를 수집하여 결정의 범위를 점점 좁히고 스스로 진로를 결정할 수 있도록 조력한다. • 진로 결정의 필요성을 인식시키고 자신의 능력과 바람을 일깨워 줌으로써 진로의사결정을 할 수 있도록 준비시킨다. • 지나치게 많은 관심 분야를 가지고 있을 때는 의사결정 기술을 익히게 한다.

우유부단형	라슨(Larson) 등의 분류: 계획 없는 회피형과 정보를 가지고 있는 우유부단 형으로 구분
	• 계획없는 회피형
	  - 특징
	    ① 비적응적인 대처 양식 및 태도를 보이며 진로계획 행위가 부족하다.
	    ② 스스로 자신의 문제해결 능력을 매우 부정적으로 평가한다.
	    ③ 진로정보가 부족하여 문제해결에 더욱 어려움을 가지게 된다.
	    ④ 의사결정을 하기 위한 도구가 부족하다.
	  - 개입방법: 단기적 비구조화된 개입보다는 구조화된 개입에서 도움을 제공한다. 문제와 관련된 심리적인 장애를 다루기 위한 심리상담을 한다. 진로 계획을 수립하는 일을 조력한다.
	• 정보를 가진 우유부단형
	  - 특징
	    ① 진로계획 행위에 대해 충분한 정보를 가지고 있으나 자신들을 부정적으로 지각하고 있기 때문에 진로의사 결정을 하지 못한다.
	    ② 동기 수준이 높고 정보를 많이 가지고 있기 때문에 좌절을 경험하기도 한다.
	  - 개입방법: 추가적인 정보를 제공해도 도움을 받지 못하기 때문에 자기에 대한 부정적인 지각을 중심적으로 다룬다. 내담자 자신의 의사결정 과정이나 방법에 초점을 맞춘다.

☞ 라슨(Larson 등, 1988)은 진로 미결정 내담자 분류를 계획없는 회피형, 정보를 가진 우유부단형, 정보 없는 확고형, 정보가 없는 형으로 나누었다. 여기서 정보가 없는 확고형은 정보가 없으면서도 근거없는 자신감으로 진로를 결정하지 않는 유형에 해당하며, 정보가 없는 형은 진로 의사결정에 필요한 정보가 없어 미결정 상태에 있는 내담자를 뜻한다.

6 훈습

(1) 훈습과정은 개입과정의 연장이라고 할 수 있다.

(2) 이 단계에서는 자기 이해를 공고히 하고 진로 탐색과 준비 과정을 효율적으로 실천할 수 있는 태도와 정보 그리고 방법을 재확인하고 점검한다. 필요한 경우 새로운 평가 과정을 수행할 수도 있다.

7 종결과 추수지도

(1) 진로상담 과정에서 다루어진 내용들을 살펴본다.

(2) 진로상담이 진행되어 온 과정들을 점검해 본다.

(3) 진로문제를 다루는 내담자의 능력과 강점을 확인하고 강조한다.

(4) 내담자의 변화(잘된 점과 안 된 점)에 대해 평가한다.

(5) 진로상담 과정에서 일어났던 변화를 내담자 스스로 요약하게 하고 상담자의 의견을 첨가한다.

(6) 목표 달성의 정도를 평가하며 다음 단계에 해야 할 일들을 검토한다.

(7) 남아 있는 문제에 대한 예측과 논의한다.

(8) 종결에 대한 내담자의 태도, 다양한 정서를 다룬다.

25 진로상담의 기법

1 목표 수립을 위한 진로상담 기법

면담 리드	(1) 상담자가 적절한 질문을 통해 내담자의 욕구나 가치 정보를 표현하도록 돕는 기법 (2) 면담 리드 질문 • 당신은 진로상담의 결과가 무엇이기를 원하십니까? • 진로상담 후 당신이 달성하고자 하는 것은 무엇입니까? • 진로상담이 종결되었을 경우를 상상해 보십시오. • 당신이 원하는 모습은 어떤 모습입니까? • 현재의 상황이 어떻게 달라지기를 원하십니까?
현실치료 WDEP기법	(1) W(want) 질문 • 무엇을 원하는가? • 어떤 직업을 갖기를 원하는가? • 당신의 삶이 어떻게 되기를 원하는가? • 현재의 상태에서 변화를 원하는 것은 무엇인가? • 당신의 부모(혹은 상담자)가 어떻게 해 주었으면 하는가? (2) D(doing) 질문 • 당신은 지금 원하는 직업을 얻기 위해 무엇을 하고 있는가? • 직업에서 보람을 느꼈을 때는 어떤 행동을 했는가? • 일(혹은 학업)과 관련해서 재미있었을 때 어디에서 누구와 무엇을 하고 있었는가? (3) E(evaluation) 질문 • 현재 당신은 직업을 얻기 위해 적절한 행동을 하고 있는가? • 그런 행동을 계속하면 어디로 갈 것 같은가? • 그런 행동을 계속하면 원하는 것을 얻게 되는 데 도움이 되는가? (4) P(plan) 질문 • 무엇을 언제부터 하면 당신이 원하는 것을 얻게 될까? • 지금 바로 실천할 수 있는 것으로 무엇이 있는지 찾아보겠는가?

2. 생애진로사정(LCA): 내담자 특성 파악을 위한 진로상담 기법 📖 2016, 2023 기출

생애 진로 사정	(1) 생애진로사정(Life Career Assessment: LCA): 아들러의 개인심리학에 기초한 것으로, 상담자가 내담자의 체계적인 다양한 정보를 수집하고 내담자는 자신에 대해 체계적으로 이야기를 해 나가면서 자신의 경험에 대해 정리하고 자신의 삶의 방식을 알아가는 과정이다. (2) 아들러는 생애진로사정에서 세상과 개인에 대해 일, 사회(사회적 관계), 성(우정)의 세 가지 생활영역으로 나누었는데, 이 세 영역은 하나의 변화가 다른 것의 변화를 수반하는 식으로 얽혀 있어서 서로 분리해서 다룰 수 없다고 보았다. (3) 내담자의 정보를 수집하는 단계에서 사용될 수 있는 구조화된 면접기법으로 매우 탄력적으로 사용할 수 있다. (4) 개인의 역할을 포함한 다양한 생활 역할에서 내담자의 기능 수준뿐만 아니라 그들이 환경을 어떻게 극복할 것인가에 대한 정보까지 산출할 수 있다. (5) 생애진로사정은 상담자와 내담자의 긍정적인 라포 형성에 도움을 준다. 공감, 존중, 수용의 분위기를 통해 생애진로사정에서 비판단적, 비위협적, 온정적인 분위기를 만들 수 있다.
생애 진로 사정의 구조	(1) 진로사정 부분 　① 직업 경험 　　• 내담자에게 그동안 경험했던 이전의 직업과 현재의 직업에 대해 말하게 한다. 　　• 시간제, 종일제, 유급, 무급 일을 모두 포함하여 설명할 것을 요청한다. 　　• 직업에 종사하면서 그 직업에 대해 가장 좋았던 점과 가장 싫었던 점을 말하게 한다. 　　• 이를 이야기하면서 어떤 주제들이 일관성 있게 반복되는지 잘 탐색해 나가야 한다. 　② 교육과 훈련 　　• 내담자 자신이 받은 교육과 훈련 경험 전반에 대해 이야기하고 평가 　　• 내담자에게 어떤 교육 경험이 좋았고, 어떤 교육 경험이 싫었는지 설명할 것을 요청 　　• 이를 설명하는 가운데 일관성 있게 반복되는 주제에 주목해야 한다. 　③ 여가활동: 어떻게 여가시간을 보내는지. 이때 언급하는 가치관의 주제들(이념, 신념, 태도 등)이 앞서 직업과 교육 부분에서 내담자가 언급한 것과 일관성이 있는지를 파악하는 것이 중요 (2) 일상적인 하루 부분: 내담자가 일상생활을 어떻게 조직하는가를 밝히는 것이 주목적. 이를 탐색함으로써 성격요인 중 독립적-의존적, 체계적-임의적 요인에 대해 탐색할 수 있다. (3) 강점과 약점 부분: 내담자가 스스로 생각하는 세 가지 주요 강점과 주요 약점에 대해 질문한다. 이 부분에서 내담자가 직면하고 있는 문제들, 내담자에게 있을 법한 환경적 장애들, 내담자가 갖고 있는 대처 자원 등에 관한 정보를 얻을 수 있다. 세 가지 강점을 말한 후에는 그것들이 내담자에게 어떤 영향을 주는지 물어볼 수 있다. (4) 요약 부분: 요약을 하는 이유는 첫째, 면접 동안에 얻은 정보(특히 생애진로 주제, 강점, 약점)를 강조하기 위해. 둘째, 상담목표를 달성하기 위해 그동안 수집한 정보를 관련짓기 위해서다.

3. 진로가계도 📖 2016 기출

1 특징

보웬(M. Bowen)의 가계도를 응용한 것으로 진로상담의 '정보수집' 단계에서 사용될 수 있다.

2 목적

3세대에 걸친 내담자 가족이 어떠한 진로를 선택해 왔는지, 그것이 내담자에게 어떠한 영향을 주었는지 등을 살펴봄으로써 진로선택과 관련하여 내담자를 더 깊이 이해할 수 있는 통로가 된다.

3 진로가계도 단계

(1) 목적 단계: 진로가계도의 목적을 내담자와 공유하는 것. 진로가계도 작성활동을 왜 그리고 어떤 목적에서 하는지에 대하여 이해하도록 한다.

(2) 그리기 단계: 내담자가 자신의 진로가계도를 그릴 수 있도록 방법에 대해 설명하는 것. 가족을 그리고 가족의 형태에 맞게 알맞은 기호를 사용하도록 도와주어야 한다. 이 단계에서 중요하게 다루어져야 할 부분은 원가족과 확대가족의 이전 직업과 현재 직업을 구체적으로 작성하도록 유도한다.

(3) 분석 단계: 그 내용을 구체적으로 살펴보면서 내담자 진로에 영향을 미친 것들에 대해 탐색하는 과정이다.

분석 단계에서의 일반적인 질문

- 당신이 성장해 온 가족을 어떻게 묘사할 수 있을까요?
- 당신이 양 부모 슬하에서 성장했을 경우, 당신 아버지의 직업은 무엇입니까, 당신 어머니의 직업은 무엇입니까?
- 당신의 어머니와 아버지는 어떤 분이셨습니까? 그들을 묘사한다면 어떠한 형용사를 적용해 볼 수 있을까요? 그들의 부부관계는 어땠나요?
- 형제자매의 직업은 무엇입니까? 동생들은 무엇이 되고 싶어 하나요? 당신의 형제자매는 어디에 살고 있나요? 각각 그들의 생활양식을 기술해 보세요.(가족이 가까이 사는지를 물어보고, 조부모의 인정을 받기 위한 경쟁 등과 같은 사촌과의 관계도를 질문한다.)
- 할머니의 직업은 무엇입니까? 할아버지의 직업은 무엇입니까?(고모, 삼촌들까지)
- 가족 내에서 당신의 역할은 무엇입니까?
- 과거 당신의 어머니와 아버지와의 관계는 어떠했고, 현재는 어떤가요?(부모님이 내담자가 무엇이 되기를 바라는지에 대해 질문)
- 가족 중 누구를 제일 좋아하나요?(누가 누구를 보살피는지, 애착관계는 어떠한지)

---

4 효과

① 일과 진로에 있어 내담자 태도에 대한 정보를 준다.
② 현재의 역동을 보다 더 잘 이해하기 위해 상담자와 내담자에게 내담자의 과거와 현재를 연결하여 이해할 수 있는 과정을 제공해준다.
③ 작업동맹에서 유대감이 강화된다.
④ 상담자는 내담자에 대한 지식과 이해를 얻게 되고 내담자도 자신을 이해하고 통찰하게 된다.
⑤ 내담자에게 이전에 생각해 보지 못했던 방식으로 자신과 자신의 성장경험에 대한 정보를 통합하기 위한 구조를 제공해준다.

[2016년 기출]

다음은 전문상담교사협의회에서 전문상담교사들이 나눈 대화의 내용이다. 조 교사와 임 교사가 소개한 진로상담 기법의 명칭을 순서대로 쓰시오.

강 교사: 최근 진로상담을 하다 보니 학생들이 자신에 대한 이해가 부족하다는 것이 공통적인 문제더군요. 학생들이 자신을 이해할 수 있도록 돕는 좋은 방법이 없을까요?

조 교사: 저는 아들러(A. Adler)의 개인심리학에 기초한 진로 상담 기법을 사용해요. 이 기법은 상담자가 학생의 교육 경험, 일상적인 하루, 강점과 약점 등에 대해 질문하고, 학생은 자신에 대해 체계적으로 이야기를 해 나가는 방식으로 진행돼요. 이를 통해 학생이 자신에 대해 명확하게 인식하도록 돕지요.

강 교사: 그것 참 유용할 것 같아요.

임 교사: 저는 조 선생님께서 소개하신 기법과 함께, 보웬(M. Bowen)의 이론을 응용한 진로상담 기법을 사용해요. 제가 소개할 이 기법은 3세대에 걸쳐 학생 가족이 어떤 진로를 선택해 왔는지 가계력을 알아보고, 그것이 학생에게 어떤 영향을 주었는지 살펴보는 방식으로 진행돼요. 이를 통해 학생은 자신을 더 깊게 이해할 수 있어요.

강 교사: 네, 그 기법도 정말 유용하겠네요.

4 직업카드분류법 2011, 2014 기출

1 정의

직업카드를 개발하고 이를 분류하는 활동을 통해서 직업 흥미를 탐색하는 방법 또는 질적 도구를 말한다. 이는 타일러(Tyler, 1961)에 의해 제안되었다.

2 목표 2014 기출

내담자의 직업흥미를 탐색하고, 직업세계에 대한 이해를 높이고 직업선택의 폭을 넓힌다. 진로 및 직업정보를 찾는 방법을 제시한다.

[2014년 기출]

다음은 진로선택을 고민하는 현지(고3, 여)의 호소내용을 정리한 것이다. 전문상담교사가 직업카드를 사용하여 진로상담을 실시하고자 할 때, 현지의 호소내용에 근거하여 카드분류활동의 3가지 목표를 서술하시오.

이번 수시 1차에 대학 원서를 접수해야 하는데 어떤 학과를 지원해야 할지 걱정이다. 막연히 상담 관련 학과에 관심이 있기는 한데, 그 학과를 졸업하면 구체적으로 어떤 직업을 갖게 되는지 모르겠다. 그리고 그 학과와 관련된 직업 외에 나에게 더 적합한 직업이 있는지도 알고 싶다. 부모님은 간호학과를 가라고 하시는데, 학년 초에 실시했던 적성검사에서는 추천 학과로 행정학과와 경영학과가 나왔다. 그런데 왜 그런 결과가 나왔는지 궁금하고, 이러한 학과들에 대한 정보를 더 많이 얻고 싶다.

3 종류

직업카드를 이용한 직업흥미검사는 초등학생용, 대학생 및 성인용(빈 카드 포함 94장), 학과카드 등이 판매되고 있다. 또한 한국고용정보원에서 발행한 60장의 청소년 직업카드와 150장의 일반 직업카드가 있다.

4 가정

진로상담에서 내담자들은 자신이 원하는 것이 있으며 그에 관해 이야기할 필요가 있다.

5 특징

(1) 내담자들의 흥미, 욕구, 가치, 능력, 선입견, 직업 선호 등을 분류하거나 우선순위를 매기는 비표준화된 접근법이다. 대부분의 표준화된 도구들과 달리 점수를 매기지도 않고 규준을 가지고 있지도 않다.
(2) 직업카드 분류는 상담자의 상담목적과 내담자의 특성에 따라 여러 가지 방법으로 활용할 수 있다. 즉, 상담자의 아이디어에 따라 여러 가지 방법으로 활용할 수 있다.

6 미주리 직업카드 분류(MOCS)의 절차

(1) 직업 제목들이 적힌 작은 카드를 내담자에게 나누어 주고, 3개의 파일(좋아하는 것, 무관심한 것, 싫어하는 것)에 분류하게 한다.
(2) 내담자에게 위의 3개 파일 중 '싫어하는 것'을 선택하여 어떤 공통 주제에 근거하여 더 작은 파일로 나누어 분류해 보고, 그 공통주제가 무엇인지 적는다.
(3) 내담자에게 위의 3개 파일 중 '좋아하는 것'을 선택하여 어떤 공통 주제에 근거하여 더 작은 파일로 나누어 분류해 보고, 그 공통주제가 무엇인지 적는다.
(4) '좋아하는 것'에 분류된 카드들을 모두 앞에 놓고 가장 선호하는 직업 1위부터 10까지 순위를 매긴다. 이 때는 지금까지 탐색했던 모든 공통 주제들을 고려한다.
(5) 1위부터 10위까지 순위를 정한 직업명을 목록에 적고, 그 직업을 선호하는 이유를 직업가치란에 각각 기술한다.
(6) 1위부터 10위까지 순위를 정한 직업의 홀랜드 코드(Holland Code)를 찾아 적는다.

7 직업카드 분류법

도입단계	학생들에게 카드분류활동의 목표와 진행과정을 설명해 주고 직업카드의 구성내용, 빈 칸 사용법 등을 설명해 준 뒤, 학생들에게 카드를 살펴볼 시간을 잠시 주고 궁금한 점이 있으면 질문을 받는다.
분류단계	직업카드를 좋아하는 직업과 싫어하는 직업 그리고 미결정 직업의 3가지 범주로 나누어 보는 단계다. 이 단계에 각 카드군의 개수를 활동지에 기입하는 과정을 추가하는데 이는 학생들이 어떤 군의 직업이 많은지 또는 적은지에 대해 그 이유를 생각해 보도록 유도하기 위해서이다.
주제찾기 단계	싫어하는 직업카드군의 카드를 그 이유별로 재분류하여 소그룹을 짓게 한 다음 각 소그룹의 카드 갯수를 헤아려 해당되는 카드의 개수가 많은 순으로 그 이유를 활동지에 정리하게 한다. 좋아하는 직업카드군에 대해서도 같은 방식으로 진행한다.
순위결정 단계	좋아하는 직업 중 5개만 순위를 정하고 직업명과 그 이유를 활동지에 기입하는 단계이다.

직업확장 단계	선호하는 직업카드를 홀랜드 코드 유형별로 묶은 뒤 전체 카드와의 비율을 따져보게 함으로써 상대적인 비율을 알아보게 한다. 선호직업을 직업분류별로 묶어 그 상대적인 비율을 알아보는 과정도 추구하여 선호하는 직업을 홀랜드 유형과 직업분류별로 나누어 살펴볼 수 있다. 직업비율을 참고로 하여 자신의 직업흥미의 경향을 파악하고, 직업목록을 이용하여 직업카드에 제시되어 있지 않은 다른 직업들에 대해서 살펴보는 단계다.
진로정보 요약 및 정보제공 단계	학생들이 카드 분류를 통해서 발견한 여러 가지 진로정보들을 정리하도록 돕는 단계다. 진행과정은 미완성 문장의 질문에 대해 구두로 답하거나 문장으로 써 보게 함으로써 자신의 진로정보들을 요약하도록 돕는다.

8 직업카드 분류의 장점 2011 기출

(1) 내담자를 능동적으로 참여도록 하며 서로 친밀한 관계를 맺게 한다.
(2) 즉각적인 피드백을 제공한다.
(3) 상담자가 내담자의 여러 특징에 대한 의미있는 정보를 얻을 수 있다.
(4) 직업에 대한 지각이 강화되고 확신을 가질 수 있다.
(5) 내담자의 욕구에 쉽게 맞출 수 있고 필요한 부분을 가르칠 수 있다.
(6) 유연성이 있다. 그 때문에 다양한 문화, 인종, 민족적 배경을 가진 사람들에게 적용할 수 있으며 상담자가 자신의 목적에 적합하도록 변형하여 활용할 수 있으며 내담자의 선택과 표현이 자유롭다.

5 진로자서전 쓰기

1) 내담자가 과거에 진로와 관련하여 어떻게 의사결정을 했는지 알아보기 위해 학교선택, 고등학교 졸업 후의 직업훈련, 시간제 일을 통한 경험, 고등학교에서 배운 지식과 기술들, 중요한 타인들에 대해 내담자 스스로 기술하게 한다.

2) 학교에 대한 내용의 경우는 다음을 중심으로 작성한다.
   (1) 학교생활 중 가장 기억에 남는 선생님은 누구? 그 이유는? 그 선생님이 나에게 미친 영향?
   (2) 학교에서 나는 어떤 부류의 사람?
   (3) 학교에서 친구들과의 관계는 어떠한가? 친구들이 나에게 미치는 영향에는 어떤 것?
   (4) 학업적인 면에서 가장 좋아했던 과목은 무엇? 그 이유는? 싫어하는 과목이 있다면 무엇이며, 그 이유는? 이를 통해 볼 때 나는 어떤 부분에 만족을 느끼며, 어떤 것을 어려워하는가?
   (5) 학교생활 중에 가장 즐거웠던 기억은 무엇? 그리고 좌절감을 경험했던 기억은 무엇? 이를 통해 볼 때 나는 무엇으로 즐거움을 느끼며, 어떤 때는 좌절감을 느끼는가?

6 의사결정 조력을 위한 진로상담 기법 중 '주관적 기대효용 최적화' 8단계

'주관적 기대효용 최적화'란 개인이 선택하는 데 다른 사람이나 사회가 아닌 개인 자신의 행복감이나 즐거움, 만족에 대한 감정 충족을 기준으로 선택을 한다는 가설이다.

단계	내용
1) 목표를 파악하라	자신의 목적이 무엇인지를 우선 파악하는 것이다. 중요한 일일수록 의사결정과 관련된 요소(선택항목)의 가격과 이점이 미칠 영향을 고려하고, 차선책을 결정해 놓아야 한다.
2) 선택 가능한 것들을 사전에 조사하라	목표에 도달할 수 있는 방법들을 조사한다.
3) 숨겨진 가치를 파악하라	관련된 일들이 어떤 이해관계나 인생의 가치가 있는지, 예컨대, 진학이나 취업, 부나 건강을 향한 기회로서의 가치가 담겨 있는지 질문해 본다.
4) 의사결정의 중요성을 평가하라	자신의 의사결정에 얼마나 많은 투자가 필요한지를 알기 위해서는 해당 의사결정의 중요성을 평가해야 하고, 그것을 위해서는 상황의 전후관계를 따져 보아야 한다.
5) 시간과 노력에 대한 계획을 짜라	일단 선택 항목과 숨은 가치를 발견하게 되면, 시간과 노력과 돈을 얼마나 들여서 의사결정을 해야 하는지 판단해야 한다.
6) 전략을 선택하라	전략은 최종 결정에 큰 영향을 끼치기 때문에 잘못된 전략은 피하고 유익한 행동계획의 전략을 짜야 한다.
7) 선택 가능한 것들을 파악하라	선택 항목에 대한 지식을 갖추고 있지 않다면 그것에 대한 정확한 정보를 줄 대상의 도움을 받아야 한다. 즉, 선택 항목을 고르기 위한 방법도 함께 선택해야 한다. 그 분야에 대한 전문적인 지식을 가진 사람이나 자료에서 도움을 얻어야 후회하지 않는다.
8) 적절한 시기에 계획한 대로 선택하라	어떤 사람들은 선택 항목에 대한 모든 정보를 갖고 있는데도 선택을 미루는 경우가 있다. 이는 선택하지 않은 다른 것에 여운을 갖고 싶어하거나, 잘못된 선택으로 인해 발생될 결과를 미리부터 두려워하기 때문이다. 만약 의사결정 과정을 잘 세웠다면, 잘못 선택할 위험성은 적다. 그러나 이미 결정한 결과에 얽매일 필요는 없다.

7 근거 없는 믿음 확인하기

1) 엘리스(Ellies, 1977)의 현실치료의 A-B-C-D-E 모델을 활용한 것으로 진로와 관련된 근거 없는 믿음에 대해 합리적으로 생각하게 하는 것이 진로의사결정 과정에 활용될 수 있다.
2) 내담자의 특성을 파악하는 효과도 있고 근거 없는 믿음을 확인하고 받아들임으로써 합리적인 결정에 조력할 수 있다.
3) 진로신화: 루이스와 길하우젠(Lewis & Gilhousen, 1981)이 언급한 것으로, 주요한 근거 없는 믿음에 바탕을 둔 내담자의 사고 특성을 말한다. 진로발달 과정에서 나타난다.

> **+ 진로신화의 예**
> - "나는 앞으로 이런 종류의 일을 하고 싶지 않을 것으로 믿어요."
> - "나는 앞으로 반년간은 신용을 잃어 직업을 바꾸는 일이 없을 것으로 확신합니다."
> - "나는 여생을 결정했다면 더 좋았을 것으로 생각합니다."

4) 진로신화에 대한 내용들은 "어떤 일을 해보지도 않고 그렇게 될 것으로 확신"하는 그런 유형의 것이다. 이러한 잘못된 믿음을 갖고 있는 사람들에게는 그들이 얽매어 있는 믿음이 근거 없다는 것을 알게 하는 것이 중요하다.
5) 믿음과 노력이 잘못됐다는 것을 알게 되면서 새로운 대안을 찾게 된다. 좀더 합리적인 신념을 갖게 되는 것이다.
6) 엘리스(1977)가 제시한 호세의 사례는 이러한 과정을 이용한 예다.

> 호세는 첫 번째로 노동시장에 입직하려 했다. 그는 18세로서 고등학교의 자동화기계학과를 졸업했다. 그의 모국어는 스페인어다. 그의 영어 발음은 적당했으나 작문 표현은 빈약했다. 또한 다른 기능도 역시 약한 편이다. 그는 직업을 절대 가질 수 없는 이유로 우울하다고 썼으며 직업면접 시험에서 계속 거절당했었다고 말했다.

활성화된 경험(A)	직업면접 시험 동안 잘 대응하지 못했고 그래서 직업을 제공받지 못했다.
신념(B)	㉠ 합리적 신념(rB): 그 직업을 좋아했다. 거절되지 말아야 한다. 거절되면 매우 귀찮은 일이다. 면접을 그렇게 못 보았다면 불행한 것이다. 기대에 어긋나지 않게 열심히 구해 보겠다. ㉡ 비합리적 신념(iB): 거절된다면 무서운 일이다. 거절되면 견딜 수 없다. 거절되는 것은 무가치한 사람이라는 것을 의미한다. 원하는 직업을 절대 얻지 못할 것이다. 직업면접 시험은 항상 잘 못 본다.
신념의 결과(C)	우울하고 가치 없고 희망이 없다.
근거 없는 믿음에 대한 논쟁(D)	(질문 형태의 진술) 직업을 갖지 못한다면 무엇이 그렇게 두려운가? 거절되는 것을 견디지 못한다면 어떤 일이 있겠는가? 직업면접 시험이 어떻게 거절되어 무가치한 사람으로 되었는가? 원하는 직업을 절대 가질 수 없다는 것을 어떻게 알았는가? 왜 직업면접 시험은 항상 못 보아야 하는가?
논쟁의 효과(dE)	거절되었다고 무서운 것은 아무것도 없다. 모든 사람이 바로 그 직업을 갖는 것은 불가능하다. 거절은 견딜 수 있다. 거절당한다는 것은 단지 그 특별한 직업을 가질 수 없다는 것을 뜻하며 무가치한 사람이 되는 것은 아니다. 좋아하는 직업을 절대 갖지 못할 건지 아닌지 이야기하는 것은 너무 빠르며 18세가 되었다는 것은 시간을 가질 수 있다는 것을 암시하는 것이다. 즉, 기다릴 수 있고 더 많이 노력할 수 있다.
정서적 효과(eE)	실망하지만 우울해하지 않는다.
행동적 효과(bE)	직업면접 시험에 더 많이 응할 것이다. 면접 시험 동안 어떻게 행동할지 상담자로부터 지도를 받고, 그리고 나서 동료와 부모와 함께 연습한다. 고용 관련 사무소에 등록하고 연령에 맞는 지역사회 고용 관련 프로그램에 등록한다.
종합 요약	호세는 자아비난 상태를 조절했다. 이러한 상황을 알기 시작했으며 이는 곧 그를 도울 수 있다는 것을 뜻한다. 또한 직업을 찾을 기회를 가질 수 있다는 것이다. 한때 실망을 느꼈으나 우울하진 않는다. 그는 직업을 다시 발견하려고 하고, 거기에 필요한 정서적 힘을 다시 얻었다.

26 진로상담 영역

1 진학상담

1 채프먼(Chapman, 1984)의 진학의사결정 모형 5단계

채프먼의 진학의사결정 모형은 진학의사결정에서 고려할 요소와 절차를 잘 보여준다.

단계	절차	고려할 요소와 그 내용
1단계	진단 ↓	(1) **학생 특성**: 사회경제적 지위, 교육 열망수준, 적성, 고교 성적 등 (2) **외부 영향**: 의미 있는 타인, 대학교의 고정적 특징, 대학의 학생과의 의사소통 능력 등 진단 자료를 바탕으로 합리적이고 객관적인 진단
2단계	탐색 ↓	**지원 희망대학의 전형유형 및 전형자료 분석**: 대학입학제도의 다양한 변인 고려
3단계	선택 ↓	**모집시기별 지원 전략 결정**: 전략적 의사결정 과정은 전략의 수립과 전략의 실행 과정으로 학생이 갖고 있는 능력과 자원을 잘 파악하고, 대학 및 학과, 입학전형의 기회와 조건 등을 잘 조합하여 학생이 원하고 합격 가능한 진학의사결정을 하는 것이 필요한 단계다.
4단계	지원 ↓	**모집시기별 대학 □ 학부 지원**: 수시모집과 정시모집 모두 지원기회가 2회 이상 주어지므로, 목표 대학과 지원전략을 설정하여 지원하는 것이 합격률과 진학 만족도를 높일 수 있는 방법이다.
5단계	등록 ↓	**대학 진학을 위한 최종적인 의사결정**: 2개 이상의 대학으로부터 합격통지를 받을 수 있고, 추가 합격, 미등록자 충원 등 한 학생에게 여러 차례 입학 허가가 나올 수 있다. 따라서 대학 및 학과 선택 시에 자신과 학과, 입학 이후의 목표에 대해 전생애적 관점에서 계획과 소신을 갖고 있는 것이 필요하다.

2 구직상담

1 구직상담의 의미

(1) 크라이츠(Crites, 1981): "직업심리검사의 실시와 해석, 진로나 직업탐색 및 의사결정 과정에 내담자의 적극적인 참여를 요구하는 상담자와 내담자 사이의 관계"라고 정의

(2) 미국진로개발협회(NCDA, 1991): "내담자가 가장 적절한 진로나 직업을 결정할 수 있도록 자신과 환경에 대한 이해를 종합하고 응용하도록 돕기 위한 상담자와 내담자 사이의 관계"라고 정의

(3) 즉, 구직상담이란 상담관계를 토대로 내담자의 직업탐색 및 선택을 돕는 것이라 할 수 있다.

2 구직상담의 주요 과제

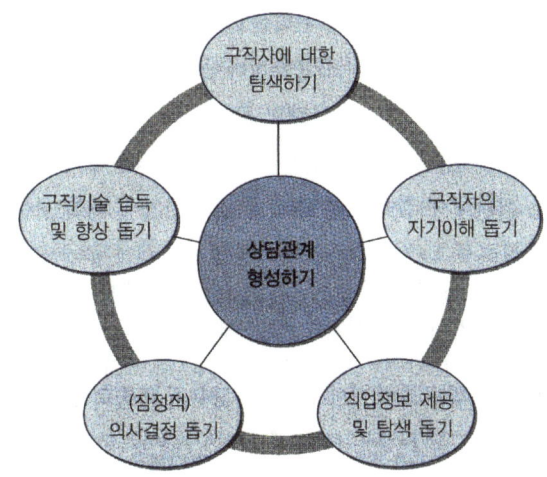

단계	절차	고려할 요소와 그 내용
1단계	상담관계 형성하기 ↓	내담자와의 신뢰성 있고 온정적인 관계 형성, 즉 '라포(rapport)' 형성이다. 그런데 구직상담은 주로 고용지원을 목적으로 하는 기관에서 20분 내외의 짧은 시간에 단회로 이루어지는 경우가 많아서 라포 형성이 쉽지 않지만 중요하다. 그러기 위해서는 다음과 같은 노력이 필요하다. (1) 상담자가 내담자에게 존중과 반가움을 표현하는 것이 중요하다. (2) 상담에서 도움을 받을 수 있는 것(상담의 목표인 구직)과 어떻게 진행되는지(상담의 과정)에 대해 간략히 안내해 주는 것이다. 이를 통해, 정서적인 유대관계뿐만 아니라 그 일에 대한 목표의 합의, 그 목표를 달성하기 위해 서로 간에 해야 할 일에 대한 합의를 통해 이루어지는 '상담 협력관계(working alliance)' 형성이 가능해진다. (3) 좋은 상담관계는 구직자의 현재 행동이 아닌 그 사람의 잠재 가능성, 성장 가능성을 믿어주고 현재의 어려움에 대해 공감해줄 때 이루어질 수 있다.
2단계	구직자에 대해 탐색하기 ↓	내담자와 내담자의 문제 이해를 바탕으로 구직과 구직의 전략을 구상하기 위해서는 내담자의 연령, 상담 동기, 구직 동기, 구직 능력, 교육받은 경험, 직업 관련 경험 등에 대한 정보를 얻는다. 기본적인 정보는 구직상담 신청서 작성을 통해 얻을 수 있고, 그 외 면접, 내담자에 대한 관찰, 심리검사 등을 통해 얻을 수 있다.
3단계	구직자의 자기이해 돕기 ↓	구직자로 하여금 자기의 특성을 이해하도록 돕는 일이다. 다만, 자기이해의 목적이 직업선택 및 취업에 있으므로 자기이해의 내용도 흥미, 적성 및 강점, 가치, 성격, 건강 상태와 신체적 조건, 가정환경(가족의 경제적·심리적지지) 등에 초점을 두게 된다.
4단계	직업정보 제공 및 탐색 돕기 ↓	상담자가 직업정보를 제공하거나 내담자로 하여금 직업정보를 탐색하도록 돕는 일이다. 이는 구직상담이 다른 상담과 다른 점이다.
5단계	(잠정적) 의사결정 돕기 ↓	의사결정을 돕는 일도 구직상담에서 중요한 과정이다. 앞으로 변하지 않을 확고한 결정을 한다는 부담감을 던 상태에서, 다만 현재 시점에서 다양한 요인을 고려하여 자신에게 최선이라고 여겨지는 것을 선택하는 것임을 상담자와 내담자가 서로 이해하는 것이 필요하다.
6단계	구직기술 습득 및 향상 돕기 ↓	구직기술을 습득하고 향상하도록 돕는 일은 취업에 성공하기 위한 구체적인 준비과정인데, 일반적으로 이력서와 자기소개서 작성지도 그리고 면접 지도를 가리킨다. 이를 위해서는 (1) 상담자가 취업 관련 사이트(예: 워크넷, HRD-Net)와 다양한 서적, 취업 사례 등을 통하여 이력서와 자기소개서 작성 지도는 내담자에게 작성 관련 정보를 제공해 주고, 집에서 작성해 오도록 한 뒤 상담시간에 피드백에 대한 답변을 생각해 보도록 한 뒤, (2) 상담 시간에 역할 놀이를 통해 연습을 해 보고 피드백을 제공해 주게 된다. (3) 아울러 면접에서 과도한 긴장을 하지 않도록 하는 도움(예: 근육 이완하기, 긍정적 자기대화하기)도 주어야 한다.

3 직업적응 상담

1 직업 적응 상담

(1) 주 호소문제 파악과 평가
① 직업적응 문제의 원인
  ㉠ 직무를 수행하기 위해 요구되는 능력을 개인이 갖고 있지 않을 때(또는 직업에서 요구하는 능력이 너무 낮아 개인의 능력이 충분히 발휘되지 못할 때)
  ㉡ 개인의 욕구를 직업이 충족시켜주지 못해 개인의 만족감이 떨어질 때(예를 들어, 개인이 친밀한 대인관계를 유지하면서 팀으로 작업하는 것을 좋아하는 데 다른 구성원과의 접촉이 거의 없을 때)
  ㉢ 가족이나 연인관계, 친구관계 등의 문제로 인해 직장 내 수행에 영향을 받을 때
② 평가의 영역
  ㉠ 내담자의 가치, 능력 등 내담자 특성 평가
  ㉡ 내담자가 속한 직장과 직무를 중심으로 직업에서 요구하는 업무능력, 직업이 제공해주는 강화인(보상)의 평가
  ㉢ 내담자의 가치, 능력과 직업의 요구나 보상이 불일치할 때 내담자가 대처하는 방식의 평가(적극적 대처, 반응적 대처, 인내 등)
  ㉣ 내담자가 지각한 경력개발 장애요인 평가
  ㉤ 내담자의 직장 적응에 영향을 주는 가족, 친구, 중요한 타인과의 관계 평가
  ㉥ 그 외 스트레스원과 스트레스 대처방식 평가
③ 다위스와 로프퀴스트는 내담자의 문제를 평가하고 진단할 때 인터뷰를 통한 주관적 평가를 먼저 실시할 것을 제안한다. 이 과정에서 내담자의 주관적 평가가 왜곡되어 있거나 현실성이 떨어진다면 객관적 검사 자료를 함께 사용할 수 있다.

(2) 변화를 위한 개입
① 업무 수행의 능력이 부족할 경우: 학습을 통해 능력을 키우는 자기변화 전략
② 자신의 능력을 발휘할 직업적 환경이 안 될 경우: 능력 발휘할 수 있는 더 적합한 부서로 이동 요청하는 등의 적극적 대처방식. 그게 어려울 경우, 장기적으로 이직 등을 포함한 경력개발 계획을 세워볼 수 있다.
③ 가치에 대한 보상이 잘 안 될 경우
  ㉠ 개인의 6가지 가치인 성취, 편안함, 지위, 이타성, 안정성, 자율성 중 상담에서 개인이 중요하게 생각하는 가치를 평가하고, 중요한 가치들에 대한 보상이 잘 이루어지는지 평가한다.
  ㉡ 중요한 가치가 직업에서 보상을 줌: 다른 가치에 대한 보상이 적더라도 그 차이를 견디는 방향으로 적응이 이뤄진다.
④ 능력과 직업의 요구 사이의 불일치, 개인의 가치와 직업의 보상 간의 불일치가 있을 때 불일치를 줄이려고 노력하거나, 여의치 않은 경우 불일치를 견디는 과정에서 스트레스를 경험하게 된다. 이때 스트레스 관리 전략이 필요하다.

> **직업적응상담의 예**
>
> 20대 중반 여자 내담자인 K는 대학을 졸업하고 대기업에 입사한 지 3년 정도 되는 초기 경력자이다. K의 회사는 최근 대규모 명예퇴직을 진행하여 같은 부서의 직원들 중 회사를 그만두는 사람들이 생겼고, 일하는 사람들이 줄었는데도 업무량은 그대로여서 K는 과다한 업무로 인한 스트레스를 경험하고 있다. 또한 회사가 대규모 인원감축을 하여 자신은 물론 함께 일하는 사람들이 직업의 안정성에 대한 불안감에 시달렸고, 자신은 실직하지는 않았지만 늘 실직할까 봐 불안하다고 하였다. 같은 부서 직원들이 이전에는 단결도 잘 되고 관계도 좋았지만, 현재는 서로 스트레스를 받으면서 관계가 멀어져 직장에서도 늘 혼자인 것 같고 대인관계도 어렵다고 호소하였다.
> - 상담자는 내담자의 능력과 직업 요구 간 조화의 평가에서 내담자가 업무에 느끼는 어려움이 회사의 구조조정으로 인한 일시적인 것인지 비교적 지속적으로 업무의 어려움을 경험했는지 평가
> - 일에 대한 헌신정도가 일시적으로 높아 과다 업무가 스트레스가 원인 → 스트레스 관리방법 배우기, 상사에게 가능한 범위 내에서 업무를 조정해줄 것을 요청
> - 개인의 가치와 기업의 보상 간 조화 정도의 문제, 즉 K는 편안함과 안정이 가장 중요한 가치로 평가됐다면, 현재 직장이 보수가 좋아도 인원감축 전에는 지나치게 경쟁적이고 여자 승진 상사가 없어 안정성이 떨어져 불안하므로 적응이 어려운 경우 → 핵심적 가치가 현직장에서 만족되지 못하는 것이므로 이직 준비

2 직업 부적응 요인

(1) 프릿체와 패리시(Fritzsche & Parrish, 2005)의 직업 부적응 요인: 직업 만족에 대한 이론 및 경험적인 연구들을 개관한 후 관련 요인을 크게 6개로 구분하여 제시

① 이전 직업경험과의 비교, ② 주어진 일의 사회적 맥락, ③ 직업 자체의 특성, ④ 직업 관련 스트레스, ⑤ 개인의 특성, ⑥ 개인-직업환경의 적합성

(2) 부적응 요인들을 종합하면, 직업에 대한 기대에 비해 현재 직업의 여러 특성이 떨어질 때, 주어진 직업에 대한 사회 구성원의 평가가 좋지 않을 때, 직업 자체의 부정적인 특성(한정된 기술 요구, 업무의 중요도가 떨어질 때, 성취감이 없을 때 등), 높은 직업 스트레스, 높은 부정적 정서성, 개인의 특성과 직업 특성의 불일치 등이 직업에서의 낮은 만족도와 관련되며, 궁극적으로 직업 부적응과 관련된다고 볼 수 있다.

27 진로 관련 검사

1. 가치관의 탐색

1) 가치관이란, 개인이 특정 상황에서 어떤 선택이나 결정을 내려야 할 때 어떤 특정한 방향으로 행동하게 하는 원리나 믿음, 또는 신념을 뜻한다.
2) 가치관은 우리에게 아름다움과 추함 또는 옳고 그름에 대한 판단을 내리게 할 뿐만 아니라 어떤 방향이나 방식으로 행동하도록 이끄는 역할을 한다.
3) 단시간에 형성되는 것이 아니라, 어린 시절부터 그가 살아가고 있는 환경과 접촉하는 사람들에 의해 형성된다. 특히 동일시 기제가 발달하는 어린 시절의 개인은 부모나 좋아하는 사람을 내면화함으로써 가치관을 형성하는데, 이렇게 형성된 가치관은 일정한 시기가 되면 비교적 정형화된다.
4) 가치관을 측정하는 데 가장 많이 쓰이는 방법으로는 표준화 검사법과 가치명료화 프로그램을 통한 측정방법이 있다.
5) 우리나라에서 개발된 가치관 검사에는 개인 가치관 검사, 대인 가치관 검사, 가치관 검사 등이 있다.

> **노동부의 직업 가치관 검사(한국고용정보원)**
> (1) 구성: 15세 이상 중고등학생용, 대학생 및 일반용으로 구성되어 있다.
> (2) 직업선택 및 경력설계 등의 직업의사결정에 도움: 개인이 중요하게 생각하는 직업가치관에 대해 측정하여 개인의 직업가치를 실현하기 위해 가장 적합한 직업을 안내한다.
> (3) 피검사자의 희망직업과의 비교 가능: 피검사자가 희망하는 직업에서 요구하는 가치점수와 자신의 가치점수를 비교할 수 있도록 하여, 자신이 바라는 직업을 선택하기 위해 어떤 가치가 유사하고 어떤 가치가 차이를 나타내는지를 세부적으로 안내한다.
> (4) 직업에 종사하고 있는 재직자들에 대한 실사조사를 통하여 얻어진 가치기준점수를 활용하여 직업을 추천한다.
> (5) 적합 직업에 대한 상세한 직업정보를 탐색: 검사결과 상에서 제시되는 직업정보는 한국고용 정보원에서 제공되는 각종 직업 정보와 연계되어 자신에게 적합한 직업에 대한 상세한 직업 정보를 탐색한다.
> (6) 구성: 13개 요인. 성취, 봉사, 개별 활동, 직업안정, 변화지향, 몸과 마음의 여유, 영향력 발휘, 지식추구, 애국, 자율, 금전적 보상, 인정, 실내 활동

2. 흥미의 탐색

1) 흥미(interest)란, 어떤 종류의 활동 또는 사물에 대해 특별한 관심이나 주의를 가지게 하는 개인의 일반화된 행동 경향을 말한다.
2) 개인이 잠재적으로 가치 있다고 생각하는 것에 주의를 기울이고 그것을 향해서 나아가려는 일반적인 정서적 특성이다.

3) 흥미는 성장함에 따라 변화한다. 어릴 때에는 구체적, 수동적, 단편적, 비항상적이고 미분화된 형태에서 성장함에 따라 구체적인 것에서 추상적인 것으로, 수동적인 것에서 능동적인 것으로, 단편적인 것에서 체계적이고 종합적인 것으로, 비항상적인 것에서 항상적인 것으로 그리고 분화되지 못한 것에서 분화된 형태로 변화하게 된다.

4) 우리나라에서 개발된 흥미검사에는 일반흥미검사, 직업흥미검사, 그리고 학습흥미검사 등이 있다.

5) 흥미검사를 통해 자기가 가지고 있는 흥미를 알고자 할 때에 유의할 점은 흥미검사에 나타난 한두 가지 흥미의 점수를 따지기보다 흥미검사에 나타난 흥미의 전체적인 유형과 수준을 중심으로 하여 전체적인 흥미도를 파악해야 한다는 것이다.

6 흥미검사 목록

검사명	대상	저자	발행처	발행연도
Strong 직업흥미검사	대, 일반	김정택 외 2인	한국심리검사연구소	2001
직업흥미검사	중2~고	노동부	노동부	1994
흥미검사	중, 고	행동과학연구소	행동과학연구소	1992
KIB흥미검사	중, 고	행동과학연구소	행동과학연구소	1992
표준흥미검사	중	서울대 사범대	교학사	1982
학습흥미검사	중	진위교	사립중고등학교장회	1978
직업흥미검사	고	진위교	사립중고등학교장회	1978
흥미검사	중,고,대	김인수	중앙대 심리연구실	1974
직업흥미검사	중~일반	이상노	중앙적성연구소	1972
학습흥미검사	초4~6, 중~일반	이상노, 변창진	중앙적성연구소	1972

7 흥미검사(Interest Inventory)의 활용

(1) 흥미검사는 좋아하거나 싫어하는 것을 재는 것이지 능력을 측정하는 것이 아니다.

(2) 내담자는 긍정적으로 동기화되어 있는 상태이어야 한다.

(3) 보편적 흥미검사는 도시공학과 전기공학 사이에서 어떤 것을 선택해야 하는 경우처럼 보다 세밀한 구분을 필요로 하는 내담자에게는 별로 유용하지 않다.

(4) 정서적 문제를 가진 내담자에게 흥미검사를 하는 것은 부적절하다.

(5) 청소년들의 흥미검사 점수나 오랜 기간이 지난 후의 흥미검사 점수는 변화한다.

(6) 내담자가 '왜' 그런 선택을 했는지에 대해 탐색할 경우, 직업분류카드가 더 유용한 정보를 제공해 준다.

8 홀랜드(Holland) 검사 2013, 2016, 2021 기출

(1) 검사구성

① 중고등학생용(진로탐색검사)은 직업성격유형 찾기, 활동, 성격, 유능감, 직업, 능력평정, 여섯 가지 영역으로 구성되어 있다.

② 대학생 및 성인용(적성탐색검사)은 중고등학생용에 가치영역이 하나 더 추가되어 일곱 가지 영역으로 구성되어 있다.
③ 각 영역에 긍정이면 O, 부정이면 X로 응답하게 되어 있다.
④ 목적: RIASEC에 의한 일반적이고도 포괄적인 이해를 내담자에게 갖게 해준다. 평소 자기 자신에 관한 이해가 실제 검사를 통해 측정된 것과 어느 정도 일치하는가를 알게 하여 자신의 정확한 코드를 찾게 하는 동기유발과 함께 자신의 이해를 촉진시키고자 하는 데 목적이 있다.
⑤ 성격은 성격영역에, 활동과 직업은 직업적 흥미영역에, 유능감과 능력평정은 능력영역에 포함되어 세 영역으로 분류된다.

(2) 검사 실시: 40~50분 정도 소요.

(3) 검사의 해석
① 진로탐색 검사: 성격, 유능감, 활동, 직업, 자기평정의 5가지 점수
② 적성탐색 검사: 성격, 유능감, 활동, 직업, 자기평정, 가치의 6가지 점수
③ 결과해석 과정: 일관도-변별도-긍정응답률-진로정체감-검사전후의 진로코드 및 최종적 진로코드

(4) 일관도
① 육각형 모형에서 자리 잡고 있는 위치에 따라 결정된다.
② 계산방법

내용	지수	예
두 자리 유형 코드가 인접	3(상)	RI, IR, SA, SE 등
두 자리 유형 코드가 한 칸 건너뛰어 위치할 때	2(중)	RA, SC, EA
대각선으로 두 자리 유형코드가 서로 마주 볼 때	1(하)	RS, IE, AC

(5) 변별도
① 내담자의 RIASEC 프로파일이 어느 정도 분화되어 있는가의 정도를 의미한다.
② 변별도 지수는 전범위 점수(DR: 최고점수 - 최저점수)와 Iachan 지수(DI)로 계산할 수도 있지만 일반적으로 간편하게 알아보는 방법이 많이 활용된다. 첫 번째 코드와 두 번째 코드 또는 세 번째 코드 등 여러 코드 간의 점수 차이가 10점 이상이 되면서 프로파일상 높고 낮은 구분이 뚜렷하면 변별도가 높고 평평한 분포를 보이면 변별도가 낮다.
③ 비교적 평평한 모양의 프로파일, 즉 각 유형별 총계점수가 모두 낮거나 또는 모두 높아서 변별도가 낮은 경우, 이것이 의미하는 바는 다음 중 하나에 해당한다.

> - 진로발달 경험이 부족하거나 미성숙한 경우
> - 여러 가지 재능과 흥미를 가진 잘 통합된 내담자일 가능성도 있으나, 일관도가 낮으면서 평평한 모양의 프로파일은 혼란스러운 상태의 지표
> - 높게 평평한 프로파일은 활기가 넘치고 다양하고 광범위한 흥미와 재능을 가진 경우
> - 낮게 평평한 프로파일은 문화적 경험의 부족·자기거부·정체감의 혼란인 경우

(6) 긍정응답률(P)
① 검사 전체 문항에 대한 내담자의 긍정 반응의 백분율을 의미한다.
② 긍정응답률이 낮은 경우(24% 이하): 내담자가 진로나 직업 선택에 있어서 진로를 일생 동안 이루어가는 과정이라고 생각하지 않을 수 있다. 특정 직업을 선정하여 다른 가능성을 배제하고 있거나, 자아개념이 너무 낮아서 우울하거나, 매사에 무력감을 나타내고 흥미를 보이지 않거나, 성격적으로 너무 편협한 사람일 가능성이 있다.

③ 긍정응답률이 높은 경우(65% 이상): 내담자가 너무 다양한 흥미나 성격 내지는 능력을 보이고 있어서 무엇이라고 자신의 성격, 흥미, 능력을 특징지을 수 없거나, 특정한 분야에서 흥미나 진로를 선택적으로 받아들이지 못하거나, 진로성숙도가 너무 비현실적 또는 환상적 수준에서 모든 것에 대해 긍정적으로 응답한 경우일 수 있다.

(7) 진로 정체감

① 내담자가 지금까지 살아오면서 어떤 진로유형을 선택하고 개발시켜 왔는지에 대한 안정성의 정도이다.
② 일관도, 변별도, 긍정응답률을 종합하여 진로정체감을 가늠해 볼 수 있다.
③ 진로정체감이 잘 발달된 내담자라면 일관도와 변별도가 높고 긍정응답률이 적정 수준에 있을 것이다.

(8) 최종 진로코드 2023 기출

① 검사결과 해석지에 성격, 활동, 직업, 가치, 유능감, 자기평정 등의 순서로 각 척도 채점문항 수에 대한 긍정응답수의 백분율인 P 점수가 RIASEC 각 척도별로 제시. 더불어 RIASEC 각 척도에 대한 전체 요약 점수가 긍정응답 백분율인 P 점수로 제시되고 그 분포도 제시된다.
② 1차 진로코드: 전체 요약점수 분포에서 가장 높은 것의 척도코드와 두 번째 높은 것의 척도코드를 순서대로 기록한 것이 자신의 진로코드이다. 만약 가장 높은 진로코드가 2개이고 동점이면, 두 가지 코드를 다 1순위에 적고 그 다음으로 점수가 높은 코드를 적는다.
③ 2차 진로코드: 1차 진로코드의 1순위와 2순위 코드 간의 점수 차가 10점 미만인 경우에는 1순위와 2순위의 위치를 바꾼다. 1차 진로코드의 1순위와 2순위 코드 간의 점수 차가 10점 이상인 경우에는 1순위와 3순위가 2차 진로 코드가 된다.

(9) 프로파일 해석

① 프로파일 분포를 잘 분석한 후 두 자리의 전체요약 진로코드를 결정하고 나면 그것을 근거로 해서 성격, 흥미, 능력의 측면에서 내담자의 특성을 기술한다.
② 진로상담을 위해 진로탐색 결과는 '이 내담자는 어떤 사람인가? 이 내담자는 어떤 재능, 기술을 가지고 있는가? 내담자에게 가장 적합한 진로는 무엇인가?'에서 해석되고 추론의 초점이 맞추어져야 한다.
③ 컴퓨터로 제시되는 결과 해석지에는 각 두 자리 진로코드의 전형적인 특징들만 기술되어 있다. 그러나 이러한 결과는 충분히 내담자를 기술해 주지 못하는 제한점을 갖는다. 따라서 진로상담 전문가는 보다 면밀한 진로상담 형태의 해석상담을 제공해야 한다.

(10) 검사결과 해석상 유의사항

① 내담자가 어떤 분야에 흥미가 있다면 그것이 얼마나 두드러지고 강한 흥미인지 살펴보아야 한다. 이때 두드러진 흥미가 있다면 검사 전반에 걸쳐 그 영향이 중요하게 작용하고 있다는 점을 고려해 보아야 한다.
② 전체 요약코드의 육각형모형에서 변별도와 일관도도 살펴볼 뿐만 아니라 선택된 진로 코드와 다른 나머지 코드들의 분포와의 관계를 살펴보아야 한다.
③ 진로코드 간의 점수 차이가 10점 이하이면 가능한 코드조합 모두를 고려해야 한다. 이러한 다양한 코드에도 불구하고 잘 구조화되어 있으면 검사결과와 해석은 타당할 수 있지만 그렇지 못하면 개인상담을 통해 진로미성숙이나 공격적 결함 등 문제들을 탐색해야 한다.
④ 전체 긍정응답률이 너무 높거나 낮은 경우, 일관도가 낮은 경우, 변별도가 낮은 경우, 특이한 프로파일 등은 개인상담을 통해 그 원인을 들어보고 종합적으로 해석해야 한다.

[2013년 기출]

진로를 탐색하기 위해 상담을 요청한 민규(고1, 남)의 심리검사 결과에 관한 설명 중 옳은 것만을 〈보기〉에서 있는 대로 고르시오.

• 성격유형검사(MBTI)

E	I	S	N	T	F	J	P
8	25	26	15	24	11	29	12

• 홀랜드 진로탐색검사

R	I	A	S	E	C
28	47	31	30	34	51

〈보기〉
ㄱ. 관대하고 느긋하며 사람이나 사건에 대해 선입관을 갖지 않고 개방적이다.
ㄴ. 호기심이 많고 분석적이며 어떤 일을 결정하는 데 세부 사항을 중시한다.
ㄷ. 민감성이 뛰어나 타인의 입장을 잘 이해해주고 대인 간 갈등상황에서 조정능력을 발휘한다.
ㄹ. 생각하기보다는 직접 경험하는 것을 좋아하며 사회적인 활동이나 성취를 중요하게 여긴다.
ㅁ. 한 번 계획한 일에는 집중력을 발휘하고 자신이 세운 목표를 이루기 위해 꾸준히 실천해 나간다.

9 Strong 검사 [2013 기출]

(1) 스트롱(Strong) 진로탐색 검사
① 목적: 광범위한 흥미 영역의 탐색을 통한 포괄적 흥미영역 및 계열선택, 진학계획 수립을 위한 기초자료를 제공한다.
② 미국의 스트롱 흥미검사의 4가지 척도 가운데 일반직업분류(GOT) 척도를 채택하였다.
③ 중고등 학생들의 진로수준을 측정한다.
④ 1부: 진로성숙도 검사(진로정체감, 가족일치도, 진로준비도, 진로합리성, 정보습득률)
⑤ 2부: 직업흥미 검사(직업, 활동, 교과목, 여가활동, 능력, 성격특성)
⑥ 진로 성숙도가 낮은 경우 흥미유형이 명확하지 않다.

(2) 스트롱(Strong) 직업흥미 검사
① 미국의 스트롱 흥미검사(SII)의 한국판으로 고등학교 이상 성인에게 실시된다.
② 세분화된 직업탐색을 통한 개인의 흥미영역 세분화에 초점을 두고 보다 구체적인 직업탐색 및 진학계획, 경력개발 등에 효과적으로 사용된다.
③ 일반직업분류(GOT) 점수: 홀랜드의 직업선택이론이 반영된 6개의 분류로 GOT 점수는 피검자의 흥미에 관한 포괄적인 전망을 제공한다.
④ 기본척도흥미(BIS) 점수: GOT의 하위척도이며 실제로 상관이 높은 문항을 집단화시켜 완성한 특정 활동과 주제에 대한 25개의 세부 척도로 GOT를 특정한 흥미들로 세분화하였다.
⑤ 개인특성척도(PSS) 점수: 일상생활과 일의 세계에 관련된 광범위한 특성에 대해 개인이 선호하고 편안하게 느끼는 것을 측정한다.

(3) 척도
① GOT(General Occupational Theme scale): 일반직업분류
② BIS(Basic Interest Scale): 기본흥미척도(농업, 자연, 운동경기, 과학, 수학 미술, 글쓰기, 사회봉사, 종교활동, 판매, 컴퓨터, 사무, 대중연설, 법/정치, 가정/가사, 교육 등)
③ PSS(Personal Style Scale): 개인특성 척도(업무유형, 학습유형, 리더십 유형, 모험심 유형)

3 성격의 탐색

1) 성격(Personlity)에는 개인적 욕구, 자아개념, 성취동기, 포부수준, 대인관계 등의 여러 가지 요인을 포함되어 작용한다.
2) 우리나라에서는 이미 오래 전부터 비교적 다양한 성격검사들이 개발, 활용되어 오고 있다. 검사 대상의 특성과 검사의 목적에 따라 적합한 것을 취사선택하는 것이 중요하다.
3) 인성을 활동성, 사려성, 사회성, 안정성, 지배성, 예술성 등의 유형으로 분류하기도 하는데 이러한 인성특성 유형에 따라 여기에 적합한 학과나 직업을 선택하도록 도와준다면 더욱 현명할 것이다.
4) 내담자의 성격유형이 어느 곳에 적합한지를 알아보기 위해 검사를 실시해 본 후 정확히 파악하여 적합한 진로 탐색과 선택을 해야 합리적이다.

5) 성격검사(Personlity Inventory) 목록

검사명	대상	저자	발행처	발행연도
KPTI일반인성검사	중, 고	김인수	한국심리검사연구소	1993
KPI성격검사	대	행동과학연구소	행동과학연구소	1993
MMTIC	8세~13세	김정택, 심혜숙	한국심리검사연구소	1993
KPI성격검사	중, 고	행동과학연구소	행동과학연구소	1992
KIPA인성검사	중, 고	염태호, 김정규	한국심리적성연구소	1990
MBTI	고~성인	김정택 외 2인	한국심리검사연구소	1990
간편 PPMI	중, 고	임인재, 정상호	사립중고등학교장회	1979
다면적인성검사	중~일반	이상노, 김경진	중앙적성연구소	1974

4 적성의 탐색

1) 적성(aptitude)이란 어떤 과제나 임무를 수행하는 데 개인에게 요구되는 특수한 능력이나 잠재능력을 의미한다. 일반적으로 적성은 개인이 가지고 있는 일반능력인 지능과 유사한 특성을 지녔다.
2) 적성은 개인이 어떤 직업에서 얼마만큼 그 직무를 성공적으로 수행할 수 있을지를 예측하게 해 주는 요인이다.
3) 개인의 적성을 구성하는 요인으로는 일반적으로 일반적성 능력, 언어능력, 수리능력, 공간지각 능력, 수공능력, 운동조절 능력, 사무지각 능력, 형태지각 능력 등 여러 가지 요인을 포함하고 있다.
4) 유전적 성향이 강하지만 학습경험이나 훈련에 의하여 계발될 수도 있으므로 다양한 학습경험을 해 볼 필요가 있다.
5) 청소년기 전기 이후에는 큰 변화가 없기 때문에 조기계발이 중요하다.
6) 일반적성검사와 특수적성검사가 있다.
7) 일반적성검사는 개인의 적성을 아홉 가지 요인으로 분류하여 만든 검사로서 진학이나 직업지도에 사용하고, 특수적성검사는 음악이나 미술 또는 수학이나 과학 등 특수 분야에서의 능력을 진단하기 위하여 만든 검사다.
8) 적성검사(Aptitude Test) 목록

검사명	대상	저자	발행처	발행연도
종합적성 및 진로검사	유아~중	문용린	대교교육과학연구소	1996
진로 및 적성탐색검사	13세 이상	안창규	한국가이던스	1995
일반직업적성검사	중, 고	노동부	노동부	1994
KAT-M적성검사	중	행동과학연구소	한국가이던스	1994
진로흥미·적성검사	초등~고	김충기, 정채기	한국적성연구소	1993
직업적성진단검사	중~일반	김재은	한국심리적성연구소	1990
진학전성진단검사	중, 고	김재은	한국심리적성연구소	1990
기초적성검사	중	서울대 사범대	교학사	1982
진로적성검사	중, 고	임인재	사립중고등학교장회	1982

(1) 한국고용정보원에서 개발되었으며 고등학교 1~3학년이 대상이다.
(2) 고등학생의 적성능력(10가지)을 측정하여 적합한 직업분야 및 학업분야(31가지)를 추천한다.
(3) 직업추천: 우선직업추천, 고려해 볼 수 있는 직업, 비추천 직업 등으로 세분화되어 있다.
(4) 자신의 희망직업에서 요구하는 적성요인들과 자신의 검사점수를 비교할 수 있도록 정보를 제공한다.
(5) 적성요인에 따른 최대능력수준을 측정하여 개인의 적성능력의 강점 및 약점을 확인하는 데 도움을 주고, 자신의 현재 능력수준뿐만 아니라 노력을 통해 앞으로 더 개발될 수 있는 잠재적인 적성요인을 함께 제시한다.
(6) 검사의 구성 및 내용

적성요인	정의	하위검사
언어능력	상황에 가장 적합한 단어를 파악, 사용하고 글의 핵심적인 내용을 정확하게 이해하며 언어관계(공통점 등)를 정확히 파악하는 능력	어휘찾기, 주제찾기 낱말분류
수리능력	간단한 계산문제 혹은 스스로 계산식을 도출할 수 있는가를 파악하는 능력	단순수리, 응용수리
추리능력	주어진 정보를 종합하여, 이들 간의 관계를 논리적으로 추론해 내는 능력	문장추리
공간능력	추상적, 시각적 이미지를 생성하고 유지하고 조작하는 능력	심상회전, 부분찾기
지각속도	시각적 자극을 신속하게 평가하고 식별해내는 능력	문자지각, 기호지각
과학능력	과학의 일반적인 원리를 파악하는 능력	과학원리
집중능력	방해자극이 제시되는 상황에서 방해자극의 간섭을 배제시키면서 과제를 수행하는 능력, 또는 방해자극이 제시되지 않는 상황에서 목표과제에 집중하는 능력	색채집중
색채능력	백색광이 프리즘을 통과할 때 분산에 의해 나타나는 스펙트럼 상에서 색상의 적절한 위치를 파악하는 능력	색상지각
사고 유연성	주어진 정보를 다른 각도나 방식으로 해석, 수정할 수 있는 능력	성냥개비
협응능력	운동의 위치와 방향에 대한 시각적 평가에 기초한 정확한 손동작 능력	선 그리기

5 진로성숙도의 측정

- 진로성숙(career maturity)이란 자아의 이해, 일과 직업세계의 이해를 바탕으로 자신의 진로계획과 진로선택을 통합, 조정해 나가는 발달단계의 연속으로 요약할 수 있으며, 각 발달단계마다 수행해야 할 발달과업이 있는데 이 발달과업의 인지 및 수행 여부가 다음 단계로의 발달을 촉진시키며 이해하는 데 중요한 조건으로 간주된다.
- 한국교육개발원에서의 진로성숙의 개념: "진로성숙이란 자아의 이해와 일과 직업세계의 이해를 기초로 하여 자기 자신의 진로를 계획하고 선택하는 과정에서 동일 연령이나 발달단계에 있는 집단의 발달과업 수행 정도에서 차지하는 개인의 상대적인 위치"
- 자아의 이해라는 면은 자기의 능력, 적성, 흥미, 가치관, 신체적 조건, 환경적 조건 등 자아의 이해와 관련된 많은 변인들을 고려할 수 있어야 하며, 일과 직업세계의 이해라는 면은 직업정보, 일과 작업의 조건, 직업관 및 직업윤리 등 많은 변인들을 종합적으로 통정할 수 있어야 함을 의미한다.

1 진로발달검사(CDI: Career Development Inventory)

(1) CDI는 수퍼(Super)의 진로발달의 이론적 모델에 기초하여 제작. 수퍼와 그의 동료들에 의해 연구된 진로유형 연구의 영향을 많이 받음

(2) 진로유형 연구는 뉴욕의 중학교 3학년 남학생들을 대상으로 청소년들의 정신적, 사회적, 직업적 성장에 관한 종단적 연구. 핵심내용은 진로성숙, 진로유형, 진로발달 단계 및 자아개념의 직업적 자아개념으로의 전환 등에 관한 것

(3) 목적: 학생들의 진로발달과 직업 또는 진로성숙도를 측정. 학생들의 교육 및 진로 계획수립에 도움. 진로 결정을 위한 준비도 측정

(4) 양식: 중, 고등학생들을 위하여 제작된 학교용, 고등교육기관에서 사용할 수 있는 대학교용

(5) 척도

척도명	내용
CP(career planning): 진로계획(20문항)	자신의 진로계획에 관여하고 있으며, 어느 정도 진로계획을 세워놓고 있는가와, 그들이 하기를 원하는 일에 대한 지식의 정도 등을 관한 내용으로 구성
CE(career exploration): 진로탐색(20문항)	친구, 부모, 형제, 친척 및 인쇄매체나 대중매체 등에 대해 학생들이 자신의 진로정보원으로부터 얻은 정보의 유용성에 관한 내용으로 구성
DM(decision-making): 의사결정(20문항)	진로의사결정과정에 있는 학생들의 상황을 묘사한 20개의 문항을 제시하여 학생들의 진로계획 및 의사결정에 대한 지식과 통찰력의 응용능력을 측정하도록 구성
WW(world of work information): 일의 세계에 대한 정보(20문항)	수퍼의 진로발달 단계에 따른 진로발달과업에 대한 지식, 준기능직에서 전문직에 이르는 직업구조에 대한 지식과 각 산업에서 선택하는 데 요구하는 기술에 대한 지식을 측정하는 문항으로 구성
PO(knowledge of preferred occupational group): 선호하는 직업군(40문항)	20개로 분류된 직업군 가운데 자신의 흥미와 적성에 가장 잘 맞다고 생각되는 직업군을 선택하게 한 다음에, 40개의 문항으로 이루어진 선다형 질문지에 응답. 훈련과정이나 직업선택에 앞서 이루어져야 하는 심도 있는 진로탐색의 결과를 측정
CDA(attitude): 진로발달 - 태도	진로발달-태도: CP + CE
CDK(knowledge and skills): 진로발달 - 지식, 기술	진로발달-지식과 기술: DM + WW
COT(career orientation total): 총제적인 진로성향	총체적인 진로성향: CP + CE + DM + WW

2 진로성숙도 검사(CMI: Career Maturity Inventory) 2013 기출

(1) CMI측정모델은 스탠포드-비네와 웩슬러가 지능을 측정하기 위하여 만든 성인지능검사 척도에서 사용한 연령에 따른 점수화 방법을 사용하고 있다.

(2) CMI는 태도척도와 능력척도로 구성되어 있으며 태도척도에는 선발척도와 상담척도가 있다.

(3) 이들 양 척도에 사용된 문항들은 실제생활을 토대로 선정되었다. 예를 들면, 진로상담사 상담자가 진술한 내용, 진로상담 사례, 직업정보 자료 등을 근거로 문항들이 제작되었다.

(4) 실시연령: 초등학교 6학년 ~ 고등학교 3학년 대상으로 실시. 성인에게도 사용 가능하다.

(5) 척도(scale)
① 태도척도: 선발척도와 상담척도
  ㉠ 선발척도: 직업발견 및 진로설정과 관련된 긍정적 진술과 부정적 진술 50개로 이루어져 있다. 이 척도는 상담을 위하여 학생들을 분류하거나 또는 진로교육의 결과를 평가할 때 적합하다.
  ㉡ 상담용 척도: 75개의 문항으로 구성되어 있는데 이 가운데 50개 문항은 선발척도의 문항과 동일하다. 이들 75개의 문항들은 진로결정성, 참여도, 독립성, 성향, 그리고 타협성의 5개 하위척도로 나누어진다.

영역	측정내용	문항의 예
결정성	선호하는 진로 방향에 대한 확신의 정도	나는 선호하는 진로를 자주 바꾸고 있다.
참여도	진로선택 과정에의 능동적 참여의 정도	나는 졸업할 때까지는 진로선택 문제에 별로 신경을 쓰지 않겠다.
독립성	진로선택을 독립적으로 할 수 있는 정도	나는 부모님이 정해주시는 직업을 선택하겠다.
성향	진로결정에 필요한 사전이해와 준비의 정도	일하는 것이 무엇인지에 대해 생각한 바가 거의 없다.
타협성	진로선택 시에 욕구와 현실을 타협하는 정도	하고 싶기는 하나 할 수 없는 일을 생각하느라 시간을 보낸다.

② 능력척도
  ㉠ 진로의사결정에서 가장 중요한 것으로 간주되는 지식영역이다.
  ㉡ 자기평가, 직업정보, 목표선정, 계획, 문제해결 등 5개 영역을 측정하는 문항들로 구성
  ㉢ 각 영역은 20개의 문항으로 구성되어 있어 전체 100개의 문항이 능력척도를 구성함

영역	측정 내용
자기평가	자신의 흥미, 태도, 성격 등을 명료히 지각하고 자신을 이해하는 능력을 측정하기 위한 것이다. 한 개인의 흥미나 적성 또는 가정환경을 간략히 묘사한 내용을 피험자가 읽고 답지 가운데 자신의 의견을 나타내는 항을 선택하는 것이다.
직업정보	의사결정과정에서 자기평가를 보완하는 영역으로 직업세계에 대한 지식, 과제, 고용기회 등에 관한 정보를 획득하고 평가하는 능력을 의미한다.
목표선정	자아와 직업세계에 대한 지식을 바탕으로 합리적으로 직업을 선택하는 능력을 의미한다.
계획	직업목표를 선정한 후 그 목표에 도달할 수 있는 계획을 세우는 능력을 말한다.
문제해결	진로선택이나 의사결정과정에서 부딪치는 어려운 문제를 해결하는 능력을 의미한다.

[2013년 기출]

진로 관련 검사에 관한 설명 중 옳은 것만을 〈보기〉에서 있는 대로 고르시오.

―― 〈보기〉 ――
ㄱ. 진로성숙도검사(CMI)는 관계척도, 태도척도, 능력척도로 구성되어 있다.
ㄴ. 진로신념검사(CBI)는 피검자의 진로목표 결정에 방해되는 생각을 파악하는 검사이다.
ㄷ. 스트롱 직업흥미검사는 홀랜드(J. Holland)의 RIASEC모델을 활용하여 결과를 제시한다.
ㄹ. 일반적성검사는 다양한 종류의 직무 수행에 필요한 기본 능력을 측정하는 검사로서 지능검사와 유사하다.

3 진로성숙도 검사(한국직업능력개발원)

(1) **검사대상**: 중학교 2학년~고등학교 3학년. 초등학교 5학년 언어이해력을 전제로 구성
(2) 합산점수로서 진로성숙도 점수를 제시하지 않으며 하위영역의 백분위에 따라 평가. 백분위 75 이상인 경우 진로성숙도가 높은 것으로 25보다 낮을 경우 진로성숙도가 낮은 것으로 구분한다.
(3) 척도구성

영역	하위검사(문항수)	정의
태도	독립성(13문항)	진로결정의 책임을 수용하고 자기 스스로 진로를 탐색하고 선택 하려는 태도
	일에 대한 태도(13문항)	직업의 의미에 대한 올바른 인식과 직업에 중요성을 부여하는 정도
	계획성(13문항)	자신의 진로 방향을 설정해 보고 그것에 대한 계획을 수립하려는 태도
능력	자기이해(15문항)	능력, 흥미, 가치, 신체적 조건, 환경적 제약 등 개인이 진로선택에서 고려해야 할 개인의 특성들에 대한 이해 정도
	정보 활용 및 진로결정능력(16문항)	진로와 관련된 정보를 활용하여 자신에게 적합한 진로를 합리적으로 선택할 수 있다고 생각되는 정도
	직업에 대한 지식(60문항)	• 일반적 직업에 대하여 알고 있는 정도 • 자신이 관심을 갖는 직업에 대해 구체적으로 알고 있는 정도
행동	진로탐색 및 준비행동(15문항)	자신의 진로를 적극적으로 탐색하고 준비하는 정도

6 진로결정수준 측정

1 진로미결정검사(Career Decision Scale, CDS; 진로결정척도)

Osipow 등이 진로선택 과정에 있는 고등학생과 대학생을 대상으로 진로 미결정의 선행조건을 확인하기 위해 개발된 것으로, 확신척도와 미결정 척도의 두 하위 척도로 구성되어 있다. 각 문항들은 문항의 진술 내용이 자신의 상태를 얼마나 잘 기술하고 있는지 4점 척도로 응답하도록 되어 있다. 검사가 짧아서 10분 이내에 실시할 수 있고 2점 이내에 채점이 가능하다. 이 검사를 통해 진로미결정의 원인이 무엇인지 탐색할 수 있다. 진로미결정검사 요인분석 결과 진로미결정감, 내적 및 외적 장벽, 접근 갈등, 의존성 네 가지가 측정된다.

2 진로정체감검사

진로정체감은 자신의 목표, 흥미, 성격, 재능 등에 관하여 개인이 가지고 있는 심상을 의미하는 것으로 진로상황검사(My Vocational Situation, MVS)의 하위척도인 진로정체감 척도로 측정이 가능하다. 진로정체감 척도를 구성하는 18개 문항이 번안, 타당화되어 진로정체감 검사라고 명명되었으며 이 18개 문항에 '아니요'라고 응답한 개수만 헤아려 보면 진로정체감의 문제를 가진 내담자를 쉽게 파악할 수 있다.

> **참고** 진로상황검사: 진로미결정에 기여하는 문제의 성격을 확인하는 것을 목적으로 하는 검사. 의사결정에서 어려움을 겪게 되는 주된 요인은 (1) 진로정체감 문제, (2) 진로 및 직업세계에 대한 정보부족, (3) 환경적, 개인적 진로장벽 세 가지다.

3 진로의사결정과정평가(Assessment of Career Decision Making, ACDM)

해렌(Haren)의 진로의사결정 모형에 기초해서 고등학생과 대학생을 대상으로 진로의사결정 유형과 진로발달과업을 해결해 나가는 과정을 측정하기 위해 개발된 것으로, 의사결정유형 척도와 진로발달과제 척도로 구성되어 있다.

(1) 의사결정유형 척도: 합리적 유형, 직관적 유형, 의존적 유형
(2) 의사결정과제 척도: 학교에 대한 적응(학교 만족도, 또래관계, 교사와의 관계), 전공선택, 직업선택의 3가지 발달과제를 평가한다.

7 검사해석 상담

1 심리검사결과 해석 시 주의할 사항

(1) 검사해석의 첫 단계는 검사요강을 알고 이해하는 것이다. 검사요강은 또한 검사 이용의 한계와 결과 해석을 위한 제안에 관한 정보를 제공한다.
(2) 결과를 해석할 때 내담자가 받은 검사의 목적과 제한점, 장점들을 검토해 보는 것이 중요하다.
(3) 결과를 해석할 때 백분위나 표준 점수가 해석에 포함되어 진다면, 이런 것들과 함께 검사가 채점되는 과정을 설명한다.
(4) 결과가 확실성이나 구체적 예언보다는 오히려 가능성의 관점에서 제시한다.
(5) 검사결과가 내담자가 이용 가능한 다른 정보들과 관련되어서 제시한다.
(6) 내담자의 이해를 증진하는 것이 강조되어야 하며, 내담자가 스스로 해석할 수 있도록 격려한다.
(7) 상담자는 내담자가 검사 결과 해석을 이해하는지 확인해야 하며, 내담자가 그 정보에 대한 반응을 표현할 수 있도록 격려한다.
(8) 검사결과로서 나타난 장점과 약점 모두가 객관적으로 검토되어야 한다.

2 검사해석 면접 시 주의할 사항

(1) 내담자가 검사결과를 이해하고 이용할 수 있는 능력이 있다는 것을 보여주고, 내담자가 자신에 대해 이미 가지고 있는 정보에 검사 자료를 추가하는 것이 중요하다는 것을 강조한다.
(2) 해석과정이 시작되기 전에 자신이 받은 검사에 관해서 어떻게 느끼는 내담자에게 물어본다.
(3) 논의될 검사가 어떤 것인가를 내담자에게 상기시키고 검사의 결과를 논의한다.(예: "두 세트의 이름들과 숫자들이 같은지 다른지를 체크했던 검사를 기억하세요? 그것은 사무직 적성이나 능력을 측정하기 위해 설계된 검사였어요")
(4) 검사의 결과를 내담자가 가진 다른 정보와의 관계 속에서 논의한다.
(5) 전문적인 용어를 피하고 이해하기 쉬운 용어로 검사의 목적을 제시한다.
(6) 언어적인 해석과 함께 결과의 도식적인 제시를 병행한다.

(7) 내담자의 결과 해석을 지나치게 규정짓는 것을 피한다. 내담자가 낮은 점수를 거부하는 것을 논의하고, 낮은 수행점수는 정직하게 제시하여야 한다. 이 점수들이 무시되거나 잘못 측정되었다거나 우연 때문이라고 해서는 안 된다.

(8) 면접이 끝날 무렵, 전체 면접의 결과를 요약하되 내담자가 직접 요약하도록 한다. 이 요약을 논의하고 불일치나 오해하는 점들은 논의하기 위해 충분한 시간을 갖는다. 면접에서 내담자가 유쾌한 정보를 얻지 못했다 할지라도 긍정적인 지적으로 마무리를 하도록 시도한다.

28 직업 정보의 개념과 활용

1 직업정보의 뜻

1) 직업정보(job information): 직업과 관련된 모든 정보를 의미한다. 구인·구직 등 취업정보는 물론이고 노동시장의 고용동향, 노동의 수요와 공급, 다양한 노동통계, 직업구조의 변화, 임금 등이 직업정보를 구성한다.
2) 직업정보는 직위·직무·직업 등에 관한 모든 종류의 정보를 포함하며 이 정보는 직업을 선택하고자 하는 사람에게 최대한으로 유용하게 사용되어져야 한다.
3) 직업정보는 신뢰성(reliability)과 효용성(utility)을 갖추어야 한다. 신뢰성은 개인과 개인, 개인과 조직, 조직과 조직 간의 정보유통에 있어서 오류가 없어야 한다는 것을 의미한다. 그리고 효용성은 적절한 시간에 적합한 정보가 개인 및 조직에 적절하게 제공되어야 한다는 것이다.

2 직업정보의 기능

1 인력배치의 효율화

선진국의 경우 일찍부터 인력관리를 위하여 직업정보를 관리하여 왔다. 직업정보를 기반으로 한 인력의 배치는 산업인력기반을 튼튼히 하였고 노동생산성의 증가를 통하여 경쟁력을 높이는 데 크게 기여했다.

2 직업이동의 자료

(1) 노동자들이 그들의 한계생산가치가 높은 곳을 찾아서 이동하기 위해서는 다른 사람들의 수요와 공급가격, 그들의 구매계획과 판매계획, 그리고 취미와 기호 등에 관하여 여러 가지 시장정보를 알아야 하는데 이러한 시장정보를 획득하는 데는 비용이 소요된다.
(2) 정보를 얻기 위해서 드는 교통비 등의 직접비용(direct cost)과 정보를 수집하는 동안 벌 수 있었을 소득을 희생하여야 하는 기회비용(opportunity cost)이 그것이다.
(3) 정보수집에 소요되는 단위시간당 한계비용과 정보수집에서 얻게 되는 한계수입의 현재가치의 증가분이 같게 될 때 그는 더 이상의 정보수집활동을 중단하고 그 때까지 알게 된 여러 직장 중에서 가장 높은 임금을 받을 수 있는 직장으로 이동하게 될 것이다.

3 노동시장의 유연성 제고

빈번한 노동의 이동성, 고용중재가 요구되는 노동시장 등 아직도 전근대적인 구조를 갖고 있는 노동시장의 과학화를 추구하기 위해서는 신속하고 정확한 노동시장에 관한 정보와 직업정보를 제공할 필요가 있다.

4 인적 자본의 효율성 제고

직업정보는 구인·구직의 원활성과 적재적소에 인력이 배치되는 것을 촉구하여 노동의 유동을 억제하고 생산과정에 참여하는 인적 자본의 효율성을 꾀할 수 있다.

5 마찰적 실업의 감소

직업정보가 효율적으로 제공되면 노동시장의 정보부족으로 발생하는 마찰적 실업을 줄일 수 있다.

3 직업정보의 종류

1 민간직업정보

(1) 내용: 민간 직업안정기관에는 비영리법인과 공익단체인 경총, 재향군인회, YWCA, 중소기업협동조합, 대한노인회, 대한상공회의소, 대한주부클럽연합회 등이 있으며, 유료 직업소개소에는 헤드헌터, 근로자파견업체, 직원임대업체 등이 있다. 최근에는 어플리케이션을 활용한 구직정보도 많이 활용되고 있는 실정이다. 그 외 각 대학에서도 재학생들을 위한 진로, 취업정보 수집을 위한 각종 프로그램을 진행하면서 취업정보를 제공해 주고 있다.

(2) 특징(김병숙, 2017)
① 필요한 시기에 최대한 활용되도록 한시적으로 신속하게 생산되어 운영된다.
② 노동시장 환경, 취업 상황, 기업의 채용환경 등을 반영한 진로정보가 상대적으로 단기간에 조사되어 집중적으로 제공된다.
③ 특정한 목적에 맞게 해당 분야 및 직종이 제한적으로 선택된다.
④ 정보 생산자의 임의적 기준에 따라, 또는 시사적인 관심이나 흥미를 유도할 수 있도록 해당 직업을 분류한다.
⑤ 정보 자체의 효과가 큰 반면, 부가적인 파급효과는 적다.
⑥ 객관적이고 공통적인 기준에 따라 분류되지 않았기 때문에 다른 진로정보와의 비교가 적고 활용성이 낮다.
⑦ 민간이 특정 직업에 대해 구체적이고 상세한 정보를 제공하기 위해서는 조사·분석 및 정리, 제공에 상당한 시간 및 비용이 소요되므로 해당 진로정보는 유료로 제공된다.

2 공공직업정보

(1) 내용: 공공 진로정보기관에는 정부 및 공공기관인 산업인력공단, 장애인고용촉진공단, 시·군·구 고용지원센터 등이 있다. 희망하는 직종군에서 실시하는 취업·진로멘토링, 취업캠프 등이 공공 진로정보에 해당한다.

(2) 특징(김병숙, 2017)
① 공공 진로정보는 정부 및 공공단체와 같은 비영리 기관에서 공익적 목적으로 생산·제공된다.

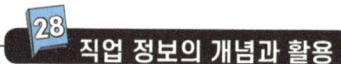

② 특정한 시기에 국한되지 않고 지속적으로 조사·분석하여 제공되며, 장기적인 계획 및 목표에 따라 정보체계의 개선 작업 수행이 가능하다.
③ 특정 분야 및 대상에 국한되지 않고 전체 산업 및 업종에 걸친 직종(업)을 대상으로 한다.
④ 국내 또는 국제적으로 인정되는 객관적인 기준(예: 국제표준직업분류 및 한국표준직업분류 등)에 근거한 직업분류다.
⑤ 직업별로 특정한 직업만을 강조하지 않고 보편적인 항목으로 이루어진 기초적인 진로정보체계로 구성된다.
⑥ 관련 진로정보 간의 비교·활용이 용이하고, 공식적인 노동시장 통계 등 관련 정보와 결합하여 제반 정책 및 취업 알선과 같은 공공목적에 사용이 가능하다.
⑦ 정부 및 공공기관 주도로 생산·운영되므로 무료로 제공된다.
⑧ 광범위한 이용 가능성에 따라 공공 진로정보체계에 대한 직접적이며 객관적인 평가가 가능하다.

4 진로정보의 분류 2005 기출

노리스, 제란, 해치(Norris, Zeran, Hatch, 1960)는 진로정보를 교육정보, 직업정보, 개인사회적 정보로 분류하였다.

1 교육정보

진학을 위한 자료와 학교교육을 통한 교육활동을 모두 포괄하는 정보이다.

- 학교생활을 규제하는 모든 규칙
- 각급 학교의 교육과정 및 교과활동에 관한 자료
- 교과와 직업, 교과와 흥미, 교과와 적성 등의 관계에 관한 정보
- 학교내에 존재하는 클럽과 사회적 활동
- 해당 학교에서 중시하는 교육적 가치 및 교육관에 관한 정보
- 상급 학교의 안내를 위한 자료
- 상급 학교 진학자를 위한 과정과 비진학자를 위한 과정
- 진학에 필요한 비용, 경제적 조건을 제시하는 자료
- 상급 학교 출신의 직업 선택 및 사회 진출에 대한 자료
- 학교가 갖고 있는 면학을 위한 시설과 설비
- 학습 습관과 기술에 관련된 자료
- 특정한 과정의 학습 요령
- 학교 도서관의 이용과 기타 시설의 사용법
- 장학제도 및 기타 학비 조달에 관한 정보
- 가정과 학교와의 통신 방법
- 졸업 후의 계속 교육에 관한 편의 제공 방법
- 현직 훈련에 대한 기회와 계획
- 상급 학교 교육프로그램 안내
- 일하면서 공부하는 것을 계획하고 있는 학생들을 위한 야간학교, 통신 교육제도, 각종 전문 기술학교에 관한 정보
- 가정학습 프로그램을 위한 정보
- 생활지도에 관련된 문제별 영역에 대한 지도 자료
- 기타 교육활동에 관련된 정보

2 직업정보

직업의 세계에 관한 자료, 즉 직업이나 직무, 또는 취업에 관한 타당하고 유용한 자료를 의미한다.

- 인력에 관한 것: 인원, 지역별 성별 분석, 직종별 분석
- 직업구조: 주요 직업 진단, 직업군의 분류
- 취업의 경향: 취직과 실직률, 앞으로의 전망
- 직업분류와 직종
- 각종 직업에서의 의무와 업무의 성질, 신분 보장
- 각종 직업에 취업하기 위한 자격
- 각종 직업별 필요한 준비와 훈련
- 승진에 필요한 방법과 지식
- 각종 직업에서의 작업 조건
- 직업 연구에 필요한 정보의 원천
- 기술고시 및 기술자 등록에 관한 사항
- 직업 정보를 평가하기 위한 기준
- 고용과 취업을 담당하고 있는 기관에 관련된 정보

3 개인사회적 정보

대체로 인간관계에 작용하는 심리적이고 물리적인 영향을 미치는 다양한 정보자료로, 각종 심리검사 결과나 학업 성적 등과 같은 자기 이해를 위한 정보와 인간관계나 성역할, 윤리규범, 가치관과 같은 자기발달에 관한 정보로 구성되어 있다.

- 자기 이해와 자기 통찰의 성취
- 이성 또는 동성과의 성숙된 관계 형성
- 남성적 또는 여성적 역할의 이해
- 건전한 인성(성격, 품성, 기질 등)의 발달
- 개인의 행동과 특성 및 개인차의 이해
- 외모, 예의와 에티켓
- 정신적, 신체적 건강과 발달
- 이성 관계, 성, 결혼에 대한 책임
- 사회적 기술, 여가생활의 건전한 활동, 용돈의 조달
- 가정과 조건과 부모의 기대에 대한 이해와 적응, 수용 및 이해

[2005년 기출]

다음은 진로정보 제공 활동에서 사용할 수 있는 자료들이다. 각 진로정보 영역의 명칭을 쓰시오.

㉮ 직업 구조, 취업 경향, 직업 분류와 직종에 관한 자료
㉯ 학교의 교육과정 및 교과 활동, 학습 습관에 관한 자료
㉰ 외모, 예의와 에티켓, 이성과의 관계 형성에 관한 자료

㉮ _____

㉯ _____

㉰ _____

5 진로변경에 관한 진로정보

1 내일배움카드제(직업능력개발계좌제)

구직자(신규 실업자, 전직 실업자)에게 일정한 금액을 지원, 그 범위 이내에서 자기주도적으로 직업능력 개발훈련에 참여할 수 있도록 하고, 훈련이력 등을 개인별로 통합·관리하는 제도다. 계좌발급 신청 대상자는 현재 구직 중에 있는 전직 실업자(고용보험 가입이력이 있는 자) 및 신규 실업자(고용보험 가입이력이 없는 자)다.

2 실업자를 위한 훈련

만 15세 이상의 실직자 및 미취업자 등을 대상으로 취업능력을 배양하기 위해서 고용노동부에서 실시하는 직업훈련으로, 훈련비용 전액 국비 지원이며 각 훈련별로 훈련수당을 차등 지원한다.

▶ 고용노동부의 실업자훈련 프로그램의 내용

훈련 종류	의미
신규실업자훈련	고용보험 가입이력이 없는 미취업자/실직자의 취업촉진을 위한 직업훈련
전직실업자훈련	고용보험 가입이력이 있는 실직자의 재취업을 위한 직업훈련
여성가장훈련	여성가장들을 대상으로 취업 및 창업이 용이한 직종 중심의 직업훈련
국가기간·전략산업직종훈련	고용노동부장관이 제조업·생산직종 등 인력은 부족하나 훈련을 기피하는 직종의 신규인력 양성을 위하여 대한상공회의소, 민간 직업훈련기관 등에 훈련생을 위탁하여 실시하는 직업훈련
지역실업자훈련	고용보험 가입이력이 없는 미취업자/실업자, 취업보호 대상, 영세농어민 등의 취업 및 창업 능력을 배양하기 위한 직업훈련

6 진학에 관한 진로정보

1 인터넷 사이트를 통한 진로정보 찾기

(1) 한국직업능력개발원의 커리어넷(https://www.career.go.kr)
  ① 한국직업능력개발원에서 인터넷을 통하여 다양한 진로정보를 제공하기 위하여 1999년 12월 교육인적자원부의 국고보조금을 받아 개설
  ② 직업사전, 학과정보, 학교정보, 자격정보, 진로지도 자료 및 사진과 동영상을 제공하고 있으며, 각 메뉴를 클릭하면 더 자세한 정보를 검색할 수 있도록 구성되어 있음

(2) 교육부(http://www.moe.go.kr)
  ① 학생, 학부모, 교원 등으로 분류하여 그에 맞는 자료들을 제공함
  ② 고등학교의 종류, 특징, 입학전형 방법 등을 설명한 고등학교 입학전형 가이드북을 제공하여 고등학교의 진학을 준비하는 중학생과 학부모가 읽어보길 권장. 예를 들어, 고등학교에 진학하고자 하는 중학생의 경우 '학생' 메뉴로 들어가서 '입학정보·직업진로' 메뉴를 클릭하면 진학과 관련된 정보들을 볼 수 있음

③ 대학 입시정보, 전국대학 모집단위별 입학 정원 등 입학정보나 직업진로와 관련된 사이트 주소도 함께 제공하고 있음

(3) 대학교 홈페이지

고등학생인 영희가 K대학교의 국어국문학과에 대해 알아보고자 한다고 가정했을 때, 각 대학의 사이트를 통한 진로정보 수집방법은 다음과 같다.

① 먼저 대학의 홈페이지에 접속하여 메인 화면에서 '입학안내' 메뉴를 찾는다.
② '입학안내' 메뉴를 클릭하면 각 대학의 '입학처'로 연결된다.
  ㉠ 입학처에서는 대학이 요구하는 수시·정시·특별전형의 모집요강 및 필요 서식을 제공하며 논술고사 등 전년도 기출문제에 대해서도 알려준다. 입학처의 '모집요강' 메뉴를 클릭하면 각종 문서 파일을 다운받아 필요한 정보를 알아볼 수 있다.
  ㉡ 진학과 관련하여 해결되지 않은 다른 의문점들은 'Q&A' 게시판을 통해 실시간으로 답변해 주므로, 자신에게 필요한 메뉴를 선택하여 진학에 참고하면 된다.
③ 전공학과에 대한 정보가 필요한 경우, 홈페이지 혹은 입학처의 '학과안내' 메뉴로 들어가면 각 학과의 소개와 교과과정, 학사 일정, 교수진 등을 열람하여 볼 수 있다.

2 진로·진학 담당교사를 통한 진로정보 찾기

(1) 각 학교에서는 진로정보센터와 진로상담교사를 두어 학생들에게 진로와 관련된 정보를 제공하고 진학과 관련된 문제에 대해 상담할 수 있도록 하고 있다. 따라서 학교에 진학 중인 학생이라면 누구나 교내 진로정보센터를 방문하여 진로상담교사와 일정을 잡은 뒤 진로에 대해 상담을 받을 수 있다.

(2) 수업 시간 중에 상담을 해야 하는 경우에는 학생이 수업을 회피하기 위한 수단으로 상담실을 찾는 경우가 생기지 않도록 담당교사의 각별한 주의가 필요하다.

(3) 고등학교 3학년 담임교사 등 일반 교과담당 교사들이 진로상담을 해주는 경우도 많다. 이때 교사들은 정확한 진로정보를 기반으로 상담해 주는 것이 중요하다. 따라서 교내 관련 기관과 긴밀한 연계를 하는 것이 좋다.

3 입시전문 학원을 통한 진로정보 찾기

(1) 입시전문 학원에서는 모의고사 시행 일정, 입시전략과 대학 배치표를 제공하고 있다. 사이트를 방문하거나 부모님을 동반하고 직접 방문할 수도 있으며, 전화로 담당자와 상담하는 방법도 있다.

(2) 전문 컨설팅 기관들도 최근 활용되고 있으나, 상담과정에서 고액의 자문비가 요구되는 경우가 많아 가계에 부담이 되고, 부유층 학생들만 그 수혜를 받을 수 있어 수혜평등의 문제 등의 부담이 따를 수 있다. 기관이 제공하는 내용의 정확성도 면밀히 검토해볼 필요가 있다.

29 진로정보 자료 2009, 2010, 2012 기출

1 진로 정보 인쇄자료 2010 기출

1 한국직업사전

- **(1) 정의**: 한국 고용정보원(워크넷)에서만 발간하고 있는 한국직업사전은 1969년 발간된 이후 매년 발간되는 직업정보서로 주로 수행직무, 정규교육, 숙련기간, 작업강도, 육체적 조건 등 직무와 작업자의 특성이 수록된 정보서이다.
- **(2) 목적**: 급변하는 노동시장의 여건과 국제적으로 가속화 되어 가는 기술혁신, 그리고 이에 따른 산업구조의 변화 등에 따라 변동·소멸되는 직업세계를 체계적으로 조사·분석하여 표준 직업명을 제정하고, 객관적이며 표준화된 직업정보를 제공한다.
- **(3) 구성**: 직업코드, 본직업명칭, 직무개요, 수행직무, 부가 직업정보
- **(4) 특징**: 직무기술에 초점을 두어 만들어진 것으로 관련 자격이나 요구되는 교육훈련의 정도 등의 정보를 포함하고 있다. 그러나 특정한 직종과 관련하여 직업과 교육에 관한 다양한 정보를 포함하고 있지 않다. 이 자료는 직업상담 자료, 구인구직 연결시스템의 자료, 직업분류 기초 자료, 직업교육 및 훈련의 토대, 통계 및 노동정책 수립자료로 활용된다.

2 한국직업전망

- **(1) 정의**: 한국고용정보원에서 발간하는 한국직업전망은 1999년 최초 발간되어 2년마다 정기적으로 출간되고 있는 직업정보서이다.
- **(2) 구성**: 해당 직업의 하는 일, 근무환경, 되는 길, 필요한 적성과 흥미 및 수록 직업에 대한 향후 5년간 일자리 증감 여부와 그 원인 등을 제공함으로써 각 직업에 대한 상세한 정보를 수 있도록 구성되어 있다. 이 외에도 청소년이나 일반구직자들이 관심을 가지는 직업별 종사자 수, 수입 등과 관련한 직업별 통계를 제시한다.
- **(3) 특징**: 2010년에 발간된 '2011 한국직업전망'은 우리나라를 대표하는 16개 분야 202개 직업에 대한 상세정보를 수록하고 있으며, 진로와 직업을 결정하고자 하는 청소년이나 일반구직자들 다양한 직업정보를 살펴보고 자신에게 맞는 직업을 선택하는 데 도움을 주기 위하여 발간되었다.

3 미래의 직업세계

- **(1) 정의**: 한국 직업능력개발원에서 발행되는 '미래의 직업세계'는 2003년부터 중·고등학교 등 청소년의 직업세계 탐색을 지원하기 위해 2년마다 발간되는 직업정보서이다.
- **(2) 구성**: 「2009 미래 직업세계」에서는 150여개 직업에 대해 직업개요, 준비방법, 적성 및 흥미, 전망, 소득수준, 유사직업, 관련 단체 및 기관 소개 정보를 제공한다.
- **(3) 특징**: 미래를 준비하는 청소년의 특성을 고려하여 전망에 관한 정보 제공을 중시하고 있다. 보상, 고용현황, 고용안정 등 7개 항목에 대한 전망결과를 종합 또는 개별적으로 제공하고 있으며 대상층을 청소년으로 맞추고 있어 한국직업전망의 전망 기간이 5년과 달리 10년 후를 전망하고 있다.

4 한국표준직업분류

1963년 통계의 기준설정 및 업무의 일환으로 경제기획원에 의해 시작되었으며 2007년에 6차 개정되었다. 직무와 직능(직무능력)의 개념을 근거로 하여 직업항목을 세분화하였다.

> 예) 0: 의회의원, 고위임직원 및 관리자(직능수준과 무관), 1: 전문가(제 4 직능수준), 2: 기술공 및 준전문가(제 3직능 수준), 3: 사무종사자(제 2직능 수준), 4: 서비스 종사자(제 2 직능수준) ……………9: 단순노무종사자(제 1직능 수준)

제 1 직능수준	초등학교 교육수준의 정도의 정규교육이나 훈련을 필요로 한다.
제 2 직능수준	중등학교 교육수준의 정도의 정규교육이나 훈련을 필요로 한다.
제 3 직능수준	전문대학 교육수준의 정도의 정규교육이나 훈련을 필요로 한다.
제 4 직능수준	학사, 석사 또는 그와 동등한 학위가 수여되는 대학 및 대학원 교육수준의 정도의 정규교육이나 훈련을 필요로 한다.

5 한국고용직업분류(KEKO)

(1) 정의: 중앙고용정보원(2002)에서 자체 개발하였다. 노동 시장의 상황과 수용에 적합하도록 각종 직무를 분류한 것으로 직업정보의 제공을 통한 노동시장의 효율성의 제고가 목적이다.

(2) 구성: 대분류 7개, 중분류 24개, 소분류 119개, 세분류 392개로 구성되어 있으며 미국표준분류(ASOC)처럼 대분류 체계를 코드분류체계에 포함시켰지만, 중분류를 대외적으로 주로 사용함으로써 데이터의 활용성을 증대하였다.

(3) 특징: 우리나라의 직업세계의 현실을 가장 잘 반영하고 있는 직업분류체계이다. 직업분류의 중간 단위인 중-소-세분류는 고정하고, 나머지는 직업 활용의 목적에 맞게 조정하여 사용하여, 직업분류의 통일성과 직업사용 목적의 효율성 추구하였다. 중심 분류인 중분류는 철저히 직무유형(Skill Type)을 중심으로 분류. 하나의 직무유형을 갖는 중분류 하위에 있는 소분류는 직업능력 수준(Skill Level)에 따라 전문가, 준전문가·기술공, 중간직(사무, 기능, 조작, 농업숙련), 단순직으로 구분하고 같은 직업능력 수준에서는 다시 직무유형을 반영하여 분류하였다.

---

2 진로정보의 시청각 매체 [2010 기출]

1 특징

게시판, 전시회, 상업용·교육용 CCTV, 비디오테이프, 슬라이드, 영화, 마이크로필름 등의 매체를 이용하는 방법으로, 시청각매체를 통한 진로정보는 각종 멀티미디어를 활용한 동영상, 영화, 방송 등의 형태이다.

2 장점

학습자의 감각에 호소함으로써 동기를 유발할 수 있다.

3 단점

제작 및 보급에 많은 비용과 노력이 소요된다.

4 4) 시청각 매체 예

한국고용정보원에서 청소년 및 청년층을 대상으로 제작하고 있는 진로 및 취업 동영상인 '내일을 잡아라', 'Work & Life' 등을 들 수 있으며, 케이블방송, 위성방송, DMB, IPTV 등을 통해 송출되는 각종 진로 및 직업 동영상, 그리고 EBS 교육방송에서 제작 방송하는 다양한 진로 프로그램 등

3 면담

1 특징

다양한 직업이나 직무, 교육기관을 대표하는 사람과 일의 세계와 교육 기회에 관해 탐색하는 사람과의 다양한 개인 대 개인 또는 개인 대 집단의 상호작용을 통한 정보수집 활동방법이다.

2 장점

예를 들어, '진로의 날'에 학생들이 관심을 갖는 분야의 대표적인 인사를 초빙하여 학생들과 만남의 자리를 마련함으로써 학생들에게 그 진로 분야에 대한 다양한 정보를 제공한다.

3 단점

방법은 어떤 직업영역을 피상적으로 다루게 될 가능성이 있으며, 기능적인 요소만을 지나치게 강조하여 개인적인 요소를 배제하게 될 우려도 있다.

4 종류

(1) 다양한 직무를 직업 수행하는 직업인이나 폭넓은 직업의 요구조건에 관하여 잘 알고 있는 인사관리자를 직접 방문하는 방법: 이 방법은 내담자가 그 직업에 관한 선험적인 흥미를 가지고 있다고 가정하여 내담자의 직업에 관한 지식의 폭을 넓히려는 것이 목적이다.

(2) 직무분석을 위한 방법: 하나의 직업에 대한 포괄적이고 전문적인 관점을 제공할 수 있는 장점이 있지만 학생들에게는 다소 지루한 방법으로 만약 그들의 동기화가 그다지 강하지 않다면 학생들의 흥미가 감소될 수 있다는 단점을 지니고 있다.

(3) 직업 상담소를 활용하는 방법: 구직이나 취업과 같은 비교적 단기간에 걸쳐 소기의 목적을 달성하기 위해 직업 상담소나 고용센터와 같은 곳의 전문가들을 통해 진로정보를 탐색하는 방법이다.

4. 온라인을 통한 진로정보의 탐색

1. 장점

(1) 폭넓은 접근가능성. 전통적인 방식의 진로정보가 현실적인 여건에 의해 모두에게 동일하게 제공되지 못한데 반해, 온라인 진로정보는 기회균등성을 보장한다.
(2) 다른 유형의 정보와의 링크가 간편. 여기에는 교육 및 훈련정보, 노동시장정보, 직업 및 직무내용에 관한 정보들이 포함된다. 또한 자신에 대한 이해를 돕는 개인 심리진단 도구 등도 연계가 가능하다.
(3) 정보전달에 소용되는 비용이 저렴하며, 정보사용자의 숫자가 늘어날수록 효율성은 점차 증가된다.
(4) 최신 정보의 업데이트가 빠르고, 쉬우며, 비용이 적게 든다.
(5) 양방향성의 특성을 가지고 있기 때문에, 수요자에게 특화된 정보를 적시에 제공할 수 있으며, 계속적인 피드백을 주고받을 수 있다. 특히 이러한 양방향성의 장점은 진로와 관련된 심리검사 및 상담 등에서 극대화된다.

5. 견학 2010 기출

1. 특징

공장이나 회사 또는 학교 등을 방문하여 필요한 직업정보나 교육정보를 얻는 방법이다.

2. 장점

실제 작업상황에서 수행하게 되는 일을 직접 관찰하고, 그러한 일에 종사하는 사람들과 이야기를 나누며 그 직장의 분위기에 젖어 볼 수 있는 기회를 제공한다.

3. 단점

학생들의 흥미나 취향, 요구 등을 고려하지 않고 무계획적으로 견학을 실시할 가능성이 있다.

6. 교과과정을 통한 방법

1. 특징

진로발달을 위한 경험을 현존하는 교육과정 내에서 학습하도록 하는 통합적 전략이 있다. 또한, 진로발달을 위한 경험을 학습하기 위해 기존의 교육과정과는 다른 진로교육과정을 활용하는 개별적 전략이 있다.

2 유의점

초중등은 통합적 전략방법이 효과적이며 고등은 통합적 전략이 효과적이지 않다.

7 실습 📖 2010 기출

1 특징

학생들로 하여금 진로시간에 배운 직업군 중에서 흥미나 적성에 알맞은 직종을 택하여 직업현장에 나가 일해 봄으로써 일에 대한 구체적인 정보를 획득하는 방법이다.

2 유의점

실습참가자가 진로학습을 강화 또는 자극할 수 있는 피드백이 보장되어야 가치가 있다.

[2010년 기출]

다음은 다양한 전달체계를 활용하여 전문상담교사가 학생들에게 진로정보를 제공한 활동들이다. (가)~(마)에 대한 설명으로 옳지 않은 것은?

- (가) 김 교사는 학생들이 특정 직업에 대한 정보를 물어올 때, 상담실에 비치해 놓은 한국 고용 정보원에서 발간한 「2009한국직업전망」을 통해 정보를 제공하였다.
- (나) 박 교사는 학생들이 알고 있는 직업이 매우 한정되어 있다는 문제를 접하고, '직업의 세계'라는 영상물을 구입하여 원하는 학생이 시청할 수 있도록 제공하였다.
- (다) 이 교사는 전문계 고등학생들이 산학협동체제를 통하여 현장 경험을 할 수 있도록 행정적인 지원 업무를 한 후, 실습 소감문을 작성하도록 과제를 부여하였다.
- (라) 최 교사는 학생들의 방학 숙제로 관심이 있는 회사를 방문한 후, 보고서를 제출하도록 하였다. 그 과정에서 학생들이 실제 작업 현장에서 수행되는 일을 직접 관찰하고, 그 일에 종사하는 사람들과 이야기를 나눌 수 있게 하였다.
- (마) 정 교사는 학생들이 직업인이 되어보는 경험을 하도록 특별 활동 시간에 헤어 디자이너 등 특정 직업인의 역할 활동을 하게 하였다.

① (가)의 방식은 보편적인 것으로,「2009한국직업전망」을 통해 학생들은 200여개 직업의 업무 내용, 근무 환경, 향후 10년 간의 직업 전망 등을 알 수 있다.
② (나)의 방식은 감각에 호소함으로써 학생들의 동기를 유발시킬 수 있다는 장점이 있다.
③ (다)의 방식은 다른 전달 방식보다 특정 직업에 대하여 더 많은 정보를 제공해 주는 장점이 있다.
④ (라)의 방식은 특정 직장의 분위기를 실제로 접하면서 작성한 관찰 보고서를 통해 자신에게 필요한 정보를 정확히 얻게 하는 장점이 있다.
⑤ (마)의 방식은 직업에 대한 대리 경험을 통해 학생들이 특정 직업활동에 대하여 개인적인 의미를 발견하도록 돕는다.

8. 한국직업능력개발원과 한국고용정보원의 진로프로그램 📖 2012 기출

① 커리어넷(Careernet), 한국직업능력개발원(http://careernet.re.kr)

진로 심리 검사	직업적성검사	59문항, 20분 소요. 직업과 관련된 특정 능력을 어느 정도 갖추고 있는지를 측정한다. 평가점수는 1(매우낮음)~7(매우높음)점. 구성은 신체운동능력, 손재능, 공간/시각능력, 음악능력, 창의력, 언어능력, 수리/논리력, 자기성찰능력, 대인관계능력, 자연친화력으로 되어 있다.
	직업흥미검사	96문항. 15분 소요. 직업과 관련하여 어떤 흥미가 있는지 측정한다. 평가 점수는 매우싫다~매우좋다까지 4분 척도. 다양한 직업에서 이루어지는 활동들에 대한 흥미도 검사, 일상생활에서 실제 경험해 볼 수 있는 활동들에 대한 흥미도 검사, 유사한 직업들에 대한 흥미도 검사로 구성되어 있다.
	진로성숙도검사	64문항, 20분 소요. 진로를 계획하고 준비하는 데 필요한 태도나 능력을 얼마나 갖추고 있는지를 측정하는 검사이다. 평가 점수는 전혀 아니다~매우그렇다 5분 척도. 구성은 진로성숙태도, 진로성숙능력, 진로성숙행동으로 되어 있다.
	직업가치관검사	28문항, 10분 소요. 직업과 관련한 다양한 가치 중에서 어떤 가치를 주요하게 만족시키고 싶은지를 측정하는 검사이다.
진로 탐색	아로주니어	초등생. 아로라는 마법사의 안내에 따라 진행되는 진로탐색 프로그램
	아로주니어플러스	초등학생 대상. 초동이 직업사전, 나의 진로일기, 나의 미래 만들기, 미래 사회의 직업으로 구성
	아로플러스	중고등학생 대상. 자기 이해를 통한 진로탐색, 관심직업을 통한 진로탐색으로 구성

② 워크넷(Work-Net), 한국고용정보원(http://www.work.go.kr)

직업 심리 검사	청소년용 직업흥미검사	대상은 중1~고재. 30분 소요. 청소년들이 자신의 직업적 흥미를 발견하고 효율적인 진로 설계를 할 수 있도록 돕는 검사로 흥미를 측정하고 직업흥미에 적합한 학과와 직업에 관한 정보를 제공한다. 6개 일반흥미 유형과 13개의 기초흥미 분야를 측정. 흥미유형에 적합한 학과와 직업을 추천해 준다.
	청소년용 적성검사	대상은 중2~고재. 80분 소요. 여러 직업들의 직무수행에 요구되는 직업적 능력을 측정하여 청소년들의 적성능력에 적합한 직업을 탐색해 주는 검사. 구성은 10개의 적성요인을 측정하는 15개의 하위검사로 구성. 적성능력수준에 적합한 직업분야와 학과 추천
	직업가치관검사	대상은 만 15세 이상 중고생. 20분 소요. 직업가치관 이해 및 적합직업 안내. 성취, 봉사, 개별활동, 금전적 보상, 인정 등 13개의 하위요인으로 구성
	청소년 진로발달검사	대상은 중2~고등학생. 40분 소요. 진로성숙도 및 진로미결정 원인 측정. 진로성숙도, 진로미결정 검사로 구성
	청소년 직업인성검사S형	대상은 중1~고3. 20분 소요. 5가지 성격요인
	청소년 직업인성검사L형	대상은 중1~고3. 40분 소요. 5가지 성격요인

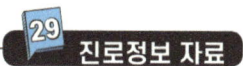

직업지도프로그램	청소년직업지도 프로그램(CAP+)	청소년의 진로설계와 취업을 돕는 프로그램 고등학생, 대학생, 구직자 등 청소년은 누구나 참여 가능. 참가자는 프로그램이 끝난 후 진행자와 상담 가능. 인터넷 상담 가능
	Jop-School	중고등학생들이 자신의 적성에 맞는 직업을 탐색할 수 있도록 도와주고 직업세계에 대한 이해를 넓히며 올바르게 세상을 살아갈 건전한 직업관을 함양할 목적으로 운영. 중학생 및 고등학생으로 단체(학교) 신청만을 받고 있으며 참가인원은 20-40명으로 인솔교사가 동반하여 신청해야 함. 2일간 일정으로 진행되나 체험분야에 따라 혹은 기업체 및 대학교의 소재지에 따라 일정 조정 가능
	성취프로그램	성취란 '성공적인 취업을 돕는 이'라는 뜻과 함께 목적대로 일을 이룬다는 의미를 동시에 가짐. 구직자가 실직기간 중에 경험하는 정신적, 신체적 건강의 악화를 예방하고 강한 재취업 의욕을 부여함으로써 성공적인 취업 가능성을 높여주며, 취업 정보의 탐색 및 인성교육을 통한 자기개발 등 구직활동에 필요한 다양한 기술을 향상시키고 새 직장에 대한 경제적, 심리적 만족도를 증진시켜주는 데 기여한다.

9 국가직무능력표준(NCS)의 이해 2020 기출

1 국가직무능력표준(NCS)의 개념

국가직무능력표준(NCS: National Competency Standards)은 산업현장에서 직무를 수행하기 위해 요구되는 지식, 기술, 소양 등의 내용을 국가가 산업부문별·수준별로 체계화한 것으로, 산업현장의 직무를 성공적으로 수행하기 위해 필요한 능력(지식, 기술, 태도)을 국가적 차원에서 표준화한 것을 의미한다.

2 국가직무능력표준(NCS)의 특성

(1) 근로자가 업무를 성공적으로 수행하기 위하여 요구되는 실제적인 수행능력을 의미
① 직무수행능력 평가를 위한 최종 결과의 내용을 반영하였다.
② 최종 결과는 '무엇을 하여야 한다'보다는 '무엇을 할 수 있다'는 형식으로 제시하였다.

(2) 해당 직무를 수행하기 위한 모든 종류의 수행능력을 포괄하여 제시
① 작업능력: 특정업무를 수행하기 위해 요구되는 능력
② 작업관리 능력: 다양한 작업을 계획하고 조직화하는 능력
③ 돌발상황 대처능력: 일상적인 업무가 마비되거나 예상치 못한 일이 발생했을 때 대처하는 능력
④ 미래지향적 능력: 해당 산업과 관련된 기술적 및 환경적 변화를 예측하여 상황에 대처하는 능력

(3) 모듈(Module) 형태의 구성
① 한 직업 내에서 근로자가 수행하는 개별 역할인 직무능력을 능력단위화하여 개발되었다.
② 국가직무능력표준은 여러 개의 능력단위 집합으로 구성되었다.

(4) 산업계 단체의 주도적 참여 및 개발
① 해당 분야 산업별 인적자원개발협의체(SC), 관련 단체 등이 참여하여 국가직무능력표준을 개발되었다.
② 산업현장에서 우수한 성과를 내고 있는 근로자 또는 전문가가 국가직무능력표준개발 단계마다 참여하였다.

3 국가직무능력표준(NCS)의 활용 영역

(1) 국가직무능력표준(NCS)은 산업현장의 직무수요를 체계적으로 분석하여 제시함으로써 '일-교육·훈련-자격'을 연결하는 고리이다. 즉 인적자원 개발의 핵심 토대로서의 기능을 한다.

(2) 국가직무능력표준(NCS)은 교육훈련기관의 교육훈련과정, 직업능력개발 훈련기준 및 교재 개발 등에 활용되어 산업수요 맞춤형 인력양성에 기여한다.

(3) 근로자를 대상으로 경력개발경로 개발, 직무기술서, 채용·배치·승진 체크리스트, 자가진단도구로 활용이 가능하다.

(4) 한국산업인력공단에서는 국가직무능력표준(NCS)을 교육훈련과정, 훈련기준, 자격종목 설계 등 제·개정 시 활용한다.

(5) 한국직업능력개발원에서는 국가직무능력표준(NCS)을 활용하여 전문대학 및 마이스터고·특성화고 교과과정을 개편한다.

4 국가직무능력표준(NCS)의 분류체계와 구성

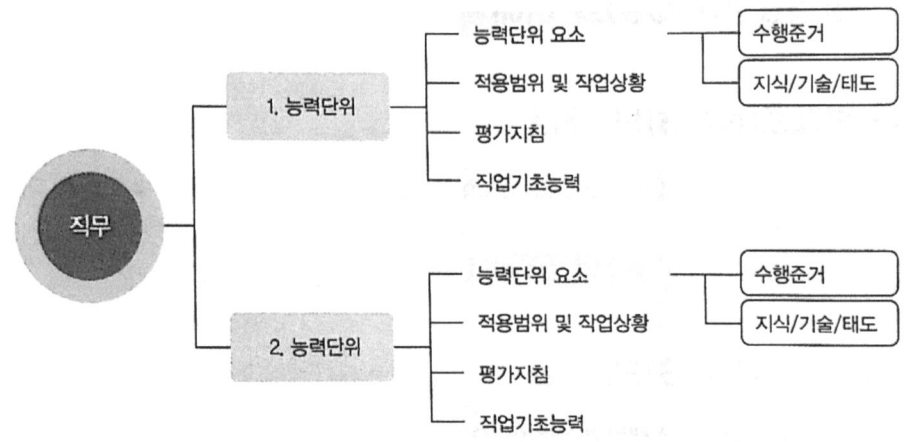

(1) 국가직무능력표준(NCS)의 분류체계

① 국가직무능력표준(NCS)의 분류체계는 직무 유형을 중심으로 국가직무능력표준(NCS)의 단계적 구성을 나타내는 것으로 국가직무능력표준(NCS) 개발의 전체적인 로드맵을 제시하였다.

② 한국고용직업분류(KECO)를 중심으로, 한국표준직업분류, 한국표준산업분류 등을 참고하여 분류하였으며 '대분류(24)→ 중분류(77)→ 소분류(227)→ 세분류(857개)'의 순으로 구성되었다.

③ 국가직무능력표준(NCS)의 24개 대분류

01 사업관리	02 경영·회계·사무	03 금융/보험	04 교육/자연	05 법률/경찰	06 보건/의료	07 사회복지·종교	08 문화예술·디자인
09 운전·운송	10 영업판매	11 경비·청소	12 숙박·여행·오락	13 음식서비스	14 건설	15 기계	16 재료
17 화학	18 섬유·의복	19 전기전자	20 정보통신	21 식품가공	22 인쇄·목재·가구공예	23 환경·에너지	24 농림어업

(2) 국가직무능력표준(NCS)의 구성
① 능력단위
  ㉠ 직무는 국가직무능력표준(NCS) 분류체계의 세분류를 의미하고, 원칙상 세분류 단위에서 표준이 개발된다.
  ㉡ 능력단위는 국가직무능력표준(NCS) 분류체계의 하위단위로서 국가직무능력표준(NCS)의 기본 구성요소에 해단된다.
  ㉢ 능력단위는 능력단위분류번호, 능력단위정의, 능력단위요소(수행준거, 지식·기술·태도), 적용범위 및 작업상황, 평가지침, 직업기초능력으로 구성된다.
② 국가직무능력표준(NCS) 수준체계
  ㉠ 국가직무능력표준(NCS)의 수준체계는 산업현장 직무의 수준을 체계화한 것으로, '산업현장 – 교육·훈련 – 자격' 연계, 평생학습능력 성취단계 제시, 자격 수준체계 구성에서 활용하였다.
  ㉡ 국가직무능력표준(NCS) 개발 시 8단계의 수준체계에 따라 능력단위 및 능력단위 요소별 수준을 평정하여 제시한다.

5 NCS 학습모듈과 직업기초능력

(1) NCS 학습모듈
① NCS 학습모듈의 의의
  ㉠ NCS가 현장의 '직무요구서'라고 한다면, NCS 학습모듈은 NCS의 능력단위를 교육 훈련에서 학습할 수 있도록 구성한 '교수·학습 자료'이다.
  ㉡ NCS 학습모듈은 구체적 직무를 학습할 수 있도록 이론 및 실습과 관련된 내용을 상세하게 제시하고 있다.
② NCS 학습모듈의 특징
  ㉠ NCS 학습모듈은 산업계에서 요구하는 직무능력을 교육훈련 현장에 활용할 수 있도록 성취목표와 학습의 방향을 명확히 제시하는 가이드라인의 역할을 한다.
  ㉡ NCS 학습모듈은 특성화고, 마이스터고, 전문대학, 4년제 대학교의 교육기관 및 훈련기관, 직장교육기관 등에서 표준 교재로 활용할 수 있으며 교육과정 개편 시에도 유용하게 참고할 수 있다.

6 NCS 직업기초능력 2020 기출

작업기초능력	정의	하위능력
의사소통능력	업무를 수행함에 있어 글과 말을 읽고 들음으로써 다른 사람이 뜻한 바를 파악하고, 자기가 뜻한 바를 글과 말을 통해 정확하게 쓰거나 말하는 능력	문서이해능력, 문서작성능력, 경청능력, 의사표현능력, 기초외국어능력
수리능력	업무를 수행함에 있어 사칙연산, 통계, 확률의 의미를 정확하게 이해하고, 이를 업무에 적용하는 능력	기초연산능력, 기초통계능력, 도표분석능력, 도표작성능력
문제해결능력	업무를 수행함에 있어 문제 상황이 발생하였을 경우, 창조적이고 논리적인 사고를 통하여 이를 올바르게 인식하고 적절히 해결하는 능력	사고력, 문제처리능력
자기개발능력	업무를 추진하는 데 스스로를 관리하고 개발하는 능력	자아인식능력, 자기개발능력, 경력개발능력

작업기초능력	정의	하위능력
자원관리능력	업무를 수행하는 데 시간, 자본, 재료 및 시설, 인적자원 등의 자원 가운데 무엇이 얼마나 필요한지를 확인하고, 이용 가능한 자원을 최대한 수집하여 실제 업무에 어떻게 활용할 것인지를 계획하고, 계획대로 업무 수행에 이를 할당하는 능력	시간관리능력, 예산관리능력, 물적자원관리능력, 인적자원관리능력
대인관계능력	업무를 수행함에 있어 접촉하게 되는 사람들과 문제를 일으키지 않고 원만하게 지내는 능력	팀웍능력, 리더십능력, 갈등관리능력, 협상능력, 고객서비스능력
정보능력	업무와 관련된 정보를 수집하고, 이를 분석하여 의미 있는 정보를 찾아내며, 의미 있는 정보를 업무수행에 적절하도록 조직하고, 조직된 정보를 관리하며, 업무 수행에 이러한 정보를 활용하고, 이러한 제 과정에 컴퓨터를 사용하는 능력	컴퓨터활용능력, 정보처리능력
기술능력	업무를 수행함에 있어 도구, 장치 등을 포함하여 필요한 기술에는 어떠한 것들이 있는지 이해하고, 실제로 업무를 수행함에 있어 적절한 기술을 선택하여 적용하는 능력	기술이해능력, 기술선택능력, 기술적용능력
조직이해능력	업무를 원활하게 수행하기 위해 국제적인 추세를 포함하여 조직의 체제와 경영에 대해 이해하는 능력	국제감각, 조직체제 이해능력, 경영이해능력, 업무이해능력
직업윤리	업무를 수행함에 있어 원만한 직업생활을 위해 필요한 태도, 매너, 올바른 직업관	근로 윤리, 공동체 윤리

[2020년 기출]

다음은 고등학생용 '직업기초능력 향상 진로지도 프로그램' 개발 절차 중 프로그램 구성 단계에서 나눈 전문상담교사들의 대화내용이다. 괄호 안의 ㉠, ㉡에 해당하는 국가직무능력표준의 직업기초능력 영역의 명칭을 순서대로 쓸 것.

김교사: 오늘은 프로그램의 세부 목표와 활동 요소를 선정하고 조직하는 과정을 진행하기로 하지요.
이교사: 먼저 국가직무능력표준(NCS)에서 제시하고 있는 10가지 직업기초능력 영역의 의미와 하위 능력, 세부 요소를 확인해 보아야 할 것 같아요.
박교사: 저는 무엇보다 '(㉠)' 영역이 중요하다고 생각해요. 자기 능력과 특성을 객관적으로 이해하고, 스스로 목표를 세우고 관리하고 성취해나가는 능력은 어느 세대에나 필요한 능력이 아니겠어요?
최교사: '(㉡)' 영역도 놓쳐서는 안 될 것 같아요. 4차 산업혁명 시대의 직업세계에서도 근면, 정직, 성실과 같은 태도와 올바른 직업관을 갖는 것이 필요하지요.

〈작성방법〉

• 괄호 안의 ㉠, ㉡에 해당하는 국가직무능력표준의 직업기초 능력 영역의 명칭을 순서대로 쓸 것

10 직업정보의 관리

1 직업정보의 관리체계

(1) **고용정보의 의의와 요건**: 고용정보란 직업별 직무내용, 직업전망, 직업별 임금수준 등과 이의 분류에 관한 정보로서 이러한 정보의 수집·관리·제공까지 해당되며 노동시장에서 직업별로 발생하는 구인·구직 정보가 포함된다. 고용정보는 다음의 요건을 갖추어야 한다.
   ① 객관성이 있는 정보이어야 한다.
   ② 필요할 때 필요한 형태로 제공될 수 있는 적시성과 적합성을 가져야 한다.
   ③ 유동적·다면적·통합적인 것이어야 한다.

(2) **직업정보의 관리**: 직업정보시스템의 정보관리는 직업정보의 수집 → 분석 → 가공 → 체계화 → 제공 → 축적 → 평가의 순서로 이루어진다.

2 직업정보의 수집

(1) **직업정보의 수집활동**
   ① 직업정보의 수집은 사용자의 요구에 충실하여야 한다. 여기서 사용자의 요구란 현재 요구하고 있는 것과 장차 요구할 것이라고 예상되는 것을 포함한다.
   ② 직업정보의 자료는 대단히 방대할 뿐만 아니라 급속히 팽창하고 있으며 계속 증가하고 있으며, 그 생명의 기간이 점차 단축되고 있다. 그 이유는 직업 그 자체의 속성 때문이다.
   ③ 직업정보의 수집은 비용과 시간, 그리고 노력 등을 요구하게 된다.
   ④ 많은 정보를 다양한 요구에 맞추어 수정한다는 것은 어려운 일이다. 직업정보는 구입, 기증, 상담, 조사, 관찰 등의 방법을 통해서 수집될 수 있다.
   ⑤ 직업정보는 모든 형태의 정보를 망라하고 있다. 가령 책, 잡지, 신문기사, 방송 및 TV 프로그램, 팸플릿, 상품, 광고, 견학, 경험담 등에서 발견할 수 있다.

(2) **직업정보의 수집방법**
   ① **질문지법(interview method)**
      ㉠ 질문지나 조사표에 의해 각종 자료를 수집하는 조사방법. 질문지는 구체적이고 쉬운 용어로 표현하여야 한다.
      ㉡ 질문은 논리적인 순서에 따라 자연스럽게 배치하고, 일반적인 것을 먼저 질문하고 난 후 특수한 것을 질문하는 것이 바람직하다. 개인의 사생활에 관한 질문과 같이 민감한 질문은 가급적 뒤로 배치하는 것이 좋다.
   ② **면접법(interview method)**
      ㉠ 내담자에 대해 질문을 통해 자료를 수집하는 방법. 질문지법에 비해 응답범주를 표준화하기 어렵지만 제3자의 영향을 배제할수 있다는 장점이 있다.
      ㉡ 표준화 면접은 질문의 내용이 표준화되어 정해진 내용을 질문하는 것이고, 비표준화 면접은 면접자가 자유롭게 질문하는 방법이다. 따라서 표준화 면접은 비표준화 면접보다 타당도(validity)는 낮고 신뢰도(reliability)는 높다. 표준화 면접에는 개방형 및 폐쇄형 질문을 모두 사용할 수 있다.
      ㉢ 개방형 질문인 경우에는 응답내용을 그대로 기록한 후, 차후에 전문가들에 의해 해석하도록 하여야 한다. 면접자는 질문지를 숙지하고 있어야 하며 응답자와 친숙한 분위기를 형성해야 한다.

③ 내용분석법(content analysis)
  ㉠ 인간이 남기는 모든 형태의 이용 가능한 자료의 성질 및 대상인물의 성질을 탐구함으로써 전체 상황에 관한 통찰을 하여 어떤 가설을 설정하고, 그 가설을 검증할 수도 있도록 하기 위해 개발된 방법이다.
  ㉡ 문헌연구법의 일종이므로 장기간의 종단연구가 가능하고 재조사가 가능하며 소급조사도 가능하지만, 연구대상에는 영향을 미치지 않고 정보제공자의 반응성은 낮다.
④ 패널조사(panel survey): 조사대상을 고정시키고 동일한 조사대상에 대하여 동일한 질문을 반복 시시하여 조사하는 방법. 예를 들어 사전에 조사대상으로 특정 표본을 선정하고, 이들을 대상으로 6개월 혹은 1년 단위로 고용현황 등 직업정보를 반복하여 수집하는 조사방법이다.

(3) 직업정보 수집 시 유의사항
① 명확한 목표를 세운다. 즉, '누구를 위하여', '무슨 목적으로', '어디서', '어떻게 해서', '무엇을' 수집할 것인가를 명확히 하여야 한다. 사용자가 무엇을 요구하는지에 대한 명확한 목표 설정이 있어야 한다.
② 직업정보는 계획적으로 수집하여야 한다.
③ 항상 최신의 자료인가 확인하여야 한다. 정보는 변화하므로 수집한 정보는 항상 유효한 것이 아니기 때문에 불필요한 자료를 폐기하고 새로운 정보를 보완하는 작업이 지속적으로 진행되어야 한다.
④ 직업정보 수집에 필요한 도구를 사용한다. 직업정보를 수집하기 위하여는 쓰기, 옮겨쓰기, 사진 오려 붙이기, 녹음, 녹화, 입력 등의 작업이 이루어져 정리와 활용을 용이하게 하기 위한 상태로 제작되어야 한다.

3 직업정보의 분석, 가공

(1) 분석된 직업정보는 활용하기 쉬운 형태로 보존하거나 내용을 요약하거나 적절한 형태로 정리하여 능동적으로 활용이 가능하도록 편집, 가공하는 것이 중요하다.
(2) 직업정보의 가공시에는 처리된 자료를 선정해 정보관리로 전환시켜 정보를 공유하는 방법을 강구하고 어떠한 자료를 어떻게 저장할 것인가에 관해 설계하는 과정이 있어야 한다.
(3) 사용자에 따라 길이, 내용, 형태, 이름 등이 서로 달라 정보를 주고받을 수 없기 때문에 정보의 표준화 작업이 필요하게 된다. 그리고 자료의 흐름을 조정(navigating)하는 표준방법을 채택하여 체계화하여야 한다.
(4) 직업정보는 사용하는 시기가 너무 빨라도 또 너무 늦어도 그 효과가 감소한다. 직업전문가는 직업발달과 관계를 고려하여 동일한 자료를 대상별로 가공하는 작업이 뒤따라야 하며 또한 사용목적에 의해서도 가공되어야 한다.
(5) 직업정보 가공 시에는 정보의 생명력을 측정하여 활용방법을 선정하고 사용자의 동기를 부여할 수 있는 효과를 부가한 상태로 제공할 수 있도록 구상하여야 한다.

4 직업정보 분석 시 유의점

(1) 사용자의 요구가 적시에 충족되기 위하여 직업정보의 분석기간의 길이, 양, 질 등이 고려되어야 한다.
(2) 유사한 자료 중 정확성을 평가하고 착출(access)하는 과정이 포함된다.
(3) 직업정보의 분석은 직업전문가에 의해 이루어져야 한다. 수집된 직업정보를 필요도에 따라 선택하고 항목별로 분류하고 오래되거나 불필요한 것은 버려야 한다.

(4) 다양한 정보를 충분히 검토하여 가장 효율적으로 검색이나 활용을 할 수 있는 방법으로 분류한다.

(5) 분류는 각 정보의 주체별, 활용대상별, 활용장소, 활용방법, 입수 연월일, 제공처 등의 내용으로 분류하고 내용을 명확히 하여야 한다.

(6) 분석된 정보에 대하여 목적에 맞도록 몇 번이고 분석하여 가장 객관성이 있고 정확하고 최신의 자료를 선정한다.

5 직업정보의 축적

(1) 직업정보의 입력, 흐름, 관리, 보관 등을 실정에 맞게 설계하면서 컴퓨터의 용량, 정보통신기술, 정보기술의 기반구조를 구축하기 위한 정보관리 정책과 표준화 등이 병행된 정보의 축적이 추구되어야 한다.

(2) 직업정보전산망의 구축으로 적정한 정보관리 시스템을 적용하여 서로 합의된 자료를 제공하고, 교환하며, 보급된 정보를 추적하는 과정이다.

(3) 앤드러스(R. Andrus)는 정보의 정확성 외에 정보사용을 촉진시키거나 지연시키는 효용의 관점에서 정보를 평가해야 한다고 제안하였다.
　① 형태효용(form utility)으로서 정보의 형태가 의사결정자의 요구사항에 보다 더 근접하게 맞추어짐에 따라 정보의 가치는 증가한다.
　② 시간효용(time utility)으로서 필요할 때 필요한 정보를 사용할 수 있다면 정보는 의사결정자에게 보다 더 큰 가치를 준다.
　③ 장소효용(place utility)으로서 정보에 쉽게 접근할 수 있거나 전달할 수 있다면 정보는 보다 큰 가치를 갖는다. 온라인시스템은 시간과 장소효용 모두를 극대화한다.
　④ 소유효용(possession utility)으로서 정보소유자는 타인에게로의 정보전달을 통제함으로써 그것의 가치에 크게 영향을 준다.

(4) 직업정보에 대한 평가과정을 거쳐 이를 피드백시키며 직업정보 서비스에 대한 홍보 이후 사용자의 검색방법의 차이, 선호도, 요구사항 등에 대한 의견을 수렴하여 직업정보를 수정·보완하여 축적한다.

6 직업정보의 평가

(1) **직업정보의 조건**: 직업정보는 정확성, 신뢰성, 효용성을 갖추어야 한다. 여기서 직업정보가 신뢰성을 갖기 위해서는 발행인, 전문적인 컨설턴트, 후원자, 기고가, 기금의 출처 등을 공개해야 한다. 즉, 어떠한 기금을 지원받아, 어떤 조직이나 기관의 후원하에 직업정보를 개발했으며, 누가 정보에 대하여 책임을 지는지 등을 밝혀야 한다.

(2) **직업정보의 평가기준**: 직업정보의 평가에서는 그 직업정보를 누가 만들었는지, 어떤 목적으로 만들었는지를 파악해야 한다. 또한 정보는 시간이 흐르면 가치가 없어지는 경우가 많기 때문에 언제 만들어진 것인지도 평가 내용에 포함되어야 한다.

콕콕!! 적중! 정혜영의 전문상담이론 Ⅲ

PART Ⅲ. 아동 심리학

1. 발달의 기본 개념
2. 신체 및 신경계의 발달과 특성
3. 인지발달과 심리
4. 언어발달
5. 사회인지 발달
6. 사회성 발달과 심리
7. 발달이상

1 발달의 기본 개념

1 발달(development)이란

1) 인간의 전생애 동안 연령의 증가와 함께 일어나는 모든 변화 과정이다. 인간이면 누구나 겪는 것으로 신체 및 운동능력·지적능력·언어·사회적 관계·정서·도덕·성격 등 모든 영역의 변화를 포함한다.
2) **발달과정**: 양적으로 커지고 기능 수준이 높아지고 원숙해지는 변화 + 기능이 약화되고 구조가 쇠퇴하는 변화
3) 약물이나 피로에 의한 일시적인 변화는 발달에 포함시키지 않는다.
4) 발달에는 순서가 있고 특정한 양식을 나타내며 지속성이 있다.

2 연령에 따른 발달의 시기

태내기	수정에서 출산까지 만 9개월
신생아기	출생에서 약 2주
영아기	신생아기가 끝나는 시기부터 약 2세
유아기	영아기가 끝나는 시기부터 약 6, 7세. 즉 초등 입학 전까지
아동기	유아기가 끝나는 시기부터 약 12, 13세까지 초등학교 시기
청소년기	아동기가 끝나는 시기부터 약 22, 23세까지
성인 초기	청년기가 끝나는 시기부터 약 40세까지
성인 중기(중년기)	약 40세 이후부터 60~65세까지
성인 후기(노년기)	약 65세 이후

1 헐록의 발달심리학적 입장에서 발달단계

단계	시기
태아기	수정~출생
유아기	출생~2세
아동 전기	2~6세
아동 후기	6~11세
청년기	11,12~21세
성인기	22~40세
중년기	40~65세
노년기	65세~사망

2 손다이크의 교육학적 입장에서의 발달단계

단계	시기
영아기	수정~1세
유아기	1~5세
아동기	5~12세
과도기	12~14세
청년 전기	14~18세
청년 후기	18~25세

3 발달심리학의 학문적 목표

1) 연령에 따른 발달의 변화를 객관적이고 정확하게 기술함으로써 보편적 양상 밝힌다.
2) 발달적 변화의 원인을 설명한다.
3) 개인의 발달수준(개인차)을 진단하고 건전하고 바람직한 방향으로의 발달을 위해 적절한 환경을 마련한다.

4 발달의 원리

1) 발달에는 일정한 순서가 있으며 누적적이다.
2) 발달은 일정한 방향으로 진행된다.
3) 발달에는 개인차가 있다.
4) 발달은 계속 이루어지지만 그 속도는 동일하지 않다.
5) 발달에는 결정적 시기가 있다.
6) 발달은 분화와 통합의 과정을 거친다.
7) 발달의 각 영역은 서로 밀접하게 관련되어 있다.

5. 발달의 기본주제

1 발달은 능동적인가 수동적인가?

(1) 아동이 자신의 발달에 있어 능동적인 공헌자인가 아니면 환경의 영향을 받는 수동적 수혜자인가에 대한 논쟁이다.
(2) 현대의 발달이론: 아동은 스스로 주위 세계를 이해하고 노력하는 능동적 존재라 생각한다.

2 발달은 연속적인가 불연속적인가?

(1) 발달적 변화가 양적이고 연속적인가 아니면 질적이고 불연속적인가에 대한 논쟁이다.
(2) 연속성 모델: 학습과 경험을 통해 행동이나 기능이 습득되는 과정에 적용. 기능 습득 과정에서 기능들을 결합 또는 재결합하여 점차 복잡한 능력을 형성해 간다고 봄. 양적인 변화를 강조한다.
(3) 불연속 모델: 단계이론에 적용. 발달과정에서 과거 기능·행동의 단순 결합이 아닌, 이전 단계의 행동과는 질적으로 다른 행동 변화가 일어남. 질적인 변화를 강조한다.
(4) 현대 발달심리학에서 아직 논란이 있지만 발달특성에 따라 연속성에 의해 설명되는 부분과 불연속성에 의해 설명되는 부분이 있음을 인정한다.

3 발달은 성숙에 의한 변화인가 학습에 의한 변화인가?

(1) **성숙**: 유전적으로 결정된 방향으로 발달해 가는 것. 경험에 의한 변화가 아니라 나이가 들어감에 따라 유전에 의해 나타나는 신체 혹은 행동상의 발달적 변화를 말한다.
(2) **학습**: 경험, 연습 혹은 훈련에 의해 나타나는 행동의 비교적 영속적인 변화를 말한다.
(3) 성숙은 유전에, 학습은 환경에 그 원천 두고 있다.
(4) 태내발달·신경계발달은 학습보다 성숙과정에 의존한다. 운동능력·인지능력의 발달에는 성숙과 학습 모두 중요한 역할을 한다.
(5) 학습과 성숙은 거의 모든 상황에서 상호작용: 발달과정에서 그 효과 분리하거나 상대적 영향을 평가하기 어렵다.

6. 발달 연구설계

1 횡단적 설계(cross-section design)

(1) 정의
서로 다른 연령대의 대상을 한 시점에 동시에 표집하여 연령집단 간 차이를 전반적이고 개략적으로 탐색하여 기술함으로써 그들 간 발달적 특징을 발달적 변화의 지표로 간주하는 연구법이다.

> **＋ 횡단적 설계의 예**
> 2010년의 한 시점에서 3세부터 12세까지의 아동을 각각 50명씩 총 500명을 표집하여 이들을 대상으로 자료를 수집하여 그 결과를 살펴본다. 이로써 10년의 연령층에 대한 자료를 한 시점에서 한 번에 수집하게 된다.

(2) 장점
① 각 연령집단 간의 차이와 유사성을 알 수 있다.
② 종단적 연구설계의 문제점을 보완. 단 기간에 많은 연구대상을 표집하여 조사할 수 있어서 시간과 노력, 비용에서 경제적이다.

(3) 단점
① 산출된 결과가 동일 개인의 연령에 따른 변화가 아니라 표집된 연령집단의 특성으로 인한 변화양상일 수 있어 정확한 연구결과 도출이 어렵다. 즉, 연령 차이는 연령 그 자체의 영향이라기보다는 동시대 출생집단(cohort)효과 때문일 수 있다.
② 개인이 어떻게 변화하는지 알 수 없고, 어떤 특성의 안정성에 대한 정보를 얻을 수 없다.
③ 성장과 발달에서 증가나 감소가 명확하지 않다.
④ 연구대상이 다양한 특성을 지녔거나 여러 지역에서 표집되었을 경우, 가외변인의 통제가 어렵다.

> **참고** 동시대 출생집단효과(코호트cohort 효과)
> 서로 다른 연령대 집단의 경우 동일하지 않은 문화적 혹은 역사적 성장 배경을 가지기 때문에 집단의 차이가 연령에 따른 발달 차이가 아닌, 동시대에 공유한 역사적·문화적 요인에 따른 차이일 수 있다. 이처럼 동시대 경험이 혼합변인으로 작용하는 것을 동시대 출생집단효과 혹은 코호트 효과라고 한다.

2 종단적 설계(longitudinal design)

(1) 정의
한 연령층의 아동을 어느 시점에서 표집하여 이들을 대상으로 여러 해 동안 반복적으로 연구함으로써 연령 증가에 따른 아동의 성장과 발달특성 및 변화양상을 살펴보는 것이다.

> **＋ 종단적 설계의 예**
> 2010년의 한 시점에서 3세 아동 100명을 표집하여 지능검사와 창의성검사를 매년 동일한 대상에게 2019년까지 10년간 실시하여 그 기간 동안 나타나는 아동의 지능과 창의성 발달경향 및 이와 관련된 특징적인 행동 등에 대해 살펴본다.

(2) 장점
① 시간에 따라 동일한 개인들을 반복 측정함으로써 개인 안에서 이루어지는 연령과 관련된 변화를 보다 정확하고 세밀하게 알 수 있다.
② 변화는 동일한 개인 안에서 일어나는 것이므로 집단들 간의 차이 즉, 동시대 출생집단의 차이와 혼동되지 않는다.

(3) 단점
① 시간과 노력, 비용이 많이 든다.
② 오랜 시간에 걸쳐 연구되기 때문에 피험자의 탈락현상이 있다. 따라서 남아 있는 피험자만 가지고 나온 결과를 일반화하는 데 문제가 있다.
③ 반복되는 검사로 인한 연습효과, 연령 증가에 따른 성숙 요인의 영향, 같은 영역에 대한 상이한 검사도구의 사용으로 인한 편파성과 해석의 문제가 있다.
④ 측정시기 효과: 측정 시점에 발생한 역사적 혹은 문화적 사건이 실험결과에 영향을 미친다.

3 단기 종단적 접근방법(short-term longitudinal approach) = 계열적 설계(sequential design)

(1) 정의

종단적 설계와 횡단적 설계의 단점을 최소화하고 각각의 방법이 지닌 장점을 살리면서 자료를 수집하는 샤이(Schaie)가 고안한 방법. 횡단연구에서처럼 각각 다른 연령의 집단을, 종단연구에서처럼 일정 기간 계속하여 평가한다.

> **＋ 단기 종단적 접근방법의 예**
>
> 2010년에 3세, 6세, 9세 아동을 연령 당 100명씩 표집하여 이들을 대상으로 2013년까지 3년 동안 매년 아동의 언어발달을 살펴보기 위해 여러 유형의 검사를 실시한다면 2013년에는 3세였던 연구대상은 6세가 되고, 6세는 9세가 되며, 9세였던 연구대상은 12세가 됨으로써 실제 연구기간은 3년이지만 실제로는 3세부터 12세까지 10년간의 자료를 수집할 수 있다.

(2) 장점

① 동시대 출생집단의 비교효과와 연령과 관련된 변화에 대한 정보를 모두 얻을 수 있다.
② 종단적 접근방법에 비해 시간과 노력, 비용이 적게 들며, 연구대상의 표집으로 인한 편파성도 줄일 수 있다.
③ 동시대 출생집단의 효과(코호트 효과)도 알 수 있다.

(3) 단점

많은 연구 참가자들이 필요하고, 장기간에 걸친 방대한 자료의 수집과 분석에 상당한 노력이 들며, 연구결과의 해석도 복잡하다.

4 발생과정분석 설계 또는 미시발생적 설계(microgenetic design)

(1) 정의

종단적 접근방법을 수정하여 극히 적은 수의 아동을 대상으로 이들의 특정행동이 형성되고 변화해 가는 과정을 매일 혹은 매주 단위로 면밀하게 추적하여 분석하는 방법이다. 관심 있는 행동을 순간순간 비디오로 녹화하여 반복 관찰함으로써 그 발생과정을 철저하게 규명한다. 주로 인지발달 분야에서 인지적 기술이 어떻게 발달하기 시작하여 숙련과정을 거쳐 안정적으로 획득되는지 과정 분석하는 데 활용된다.

(2) 장점

특정 행동이나 능력이 발달해 나가는 과정이 왜 일어나고, 어떻게 일어나는지를 자세하게 알고자 할 때 유용하다.

(3) 단점

반복적인 검사도구의 사용으로 인한 연습효과로 발생하는 연구 결과의 신뢰성 문제. 또한 연구 비용이 많이 소요된다.

5 아동발달 연구의 접근방법 종합정리

종류	목적	특징	장점	단점
종단적 연구설계	• 연령 증가에 따른 아동의 성장과 발달 특성 및 변화 양상에 대한 이해	• 한 연령층의 동일한 대상에 대한 장기적 연구	• 발달과정에 대한 정확하고 전반적인 정보 제공 • 질적 자료수집 용이 • 발달에 대한 환경과의 상호작용 규명 용이 • 인과관계 규명 용이 • 오염변인에 대한 통제 용이	• 비경제적 • 연구대상 선정 시의 편파성 • 시간경과에 따른 연구 대상자의 탈락 및 그로 인한 연구결과의 편파성 • 연구계획 변경 곤란
횡단적 연구설계	• 여러 연령층에 대한 전반적이고 개략적인 발달특성 이해	• 한 시점에서 여러 연령층의 연구대상 표집 연구	• 경제적 • 발달의 일반적 경향 이해 용이 • 조사, 측정방법의 타당성 검토 용이 • 예비가설의 검토 용이 • 연구결과를 즉시 활용 가능	• 연령별 발달의 세부적 변화 파악 곤란 • 가외변인의 통제 곤란 • 표집된 연령집단의 특성으로 인한 정확한 연구결과의 도출 곤란 • 개략적인 발달과정 기술로 인과관계 규명 곤란 • 각 연령군의 등질성 확보 곤란
단기 종단적 연구설계	• 짧은 시간 동안 중복되는 여러 연령층 대상 표집 연구	• 단기간 내에 연령별 발달특성을 비교적 정확하게 파악 가능	• 종단적 접근방법에 비해 경제적 • 출생동시집단의 효과 산출 • 표집으로 인한 편파성 감소	• 횡단적 접근방법에 비해 비경제적
출생 동시집단 설계	• 시대별 비교	• 각 시대의 특성을 다른 시대와 비교 가능	• 시대별 역사적 환경의 영향 규명 용이	• 연령별 발달변화나 경향 파악 곤란
발생과정 분석설계	• 세심한 발달특성 규명	• 연구대상이 매일 혹은 새로운 과제에 숙달할 때마다 그것이 시작된 시간으로부터의 변화과정을 추적	• 발생과정의 철저한 규명 용이 • 발달과정에 대한 독특한 통찰력 제공 가능	• 연습효과로 인한 발달 경향의 왜곡 가능 • 연구대상의 순간적 행동에 대한 집중적인 노력 필요 • 연구대상이 변화할 수 있는 시간 예측 곤란

2 신체 및 신경계의 발달과 특성

1 태내기 발달(수정에서 출산까지 만 9개월)

정자와 난자가 수정되어 형성된 세포를 접합체(zygote)라고 한다. 태내기 발달(prenatal development)은 접합체가 형성되는 시점부터 시작된다. 태내기 발달은 발아기, 배아기, 태아기의 세 단계를 거친다.

1 발아기

(1) 기간: 정자와 난자가 수정된 이후부터 2주의 기간

(2) 과정
  ① 정자와 난자가 수란관 상부에서 만나 수정한다.
  ② 수정된 접합체는 2주간 수란관을 따라 이동하여 자궁벽에 착상(implantation)한다.
  ③ 수정 후 약 4~5일이 지나면 접합체는 배반포로 분열 → 자궁에 거의 도달한다.
  ④ 수정 후 약 6~7일이 지나면 배반포는 자궁에 도달 → 태반이 형성된다.
  ⑤ 수정 후 약 11~15일 지나면 영양분, 기체 및 노폐물의 교환이 안정적으로 이루어짐. 배반포가 완전히 자궁벽에 착상한다.

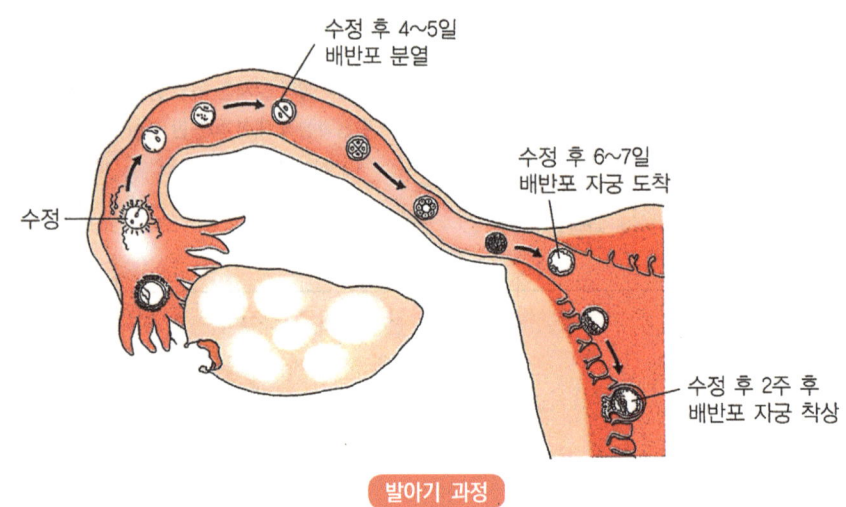

발아기 과정

2 배아기

(1) 기간: 수정 후 약 2주에서 8주까지의 기간

(2) 과정: 발아기 동안 자궁벽에 착상했던 배반포는 배아기 동안 세 개의 세포층을 형성한다.
  ① 외배엽(ectoderm): 피부, 머리카락, 신경계로 분화
  ② 중배엽(mesoderm): 근골격계와 순환계로 분화

③ 내배엽(endoderm): 소화 및 호흡 관련 내장기관으로 분화
④ 수정 후 약 3주가 지나면 신경관이 형성되어 훗날 뇌와 척수가 된다.

3 태아기

(1) 기간: 임신 후 2개월부터 출생까지

(2) 과정

① 5개월이 되면 태아는 움직이기 시작. 얼굴 형태가 명확. 성별이 확실해진다.
② 6개월이 되면 체모를 가지게 되고, 시각과 청각이 발달하여 보고 들을 수 있게 된다.
③ 7개월이 되면 태아의 지방 조직이 발달. 몸무게가 증가한다.
④ 출생 직전 태아는 움직임이 느려지고, 머리를 아래로 향한 채 팔과 다리를 구부린 자세로 세상에 나올 준비를 한다.

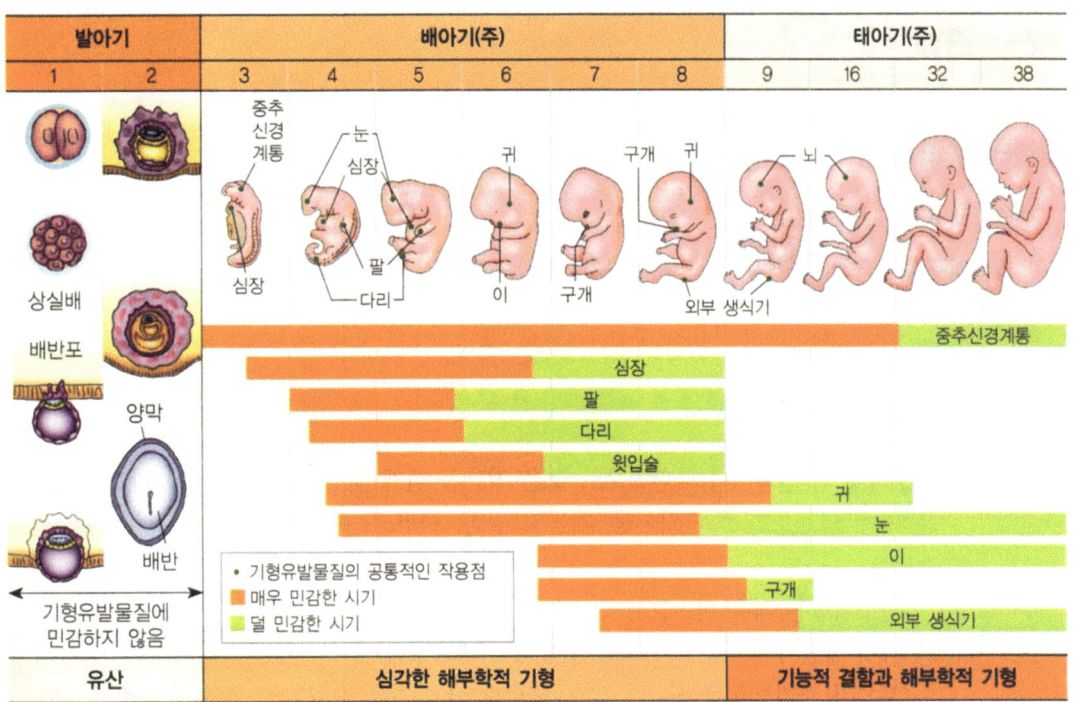

태내 발달 시기에 따라 기형유발물질에 민감한 신체 부위가 다르다.
출처: Kell(2014)

태내 발달과 기형유발물질에 대한 민감기

4 태아발달의 영향 요인

(1) **태내발달의 영향 요인**: 모체의 질병, 식사, 약물, 알코올, 호르몬과 산소 수준, 어머니의 연령이나 정서 상태 등 포함한다.

(2) 태내 아기에게 공통적으로 영향 미치는 일반적 원리

① 요인의 영향은 태아 발달단계에 따라 다르게 나타난다. 보통 태내에서 형성되고 있는 세포에 영향을 준다.

② 영향요인에 따라 다른 발달이탈이 나타난다.
   예 풍진: 주로 심장과 눈 및 뇌에 영향/탈리도마이드(수면제): 주로 팔 다리
③ 태아와 모체의 유전형이 태내 환경의 영향에 중요한 역할을 할 수 있다.
   예 풍진 앓은 임산부가 모두 결함 있는 아기 출산하는 것은 아님, 임산부나 태아가 그 요인에 더 민감한 성향을 지닐 때 결함 있는 아기 출산
④ 모성의 생리적·병리적 상태가 영향요인의 활동에 영향 미친다.
⑤ 태아에게는 손상을 가져온 요인이 모체에는 별 문제를 야기하지 않을 수 있다.
⑥ 하나의 요인이 여러 차원의 결함을 초래할 수 있고, 여러 요인이 하나의 결함을 낳을 수도 있다.

(3) 출생 후 경험적 요인이 결함의 장기적 효과 최소화에 작용하는 중요한 요인이 된다.
   예 부모의 불안, 과보호, 거부적 태도 등

2 출산

1 출산과정

(1) 태아가 모체 밖으로 나오는 과정
(2) 개구기(자궁경부 열림) → 만출기(아기 나옴) → 후산기(태반과 탯줄 나옴)

2 출산 시 문제

(1) 산소결핍증
   ① 과도하게 긴 진통이나 극단적으로 짧은 진통을 하게 되면서, 제왕절개를 하는 과정에서 산소결핍증을 겪게 되고, 그 결과 뇌손상, 기능적 결함, 사망 등이 발생할 수 있다.
   ② 후유증
      ㉠ 산소결핍증 겪은 아이들은 산만하고 주의력 부족의 특징을 보인다.
      ㉡ 나이 들면서 성격문제와 사회 적응의 어려움 증가 경향. 원인은 주의력 부족 등의 특성으로 인해 부모가 과잉보호나 거부적 태도를 갖게 되어 아동 적응에 문제를 가져올 수 있다고 해석한다.

(2) 조산
   ① 정의: 정상보다 3주 이상 일찍 분만. 임신 28-37주에 태어나거나 38주 이후 2.5kg 이하의 체중미달아를 말한다.
      참고 체중만 기준으로 삼는 것은 부적절하다. 부모의 신장, 어머니 연령 및 영양 상태에 비추어 체중을 고려해야 한다. 성숙의 판단기준으로 골격, 신경학적, 생화학적 지표를 함께 적용한다.
   ② 후유증
      ㉠ 극단적 체중미달: 지적 손상과 관련. 산소결핍증으로 인한 결함보다 더 지속적인 경향이 있다.
      ㉡ 조산과 관련된 장기적 결함: 사회성 발달보다는 인지적 결함에서 더 많이 나타난다.
      ㉢ 조산의 영향은 분만의 문제나 체중미달, 보육기 부모와 격리, 부모의 양육방법 등의 요인과 관련하여 이해하는 것이 중요하다.

- 조산아 초기경험의 문제: 만숙아보다 적은 감각적·사회적 자극 받음. 모자격리로 어머니와의 유대형성에 손상될 가능성이 있다.
- 추가자극이 보육기의 조산아가 경험하는 단조로운 자극의 영향을 상쇄할 수 있다.

3 신생아기 발달(생후 10일~2주)

신체적으로 배꼽이 아물어 붙고, 생리적으로 환경변화에 적응하는 시기이다.

1 반사(reflex) 행동

신생아는 주변의 소리나 빛 혹은 접촉과 같은 자극에 학습되지 않은 자동적인 반응을 보인다. 이러한 반사 행동은 생존과 밀접한 관련이 있으며, 크게 접근 반사, 회피 반사, 기타 반사 세 가지 범주로 나뉠 수 있다.

(1) **접근 반사**: 영아의 환경적응에 유용하거나 인간 생존에 필요하며 지속적으로 유지되는 반사능력
   종류〉 받아들이는 행동으로 찾기, 빨기, 삼키기 등

(2) **회피 반사**: 자극에 대해 최대치로 반응하거나 아예 반응을 하지 않는 것
   종류〉 기침, 재채기 등 주로 신체를 위협하는 자극에 대한 반응

(3) **기타 반사**: 진화하는 과정에서 인간의 생존에 도움이 되는 적응적인 반사
   종류〉 잡기 반사(Palmer grasp reflex), 모로 반사(Moro reflex)

(4) 영아의 중추신경계 발달 평가에 사용 가능: 중추신경계 문제 있을 때 특정 반사가 사라져야 할 때 사라지지 않는다.

반사 종류	사진	설명	소실 시기
찾기 또는 방향 rooting		• 볼을 만지면 신생아는 그 방향을 향해 고개를 돌린다. • 젖을 먹을 수 있게 함. • 심리적 문제 있는 영아는 없음. • 심한 대뇌질환 있는 성인은 있음.	생후 3~4개월
빨기 sucking		• 입가에 무언가를 대면 물고 빤다. • 생후 3~4일 동안 빨기가 약하고 규칙적이지 않다. • 영양분 섭취 가능. 감각 둔한 아기, 분만 시 약물복용은 약한 빨기 반사	생후 3~4개월

반사 종류	사진	설명	소실 시기
모로 Moro		• 갑자기 큰소리 내거나 아기 자세 변화 시키면 등 구부리고 손과 발을 앞으로 뻗는다. • 중추신경체계의 심각한 장애 있는 경우 약하거나 나타나지 않음.	생후 3~5개월
바빈스키 Babinski		• 신생아의 발바닥을 만지면 부채처럼 폈다가 다시 오므린다. • 척추하부에 결함 있는 경우 나타나지 않음	생후 9~12개월 사이 → 성인처럼 발가락을 발바닥 쪽으로 굽힘
긴장성 목 tonic neck		• 고개가 돌아가 있는 방향의 팔은 쭉 뻗고, 반대편 팔은 구부린다.	생후 2개월 이후
걷기 stepping		• 신생아를 세워 바닥에 발이 닿게 하면 마치 걷는 듯한 움직임을 보인다.	생후 3~4개월 이후
잡기 grasping		• 손바닥을 건드리면 물체를 꽉 쥔다. • 심리적 문제가 있는 경우는 반응이 약하거나 거의 나타나지 않는다. • 빠는 운동이 파악반사를 촉진한다.	생후 3개월 이후 약화 → 생후 1월동안 증가 → 감소 → 4~5개월 의도적 잡기로 → 12개월 이후 소멸

2 생리적 기능의 발달적 변화

영아의 상태와 변화는 통제될 수 없으며, 상태 그 자체로 이해되어야 할 하나의 현상이다.

(1) 수면
  ① 신생아는 하루의 7~80% 잔다.
  ② 성장하면서 깨어있는 시간 늘고 수면시간 감소함에 따라 환경과의 상호작용 증가한다.
  ③ 밤에 자는 리듬형성이 영아기 중요 발달과업의 하나. 이는 영아 내적 리듬의 외부세계 요구에의 적응 과정을 설명한다.
  ④ 나이가 들면서 수면의 양, 시간 분포, 종류 변화한다.
  ⑤ 신생아 수면의 50%는 REM 수면이다. 자라면서 이 비율이 급속히 감소한다.

2 신체 및 신경계의 발달과 특성

⑥ **자동자극이론**: REM 수면상태가 뇌중추를 자극해 중추신경계 발달을 돕는다는 이론이다.
  ㉠ 영아 발달로 외부 자극 처리능력 생기면, 자동자극이 덜 필요해 REM 수면이 감소한다.
  ㉡ 성인은 보통 REM수면 전 1시간 NREM 수면. 영아는 어느 상태든 바로 REM 수면이다. 6개월경 성인 수면유형이 나타난다.

(2) 울음
  ① 영아가 자신의 욕구를 양육자에게 전달하는 초기 수단 중 하나이다. 사회적 상호작용 기회가 된다.
  ② 울음 유형은 배고픔과 관련된 기본유형, 화난울음, 고통의 울음으로 나뉜다. 대부분의 어머니는 세 유형 쉽게 구분한다.
  ③ 울음은 처음에 내적 자극으로 시작하였다가 성인과 계속된 상호작용 결과로 양육자와 접촉할 수 있는 의도적 수단이 된다.
  ④ 울음에 대한 어머니의 중재: 영아 울음 그침, 서로 즐거운 상호작용 일어남의 두 가지 강화를 받는다.
  ⑤ 영아가 양육자에게 신호 보낼 수 있는 다른 수단(운동 및 언어능력)이 발달됨에 따라 울음에 대한 의존도 점차 낮아진다.
  ⑥ 비정상성 발견의 지표: 울음은 후에 비정상 발달을 보일지에 대한 예견에도 이용 가능하다.

(3) 신생아 검사
  ① 아프가 척도
    ㉠ 아프가(Virginia Apgar) 박사가 1953년에 개발한 검사이다.
    ㉡ 출생 직후 신생아의 건강 상태를 측정하는 대표적 의학 검사이다.
    ㉢ 생후 1분 후와 5분 후, 총 2회에 걸쳐 검사한다.
    ㉣ 5개 척도의 최종점수 합산이 최하 0점~최고 10점 범위. 정상은 7~10점, 원활한 호흡을 위해 도움이 필요한 경우 4~6점, 위험한 상태로 즉각적 조치가 필요한 경우 0~3점
    ㉤ 척도 기준 및 점수

척도	0점	1점	2점
피부색	몸 전체가 푸르고 창백	몸은 연붉은 빛, 사지는 푸른 빛	몸 전체가 분홍빛
심장박동률	없음	느림(분당 100 이하)	빠름(분당 100 이상)
반사능력	무반응	약한 반사 반응	강한 반사반응
근육상태	축 늘어져 있음	약하고 비활동적	강하고 활동적
호흡	없음	불규칙, 느림	양호, 울음

(4) 영아돌연사 증후군
  ① 영아가 수면 중 갑자기 호흡 정지됨으로써 사망하는 현상이다.
  ② 정확한 원인 밝혀지지 않음: 신생아 때 호흡 문제 또는 병원에 오래 있음, 보육기 있었음, 어머니가 임신 중 흡연, 어머니 빈혈이나 적절한 영양공급 안 된 체중미달 남아에게 많이 생긴다.
  ③ 겨울철 수면 중, 감기 같은 호흡기 질환 동반. 생후 2~4개월에 흔하고 6개월 이후 드물다.
  ④ 2~4개월 반사적 수준에서 자발적 반응단계로 변화할 때 가장 많다. 이행과정이 순조롭지 못할 때 사망위험이 높다고 해석된다.

4. 신경계 발달

1 발달초기

시냅스가 매우 활발히 생성한다. 출생 후 첫 6개월 초당 10만 개 시냅스가 형성된다. 만 2세에는 하나의 신경세포가 약 1만 개의 시냅스 연결을 가지게 된다.

(1) **시냅스 생성**: 신경세포 간의 시냅스 연결이 형성되는 것

(2) **시냅스 상실**
  ① 나이가 들면서 자주 사용되는 시냅스는 강화, 그렇지 않은 시냅스는 다른 경로로 대체되거나, 소멸된다.
  ② 과잉 생성 후 선택적 소멸 과정: 영아가 성장함에 따라 시냅스 연결망은 급격히 분화된다. 이때 사용된 시냅스는 보다 강화되어 계속 존재하지만, 사용되지 않은 시냅스는 소멸한다. 즉, 인간은 출생 전후에 가장 많은 뉴런을 가지고 있다가 발달과정을 통해 필요한 만큼의 뉴런과 시냅스만 남기고 필요 없는 것을 버리는 과정을 거치게 된다.

(3) **시냅스 생성과 상실 시기**: 뇌의 영역마다 다른 시기에 발생
  ① **시각영역**: 태내기부터 출생 후 1년까지 활발하게 일어나다 아동기까지 시냅스 상실 진행
  ② **청각피질**: 시각 영역보다 생성 및 상실이 좀 더 늦게 진행
  ③ **전전두엽피질**: 만 3세가 지나야 시냅스 생성이 최고점에 이른다. 그 후로 청소년까지 시냅스 상실 계속 진행
  ④ **급속한 수초화**: 수초화는 뇌의 빠른 성장에 영향을 미치며 영아기 동안 급속하게 진행되지만, 뇌의 영역에 따라 속도와 완성 시기에 차이가 있다.

(4) **중추신경계(뇌와 척수)**
  ① 배아기 때 형성되기 시작하였다. 배아의 외배엽에서는 신경관이 형성된다.
  ② 이후 신경관의 앞부분은 뇌, 뒷부분은 척수로 분화되었다.
  ③ 신경관 주변 세포는 자율신경계를 포함하는 말초신경계가 된다.
  ④ 수정 후 4주가 지나면 신경관 앞쪽이 전뇌, 중뇌, 후뇌로 발달한다.
  ⑤ 이후 중뇌와 후뇌 일부는 뇌간이 되어 척수와 결합. 후뇌의 다른 부분은 소뇌가 된다.
  ⑥ **뇌간**: 두뇌의 부위 중 가장 먼저 발달하는 뇌 부위로 수정에서 15개월까지 발달하며, 숨쉬기, 동공반사 등 생존에 필요한 기능을 담당한다.
  ⑦ **변연계**: 뇌의 가운데 부분을 차지하는 변연계는 감정, 성욕, 식욕 등 감정과 본능적 욕구를 조절한다. 변연계는 15개월부터 4세까지 가장 활발하게 발달한다.
  ⑧ **대뇌피질 발달순서**
    ㉠ 생후 1년 동안 뉴런이 수초화되고 시냅스가 증가하면서 점차 발달하게 된다.
    ㉡ 영아는 생리 상태를 조절하는 능력이 발달하고 반사를 보다 잘 통제할 수 있게 된다. 생후 8개월 무렵부터는 대뇌피질 중 정서관련 부위가 증가를 보이고, 부모와의 애착이 일어나는 시기에 매우 활발한 활동이 이루어진다.
    ㉢ 시각과 청각을 관장하는 피질의 시냅스 성장과 수초화는 시각과 청각의 발달이 급속히 이루어지는 시기인 3~4개월에 시작해서 첫 돌에서 두 돌까지 계속된다.

㉣ 언어를 관장하는 전두엽 피질에서의 뇌파 활동 증가는 개념적 사고와 언어발달이 활발해지는 1.5세~2세에 일어난다.

⑨ **뇌의 가소성(plasticity, 조형성)**: 인간의 뇌는 환경에 의해 변할 수 있는 유연성인 가소성이 있다. 특히 영아기에는 뇌의 가소성이 가장 크다.

종류	내용
회복(restoring)가소성	• 뇌손상 후 뇌는 자체적인 변화와 적응을 통해 잃어버린 기능을 어느 정도 회복한다는 것 • 영아기에는 뇌의 특정 영역이 손상되더라도 다른 영역에서 대신 수행하거나 연결을 재구성하는 등의 재구조화도 가능하다.
적응(adaptive)가소성	• 새로운 경험과 환경을 통해 뉴런의 시냅스가 강화되거나 약화되어 기능과 구조의 변화가 이루어지는 것 • 후천적 노력이나 평생 동안의 학습이 중요하다는 것을 보여주는 것으로, 성인기 이후의 뇌의 보상을 통해 설명된다.

5 신체적 성장과 운동발달

1 영아기(신생아기가 끝나는 시기부터 약 2세): 매우 큰 변화 나타난다.

(1) **발달순서**: 머리 → 다리(뇌·눈 → 턱), 중심 → 외곽(팔의 근육 통제 → 손가락 통제), 전체 → 특수(걷는 행동 → 젓가락 사용)

(2) **이행운동 발달**: 2~4개월의 개인차 있을 수 있다.

> (0월) 태내자세 → 1) 턱 들기 → 2) 가슴 들기 → 3) 팔 뻗어 물체에 손대기 → 4) 받쳐주면 앉기 → 5) 무릎위에 앉고 물건 잡기 → 6) 높은 의자에 앉아 매달린 물건 잡기 → 7) 혼자 앉기 → 8) 도와주면 선다 → 9) 가구잡고 일어선다 → 10) 긴다 → 11) 잡아주면 걷기 → 12) 의자 잡고 일어선다 → 13) 계단 오른다 → 14) 혼자 선다 → 15) 혼자 걷는다

(3) 운동능력 발달해서 이동이 가능해지면 독립성이 증가한다. 주위환경 좀 더 넓게 탐색하게 된다. 양육자와 또래에게 사회적 관계 먼저 시도하게 된다.

(4) **율동적 행동**: 생후 1년 동안 팔, 다리, 몸통 및 머리를 반복적으로 움직이는 행동. 율동적 행동은 '협응되지 않은 활동으로부터 복잡하고 협응된 행동으로의 이행'이라는 적응적 기능을 가지게 한다.

2 유아기(영아기가 끝나는 시기부터 약 6, 7세, 즉 초등 입학 전까지)

(1) 영아기 이후 운동능력이 급속히 발달한다.

> 예 (3세)줄 따라 똑바로 걷기 / (4세)한 발로 깡충깡충 뛰기 / (5세)자전거 타기

(2) 대근육 활동의 발달: 신체적 성장과 함께 신체적 협응 또는 정밀한 근육 사용할 수 있는 효율적 방법 습득 때문이다.

연령	걷기	달리기	뛰기	페달 밟기	오르기	던지기
2~3세	율동적으로 잘 걷는다.	몸을 뻣뻣하게 세우고 달린다. 방향을 바꾸거나 갑자기 멈추는 것이 어렵다.	두 발로 깡충 뛴다.	장난감 자동차에 올라타고 두발로 민다.	계단을 오를 때 한발을 먼저 올려 놓고 그 다음 다른 쪽 발을 그 옆에 놓는다. 높은 곳에 올라갈 수 있지만 내려오지는 못한다.	목표물을 향해 공을 던지는 데 두 팔을 사용한다. 발이나 몸은 움직이지 못한다.
3~4세	팔을 앞뒤로 흔들며 걷는다. 직선 위를 잘 걷는다.	유연하게 잘 달리고 출발과 정지를 잘 한다.	두 발로 높이 뛰어오른다. 한 발로 장애물을 뛰어넘는다.	세발 자전거를 탈 수 있다.	계단을 오를 때는 한 발로 차례차례 오르지만 내려올 때는 두 발을 모아서 내려온다.	몸을 앞뒤로 흔들며 한쪽 팔로 공을 던진다.
4~5세	곡선 위를 걷는다. 평균대 위를 걷는다.	빨리 잘 달리고 달리면서 방향을 바꿀 수 있다.	깡충깡충 뛰면서 앞으로 나아간다.	세발자전거를 빠르고 유연하게 잘 탄다.	발을 번갈아가면서 계단을 오르내린다. 사다리, 정글짐, 미끄럼틀, 나무 등을 타고 오르내린다.	팔꿈치를 사용해서 공을 던진다.
5~6세	성인처럼 걷는다.	속력을 내서 잘 달린다.	높이뛰기와 멀리뛰기를 할 수 있다. 줄넘기를 한다.	두발자전거를 탈 수도 있다.	성인처럼 오르고 내린다.	발을 앞으로 내밀고 팔을 쭉 뻗어 공을 던진다.

(3) 대근육 운동발달과 동시에 눈과 손의 협응과 소근육 통제가 빠르게 발달하여, 손의 사용이 점차 정밀해진다.

(4) 소근육 운동
   ① 3세경: 손가락으로 물건을 집고 많은 양의 액체가 담긴 컵이나 용기를 엎지르지 않고 옮길 수 있으며, 주전자에 담긴 물을 다른 용기에 부을 수 있고, 옷의 큰 단추와 지퍼를 채울 수 있다. 또한 중지와 엄지손가락을 사용하여 크레용을 잡을 수 있어, 끼적거리기 단계에서 발전하여 가로, 세로, 둥근 선이 나타난다.
   ② 4세경: 실로 작은 구슬들을 꿸 수 있고, 목적을 가지고 그림을 그리지만 뜻대로 되지 않아 종종 완성품의 제목이 달라진다. 자신의 이름과 몇 개 숫자를 쓸 수 있다.
   ③ 5세경: 손의 움직임이 세밀해져서 가위로 대부분의 모양을 선 따라 자를 수 있고 연필을 정확하게 잡으며, 선 안으로 색을 칠함, 펜을 쥐고 문자를 빠르게 쓸 수 있다.

④ 켈로그(Kellogg,, 1969)의 소근육 발달에 따른 그림 발달단계

단계	내용
제 1단계 (1세 반~2세)	• 끼적거리기 단계 또는 낙서 단계 • 뚜렷한 형태가 없는 점이나 선을 그린다. • 끼적거림은 이후에 직선, 나선, 곡선, 원으로 발달
제 2단계 (2~3세)	• 단순한 형태 단계 • 원, 삼각형, 사각형 등의 단순한 기하학적 형태를 그림
제 3단계 (3~4세)	• 무늬를 그리는 단계 • 직선이나 곡선, 단순한 형태를 합하여 무늬를 그림
제 4단계 (5~7세)	• 실제 사물을 그리는 단계 • 사람, 동물, 자동차, 나무, 집 등 실제 사물 그림 • 사람의 세부적인 부분도 자세히 묘사

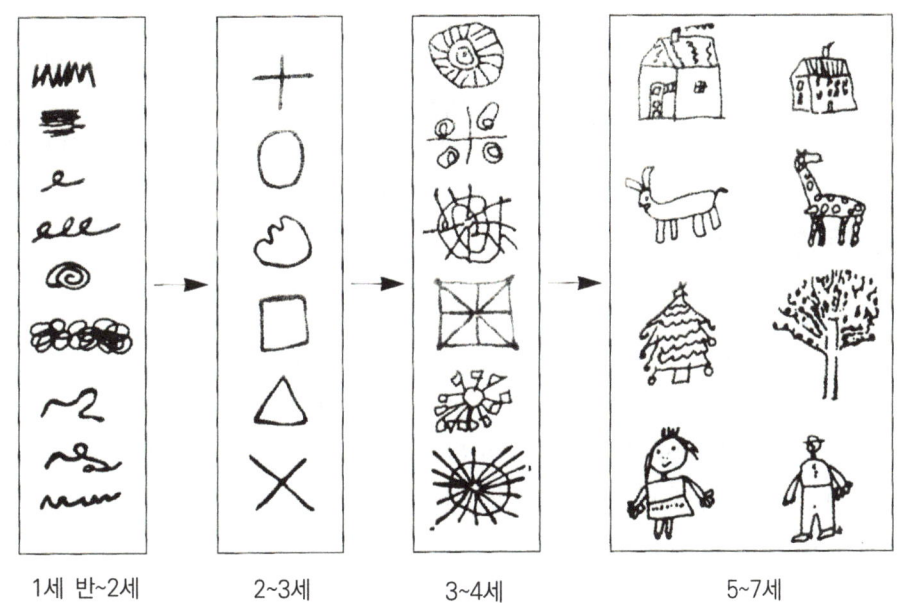

(5) 자조기술(self-help skill)

① 대소변 가리기, 밥 먹기, 옷 입기 등 스스로 신변처리를 할 수 있는 기술이다. 중추 신경 및 근육운동의 협응이 성숙되어야 가능하다.
② 2세경: 대소변 가리기, 혼자 음식 먹기
③ 3세경: 숟가락과 젓가락을 효율적으로 사용, 혼자서 옷 벗기
④ 4세경: 혼자서 옷 입기
⑤ 5~6세경: 단추나 지퍼 잠그기, 신발 신고 벗어서 가지런히 놓기
⑥ 6~7세경: 흘리지 않고 제대로 식사

3 청소년기(아동기가 끝나는 시기부터 약 22, 23세까지)

(1) **성장급등(growth spurt)**: 신체적 크기와 형태가 급격히 변화하는 현상이다.
  ① 체중 먼저 증가, 4~6개월 후 신장이 급격히 커짐. 보통 만 10~13세에 성장급등 경험
  ② 여아가 남아보다 사춘기를 좀더 빨리 경험
  ③ 근육은 신장 급등 후 약 1년 후가 되어야 가장 크게 발달
  ④ 사춘기 이후 신체가 성인 모습으로 변모

(2) 사춘기 이후 운동능력의 남녀 차이가 생긴다(원인: 남아의 근육량이 더 많기 때문, 성역할 사회화 때문).

(3) 사춘기 여자 아동
  ① 신체 변화: 가슴이 커지고, 생식기와 겨드랑이에 털이 자라고, 신장과 골반 커짐 등
  ② 호르몬 변화: 초경 시작. 여성호르몬인 에스트로겐(estrogen)과 에스트라디올 수치 증가

(4) 사춘기 남자 아동
  ① 신체 변화: 음경의 크기가 가장 먼저 커지고 이후 고환이 커지게 된다. 생식기와 겨드랑이에 털이 자라고 신장이 자란다. 목소리가 굵어지고 근육이 급격히 성장하며 얼굴에 수염이 나기 시작한다.
  ② 호르몬 변화: 남성호르몬인 안드로겐과 테스토스테론(testosterone) 수치가 증가

4 신체적 발달의 영향요인

(1) 생물학적 요인
  ① 신체적 성숙과 운동발달 순서는 모든 아동에게서 일치한다.
  ② 규칙적 성숙순서는 인간 공통의 유전적 유산이다.
  ③ 개인마다 성장발달에 영향 미치는 독특한 유전인자 갖고 태어난다.
  ④ 전 성숙과정에 유전이 작용. 신장, 성숙 속도도 유전된다.
  ⑤ 유전인자가 성장에 어떻게 영향 미치는지는 아직 확실한 답이 없다. 그러나 통상적으로 유전인자가 호르몬 분비를 통제하고 이 호르몬이 주로 신체적 성장과 발달에 영향 미치는 것으로 이해된다.

(2) 환경적 영향
  ① 인간의 성장과 발달에 가장 큰 영향 미치는 것: 영양
    ㉠ 부적절한 영양 공급: 아동은 매우 느리게 발달. 영양부족 장기화되고 특히 생후 5년간 영양부족 상태 있었던 경우 뇌 성장이 심하게 지체되고, 신장과 체격 평균 미달이 된다.
    ㉡ 과잉영양 공급: 비만, 성인병, 또래관계의 문제 야기
  ② 심리적 요인: 신체적으로 건강한 아동도 스트레스 받고 애정 받지 못하면 신체 성장과 운동발달 지체될 가능성이 높다.

6 지각 발달

1 지각연구방법

(1) **지각적 선호도 측정법(visual preference method)**: 팬츠(Fantz, 1963)가 고안한 방법으로, 영아에게 동시에 두 가지 이상 자극을 제시한 후, 각 자극에 대한 응시시간을 측정하여 영아의 지각 발달을 연구하는 측정법이다.
  ① 두 가지 자극 중, 더 오랫동안 응시한 자극을 영아가 선호하는 것으로 판단한다.
  ② 두 가지 자극 중, 더 오랫동안 응시를 한다는 것은, 영아가 물체를 변별할 수 있다는 것을 의미한다.

(2) **습관화 및 탈습관화(habituation and dishabituation)**: 어느 대상에 반복적으로 노출되어 흥미를 잃은 영아에게 다른 대상을 보여줬을 때 영아가 다시 흥미를 보이는 것을 뜻한다.
  ① 습관화: 영아에게 한 그림을 보여주었을 때, 영아가 지속적으로 그림을 쳐다보다가 흥미를 잃고 더 이상 쳐다보지 않는다면 이는 영아가 그 그림에 습관화되었다고 볼 수 있다.
  ② 탈습관화: 이후 영아에게 새로운 그림을 보여 주었는데 영아가 새로운 그림을 이전 것보다 더 오랫동안 응시한다면 영아는 이전 그림에 대해 탈습관화가 된 것이다.
  ③ 영아가 탈습관화를 했다는 것은 이전 자극과 새로운 자극을 구분할 수 있다는 것을 의미한다.

(3) **아이 트래킹(eye-tracking)**: 영아의 안구운동을 측정하는 방법이며, 시표측정이라고도 불린다. 초경량 무선기계를 영아의 머리에 달고 영아가 자유롭게 움직이는 동안 영아의 시선이 어디에 머무르는지 추적한다.

(4) **빨기반응 연구**: 빨기 속도나 강도를 기록할 수 있는 고무젖꼭지에 전선을 연결하여 영아가 이 젖꼭지를 빠는 속도와 세기를 살펴봄으로써 자극 변별을 알아보는 것이다.

(5) **뇌 영상법**: 뇌의 어느 영역이 활성화되고 있는지를 이미지로 보여준다.
  ① 양전자 방출 단층촬영술(PET): 인체에 해롭지 않은 방사선 물질을 혈관에 투입하는데, 이 때 뇌가 활성화된 곳에 더 많은 혈류가 흐르게 되고 따라서 그 영역에서 다량의 방사선 물질이 촬영된다.
  ② 기능적 자기공명영상(fMRI): 혈류 속에 산소를 공급하는 헤모글로빈의 자성을 이용해 뇌 활성화를 측정한다. 즉, 이 방법은 활성화된 뇌 영역이 산소를 더 많이 사용하면서 더 강한 자성을 띠게 된다는 특징을 이용해 활성화된 뇌 영역을 촬영하는 것이다.

2 시각의 발달

(1) 영아 시력의 전반적인 특징
  ① 태어난 지 몇 분이 채 안 된 영아도 세상을 볼 수 있다. 그러나 갓 태어난 영아의 시력은 성인 시력의 1/40밖에 되지 않는데, 이는 망막이 아직 성숙하지 않았기 때문이다.
  ② 옆 그림에서 보듯 같은 대상을 보더라도 영아는 성인에 비해 흐릿한 형체만을 볼 수 있다.
  ③ 영아의 시력: 생후 6개월 즈음 되었을 때 빠른 속도로 발달되어, 출생 때보다 5배가 좋아진다. 만 6세가 되면 성인과 비슷한 시력을 갖게 된다.
  ④ 영아의 시력은 성인에 비해 좋지 않지만, 영아는 시각을 통해 다양한 정보를 얻는다.

(2) 형태 지각
   ① 대비 민감도(contrast sensitivity): 명도 차이에 대한 민감도
      ㉠ 영아기에는 아직 망막이 성숙되지 않았기 때문에 대비 민감도가 매우 낮다.
      ㉡ 영아는 물체 간의 극명한 명도 차이를 구별하지 못하여, 대비가 뚜렷한 윤곽을 선호한다.

   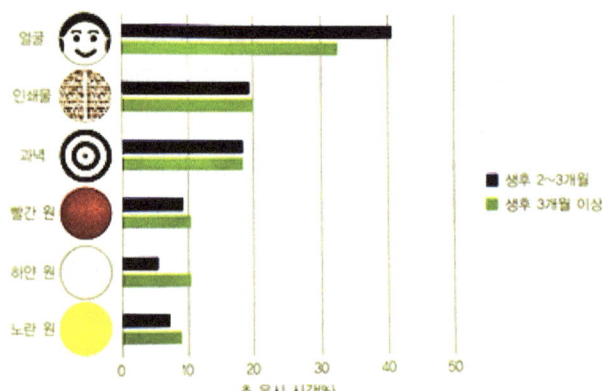

   ② 얼굴형태 선호 경향: 영아가 여러 가지 형태를 각각 응시한 시간을 측정한 결과, 얼굴 형태를 더 선호하였다.
      ㉠ 생후 1개월의 영아는 얼굴 외곽을 주로 훑어보았다.
      ㉡ 생후 2개월의 영아는 눈이나 코와 같이 세세한 부분을 응시하였다.
      ㉢ 어린 영아일수록 시각피질과 피질하 구조가 아직 미성숙하므로 대비가 뚜렷하게 나타나는 윤곽을 더 많이 응시한다는 것을 보여준다.

(3) 얼굴 지각
   ① 조율: 얼굴 지각은 이른 시기에 어떤 시각 경험을 하느냐와 초기에 어떤 얼굴에 더 많이 노출되느냐에 따라 '조율'된다.

(4) 색깔 지각
   ① 생후 약 8주: 몇 가지 색깔을 구별한다.
   ② 다양한 실험 결과를 통해 영아가 색깔을 구분하고 범주화할 수 있다는 사실을 발견하였으나, 보편적으로 선호하는 색깔이 무엇인지에 대해서는 일관된 결과가 존재하지 않는다.

(5) 크기 지각
   ① 크기 항상성(size constancy): 물체가 관찰자에게 가까이 있을 때와 멀리 있을 때 망막에 비치는 크기는 다르지만, 물체의 실제 크기는 변하지 않는다는 사실을 아는 것이다.
   ② 영아의 경우 생후 약 3개월부터 크기항상성을 조금씩 이해하기 시작. 성인은 단순히 망막에 비치는 물체의 크기만으로 모든 정보를 파악하지 않는다.

(6) 운동 지각
   ① 생후 약 3.5개월에 움직임을 지각한다.
   ② 생후 5개월이 되었을 때 한 방향에서 다른 방향으로 움직이는 진동 운동과 원을 그리는 회전 운동을 구별할 수 있게 된다.

(7) 깊이지각

① 깁슨과 워크(Gibson & Walk, 1960)의 시각절벽(visual cliff) 실험
② 생후 6개월 이후 영아는 깊이를 지각한다.
③ 기어다니기 시작하는 시기와 깊이를 지각하는 시기가 비슷하다고 제안한다.
④ 후속 연구에서 생후 1개월 영아도 깊이를 지각할 수 있다고 제안한다.
⑤ 영아도 생후 7개월이 되면 그림단서(단안깊이단서)를 이용하여 깊이를 지각하는 것이 가능하다.
⑥ 시각적 모션 단서(dynamic cues): 물체가 움직이거나 관찰자가 움직일 때 물체의 움직임이 변하는 정도에 따라 거리 혹은 깊이를 지각하도록 도와주는 것이다.

(8) 물체의 단일성: 부분적으로 가려진 것이 한 물체인 것을 아는 것이다.

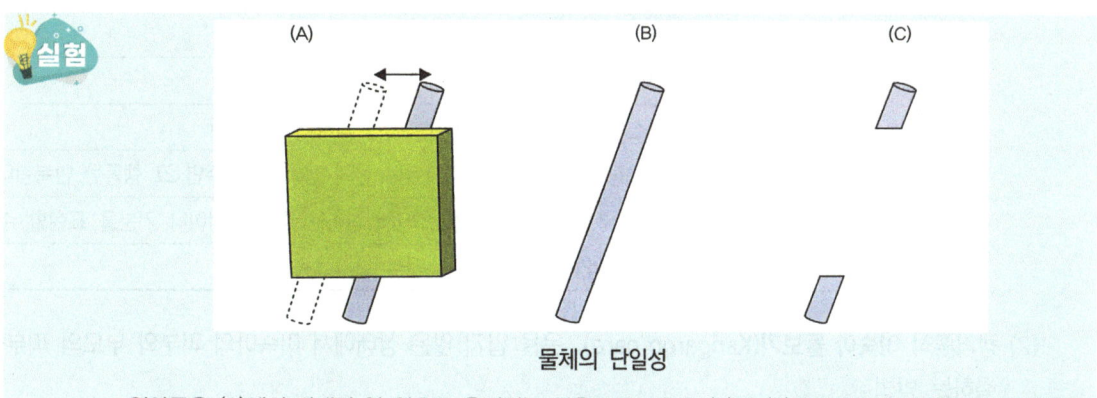

물체의 단일성

- 영아들은 (A)에서 막대가 양 옆으로 움직이는 것을 보고 난 후 (B)와 (C)를 보았는데, (C)를 더 오래 쳐다보았다.
- 이는 영아들이 자신들이 본 막대가 실제로는 (B)와 같은 하나의 막대라고 생각했는데, 예측과는 다르게 분리된 두 개의 막대를 보고서 놀라면서 이를 더 오래 쳐다보는 것
- 이처럼 영아는 부분적으로 가려진 물체가 함께 움직이면, 그 물체가 하나의 물체라는 것을 인식한다.

3 청각의 발달

(1) 디캐스퍼와 스펜스(DeCasper & Spence, 1986)의 연구: 디캐스퍼와 스펜스는 다른 소리에 대한 변별이 태내에서부터 소리에 대한 학습이 이루어질 수 있다는 것을 보여주었다.

(2) 위치파악능력

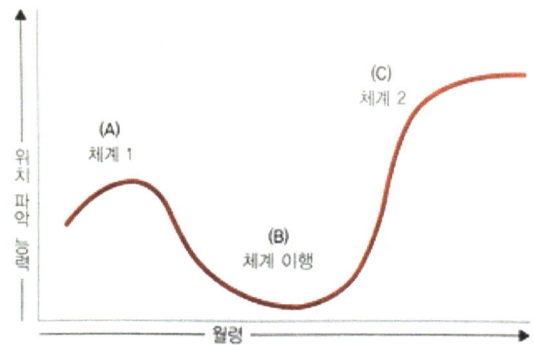

① 사람의 귀는 양쪽에 위치하고 있어 소리의 방향에 따라 소리가 나오는 위치를 파악할 수 있다. 영아도 소리가 어디에서부터 오는지 파악할 수 있다.

② 생후 2~3개월의 영아: 신생아보다 소리의 위치 파악 능력이 오히려 떨어진다.
③ 생후 4개월의 영아: 위치 파악 능력이 신생아 때보다 향상되어 그림과 같은 U형 곡선(U-shaped curve)의 발달 양상을 보인다.
④ 영아가 더 정교하고 새로운 체계를 사용하기 시작하면서 적응 시기에는 위치 파악 능력이 떨어지는 것처럼 보이나, 새로운 체계에 대한 적응이 끝난 뒤 더 높은 능력을 가지기 때문이다.

4 촉각의 발달

(1) 신체접촉발달: 엄마는 신체 접촉을 통해 자녀에게 의사 전달을 하며, 엄마와의 높은 수준의 신체 접촉은 영아의 안정 애착 형성에 도움을 준다. 다음 표는 한국 영아의 신체 접촉 발달을 나열한 것이다.

월령(개월)	신체 접촉
1~3	대부분의 영아가 신체 접촉에 호의적으로 반응한다.
4~6	절반 이상의 영아가 신체 접촉을 통해 원하는 것을 달라고 행동한다.
7~12	절반 이상의 영아가 특정 행동을 한 후 엄마들이 신체 접촉을 해 주면 그 행동을 반복한다.
13~18	대부분의 영아가 부모를 껴안거나 입 맞추는 신체 접촉을 통해 애정이나 기분을 표현할 수 있다.
19~24	영아들이 촉감 자극을 경험할 수 있는 책을 자주 보기 시작한다.

(2) **캥거루식 미숙아 돌보기(Kangaroo care)**: 옷을 입지 않은 상태에서 미숙아의 피부와 부모의 피부를 직접 접촉하는 방법
① 미숙아들은 의학적 치료를 받는 과정에서 스트레스를 받으며 힘들어한다.
② 캥거루식 미숙아 돌보기는 미숙아들의 고통을 줄여주고 건강을 회복하는 데 도움을 준다.
③ 미숙아의 입원 날짜를 줄여줄 뿐만 아니라 엄마의 스트레스 완화 등 미숙아와 엄마 모두에게 좋은 영향을 주는 것으로 나타났다.

5 미각 및 후각의 발달

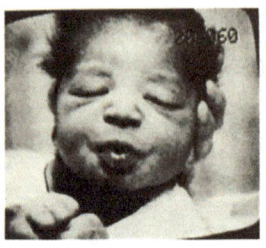
단맛
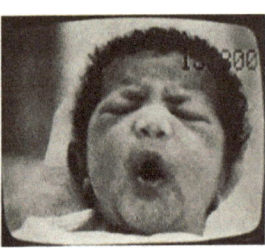
신맛
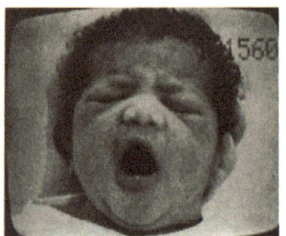
쓴맛

맛에 따른 영아의 표정

(1) 신생아들도 여러 가지 맛을 구분할 수 있다.
(2) 태어난 직후의 영아는 다른 맛에 비해 단맛을 선호
(3) 생후 4개월에는 짠맛을 가장 선호
(4) 영아는 냄새를 구별할 수 있다. 엄마의 냄새도 다른 사람 체취와 구별을 할 수 있다.
(5) 영아는 바닐라 향이나 딸기 향과 같은 냄새를 선호, 생선이나 썩은 달걀과 같은 냄새는 싫어한다.

6 감각 간 지각 발달

(1) 시각과 청각 간 지각: 영아는 생후 5개월부터 타인의 표정과 목소리에 대응하여 지각 가능

- 한 연구에 따르면, 영아는 사람의 얼굴뿐만 아니라 개의 표정과 짖는 소리를 서로 맞춰서 지각할 수 있었다.
- 다른 연구에 따르면, 영아는 모음 /a/, /i/, /u/의 소리를 듣고 사람의 입모양과 연결시켜 누가 그 소리를 내는지 지각할 수 있는 능력도 있다고 한다.

(2) 시각과 촉각 간 지각

- 영아들의 시각과 촉각의 감각 간 지각을 살펴보기 위해, 영아의 눈을 가리고 돌기가 있는 젖꼭지를 잠시 물린 후 두 종류의 젖꼭지를 보여주었다.
- 그 결과 영아는 돌기가 없는 것보다 돌기가 달린 젖꼭지를 더 오래 쳐다보았다.
- 이는 영아에게도 촉각과 시각을 대응시킬 수 있는 능력이 있다는 것을 보여준다.

(3) 시각 간 후각 능력: 한 실험에 따르면 생후 3개월 된 영아도 시각과 후각을 연결시킬 수 있는 능력이 있다고 한다.

7 감각 간 지각(intermodal perception: 통합감각)

(1) **통합감각**: 서로 분리된 감각을 통합하여 정보를 받아들이는 것으로, 어떤 감각을 통해 익힌 물체를 다른 감각에 의해 알아보는 능력을 일컫는 말이다.

(2) **피아제(Piaget, 1960)의 통합이론(enrichment theory)**: 출생시에는 모든 감각기관들이 독립적으로 분리되어 있기 때문에 감각기관이 각기 독립적으로 성숙하다가, 점차 경험에 의해 감각기관으로부터 얻은 정보를 비교함으로써 통합할 수 있다.

(3) **깁슨(Gibson, 1969)의 분화이론(differential theory)**: 출생 시부터 모든 감각기관은 통합되어 있기 때문에 영아에게 어떤 자극이 주어지면 모든 감각기관을 통해 주어진 자극을 탐색하지만 연령이 증가함에 따라 자극의 특성에 따라 변별해 나간다. 그러므로 깁슨은 출생시부터 감각 간 지각이 가능하다고 주장하였다.

(4) 최근 연구에 의하면, 감각 간 지각능력은 출생 시부터 존재하는 것으로 본다. 예를 들어 멜조프와 볼튼(Meltzoff & Borton, 1979)은 생후 6개월 된 영아들에게 부드러운 젖꼭지와 울퉁불퉁한 젖꼭지를 보여주지 않고 둘 중 하나만을 빨게 한 뒤 두 개의 젖꼭지를 보여주었다. 그 결과 영아들은 자기들이 빨았던 젖꼭지를 더 오래 쳐다보았다. 즉 입으로만 경험한 것을 시각적 모양과 연결함으로써 감각 간 지각이 이루어지는 것을 보여준다.

3 인지발달과 심리

1 피아제(J. Piaget)의 인지발달 이론

1 유아의 인지발달에 관한 피아제의 관점

(1) 유아는 행동을 통해서 지식을 얻으며, 유아에게는 행동 자체가 바로 지식이라고 주장한다.

(2) 발달의 초기에 유아는 정신적 상징이 없기 때문에 사물에 대해 생각하는 방식이 그대로 행동으로 나타난다.

(3) 유아가 사물에 눈을 맞추고 빨거나 붙잡는 행동 등이 가장 기본적인 지적 발달의 시작이다. 이런 행동이 바로 감각운동을 통한 지식의 획득인 것이다.

(4) 유아는 감각운동을 통한 피드백을 통해 물체를 향한 운동을 계속하게 되는데, 그 결과가 흥미로울 때는 그 행동을 반복한다. 반복 행동을 하면서 그 행동을 즐기면서 그 작업에 익숙해진다.

(5) 지능
 ① 모든 지적 활동은 사고와 환경 간의 균형 있고 조화로운 관계를 유지하려는 특징 지닌다.
 ② 새로운 자극은 인지적 불평형을 일으키면, 새로운 자극에 대처하도록 정신적 적응이 일어난다. 그래서 인지적 평형상태가 회복된다.

(6) **상호작용적 모델**: 개인의 내적 정신구조와 외부 환경자극 간의 부조화가 인지적 활동을 일으켜 지적 성장을 이루는 것을 말한다.

(7) **인지구조**: 피아제는 인지가 인지구조의 변화와 정교화를 통해 발달한다고 한다.
 ① 정의: 지능과 지적 행동의 밑에 있는 보이지 않는 지식의 틀을 말한다. 경험을 표상·조직화·해석하는 정신적 구조이다.
 ② 아동이 세계를 이해하는 데 필요한 지식기반으로서, 아동은 자신의 인지구조 통해 경험을 해석·조직화하여 주위 세계를 이해한다.

(8) 능동성: 아동은 태어날 때부터 선천적으로 능동적. 특히 인지구조를 새롭게 획득했을 때 아동은 능동적으로 연습해 견고하게 발달시킨다.

(9) 구성적 특성: 주위 세계를 자신이 이미 알고 있는 것에 의해 지각하고 해석하는 과정이다. 객관적 실체는 없고 개인의 인지적 틀에 의해 세계를 본다. 인지과정은 개인과 환경의 상호작용에 의한 능동적·구성적 과정이다.

(10) **인지과정**: 조직화와 적응으로 설명한다.
 ① **조직화**: 지적 조작(도식)들을 하나의 응집된 지식체계로 결합하고 통합하는 타고난 경향이다. 인지구조는 독립적으로 존재하지 않고 서로 협응한다.
  예 신생아: 빠는 도식 + 손 움직임 도식 → 손가락 빨기 도식 생성
 ② **적응**: 인지구조가 환경적 요구에 맞춰가는 타고난 경향이다. 동화와 조절 차원으로 나누어 본다.

(11) 발달: 피아제(Piaget)는 발달하는 데 성숙, 경험, 전달받는 지식과 평형화가 영향을 준다고 보았다. 특히 평형화와 통합 없이 발달이 일어날 수 없다고 했다. 아동의 인지체계와 외부세계 사이에 안정된 평형을 추구해 가는 것을 발달로 보았다.

2 스키마의 발달(shema, 도식) 2021 기출

(1) **도식**: 개인이 세계를 해석할 수 있게 해주는 정신구조 또는 정신적 청사진이다. 유아의 인지발달은 스키마가 점차 추상적으로 되어가는 과정으로서 스키마가 실제적인 행동과 덜 연결되면서 보다 추상적인 사고와 연결되는 단계로 나아간다.

(2) **도식의 종류**: 유아는 반복적인 행동을 통해 도식을 수립한다.
  ① **행동적 도식**: 사물에 반응하거나 경험 표상할 때 사용하는 조직화된 행동양식
    ㉠ 아기가 세상을 알 때 처음 사용하는 인지구조이다.
    ㉡ 주로 영아에게 나타나며 외현적 행동을 통해서만 표현되는 특성이 있다.
      예) 공: 튀게 하거나 굴릴 수 있는 물체로 표상
  ② **상징적 도식**: 경험 표상에 사용하는 심상·언어적 부호 같은 정신적 상징이다.
    ㉠ 2세에 가까워지면 나타난다.
    ㉡ 머릿속에 있는 경험의 표상이다. 행동 없이도 심상이나 언어 등 정신적 상징으로 생각하거나 문제를 풀 수 있을 때 나타난다.
  ③ **조작적 도식**: 사고의 내적·정신적 활동에서 나타나는 인지적 조작이다.
    ㉠ 7세 이후 나타난다.
    ㉡ 내적·정신적 활동으로 논리적 결론에 도달하는 인지적 조작이 이 도식의 특징이다.
    ㉢ 가장 흔한 것은 +, - 같은 수학적 상징에 의해 행해지는 정신적 조작이다.
    ㉣ 가역적 특성이 있어 학령기 아동의 추상적이고 가설적인 조작적 도식 구성을 돕는다.

3 동화와 조절: 도식의 변화와 발달을 이루게 하는 두 과정

(1) **동화(assimilation)**
  ① **정의**: 새롭게 이루어지는 경험들이 기존의 도식에 통합되어지는 과정이다. 새로운 대상을 경험할 때 기존의 도식에 맞출 수 있다면 그 대상이 동화된 것이다.
    예) 치와와를 처음 본다면 기존의 '작은개' 도식에 맞추어서 이해
  ② **상상놀이**: 사물의 물리적 특성을 숨기고 자신이 상상하는 사물로 취급하는 것이다. 이는 동화의 극단적인 경우이다.

(2) **조절(accommodation)** 2021 기출
  ① **정의**: 새로운 경험이 기존의 도식과 맞지 않을 때 기존의 도식을 새로운 경험에 맞도록 수정하는 것
    예) 엄마 젖을 빨던 도식을 활용해서 젖병을 빨 때는 동화를 하지만, 컵으로 우유를 마시게 될 때는 기존의 젖 빨기 도식을 수정해서 조절해야 함
  ② **모방**: 본 것을 단순히 모방해 자신의 해석은 극소화한다. 이는 조절의 극단적인 경우이다.

(3) 동화와 조절은 상호영향을 주며, 동화는 조절 없이 조절은 동화 없이 있을 수 없다. 상상놀이라도 의자가 커피잔으로 동화되지 않는다. 무엇을 하는지 이해하지 못하면 모방도 완전치 않다. 즉, 극단적인 경우라도 동화와 조절 두 과정의 요소를 함께 볼 수 있다.

(4) **평형화**
  ① 인지적 평형을 이루려는 경향성을 말한다.
  ② 동화와 조절을 포함한다.
  ③ 인지구조가 발달해 환경에 잘 적응할수록 평형을 이룬다.

[2021년 기출]

다음은 전문상담교사와 민호(고2, 남)가 나눈 대화 내용의 일부이다. 괄호 안의 ㉠과 ㉡에 들어갈 개념의 명칭을 순서대로 쓰시오. [2점]

민 호: 선생님, 지난주에 이모가 집에 왔었는데요. 제가 3살쯤인가 어린이집에 들어간 지 얼마 안 됐을 때의 이야기를 해 주셨어요. 이모가 긴 머리를 묶고 원피스를 입고 올 때면 어린이집 선생님인 줄 알고 제가 공손하게 배꼽 인사를 하는 것은 기본이고, '선생님'이라고 부르면서 쫓아다녔다는 거예요. 그러다가 나중에는 선생님과 이모를 그렇게 헷갈리지는 않았다고 하더라구요.

상담교사: 민호 말을 들으니 피아제(J. Piaget)라는 인지발달 이론가가 제시한 개념이 생각나는데, 그 개념을 적용해서 설명해 볼게요. 민호가 어린이집에 막 들어갔을 때, 긴 머리에 원피스를 입은 여성은 어린이집 선생님이라는 (㉠)이/가 만들어졌었나 봐요. 시간이 지나면서 이모와 어린이집 선생님의 목소리, 행동, 상황 등을 통해서 이모와 어린이집 선생님을 구별하게 된 거지요. 그러니까 인지적 적응 과정으로서 기존의 (㉠)을/를 변경하는 (㉡)이/가 발생하게 되는 거예요. (㉡)(으)로 인해서 이모와 어린이집 선생님이 목소리, 행동, 있는 곳이 다르다는 사실을 기초로 기존에 가지고 있던 (㉠)을/를 변화시키고 적응하게 되는 거예요.

4 대상 영속성의 발달

(1) 정의: 물체가 보이지 않을 때도 여전히 그것이 존재한다는 것을 이해하는 능력이다.

(2) 특징
① 직접 나타나지 않은 물체에 대해 생각하는 유아의 첫 번째 능력이다.
② 생후 10~12개월 사이 점차 형성되어 발달해 가는 것으로 보인다.

5 자기 중심성

(1) 정의: 어린 아동이 타인의 관점을 수용할 수 없어서 다른 사람들이 보거나 아는 것이 자신이 보거나 아는 것과 반드시 같은 것이 아니라는 것을 깨닫지 못하는 것이다.

(2) 어린 아동은 자기 아닌 다른 모든 사람들도 자신과 동일한 방식으로 환경을 지각한다고 믿는다.

6 보존개념

(1) 정의: 물질의 표면적인 모습의 변화가 그 물체의 양 등의 변화를 나타내는 것은 아니라는 것을 뜻한다.

(2) 어린 아동은 보존개념이 없어서 물체가 눈에서 멀리 떨어져 있더라도 여전히 같은 크기라는 것을 이해하지 못한다.

(3) 피아제는 물체의 모양을 변화시킴으로 보존개념에 대한 검사를 하였다.
   예 잔에 있는 우유를 좁고 높은 잔에 따르면 우유의 양이 변했다고 생각

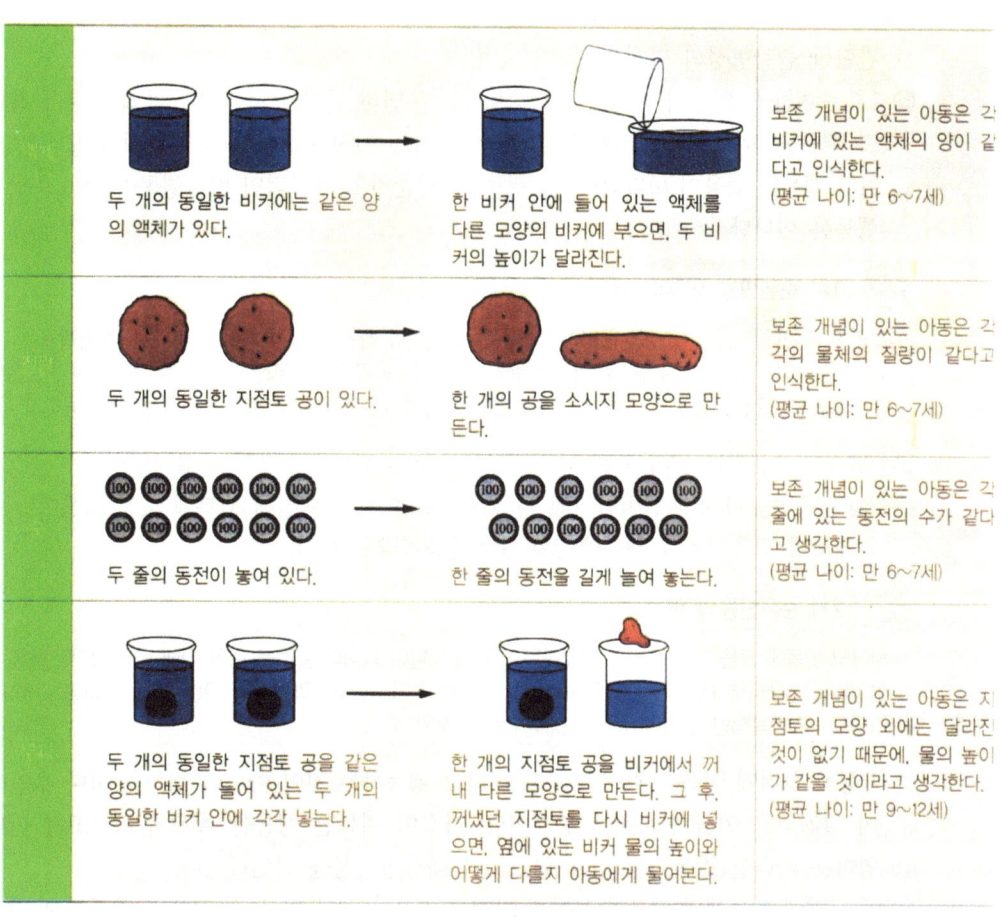

출처: Shaffer & Kipp(2007)

아동의 보존개념

7 피아제의 인지발달 4단계론

피아제는 이전의 단계에서 이루어진 스키마를 기초로 새로운 사고의 스키마가 형성되는 방식으로 인지발달이 이루어진다고 주장. 각각의 단계를 거쳐야 다음 단계로 순서적으로 발달한다.

(1) 감각운동기(출생~2세): 언어 등 상징적 기능은 작용하지 못하고 단지 감각-운동의 행동적 도식 형성해 외부환경 단지 감각-운동의 행동적 도식을 형성해 외부환경을 이해하고 적응한다. 처음에는 반사에서 출발한다. 마지막에는 감각운동적이지만 비교적 지적인 행동도 한다. 이후 인지발달의 기초가 된다.

① 1단계: 반사 활동 단계(reflex activity, 출생~1개월)
  ㉠ 빨기나 잡기와 같은 극히 생득적 반사만 나타낸다.
  ㉡ 반사는 발달에 있어 가장 간단한 형태의 도식이기 때문에 감각운동기 1단계의 영아는 반사를 통해 세상을 배우고 환경에 적응한다.
  ㉢ 처음에 젖꼭지가 아기 입에 닿을 때마다 반사적인 빠는 움직임을 보인다. 이는 동화이다. 그러나 새로운 상황들이 생겨나서 빠는 행동을 조절하게 된다. 기본도식 연습과 새로운 도식을 발달시킨다.
    예 영아의 입에 젖병을 쥐어주면 영아는 젖꼭지를 빨아 우유를 마신다.

② 2단계: 1차 순환반응 단계(primary circular reaction, 생후 1~4개월)
  ㉠ 간단한 습관형성의 단계
  ㉡ 1차 순환반응: 외부의 사람이나 물체보다는 우연히 일어난 자신의 신체적 반응에 흥미 느껴 스스로 그 행동을 반복하는 행위이다. 이 때의 영아는 이전보다 다양하고 복잡한 도식을 형성하게 된다.
  ㉢ 여러 행동의 협응이 나타난다. 즉 더 이상 단순하고 자동적인 반사행동이 아니지만, 아직 의도적인 행동은 아니다.

  > **＋ 1차 순환반응 단계의 예**
  > 우연히 손가락을 입에 넣었던 아기가 그것이 재미있거나 빠는 느낌이 좋을 경우 계속 손가락을 빠는 것이다. 또한 이전에는 발을 쥔 채로 발가락을 빨지 못했지만, 감각운동기 2단계에선 잡기와 빨기와 같은 반사활동을 동시에 할 수 있다(1차 순환반응). 즉, 물건을 보고 잡아서 입에 넣는 등 다양한 반사들이 서로 협응하게 된다.

③ 3단계: 2차 순환반응 단계(secondary circular reaction, 생후 4~8개월)
  ㉠ 2차 순환반응: 1차 순환반응기에 획득한 행동을 자신의 신체 외부에 있는 대상이나 사물, 자극으로 확대하여 적용시키기 때문에 2차 순환반응기라고 한다.

  > **＋ 2차 순환반응의 예**
  > 영아의 발목에 줄을 달고 모빌에 연결하면 영아는 모빌이 움직이는 것을 보기 위해 반복적으로 발을 찬다 → 우연히 일어난 외부대상에 대한 반응을 되풀이하는 행위를 한다 → 자신의 행동이 어떤 반응 결과를 가져오는가에 흥미를 가진다 → 반복적인 실험을 통해 대상영속성을 확인

  ㉡ 행동하기 전에 마음속에 어떤 목표를 갖고 행동하는 것이 아니라 행동을 하다 우연히 새로운 사물이 발견되고 이를 반복하는 단계이다. 자신이 획득한 행동을 계속 반복하고자 한다.
  ㉢ 영아는 이러한 반복적 실험을 함으로써 대상영속성을 확인해간다.
  ㉣ 이 단계에선 물체의 일부가 보이게 감춰진 경우 물체를 찾을 수 있으나 완전히 안 보이면 실패한다.

④ 4단계: 2차 순환반응의 협응단계(coordination of secondary circular reaction, 생후 8~12개월)
  ㉠ 2차 순환반응기의 협응기: 영아의 관심이 신체가 아니라 주변 환경에 있으며, 목적을 달성하기 위해 행동을 협응한다.
  ㉡ 영아가 전 단계에서 획득한 도식을 기초로 새로운 도식을 형성해 **새로운 상황에 사용**하기 시작한다.
  ㉢ 더 의도적으로 통제하고 조절하면서, 단순하지만 인과관계 개념을 갖기 시작한다.
  ㉣ 행동의 목표와 목표를 달성하기 위한 수단을 포함하는 계획을 창출한다. 영아는 목표를 성취하기 위해 일련의 행동을 통해 이전보다 더욱 적극적으로 주변을 탐색한다.

  > **＋ 2차 순환반응기 협응기의 예**
  > 베개 밑에 아이가 좋아하는 장난감을 숨겨 놓으면 아이는 자신이 좋아하는 장난감을 가지고 놀기 위해 베개를 들어 장난감을 찾는다. 이처럼 사물 이해에 상당한 진전이 있다. 목표행동에서 물체가 직접 눈에 보여야만 한다는 것이 점차 중요하지 않게 되어 감추어진 물건을 쉽게 찾아낸다.

  ㉤ 감춰진 물건을 쉽게 찾아낸다. 그러나 감춰진 장소 바뀌면 찾지 못한다.
  ㉥ AB오류(A-not-B 오류, 위치 오류): A장소에서 찾아온 물체를 영아가 보는 앞에서 B장소로 옮겨도 계속 A장소에서 그 물체 찾으려 한다.
  ㉦ 지연된 모방이란, 특정 행동을 목격한 후 일정 시간이 지난 후 그 행동을 재현하는 것으로, 이 시기에 지연된 모방은 불가능하다.

⑤ **5단계: 3차 순환반응 단계**(tertiary circular reaction, 생후 12~18개월)
  ⓐ 1차 순환반응이 신체적 즐거움을 주는 단순한 행동의 반복 → 2차 순환반응은 목적을 가지고 이전에 만족을 주었던 행동을 반복 → 3차 순환반응은 단순한 목적의 반복이 아니라 새로운 행동이 가져올 결과에 대한 다양한 시도를 한다.
  ⓑ 이전에 경험해 보지 않았던 새로운 것을 시도. 새로운 인과관계를 살펴보고자 한다. 이를 위해 일련의 창의적이고 실험적인 행동을 되풀이한다.
  ⓒ 다양한 운동기술을 바탕으로 매우 적극적이며, 목적지향적이고, 시행착오적으로 주변을 탐색한다.
  ⓓ 기계적 반복이 아니라 반응 방식을 조금씩 변화시켜, 이 변화가 대상에 미치는 영향을 봄으로써 대상의 특성을 탐색한다.
  ⓔ 외부세계를 이해하기 위해 실험하고 이를 통해 기존 도식을 분화시켜 새로운 수단을 탐색하고 발견하려 한다. 미지의 세계에 대한 적응이 어느 정도 가능하다.

  + 3차 순환반응 단계의 예
  인형 소리를 듣기 위해 흔들어 보기도 하고 손으로 눌러 보는 등 여러 행동을 시도

  ⓕ 4단계에선 AB오류를 보이던 것이 5단계에선 사라지지만 완전하진 않다.
  ⓖ 의도적 모방이 명확해진다.
  ⓗ 5단계의 영아는 자신이 볼 수 없는 공간에서 이동한 물건에는 대상영속성 개념을 적용하지 못한다.

  + 5단계 대상영속성의 예
  보자기에 싼 장난감을 서랍 속에 넣은 후, 장난감은 서랍 속에 그대로 두고 보자기만 꺼내어 영아에게 보여준다면, 영아는 그 장난감을 찾기 위해 보자기만 탐색할 뿐 서랍 속을 열어보지는 못한다.

⑥ **6단계: 심적 표상 단계**(mental representation, 생후 18~24개월)
  ⓐ 사물을 정신적 심상을 통해서 표상한다. 눈 앞에 없는 사물도 내적으로 표상이 가능하다.
  ⓑ 영아는 바나나를 가지고 전화기인 양 통화를 하는 등 다양한 상징놀이를 시작한다.
  ⓒ 영아가 안 볼 때 물체를 숨겼더라도 머릿속에서 표상을 통해 사라진 물체를 찾을 수 있다.
  ⓓ 6단계에선 완전한 대상영속성이 형성된다.
  ⓔ 이 시기에는 지연모방이 가능하다. 즉 과거 어느 시점에 목격했던 것을 후에 모방한다.
  ⓕ 문제해결에 있어 의도적 탐색행동을 한다. 전조작기로의 전환기이다.

⑦ 감각운동기의 인지발달 및 대상영속성 개념 발달 양상

감각운동 단계	개월	인지발달양상	대상영속성 개념발달 양상
1	0~1	반사능력 적용	대상이 사라져도 아무런 반응이 없음
2	1~4	단순한 순환반응	대상이 사라져도 아무런 반응은 없으나, 보았던 대상에 대해 막연히 기대함
3	4~9	의도가 담긴 보다 복잡한 순환반응	부분적으로 가려진 대상을 탐색
4	9~12	이미 알고 있는 과정을 새로운 상황에 적용	완전히 가려진 대상을 탐색
5	12~18	적극적인 실험을 통한 새로운 과정 발견	보고 있는 동안 옮겨진 대상을 탐색함
6	18~24	정신적 표상을 통한 사고	보지 못한 동안 옮겨진 대상도 탐색함

(2) 전조작기(생후 2~7세): 사물에 대한 표상능력 급격히 증가한다. 상징적 수준에서 사고하지만, 아직 인지적 조작을 사용하지는 못하는 시기이다. 이 시기 아동의 대표적 특징은 상징적 사고, 자기중심적 사고, 직관적 사고이다.

① 전개념적 사고기(생후, 2~4세)
  ㉠ 개념: 사물의 특징이나 관계, 속성에 대한 생각을 뜻하는 것이다.
  ㉡ 전개념적 사고기: 유아기는 환경 내의 대상을 상징화하고 이를 내면화시키는 과정에서 성숙한 개념을 발달시키지 못한다.
  ㉢ 전개념적 사고기의 특징: 상징적 사고, 자기중심적 사고, 물활론적 사고, 인공론적 사고, 전환적 추론
  ㉣ 상징적 사고
    • 정의: 어떤 대상이나 현상을 무언가로 표상하는 표상적 사고를 뜻한다.
    • 피아제는 전조작기의 가장 중요한 인지적 성취를 상징적 사고의 출현이라고 보았으며, 전개념적 사고기에는 눈앞에 없는 사물을 정신적으로 표상할 수 있고, 언어나 그림을 인지과정에 사용하는 것이 가능해진다.
    • 상징적 사고가 발달함에 따라 지연모방이 급격하게 증가한다.
    • 상징적 사고가 발달함에 따라 가상놀이(상징놀이)를 할 수가 있게 된다. 즉 머릿속에서 현실 대상과 다른 상상하는 대상을 그릴 수 있다.
      예 소꿉놀이에서 엄마 역할을 하거나, 나무토막을 자동차로 여기고 놀이를 한다.
    • 심상과 언어를 사용할 수 있게 된다. 특히 언어는 상징기능을 가장 고도로 발달시켜주는 것으로, 언어적 표상에 의한 사고는 전체를 동시에 파악할 수 있게 하고, 시·공간적으로도 무한한 폭을 갖게 해 준다.
    • 상징은 문제해결의 속도를 증가시키고 시행착오를 감소시키며, '지금-여기'의 한계에서 벗어나 정신적으로 과거와 미래를 넘나들게 해준다.
  ㉤ 자기중심적 사고
    • 정의: 타인의 생각, 관점, 감정 등이 자신과 동일하다고 믿고 타인의 관점을 이해하지 못하는 수준의 사고이다. 이러한 사고 상태일 때는 자기 자신과 타인에 대한 구별도 명확하지 않다.
    • 자기중심적 언어: 타인을 향해 말하는 것도 아니고, 듣는 사람이 이해할 수 있도록 표현되지도 않은 혼잣말 형태의 비사회적인 말을 말한다. 이는 조망수용능력의 부족 때문에 나타난다. 유아 끼리의 말을 집단적 독백이라고 한다.
    • 세 산 모형 실험: 세 개의 산 모형을 만들어 탁자 위에 올려놓고, 맞은 편 의자에 인형을 앉혀놓은 뒤, 인형이 본 것을 나타내는 사진을 선택하라고 하는 실험으로, 이 때 유아는 자신이 자리에서 본 세 개의 산 모양을 고른다.
    • 자기중심성은 타인과 대등한 사회적 관계를 가져보고 여러 가지 의견대립과 이해의 조정을 경험해 봄으로써 점차 벗어나게 된다.
  ㉥ 물활론적 사고: 모든 물건은 생명이 있어서 의식이 있는 존재라고 생각한다. 주관과 객관이 미분화되어 있어, 자기중심성이 반영된 현상이다.

1단계(4세 이전)	모든 사물은 살아 있다고 생각
2단계(4~6세)	움직이는 것은 살아 있다고 생각 예 구름은 살아 있고, 나무나 꽃은 죽은 것
3단계(6~8세)	스스로 움직이는 것만 생명이 있다고 생각 예 동물, 해, 달은 살아 있으나, 자동차나 자전거는 죽은 것
4단계(8세 이후)	생물학적 생명관에 기초하여 동물과 식물에만 생명이 있다는 것을 알게 됨

  ㉦ 인공론(artificialism)적 사고: 유아는 세상의 모든 사물이나 자연현상이 사람의 필요에 의해서 자신의 목적에 맞도록 쓰려고 만들어진 것으로 믿는다. 이 역시 자기중심성의 특성에 의해 생겨난 특성이다.
    예 사물이나 자연현상이 자신을 위해 존재한다고 믿는다.

- ⓒ 실재론적 사고: 마음에 생각한 것이 객관적(현실적)으로도 존재하는 것으로 생각한다.
  - 예 꿈이 실제 현상이라고 믿음
- ⓒ 전환적 추론(transductive reasoning): 어떤 두 가지 현상이 시간적으로 근접해서 발생하면 두 현상 간에 아무런 관계가 없는데도 유아는 인과관계가 있는 것으로 생각한다. 전인과적 사고라고도 한다.
  - 예 한 유아가 동생을 미워한다는 사실과 동생이 아프다는 두 가지 사실을 자기가 동생을 미워해서 동생이 아프게 되었다는 인과관계로 연결시킨다.

② 직관적 사고기(생후, 4~7세)
- ㉠ 직관적 사고: 대상의 지각적인 특징을 바탕으로 대상의 특성에 대해 파악하는 사고이다. 사물의 여러 측면에 주의를 기울이지 못하기 때문에 현재 지각되는 한 가지 두드러진 것에만 주의를 기울여 그 대상의 특성을 사고한다.
- ㉡ 보존개념
  - 보존개념이란, 대상의 외양이 변해도 수, 무게, 면적, 부피 등 그 사물의 속성이 변화하지 않는다는 것을 이해하는 능력으로, 이 시기에는 보존개념이 없다. 동일한 양의 액체를 다른 모양의 컵에 담아 보여주면, 아동은 두 컵의 액체 양이 다르다고 대답한다.
  - 보존개념을 획득하지 못하는 원인
    - **직관적 사고 때문**: 지각적 특성에 의해 판단하기 때문이다.
    - **중심화 현상 때문**: 여러 요소들이 관련되어 있는데도 물체의 한 요소에만 집중하는 경향을 '중심화'라고 하는데, 이로 인해 생기는 현상이다.
    - **비가역성 때문**: 가역성의 개념이 없어서, 변한 것의 시작을 떠올리는, 거꾸로 생각할 수 있는 논리적 조작 능력이 없어서이다.
    - 위의 인지적 특성으로 인해, 그때 그때 정지된 상태에 주의 집중해 바뀌는 상태를 고려한 전체로서 이해하지 못한다.
- ㉢ 유목 포함
  - **정의**: 분류하는 능력으로, 부분과 전체의 관계, 상위유목과 하위유목의 위계적 관계를 이해하는 능력을 말한다.
  - 무계획적이고 기준은 언제라도 변화 가능한 것이라고 생각하며, 분류를 잘 못한다.
  - 점차 대상이 지닌 속성에 따라 하위 집단을 분류하는 것은 가능해지지만, 분류범주 포함 관계를 이해하진 못한다.
- ㉣ 서열화 능력
  - **정의**: 서열화 능력은 순서짓기라고도 하며, 일정한 속성(길이, 부피 등)을 기준으로 순서대로 배열을 하는 것이다. 이는 물체 간의 반복적이고 연속적인 비교 능력이 포함된다.
  - 3~4세 유아는 차례대로 나열하지 못하며, 5~6세가 되면 일부는 순서대로 나열하지만 전체적으로는 서열대로 나열하지 못한다.
- ㉤ 사회적인지
  - 5세 이전은 전도덕단계로, 놀이에 대한 규칙이 있다는 것을 잘 모르는 단계이다. 5세경부터 타율적 도덕단계에 이르게 된다. 타율적 도덕단계에 이르면, 규칙을 절대적인 것으로 생각해 드러난 결과에 따라 옳고그름을 판단하게 된다.

(3) **구체적 조작기(생후 7~11,12세)**: 이전보다 논리적 사고를 하며, 정신적 조작이 가능한 단계이다.
- ☞ 정신적 조작이란 실제 그 행동을 하지 않고도 그 과정을 머릿속으로 떠올리기도 하고, 그 과정을 머릿속으로 되돌리기도 하는 것을 말한다. 정신적 조작을 통해 아동들은 체계적으로 사고할 수 있게 된다.
- ☞ 이 시기의 아동은 보존개념과 분류개념, 서열개념을 확립한다. 구체적 사물을 다루는 데는 논리적이지만, 가설적이고 추상적 또는 언어적 문제를 다루는 데는 아직 미숙하다.

① **탈중심화**: 중심화에서 벗어나 문제의 한 측면 이상을 생각할 수 있는 능력이자 타인 관점과 자신의 관점이 다를 수 있음을 이해할 수 있는 능력이다. 타인과의 상호작용을 통한 사회적 경험은 아동의 자기중심성을 감소시켜 사고과정에 폭넓은 자유를 부여하게 된다. 탈중심화로 자극의 여러 특성에 주의를 기울일 수 있게 된다. 여기서 얻는 새로운 지식들을 협응시켜 지각적 오류를 감소시킨다.

② **논리적 조작**
  ㉠ **가역성**: 정신적으로 조작을 거꾸로 수행할 수 있는 능력이다. 어떤 현상을 거꾸로 상상, 본래 상황으로 변화하여 사고하는 게 가능하다.
  ㉡ **유목 포함(분류)**: 전체와 부분과의 관계, 상위유목과 하위유목과의 유목포함 관계를 완전히 이해할 수 있다. 또한 중다분류를 할 수 있게 된다.
    예 여러 개 동물 사진을 보고 개와 고양이로 분류하거나 흰색과 검은색으로 분류하는 작업이 가능하다.
  ㉢ **보존개념**: 지각적 특성에 의해서가 아니라 논리적 조작에 근거하기 때문에 보존문제를 쉽게 해결한다. 동일성, 가역성, 보상성을 인식한다.
    • 보존개념의 적용의 원리
      - **동일성(identity)의 원리**: 모양이나 배열만 바뀐 것이지, 변하기 이전과 실제로 변한 것이 없는 같은 대상이기 때문에 수, 무게, 부피 등은 동일하다.
      - **보상성(compensation, 상보성)의 원리**: 한 차원에서 달라진 것은 다른 차원에서 보상될 수 있으므로, 수, 무게, 부피 등은 동일하다. 즉 넓고 낮은 잔에 담긴 물을 좁고 높은 잔에 옮겨 담았으므로, 결국 한 차원의 변화를 다른 차원의 변화로 상쇄하였다.
      - **가역성(reversibility)의 원리**: 역으로 조작하면 원상태도 되돌릴 수 있는 것으로 원래 상태도 되돌려 놓으면 동일한 것이다.
    • **수평적 격차(horiontal decalage)**: 같은 정신적 조작이 필요한 유사한 문제들 중 어떤 문제는 해결, 다른 문제는 수행 못하는 현상을 말한다. 즉, 과제의 형태에 따라 조작의 획득시기가 달라지는 현상이다. 여러 가지 형태의 보존개념은 일정한 시기에 한꺼번에 획득되는 것이 아니기 때문이다. 아동은 주로 수량, 길이, 액체량, 질량, 무게 그리고 부피 순으로 보존개념을 갖게 된다.
      예 수의 보존(6~7세) → 무게의 보존(9~10세) → 부피의 보존(10~15세)
  ㉣ **서열화 능력**: 전체 중 가장 작은 것을 고른 다음 다시 나머지 중 가장 작은 것을 고르는 조직적 방식으로 서열 구성하는 작업이 가능하다. 수평적 격차 현상으로 인하여 길이에 관한 서열개념(7, 8세) → 무게에 관한 서열개념(9세) → 부피에 대한 서열(11, 12세)순으로 개념을 획득한다.
  ㉤ **추이성(transitivity)**: 어떠한 결론을 이해하기 위하여 일정한 관계를 논리적으로 통합할 수 있는 능력을 의미한다.
    예 서로 크기가 다른 A, B, C 물체를 준 후, A가 B보다 크고 B가 C보다 크다면 A는 C보다 큰가? 하는 질문에 대해서 구체적 조작기의 아동은 A가 C보다 크다고 대답한다.

> **구체적 조작기 사고의 대표적 특징**
> 구체적 조작기의 인지발달은 전조작기와 질적으로 다르다. 탈중심화 능력을 획득하고 분류와 서열화, 보존개념과 같은 논리적 조작 능력을 획득한다. 그러나 그것은 구체적인 사물로 제한된다. 즉, 명료하고 뚜렷하며 구체적인 대상이 아니면 직관적 사고에서 벗어나는 논리적 추론을 여전히 할 수 없다.

③ **인과관계**: 구체적 조작기 초기에는 전환적 추론이 계속되지만, 후기(9~10세)에 가서 인과관계 개념을 이해하게 된다. 점차 어떤 사물이 일어난 물리적·기계적 인과성을 찾고 사물을 합리적 인과관계 속에서 분석하고 재구성하려고 한다.

④ **공간개념**: 수평개념과 수직개념이 공간개념 획득에 중요한 중심개념이므로 그 발달을 중요시한다. 수평, 수직 개념은 일정한 발달단계를 거쳐 9~10세경에 완전히 획득된다.

(4) 형식적 조작기(생후 11, 12세 이후): 추상적 개념과 가설적 사건에 대해 체계적·과학적으로 사고하는 것이 가능하다. 구체적 대상 없이도 추상적 사고할 수 있는 능력이 있는 시기이다.

① **가설연역적 추리**: 문제의 모든 가능한 해결방법을 생각하고 체계적으로 평가하여 답을 결정하는 문제 해결 방식을 말한다. 보이지 않는 가설적 상황을 체계적으로 검증하기 위해 실험계획을 세우기도 한다. 전제로부터 결론을 유도해 낼 수 있는 추리가 가능하다. 자신의 직접적 지각이나 과거경험, 개인적 지식에 구애되지 않고 사물을 볼 수 있다. 자신의 직접경험을 훨씬 넘어선 새로운 가능성의 세계를 가지게 되고, 과거 직접 경험하지 않았던 현상을 상상하는 것도 가능하다.

㉠ 조합적 사고: 무색 용액이 담긴 5개의 병을 제시하고 병의 용액들을 마음대로 섞어 노란 용액이 되도록 만들기와 같은 과제에서, 구체적 조작기의 아이들은 체계 없이 무선적인 방법으로 문제 해결하려 하였으나, 형식적 조작기의 아이들은 체계적으로 접근해 한 문제의 모든 가능한 조합이나 순열 검토할 수 있었다.

㉡ 비율 실험: 지렛대 저울로 가벼운 물체와 무거운 물체가 평행을 이루도록 하기의 과제에서, 형식적 조작기에는 일반적인 원리를 획득하여, 구체적 조작기에서 볼 수 있었던 시행착오적 오류 없이 어느 문제든 성공적으로 적용할 수 있었다.

㉢ 진자 문제: 진자 움직임의 빈도나 속도의 결정요인 찾기의 과제에서, 구체적 조작기에는 두세 가지 요인을 동시에 변화시켜 관련 요인을 찾지 못하는 반면, 형식적 조작기에는 관련 요인을 한 번에 하나씩 변화시켜 검토한다. 형식적 조작기에는 체계적이고 과학적인 방법으로 문제 해결을 한다.

② **형식적 조작사고의 영향**: 청소년 자신의 인생에서 가능한 것을 생각하게 하고, 정체감 형성과 타인의 심리적 조망을 할 수 있도록 해 준다. 자신이나 타인에게 일어날 수 있는 결과를 비교해 어려운 결정을 하는 능력도 가지게 된다.

㉠ 현실에 대한 가설적 대안을 상상할 수 있어 기존 권위에 대해 이상적·가설적 기준으로 생각한다. 또한 많은 현실의 모순을 발견한다. 그래서 혼란과 좌절을 경험하고, 기존 권위에 분노한다. 피아제(Piaget)는 이를 추상적 추리능력으로 인한 자연스런 변화라고 설명한다.

㉡ 이전 시기의 아이들보다 더 자기중심성을 보이는 측면이 있다.
  - 상상청중 현상 **2018 기출**: 자신이 항상 타인의 관심 대상이라 느끼는 것을 말한다.
  - 개인적 우화 신념 **2018 기출**: 자신의 경험을 자신만의 독특한 것이라 믿는 것을 말한다.

(5) 요약·정리

발달단계	특징
감각 운동기 (출생~2세)	(1) 빨기, 보기, 잡기, 밀기와 같은 감각운동적 조절에 의해 인지능력이 이루어지는 단계 (2) 유아는 처음에는 ① 반사행동으로 움직이다가 ② 적응반응을 반복하게 되고 ③ 그 후에는 의도적인 행동을 하고 ④ 2세경에는 환경에 대한 표상능력이 발달하여 시행착오적 행동을 하지 않고 문제를 해결하는 식으로 발달 (3) 대상영속성이 형성되는 시기
전조작기 (2~7세)	(1) 눈에 보이는 것의 통제에서 점차 벗어나 보이지 않는 사물을 생각할 수 있고, 사물들을 나타내는 새로운 상징을 만들고 즐기는 단계 　예 숟가락을 가지고 총이나 기타라고 생각하며 노는 상징놀이가 가능 (2) 전조작기에서 '조작'이란 논리적인 사고를 말함 (3) 전조작기의 아동은 대상의 특성에 대해 알 수는 있지만, 그 대상에 대해서 자신이 가할 수 있는 조작 행동에 대해서는 논리적으로 생각할 수 없음 　예 공 모양의 찰흙덩이를 소시지 모양으로 만들면 전조작기 아동은 공 모양과 소시지 모양은 알 수 있으나, 공 모양의 찰흙이 소시지 모양으로 바뀌게 된 조작이 이루어 진 것은 완전히 알지 못함 　→ 동일한 양이 모양만 바뀌는 과정에 대한 사고를 하지 못함. 곧 보존개념을 확인하는 과제에서 실패함 (4) 자기중심성의 특징을 지님

발달단계	특징
구체적 조작기 (7세~12세)	(1) 구체적인 행동을 정신적인 행위로 대치할 수 있는 정신적 조작이 가능한 도식을 가지는 단계 (2) 가역성 획득: 가역성이란 물리적 행위와 정신적 조작 모두가 역전될 수 있음을 이해하는 것 예 보존과제에서 우유를 원래의 잔에 따라도 양이 같다는 것을 정신적으로 알 수 있음 (3) 보존개념 획득 (4) 구체적으로 눈에 보이는 대상이나 현상에 관해 추론이 가능
형식적 조작기 (12세 이상)	(1) 추상적 사고가 가능한 단계 (2) 가상적인 가능성을 생각할 수 있고, 실제로 경험하지 않았던 영역에서 논리적 행동을 계획할 수 있음 → 수학이나 이론적 과학을 이해하는 것이 가능해짐 (3) 가설을 설정하고 검증하는 사고가 가능

8 피아제(Piaget) 이론의 평가

(1) 각기 다른 연령에서 아동이 어떻게 사고하는지에 대해 체계적인 이론 제시하였다.

(2) 저개발사회의 아동들은 도달하는 시기가 늦었지만, 감각운동기·전조작기·구체적 조작기의 특성은 그대로 나타나고 있다.

(3) 모든 청년이나 성인이 형식적 조작을 나타내는 것은 아님을 발견 되었다. 피아제는 매우 발전된 사회의 여러 경험과 역할 수행 및 특정 훈련이 아동에게 형식적 사고력을 길러 준다고 믿었다. 베르존스키(Berzonsky)는 형식적 조작능력은 모든 문제에 대해 적용되지 않고, 흥미나 관심 그리고 특수한 경험이 결정적 역할을 할 수 있음을 지적. 즉, 형식적 조작사고는 어떤 문제를 다루느냐 하는 내용이나 과제에 의존된다고 주장하였다.

(4) 피아제가 제시한 시기보다 인지발달이 일찍 나타난다는 연구도 있다.

(5) 전반적으로 아동의 사고에 대한 피아제의 관찰은 아동이 어떻게 생각하는가에 대해 많은 것을 알려주었고 언어적·비언어적 방법 모두를 통해서 같은 결과를 얻었지만, 아동의 이해 정도를 다소 과소평가한 경향이 있다고 평가되었다.

9 피아제(Piaget) 이론의 비판

(1) 질적으로 다른 단계에 대한 명확한 증거 부족: 피아제는 아동이 각 단계마다 질적으로 서로 다른 방식으로 생각하게 된다고 하였지만, 많은 연구결과들은 이런 의견과 일치하지 않는다.
   예 대부분의 아동은 수의 보존과제를 5세경에 해결할 수 있으나, 물질의 보존개념은 8세까지도 획득하지 못함

(2) 도식(schema)과 행동의 불명확한 연결: 신체를 움직일 수 없는 아동도 정상적인 인지능력을 발달시키기 때문에 행동을 조작해서 도식을 발달시킨다는 피아제의 이론이 비판 받았다.

(3) 사회 환경의 역할에 대한 과소평가: 사회문화적 영향을 주장하는 이론들은 인지 발달이 자연과의 상호작용만으로 이루어지기 보다는 주로 다른 사람과의 상호작용이나 문화적 영향에 의해서 일어난다고 주장하였다.
   예 과학교육이 강조되는 사회에서 교육받는 아동은 형식적 조작이 빨리됨

(4) 감각운동기에 대한 반박: 바야르종(Baillargeon)은 기대 위배(violation of expectation) 방법을 사용하여 도개교 실험을 실시. 어린 영아도 대상 영속성을 가지며, 불가능한 사건과 가능한 사건을 구별할 수 있다고 주장하였다.

(5) 전(前)조작기에 대한 반박
　① 전조작기 아동이 보존개념이 없다는 것에 대한 반박: 맥개리글과 도날드슨(McGarrigle & Donaldson, 1974)은 변형된 피아제의 보존개념 과제를 주었다. 실험 결과, 전조작기의 아동은 수 보존개념을 가지고 있음이 증명되었다.
　② 전조작기 아동이 자기중심적 사고를 한다는 것에 대한 반박; 피아제의 세 산 모형 실험이 어려웠음을 비판. 휴스(Hughes, 1975)는 좀더 쉬운 경찰놀이 과제를 제공. 아동이 탈자기중심적 사고를 할 수 있음이 증명되었다.
　③ 전조작기 아동이 물활론적 사고를 한다는 것에 대한 반박: 영아도 생물과 무생물의 차이를 알고 그것을 구분할 수 있다.

2 생태학적 접근

인간 발달을 개인이 몸 담고 있는 실제 삶의 맥락 내에서 이해하고 연구하고자 하는 접근이다. '실험실에서 삶에로'의 관점. 특히 지각발달과 성격 및 사회성 발달 연구에서 중시된다.

1 동물행동학적 접근

(1) 동물의 적응과 진화적 과정은 밀접한 관계가 있다고 보며, 행동의 적응력 또는 생존적 가치와 진화적 근거에 관심을 둔다.
(2) 발달을 진화론적 관점에서 본다. 기원은 다윈(Dawin)이며, 기초 확립은 로렌츠와 틴버겐(Lorenz & Tinbergen)이다. 이 이론은 60년대 인간발달에 적용되었다.
(3) 모든 문화권의 인간에게 공통적인 발달의 생물학적 뿌리를 탐색하는 이론이다. 자연관찰법의 중요성을 각인시키는 계기가 되었다.
(4) 로렌츠와 틴버겐(Lorenz & Tinbergen): 자연 상황에서 동물의 생존을 증진시키는 행동패턴 발견
　① 각인: 생후 초기 제한된 시간 내에서 일어나는 선천적 학습형태를 말한다. 소거가 어렵다.
　　　예 새끼가 어미 따르는 애착형성
　② 거위가 어미를 따르는 행동은 대상을 따르려는 생득적 경향성과 대상이 제공되는 환경에 의해 형성되는 것으로, 그 결과 새끼거위는 각인을 하게 된다.
　③ 각인현상: 결정적 시기의 개념을 도출 하였다. 볼비(Bowlby)가 영아와 양육자의 관계에 적용하여 애착행동을 설명하고 있다.
　　㉠ 결정적 시기: 제한된 시간 내에 아동이 특정 적응적 행동을 학습하도록 생물학적으로 준비되어 있으며 그 행동을 학습하기 위해서는 환경 내의 적절한 자극이 있어야만 한다.
　　㉡ 민감기: 인간발달에 더 적절한 개념으로 제안된 용어. 특정 능력이 발달하는 데 최적의 시기. 이 시기에 특정 환경자극에 대해 특히 민감하게 반응. 이 시기가 지난 후에 그 능력이 발달하려면 오래 걸리고 어렵다.
　　㉢ 애착 행동: 아기의 웃고, 옹알이하고, 울고, 잡고 매달리는 등의 행동이다. 선천적 사회적 신호로 양육자를 자기에게로 접근하게 하고 돌보는 행동을 이끌어내는 것으로 작용한다.
　　㉣ 영아의 애착발달은 새끼 새의 각인형성과 달리, 양육자와의 장기간의 과정을 통해 깊은 애정적 관계를 형성한다.

3. 맥락적 접근

1. 비고츠키(Vygotsky)의 사회문화적 이론

가치, 신념, 습관과 사회적 집단 기술 등의 문화가 어떻게 세대를 거쳐 전달되는가에 초점을 둔 이론이다. 비고츠키는 피아제와는 달리 아동은 혼자서 발달하기보다 자신이 속한 사회와 문화에서 주변인과의 상호작용을 통해 인지적 성장 2021 기출을 이루게 된다고 하였다. 사회문화적 이론을 설명하는 주요 개념으로는 근접발달영역, 발판화, 유도된 참여가 있다.

(1) 사회적 상호작용: 발달을 위해서는 사회적 상호작용, 특히 아동과 그 사회의 좀 더 지적 수준 높은 성원과의 협응적 대화가 필수 요건이다.

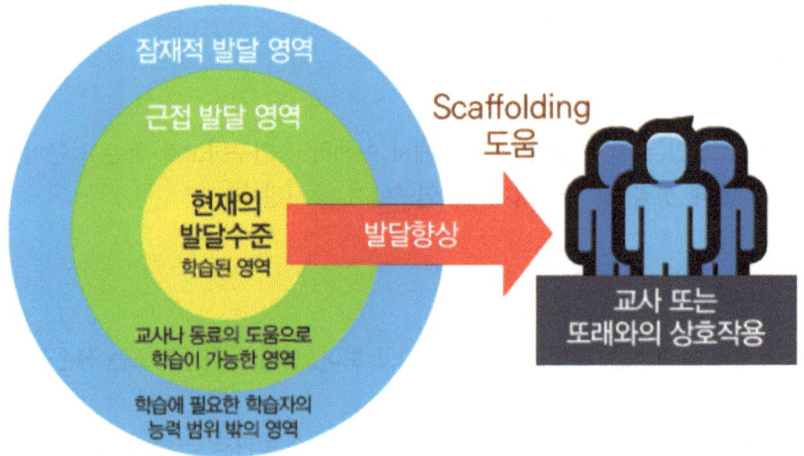

(2) **근접발달영역(zone of proximal development: ZPD)** 2021 기출
① 정의: 아동이 혼자 도달할 수 있는 실제적 발달수준과 자신보다 유능한 사람의 도움을 받아 도달할 수 있는 잠재적 발달수준 간의 차이를 말한다.
② 실제적 발달 수준: 아동이 누군가의 도움 없이 스스로 기술을 터득하거나 학습할 수 있는 능력의 정도이다.
③ 잠재적 발달수준: 타인의 가르침을 통해 배울 수 있는 능력의 정도이다.
④ 근접발달영역은 단순히 지능만을 검사하던 이전의 측정 방법과는 달리 아동의 잠재 능력도 고려하여 지식 수준을 평가한다는 점에서 중요하다.

(3) **발판화(scaffolding, 비계설정 飛階設定)**
① 아동이 스스로 무언가를 스스로 할 수 있을 때까지 유능한 성인이 아동의 수준에 맞는 발판을 제공하는 것으로, 개인의 잠재적 발달 수준에 제공되는 지원체계이다.

② 발판화 수업의 핵심적 특성은 전문가와 초보자 간에 주고받는 대화의 역할에 있다.

요소	내용
끌어들이기	교사는 학생의 주의력과 관심을 끌어들이고 학습동기를 확보해야 한다.
과제의 범위 축소	교사는 학생이 과제 수행의 출발점을 알 수 있는 수준으로 과제의 범위를 축소시켜야 한다.
과제의 방향 통제	교사는 과제 참여에 필요한 방법을 학생이 따르도록 도와주어야 한다.
주요 특징 밝히기	교사는 과제가 지닌 특성을 분명히 해 줌으로써 학생 자신이 이룩한 결과를 바람직하고 기대되는 올바른 결과에 비추어 비교할 수 있도록 해야 한다.
스트레스 조절 수준	교사는 과제 참여가 야기할 수 있는 스트레스나 좌절이 어느 정도인가를 예측해야 하며, 이와 같은 스트레스 좌절을 최소화하도록 노력해야 한다.
시범	교사는 과제의 이상적 수행을 위한 시범을 보여주어야 한다. 예를 들면, 되도록 효과적이고 효율적으로 과제를 완수해 보이며 내포된 단계들에 대해 적절한 설명을 해주어야 한다. 학습자는 교사의 정형적 과제 수행 모형을 세심히 관찰하고 '모방'할 수 있도록 해야 한다.

(4) 유도된 참여(guided participation)
① 정의: 아동은 성인이나 또래와 상호작용을 하며 자신이 속한 문화나 사회에서 받아들여지는 다양한 활동에 참여하는 것이다. 그들의 가치, 기술, 방식 등을 배운다(사회화 과정).
② 사회문화적 특성에 따라 아동의 발달 목표나 배우는 내용과 방식은 다양할 수 있다.
   예) 농경 사회의 아동은 어려서부터 부모와 함께 밭일을 하거나 가축을 돌본다.

(5) 언어: 아동에게 문화적으로 적절한 사고양식과 문제해결 방식을 전달하는 주요 도구로서 특별한 역할 한다.
① 처음에는 외부에서 주어진 성인의 지시가 아동의 사고와 행동을 이끌지만 점차 아동 자신의 언어가 영향을 미친다.
② **사적 언어** 2021 기출: 아동의 사고를 이끄는 역할을 하는 아동 자신의 혼잣말을 말한다. 점차 언어를 내면화하여 내적 언어로 사고를 조정할 수 있게 된다.
   ㉠ 기능: 목표달성을 위해 자신의 행동과 생각에 자기지시와 자기조절을 하는 역할을 한다.
   ㉡ 아동의 사고와 행동을 이끄는 언어의 변화: **외부의 언어 → 사적 언어 → 내적 언어**

(6) 평가
① 연령에 따른 변화를 기술하지 못했다.
② 아동의 인지와 사고발달은 비언어적인 측면에서도 일어나는데, 인지발달을 언어적 측면에서만 초점을 두고 설명하고 있다.
③ 사회문화적 인지발달 이론은 인지발달에 초점을 두기보다는 인간의 사회적인 면모에만 너무 집중하고 있다.
④ 근접발달영역을 측정하는 기준이 모호하여 실생활에 적용하기 어렵다. 2021 기출

> ▶ **피아제와 비고츠키 이론의 공통점과 차이점**
> (1) 두 관점 모두 아동은 능동적이며 스스로 적극적으로 구성하는 전제라는 것에 동의한다.
>   • 피아제: 개인이 스스로 지식을 구성한다.
>   • 비고츠키: 사회적 상호작용을 통해 생긴 지식이 개인에 의해 내면화된다고 봄으로써 교사의 안내가 매우 중요함을 시사하였다.
> (2) 두 관점 모두 언어와 사회적 상호작용의 중요성을 인정한다.
>   • 피아제: 언어와 사회적 상호작용이 평형상태를 깨뜨리고 지식을 재구성하는 기제로 작용한다.
>   • 비고츠키: 언어와 사회적 상호작용이 사회적 환경 속에서 지식을 구성하는 직접적인 역할을 한다.
> (3) 두 관점 모두 교사가 되도록 강의와 설명을 지양하고 학생이 인지적 사고를 적극적으로 사용할 수 있는 활동에 참여하게 해야 한다고 본다.

[2021년 기출]

다음은 (가)는 현수(중3, 남)와 재호(중3, 남)의 수행 능력 수준의 개인차를 보여 주는 그래프이고, (나)는 현수와 재호의 수행 능력에 대해 장교사와 정문상담교사가 나눈 대화 내용의 일부이다. 〈작성방법〉에 따라 서술하시오. [4점]

(가)

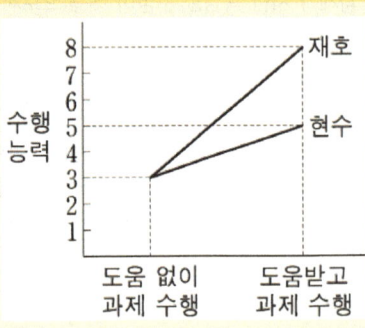

(나)

장 교사: 지난 수학 성취도 검사 결과를 보니, 현수와 재호의 수행 능력 수준이 같은 것으로 나왔어요. 그런데 제가 그 둘에게 약간 어려운 문제를 풀도록 하고서, 도움이 되는 질문이나 설명을 조금씩 해 주었더니 재호의 수행 능력 수준이 현수보다 훨씬 높아지더라고요. 이걸 어떻게 이해하면 좋을까요?

상담교사: 선생님께서 하신 경험과 관련해서 비고츠키(L. Vygotsky)의 인지발달 이론을 생각해볼 수 있어요. 비고츠키는 ㉠ 발달이 수업을 이끌어가는 것이 바람직하다고 보았어요. 또한 학생들과 언어적 상호작용을 통하여 ㉡ 교사는 학생이 실제적 발달 수준에서 잠재적 발달 수준에 도달하도록 도와줄 필요가 있다고 했어요. 비고츠키는 이러한 실제적 발달 수준과 잠재적 발달 수준 사이의 간극을 (ⓐ)(이)라고 하였는데, 여기에서 주의할 점은 교사의 도움은 학생의 (ⓐ) 안에서 주어져야 한다는 것이에요.

장 교사: 그럼, 교사가 학생의 실제적 발달 수준과 잠재적 발달 수준을 잘 파악하고 거기에 맞는 도움을 주는 것이 필요하겠네요.

상담교사: 네, 그렇지요. 비고츠키의 관점에서 보면 ㉢ 일반적인 성취도 검사는 학생의 실제적 발달 수준만을 측정하기 때문에 학생의 잠재적 발달 수준을 이해하는 데 한계가 있다고 할 수 있어요. 그래서 교사는 다양한 평가를 고려할 필요가 있어요. 또 중요한 것은 학생들 간의 언어적 상호작용과 학생의 혼잣말을 고려하는 것이에요. 비고츠키는 아이들이 ㉣ 어려운 문제를 해결할 때는 혼잣말 사용 빈도가 감소한다고 했어요.

〈작성방법〉

• 밑줄 친 ㉠~㉣의 전문상담교사의 언급 중에서 비고츠키의 인지발달 이론의 관점으로 <u>잘못된</u> 것 2가지를 찾아 바르게 서술할 것.
• (가)에서 장교사의 도움을 받은 후 현수와 재호의 수행 능력의 향상 정도가 다른 이유를 (나)의 괄호 안 ⓐ에 들어갈 개념의 명칭을 사용하여 서술할 것

4. 정보처리이론

정보처리과정은 주의와 기억 등 다양한 인지 활동을 포함한다. 대표적인 이론에는 로비 케이스(Robbie Case)의 '신피아제 이론'과 시글러(Siegler)의 '진화론적 이론'이 있다.

1 케이스의 신피아제 이론

피아제의 인지 발달 이론의 4단계를 정보 처리 이론에 적용하였다.

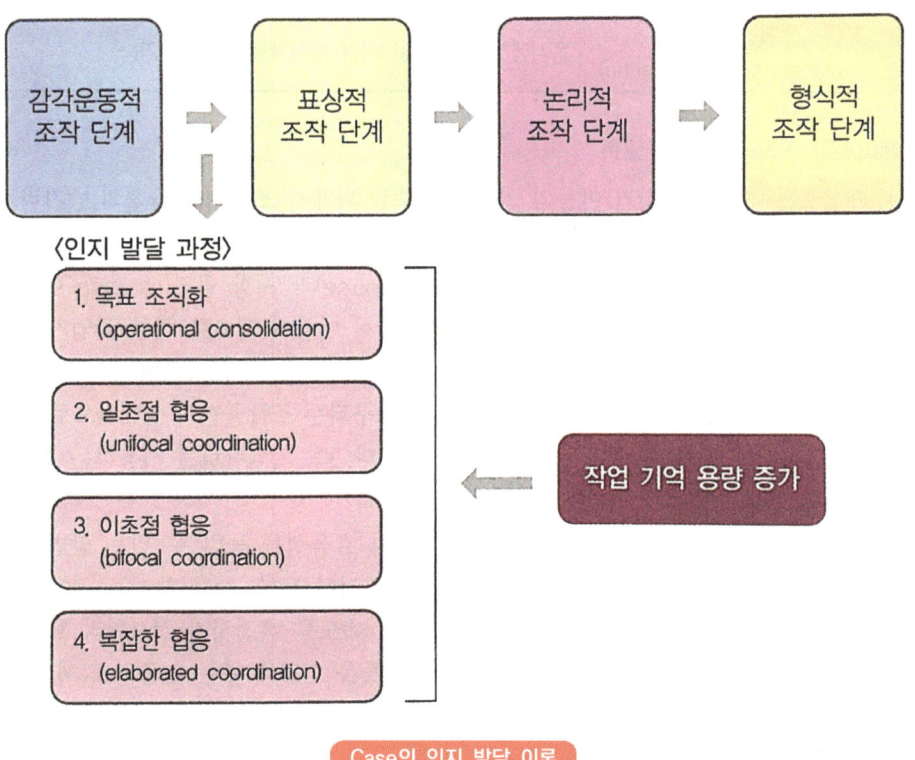

Case의 인지 발달 이론

(1) 개념: 피아제의 인지발달 단계를 수용하지만, 한 단계에서 다음 단계로의 이동을 포함하는 단계 내의 변화는 작동기억 증가 때문이라고 설명하였다.. 즉, 발달 단계 사이에 일어나는 변화 과정에 초점을 두고 인지 발달을 설명하였다.

(2) 케이스(Case)의 인지발달 단계

감각운동적 조작 단계	감각 정보를 받아들임
표상적 조작 단계	감각 정보를 심상화함
논리적 조작 단계	감각 정보에 대한 추상적인 표상화가 가능해지며, 이에 대해 단순한 정보 처리 혹은 문제 해결이 가능해짐
형식적 조작 단계	좀 더 복잡한 정보 처리나 문제 해결

(3) 케이스의 인지발달 과정: 케이스는 인지 발달 단계의 구조뿐 아니라 그 과정 또한 설명한다.
   ① 인지 발달은 정보 처리의 복잡성 정도에 따라 일어나며, 작업 기억 용량의 증가는 이러한 변화에 기여하는 요인이 된다.
   ② 정보 처리의 복잡성은 목표 조직화, 일초점 협응, 이초점 협응, 복잡한 협응의 4단계로 나뉜다.

목표 조직화 (operational consolidation)	자신이 학습한 것을 이해함
일초점 협응 (unifocal coordination)	새롭게 배운 기술을 다양한 방면에 적용하지만, 한 번에 한 영역에만 집중하여 정보 처리 가능
이초점 협응 (bifocal coordination)	동시에 두 영역에 초점을 두고 정보를 처리할 수 있게 됨
복잡한 협응 (elaborated coordination)	동시에 여러 생각을 하여 복잡한 문제 해결 가능

(4) 케이스의 조작공간 감소 모형
   ① 케이스는 구체적 조작기 아동의 인지발달 주요 과제가 조작의 효율성의 증가라고 주장한다. 아동이 과제를 처리하는 정보처리 역량의 증가가 곧 인지발달을 뜻한다.
   ② 전체 정보처리 역량: 조작 공간(operating space)과 저장 공간(storage space)으로 구성된다.
      ㉠ 조작 공간: 실제로 과제를 해결하는 과정에서 아동이 필요로 하는 작업기억량
      ㉡ 저장 공간: 처리된 정보들을 필요할 때 인출할 수 있도록 저장해두는 공간
   ③ 인지가 발달하면서 지적 작업을 요구하는데 요구되는 조작공간이 상대적으로 감소하고, 저장에 필요한 공간(저장 공간)이 상대적으로 늘어가게 된다. 즉, 기억용량을 사용하는 효율성이 증가하게 되고 아동의 인지발달이 촉진된다.
   ④ 단기기억의 용량 한계를 극복하고 기억수행의 효율성을 높일 수 있는 방법이다.
      ㉠ 자동화: 정보처리 시에 노력이 덜 들고 효과적이 된다.
      ㉡ 신경세포의 생물학적 성숙: 신경흥분의 전달 속도를 촉진시켜 정보처리 효율성을 가져온다.
      ㉢ 중심개념 구조: 중심개념 구조는 여러 개념들을 연결해 주는 일종의 망체계로서 목표행동을 보다 효율적으로 조직화시킴으로써 단기기억 용량의 한계를 극복하였다.

4 언어발달

1 언어발달 이론

1 학습이론적 관점

(1) 주로 모방과 강화를 강조하였다. 영아가 옹알이 했을 때 성인이 선택적으로 강화해 줌으로써 언어 교육이 시작한다고 보았다.

(2) 스키너(Skinner): 아동이 성인과 같이 말할 때까지 적절한 문법 갖춘 발화에 대해 점진적으로 접근하는 강화를 통해 언어를 가르치는 것을 말한다. 아동의 의사가 성인에게 전달됐을 때 아동의 요구에 반응하여 이를 충족시켜 줌으로써 강화가 되어 점차 언어가 발달하였다.

> **+ 학습이론적 관점의 예**
>
> 영아가 특정 소리 → 부모는 성인의 언어와 비슷한 소리에 더 주의를 기울이며 이에 대해 반응 → 부모의 긍정적인 반응이 강화자극이 되어 영아는 자극받은 소리를 더 자주 내면서 발전 → 강화받지 않는 소리는 소멸하게 됨으로써 언어를 학습하게 된다.

(3) 반두라(Bandura): 부모가 강화를 하지 않아도 관찰을 통한 모방학습에 의해 언어가 획득된다.

2 생득이론적 관점

(1) 인간은 언어를 획득할 수 있는 선천적 능력을 갖고 태어난다고 본다.

(2) 촘스키(Chomsky) 언어습득장치(Language Acquisition Device; LAD, 언어획득기제): 인간의 선천적인 공통·보편적 언어지식 체계가 획득된다고 보았다.
  ① 언어습득장치는 인간이 선천적으로 가지고 태어나는 보편적 문법 지식체계로 문법적인 변형 규칙을 적용·가능하게 하는 장치다.
  ② 보편적 문법(universal grammar): 다른 나라 아동들도 비슷한 속도로 언어를 습득하는 것을 보고 보편적 문법이라는 개념을 주장하였다. 이것은 모든 나라의 언어에는 동일한 문법적 규칙이 있다는 추상적인 개념이다. 즉, 누구나 문법을 익힐 수 있는 언어적 능력을 가지고 태어난다.

(3) 슬로빈(Slobin)의 언어조성기제: 일련의 특수화된 언어처리기술이 있다고 보았으며, 아동이 언어 분석, 음성적·의미론적·문법적 관계 탐지하는 것이 가능하다고 하였다.

(4) 생득이론에서 언어획득은 아동이 처리할 언어가 있는 한 매우 자연적이고 자동적인 과정이다.

(5) 문화적 환경이 다르고 언어마다 특성이 다른데도 세계 아동의 언어발달 과정이 시기에 따라 같은 것은 언어발달이 인간 특유의 선천적 특성에 의한다는 것을 입증한다.

(6) 레니버그(Lenneberg)의 뇌의 국소화의 의미
  ① 언어중추가 위치한 좌반구 손상되면 실어증이 생긴다.
  ② 좌반구 전두엽 근처 브로카(Broca) 영역이 손상되면 언어 산출에 영향을 미치며, 좌반구 뒤쪽의 베르니케(Wernicke) 영역이 손상이 손상되면 언어 이해가 어렵다.

③ 사춘기 전까지는 언어적 기능 위한 뇌의 국소화가 완전히 이루어져 있지 않아, 좌뇌 손상 시 손상된 좌뇌의 기능을 우뇌에서 대신할 수 있다. 하지만, 사춘기 이후에는 완전히 국소화되어 좌뇌 손상을 우뇌가 보강할 수 없다.

(7) 결정적 시기(critical period): 언어학습의 민감기 가설이다. 인간의 언어학습은 2세~사춘기 사이에 결정적 시기가 존재하며, 특히 취학 전 약 5세까지 언어가 가장 빨리 숙달된다고 주장하였다.

① 사춘기 이전 2개 국어 이상 동시 획득 쉬우나, 사춘기 이후 제2외국어 배우려면 상당히 집중적 학습이 필요하다.

② 사춘기 이전 특히 5세 이전 뇌손상은 대부분 회복이 가능하다. 청소년이나 성인은 집중적 치료받아도 일부만 회복된다.

③ 영아부터 14세까지 갇혀 지낸 여아와 32세까지 벙어리로 언어에 노출되지 않았던 여인은 집중 훈련을 통해 많은 단어학습과 문장생성에 현저한 발전을 보였지만 모든 아동이 가르침 없이 배우는 문법 규칙은 숙달할 수 없었다.

3 인지적 관점

(1) **인지적 관점**: 언어발달과 인지발달을 연관지어 생각하는 관점. 피아제와 비고츠키에 의해 언어와 사고의 관계가 설명되었고, 각각 다른 관점을 제시한다.

(2) **피아제(Piaget)**: 인지발달이 이루어진 후에야 언어발달이 이루어진다라고 주장한다.

① 인지 언어적 연관성(cognotove-language links): 새로 습득한 지식은 아동이 표현하는 말에 내재되어 있는 것을 말한다.

② 대상영속성에 대한 개념을 이해할 때야만 비로소 '갔어(gone)'와 같은 단어를 사용할 수 있는 것처럼 인지발달이 이루어져야 언어발달이 가능하다.

(3) **비고츠키(Vygotsky)**: 언어나 사고가 상호 독립적으로 발달하다가 후에 통합된다고 주장한다. 아동의 언어발달이 부모나 보호자의 영향을 받아 이루어지는 것으로 보았고, 이를 타인 주도적인 과정(other-guided process)이라고 하였다.

(4) **아동의 혼잣말에 대한 피아제와 비고츠키의 관점**

① 피아제: 혼잣말은 자기중심적인 사고를 하는 아동의 특성이다.

② 비고츠키: 혼잣말은 부모와 시간을 보내며 들은 외적 언어를 내재적 사고로 바꾸는 과정에서 나타나는 것이다.

4 상호작용 이론적 관점

학습이론이나 생득이론은 부분적으로 언어발달의 많은 현상을 설명하지만 완전히 설명하지 못한다고 보고 최근 인지발달 이론가와 사회의사소통이론가들은 상호작용 이론을 주장하였다. 생물학적 요인과 인지발달 요인, 언어적 환경이 상호작용하여 언어발달에 영향 준다고 주장한다.

(1) **언어적 보편성**: 세계 어린이는 인간 종으로서 갖는 많은 공통 경험으로 인해 같은 언어발달 과정을 보인다. 뇌와 중추신경계가 매우 천천히 성숙해 감으로써 성숙수준이 같은 아동들은 자신의 언어로 표현하고자 하는 생각의 수준이 같아서 공통된 언어발달 나타난다고 설명하였다.

(2) 브루너(Bruner, 1983): 사회문화적 맥락이 인간의 언어발달에 핵심이라고 보고, 부모와 교사의 역할을 강조한다.

① **언어습득 지원체계**(Language Acquisition Support System; LASS): 언어발달을 도울 수 있는 부모의 역할로, 부모는 영아가 옹알이를 시작할 때부터 반응을 보이는데, 부모와의 이러한 상호작용을 통해 언어가 발달한다.

② **아동대상 화법**(child-directed speech): 부모가 영아에게 말을 할 때 높은 어조로 간단한 단어를 짧게 강조하고 반복하여 이야기하는 방식을 말한다. 아기식 말투를 사용하는 이 화법은 영아의 주의를 끌어서 의사소통이 지속적으로 이루어지도록 돕는 기능을 한다.

(3) **비고츠키(Vygotsky)**: 좀 더 나이가 들었거나 유능한 성인과의 사회적 상호작용이 인지발달과 언어발달을 증진시킨다고 보았다. 즉, 상호관계를 통해 아동의 언어가 발달하였다. 상호관계는 부모나 아기 모두가 영향 받게 되며 또 서로가 서로에게 영향을 준다. 어린 아동의 언어는 언어적 창조를 할 수 있게 해주는 풍부한 언어적 환경에 의해 영향 받는다고 주장하였다.

(4) 상호작용 이론적 관점에서 일반 인지발달과 언어발달의 관계

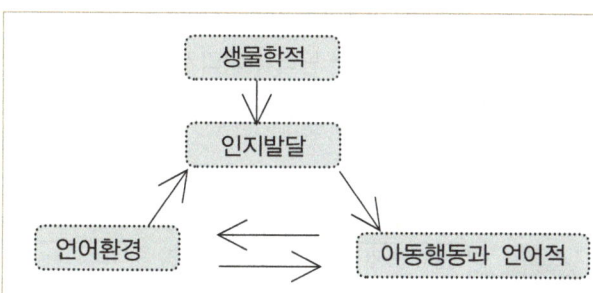

- 영아기 발화의 첫 단어는 감각운동 도식을 통해 이해할 수 있었던 경험에 집중
- 아동기 가설적 문장이 나타나는 것은 가설적 개념의 이해수준에 의존된다.
- 영아 및 아동은 그들이 획득해 가고 있는 인지적 개념과 능력을 언어로 표현하는 것이다.

▶ 상호작용 이론도 생물학적인 언어학습의 선천성에 동의하지만, 언어적 보편성은 생물학적 성숙, 인지발달, 언어적 환경의 기본적 상호작용을 반영하는 것이지, 타고난 특수화된 언어처리 과정의 반영은 아님을 강조하였다.

2 단계적 언어 발달

1 전(前)언어 단계

아기가 의미 있는 첫 단어를 말하기 전까지의 시기이다.

(1) 처음 우는 반응은 순수한 반사활동. 후에 특수화되어 배고픔, 고통 등 상태에 따라 구별되는 울음으로 발달하였다.

(2) 출생 후 몇 주 동안 모음소리 더 많이 낸다. 성숙해감에 따라 자음이 우세해진다.

(3) 생후 몇 년 사이 모든 아기는 3천 종 이상의 세계 각국 언어의 소리를 다 낸다. 생후 몇 주 사이 자음과 모음을 구별하였다.

(4) 3~5주 목을 울려내는 낮은 소리: 고통이나 불편함 나타내는 울음과 구별하였다. 조음 위해 혀를 사용해 소리 내는 능력이다.

(5) 3~6개월 자음과 모음 결합한 한 음절 옹알이: 부모가 벙어리여도 옹알이를 한다. 발성으로 욕구·기분·정서 등을 표현한다.

(6) 10개월 여러 가지 소리 내면서 놀이를 한다. 소리 내며 노는 것을 즐긴다.

(7) 생후 6개월간 옹알이 소리는 세계 영아들이 거의 비슷하다. 뇌와 발성 관련 근육의 성숙에 큰 영향 받는 것으로 보인다.

(8) 곧 경험이 작용하여 8개월경이면 영아들의 옹알이 억양이 모국어 억양과 비슷해지기 시작하였다.

2 전언어기 이후 영아기(일어문 시기)

언어를 사용하지 못했던 전언어기와는 달리 영아기에는 다양한 언어 발달이 일어난다. 생후 1년 전후~18개월이 해당한다. 성인이 알아들을 수 있는 첫 단어를 말하기 시작한다.

(1) 하나의 단어 말 하나, 단순한 단어 아니라 성인의 문장과 같은 내용을 표현하였다.

(2) 점차 어휘 증가: 말 시작하고 3~4개월 지나면 10개 어휘 사용할 수 있다. 18~24개월에 어휘가 급격히 증가한다. 24개월 평균 200개 단어 산출된다. 훨씬 많은 단어를 이해하는 게 가능하다.

(3) 의미 획득: 빠른(신속) 대응과정에 의해 가능하다. 단어를 들으면서 단어가 가리키는 대상이 무엇인가를 한두 번 보면 바로 단어의 의미가 획득된다. 아기들은 사물의 이름에 특히 주의를 기울인다.

(4) 빠른(신속) 대응과정 때문에 나타나는 오류: 과잉확장, 과잉축소

과잉확장   과잉축소

① 과잉 확장(overxtension): 그 뜻을 가진 사물뿐만 아니라 다른 사물에도 똑같은 단어를 사용하는 것이다.
  예 모든 털 달린 동물은 개

② 과잉 축소(underextension): 여러 대상을 가리키는 포괄적인 단어를 특정 대상에만 사용하는 경향성이다.
  예 바둑이만 개

(5) 영아가 단어에 맞게 의미를 습득하는 방법: 신속대응과 제약이다. 어느 순간부터 영아는 한 달에 약 500개의 단어를 배울 수 있게 되는데, 이는 신속 대응이 가능하기 때문이다.

① 신속 (표상) 대응(fast mapping): 짧은 노출에도 불구하고 단어의 의미를 습득하는 것을 말하는데, 이를 위해서는 지시 대상 선정과 지시 대상 보유가 가능해야 한다.
  ㉠ 지시대상 선정(referent selection): 새로 알게된 언어에 알맞은 지시대상을 선택하는 것
  ㉡ 지시대상 보유(referent retention): 지시대상선정을 통해 새로 접한 사물을 기억하는 것

② 제약(constraint): 특정 단어의 뜻을 유추할 때 수많은 의미 중 몇 가지 가설을 가지고 단어를 학습하는 경향이다.
  ㉠ 지각적 제약(perceptual constraint): 지각적 정보를 이용해서 특정한 사물을 분류하는 것이다. 대상의 크기나 재질 등 생김새나 모양에 치중하여 사물을 분류하는 모양 편향(shape bias)이 그 예가 된다.
  ㉡ 개념적 제약(conceptual constraint) 혹은 대상의 범위 제약(whole-object bias): 새로운 단어를 들었을 때 그것이 물건 전체를 가리키는 것을 아는 것을 말한다.
  ㉢ 화용론적 제약(mutual exclusivity): 두 개의 사물 중 하나의 이름을 알고 있을 때 그 단어가 아닌 새로운 단어를 듣는다면, 그 새로운 단어가 자신이 이름을 모르는 사물을 지칭한다는 것을 유추하는 것이다.

(6) 어휘폭발: 영아기에 나타나는 언어 발달 중 가장 눈에 띄는 변화는 어휘 폭발이다. 어휘 폭발(vocabulary explosion)은 아동의 단어 습득 능력이 급격히 향상되는 것을 말한다. 아동은 만 2세경 약 200개의 어휘를, 3세에는 900~1,000개의 어휘를, 6세에는 8,000~14,000개의 어휘를 안다.

3 전보문 시기

(1) 전보문: 관사, 전치사, 대명사, 조동사 등 언어의 기능적 부분이 생략되고 단어들만으로 구성된 초기 문장이다. 두 단어의 결합은 이어문, 세 단어 이상은 전보문이라 한다.
(2) 전보문을 쓰는 이유: 언어산출 능력의 한계 때문이다.
(3) 특징
  ① 짧은 문장만 산출 가능하므로 기능적 단어 분리, 내용언어를 강조한다.
  ② 단어의 나열이 질서 있게 순서대로 배열되어 있다.
  ③ 성인의 언어규칙과 반드시 같지 않고, 아동이 쓰는 규칙의 사용에는 개인차가 있다.
  ④ 2세경 효율적 의사소통에 필요한 사회적·상황적 요인을 인식하기 시작한다.
    예 교대로 말하기, 쳐다보면서 말하기, 멀리 있으면 크게 말하기, 예의 등 인식
  ⑤ 2세 반경 유아들은 언어의 여러 문법적 규칙 사용하기 전에 의사소통에 필요한 실제적 방법을 먼저 배워간다.

4 유아기 언어발달

2~5세 매우 복잡한 문장 말한다. 35~38개월경 전보문에서 생략됐던 문법적 형태소를 포함한다. 의문문·부정문이 등장한다. 문법적 형태소 사용하고 숙달되는 연령은 아동마다 다르지만, 형태소를 배워가는 순서는 일치한다. 쉬운 형태소부터 배워간다.

(1) 문법적 형태소 배움 → 친숙한 맥락은 물론 새로운 상황에도 적용 → 과잉규칙화 현상: 예외의 불규칙한 경우까지 확대 적용하면서 생겨나는 현상이다. 유아가 새로운 언어적 원리를 획득해서 이를 창의적으로 적용했다는 증거이다.
  예 올바르게 사용하던 came→comed
(2) 2~2세 반경: 서술문을 의문문, 부정문, 명령문으로 변형시키는 변형문법을 배워간다.
(3) 3세경: 대부분의 유아가 복잡한 문장을 말할 수 있다.
(4) 5~6세경: 모국어의 대부분의 문법 사용해 성인과 같이 말할 수 있다.

(5) 유아기에 획득하는 의사소통기술
① 3세: 말하는 사람의 진정한 의미가 표현된 말과는 차이가 있을 수 있다는 것을 이해한다.
② 3~5세: 효율적 의사소통 위해 말 하고자하는 내용을 청자에게 맞춰야 한다는 것을 배운다.
③ 그러나 정보 탐지에 미숙하다. 정보의 의미 보다 자신의 해석에 주의 기울여 언어적 모호성을 탐지하지 못한다.

5 유아기 이후 언어발달

(1) 아동은 문법을 어느 정도 익히게 되어 자신의 생각과 감정을 좀 더 정확히 표현할 수 있다.
(2) 대화기술이 발달하고 의사소통의 명확성이 증가하며, 풍자와 은유를 이해하고 사용하기 시작한다.
(3) **참조적 의사소통 기술의 발달(referential communication)**
① 정의: 화용론적 기술로 다른 사람과 특정 참조물에 대해서 소통하는 것을 말한다.
② 필요성: 타인과 원활히 소통하기 위해서는 상대방이 하는 말에 주의를 기울이고 그와 관련된 말을 하기 위한 것이다.
③ 조건: 그 사물에 대한 지식과 소통하는 방법이나 과정이 조건이 된다.
④ 발달 시기: 만 8세경
⑤ 발달 방법: 아동의 가상 놀이 친구인 **상상 속 친구**(imaginary companion: IC)와 같이, 여러 인형이나 모형을 늘어놓고 혼잣말을 하면서 노는 것도 참조적 의사소통 기술을 키우는 한 방법이다.
(4) 문어(literary) 발달: 주로 글에서 쓰는 말인 문어발달이 일어난다. 이 시기의 아동은 어느 정도 문법을 익혔으며, 글을 읽고 쓸 수 있게 된다.
(5) 첼, 제이콥스, 볼드윈(Chall, Jacobs, Baldwin)은 아동의 읽기 발달 6단계

단계	시기	특징
0번째 단계	만 6세 이전	• 책을 보면서 이전에 다른 사람이 읽어 주었던 내용을 토대로 책을 '읽는 척'함
첫번째 단계	초등학교 1~2학년	• 글을 읽기 위한 준비 기간으로, 자신이 속한 나라의 언어 형태나 법칙을 배워 나감 예 한국: 글을 읽고 쓸 때 왼쪽에서 오른쪽으로 읽는 법칙 • 글을 소리 내어 읽을 수 있으나 내용 전체를 이해하지는 못함
두번째 단계	초등학교 2~3학년	• 글자를 읽는 능력이 향상되는 시기로, 이전에 여러 번 읽었던 책을 읽을 수 있게 됨
세번째 단계	초등학교 4학년~ 중학교 3학년	• 글이 무엇을 의미하는지 이해하게 되며 글을 통해 정보를 습득할 수 있음 • 그러나 자신이 모르는 주제에 관한 글을 읽는 것은 어려움
네번째 단계	고등학생 청소년	• 글을 정확하게 읽고 다양한 관점에서 글을 이해할 수 있음 • 광범위한 내용의 글을 읽고도 핵심을 파악할 수 있음 • 문학과 정치와 같은 어려운 주제에 대해 이해하고 토론 가능
다섯번째 단계	성인기	• 자신의 필요와 목적에 적합한 정보를 추려 읽음 • 타인의 지식을 읽고 자신만의 새로운 지식을 창조

3 이중언어

다문화 가정이 늘어나면서 이중언어를 배우게 되는 아동도 늘어났다. 이중 언어를 사용하는 것이 어떠한 영향을 미치는가에 대해 학자들의 관심이 늘어났다.

1) **장점**: 이중 언어를 사용하는 사람이 단일 언어를 사용하는 사람보다 작업 기억이 뛰어나고, 치매 증상을 늦게 보인다.

2) **단점**: 이중 언어를 사용하는 아동이 단일 언어를 사용하는 아동에 비해 사용하는 어휘 개수가 적다.

3) **결정적 시기 가설(critical-period hypothesis)**: 언어 습득이 특정한 시기에 일어나야 한다는 주장한다. 외국어를 습득할 때에도 결정적 시기가 있을 것으로 예상하였다. 실제로 어린 나이에 이민을 간 사람일수록 언어습득 수준이 좋은 것으로 나타났다.

5. 사회인지 발달

1 자기개념 발달

1 자기개념(self-concept) 2022 기출

자신을 생각할 때 떠오르는 생각이나 이미지로, 자신에 대한 지식과 믿음이다. 사람은 자기개념 발달을 통해 자신이 다른 사람과는 다르게 독립적으로 존재한다는 것을 이해하게 된다. 자기개념은 자신의 신체를 지각하는 것부터 자신만의 감정, 생각, 신념, 행동 등을 인식하고 평가하는 능력까지 자신과 관련된 모든 정신 활동을 포함한다.

2 나이서(Neisser, 1995)의 자기개념의 발달

서로 다른 다섯 가지 유형의 자기개념은 각각 독립적으로 발달하다가 연령이 증가하면서 통합된 하나의 자기개념을 형성하게 된다.

생태적 자기개념(ecological self)	자신이 주변 환경과는 독립된 하나의 존재임을 알게 되는 것
대인관계적 자기개념(interpersonal self)	타인과의 관계를 통해 자신이 타인과는 독립된 존재임을 이해하는 것
확장된 자기개념(extended self)	자신이 과거와 현재, 미래에도 존재할 것이라는 점을 깨닫는 것
사적 자기개념(private self)	다른 사람이 보고, 듣고, 알 수 없는 자신만이 아는 본인의 모습. 사적 자기개념의 발달을 통해 자신만의 생각, 경험을 갖게 됨
개념적 자기개념(conceptual self)	사회적 맥락과 문화적 맥락에서 개인이 자신의 역할을 알게 되면서 형성됨

3 자아의 출현

(1) 영아는 자아개념 없이 태어난다. 모든 욕구는 양육자가 곧바로 충족시키기 때문에 환경과 나의 분화가 불필요하다. 그러므로 정체감 형성을 하지 않는다.
(2) 피아제는 2개월 된 영아는 낮은 수준이지만 자신이 어떤 일을 일으킬 수 있는 개인적 힘에 대한 의식이 싹트기 시작한다고 보았다.
(3) 생후 첫 2개월 동안 신체의 한계를 배워 외적 사물로부터 신체적 자아가 분화된다.
(4) 4~8개월경 외부 사물을 통제하고 조정하는 것이 가능해진다.

4 자아인지

자아의 특성, 즉 신체적 특성과 심리적 특성을 지각하는 것을 말한다.
(1) 자기 인식: 영아는 자신이 다른 사물이나 타인과 관계없이 존재함을 알고부터 자신이 누구인지 인식하기 시작한다. 새로운 환경에서 자신의 몸을 움직여도 보고, 자신의 신체를 관찰하면서 각각의 신체 부위가 어떻게 움직이는지, 무엇을 할 수 있는지, 서로 어떻게 연결되어 있는지를 알게 된다. 영아는 자신의 신체를 지각하고 다른 것과 구분할 수 있다.

(2) 자아인지 또는 자기재인(self-recognition): 대부분 18~24개월경
   ① 대상영속성 개념이 생기고 감각운동적 도식이 정신적 표상으로 내면화되어가는 시기이다.
   ② 자신의 모습을 알아본다.
   ③ 자아인지의 발달은 영아 인지발달 수준과 밀접한 관련 있다.
   ④ **루이스와 브룩스(Lewis와 Brooks-Gunn, 1979)이 고안한 '루즈 테스트'**: 대표적인 자기재인 검사

영아와 엄마의 면대면 상호작용

영아의 코에 루즈를 바름

영아에게 거울을 보여 주고 반응 관찰

루즈 테스트는 영아가 자신의 신체를 인식하는지 알아보기 위한 것으로, 영아의 코에 루즈를 묻힌 후 거울을 보여 주고 반응을 살핀다. 이때 영아가 자신의 코를 만지면 거울 속 자신을 인식하는 것이고, 거울로 손을 뻗는다면 아직 자신을 인식하지 못하는 것이다. 루즈 테스트 결과, 생후 18개월에서 24개월 사이의 영아는 주로 자신의 코에 묻은 루즈를 닦아내었으나, 생후 12개월이 된 영아는 거울 쪽으로 손을 뻗었다.

(3) 소유권
   ① 영아는 소유권을 이해한다. 소유권에 대한 이해는 확장된 자기개념과 대인관계적 자기개념을 먼저 필요로 한다. 현재 자신의 물건은 과거·미래에도 자신의 물건이며, 자신을 타인으로부터 구분할 수 있어야 타인과 나의 물건을 구분할 수 있다.
   ② 생후 24~28개월의 영아는 자신의 것과 타인의 것을 구별할 수 있고, 몇몇 생후 18개월의 영아도 자신의 것과 타인의 것을 구별한다.

(4) 자아인지와 사회적 경험: 자아인지 위해서는 인지발달뿐 아니라 사회적 경험도 매우 중요하다.

> 서로 어울리는 동안 내가 남에게 어떻게 비춰지는지 알 수 있는 정상 환경에서 자란 침팬지는 자아인지 발달시킨 반면 사회적으로 자기를 남에게 비춰본 경험 없는 침팬지는 명확한 자기상 획득 불가

(5) 자아인지와 애착: 안정애착된 2세아가 불안정애착된 또래보다 자기지식이 높다. 이 차이는 3세에 더 커지며, 안정애착 유아가 어머니에 대한 지식도 높다. 안정애착은 자기 인식을 성장시킬 뿐 아니라 다른 측면의 사회적 인지에도 중요한 영향을 미친다.

(6) 자아인지의 영향: 자신을 타인과 구별하는 능력은 유아의 사회적 행동이나 정서적 경험에 영향을 준다. 자아인지는 자기 의식적 정서 경험하는 능력을 생기게 한다. 모방하는 즐거움 느낌, 목표 달성을 위한 협조 반응을 할 수 있게 사회적 숙달이 가능하게 한다.

(7) 범주화 시작: 자신을 알아보면서 유아는 사람들 간의 차이를 구별하는 차원에 주목한다. 자신도 그러한 차원에 따라 범주화한다. **범주적 자아**란 나이, 성 등 사회적으로 중요하게 인식되는 차원에 따라 자아를 범주화하는 것을 말한다.

5 유아기 자아개념

3세 반~5세 유아는 여러 맥락에서 자신의 흔한 행동을 인식한다. 이는 심리적 서술에 대한 기초를 제공하는 기초 서술이다. 실제 3~5세 유아는 질문 따라 심리적 특성을 여러 다른 차원에서 서술이 가능하다.

(1) 공적 자아와 사적 자아
① 공적 자아: 밖으로 드러나 남이 볼 수 있거나 알 수 있는 자아
② 사적 자아: 남이 볼 수 없는 자신만 아는 내적 또는 주관적 자아
③ 3세아는 마음 속 믿음이 사람들마다 다를 수 있고 믿음과 달리 행동할 수 있음을 이해하지 못하지만, 4~5세 유아는 이해할 수 있다.

(2) **유아 말기 또는 아동 초기**: 유아 때 비해 좀 더 다양한 측면에서 자신을 이해한다.
① 눈에 보이는 것만으로 자기개념을 형성한다. 이 시기의 아동은 '원피스를 입은 나'처럼 외모나 행동과 같이 외적인 특징을 통해 자기를 이해하고 개념화한다.
② 타인과 많은 상호작용을 하지 않으므로 객관적인 자기 평가를 할 수 없다.
③ 현실과 비현실을 구분하는 데 어려움을 겪으며 비현실적인 낙관성을 가지기 때문에 자신의 능력을 실제보다 높게 평가하는 경향이 있다.
④ 부모와의 상호작용은 어린 아동의 자기개념 형성에 영향을 미치며, 부모의 양육 방식도 영향을 미칠 수 있다. 부모의 수용적인 양육 방식은 아동의 자기개념 발달에 긍정적 영향을 미치고, 거부하고 통제하는 양육 방식은 부정적인 영향을 미친다.
⑤ 아동의 자기개념 발달은 삶에 다양한 영향을 미친다. 긍정적 자기개념을 가진 아동은 타인을 더 많이 도와주고 협조하는 행동을 하며, 친사회적이고 학교 적응도 잘하는 반면, 부정적 자기개념을 가진 아동은 일탈 행동을 더 많이 한다.

6 아동기와 청소년기의 자아개념 📖 2021, 2022 기출

(1) **학령기 아동의 자아서술**: 자신의 신체적·행동적·외적 특성을 나열한다. 즉 지속적 내적·추상적 특성인 기질, 신념, 이념 등. 특히 만 8~11세의 아동은 자신을 묘사할 때 "나는 마음이 여려."와 같이 심리적인 특징을 많이 사용한다.

(2) **뚜렷한 개념적 자기개념**: 학교와 같은 사회 기관에 속하는 구성원으로서 사회문화적 맥락에서의 역할을 이해하는 개념적 자기개념이 뚜렷하다.

(3) **대인관계적 자기개념 발달**: 사회 속에서 타인과의 상호작용을 통해 대인관계적 자기개념을 정교히 발달시킨다.

(4) **실제 자기와 이상적인 자기상**: 사회적 비교를 통해 아동은 이전보다 현실적인 사고를 하게 되고, 자신의 능력을 객관적으로 판단하여 실제 자기와 이상적인 자기상을 구분할 수 있게 된다.

(5) **학령기 아동·초기 청소년**: 자기서술에서 점차 심리적 특성이 높아진다. 이를 변하지 않고 지속되는 것으로 생각하는 경향이 있다.

(6) **15세 청소년들**: 몇 개의 다른 자아가 있는 듯 느낀다. 불일치에 대해 혼란스러워하고, 진정한 자신 발견에 관심을 갖는다.

(7) **고등학교 후기**: 불일치를 불편해하지 않고 높은 수준의 응집된 자아 속으로 불일치된 것을 통합하려는 경향이 있다.

(8) 청소년기의 자기개념 발달은 단순히 '자기'라는 존재를 스스로 이해하는 것뿐만 아니라, 자신이 속할 사회적 지지 집단을 스스로 선택하고 이러한 집단으로부터 자기개념에 대해 피드백을 주고받는 과정을 포함한다. 이러한 모든 과정을 통해 통합된 자기개념을 형성하는 것이 청소년기의 대표적 과업이다.

(9) **거짓 자기 행동(false self-behavior)** 2021 기출: 청소년은 상대방을 기쁘게 하거나 좋은 인상을 주기 위해, 남들로부터 인정을 받기 위해 '진짜 나'의 모습과는 다른 거짓 자기 행동을 보이기도 한다.

(10) **청년기 형식적 조작기의 인지발달**: 추상적 특성 비교 가능, 특성들을 체계적으로 통합 가능하다.

2 자존감 발달

자존감(self-esteem)이란 자신이 인지한 자신의 특성이나 속성을 평가하여 이로부터 형성하는 자기 가치감을 뜻한다.
- **높은 자아존중감**: 자신에게 만족. 장·단점 인지, 전체적인 자기 능력과 특성을 긍정적으로 느낀다.
- **낮은 자아존중감**: 자신의 장점보다 부적절성에 더 주의 기울이며 자신을 덜 호의적으로 바라본다.

1 아동기의 자아존중감의 위계적 구조

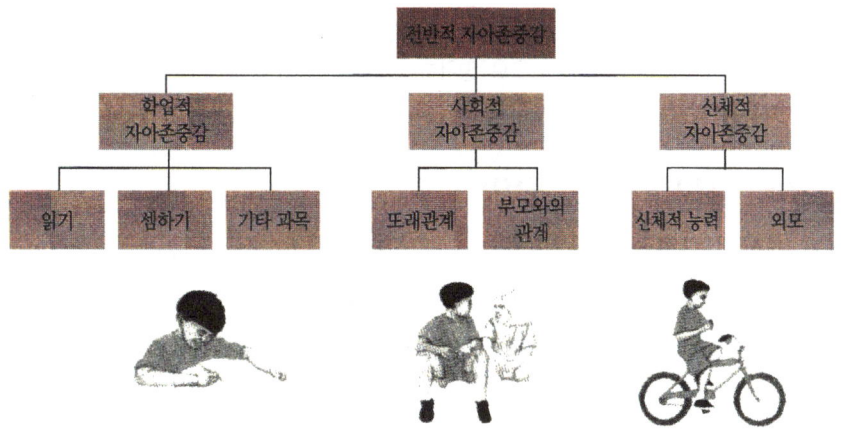

아동기 자아존중감의 위계적 구조

출처: 정옥분(2002). 아동발달의 이해(p.511). 서울: 학지사

2 자존감 발달

(1) 자존감의 발달은 자기평가 과정에서 나타나며, 아동의 자기평가는 타인의 평가로부터 민감한 만 2~3세경에 뚜렷이 나타난다(만 2세부터 상대 반응 살펴 자신 행동 평가).

(2) 에릭슨(Erickson)은 청소년은 정체감 위기에 직면해 자아존중감이 떨어진다고 보았다. 또한, 일부 청소년은 중학교 입학 즈음 자아존중감이 하락한다. 이는 스트레스가 중복되어 나타날 때 가장 크게 나타난다.

(3) 그러나 대부분의 11~14세 청소년은 자아존중감에서 눈에 띌만한 감소가 일어나지 않는다. 일반적으로 사춘기부터 청소년기가 끝날 때까지 점진적으로 자아존중감은 증가한다.

(4) **쿨리(Cooley)의 거울 속 자기(looking-glass self)**: 청소년이 되면 타인에게 인식되는 자신의 모습을 많이 신경 쓰게 되는 것을 거울 속 자기라고 지칭하였다.

(5) **하터(Harter)와 동료들(1998)**은 청소년의 자존감이 주변 사람과의 관계에 영향을 많이 받는 이유를 청소년이 관계의 맥락에 따라 자신의 가치감을 다르게 평가하기 때문이라고 설명했다.

(6) **자존감 발달과정**

단계	내용
1단계 자조기술의 발달	• 만 2세경에 나타나는 자조기술의 발달과 함께 자존감의 발달이 시작된다. • 일상적인 과업인, 밥 먹기, 옷 입기 등을 성공적으로 수행하면서 아동은 자신의 기본능력에 대해 신뢰감을 갖게 되고 이것은 자존감의 기초가 된다.
2단계 사회적 비교에 의한 자존감 형성	• 5~6세 아동은 자신의 능력 뿐만 아니라 소유물, 가정배경, 또래 수용도 등을 또래와 비교하여 평가하기 시작한다. 즉 사회적 비교가 시작이 된다. • 사회적 비교 결과가 긍정적이라면, 바람직하게 자존감이 발달하게 되지만, 부정적이라면 낮은 자존감을 형성하기도 한다.
3단계 인지적·사회적 능력에 의한 자존감 형성	• 8~9세부터 11~12세까지 아동들은 학업 성적을 비롯한 모든 성취를 다른 아이들과 비교하고 그 결과로 자기를 평가한다. • 다른 아이들에 비교해 학업적 성취가 좋을 경우, 학업적 자존감을 긍정적으로 형성하게 된다. • 또래 관계를 긍정적으로 형성하게 되었을 때, 자존감에 영향을 미치며 이를 사회적 자존감이라고 한다.
4단계 자아의식이 높아짐에 따라 일시적 자존감의 저하	• 자아의식이 높아지는 청소년기에는 자존감이 일시적으로 낮아지게 되는데, 이는 타인이 자신을 어떻게 보는가에 대해 민감해지기 때문이다. • 즉 타인의 시선을 의식하게 되고, 사회적 비교가 보다 엄격해지게 되면서 자신에 대해 보다 비판적으로 평가하게 된다.

3 자존감 발달에 영향을 주는 요인

(1) **부모의 양육태도**: 자아존중감 높은 아동의 부모는 따뜻하고 민주적 경향을 갖는다.
  ① 청소년기 동안 부모의 지지와 독립성 훈련은 자녀의 자존감 향상에 큰 도움이 된다.
  ② 자녀를 사랑, 지지, 명백한 기준제시, 자녀가 의견 말하도록 하며 결정에 참여하도록 허용하는 것
  ③ 부모 양육태도와 높은 자아존중감의 관계는 서구뿐 아니라 동양권에서도 같은 경향을 미친다.

(2) **출생순위 영향**: 맏이나 외동은 자존감이 높은 편이고, 형제관계가 친밀하고 온정적일수록 자아존중감이 높다.

(3) **사회경제적 지위**: 사회경제적 지위가 높을수록 자아존중감이 높다.

(4) **사회적 지지**: 또래, 가족, 교사로부터 사회적 지지를 많이 받는다고 지각한 아동은 자아존중감이 높다.

(5) **귀인**: 성공 원인을 내부귀인(능력, 노력)하는 아동일수록 자아존중감이 높다.

(6) **사회적 비교**: 사회적 비교란, 자신을 타인과 비교하여 자아를 정의하고 평가하는 과정이다. 또래와의 사회적 비교가 아동의 자존감 발달에 영향을 준다. 특히 아동은 어린이집이나 유치원에 다니게 되면서 또래와의 사회적 비교를 시작하게 된다.

3 자아통제의 발달

자아통제란 자신의 말이나 행동을 억제할 수 있고 규제할 수 있는 능력을 뜻한다.
- 어린 아동들의 행동은 다른 사람 특히 부모에 의해 거의 완전히 통제된다.
- 시간이 지나면서 아동은 자아통제의 중요성을 강조하는 규준을 배우고, 자기규제기술 획득함에 따라 자기통제는 점차 내면화된다.

1 자아통제의 출현

(1) 생후 2년경 아동은 양육자의 기대를 알고 스스로 따름. 그러나 대부분 따랐을 때의 결과와 외적인 것에 의해 통제된다.

(2) **3세경 반항**: 자율성 대 수치심 혹은 회의감. 독립과 자율 추구하는 시기이다.

(3) **3세 중반 충동통제 능력 뚜렷**이 나타난다. 연령 증가에 따라 만족지연능력이 급격히 증가한다.

(4) **만족지연 능력에 개인차가 있다. 언어발달 수준과 만족지연 능력의 상관성이 높다.** 억제 지시에 따라 억제하면서 내적 언어를 사용하는 것으로 이해된다.

(5) 5세경 언어가 자아통제의 강력한 도구가 된다. 점차 자기지시를 과제에 맞추어 사용함으로써 자기행동의 효율적인 규제가 가능해진다.

(6) 코프(Kopp, 1987)의 자기통제 단계

단계	내용
통제 단계	• 영아가 자신의 뜻대로 무엇이든 할 수 있는 것이 아니며, 어른의 요구에 따라 적절하게 반응해야함을 배우는 시기다. • 타인의 지시나 요구에 순종하는 것으로 행동 통제가 되는 단계이며, 부모나 양육자가 제시하는 행동 기준을 따르는 행동을 하게 된다.
자기통제 단계	• 타인의 지시나 통제를 내면화하여 부모가 없을 때도 자신을 통제할 수 있게 되는 단계다. • 상징적 사고가 가능해지고, 회상능력이 발달하게 되면서 일상생활의 규칙들을 기억해낼 수가 있게 되어, 스스로 규칙을 지킬 수 있다.
자기조절 단계	• 새로운 상황에 따라 변화하는 주변의 요구에도 자신에 대한 통제성 수준을 변화시킴으로써, 자기조절을 유연하게 하는 것이 가능해진다. 즉 자아탄력성이 생겨난다. • 혼잣말(사적 언어)을 통해 자기지시를 함으로써 자기를 통제하는 것이 가능하고, 문제에 따라 적절하게 해결하는 것이 가능해진다.

2 아동기와 청소년기의 만족지연

(1) **학령 전 아동**: 만족지연(눈앞에 지금 당장 얻을 수 있는 작은 만족을 포기하고 참고 기다려 더 큰 만족 얻는 것)이 어렵다.

(2) **학령기**: 점차 만족지연 능력이 증가하여 10~12세경에는 기다려서 더 큰 것 취하려는 경향이 강하게 나타난다.

(3) 자아통제력이 연령과 함께 증가하는 현상은 두 가지 가능성으로 설명
  ① 어린 아동은 만족을 지연시키는 데 필요한 기법이나 지식이 부족하다.
  ② 아동은 점차 자아통제와 자기 규제의 가치를 강조하는 규준을 내면화 함. 아동이 자아통제와 관련된 특성을 보일 때 참을성, 정직성 등이 있다는 자아개념을 확신시켜 주면, 아동은 이 특성을 자신의 자아개념 속에 포함시키게 되고 병합된 자아상에 부합되도록 행동하려고 노력한다.
(4) 2세경 자아통제력: 개인차가 뚜렷하다.
  ① 생애 초기의 자제력 부족은 이후 발달에서 매우 부적응적인 특성이 될 수 있다.
  ② 학령전기 긴 시간동안 만족지연을 하지 못한 아동은 청소년이 되어서도 충동적이고 참을성이 없다.
  ③ 긴 시간 만족지연을 보인 아동은 학업에 유능, 사회적 관계 원만, 자신감 있는 것으로 나타났다.
  ④ 자아통제력은 안정적이고 지속적인 특성일 뿐 아니라 인지적 능력, 사회적 기술 및 자신감 등 청소년의 자아존중감을 예고해주는 특성과도 관련 있다. 또한, 성인기 직업적 성공과 전반적 생의 만족과도 관련된다.

4 타인 마음에 대한 이해 발달

1 타인 이해를 위한 생애 초기 능력

(1) 시선 쫓기(gaze-following): 다른 사람이 응시하는 물체를 따라서 쳐다보는 것
  ① 영아는 시선 쫓기를 통해 다른 사람이 어디에 주의를 기울이고 있는지 알 수 있고, 이는 타인의 마음을 이해하기 위한 기초가 된다.
  ② 처음에는 성인이 고개를 돌리는 쪽으로 자신의 고개를 돌리는 정향 발달부터 시작. 나중에는 고개를 돌리지 않고 눈동자만 움직여 시선 쫓기를 하게 된다.
  ③ 시선 쫓기는 생후 9~11개월 사이에 급격히 발달한다.
(2) 공동주의(joint attention): 두 사람이 동시에 같은 대상에 주의를 기울이는 상태
  ① 공동주의가 이루어지기 위해서는 세 가지 기초적 능력이 필요하다.
    ㉠ 영아는 다른 사람이 특정 대상에 주의를 기울이고 있다는 것을 알아야 한다.
    ㉡ 영아는 다른 사람이 주의를 기울이는 특정 대상에게 자신도 주의를 두거나, 자신이 관심 있어 하는 특정 대상에 다른 사람도 관심을 기울이도록 주의를 끌 수 있어야 한다.
    ㉢ 영아는 자신의 주의를 조절할 수 있어야 한다.
  ② 공동주의는 생후 6개월경에 나타나 영아기 전반에 걸쳐 발달하게 된다.
  ③ 생후 9개월에는 타인이 바라보는 대상을 영아도 따라 본다.
  ④ 생후 12개월이 되면 영아는 자신이 관심 있는 대상에 다른 사람의 주의를 끌고자 눈짓, 몸짓, 소리 등을 사용한다.
  ⑤ 생후 15개월에서 18개월 사이에 걸쳐 공동주의 능력은 급격히 발달하며, 영아의 공동주의는 이후 다른 사람의 생각과 마음을 이해하는 마음이론과도 밀접한 관련이 있다.

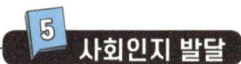

⑥ 연구 결과, 생후 18개월에 공동주의 비율이 높았던 아동일수록 그렇지 않은 아동보다 마음이론 과제 수행을 더 잘하였다. 즉, 영아기 동안 다른 사람과 함께 같은 사물에 주의를 기울이는 능력은 이후 다른 사람의 마음과 생각을 이해하는 데 도움이 된다.

⑦ 공동주의는 아동의 언어 발달과도 상관이 있다. 한 연구 결과, 영아의 공동주의 점수가 높을수록 이후 영아는 더 많은 어휘를 이해하는 것으로 나타났다.

2 마음이론(theory of mind: ToM)

마음이론이란, 타인을 이해하는 능력으로 자신뿐 아니라 타인도 의도나 바람, 감정, 믿음과 같은 다양한 정신 상태를 가지고 있으며, 이에 따라 행동한다는 것을 이해하는 것이다. 마음이론은 타인의 특정한 행동이 왜 이루어졌는지, 이후에는 어떠한 행동이 이루어질 것인지 예측하도록 돕기 때문에 다른 사람과 더욱 원만한 사회적 관계를 유지하는 데 도움이 된다.

(1) 마음이론 발달 과정

① 일반적으로 만 2세경부터: 아동은 타인의 욕구나 심적 상태를 얘기하기 시작한다.
② 만 3세경부터: 타인과 자신의 심적 상태를 구분하면서 마음이론이 점차 발달하기 시작한다.
③ 만 5세경: 아동은 자신이 알고 있는 것을 다른 사람은 모를 수 있다는 사실을 이해한다.
④ 인간은 의도, 바람, 믿음 등의 심적 상태를 가지고 행동. 그 중, 의도와 관련된 마음이론 발달 과정은 다음과 같다.

만 4세	다른 사람의 마음을 이해하기 시작, 행동에 대한 정확한 의도는 알지 못함
만 5~6세	행동에 대한 상대방의 의도를 파악하고, 상대방의 의도적인 행동과 우연한 행동을 구분할 수 있음
만 7~8세	상대방의 의도를 이해하며 그에 대한 이유도 어느 정도 설명할 수는 있음
만 9세	비로소 성인과 같은 수준으로 상대방의 의도를 정확히 이해하며 이에 따른 설명을 할 수 있게 됨

(2) 바람(desire): 무언가를 원하거나 갖고 싶어 하는 심적 상태. 의도나 믿음보다는 더 구체적 상태이기 때문에 아동은 비교적 일찍 바람을 이해하게 된다.

① 배가 고프면 음식과 같이 눈앞에 보이는 대상을 원하는 것처럼, 원하는 대상이 시각화되어 나타나는 경우가 많아서 어린 영아도 쉽게 이해할 수 있다.
② 생후 12개월의 영아는 타인의 바람을 이해하고 이에 따라 행동하기를 기대한다.

(3) 믿음(belief): 매우 추상적인 심적 상태이므로, 연구자들은 아동의 믿음이해 능력을 확인하기 위해 주로 틀린 믿음 과제를 사용한다.

① 틀린 믿음 과제(false belief task): 아동이 다양한 상황에서 타인이 자신과 다른 믿음을 가질 수 있고, 자신이 아는 것을 타인은 모를 수 있다는 사실을 아는지 확인할 수 있다.

㉠ 내용교체 과제
- 내용물을 담고 있는 봉지와(예를 들어 초콜릿 과자 봉지) 실제 내용물이(예를 들어 연필) 다르다는 것을 아동에게 알려주고, 봉지 겉면만을 본 타인이 그 안의 내용물을 무엇으로 생각할지 묻는 과제이다.
- 만약 타인이 자신과 다른 믿음을 가진다는 것을 이해하지 못한 아동이라면 타인이 실제 내용물에 해당하는 연필이 있을 것이라고 말할 것이라고 말을 한다.
- 타인과 자신이 다른 믿음을 가진다는 것을 이해하는 아동이라면 타인이 봉지에 쓰여진 대로의 내용물에 해당하는 초콜릿이 들었다고 말할 것이라고 말을 한다.

ⓛ 위치이동 과제
- 아동에게 물건의 위치가 바뀌는 일련의 이야기를 들려준다. 즉 A 아동이 초콜릿을 노란 찬장에 넣어두고 놀이터에 갔는데, 그 사이에 어머니가 초콜릿을 초록 찬장에 옮겼다는 이야기이다.
- 타인이 자신과 다른 믿음을 가질 수 있다는 것을 이해한 아동은 A아동이 놀이터에서 돌아와서 초콜릿을 찾을 때, 노란 찬장을 열 것이라고 대답한다.
- 타인이 자신과 다른 믿음을 가질 수 있다는 것을 이해하지 못한 아동은 초록 찬장을 열 것이라고 답할 것이다.

② 틀린 믿음 과제의 제한점
㉠ 언어 발달이 미성숙한 아동에게 틀린 믿음 과제는 다소 어려울 수 있다.
㉡ 기존의 위치이동 과제의 경우 두 위치 중 하나만을 선택해야 하는데, 실제 상황에서 타인의 믿음을 이해하는 일은 두 가지 선택사항에서 고를 수 있는 것이 아니다.

(4) **이차순위 마음이론(second-order theory of mind: ToM_2)**: 나 말고 다른 사람이 또 다른 제 3자의 심적 상태에 대해 생각하고 있다는 것을 이해하는 능력이다. 즉 제 3자인 B를 생각하는 A의 심적 상태를 내가 이해하는 능력이다.

① 이차순위 마음이론과 같이 고차원적인 사회인지적 능력은, 거짓말을 하고 이를 들키지 않으려는 모습에서 찾아볼 수 있다. 거짓말을 하고 남을 속이기 위해서는 상대방이 나의 심적 상태를 어떻게 생각하는지 이해해야 하기 때문이다.
② 일반적으로 만 7세 이전의 아동도 해서는 안 될 행동을 했을 때 이를 숨기기 위해 거짓말을 한다. 그러나 대부분의 아동이 어렸을 때부터 거짓말에 능숙한 것은 아니며, 연구에 따르면 만 3~5세 아동은 거짓말을 할 때 일관적이지 못하다.
③ **의미 누설 통제(semantic leakage control) 능력**: 만 6~7세경의 아동 중 반은 거짓말을 들키지 않고 거짓말을 이어간다. 이와 같이 거짓말한 사실을 남들이 모르게 하려면 앞뒤 말을 일관성 있게 해야 하는데, 이러한 능력을 의미 누설 통제 능력이라 한다. 이 능력은 아동 중기까지 계속 발달하며, 이차순위 마음이론의 바탕이 된다.
④ 연구 결과, 선의의 거짓말을 많이 한 아동일수록 더 높은 이차순위 마음이론 점수를 받았다. 즉, 좋은 거짓말이든 나쁜 거짓말이든 이를 잘하려면 타인의 마음을 잘 이해할 수 있어야 한다.
⑤ 이차순위 마음이론의 발달 시기에 대하여 대다수의 연구자들은 이 능력이 일차순위 마음이론 이후에 나타나 청소년기까지 지속적으로 발달한다고 주장한다.

(5) 마음이론 발달에 영향을 주는 요인
① 칼슨과 모세(Carlson과 Moses): 주의, 기억 등 다양한 인지 능력이 마음이론 발달에 영향을 미친다고 주장한다. 그러나 자폐증 환자의 경우 인지 능력에는 아무런 문제가 없지만 마음이론 능력은 현저히 낮으므로, 이는 적절한 설명이 될 수 없다.
② 마음이론 모듈(theory of mind module): 마음이론 발달은 그 자체만의 독립된 발달 체계를 가진다는 주장. 이러한 모듈은 태어나면서부터 가지는 것으로 처음에는 완벽한 기능을 하지 않지만, 시간이 흐름에 따라 성숙해지거나 특정 환경적 경험에 의해 발달된다.
③ 사회적 경험이 마음이론 발달에 영향을 미친다. 그 중 하나는 엄마와 아동의 상호작용으로, 엄마와 자녀 간 활발한 의사소통은 아동의 마음이론 발달에 긍정적인 영향을 미친다.
④ 아동의 언어 능력도 마음이론 발달에 영향을 끼친다. 언어 능력이 발달할수록 실험자의 설명과 지시문을 더 잘 이해하게 되기 때문이다. 또한 '생각하다', '믿는다'와 같은 개념을 언어적으로 이해하기 때문에 다른 사람의 심적 상태를 더 잘 표현하고 이해할 수 있게 된다.

⑤ 아동의 기질적 특성 또한 마음이론 발달에 영향을 미치는 것으로 나타났다.
  ㉠ 연구에 따르면, 수줍음 기질이 높았던 영아일수록 더 높은 마음이론 점수를 받았다.
  ㉡ 공격적 기질 특성이 높았던 영아는 낮은 마음이론 점수를 받았다.
  ㉢ 수줍음이 많은 아동은 사회적 상호작용에 성급히 참여하기보다 신중히 주의를 기울임으로써 타인의 심적 상태를 이해하는 능력인 마음이론 발달에 긍정적 영향을 미칠 수 있다.
  ㉣ 공격적 기질은 다른 사람의 심적 상태를 이해하는 능력을 배울 수 있는 사회적 상황으로부터 환영받지 못하는 경우가 많다.

(6) 마음이론 발달을 설명하는 이론
  ① 웰만(Wellman, 2002)의 믿음-바람 마음이론(belief-desire theory of mind)
    ㉠ 웰만은 믿음과 바람이 서로 다른 시기에 발달한다고 주장한다.
    ㉡ 만 2세경의 아동은 무언가를 바라는 마음만이 행동의 원인이라고 생각한다. 그러나 바람보다 상대적으로 복잡한 내적 상태인 믿음에 대한 이해는 다소 늦게 발달하였다.
    ㉢ 인간의 행동은 단순히 바람만으로 설명할 수 없으므로, 아동은 이 사실을 깨닫고 믿음에 대해 이해하기 시작하면서 기존의 마음에 대한 이론을 수정하였다.
    ㉣ 만 3세 아동은 믿음 또한 행동의 원인이 될 수 있음을 깨닫게 되지만, 여전히 주로 바람에 따라 행동을 설명하였다.
    ㉤ 만 4세 아동은 현실과 마음속 표상이 다를 수 있다는 사실을 알게 되고, 바람보다는 믿음을 먼저 고려하여 사람의 행동을 설명하였다.

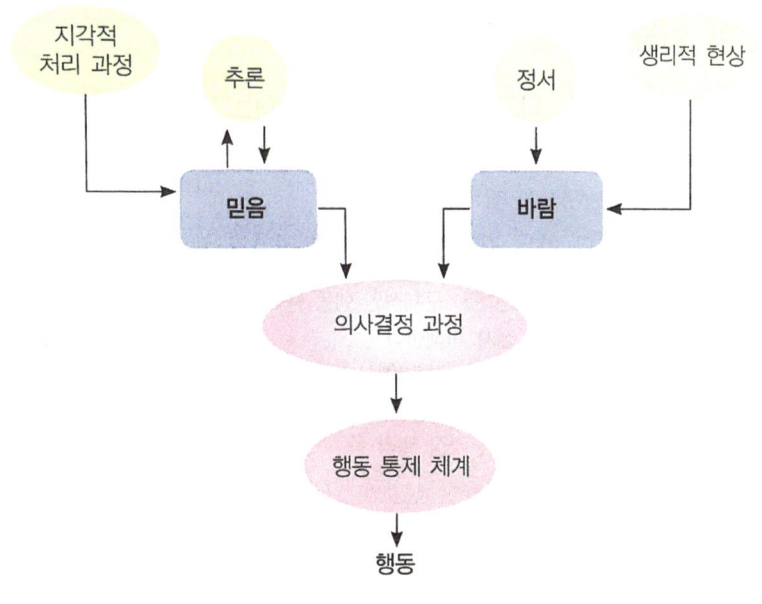

Wellman(1990)의 믿음-바람 마음이론 모형

  ② 퍼너(Perner, 1991)의 표상적 마음이론(representational theory of mind)
    ㉠ 퍼너는 표상 능력 발달에 초점을 두고 마음이론을 설명하였다.
    ㉡ 표상 능력은 크게 일차 표상, 이차 표상, 상위 표상으로 나뉜다.
      • 일차 표상 능력(primary representation): 영아가 현재 일어나고 있는 실제 상황을 표상할 수 있는 것. 대략 만 1세경까지는 현재 일어나는 상황 외에 과거나 미래, 다른 장소에서 일어나는 상황을 표상하지 못한다. 만 2세경이 되면 아동은 다른 장소나 시간에서 일어나는 상황을 표상할 수 있게 된다.

- 이차 표상 능력(secondary representation): 눈에 보이지 않는 심적 상태를 표상하는 능력이 아직 없기 때문에 단순히 눈에 보이는 상황과 연관 지어 마음 상태를 묘사한다.
- 상위 표상(meta representation): 단순히 다른 장소, 다른 시간에서 벌어진 상황이나 대상을 표상하는 능력을 넘어, 눈에 보이지 않는 마음 상태를 표상하는 것. 즉, 다른 사람이 어떤 생각을 하고 있는지 아는 것. 만 4세가 된 아동은 상위 표상을 할 수 있게 된다.

③ 포더(Fodor, 1983)의 모듈 이론(단원이론)(modularity theory): 타인의 마음을 이해하는 능력을 뇌의 신경 구조로 설명한다. 정확하게 어떤 영역인지 아직 밝혀지지 않았지만, 신경 구조의 성숙이 마음이론 발달의 원인이 된다고 주장한다. 레슬리(Lesile,1994)는 다른 사람의 마음을 이해하기 위해서는 이와 관련된 뇌의 성숙뿐 아니라, 다양한 환경적 자극이 적절한 시기에 모듈을 자극해 주어야 마음이론 발달이 일어날 수 있다고 주장했다.

④ 존슨(Johnson, 1988)과 해리스(Harris, 1991)의 모사 이론(simulation theory): 마음이론 발달에 있어 경험의 중요성을 강조한다. 모사 이론에 의하면 아동은 자신이 직접 경험한 개인의 마음 상태를 바탕으로 타인의 마음 상태를 묘사하고 추론한다. 따라서 역할 맡기는 마음이론을 발달시킬 수 있는 효과적인 방법 중 하나이다.

⑤ 마음이론 학자들은 피아제의 이론과 비슷한 관점을 가진다. 어린 아동은 자기중심적이기 때문에, 타인보다는 자신의 마음상태에 대해 더욱 깊이 이해를 한다. 그러나 시간이 지남에 따라 전조작기와 구체적 조작기를 거치면서 타인의 입장에서 생각할 수 있게 되고, 타인이 자신과는 다른 마음을 가질 수 있다는 것을 이해하게 된다.

3 타인이해의 발달

사회인지는 타인의 감정, 생각, 의도, 사회적 행동을 이해하는 능력으로서 모든 인간관계의 기본이다.

(1) 바렌보임(Barenboim, 1981): 6~11세 학령기 아동에게 잘 아는 사람 세 명을 서술하도록 하여 학령기 동안 대인지각이 어떻게 발달하는지 살펴보았다.

▶ 7~16세 아동: 친구나 아는 사람을 기술할 때 점차 구체적 특성이 줄어들고 심리적 특성이 증가

1단계 행동비교의 단계	• 6~8세 아동: 구체적인 행동 용어로 친구를 비교한다. 이는 안정된 심리적 특성 때문이라는 점을 점차 이해한다. 예 순희는 자기 반에서 그림을 제일 잘 그려 등 • 아직 비교급을 분명히 사용하지 못한다. 절대적 기준에 따라 기술을 한다. 예 철수가 가장 빨라 등 • 사람들을 행동적 차원에서 비교하나 9세 이후 급속히 감소한다.
2단계 심리구성개념의 단계	• 친구의 행동에 내포된 규칙성을 보다 잘 알게 된다. 심리적 속성 토대로 인상을 형성하기 시작(심리적 특성으로 기술 급격히 증가)한다. • 8~10세 아동이다. 예 영수는 바보야, 경호는 착해 등 • 아직 심리적 차원에 따라 친구를 비교하지 못한다.
3단계 심리비교의 단계	• 11~12세부터 중요한 심리적 차원에 따라 타인을 비교한다. 예 영수는 민호보다 더 부끄러워해 등

• 14~16세경이 되면, 사람들 간 유사점·차이점 알고 상황 요인에 의해 본래 특성과 다르게 행동할 수 있음을 인지한다. 청소년기 중반이 되면 사람들 행동을 설명할 때, 사람들에 대해 논리적 모순되지 않게 겉과 속을 볼 수 있는 성격 이론가가 되어간다.

4 타인이해 발달의 영향요인

(1) 사회인지 발달의 영향
  ① 피아제(Piaget)의 인지발달이론
    ㉠ 아동이 자신과 타인에 대해 이해하고 생각하는 수준은 인지발달 수준에 의해 결정된다.
    ㉡ 전조작기(3~6세): 지각적 특성에 의존해 사물 보는 경향이 생긴다. 타인 관찰 시 눈에 띄는 모습, 행동, 소유물 등을 서술한다.
    ㉢ 구체적 조작기(7~10세): 자기중심성 낮아진다, 탈중심화, 보존개념 획득하게 되고 타인이 자신과 다른 생각 가질 수 있음을 인식, 항상성을 추리할 수 있는 능력으로 인해 사람들의 심리적 특성 볼 수 있다.
    ㉣ 형식적 조작기(12~14세): 추상적·논리적·체계적 사고를 하게 된다. 구체적 대상 없이도 일어날 수 있는 고도의 정신적 추리과정 포함하는 추상적 심리적 특성 차원에서 생각하고, 사람들을 비교한다.
  ② 셀만(Selman, 1980)의 사회적 조망수용(역할수용, 역할수행) 이론 **2019 기출**
    ㉠ 자신과 타인의 관점을 변별하는 능력과 다른 관점들 간의 관계를 볼 수 있는 능력이 발달한다. 즉 자기와 타인 더 잘 이해한다.
    ㉡ 조망수용(역할수용)능력: 타인의 관점에서 그의 생각, 감정, 행동을 이해할 수 있는 능력이다. 타인을 이해하기 위해서 필요한 능력이다.
    ㉢ 조망수용(역할수용) 능력의 발달 연구: 딜레마 이야기를 들려주고 질문에 대한 반응을 바탕으로, 조망수용 기술의 발달을 연구하였다.

> • 나무를 잘 타는 8세 소녀 홀리가 나무에 올라가지 않기로 아버지와 약속한 상태에서 나무에 걸려 있는 친구의 고양이를 보았다. 홀리가 무슨 생각을 할지, 아버지의 생각은 어떠할지 질문

0수준	자기중심적 또는 미분화된 관점 (3~6세)	• 타인의 관점 인식하지 못한다. • 자신이 느끼는 것은 무엇이든 옳다고 생각하고, 남들도 그렇게 느낄 것으로 생각한다. 즉 자신과 타인이 동일한 견해를 갖는다고 지각한다. • "아빠도 고양이를 좋아하기 때문에 고양이를 구해주면 좋아할 거야."
1수준	사회적·정보적 조망수용(6~8세)	• 타인 조망이 자신의 것과 다를 수 있다는 것을 알지만, 단지 그 사람이 다른 정보를 갖고 있을 때 그런 일이 일어난다고 믿는다. • 타인의 사고에 대해 생각하지 못해서 타인이 어떤 일에 어떻게 반응할지 예측하지 못한다. 즉, 자신의 행동을 타인의 조망을 통해 평가하기가 어렵다. • "아빠는 홀리가 왜 올라갔는지 모르면 화를 낼 거야. 하지만 홀리가 좋은 의도로 올라갔다는 것을 알면 화를 내지 않을 거야."
2수준	자기 반성적 조망수용(8~10세)	• 같은 정보를 가져도 다른 견해 가질 수 있음을 안다. • 타인의 관점을 고려해서 반응을 예측하는 게 가능하다. • 타인의 입장에서 그들의 행동에 대해 사람들이 어떻게 반응할 것인지 예측이 가능하다. 즉 타인의 입장이 되어서 그 사람의 의도와 목적, 행동을 이해할 수 있다. • 그러나 자기 관점과 타인의 관점을 동시에 고려하는 것은 불가능하다. 즉 두 관점을 동시에 상호적으로 하지는 못한다. • "아빠는 홀리가 나무에 올라가길 원하지 않을 거야. 하지만 홀리는 아버지가 나중에 자기가 한 일을 이해할 거라고 생각해. 그래서 나무에 올라갈 거야."

3수준	상호적 조망수용 (제 3자적) (10~12세)	• 자기 관점과 타인 관점을 동시 고려해서 반응을 예측하는 것이 가능하다. • 제 3자의 관점을 가정하고 각 사람이 상대방의 견해에 어떻게 반응할지 예측한다. • "홀리는 고양이를 좋아해서 나무에 올라가 고양이를 구하고 싶겠지만 아빠와의 약속이 있으니 나무에 올라가지 말아야 한다는 것도 알고 있어. 아버지는 홀리가 나무에 올라가지 않겠다는 약속을 기억하겠지만 현재 홀리의 상황은 모르고 있어"
4수준	사회적 조망수용 (사회관습적) (12~15세 이후)	• 타인 관점을 그 사람이 속한 사회적 체계의 관점과 비교해 이해하려 한다. • 사회체계를 사회의 많은 구성원이 공유하는 견해의 결과라고 생각하기 시작하므로, 타인이 그 사회의 일반적 관점을 지닐 것으로 기대한다. 그래서 사회적 합의나 타인의 견해 등에 대해 관심이 많아지게 된다. • 자기와 타인을 포함하여 개인은 물론 집단과 전체 사회체계의 조망을 이해하는 사회인지 능력을 획득한다. • "홀리는 나무에 올라가야하고 그로 인해 벌을 받아선 안돼. 홀리는 아빠와 약속 때문에 고민하지만 홀리가 고양이를 구하지 않으면 생명을 경시한 것이기 때문이야."

ⓒ 조망수용능력 획득에 따라 우정 개념이 변화한다. 친구란 일방적이고 나에게 득이 되는 사람이라는 자기중심적 관점에서 벗어나서, 서로 진정으로 이해하고 서로에게 정서적 지원 하는 것이 우정으로 조화롭다는 상호교환적 관점을 가지게 된다.

ⓓ 조망수용능력이 잘 발달된 아동은 인기가 좋고, 사회성이 좋으며, 깊은 우정관계의 친구가 있다.

[2019년 기출]

다음은 조망수용 수준(단계)이 서로 다른 학생들이 이야기한 내용의 일부이다. 셀만(R. Selman)의 사회조망수용이론에 근거하여 지수(중2, 여)와 소희(중2, 여)에게 해당하는 조망수용 수준(단계)의 특징 1가지를 각각 쓰고, 그 근거를 사례에서 찾아 각각 서술하시오. [4점]

경호: 얘들아, 오늘 선생님이 출장 가신 사이에 철수가 지각한 거 다들 알고 있지? 내일 선생님이 돌아오셔서 철수가 지각했다는 사실을 아시면 언짢아하실 텐데…… 큰일이네. 선생님은 우리들이 지각하는 걸 엄청 싫어하시잖아.
선아: 그래 싫어하시지. 선생님이 철수를 꾸중하실까?
지수: 글쎄……. 철수는 가게 일을 하시는 엄마 대신에 장애가 있는 동생을 매일 챙겨주고 등교하기 때문에 가끔 어쩔 수 없이 지각해. 하지만 철수도 자신이 지각하면 안 된다는 것을 알고 있을 거야. 선생님은 철수한테 지각하지 말라고 이전에도 여러 차례 말씀하셨지만, 철수 동생이 장애가 있다는 사실을 알고 계셔서 철수를 이해하실 거야. 그렇지만 철수만 봐주면 철수만 편애한다고 다른 학생들이 생각할까봐 선생님도 고민이 되실 거야.
소희: 난 선생님이 철수를 이해하실 것 같아. 장애가 있는 동생을 보살피는 것은 철수한테 중요한 일이야. 우리 사회가 장애인에게 필요한 지원을 해야 한다고 생각해. 장애인에 대한 인식이 부족한 사람들을 비난하기보다는 우리 사회에 장애인을 존중하고 배려하는 사회 인식이 확산되면 좋겠어. 선생님도 철수를 야단치기보다 철수와 철수 동생을 도울 방법을 찾으려고 하실 거야.

(2) 또래의 영향

① 놀이

피아제의 인지발달 이론	• 학령기 또래들 간 놀이를 통한 상호작용이 조망수용능력과 성숙한 사회적 판단 발달시키는 데 기여하였다. • 놀이를 통해 인지발달·놀이 과정에서 자신과 타인의 관점 차이를 알고, 관점의 조절·타협을 배운다. • 특히 의견 불일치 중요: 좀 더 개방적이고 정직할 수 있어 갈등의 원인을 이해하는 데 필요한 정보를 서로 제공한다. • 동등한 관계의 접촉이 사회적 관점 발달, 대인 간 이해 깊게 하는 데 중요하다. • 놀이의 종류: 기능놀이, 구성놀이, 가상놀이, 규칙 있는 게임 • 영아기는 근육 움직이는 기능놀이, 유아기는 구성놀이(블록, 기타 재료로 구성)와 가상놀이(병원놀이, 소꿉놀이), 아동기에는 규칙 있는 놀이(윷놀이, 숨바꼭질 등)
정신분석이론	• 유아의 심리적 갈등을 완화시켜주는 수단이다. • 가상놀이를 통해 부정적 감정을 투사한다. 즉 감정 정화(치료적 효과)를 할 수 있다.
학습이론	• 놀이는 학습된 행동, 강화 받은 놀이를 더 자주 한다. • 관찰, 모방을 통해 놀이를 한다. 사회적 기술을 획득하는 방법이다.
(사회적 수준에 따른) 놀이유형 (Parten, 1932)	• 유아기에 접어들면 놀이가 상호작용에 근거한 사회화된 형태로 발전하였다. • 놀이를 통한 사회성 발달의 세 단계: 비사회적 놀이(몰입되지 않은 놀이, 방관자적 놀이, 혼자놀이) → 제한된 사회적 활동(평행놀이) → 사회적 상호작용 참여(연합놀이, 협동놀이) • 몰입되지 않은 놀이(unoccupied-): 영아가 놀이 직접 참여하지 않는다. 자신의 신체를 갖고 논다. 주변에는 관심이 있다. • 방관자적 놀이(on-looker-): 대부분 시간을 다른 유아가 노는 것을 관찰, 다른 유아에게 말 또는 질문 또는 제안을 하지만 직접 놀이 참여하지 않는다. • 혼자놀이(solitary-): 주위 일어나는 사건에 관여하지 않는다. 옆의 유아에게 관심이 없고, 가까이 가려고 시도하지 않고 혼자 논다. 2~3세 유아들에게 많이 관찰된다. 예 책보기, 그림 그리기, 블록쌓기 • 평행놀이(parallel-): 다른 유아와 같은 공간에서 동일한 유형 놀이를 한다. 그러나 교류 및 접촉 및 간섭이 없이, 혼자 논다, 옆의 유아가 놀이를 그만두면 본인도 그만 둔다. 2~4세 유아에게 많이 나타난다. 예 미끄럼 타기, 모래쌓기 • 연합놀이(associative-): 두 명 이상 아동이 공통적 활동을 한다. 장난감도 서로 빌리며 논다. 각자 방식대로 놀고 공동 목표나 역할을 분담하지 않는다, 서로 협력하지 않으며, 리더가 없다. • 협동놀이(cooperative-): 역할 분담하며 공동 목표 달성 위해 조직적으로 진행하는 집단놀이이다. 규칙에 따라 놀이를 한다. 리더와 공동 목표와 역할분담이 있다, 소속감을 느낀다. 4~6세 유아들에게 볼 수 있다. 예 병원놀이, 학교놀이

② 또래와의 사회적 접촉: 조망수용능력을 높인다. 즉. 타인 이해에 대한 간접적 영향과 타인이 어떤지 배울 수 있는 직접적 경험을 할 수 있게 한다. 아동은 또래와의 경험 많을수록 그들을 이해하고자 하는 동기가 커지고 행동의 원인을 평가하는 경험이 많아진다.

③ 인기도는 사회적 경험의 측정치이다. 인기 아동은 보다 넓은 범위의 또래들과 더 자주 상호작용하므로 사회적 이해가 높아진다.

6 사회성 발달과 심리

1 정서 발달

- 정서(emotion): 환경적 사건에 의해 발생하는 주관적 느낌을 말한다. 영아는 자신의 정서를 표현하여 다른 사람과 소통하고 상호작용한다. 사회성 발달에서는 아동의 기질 또한 중요하다.
- 기질(temperament): 정서적·행동적 반응에서의 개인차. 영아가 신체적, 인지적, 사회적으로 발달하기 이전부터 가지는 특성이다.

1 정서 표현 발달

영아의 다양한 정서는 한 번에 발달하지 않는다. 루이스(Lewis, 2008)에 의하면, 서로 다른 정서는 발달하는 시기가 다르며 나타나는 시기에 따라 1차 정서와 2차 정서로 나눠 볼 수 있다.

(1) 1차 정서(primary emotion) 혹은 기본 정서(basic emotion): 문화 보편적으로 나타나는 인간의 가장 기본적인 정서로 기쁨, 공포, 분노, 슬픔, 혐오, 놀람을 포함한다.

시기	정서 및 예시
생후 3개월경	• 기쁨(joy): 익숙한 사람의 얼굴을 보았을 때 미소를 짓는다. • 슬픔(sadness): 배가 고플 때 양육자가 옆에 없으면 운다. • 혐오(disgust): 맛이 없는 음식을 먹었을 때 그 음식을 뱉는다.
생후 4~6개월경	• 분노(anger): 부모가 위험하다는 이유로 놀이터에서 이것저것 못 만지게 하면, 분노를 표현한다.
생후 6개월경	• 놀람(surprise): 예상하지 못했던 일이 일어났을 때 나타난다. 예 동화책에서만 보던 강아지를 실제로 볼 때
생후 7~8개월경	• 공포(fearfulness): 자신이 겪어본 상황과 처음 겪어보는 상황을 비교하면서 새로운 상황이나 새로운 사람에게 공포를 느끼게 된다.

(2) 2차 정서(secondary emotion): 의식 혹은 객관적 자기 인식(objective self-awareness), 마음이론(theory of mind), 상위 인지(meta cognition)와 같이 고차적인 인지 능력이 먼저 발달된 후에 나타나기 때문에 **자의식적 정서**라고도 불린다. 2차 정서를 이해하기 위해서는 상대방의 표정뿐만 아니라 몸의 움직임과 음성 행동도 고려해야 한다. 이러한 2차 정서에는 당혹감, 공감, 질투, 수치심 등이 포함된다.

시기	정서 및 예시
생후 18개월경	• 당혹감(embarrassment): 자신이 타인의 관심을 받는 존재임을 깨닫게 되는데, 많은 사람들 앞에서 주목을 받거나 지나친 관심을 받는 경우이다. • 공감(empathy): 타인의 입장에서 생각하고 느낌으로써 다른 사람의 마음을 이해
생후 18~24개월경	• 질투(jealousy): 양육자가 자신보다 다른 아이에게 관심을 보일 때 나타난다.
만 2세 말	• 수치심(shame): 실패를 경험하는 과정에서 표출되며, 고개를 떨구는 행동을 보이기도 한다. • 자부심(pride): 어떠한 과제를 잘 수행했을 때 양육자를 향해 미소를 짓는다.
만 3~5세	• 죄책감(guilt): 잘못을 저지르고 느끼게 된다.

2 정서 이해 발달

(1) 표정 이해
① 영아는 생후 1개월 반에서 2개월이 되었을 때, 기쁨, 분노와 같이 타인의 얼굴에 나타나는 여러 정서 표현을 구분하기 시작한다.
② 영아는 다른 사람의 표정을 통해 서로 다른 정서를 구분할 뿐 아니라 각각의 정서가 지닌 의미도 안다.

(2) 사회적 참조(social referencing): 다른 사람의 반응을 통해 상황에 대한 정보를 얻는 것이다.
① 영아는 특정한 상황에서 다른 사람이 어떻게 행동하는지를 관찰하여 그 상황을 이해하고, 자신도 어떠한 정서를 느껴야 하는지 판단하는 것이다.
> 예 영아는 처음 보는 대상이나 경험하게 되는 상황이 안전한지 확인하기 위해 엄마의 정서적 반응을 살피는데, 이때 엄마의 정서가 긍정적이면 영아는 안심하고 새로운 정보를 얻기 위해 적극적으로 주변을 탐색

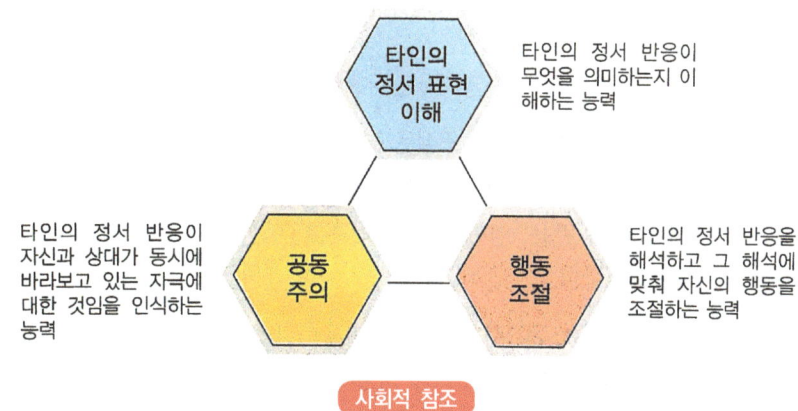

② 사회적 참조를 수행을 위해 필요한 세 가지 기본적인 능력
  ㉠ 타인의 정서 표현 이해: 다양한 정서를 구분하고 이해할 수 있어야 한다.
  ㉡ 공동주의 능력: 자신과 타인이 같은 사물 혹은 사건에 주의를 기울이며 같은 정서를 느끼고 있다는 것을 알도록 도와준다.
  ㉢ 행동조절: 다른 사람의 정서를 이해하고 자신과 그 사람이 같은 정서를 느끼고 있다는 것을 알게 되면, 이러한 정보를 통합하여 자신의 행동을 그에 맞춰 조절해야 한다.
③ 사회적 참조는 영아의 월령이 증가함에 따라 발달한다.
  ㉠ 생후 7개월경: 타인의 정서반응을 살피기 시작하여 사회적 정보를 처리할 능력을 보인다.
  ㉡ 생후 9~10개월: 타인이 특정 사물 혹은 사건에 주의를 기울일 때 더욱 그 사람의 반응에 집중하고 상황을 해석한다.
  > 실험 자신이 어떻게 반응해야 할지 모르는 상황에서 생후 7개월 영아는 단순히 다른 사람의 반응을 관찰하였지만, 생후 10개월 영아는 상대방이 자신과 같은 사물에 주의를 기울이는지를 고려하여 사회적 참조를 하였다.

  ㉢ 생후 12개월: 제스처와 언어를 이해하게 되어 더욱 정교한 사회적 의사소통 기술을 가지며, 이때부터 타인의 정서신호를 이해하고 다양한 상황에서 사회적 참조가 일어난다.
  ㉣ 생후 18~24개월: 주어진 상황에 알맞게 사회적 참조를 하게 됨. 다양한 상황에 대한 주관적인 지식을 갖고, 타인으로부터 정보를 얻으려고 노력하는 모습을 보인다.

3 정서 조절 발달

정서 조절(emotion regulation)이란 어떠한 감정을 언제 그리고 어떻게 느낄 것인가를 조절하는 것이다. 또한 정서 조절은 개인의 목표를 성취하기 위해 혹은 특정한 상황에 맞게 적응하기 위해 정서 표현과 정서적 각성을 조절하는 것이다.

(1) 연령에 따른 정서 조절의 발달: 영아는 생애 초기부터 정서 조절을 하기 시작한다. 연령이 증가함에 따라 더 정교하고 체계적인 방법을 사용하여 자신의 정서를 조절한다.
  ① 생후 3~6개월 이후
      ㉠ 특정한 사물이나 사건으로부터 눈을 돌리는 등 자의로 주의를 다른 곳으로 옮긴다.
      ㉡ 많은 경우에 어린 아동은 부모의 도움을 받아 정서를 조절한다.
          예) 아동이 짜증을 내는 상황에서 긍정적인 이야기를 들려줌으로써 아동의 주의를 돌린다.
  ② 만 2~6세경: 부정적인 상황을 경험했을 때 자신의 눈과 귀를 가린다거나, 그 자리를 벗어나는 등의 전략을 사용하기 시작한다.
  ③ 만 4~6세경: 자신이 정서를 조절해야 하는 이유와 목적을 이해하기 시작하며, 정서 조절은 더욱 정교해진다.
      예) 단순히 눈과 귀를 가리기보다 마음속으로 유쾌한 생각을 하는 내적 전략을 사용

(2) 정서 조절과 부모-자녀 상호작용: 정서 조절은 부모-자녀 상호작용을 통해 처음 발달하였다.
  ① 부모가 영아에게 부정적 반응: 칭얼대거나 짜증을 내면서 정서를 조절한다.
  ② 부모가 영아에게 긍정적 반응: 엄마의 눈을 맞추고, 엄마의 반응을 끌어내고자 참조 구하기 전략 사용하면서 정서를 조절한다.

(3) 그로스의 정서 조절 전략(Gross, 2014): 시간의 흐름에 따라 상황(situation), 주의(attention), 평가(appraisal), 반응(response)의 순의 과정으로 나누고, 각 과정에서 사용될 수 있는 정서 조절 전략을 설명하였다.
  ① 상황초점적 전략
      ㉠ 상황선택 전략: 어떠한 상황이 발생되기 전에 사용하는 전략이다.
          예) 새를 무서워하는 사람은 공원에 새가 많기 때문에, 공원에 가지 않는 상황을 선택함
      ㉡ 상황수정 전략: 이미 벌어진 상황에서 대처하는 방법이다.
          예) 친구들과 컴퓨터 게임을 하던 중 갑자기 컴퓨터가 꺼져서 분노를 느꼈으나, 대신 영화를 봄
  ② 인지초점적 전략
      ㉠ 주의배치 전략: 사건이 일어나는 과정에서 상황을 바꿀 수 없을 때 사용(주의 기울일 때)한다.
          예) 자녀가 장난감을 갖고 싶다고 짜증을 낼 때, 자녀에게 먹을 것을 주거나 하여 자녀의 주의를 전환시킴
      ㉡ 인지적 변화 전략: 자신이 처한 상황을 평가할 때, 특정 대상에 대한 자신의 사고를 바꿈으로써 자신이 느끼는 정서도 바꾸는 방법이다.
          예) 친구와 대화를 나누던 도중 친구가 갑자기 심각한 표정을 지으며 자리를 떠났을 때 상처를 받을 수 있지만, 자신에게 화가 난 것이 아니라 친구 자신에게 안 좋은 일이 있어 자리를 피했다고 생각함
  ③ 반응초점적 전략
      ㉠ 반응 조절 전략: 경험이나 외부 자극으로 인해 느낀 정서를 어떻게 조절하는지와 관련하여, 자극에 대해 반응할 때 사용한다.
          예) 남자친구와 심하게 다툰 뒤 우울할 때 운동을 하거나 신나는 음악을 들음

2 기질 발달

기질(temperament)이란 개인이 태어나면서부터 지속적으로 가지는 내적 특성으로, 생애 초기부터 정서나 행동, 반응성 및 자기 통제의 형태로 관찰된다. 이러한 기질을 설명하는 대표적 모형은 다음과 같다.

1 토마스와 체스(Thomas & Chess)의 모형 2022 기출

(1) 기질의 차원: Thomas와 Chess는 부모 설문지를 통해 아동의 행동을 측정하였고, 기질의 아홉 가지 차원을 고안했다.

기질 차원	설명
규칙성	배변 습관, 수면 주기 등과 같은 생물학적 기능의 규칙성
활동 수준	우유 먹기, 놀기 등과 같이 일상생활에서 하는 아동의 신체 활동의 활동량
접근-회피	아동이 새로운 자극에 노출되었을 때 보이는 반응
적응성	변하는 상황에서 아동의 적응성
반응의 역치	아동이 반응하기까지 필요한 자극의 양
기분	부정적 정서와 긍정적 정서의 비율
반응의 강도	아동의 긍정적 혹은 부정적 정서의 강도
산만성	외적인 자극에 의해 현재 하는 행동이 방해받는 정도
주의 지속성 범위	활동의 지속성과 어려움이 닥쳤을 때 활동을 이어나가려는 의지

(2) 기질의 유형: 아홉 가지 차원을 토대로 기질을 순한 기질, 까다로운 기질, 느린 기질의 세 가지 유형으로 나누었다.

기질 유형	특징
순한 기질	• 표집의 40% • 차분하고 거의 대부분 긍정적 기분 • 새로운 경험에 개방적·긍정적 • 규칙적이며 예측 가능한 습관
까다로운 기질	• 표집의 10% • 민감하고 불규칙적 • 변화에 강하게 반응 • 새로운 사람이나 상황에 적응하기 어려움
느린(더딘) 기질	• 표집의 15% • 활발하지 못하고 수동적 • 새로운 사람이나 상황에서 움츠러드는 경향

(3) 조화의 적합성 모델

① 정의: 영아의 기질과 부모의 양육행동의 조절능력에 해당하는 환경의 상호작용에 의해 조화로운 관계가 만들어지느냐, 조화롭지 못한 관계가 만들어지느냐에 따라 바람직한 결과가 산출이 되느냐, 갈등 경험을 하게 되느냐가 달라진다는 이론이다. 즉 아동의 건강한 정서발달에 영향을 미치는 것이 기질이냐, 양육이냐라는 논쟁에서 통합된 관점을 제시한다.

[2022년 기출]

다음은 전문상담교사가 현구(중1, 남)의 어머니를 대상으로 학부모 상담을 진행한 내용의 일부이다. 토마스(A. Thomas)와 체스(S. Chess)의 세 가지 기질 유형에 근거하여 괄호 안의 ⓒ에 해당하는 기질의 유형을 쓰고, 그 기질의 특징을 1가지 서술하시오.

> 상담교사: 그러셨군요. 제가 어머님과 아이들과의 관계를 여쭤본 것은 애착 관계를 살펴보기 위해서였습니다. 어린 시절 부모와 자녀의 유대 관계는 이후 대인 관계에도 지속적인 영향을 미치게 되거든요. 어머님이 말씀해 주신 내용으로 보건대, 현구는 회피 애착이고, 현구 동생은 저항(양가) 애착인 것 같습니다. 두 애착 유형 모두 불안정 애착에 해당합니다.
> 어 머 니: 제가 키웠는데, 형제가 어떻게 애착 유형마저 이렇게 다를까요?
> 상담교사: 네, 아이들의 기질이 애착 유형에 영향을 미칠 수 있어요.
> 어 머 니: 기질이요? 기질에 대해 알려 주세요. 궁금합니다.
> 상담교사: 기질에는 크게 세 가지 유형이 있습니다. 순한 기질은 새로운 상황에 잘 적응하고 사람들에게 쉽게 접근하며 긍정적인 반면, 까다로운 기질은 새로운 상황이나 낯선 사람에 대해 적응이 쉽지 않아 자주 울고 부정적인 반응을 보입니다. 마지막 기질은 (ⓒ) 입니다.

2 로스바트(Rothbart)의 모형

생물학적 요소(유전, 신경 등)와 행동 및 정서적 요소 등을 모두 고려하여 기질을 정의하였다.

(1) 기질의 정의: 반응성과 자기 조절에서 나타나는 개인차로 정의한다.
　① **반응성(reactivity)**: 특정한 자극에 대해 행동적, 정서적, 신체적으로 얼마나 빠르게 그리고 강하게 반응하는지를 뜻한다. 즉 부정적 정서를 느끼는 정도, 활동성 정도, 주의지속성 정도에서의 개인차이다.
　　형태〉 긍정적 혹은 부정적으로 표현
　② **자기 조절(self-regulation)**: 특정한 자극에 의해 일어난 반응을 얼마나 잘 조절하는지를 의미한다. 즉, 부정적 정서에서 잘 빠져나오는 정도, 충동을 억제하는 정도, 효과적으로 주의초점을 바꾸는 정도의 개인차이다.
　　형태〉 집중, 접근, 회피, 억제
　③ 반응성과 자기 조절로 이루어진 기질의 개인차: 유전과 환경의 상호작용에 영향을 받는다.

(2) 기질의 차원
　① 로스바트(Rothbart)는 특정한 자극이 주어졌을 때 행동적·정서적·신체적으로 어떻게 반응하는지, 그리고 그 반응을 어떻게 조절하는지에 따라 기질을 크게 세 가지 차원으로 나누어 측정하였다.

기질 유형	특징
외향성 차원 (extraversion/surgency)	• 긍정적 기대, 충동성, 활동수준, 자극추구 등을 포함한다. • 이 요인은 아동이 일반적으로 행복하고 활동적이고 말하는 것과 자극 추구를 즐기는 경향을 반영한다. • 이 차원에서 점수가 높은 아기들은 미소와 웃음의 수준이 높게 관찰된다. • 새로운 환경에 노출되었을 때 적극적으로 탐색하고 적응하며, 활동적으로 움직이는 행동 양상이다.

기질 유형	특징
부정적 정서성 차원 (negative affectivity)	• 수줍음, 두려움, 좌절감, 불편함, 분노 및 짜증, 슬픔 등의 정서를 포함한다. • 이 요인은 아동이 수줍어하고 쉽게 차분해지지 않는 정도를 반영한다. • 가벼운 자극에도 쉽게 불쾌감을 느끼고 이를 진정시키는 데에도 어려움을 보이는 행동 양상이다.
의도적 통제 차원 (effortful control)	• 주의집중과 이동, 억제적 통제, 지각적 민감성, 쾌락의 낮은 역치 등을 포함한다. • 이 요인은 아동이 주의를 집중할 수 있고, 쉽게 산만해지지 않으며, 우세하지 않은 반응을 실행하기 위해 우세한 반응을 억제하고, 계획을 하는 정도를 반영한다. • 주의를 쉽게 돌리며, 자극적이지 않은 상황을 좋아한다.

② 기질의 예측성: Rothbart(2004, 2007)는 영아기에 나타나는 아동의 기질을 통해서 아동기나 청소년기에 나타날 수 있는 행동장애를 예측할 수 있다고 주장하였다.

㉠ 외향성 기질이 높은 아동
  • 11세경에 외현화 문제(externalizing problem: 주의 산만, 과잉행동, 무단결석, 폭력, 거짓말, 도둑질과 같은 외부로 표출된 행동적 문제)를 발달시키는 경향이 있다. 그러나 수줍음이나 낮은 자존감과 같은 내재화 문제를 나타내지는 않았다.

㉡ 부정적 정서의 기질의 아동
  • 내재화 문제(internalizing: 우울, 불안, 수줍음과 같은 위축된 행동적 문제)를 유발하는 경향이 있었다.
  • 분노는 훗날 외현화된 문제들과 관련이 있고, 공포, 좌절감은 내재화된 문제들과 관련이 있다.
  • 공포는 행동의 억제로 나타나는데, 7~10개월 정도면 관찰할 수 있으며 아동의 두려움과 낮은 수준의 공격성을 예측한다.

㉢ 의도적 통제가 높은 아동
  • 6~7세경에 더 공감적이고 덜 공격적이었으며, 11세경에는 외현화 문제를 덜 나타냈다.
  • 의도적 통제가 높으면 외향성이나 부정 정서가 높은 아동도 외현화나 내재화 문제를 덜 나타냈다.
  • 의도적 통제는 영아기부터 아동기까지 안정적인 패턴을 나타냈으며 성격 5요인의 성실성을 예측하는 기질적 요인으로 여겨지고 있다.

3 버스와 플로민(Buss & Plomin)의 모형

버스와 플로민은 기질을 정서성, 활동성, 사회성의 세 가지 차원으로 나눠 설명한다. 이 모형은 세 차원의 영어 앞글자를 따서 EAS 모형이라고도 불린다.

기질 유형	설명 및 특징
정서성 (Emotionality)	• 특정 자극에 대한 부정적인 반응의 정도 • 높은 정서성을 보이는 아동은 울음을 터뜨리고, 성질을 부리고, 쉽게 진정하지 못한다. 약한 자극에도 쉽게 스트레스를 받는다.
활동성 (Activity)	• 활동의 속도와 강도 • 아동이 말을 얼마나 빠르게 많이 하는지를 보거나 얼마나 빠르게 많이 움직이는지로 측정할 수 있다.
사회성 (Sociability)	• 타인과의 상호작용을 좋아하는 정도 • 타인과 함께 보낸 시간, 고립됐을 때의 반응, 상대방에게 먼저 연락하는 횟수 등으로 측정 가능하다.

(1) 버스(Buss)와 플로민(Plomin)은 이러한 세 가지 기질적 성향이 주변 환경과 경험에 의해 변할 수 있지만, 유전의 영향을 더 크게 받기 때문에 잘 변하지 않으며, 기질은 이후 형성되는 성격의 기본 요소가 된다고 설명하였다.
(2) 기질 역시 발달을 하면서 더욱 정교해진다.
    예) 갓 태어난 영아의 부정적 정서는 생후 1년 동안 자율신경계의 발달을 통해 슬픔이나 분노라는 정서로 세분화

4 골드스미스(Goldsmith)의 모형

골드스미스는 기쁨, 슬픔, 분노, 두려움 등 기본 정서들을 바탕으로 기질을 설명한다.
(1) 개인차는 기질이 정서를 경험하고 표현하는 데에서 나타나는 것이다.
(2) 사회적 맥락을 고려했을 때 행동적 요인(생물학적 요인보다는)이 기질을 설명하기에 더 적합하다.

기질 차원	설명
작업 능력	다양한 일상 활동에서 사용되는 운동 능력
분노	다른 아동과의 갈등 상황에서 울거나 상대방을 때리거나 분노를 표출하려 하는 성향
두려움	새로운 상황이나 불확실한 상황에서 어색함, 포기, 부끄러움을 표현하려는 성향
기쁨/즐거움	긍정적 정서와 이를 표현하는 미소 또는 웃음
흥미/고집	특정한 대상에 주의를 기울이는 행동

3 애착 발달(attachment development)

1 애착의 정의

(1) **애착(attachment)**: 두 사람의 밀접한 정서적 애정관계를 말하며 서로 가깝게 있고자 하는 욕망(Bowlby)을 말한다.
(2) 애착은 특성상 애착대상이 선택적이므로 다른 사람보다 애착대상과 함께 있는 것이 더 즐겁고 안심됨을 의미한다.

2 영아의 애착발달

샤퍼와 에머슨(Schaffer & Emerson)의 애착발달의 4단계

비사회적 단계 (1~6주)	• 사회적 자극, 비사회적 자극 둘 다에 대해 똑같이 긍정적 반응을 보인다. • 이 시기가 끝날 즈음 사회적 자극에 대한 선호 보이기 시작한다.
무분별 애착단계 (6주~6,7개월)	• 분명히 사람들을 좋아하고 즐기나 특정인을 구별하지 않는다. • 말하는 인형 보여주었을 때보다 사람에게 더 잘 웃고, 어느 성인이든 안았다 내려놓으면 칭얼댄다.

특정대상 애착단계 (약 7~9개월)	• 한 사람 보통 어머니로부터 격리될 때만 항의한다. • 기면서 어머니와 가까이 있으려 하고 어머니 돌아오면 즐거워한다. • 낯선 사람 경계하기 시작한다. 진정한 의미의 애착을 형성한다. • 애착대상이 영아에게 탐색의 안전기반 제공(Ainsworth). 이웃집 간 영아는 엄마 있음을 확인하면서 주위를 탐색한다. 애착은 탐색행동 발달을 증진한다.
다수애착 단계	• 첫 애착 형성 후 몇 주 안에 아버지, 조부모 또는 형제 등에게도 애착 보이기 시작한다. • 18개월 경 한 사람에게만 애착된 아동 거의 없다. 어떤 영아는 다섯 사람 이상에게도 애착 나타낸다.

(1) 애착 형성 과정에서 영아는 종종 부적 정서 반응인 낯가림과 격리불안(분리불안) 나타낸다.
  ① 낯가림: 낯선 사람의 접근에 불안해하거나 피하는 반응을 보인다.
    ㉠ 7~10개월에 가장 고조, 그 후 강도가 감소된다.
    ㉡ 7~10개월에도 모든 낯선 사람에게 불안 보이는 것 아니고, 경우에 따라서는 낯선 사람에게도 우호적 반응을 보인다.
  ② 분리불안: 애착대상과 분리되었을 때 보이는 불안하고 괴로운 반응을 보인다. 생후 첫 해 후반에 시작하고, 14~20개월 경 가장 고조, 점차 빈도 적어지고 유아기 내내 강도가 감소된다.
  ③ 영아 지각발달과 인지발달의 자연적 현상
    ㉠ 6~8개월의 영아는 친숙한 얼굴에 대한 안정된 도식이 형성되었다. 낯선 얼굴은 도식과 어긋나므로 공포 자극이 된다.
    ㉡ 특정 사람과 이에 부응되는 장소가 하나의 도식으로 형성되어, 그 사람이 도식에 맞는 장소에 없으면 불안하다.
    ㉢ 인지발달 이론: 영아는 보이지 않는 양육자가 어디 있는지 이해할 수 없을 때, 분리불안 나타낼 가능성이 가장 높다.

3 양육자의 애착

(1) 영아의 애착형성에는 양육자가 영아에게 애착 형성하여 상호간 강한 유대 유지하는 것이 중요하다.
(2) 어머니의 애착은 몇 개월이 걸려서 이루어지는 부모-자녀관계로부터 서서히 발달한다.
(3) 애착형성 과정을 이끌어내는 영아의 특징
  ① 큐피인형 효과: 아기의 귀엽고 사랑스런 얼굴 특징이 타인의 호의적 반응을 유도한다(Lorenz).
    ㉠ 성인은 영아의 얼굴을 4세 유아 얼굴보다 훨씬 귀여운 것으로 판단(Alley)한다. 성인은 매력적인 아기에게 더 자주 더 긍정적 반응을 보인다. 아기 같은 모습이 적을수록 성숙한 행동을 기대한다.
    ㉡ 아기 같은 얼굴 특징이 애착형성 이끌고 긍정적 관심을 유발시킨다. 아기 같지 않은 특징은 관심 억제시킨다는 해석이 가능하다.
  ② 초기 영아의 사랑스런 선천적 반사와 반응
    ㉠ 빠는 반사, 잡는 반사행동이 어머니는 영아가 자신과 있으려하며 가까이 있는 것을 즐긴다는 믿음을 준다.
    ㉡ 미소나 옹알이 행동이 양육자 행동을 강화한다. 영아에게 관심 보이고 돌볼 가능성을 높인다.
  ③ 초기 모자관계에서 영아가 보이는 관심-무관심의 순환행동 → 동시적 상호관계 지속 → 강한 애착 형성
    ㉠ 미소 보이고 눈 맞추다가 갑자기 회피하고 무관심 보이는 행동은 영아-양육자 의사소통 능력 형성에 매우 중요하다.

ⓒ 영아가 관심 보이면 같이 반응하고, 무관심할 때 기다리는 동시적 상호작용 이루어질 때 애정적 유대감을 형성한다. 영아가 무관심할 때 어머니가 계속 자극을 주면 영아는 얼굴 찌푸리고 고개 더 돌릴 것. 그 결과 지속되면 즐겁지 않은 관계를 형성한다.
ⓒ 동시적 상호작용: 두 사람이 서로 상대방 행동에 자신의 행동 맞추고, 조절하며 적응시키는 조화로운 상호작용이다. 동시적 상호작용은 하루에도 여러 번 일어날 수 있으며 애착형성에 매우 중요하다.
ⓔ 동시적 상호작용 효과: 영아는 양육자가 어떤 사람인지와 양육자의 관심 끌어낼 방법을, 양육자는 아기의 신호를 잘 해석하고 관심 끌고 유지하기 위해 자기 행동을 조절하는 방법을 배운다.

4 애착이론(attachment theory)

(1) 정신분석이론
① 프로이트(Freud): 영아는 구강의 만족을 주는 사람에게 애착을 느끼므로 젖을 줌으로써 구순의 만족을 주는 어머니를 안정과 애정의 대상으로 삼는 것은 자연스러운 일이라고 설명하였다.
② 에릭슨(Erickson): 어머니의 급식방식이 애착과 안전기반 형성에 강한 영향 미치며, 나아가 아동 욕구에 대한 어머니의 전반적 반응성이 급식 자체보다 중요하다고 주장한다. 영아 욕구에 일관되고 적절하게 반응하는 양육자는 영아에게 타인에 대한 신뢰감 심어주고, 반응하지 않거나 일관성 없는 양육자는 불신감 심어줄 것이라고 설명한다.

(2) 학습이론: 영아가 양육자와 급식과정의 즐거운 감각 및 즐거운 감정의 연합을 형성하여 양육자가 영아에게 강화의 근원이 되기 때문에 애착이 형성된다고 본다. 이처럼 양육자가 이차적 강화원의 역할하기 시작하면 영아는 양육자의 관심 끌고 가까이 있기 위해 필요한 행동을 무엇이든 한다고 설명한다.
① 이차적 강화원: 처음에는 중립적이었으나 다른 강화물과 반복적으로 연합되어 강화의 기능 갖게 된 강화물을 말한다. 어머니는 영아에게 이차적 강화원이 된다.
② 급식이 애착형성에 미치는 영향
㉠ 할로우와 짐머만(Halow & Zimmerman)의 접촉위안: 원숭이를 대상으로 급식과 촉각의 중요성 비교하는 실험을 실시하자, 원숭이 새끼들은 누구에게 급식 받았든 부드러운 천으로 싸인 대리모 좋아하였다. 철사대리모에게는 급식 받을 때만 가고, 두려운 상황에서는 모두 천 대리모에게 달려간다. 급식이 양육자에 대한 영아 애착형성에서 가장 중요한 결정요인 아님을 시사한다.
㉡ 샤퍼와 에머슨(Schaffer & Emerson): 인간 영아 대상으로 이유 시기, 수유 시간, 급식 간격 및 이유 방법을 조사해 영아 애착 특성과의 관계를 분석하였다. 급식의 어떤 요인도 애착 특성을 예언하지 못한다. 그러나 어머니의 영아 요구에 대한 반응성과 영아에게 제공하는 자극량이 애착 특성을 예언한다. 영아 요구에 신뢰롭고 적절히 반응해주고, 자주 놀아주는 어머니가 친밀한 애착을 형성한다.
㉢ 오늘날 학습이론에서는 더 이상 급식을 강조하지 않지만, 최소한 강화가 사회적 애착의 중요한 기제라고 주장한다. 자기 요구에 빨리 반응해 사회적 신호에 강화를 주고, 여러 즐거운 경험 제공하는 성인에게 애착 형성한다고 설명한다.

(3) 인지발달이론: 애착형성 능력이 정서적 측면보다 지적 발달수준에 의존한다고 주장한다. 애착이 일어나려면 낯선 사람과 친숙한 사람 구별해야 하며, 대상영속성 개념을 획득해야 한다. 7~9개월 영아들이 대상영속성 개념을 획득하기 시작하는 시기에 첫 애착이 나타난다는 것이 증거이다.

(4) 동물행동학적 이론: 사회적 애착에 대한 가장 영향력 있는 설명 제시
   ① 주요 가정: 인간을 포함한 모든 종은 진화과정에서 종의 생존에 기여할 일련의 선천적 행동 경향성을 가지고 태어난다.
   ② 애착의 동물행동학적 관점은 로렌츠(Lorenz)의 각인현상에서 출발. 각인은 자동적 행동이며, 결정적 시기가 있고, 역행되지 않음을 발견한다. 생존하고자 하는 적응적 반응으로 여러 세대 거쳐 내려온 선천적 특성이다.
   ③ 보울비(Bowlby): 많은 선천적 행동들이 영아와 양육자 간 애착 증진시키도록 특별히 짜여 있다고 주장하였다.
      ㉠ 애착관계 자체가 위험으로부터 영아 보호하는 적응적 기능을 한다. 밀접한 애착은 영아가 생존할 수 있게 해 준다.
      ㉡ 인간의 애착은 자동적으로 형성되지 않는다. 어머니가 영아의 신호를 적절히 해석하고 반응하는 데 능숙해지고, 영아가 어머니의 행동과 자신의 행동 규제에 대해 배워감에 따라 점차 형성된다고 본다.
      ㉢ 어머니의 우울증, 불행한 결혼생활은 영아에게 적절한 반응을 하지 않는 것으로 이어진다. 그 결과 영아의 선천적 신호기제 약화가 되고 애착형성이 실패(Ainsworth)한다.
      ㉣ 안정된 정서애착은 영아와 양육자가 상대방에 대한 적절한 반응을 학습하지 않으면 발달하지 않음을 강조(Bowlby)한다.

5 애착유형(attachment type)과 양육태도(Nurturing Attitude) 2022 기출

(1) **안정애착(secure attachment) 어머니**: 영아와 접촉 즐기고, 정서적 표현을 많이 하며, 사회적 신호에 매우 민감한 반응을 보인다.

(2) **저항애착(불안-양가형 애착, anxious-ambivalent attachment)**
   ① 영아는 쉽게 흥분하거나 반응하지 않는 기질이다. 부모도 기분 따라 일관성 없이 반응하거나 무반응을 보인다.
   ② 영아는 정서적 지원·애정 얻으려고 절망적으로 노력을 한다. 그러나 일관성 없는 양육을 하는 부모로 인해 그 결과 영아는 노력이 소용없다고 느끼고 슬퍼하며 원망스러워한다.

(3) **회피애착(불안-회피형 애착, anxious-avoidant attachment)**
   ① 부모는 영아의 반응을 참을 수 없어 한다. 영아의 신호에 무반응을 보이며, 부정적 감정을 표현하고, 영아와 밀접한 접촉에서 즐거움 못 느낀다. 경직되고 자기 자녀를 거부하는 자기중심적 특성 지녔다.
   ② 어떤 부모는 지나치게 열성적이어서 끊임없이 영아에게 말을 하거나 영아들이 원치 않을 때도 많은 자극 준다.
   ③ 자신과의 상호작용을 싫어하는 것 같은 또는 처리할 수 없을 정도로 많은 자극 퍼붓는 성인을 회피하기 위한 적응적 반응으로 학습된 것이 회피애착일 수 있다.

(4) **혼란애착(비조직화/혼돈형 애착, disorganized/disoriented attachment)**: 양육자에게 정서적으로 끌리지만 동시에 두려워하는 반응은 과거 양육자의 수용과 학대가 반복되어 영아가 접근할지 회피할지 혼란스럽기 때문에 나타났다고 본다. 학대아동, 심한 우울증 어머니에게서 흔히 나타난다.

6 애착이 안 된 영아: 생후 1~2년 성인과의 접촉이 매우 제한된 영아들

(1) **극단적 사회적 실조상황의 영아**: 3~6개월 정상적으로 양육자에게 웃고 옹알이, 관심 얻으려고 울기도 한다. 그러다가 6개월 이후 울지도 않고 옹알이도 적어지며 양육자에게 반응 보이지 않고 경직되거나 우울해 보이며 사회적 접촉에 관심이 없어진다.

(2) **시설에서 성장한 영아의 사망률이 높다**: 비위생적 시설보다 애착유대 형성 부족한 게 더 큰 원인이다.

(3) **사회적 실조상황에서 자란 영아의 아동기·청소년기**
  ① 사회적 실조상황 기간에 따른 차이: 3년간 있던 아동이 첫해 입양된 아동보다 모든 발달에서 뒤쳐지고, 초기 청소년기에 가족 및 또래와 상호작용에 어려움을 지닌다.
  ② 보울비와 야로우(Bowlby & Yarrow)의 모성실조 가설(maternal deprivation hypothesis): 영아가 한 사람의 주요 양육자와 애착 형성이 이루어지지 않으면 정상적으로 발달할 수 없다. 인원이 부족한 시설에서의 영아들은 한 양육자와의 정서적 관계 형성할 기회가 적어 발달에 손상을 받는다.
  ③ 단 한 사람의 양육자에 의해 양육되어야 한다는 가설에 의문 제기: 시설에서 많은 양육자에 의해 따뜻·민감·반응적으로 양육된 영아는 매우 정상적이어서, 아동기 적응에 문제가 없다. 이는 사회적 자극 가설로 이어진다.
  ④ 사회적 자극 가설(social stimulation hypothesis): 사회적 신호에 반응하는 사람이 없을 때 정상적으로 발달할 수 없다는 가설이다.
    ㉠ 시설의 영아는 단조로운 감각환경에 남겨져 있었고, 양육자가 모자라 사회적 자극 결여된 점이 발달문제의 이유라고 본다.
    ㉡ 장난감 풍부하고 다른 영아와 함께 자란 영아: 양육자 접촉 없으면 발달이 지체된다. 즉 단순한 감각자극 결여가 문제가 아닌 것이다.
    ㉢ 영아 정상 발달을 위해서는 한 사람이든 여러 사람이든 민감하게 영아에게 반응하는 사람과의 지속적 상호작용이 중요하다.
  ⑤ 반응적 양육자와의 상호작용이 중요한 이유
    ㉠ 울거나 옹알이를 하면 사회적 자극이 주어지기 때문: 양육자의 관심 → 영아 행동과 양육자 행동 간의 연합 → 사회적 환경을 통제할 수 있다고 믿음 → 양육자 애정·관심 끌기 위해 사회적 신호 사용할 수 있음을 배운다. 그 결과 점차 사회적이 된다.
    ㉡ 사회적 자극이 없을 경우 영아 반응: 많은 신호 보냄 → 반응 없음 → 관심 끌려는 노력이 소용없음을 배움 → 학습된 무력감 발달 → 노력 안함, 사회관계에서 위축, 무감각
  ⑥ 초기에 사회적 실조 상황에서 자란 아동도 양육자로부터 애정과 관심 받을 수 있는 가정에서 자라게 되면 그 영향을 극복할 수 있다. 회복 정도는 아동이 초기 실조의 환경에서 보냈던 시간의 질에 달려 있다. 오랜 기간 실조상황에 있어 심한 문제 지닌 아동은 단기간 있었던 아동보다 문제 극복에 더 오랜 시간이 걸린다.

7 애착에 영향을 미치는 요인

(1) 부모의 영향
  ① **양육 가설(care-giving hypothesis)**: 부모나 양육자의 양육 특성이 자녀의 애착 형성에 영향을 준다는 가설이다. 이러한 관점에서는 영아의 신호에 대한 양육자의 민감성과 반응성, 일관성을 애착 형성에서 중요한 요인으로 강조한다.

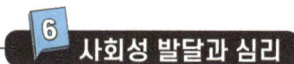

(2) 아동의 영향
① **기질 가설(temperament hypothesis)**: 영아의 기질에 따라 애착 유형이 결정된다고 주장이다. 이러한 기질은 조화의 적합성 모델에 따라, 영아와 양육자 간의 애착 형성에 영향을 미치게 된다. 실제로 한 연구에 따르면 까다로운 기질의 영아일수록 훗날 불안정 저항 애착을 형성하는 비율이 높았다.

(3) **부모와 아동의 상호작용**: 영아는 일차 양육자와의 상호작용을 통해 자신과 타인, 그리고 둘 간의 관계에 대한 인지적 표상을 형성한다. 이것을 내적 작동 모델(internal working model)이라 하며, 영아는 이를 기반으로 자신과 타인뿐 아니라 둘 간의 상호작용에 대해 특정한 패턴을 기대하게 된다.

8 복합 애착(multiple attachment)

(1) **정의**: 엄마를 포함하여 여러 사람과 정서적 유대 관계를 맺는 것을 말한다. 직장을 다니는 부모는 아동을 하루 종일 돌볼 수 없기 때문에 보육원이나 어린이집 혹은 다른 가족에게 아동을 맡긴다. 이로 인해 아동은 엄마 외에 다양한 사람을 접하여 애착을 형성하게 된다.

(2) 어떤 연구자들은 복합 애착이 불안정 애착으로 이어질 수 있다고 주장하였다.
   예 한 연구에서 아동은 어린이집에서 보내는 시간이 길수록 불안정 회피 애착을 보였다.

(3) 반면, 아동이 엄마와 함께 보내는 시간의 양보다는 상호작용의 질이 애착 형성에 더 중요하다고 주장. 어떤 연구에서는 직장을 다니는 엄마의 자녀가 전업 주부인 엄마의 자녀보다 덜 안정적인 애착을 형성했다.

(4) 모든 엄마들이 직장을 그만두고 아동을 양육해야 한다는 것은 아니다. 보육 교사와의 안정 애착이 엄마-자녀 간의 관계를 보완한다는 주장도 있으며, 엄마와 어떤 애착을 형성했느냐와 상관없이 보육 교사와 안정 애착을 형성한 아동은 사회 적응력뿐만 아니라 향상된 사회정서 발달을 보였다. 또한 집중력, 더 나은 시·청각 인지 능력과도 관련이 있었다.

4 도덕성 발달(moral development)

1 이타성의 정의

타인의 복지에 사심 없는 관심을 가지고 배려하는 심리적 특성. 나눔, 협동, 봉사 등 친사회적 행동을 통해 표현된다.

2 이타성 발달

(1) 아동은 도덕훈련 받기 이전부터 친사회적 행동 나타냄. 어린 아동은 친사회적 행동에 나름의 원리를 지닌다.
   예 장난감이 풍부할 때보다 모자랄 때 더 잘 나눔, 호의를 되돌리는 상호성

(2) 영아의 동정심에는 개인차가 있다.
   ① 자아인지 나타내는 영아들이 피해자의 고통에 동정하고 위로하려는 경향이 높다.
   ② 자녀가 다른 아동에게 해를 가했을 때 부모의 반응: 강압적이지 않고 애정적으로 차분히 설명해 줌으로써 유아가 자기 행동과 타인의 고통을 이해할 수 있도록 해 주는 경우, 유아의 동정심이 높아진다.

(3) 남을 위한 자발적 자기희생 행동은 유아에게서 드문 일이다. 초기 학령기가 돼서야 친사회적 행동 증가한다.
(4) 친사회적 행동의 발달과정에 성차가 없다. 단, 여아가 남아보다 동정심 일어날 때 더 강한 얼굴표정을 짓는다.
(5) 아동의 이타적 행동은 성별에 영향을 받는다. 유아는 일반적으로 동성 아동에게 친절, 학령기 되면서 성별 영향이 적어진다.

3 이타성 발달에 영향을 주는 요인

(1) **사회적 조망수용(역할수용)기술**: 타인이 도움 필요하다는 것을 추리할 수 있도록 해 준다. 역할수용기술·조망수용능력이 높다. 그 결과 도움을 주는 것과 관대함이 높다.

(2) 아이젠버그(Eisenberg)는 연령이 증가함에 따라 친사회적 도덕추론의 수준이 높아지며, 친사회적 행동도 발달한다고 지적. 쾌락주의적 도덕추론의 수준을 넘어 남을 돕거나 자신이 아끼는 물건을 자발적으로 타인과 공유한다. 수혜자의 욕구를 점차 이해하는 경향을 보인다.

(3) **친사회적 행동(prosocial behavior) 또는 이타적 행동**: 자신을 위한 보상을 기대하지 않고 타인을 유익하게 해주는 행동(아이젠버그 & 밀러)을 말한다.

(4) **친사회적 도덕추론**
① 아이젠버그(Eisenberg)의 친사회적 도덕추론의 수준(1983)

수준	연령	특징
벌과 권위지향적 추론		• 벌을 피하기 위해 또는 권위적인 존재가 추론에 영향을 미침. 예 내가 돕지 않으면 누군가 내게 벌을 줄 거야.
욕구충족적, 실용적 추론 (쾌락적 수준)	학령전기, 초등 저학년 아동	• 자기중심적, 도움 주는 것은 자신에게 이익될 때만 일어남. • 욕구충족적 추론이란 행위자가 자신의 필요나 욕구를 도구적으로 만족하는 데 관심이 있는 것으로 도덕적 관심보다는 이기적 결과에 관심있음을 뜻한다. • 실용적 추론이란 이기적 이득이나 도덕적 사고와는 관계없이 타인의 필요를 추론하지 않고 실용적으로 추론함을 뜻한다. 예 놀러가야 되니까 못 도와줘.
타인의 욕구 지향적 추론	학령전기 일부, 초등학교 아동	• 타인의 욕구에 근거한 도움 나타나지만, 동정이나 죄책감 없다. 즉, 이 모습이 타인의 요구에 대한 배려로 보인다 하더라도 이는 타인을 도와야 한다는 단순한 규칙에 대한 이해에 의한 것일 뿐, 공감에 의한 것이 아니다. 예 친구가 원하니까 도와줘야지.
승인과 대인관계, 상투적 추론 (전형적 승인지향적 수준)	초등학교 아동, 일부 중학생	• 남들의 인정에 대한 관심과 선악에 대한 고정관념적 이미지의 영향을 받는다. • 상투적 추론이란 사람이나 행동에 대한 상투적인 상이나, 타인과 자신의 당연시되는 행동을 지향함을 뜻한다. • 승인과 대인관계 중심이란 타인의 승인이나 인정을 중시하며, 대인관계 향상을 바람직하게 여김을 뜻한다. 예 도와주면 엄마가 날 꼭 껴안아 줄 거야.
감정이입 지향적 추론 (공감적 수준)	초등 고학년 일부, 중학생	• 동정, 죄책감, 도와주었을 때 기분 좋음 등이 중요하다. 때때로 의무와 가치에 대해 막연하게 추론한다. • 타인의 관점에 대해 생각한다. 예 고통스러워하는 사람을 도와주면 기분이 좋아질 거야.
내면화된 가치 지향적 추론 (내면화 수준)	극히 일부 중고생	• 친사회적 행동기준을 내면화된 가치와 규준, 신념, 책임감에 둔다. 이러한 원리를 위반했을 때 자존심이 저하될 수 있다. • 일부의 청소년만 나타내며 개인의 권리보호와 사회의 조건 개선 및 모든 사람들의 이익 등을 지향한다. 예 그 상황에서 도와주지 않았다면 사람이 아닐 거야.

② 공감능력 성장하면 성숙한 친사회적 추리가 가능해진다. 도움 필요한 사람이 누구든 타인의 안녕을 위한 사심 없는 배려를 발달시킨다.

(5) 공감: 타인의 정서를 경험하는 개인의 능력을 말한다. 이타행동의 중요한 매개역할을 한다.
① 다른 사람의 고통을 보고 동정적인 공감이 유발됐을 때 이타행동을 하기 때문이다.
② 사회화의 영향: 부모가 공감적 배려의 모델이 됨. 처벌하지 않으면서 아동 행동이 나쁜 이유를 설명하고 타인이 입는 상해를 강조해 지도하는 귀납적 훈련방법. 이 훈련방법은 동정적 공감을 유발한다. 특히 아동이 타인의 고통에 공감할 때 경험하는 아픔을 상쇄시켜 주는 어머니의 긍정적 태도가 중요하다.
③ 공감과 이타성의 관계는 유아기·초기 학령기 아동에게는 크지 않으나, 사춘기·청년기·성인기에 강해진다. 타인의 입장을 추론하는 기술이 능숙해지고 자신의 공감의 원인을 이해하게 되면서 공감이 이타성의 중요한 매개체 된다.
④ 책임감 절감(felt responsibility) 가설: 동정적 공감유발 → 이타적 사회적 규준 생각남 → 개인적 책임감 느낌 → 이타성 증진
⑤ 나이 든 아동은 이타적 원리를 더 많이 배우고 내면화 → 공감 시 이타적 원리가 더 많이 생각 → 책임감이 높아짐 → 도움 제공

(6) 감정이입
① 정의: 타인이 느끼는 감정을 그대로는 느끼는 것. 감정이입과 조망수용은 다르다. 조망수용은 다른 사람이 느끼고 생각하며 지각하는 것을 정확하게 이해는 하지만 반드시 자신도 그와 똑같이 느낄 필요는 없다. 즉 상대방의 슬픔에 슬프지는 않지만 상대방의 슬픔을 인지하는 것이 조망수용 능력이다.
② 호프만(Hoffman, 1987)의 감정이입 발달(empathy development)

단계	내용(획득한 인지능력 반영)
1단계(0~1세) 총체적 감정이입 단계	• 영아는 자신과 다른 사람의 존재를 구분하지 못한다. • 다른 사람의 고통을 자신의 불유쾌한 감정과 혼돈한다. 즉 다른 사람에게 일어난 일이 마치 자신에게 일어난 일처럼 혼돈된다.
2단계(1~2세) 자기중심적 감정이입 단계	• 대상영속성을 획득하고 난 다음의 단계로, 인간영속성(person permanence)의 개념을 획득한다. 즉, 자신이 아니라 다른 사람이 고통을 당하고 있다는 것을 이해한다. • 고통에 대한 반응으로 그 사람이 자신과 다른 감정이 있다는 것을 이해하지 못하기 때문에 다른 사람의 고통에 부적절하게 반응한다.
3단계(2~3세) 타인지향적 감정이입 단계	• 유아는 다른 사람은 자신과 다른 감정을 가질 수 있다는 것을 깨닫는다. • 타인의 감정을 유발하는 단서에 더 반응할 수 있게 되며, 타인의 고통의 원인을 해결하려고 한다. • 고통 받는 사람의 존재가 자신 눈앞에 보일 때에만 감정이입을 한다.
4단계(아동기) 타인의 삶에 대한 감정이입 단계	• 다른 사람의 고통을 직접 보지 않더라도 상상하는 것만으로도 감정이입이 가능하다. • 이때 감정이입은 직접 관찰한 곤경에 처한 특정인에 국한되지 않고 가난한 사람, 장애인, 사회적으로 버림받은 사람 전반에 걸친 것이다. • 민감성은 이타적 행동으로 이어짐. 감정이입과 역할수용이 친사회적 행동과 관련된다.

(7) 자아개념: 안정적 자아개념 나타나는 8세 이후부터는 이타행동을 자아개념에 포함시켜 이타적 자아개념에 부합하도록 행동하게 됨으로써 친사회적 행동이 증가하게 된다. 이타적 자아개념 지니면 친사회적 행동이 증가한다.

(8) **문화적 영향**: 이타성을 사회에서 얼마나 강조하느냐의 영향을 받는다.
   ① 산업화가 가장 덜 된 사회, 대가족 이루고 가족 모두 가정경제에 참여하는 사회에서 이타성 가장 높았다. 특히 가사책임을 함께 지는 것이 성장 후 협동적·이타적 성향을 발달시킨다고 보았다.
   ② 산업화된 사회 아동의 이타성 낮은 이유는 경쟁 강조, 집단보다 개인 강조하기 때문이라고 보았다.

4 이타성 심어주기

(1) **강화법**
   ① 물질적 강화: 물질적 강화가 이타적 행동에 도움이 될 수도 있지만, 물질적 강화를 받은 아동은 강화 받지 않은 아동보다 이타적 행동수행이 더 낮아질 수 있다. 자신의 이타적 행동을 상대방의 필요나 자신의 이타성에 귀인하지 않고 강화물에 귀인하기 때문이다. 결과적으로 아동의 이타적 동기를 훼손시킨다.
   ② 아동이 존경하는 사람에 의한 언어적 강화는 이타성을 증진한다.
   ③ 협동함으로써 목표달성 할 수 있는 놀이 활동은 이타성을 증진한다.

(2) **이타성 실행과 고취**: 사회학습이론
   ① 성인이 이타적 행동을 실천하여 모델이 됨으로써 아동 행동을 유도하면, 아동은 사회적 책임규준을 내면화한다. 특히, 모델이 아동과 따뜻한 관계 맺고, 이타적 행동의 근거를 설명하고, 실제 실천하면 모방 정도가 높아진다.
   ② 이타적 모델은 아동이 새로운 상황에까지 일반화시킬 수 있을 정도로 장기적 영향 미칠 수 있다.

(3) **부모의 양육태도(Nurturing Attitude)**
   ① 따뜻한 부모-자녀관계, 부모 스스로가 다른 사람들의 안녕과 복지에 많은 관심 갖고 실행한 사람들인 경우 자녀의 이타적 행동에 영향을 미친다.
   ② 아동이 타인에게 해를 가한 경우 부모의 반응 중요하다. 합리적·귀납적 훈육법이 이타행동을 증진시킨다.
   ③ 합리적·귀납적 훈육(귀납적 훈육): 설명함으로써 조망수용 고취하고, 도움·위안 주는 행동을 교육한다. 또한 긍정적 자아개념 형성에 도움을 주는 방식이다.

5 도덕성(morality)의 정의

(1) **도덕성**: 개인이 옳고 그름을 구별하고 이에 따라 행동하게 되는 일련의 규범 또는 원칙. 자긍심 혹은 죄책감, 수치심을 느끼게 하는 규범이다.

(2) **도덕적 성숙의 결정적 요인**: 외적 요인으로 통제를 하다가 내적 기준과 원리에 의해 좌우되는 행동으로 변화(내면화)하는 것이다.

(3) 도덕성에는 정서적·인지적·행동적 요소 포함되어 있는데 각 이론별로 강조점이 다르다.
   ① 도덕적 정서: 도덕성의 정서적 요소. 죄책감, 부끄러움, 도덕적 행동 후에 느끼는 자긍심 등이 포함되며, 이러한 도덕적 정서는 도덕적 행동의 동기가 된다.
   ② 도덕적 추리: 도덕성의 인지적 요소. 행동이 옳고 그름을 결정하는 데 사용하는 사고과정이다.
   ③ 도덕적 행동: 도덕성의 행동적 요소. 유혹에 넘어가지 않고 자신의 도덕 기준에 부합되도록 행동하는 것을 말한다.

6 도덕성 설명 이론

(1) 정신분석학적 설명
　① 정신분석학에서는 정서적 요소를 강조한다. 자존감 등 긍정적 정서를 느끼고 죄책감 등 부정적 정서를 피하려고 도덕 행동을 한다.
　② 잘 발달된 초자아는 자아가 도덕적 규범을 위반했을 때 죄책감, 수치심 또는 자존심의 손상과 같은 정서적 반응을 일으켜 벌을 주는 엄격한 주인 기능을 한다.
　③ 초자아는 남근기의 오이디푸스 콤플렉스로 인해 아버지의 도덕기준을 내면화하면서 형성된다.
　④ 아버지가 공포 일으키고 위협적일수록 강한 초자아 형성한다.
　⑤ 여아는 남아들처럼 강한 거세불안 경험하지 않아 남아보다 약한 초자아 발달시킨다고 본다.

(2) 인지발달 이론적 설명
　① 행동의 옳고 그름을 결정할 때 아동의 사고에서 일어나는 도덕적 추리의 발달과정에 초점을 뒀다.
　② 가정: 도덕발달이 인지발달에 의존한다.
　③ 도덕발달은 일정 순서의 단계에 따라 발달. 각 단계는 공통적이고 일관된 도덕적 추리를 하는 특성을 나타낸다.
　④ 피아제 이론
　　㉠ 도덕적 성숙: 규칙에 대한 존중과 사회적 정의 의식이 생겨나는 것으로, 사회적 규칙 아래 만인이 공평하고 정당한 대우받는가에 대한 관심을 갖는다.
　　㉡ 도덕단계

단계	시기	내용
전도덕성 단계	유아기 5세 이전	• 규칙 의식하고 있지 않거나 관심이 없다. • 도덕적 판단을 할 수 없다. • 게임에서 중요한 점은 서로 번갈아 하고 재미있게 노는 것이다.
타율적 도덕성 단계	5~10세	• 규칙을 권위적 존재에 의해 만들어진 절대적인 것으로 생각한다. • 옳고 그름이 있고 규칙 따르는 것이 항상 옳다고 믿는다. • 나쁜 행동의 의도가 아닌 객관적 결과에 의해 판단한다. • 금지된 행동의 특성과 관계없이 벌이 주어져야 한다고 생각한다. • 나쁜 행동은 반드시 벌을 받으며 정의는 영원하다는 내재적 정의를 믿는다. • 전환기(7~10세) 단계 　- 타인의 마음을 이해하기 시작하므로 자기 이익을 앞세우기 보다는 타인이 어떻게 생각하고 느낄지 고려하여 규칙을 따르게 된다. 　- 또래와 많은 시간을 놀이활동을 하면서 보내게 되므로, 놀이규칙이 상황에 따라 변화가 될 수도 있음을 알게 된다.
자율적 도덕성 단계	10세 이상	• 사회적 규칙은 사람들의 합의에 의한 것으로 변경 가능함을 인식한다. • 인간의 안녕과 복지를 위해 때로 규칙 위반할 수 있다. • 행위 자체의 객관적 결과가 아닌 의도에 더 비중을 둔 판단이다. • 잘못한 결과에 맞추어 벌을 주는 것을 선호한다. • 권선징악과 같은 내재적 정의를 더 이상 믿지 않는다.

　　㉢ 타율적 단계에서 자율적 단계로의 이행
　　　• 인지적 요소: 자기중심성이 감소하고, 조망(역할)수용기술이 발달한다. 그 결과 도덕 문제를 여러 각도에서 조망이 가능해진다.

- **사회적 경험**: 또래와의 대등한 지위에서의 상호작용을 하게 된다. 성인 권위에 대한 아동의 무조건적 존중을 줄여주고, 자아존중과 또래에 대한 존중을 증가시키며, 규칙은 사람들 동의 하에 변경될 수 있는 임의적 협약임을 인식하는 것이 가능해진다.
- **부모 역할**: 부모가 자녀에 대한 통제를 일부 포기하지 않으면 규칙과 권위에 대한 존중을 강화함으로써 아동의 도덕발달을 늦추는 결과 가져올 수 있다고 주장하였다. 이럴 경우, 아동은 규칙을 절대적으로 생각하는 단계에서 벗어나기 어렵다.

⑤ 콜버그(L. Kohlberg)의 도덕발달 이론 2019 기출
  ㉠ 도덕발달이 피아제(Piaget) 자율적 단계 시작되는 10, 11세 완성되는 것은 아니다. 청년기·성인초기 거치면서 더 복잡하게 발달함을 발견하였다.
  ㉡ 도덕발달은 인지발달에 의존하므로 순서는 불변한다.

전인습적 수준	• 규칙 내면화하지 않았다. • 보상과 처벌에 의해 옳고 그름 판단한다. • 도덕판단이 이기적인 수준이다. • 옳은 것은 벌 받지 않는 또는 만족 주는 것이다.	1단계 처벌과 복종지향	• 행위 결과 따라 옳고 그름을 결정한다. • 처벌 피하거나 권위에 무조건 복종 자체가 도덕적 가치이다.
		2단계 도구적 상대주의 지향 (쾌락주의)	• 자신 또는 타인의 욕구를 도구적으로 충족시키는 것이 옳은 행위가 된다. • 공정성, 상보성, 분배의 평등성을 인식하게 된다. 타인에 대한 배려가 나타나지만 궁극적으로는 이득이 돌아오리라는 희망 때문이다.
인습적 수준	• 타인의 승인 또는 사회적 질서 유지를 위해 규칙과 사회적 규범 따른다. • 집단에 동일시하여 충성한다. • 사회적 칭찬과 비난에 대한 회피가 도덕적 행위의 동기이다. • 이 수준의 아동은 타인의 생각 명확히 이해·배려가 가능하다.	3단계 대인간 조화/ 착한 소년소녀 지향	• 타인 기쁘게 하거나 돕고 인정받는 행동이 옳은 것이 된다. 행위 의도를 고려해 평가한다.
		4단계 법과 질서 지향	• 법과 규칙이 사회질서 유지한다고 믿어 법적 규칙을 따른다. • 권위, 고정된 규칙, 사회질서 지향한다.
후인습적 수준	• 정의의 원리에 의해 옳고 그름을 판단한다. • 도덕적으로 옳은 것과 법적 타당성은 항상 같지 않다.	5단계 사회적 계약지향	• 개인의 권리 존중하고 사회 전체가 인정하는 기준 준수하는 것이 옳은 행위가 된다. • 법은 개인의 자유 규제 아닌 극대화 위해 제정된다. • 사회적 약속은 대다수 성원의 이익 위해 바뀔 수 있다. 도덕적 융통성이 생긴다.
		6단계 보편적 윤리지향	• 옳고 그름은 개인의 양심에 비추어 판단한다. • 양심의 원리는 구체적 규율 아니고, 추상적 보편적 정의와 개인의 권리에 대한 원리이다. • 사회적 처벌 보다 양심이 가하는 처벌이 더 고통스럽다. 이상적 단계이다.

  ㉢ 콜버그 이론을 지지하는 연구 결과
  - 조망수용능력은 인습적 도덕발달과 관련이 있고, 형식적 조작능력은 후인습적 도덕발달과 관련이 있다.
  - 도덕발달과 사회적 경험의 관계: 성인보다 또래와의 토의가 도덕적 성장을 더 자극한다. 이는 교류 상호작용의 결과이다. 인지적 도전 받는 사회적 경험이 도덕 추리판단을 촉진한다.

ⓜ 콜버그 이론의 비판
- 후인습적 도덕수준은 서구의 이상적 정의 반영한다. 또한 개인보다 집단을 우선시하는 사회, 즉 동양 문화권에서는 인습적 수준의 도덕추리를 하는 사람이라도 실제로 높은 수준의 정의 개념 지니고 있을 수 있다.
- 콜버그는 남성만 면접해 이론의 근거로 삼았다. 그러나 남성과 여성은 다른 교육을 받으므로 남성은 법을 통한 정의에 초점 맞춤 정의의 도덕성을, 여성은 인간복지나 배려에 초점 둔 타인 배려의 도덕성을 지향할 수 있다. 콜버그는 배려를 단계3으로 규정했으나 배려도 매우 추상적·도덕적일 수 있다.
- 도덕추리만 너무 강조하고, 도덕정서와 도덕행동을 무시하였다. 도덕추리 단계와 도덕행동 간의 관계는 중간정도이다. 즉 개인의 도덕행위에는 도덕추리 수준 이외의 개인의 다른 특성과 많은 상황적 요인이 영향을 미친다. 그러므로 도덕추리 수준이 높다고 해서 도덕행동으로 이어지지 않을 수 있다.

[2019년 기출]

다음은 전문상담교사가 남자 고등학교 2학년 한 학급의 학생들과 집단상담을 하는 내용이다. 콜버그(L. Kohlberg)의 도덕성발달이론에 근거하여 〈작성방법〉에 따라 서술하시오.[5점]

상담교사: 최근 여러분의 학급에서 학교폭력 문제가 있었다고 들었어요. 그런 일이 일어나면 마음이 많이 힘들고 어렵지요. 무거운 주제이긴 하지만 그 문제와 관련하여 자유롭게 얘기해 봅시다.
철 우: (주저하며) ㉠ 그 사건 전에 사실 저는 준호와 제일 친했었는데 그때 준호를 도와주지 못했어요. 제가 도와주지 않아서 준호가 상처 받았을 거예요. 준호는 저를 친한 친구로 생각해 믿고 의지했는데 필요할 때 도움을 주지 못해 미안해요. 준호뿐 아니라 다른 친구들과의 관계도 깨질 것 같아 힘들어요.
상 호: (한숨을 쉬며) 전……. 우리 반에서 이런 일이 일어난 것이 무척 싫었어요. 사실 ㉡ 담임 선생님께서 학기 초에 학교폭력은 법에서 금지하고 있는 만큼 절대 일어나서는 안 된다고 하셨어요. 법은 중요하니까 우리가 꼭 지켜야 한다고 생각해요.
민 수: 학교폭력 토론 시간에 피해학생을 보면 바로 신고해야 한다는 얘기를 한 사람은 저였어요. 그런데 막상 그 일이 일어나니 제가 피해를 당할까 너무 두려워서 아무것도 못했어요.
상담교사: 그랬군요. 많이 두려웠을 것 같아요.

〈작성방법〉
- 밑줄 친 ㉠에 해당하는 도덕성발달 단계의 명칭을 쓰고, 그 단계의 특징을 1가지 서술할 것.
- 밑줄 친 ㉡에 해당하는 도덕성발달 수준의 명칭을 쓰고, 그 수준의 특징을 1가지 서술할 것.
- 콜버그의 도덕성발달이론의 한계점 1가지를 민수의 진술과 연결 지어 서술할 것.

(3) 길리건의 도덕발달이론

① 길리건(Carol Gilligan)은 콜버그(Lawrence Kohlberg)가 주장한 추상적 도덕원리를 강조하는 정의지향적 도덕성과 대조되는 개념으로 배려, 인간관계의 보살핌, 애착, 책임, 희생을 강조하는 대인지향적 도덕성 이론을 제시하였다.
② 콜버그의 정의지향적 도덕성은 정의, 타인의 권리존중과 같이 남성에게 주어지는 도덕적 명령인 반면, 길리건의 대인지향적 도덕성은 동정이나 보살핌 등과 같이 여성에게 주어지는 도덕적 명령이라고 보았다.

③ 길리건은 도덕성의 상이한 측면인 정의지향적 도덕성과 대인지향적 도덕성이 서로 보완, 통합될 필요성을 주장하였다.
④ 길리건은 성적 갈등과 낙태 등의 문제와 관련되는 상황에서 청소년들의 도덕적 판단을 분석하였다. 그 결과 여성의 도덕 추론을 보여주는 '돌봄(care, 배려)의 윤리'라는 도덕 발달 단계를 제안하였다.
⑤ 인간관계에서 보여지는 특성에 초점을 둔 길리건의 대인지향적 도덕성 이론은 도덕적 판단근거의 기준을 보다 다각적 측면에서 사고할 수 있게 해주었다는 데 큰 의의를 지닌다.

▶ 길리건의 도덕성 발달 5단계

수준1 자기중심적 단계 (자신의 욕구와 이익지향단계)	• 여성이 자신의 이익과 생존을 위해 자기중심적으로 몰두하는 단계 • 타인에 대한 관심이나 배려가 결여되어 있는 단계 • 이 단계에서는 갈등상황에서 자신에게 최상의 것이 무엇인가가 판단의 준거가 된다. • 주로 아동기의 미성숙한 대인간 도덕적 사고가 이 수준에 속함
제1이행기 1.5수준/과도기 이기심에서 책임감으로의 변화	• 이기심과 책임감의 대립개념이 등장하는 시기 • 자아와 타인 간 연계성을 인식하기 시작 • 이기심에 대한 자책감을 알기 시작 • 하지만 여전히 자신의 행복이 삶의 목표 • 자신만 알았던 이기심이 타인을 생각하는 책임감으로 변화하는 단계. 따라서 도덕적 추론이 보다 성숙해짐
수준2 책임감과 자기희생의 단계 (자기희생과 타인에 대한 배려)	• 자신의 욕구를 억제하고 타인의 요구를 받아들이려고 시도 • 이기심에서 벗어나 타인에 대한 배려와 책임감을 지니고 자기희생을 감수하게 됨. 모성애적 도덕률 채택 • 여성들은 자기희생과 타인에 대한 배려를 선한 것으로 간주 • 모든 사람의 이익을 충족시킬 수 있는 사태해결이 불가능할 때는 자신을 희생하면서도 타인을 배려하고 책임지는 행동을 선택하게 됨 • 배려의 대상에서 자신은 제외가 되어 관계의 평형상태가 파괴됨. 자신과 타인 간 대인관계의 불평등이나 타인에 대한 의존 등이 발생할 수 있음
제2이행기 2.5수준/과도기 선에 대한 관심에서 진실에 대한 관심으로의 변화 (자신의 욕구와 타인에 대한 배려 간 균형의 필요성을 깨닫는 단계)	• 타인의 욕구뿐만 아니라 자신의 욕구도 고려함으로써 책임의 개념이 확대 • 이 기간에 여성은 무조건적인 타인배려지향에서 벗어나 자신과 타인 간 관계에 균형을 이룰 필요성 지님 • 개인적 욕구와 타인에 대한 배려와 책임감에 균형을 맞추려 함 • 선함의 본질에 대해 새롭게 인식하려는 노력과 더불어 진실에 대한 관심이 증가(선에 대한 관심보다 진실에 대한 관심 증가)
수준3 자신과 타인에 대한 배려의 단계 (자신과 타인 간 균형에 따른 역동관계)	• 인간관계가 상호적이라는 것을 인식하며 이기심과 책임감 간의 대립이 해소되는 단계 • 개인의 권리주장과 타인에 대한 책임이 조화를 이룸 • 이 시기의 여성은 자신을 무력하거나 수동적인 존재로 고려하지 않고 의사결정과정에 적극적으로 참여 • 자기자신에 대한 책임감을 느낌 • 이와 동시에 타인에 대한 배려와 이해는 여전히 지니고 있으며 비폭력·평화·박애 등이 이 시기의 도덕적 판단의 주요기준을 작용

> [참고] 콜버그와 길리건의 도덕성 발달 비교

	길리건	콜버그
1단계	자기애적 도덕성: 자기 중심적이고 자기 이익 지향	관습 이전의 타율적 도덕성: 부모나 교사의 규칙 준수 → 벌과 복종의 지향, 개인적 보상 지향
이행기	개인적 욕구와 자신의 책임감을 구별하면서 이기심에서 책임감으로 전환	
2단계	모성적 도덕: 자기에게 의존하는 사람과 열등한 사람을 보살피고자 타인에 대한 배려, 책임감, 자기 희생을 지향	관습의 타율적 도덕성: 내면화된 도덕규칙 → 대인관계 조화 지향, 법과 질서 지향(착한 아이 평판 중시)
이행기	자신의 개인적 욕구와 타인의 배려, 책임감 간의 균형의 필요성을 자각해 동조해서 내재적 판단으로 이행	
3단계	인간관계의 상호성 인식의 도덕성: 개인의 권리주장과 타인에 대한 책임의 조화, 강한 자기주장과 타인의 배려가 공존함	관습이후의 자율적인 도덕성: 보편적 원리에 의한 자율적 도덕규칙 준수 → 사회계약 정신 지향, 보편적 도덕원리 지향
도덕적 명령	따뜻한 배려(비폭력)	정의(justice)
도덕적 딜레마	조화와 관계성의 위험	갈등을 일으키는 권리
도덕적 자아관	연관된, 부수적인 자아	분리된, 개별적인 자아
도덕적 의무의 결정요인	보살핌의 관계들	도덕적 원리들
정서의 역할	배려와 동정심의 동기화	보조적 역할(능동적 구성요소가 아님)

(4) 투리엘(Turiel)의 사회적 상호작용이론(social interactional theory)
  ① 콜버그 이론의 비판
    ㉠ 투리엘은 콜버그의 도덕의 세 수준 접근과 달리 어린 아동도 구별할 수 있는 도덕성의 세 영역 제시. 이 세 영역은 아동 및 청소년의 사회적 세계를 구성하는 기초유형으로 제시되었다.
    ㉡ 도덕적 의무와 인습적 의무를 구분하여 제시하였다. 도덕의 이해는 인습의 이해로부터 출현하는 것이 아니라 어린 유아기 동안 인습에 대한 이해와 공존한다고 보았다. 즉 도덕적 사고와 인습적 사고는 발달과정에서 관련되지 않으며 서로 구분된 영역임을 주장한다.
    ㉢ 투리엘은 도덕과 인습의 구별 근거로 '도덕이란 무엇인가'를 '인습이 무엇인가'로부터 구분하는 것은 합리적 추론의 발달을 언급함으로써 설명되는 것이 아니라 사회적 상호작용적인 사건의 질과 특성을 구별하는 것을 언급함으로써 설명된다고 보았다.
  ② 이 이론은 아동의 정신세계에서 도덕성과 인습을 구별하도록 자극하기 위해 충분히 완전한 도덕사건과 완전한 인습사건들이 있음을 제시한다.
  ③ 세 영역의 내용
    ㉠ 도덕적 영역의 주요 이슈: 타인의 복지, 책임감 공정성 등
    ㉡ 사회인습영역의 주요 이슈: 기본적으로 지켜야 하는 에티켓, 성역할, 의복예절 등
    ㉢ 개인적(심리적) 영역의 주요 이슈: 개인의 사고, 감정, 자아, 정체성 등
  ④ 이 세 영역은 다른 계층의 대상, 사건, 사람들과 질적으로 다른 상호작용에 따라 발달한다. 또한 세 영역은 독립된 개념체제이면서 한 영역에 다른 영역의 발달을 자극해 주는 정보를 제공해준다.

⑤ 도덕적 영역과 인습적 영역을 구분하는 것 자체는 일반적으로 발달 초기부터 가능하지만, 도덕성 영역과 인습적 영역 간의 차이, 즉 경계영역은 문화특수적이어서 문화마다 차이가 있을 수 있다.
- 예 개인주의적 문화인 서구문화에서 노인에 대한 공경이 인습적 영역으로 구분될 수 있는 반면, 집단주의적 문화인 동양문화에서는 노인에 대한 공경이 도덕적 영역으로 구분된다.

⑥ 투리엘의 사회적 상호작용 이론 한계점
  ㉠ 영역혼재 현상: 하나의 도덕적 사태 안에 다른 영역의 성격이 공존할 수 있다. 즉 사태가 다면적일 수 있는 것이다.
    - 예 낙태라는 사태는 생명적 관점에서는 도덕적 문제, 합법을 인정하는 국가에서는 사회인습적 문제, 개인적 관점에서는 선택의 문제이다.
  ㉡ 이차적 현상: 하나의 도덕적 사태가 처음에는 사회질서를 유지하기 위한 인습적 영역의 문제였는데 나중에는 타인의 권리를 침해하는 도덕적 영역의 문제로 변화하게 되기도 한다.
    - 예 차례지키기가 사회인습적 문제였다가 이후 도덕적 영역으로 변화

(5) 사회학습 이론적 설명
  ① 도덕성의 행동적 요소에 관심. 도덕성은 보상, 벌, 관찰학습 통해 학습된다. 도덕행동은 개인상황의 강한 영향 받음
  ② 유혹에 대한 저항: 도덕성의 중요한 지표 중의 하나. 외적 감시 없을 때 유혹에 저항하는 사람은 도덕규칙을 학습했을 뿐 아니라 규칙 준수의 동기가 내면화됐음을 의미함
  ③ 강화: 금지된 행동과 대체되는 행동을 강화해 주는 것이 도덕적 통제 교육에 효과적이다.
  ④ 벌의 효과: 아동이 어떻게 해석하느냐에 달려 있다.
    ㉠ 따뜻하고 사회적 강화를 많이 주는 부모에게 받는 벌이 냉담하고 차가운 부모에게 받는 벌보다 유혹 저항에 효과적이다.
    ㉡ 따뜻한 훈육자가 즉각적으로 일관성 있게 벌 줄 때, 벌이 강할수록 바람직하지 않은 행동 억제에 효과적이다.
    ㉢ 모든 형태의 벌은 행동 억제의 이유에 대한 설명이 수반되었을 때 더 효과적이다. 특히 외적 감시 없을 때, 아동을 유혹에 견디도록 하는 데는 발각에 대한 공포와 벌만으로는 부족하고 설득이 수반되어야만 효과가 있다.
      - 근거 설명은 아동이 금지된 행동을 하려 할 때 경험하는 막연한 불안에 대해 내적 귀인을 할 수 있도록 한다.
      - 설명 듣지 못한 아동은 위의 불안에 대해 '벌 받으면 어쩌나?' 등 외적 귀인을 할 경우, 사람이 없으면 금지된 행동을 하게 된다.
      - 도덕적 자기억제가 귀인의 영향 받으므로 아동에게 자신이 착하다, 정직하다는 생각 심어주어 자기억제 증진이 가능하다.
  ⑤ 모델링: 유혹에 흔들리지 않는 모델이 말로 명백히 지금 자신이 규칙 따르는 이유를 설명했을 때, 모델의 행동 따르게 하는 데 특히 효과 커짐. 이유가 아동의 도덕추리 수준과 맞을 때 그 영향력 더 커짐. 아동이 모델 역할 하도록 했을 때, 모델 역할 이후 아동 자아개념이 변화한다. 즉 자신을 규칙 지키는 사람으로 생각하여, 규칙 준수 경향성이 높다.
  ⑥ 호프만(Hoffman)의 아동 행동 통제 위한 부모의 양육태도
    ㉠ 애정철회: 아동의 행동 통제를 위해 관심과 애정, 승인을 철회하는 것. 애정 잃을 수 있다는 불안을 갖게 한다.
    ㉡ 권력행사: 행동통제 위해 부모의 권력 사용하는 것. 공포·노여움·분노 일으키는 강압적 명령, 신체적 억류, 체벌, 특권철회 등의 방법을 사용한다.
    ㉢ (합리적) 귀납적 훈육(유도법): 행동의 잘못과 변화해야할 이유를 설명한다. 또한 타인에게 미치는 영향을 강조하고 손상을 원상태로 돌릴 방법 설명한다.

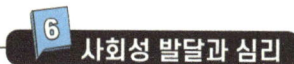

ㄹ. 애정철회나 권력행사는 도덕적 성숙에 효과 없으나 귀납적 훈육은 도덕정서, 도덕추리, 도덕행동 모두를 증진한다.

ㅁ. 귀납적 훈육은 도덕성의 인지·정서·행동적 차원 모두에 주목한다. 즉, 아동이 이를 통합하도록 도와 도덕적 성숙에 효과적이다.
- 인지: 스스로 행동평가에 사용할 인지기준을 제공한다.
- 정서: 자신이 해 입힌 사람에게 공감이 가능해진다.
- 행동: 유혹 있을 때, 이미 잘못한 것 보상하기 위해 무엇을 어떻게 해야 할지 설명한다.

5 성역할 발달(gender-role development)

1 성(gender) 관련 용어 정리

(1) **성 정체성(gender identity)**: 자신이 남자아이거나 여자아이로 범주 속에 포함시켜 구분을 할 수 있으며, 성은 변하지 않는 속성이라는 지식을 바탕으로 성별을 구분하는 것을 말한다.

(2) **성 역할(gender role)**: 남성과 여성에 따라 각기 달리 기대되는 사회적 행동양식이다.

(3) **성 역할 정체감(gender-role identity)**: 자신의 사회문화권에서 통용되는 남성다움(masculity, 남성성)이나 여성다움(feminity, 여성성)을 자신의 것으로 수용하고 내면화하는 정도이다.

(4) **성 역할 고정관념(sex-role stereotypes)**: 남성과 여성이 어떠하다고 가정된 것에 대한 생각들을 바탕으로, 특정 행위나 활동이 남성 또는 여성에게 배타적으로 적용되는 것으로 판단하는 사고이다.

(5) **성 유형화(sex-typing)**: 아동이 속한 사회나 문화에 적합한 성 역할 특성을 발달시켜가는 과정으로, 아동의 인지발달 수준이나 사회문화적 요인의 영향을 받지만 동시에 성도식화 과정을 통해서도 형성된다.

(6) **성 유형화된 행동**: 이성에 연합된 행동보다 동성의 활동을 선호하는 아동의 경향성이다.

(7) **성도식(gender schema)**: 성에 관한 인지구조로서 아동이 성에 관련되는 정보에 주의를 기울이고, 조직화하며, 관련 정보를 기억하는 데 사용하는 일종의 신념과 기대체계이다.

(8) **성도식화**: 성도식에 근거해서 자신에 관한 정보를 포함한 모든 정보를 부호화하고 조직화하는 전반적인 성향을 말한다.

2 성역할 기준: 특정 성에 적합하다고 생각하는 가치관 및 동기, 행동양식

(1) 성역할 기준은 남녀가 어떻게 행동하기를 기대하는가에 달려있음. 성 고정관념을 형성하는 기반 되기도 한다.

(2) **표현적 역할**: 일반적으로 여성에게 기대되는 사회적 규범을 말한다. 친절, 협동, 애정, 타인의 요구에 대한 민감성 등. 아내와 어머니 역할 수행하고 가족 기능을 원활히 하며 자녀 양육에 중요한 특성이기 때문에 표현적 역할이 요구된다.

(3) **도구적 역할**: 일반적으로 남성에게 기대되는 사회적 규범을 말한다. 지배적, 독립적, 자기주장적, 경쟁적 성향. 전통적 남편과 아버지로서, 남자는 가족을 부양하고 위험으로부터 가족 보호하는 과업 지니기 때문에 도구적 역할이 요구된다.

(4) 현대 산업화 사회의 아동은 산업화 이전보다 성유형화 압력이 적어짐: 많은 부모들이 아들, 딸에게 똑같이 성취를 강조한다.
(5) 표현적·도구적 역할 특성은 남아, 여아 모두에게 필요한 특성으로 간주. 단지 성에 따라 강조되는 특성이 다를 뿐이다.
(6) 소녀가 수학·과학을 피하고 관련 직업에 여자가 적은 데에는 부모 및 교사의 성차별적 기대가 영향 미친다.
   예 부모와 교사는 여아가 남아보다 수학능력 떨어진다고 생각하면 여아도 이를 내면화. 그 결과 수학에 흥미 잃고 피함. 즉, 인지능력의 성차에 대한 근거 없는 믿음이 능력의 성차 만드는 데 영향 미칠 수 있다.

3 성유형화의 발달

(1) 성정체감 발달
  ① 첫 단계: 남녀를 구별하고 이 범주중 하나에 자신을 포함시키는 것이다.
  ② 2.5세~3세경 거의 모든 유아가 자신을 남자 또는 여자라고 정확히 구분하는 게 가능. 그러나 성이 영구적 특성이라는 사실은 5~7세 되어야 이해. 초등학교 입학할 즈음 대부분의 아동은 남자 혹은 여자로 안정된 정체감 지닌다.

(2) 성역할 고정관념의 발달
  ① 유아는 성정체성 형성해가면서 동시에 성역할 고정관념 획득. 남녀에 대한 이해는 성역할 고정관념 발달을 촉진한다.
    ㉠ 학령전기와 초기 초등학교 동안 점점 성에 적합한 놀이, 성취영역을 배운다.
    ㉡ 초등학교 아동은 심리적 차원에서 남녀를 구별한다. 동성의 긍정적 특성 안 뒤 이성의 부정적 특성 배운다.
    ㉢ 10~11세경 인성 특성에 대한 성역할 고정관념화는 성인 수준에 도달한다.
  ② 성역할 규준에 대한 융통성
    ㉠ 3~7세: 반드시 따라야한다고 믿는다. 이 시기 성별 문제가 중요하다, 자아상 확립 위해 성역할 고정관념 과도하게 믿는 것이다.
    ㉡ 8~9세경: 이전보다 융통성 있고 덜 극단적이다.
    ㉢ 12~15세: 취미나 직업에는 여전히 융통성. 반대 성의 행동 참을 수 없게 된다. 사춘기에 성역할에 대한 압력이 증가됨에 따라 자신의 성에 일치하는 성역할 행동을 강화해가는 성 강화과정과 연관된다. 이성의 관심 끌려면 전통적 성역할 규준 따라야 한다는 믿음에 따라 소년은 더 남성적인 면을 소녀는 더 여성적인 면을 강조하기 시작한다.
    ㉣ 청년 후기 성 정체감의 안정으로 인해 성역할 고정관념에 융통성 생긴다.

4 성역할 발달이론

(1) **생물학적 요인**: 사춘기의 신체적 성장과 더불어 성 호르몬의 분비가 급증하면서 청소년들은 남자와 여자로서의 자신의 성적 감정을 키우는 계기를 맞게 된다. 사춘기 이전의 인간이나 동물의 성선을 수술로 제거하면 성적인 감정과 욕구의 발달이 정상적으로 이루어지기 어렵다.

(2) **정신분석 이론**
  ① 배경: 프로이트에 의하면 남자와 여자의 근원적 차이는 심리성적 발달의 5단계 중에서 제3단계인 남근기에서 서로 다른 경험에 기인한다고 본다.

② 기본개념
  ㉠ 오이디푸스 콤플렉스: 남아의 경우, 어머니에 대한 근친상간적 성적 욕망을 가지면서 아버지에게 경쟁의식을 가지게 되는 경향. 아버지의 보복에 대한 두려움으로 인해 거세불안이 생겨남. 어머니에 대한 성적 욕망이 현실적으로 실현 불가능한 것을 깨닫고 자신의 성적 본능을 억제하고 아버지와 동일시를 할 때 종결된다.
  ㉡ 엘렉트라 콤플렉스: 여아의 경우 아버지에게 애정을 품고 어머니를 경쟁자로 인식하여 반감을 갖게 되는 경향. 남성의 성기가 없다는 사실을 깨닫고 이를 주지 않은 어머니를 원망하며, 남근선망을 가지게 된다. 이러한 욕구는 어머니의 여성적 가치를 동일시하고 초자아가 형성되면서 종결된다.
③ 정신분석이론에서는 성역할발달이 이처럼 각각 오이디푸스 콤플렉스와 엘렉트라 콤플렉스로 인하여 이를 해결하는 과정에서 동성 부모를 동일시함으로써(성역할 동일시) 성역할이 발달된다고 보았다.

(3) 사회학습 이론
① 배경: 미셸(Mischel)은 성역할이 직접학습과 관찰학습에 의해 발달한다고 설명한다.
② 기본개념
  ㉠ 직접학습: 부모, 교사, 친구가 아동의 성 적합한 행동을 강화하고 적합하지 못한 행동은 벌한다.
  ㉡ 관찰학습: 아버지나 친구, 혹은 대중매체 등 여러 가지를 통해서 자신의 성에 적합한 행동을 관찰하고 대리강화되어 내면화된다.

(4) 인지발달 이론
① 배경
  ㉠ 콜버그(Kolberg)는 성역할 동일시의 가장 중요한 요인이 아동 자신이 남자다 또는 여자다라는 성별 자아개념을 인식하는 것이라고 보았다. 즉 성별 자아개념이 성역할 동일시에 선행한다고 주장한다.
  ㉡ 정신분석이론이나 사회학습이론은 모두 같은 성의 부모와 동일시하는 것이 자기 성에 적합한 행동 및 태도를 습득하는 선행조건이라고 보는 반면, 인지발달이론은 같은 성의 부모와의 동일시가 성유형화의 결과라고 본다.
② 기본개념
  ㉠ 성 정체성: 자신이 남녀 중 한쪽 성에 속해있음을 아는 것이다. 외형이 바뀌어도 성이 바뀌지 않는다는 사실을 인식하지 못한다.
  ㉡ 성 안정성: 자신의 성이 성인이 되어서도 안정적으로 유지될 것임을 깨닫는 것
  ㉢ 성 항상성: 자신의 성이 평생 불변적으로 지속된다는 사실을 깨닫는 것. 외양이 달라져도 자신의 성이 언제나 동일하다는 것을 알게 된다.

(5) 콜버그(Kohlberg)가 해석한 심리성적 동일시 이론

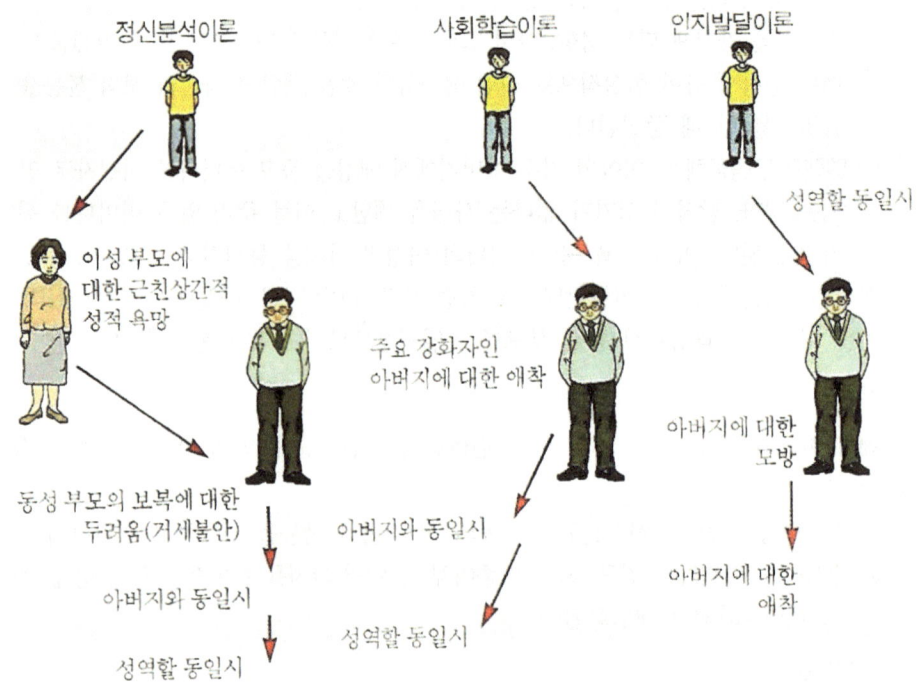

(6) 성도식 이론

① 배경
  ㉠ 벰(Bem)의 성도식이론은 사회학습이론과 인지발달이론의 요소를 결합하였다.
  ㉡ 성역할개념의 습득과정을 설명하는 정보처리이론으로서, 성유형화가 아동의 인지발달 수준이나 사회문화적 요인의 영향을 받지만 동시에 성도식화 과정을 통해 형성된다고 본다.
  ㉢ 성역할발달은 자신이 가지고 있는 성도식에 근거하여 선택적인 기억과 선호과정을 통해 이루어진다.
  ㉣ 성도식이 발달한 아동은 자신의 성도식에 맞지 않는 새로운 정보를 왜곡하는 경향이 있다. 예를 들어, 여성 의사가 될 수 없다고 믿는 아동은 여의사로부터 진찰을 받고 나서 자신을 진찰한 사람이 간호사라고 기억한다. 이는 성역할 고정관념의 예가 된다.
  ㉤ 성도식은 수정이 가능하다.

② 기본개념
  ㉠ **성도식화**: 성도식에 근거해서 자신에 관한 정보를 포함한 모든 정보를 부호화하고 조직화하는 전반적인 성향을 말한다.
  ㉡ **성도식**: 성에 따라 조직되는 행동양식으로 사람들로 하여금 일상생활에서 남성적 특성 또는 여성적 특성을 구분하게 해주는 것을 말한다.

> **+ 성도식 형성과정 예**
>
> 아동은 어떤 물체나 행동 또는 역할이 남성에게 적합한 것인지 또는 여성에게 적합한 것인지(예를 들어, 여아는 울어도 되지만 남아는 울어서는 안된다 등)를 분류해 주는 내집단/외집단이라는 단순한 도식을 습득한다. 그리고 자신의 성에 적합한 역할에 대한 좀더 많은 정보를 추구하여 성도식을 구성한다.
> 자신의 성정체감을 이해하는 여아는 바느질은 여아에게 적합한 활동이고 모형 비행기를 만드는 것은 남아에게 적합한 활동이라는 것을 학습한다. 그리고 나서 자신은 여아이기 때문에 자신의 성 정체감과 일치되게 행동하기를 원한다. 따라서 바느질에 관한 많은 정보를 수집하여 자신의 성도식에 바느질을 포함시킨다. 그리고 모형 비행기를 만드는 것은 남아에게 적합한 활동이라는 것 이상의 정보는 전부 다 무시해 버린다.

(7) 샤퍼(Shaffer, 2002)의 성 유형화(sex-typing) 통합이론

발달시기	사건과 결과	관련이론
태내기	• 태아는 남성이나 여성 생식기가 발달하고, 아기가 태어나면 그것에 반응함	생물사회적/ 심리생물학적
출생~3세	• 부모나 다른 동반자들은 아동을 남아나 여아로 명명, 빈번하게 아동에게 성을 상기시키고, 성에 일치하는 행동은 격려, 이성의 활동은 포기하게 됨 • 이러한 사회적 경험, 신경 발달 및 기본적인 분류 기술의 발달 결과로서, 어린 아동은 몇 가지 성 유형화된 행동 선호와 자신이 여아인지 남아인지에 대한 지식을 획득함	사회학습 (차별강화)/ 심리생물사회적
3~6세	• 아동들이 기본적으로 성 정체성을 획득하면 성차에 대한 정보를 찾고, 성 도식을 형성하고, 내재적으로 자신의 성에 '적절한' 것으로 여겨지는 행위를 수행하려는 동기를 가짐 • 성 도식을 획득하면 아동은 남성과 여성 모델 모두에 주목함 • 성 도식이 잘 형성되면 아동은 모델의 성과 상관없이 자신의 성에 적절하다고 생각되는 행동을 모방함	성 도식
7세~ 사춘기	• 아동은 성 일관성을 획득함 • 아동은 남성 혹은 여성으로서의 자기 범주화와 일치하는 매너리즘과 속성들을 획득하기 위해 도식에 전적으로 덜 의존하기 시작하고 동성 모델의 행동을 보기 시작함	인지발달
사춘기 이후	• 새로운 사회적 기대(성 강화)와 일치하여, 청소년기의 생물학적 격변은 10대들에게 성인으로서의 성 정체성을 형성하는 자기개념을 재검토하게 함	생물사회적/ 심리생물사회적/사회학습/ 성 도식/인지발달

(8) 성역할초월 이론

① 배경
　㉠ 헤프너 등(Hefner, Rebecca, Oleshansky)은 성역할 사회화에 대한 전통적인 견해들이 인간의 잠재력을 위축시키고 성별 양극 개념과 여성의 열등성을 조장한다고 주장하였다.
　㉡ 목적: 인간의 성역할을 재정의하고 성차별의 근원을 제거하는 것이다.

② 성역할발달 3단계

성역할 미분화단계	• 아동의 사고는 총체적이다. 즉 아동은 성역할이나 성유형화 행동에 대해 분화된 개념을 가지고 있지 못하다. • 생물학적인 성에 따라 문화가 제한하는 행동이 있다는 것도 깨닫지 못한다.
성역할 양극화단계	• 자신의 행동을 고정관념 틀 속에 맞추는 것을 필연적으로 생각한다. • 성역할 양극개념을 강조하는 사회에서는 전생애를 통해 남자는 남성적 역할을, 여자는 여성적 역할을 엄격히 고수할 것을 요구한다. • 남성적 또는 여성적이라는 양극에 대한 엄격한 고수는 부적응적이고 역기능적이며, 성차별의 원인이 된다.
성역할 초월단계	• 성역할 고정관념에서 벗어나 상황에 따라 적절하고 적응력 있게 행동할 수 있고 행동적 표현이나 감정적 표현이 성역할 규범에 얽매이지 않는다. • 융통성, 다원성, 개인적 선택 및 개인이나 사회가 현재의 억압자-피억압자의 성역할에서 벗어나 새로운 가능성을 나타낸다.

5 양성성

(1) (심리적) 양성성(androgyn)
① 정의: 벰(Bem)이 제시한 개념으로, 남성(androgyn)과 여성(gyn)으로 구성된 용어로 하나의 유기체 내에 여성적 특성과 남성적 특성이 결합하여 공존하는 것을 말하는 것으로, 전통적으로 분리되어온 남녀 성 역할의 합일 개념이다.
② 한 사람이 남성성과 여성성을 동시에 가질 수 있기 때문에 상황에 따라 도구적 역할과 표현적 역할을 수행할 수 있다는 보다 효율적인 성역할 개념이다.

(2) 벰(Bem Sex Role Inventory: BSRI)과 스펜스 등(Personal Attributes Questionnaire: PAQ)이 개발한 성역할 측정도구
① 종래의 남성성 여성성을 단일차원으로 보고 남성성과 여성성이 양극을 대표한다고 보는 성역할 측정도구의 문제점을 해결하였음.
② 남성성과 여성성을 각기 독립된 변수로 보고 남성성과 여성성을 따로 측정할 수 있도록 척도와 문항을 제시하였다.
③ 남성적인 사람이 동시에 여성적인 사람일 수도 있는 검사 결과(양성성 측정)가 가능하게 되었다.
④ 4가지 유형이 제시: 남성성, 여성성, 양성성, 미분화

(3) 양성적 남성과 여성이 어느 한 쪽으로 성유형화된 사람들보다 유연성 있게 행동함을 발견하였다. 적응력 높아 상황의 요구에 따라 자신의 행동 조절을 하는 게 가능하다. 양성적 아동·청소년은 자아존중감 높음. 성유형화된 또래보다 인기·적응력이 높다.

(4) 양성성 키우려면, 부모가 성고정관념에 대한 노출을 지연시켜야 한다. 양성적 부모가 양성적 자녀 기르는 경향이 높다. 학령전 아동이 성을 생물학적으로만 생각하지 않고, 부모와 자신이 반대 성이 행동하는 경험을 자주 하면 경직된 성 고정관념을 가질 가능성이 낮다.

(5) 양성 평등 교육
① 양성 평등 교육의 접근 방법
  ㉠ 성차의 무시: 남녀 모두에게 개방적으로 접근 가능성을 제공하는 것이다.
  ㉡ 성차의 제거: 성차를 적극적으로 제거함으로써 모두 평등한 교육을 받을 수 있도록 하는 것이다.
  ㉢ 성차의 고려: 성차에 민감하게 반응하여 교육이 이루어져야 한다는 입장이다.
② 랑겐바트(Langenbach)의 성 역할 평등 개념을 형성하기 위한 방안
  ㉠ 남녀 유아 모두에게 동일하게 정적인 놀이와 동적인 놀이에 참가하게 한다.
  ㉡ 남녀 유아 모두 감정 표현을 충분히 할 수 있도록 도와준다.
  ㉢ 남녀 모두 다양한 일을 할 수 있다는 내용을 전달한다.

7 발달이상

1 아동의 문제 영역

1 키트(Keat)의 Helping: 라자루스의 BASIC ID에 착안해서 고안

(1) Health: 건강문제. 통증 질병 등
(2) Emotion: 정서문제. 불안이나 분노, 의기소침 등
(3) Learning: 학습문제. 결함, 실패, 얕은 감각 등
(4) Personal relationship: 대인관계 문제. 성인 및 또래 관계 등
(5) Imagery: 심상의 문제. 낮은 자존감, 대처기술 부족 등
(6) Need: 알고자 하는 욕구. 실망, 그릇된 사고, 정보의 부족 등
(7) Guidance: 활동, 행동 및 결과에 대한 지도. 행동 결핍 및 동기 문제 등

2 발달 이상

1 아켄바흐(Achenbach)의 발달이상 분류

아켄바흐는 아동행동평가 체크리스트(CBCL)를 사용한 경험적 연구에 기초하여 아동의 문제를 내재화 증후, 외현화 증후로 분류

(1) 외현화 차원: 종종 다른 사람에게 향하는 것으로 생각되는 행동들 포함
(2) 내재화 차원: 보통 자신의 내부로 향하는 것으로 간주되는 감정이나 상태

내재화 증상	• 위축: 혼자 있음, 수줍음, 위축 • 신체증상: 피곤, 몸 아픔/두통, 배앓이 • 불안/우울: 잘 운다, 겁/불안, 슬픔/우울
혼합증상	• 사회적 미성숙: 어린 행동, 놀림 받음, 아이들이 싫어함 • 사고의 문제: 헛것을 들음, 헛것을 봄, 이상한 생각 • 주의집중 문제: 주의집중 문제, 안절부절못함, 충동적
외현화 증상	• 비행: 가책 없음, 나쁜 친구, 집에서 도벽 • 공격성: 남을 괴롭힘, 남의 물건 파괴, 싸움

콕콕!! 적중! 정혜영의 전문상담이론 III

PART Ⅳ. 청소년 심리학

1. 청소년기 발달
2. 발달 이론과 맥락적 환경
3. 학업 문제
4. 대인관계 문제
5. 청소년 비행
6. 학교중퇴
7. 청소년 가출

1 청소년기 발달

1 청소년의 정의

청소년(Adolescence, Youth): 라틴어의 '성장한다(to grow up)' 또는 '성숙에 이른다(to come to maturity)'에서 유래. 신체적, 심리적, 사회적 성장이 급속하게 진행된다는 전환기적 의미를 암시한다.

1 생리학적 정의

청소년기는 생식기관과 성 특징들이 나타나는 사춘기에 시작, 생식 체계의 완전한 성숙과 함께 끝난다.

2 인지적 정의

(1) 추상적 사고와 논리적 추리가 나타나기 시작하고, 상위인지(Metacognition) 능력을 갖기 시작할 때 시작된다 = 형식적 조작 사고의 출현
(2) 생활의 모든 영역에서 그것들을 사용할 수 있을 때 끝난다. = 형식적 조작 사고의 완전한 획득

3 사회학적 정의

(1) 사춘기의 출현으로 청소년기가 시작되어, 사회적 요구에 대한 일관성 있는 대처 양식 확립으로 사회적 인정을 받을 때 종결된다.
(2) 사회적 인정: 법적 규정을 말하며, 우리나라의 경우 대체로 20세이다.

4 연령에 따른 정의

(1) 청년 초기: 약 11세~14세로 대략 중학교 시기에 해당
(2) 청년 중기: 약 15세~18세로 대략 고등학교 시기에 해당
(3) 청년 후기: 약 18세~20대 초반으로 대학 재학 또는 고등학교 졸업 이후가 해당
(4) 청소년: 청년 초기와 청년 중기에 해당하는 사람들
(5) 청년: 청년 후기에 해당하는 사람들

5 짐링의 정의

(1) 사회적 자유가 허용될 때 청소년기가 시작되어 대다수의 청소년들 연령이 법적, 경제적, 도덕적 책임을 질 수 있을 때 종결된다.
(2) 사람에 따라 성인의 지위 획득 시기에는 차이가 있다는 것을 시사한다.

2 신체발달

1 사춘기의 시작

(1) 사춘기가 시작되면 외부적 신체변화와 더불어 소년은 변성, 소녀는 초경을 하게 됨. 사춘기에는 성적 충동이 눈을 뜨며, 이와 동반되는 독특한 감정인 죄악감이나 수치심이 시작된다.

(2) 사춘기 직전부터 남성은 안드로겐(androgen), 여성은 에스트로겐(estrogen)이 극적으로 증가하기 시작한다.

2 청소년기의 신체적 변화

(1) 성장의 가속화

과거에 비교했을 때, 현대의 청소년들은 평균 2년 정도 일찍 성장 급등을 경험한다. 더 큰 신장, 더 무거운 체중을 지니고, 어린 연령에서 성인 체격에 도달하며 치아 발생, 몽정 연령, 초경 연령도 낮아진다.

(2) 성장 급등

소녀의 경우 10~11세에 성장 급등이 일어나 17세 경에 성장이 완료된다. 소년의 경우 12~13세 경에 일어나 15세 전까지 높은 성장치를 보이며, 21세까지 계속 성장한다. 신체의 급성장 현상은 근육, 머리, 얼굴, 생식기관 등 외형적 체격의 변화와 함께 체력과 운동감각 능력도 발달한다.

(3) 개인차

소년들의 신장 성장이 남자보다 먼저 오기 때문에 소녀가 같은 연령의 소년보다 키가 큰 경우가 많다. 그러나 여기에는 다양한 개인차가 존재하므로, 연령만으로 개인의 성숙 정도를 판단하는 것은 바람직하지 못하다.

+ 사춘기를 거치면서 청소년들이 경험하는 신체적 변화

〈남자 청소년〉	〈여자 청소년〉
• 키가 급격히 커짐	• 키가 급격히 커짐
• 체중이 급격히 증가함	• 체중이 급격히 증가함
• 신체에 대한 머리 크기의 비율이 감소함	• 신체에 대한 머리 크기의 비율이 감소함
• 엉덩이에 비해 어깨가 넓어짐	• 어깨에 비해 엉덩이가 넓어짐
• 몸통에 비해 다리 길이가 길어짐	• 몸통에 비해 다리 길이가 짧아짐
• 체지방이 줄고 근육량이 증가함	• 골반, 가슴 등에 체지방이 축적됨
• 얼굴모양이 변화함(둥근 형→길쭉한 형)	• 얼굴모양이 변화함(둥근 형→길쭉한 형)
• 코와 입이 크고 넓어짐	• 코와 입이 크고 넓어짐
• 신체 내부기관(소화기관, 폐, 심장 등)이 성장 발달함	• 신체 내부기관(소화기관, 폐, 심장 등)이 성장 발달함

3 청소년기의 성적 발달

소녀의 초경과 소년의 사정은 성적 성숙의 지표이자 사춘기의 실질적 시작으로 간주되지만, 이를 생식 능력의 지표로 사용하는 것은 바람직하지 못하다. 소녀들은 초경 후 보통 12~18개월 동안 불임 상태에 있으며, 소년들은 초기 사정 시 정액에 정자를 포함하고 있지 않기 때문이다.

1 사춘기의 호르몬 변화

(1) 대뇌의 시상하부는 성적 성숙이 시작될 때 바로 밑에 위치한 뇌하수체에 신호하여 사춘기 성장에 필요한 호르몬 분비를 활성화시킨다.

(2) 뇌하수체가 분비하는 여러 호르몬 중, 성장호르몬(growth hormone: GH)은 성장 급등을 일으키며, 생식자극선 호르몬이 남녀의 생식선을 자극한다.

(3) 생식자극선 호르몬들은 안드로겐과 에스트로겐의 분비를 촉진시키는데, 이를 통해 남녀의 2차 성징 발달에 관여한다.

(4) 시상하부, 뇌하수체, 생식선으로 구성되는 피드백 체계에 의해 안드로겐과 에스트로겐 수준이 조절되면서 청소년의 심리 성적 발달과 사춘기 신체변화에 영향을 주는 것이다.

> - 1차적 성특징(primary sex character): 생식에 필수적인 요소인 남성의 고환과 음경, 여성의 난소와 자궁 등으로 2차적 성특징에 비해 늦게 성숙
> - 2차적 성특징(secondary sex character): 성장 급등과 함께 나타나는 남성과 여성을 구별 짓는 특징으로 생식에 필수적인 요소는 아님. 남녀의 체격발달, 가슴 발육, 체모의 분포 및 음성의 변화 등

2 남성의 성적 성숙

(1) 남성의 성적 성숙은 고환의 성장으로 시작되는데, 고환은 정자를 만들고 남성 호르몬인 테스토스테론을 분비한다.

(2) 테스토스테론은 음경과 음낭의 확대, 어깨뼈 발육, 목소리의 저음화, 성적 충동의 발달 등 남성 특유의 성적 발달을 지시한다.

(3) 테스토스테론을 포함하는 남성 호르몬 안드로겐(androgen)은 신체 각 부위의 체모 발달과 근육을 재배치함으로써 남성 고유의 체격을 형성한다.

(4) 신체발달 시기는 개인차가 있지만 발달 순서는 어느 문화에서나 거의 일정하여, 11세경에 고환의 확대가 시작되고 13세경에 사정할 수 있으며 16세경 성인 크기의 고환에 도달한다.

(5) 발달의 속도는 개인차가 심하기 때문에 어떤 청소년은 그 시기에 해당하는 신체 변화가 전혀 나타나지 않을 수 있고, 어떤 청소년은 또래보다 훨씬 신체적으로 성숙할 수 있다.

(6) **몽정**: 약 13세경에 처음 몽정을 경험한다. 이 시기가 되면 자위행위를 하기도 한다.

(7) 첫 몽정 경험 이후 정자 생산량이 많아지는 3~4년 뒤에는 대부분의 청소년이 자위를 통해 사정을 하게 된다.

(8) **아버지의 역할**: 자신과 비슷한 상황을 경험한 아버지의 공감과 조언이 남자청소년에게 모델이 된다.

3 여성의 성적 성숙

(1) 여성은 출생 시 난소에 약 40만 개의 미성숙란을 지니고 있다. 두 개의 난소는 한 달에 한 번씩 교대로 난자를 방출하는데, 사춘기 이후부터 폐경기까지 약 300~400개의 성숙한 난자를 방출할 뿐이다.

(2) 난소는 여성 호르몬인 에스트로겐과 프로게스테론(progesterone)을 분비한다.

(3) 에스트로겐은 자궁과 나팔관 등 1차적 성특징들이 정상적 크기와 기능을 유지하는 데 돕고, 임신이 가능하도록 자궁의 내벽을 준비하는 역할을 하며 2차적 유방의 발육, 음모의 생성 등 2차적 성특징의 발달에 기여한다.

- **(4) 프로게스테론**은 에스트로겐의 보조역할을 수행하며 배란 후 약 13일 동안 분비된다. 임신 호르몬이라고도 불리며 태아가 성장하기에 적절한 자궁 환경을 만드는 역할을 한다. 즉 자궁이 영양물질을 분비할 수 있도록 하고, 혈액 공급을 증가시키며, 유방을 확대시키고, 유선을 자극한다.
- (5) 임신이 되지 않으면 에스트로겐과 프로게스테론의 수준은 급격히 감소되며, 수정되지 못한 난자는 월경으로 배출한다.
- (6) 소녀들은 10세경 유방이 발육하기 시작, 13세경 첫 배란이 이루어지고 13~14세경에 음모가 발달한다.
- **(7) 초경**
  - 성숙의 가속화 현상: 영양적 요인과 환경적 요인에 의해 초경 연령이 가속화하는 현상이다. 영양섭취가 개선되고 영화나 TV, 인터넷 등의 매체를 통해 성적 자극에 쉽게 노출된다.

4 신체적·성적 발달과 심리 특성

- 청소년들은 성인으로서의 이미지를 갖게 되며 성역할 정체감을 강화하게 되고, 변화가 심한 강한 정서를 경험한다.
- 소녀들이 더 일찍 사춘기의 변화를 경험하기 때문에 급격한 정서변화로부터 더 빨리 회복되고 더 일찍 안정된 행동 패턴을 확립할 수 있다.

(1) 자아개념

① 청소년기의 신체발달은 자아개념의 기본적 틀을 제공하는 개인의 **신체상**(body image)에 절대적인 영향을 준다.

② 신체상: 자신의 신체에 대한 감각, 느낌, 태도 등을 포함하는 정신적 표상이다. 청소년기에 형성된 신체상은 평생을 두고 영향을 미친다.

③ 신체상에 대한 관심은 청소년기에 가장 높으며, 이들은 급격히 변화해가는 신체적 특징에 대해 극도로 예민해진다.

④ 청소년기 신체상의 형성에는 여러 요인이 작용하지만 자신의 신체에 대한 부모의 평가가 가장 큰 영향을 미친다.

⑤ 성호르몬의 변화에 따른 체형의 변화에 따라 청소년들이 자신을 바라보는 시각이 변화한다.

⑥ 급속한 성장은 키와 근육발달 간 시간적 격차를 나타나게 하는데 소년들은 자기 자신의 모습에 대한 양면적 반응을 보인다.

⑦ 신장의 확대는 긍정적 반응이, 신장의 확대와 근육발달 간 시간적 격차로 인한 불균형적인 모습은 부정적 반응이 나타나게 된다.

⑧ 소녀들은 초경을 경험한 후 더 분화되고 성숙한 자기상을 그리며, 자신을 여성으로 지각한다.

⑨ 호르몬의 변화로 인하여 청소년들은 행동문제를 일으키고 정서적 혼란을 경험하기 쉬우나, 호르몬 자체만이 작용하는 것은 아니다.

⑩ 사회적 맥락, 스트레스 환경 등이 호르몬 분비와 활동에 영향을 미치고 이것이 다시 청소년의 기분에 영향을 줄 수 있다.

(2) 성의식의 발달

① 성의식(sexuality; 섹슈얼리티): 단순히 성적인 충동이나 애욕을 뜻하는 것이 아니라, 개인이 성에 대해 가지는 전반적이고 복합적인 관념을 의미한다. 성의식은 성에 대한 감정, 사고, 환상, 꿈뿐만 아니라 성에 대한 가치관, 신념 등을 내포하고 있다. 개인이 이성을 대할 때 보이는 감정, 태도, 행동은 바로 성의식의 표현이다.

(3) 조숙(prematurity) 혹은 만숙(late maturity)

① 조숙과 만숙에 따른 남자 청소년 특성

성별	성장속도	사춘기 동안	사춘기 이후
남	조숙	• 자신의 용모에 더 만족함 • 또래 여자 청소년과 신체적 성장이 비슷하므로 쉽게 친함 • 적극적, 긍정적, 독립적임 • 안정감, 자신감 있음 • 자기신뢰, 자아존중감 높음 • 집단에서 리더 역할을 함	• 책임감이 있고 협동적임 • 사회성이 좋아 집단 내에서 리더의 위치를 차지하는 경우가 많음 • 완고함, 도덕주의, 유머가 없고 순종적임 • 약물, 음주, 흡연 등에서 자기 통제력이 약함
	만숙	• 불안하고 안정감이 없음 • 학습의 열의가 부족함 • 자의식 강함, 행동을 과장하여 주변의 관심을 끌려고 노력함 • 자기능력 회의, 부정적인 자아개념, 지배 당한다는 느낌 • 집단 내의 인기가 낮음 • 어린 아이 취급을 받기 때문에 오랫동안 아이같이 행동할 수도 있음.	• 통찰력, 창의력, 지각 능력 우수 • 명랑하며 유머 있음 • 새로운 상황 적응 빠름 • 충동적, 공격적, 자기주장이 강함

② 조숙과 만숙에 따른 여자 청소년 특성

성별	성장속도	사춘기 동안	사춘기 이후
여	조숙	• 불안, 우울, 낮은 자아존중감 • 부모의 심한 간섭으로 인해 부모-자녀 관계 문제 많음 • 집단 내의 인기 낮음 • 사회적 상황에 무관심 • 안정감 결여 • 또래 집단과 잘 어울리지 못함	• 침착, 냉정, 자발적이며 자제력이 강함 • 미숙아에 비해 상대적으로 심리적으로 건강함 • 이성관계에 빨리 몰입 • 음주, 흡연에 조기 노출 • 조기 성경험 • 낮은 교육적·직업적 성취
	만숙	• 활발하고 자신감이 있음 • 자기주장이 강함 • 집단 내 인기가 높음 • 집단 내 리더의 역할 수행	• 명랑하며 유머 있음 • 스트레스에 대한 적응이 어렵고, 조숙아에 비해 상대적으로 심리적으로 불안정함

신명희 외(2016). 발달심리학. 학지사

4 인지발달

1 청소년기 동안의 정보처리 능력에서의 변화

청소년들은 정보처리 능력에서의 발달 결과로 추상적으로 사고할 수 있고, 다차원적 사고와 가설적 사고가 가능하다. 청소년기 발달하는 정보처리 능력은 다음과 같다.

(1) **주의(attention) 능력 진보**: 선택적 주의(selective attention, 여러 개의 자극이 주어져도 하나의 자극에 선택적으로 주의를 기울임)와 분할된 주의(divided attention, 동시에 두 개 이상의 자극에 주의를 기울임)가 모두 발달한다.

(2) **기억 능력 개선**: 작업기억(working memory)과 장기기억(long-term memory)이 모두 개선된다. 작업기억은 청소년기 동안에도 계속 발달하여 읽기 기술의 발달에 크게 기여한다. 실험결과, 모든 연령대의 피험자들이 자신이 15세에서 25세 때 경험했던 바를 가장 잘 기억하고 있는 것으로 나타나서, 이 시기가 장기기억으로 저장하는 능력이 가장 뛰어남을 보여준다.

(3) **정보처리 속도 증가**: 청소년 초기 동안 크게 증가하다가 점차적으로 감소한다. 심적 회전이나 기억인출, 시각적 탐색, 심적 가산 등의 모든 정신과정의 종류에 상관없이 10~12세경부터 급격하게 처리속도가 빨라지고 16세 이후부터는 정보처리 속도에 거의 변화가 없다.

(4) **개인의 조직화 전략(organizational strategies) 진보**
  ① 조직화 전략: 기억을 촉진하기 위해 항목들을 의미 있는 집단이나 청크(chunk)로 분류하는 방식에 해당되는 발달된 기억전략이다. 청크란 작업기억을 촉진시키기 위해 개인에 의해 활용되는 최대 유의미 묶음단위이다.
  ② 많은 양의 정보를 효율적으로 처리할 수 있게 된다.

(5) **상위인지 능력이 발달**: 자의식의 증가와 같은 부정적 현상을 초래하기도 한다.

2 인지적 발달 특성과 영향: 추상적 사고를 할 수 있는 형식적 조작기에 있음.

(1) **가능성에 대한 사고**
  ① 형식적 조작기(formal operation stage)의 청소년들은 직접 경험한 상황에 국한하지 않고 가능성의 세계나 자신이 원하는 이상의 세계로 사고를 확장하게 된다.
  ② 청소년들은 아동과 달리 자신이 현재 갖고 있는 특징이나 처해 있는 상황뿐 아니라, 미래에 자신에게 벌어질 일들이나 타인들이 자신에게 반응할지도 모르는 상황들을 상상함으로써 복잡한 인지과정을 경험하게 된다.
   예 아동에 비해 청소년들은 자신이 미래에 어떤 사람이 될까, 자신의 성격이 어떻게 변할까, 자신을 좋아할 사람이 누구일까 등에 대해 많이 생각하게 된다.
  ③ 가능성에 대해 체계적으로 추론할 수 있는 능력은 과학적이고 논리적인 사고과정에 반드시 필요하기 때문에 이를 통해 고차원적인 사고를 할 수 있게 된다.
  ④ 청소년들은 이상과 미래에 대해 생각할 수 있다. 이러한 시간조망의 확대는 청소년들에게 미래에 대한 기대와 함께 불안을 가중한다. 미래에 대한 근심, 공상으로 시간을 허비할 수 있으며 다양한 대안의 모색은 청소년들을 더욱 불안하게 만든다.

(2) 추상적 사고
① 구체적 조작기에 비해 실제적이고 구체적인 사항에 얽매이기보다는 가상적인 상황이나 추상적인 사실들에 관심을 두고, 이에 대해 논리적 추론을 할 수 있게 된다.
② 구체적 조작기의 아동들이 이해하기 어려워하는 민주주의, 종교, 아름다움과 같은 추상적인 개념에 관심을 보이고 이러한 개념의 중요한 요소를 이해하기 시작한다.
③ 자신의 삶의 의미를 음미하고, 사회적인 규범이나 가치관을 이해하며, 예술작품에 담겨 있는 많은 상징들을 터득하게 된다.
④ 추상적인 사고능력의 향상으로 인해 이때부터 청소년들은 대인관계, 정치, 철학, 종교, 사랑 등의 추상적인 영역에 자신의 사고의 폭을 넓혀가게 된다.

(3) 가설연역적 사고
① 가설연역적 사고를 통해 체계적으로 환경을 이해하기 시작한다는 점이 형식적 조작기 청소년들의 가장 중요한 특징 중 하나이다.
② 가설적 사고(hypothetical thing): 'if-than 사고'. 직접 관찰 가능한 것 외에 지금 현재는 존재하지 않지만 가능한 무엇('if')을 통해 미래에 대한 계획을 세우고, 행동의 결과를 예상하고, 현상에 대한 대안적 설명('than')을 제공하는 사고이다.
③ 어떤 문제가 발생했을 때 가능한 모든 문제점과 해결책을 미리 생각하고 이것들을 하나씩 체계적으로 검증하려고 노력한다. 즉, 일어날 수 있는 조건들 간의 가설을 설정하고, 이것들의 검증을 통해 연역적으로 문제를 풀어나가는 사고과정을 보인다.
④ 사고는 과학적 추론을 가능하게 하는 것으로 청소년 시기의 학업수행에서 가설연역적 사고를 개발시키는 과제를 많이 제공하는 이유가 여기에 있다.

(4) 사고(thinking)에 대한 사고(생각에 대한 생각)
① 상위인지(metacognition) 능력: 사고과정 동안 자신의 인지활동을 모니터하는 것을 의미한다. 메타인지를 통해 청소년들은 아동에 비해 자신의 사고를 보다 잘 통제하며, 자신의 인지적 과정을 타인에게 쉽게 설명할 수 있다.
② 발달된 상위인지 능력은 청소년들의 내성과 자의식을 증가시키고, 사유를 촉진한다.
③ 이는 청소년들의 정체감 형성에 중요한 자기 성찰을 가능하게 한다.
④ 사고과정에 대한 사고는 반드시 자신이나 타인의 인지과정에 대한 사고뿐 아니라, 자신과 타인의 정서, 행동에 대한 의미 등에 대한 사고도 포함한다.
> 예 청소년들은 "나는 왜 지금 이런 생각을 하고 있을까?", "나는 요즘 걱정을 너무 많이 한다.", 혹은 "영희와 철수는 지금 같은 말을 하지만 서로 생각하는 것은 다른 것 같다.", "지금 엄마는 나에 대해서 자랑스럽게 생각하는 게 틀림없다." 등의 사고를 할 수 있다.

⑤ 메타인지를 통해 청소년들은 자신의 사고와 정서에 빠짐으로써 극단적인 자기몰두에 빠지기도 한다.

(5) 중다차원적 사고와 상대주의적 사고
① 청소년들은 중다(여러)의 측면과 차원에서 사물을 바라보면서 더 유연하고 상대적인 관점에서 세상을 이해할 수 있게 된다.
② 과거에 믿고 있었던 사실에 대해 의문을 제기하고, 상대적 시선으로 바라본다.
③ 새로운 신념을 탐색하기도 하며 성인들에 대한 비판을 시도하기도 한다.

(6) 엘킨드(D. Elkind)의 자아중심성 [2018, 2022 기출]
초보적인 형식적 조작사고가 가능한 청소년 초기는 타인의 사고를 추론하는 과정에서 특징적인 인지적 결함을 나타낸다. 이들은 타인도 자신과 동일한 대상물에 관심을 갖는다는 자기중심성 사고를 한다.

① 상상의 청중(imaginary audience)
  ㉠ 정의: 과장된 자의식으로 인해 자신이 타인의 집중적인 관심과 주의의 대상이 되고 있다고 믿는 청소년기 자아중심성의 형태이다.
  ㉡ 특징: 상상적 청중을 즐겁게 하기 위해 노력하며, 상상적 청중에 대한 자신의 위신이 손상되었다고 생각되면 작은 비난에도 심한 분노를 보인다. 이는 타인과의 사회적 상호작용 경험을 통해 약화될 수 있다.

② 개인적 우화(personal fable)
  ㉠ 정의: 청소년들이 자신은 특별하고 독특한 존재이므로 자신의 감정이나 경험 세계는 다른 사람과 근본적으로 다르다고 믿는 것이다.
  ㉡ 특징: 자신만은 무모한 행동을 해도 죽지 않을 것이라는 확신을 하는 등 청소년기에 가지는 자신의 독특성에 대한 비합리적이고 허구적인 관념. 청소년들은 성인들이 자신을 이해하는 것은 불가능한 일이라고 생각한다. 이는 특별한 타인과 깊은 정서적 교류를 함으로써 극복될 수 있다.

[2018년 기출]
다음은 전문상담교사가 영수(중3, 남)를 상담하고 나서 작성한 축어록의 일부이다. 엘킨드(D. Elkind)의 자아중심성(egocentrism) 개념을 근거로 (나)에 나타난 영수의 심리상태를 지칭하는 하위 개념 2가지를 쓰고, 사례와 연결지어 각각 서술하시오.

영   수: 담배를 피우고 있으면 다른 아이들이 저를 영화 속 주인공처럼 부러워하면서 쳐다봐요. 멋있어 보여서 그러겠죠.
상담교사: 담배를 피우는 것이 멋있다고 생각하는구나. 그런데 담배는 얼마 정도 피우니?
영   수: 하루에 1갑 이상은 피워요.
상담교사: 그래? 너무 많이 피우는 거 같아서 네 건강이 걱정이 되네.
영   수: 괜찮아요. 전 담배를 피워도 몸은 안 나빠져요.
상담교사: 담배 갑에 보면 폐암 경고 문구도 있던데, 네가 그렇게 될 수도 있지 않을까?
영   수: (미소를 지으며) 선생님, 너무 염려 마세요. 아무리 많이 피워도 전 폐암 같은 건 안 걸려요. 전 특별하거든요.

(7) 이상주의(Idealism)
① 청소년들은 이상주의를 추구하며 세상의 결점과 논리적 모순을 발견하고 부모나 사회에 반항한다.
② 개혁을 주장하며 다양한 견해를 존중하지 않고 자신의 요구만을 관철하려고 한다.
③ 청소년들은 자신의 생각을 검증해볼 기회를 갖지 못하여 자주 현실적 문제를 고려하지 못하고 사회 변화에 대한 실제적 장벽을 간과하는 경향이 있다.

(8) 사회인지(social cognition)
자신과 타인의 역할이나 관계를 비롯하여 생각, 감정, 의도 등을 관찰하고 추론하고 개념화하는 개인의 능력이다. 청소년기의 중요한 발달과업인 정체감, 자율성, 친밀성, 성취, 성욕 등을 성공적으로 해결할 수 있도록 한다.

① 사회인지 능력은 현실 속에서의 문제해결, 특히 대인관계 속에서의 정보처리와 문제해결 등에 필수적이기 때문에, 일반적으로 학습지능(AI: Academic Intelligence)이라 부를 수 있는 지능과 달리 실용적 지능(PI: Practical Intelligence)이 필요하다.

② 청소년 초기는 완성된 형식적 조작기의 인지능력을 갖기 어렵기 때문에 청소년들은 사회인지에서 독특한 인지적 결함을 보이게 되는데, 그 중 대표적인 것이 자기몰두로 인해 잘못된 가정을 하기 쉬운 '자아 중심성'이다.
③ 청소년기의 자아 중심성은 타인이 자신과 상이한 관점을 갖고 있다는 것을 인식하지 못하기 때문에 나타나는 아동기(전조작기, preoperational thought stage)의 자아 중심성과 달리, 자신의 사고나 상위인지에 대해 사고할 수 있는 발달된 인지능력 때문에 나타난다.

(9) 형식적 조작기의 인지적 능력 영향

① 긍정적 영향
  ㉠ 추상개념의 사용과 함께 실제적이고 구체적인 것으로부터 추상적이고 가능한 것을 구별할 수 있게 된다.
  ㉡ 가설적 추리능력으로 인해 과학적 추론이 가능해진다.
  ㉢ 상위인지 능력의 획득으로 사고과정이 어떻게 구성되고 어떻게 기능하는지를 이해하기 시작하여, 자기성찰이나 내성(introspection)에 몰두하게 된다.
  ㉣ 자기성찰, 내성과 함께 추상적 영역에 대한 이해 가능성으로 인해 정체감 획득이 이루어질 수 있다.

② 부정적 영향
  ㉠ 계획을 세우고 인과 관계에 대한 탐색을 통해 미래에 대해 생각할 수 있는데 이를 통해 미래에 대한 기대와 함께 불안이 가중될 수 있다.
  ㉡ 이상주의를 추구함으로써 세상의 결점과 논리적 모순을 발견하고 부모나 사회에 반항하게 된다. 자주 현실적 문제를 고려하지 못하고 사회변화에 대한 실제적 장벽을 간과하게 된다.
  ㉢ 형식적 조작능력은 자신과 타인의 사고와 감정을 구별하지 못하는 청소년의 자아 중심성(egocentrism)을 부추긴다.

5 정서발달(emotional development)

1 청소년기 정서적 발달과정의 특징

정서의 격동성	쉽게 분노하고 얼굴을 붉히거나 슬픔에 잠기는 등 정서의 경험과 표현이 격렬하고 동요가 크다.
정서 자극 대상의 변화	정서를 불러일으키는 자극대상이 변한다. 예를 들어, 불쾌한 정서를 일으키는 자극대상이 체벌, 부상 등 신체적이거나 감각적인 것(유아기), 사회적 학습과정의 어려움(아동기)에서 청소년기에는 죽음, 부모의 불화, 친구들 간의 비인기 등 자신이 무능하다고 느껴질 때나 막연한 불안감을 일으키는 대상으로 바뀌게 된다.
정서표현의 내면화	직접적이고 일시적이어서 오래 지속되지 않는 아동의 정서표현과 달리, 청소년기의 정서는 의식적으로 억제되는 경우가 많고 정서가 외부로 표출되기보다는 내부에 숨겨진다거나 방어기제에 의해 변용되기도 한다. 이로 인해 청소년이 느끼는 공포심이 우울의 형태로 나타나거나, 우울감정이 분노나 비행의 형태로 나타나기도 한다.

2 청소년기 정서변화의 원인

급속한 신체발달과 호르몬의 변화	신장과 체중의 증가, 체격의 변화, 근육과 체지방의 변화, 1차와 2차 성징의 출현 등 온몸의 변화와 함께, 성숙에 대한 설렘, 성취감 등의 긍정적 정서도 경험하지만, 동시에 아동기와 성인기 어느 쪽에도 속하지 못하는 주변인으로서의 초조, 불안, 갈등의 정서도 경험하게 된다. 또한 이러한 신체적 발달에 따른 자아상의 변화로 인해 성인이나 이전에 어울렸던 집단으로부터 고립되는 행동을 보이거나 동일한 주변의 자극에 대해서도 지나친 수줍음이나 불안감 등의 강한 정서를 표현하게 된다.
인지적 발달에 따른 형식적 조작능력의 획득	논리적 사고능력의 발달로 추상적 영역에 대한 이해가 가능해지고, 자아 정체감 획득이 가능해지지만, 동시에 미래와 가능성에 대해 생각할 수 있게 되면서 미래에 대한 불안감도 가중될 수 있다. 또한 이상주의를 추구함으로써 세상의 결점과 논리적 모순을 발견하고 부모나 사회에 반항하기도 한다.
생활영역과 대인관계 영역의 확대	청소년기가 되면 의존과 독립 사이에서 갈등하게 된다. 부모나 주변 어른들에게서 독립하여 동성이나 이성 친구를 통해 친밀감을 충족하려는 욕구가 커지는 등 스스로 생활하면서 심리적 자유를 누리길 원하지만, 현실적으로는 많은 부분 이러한 의존 관계에 머무르게 되는 것이다. 이러한 변화들을 통해 청소년들은 다양한 대인관계 속에서 복잡한 적응의 문제에 당면하게 되고 그에 따른 보다 다양한 정서를 경험하게 된다.
기타의 요인	빈약한 영양섭취, 수면부족, 운동부족, 학업 스트레스와 요소들이 청소년들의 정서를 황폐화할 수 있다. 특히, 최근 우리나라의 경우 과도한 학업량과 학업 스트레스로 인해 영양, 수면, 운동의 측면이 열악한 경우가 많다.

3 홀(S. Hall)의 질풍노도의 시기

(1) 청소년들은 정서가 매우 강하고 변화가 심하며, 극단적인 정서경험을 한다.

(2) 낙관적, 비관적 감정이 교차하고 자부심, 수치심, 고립감을 느끼기도 하며 부정적 정서가 증가하는 시기이다.

(3) 자의식이 강하여 조그만 실수에 대해서도 수치심을 느끼고, 타인의 시선이 집중되면 수줍음을 느낀다.

(4) 홀(G. Stanley Hall)은 청소년을 다윈의 진화론적 관점에서 질풍노도(storm and stress)의 시기로 설명하였다. 청소년들이 경험하는 혼란이나 질풍노도의 현상은 야만인이 문명인이 되기 위해 원시적 충동을 조화시키는, 유전과 환경의 상호작용 과정에서 나타나는 불가피한 현상이다.

(5) 마가렛 미드(Margaret Mead)는 청소년기가 질풍노도기라는 것은 유럽, 북미의 청소년들에게만 국한되는 문화적으로 조건화된 결과라고 하였다. 실제로 대부분의 청소년들이 부모와 심각한 갈등 없이 청소년기를 보내며, 약 20%만의 청소년만이 질풍노도를 겪는다는 연구 결과들이 있다.

4 정서조절의 중요성

자신의 정서를 인식하고 감정을 이해하며 수용할 수 있어야 한다. 특히 핵심적 발달과업인 정체감의 확립은 정서발달이나 정서조절의 영향을 크게 받는다.

(1) 정서적 성숙의 기준(헐록 Hurlock, 1973)

정서적 건강을 보존하기	신체적 피로, 수면부족, 소화불량 등 질병으로 인한 정서적 불안을 통제할 수 있는 능력
환경을 통제하기	사회적 제약을 이해하고 사회적 적응을 할 수 있는 능력
정서적 긴장을 무해한 방향으로 해소하기	정서적 긴장과 욕구불만을 사회적으로 용납되고 무해한 방법으로 해소할 수 있는 능력
사회적 통찰과 이해하기	지적 발달로 인한 사회적 경험의 확대로 사실에 대한 통찰과 분석, 비판을 할 수 있고 적합하고 바람직한 방향의 정서를 가질 수 있는 능력
그 외 기준	극단적이지 않은 상태로 정서를 유지하는 것, 자신의 정서를 잘 이해하고 표현할 수 있는 것, 자신과 타인의 정서를 효율적으로 조절할 수 있는 것 등

5 블로스(Blos, 1976)의 성격 형성에 영향 주는 4가지 전제 조건

(1) **이미 형성된 애착대상과의 유대를 느슨하게 하는 것이 요구된다**: 사춘기의 시작과 함께 청소년들은 부모와의 관계를 재형성해야 한다. 가장 중요한 동일시 대상이었던 부모로부터 점진적으로 독립하고 새로운 관계를 형성함으로써 새로운 동일시 대상을 발견해야 한다.

(2) **심리적 외상(trauma) 경험이 필요하다**: 외상적 경험을 통해 자아는 바람직하지 못한 심리사회적 상황에 대처할 수 있는 적응력을 획득한다.

(3) **긍정적 성격 형성을 위해 과거와 현재가 연결될 수 있는 자아의 계속성이 유지되어야 한다**: 과거 속에서 자신과 사회와의 연결성을 인식할 수 있어야만 미래를 설계할 수 있다.

(4) **이성과의 관계 형성을 열망하는 이성 지향성의 확립이 필요하다**: 이러한 성적 지향성은 성역할 정체감의 획득을 가능하게 한다.

(5) 충동성이나 수줍음 같은 많은 핵심적 성격 특성들은 아동기와 청년기 사이, 청년기와 성인 초기 사이에 상당히 안정된다. 이러한 특성들의 표현 방식은 시간에 따라 변하여도, 기본적 특성들은 큰 변화 없이 개인의 성격 특성으로 고정된다.

6 자아정체감 발달(ego-identity development)

1 자아의 발달

(1) 청소년기의 급격한 신체적, 성적 변화는 신체에 대한 강한 자의식과 성적 충동에 대처해야 하는 문제를 불러일으키며, 이로 인해 청소년들은 자신들의 정체감 문제에 더 몰두하게 된다.

(2) 청소년기는 아동도 성인도 아닌 과도기의 주변인적 지위에 처해 있으면서, 형식적 조작기의 특징인 추상적 사고를 통해 자기 정의에 의문을 제기하게 된다.

(3) 해답을 얻기 위해 노력하는 과정 속에서 성장통을 겪기도 하며 자아와 자아정체감을 발달시키게 된다.

(4) 청소년은 과거에 맺었던 유대 관계를 재형성하고 경쟁과 갈등이 포함된 다양한 역할을 실험할 기회가 필요하며, 이러한 경험을 통해 다가오는 성인기의 방향을 설정하고 미래를 준비하게 된다.

(5) 분화된 자기개념은 청소년들이 실제적 자기와 이상적 자기, 두려워하는 자기를 구별할 수 있도록 한다. 이와 같은 자기 개념의 세분화는 두려워하는 자기를 회피하고 이상적 자기를 향해 노력할 수 있도록 한다.

(6) 분명하지 않은 주변인적 지위에서 자신에 대한 정체감을 확립하기 위하여 청소년들은 자신을 돌아보게 되고 타인이 자신에게 갖는 시각에도 관심을 가진다. 이러한 여러 조망 속에서 자신이 타인과 구별되는 유일하고 독특한 존재라는 인식을 갖게 되고 이러한 과정이 곧 자아와 자아정체감의 발달을 의미한다.

2 청소년기의 자아인지 특성

(1) **자아인지의 다양화**: 청소년들이 자신을 탐색하고 기술하며 평가하는 영역은 학업능력, 직업적 유능성, 운동능력, 외모, 사회적 수용도, 교우관계, 행동 등 아동기에 비해 더욱 더 다양해진다.

(2) **자아인지의 세분화**: 부모와의 관계뿐만 아니라 친구와의 관계에 대한 자아인지 등 아동기에 비해 더욱 더 넓은 범위의 인간관계 속에서 다양한 역할들을 고려하여 자신을 평가한다.

(3) **자아인지의 시간적 가변성**: 청소년들은 순간 자신감에 찬 긍정적인 자아인지를 하다가도 다음 순간에는 자신에 대한 절망감에 빠져들기도 한다. 이러한 청소년기 자아 개념 동요의 이유는 타인에게 주는 인상이나 타인에게서 받는 평가에 지나치게 의존하여, 자신에 대해 일관성 있는 자아 개념을 갖지 못하였기 때문이다.

3 자아정체감 발달

(1) 자기인식의 발달은 영아가 다른 대상과 구분되는 독립된 실체로서 자신을 인식하는 것에서부터 시작된다.

(2) 개별적이고 고유한 '나'의 독자성과 연속성에 대한 자기인식은 자신이 아닌 대상에 대한 동일시를 포함하며 사회적 상호작용을 통해 발달한다.

(3) **자아개념(self-concep)** 🔖 2022 기출 은 자기에 대한 의식적이고 인지적인 지각과 평가이며, 에릭슨(Erikson)은 이를 자아정체감(ego identity) 또는 개인의 일관된 자기지각적 특성이라고 칭하였다.

(4) **자아개념의 범주**: 스트랭(Strang, 1957)은 자아개념을 네 가지 범주로 분류한다.
  ① 자신의 능력, 신분, 역할에 대한 전반적인 인식인 전체적 자아개념
  ② 순간적인 기분에 의해 영향을 받는 일시적 자아개념
  ③ 다른 사람이 자신을 어떻게 보느냐에 따라 자신을 평가하는 사회적 자아개념
  ④ 자신이 그렇게 되었으면 하고 바라는 이상적 자아개념

(5) 자신이 누구이며 어떤 사람이 되기를 원하는지 통합하기 시작함을 발견할 때 갈등 없이 자신을 받아들일 수 있게 되고, 이러한 자기인식과 타인과의 관계가 자기수용과 자아존중감으로 이어진다.

(6) 결국 현실적인 자아개념은 자기수용, 정신건강 등으로 이어지고 현실적 목표를 달성하게 만든다.

(7) **자아발달 수준이 높은 사람들**
  ① 더 적은 권위주의적 태도
  ② 더 발달된 도덕적 추론이 가능
  ③ 더 높은 수준의 정체감 발달
  ④ 과활동성, 공격성, 잔인성 수준이 낮고 높은 수준의 자기충족감과 자아존중감

(8) **자아발달 수준이 낮은 사람**: 더 충동적이며, 정신병이나 건강 염려증에 걸릴 확률이 더 높다.

(9) **자아발달에 영향 미치는 요인**
  ① 개인의 자아발달 단계는 일반적으로 사회경제적 수준과 정적 상관이 있으나 직접 영향을 주기보다는 간접적인 효과를 지닌다.
  ② 부모가 유도적 훈육방법을 사용할 때 자녀의 자아발달은 증진된다.
  ③ 각 가족 구성원의 개별성이 존중되고 상호 연결되어 있을 때 청소년들의 자아발달이 증진된다.
  ④ 가족 구성원들 사이의 정서적 긴장이나 갈등, 의사소통의 거부 및 행동 억제는 청년기 자녀의 자아발달을 방해하는 중요한 요인들이다.

[2022년 기출]

다음은 전문상담교사가 영호(중1, 남)의 어머니와 나눈 대화 내용의 일부이다. 밑줄 친 ㉠과 괄호 안의 ㉡에 해당하는 용어를 순서대로 쓰시오.

> 어 머 니: 선생님, 영호가 최근에 부쩍 옷차림에 신경을 씁니다. 학교에 가기 전 한 시간은 거울 앞에 서 있는 것 같습니다.
> 상담교사: 그렇군요. 어머니가 걱정하시는 영호의 최근 행동은 영호 나이에 나타나는 자연스러운 행동입니다. 청소년기에는 자신에 대한 관심이 집중되면서 다른 사람들도 자기의 외모나 행동에 관심이 있다고 생각 하게 됩니다. 그래서 부쩍 외모를 의식하게 되는 것이지요. 영호와 같이 ㉠ 자신의 외모나 행동을 강하게 의식하는 것은 '상상 속 청중'과 '개인적 우화' 라는 방식으로 나타나는 청소년기 특징 중 하나입니다. 즉, 자신이 무대에 서 있는 것처럼 느낀다거나 자신이 많은 사람들에게 매우 중요한 존재라고 생각하는 것입니다.
> 어 머 니: 네, 선생님의 말씀을 듣고 보니 이제 영호의 최근 행동이 조금 이해가 됩니다. 영호가 다른 사람들이 자신을 어떻게 보는지 신경을 써서 그런지, 저나 아빠에게 "내 머리 어때?" 혹은 "나한테 파란색 옷이 어울려?" 등등의 질문을 부쩍 많이 합니다. 다른 사람들이 자신을 어떻게 보는지 알고 싶어 하는 것 같아요. 친구들하고 비교도 자주 하고요.
> 상담교사: 네, 영호는 아마도 (㉡)을/를 형성해 나가는 중인 것 같습니다. 그 하나의 방법으로 타인들을 통해 자신에 대해 더 이해해 보려고 하는 것이지요. 자신을 이해하기 위해 또래들과 비교도 하면서 자신을 정확하게 평가하고 있다고 보시면 됩니다. 그런 과정을 통해 영호는 자신에 대한 인지적인 지각을 형성하게 됩니다.

4 마르시아(Marcia)의 청소년 정체성 (상태) 이론(adolescent identity status theory)

- 마르시아가 분류한 4가지 정체성 상태(the four identity statuses)는 정체성 성취 상태(identity achievement status), 정체성 유실/상실 상태(identity foreclosure status), 정체성 유예 상태(identity moratorium status), 정체성 혼란/혼미 상태(identity diffusion status)로 구성된다.
- 마르시아는 청소년기 정체성 확립 노력을 직업, 우정, 성 역할, 친밀관계, 종교, 정치 등의 다양한 삶의 영역(life domains)에서 정체성을 탐색하고 정체성을 획득하기 위하여 전념(commit, 관여)하는 것으로 보았다.
- 에릭슨(Erikson)의 자아 정체감에 대한 개념을 보완하여 자아 정체감을 두 가지 차원, 정체감 탐색(crisis, 위기)의 경험 여부와 정체성 과업에 대한 수행(전념, commitment)의 경험 여부를 중요한 구성요소로 보았다. 이것이 정체성 위기(identity crisis)를 결정한다고 보았기 때문이다.
- 위기(crisis)란 직업이나 신념, 가치관 등이 체계화되기 위한 선택과 의사결정을 수행하기 위해, 즉 정체감을 확립하기 위해 고뇌하고 질문하는 것을 말한다. 전념이란 정체감을 확립하기 위한 가치, 신념, 계획 등에 대해 적극적으로 참여하는 것으로, 개인적인 노력을 말한다.

(1) 청소년 정체성 이론 2006, 2016 기출

구분		위기	
		예	아니오
관여(전념)	예	**정체감 성취** • 모든 정체감의 위기를 극복하여 안정적인 정체성을 정착한 유형이다. • 확실하고 변함없는 자아로, 가장 높은 성취 지위이다. • 위기를 경험하고 있으나 스스로 해결할 수 있고, 그 결과 직업, 종교적 신념, 개인 가치체계에 대한 개인의 전념(관여)이 형성된다. • 높은 자존감과 높은 수준의 책임감이 있다. • 부모를 포함한 인간관계가 현실적이고 안정적이며 스트레스에 대한 저항감이 높다.	**정체감 유실** • 자신의 정체성을 형성하려는 의지가 상실한 상태를 뜻하는 유형이다. • 직업이나 이데올로기에 전념하는 것으로, 정체감 성취와 함께 의사결정이 내려진 경우이다. • 스스로 삶의 구성하는 과정이 결여된 것으로, 심각하게 생각하거나 의문을 가지지 않고 타인의 가치를 받아들인 상태로, 대체로 부모나 다른 역할모델의 기대를 그대로 수용해 빨리 정체감을 결정해버린 상태를 의미한다. • 자존감이 낮고 자기 방향성이 부족하며 가족의 가치에 대한 압력에 쉽게 굴복한다. • 심각한 고민과 갈등을 해본 경험이 없으며, 자신의 정체감을 확립할 수 있는 가능성을 상실했다고 할 수 있다. • 외적 상황이 바뀌거나 충격이 오면 외견상으로는 유지된 것처럼 보이던 정체감의 붕괴 위험을 내포하고 있다.
	아니오	**정체감 유예** • 정체감 위기 상태에서 자신의 가치관, 사회적인 책임과 역할을 확립하지 못한 상태이다. • 현재 정체감 위기나 변화를 경험하고 있다. 즉 일종의 역할실험 상태이다. • 뚜렷한 정체감이 없고, 무엇인가에 뚜렷이 전념하지 못하지만, 대안을 찾기 위해 적극적으로 탐구하며 자신의 정체감을 찾기 위해 분투한다. 즉, 정체감 확립을 위해 적극적으로 노력한다. • 자존감은 비교적 높은 편이며 자율성이 유지되고 있다.	**정체감 혼미** • 신체적 변화에 따라 사회적인 역할의 변화를 인지하며 혼란스러워하는 상태이다. • 현재 위기나 전념을 경험하고 있지 않으며 정체감이 없다. • 삶의 가치와 목표를 탐색하려 하지 않고 관심이 없어 자아에 대해 통합적이고 안정적이지 못하다. 즉, 정체감 확립을 위해 적극적으로 노력하지 않는다. • 부모와의 애착관계가 불안정적이고 자아존중감도 낮고 혼돈과 공허한 상태이며, 뚜렷한 동기없이 여기저기 참여했다가 쉽게 중단한다. • 정체감 혼미를 그대로 방치하면 부정적 정체감으로 빠져들 위험이 있다. 부정적 정체감(negative identity)이란 부모의 가치관과 사회적 가치관과 정반대가 되는 자아개념으로, 사회적으로 수용받는 경험과 내면화할 기회가 없어 사회적 가치에 반대되는 태도, 행동을 자신의 것으로 내면화하여 형성된 것이다.

(2) 마르시아(James E. Marcia)의 네 가지 정체감 상태와 부모 특성

유형	내용	부모특성
정체감 성취	• 위기를 성공적으로 극복하고 확고한 신념체계를 확립 • 직업을 선택하고 정치적, 개인적 이념체계를 확립	• 자녀를 격려하고 칭찬하며 가능한 한 많은 자유를 허용하는 가정이다. • 부모는 자녀들에게 최소한의 통제를 한다. 정체감 획득 청년들은 부모와 긍정적인 관계를 유지하나 때때로 부모에 대해 긍정적인 감정과 부정적인 감정을 동시에 경험하는 양가적 감정을 갖기도 한다.
정체감 유실	• 진정한 자기의 적성을 찾지 못한 채 어떤 주어진 제한된 사회적 역할을 조급하게 받아들이는 경우 • 이 시기의 사람들은 정체성을 확립시킨 것 같으나 그것이 진정으로 자기에게 적합한 것인가를 결정하기 위한 심리사회적 위기를 경험해 보지 않았고, 유예기간을 경험한 적도 없다. • 직업 선택과 개인적 신념을 확립하기 위해 노력하기 보다는 부모와 같은 의미 있는 다른 사람들의 가치와 기대를 무조건 수용하고 채택한다. • 독립적인 의사결정은 이루어지지 않았으며 위기는 회피된다. 이는 정체감 발달의 중단으로 간주되며 개인의 완정한 잠재 능력의 발현을 방해한다.	• 아동중심적이거나 자녀를 부모의 소유라고 생각하는 가정의 자녀들이다. • 부모는 자녀를 격려하고 지원하나 자녀의 개인차를 인정하지 않으며 가족의 가치와 신념에 일치하도록 강요한다.
정체감 유예	• 에릭슨이 정체감 위기라고 부른 것을 경험하며 현재는 위기에 처해 있지만 적극적으로 삶에 대해 계속 질문하며 답을 얻기 위해 노력해 가는 사람들 • 다양한 역할 실험에 몰두하여 방학 동안 부업을 갖기도 하고 광범위한 독서를 하며 백일몽을 꾸거나 전공 학문에 대해 회의하기도 한다. • 이성교제, 결혼문제, 종교문제, 도덕문제 및 정치문제에 대해 심사숙고한다.	• 가족 구성원들의 자율성과 자기표현을 인정하며 개인차를 격려한다. • 유예청년들은 가족으로부터 독립하기 위해 노력한다.
정체감 혼란	• 현재 위기의 상태에 있지도 않고 개인적 해답을 얻기 위한 필요성을 느끼지도 않는다. • 과도한 자의식에 빠져 있으며, 확고한 신념 체계를 확립하지도, 직업 역할을 수행하지도, 타인과의 친밀한 관계 형성도 하지 못한다. • 일관성 있고 완전한 자기개념을 형성하지 못했으며, 자기의심에 빠져 있으나 상황을 변화시키기 위한 어떠한 노력도 시도하지 않는다. • 시간 개념이 결여되어 있어 어떤 일이 시급하고 어떤 일이 더 시간적 여유가 있는가를 인식하지 못한다. • 정체감 혼란은 정체감 문제는 물론 자율성과 친밀성, 성욕 및 성취의 영역에도 그대로 반영된다.	• 아버지가 부재하거나 거부적이고 애정 없는 가정의 자녀들이다.

[2016년 기출]

다음은 전문상담교사가 영호(고2, 남)와 민수(고1, 남)를 상담한 내용의 일부이다. 마르샤(J. Marcia)의 이론을 바탕으로, 영호와 민수의 정체성 상태(identity status)의 명칭을 순서대로 쓰고, 각 학생의 정체성 상태를 위기(crisis)와 전념(commitment)의 유무에 따라 설명하시오.

〈영호와 상담한 내용〉

영   호: 저는 부모님의 뜻대로 의대에 진학할 계획이에요.
상담교사: 부모님은 영호가 의사가 되기를 원하시는구나. 영호도 의사가 되고 싶니?
영   호: 제가 어렸을 때부터 부모님은 제게 의사가 되어야 한다고 말하셨어요. 그래서 의사가 되어야 한다는 생각을 하며 열심히 공부하고 있어요.
상담교사: 그럼 영호는 의사가 되어야 한다고 생각해 왔고, 다른 진로에 대해 고민해 본 적이 없구나.
영   호: 네.

〈민수와 상담한 내용〉

상담교사: 민수는 수업 시간에 주로 잠을 잔다고 하더구나.
민   수: 네.
상담교사: 선생님은 민수가 방과 후에 무엇을 하는지 궁금한데 선생님한테 말해줄 수 있을까?
민   수: 친구들하고 놀기도 하고 아르바이트도 종종 해요.
상담교사: 그렇구나. 어떤 아르바이트를 하니?
민   수: 그냥, 이것저것이요. 친구들하고 놀다가 돈 떨어지면 잠깐 하는 거예요.
상담교사: 친구들과 놀거나 아르바이트를 하느라 피곤해서 수업 시간에 잠을 잔다니 선생님은 걱정이 되네. 그리고 선생님은 민수가 졸업 후에 어떤 일을 하고 싶은지 궁급하구나.
민   수: 잘 모르겠어요. 무엇을 하고 싶다는 생각을 해 본 적이 없어요. 저는 지금처럼 친구들과 어울려 노는 것이 그냥 좋아요.

(3) 정체감 형성의 영향

① 인지적 영향: 정체감 성취에 중요 역할
  ㉠ 형식적 조작단계 청소년들은 미래 정체감에 대해 더 잘 생각하고, 성취과정의 문제 더 잘 해결 가능하다.
  ㉡ 유예상태의 청소년: 창의적 실험에 개방적이다. 스스로 여러 경험에 적극적이며, 자신의 가능성이나 특성을 알아보려 한다.

② 부모양육태도의 영향
  ㉠ 혼미상태의 청소년: 부모로부터 거부되었거나 무시되었을 가능성이 높다. 초기 부모를 동일시할 기회 갖고 부모의 바람직한 특성 내면화하지 않는다면 자아정체감 형성에 어려움이 있다.
  ㉡ 정체감 유예와 성취상태 청소년: 애정과 자율이 적절히 결합된 민주적 양육태도의 부모가 많다. 가정 내 부모에게 반대할 수 있을 정도로 자유로우면서도 애정적으로 밀착되고 상호존중의 경험 지닌다.

5 청소년 성정체감(sexual identity) 형성

(1) 린치(Lynch, 1991)의 '성집중화 가설
① 출생 직후부터 남녀는 상당한 영역에서 다른 취급을 받고, 특히 신체적 변화가 나타나는 청소년기가 되면서는 사회로부터 강도 높은 성관련 기대를 부여받는다는 가설이다.
② 즉, 청소년 초기가 되면 사회가 청소년들에게 전통적인 남성과 여성의 성역할에 동조하도록 사회화 압력을 증가시키고 이를 통해 남자와 여자의 심리적, 행동적 양상에 큰 차이가 나타나게 된다.

6 자아존중감(self-esteem)의 의미

(1) 자아존중감의 개념: 자아개념과 그 이후의 정체성은 자아존중감의 기초를 형성한다. 자아존중감은 스스로에 대해 어떻게 느끼는가와 관련된 개념으로 자기애, 자기에 대한 수용, 자신의 능력에 대한 신뢰를 의미한다.

(2) 자아존중감이 높은 청소년
① 자신을 좋아하며 자아개념과 자아이상 간의 조화가 이루어져 있다.
② 높은 자아존중감은 장기적인 정신건강과 정서적 안녕감(심리적 행복)과 연결되어 있다.

(3) 자아존중감이 낮은 청소년
① 자신을 좋아하지 않으며, 우울증, 자살 행동 간 강한 연관성을 보인다.
② 자아존중감이 낮은 청소년들은 자신이 가치 있는 존재임을 타인에게 확신시킴으로써 무가치감을 극복하려는 보상심리때문에 때때로 자신을 위장하고 거짓(거짓자기)으로 꾸민다.

(4) 자아존중감과 관련된 요인
① 자의식 또는 사회비교: 자의식적이고 지나치게 비난 혹은 거부에 민감함으로써 부적절감을 갖게 된다. 사춘기가 시작되면 자의식이 강해지며 대부분의 청소년은 자기 평가를 시작한다. 이는 때때로 자신을 지나치게 의식하게 만들고 자아존중감을 손상시키기 쉬워서, 가까운 사람으로부터의 단순한 피드백도 쉽게 자아존중감을 높이거나 낮출 수 있게 된다.
② 타인의 승인과 지지(평가): 타인으로부터 존경을 받거나 긍정적 평가를 유지하려는 욕구를 바탕으로 하는 자아존중감은 개인의 바람직한 행동을 자극한다. 타인의 승인, 특히 부모, 친구의 승인이나 학교에서의 성공은 높은 자아존중감에 영향을 준다. 학교에서의 성공 효과는 학교 졸업 후에도 계속되는데 직업 역할에서도 성공적이며, 높은 자아존중감을 갖는 성인으로 성장한다.
③ 스트레스: 스트레스는 자아존중감을 통해 정신건강이나 행동문제에 영향을 준다는 시각도 있다. 타인의 비판이나 평가에 지나치게 민감해도 자아존중감 손상을 경험하기 쉽다.
④ 가족 요인: 가족의 사회경제적 수준이 중류층일 때, 부모가 따뜻하고 수용적이며 지원적일 때, 부모자녀 간 긍정적 의사소통과 가족 응집력은 청소년들의 더 높은 자아존중감을 나타내었다. 부정적 의사소통과 가족불화는 자아존중감을 낮추는 역할을 한다.

 2 발달 이론과 맥락적 환경

1 | 가족관계 맥락

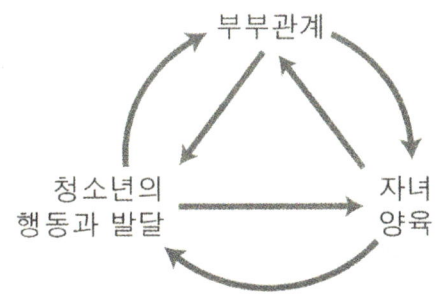

청소년과 부모와의 상호작용(Siegel & Senna, 1994)

1 청소년기의 부모-자녀 관계

(1) **심리적 이유기(psychological weaning)의 청소년**: 의존과 자립(독립)이라는 갈등 속에서 양면성을 지니게 된다. 청소년들은 점차적으로 독립을 추구하여 자율성과 책임감을 획득하는 분리-개별화를 이루는 동시에 여전히 부모와의 애정적 유대 관계를 유지할 수 있어야 한다.

(2) **심리적 이유기에 부모 역할**
  ① 부모 또한 청소년 자녀에 대한 통제를 감소시키고 적절한 수준의 정서적 지원을 제공할 수 있어야 한다. 이는 청소년으로 하여금 반발하면서도 받아들일 수 있게 하며, 건전한 자아 확립도 한층 수월하게 될 것이다.
  ② 최근에는 청소년기는 반드시 부모로부터 독립과 자율성을 획득해야 하는 시기가 아니라, 안정된 애착관계를 유지하며, 의사결정 능력이 부족한 분야에서는 부모로부터 계속적인 조언을 받는 것이 도움이 되는 시기라고 본다.

(3) 심리적 이유기에서 독립과 자율성을 형성하지 못했을 때 발생하는 결과
  ① 부모로부터 거부당하는 청소년들은 정서적 지원을 얻기 위해 또래집단에 과도하게 의존하기 시작한다.
  ② 부모에게 더 의존적으로 변화하는 청소년들은 적절한 사회적 기술을 습득하지 못하고 스스로를 책임지는 개인으로 성장하지 못한다.

2 가족기능과 부모역할 유형들

(1) **복합구조(순환) 모델**: 가족체계 이론을 바탕으로 하는 복합구조 모델은 응집성과 적응성의 두 차원과 의사소통 요인으로 가족 기능을 설명한다.
  ① **효율적 가족**: 적절한 정서적 애착을 발달시킬 수 있는 응집성이 있어야 하며, 융통성 있는 부모의 지도 방식과 구성원들이 수용하는 역할이 설정될 수 있는 적응성이 필요하다.

② 응집성과 적응성을 촉진 혹은 저해하는 중요한 요인: 의사소통이 있다.
  ㉠ 의사소통 방식이 긍정적: 가족 구성원들 간 이해와 감정이입이 이루어진다.
  ㉡ 의사소통 방식이 부정적: 비판이나 비난이 자주 나타남으로써 가족의 응집성과 적응성이 감소된다.
③ 지나치게 크거나 적은 가족의 영향은 청소년들의 지적, 사회적 발달에 지장을 준다. 따라서 중간 정도의 적응성과 응집성이 청소년기 자녀의 가족이 균형 가족이 될 수 있도록 할 것이다.

> • 응집성(cohesion)
>   - 가족 성원들의 정서적 애착과 개별적 자율성의 허용 정도
>   - 자율성을 극도로 제한하는 과도한 동일시의 한 극단과 가족에 대한 극단적 무관심의 한 극단의 연속체
> • 적응성(adaptability)
>   - 상황적 혹은 발달적 긴장에 반응하여 가족 규칙, 힘의 구조, 상호작용 방식을 융통적으로 변화시킬 수 있는 능력
>   - 모든 변화에 저항하는 경직된 가족의 한 극단과 항상 변화하여 안정성이 결여된 가족의 한 극단의 연속체

3 바움린드의 부모역할 유형

바움린드(Baumrind, 1967)는 초기에 부모역할 유형을 세 가지로 나누었다. 독재적 부모와 허용적 부모는 청소년들의 자율성 발달을 방해하였고, 반응적(responsive) 부모의 청소년들은 독립적이고 개인적 정체감을 형성할 수 있었다.

(1) 애정과 통제

① Baumrind는 애정과 통제라는 두 차원에 의해 부모의 유형을 네 가지로 나누어 설명하고 있다.
② 애정차원: 부모가 자녀에게 얼마나 애정적이고 지원적이며, 민감한 반응을 보이고, 관심을 가지고 있는가 하는 것이다.
③ 통제차원: 아동에게 성숙한 행동을 요구하고, 아동의 행동을 통제하는 것을 말한다.

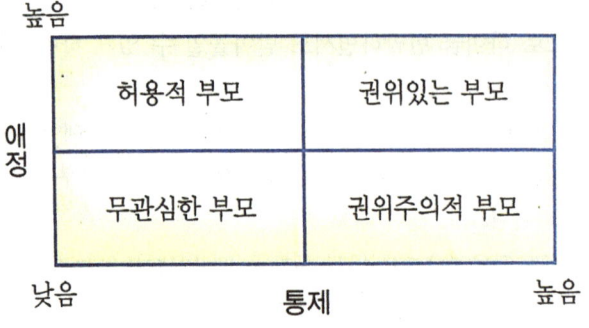

애정과 통제 두 차원에 의한 네 가지 부모유형

④ 애정차원과 통제차원의 높고 낮음에 따라 '권위있는(authoritative)' 부모, '권위주의적(authoritarian) 부모', '허용적(indulgent) 부모', '무관심한(neglectful) 부모'로 명명되었다.

⑤ 부모의 유형과 아동의 사회적 행동: 많은 연구들이 부모의 유형과 아동의 사회적 행동과의 관계를 보고하고 있으며 다음의 표와 같다.

부모의 유형	특성	아동의 사회적 행동
권위있는(권위적) 부모	애정적·반응적이고 자녀와 항상 대화를 갖는다. 자녀의 독립심을 격려하고 훈육 시 논리적 설명을 이용한다.	책임감, 자신감, 사회성이 높다.
권위주의적(독재적) 부모	엄격한 통제와 설정해 놓은 규칙을 따르도록 강요한다. 훈육 시 체벌을 사용하고 논리적 설명을 하지 않는다.	비효율적 대인관계, 사회적 부족, 의존적, 복종적, 반항적 성격
허용적 부모	애정적·반응적이나 자녀에 대한 통제가 거의 없다. 일관성 없는 훈육	자신감이 있고 적응을 잘하는 편이나, 규율을 무시하고 제멋대로 행동한다.
무관심한(방임적) 부모	애정이 없고, 냉담하며, 엄격하지도 않고, 무관심하다.	독립심이 없고 자기통제력이 부족하다. 문제행동은 많이 보인다.

⑥ 긍정적인 어머니의 양육행동: 유아는 안정적이고 바람직한 방법으로 또래와의 관계를 형성, 어머니의 양육행동이 유아의 또래와의 관계 시 중요한 영향을 미친다.

(2) 자애로움과 엄격함

① 우리나라에서도 청소년 상담원(1996)은 이와 비슷하게 자애로움과 엄격함이라는 두 차원에 의해 부모유형을 네 가지로 나누었다.

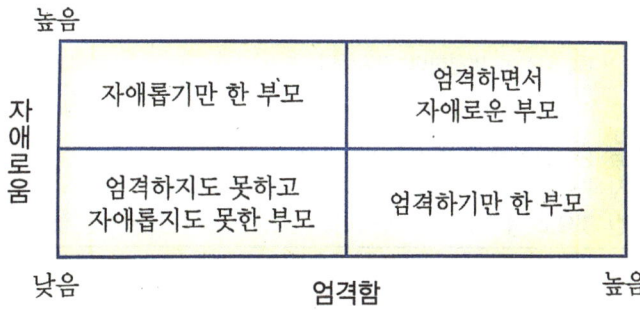

자애로움과 엄격함의 두 차원에 의한 네 가지 부모유형

② **자애로움**: 자녀를 신뢰하고, 따뜻하고 관대하게 대하는 것
③ **엄격함**: 확고한 원칙을 가지고, 정해진 바를 일관성 있게 밀고 나가는 것

④ 부모의 유형에 따른 부모와 자녀의 특성

부모의 유형	특성	아동의 사회적 행동
자애롭기만 한 부모	• 자녀의 모든 요구를 다 들어준다. • 단호하게 자녀들을 압도하기보다는 양보한다. • 말은 엄격하나 행동으로 보여주지 못한다. • 때로는 극단적으로 벌을 주거나 분노를 폭발하여 스스로 죄책감을 느낀다. • 벌주는 것 자체를 잘못이라고 생각한다.	• 책임을 회피한다. • 쉽게 좌절하고 그 좌절을 극복하지 못한다. • 버릇없고 의존적이며 유아적인 특성을 보인다. • 인정이 많고 따뜻하다.
엄격하기만 한 부모	• 칭찬을 하지 않는다. • 부모의 권위에 의문을 제기하는 것을 허락하지 않는다. • 자녀가 잘못한 점을 곧바로 지적한다. • 잘못한 일에는 반드시 체벌이 따라야 한다고 생각한다.	• 걱정이 많고 항상 긴장하고 불안해한다. • 우울하고 때로 자살을 생각하기도 한다. • 책임감이 강하고 예절이 바르다. • 지나치게 복종적, 순종적이다. • 부정적 자아이미지, 죄책감, 자기비하가 많다.
엄격하면서 자애로운 부모	• 자녀가 일으키는 문제를 정상적인 삶의 한 부분으로 생각한다. • 자녀에게 적절하게 좌절을 경험케 하여 자기훈련의 기회를 제공한다. • 자녀를 장점과 단점을 아울러 지닌 한 인간으로 간주한다. • 자녀의 잘못을 벌할 때도 자녀가 가진 잠재력은 인정한다. • 자녀의 장점을 발견하여 키워준다.	• 자신감 있고 성취동기가 높다. • 사리분별력이 있다. • 원만한 인간관계를 유지한다.
엄격하지도 자애롭지도 못한 부모	• 무관심하고 무기력하다. • 칭찬도 벌도 주지 않고 비난만 한다. • 자식을 믿지 못한다(자녀가 고의적으로 나쁜 행동을 한 것으로 생각한다).	• 반사회적 성격으로 무질서하고 적대감이 많다. • 혼란스러워하고 좌절감을 많이 느낀다. • 세상 및 타인에 대한 불신감이 짙다.

⑤ 네 가지 부모유형 중 가장 바람직한 유형은 '엄격하면서 자애로운 부모'이다.
⑥ 제일 바람직하지 못한 유형은 '엄격하지도 자애롭지도 못한 부모'이다.
⑦ 우리나라에서 요즘 가장 많은 유형은 '자애롭기만 한 부모'이다.

4 마코비와 마틴의 부모역할 유형

(1) 바움린드의 연구를 바탕으로 마코비와 마틴(Maccoby & Martin, 1983)은 부모의 반응성(애정)과 요구(통제)의 두 차원으로 네 가지 부모 유형을 구분하였다.

(2) **반응성(responsiveness)**: 부모가 수용적이고 지원적인 방식으로 아동의 요구에 반응할 수 있는 정도

(3) **요구(demandingness)**: 부모가 아동에게 성숙하고 책임 있는 행동을 하도록 기대하고 요구하는 정도

마코비와 마틴의 부모역할 모델

구분		반응성	
		높음	낮음
요구	높음	권위적 부모 부모가 적절한 권위를 가지고 자녀와 양방적으로 의사소통함(민주형)	독재적 부모 부모가 권위에 의해 일방적으로 지시하고 주장함(전제형)
	낮음	허용적 부모 부모가 권위 없이 자녀의 욕구나 주장에 따라감(익애형)	방임적 부모 부모역할에 무관심하고 방임적이며 자녀를 무시함(방임형)

5 부모-자녀 간 의사소통

(1) **갈빈과 브로멜(Galvein & Brommel, 1982)의 전 채널 의사소통망(all-channel communication network)**: 청소년기 자녀와 부모가 원활한 의사소통 체계를 가지기 위해 필요한 의사소통 체계

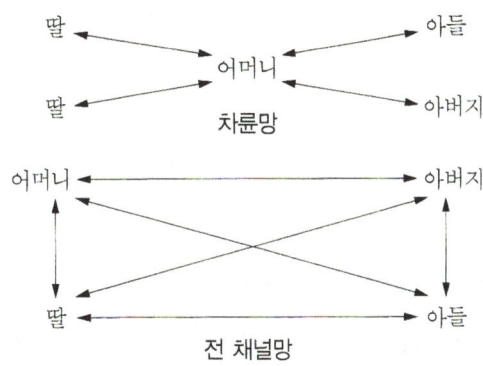

① **완전 통로형(전 채널망)**: 아버지와 자녀, 어머니와 자녀, 아버지와 어머니 등 가족 구성원 간에 의사소통을 할 경우 매개되는 사람 없이 직접 당사자와 의사소통 하는 방식
② **수레바퀴형(차륜망)**: 대화 당사자가 직접적으로 의사소통하는 것이 아니라 매개자를 통하여 의사 전달 하는 방식

(2) **쉬프린(Shiffrin, 1996)의 헬리콥터형**: 자녀의 행동을 지나치게 통제하고 관여하는 유형으로 이러한 양육방식의 자녀는 불안과 우울이 높고 생활만족도와 안녕감이 낮다.

6 부모-자녀 간 갈등의 해결방법

(1) 폭넓은 영역에 걸친 개방적 의사소통을 해야 한다. 즉, 가족 내 전 채널 의사소통망을 구축하여 가족 구성원끼리 직접 대화를 해야 한다.
(2) 청소년들이 부모에게서 독립하여 자율성을 추구하는 것은 건강한 발달과업임을 부모가 인식한다.
(3) 부모-자녀 세대 차이와 갈등을 극복하기 위해 부모가 자녀세대에 익숙한 매체를 활용한다.
(4) 청소년 발달 수준을 고려하여 부모 양육태도와 역할을 재규정해야 한다.
(5) **스테인버그와 레빈(Steinberg & Levine, 1990)의 협동적 문제해결**: 이 전략의 목적은 부모-자녀 갈등을 해소하기 위한 전략으로 부모, 청소년 모두 만족하는 해결책을 찾는 데 있다.

1단계: 해결의 원칙 설정	갈등해결을 위한 기본적인 원칙을 설정한다. 예를 들어, 부모와 자녀는 서로를 존중하며, 어떠한 경우에도 욕을 하지 않는다는 것을 합의한다.
2단계: 서로의 입장 이해 노력	서로의 입장을 이해하려고 노력한다. 지금 현재 당면하고 있는 문제가 무엇인지 그리고 그 문제에 대해 어떻게 느끼는지 솔직하게 말한다. 여기서 중요한 것은 상대의 성격이 아니라 당면한 문제라는 것을 기억해야 한다.
3단계: 입장 타협 노력	당면한 문제를 해결하기 위해 일정한 시간을 정해 놓고 각자의 견해를 말한다. 이 단계에서 주의해야 할 것은 상대방의 의견이 현실적이지 못하거나 좋지 않다고 하더라도 절대로 비판을 해서는 안 된다.
4단계: 합의 도출	하나 또는 그 이상의 해결 방법에 대해 합의를 도출한다. 이 단계에서는 여러 해결 방법 중에서 부모와 청소년들은 자기가 가장 선호하는 해결책을 선택한 후 토론한다. 이 과정에서 서로 합치되는 점을 발견할 수 있고 협상이 필요하다.
5단계: 합의사항 문서화	합의사항을 문서로 기록하여 보관한다. 기억의 왜곡 등으로 인해 문제가 발생할 수 있기 때문에 기록하는 것이 좋다.
6단계: 합의사항 준수	합의된 사항이 제대로 잘 지켜지는지에 대해 이야기할 수 있는 시간을 정해 둔다.

2 청소년 발달 이론

1 청소년 발달을 설명하는 이론적 조망

이론적 조망	대표적 이론가	이론적 조망	대표적 이론가
생물사회적 조망	1. 스탠리 홀 2. 아놀드 게젤 3. 로저 바커	심리사회적 조망	1. 에릭 에릭슨 2. 제임스 마르샤 3. 로버트 하비거스트
정신분석적 조망	1. 지그문트 프로이트 2. 안나 프로이트 3. 피터 블로스	문화인류학적 (사회문화적) 조망	1. 마가렛 미드 2. 루스 베네딕트
사회인지적 조망	1. 알버트 반두라 2. 로버트 셀만 3. 장 피아제 4. 로렌스 콜버그 5. 캐롤 길리건	맥락적 또는 생태학적 조망	1. 유리 브론펜브레너 2. 글렌 엘더 3. 리차드 러너 4. 커트 레빈
대인관계적 조망	1. 해리 스택 설리반	그 외 관점들	1. 데이비드 엘킨드 2. 킹슬리 데이비스 3. 제인 레빙거

2 홀(Stanley Hall)의 반복발생(재현) 이론

(1) 홀(G. Stanley Hall, 1844~1944)은 아동에 관한 최초의 체계적 연구를 시작한 인물로, '청소년 심리학의 아버지'라고 불릴 만큼 청소년에 대해 깊은 관심을 가졌다.

(2) 다윈의 생물학적 진화론의 개념을 적용하여 인간의 모든 발달이 유전적 요인에 의해 결정된다고 믿었다. 헤겔의 "개체발생은 계통발생의 집약된 반복이다"라는 반복의 원칙을 적용하여 인간의 발달이 유아기로부터 청소년기를 거쳐 성인이 된다고 보았다.

(3) **질풍노도(storm and stress)의 시기**: 홀이 말하는 청소년은 13세 정도에서 시작해서 22~25세에 끝나는데, 이 시기를 '질풍노도의 시기'로 묘사하였다. 이는 인간의 진화과정에서의 과도기적 단계의 특성이다.
   ① 청소년들은 정상적 발달의 일환으로 혼란을 경험하고 부모와 기성세대에 반항하는 질풍 노도의 시기를 겪는다.
   ② 청소년들이 경험하는 혼란이나 질풍노도의 현상은 문명인 교양을 갖추기 위해 원시적 충동을 조절하는 과정에서 나타나는 불가피한 현상이다.
   ③ 생물학적 변화에 기인한 사춘기의 신체변화와 사회적 및 정서적 성숙에 대한 사회적 요구에 의해 청소년들은 혼란과 갈등을 경험한다.

(4) **새로운 탄생**: 청소년기에는 보다 높고 완전한 인간특성이 새로이 나타난다.

(5) 생물학적 과정이 사회성 발달을 유도하고 나아가 이성교제와 같은 보다 복잡한 사회적 관계에 영향을 준다고 보았다.

3 로저 바커(Roger Barker)의 비동시적 성장

(1) 아동기에서 성인기로 이동하게 하는 결정적 요인은 개인의 신체발달이며 특히 체격이 개인의 사회적 경험을 결정한다.

(2) 급속한 신체발달이 이루어지는 청년기는 아동기와 성인기 사이의 과도기로서 신체발달이 조숙한 청소년들은 보다 일찍 성인문화로 동화되는 반면, 신체발달이 만숙한 청소년들은 더 오랫동안 아동기에 머물게 된다.

(3) **비동시적 성장(asynchronous growth)**: 비동시적 성장은 신체 부위에 따라 성장 비율과 성장 시기에서 차이를 나타내는 현상으로, 청년기의 성장급등에 의해 더욱 현저해진다.
   ① 비동시적 성장이 청소년의 주변적 상황과 혼란과 동요를 일으키는 직접적인 원인이 된다.
   ② 비동시적 성장이 가져오는 모호성은 청소년을 아동도 아니고 성인도 아닌 주변적 상황에 처하게 한다.

4 게젤(Arnold Gesell)의 성숙이론

(1) 아놀드 게젤(Arnold Gesell, 1880~1961)은 발달과 성격의 행동적 표현에 관심을 갖고 여러 연령층의 아동과 청소년들의 행동을 관찰하여 발달단계와 주기를 시간적 순서에 따른 행동준거로 정리하였다.

(2) 기본적으로 생물학적 이론으로, 인간의 성숙은 유전자와 생물학에 의해 매개된다고 본다. 즉, 유전자와 생물학이 행동의 표현과 발달의 순서를 좌우한다는 것이다.

(3) 인간은 자기 나름의 유전적 요인이나 개인적 소질 그리고 선천적인 성숙순서를 갖고 태어난 고유한 존재이다. 게젤은 일차적으로 성숙을 중요시하였기 때문에 개인차와 개인의 발달에 미치는 환경의 영향을 인정하긴 하였지만 인간에게 적용되는 많은 원칙과 순서들은 보편적인 것이라고 보았다.

5 블로스(Peter Blos)의 정신분석적 관점

(1) 정서적 자율성: 청소년기는 부모-자녀의 갈등 시기가 아니며, 이 시기에 청소년들은 자신과 부모를 보는 새로운 시각을 형성해야 한다. 이러한 과정이 개별화(individuation)이다. 정서적 자율성은 자신의 자원을 믿고 행동에 책임을 지게 만들며, 보다 적응을 잘 하게 한다.

(2) 개별화(individuation): 개인이 타인과 구별되는 자신만의 고유한 존재로 성장해 나가는 것으로, 독립된 삶을 이루고자 하는 것이다. 이러한 개별화는 가능한 완전하게 자신의 정체성을 인식하는 것을 목표로 한다.

① 일차개별화(first individuation): 3세경에 획득되는 것으로, 아동이 외적 세계와 자신이 분리된 실체라는 것을 깨닫는 것을 의미하는 개별화이다.

② 이차개별화(secondary individuation): 청소년이 부모로부터 이탈하여 독립을 하려는 시기에 획득되는 것으로, 부모의 통제로부터 벗어나면서, 부모에 대해 현실적이고 합리적인 평가를 하게 된다.

③ 이러한 이차개별화 과정을 거쳐 청소년은 독립된 자아를 형성하고, 신체 및 성적 변화로부터 오는 갈등을 극복하고, 안정된 자아를 확대하며, 적응체계를 확립해간다.

(3) 적응체계(adjustment system): 청소년기는 생물학적 변화에 대해 보다 적극적이고 성숙된 자아의 '적응체계'가 이루어지며, 이는 초기청소년, 청소년기, 청소년 후기 세 가지 단계로 구분된다. 이후 자아 적응체계 형성을 자아발달과정과 적응체계가 형성되는 과정에 따라 6단계로 세분화되었다.

① 초기 청소년: 생물학적 변화가 시작되었으나 심리적으로 준비가 되지 않은 시기로, 청소년들은 자신들의 사고와 충동을 보고 깜짝 놀라게 된다. 이를 혼란한 상태라고 할 수 있는데, 이러한 부적응은 생물학적 성숙과 심리적 기대가 적절하게 통합될 때 해소된다.

② 청소년기: 청소년기의 본래의 시기로, 아동기에 부모를 비롯한 다른 성인들에게 부착되었던 리비도 에너지를 걷어내고 친구와 같은 다른 대상 인물들에게 리비도 에너지를 투자하는 시기이다. 청소년들은 가끔 어린 시절에 대한 향수와 우울증 경향 등을 나타낼 수 있는데, 이는 부모 등으로부터의 이별과정을 표현하는 것이다.

③ 청소년후기: 신체적, 생리적 성숙과 심리적 발달 및 적응이 함께 공고하게 통합되는 시기로, 청소년들은 자신만의 독특한 판단, 흥미, 지적 능력을 갖추고, 새로운 인물과 경험을 나눌 수 있게 되며, 자기중심성도 현저하게 줄어들게 된다. 또한 자기 자신과 타인에 대한 균형 있는 관점을 가지게 된다.

(4) 자아 적응체계(adjustment system) 이론: 청소년기의 독립된 자아 발달 과정과 외부 환경에 대한 적응체계가 형성되는 6단계

① 잠복기 혹은 잠재기(latency): 리비도의 충동이 약화되는 반면 자아가 강하게 발달하는 시기이다. 청소년기의 성적 충동을 대처할 수 있는 자아의 적응체계가 발달해 가는 중요한 단계이다.

② 전청소년기(preadolescent): 급격하게 공격적 욕구와 성적 욕구가 증가되어 방만하게 드러나게 되는 단계이다. 이 단계에서 자아는 상대적으로 약화되어 성적 자극에 관심, 흥분, 놀라움, 두려움 등의 감정이 나타나고 우울하고 공격성으로 드러나게 된다. 불안 정서들은 부모의 통제에 반항하며 청소년기 비행 행동으로 나타나기도 한다.

③ 청소년 초기(early adolescece): 청소년 초기에 들어서면 자아는 목표지향적인 행동을 보이게 되는데 이는 성적 욕구를 표출할 구체적인 대상을 찾는 시기이다. 연예인, 운동선수, 친구 등이 따르고 찾는 대상이 되는 것은 자아의 적응체계의 특징을 잘 나타내는 행동이라고 할 수 있다. 이러한 과정을 블로스는 이성에 대한 성적 욕구가 변형되어 나타나는 행동이라고 보았다.

④ **청소년 중기(middle adolescence)**: 이 시기는 이성에 대해 솔직하게 관심을 표현하며 심리적으로 성적 혼란과 갈등이 구조화되는 단계이다. 하지만 정서적으로 혼란스럽고 불안정하며 위기가 지속되는 과정에서도 이를 통합하려는 자아의 기능이 강화가 된다. 자아가 강화되면서 성인의 지시를 따르고 성숙한 모습을 보이게 된다.

⑤ **청소년 후기(late adolescence)**: 청소년 후기에는 이전 단계까지의 성적 혼란과 갈등을 극복하려는 과정을 통해 자아는 안정이 되고 지속적인 통합을 이루어 나간다. 또 내적 갈등과 위기가 사라지고 사회적 역할과 개인적 정체성에 대한 인식이 확립된다. 이에 블로스는 청소년 후기인 이 시기를 성격 공고화(personality consolidation) 단계로 보았다. 청소년 후기는 자아가 이루고자 하는 완벽한 목표를 지향하는 내재적 자아 이상과 현실적이며 합리적인 외재적 자아 이상 사이의 균형을 유지해야 하는 과업을 만나게 된다.

⑥ **청소년 이후기(post adolescence)**: 청소년기 후기에서 성인기로 이행하는 과도기이다. 이 시기에는 안정되게 형성된 자아로 인해 외부의 비판과 실패에도 성숙하게 통합하는 자아 적응체계를 갖게 된다. 이를 통해 성격 형성과 자아존중감, 자아정체감이 형성된다.

(5) 청소년 발달: 블로스는 청소년 발달의 방향은 세 가지 목표로 간결하게 묘사될 수 있다고 제안하였다. 이 세 가지 목표는 청소년들이 성숙의 단계에 들어서기 위해 반드시 성취해야만 하는 것들이다.

① **가족으로부터의 자유**: 청소년들의 성적 발달에 따라서 그들은 부모나 다른 친숙한 사람들에게 의존했던 어린 시절로부터 스스로 자유롭게 되어야 한다. 또한 청소년은 폭넓은 사회적 구성 안에서 관계를 형성해야 한다. 그러므로 자신의 부모들에게 지향되었던 애정의 많은 부분들이 이제는 가족 이외의 다른 사람들을 향하게 된다.

② **성적 성숙의 도달**: 청소년들은 자신의 성과 마찬가지로 상대편의 성과의 관계에서 적절한 역할을 발견하고 또 익힐 것이 요구된다. 성역할의 습득과 성 윤리의식의 확립은 행동연구에서 다룰 수 있는 중요한 두 번째 과제이다.

③ **경제적 자립의 성취**: 적어도 남자청소년의 경우 경제적 자립의 성취가 정서적인 성숙의 필수적인 요건이 된다. 경제적 자립은 청소년들이 성취하려고 하였던 자유와 사생활을 가능하게 한다. 청소년들은 직업사회의 한 구성원으로서, 그들의 사회적 정체성이 형성되어야만 하고, 자신의 방향이 경제적인 목표를 위하여 진보적으로 개발되어야만 한다.

6 에릭슨의 심리사회적 이론

(1) 에릭슨(Erik Homburger Erikson, 1902~1994)은 인생 초기의 경험이 중요하긴 하지만 성장과정에서 사회문화적 경험이 중요한 변수로 작용하여 청소년기에도 성격은 변할 수 있다고 보았다.

(2) 인간은 8단계의 발달단계를 거치며, 각 단계마다 극복해야 할 심리사회적 과업이 있다. 각 과업을 다룰 때 생기는 갈등이 성공적으로 해결되면 긍정적 자질이 생겨서 더 나은 발달이 이루어지지만, 갈등이 지속되거나 불만족스럽게 해결되면 부정적 자질이 생겨 자아가 손상을 입는다.

(3) 각 발달 단계별 부적응 및 적의
 ① 신뢰감 대 불신감: 감각왜곡-철수
 ② 자율성 대 수침심 및 회의감: 충동성-강박
 ③ 주도성 대 죄책감: 무자비-금지
 ④ 근면성 대 열등감: 협소한 감식력-무력증
 ⑤ 자아정체감 대 역할혼미: 광신-거부나 거절

⑥ 친밀감 대 고립감: 문란-배타
⑦ 생산성 대 침체감: 과잉확대-거절
⑧ 통합성 대 절망감: 억측-절망

(4) 청소년기의 중요 과제: 자아정체감 형성. 청소년기는 자아가 동요하면서 갈등이 증가되는 정상적인 위기 단계다. 이 기간 동안 개인은 개인적 정체감을 형성하고 역할 혼미와 정체감 혼미의 위험에서 벗어나야 한다.
① 자아정체감을 확립한 사람은 개별성, 총체성, 계속성을 경험한다.
② 개별성: 자신이 다른 사람과 다르다고 인식하는 것.
③ 총체성: 자신의 욕구, 감정, 태도, 행동들이 균형 잡히고 통일되어 있다고 인식하는 것.
④ 계속성: 세월이 흘러도 자신의 개별성이나 총체성은 변하지 않는다는 것을 인식하는 것.

(5) 정체감을 형성하기 위해서는 자신의 능력과 취약점이 무엇인지 평가하고, 이러한 자질들을 바탕으로 자신이 누구인지, 어떤 사람이 되고 싶은지에 관한 명확한 개념을 형성하는 개인적 노력이 필요하다.

(6) 명확한 자아 개념 형성을 위해 적극적으로 정체감을 탐색하는 청소년들은 일시적으로 자기회의, 혼돈, 분산된 사고, 충동성, 부모 및 다른 권위 있는 타인과의 갈등, 자아강도의 약화, 신체적 증후의 증가와 같은 특징들을 보이기 쉽다.

(7) 청소년기 동안 해결해야 할 갈등 7가지(정체성 과업): 에릭슨의 청소년기 발달과업과 부분 위기

유아기	신뢰감 vs 불신감						
아동전기		자율성 vs 수치심과 회의감					
아동후기			주도성 vs 죄책감				
학령기				근면성 vs 열등감			
청소년기	시간 조망 vs 시간혼돈	자기확신 vs 무감각	역할실험 vs 부정적 정체성	성취기대 vs 과업마비	정체감 vs 정체감 혼미	성정체성 vs 양성적 혼미	지도성의 극대화 vs 권위혼미	관념의 극대화 vs 이상의 혼미
성인초기					친밀감 vs 고립감		
성인후기						생산성 vs 침체성	
노년기							통합성 vs 절망감

① **시간 조망 대 시간 혼돈**(time perspective VS time confusion)
㉠ 자신의 시간을 예상하고 시간을 안배하는 것을 배우는 것이다. 시간조망이란 과거와 현재의 자기를 인정하고 이를 바탕으로 미래를 설계할 수 있는 능력이다.
㉡ 진정한 시간감각은 청소년 후기, 즉 대략 15~16세에 이르러서야 발달된다.
㉢ 시간조망을 잘 하면 하루를 체계적으로 계획할 수 있고, 시간조망이 확장되면 인생에 대해 장기적인 계획을 세울 수 있다.

2 발달 이론과 맥락적 환경

ㄹ. 시간조망이 제대로 이루어지지 않으면 계속 과거만 회상하거나 앞날에 대한 계획을 제대로 세울 수 없다.

② 자기 확신 대 무감각(self-certainty VS apathy)
  ㄱ. 자신이 과거에 했던 경험을 믿고 앞으로 자신의 목표를 달성시킬 기회가 충분히 있다고 믿는 것이 자기 확신이다.
  ㄴ. 청소년기에는 자신의 외모를 포함하여 자신의 여러 가지 특성을 점검하며 자신의 가치를 확인해야 한다.
  ㄷ. 자신이 가지고 있는 여러 특성을 그대로 인정하고 받아들이는 과정에서 때로는 자신에 대한 회의가 들기도 하며 고통스러운 자신을 경험하게 된다.
  ㄹ. 자신의 긍정적인 하나의 특성만을 내세워 허세를 부리거나 반대로 무감각한 상태로 도피하여 자아의식에 직면하지 않으려는 경향이 나타난다면, 자신의 있는 모습 그대로를 아직 받아들이지 못하고 자기확신이 없는 상태라고 할 수 있다.

③ 역할 실험 대 부정적 정체성(role experimentation VS negative identity)
  ㄱ. 청소년들은 다양한 정체감과 성격, 사고방식과 행동방식, 목표 또는 사회적 관계를 실험해볼 수 있다. 정체감을 형성하기 위해서는 이러한 탐색을 할 수 있는 기회가 있어야 한다.
  ㄴ. 역할실험은 성인기의 직업적 탐색을 위해 필수적인 과정이다.
  ㄷ. 내면적인 억제가 너무 많고 죄책감이 많은 사람들, 주도적이지 못한 사람들, 이미 역할이 고착되어 버린 사람들은 자신이 누구인지 모른다.
  ㄹ. 이상에 치우쳐 지나치게 높은 수준의 역할실험을 하게 될 경우, 자신의 가능성과 잠재력을 충분히 탐색할 수 없게 되어 부정적 정체성을 갖게 될 수 있다. 그 결과 역할고착에 빠질 수 있다.

④ 성취 기대 대 과업 마비(anricipation of achievement)
  ㄱ. 성취기대는 자신이 시도하는 과업에 대해 성취할 수 있다는 긍정적인 기대를 가지고 꾸준히 과업에 몰두할 수 있는 역량을 기르는 것과 관련 있다.
  ㄴ. 자신에게 적절한 기대수준을 설정하지 못하면 노력을 하는데도 과업을 완수하지 못하거나 일의 시작을 미루게 되고, 그 결과 자기에게 주어진 일을 제대로 해내지 못하는 과업 마비에 빠지게 된다.

⑤ 성 정체성 대 양성적 혼미(sexual identity VS bisexual diffusion)
  ㄱ. 성정체성은 자신이 남성 또는 여성이라고 인식하는 것과 성이 고정된 특성을 지니고 있어서 나이가 들면서 변하지 않는다는 것을 이해하는 것을 의미한다.
  ㄴ. 미래 이성과 친밀감을 가능하게 하고 확고한 정체감을 형성하기 위해서는 우선적으로 자신의 성과 상대의 성에 대한 분명한 동일시가 먼저 이루어져야 한다.
  ㄷ. 청소년기에는 이성 및 동성 친구들과의 만남을 통해 성역할 특성을 확인하고 자신의 성 정체성을 확립한다.
  ㄹ. 성 정체성을 확립하지 못하면 자신의 성에 적합한 행동양식을 획득하기 어렵고, 결국 양성적 혼미 상태에 이르게 된다.

⑥ 지도성의 극대화 대 권위혼미(leadership polarization VS authority diffusion)
  ㄱ. 학교, 사회집단, 새로운 친구를 통해 청소년의 사회적 범위가 확장되면서 청소년들은 다른 사람들을 따르는 것뿐만 아니라 지도자로서의 책임을 받아들이는 법도 배우기 시작한다.
  ㄴ. 자신이 속한 집단에서 지도자로서의 역할을 수행하거나 또는 지도자를 잘 따르는 능력은 청소년의 정체성 형성의 주요 요인이다.
  ㄷ. 만일 지도력을 충분히 키우지 못하면 자신의 역할에 부여되는 권위를 제대로 행사하기 힘들고 지도력의 한계를 느끼는 권위혼미 상태에 이르게 된다.

⑦ 관념의 극대화 대 이상의 혼미(ideological VS diffusion of ideals)
  ㉠ 청소년기는 자신의 삶의 방향을 결정하는 기본 관념이나 종교 등을 선택하고 인생관을 확립하는 시기이다. 이러한 노력을 에릭슨은 '신념에의 추구'라고 불렀다.
  ㉡ 관념의 극대화가 이루어지지 않으면 편견에 물들기 쉽고, 자기가 속한 집단의 신념과 가치를 지나치게 신봉하게 되어 다른 사람의 신념이나 가치에 대해 배타적인 태도를 보일 수 있다.

(8) **심리적 유예상태(psychological moratorium)**: 아동기와 성인기 사이에서 사회적으로 허용되는 심리적 유예상태기를 가지게 된다.
  ① 유예기간 동안 개인은 자유로운 역할실험을 통해 사회에서 자신을 필요로 하는 것을 찾을 수 있다.
  ② 청소년기는 특정 역할에 대해 책임을 지지 않고 다양한 역할을 분석하고 시도해 보는 시기이다.
  ③ 유예의 기간과 강도는 사회에 따라 다르지만, 청소년기가 끝날 무렵까지 정체감을 형성하지 못하면 역할 혼미로 인해 어려움을 겪게 된다.
  ④ 자아정체감 형성에 실패한 청소년은 자기회의, 역할 분산 및 역할 혼미를 경험하고 자기 파괴적이고 자기중심적인 편견과 활동에 몰입하게 된다.
  ⑤ 타인의 의견에 지나치게 몰두하거나 반대로 타인을 전혀 배려하지 않고 고려하지 않기도 한다.
  ⑥ 역할 혼미에서 생기는 불안을 없애기 위해 약물이나 알코올을 사용할 수도 있다.
  ⑦ 일반적으로 만성 비행청소년과 정신병적 성격파괴자들에게서 자아분산과 성격 혼돈이 관찰되는 것은 이러한 이유 때문이다.

참고 피아제, 프로이트, 에릭슨, 셀만의 단계 간 비교

인생주기 \ 단계	피아제의 인지발달단계	프로이트의 심리성적 단계	에릭슨의 심리사회적 단계	셀만의 사회역할수용단계
노년기 중년기 성인초기 청년기	형식적 조작기	생식기	자아통합 대 절망감 생산성 대 침체감 친밀감 대 고립감 자아정체감 대 역할혼돈	심층적·사회적 조망수용 단계(청년기~성인기)
				제 3자 또는 공동조망 수용단계(10~12세)
중기 및 후기 아동기	구체적 조작기	잠복기	근면성 대 열등감	자기반성적 조망 수용 또는 상호 조망 수용 단계(8~10세)
				차별적 또는 주관적 조망수용, 사회 정보적 단계(6~8세)
초기아동기	전조작기	남근기	주도성 대 죄책감	자기중심적 미분화 단계(0~6세)
영아기	감각운동기	항문기 구강기	자율성 대 의심·수치심 신뢰감 대 불신	

출처: 정영숙 외(2009), p.36 수정.

7 하비거스트(Robert Havighurst)의 청소년 발달과업이론

(1) 하비거스트(Robert Havighurst, 1900~1991)의 청소년기 발달이론은 이전에 개발된 개념들을 조합한 절충적인 이론이다. 개인의 욕구와 사회적 요구를 모두 고려하여 청소년기의 심리사회적 이론(psychosocial theory)을 개발했다.

(2) **발달과업**: 개인이 환경에 적응하기 위해 매 발달단계마다 습득해야만 하는 과제를 뜻한다. 발달과업은 개인이 기대하는 욕구(동기)화 사회가 기대하는 요구에 의해 만들어지며, 여기에는 신체적 성숙, 사회적 기대 및 개인적 노력을 통해 삶의 특정 시기에서 획득해야만 하는 기술, 지식, 기능 및 태도 등이 포함된다.

(3) **인생의 주기**: 개인이 기대하는 욕구와 사회가 기대하는 요구를 고려하여 6단계로 나누어진 것이며, 여기에는 청소년들의 발달과업도 제시되어 있다.

① 영아기 및 아동 초기(0~5세)

② 아동 중기(6~12세): 아동의 사회적 활동이 가정에서 또래집단으로 이행되어 간다. 또한 신경근육체계의 기능이 일반적인 놀이 게임이나 운동을 통해 점차 발달한다. 과제 내용은 성장한 개체로서의 자기 자신의 인정, 동년배들과 어울리기, 남성 및 여성의 역할학습, 읽기·쓰기·계산하기 등의 기본적 지식의 학습, 일상생활에 대한 개념 형성, 양심과 가치관의 형성, 자율적인 인간이 되는 것 등이다.

③ 청소년기(13~18세): 개인의 신체적, 정서적 성숙이 이루어지는 시기로서 가장 중요한 심리사회적 과제는 에릭슨이 주장한 것처럼 자아정체감의 달성이다. 청소년기에는 8가지의 발달과업이 있다.

㉠ 동성과 이성 동년배와의 보다 새롭고 성숙한 관계를 형성하는 것
㉡ 남성과 여성의 사회적 성역할을 획득하는 것
㉢ 자신의 신체를 수용하고 효율적으로 사용하는 것
㉣ 부모와 다른 성인들로부터의 정서적 독립을 하는 것
㉤ 경제적 직업을 준비하는 것
㉥ 결혼과 가정생활에 대한 준비를 하는 것
㉦ 행동지침이 되는 가치 및 윤리체계를 획득하는 것
㉧ 사회적으로 책임 있는 행동을 바라고 행하는 것

④ 성인 초기(약 19~29세)
⑤ 중년기(약 30~60세)
⑥ 성숙 후기(60세 이후)

8 미드(Mead)의 문화인류학적 이론

(1) 마가렛 미드(Margaret Mead, 1901~1978)를 비롯해 많은 문화인류학자들은 인간발달에서 사회적 환경의 중요성을 강조하기 때문에 이들의 이론은 문화결정주의 또는 문화상대주의라고 불린다.

(2) 어떤 사회에서는 청소년기가 질풍노도의 시기가 아니라는 주장을 입증하기 위해 사모아에서 9개월간 현장연구를 시작한 미드는 사모아 청소년들이 서구사회의 청소년들과는 달리 여유 있고 평화롭게 성인기로 접어든다는 결과를 발표했다.

(3) 다른 비교문화연구에서도 대부분의 청소년들은 행복하고 낙관적이며 미래지향적. 또한 자기 통제력이 있고, 가족과의 관계도 좋다.

(4) **문화적 상대주의(cultural relativism) 또는 문화적 결정주의(cultural determinism)**: 어떤 개인의 행동을 이해하기 위해서는 그가 어떤 문화적, 사회적 제도에 있는가를 먼저 알아야 한다. 즉 문화는 다른 행동과 성격을 형성한다는 입장이다. 특히 서양문화에서는 아동에게 책임을 많이 부여하지 않지만 원시사회에서는 아동청소년들이 성인의 역할과 큰 차이 없이 책임이 있고 주도적인 역할을 수행하며, 성역할에서도 서구사회와 원시사회 간에는 차이가 있기 때문에 원시사회에서는 성인이 되기 위해 새로운 행동을 배울 필요가 적으며 따라서 자신의 역할에 대한 혼돈도 적다는 것이다.

(5) 뉴기니아 세 부족을 대상으로 남녀 성역할 차이를 연구했다. 그 결과로 남녀의 성역할 구분이 선천적으로 결정되는 것이 아니라 그 사회에 의해 만들어진 것이라고 주장하였다.

9 베네딕트(Ruth Benedict)의 연속성과 불연속성

(1) 인간의 발달에 미치는 문화의 영향은 특정 문화권에서 아동기의 역할과 성인의 역할이 얼마나 유사하고 차이가 있는가에 따라 달라진다.

(2) 연속성(continuity)과 불연속성(discontinuity)
① 개인의 성장은 사회환경적 영향을 받지 않는다면 점진적이고 연속적으로 이루어지지만, 사회적 집단의 요구가 기대, 제한, 혹은 처치방법의 영향을 받으면 불연속이 나타날 수 있다.
② 어떤 문화권에서는 아동의 역할과 성인의 역할은 확연하게 구분되지만(불연속), 또 다른 문화권에서는 역할 간의 차이가 크지 않다(연속).
③ 연령등급 사회(age-graded society): 미개 문화 또는 원시문화는 어떤 단계나 구분 또는 등급이 없으며, 한 인간의 성장이 연속선상 안에서 이루어지지만 미국문화 같은 서구문화들은 아동과 성인의 차이, 심지어 연령이 다른 청소년 간의 차이까지도 법적 규정, 서로 다른 학교, 연령에 따른 학년 등에 의해 빈틈없이 묘사되는데, 이를 연령등급사회라고 한다.
④ 아동의 행동과 성인의 행동이 사회적, 법률적으로 확연하게 구분되는 연령등급 사회일수록 불연속성이 더욱 심해 청소년들의 혼란이 더욱 심하다. 연령등급 사회는 사회제도와 법에 의해 다른 연령 수준의 아이들에게 다른 행동이 기대되거나 요구된다.

(3) 연속성과 불연속성의 세 가지 측면
① **지위역할의 문제**: 원시사회에서는 놀이와 일이 상호 배타적인 활동이 아니지만, 미국사회를 포함한 서구 사회에서는 일과 놀이가 별개의 것으로 간주되어 상호 배타적인 활동이 된다. 그 결과 서구사회에서 청소년은 책임 없는 놀이에서 책임 있는 일로의 전환이 청소년기 동안 이루어지게 되며, 성인이 되었을 때 자신의 정체감과 본질적인 역할들이 재정의되도록 요구받으면서 아동이 배웠던 태도와 가치, 기술들을 모두 버리도록 요구받게 된다.
② **지배 대 복종**: 서구문화 아동들은 성인이 되면 아동기의 의존성과 복종에서 벗어나 지배적인 부모가 되어야 한다. 즉 청소년기에 복종에서 지배로의 변화가 일어나게 때문에 불연속성을 경험하게 된다.
③ **대조적인 성적 역할**: 연령등급사회에서는 성역할 및 성 경험에 대해 불연속성이 나타난다. 즉 아동의 성 경험은 법적으로 금지되어 있으며, 혼전순결과 금욕이 사회적 이상으로 지지되고 출산이나 성교를 목격해선 안되게 되어 있다. 그러나 성인이 되면 이 모든 경험들이 허용이 되므로, 사춘기 동안에 청소년은 아동기에 배운 성에 대한 금지와 성인기에 이어질 성에 관한 경험 사이에 갈등과 불연속성을 경험한다.

(4) 산업화된 서구 문화권에서는 아동과 성인의 행동 간에 상당한 불연속성이 존재한다. 이 때문에 아동은 성인이 되기 위해 새로운 행동을 반드시 학습해야 하며, 이러한 역할이동의 시기인 청년기 동안 부모와 청소년의 갈등은 불가피하다.

(5) **청년기 갈등의 직접적 원인**: 역할 경험의 불연속성에 있다. 사모아에서는 아동과 성인의 역할에 많은 차이가 없기 때문에, 이 문화권의 아동은 성인이 되기 위해 새로운 행동을 학습할 필요도 없으며, 서구 문화권에 비해 자신의 역할에 대한 혼란도 적었다.

10 데이비스(Kingsley Davis)의 부모-청소년 갈등

(1) 갈등의 주된 원인: 현대 사회의 빠른 변화가 부모와 청소년 자녀의 갈등을 불가피하게 한다. 부모세대와 자녀세대는 각기 다른 사회문화적 환경에서 양육되고 성장하였기 때문에, 부모는 자녀에게 부모세대에 통용되었던 사회화를 실시하기 때문에 청소년들과 충돌할 수밖에 없다.

(2) 갈등 악화 요인

① 생리적 절정기에 도달해 있는 청소년들은 신체 에너지가 남아도는 반면, 중년기에 접어드는 부모들은 신체 에너지의 감소로 인해 활동을 제한해야 하는 상황이다. 그에 따라 부모는 자신의 신체특성에 맞추어 청소년들의 활동을 제한함으로써 부모와 청소년 사이의 갈등을 심화한다.

② 청소년들은 유토피아적 이상을 꿈꾸는 반면, 부모는 현실적이고 보수주의적 사고방식을 지니고 있어 의사소통에 어려움이 생긴다. 인생에 대한 상이한 조망에 기인한 부모세대와 젊은 세대 간의 대화 부족은 그들 사이의 갈등을 악화시킨다.

③ 부모가 가족을 떠나 독립하려는 청소년을 점진적으로 해방시켜 주지 못할 때, 갈등은 악화한다. 청년기 자녀를 갖는 부모들은 자녀에게 부과되던 금지나 제한을 감소시켜 줌으로써 자녀들이 독립할 수 있도록 도울 수 있어야 한다.

11 레빈(Lewin)의 장이론

(1) 장 이론(field theory): 인간이 환경 속에 존재한다는 것은 전체적인 상황이며, 행동은 그 생활 속에서 발생하기 때문에 그 상황 중에 있는 인간과 환경의 상호작용의 함수로 결정이 된다고 본 이론이다.

(2) 생활 공간(life space)

① 정의: 개인의 행동을 어느 순간 규정하는 상황 전체를 생활 공간이라고 한다.

② 구성: 환경적 요인에 해당하는 물리적-환경적-사회적 요인들과 개인의 생물학적 특성 및 욕구, 동기, 기대 등을 포함하는 심리적 요인들이 생활공간을 구성하며 이것이 행동을 결정하는 역할을 한다.

③ 심리적 사실: 인간 행동은 그때 경험한 심리적 사실의 총수에 따라 결정되는데, 여기서 심리적 사실이란, 행동에 영향을 미치는 모든 것(예를 들어, 배가 고픈 것, 과거에 대한 기억, 어떤 물리적 위치에서는 것, 어떤 사람이 나타나는 것, 일정량의 돈을 갖고 있는 것 등)을 말한다. 이러한 모든 심리적 사실이 생활공간을 이루기 때문에 인간 행동은 과거나 미래보다 지금 자신이 처한 심리적 사실들의 현재성이 중요하고, 사람이란 계속적으로 변화하는 역동적인 장 속에 있으며, 역동적인 힘의 결과 때문에 심리적인 현실들은 항상 변화하게 된다.

④ 정적 원자가와 부정적 원자가: 생활 공간에는 정적 또는 부정적 원자가가 존재하기 때문에 사람은 때때로 갈등을 느끼며, 접근-접근 갈등, 접근-회피 갈등, 회피-회피 갈등을 나타내게 된다.

(3) 주변인(marginal man)

① 정의: 레빈이 처음 사용한 표현으로, 아동집단에서 완전히 벗어나지도 않고 성인집단에도 소속해 있지 않은 청소년기를 뜻하는 용어이다.

② 아동과 성인 모두는 자신들이 어떻게 집단에 조화되는가에 대한 분명한 개념을 갖고 있는 반면, 청소년은 어느 한쪽 집단에 완전히 소속되지 않고 부분적으로는 아동집단에, 부분적으로는 성인집단에 소속되어 있기 때문에 경계인이 될 수밖에 없다.

③ 그 결과 청소년들은 정서적 불안정, 강한 자기 의식, 그리고 열등감 등의 특성을 갖고 있으나 자유롭게 탐색하고 학습할 수 있는 특권도 함께 가지고 있다.

(4) 자이가르닉 효과(Zeigarnik effect)
① 정의: 완성된 과제보다 미완성된 과제에 대한 기억이 더 좋은 현상을 뜻하는 것으로, 레빈에 의해 연구된 개념이며, 자이가르닉은 레빈의 처음 제자 중 한 명인 러시아 여성심리학자이다.
② 청소년들의 심리적 현상들은 자이가르닉 효과로 설명이 되는데, 예를 들어 사랑에 실패한 청소년이 실연에 대한 아픔을 오랫동안 기억하는 것이나, 해피엔딩보다 비극적인 이야기가 더 감동적으로 느껴지는 것과 같은 현상들이다.

12 브론펜바흐너(Urie Bronfenbrenner)의 생태학적 이론 ✍ 2020 기출

아동은 아동을 둘러싼 여러 환경 층의 영향을 받는 복잡한 관계 체계 속에서 발달한다. 환경을 아동에게 직접 영향 미치는 것에 한정시키지 않고, 가정, 학교와 이웃을 넘어선 여러 층의 구조로 개념화하였다.

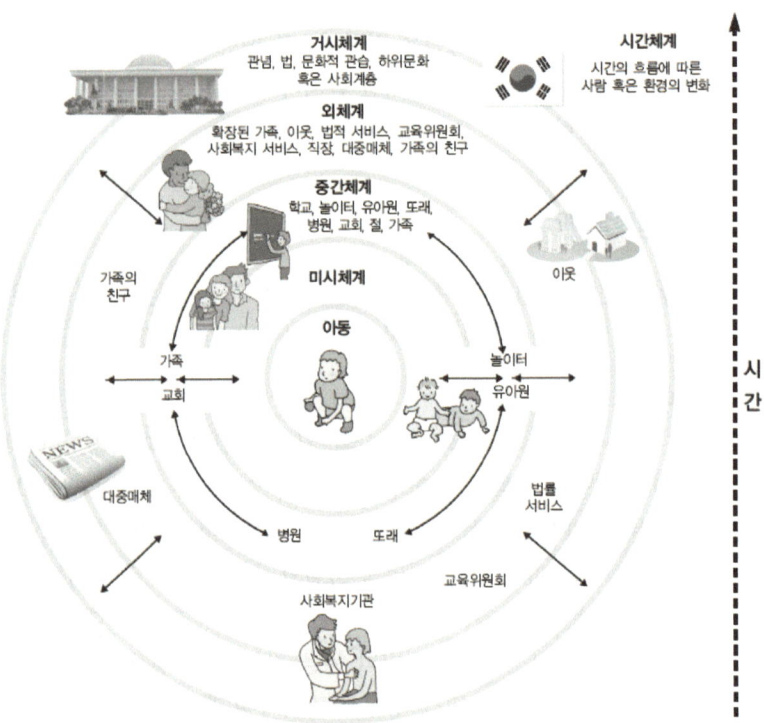

(1) 미시체계(microsystem)
① 환경의 가장 속에 있는 층이다. 아동 또는 청소년과 직접 상호작용하거나 아동이 활동하는 직접적 환경이다.
② 미시체계 내 아동 발달 이해를 위해 모든 관계가 양방향적·상호교류적임을 강조한다. 성인이 주로 아동에게 영향 미치나, 아동도 자신의 신체, 성격 및 능력과 같은 특성으로 성인 행동에 영향 준다.
③ 직계가족은 1차적인 미시체계이고, 이어 친구, 학교 또는 유아원, 의료서비스, 종교집단, 이웃에 있는 공동 놀이터, 아동이나 청소년이 속한 다양한 사회집단들이다.
④ 청소년의 경우 다양한 사회적 상황에 들어가거나 나오게 됨으로써 미시체계는 바뀐다.

2 발달 이론과 맥락적 환경

> **+ 청소년 미시체계의 변화 예**
>
> 청소년은 학교를 바꿀 수도 있고, 다니던 교회에 나가지 않을 수도 있고, 하던 활동을 그만두고 다른 활동에 참여할 수도 있다. 일반적으로 또래 미시체계는 청소년기 동안 그 영향력이 증가하면서 청소년들에게 수용, 인기, 우정 및 지위와 관련된 사회적 보상을 제공한다. 동시에 또래집단은 흡연, 음주, 성관계, 절도, 폭력, 부정행위 등을 고무시키는 부정적 영향을 미치기도 한다. 건강한 미시체계는 청소년들이 성공적인 성인 생활을 준비하는데 필요한 학습과 발달을 제공한다.

(2) 중간체계(mesosystem)

① 아동이나 청소년들의 직접적인 환경이나 미시체계들 간의 상호작용을 의미한다.
② 가정, 학교, 이웃, 보육기관 등 미시체계들의 관계이다.
   - 예 학업은 수업에만 의존X, 학부모의 학교 참여, 가정에서 학업수행 등 영향
③ 부모-자녀 관계와 교사와 아동(청소년) 간의 관계가 서로 연결되어 방문하거나 정보 교환하여 아동(청소년)발달을 더욱 지원할 수 있다.
④ 중간체계의 분석은 상호작용의 빈도, 질 및 그 영향력을 살펴보는 것이다.
   - 예 가정에서의 경험이 학교적응과 어떻게 연관되는지, 또는 교회나 종교단체의 출석률이 이성과의 친밀성과 어떻게 연관되는지 등이 포함된다.

(3) 외체계(exosystem)

① 아동(청소년)을 포함하지 않으나 아동(청소년)의 경험에 영향 미치는 사회적 상황이다.
② 부모의 직장, 지역사회 복지서비스 등 공식적 조직과 부모의 사회적 관계망인 친구나 친지 등 비공식 조직을 포함한다.

> **+ 외체계의 영향 예**
>
> 부모의 직장에서 일어난 일은 부모에게 영향을 주고, 부모는 다시 청소년의 발달에 영향을 준다. 부모의 직장 사장은 부모의 월급 수준, 일과 휴가 스케줄, 직업환경 등을 결정한다. 만약 회사가 부모를 전근시키기로 결정한다면, 이것은 가족 전체에 영향을 준다. 이러한 모든 요인들은 부모와 청소년 자녀 간의 관계에 영향을 준다.
> 이와 비슷하게 지역단체들도 다양한 방식으로 청소년에게 영향을 준다. 예컨대, 학교운영위원회는 교과과정과 학사일정을 정하고 선생님들을 고용한다. 지역단체장은 청소년을 위한 센터나 수영장을 개방하거나 폐쇄할 수 있다.

③ 외체계의 활동이 제한되면 아동(청소년)발달에 부정적 영향이 가능하다.
   - 예 사회적으로 소외된 가정은 갈등과 아동학대 증가

(4) 거시체계(macrosystem)

① 아동(청소년)이 사는 사회의 문화적 가치, 법, 관습, 이념 등으로 문화적 환경을 의미한다.
② 거시체계에는 교육, 경제, 종교, 정치 및 사회가치의 핵심도 포함된다.
③ 문화 내에서 아동(청소년)의 욕구 충족에 대해 순위를 어떻게 정하고 있느냐가 아동(청소년) 환경에 직접적 영향 미친다.
   - 예 아동의 양육수준 높이고, 직장에서 어머니를 특별히 배려해야 된다는 방침→ 아동은 직접적인 환경에서 긍정적 경험 가능성↑

> **+ 거시체계의 영향 예**
>
> 거시체계는 어떤 사람이 성인이고 어떤 사람이 청소년인지를 결정한다. 거시체계는 신체적 매력과 성역할 행동의 기준을 세우고, 흡연과 같은 건강문제에 영향을 주며, 교육적 기준과 인종 간의 관계에도 영향을 준다.
> 거시체계는 국가와 인종, 지역 및 사회경제적 수준에 따라 달라진다. 예컨대, 어떤 국가에서는 부모가 아이를 때리는 것을 금지하고 있으나 어떤 국가에서는 인정되며, 농촌가정은 도시가정과는 다른 양육 가치를 가질 수 있다. 중류계층의 부모들은 저소득계층의 부모들과는 다른 아동양육의 목표와 철학을 갖고 있다. 이렇게 가치와 관습의 차이는 차별적 효과를 나타낸다

(5) 시간체계(chronosystem)
① 아동과 청소년 발달에 영향을 미치는 시간적 차원으로, 시간의 흐름에 따라 일어나는 어떤 변화와 사회적, 역사적 환경을 의미한다.
② 즉 어떤 사건의 효과는 시간적 경과에 따라 변화되며, 동일한 사건도 시대에 따라 그 의미와 해석이 달라질 수 있다.
③ 환경은 아동과 청소년에게 항상 일정한 영향 주는 정체된 상태가 아니고 역동적이며 늘 변화한다는 것이다.
④ 동생의 출생, 입학, 이사, 부모의 이혼 등 주요 사건으로 인한 환경변화의 시기는 중요한 영향 요인이다.

> **＋ 시간체계의 영향 예**
> - 학령기의 동생 출생과 걸음마 시기의 동생 출생은 다른 영향을 미칠 수 있다.
> - 부모의 이혼이 자녀에게 미치는 부정적 영향은 이혼 첫해에 가장 크게 나타나며, 이러한 효과는 딸보다는 아들에게 더욱 부정적이다. 그렇지만 이혼의 부정적 효과는 이혼 후 2년 정도 시간이 지나면 경감되어 어느 정도 안정을 찾게 된다. 이혼 후 부모는 이혼 전에 자녀들에게 가졌던 영향력을 거의 회복하지 못한다.
> - 오늘날의 여성들은 과거에 비해 더 많은 사회활동과 직업을 가지고 있기 때문에 청소년들은 여성의 사회진출을 당연한 것으로 생각한다. 이와 같은 시간체계는 청소년들의 삶에 영향을 미친다.

[2020년 기출]

다음은 은미(중3, 여)의 통합학급 담임교사와 전문상담교사가 나눈 대화의 일부이다. 브론펜브레너(U. Bronfenbrenner)의 생태체계이론의 관점에서, 은미의 현재 행동에 영향을 주는 환경 체계 2가지의 명칭을 쓰고, 각각의 환경체계에 해당하는 내용을 은미의 가정환경에 관한 담임교사의 진술에서 찾아 서술할 것.

> 상담교사: 은미가 가정환경은 어떤가요?
> 담임교사: 은미 이야기로는 아버지 회사가 문을 닫는 바람에 부모님이 서로 다투시는 일이 많아서 힘들다고 하더라고요. 그래서 앞으로 부모님이 헤어지시게 되는 건 아닌지, 이런 걸 알면 친구들도 자기를 멀리하게 되는 건 아닌지, 늘 초조해하고 걱정하는 것 같아요.

13 엘더(Glenn Elder)의 생애이론(life-span approach, 인생경로이론)

특정 시간에 구애받지 않는 세대에 대한 관점을 제시하는 역할이론의 한계를 깨닫고, 인간이 속해 있는 역사적인 시간과 맥락이 고려되어야 한다는 점에서 연령집단이론을 강조하여 만들어진 이론이다.

(1) 원리와 개념
① 첫째, 브론펜브레너의 생태학적 이론은 환경적 맥락을 강조하고 역사적 시간을 의미하는 시간체계를 포함하지만 전 생애 발달을 지향하지 않는다. 반면 엘더의 생애이론은 전 생애 발달을 강조하는 생태학적 이론(ecological theory)이다.
② 둘째, 경제적 풍요와 빈곤(미국 대공황 등), 전쟁 참여(한국전, 이라크전 등)와 같은 사회구조와 역사적 변화는 인간 삶의 패턴을 변화시킬 수 있고, 그러한 변화 속에서 각 개인은 자신의 발달경로(전환기, 역할 순서)를 꾸려나간다.

③ 셋째, 경로 간의 상호작용이 어떻게 일어나는지를 살펴봄으로써 인간발달을 설명한다.
엘더와 로크웰(Elder & Rockwell, 1978)의 대공황 영향 연구

> **+ 연구**
>
> 경제공황(거시체계)이 빈곤계층 아동의 발달에 미친 영향을 알아보기 위해 대공황 동안 아동기를 보낸 연령집단과 대공황이 막 시작될 무렵 출생한 연령집단을 대상으로 장기 종단적 연구를 실시했다. 경제공황 때문에 극빈층으로 전락한 아동들은 노동을 해서 가족을 부양해야 했으므로 독립심과 책임감이 고취되어 확고한 직업야망을 가진 성인으로 성장했다. 반면 취학 전 이미 경제공황을 경험한 아동들은 부진한 학교성적, 낮은 직업성공률 등 발달에 지장을 받을 정도로 부정적인 결과를 나타냈다. 이와 같은 결과는 특정한 시대에 함께 살아온 사람들이 공통적으로 가지는 특성의 효과 즉 출생동시집단의 효과(cohort effect)를 보여준다.

④ 넷째, 같은 역사적 사건에 노출되더라도 사건을 경험하는 시간, 장소, 특정 사회적 상황과 구조 속에서 이루어지는 개인의 선택과 상황 개념화의 영향 등으로 개인 발달 경로는 달라진다.
⑤ 다섯째, 역사적 사건의 영향은 개인 발달수준에만 한정되지 않고 개인이 사회적 역할을 어떻게 수행하는가에도 계속 영향을 미친다.
   예 주요한 인생 사건인 결혼이나 출산의 적절한 시기를 측정하는 사회적 시간대는 여성의 사회참여 경향에 의해 변화되고 있음
⑥ 여섯 째, 상호의존: 인간의 삶은 가족관계, 친구관계, 사회적 관계로 이루어지고 사회적 지원이나 규제도 이러한 관계를 통해 발생한다.

(2) **기능적 상호의존성(functional interdependence)**: 생애이론의 주요 개념으로, 우리의 인생은 일생 동안 가족관계, 친구관계 그 외에 다른 사회적 관계에 의해 이루어진다는 것이며, 이로 인해 부모의 인생에서 일어나는 변화가 자녀의 발달에 영향을 미친다는 것이다. 즉 부모나 자녀의 인생에서 발생하는 사건이나 중대한 결정으로 세대와 세대는 연결되는 기능적 상호의존성을 이루게 된다는 것이다.

14 러너(Richard Lerner)의 환경맥락주의(Contextualism)

(1) **환경맥락(context)**
① 맥락(context): 발달에 영향을 미치는 다양한 변인들의 상호작용 체계이다. 상황과 유사한 용어이긴 하나, 그보다 더 포괄적인 개념이다. 환경맥락이라는 용어는 자주 적용되는 동의어인 '세팅(setting)', '주위(surrounding)', '주변(milieu)' 또는 '환경(environment)' 이상의 개념이다. 가족, 부모의 동료들, 또래 친구들, 교사들, 그리고 여가시간 활용에 참여하는 사람들과 같은 사회변인들까지 포함한다.
② 맥락의 4가지의 의미
   ㉠ 물리적 환경이나 상황을 포함한다.
   ㉡ 개인 생활의 일부이면서 개인에게 영향을 주는 동시에 개인에 의해 영향을 받는 사회적 요소들이 포함된다.
      예 가족, 동년배, 연인, 교사, 기타 다른 유의미한 타자들
   ㉢ 개인들은 맥락의 일부인 동시에 그들의 행동과 외모 혹은 언어적 표현을 통하여 그들이 살고 있는 맥락을 변화시킨다.
   ㉣ 맥락은 시간의 함수로서 변화된다.

> **맥락의 시간의 함수로서의 변화 예**
>
> 사람들은 연령 증가와 함께 변화하고 새로운 기술이 개발되고, 경제적 상황도 변화하며, 부모의 이혼과 재혼 등 맥락을 형성하는 모든 조건들은 변할 수 있다. 매일의 일상적인 사건들 즉, 부모의 말다툼이나 시험에 실패하는 것, 사랑에 빠지거나 실연당하는 것은 모두 맥락을 구성하는 변수들이다. 동시에 맥락은 시간의 함수로서 변화하기 때문에 발달하는 개인에게 매 시기마다 상이한 의미를 부여하게 된다.

④ **발달적 맥락주의**: 물리적 환경과 사회적 체계가 서로 상호작용하고, 양자의 상호작용은 개인에게 영향을 줌과 동시에 개인에 의해 영향을 받기도 하며, 시간에 따라 변화한다는 변증법적 과정으로 이해될 수 있다.

⑤ **맥락적 상대주의(contextual relativism)**: 기존의 발달이론에서 중요시되는 일반적인 발달규칙이나 발달단계, 그리고 발달과업이나 발달의 이정표는 무의미하게 된다. 오히려 발달적 맥락주의에서는 "모든 것은 맥락에 의존한다."는 맥락적 상대주의를 강조하기 때문에, 발달의 결과는 본질적으로 확률적이라는 입장을 취하고 있다. 그러므로 구체적인 청소년기의 문제들도 보편적인 발달이론에서처럼 일반화되어서 설명될 수 없으며, 단지 맥락적 변인들에 의해서만 설명되고, 해석될 수 있다고 간주한다.

(2) 역동적 상호작용주의: 러너는 유기체와 그들의 특성, 그리고 사회적·물리적 환경 등 다양한 요소들 간의 역동적 상호작용(dynamic interaction)을 중요시하였다. 이것은 발달의 필수적 요소인 동시에 맥락주의의 핵심적 개념이기도 하다.

① 생물학적-유전적 경향을 갖는 유기체를 사회문화적 맥락 속에 삽입되어져 있는 존재로 개념화한다. 따라서 생물학적 혹은 유기체적 변인들은 맥락적 변인들에 영향을 주고, 또한 맥락적 변인들에 의해 영향을 받는다고 가정된다.

② 어떤 유기체도 타인으로부터 완전히 독립적일 수는 없으므로 개인의 발달을 사회적 상호작용 현상으로 설명하였다.

③ 맥락에 영향을 미치는 가족의 요소들
  ㉠ 가족구조
  ㉡ 가족분위기와 의사결정: 예를 들어 허용적 부모인지, 권위적 부모인지, 독재적 부모인지
  ㉢ 가족의 여가활동
  ㉣ 가족규모: 부모의 수, 형제의 수, 연령, 성별, 동거/비동거 자녀, 동거하는 가족원/비가족원, 출생순위 등. 가족 크기가 작아질수록 잠재적 상호작용 수와 유형이 달라진다.
  ㉤ 사회경제적 변수: 가족 수입, 자산, 부모 중 한 쪽만 직업을 가졌는지, 어떤 종류 직업인지
  ㉥ 지도 감독의 질과 수준
  ㉦ 가족 조화 및 결속
  ㉧ 지리적/사회경제적 위치

> **환경맥락주의의 예**
>
> 가정에서 느끼는 아동의 기분이나 태도, 행동은 학교에서의 수행에 의해 영향을 받을 것이고, 그것은 아동과 부모의 상호작용의 질을 변화시킬 것이다. 그 결과 부모는 아동이 자유롭게 놀고, 탐색하며, 사회적 기술을 발달시킬 아동의 기회를 제한할 수 있다. 이와 같이 학교와 가족 간의 영향관계는 본질적으로 양방향적이며, 상호의존적인 맥락 내에서 존재한다. 마찬가지로 청소년들이 경험하는 또래집단의 기대나 부모-청소년 간의 관계, 그리고 대중매체와 일반적인 사회문화적 규범들은 모두 청소년들과 관계를 맺으면서 그들의 행동과 발달을 수정하는 역할을 한다는 것을 알 수 있다.

(3) 적합도 모델(=조화의 적합성 모델, goodness of fit model)

① 적합도의 정의: 한 개인이 자신을 둘러싸고 있는 환경과 얼마나 조화로운 관계를 이루는지를 나타내는 것으로서, 개인의 발달과 적응의 양상을 설명해주는 것이다.

② 적합도에 따라서 발달과 적응이 강화되기도 하고 성장과 안녕감이 저해받기도 한다.

> **＋ 적합도 모델의 예**
>
> 청소년의 기질과 부모의 성격 간에 적합도 구조를 적용해 보면, 자유분방하고 즉흥적인 청소년의 성격이 부모의 계획적이고 치밀하고 권위적인 성격과 충돌한다면 좋은 적합이 아닐 것이며 부정적 적응, 싸움, 발달의 결여, 나아가 부적응이 일어날 수 있을 것이다.

③ 특정한 시점에서 적응적 발달을 이룰 수 있는 요인은 개인의 속성 자체도 아니고 상황적 요구 그 자체도 물론 아니다. 오히려 청소년의 속성과 그들의 가정, 동년배 집단, 그리고 학교맥락 사이의 적합도나 조화 정도가 적응적 발달을 결정한다고 할 수 있다.

④ 유기체가 맥락과 조화를 이룬다면 맥락으로부터 지원적이거나 긍정적인 피드백을 받을 수 있고, 적응적 발달을 이룰 수 있을 것이다. 그러나 개인적 특성과 상황적 특성들이 부조화를 이룬다면, 부적응적 결과를 초래할 것이다. 그러므로 청소년기의 갈등이나 어려움은 유기체가 변화하는 맥락과 얼마나 조화를 이루고 있는가에 의존한다고 러너는 주장한다.

3 학업 문제

1 학업 관련 변인

- 학업문제는 학업문제 유형에서 제시된 것처럼 다양한 형태로 나타날 뿐 아니라, 그 원인도 다양하다.
- 학생의 지적 능력 수준과 학습속도, 학습에 대한 동기, 선행학습의 수준, 학습방법의 효율성 정도, 정서적 상태(불안, 우울 등), 주의집중력, 환경적 지원과 압력, 자아개념 및 자신감 등 학업성취 및 문제에 영향을 미치는 요인은 매우 다양하다.

인지적 요인	(1) 지능(Intelligence): 지능검사는 학업 곤란의 원인을 밝히는 데 도움이 되고, 학생이 가지는 학업상의 강점과 약점을 찾아서 취약점을 보완하고 강점을 활용하는 계획을 세우는 데 도움이 된다. 대체적으로 개인용 지능검사를 사용하는 것이 더 많고 정확한 정보를 제공한다. (2) 학업기초 능력: 학교성적, 표준화된 학업성취검사(읽기, 쓰기, 셈하기 및 일반상식의 네 가지 부문들에서 성취수준을 검사하는 것: 기초학습기능 검사, 종합학습능력진단 검사, 학습준비도 검사, 학습기술 검사 등). (3) 과목별 선행학습 수준: 성적이 조금씩 하락하는 추세를 보이거나 학습을 어려워하고 싫어하는 정도가 점차적으로 심해진 학생의 경우 선행학습의 결손이 누적되지 않았는지 의심.
정서적 요인	(1) 학습에 대한 동기와 흥미 (2) 자아개념: 성취 자아개념, 능력 자아개념 (3) 정서적 갈등과 불안수준
학습방법 및 전략	(1) 학습방법 및 전략: 학년이 높아져갈수록 그리고 학습에 투여하는 시간 수가 늘어나야 하는 때일수록 학업 성취에 큰 영향을 준다. (2) 학습방법: 가정에서의 학습방법과 학교에서의 학습방법으로 구분하여 파악할 수 있으며 주의집중 전략에서부터 시작해서 노트작성과 수업요령 및 시험 준비 및 응시요령, 전 과목에 공통적인 교과서 학습전략과 각 과목별로 독특한 학습전략, 요점정리전략, 시간관리 및 활용 전략 등 다양한 방면에서 파악될 수 있다.
환경적 요인	(1) 학습에 중요한 환경적 요인: 가정과 학교 및 또래, 지역사회 환경 등 (2) 가정의 물리적, 구조적, 과정적 환경이 어떠하며 그러한 환경들이 학업을 방해 혹은 증진하고 있는 정도가 어떠한지, 학교와 지역사회의 물리적, 구조적, 과정적 환경은 어떠한지, 또래 환경은 어떠하며 학습에 미치는 영향은 어떠한지 등도 종합적으로 파악해야 한다.

2 학습부진(underachievement) 2011 기출

1 개념

(1) 교사는 학습부진을 학급에서 진도를 제대로 따라오지 못하는 아동으로 지칭한다.
(2) 학부모는 자녀가 기대보다 성적이 떨어질 때 사용한다.
(3) 정신과 의사는 정서적 문제로 성적이 떨어지는 경우로 분류한다.
(4) **교육 전문가**는 지능이나 적성 수준이 뛰어나지만 학업성취는 낮을 때 사용한다.
(5) 학습부진을 좁게 해석할 때 변별적으로 사용하는 경우

학습지진 (slow learner)	• 지능으로 대표되는 지적 능력의 저하로 인하여 학업성취가 뒤떨어지는 아동 • 학습지진아는 경계선급 경도장애를 보이며, 학습능력도 평균 수준이 못 미친다. • 지능수준은 하위 3~25% 가량, 지능지수는 약 75~90 정도 사이.
학업저성취 (low achievement)	• 학습부진과 중복해서 쓰는 경우가 많은 개념으로, 성취수준이 하위집단에 속하는 아동 • 잠재적인 능력수준이나 지적 능력을 고려하지 않고 결과로서 나타난 학업성취수준만을 이야기함 • 하위 5% ~ 하위 20%의 성취수준을 보이는 아동
학습부진 (underachievement)	• 학업 영역에서 나타나는 학업성취수준이 학생이 지닌 잠재적인 능력(지적 능력 수준)에 미치지 못하고 현격하게 뒤떨어지는 상태 • 불일치준거(discrepancy criteria)에 의하여 설명되는 학력-성취의 편차
학습장애 (learning disability)	• 특수교육 대상자로 판별되고, 정치(placement)된 학생을 지칭한다. 개개인 내적인 결손으로 추정되는 원인으로 학습에 여러 가지 부적응을 보이며 이로 인하여 특수교육 서비스에 의뢰되어 진단을 받고 실제로 관련 서비스를 받아야 한다.

참고 학습과진아(overachiever): '일반아동'은 기대수준에 적절한 성취검사의 수행을 보인 아동. '과진아'는 적성평가에 의한 예상보다 높은 성취수준을 보인 아동

2 불일치로서 학습부진 2016 기출

(1) 기대되는 학년과 성취된 학년의 차이
① 예를 들어 5학년으로 기대되는 학생이 학업성취 검사 결과 3학년 수준이었다면 그 학생의 학력 수준은 두 학년이 뒤처지는 것이다.
② 편차의 기준을 가진 정의의 경우 항상 어느 정도의 편차를 심각한 차이로 볼 것인가에 대한 규준이 정해진다.
③ 차이가 같아도 학년에 따라 의미가 다를 수 있다. 초등학교 4학년에서의 2년 차이와 중학교 2학년에서의 2년 차이는 상당히 다르다.

(2) 회귀공식
① 회귀공식은 두 측정값 사이의 관계가 완전 상관이 아닐 때 생기는 중간값이다. 회귀현상과 측정의 표준 오차가 고려된다.
② 회귀공식에서 나온 기대되는 성취지수와 실제 성취지수 간 기준치 이상의 차이가 나타나면 불일치

(3) 표준 점수의 차이
예를 들어 학업성취 검사 점수와 능력검사(지능검사) 점수 사이의 차이를 1~2표준편차 정도로 정하였을 때, 유의미한 차이가 나타나는 경우

3 학습부진의 유형

적성(지능)과 성취 간의 불일치 유형	• 미확인: 적성, 성취검사점수가 똑같이 낮고, 측정되지 않는 능력을 숨기고 있는 아동. 혹은 평균 정도의 성취수준 대문에 학생의 높은 성취가능성이 숨겨지는 경우 • 높은 적성점수와 낮은 성취검사점수를 받는 경우 • 적성검사 점수와 관계없이, 높은 표준화 성취검사 점수에도 불구하고 학교에서의 성적이 낮은 경우
지속 기간	• 일시적/상황적: 학습부진행동이 일시적인 기간(부모의 이혼, 질병, 전학 혹은 교사와의 갈등)에 의해 나타난다. • 만성적: 장기간에 걸쳐 학습부진이 나타난다.
범위	• 특정교과 및 기능 결핍: 수학이나 미술과 같은 과목 혹은 신체발달 영역에서 뛰어난 성취의 잠재성을 가진 학생이 흥미나 동기의 부족으로 적절한 수행수준이 나타나지 않는 경우 • 기초학습기능부진: 읽기, 철자와 같은 언어관련 과목 등. 전체 교육과정에 기초가 되는 교과목의 성취는 학업에서의 성공 여부에 매우 중요하다. • 전반적 학습부진: 평가된 적성보다 낮은 수준의 수행 수준을 보이며 전반적으로 모든 교과목에서 낮은 성취를 보인다.
자신과 타인에 대한 학습부진의 영향	• 경미한 경우: 부정적인 영향이 나타나지 않는다. 대부분의 학습부진아동의 정서적응과 사회행동은 정상적이다. • 심각한 경우: 성공경험의 부족은 낮은 자기존중감과 자기비판적인 태도를 발전시키고 개인의 건전한 성장을 방해하는 대처행동을 유발하여 사회적으로 파괴적인 모습을 띠게 된다.
내외귀인	• 내적: 학습부진의 원인이 개인 내적 문제인 경우. 건강상의 문제나 성격적인 부적응, 중추신경계의 결손, 뇌손상 등이 대표적이다. • 외적: 명백한 외적 환경의 영향이 원인이 되는 경우. 잦은 이사, 가족구조의 변화, 교사와의 관계, 친구관계, 사회적 변화 등이 대표적이다.

4 학습부진의 특성

테일러(Taylor, 1964)의 학습과진아와 학습부진아의 일곱 가지 비교특성

- 학업불안: 학습과진아는 불안이 덜하고 목표달성에 대한 내적인 통제력과 긴장감이 있는 반면, 학습부진아는 불안을 가지고 있다.
- 자존감: 학습과진아는 자신을 수용하고 낙관적이며, 자기신뢰감과 적절감을 가진 반면, 학습부진아는 자기비판적이고 부적절감을 가지고 있다.
- 성인과의 관계: 학습부진아는 추종, 회피, 맹목적 반항 혹은 부모에 대한 적대감을 가지고 방어적으로 행동한다.
- 대인관계: 학습부진아는 거절감이나 고립감을 느끼기 쉽고 무관심하고 타인에 대해 비판적이다.
- 독립과 의존 간의 갈등
- 활동패턴: 학습과진아는 학업지향적이고 학습부진아는 사회지향적이다.
- 목표설정: 학습과진아가 보다 현실적이고 성공적인 반면, 학습부진아는 목표에 대해 비현실적이고 계속적으로 실패하게 된다.

3. 학업문제의 이해

1 위계적 학업 문제 유형 분류(황매향, 2009)

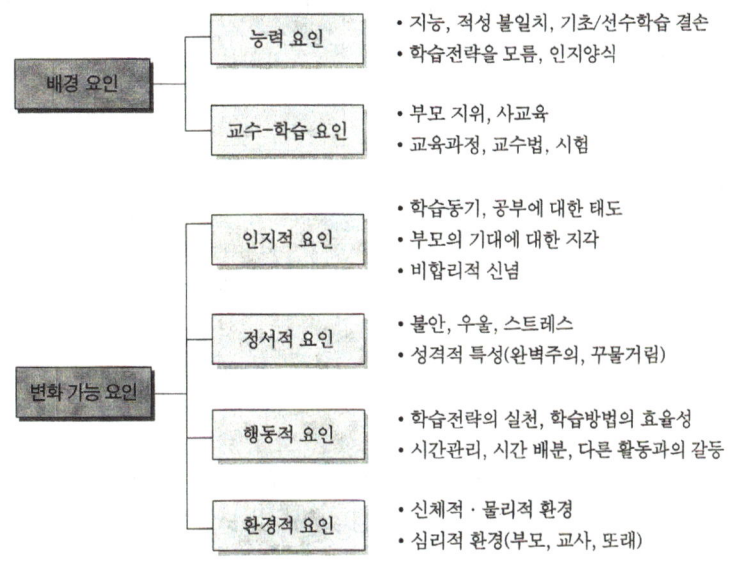

2 개인-환경, 변화-불변의 축으로 학습요인 분류 예

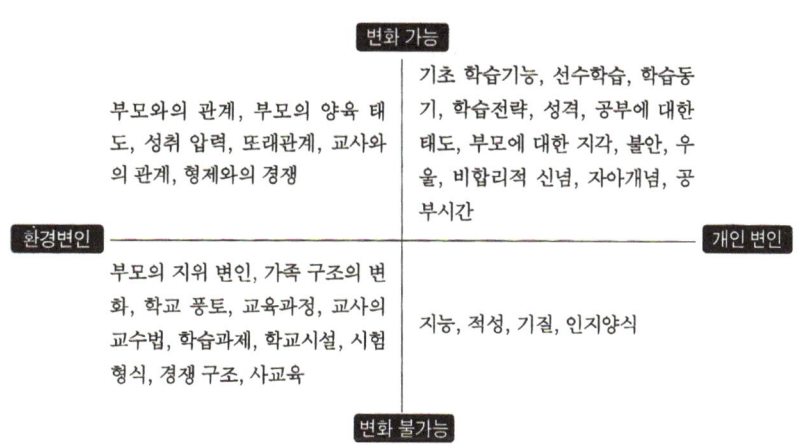

(1) 상담자는 다양한 변인을 고려하여 내담자 문제 이해, 주로 1사분면의 요인에 집중한다.

(2) 2사분면 요인의 변화 강조하여 내담자 변화를 조력한다.

(3) 3사분면 요인은 내담자의 학습부진을 이해하는 데 도움이 될 수 있지만 개입전략에 포함시킬 수 없다.

4 학습에 영향을 미치는 요인

1 학습 동기의 8단계: 로버트 밸러랜드(Robert J. Vallerand) 등의 연구(1992, 1998)

밸러랜드와 비소넷(Vallerand & Bissonnette)은 학습동기를 자기결정성의 개념으로 정리하면서 내재적 동기와 외재적 동기에 더해 무동기 상태로 구분한 바 있다.

(1) **무기력 단계**: 학습동기가 전혀 내면화되지 않은 상태이다. 자신의 학업행동의 성과를 의심하며 성과를 내는 것에 무기력하다. 학습된 무기력 상태이다.

(2) **외적 강압 단계**: 외부로부터 보상과 통제가 가해지고 구체적인 행동이 지시될 때 행동 수행. 처벌을 피하거나 보상을 받기 위해 공부한다.

(3) **내적 강압 단계**: 스스로 행동을 통제하지만 외적 가치나 보상체계를 그대로 내면화하여 죄책감이나 긴장, 불안을 피하기 위해 공부한다.

(4) **유익추구 단계**: 목표를 이루기 위해 유익한 행동을 스스로 선택하여 수행한다. 능력을 향상시키기 위해 추가 공부를 선택한다.

(5) **의미부여 단계**: 스스로 어떤 행동이 가치 있다고 판단하여 선택한다. 그 결정이 자신의 자아개념, 인생관, 목적에 부합하기 때문에 행동을 수행하면서 갈등을 경험하지 않는 단계이다. 공부하면서 내적 갈등이나 긴장을 경험하지 않는다.

(6) **지식 탐구 추구**: 앎과 의미를 추구하려는 욕구에 의해 공부한다. 새로운 내용을 학습하고 탐색하고 이해하는 동안에 즐거움과 만족을 추구한다.

(7) **지적 성취 추구**: 과제를 완벽하게 수행하는 데 주안점을 둔다. 스스로 유능함을 느끼며 성취 및 창조를 하면서 경험하는 즐거움과 만족을 얻기 위해 공부에 몰두한다. 스스로 한계를 극복하기 위해 과제를 요구받은 것보다 높은 수준으로 하려고 노력한다.

(8) **지적 자극 추구**: 공부하면서 무아지경(flow), 흥분감, 절정경험 등을 얻기 위해 공부하는 단계이다. 토론에서 경험하는 재미를 얻기 위해 수업에 참여하여 열정적이고 흥분되는 학습 내용을 통해 강렬한 지적 즐거움을 얻는 경우이다.

2 흥미(interest)

(1) **흥미에 대한 세 가지 관점(Krapp, Hidi, & Renninger, 1992)**
  ① 개인의 성격적 특성
    ㉠ 흥미는 개인의 기질적 특징이다. 즉 개인이 상당히 오랜 기간 동안 지속되는 특정 과목이나 주제에 대한 관심 영역을 말한다.
    ㉡ 진로 검사에서 RIASEC(실제적, 탐구적, 예술적, 사회적, 기업적, 관습적)으로 흥미가 나눠지고 진로 의사결정이 가능하다는 관점과 함께한다.
  ② 내용 및 상황의 특성
    ㉠ 흥미가 상황적이고 환경적 특성에 의해 생기는 것으로 보는 관점이다. 흥미는 교과 내용, 자료, 과제 내용, 활동, 수업 등에 의해 생긴다고 본다.
    ㉡ 가르칠 때 관심 가지게 되는 매체, 관심 가지게 되는 특정 교과 주제 등이 해당한다. 이러한 관점에선 학생이 흥미를 느끼도록 하는 교수법을 개발하는 것이 중요하다.

③ 개인의 심리적 상태
  ㉠ 개인적 흥미가 활성화된 상태와 상황적 흥미. 즉 개인적 성향이 특정 맥락과 상호작용을 통해 흥미를 느끼는 심리적 상태로 활성화되는 것이라고 보는 관점
  ㉡ 그 주제나 활동에 얼마나 가치를 부여하는지, 선행지식을 얼마나 갖고 있는지에 의해 영향을 받는다.
  ㉢ 선행지식과 활동 가치에 따른 흥미 4가지 유형(Renninger, 1990)

		(활동가치)	
		낮음	높음
(선행지식)	낮음	무시	매력
	높음	흥미없음	흥미

  ㉣ 흥미의 네 가지 발달 단계(Hidi & Renninger, 2006)

	정의	필요한 지원의 유형	특징
1단계 상황적 흥미의 촉발	정서적·인지적 과정으로 인한 단기간의 변화에서 야기한 심리적 상태	퍼즐, 모둠활동, 컴퓨터 등 흥미를 유발할 수 있는 환경적 조건	관심의 집중과 정서적 반응, 초기에는 부정적인 정서 반응이 나올 수 있음
2단계 상황적 흥미의 유지	관심이 촉발된 이후의 심리적 상태: 집중과 관심을 유지하는 단계	협동학습과 일대일 학습 등 개인적으로 학습 내용을 의미 있게 받아들일 수 있도록 교육적 환경 조성	관심의 집중과 정서적 반응. 만일 부정적인 정서가 있다면 개인적 흥미로 발전되기 전에 바뀌어야 함
3단계 개인적 흥미의 등장	내용에 대한 지속적인 관심이 나타나 흥미가 개인의 성향이 되는 초기단계	또래나 전문가 등의 지원이 있기는 하지만 스스로도 흥미를 갖게 되는 초기 단계	긍정적인 관심과 내용, 관련 지식의 축적이 이루어지며 호기심 어린 질문을 하게 되는 초기 단계
4단계 개인적 흥미로 자리잡음	시간이 지나도 특정한 주제에 대해 지속적인 흥미를 보임	상당한 정도로 자발적 흥미를 보이며, 외적인 지원도 이를 유지하는 데 도움이 됨	긍정적 감정, 지식의 증가 및 축적, 자기조절 및 자기 성찰의 증가

3 교사

(1) 로젠샤인과 스티븐슨(Rosenshine & Stevens, 1986)의 교사의 피드백

유형	정의	예시
수행 피드백	• 과제를 얼마나 정확하게 했는지에 대한 피드백 • 제대로 하기 위해서는 어떻게 수정해야 하는지 등에 대한 피드백	"맞았어." "첫 번째 부분은 잘했는데, 그 다음까지 계속 써야 해."
동기 피드백	• 잘하고 있는지에 대한 정보 제공 • 다른 학습자와의 비교나 설득 포함	"네가 잘해 낼 줄 알았어"
귀인 피드백	• 학생의 수행을 하나 또는 그 이상의 다른 속성으로 귀인	"열심히 하더니 좋은 성적을 얻었구나."
전략 피드백	• 학생이 사용한 전략이 효과적이었는지에 대해 피드백 제공 • 과제를 하기 위해 어떤 전략을 사용해야 할지 알려줌	"이런 순서로 한 것은 아주 잘 했구나."

4 학습전략(learning strategy)

(1) 맥키지(Mckeachie, 1986)의 학습전략 프로그램 2014, 2020, 2023 기출
 ① 인지전략: 자료의 부호화, 즉 학습에 관한 전략과 정보의 인출에 관한 전략
  ㉠ 시연전략: 암송, 따라 읽음, 자구적 노트정리, 밑줄치기
  ㉡ 정교화 전략: 매개단어법, 장소법, 심상, 의역, 요약, 유추생성, 생성적 노트정리, 질문-대답
  ㉢ 조직화 전략: 결집, 기억조성법, 핵심아이디어 선택, 개요화, 망상화, 다이어그램화
 ② 상위인지전략: 인지과정을 계획, 조정, 관리 및 수정하는 전략
  ㉠ 계획전략: 목표설정, 훑어보기, 질문생성
  ㉡ 점검전략: 자기검사, 시험전략
  ㉢ 조정전략: 독서 속도조절, 재독서, 복습, 수검전략
 ③ 자원관리전략: 과제에 대한 관여의 양과 질에 영향을 미치는 자원을 통제하는 전략
  ㉠ 시간관리: 시간표 작성, 목표 설정
  ㉡ 공부환경 관리: 장소 정리, 조용한 장소 확보, 조직적인 장소 조성
  ㉢ 노력관리: 자기효능감을 높이는 노력에 대한 귀인, 기분, 학습분위기 조성, 스스로에게 이야기하기, 끈기 가짐, 자기강화
  ㉣ 타인의 조력추구: 교사로부터 조력 추구, 동료로부터 조력 추구, 동료/집단 학습, 개인지도

(2) 학업성취에 영향을 미치는 변인: 숙달 목표와 수행 목표의 차이 2018, 2022, 2023 기출

구분	숙달 목표	수행 목표	
		수행 접근	수행 회피
목적	자신의 유능성 발달(활동 자체)	자신의 유능성 입증(학습결과에 관심)	
과제에 대한 자신감	높음	높음	낮음
지능에 대한 지각	변화 가능	변화 불가능	
실패 귀인	노력	능력	
선호 정보	자기 수행에 대한 정보(점수)	타인과의 비교에 필요한 정보(등수)	
내재적 동기	증진	무관	저하
성적과의 관계	무관	증진	저하

[2023년 기출]

다음은 전문상담교사가 재호(중3, 남)를 상담한 내용의 일부이다. 맥키치, 핀트리치와 린(W. McKeachie., P. Pintrich, & Y. Lin)이 제시한 학습 전략 방법 중 밑줄 친 ㉢에 해당하는 방법의 명칭을 쓰시오.

재   호: 선생님께서 추천해 주신 방법들은 저에게 도움이 많이 되는 것 같아요. 지난 학기에 선생님께서 알려주신 노트 작성법도 사회 수업 시간에 적용해 보았는데 엄청 좋더라구요. ㉢ 노트에 수업 내용들을 개념도로 그려 가며 관계를 나타내니까 쉽게 이해할 수 있었어요. 덕분에 1학기 사회 기말시험 점수가 10점이나 올랐어요.
상담교사: 정말 잘 했어요. 이번에도 시간 관리 매트릭스를 잘 활용해 재호에게 도움이 되었으면 좋겠어요.

4 대인관계 문제

1 대인관계에서의 특성 발달 및 변화

1 셀만(Selman, 1981)의 우정발달 4단계

단계	연령	특징
1단계 일방적 조력 단계	6세 이하	- 자신의 원하는 바를 이루도록 도와주는 사람을 자신의 친구라고 생각하고 여기는 단계 • 신체적·지리적 요인에 기초해서 우정을 형성한다. • 자아 중심적이고 타인의 조망을 이해하지 못한다. • 한쪽 편에서 보이는 사회적 행동을 상대편에서 주관적으로 평가를 하는 단계이다.
2단계 (공평한) 협조 단계	7~9세	- 상호간의 좋아하는 부분과 싫어하는 부분을 조절하기 시작하는 단계로 상호 간 협동적이고, 공평한 상호성으로 우정을 정의한다. • 상호성과 타인의 감정에 대한 인식에 기초해서 우정을 형성한다. • 사회적 행동과 서로에 대한 평가에 기초해서 우정을 형성한다.
3단계 상호공유 관계의 친밀한 단계	9~12세	- 친구간의 비밀이나 감정에 대해 공유를 하며 개인적인 문제를 해결하기 위해 서로 돕는 등 서로의 공통적인 관심사를 위해 협력하는 단계 • 순수한 주고받기에 기초해서 우정을 형성한다. • 친구는 서로를 돕는 사람으로 생각한다. • 서로의 행동에 대한 상호적 평가가 이루어진다. • 신뢰성의 개념이 나타난다. • 작은 갈등을 초월하여 서로 우정을 지속하려는 노력을 보인다.
4단계 자율적 상호의존적 우정의 단계	11,12세 이상	- 서로에 대한 강한 정서적 지원을 제공하지만 서로의 자율에 대해서도 존중을 하는 단계로 심리적 상호 의존적 관계로 통합되어 나간다. • 신뢰에 기초한, 안정적이고 지속적인 관계를 우정으로 인식한다.

2 데이몬(Damon, 1977)의 우정(friendship)의 발달수준

수준 및 연령	특성	설명
1수준(4-7세)	놀이친구관계	• 친구는 함께 재미있게 놀 수 있는 놀이친구라고 생각 • 우정에서 공동생활 중시, 나에게 잘해주는 사람이 친구 • 함께 놀 수 없으면 친구관계는 종결
2수준(8-10세)	상호 신뢰와 지지적인 관계	• 단순한 공동생활에서 나아가 심리적 유사성 중시 • 각자를 존중하고 서로의 욕구에 반응하는 상호 협의된 관계 • 신뢰관계 무너지면 친구관계 종결(약속X, 도움X)
3수준(11-15세)	친밀감과 특권적인 관계	• 심리적 친밀감과 상호이해, 더 특권을 가진 사람으로서의 친구와 관계 형성 • 깊은 친구관계 형성은 시간 소요. 그러나 심리적 문제를 해결해주는 사람으로 간주 • 문제가 생기더라도 상호이해하고 용서함. • 매우 심각한 문제가 발생할 때만 친구관계 종결

2 청소년기의 또래관계(peer relationship)

1 또래 동조성의 증가

(1) 비슷한 연령이나 성숙도를 가진 또래친구와의 관계가 밀접해지면서 또래에 대한 동조성도 극대화된다. 동조성(conformity)이란 집단 내부의 압력에 대해 개인이 이에 일치하려는 경향이다.

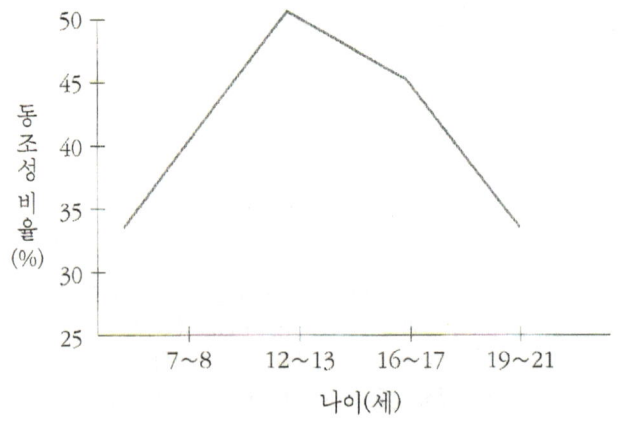

동년배에 대한 청소년의 동조성(Costanzo, 1970)

(2) **동조행동에 대한 또래압력은 청소년기에 가장 크다**: 또래에 대한 동조행동은 청소년 초기에 절정을 이루고 청소년 중기부터 감소하기 시작한다. 또래 압력의 힘은 옷의 선택, 언어, 음악, 가치관, 헤어스타일, 취미활동 등 그들의 행동에서 나타나게 된다.

2 애착과 초점의 변화

(1) 청소년기의 대인관계 변화 중 두드러지는 점은 부모에게 의존하고 영향받던 패턴에서 벗어나 독립과 자립의 욕구를 느낌과 동시에, 동년배 또래집단에게 강한 심리적 영향을 받는다는 점이다.

(2) **콜만(Coleman)의 초점이론(focus theory)**: 청소년들의 행동에 미치는 부모와 또래의 영향(초점)은 연령과 해결과제에 따라 달라진다.
   ① 연령에 따른 차이에서 또래 및 주변인물 영향력: 연구에 의하면, 정서적 지원자로 초기 청소년(중학생)들은 부모와 동성친구를, 중기 청소년(고등학생)들은 동성친구를, 후기 청소년(대학생)들은 동성친구, 어머니, 이성파트너를 꼽았다.
   ② 해결할 과제에 따른 또래 및 주변인물 의존도: 이들은 의복스타일, 음악기호, 여가활동과 같은 매일 단위의 단기적인 사회적 문제를 해결하기 위해서는 또래집단에 의존하지만, 교육문제나 진로결정과 같은 장기적 문제나 도덕, 가치관, 종교문제와 같은 영역에 대해서는 부모나 주위 성인에게 더 많이 의존했다.

(3) 또래 영향력의 정도는 고정되어 있는 것이 아니라 청소년과 부모의 관계에 따라 달라진다.

3 리스먼(D. Riesman)의 동년배 집단 유형

(1) **연합적 친구관계**: 공간적 근접성, 학령의 유사성 등에 의해 맺어진 친구관계
  ① 정서적 유대나 깊은 관여 부족. 단기적이며 피상적 수준에서 만나는 교제 관계
  ② 이사를 가거나 졸업처럼 환경이 변하면 친구관계가 종료

(2) **수혜적 친구관계**: 한 사람이 상대방에게 주로 베푸는 역할을 하는 친구관계
  ① 두 사람 간 사회적 지위나 역할의 차이가 있는 경우가 대부분
  ② 일진 문화같은 경우 수혜적 친구관계의 한 형태

(3) **상호적 친구관계**: 동등한 위치에서 서로에 대한 이해와 신뢰에 근거한 친구관계

4 이스트(East)의 또래집단에서의 인기도 유형 2023 기출

인기형	• 일반적으로 신체적 매력이 있고, 머리가 좋으며, 사교적이며, 행동적이며, 지도력이 있다. • 그들은 자존감이 높고 여러 종류의 다양한 친구들과 어울린다. • 유머감각이 뛰어난 것도 특징이다.
보통형	• 청소년의 반 정도가 이 유형에 속하는데, 친구들이 특별히 좋아하지도 않고 인기가 있는 것도 아니지만 그렇다고 친구들이 싫어하는 유형도 아니다. • 이들은 집단에 무난히 어울리는 보통 청소년이다.
고립형	• 고립되거나 무시당하는 유형으로, 친구들의 관심 밖에 있기 때문에 친한 친구로 지명되지도 않고 싫어하는 친구로 지명되지 않는다. • 이들은 수줍음을 잘 타고 위축된 성격으로 낮은 자존감과 불안, 우울증 등 내적인 문제가 있는 경우가 많다.
거부형	• 친구들이 가장 싫어하는 유형으로, 신체적으로나 언어적 공격을 많이 하고 교실에서 수업분위기를 망치고 학업성적도 좋지 못하다. • 역시 인기가 없는 청소년들과 친구가 되며, 자기보다 어린아이들과 어울린다. • 이들 중에는 약물남용이나 청소년 비행과 같은 외적인 문제가 있는 경우가 많다.
혼합형	• 친한 친구로 뽑히기도 하고 싫은 친구로 뽑히기도 하는 혼합형은 공격적이고 파괴적인 면이 있는가 하면, 자기주장이 강하고 지도력이 있다. • 이들은 또래집단에서 눈에 띄나 이들을 좋아하는 사람도 많고 싫어하는 사람도 많아 친구들에게서 복합적인 반응을 유발한다.

[2023년 기출]

다음은 전문상담교사가 '또래 관계 증진 프로그램'을 운영하고 최 교사와 나눈 대화의 일부이다. 〈작성 방법〉에 따라 서술하시오.

최 교 사: 선생님께서 우리 반 학생들에게 '나, 너 그리고 우리' 또래 관계 증진 프로그램을 운영해 주셔서 감사합니다.
상담교사: 네, 학생들이 프로그램에 참여하여 많은 것을 배울 수 있는 시간이었던 것 같아요. 저도 프로그램을 운영하면서 학생들의 성장을 볼 수 있었던 기회였고요.
… (중략) …
최 교 사: 저는 이 프로그램을 통해서 몇몇 학생들에게 눈에 띄는 변화가 보여 기분이 좋습니다. 이것은 제가 학기 초에 우리 반 아이들을 대상으로 한 소시오그램(sociogram) 결과입니다. 이 중 반장인 소연이의 교우 관계를 분석해 보면, 인기도가 가장 높았던 반면 싫어하는 친구들도 많았어요. 평소 소연이는 밝고 외향적이며 리더십도 있지만, 자기주장이 강해서 그런 결과가 나왔나 봐요. 하지만 이번 프로그램을 통해서 소연이가 친구들의 의견을 경청하는 연습을 많이 한 것 같아요. 어제 종례 후 우리 반 학생들이 학급 벼룩시장 운영에 대해 회의를 했었는데, 소연이가 친구들 의견을 잘 수용하더라고요. 그래서 제가 소연이를 엄청 칭찬해 주었어요.
상담교사: 현민이의 소시오그램 결과는 어땠나요?
최 교 사: 현민이는 친한 친구로 지명되지도, 싫어하는 친구로 지명되지도 않았어요.
상담교사: 학기 초에 현민이가 프로그램 참여한 것을 떠올려 보면, 차분하지만 수줍음을 잘 타며 위축되어 있는 모습이었어요. 하지만 프로그램 중반부에 '종이컵으로 신기한 물건 만들기'를 했었는데, 현민이가 가장 많은 아이디어를 제안해서 현민이네 모둠이 그날 최고 팀으로 뽑혔어요. 그때부터 현민이가 점점 자기 의견을 제안하기 시작하더라구요.
최 교 사: 맞아요. 현민이도 학기 초에 비하면 많이 활발해졌어요. 처음엔 주로 혼자 있었는데, 지금은 규민이와 상훈이하고 친하게 지내더라고요.
… (하략) …

〈작성방법〉

- 학기 초에 실시한 소시오그램 결과, 이스트(L. East)의 또래집단 인기 유형에서 소연이와 현민이에게 해당하는 유형의 명칭을 순서대로 쓸 것.
- 위에서 답한 소연이와 현민에게 해당하는 유형의 특징 1가지를 사례와 연결하여 순서대로 서술할 것.

5 또래에 대한 호감의 조건(호감을 갖는 요인들)

(1) **신체적 매력**: 처음에는 상대의 신체적 외모에 따라 호감이 생기지만 점차 시간이 지나면서 성격이나 능력과 같은 내면적 특성에 의해 호감(liking)이 형성되는 것이 일반적이다.

(2) **근접성**: 부정적인 인상을 갖지 않는 경우, 가까이 있는 사람 혹은 자주 만나는 사람들끼리 친해지는 경향이 있다. 자주 만남으로써 상대의 행동을 예측할 수 있게 됨으로써 호감이 증가한다.

(3) **유사성**: 비슷한 사람들끼리 친구가 되는 경향이 있다. 자신과 유사한 태도나 가치관을 갖는 사람은 세상에 대한 자신의 판단을 더 많이 수긍하고 찬성해줌으로써 보상적이기 때문이다. 또한 청소년들이 친구로 어울리면서 비슷한 속성을 서로 강화해 주고 모델을 보여주고 압력을 행사하면서 비슷한 태도와 행동을 조성해가는 경향을 보여준다. 태도, 종교, 가치관, 취미 혹은 외모, 능력이 비슷한 또래에게 호감을 느끼고 친구관계를 맺는 경우이다.

(4) 상보성(상호보완성): 내가 갖고 있지 않은 속성을 상대가 가지고 있으면 매력을 느낀다.

(5) 상호성(상호호혜성): 서로 도와주거나 지지해 주며, 서로의 의견이나 행동을 이해하고 받아들여주는 자세를 갖는 경우 상대에게 호감을 느끼고 친구관계가 형성된다.

(6) 역할모델: 상대에게 모델로 삼고 싶은 측면이 있는 경우 호감을 느끼고 친구가 될 수 있다. 친구의 언행, 생각, 태도, 능력 등 어떤 점에서라도 내가 행동모델로 삼고 싶은 부분이 있어서 친구관계를 유지하는 경우가 이에 해당된다.

> 참고 동년배 간 거부 요인: 동년배 집단 규준에 불일치, 지나치게 어른 같은 행동, 비사교적 성격, 지나치게 공부를 많이 하는 것

6 청소년기 또래관계의 긍정적·부정적 영향

(1) 긍정적 영향
① 자아 존중감 고양이나 정체성 형성
  ㉠ 동년배집단과의 친밀한 관계를 통해 지지망을 형성하고, 자기 가치감을 증진시키고, 일상적인 스트레스에 대한 완충제를 얻게 된다.
  ㉡ 또래를 수용하고 함께 어울리면서 정서적인 표현과 함께 상황이해나 의사소통기술 등 중요한 사회적 기술을 습득하게 된다.
② 청소년기 또래관계의 기능과 역할
  ㉠ 동료의식: 기꺼이 시간을 같이 보내고 공동의 활동을 하는 친근한 동료
  ㉡ 자극: 흥미 있는 정보와 즐거움을 제공
  ㉢ 물리적 지원: 시간, 자원, 도움을 제공하는 관계
  ㉣ 자아 지지: 지지, 격려, 피드백 제공으로 스스로 유능하고 매력적이고 가치있는 사람으로 느끼도록 도움
  ㉤ 사회적 비교: 서로 비교해서 자신들이 어떤 위치에 있는가를 알 수 있는 정보를 제공
  ㉥ 친밀감과 애정: 자신을 노출하고 타인과 따뜻하고 가까우며 신뢰할 수 있는 관계 맺도록 도움

(2) 부정적 영향
① 친밀한 욕구의 미충족으로 인한 폐해: 친밀감 욕구의 좌절 시 겪는 심리적 고통의 극심함.
  예) 집단따돌림 현상
② 반사회적 행동에 대한 동조성: 비행친구와의 접촉으로 다양한 반사회적 행동에 대한 또래집단의 동조압력에 의한 비행개입이나 범죄행동 수반함 예) 흡연, 혼전성교, 집단따돌림 등

3. 청소년기의 이성 관계(romantic relationship)

1. 헐록(Hurlock)의 이성애 발달 5단계: 이성에 대한 관심이 변화하는 양상에 의한 성의식 발달

단계	내용
중성적 단계 (1~5세)	• 자기를 돌봐 주는 사람에게 애정을 표시하며 남녀 구분 없이 잘 어울린다.
성적 대항기 (6~12세)	• 동성과 어울리면서 남녀 간의 신체 차이를 의식한다. 때로는 이성친구와 놀면 또래에게 놀림을 당하기도 한다. • 남녀의 대립은 초등학교 3, 4학년 때부터 현저하게 나타나 남아는 힘이 센 것으로 자신감을 가지고, 여아는 약자로서의 열등감 또는 대항의식을 가진다.
성적 혐오기 (12~13세)	• 이성에 대한 혐오와 증오의 감정이 강렬해진다. • 사춘기 신체변화에 따라 여성은 임신, 생리 등에 대한 불만으로 남성을 혐오하거나 연애를 불결하게 생각하고 이성을 냉담하고 무뚝뚝하게 대한다.
성적 애착기 (13~15세)	• 이성에 대한 혐오감의 이면에 이성에 대한 호기심과 동년배 이성의 접근으로 인한 감정적 불안정을 다른 대상을 통해 안정시키고자 한다. • 이러한 이중적 욕구가 겹쳐 연장자인 이성 또는 동성에게 강한 애착을 보인다. 자신보다 연장자인 동성에게 외모, 학력, 인격 면에서 강렬한 매력을 느껴 질투하기도 하며, 그러한 자신의 모습에 대하여 자신이 혹시 동성애자가 아닌지 고민하기도 한다.
송아지 사랑기 (15~16세)	• 남녀 간의 신체변화에 대한 관심과 성적 호기심이 많으며, 공상과 영화 속의 주인공을 꿈꾸는 시기다. • 동년배 이성을 접할 용기가 없어 연장자인 선배, 연예인, 운동선수 등을 사랑하며 그들의 말투나 복장을 따라하기도 한다.
강아지 사랑기 (16~18세)	• 이성에 대한 관심이 연장자인 이성에서 같은 또래의 이성으로 바뀌면서 이성 전반에 대해 애정을 품는다. 그러나 아직 일대일 교제보다는 두세 사람의 동료와 같이 만나며, 상대의 주의를 끌기 위해 적극적으로 접근한다. • 이성친구를 가진 친구를 부러워하거나, 이성친구에게 속없이 잘해 주다가도 사소한 말다툼으로 헤어지기도 한다.
연애기 (19~20세)	• 한 사람의 이성에게 관심이 집중되고 두 사람만의 만남을 원한다. 자신의 부족감, 결여감을 보충하고자 상대를 찾는 경향이 있다. • 연애와 성욕을 혼동하여 성적 충동에 의한 열정을 순수한 연애감정으로 착각하기도 하지만, 연애와 성욕을 차츰 분리하려는 생각을 가지게 되는 것이 특징이다.

2. 청소년기의 이성교제의 기능

이성교제를 통해 청소년들은 타인과의 정서적 교류뿐 아니라, 대인관계의 기술을 익히고 자신과 타인에 대한 객관적인 조망을 습득할 수 있게 된다.

(1) 샌트록(Santrock, 1996)의 이성교제의 기능
① 레크리에이션: 이성교제는 레크리에이션의 한 형태가 될 수 있다. 대부분 이성교제를 하면서 즐거움을 느끼기 때문에 일종의 오락적 역할을 할 수 있다.
② 지위와 성취의 원천: 이성교제를 하면서 상대가 차지하는 위치를 평가하고 유사한 지위를 얻을 수 있다.

③ 청소년기 사회화 과정의 일부: 이성교제를 하면서 이성과 어떻게 어울리는지를 배운다.
④ 이성과의 친밀한 경험: 이성교제는 이성과 의미 있는 관계 확립을 맺는 기회를 제공하며 이성과의 친밀감을 경험적으로 배우게 된다.
⑤ 성적 탐구: 이성교제를 통해 성적 실험과 탐구를 위한 연습을 할 수 있다.
⑥ 동료의식 경험: 이성과 함께 활동하고 상호 작용함으로써 동료 의식을 경험할 수 있다.
⑦ 정체성 형성과 발달: 이성교제는 청소년들이 자신의 정체성을 분명히 하고 가족으로부터 독립할 수 있도록 돕는다.

(2) 이성교제를 형성하지 못할 경우 부정적 영향(Rice & Dolgin): 심각한 불안, 자신의 성에 대한 두려움, 낮은 자존감, 후기 청소년의 경우 이성관계를 맺지 못한 것에 대해 민감하게 반응하거나 상처를 입는다.

(3) 어떤 청소년들은 이성친구와 사귀거나 친하게 되는 것을 매우 힘들어하거나 어려움을 호소하기도 한다. 이러한 청소년들은 이성친구에게 어떻게 말을 걸어야 할지 또는 어떻게 데이트를 신청해야 하는지 등에 대해 잘 알지 못하며, 자신의 데이트 신청이 거절당하거나 상대가 자신에 대해 관심을 가지지 않을지도 모른다는 불안감이나 고민을 갖기도 한다.

4 대인관계에서 문제

1 집단따돌림(bullying behavior)

(1) **정의**: 2명 이상이 집단을 이루어 특정인을 그가 소속해 있는 집단에서 소외시켜 구성원으로서의 역할 수행에 제약을 가하거나 인격적으로 무시 혹은 음해하는 언어적 및 신체적 일체의 행위이다.

(2) **양상**: 대화 거부하기, 약점 들추어내기, 은근히 혹은 공개적으로 비난하기, 하는 일마다 시비 걸기, 따돌림의 대상을 고립시킬 목적으로 그와 가깝게 지내려는 다른 집단 구성원을 위해하기, 바보 만들기, 장난을 빙자하여 괴롭히기 등

(3) **원인**
① 동년배 집단과의 유사성이나 동질성에서 벗어난 개인에 대한 집단의 거부반응
② 집단 동조 압력에 적응하지 못한 개인
③ 자신과 타인의 차이를 인정하지 않으려는 집단이기주의. 이는 자신의 불안심리를 타인을 공격함으로써 완화시키려는 무의식적 자기방어가 한 개인을 희생양으로 만드는 것이기도 하다.
④ 가정에서 발생한 갈등을 해소하기 위한 수단. 집단따돌림의 가해학생이나 피해학생 모두 역기능적 가정환경에서 관찰할 수 있다. 즉 가정의 심리적 풍토와 양육방식이 집단따돌림의 요인이 된다.

(4) **집단 따돌림에 대한 교육적·행정적 조치**
① 학교폭력 지수 활용: '어느 정도의 행동을 '학교폭력'으로 바라보십니까?'라는 질문에 따라 교실의 폭력도를 나눠볼 수 있는 단계. 이러한 '폭력지수'는 핀란드의 학교폭력 예방 및 대책 프로그램에서 나온 자료이다.

1단계: 드러내지 않고 은근히 따돌림	6단계: 위협하고 협박함
2단계: 나쁜 표정을 짓거나 나쁜 눈빛으로 바라 봄	7단계: 물건을 훔치거나 빼앗거나 망가뜨림
3단계: 나쁜 별명을 붙이고 놀림	8단계: 발로 차거나 몸을 때림
4단계: 나쁜 소문을 내거나 모욕을 줌	9단계: 흉기로 위협하거나 상처를 입힘
5단계: 못살게 굴거나 노골적으로 따돌림	

② 학급 내 프로그램 운영
  ㉠ 집단 따돌림 심각성 인식시키기: 집단 따돌림을 주도하게 되면 민사적·형사적 처벌을 받도록 명시되어 있는 법률 내용을 당사자인 학생과 학부모에게 분명하게 알리고 이러한 일이 장난으로도 용납되지 않음을 강조한다.
  ㉡ 학급 내 운영 프로그램: 학급 경영에 학생들을 다양한 형태로 참여시켜 따돌림을 방지하는 프로그램을 활용한다. 집단 따돌림 도우미 구성, 집단 따돌림 투표를 통한 사전 따돌림 방지, 집단 따돌림 감시위원회 설치, 집단 따돌림 일일체험 등. 학급학생들이 자발적으로 토론, 체험, 규칙 정하기를 하면서 따돌림을 예방하고 해결할 수 있도록 조력한다.

③ 올베우스(Dan Olweus) 4대 규칙 적용

올베우스 프로그램 개발 배경
노르웨이에서 1982년 10~14세 청소년 3명이 집단 괴롭힘의 결과로 잇따라 자살한 사건을 계기로 베르겐 대학의 심리학자 댄 올베우스가 개발한 프로그램 실시. 학생 2,500여 명을 대상으로 실시한 결과 2년 사이 학교폭력 사건이 50% 이상 감소하였고, 이후 영국, 독일, 미국 등으로 프로그램이 확산되면서 역시 큰 효과를 보인 프로그램

  ㉠ 우리는 다른 친구들을 괴롭히지 않을 것이다.
  ㉡ 우리는 괴롭힘을 당하는 친구들을 도울 것이다.
  ㉢ 우리는 혼자 있는 친구들과 함께할 것이다.
  ㉣ 만일 누군가가 괴롭힘을 당하게 되는 것을 알면, 우리는 학교나 집의 어른들에게 이야기할 것이다.

④ 평화로운 공동체 만들기 위한 규칙 제정: 학생들이 주도적으로 참여하는 가운데 학교를 폭력이 없는 평화로운 세상으로 만들기 위하여 규칙을 정하고 철저하게 지켜나가는 것이다.
  ㉠ 학급회의를 통해 학교폭력의 문제와 심각성을 공유하기
  ㉡ 학생들이 학급회의를 주도하여 토론하며 의견 수렴하기
  ㉢ 학생들의 의견을 바탕으로 교사들의 의견과 올베우스 같이 효과가 입증된 규칙들을 참조하여 우리 학교에서 지킬 규칙 만들기
  ㉣ 제정된 규칙을 학부모, 교사, 학교 행정가와 공유하기
  ㉤ 괴롭힘 없는 평화롭고 행복한 학교를 만드는 선언식하기

(5) 상담자 개입

피해 학생	가해 학생
• 상담 받게 된 심정 다루고 구조화하기 • 따돌림 상황, 원인 및 학생 특성 파악하기 • 심리적 어려움 공감 및 정서적 지지하기 • 호소문제 파악 및 상담목표 설정하기 • 대안행동 및 변화를 계획하고 실행하도록 격려하기 • 내담자의 자원, 장점을 찾아내고 활용하기 • 변화에 대해 피드백해 주고, 지지해 주기	• 상담에 의뢰된 심정 다루고 구조화하기(문제해결 과정 알려 주기) • 따돌림 상황, 원인 및 학생특성 파악하기 • 피해학생 상태, 욕구 및 문제해결과정 알려 주기 • 호소문제 파악 및 상담목표 설정하기 • 대안행동 및 변화를 계획하고 실행하도록 격려하기 • 가해학생의 자원, 장점 찾아내고 활용하기 • 변화에 대해 피드백해 주고, 지지해 주기

2 은둔형 외톨이(은둔형 부적응, hikikomori 히키코모리)

(1) 일반적 특징
① 학교나 직장에 가기 싫어하고 밖으로도 나오지 않으려 하는 사회적 철회를 보인다는 것
② 사람들과 만남과 접촉을 꺼리고 친구를 사귀지 못하며, 사귀고 있는 친구와의 관계유지도 어렵다.
③ 주어진 일을 회피하는 성향을 보이며 자신의 상황에 대해 무기력함과 불안을 경험하고 있다.

(2) 외톨이 청소년의 특성(한국청소년 상담원, 2006)
① **대인예민성**: 다른 사람들의 반응, 자신에 대한 다른 사람들의 생각에 예민한 반응을 보여 일상생활에 불편함을 경험하는 것이다. 대인관계에 많은 어려움을 호소한다.
② **불안**: 긴장되고, 안절부절못하며 심리적인 안정상태가 유지되지 못하는 상태이다. 긴장되고 경직된 행동 철회를 동반하며 이로 인해 일상생활에 많은 불편함을 경험한다. 외톨이 청소년의 경우 특히 가족 간 불화가 심하거나 가족 간의 심리적 갈등이 높기 때문에 만성적인 불안상태가 나타난다.
③ **공격성**: 사람이나 사물을 정복하거나 이기기 위하여 또는 여러 상황이 접근을 포기하고 자신의 안으로 피해 버리기 위하여 과격하게 표현되는 행동뿐 아니라 분노를 촉발하는 정서 상태를 의미한다. 외톨이 청소년의 경우 거부적이고 위축행동의 형태로 공격성이 표출된다. 이들은 공격적인 행동이나 욕설, 난폭, 지나친 자기중심성, 혐오감을 주는 신체, 외모, 거짓말 등으로 현실과 접촉을 차단하고 자신을 보호하려고 한다.
④ **사회성 기술 부족**: 적극적인 문제해결 방법인 사회적 기술이 부족하다. 친구가 없고, 틀어박혀 있는 고립된 활동, 심리적 불안이나 불안정, 적대감이나 편집성 등 타인에 대한 부정적 감정과 관련된 심리적 증상을 보인다.
⑤ **사회적 철회(위축)**: 철회(위축)란, 다른 사람이나 사회적 상황에로의 접근을 스스로 포기하고자 자기 안으로 숨어드는 행동 특성을 말한다.
   ㉠ 소극적 위축행동: 부정적인 자아지각, 불안, 부끄러움, 무관심, 냉담, 소심한, 과민 등과 관련된다.
   ㉡ 거부적 위축행동: 지나친 자기중심성, 난폭, 공격적인 행동이나 욕설 등의 언어, 혐오감을 주는 신체, 외모, 거짓말 등과 관련된다.
⑥ 외톨이 청소년의 경우 친구관계나 대인관계의 어려움, 자신에 대한 부정적인 자기지각, 대인예민성, 불안 등으로 인해 위축행동이 나타나게 된다.

3 지나친 수줍음(excessive shyness)

(1) 정의
사회적 상호작용을 회피하고 사회적 상황에 적절히 참여하지 못하는 경향이다. 칙과 버스(Cheek & Buss)는 수줍음을 "낯선 사람이나 새로운 사회적 상황에서 느끼는 불편함으로 인해 제대로 행동하지 못하는 것"으로 정의하였다. 그렇기 때문에 이들은 친한 친구나 가족에게는 긴장하거나 억제된 행동을 나타내지 않는다.

(2) 잉퍼(Engfer)가 제시하는 수줍음의 세 가지 구성요소
① 낯가림, ② 낯선 사람들에 대한 공포심, ③ 사회적 위축

(3) 이 같은 특성은 다른 친구들로부터 무시당하거나 거절당하는 것과 밀접한 관계가 있는데 결과적으로 수줍음을 타는 아이들은 또래관계에서 많은 어려움을 겪고 자아존중감이 낮으며 사회적 기술이 부족하고 소극적인 특성 등을 가지고 있다(박유나, 2005).

(4) 미국 스탠포드 수줍음 연구소에서 제시하는 개입 방향
① 자기 자신 이해하기
② 수줍음 이해하기
③ 자아존중감 형성하기
④ 사회적 기술 습득하기
⑤ 집단 내에서 자신에 관해서 자랑하기 방법 및 긍정적인 언어로 표현하기, 자기 자신에 대한 기술을 바꿔 보는 연습 등

(5) 박유나(2005)가 제시한 수줍음 치료 개발 프로그램들의 공통점
① 이완훈련: 수줍음의 증상 가운데 상호관계에 대한 불안에 초점을 두어 이완훈련을 실시한다.
② 자아존중감 향상: 자기 장점 발표하기 및 상호 긍정적 피드백 주고받기 등의 방법 적용
③ 사회적 기술 향상: 사회적 기술 훈련을 통한 사회적 기술 향상을 목표로 한다. 구체적인 사회적 기술 훈련에는 자기주장 훈련 및 자기표현 훈련이 포함된다.

4 대인기술의 지도 방법

(1) 나-전달법과 너-전달법 2019 기출

① **고든(T. Gordon)의 나-전달법(I-Message)**
  ㉠ 정의: 나를 주어로 하여 상대방에 대한 자신의 감정, 생각, 신체적 상태 등을 표현하는 표현법이다.
  ㉡ 나-전달법의 4요소
  - 제 1요소: '네가 ~ 하면'으로 **상대방 행동**에 대한 간략한 서술. 받아들일 수 없는 행동에 대한 비난이나 비평없는 서술이어야 한다.
  - 제 2요소: '나는~라고 느낀다.'로 결과적으로 경험하는 **자신의 감정**을 서술. 핵심적 요소이다.
  - 제 3요소: '왜냐하면~' 그 행동이 자신에게 미치는 **구체적인 영향** 서술. 노력, 비용, 시간 등을 말한다.
  - 제 4요소: 그래서 상대방이 그 점에 대해 어떻게 해주기를 바라는가, 즉 **나의 소망**(~ 했으면 좋겠어)을 서술한다.

  > **＋ 나-전달법의 예**
  > - "네가...(행동)...하니까, 나는...(감정)...게 느낀다."라는 방식의 표현
  > - 의사표현: 할 일은 많은데 일이 자꾸 늦어 걱정이구나.
  > - 교사: 일이 늦어서 초조함.
  > - 학생: 일이 늦어서 걱정하고 있구나.

  ㉢ 긍정적 효과
  - 상대방에게 나의 입장과 감정을 전달함으로써 상호이해를 돕는다.
  - 상대방에게 개방적이고 솔직하다는 느낌을 전달한다.
  - 상대는 나의 느낌을 수용하고 자발적으로 자신의 문제를 해결하고자 하는 의도를 지니게 된다.

② **너-전달법(You-Message)**
  ㉠ 정의: 너'를 주어로 하여 상대방의 행동에 대한 평가나 비평을 하는 대화 방식. 즉, "너는 ......하다"의 표현 방식이다.

> **너-전달법의 예**
> - "그것도 제대로 못하니!" → "네가 그런 일도 제대로 처리 못하고 실수를 하니(행동/상황)! 앞으로 더 힘든 일을 제대로 처리 못하고 그르칠 것 같아(결과) 걱정이 된다(감정/반응)."
> - 의사표현: 넌 왜 일을 이렇게 빨리 못해?
> - 교사: 일이 늦어서 초조함.
> - 학생: 선생님이 나를 무능력하다고 여기는구나.

  © 부정적 영향
- 상대에게 문제가 있다고 표현함으로써 상호관계를 파괴한다.
- 상대방에게 일방적으로 강요, 공격, 비난하는 느낌을 전달할 수 있다.
- 상대는 변명하려 하거나 반감, 저항, 공격성을 보이게 된다.

(2) Do 언어와 Be 언어

	Do언어	Be언어
정의	• 상대방의 문제가 되는 행동을 구체적으로 가리켜 표현하는 말 • 효과: 상대방이 잘못된 행동을 바로 알 수 있어 태도나 행동을 변화시킬 수 있다.	• 문제 행동을 지적해 주는 것이 아니라 행동의 전반적인 특성이나 인격으로 확대시켜 말하는 것 • 문제점: 상대방은 기분이 불쾌해지고 감정이 손상될 우려가 있다.
예	• 지각한 아이에게 "너 자주 늦구나." 하는 식의 표현	• 지각하는 친구에게 "너는 왜 이렇게 게으르니?" 하는 방식
유의점 및 문제점	• 구체적인 상황 하에서 구체적인 행동으로 표현한다. • 상대방의 행동을 비평하거나 평가하지 말고 행동 그대로 표현. 상대를 존중하고 객관적으로 진술한다. • 먼저 Do language를 사용하여 상대방의 구체적인 행동을 표현한 뒤 I-message를 사용하여 느낌이나 감정을 표현하는 것이 효과적이다.	• 사실을 기술하는 것 이상의 의미를 함축하므로 어떤 의미를 전달하려 하는지 명백하지 않음 • '늘', '오직'의 성질을 갖고 일반화되는 경향이 있다. • 평가적 형용사를 동반한다. • 감정적인 요소를 표현할 수 있음 • 대답할 수 없는 모호함을 지님

[2019년 기출]

다음은 전문상담교사가 친구관계로 고민하는 승희(고1, 여)를 상담한 내용의 일부이다. 고든(T. Gordon)이 제시한 '나-전달법'의 구성요소에 근거하여, 밑줄 친 ㉠에서 잘못된 부분 1가지를 찾아 쓰고, 빠진 요소 1가지를 추가하여 서술하시오.

〈배경 정보〉

승희는 학생정서행동특성검사 결과에서 관심군으로 나타나 상담에 의뢰된 학생이다. 승희는 친구 은서를 늘 배려하고 어려운 일도 도와주었지만, 최근 은서가 자신을 피하는 것 같아 은서의 눈치를 보고 있다. 은서는 곤란한 상황에 처하면 남을 탓하거나 핑계를 대는 일이 많기는 해도 늘 자기주장도 분명하고 리더십도 있어서 승희는 은서와 잘 지내고 싶어한다. 현장체험 학습을 간 날에는 은서의 현장체험학습 보고서도 밤잠을 안 자고 대신 작성해주었다. 하지만 은서는 승희가 애써 작성해 준 보고서에 빠진 내용을 지적하며 '네 거라면 이게 성의없이 하지는 않았겠지? 차라리 못한다고 하지, 공연히 너 때문에 나만 우습게 되었잖아.'라고 했다. 승희는 친구 일을 대신해 주고 고맙다는 말은커녕 잘못했다는 비난을 들어서 서운하고 답답했다.

〈대화 내용〉

상담교사: 자, 그럼 여기 옆에 은서가 있다고 생각하고 지금까지 같이 연습한 '나-전달법(I-Message)'으로 얘기해 보겠니?

승　　희: 네, 선생님. 잘 할 수 있을지 모르겠지만 한번 해 해 볼게요. ㉠ '은서야, 네가 나 때문에 우습게 되었다고 그랬는데, 그렇게 얘기해서는 안 된다고 생각해. 왜냐하면 나는 너를 정말 도와주고 싶었고 그래서 너랑 더 친해지고 싶었는데, 내 기대가 무너진 것 같았어. 그래서 난 네가 나에게 고맙다는 말을 해 주면 좋겠어.' 라고 말하면 된다는 거지요?

5 청소년 비행

1 청소년 비행(Juvenile delinquency)의 정의

1 비행

(1) 법률적, 도덕적, 교육적, 사회적 기준을 위반한 행위
(2) 비행은 넓은 개념으로 사용되어 실정법을 위반한 행위뿐만 아니라 여러 가지 사회규범을 위반함으로써 장차 실정법인 형법을 위반할 우려가 있는 모든 행위를 일컫는다.

2 청소년 비행

(1) 청소년이 저지른 법규에 저촉되는 행위는 물론 가정과 사회에서 말썽 피우는 행위, 무단결석, 음주, 약물남용, 가출 등 광범위한 사회생활 및 법률준수와 관련된 것들을 내포하는 것으로 사용
(2) 청소년 비행은 법률적으로 12세 이상 20세 미만의 청소년에 의해 행해지는 우범행위, 촉범행위, 범죄행위를 일컫는다.
   ① **우범행위**: 청소년의 행위 그 자체를 범죄로 보기는 어려우나 무단결석이나 가출처럼 범죄를 저지를 우려가 있다고 인정되는 행동
   ② **촉범행위**: 형법 법령을 위반하였으나 형사 미성년자(14세 미만)의 행위로서 형사책임을 묻지 않은 행위
   ③ **범죄행위**: 14세 이상 20세 미만 소년의 형법 명령에 저촉되는 행위
(3) 청소년 비행은 단순히 형법을 위반한 청소년의 범죄만을 의미하는 것이 아니라 범죄의 가능성까지도 포함하며, 더 나아가 성인일 경우에는 문제가 되지 않지만 청소년이기 때문에 문제가 되는 지위비행까지도 포함하고 있다.
   ① **지위비행**: 청소년들에게만 해당되는 위반행위로서 가출, 무단결석, 음주, 흡연, 미성년자 출입금지 장소에 출입 등이 포함된다.

3 비행청소년(juvenile delinquent)

(1) 일반적으로 형법 법령에 위반된 행위를 하여 처벌 또는 보호 대상이 되는 청소년이다.
(2) 음주, 흡연, 싸움, 유흥업소 출입과 성도덕 문란행위 등으로 자신 또는 타인의 도덕성을 해롭게 하는 청소년을 포함하는 개념으로 이해할 수 있다.

4 청소년 비행의 특징: 보편화, 집단화, 누범화

(1) **보편화**: 돈 내기, 도박, 음란서적, 음주 등을 주로 저지른다.
(2) **집단화**: 또래 집단행동 양식으로서의 비행이다.
(3) **누범화**: 성인범죄자로 발전하는 경향성. 초범 연령이 어릴수록, 범죄 횟수가 많을수록 성인범죄자로 발전하는 경향성이 높다.

2. 청소년기 위험행동의 이해 모형

1 어윈과 밀스테인(Irwin & Millstein, 1986)의 위험행동의 상호작용 모형

```
                    〈위험행동소인〉                                    〈보호요인〉
        유전소인, 남성, 불균형적인 사춘기 시작, 호르몬,     내적요인    정상 정동상태, 자기 존중감, 성취에 높은 가치, 종
        감각추구 성향, 인지적 미성숙, 우울증, 낮은 자존      ↔         교성, 인지적 성숙
        심, 독립추구성향

                         ↕                              외적요인                    ↕

        동료의 위험행동 수용, 부모 감독 소홀, 학교 실패,     ↔         학업성취, 건전한 가족, 부모의 지지, 동료의 위험,
        가난, 부모의 위험행동                                          행동 부정, 학교활동 참여, 권위적 양육

                                                        ⇓
                                                   유발요인(상황요인)
                                  또래의 위험행동 시작, 사회적 압력, 학교전학, 가족 해체, 성 행동 시작, 약물사용
```

(1) 위험행동은 내적 요인과 외적 요인 및 상황적 요인의 복합적 상호작용에 의해 유발된다.
(2) 이들 각각은 다시 위험행동의 원인 요인과 보호 요인에 의해 위험행동이 예방 또는 감소될 수 있음을 보여준다. 내적 요인에는 위험행동의 생물학적 원인과 심리학적 원인 및 이와 대립되는 보호적 요인이 있다.

2 셀만(Selman, 1992)의 위험행동의 발달적 모형

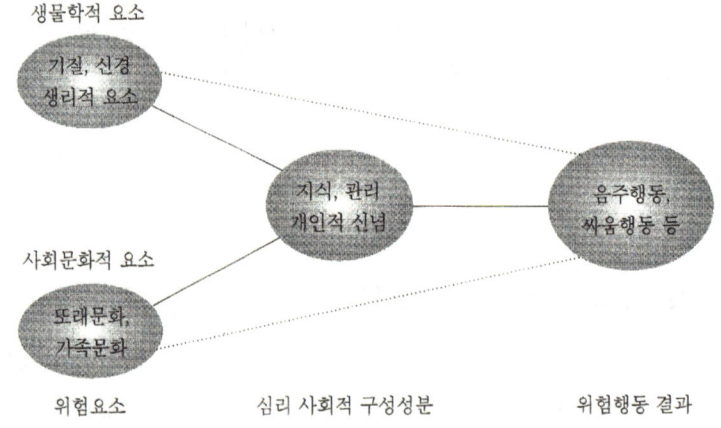

(1) 생물학적 및 사회 문화적 요소는 심리 사회적 체계를 통해 여과된 후에 위험행동에 영향을 미치는 선행조건이고, 심리 사회적 요소는 선행 요건과 후행 요건 간의 상호작용을 중재함으로써 개인의 행동을 의미롭게 조형하는 통합적 능력이다.
(2) 점선은 위험요소가 위험행동에 직접적으로 영향을 주는 것이며, 실선은 심리 사회적 구성성분을 경유하여 위험행동에 작용하는 것을 의미한다.

(3) 심리사회적 요소를 경유하지 않는 것은 생물학적 요소나 사회 문화적 요소가 극단적인 성격을 지녀 독립적으로 작용하는 것이다. 생물학적인 심한 충동성, 억제된 기질, 기형적인 뇌구조나 사회 문화적으로 심각한 가난, 약물의존, 범죄우범지역 노출 등이 해당한다.

(4) 반면 심리 사회적 구성성분을 경유하는 경우의 생물학적 요소는 사춘기라는 청소년 시기의 호르몬 변화나 신체 생리적 변화나 사회문화적 요소는 부정적 교우관계나 가족 간의 불화이다.

(5) 심리 사회적 구성성분을 경유하는 요소: 위험에 대한 지식, 대인관계 기술, 개인의 의지 및 신념이 중재작용을 함으로써 위험행동을 예방할 수도 있는 요소로 작용이 된다.

(6) 위험에 대한 지식의 경우, 위험행동을 예방하는 데 큰 영향을 미치지 못하며, 대인관계 기술인 관리 기술은 위험행동을 예방하는 데 가장 핵심적인 역할을 한다. 또한 개인의 의지 및 신념인 개인의 지각 수준도 예방에 영향을 미친다.
   ① 구조적-발달적 접근(탈중심화 능력): 교우관계나 가족관계에서 자신과 타인의 요구를 분화시킬 수 있는 능력
   ② 기능적 접근(조망수용능력, 대인문제해결능력): 다른 사람의 관점을 수용할 수 있는 능력, 합리적인 갈등 협상 전략을 사용할 수 있는 능력

(7) 심리사회적 구성성분 자리에 보호적 요인인 적극적 대처, 부모감시 및 통제 등을 대신해서 넣게 될 경우 상호작용 효과가 일어나 위험행동에 영향을 미친다.

> **+ 셀만의 위험행동의 발달적 모형 예**
> 위험요인으로 부정적인 또래압력이 작용한다고 할 때 흡연이나 싸움, 약물 등의 위험행동을 촉진시키는 것이 아니라 적극적 대처능력의 부족이나 부모의 거부 및 통제 부족이 함께 작용할 때 위험행동이 발생한다. 반대로 보호적 요인 가운데 적극적 대처와 부모의 감시 및 통제가 작용할 때 또래의 부정적 압력으로 인한 위험행동은 감소되거나 차단될 수 있다.

3 비행의 유형

1 기준

(1) **법률적 기준**: 물건을 훔치거나 타인에게 상해를 입히는 것과 같이 실정법을 위반하는 행위

(2) **도덕적 기준**: 거짓말을 상습적으로 하는 것과 같이 중요한 도덕적 규범을 위반하는 행위

(3) **교육적 기준**: 학교를 무단결석하는 것과 같이 중요한 학칙을 위반하는 행위

(4) **사회적 기준**: 부모에게 욕설을 하거나 가출을 하는 것과 같이 사회적으로 중시되는 윤리적 규칙을 위반하는 행위

2 위너(I. Weiner)의 비행 유형 2012 기출

(1) 사회적 비행(social delinquency)
   ① 집단으로 행하는 경우가 많고, 행위자의 입장에서 볼 때 비행하위집단 내에서 인정하는 방식으로 욕구를 실현하는 적응적인 행동양식

② 정상적인 사회적, 문화적 규범 준수를 통해 경험하지 못하는 자아존중감과 소속감을 비행행위를 통해서 얻는 것이다.
③ 심리적인 문제가 비교적 적거나 없기 때문에 대인관계에서 특히 자신이 소속한 하위집단 내에서의 대인관계에서는 정상적으로 행동한다.
④ 저소득층에 국한되는 것이 아니라 중상류층 출신에도 상당히 많이 나타난다.
⑤ 상담과제: 사회적 비행청소년에 대한 주요 상담과제는 비행집단 이외에서 재미와 이득을 얻을 수 있도록 안내하는 것이다. 상담자는 구체적으로 다음과 같은 문제들을 다루어 주어야 한다.
　㉠ 비행청소년의 현재 행동이 자신의 재능과 에너지를 소모한다는 인식을 갖게 한다.
　㉡ 학교나 직업세계에서 비행이 아닌 다른 방법으로 욕구와 바람을 성취할 수 있다는 확신을 갖게 하고 그 방법을 습득하도록 돕는다.
　㉢ 비행집단의 압력에 대처하는 방법을 알게 해준다.
　㉣ 비행집단 대신 소속감과 정체감을 제공하는 새로운 지지체계를 형성하도록 돕는다.
　㉤ 이웃시민위원회 조직, 직업증진계획, 또래대화집단, 운동집단 등과 같은 사회적 행동 프로그램을 적용한다. 즉, 현실생활에서 청소년으로서의 합당한 지위를 새롭게 획득할 기회가 있음을 인식하고 경험하게 한다.

(2) 성격적 비행(personalitic delinquency)
① 심리적 비행(psychological delinquency)으로, 행위자의 비사회적 성격구조에서 비롯되는 비행
② 타인의 권리나 감정을 고려하지 못하고 자신의 행동을 조절하는 능력이 부족하여 다른 사람들이 자신의 행동으로 인해 받을 수 있는 고통이나 피해를 배려하지 않고 자신의 공격적이거나 쾌락추구적인 충동을 즉각적으로 옮긴다.
③ 타인조망 능력이 떨어지고, 기본적 양심의 형성발달이 잘못 되었기 때문에 자신의 권리나 감정은 아주 사소한 것이라도 피해를 입으면 참지 못하는 반면, 타인의 권리나 감정은 무자비하게 짓밟으면서도 전혀 죄의식을 느끼지 못한다.
④ 만족을 지연시키는 능력이 부족하고 좌절을 견디는 힘이 약하며 자아통제능력과 장기적 계획능력이 부족하다.
⑤ 삶에서 매우 중요한 능력인, 경험으로부터 배우는 능력이 부족하다.
⑥ 대부분 부적절한 성장과 관련이 있다. 영유아기 때 부모나 중요한 타인들로부터 충분한 애정, 관심, 적절한 양육을 받지 못하고 오히려 거절 혹은 방임되었기 때문에 타인 공감 능력이나 대인관계에서 온정을 느끼고 배려하는 능력을 기르지 못하였다. 아동 후기 및 청소년기의 부적절하거나 비일관적인 훈육과 감독도 성격적 비행을 초래할 수 있다.
⑦ 상담과제
　㉠ 성격적 비행청소년들의 주요상담과제는 개인적인 충성심과 타인에 대한 관심을 증진시키는 것
　㉡ 상담자는 아동 초기의 감정적 유대박탈을 보상할 수 있는 허용적인 분위기를 제공하는 것이 중요하며, 신체적 상해를 방지하기 위한 제한, 공격성을 억제하기 위한 놀이를 하면서 지속적으로 대화에 임한다.
　㉢ 이들은 미성숙하거나 피상적인 도덕적 판단수준에 머물러 있거나 자기중심적인 사고구조를 지니고 있어, 사회적 맥락에서 적절하게 판단하지 못하고 욕구 충족을 위한 비행을 저지르는 경우가 많다. 따라서 사회적 조망을 획득할 수 있는 기회를 충분히 제공하여 도덕적 판단능력을 향상시키는 접근이 필요하다.

(3) 신경증적 비행(neurotic delinquency)

① 심리적 비행(psychological delinquency)으로, 행위자가 자신의 욕구를 정상적인 방식으로 충족시킬 수 없는 경우에 그 욕구를 표현하는 방식으로 범하게 되는 비행이다.
② 주로 단독으로, 갑작스럽게 일어나며, 상황적으로 촉발되는 경우가 많다.
③ 다음과 같은 경우에 비행이 일어난다.
  ㉠ 인간의 가장 기본적인 욕구인 타인에게 인정받고 싶고 사랑과 관심을 받고 싶은 욕구가 번번이 좌절될 때
  ㉡ 주변 사람에게 직접 말하기 두렵거나 당혹스러운 문제를 경험할 때
  ㉢ 도움을 받고자 하는 요청이 되풀이해서 무시된다고 느낄 때
④ 타인의 주목을 끌기 위한 방안으로 비행을 저지르는 경우가 많다. 예를 들어, 자기에게 별로 필요도 없는 물건을 가게 주인이 뻔히 보는 앞에서 훔친다거나 교사가 쉽게 볼 수 있는 곳에서 술을 마시고 창문을 깬다거나 하는 경우이다.
⑤ 건강하고 규범 동조적이며 안정된 가족 속에서 적절한 양육을 받고 성장하였으나, 일시적 혹은 장기적 가족 상황의 변화나 가족구성원의 발달로 말미암은 일련의 변화로 가족구성원들이 이전에 제공했던 관심과 애정을 더 이상 주지 못하게 되는 경우 발생하는 경향이 있다.
⑥ 거부, 좌절, 낙담, 분노, 긴장에 이어서 일어나기 때문에 행위자의 긴장과 분노, 좌절감이 해결되는 즉시 비행도 없어지는 경향이 있다.
⑦ 상담과제
  ㉠ 이들은 심리적 갈등이나 좌절을 겪게 하는 환경적 스트레스를 갖고 있으며, 이러한 좌절감과 불안감을 적절하게 표현하는 사회적 기술이 부족한 경우가 많다.
  ㉡ 상담자는 이들이 자신의 내면적인 갈등이나 불안의 원인을 인식할 수 있도록 돕고, 자신의 부적절감을 적절하게 표현하고 해결할 수 있는 사회적 기술을 학습하도록 돕는다.
  ㉢ 위너(Weiner, 1982)는 신경증적 비행청소년의 상담과제로 인정과 존경을 경험할 수 있는 상담관계 형성, 비행을 저지르게 된 동기의 자각, 비행이 궁극적으로 자기패배적인 결과를 낳을 수 있다는 인식, 문제해결을 위한 긍정적인 방안의 강구를 제안하였다.

(4) 정신병적 비행(psychotic delinquency)

① 심리적 비행(psychological delinquency)으로, 행위자가 정신분열증, 뇌의 손상과 같은 기질적 이상으로 인해 저지르는 비행이다.
② 주의집중력 결핍, 충동 통제력의 부족, 미래조망능력의 부족, 낮은 자존감 등의 특징을 보이는데 이러한 것이 비행의 원인으로 지적된다.
③ 상담과제
  ㉠ 상담자는 이들에게 의학적 처치와 함께 지지적인 심리치료를 병행하여 자아의 기능을 회복하도록 도와야 한다.
  ㉡ 정신증적 비행청소년이 현실을 올바로 지각할 수 있도록 돕고, 현재의 기능 상태를 고려하여 적절한 사회적 과업을 성취할 수 있도록 구체적으로 지도한다.

[2012년 기출]

다음은 위너(I. Weiner)가 제시한 청소년 비행의 유형에 대한 설명이다. (가)~(다)에 해당하는 유형을 〈보기〉에서 골라 바르게 연결하시오.

(가) 일탈적인 또래의 영향이 크며, 비행청소년의 입장에서 볼 때 비행 하위문화의 구성원으로 인정받고 자존감을 높이기 위한 단기적인 적응행동 양식이다.
(나) 공격적이고 쾌락추구적인 충동을 즉각 행동으로 표출하거나 혹은 타인의 권리나 감정을 무시하는 행동을 한 후에도 죄의식을 전혀 느끼지 못하는 경향성과 관련된다.
(다) 욕구 표현과 충족을 위해 단독으로, 급작스럽게, 우발적으로 저지르는 상황 결정적 비행인 경우가 많으며, 내면의 긴장감, 분노, 낙담 등과 같은 심리적 갈등이나 좌절이 표출된 것이다.

〈보기〉
ㄱ. 성격적 비행   ㄴ. 사회적 비행   ㄷ. 정신병적 비행   ㄹ. 신경증적 비행

4 비행의 원인

요인	항목
개인 요인	• 낮은 자아존중감 • 낮은 자기통제감 • 감정인식과 표현의 어려움 • 제한된 인지능력 • 부적절한 대인관계 특성 • 내적 긴장감
가정 요인	• 부모의 양육태도의 문제 • 자녀 발달에 따른 관계 조정의 실패 • 가정 불화나 학대 • 가족 내 위계질서의 부재 • 빈곤 가정이나 결손 가정
학교 요인	• 학교에 대한 낮은 애착 • 학업 실패 • 학교에서의 낙인
또래 요인	• 또래 관계를 통한 비행의 모방 • 따돌림 경험
지역사회 요인	• 우범률이 높은 학교, 집 주변의 환경

1 생물학적 관점에서의 비행행동 원인

(1) **테스토스테론** 수준의 상승, 세로토닌 하강에 의해 공격적인 행동이 나타난다.
(2) **각성이론**: 각성의 역치가 높아, 각성이 잘 되지 않음으로 인해 위험에 대한 반응과 자각이 떨어진다.
(3) **신경·심리적 결함이론**: 언어적 추리와 수행 기능상의 신경·심리적 결함이 자기조절을 어렵게 해서 공격행동과 품행문제를 일으킨다는 것이다. 또한 신경·심리적 결함으로 인해 학업성취욕구가 떨어지고 욕구좌절을 경험하게 되어 결국 공격행동과 같은 품행문제를 유발한다.

2 정신분석학적 관점에서의 비행행동 원인

(1) **프로이트(Freud)**: 자아와 초자아의 통제력이 너무 약해, 원초아의 추동을 저지 못해 생긴다.
(2) **에릭슨(Erickson)**: 자아정체감을 제대로 확립하지 못하면 부적응 현상이 나타나 역할혼란과 좌절감에 빠지거나 기존의 사회적 기대 또는 가치관에 정반대되는 부정적인 정체감이나 무규범적인 자아개념을 갖게 되어 생김. 그 결과 가출, 공격성, 반사회적 행동 등과 같은 폭력행위로 나타난다.
(3) **아들러(Adler)**: 폭력행위가 심한 열등감을 보상하는 행위이다.
(4) **로흐만(Lochman)**: 학교폭력자들은 다른 사람들을 통제하고자 하는 욕구가 강하고, 남을 지배하고자 하는 욕구는 통제받고 싶지 않은 근원적 두려움을 감추고 있는 것. 학교폭력을 행사함으로써 부적절감을 감추고 있는 것이라는 주장이다.

3 좌절-공격이론에서의 비행행동 원인

(1) 폭력행위는 좌절경험이라는 외적 자극에 의한 내적 추동으로 인해 생겨난다는 이론이다. 에론과 슬라비(Eron & Slaby, 1994)는 공격적 행동의 선행 필요조건이 좌절이라고 하였으며, 좌절이 공격행동을 유도한다고 주장한다.
(2) 좌절을 예방할 수 있다면 폭력성의 발생빈도를 낮출 수 있다고 설명하였다.

4 학습이론적 관점에서의 비행행동 원인

(1) 폭력에 대한 규범, 가치관, 신념, 태도 등은 고전적 조건형성과 조작적 조건형성을 통해 부모나 교사, 친구로부터 학습될 수 있다.
  ① **고전적 조건형성**: 공격행동과 특정 자극이 연합되어 후에 유사한 상황에서 특정 자극이 제시될 경우 공격행동이 유발된다.
  ② **조작적 조건형성**: 특정상황에서 공격반응을 보였을 때 강화를 받으면 유사한 상황에서 동일한 공격행동이 나타날 가능성이 증가한다.
  ③ 자극일반화: 한 상황에서 보인 공격행동이 보상을 받게 되면 유사한 상황에서도 공격행동을 보일 가능성이 높아진다.
  ④ 자극의 변별: 상황에 따라 공격행동이 보상을 받기도 하고 처벌을 받기도 하는 것을 알게 되면 보상받을 수 있는 상황에서만 공격행동이 나타난다.
  ⑤ 한 형태의 공격행동이 보상을 받게 되면 유사한 형태의 다른 공격행동도 증가하지만(일반화), 한 형태의 공격행동은 처벌을 받지 않지만 다른 형태의 공격행동은 처벌을 받는다면 처벌을 받지 않는 공격행동을 선택하게 된다(변별).
(2) **반두라(Bandura)의 사회학습이론**: 관찰과 모델링을 통하여 폭력행동이 일어난다.

5 사회통제적 관점에서의 비행행동 원인

(1) 학생이 가정, 학교, 사회와의 유대가 없고, 그 통제력이 약화되어 학생에게 어떤 영향력도 미치지 못하며, 학생도 부모나 교사 등 의미 있는 사람들에 대해 아무 관심(유대, 결속)이 없으면, 폭력행동이 손쉽게 일어난다.

(2) **사회통제 관점**: 사람들이 사회 안에 있는 학교, 교회, 지역사회 조직과 같은 전통적인 기관과 관계를 이루면서 나쁜 행동은 덜 하고 적절한 행동규범을 더욱 내면화 한다고 가정한다.

(3) **사회유대이론**: 사람들이 폭력행동과 같은 나쁜 행동을 하지 않는 이유는 사회로부터 법을 어기지 않도록 통제받기 때문이다. 사회와의 유대가 강하면 비행 성향을 통제하여 비행을 저지르지 않지만, 사회유대가 약하면 비행 성향을 통제할 수가 없어 비행으로 이어진다.

6 긴장이론 관점에서의 비행행동 원인

(1) 학교생활에서 부모가 갖는 기대와 자기 능력과의 격차, 그리고 성적과 시험으로 인해 많은 압력과 긴장에 시달리고 있으며, 이러한 학생들이 겪는 긴장이 폭력과 같은 반사회적 행동의 원인이다.

(2) 부모의 지나친 학업에 대한 기대와 압력으로 긴장을 갖고 있는 학생들 혹은 사회 구조적으로 불리한 위치에 있어 좌절과 긴장을 겪는 하류계층 출신의 학생들이 이러한 긴장을 극복하기 위해 학교폭력을 비롯한 일탈행동을 한다.

7 모멸극복 관점에서의 비행행동 원인

자기보다 신체적으로 정신적으로 취약한 학생에게 폭력을 가함으로써 자기보다 강한 사람들로부터의 모멸감을 극복하기 위해 폭력행동을 한다.

8 카플란(Kaplan, 1994)의 자기정화 가설(자아손상 이론)에서의 비행행동 원인

(1) 낮은 자아존중감을 지니고 있는 개인들이 비행을 저지르고 비행을 통하여 자기존중감을 강화한다.

(2) 자아존중감이 낮은 사람이 집단 내에서 열등감을 극복하게 되거나 인정을 받거나 지지를 받으면 부정적인 자아를 극복하기 위해 비팽을 저지를 수 있다는 것이다.

(3) 또한 그는 소속된 규범 집단에서 긍정적인 평가를 받지 못하게 될 경우, 자아손상을 입게 되고, 이것이 거듭되면 자아존중감이 낮아져서 자아존중감을 회복하기 위해 비행으로 나아가게 되는데, 과정은 다음과 같다.
① 자신이 속한 전통적 집단 속에서 규범을 동조하지 못하고 실패함으로써 그 집단에 참여하는 것이 자신을 고통스럽게 하는 것으로 인지하게 된다.
② 전통적 규범 집단의 기대에 계속 따르지 못하여 자아존중감을 향상시키려는 내적 동기가 좌절되면서 심한 자아손상을 입게 된다.
③ 전통적 규범 집단의 기대에 동조하려는 동기유발이 약화되거나 또는 전통적 규범 집단의 기대에서 벗어나려는 동기를 획득하게 된다.
④ 전통적 규범 집단의 기대를 따르려 하다가는 자아손상만 입을 뿐 자아존중감을 향상시킬 수 없기 때문에, 그 집단을 이탈하여 자신에게 자기고양감 즉 자아존중감의 향상을 가져다줄 새로운 집단(비행집단)으로 그 준거를 옮기게 된다.

5 청소년 문제 행동의 이해

1 청소년 문제행동 이해 이론

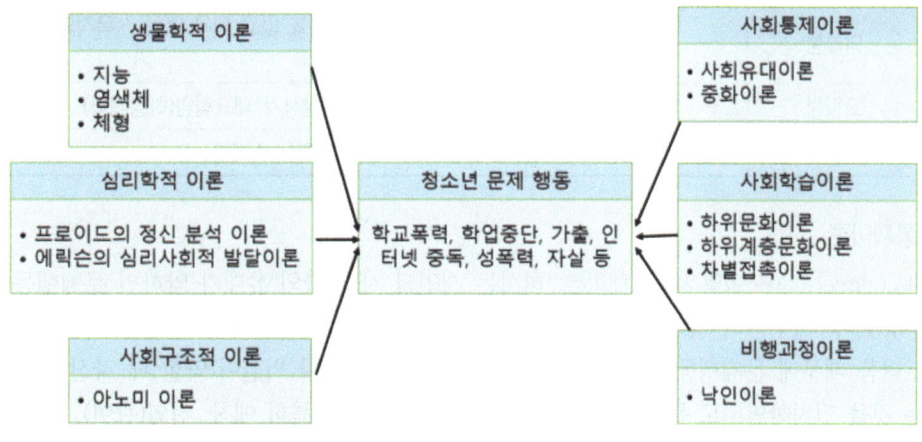

청소년 문제행동 이해를 위한 주요 이론

(1) 사회구조적 이론: 머턴(Merton, 1957)의 사회적 규범·제도에 적응해가는 방식 5가지 유형

① 체제순응(동조)형(conformity): 그 사회나 문화가 요구하는 목표와 제도화된 수단을 적극적으로 수용하는 것. 동조형 청소년은 사회가 요구하는 대로 열심히 공부하고 규칙을 엄수하면서 정상적인 방법으로 목표를 달성한다.

② 혁신형(innovation): 그 사회나 문화가 요구하는 목표는 수용하지만 제도화된 수단을 거부하는 것. 혁신형 청소년은 높은 성적이나 성공과 같은 사회적 목표에는 동의하지만, 그것을 달성하기 위해서는 장애물이 많기 때문에 정상적인 방법보다는 합법적이지 않은 방법으로 목표를 달성하고자 한다. 절도나 매춘, 강도 등 범죄 행동을 하는 경우가 많으며, 위기청소년의 문제행동을 일으키는 대표적인 경우이다.

③ 의례형(ritualism): 사회문화적 목표를 거부하는 것이 아니라 달성할 수 없다는 생각에 포기하고 제도화된 수단만을 수용하는 것. 의례형 청소년은 뚜렷한 문제행동을 일으키지 않으면서 중하위권 성적을 유지하는 등 자신의 삶에 대한 목표도 없고, 만족도 떨어지지만, 규범은 잘 지킨다.

④ 도피형(retreatism): 사회문화적 목표와 제도화된 수단을 모두 거부하는 것. 도피형 청소년은 사회로부터 회피하여 목표의식 자체가 없는 경우가 많으며, 심지어는 일탈행동과 같이 합법적이지 않은 방법을 사용하는 것조차 시도하지 않는다. 만성적인 마약중독자, 알코올 중독자가 대표적이며, 청소년의 경우에는 아무것도 하려고 하지 않는 무기력한 학업중단청소년이 포함된다.

⑤ 저항형(반발형, rebellion): 도피형과 마찬가지로 사회문화적 목표와 제도화된 수단을 모두 거부하지만, 회피하는 것이 아니라 새로운 사회문화적 목표와 제도화된 수단으로 바꾸는 것. 사회운동가나 히피가 대표적이다.

⑥ 사회적 규범이나 제도에 적응해 가는 방식

적응 유형	목표	수단	특징
체제순응(동조)형	+	+	순응, 문제행동을 하지 않음 / 평범한 정상행위, 정직한 기업인(상층 중간계급)
혁신형	+	-	비행, 범죄 등을 많이 함 / 절도, 강도, 횡령 등의 범죄 전문가와 화이트 칼라 범죄인(하층계급)
의례형	-	+	뚜렷한 문제행동은 없으나 목표 없고 의욕 없음 / 목적의식이 없는 행위로 주로 관료형(하층중간계급)
도피형	-	-	마약중독자, 알코올중독, 자살자가 대표적임(하강계급)
저항형(반발형)	±	±	사회운동가나 히피가 대표적임(상승계급)

(2) 사회통제이론

① **허시(Hirschi, 1969)의 사회유대이론**: 허시는 개인과 사회 간의 유대가 약하면 문제행동이 나타난다고 주장했다. 대부분의 청소년은 문제행동을 일으켰을 때 부모나 교사 등에게 처벌을 받을 것에 대한 두려움 때문에 문제행동을 자제하게 되고, 사회적 비난이나 처벌이 약할 때 자신의 행동이 잘못이라는 것을 인지하면서도 문제행동을 하게 된다는 이론이다. 특히 애착, 전념(관여), 참여, 신념의 4가지 유대요인이 약할수록 문제행동이 증가한다.

㉠ **애착(attachment)**: 차별접촉이론과는 대조적으로, 일반적으로 '자신에게 중요한 사람과의 유대관계 정도'를 뜻하는 애착이 강할수록 문제행동을 일으킬 가능성은 적으며, 반대로 애착이 약할수록 문제행동을 일으킬 가능성은 크다. 부모애착, 학교(선생님)애착, 친구애착 세 가지 애착 중 부모와의 애착이 가장 중요하다.

㉡ **전념(관여, commitment)**: 학업이나 원하는 직업을 성취하기 위해 노력하고 전념하는 것을 의미하는 것으로, 공부를 잘하기 위해 열심히 전념을 다하는 청소년의 문제행동을 덜 일으킨다.

㉢ **참여(involvement)**: 사회적으로 의미 있거나 가치가 있는 관습적 활동에 시간과 노력을 들여 참여하는 것을 의미하는 것으로, 숙제, 공부, 운동, 취미 또는 장래 목표와 관련된 일에 적극적으로 참여할수록 문제행동을 할 기회가 줄어들기 때문에 자연스럽게 문제행동을 할 가능성이 낮아진다.

㉣ **신념(belief)**: 사회의 가치 및 규범체계를 수용하고 인정하는 것을 뜻하는 것으로, 법이나 규범을 수용하고 지키는 사람일수록 일탈행동을 할 가능성은 적으며, 이와는 달리 법이나 규범을 수용하지 않으면 이를 어기는 문제행동을 더 많이 하게 된다.

② **사이크스와 마차(Sykes & Matza)의 중화(기술) 이론**: 청소년은 기존의 규범, 가치를 완전히 수용하는 것도, 완전히 거부하는 것도 아닌 표류(drift) 상태에 있다고 보고, '어른들도 나쁜 행동을 많이 하는데' 등의 중화기술을 사용하여 자신의 문제행동을 합리화, 정당화한다고 주장했다.

㉠ **책임의 부인**: "술에 취해서 제정신이 아니었다." 등 문제행동을 하는 것은 내 책임이 아니며 자신도 어쩔 수 없었다는 형태로 자신의 행동을 정당화하는 것이다.

㉡ **가해의 부인**: "저 애는 부자여서 내가 돈을 뜯어도 문제가 되지 않아." 등 문제행동으로 인해 손해나 피해를 볼 사람이 없다는 것으로 자신의 행동을 정당화하는 것을 말한다.

㉢ **피해자 부인**: "피해 여성이 짧은 치마를 입고 유혹했다." 등 문제행동의 피해자들은 피해를 당할만한 행동을 했기 때문이라고 정당화하는 것이다.

㉣ **비난자 비난**: "엄마도 술 마시잖아요.", "선생님도 때리잖아요." 등 문제행동을 하는 청소년을 비난하는 부모, 교사 등이 더 안 좋은 행동을 많이 한다고 하면서 자신의 행동을 정당화한다.

㉤ **충성심 요구**: "친구의 의리를 지키기 위해 했다." 등 문제행동을 하는 것은 자신이 하고 싶어서 하는 게 아니라 소속해 있는 집단에 대한 의리, 충성심 때문에 어쩔 수 없다고 정당화하는 것

(3) 사회학습이론

① 코헨(Cohen, 1955)의 하위문화 이론

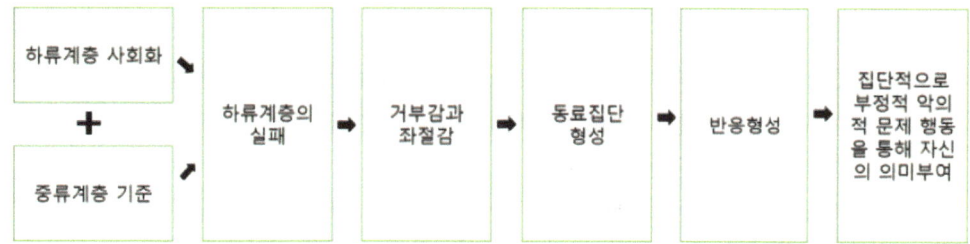

㉠ 문제행동이 노동계급의 남자 청소년(특정 집단)에게서 발생하는 것을 통해 '지위 좌절'의 개념을 설명한다.
㉡ 인간은 집단에 대한 소속감이나 집단으로부터의 안정감을 중요시하고 집단적 규칙을 지킴으로써 지위를 성취하고자 하는데, 지위를 얻기 위한 기준은 중산층 기준으로 정해졌기 때문에 하위계층에 있는 사람들은 달성하기가 어렵고, 결과적으로 좌절을 경험한다는 것이다.
㉢ 이러한 좌절 상태를 해결하기 위해 이들은 자신들만의 하위문화를 형성하게 되는데, 이때 형성된 문화가 부정적, 쾌락주의적, 악의적 특징의 문화이기 때문에 문제행동을 나타낸다는 것이다.

> 예 학교 역시 중산층이 기준이기 때문에 하위계층의 청소년은 시험을 보더라도 원하는 점수를 받기 어렵고, 결국 좌절을 경험함으로써 자신들만의 하위문화를 형성하고 학교규칙을 위반함

② 밀러(Miller, 1959)의 하위계층 문화이론

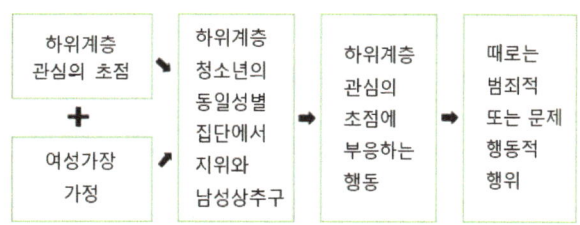

㉠ 하위계층은 자신들만의 특정 가치, 규범 등을 가지고 있으며, 이러한 특정 가치가 지속되어 하층문화가 형성된다는 결론을 도출한다.
㉡ 이러한 하층문화는 그 사회가 추구하는 가치, 규범과 다르기 때문에 결과적으로 하층문화를 따르는 것은 위법적인 행동일 수 있다는 것이다.
㉢ 하층문화의 가치를 결정하는 6가지 요인
  • 말썽거리, 근심(trouble, 사고치기): 법을 위반하는 문제행동을 영웅적으로 생각함
  • 강인성(toughness): 육체적 힘을 과시함으로써 두려움을 모른다는 것을 강조함
  • 재치(영리함, smartness): 실제적인 지식을 잘 알고 있어서 타인을 잘 속이거나 기만하는 특징이 있으며, 도박, 사기 등이 대표적임
  • 흥분 추구(exitement): 스릴이나 모험을 추구함으로써 권태로움을 모면하고자 함.
  • 운명주의(fatalism): 모든 것(잘못)이 자신의 의지보다는 운명에 의해 결정된다고 생각함
  • 자율(autonomy): 경찰이나 교사 등 권위자나 권위자의 통제로부터 벗어나고 다른 사람으로부터 간섭을 안 받고자 함

③ 서덜랜드(Sutherland, 1939)의 차별접촉 이론

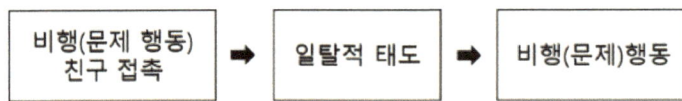

㉠ 청소년이 보이는 문제행동은 유전되는 것이 아니라 학습되는 것으로, 자신이 속한 집단이나 준거집단이 일탈적인 행동과 문화를 지니고 있을 때, 그 집단에 속한 사람들과 어울리면서 자신의 행위규범을 형성하는 것을 말한다.

㉡ 즉 일탈을 사회화의 실패라기 보다 사회적 환경 속에서 일탈자들과 접촉을 하면서 그들의 문화와 행동이 학습된 결과로 보는 것으로, 사회화의 다양한 결과들 중 하나로 보았다.

㉢ 차별접촉 이론은 우범지역의 범죄가 지속적으로 발생하는 이유를 설명을 할 수 있으며, 연구 결과 타당성이 높음이 입증되었다.

㉣ 그러나 환경에 좌우되는 수동적인 인간관을 바탕으로 하고 있으며, 일탈자와 장기간 접촉해도 일탈자가 되지 않는 현상을 설명하지 못했다는 한계를 갖고 있다. 또한 우연적 또는 충동적인 일탈 행위 역시 설명을 하지 못하며, 범죄 문화 자체에 대한 궁극적 원인을 설명하지 못한다는 한계를 갖고 있다.

㉤ 타인들이 법이나 규칙에 대해 어떠한 정의, 모방, 강화를 제공하느냐에 따라 행동이 달라진다.
- 정의: 특정 행동에 대해 옳고 그름, 좋고 나쁨 등을 규정하는 방향이나 태도
- 모방: 다른 사람의 행동을 보고 따라하는 것
- 강화: 행동 후에 주어지는 보상 또는 벌

(4) 비행과정이론: 낙인이론 2020 기출

① 쿨리(Cooley)의 낙인(Labeling): 대부분의 사람들이 지지하는 사회적 범주를 지키지 않거나 지키지 않는 것처럼 보이는 개인에게 보이는 부정적인 고정관념과 편견을 의미

② 레머트(Lemert, 1951)의 문제행동 구분
㉠ 1차적 일탈행동(primary deviance): 문제행동을 초기에 개인, 문화, 사회 요인 등에 의해 하게 되는 사소한 문제행동 및 규칙위반 행동이다. 이는 개인의 심리적 구조에 중요한 의미를 가지지 못한다.
㉡ 2차적 일탈행동(secondary deviance): 일차적 문제행동들의 사회적 낙인에 의해 나타나는 문제행동으로, 비행 및 범죄가 더욱 강화된다. 이는 주로 공식적 통제기관과 비공식적 사회청중에 의해 형성되는데 범죄자, 전과자 등 오명적 낙인이 범죄를 강화하는 수단이 되는 것으로, 이차적 일탈은 일탈자가 타인으로부터 낙인찍히지 않았다면 범하지 않았을 일탈이다.
㉢ 레머트는 일차적 문제행동부터 낙인으로 인해 문제행동이 악화되는 일련의 과정을 8단계로 정리(Lemert, 1951)

단계	문제행동의 발생과정에서의 양상
1단계	최초 일차적 문제행동
2단계	사회적 제재: 일차적 문제행동에 대해 사회적 제재가 가해짐
3단계	일차적 문제행동의 반복: 사회적 제재에도 불구하고 반복하게 됨
4단계	강력한 사회적 제재와 반발: 초기보다 더 강력한 사회적 제재와 이에 대한 청소년의 심리적 거부 또는 반발도 심해짐
5단계	제재를 가하는 사람에 대한 분노와 분노에서 비롯된 문제행동: 더 큰 문제행동을 반복하게 됨
6단계	사회적 낙인: 사회가 용인하는 인내의 한계를 넘어섬으로써 문제행동을 상습적으로 하는 문제 청소년으로 낙인이 찍힘

단계	문제행동의 발생과정에서의 양상
7단계	낙인과 사회적 제재에 대한 반발로 인해 문제행동의 심화: 비행이 점차 악화되어 지속됨
8단계	사회적 낙인에 부합된 행동을 하게 됨

③ 베커(Becker)의 주지위 이론(master status): 일탈자라는 낙인을 하나의 사회적 지위로 보았을 때, 그 사회적 지위는 그 사람의 사회적 상호작용의 형태와 과정에 영향을 미치게 된다는 것이다. 즉 주지위란 상호작용에 영향을 미침으로써 다른 지위보다 해당 지위가 능가하는 형태가 되는 것을 말한다. 즉 비행자로 낙인 찍히게 되면 그 지위는 다른 어떤 지위보다 강력한 지위가 되어 결국 지속적인 비행을 하게 된다는 것이다. 즉 일탈자로 낙인이 된 가운데 사회화 과정이 계속되면 일탈자로서의 자아가 형성되게 되고, 결국 재범의 가능성이 높은 경력 비행자가 된다고 보았다.

④ 레머트와 베커(Lemert & Becker)의 일탈의 유형
  ㉠ 1차적 일탈: 모색 단계. 정도가 약하고 일시적이며, 잘 드러나지 않는 정도의 일탈이다.
  ㉡ 2차적 일탈: 명료화 단계. 1차적 일탈이 사회에 알려지면 개인이 일탈자로 낙인이 찍히고, 다른 사람들은 그를 일탈자로 대우한다. 개인 역시 자신에게 찍힌 낙인을 현실적으로 받아들여 스스로를 비행자로 자기규정한다.
  ㉢ 3차적 일탈: 공고화 단계. 경력 비행자가 된다. 일탈자가 자신의 일탈적 행동을 일탈 행동이 아닌 정상적인 것으로 재낙인을 하는 단계이다. 사회의 주류에 의해 일탈의 규정 자체를 거부하고, 자신의 일탈을 정상화하려고 한다.

④ 하그리브스와 헤스트 등의 교사들이 일탈자에게 낙인을 붙이는 3단계
  ㉠ 추측단계: 교사들이 처음으로 학급의 학생들을 만나 전체적으로 학급학생들에 대한 첫인상을 형성하는 단계이다.
  ㉡ 정교화 단계: 그 다음은 학생이 첫인상에서 보여준 것과 같은지를 확인하는 단계이다. 이는 학생의 행동이 처음의 판단과 일치하지 않으면 첫인상을 바꿀 수 있는 가설검증의 단계이다.
  ㉢ 고정화 단계: 교사가 학생들에 대해 비교적 분명하고 안정된 개념을 갖는 단계이다. 학생에 대한 교사의 개념이 고착화 되면 학생에 대한 교사의 평가를 바꾸는 것은 어려워지게 된다.

⑤ 낙인이론의 적용 사례: 한번 왕따가 되면 왕따에서 벗어나기 힘들어지고, 성범죄자가 전자발찌를 한 후 더 큰 범죄를 저지르는 것 등

⑥ 낙인이론의 한계점: 최초의 범죄(일차적 범죄)에 대해 설명이 부족하고, 사회적인 피드백 없이도 스스로 범죄자가 되는 경우 등을 설명하지 못하였다.

6 청소년 비행행동의 목적

1 드리커스(Dreikurs, 1948)

비행 행동을 하는 경우, 비행행동을 통해서 자신의 목적을 달성하고 욕구를 충족하며, 문제를 해결하기 위한 행동이라고 보는 것. 목적은 관심 및 주의끌기, 힘 행사하기, 앙갚음하기, 무능함 보이기 등 네 가지로 나누었다. **2011 기출**

제1단계	• 관심끌기: 자신을 인정해주거나 알아주지 않는 주변 사람들에게 주목이나 관심을 끌기 위해 문제행동을 보인다. • 떠들기, 괴상한 소리 내기, 특이한 외양이나 행동을 한다. • 무의식적으로 남들의 관심과 대상이 되고 싶은 욕망에서 표출된 행동으로 사회가 수용하지 않으면 문제 행동이 된다.
제2단계	• 행동(힘 행사하기): 인정받기 위해 문제행동을 보였으나 처벌이나 비난을 받게 되면 주위 사람들의 기대에 대항하여 힘겨루기(반항하기) 행동을 보인다. • 자신이 속한 집단에서 중요한 사람으로 소속감을 누리는 것이 목적. 그러나 꾸중, 비난, 처벌을 받게 되면 주위 사람들의 기대에 대항하여 자기가 하고 싶은 대로 행동하는 단계에 돌입한다. • 주위 사람들과 힘겨루기를 함으로써 자신이 중요한 사람이 될 수 있다는 숨은 동기에서 나온 행동이다. • 반발, 비협조, 고집불통
제3단계	• 앙갚음하기(복수하기): 사회에 대한 분노와 좌절감을 표출한다. • 자신을 인정해주지 않는 사람들에게 앙갚음을 하면서도 중요한 사람이 될 수 있을 것이라는 판단으로 하게 되는 행동. 힘겨루기 행동을 통해서도 중요한 사람으로 인정받지 못하게 될 때 하게 된다. • 사회적 비난 법적 처벌을 받게 된다. • 폭행, 절도, 살인, 수동공격
제4단계	• 보이기: 부적절감 속에서 체념. 자기 부정하는 태도를 나타낸다. • "희망이 없다.", "아무것도 안된다" 등 자신을 부정하고 자포자기하면서 우울증에 빠지게 됨

[2011년 기출]

아들러(A. Adler)의 개인심리학적 관점에서, 경희의 비행 행동의 배경과 목적을 분석하고, 상담 과정을 서술하시오.

경희는 중학교 1학년 여학생이다. 또래들과 함께 다른 학생들의 금품을 빼앗고 폭행하다가 발각되어, 4월 초에 학교 상담실에 의뢰되었다. 경희는 처벌을 피하기 위해 마지못해 상담실에 왔을 뿐이라고 말하면서 상담을 거부하다. 상담 교사가 그 이유를 묻자, 지금까지 여러 어른들이 "용기를 가져라!", "힘들더라도 잘 이겨내라!"라고 하는 등 좋은 말들을 많이 해 주었지만, 모두 가식으로 하는 말뿐이었고 도움이 되지 않았다고 하면서 다음과 같은 말을 이어갔다. 초등학교 4학년 때 아버지가 교도소에 수감되었고, 엄마는 몇 달 후 집을 나가 지금까지 소식이 없다고 한다. 동네 어른들은 경희의 사정을 안타깝게 여기고 음식을 제공해 주며 그녀를 돌보아 주었다고 한다. 그러던 어느 날, 믿고 의지하던 한 어른이 자신의 딸에게 "경희와 놀지 마라! 조심해야 한다."라고 하는 말을 우연히 듣게 되었다고 한다. 이때 경희는 겉과 속이 다른 어른들의 모습에 혼란스러웠다고 한다. 그리고 자신의 곁을 떠나간 부모와 자신의 존재를 혐오스럽게 여기는 어른들에 대해 강한 실망과 분노를 느끼고, 언젠가 크면 이들에게 복수할 것을 다짐하면서 살았다고 한다. 그래서 학생이 되어 힘이 좀 생기자 사회에 해 복수하기 위해 아이들을 폭행하고 금품을 빼앗았다고 한다.

7 비행의 위험요인과 보호요인

1 위험요인과 보호요인

위험요인	보호요인
• 개인적 요인: 낮은 자존감, 충동조절 능력과 미래조망능력의 부족, 감정인식 및 표현능력의 부족, 자기중심적 인지왜곡, 문제해결 능력의 부족, 사회적 기술의 부족 • 가족적 요인: 자애로운 양육의 부족, 적절한 훈육의 부족, 자녀의 발달에 따른 관계조정의 실패, 부모 간 불화 • 가족 외적 요인: '노는 아이들'과의 어울림, 학교성적의 저조함	• 친화력 있는 인간관계 • 학교교육에 대한 긍정적 가치 부여 • 성취경험

2 레클레스(W. Reckless)의 봉쇄이론(Containment Theory)

범죄 유발 요인	압력요인	• 불만족한 상태에 들게하는 조건을 지칭한 것 • 열악한 생활조건, 가족갈등, 열등한 신분적 지위, 성공기회박탈 등
	(외적)유인요인	• 정상적인 생활로부터 이탈하도록 유인하는 요소 • 나쁜 친구들, 비행이나 범죄 하위문화, 범죄 조직, 불건전한 대중매체 등
	(내적)방출요인	• 범죄나 비행을 저지르도록 하는 개인의 생물학적·심리적 요소 • 불안감, 불만감, 내적 긴장감, 증오심, 공격성, 즉흥성, 반역성 등
범죄 차단 요인	내적 통제	• 사람들이 내면화한 사회적 규칙 또는 규범으로 자기통제력 및 자아나 초자아의 능력과 좌절감을 인내할 수 있는 능력, 책임감·집중력·성취지향력·대안을 찾을 수 있는 능력 등이다.
	외적 통제	• 가족이나 주위 사람들과 같이 외부적으로 범죄를 차단하는 요인들로 일관된 도덕교육, 교육기관의 관심, 합리적 규범과 기대체계, 집단의 포용성, 효율적인 감독과 훈육, 소속감과 일체감의 배양 등이다.

8 비행청소년 상담과 지도

1 위기청소년 긴급 구조 및 연계: CYS-Net을 통해 위기청소년이 긴급 구조되고 연계

(1) **접수**: 일반적으로 위기청소년은 자의 또는 타인에 의해 1388 전화를 통해 접수하지만 이웃리치를 통해 사건이 접수되기도 한다.

(2) **긴급 출동**: 접수가 되면 상황을 확인한 후 내방이 안 되는 위기청소년의 경우 긴급 출동한다.

(3) **1차 보호 조치**: 출동 후 현장에서 상담을 통해 긴급 여부를 확인하고, 긴급 보호가 필요한 경우 1차적 보호조치를 취한다.

　예 성폭력 피해자

(4) **입소 조치**: 청소년을 위험상황에서 구조해 일시보호소에 안전하게 입소 조치한다.

(5) 개입: 위기스크리닝 척도를 통해 위험 정도를 판단하며, 그 외의 검사 및 상담 등을 통해 가정귀가, 쉼터 또는 그 외의 기관에 연계한다.

▶ 지역사회 청소년 통합지원체계도

2 학생상담

(1) 비자발적이고 상담의 동기가 낮은 경우가 많다.

(2) 교사나 주변 성인들과의 관계가 악화되어 성인들 전반에 대해 반항과 불신감을 가지고 있는 경우가 많다.

(3) 자신에게 아무런 문제가 없다고 보거나 자기 행동의 책임을 타인이나 환경 탓으로 돌린다.

(4) 불평자, 방문자 유형의 내담자에 해당할 것이다.

(5) 비행청소년과의 상담은 상담관계를 형성하는 일이 무엇보다도 우선적이고 중요한 과제다.
　① **무조건적 존중**
　② **공감적 이해**: 해당 청소년이 그런 비행을 했기 때문에 혹은 했음에도 불구하고 가지는 복잡한 생각과 느낌과 바람 등을 이해하는 것이다.
　③ **한계 내의 자유롭고 안전한 분위기 형성**: 상담은 자유롭고 편안한 분위기에서 진행되어야 하지만 무엇이든 허용되는 무제한적인 자유가 허용되어서는 안 된다. 적정한 한계가 있어야 한다. 예를 들어 부정적인 감정을 표현할 때 타인에게 해를 끼치지 않는 범위를 지키도록 하는 것, 자기파괴적인 행동을 하고자 할 때 상담자가 비행청소년 자체는 무조건적으로 수용하되 건강한 행동 양식을 키울 수 있도록 이끄는 것 등이다.

④ 긍정적 측면의 인정과 활용: 쿠퍼(Cooper, 1995)는 "아무 것도 변화시키려고 하지 말고 단지 그 사람의 대처, 적응방식 중에서 긍정적인 어떤 측면들을 지적하고 인정하거나/문제의 일부 측면, 특히 문제에 대한 예외적 경우들을 관찰하거나 생각해 보도록 하거나/즉각적으로 눈에 띄지는 않지만 그 사람이 변화시키고자 할 의욕이 있을 만하고 변화의 가능성이 있을 만한 다른 문제를 찾아서 그 문제를 해결하도록 하라고 권하는 것"이 변화 동기가 별로 없는 내담자들을 위해 상담자가 취하는 태도라고 제안하였다.

⑤ 대인관계능력의 증진을 위한 훈련: 욕구와 감정을 적절하게 표현하기, 충동 조절하기, 행동에 대한 자기 책임지기, 타인의 감정과 권리 존중하기, 타인을 배려하고 인정하기, 자신을 적절하게 주장하고 타인의 부당한 요구는 거절하기, 의견 조정하기, 시간 엄수하기, 정해진 시간 내에 일을 완수하기 등 대인관계와 사회생활에서 요구되는 기본적 태도와 능력의 훈련이 필요하다.

(6) 비행청소년 상담 모형

① 제 1 영역(예방적 상담활동): 잠재적 비행 청소년들과 그들을 둘러싼 제반 환경을 대상으로 비행행동의 원인이 되는 제반 조건들을 변화시킨다.

② 제 2 영역(적응적 상담활동): 법률적 처벌을 받지 않은 비교적 가벼운 비행을 저지른 비공식적 비행청소년을 대상으로 초기에 적절한 개입을 통해 비행이 상습화되지 않도록 돕는다. 이를 위해 주변환경을 이해하고 적응해나가는 능력을 향상시킨다.

③ 제 3영역(교정-치료적 상담활동): 실제 범죄를 저질러 보호시설 수용됐거나 위탁된 비행청소년인 공식적 비행청소년을 대상으로 더 이상 재범하지 않도록 비행 성향을 교정하며 사회 적응력을 향상시킨다. 재범과 성인 범죄자로 전이되는 것을 예방한다.

3 부모상담(Parent Counseling) 2010 기출

(1) 문제해결 가능성에 대한 인식과 자원의 발견

① 상담자는 부모의 이야기를 잘 들어서 부모가 이해받는 느낌을 받도록 함과 동시에 지나치게 문제에만 초점을 맞춤으로 인해 문제를 더욱 심각하게 보이게 하거나 무기력감에 빠지지 않도록 주의할 필요가 있다.

② 상담자는 부모가 문제해결을 위한 노력을 인정하고 어떤 방법을 시도하였는지 파악해서 변화를 위한 계획 수립에 도움이 되도록 해야 한다.

③ 부모가 어떤 방법으로 자녀의 어려움을 해결하려고 노력했는지 파악하게 되면 노력이 실패했던 원인을 알 수 있으므로 어떤 방법을 사용하지 말아야 할지 또 어떤 부분을 수정해야 할지 알 수 있을 뿐만 아니라 해결의 가능성도 찾아낼 수 있다.

④ 그 동안의 노력 중 비교적 성공적이었던 부분들 및 문제의 악화를 막아 온 작은 '성공'을 찾아내면 이는 앞으로의 긍정적 변화를 위한 초석이 된다.

(2) 가족관계의 변화

① 부모 간 유대의 강화

㉠ 부모가 비행청소년의 자녀에게 적용해야 하는 규칙, 규제, 어길 경우의 결과 등에 대해 합의를 도출하고 그 합의된 내용을 공동으로 적용할 수 있도록 돕는다.

㉡ 특히 부모 간의 유대를 강화하고 자녀의 부정적인 행동이 부모 간 유대를 악화시키지 못하도록 막는다. 이를 위해서는 부모가 의사결정에 더 권위를 갖도록 하거나, 부모 간에 합의에 이를 때까지 자녀를 잠자코 기다리도록 할 수 있다.

② 왜곡된 세대 간의 유대 약화
  ㉠ 세대 내, 특히 부부간의 유대는 강화하는 한편 왜곡된 세대 간 유대를 약화시킬 수 있도록 도울 필요가 있다.
  ㉡ 자녀가 세대 간 유대를 악용할 수 없도록 막는 방법을 강구해야 한다.
  ㉢ 가정에서 부모와 자녀들이 따로 있는 시간을 마련하고 강화한다.
  ㉣ 청소년 자녀 없이 부모와만 상담하는 하거나 청소년 자녀와 부모를 함께 상담하는 경우라도 부모는 부모끼리, 자녀는 자녀끼리 앉도록 자리를 배치하거나, 청소년 자녀를 상담하는 상담자가 청소년 자녀와 어떤 기법 사용하려고 할 때 부모의 허락을 구하는 것도 좋다.

6 학교중퇴

1 학교 중퇴의 개념과 특징

1 개념
학생이 다른 학교로 전학하는 과정 없이 학교를 졸업하기 전에 학업을 중단하는 것

2 특징
(1) **부등교 현상(등교거부 현상)**: 학교를 가지 않는 것이다. 부등교는 등교거부라는 용어보다 가치중립적이다. 등교거부란, 본인의 심리적 이유 때문에 등교를 거부하는 상태로, 정신신경증 거부, 환경이상에 의한 거부, 지적 신체적 장애에 의한 거부 등에 의한 것이다.

(2) **자발적 중도탈락자의 증가**: 자발적 중도탈락자란 자의로 학교교육을 거부 혹은 중지하는 학령인구 혹은 학교 공부를 지속하지 않기로 스스로 포기·회피·거부하는 사람이며 사회적으로 졸업증에 크게 연연하지 않는 사람이다.

2 학업중단숙려제 운영절차

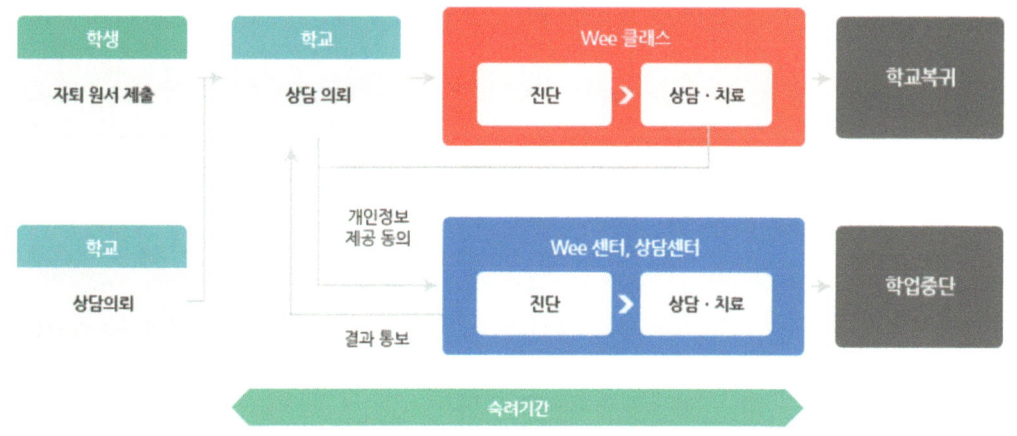

출처: 교육부

3. 학교 중퇴의 유형

1 학교거부 형태

(1) 자발형
① 탈학교형: 원천적으로 학교제도 자체가 맞지 않아서 중퇴하는 경우다.
② 초학업형: 학업성취 기대 수준이 학교에서의 학업수준보다 높아서 새로운 진로를 모색하는 경우다.

(2) 비자발형
① 개인 부적응형: 학업, 비행 심리, 교우·교사와의 관계 등의 문제 때문에 학교정책과 학업에 적응하지 못해 중퇴하는 경우다.
② 환경불가피형: 가정의 경제적 곤란과 부정적인 사회 환경에 영향을 받아 중퇴하는 경우다.

2 동기에 따른 유형(송광성 외, 1992): 중퇴의 동기가 무엇이냐에 따른 분류

(1) 능동형: 자신이 처한 상황에서 제기되는 문제를 적극적으로 해결하기 위해 중퇴하는 경우. 취업 및 기술 습득, 검정고시 등의 원인으로 중퇴하는 경우가 해당한다.

(2) 도피형: 학교생활에서 탈출하기 위해 뚜렷한 대안 없이 학교를 그만두는 경우. 학교기피, 교칙위반, 교사기피, 불량교우, 급우로부터의 소외 등의 원인으로 학교를 중퇴하는 경우에 해당한다.

(3) 불가피형: 학교를 이탈할 수밖에 없는 상황에서 중퇴하는 경우. 가정빈곤, 결손가정, 심각한 비행으로 인한 강제퇴학 등의 원인으로 중퇴한 청소년들의 경우가 해당한다.

3 이숙영(1997)의 분류

유형			특징
적응형		진학형	• 복교, 검정고시학원, 대안학교 수학 • 학습의욕 상실 및 기술 부족으로 부적응하기도 • 대인관계문제, 생활적응상 문제
		건전 직장취업형	• 일정한 교육훈련 후 취업하여 생활 정착 • 진학준비 병행하기도
		취업 준비형	• 사설기술학원, 직업훈련원 등에서 취업준비를 위한 기술습득 • 일부는 적응상 문제
부적응형	보호 및 관리 체제에 소속된 청소년	소년원 수용	• 범죄연루 후 소년원 수용
		보호관찰 중	• 범죄연루 후 보호관찰 중 • 검정고시 등을 통한 진학준비 병행 • 유흥업소 등에서 아르바이트 병행
		요양 중	• 정신질환, 신체질환으로 병원, 요양기관에 수용 • 진학, 진로지도가 부재
	보호 및 관리 기관에 소속되지 않은 청소년	방치된 비행청소년	• 중퇴 후 진학, 취업준비 참여X • 다양한 비행행동: 폭력, 약물오남용 등
		유흥업소 취업	• 단란주점, 술집 등 취업 • 일부는 검정고시 학원, 기술학원에서 진학 및 취업준비
		가출청소년	• 가출하여 소재 불분명 • 중국집, 카페 등에 취업하거나 단란주점 등 유흥업소 취업 • 비행 등에 연루될 가능성 높음 • 장기적이고 체계적인 진로준비 미흡
		방치된 정신질환 청소년	• 가정의 경제적 여건으로 집안에 방치 • 장기적이고 체계적인 진로준비 미흡 • 가족들의 스트레스가 증가됨

4 교육-고용-상담 종합 지원체제

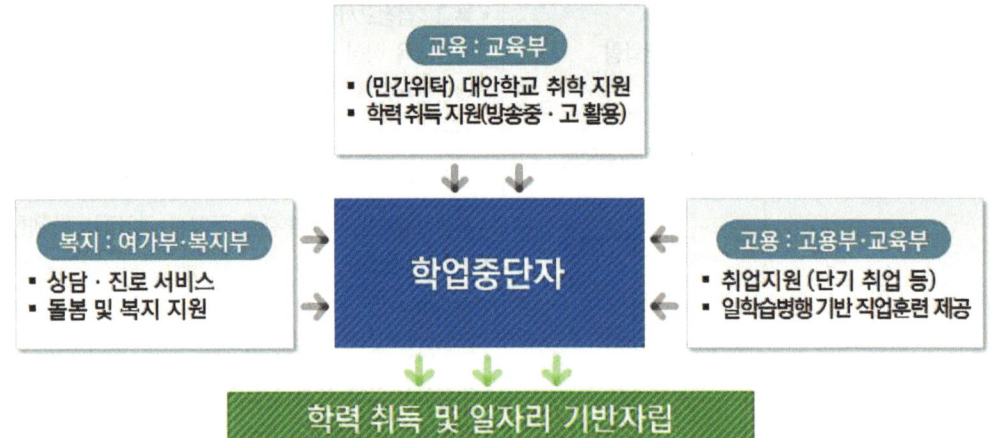

출처: 교육부

5 학교중퇴 유형별 대처방안 (박창남, 2001)

유형		특징	지원서비스	관련부처
정착형	진학형	• 대안학교 입학 • 검정고시 • 복교	• 대안학교 • 복교 후 상담관리	교육인적자원부
	취업형	• 취업 • 대인관계 문제	• 취업알선 • 상담 및 진로지도	노동부
	직업 훈련형	• 직업훈련 • 훈련과정 부적응 가능성	• 직업훈련기관 소개 • 학력인정 • 자격증 연계 • 상담 및 진로지도	노동부 행정자치부 교육인적자원부
비정착형	시설 수용형	• 소년원 직업교육 • 소년원 진학교육	• 학력인정 • 자격증 연계 • 상담 및 진로지도 • 가족지원	법무부 교육인적자원부 노동부
	방치형	• 청소년 쉼터 • 학력인정 • 자격증 연계 • 상담 및 진로지도	• 청소년 쉼터 • 학력인정 • 자격증 연계 • 상담 및 진로지도	문화관광부 여성부 교육인적자원부

6 학교 밖 청소년 지원과정

출처: 용산구 청소년상담복지센터 꿈드림 홈페이지

7 청소년 가출

1 오스왈드와 에어(Auerswald & Eyre, 2002)의 홈리스청소년의 생활주기 모델

오스왈드와 에어는 집 없는 청소년 20명을 대상으로 거리에서의 생활에 대한 사회문화적 맥락을 연구하여 집 없는 청소년의 생활주기모델(Life Cycle Model)을 제시하였다.

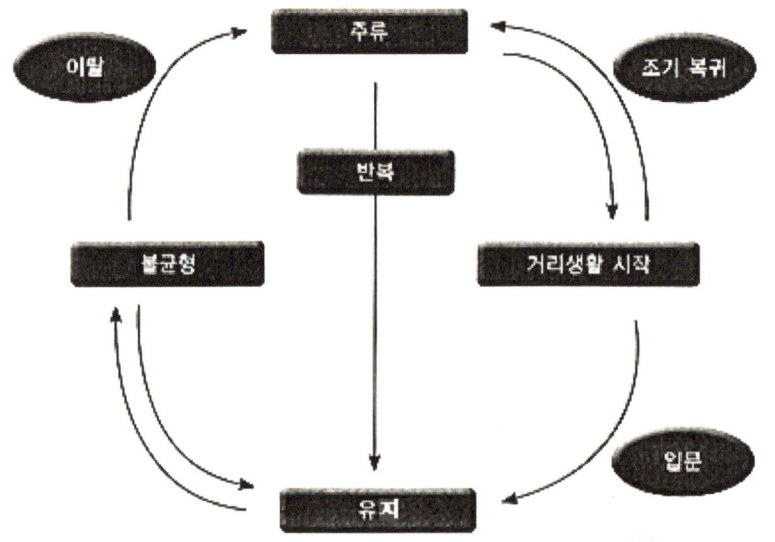

출처: Auerswald & Eyre(2002)

1 1단계-주류

가출청소년이 거리에서 이방인이라는 심각한 심리적 감정과 기본적 욕구를 충족시켜야 한다는 절박함에 직면하여 고통을 받는 단계다.

2 2단계-거리생활 시작

거리에서 여러 가지 어려움을 경험하게 되고 이를 벗어나기 위해 집으로 되돌아가거나 사회체계에 도움을 요청하는 등 거리생활에서 벗어나려고 노력한다.

3 3단계-입문

거리에 남게 된 청소년이 거리에서 만난 사람, 즉 거리의 멘토에 의해 거리생활의 문화 속으로 들어간다.

4 4단계-유지

거리생활에 필요한 생활기술을 배우고 주류사회를 거부하는 신념체계를 축적하게 되고, 거리생활을 합리화하고 약물을 사용하거나 팔면서 생활하는 단계다.

5 5단계-불균형과 거리가치

거리생활에 익숙해진 가출청소년이 거리에서 기본적인 욕구를 충족시키며 적당히 살아가는 항상성 단계에 진입하게 되고, 거리에서 만난 또래들과 모호하지만 강한 관계를 맺고 주류사회에 대한 불신과 거부감을 키워 나간다.

6 6단계-이탈

항상성 단계로서 종종 불균형을 일으키는 일이나 사건에 의해 위협을 받는 단계다. 즉, 청소년은 거리에서 지내면서 범죄피해에의 노출, 또래와의 갈등, 체포와 같은 다양한 위험에 노출되고 이런 일들은 지금까지 유지하던 가출생활에 대해 다시 생각하게끔 한다.

7 7단계-반복

가출청소년이 불균형 상태에 놓이게 되며 지금까지 지탱해온 자신의 생활방식에 대해 의문을 갖고 거리생활에서 벗어나고자 그들을 도울 수 있는 주류 사회제도와의 접촉을 시도한다. 이런 시도가 성공하면 거리생활에서 탈출하지만 그렇지 않으면 거리에서 그대로 있거나 주류사회에 잠시 복귀했다가 다시 가출하는 과정을 순환적으로 반복하기도 한다.

2 유형

1 가출청소년 유형화에 대한 국내 선행연구

출처	분류	특성
서울시립신림 청소년쉼터	갈등형	• 청소년의 대표적인 생활공간인 학교에 적을 두고 있는 거리청소년
	거리형(전환형)	• 집과 약간 교류하고 학교에서 나와서 지내고 있는 청소년
	거리형(방임형)	• 집과 완전히 단절되고 버려진 청소년
이용교 외	노숙형	• 가족과의 연결이 끊어진 경우가 많고 거리생활에 익숙해져 있어 보호시설을 이용하지 않으려 함
	거부형	• 구속을 싫어하여 보호시설을 이용하지 않으려 함
	탐색형	• 자신의 능력과 의지를 어느 정도 신뢰하지만 귀가하기 어렵고 쉼터에 입소할 동기가 있음
	전환형	• 집에 돌아가서 지내는 것과 가출해서 지내는 것을 반복하고 보호시설을 필요로 하지 않음

출처	분류	특성
이용교 외	안정형	• 안정적으로 자라다가 갑자기 가정해체를 겪어 집을 떠나게 되거나 보호시설에서 돌봄을 잘 받아 안정됨
	치료형	• 정신질환이나 약물중독 등 전문적인 치료가 필요하여 일반쉼터의 서비스 대상으로는 적합하지 않음
김지혜 외	배회 청소년	• 가족과의 관계가 약하지만 그 정도가 경미한 수준으로, 가출과 사회 부적응의 위험이 있지만 거리에서의 생존방식에 익숙해지지는 않으며, 사회서비스에 대한 탐색과 이용 의사가 있어, 비교적 간단한 예방적 접근으로 건강한 기능상태를 유지 또는 회복할 가능성이 높은 집단.
	노숙 청소년	• 가족과 사회와의 관계가 심각하게 단절되어, 이미 가출하여 오랜 시간을 보내며 거리에서의 생존방식에 익숙해져 있고, 보호시설을 비롯한 사회서비스에 대해 거부적인 태도를 보임
	갈등가정 청소년	• 가족과의 갈등으로 일시적으로 집을 나온 청소년
	해체가정 청소년	• 가족이 해체되었거나 부모가 청소년에 대한 양육능력을 상실한 가정의 청소년

2 가출 원인에 따른 유형 분류

(1) 탈출형
① 부모로부터 지속적으로 심한 신체적, 정신적 학대를 받고 자신을 보호하기 위해 집을 도망쳐 나온 경우이다.
② 부모가 자녀방임, 알콜중독, 부부불화 등의 문제를 가지고 있는 경우가 많다.
③ 양육태도가 거부적이다.

(2) 추방형(퇴출형)
① 가정에서 무관심, 방임, 차별 등으로 인해 자녀로 하여금 의식적, 무의식적으로 가정에서 나가도록 내쫓은 경우이다.
② 부모의 이혼, 사망 등으로 재결합된 가정이나 구조적으로는 문제가 없으나 방임, 무관심 등 기능적 문제가 있는 가정들인 경우가 많으며, 이로 인해 무관심, 방임, 동거가족과의 갈등, 가정폭력 등이 나타난다.
③ 이는 탈출형 가정의 특징들이 상당히 있는 것으로, 잠재적 탈출형이라고 볼 수 있다.
④ 탈출형보다 부모들이 더욱 거부적이며, 부모 자녀관계가 적대적이다.
⑤ 추방형 청소년들은 가정에서의 상실감을 보상받기 위해 친구들과 극도로 밀착, 의존적인 관계를 형성하여 학교폭력 가해자나 학교비행과 관련되는 양상이 많다. 특히 이성과 동거하는 경우가 많다.
⑥ 개인적 성향은 공격적, 과잉행동, 수동적인 면 등 다양하며 자신에 대해 부정적이고 무관심하다. 부모나 자녀 모두 귀가를 거부하는 특징을 보인다.
⑦ 탈출형이 갖고 있는 가정폭력 문제 외에 가족과의 결속감 약화, 소외로 인해 부정적인 자아상을 갖거나 자포자기하는 등의 이중의 문제를 가지고 있어 가출 유형 중 가장 심각하고 어려움이 많다.

(3) 추구형
특별한 외부환경의 문제없이 즐거움이나 자신의 의도한 바를 달성하기 위해 가출한 경우이다.

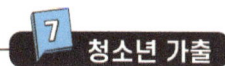

3 자원 확보 수준, 사회화 수준, 서비스를 받을 동기 수준에 따른 분류

(1) 노숙형(자원 확보 수준↓, 사회화 수준↓, 서비스 이용 동기↓)
① 가정해체나 방임, 학대 등으로 인한 탈출형 또는 퇴출형의 가출이 주로 많다.
② 아주 어린 나이에 가출을 시작한 경우가 많기 때문에 집이나 가족과의 연결이 끊어진 경우가 많다. 그 결과로 주민등록 말소, 의료혜택 못 받음, 건강 및 영양상태 열악, 낮은 학력, 불건전한 생활태도와 생존방식(앵벌이, 구걸, 절도, 성매매) 등을 보인다.
③ 안정된 숙소가 없음에도 불구하고 보호시설 혹은 보호기관 등에서 아무리 좋은 시설과 프로그램, 서비스를 제공해도 절대로 오지 않는다.
④ 자신들을 위해 누군가가 서비스를 제공하려고 노력하고 있다는 것을 모를 뿐 아니라 심지어 기대조차 하지 않고 있다.
⑤ 방치하면 대부분 성인 노숙자로 성장할 우려가 있다.
⑥ 거리에서의 생활에 매우 익숙해져 있기 때문에 때때로 자신들의 생활에 별로 불만이 없는 것처럼 보여 처음 이들을 대하는 상담자들은 몹시 당황해하고 이해하기 어려워하며, 바로 이점 때문에 이들과 갈등을 겪는다. 이런 이유들로 건강하고 독립적인 생활로의 동기화가 어렵다.
⑦ 이들을 무조건 조력 체계 안으로 끌어들이려고 하는 경우, 제공되는 조력 자체에 거부감을 느껴 오히려 피하게 되고 더 어두운 곳으로 숨어드는 결과를 가져올 수 있다.

(2) 거부형(자원 확보 수준은 중간, 사회화 수준↓ 서비스 이용 동기↓)
① 주로 추구형의 가출을 보이고 있다. 전국 쉼터에 입소한 가출 청소년들을 대상으로 가출 이유를 조사한 결과를 보면 '구속이 싫어서' 혹은 '자유롭고 싶어서'라고 보고한 경우가 많다.
② 가출 청소년들을 위해 상담 등의 서비스를 제공하는 곳이 있음을 알고 있고 자신들이 그러한 서비스를 받을 수 있으며 그러한 기관들이 어디에 있는지도 비교적 잘 알고 있다.
③ 구속을 싫어하기 때문에 일단 가출을 한 후에는 굶거나 길에서 자더라도, 혹은 범죄나 비행을 저지르더라도 그들 마음대로 할 수 없는 귀가나 시설 입소를 거부한다.
④ 비교적 분명하고 논리적으로 자기주장을 할 수 있으며 노숙형의 가출 청소년에 비해서 자존감이 상대적으로 높다.
⑤ 자원 확보의 수준은 중간 정도이며 사회화 수준과 서비스 이용 동기는 낮다.
⑥ 상담 등의 서비스는 필요로 하면서도 규칙을 완강히 거부하고 있기 때문에 규칙과 상담자들에게 저항하는 경향이 가장 강하다.

(3) 탐색형(자원 확보 수준 중간, 사회화 수준 중간, 서비스 이용 동기↑)
① 친구나 놀이의 유혹, 부모의 통제적인 양육방식 등으로 인해 우발적으로 가출을 시작한 경우가 많다.
② 자신의 어려움과 부모나 교사들의 훈육 내용을 이해하고 있으나 그 모든 것을 이겨낼 자신의 인내심이나 태도에 대해 확신을 갖고 있지 못하다.
③ 규칙이나 질서를 어느 정도는 지킬 수 있는 생활태도를 가지고 있으며 건강한 삶의 의미도 비교적 이해하고 있는 편이다.
④ 주변의 유혹에 약하고 가출을 이미 경험했다면 가출 생활로 돌아갈 위험성 역시 아직 갖고 있다.

(4) 전환형(자원 확보 수준 중간, 사회화 수준은 중간, 서비스 이용 동기↓)
① 상당히 많은 가출 경험을 갖고 있으며 집에 돌아가서 지내는 것과 가출해서 지내는 것을 반복한다.
② 상대적으로 자신에 대한 긍정적 확신이 있고 자신들의 미래에 대한 계획과 노력의 필요성을 인정한다.

③ 자신들을 사회가 별로 인정하지 않기 때문에 자신들을 사회에서 요구하는 대로 따를 경우, 별로 근사하게 살지 못할 것이라는 생각을 하고 있는 경우가 많다.
④ 내면적으로 사회나 권위에 대한 분노를 갖고 있는 경우가 많다.
⑤ 대부분 원하면 언제든 집으로 들어갈 수 있기 때문에 쉼터 등의 보호 시설을 필요로 하지 않는다.
⑥ 부모나 가족들은 이들에게 지쳐 있거나 방법을 몰라서 그냥 두고 보는 경우가 대부분이기 때문에 이들이 선택하는 삶의 방식에 피드백을 주거나 진지하게 의논상대가 되어 줄 수 있는 모델을 별로 갖고 있지 못하다.

(5) 안정형(자원 확보 수준은 중간, 사회화 수준↑, 서비스 이용 동기↑)
① 생의 초기 경험이 비교적 건강하며 안정적으로 자라다가 사업실패나 부모의 이혼 같은 상황으로 갑자기 가정해체 등을 겪게 되어 집을 떠나게 된 경우와 전환형과 탐색형의 청소년들이 보호시설 등에서 잘 돌봄을 받아 안정되면서 안정형으로 진입하는 경우, 두 가지가 있다.
② 전자의 경우는 안전한 거처와 보호만 제공되면 학교로 돌아가거나 직업훈련을 받는 데에 특별한 무리가 없으며 약간의 심리적인 우울 등을 제외하고는 건강상태도 비교적 양호한 편이다. 특별히 비행이나 범죄를 저지르는 경우도 드물며 그것을 생존방법으로 택하는 경우도 거의 없다.
③ 후자의 경우는 전자의 경우보다 반사회적인 성향을 아직 더 갖고 있을 우려가 있고 백슬라이딩의 위험이 있으므로 징후를 민감하게 알아차려 효과적으로 대응할 수 있는 상담이 필요하다.
④ 생활태도와 가치관 등이 비교적 건강하여 학교 등에의 적응에 별 무리가 없으나 경제적인 지원이 없어 거처가 불분명하다.
⑤ 기본적으로 자존감이 있고 가치관이나 생활태도가 건전한 편이며 미래에 대해서도 희망을 갖고 있는 경우가 많으며 상대적으로 높은 적응유연성을 지니고 있다.
⑥ 노숙형이나 거부형의 가출 청소년들과 함께 보호되는 경우 같은 부류로 인식되는 것에 대한 심한 거부감과 저항을 보이는 경우가 현장에서 종종 관찰된다.

(6) 치료형(자원 확보 수준↓, 사회화 수준↓, 서비스 이용 동기↓)
① 분열 등의 정신질환이나 정신지체를 갖고 있는 경우와 약물, 인터넷 등의 중독이나 심한 공격성 등으로 대인관계에 심각한 어려움을 겪고 있는 청소년이 이에 해당된다.
② 전문적인 검사와 정기적인 돌봄, 세심한 주의를 필요로 하는 그들을 돌볼 인력이 갖추어진 곳을 찾기 어렵다.
③ 대부분 가정을 찾기도 어렵고 혹시 찾는다 하더라도 이들을 포기하거나 돌볼 상황이 못 되는 경우가 대부분이기 때문에 귀가조치도 어려운 상황이다.

3 개입하기

1 청소년쉼터

구분	일시 쉼터	단기 쉼터	중장기 쉼터
쉼터(119)	28	51	40
지향점	가출예방, 조기발견, 초기개입	보호, 가정과 사회 복귀	자립지원
이용기간	24시간~7일 이내 일시보호	3개월(최장 9개월) 단기보호	3년(1년 단위 연장) 중장기 보호
위치	이동형(차량, 아웃리치), 고정형(청소년 유동지역)	주요 도심별	주택가
핵심기능	일시 보호, 찾아가는 거리상담지원	사례관리를 통한 연계	사회복귀를 위한 자립
기능	• 위기개입상담, 진로지도, 적성검사 등 상담서비스 제공 • 가출청소년 구조 및 발견 • 단기·중장기쉼터와 연결 • 식사, 음료수 등 기본적인 서비스 제공 등	• 가출청소년의 문제해결을 위한 상담·치료서비스 및 예방 활동 전개 • 의식주·의료 등 보호 서비스 제공 • 가정 및 사회복귀를 위한 가출청소년 분류, 연계·의뢰 서비스 제공 등	• 가정복귀가 어렵거나 특별히 보호가 필요한 위기청소년을 대상 • 학습 및 자립지원 등 특화서비스 제공

2 청소년 자립단계별 자립지원 서비스 전달체계

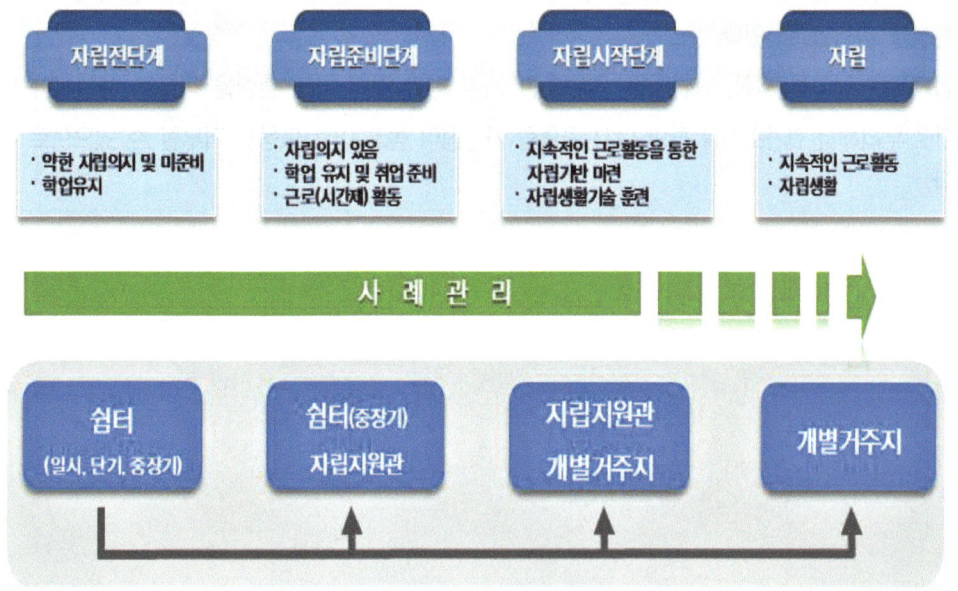

「청소년자립지원관 운영모형 개발 연구」한국청소년 정책연구원

3 청소년자립지원관 주거·자립지원 업무 수행체계

「청소년자립지원관 운영모형 개발 연구」 한국청소년 정책연구원

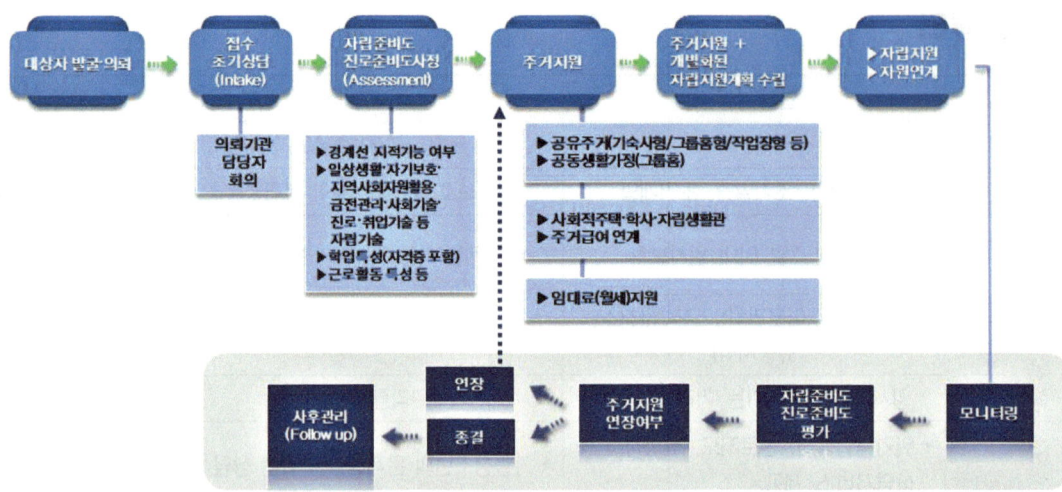

4 개입 내용

(1) 의식주 등의 기본적 생활에 대한 실질적 도움, 쉼터, 아웃리치 등을 통한 홍보와 도움을 준다.
(2) 가족 자원, 학교 자원, 사회적 자원 등을 잃은 상태이므로 팀 어프로치를 함으로써 활용 가능한 자원을 갖고 발굴하여 연계하는 작업이 중요하다.
(3) 심리적인 회복 의지가 있더라 하더라도 처한 환경이 위험하면 백슬라이딩(퇴보, 타락)이 발생할 수 있다.
(4) 우울, 공격성, 도벽은 의식주가 보장되면 감소되나, 심리적 건강이 회복되지 않은 상태에서의 물질적 지원은 의존성을 강화할 수 있다.
(5) 개입목표는 심리적 재활, 학업지원, 직업훈련 지원 등과 같이 자활 훈련을 목표로 세워져야 한다.
(6) 억지로 무리해서 귀가조치를 하면 다시 가출할 가능성이 높고 이후 도움을 거부할 수 있으므로 이에 주의해야 한다.

MEMO

콕콕!! 적중! 정혜영의 전문상담이론 Ⅲ

PART V. 상담실습 및 심리치료
(학교 상담현장 특성 및 대처)

1. 학교 상담의 기본 개념
2. 청소년 지원 체제
3. 종합적 학교상담 모형(미국)
4. 종합적 학교상담 프로그램
5. 전문상담교사의 역할
6. 학교에서 심리치료 활용1: 학교폭력
7. 학교에서 심리치료 활용2: 성폭력
8. 학교에서 심리치료 활용3: 인터넷 중독
9. 학교에서 심리치료 활용4: 급식 및 섭식 장애
10. 학교에서 심리치료 활용5: 자살문제 이해와 심리치료
11. 학교에서 심리치료 활용6: 자해문제의 이해와 심리치료
12. 다양한 치료방법1: 사이버 상담
13. 다양한 치료방법2: 미술치료
14. 다양한 치료방법3: 놀이치료

1 학교 상담의 기본 개념

1 학교 상담의 정의

1 생활지도

(1) guidance에서 유래: 학생들에게 주어지는 직업상 혹은 교육상의 문제점들에 대한 조언을 말한다.
(2) 학교 장면에서 교사에 의해서 학생들을 대상으로 이루어지는 활동이다.
(3) 학생 개개인이 학교와 가정, 지역사회에 바람직하게 적응하도록 지도하는 것이 목적이다.
(4) 여기에는 적응을 위해 필요한 자기이해, 자기결정, 자기 지도 내용이 포함된다.
(5) 자기자신과 자기가 처해 있는 현실에 대한 이해와 통찰을 통해서 학생은 문제(가정적, 교육적, 직업적, 신체발달, 정서, 성격 등과 관련된 문제)를 적절하게 해결할 수 있으며 나아가 안정되고 통합된 성장(지·덕·체의 겸비한 조화로운 발달과 자아실현)을 할 수 있도록 돕는다.(문제해결+성장발달)
(6) 정의적 인성교육에 비중을 두는 교육활동이다.
(7) 정리
① 개개인의 존엄성과 존재가치를 전제로 출발한 것이어서 민주사회에 중요시되는 교육개념이다.
② 개개인이 자기 자신과 자신이 처해 있는 현실을 정확히 이해하여 적절한 의사결정을 하도록 도움
③ 적응능력과 문제해결능력을 신장시켜 자기지도가 가능하도록 조력하는 과정이다.
④ 저마다 타고난 잠재능력을 최대한으로 구현하여 마침내 자아 실현하는 인간이 되도록 조력한다.

2 학교상담(school counseling) 2009 기출

(1) 학교 장면에서 학생과 교사 사이에 이루어지는 상담이다.
(2) 학생과 학부모의 자기이해를 통해서 생각, 감정, 행동 및 태도의 변화를 유도함으로써 인간적 성장을 도모하는 심리적 과정이다.
(3) 그동안은 주로 담임교사나 과목담당 교사들이 학생들에게 필요한 정보나 자료 제공, 면담을 통해 조언하는 상담활동을 해왔다.

(4) 일반상담과 학교상담의 비교

일반 상담	학교 상담
• 문제행동(심리)이 있는 학생이 대상이 된다.	• 모든 학생이 대상이 된다.
• 치료와 개선을 목적으로 한다.	• 예방과 조기발견을 중시한다.
• 치료적 관점에서 학생을 바라본다.	• 발달적 관점에서 학생을 바라본다.
• 학생의 문제 영역에 초점을 둔다.	• 학생생활의 모든 영역에 걸친 서비스다.
• 교사의 원조와 협력이 적다.	• 교사의 적극적인 원조 및 협력이 필수다.

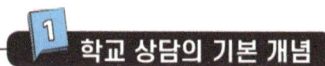

3 훈육(discipline)

(1) 일본 군국주의 시대의 산물로 학생들의 행동 통제에 관한 체계적이고 치밀하게 구성된 지침이다.
(2) 학생들의 정신을 개조하고, 그들의 행동과 생활을 통제하기 위한 방편이다.
(3) 가부장적이고 수직적인 위계구조에서 집단의 규칙에 순응하고 상급자에게 복종할 것을 강조한다. 급장 중심으로 교사가 통솔하며 교사는 학교장이 통제하는 구조이다.
(4) 교내외 규율과 이를 위반하면 체벌을 통해 이루어진다.

4 심리치료

(1) 신경증이나 성격장애와 같이 비교적 심각한 정신장애를 주로 병원이나 전문상담기관에서 치료하는 활동이다.
(2) 환자를 대상으로 한다는 점에서 상담과 차이가 난다.
(3) 성격의 재구성, 심층분석적 문제해결과 무의식적 동기의 통찰에 역점을 두는 것이 특징이다.
(4) 학교 장면에서 학생의 문제를 초기에 발견하여 적절한 조력을 제공하지 못하였거나 학생이 발달과업상의 위기를 극복하지 못하여 마침내 심리치료 대상으로 악화되었다고 판단되면, 상담교사는 전문가에게 의뢰한다.

2 학교 상담의 목표

1 학생 자신의 이해

학생 개개인이 자기 자신을 발견하고 수용하고 정확하게 이해하면 자기가 처한 상황에서 보다 더 효율적인 판단과 선택이 가능해진다.

2 잠재능력 개발

상담교사는 학생 자신이 환경과의 상호작용 속에서 개인의 호기심, 흥미, 적성과 능력 등을 발견하여 십분 신장할 수 있도록 조언하고 협력해야 한다.

3 사고와 행동의 변화

학생 개개인이 보다 생산적이고 행복한 생활을 영위하는 데 방해가 되는 행동을 감소시키거나 제거하는 한편, 긍정적이고 합리적인 사고를 하게 하여 효율적이고 생산적인 행동을 증가시킨다.

4 문제해결능력의 신장

문제가 발생하더라도 문제해결 능력이 있다면 현실에 직면할 수 있지만, 문제해결 능력이 없다면 현실을 회피하거나 부인하게 된다.

5 의사결정능력 개발

교사는 학생을 대신하여 어떠한 결정도 내리지 않으면서 학생 스스로 결정할 수 있도록 도와 주어야 한다. 교사는 학생이 의사결정을 하려고 할 때, 왜 그러한 결정을 하며 그러한 결정의 결과로 자신이 감수해야 할 희생이 무엇인지 자각하도록 조력한다.

6 인간관계능력 향상

학생들은 원만한 교우관계를 통해 학교생활의 즐거움, 소속감, 안정감을 얻는다. 친구관계는 성격형성에도 의미 있는 영향을 미칠 뿐만 아니라, 장차 사회생활을 하는 데 필요한 인간관계의 기본적 태도와 기술을 익히는 기회를 제공하기도 한다.

7 적응능력 신장

교사는 학생에게 배우는 법을 터득하고 정서적 안정감, 원만한 인간관계, 사고의 유연성, 자기효능감 등 적응능력과 상관있는 능력들을 신장시키도록 도와야 한다.

> **참고** 머로와 코트만(Muro & Kottman, 1995)의 초등학교, 중학교의 생활지도와 상담 목표
> (1) 또래, 교사, 부모와 다른 어른들과의 상호작용을 통한 긍정적 감정 경험
> (2) 학습활동으로부터 개인적 의미 발견
> (3) 자기에 대한 긍정적 의미 개발과 유지, 자신의 개별성 존중, 그리고 자신의 감정 이해와 표현능력 개발
> (4) 자신의 가치관의 중요성 인식과 다양한 사회에서의 삶에 필요한 가치관 개발
> (5) 능력의 최고점까지 학업기술의 개발과 증진
> (6) 필요한 대처기술을 학습시킴으로써 앞으로 겪게 될 정상적인 발달상에 나타나는 관심과 문제를 다룰 수 있는 능력 개발
> (7) 적절한 목표 설정, 계획, 그리고 문제해결 기술 개발
> (8) 삶에 대한 긍정적 태도 개발
> (9) 자신의 행동에 대한 책임 인식
> (10) 다양하게 계획된 프로그램에 부모와 함께 아동이 참여하게 함으로써 아동의 학업과 사회성 발달을 증진하기 위한 태도와 기술 개발 조력
> (11) 일반교사들과 협력하여 학습활동 증진

3 학교 상담의 특성 2011 기출

1 자발적인 변화 유도 ≠ 훈육, 학생지도와 다른 학교상담의 특성

(1) 학생은 변화를 원하고 있고 변화를 위해 교사에게 전문적인 도움을 구하는 것이 특징이다.
(2) 상담을 학생 처벌의 일환으로 생각하게 만들거나, 상담소가 문제학생들이 드나드는 곳이라는 인식을 갖게 해선 안 된다.
(3) 타의적인 상담은 저항에 부딪치거나 동기가 유발되지 않아 실패될 확률이 높다.

학교 상담의 기본 개념

(4) 상담자는 비자발적인 학생일지라도 자기실현 성향이 발휘될 수 있도록 분위기를 조성하고, 문제를 해결하거나 장애를 극복하고 성장할 수 있도록 조력한다. 즉, 상담의 초점은 학생의 자발적인 변화를 촉진하기 위한 필요충분조건을 제공하는 것이다.

2 예방지도 강조

(1) 생활지도와 상담이 일탈행동을 하는 학생에게 초점을 맞춰 진행됨에 따른 문제점
① 생활지도와 상담은 문제학생들만이 대상이 된다는 소극적이고 부정적인 인식을 학생들에게 심어준다. 그 결과 정상적인 학생들은 자신은 문제아가 아니므로 상담을 통해 얻을 것이 없다고 생각하게 된다.
② 생활지도와 상담이 문제를 일으킨 학생이나 문제행동을 상습적으로 하는 학생들을 대상으로 사후조치의 일환으로 주로 시행한다. 소수학생의 사후조치에 시간과 에너지를 쏟음으로 인해 예방활동이 소홀해져 실질적으로 만족스러운 성과를 얻지 못한다.

(2) 예방지도
① 가정과 학교와 사회가 협력하여 통합적인 지도계획을 수립해야 효율적인 청소년지도가 가능하다.
② 문제를 야기할 만한 소수학생을 대상으로 하는 것이 아니라 정상적인 학생들의 성장발달을 조장하고 촉진하는 예방활동에 관심과 노력이 필요하다.
③ 즉, 학교상담은 문제행동을 일으키는 학생들은 사후조치하고 정상적인 학생들은 건전한 성장발달을 위한 예방조치를 해야 한다.

3 호출면담

(1) 학교상담은 교사의 호출을 통해 이루어지기도 한다.
(2) 호출상담은 주로 학칙을 위반하거나 행동상의 문제를 일으킨 학생들이 대부분이다.
(3) 호출상담이 가지는 문제점: 상담실이 문제학생들이 잘못을 저질러서 불려가는 곳이라는 인식이 생김, 교사중심으로 진행되는 비자발적인 상담이 되어 상담의 효과를 저해한다.
(4) 비자발적으로 시작되는 호출상담일지라도 학생이 이용할 수 있는 도움을 효과적으로 수용할 수 있도록 촉진하여 상담을 이끌어가야 한다.

4 시간의 제약/단회기성

(1) 한 상담교사가 만나야 할 학생들이 너무 많고, 학생들이 꽉 찬 수업시간으로 시간을 내기가 어렵고, 수업시간에 학생들이 자리를 오래 비우지 못함으로 인해 상담의 시간에 제약을 받거나 상담이 단회기성으로 끝나게 된다.
(2) 상담교사는 제한된 시간을 짜임새 있게 이용하여 상담의 효율성을 높이기 위해, 학생과 조기에 촉진적인 관계를 형성하고, 학생의 욕구를 신속하게 판단하고, 이에 따른 구체적인 상담목표를 설정하여, 적절한 전략을 적용해야 한다.

[2011년 기출]

학교상담의 특성에 관한 기술로 옳지 않은 것은?

① 상담활동과 교육활동을 함께 한다.
② 예방적·발달적 활동을 주로 한다.
③ 팀 접근보다 개별적 접근을 주로 한다.
④ 특정 문제행동을 가진 학생을 포함한 전체 학생을 대상으로 한다.
⑤ 학생들의 부적응 문제 해결뿐만 아니라 정상적 발달의 조력에도 관심을 둔다.

2 청소년 지원 체제 2012 기출

1 Wee(We-교육/We-감성) 프로젝트 2012, 2023 기출

■ Wee 서비스 네트워크

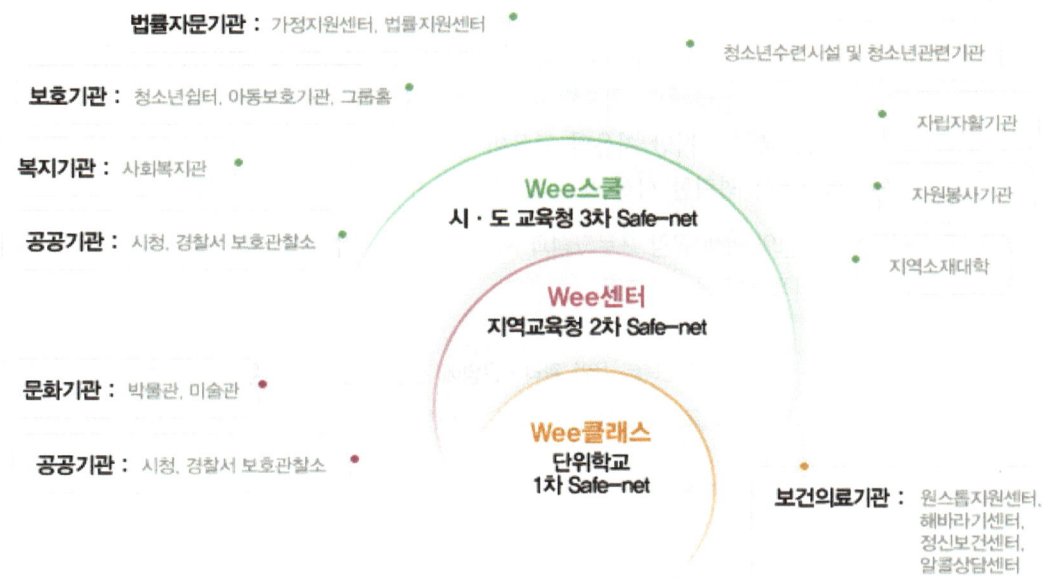

1 Wee

학교, 교육청, 지역사회가 연계하여 학생들의 건강한 학교생활을 지원하는 다중 통합지원서비스망으로, 'We(우리)와 eduxation(교육)'과 'We(우리)와 emotion(감정)'을 뜻하는 합성어이다.

(1) **1차 Safe-net Wee 클래스**: 단위학교 설치되는 것으로, 1차 안전망에 해당하며, 학교부적응 학생을 조기발견·예방하고, 학교적응력 향상을 지원한다.
  ① 대상자: 학습부진, 따돌림, 대인관계 미숙, 학교폭력, 미디어 중독, 비행 등으로 인한 학교부적응 학생 및 징계대상자

(2) **2차 Safe-net Wee 센터**: 시·도 지역교육청 차원에서 설치되는 것으로, 2차 안전망에 해당하며, 전문가의 지속적인 관리가 필요한 학생들을 위한 진단-상담-치유 원스톱 서비스를 말한다.
  ① 단위학교에서 선도 및 치유가 어려워 학교에서 의뢰한 위기 학생 및 상담 희망 학생
  ② 가정형 Wee 센터 모델
    ㉠ 보호·상담·교육을 통해 학생의 적응 환경을 개선하여 가정 및 학교복귀를 지원하는 중·장기 위탁기관이다.
    ㉡ 위탁기관은 3개월이며 필요시 연장이 가능하다.

ⓒ 가정형 위센터의 입주 절차는 위탁문의-입소상담-입소여부 결정-위탁 서류 작성 및 동의서 송부-입소 및 적응 5단계로 나뉘어진다.
ⓔ 가정형 위센터는 가정폭력, 방임 및 학교 부적응으로 가정 또는 학교생활에 어려움을 겪어 학업 중단 위기에 처한 학생들을 따뜻하게 보호하며 훗날 가정과 학교에 온전히 복귀하도록 도와주는 센터이다.
③ **병원형 Wee 센터 모델**: 심리적, 정서적 어려움을 겪고 있는 위기 학생을 대상으로 운영이 된다.
ⓐ 심리검사 실시, 정신과 전문의 면담, 심리치료, 가족 치료 등 심리 상담 및 치료를 제공하며, 체험활동, 복교 준비 등의 서비스도 지원한다.
ⓑ 즉 상담-진단에서부터 전문적 심층치료, 대안교육과정 등을 원스톱을 제공하여 고위기 학생이 건강하게 학교로 복귀할 수 있도록 돕는다.

(3) 3차 Safe-net Wee 스쿨: 시·도 교육청 차원에서 설치되는 것으로, 3차 안전망에 해당하며, 장기적으로 치유가 필요한 고위기군 학생을 위한 기숙형 장기위탁교육 서비스를 말한다.
① 심각한 위기상황으로 장기적인 치유와 교육이 필요한 학생
② 학교나 Wee센터에서 의뢰한 학생 또는 학업 중단자

(4) 목적: 단위학교·교육청의 학생 공감 프로그램과 서비스를 통해 학습부진 치유·위기학생 선도·진로개발·잠재력 발현으로 전인적 성장을 도모한다.

「위(Wee) 프로젝트 사업 관리·운영에 관한 규정」(교육부훈령 제329호)

제1조(목적) 이 규정은 「초·중등교육법 시행령」 제54조 제3항 제2호 및 제4항에 따른 지원 사업에 관하여 필요한 세부사항을 정함을 목적으로 한다.
제2조(용어 정의) 이 규정에서 사용하는 용어의 정의는 다음과 같다.
1. "위(Wee) 프로젝트 사업(이하 "사업"이라 한다)"이란 「초·중등교육법 시행령」 제54조제1항에 따른 학생에 대하여 종합적인 진단·상담·치유 프로그램 등을 제공하는 사업을 말한다.
2. "사업기관"이란 교육감 등이 사업을 수행하기 위하여 설치·운영하는 기관을 말한다.
3. "위(Wee) 클래스"란 학교단위에 설치한 학교상담실을 말한다.
4. "위(Wee) 센터"란 교육지원청 또는 특별시·광역시·특별자치시·도 및 특별자치도(이하 "시·도"라 한다) 단위에 설치한 학생상담지원시설을 말한다.
5. "위(Wee) 스쿨"이란 시·도교육청 단위에 설치한 위탁교육시설을 말한다.

2 청소년 상담 복지 센터 주요 사업

1 구 청소년 통합지원체계(CYS-Net)

지역사회 내 청소년 관련 자원을 연계하여 학업중단, 가출, 인터넷중독 등 위기청소년에 대한 상담·보호·교육·자립 등 맞춤형 서비스를 제공하는 사업

○ 청소년안전망 체계도

2 청소년 안전망

(1) 위기청소년 보호지원을 위한 지역사회청소년 통합지원체계로, CYS-Net에 대한 현재 용어를 말한다. 청소년안전망은 지역사회 청소년 관련기관, 단체 및 시민들이 위기청소년을 발견하고 구조하고 치료하는 데 참여하여 청소년이 건강하게 성장할 수 있도록 협력하는 위치청소년을 위한 사회적 안전망이다.

(2) **청소년안전망의 역할**은 친구관계, 학업, 가족, 경제적 문제, 적응, 가출, 폭력, 성문제 등의 위기를 겪는 청소년들에게 지역사회 내 연계망을 통해 상담 및 정서적 지원, 사회적 보호, 교육 및 학업지원, 의료 및 건강지원, 자립 지원 등의 지원 서비스를 제공하여 가정과 사회로 복귀할 수 있도록 돕는 역할을 한다.

(3) **1388 청소년 지원단**: 위기청소년을 조기에 발견하고 위험에 노출된 청소년을 지원하는 역할을 수행하기 위하여 관내 병원, 경찰서, 종합사회복지관, 지역아동센터, 쉼터 등의 기관들의 자발적인 참여로 운영되고 있는 사회안전망으로 위기청소년의 울타리 역할을 담당한다.

(4) **학교지원단**: 관내 각급 학교와의 협조관계를 통하여 학교부적응·학업중단 청소년을 조기발견 및 지원하기 위해 각급 학교의 장으로 구성되며, 위기청소년에 대한 적극적 개입과 다각적인 지원을 통해 사회적 안전망을 강화하고자 한다.

3 청소년전화 1388

위기청소년을 조기에 발견하여 청소년(상담)지원센터에서 청소년의 위기정도를 판정하여, 지역내 네트워크를 통해 상황에 맞는 적절한 서비스 제공하는 청소년 중심의 ONE-STOP 서비스로, 24시간 운영이 된다.

(1) 1388 전화상담 모형: 구로구 청소년상담복지센터 홈페이지에서 인용

4 청소년 동반자(Youth Companion)

(1) 만 9세~24세 위기(가능) 청소년을 대상으로, 위기 청소년을 돕기위한 전문적 서비스로, 청소년이 있는 현장으로 직접 찾아가 일 대 일의 관계를 맺고, 정서적지지, 심리상담, 지역자원 연계를 제공하는 프로그램이다.

(2) 주 1회 50분 가량 상담이 진행이 되며, 상담지원, 정서지원, 생활지원, 프로그램 지원이 제공된다.

5 긴급구조 및 아웃리치

(1) 아웃리치란 찾아가는 거리상담으로 청소년들이 많은 장소를 찾아가 현장에서 청소년들이 필요로 하는 상담, 심리검사, 정보제공 등의 서비스를 제공하는 것을 말한다.

(2) 긴급구조란 가출, 성매매, 가정폭력, 학교폭력, 성폭력 등 위기에 처한 청소년을 긴급구조하여 상담지원, 경제적 지원, 법률적 지원, 의료적 지원, 학습 지원, 구호물품 지원 등을 제공하여 위기 상황 해결과 정서적 안정을 돕는 것을 말한다.

6 꿈드림

과거 해밀과 두드림 사업에 해당하는 것으로 꿈드림으로 명칭이 변경되어 청소년상담복지센터 사업의 일환이 되었다.

(1) 해밀은 학업복귀 대상자에게 기초학습, 검정고시 준비, 대안학교, 정규학교 복귀, 상급학교 진학 등을 돕는 사업이다.

(2) 두드림은 사회진입(자립) 대상자에게 직업체험 및 훈련, 자격취득, 인턴십, 취업 등을 돕는 사업이다.

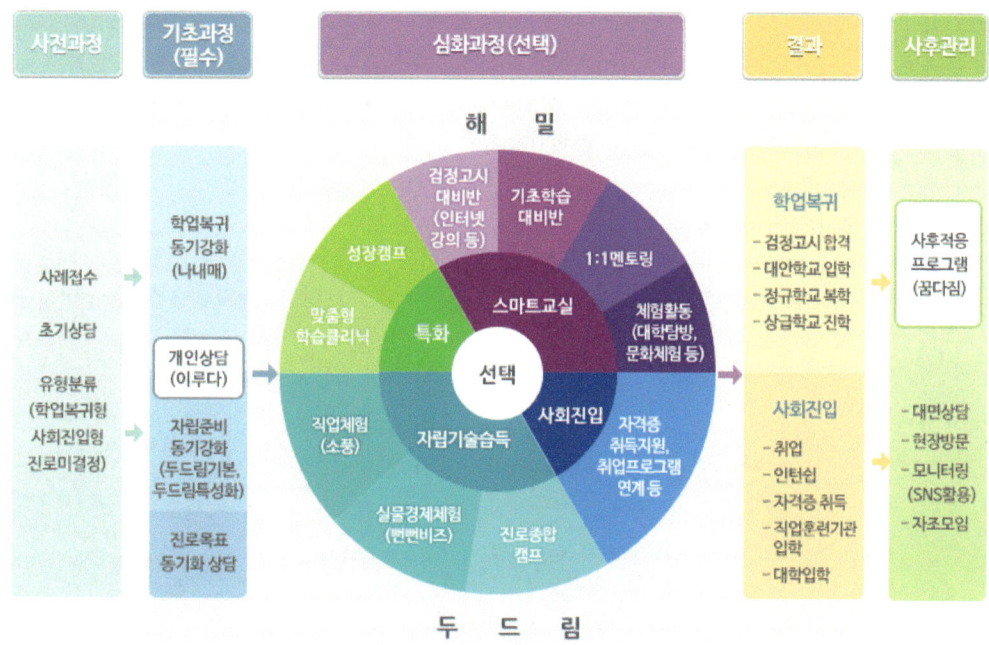

(1) **대상**: 만 9세~24세 청소년 중 학교밖 청소년을 대상으로 한다.
　① 초·중학교 입학 후 3개월 이상 결석하거나 취학 의무를 유예한 청소년
　② 고등학교에서 제적·퇴학 처분을 받거나 자퇴한 청소년
　③ 고등학교에 진학하지 아니한 청소년
　④ 그 외 학교밖 청소년 발생 예방을 위해 필요한 경우로 잠재적인 학교 밖 청소년

(2) **목적**: 학업복귀 또는 사회진입

(3) **지원 내용**: 상담지원, 교육지원, 진로지원, 자립지원, 건강증진

3 청소년폭력예방재단(푸른나무청예단)

1 활동

청소년 폭력예방활동 및 비행청소년 선도, 청소년 유해환경 정화, 청소년 복지증진, 청소년 인권 신장활동, 청소년 수련활동 등을 전개함으로써 올바른 청소년 문화를 조성하여 청소년들을 건전하게 육성하는 데에 기여함을 목적으로 한다.

4. 솔리언 또래상담

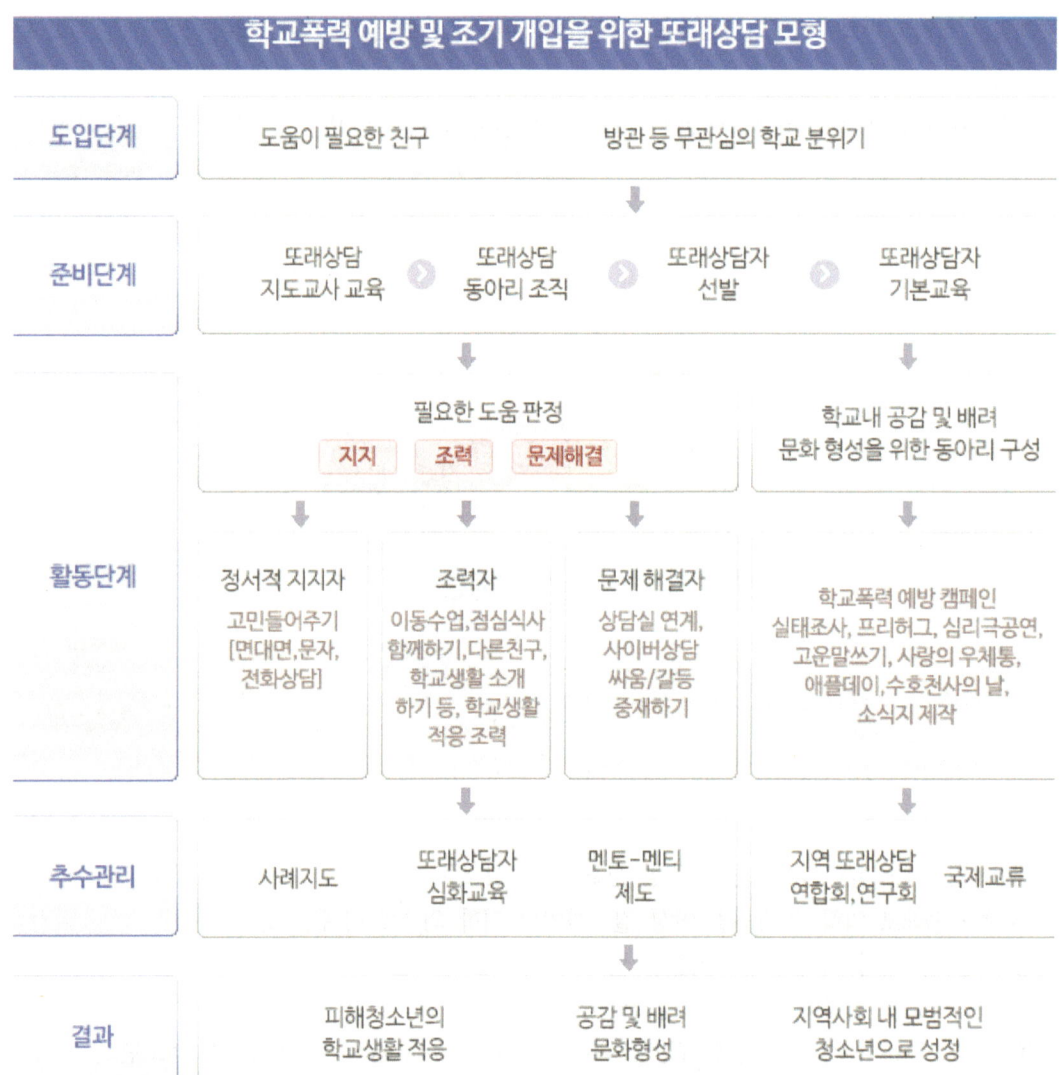

1 또래상담

또래상담은 비슷한 연령과 유사한 경험 및 가치관 등을 가지고 있는 청소년들이 일정한 훈련을 받은 후에 자신의 경험을 바탕으로 하여 주변에 있는 다른 또래들의 정상적인 발달 과정에서 일어날 수 있는 문제의 해결에 조력하여 이들이 성장, 발달할 수 있도록 생활의 제반 영역에서 지지적인 도움을 제공하는 프로그램.

(1) 추구하는 정신
① Friendship: 친구의 의미, 관계, 유형을 탐색하고 관계증진기술 배움
② Counselorship: 적극적 경청과 공감, 또래상담의 기본대화전략 등을 배움
③ Leadership: 자기관리, 다양한 문제해결, 중재에 대한 전략을 배움

(2) 역할1: 정서적 지지자, 조력자, 문제해결자

- 고민들어주기
- 상담실 연계하기(1388홍보)
- 내가 먼저 인사하기
- 조퇴/결석한 친구에게 문자하기
- 생일축하 메일 보내기
- 학교생활 안내해주기(전학생)
- 이동수업할 때 함께 가주기
- 점심식사 다 같이 하기

(3) 역할2: 공감배려문화 형성활동

- 학교폭력 예방 심리극 공연
- 학교폭력 예방 캠페인 활동
- UCC제작(예: 학교폭력예방, 또래문화 등)
- 또래상담자간 멘토-멘티 활동하기
- 교내 및 지역 내 봉사 활동 참여하기

(4) 또래상담 지도자 역할: 또래상담 훈련프로그램 운영, 또래상담자 양성 및 활동지도

① 또래상담자 모집과 선발
② 또래상담자 기본교육 진행
③ 또래상담자 수료식
④ 또래상담자 심화교육 진행
⑤ 또래상담활동 지도

5 그 외

1 인터넷 레스큐 스쿨(Rescue School)

과다한 인터넷 게임 이용으로 어려움을 겪는 청소년들의 인터넷게임 중독 해소를 위한 11박 12일 기숙형 프로그램. 2007년부터 실시되었다. 현재 청소년상담복지개발원에서 인터넷중독 기숙형 치유캠프(11박 12일)를 운영하고 있다.

2 쉼터

정상적인 숙소가 없는 사람 또는 동물들이 일시적인 거주나 보호를 제공받는 시설이다. 대체로 쉼터는 구타 또는 학대받는 여성, 무주택자, 유기 또는 학대받는 아동, 범죄·자연재해의 피해자, 길 잃은 개와 고양이 등을 위해 대부분의 지역사회에 설치되어 있다.

[2012년 기출]

지역사회 내에서 학생상담을 지원하기 위해 정부가 시행하고 있는 정책 사업에 관한 설명으로 옳지 않은 것은?

① 청소년 1388: 청소년이 긴급한 상황에서 도움을 요청하는 경우에 청소년기관과의 연계를 지원하는 24시간 전화상담 서비스 체제
② Rescue School 프로그램: 위기청소년을 대상으로 적성탐색에서부터 실제적인 취업까지 지원하도록 설계된 취약계층 청소년자립지원 프로그램
③ CYS-Net: 위기청소년을 발견하고, 구조하고, 치료하기 위해 지역사회의 시민, 기관, 단체 등이 주체적으로 협력할 수 있도록 구축된 지역사회청소년통합지원체계
④ Wee 프로젝트: 위기에 처한 학생을 지원하기 위해 학교, 시·도 교육청 및 지역교육 지원청, 지역사회 간에 서로 협력할 수 있도록 구축된 학교안전관리통합시스템
⑤ 청소년동반자 프로그램: 찾아가는 상담서비스를 제공하는 현장지원전문가가 청소년의 가정, 학교, 지역사회 환경에 개입함으로써 청소년에게 필요한 지원서비스를 연계하고 문제를 해결하는 데 초점을 두는 위기상담 프로그램

3 종합적 학교상담 모형(미국)

- 상담과 생활지도가 관여하는 다양한 영역들을 골고루, 포괄적으로, 균형있게 접근한다는 의미로 '종합적 학교상담 모형'이 생겨났다.
- 종합적 학교상담 프로그램은 미국학교상담학회(American School Counselor Association, ASCA)에 의해 2003년 보완, 체계화되어 국가 모델이 되었다. 이에 따르면 학교 상담교사의 가장 기본적이며 중요한 역할은 근무하는 학교에 맞는 종합적인 학교상담 프로그램을 개발, 실시, 평가하는 일이다.
- 기즈버스와 헨더슨(Gysbers & Henderson, 2006)은 종합적인 학교상담 프로그램을 효과적으로 적용하기 위해서는 각 학교의 독특한 상황을 고려하여 학생들의 다양한 요구를 분석하고 그 요구에 부응하는 상담 프로그램을 계획하는 과정과 그 계획을 바탕으로 가장 효과적으로 상담 프로그램을 실행할 수 있는 체계를 설계하는 과정이 필수적이라고 주장하였다.
- 학교상담 프로그램이란, 학생들에게 체계적으로 제공되는 상담활동 및 서비스의 종합적 체제를 말한다.
- ASCA 학교상담모형은 국가적 차원의 학교상담체계로서 학교상담의 주요 내용, 학교상담자의 역할, 학교상담자의 자격 요건 등 학교상담에 대한 세부적인 기준과 체계뿐만 아니라 학교상담자의 가장 기본적이며 중요한 역할을 제시하고 학생들의 발달적 수준과 요구에 맞는 다양한 예방 상담 서비스를 제공하고 있다.
- ASCA모형은 학교상담자의 역할로서 기초, 운영체제, 전달체계, 책무성으로 제시하고 있다.

첫째, 기초(foundation) 영역은 프로그램의 초점, 학생의 역량, 전문가 역량 등 학생의 성취와 역량 증진에 초점이 되는 학교상담프로그램을 구성하는 역할을 의미한다.

둘째, 운영(management) 영역은 학교상담자 역량과 학교 상담프로그램 평가, 시간 사용에 대한 평가, 연간 합의 과정, 자문 위원회, 자료의 사용, 교육과정, 소그룹 그리고 개인차를 줄이기 위한 계획, 연간 및 주간 계획 등 학교의요구를 반영하는 평가도구를 사용하는 역할이다.

셋째, 전달(delivery) 영역은 생활지도 및 상담교육(학업발달, 진로발달, 인성·사회성 발달), 개별 학생에 대한 계획, 반응적 서비스(개인상담, 집단상담, 위기 대응 등) 등의 직접적 서비스를 제공하는 역할과 연계, 협력, 체계지원(프로그램 운영 지원-관리·평가, 자문, 지역사회 아웃리치 등)의 간접적 서비스를 제공하는 역할을 한다.

마지막으로 책임(accountability) 영역은 학생들의 성취 향상 및 행동 변화를 위해 ① 학생의 진전도 모니터링을 통해 성취에 대한 학생 간 차이 줄이기, ② 지속적인 서비스 평가, ③ 학생의 변화를 가져오는 효과적인 서비스 제공하는 역할을 의미한다.

1 ASCA의 종합적 학교상담 모형(국가 모델)

1 종합적인 학교상담의 내용영역 📖 2009, 2023 기출

(1) 구체적인 내용

	학업발달영역	진로발달영역	개인/사회성 발달영역
교육목적	• 효과적인 학습기술과 수험전략을 학습한다. • 비판적인 사고기술을 개발한다. • 학업상의 강점, 약점, 개인적인 학습양식을 확인한다. • 교육적인 의사결정에 필요한 기술을 개발한다. • 집단활동에서 자신의 역할을 이해한다. • 학급 내에서 책임감 있게 행동한다. • 학교 환경에 적응한다.	• 개인적인 특성, 흥미, 적성, 기능을 지각한다. • 직업세계의 다양성에 대해 인식하고 존중하는 태도를 개발한다. • 학교생활과 장래의 진로선택 사이의 관계를 이해한다. • 일에 대한 긍정적인 태도를 갖는다.	• 자기인식과 자기수용능력을 개발한다. • 개인적인 책임감을 개발한다. • 효율적인 대인관계 및 의사소통기술을 개발한다. • 효율적인 의사결정기술을 배운다. • 타인을 이해하고 존중하는 태도를 개발한다.

(2) ASCA가 제시한 학교상담 프로그램의 국가 기준

학교 환경에서 상담 프로그램의 목적은 학습과정을 증진시키고 향상시키는 것이다. 그러한 목적을 위해 학교상담 프로그램은 학생들의 발달을 3가지 영역에서 촉진시킨다.

① 학업발달
  ㉠ 기준 A: 학생들은 학령기와 전 생애에 걸쳐 효과적 학습에 필요한 태도와 지식과 기술을 습득할 수 있다.
  ㉡ 기준 B: 학생들은 대학을 포함한 광범위한 중등교육 후의 선택을 하는데 필요한 학업적 준비를 학교에서 마칠 수 있다.
  ㉢ 기준 C: 학생들은 학업과 일의 세계 및 가정과 지역사회의 삶과의 관계를 이해할 수 있다.

② 진로발달
  ㉠ 기준 A: 학생들은 자신에 대한 이해와 관련하여 일의 세계를 조사할 수 있는 기술을 습득하여 바른 진로를 결정할 수 있다.
  ㉡ 기준 B: 학생들은 미래의 진로에 대한 성공과 만족을 성취하기 위한 전략을 채택할 수 있다.
  ㉢ 기준 C: 학생들은 개인적 자질과 교육 및 훈련이 일의 세계와 가지는 관련성을 이해할 수 있다.

③ 개인/사회성 발달
  ㉠ 기준 A: 학생들은 자신과 타인을 이해하는 데 도움이 되는 태도와 지식 및 대인관계 기술을 습득할 수 있다.
  ㉡ 기준 B: 학생들은 목표들을 성취하기 위하여 의사결정을 하고 목표를 세우고 행동을 취할 수 있다.
  ㉢ 기준 C: 학생들은 안전과 생존 기술을 이해할 수 있다.

3 종합적 학교상담 모형(미국)

[2009년 기출]

다음은 전문상담교사가 담임교사인 홍 교사와 대화하는 내용의 일부이다. 〈작성 방법〉에 따라 서술하시오.

> 홍 교사: 상담이나 생활 지도는 일반 교과와는 달리 국가수준의 교육과정이 명확하게 제시되어 있지 않아서, 어떤 내용을 어떻게 실행해야 하는지 방향을 잡는 데 어려움이 있겠어요. 전문상담교사로서 이런 문제를 어떻게 해결하시나요?
> 상담교사: 저는 그 문제와 관련하여 미국의 (㉠) 모델을 참고하여 적용하고 있습니다. 이 모델은 미국상담 교사협회(ASCA)에서 제안한 것으로, 상담과 생활지도를 학교 전체 교육 맥락에서 실행하기 위하여 만들어진 것이지요. 이 모델에서는 ㉡ <u>학업 영역, 진로 영역, 개인적 · 신체적 영역을 포괄적으로 균형 있게 다루는 것을</u> 목표로 하고 있습니다.
> 홍 교사: 그렇군요. (㉠) 모델은 포괄적인 영역을 다루고 있어 상담과 생활지도에 참고하면 도움이 되겠네요. 그런데 여러 영역을 균형 있게 다루는 것만큼 학생들의 부적응 수준에 따라 개입의 내용이나 범위도 다르게 수행하는 것이 중요하지 않을까요? 예방부터 위기 개입까지 학생들의 부적응 수준별로 필요한 도움이 다를 테니까요.
> 상담교사: 그렇습니다. 학생들의 부적응 수준에 따라 효과적인 개입이 중요하기 때문에 다중통합지원이 가능한 안전망을 구축하여 운영하고 있습니다. 학교 단위에 설치되어 있는 Wee 클래스는 학교 부적응 학생의 조기 발견과 예방에 초점을 두고 있어 1차 안전망 역할을 하지요. 전문가들이 배치되어 있어 ㉢ <u>원스톱 서비스</u>를 제공받을 수 있는 ㉣ <u>Wee 센터는 교육지원청 또는 특별시 · 광역시 · 특별자치시 · 도 및 특별자치도 단위에 설치되어 있습니다.</u> 그런데 지역에 특화된 ㉤ <u>가정형 Wee 센터는 장기 기숙형 위탁 기관이라서</u> 필요시 위탁이 가능합니다. 시 · 도 교육청 단위에 설치하여 3차 안전망 역할을 하는 ㉥ <u>Wee 스쿨은 고위험군 학생을 위한 상담과 돌봄을 제공하지요.</u>

〈작성방법〉

- 괄호 안의 ㉠에 들어갈 모델의 명칭을 쓰고, 밑줄 친 ㉡에서 <u>잘못된</u> 설명을 찾아 바르게 고쳐서 서술할 것.
- 밑줄 친 ㉢에 해당하는 서비스의 내용을 서술하고, 밑줄 친 ㉣~㉥ 중에서 <u>잘못된</u> 설명 1가지를 찾아 바르게 고쳐서 서술할 것.

2 ASCA 국가 모델의 종합적 학교상담 모형의 4가지 구성요소와 3가지 수준

(1) **4가지 구성요소**: 기초, 운영체제(관리체제), 전달체제(수행체제), 책임

① 기초(Foundation)
  ㉠ 학교상담에 대한 기본 가정과 철학(신념)들을 포함하며 상담교사의 역할을 규정한다.
  ㉡ 학교상담을 통해 다루어야할 상담의 영역들을 제시하고 상담프로그램에 참여하는 학생들에게 기대되는 능력을 제시한다.
  ㉢ 이 부분은 상담교육과정의 핵심부분을 차지하게 되며 이를 기초로 모든 상담활동이 전개된다.
  ㉣ 즉 전문상담교사는 어떻게 하면 모든 학생이 학교상담을 통해 도움을 받을 수 있다고 생각하는지 자신의 신념을 점검하고, 이러한 신념을 바탕으로 학생이 상담을 통해 추구할 목표를 정의하고, 학교의 비전과 부합되는 신념을 갖고, 이러한 비전과 신념이 달성될 수 있도록 프로그램을 개발하는 '**프로그램에 초점**'을 두어야 한다.
  ㉤ 또한 모든 학생의 학습과정을 촉진시키기 위하여 ASCA가 제시하는 학업, 진로, 개인/사회적 발달의 3가지 외에 다른 기준이 또한 중요한지를 고려하여 학생상담 프로그램에 반영할 수 있도록 '**학생 능력**'을 고려하여야 한다.

ⓗ '전문적 능력'은 ASCA의 학교상담자 능력에서 제시된 전문상담교사에게 요구되는 기준에 부합하는 지식과 태도, 기술을 준수하고 ASCA의 학교상담자 윤리강령에 명시된 통합과 리더십, 전문성을 유지하기 위한 윤리적 행동의 원리를 기초로 학교상담자는 자신과 학생을 보호하기 위한 의사결정을 내리고 상담활동을 수행해야 함을 의미한다.

② 운영(Management, 관리)
  ㉠ 운영체제는 상담프로그램을 진행할 때 '언제, 왜, 누구에 의해, 그리거 어떤 권한을 가지고'와 같은 질문에 대한 답을 해주는 부분이다. 이러한 관리체제를 갖고 있을 때 학생들의 요구에 부응하고 효과적인 상담프로그램을 조직할 수 있으며, 이를 실행하는 과정에서도 학교장 및 교직원들과의 충분한 상호작용이 되어 프로그램의 효과가 증대된다.
  ㉡ 또한 학교상담자가 조직적인 평가와 도구를 사용해야 함을 의미한다. 여기서 도구는 구체적이고 명확히 기술된, 그리고 학교 요구를 반영하는 도구를 사용하는 것을 말한다.
  ㉢ 학교상담자 유능성과 학교상담 프로그램 평가: 학교상담자가 자신의 장점 영역과 개인적 기술 및 프로그램 활동의 향상을 스스로 평가하는 것을 의미한다.
  ㉣ 시간 활용에 대한 평가: 학교상담자가 학생에게 직·간접적인 서비스 제공에 80% 이상의 시간을 보낼 것을 권고하고 있는데, 이를 위해 얼마만큼의 시간을 투입하였는지를 평가하는 것을 말한다.
  ㉤ 연간 계획: 학년 초에 어떻게 학교상담 프로그램을 조직하고 어떤 목표를 달성할 것인지 계획하고 학교관리자의 승인을 얻는 것을 말한다.
  ㉥ 협의회 구성: 학생, 학부모, 교사, 학교상담자, 관리자, 지역사회 구성원으로 구성된 협의회를 구성하여 학교상담 프로그램 활동과 결과에 대한 검토와 권고를 받아들이는 것을 말한다.
  ㉦ 자료의 활용: 프로그램의 결과를 평가하고 학교 체제 안에서 체계적인 변화를 촉진함으로써 모든 학생들이 성공적으로 졸업하고 대학 또는 취업을 위한 준비를 갖출 수 있도록 하는 역할을 의미한다.
  ㉧ 교육과정, 소집단 격차 줄이기 활동: 발달적, 예방 및 치료적 활동과 서비스를 제공하고 그것이 학생들의 능력과 성취, 행동, 출석률에 긍정적인 영향을 미칠 수 있도록 하는 것을 말한다.
  ㉨ 연간 및 주간 계획: 학생, 학부모, 교사와 관리자들에게 학교상담 프로그램을 알리고 적극적으로 참여할 수 있도록 독려하기 위한 활동이다.

③ 전달(Delivery, 수행)
  ㉠ 전달체제는 학교상담의 실제적인 부분으로 상담 프로그램의 실행 부분이다. 이는 학교상담자가 학생, 학부모, 교직원과 지역사회에 직·간접적 서비스를 제공하는 것을 말한다.
  ㉡ 전달체제의 4가지 요소는 학교상담 핵심과정(교육과정), 개별 학생 계획, 반응적 서비스, 간접서비스(체제 지원)이다.
  ㉢ 직접적 서비스는 학교상담자와 학생들 개인간 상호작용을 통한 서비스를 말한다.
    • 학교상담 핵심 과정: 학생들에게 그들의 발달 수준에 맞는 지식과 태도, 기술을 제공하고 학생들이 이상적인 목표를 달성하도록 돕기 위한 구조화된 교육을 제공하는 것을 의미한다.
    • 개별 학생 계획: 학교상담자가 개별 학생의 목표와 미래 계획을 설정하는 데에 도움을 주기 위하여 체계적인 활동을 지속적으로 조직하고 수행하는 것을 말한다.
    • 반응적 서비스: 학생의 즉각적 요구나 고민에 부응하기 위한 학교상담자 간의 활동을 의미하는데, 개인상담이나 소집단상담, 위기대응 등을 포함한다.
  ㉣ 간접적 서비스는 학교상담자가 학생을 대신하여 하는 활동으로, 예를 들면 학생에게 더 많은 도움을 주기 위해 상담의뢰를 한다거나 학부모, 교사, 그 밖의 다른 교육자나 지역사회 기간 등에 자문하고 협력하는 활동을 말한다.

3 종합적 학교상담 모형(미국)

④ 책임(Accountability)
　㉠ 학교상담 프로그램의 효과를 측정 가능한 방식으로 보여주기 위해 학교상담자는 상담의 결과로서 학생이 얼마만큼 변화하였는가를 데이터를 통하여 분석해야 함을 의미한다.
　㉡ 학교상담자는 학교상담 프로그램이 학생들의 성취도와 출석률, 행동에 어떤 영향을 미쳤는지 데이터를 통하여 보여주고, 학교상담 프로그램 평가를 분석하여 모든 학생들에게 도움이 될 수 있도록 학교상담 프로그램을 향상시키는 데 활용해야 한다.
　㉢ 학교상담자의 수행능력은 종합적 학교상담 프로그램을 수행할 수 있는가를 기준으로 평가되어야 한다.

⑤ ASCA에서 제시하는 전문상담교사 역할

영역	역할		내용
기초	프로그램 초점		비전과 신념에 기초한 목표 설정, 프로그램 개발
	학생 능력		학업, 진로, 개인/사회발달 및 기타 발달 고려
	전문적 능력		ASCA의 지식, 태도, 기술 및 윤리강령 준수
운영	학교상담자 유능성과 학교상담 프로그램 평가		상담자 자신의 장점, 기술, 활동 능력을 평가
	시간 활용에 대한 평가		학생 서비스 제공을 위해 투입한 시간 평가
	연간 계획		학년 초 학생 상담 프로그램 계획
	협의회 구성		학생, 학부모, 교사, 관리자, 지역사회 구성원으로 협의회를 구성, 학교상담 프로그램 결과 검토
	자료 활용		프로그램 결과 평가
	교육과정, 소집단, 격차 줄이기 계획		발달, 예방, 치료적 활동 서비스 제공
	연간 및 주간 계획		학생, 학부모, 교사, 관리자에 대한 홍보, 참여 독려
전달	직접적 서비스	학교상담 핵심 과정	학교교육과정의 일부로 구조화된 교육 제공
		개별 학생 계획	개별학생의 목표, 미래계획 조력
		반응적 서비스	즉각적 요구나 고민 상담, 개인상담, 소집단상담, 위기대응 등
	간접적 서비스		상담의뢰, 학부모·교사·지역사회 기관 등 자문·협력
책임	학생상담의 효과를 분석, 평가, 보고하고 추후 상담프로그램에 활용		

(2) 3수준
① 첫 번째 수준은 기초이다. 기초에서 두 개의 화살표가 두 번째 수준인 운영체제와 수행체제로 나아간다.
② 운영체제와 수행체제로 나아간 두 가지 화살표는 세 번째 수준인 책임에서 다시 모아진다.
③ 책임의 다시 첫 번째 수준인 기초로 화살표가 진행되는데, 이것은 책임의 과정을 거친 정보가 다시 기초 부분을 수정하는 데 사용된다는 것을 나타낸다.
④ 이처럼 각 영역간의 화살표 방향은 각 영역이 영향을 주는 방향성을 나타낸다.

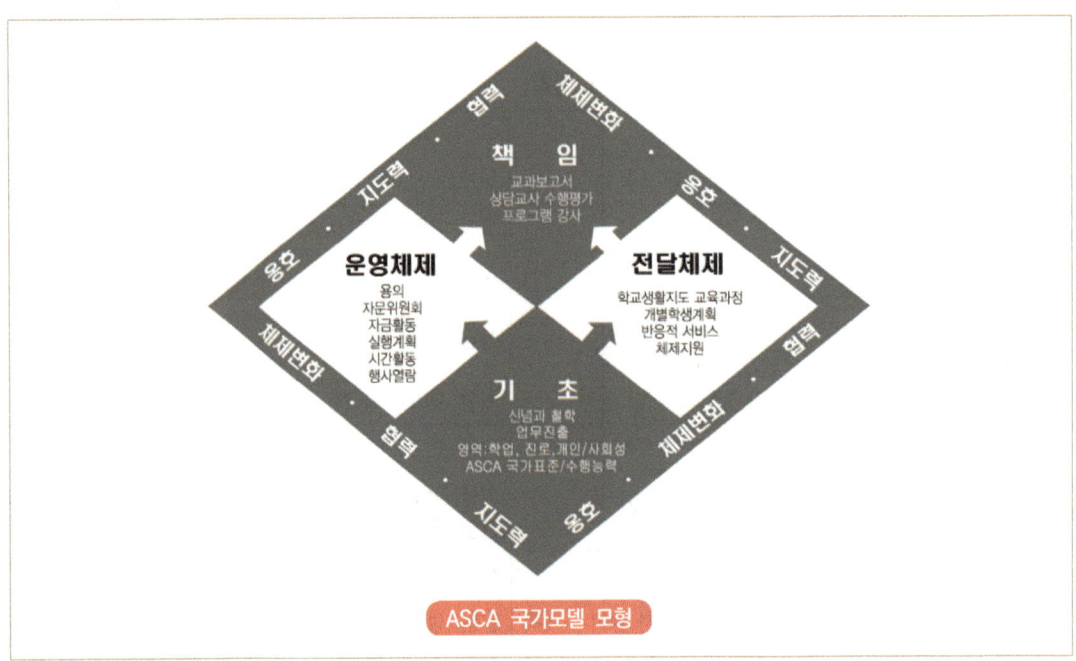

ASCA 국가모델 모형

(3) 학교상담자가 갖추어야할 4가지 특성
① 학교상담교사의 전통적인 역할이 주로 '일부'학생의 어려움을 도와주거나, 문제가 심각해진 뒤 해결하는 데 그쳤다면 이제는 '전체'학생의 발달을 옹호하는 **지도자**(leader)이자 필요한 자원을 얻기 위해 다양한 기관 및 사람들과 **협력**(collaborate)하고 학생 개인뿐 아니라 학생을 둘러싼 환경의 **체제변화**(systemic change)를 도모할 수 있어야 한다는 것을 보여주고 있다.
② 이러한 특성은 학교상담을 계획하고 제공하고 평가하는 일련의 과정에서 전문상담교사가 어떤 역할을 하여야 하는지, 그리고 학생을 둘러싼 교육 환경 전체를 통합적으로 다루기 위한 학교상담은 어떻게 이루어져야 하는지 그 근거를 제공하고 있다.

4 종합적 학교상담 프로그램

1 학교상담 프로그램의 구성요소 2011 기출

1 학업발달

(1) 학생들의 효과적인 학습을 촉진하는 태도를 형성하게 하고, 이에 필요한 지식과 기술을 습득하도록 돕기 위한 방안과 전략으로 이루어진다.

(2) 학생들의 학업발달 효과를 극대화하기 위해 학생들에 대한 직접적인 활동 외에도 교직원과 학부모의 적극적인 참여를 유도하는 전략을 강구할 필요가 있다.

(3) **활동 예**: 신입생 오리엔테이션, 학업지도, 시간관리, 방과후 체험학습, 사이버학습

> **+ 학업발달 활동의 예**
> - 신입생 오리엔테이션은 학교의 연혁, 교직원, 학교 시설, 학생 복지, 도서관 이용 등을 소개하여 신입생들이 빠른 시간 내에 효과적인 적응을 할 수 있도록 지도한다.
> - 재학생의 학업지도는 효과적인 학습방법과 과외활동에 대한 지도를 통해 학업능력 향상을 꾀할 수 있다.
> - 시간관리 훈련을 통해 학습에 필요한 시간을 체계적으로 계획하도록 한다.
> - 지역, 가정의 적극적 참여를 유도하기 위해 방과후 체험학습 등을 실시한다.
> - 사이버 학습을 실시하여 시간과 장소에 구애받지 않고 학업발달을 촉진시킬 수 있다.

2 진로발달

(1) 일 또는 직업의 세계를 소개하는 활동과 직업에 대한 관심을 불러일으킬 수 있는 활동 포함한다.

(2) 진로상담과 지도는 직업 준비, 직업 선택, 직업에의 적응 등 장래의 진로에 관계되는 영역에 대해 안내하는 것이다.

(3) 활동에 참여하는 학생들은 자기 자신에 대해 보다 더 알고 이해하게 되며, 자기 자신에 대한 지식을 토대로 일의 세계를 탐색할 수 있는 기술을 익히게 된다. 특히 자신의 성격적 특성, 교육과 훈련, 그리고 일의 세계 사이의 관계를 이해함으로써 진로의식을 높인다.

(4) 진로상담과 지도에서 진학지도의 비중이 매우 높다.

(5) 학생 개개인의 특성을 파악하고, 상급학교와 전공, 관련 직업군에 대한 포괄적인 정보를 제공함으로써 진로상담과 지도에 효율성을 높인다.

(6) 학생들은 소질, 적성, 흥미, 성격, 가치관, 신체적 조건 등의 특성에 따라 개인차가 현저하다. 개인의 직업적인 적합성과 그 직업이 요구하는 자질 사이의 불일치 조절을 다루는 것이 중요하다.

(7) **활동 예**: 진로상담 프로그램, 진로 포트폴리오, 검사, 직업체험 등

> **＋ 진로발달 활동의 예**
> - 초등학교 때부터 체계적이고 연계성 있는 진로상담 프로그램을 실시할 수 있다.
> - 진로 포트폴리오나 진로탐색장 등을 활용하여 진로에 대한 발달을 누적해서 기록한다.
> - 다양한 검사 실시. 진로 적성검사와 흥미검사 등
> - 직업체험, 해당 직업인과의 인터뷰 등의 활동
> - 학생들이 진로에 관하여 올바른 의사결정으로 내릴 수 있도록 체계적이고 과학적인 진로 프로그램 고안

3 개인·사회성 발달

(1) 학생들이 자기 자신과 다른 사람들을 이해하고 존중하는 데 필요한 태도, 지식, 인간관계 기술을 습득할 수 있도록 돕는 것이 목표이다.

개인발달	사회성 발달
• 인간교육의 핵심내용으로써 학교상담 프로그램은 학생 개개인의 균형 있고 조화로운 발달을 통해 통합적인 인성(신체적, 사회적, 정서적)의 형성을 촉진하는 방향으로 고안되어야 한다. • 학교상담 프로그램의 개인발달을 위한 활동들은 학생들로 하여금 건전하고 올바른 가치관과 긍정적인 자아개념을 확립하고, 자기존중감을 증진시켜 줌으로써 장차 자긍심을 가진 건실한 사회인으로 성장하도록 돕는 전략들로 구성된다. • 이러한 일련의 활동은 학생 개개인으로 하여금 책임과 이성적 결단이 수반되고 자율적 의지에 의해 행동할 수 있도록 돕기 위한 과정이어야 한다.	• 사회성이란 개인이 다른 사람과 원만한 인간관계를 형성하고 유지함으로써 사회생활에 적응하는 심리적 경향성이다. 사회성은 학생의 정신건강과 삶의 만족도에 영향을 미치며 타인에 대한 이해와 관심, 애정, 신뢰성, 규칙 준수, 협동성 등이 포함된다. • 사회성 발달을 위해 학생들의 교양을 높이고 높은 도덕성과 올바른 윤리관을 심어 주며, 인간 존중의 태도를 형성하고 의사소통과 대인관계 기술을 습득하도록 돕는다. • 학교상담 프로그램은 학생 개개인이 집단 구성원들 사이에서 우애, 협력, 상호이해, 신뢰, 존경의 태도를 기르는 데 초점을 맞추어야 한다. • 또래집단은 우리라는 연대의식과 감정을 통해 소속감을 느끼는 곳이다. 이곳에서 또래의식과 공동체의식이 생기며 학생들은 상대방의 입장을 생각하고 느끼고 행동하는 것을 배우게 되며, 이를 통해 존경, 관용, 균형 잡힌 품성, 성격, 태도 등을 기르게 된다. 그러므로 상담교사는 학생들의 집단적응능력을 향상시키도록 노력해야 한다.

(2) **활동 예**: 성공경험, 인성프로그램, 협동학습, 집단상담, 봉사활동

> **＋ 개인·사회성 발달 활동의 예**
> - 긍정적 자아정체감 형성을 위해 다양한 성공 경험 제공
> - 올바른 인성발달을 위해 New 3R과 같은 인성프로그램 활용하여 지도
> - 타인에 대한 이해와 관심을 개발하기 위한 협동학습
> - 관계 향상 및 대인관계 기술 등을 익히는 집단상담 실시
> - 인간을 존중하는 태도를 형성하기 위한 도덕성 교육 및 봉사활동

4 예방활동

(1) 발달과정 상의 공통적인 과업에 효과적으로 대처할 수 있는 기술과 능력을 기름으로써 부적응행동을 사전에 방지할 수 있는 프로그램을 고안하여 실행하는 것이다.

(2) 예를 들어, 본드나 담배를 권하는 또래의 압력에 대처할 수 있는 프로그램을 실행함으로써 학생들의 부적응행동을 사전에 방지한다.

4 종합적 학교상담 프로그램

(3) 특정 발달단계에 따라 공통적인 특성이 있는가 하면, 개인차가 있어 동일한 발달단계 내에서도 개인 간 차이를 보인다. 그러므로 상담교사는 발달단계에 대한 일반적인 기대를 하기보다, 그 단계 내에서 개인의 수행능력과 경험을 적극 고려해야 한다. 예를 들어, 부모와 갈등을 겪고 있는 고등학생 아이들을 위한 프로그램을 만들 때 발달단계를 참고하여 만들지만 개인차에 대한 것은 늘 고려해야 한다.

(4) 예방활동은 반응적 활동의 요구를 줄여 주는 역할을 하며, 반응적 활동만으로 충분치 않은 학생들을 도와줄 수 있다.

(5) 예방활동은 전체 학생들을 대상으로 이루어지기도 하고, 다른 학생들의 영향을 받기 쉽거나 문제가 생길 만한 소지가 있는 학생들을 대상으로 하기도 한다. 그러므로 문제를 일으킬 가능성이 있는 학생들을 추려서 생활지도 프로그램이 제공된다면 이는 예방활동이 되지만, 어떤 문제행동을 하고 있는 학생들을 대상으로 프로그램이나 상담이 이루어진다면 반응적 활동이라 할 수 있다.

(6) 예방 프로그램을 개발하고 효율적으로 운영하기 위해서는 무엇보다 학교장을 비롯한 전체 교직원들이 상호협조하고 존중하는 태도가 요구된다.

(7) 학교 상담프로그램은 예방과 반응적 활동이 균형을 이루어야 한다.

(8) **예방 프로그램 예**: 학생들의 사회적 기술의 신장, 적절한 자기주장 능력 개발, 자존감 향상, 긍정적 자기개념으로의 변화, 자기실현의 촉진 등이 포함된다.

5 반응적 활동

(1) 직접 도움을 청하거나 도움이 필요하다고 생각되는 학생들을 위해 교사가 또는 상담교사가 개인상담이나 집단상담 또는 집단지도를 통해 문제해결에 개입하는 것이다.

(2) 어떤 문제를 우선적으로 처리할 것인가에 대한 우선 순위를 정해야 한다. 베이커는 학생의 상담에 대한 동기수준과 상담교사의 전문적 능력이 우선순위를 정하는 데 변인으로 작용한다고 보았다.

(3) 학교에서 치료적 중재가 필요한 학생은 만성적으로 부정적인 사고와 행동을 일삼는 학생, 습관적으로 음주와 흡연을 하는 학생, 만성 지각생, 공격적이고 폭력적인 학생, 따돌림 당하는 학생 등이다. 치료적 중재를 받게 되는 학생들은 상대적으로 훨씬 더 많은 시간과 노력, 전문적 지식과 경험이 필요하다. 그러므로 교사가 직접적으로 도울 수 없는 학생들은 가급적 신속하게 상담교사나 다른 전문가에게 의뢰해야 한다.

(4) 예방프로그램과 반응적 활동은 중복되기도 하나, 교사가 대상 학생들에게 소비하는 시간의 비율에서 차이가 난다. 예방 프로그램은 집단활동을 통해 많은 수의 학생들을 한꺼번에 지도할 수 있다. 반면 반응적 활동 프로그램은 비슷한 관심과 문제를 가진 학생들이 서로의 문제를 나누기 위해 소집단으로 지도받기도 하지만 대개 개인상담으로 진행된다. 이런 점에서 예방프로그램이 훨씬 더 경제적이다. 그러나 예방 프로그램은 계획하고 실행하는 데 필요한 사전조사와 연구에 많은 준비와 노력이 소요된다.

(5) 학교상담 프로그램은 초등학교 아동들로부터 고등학교 학생들에 이르기까지 연계성이 있고 종합적인 프로그램이 되어야 한다. 이는 발달 이론을 기초로 계획, 조직되고 연계성 있게 고안, 실행되어야 한다는 뜻이다. 그렇지 않을 경우, 프로그램이 서로 중복되거나 성격이 전혀 달라 학교상담 활동의 효율성이 감소할 수 있다.

(6) **개입방법**: 지역사회 전문가 등에게 의뢰, 직접 도움을 요청한 학생 상담, 동료 교사들과 함께 해결책 모색, 문제의 우선순위 선정 및 계획, 유사한 문제를 갖고 있는 학생들끼리 집단상담 등

[2011년 기출]

다음 글을 읽고 아래 〈조건〉에 따라 김 교사가 고려해야 할 종합적 학교상담 모형의 내용 요소와 반응적 활동을 서술하시오.

> 고등학교에서 전문상담교사로 근무하고 있는 김 교사는 학생들의 상담 관련 업무를 담당하면서 학생들이 발달 과정에서 여러 가지 어려움을 겪는 것을 지켜보게 되었다. 평소 학교상담이 일반상담과는 분명히 다른 전문 영역이라고 알고 있던 그는 '종합적 학교상담 모형'이 교육의 일환으로서 예방적, 발달적, 체계적으로 적용될 수 있는 모형이라는 점에서 깊은 관심을 갖고 있었다. 최근 들어 학업 부진, 장기결석, 무기력, 학교 폭력, 진로 문제 등으로 학교 상담실을 찾는 학생 수가 급증하게 되면서 김 교사는 학생들의 문제 해결뿐만 아니라 예방적 차원에서 모든 학생들에게 도움을 제공하기 위해 종합적 학교상담 모형을 적용하기로 하였다. 이 모형을 학교장면에 적용함으로써 김 교사는 학생이 직접 도움을 청하거나 교사가 도움이 필요하다고 생각되는 학생 등을 돕기 위해 자신이 직접 혹은 다른 교사가 개입하는 '반응적 활동'도 활성화시킬 수 있을 것으로 기대하였다.

〈조건〉
- 내용요소는 3가지 발달 영역으로 구분하고, 각 발달영역에 따라 활동을 5가지만 서술할 것
- 반응적 활동은 개입 방법을 5가지만 서술할 것

2. 종합적 학교상담 프로그램 편성 절차 2011 기출

직접적 프로그램	상담교사가 도움을 필요로 하는 학생들에게 직접 계획, 고안, 개발해서 적용하기 위한 것
간접적 프로그램	학생과 직접적으로 책임 있는 관계가 있는 제3자, 즉 담임교사, 교과목 담당교사, 학교장, 학부모 등이 학생들에게 긍정적인 영향을 줄 수 있는 프로그램을 고안, 실행하도록 상담교사가 도움을 제공하는 프로그램.

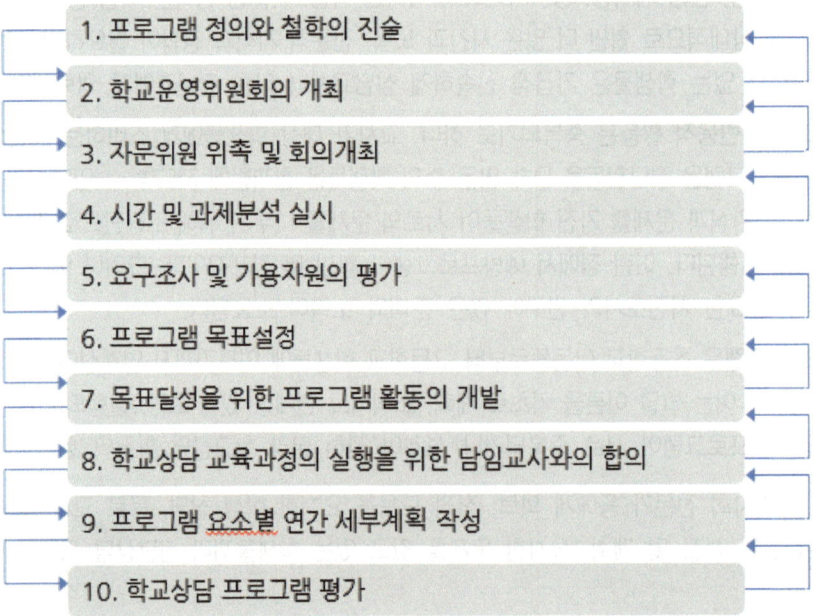

1. 프로그램 정의와 철학의 진술
2. 학교운영위원회의 개최
3. 자문위원 위촉 및 회의개최
4. 시간 및 과제분석 실시
5. 요구조사 및 가용자원의 평가
6. 프로그램 목표설정
7. 목표달성을 위한 프로그램 활동의 개발
8. 학교상담 교육과정의 실행을 위한 담임교사와의 합의
9. 프로그램 요소별 연간 세부계획 작성
10. 학교상담 프로그램 평가

1 프로그램 정의와 철학 작성

(1) 종합적 학교상담 프로그램의 정의: 프로그램의 초점. 학교상담 교육과정, 개별계획, 반응적 서비스, 체제 지원과 같은 요소를 포함한다. 진로 계획 및 탐색, 자신과 타인의 이해, 교육 및 직업적 발달에 관한 목표 등 학생들의 욕구에 초점화한 프로그램 계획이다.

(2) 종합적 학교상담 프로그램의 철학: 프로그램의 신념. 발달과 관련된 내용으로 성장과 관련된 주제를 다뤄야 한다.

2 학교운영위원회 회의 개최

(1) 종합적 학교상담 프로그램의 필요성을 설명하고 필요한 위원회의 지원과 보장을 받기 위해서는 학교운영위원회의 의결을 거쳐야 한다.

(2) 학교운영위원회가 의결해야 할 사항: 종합적 학교상담 프로그램을 개발, 실행, 관리할 수 있는 시간과 예상 제공. 예산을 결정하는 데 프로그램 평가 결과를 활용한다. 계속적인 프로그램 개발 개선을 위해 자문위원회나 행정가들로부터 정기적인 보고를 받는다. 프로그램을 지역사회에 홍보한다.

3 자문위원 위촉 및 회의 개최

(1) 학교의 학교상담 프로그램을 책임지고 있는 행정가는 자문위원회를 결성하기 위해 자문위원을 임명해야 한다. 이 자문위원은 학교운영위원회, 교직원, 학부모, 학생, 지역사회 유지나 지도자들 가운데서 선임한다. 필요하다면 특정 분야의 전문가를 초빙할 수 있다. 위원수는 8~10명이 적당하다.

(2) 대개 자문위원회는 1년에 1회 혹은 프로그램 내용 및 구조에 관한 조언이나 상담을 제공할 필요가 있을 때 소집된다. 위원회 제반 규정은 모든 위원들이 충분히 논의하여 결정한다.

(3) 첫 번째 회의에서 협의해야 할 사항들에는 종합적 학교상담 프로그램의 소개, 수정해야 할 과제의 확인, 과제의 할당, 과제를 달성하기 위한 일정 수립, 회의 날짜 결정 등이 포함된다.

(4) 두 번째 회의에서는 시간 및 과제 분석과 요구조사 내용 등을 다룬다. 위원회는 학교가 소속된 지역사회에 적합한 학교상담 프로그램의 정의, 근거, 기본가정을 작성한다. 프로그램 정의에는 학교상담 서비스 수용자, 프로그램의 기본적 내용, 프로그램의 조직이 포함된다. 학교상담 프로그램의 근거는 학생들과 지역사회의 요구를 평가한 결과를 토대로 작성한다.

4 시간 및 과제 분석 실시

시간 및 과제 분석은 기존의 프로그램이 있을 경우 그 체제하에서 상담교사의 활동시간 및 과제의 할당에 관해 조사하고 분석하는 데 사용한다. 이 분석은 기존의 프로그램에서 시행되고 있는 시간 및 과제들을 종합적 학교상담 프로그램에서의 시간 및 과제들과 비교하기 위한 기초를 제공한다. 시간 및 과제 분석은 30분 단위로 이루어지는 것이 보통이다.

5 요구조사 실시 및 학교상담 가용자원의 평가

(1) 요구조사 2010 기출

① 요구조사에서 요구란 대개 '학생들이 숙달하는 데 도움이 필요하다고 생각하는 목표들'로 정의한다.
② 요구조사를 통하여 상담교사들은 학생, 교직원, 학부모들이 중요하다고 생각하는 프로그램 범주 및 목표들을 확정할 수 있다. 학생 개개인이 갖고 있는 문제도 중요하지만 그들의 공통적인 문제가 무엇인가를 파악해야 한다.
③ 요구조사에 소요되는 경비에는 설문지 인쇄비, 통계 처리비, 결과보고서 작성비 등이 포함된다.
④ 요구조사는 프로그램이 작성되어 실행된 첫해에 시행되어야 하며 이상적으로는 그 후 3년마다 한 번씩 이루어져야 한다. 이러한 조사는 소규모나 중간 규모의 학교(학생 수 500명 이하)에서는 전 학생을 대상으로 조사하는 것이 좋다. 대규모 학교(학생 수 500명 이상)에서는 50%의 무선표집조사를 권장한다. 학부모 조사에서는 적어도 50% 이상의 부모를 대상으로 해야만 한다. 학교운영위원회는 어떻게 조사할 것인지를 결정해야 한다.
⑤ 모든 교사들에게도 학생들에게 필요한 학교상담 내용이 무엇인가에 대한 조사를 실시해한다. 이러한 요구조사 결과를 종합하여 목표를 설정한다.
⑥ 학교상담프로그램은 학생과 학부모의 요구, 지역사회의 요청, 사회 정세의 변동 등을 고려하여 탄력성 있고 융통성 있게 계획한다.

(2) 활용 가능한 자원의 평가

자원평가는 기존의 학교상담 프로그램과 활동들, 공간, 시간 배당, 장비, 구성원의 전문 지식과 지역사회 자원 등과 같은 측면들에 관한 체계적이고 철저한 재검토가 필요하다. 학교상담 프로그램 실행에 필요한 자원의 평가는 다음과 같은 영역에서 실시한다.

① 장비 및 재료 조사: 학교상담 프로그램에서 사용될 학교의 시설과 장비를 조사하고 교직원들에게 필요한 새로운 장비와 재료를 신청할 수 있는 기회를 제공한다.
② 교직원의 전문성 조사: 학교상담 프로그램 활동을 수행하는 데 도움을 줄 수 있는 관련 교직원들의 특별한 능력이나 기술을 확인한다.
③ 지역사회 인적 자원의 조사: 지역사회 봉사단체, 지역사회의 업계, 상공회의소, 노동조합 등과 같이 학교상담 프로그램을 수행하는 데 유용하게 활용될 수 있는 지역사회의 인적 자원을 확인한다.

6 목표 설정

(1) 목표는 공식적, 비공식적 요구조사 결과에 근거하여 설정해야 한다.
(2) 학교상담 프로그램은 학교의 전반적인 교육계획의 일부로써 조화를 이루도록 구체적인 목표를 설정한다. 목표가 명확할수록 시간과 노력의 손실을 최소화하며 실행에 옮길 수 있다.
(3) 목적은 보다 포괄적인 의미를 나타내고 세부목표는 포괄적인 목적을 달성하기 위한 구체적이고 세부적인 행동목표(중간목표)를 의미한다.
(4) 각각의 목표가 가장 잘 달성될 수 있는 방법을 결정한 후에는 그것들이 통합될 수 있는 학교 교과과정 및 종합적 학교상담 프로그램에서의 적합한 분야를 찾아내는 것이 중요하다.
(5) 종합적 학교상담 모형의 일반적 목적의 예: 의사소통 기술 개발, 인간관계 형성 및 유지, 문제해결 능력 개발, 의사결정 능력 향상, 책임있는 행동 습득, 자기존중감 증진, 성취동기 향상, 목표 설정과 계획 기술 습득

(6) 교직원의 능력과 흥미, 특히 학교상담에 대한 이해와 태도, 전문적 훈련의 정도는 학교상담 프로그램의 성패에 영향을 준다.

(7) 학교상담 영역의 활동, 개인상담, 집단상담과 지도, 자문, 학생평가, 진로상담과 지도 등의 관계가 유기적으로 상호 밀접한 관계를 유지할 수 있어야 한다.

(8) 학교의 인적 자원, 시설조건, 재정 형편 등을 감안하여 무리가 생기지 않도록 알맞게 계획해야 한다.

> **참고** 학교상담 프로그램 계획의 기본 방향
> (1) 모든 학생들을 대상으로 한다.
> (2) 자율성을 강조한다.
> (3) 치료보다는 예방에 역점을 둔다.
> (4) 지적 학습보다는 정의적 학습에 중점을 둔다.
> (5) 임상적 판단뿐 아니라 과학적 판단도 강조한다.

7 목표 달성을 위한 활동 개발

(1) 확정된 목표를 가장 잘 달성할 수 있는 학교상담 활동을 선택, 수정 및 작성하여 사용한다. 학교상담 학습활동은 효과적으로 활용될 수 있도록 작성되어야 한다.

(2) 프로그램에 생소한 내용을 포함시켜야 할 경우 출판물, 대중매체, 평가도구, 자문, 전문단체와의 관계, 다양한 정부지원 서비스, 사적인 단체에서의 정보 서비스 등을 통해 정보와 자료를 요구한다.

(3) 활동 내용으로는 의사소통, 의사결정, 문제해결, 인간관계 형성 등을 위한 기술 증진, 동료 조력자 훈련, 합리적인 사고 훈련, 행동연습, 자기관리 훈련, 주장훈련, 스트레스 완화훈련, 직업정보 구하기, 진로계획, 게임, 시사만화 그리기, 가치관명료화 등이 있다.

(4) 인간의 통합적 발달의 중요성을 강조하고, 적극적인 의미에서의 예방과 성장에 역점을 둔 설계

8 학교상담 교육과정 실행을 위한 학년 및 담임교사와의 협의

(1) 교실에서 실행될 학교상담 활동은 일정이 겹치는 것을 막기 위해 관련 교사와 협의가 필요함

(2) 평가방법도 활동에 포함되어야 하는데, 이는 그 활동의 중요성을 증명하는 데 도움을 줄 수 있다. 프로그램 실행에 있어서 상담교사가 주도적인 역할을 수행하지만 교사들도 중요한 기여를 한다는 사실을 강조하고, 교사에게도 어느 정도의 구체적인 책임을 지게 할 필요가 있다.

(3) 학교 실정과 교직원들의 관심도가 프로그램 설계에 중요하므로, 소속학교의 특수한 사정을 고려하여 학교 전체의 교육계획과 조화될 수 있는 프로그램 설계

9 프로그램 요소별 연간 세부 계획 작성

(1) 연간 계획은 상담교사로 하여금 프로그램의 활동들을 조직 및 관리할 수 있게 해주며 종합적 학교상담 프로그램을 실행하고 전달하는 조직화되고 체계적인 방법을 제공해준다.

(2) 연간계획은 상담교사로 하여금 학생들의 요구를 충족시켜 줄 시간을 계획하게 해주고 학생, 교직원 및 학부모에게, 그리고 지역사회에 학교상담 프로그램의 목표와 관련된 정보를 제공할 수 있게 해준다.

(3) 연간 계획은 학교상담 프로그램을 전반적인 학교교육 활동에 통합시켜 준다. 또한 모든 교직원들의 참여를 유도하고 학교상담 프로그램을 실행하는 데 조직적 능력에 관한 증거를 제공해 준다.

10 학교상담 프로그램 평가

이 단계에서 학교는 새로운 프로그램을 채택하여 얼마나 성공하였는가를 결정한다. 모든 과정이 실행된 후에 각 학교는 프로그램 표준의 달성 정도, 개인별 수행평가, 학생의 목표 달성도에 기초하여 새로운 프로그램의 효율성을 평가해야 한다.

3 실행 실제

1 참가자 모집 및 선발

프로그램을 설명하고 학생에게 참여욕구를 불러일으키는 기술이 필요하다. 상담교사는 참여가 가능한 학생을 지원자로 선발하여 충분한 정보를 제공한다.

학교상담 프로그램 설계 시 결정 사항

- 대상 학년 결정
- 가장 우선권을 두어야 할 프로그램의 요소
- 학년에 따라 습득해야 할 기술과 능력
- 학교상담 프로그램과 기타 교육 프로그램과의 차별화
- 상담교사가 활용할 기술, 즉 강의, 안내, 상담, 자문, 검사, 기록유지, 조정, 정보 서비스 등
- 대상자와 선정 기준, 즉 발달과정에 따라 모든 학생들을 대상으로 할 것인가? 아니면 반응적 활동의 일환으로 해당 학생만을 대상으로 할 것인가?

2 실행

(1) 학교상담 프로그램을 얼마나 잘 계획하고 설계했는가는 실행을 통해 확인할 수 있다.

(2) 프로그램의 결점이나 문제점이 나타나는 경우 수정, 보완을 통해 효율성을 높일 수 있다.

(3) 프로그램을 실행하는 방법에는 교사가 직접 어떤 주제를 가르쳐주거나 시범을 보이거나 지도하는 방법이 있다. 이를 위해선 교안이 필요하며, 교안에는 전체적인 운영 방법에 관한 사항, 즉 세부목표, 자료, 참석 대상, 진행 절차, 과제, 평가방법 등으로 구성된다.

(4) 상담교사는 적절한 매개체나 유인물을 준비하여 학생들과의 관계를 촉진할 수 있다. 사회적 모방학습을 돕기 위해 시청각 기자재를 사용할 수도 있고 상징적 모델을 선정하여 예시로 활용할 수도 있고 상담자가 직접 모델 역할을 할 수도 있다.

(5) 프로그램 참여자에게 바람직한 기술을 습득시키는 일은 상담교사의 감독하에 일련의 행동을 일정한 단계를 거쳐 반복함으로써 이루어질 수 있다. 상담교사는 참여자들에게 필요한 사항을 알려 주고, 정확하고 유용하며 지지적인 피드백을 제공하며, 도움이 될 만한 과제를 부여하고, 참여자가 바람직한 수준까지 도달했는지 확인하거나 목표 성취 여부를 알아보는 단계를 반복한다.

(6) 교육 프로그램의 궁극적인 목표는 실제 생활에서 수행하도록 전이하거나 교육과 훈련결과를 일반화하는 것이다. 상담교사는 참여자들이 학습한 것을 실제 생활에 적용하도록 도와주어야 한다.

4 평가

학교상담 프로그램 평가는 프로그램의 목표가 충족된 정도, 프로그램과 관계있는 사람들의 반응, 프로그램의 효율성으로 이루어진다. 이러한 평가는 상담교사의 전문성 향상에도 기여하지만 정책입안자나 의사결정자에게 중요한 정보를 제공하는 기능을 한다. 올바른 평가를 위해서는 목표에 적합하고 타당한 준거를 적용해야 하고, 지속적이고, 일관성 있게 이루어져야 한다.

1 평가 영역: 목표, 과정, 효과, 효율성

(1) **목표**: 목표에 대한 평가는 학교의 교육목표, 전체 학생들의 요구, 목표 달성의 가능성, 효용성 등을 토대로 이루어진다.

(2) **과정**: 과정에 대한 평가는 프로그램이 계획한 대로 기능을 하고 있는지를 평가하는 것이다. 학교상담 활동에서 가장 일반적인 과정평가는 학생, 학부모, 교사들을 대상으로 상담교사가 제공하는 활동을 어느 정도 알고 있는가를 조사하는 것이다.

(3) **효과**: 효과에 대한 평가는 참여 학생에 미친 영향에 관한 모든 자료를 수집하여 평가한다. 가장 보편적인 프로그램 효과의 평가는 목표에 따른 평가다.

(4) **효율성**: 효율성 평가는 프로그램의 효과가 프로그램 수행에 소비된 비용과 노력에 비해 정당화될 수 있는지를 알아보는 것이다. 이 때, 시간, 공간, 기자재, 예산 등도 고려 대상이다.

2 평가 방법

(1) **사전사후 평가방법**: 프로그램을 실시해서 일정 기간이 경과한 다음에 그 프로그램의 효과를 평가하는 방법이다. 이 방법은 실험연구를 통해서 실시될 수 있다.

(2) **비교에 의한 방법**: 프로그램의 효과를 평가하기 위해 목적에 따라 다른 집단과 비교해서 평가하는 방법이다. 대표적으로 실험집단과 통제집단을 비교해서 효과를 평가할 수 있다.

▶ 프로그램 전체 절차 요약

> 1) 계획단계: 학생들의 요구를 평가하고 목표를 설정하고 조사하여 참가자들을 모집하고 선별
>   (1) 학교상담위원회 구성
>   ① 학교상담위원회: 학교상담과 생활지도를 계획, 설계, 실행, 평가하는 일을 담당한다.
>   ② 위원회 수: 8~10명
>   ③ 위원회에는 학교장, 부모, 교사가 포함되어야 하고 특정분야의 전문가를 초빙할 수 있다.
>   ④ 상담교사: 위원회 조직 및 자문 역할을 담당한다.
>   ⑤ 위원회는 학교가 소속된 지역사회에 적합한 학교상담 프로그램의 정의, 근거, 기본가정을 작성: 서비스 수용자, 프로그램의 기본적인 내용, 프로그램의 조직 등이 포함된다.
>   ⑥ 학교상담 프로그램의 근거는 학생들과 지역사회의 요구를 평가한 결과를 토대로 작성한다.
>   (2) 요구조사
>   ① 프로그램 수용자들의 요구와 기대를 파악하고, 인간의 발달단계 과업을 토대로 학생, 학부모, 지역 사회의 관심과 요구를 파악하는 일이 선행되어야 한다.
>   ② 학생 개개인의 문제도 중요하지만, 공통적인 문제가 무엇인지 파악해야 한다.
>   ③ 학부 및 지역사회가 학교 당국과 학교생활에 대해 무엇을 기대하고 있는가를 알아본다.

④ 프로그램 계획은 학생들의 요구, 지역사회의 요구, 사회 정세의 변동 등을 고려하여 탄력성 있고 융통성 있는 성격을 지니도록 만들어야 한다.
  (3) 목표설정
    ① 목적은 보다 포괄적인 의미를 나타내고, 세부목표는 포괄적인 목적을 달성하기 위한 구체적이고 세부적인 행동목표, 즉 중간목표를 의미한다.
    ② 목적의 진술은 측정 가능한 용어로 기술함으로써 성취 정도를 평가할 수 있게 한다.
    ③ 학교상담 프로그램은 학생들을 위해 할 수 있는 활동이 명확하게 규정되고 그에 대한 구체적인 계획을 중시하여 작성되어야 한다.
  (4) 활동내용 설정
    ① 프로그램 내용 결정: 출판물, 대중매체, 평가도구, 자문, 전문단체와의 관계, 다양한 정보 서비스, 사적인 단체에서의 정보 서비스 등을 통해 정보와 자료를 구한다.
    ② 기본적인 자원: 대학이나 대학원, 연수에서 배운 내용을 활용한다.
    ③ 활동내용: 의사소통, 의사결정, 인간관계 형성 등을 위한 기술 증진, 동료 조력자 훈련, 합리적 사고 훈련, 행동연습, 자기관리 훈련 등
  (5) 참가자 모집 및 선발
    ① 지원자 선발: 프로그램을 설명하고 학생들의 참여욕구를 불러일으키는 기술이 필요하다.
    ② 지원자가 많을 경우 공평한 기회를 제공하기 위해서 진단과 평가기술을 사용한다.
2) **설계단계**: 교안을 작성하고 가르치며 예시하고 지시한다.
  (1) 인간의 통합적 발달의 중요성을 강조하고 적극적인 의미에서의 예방과 성장에 역점을 둔다.
  (2) 결정사항
    ① 대상 학년 결정
    ② 가장 우선권을 두어야 할 프로그램의 요소
    ③ 학년에 따라 습득해야 할 기술과 능력
    ④ 학교상담 프로그램과 기타 프로그램의 차별화
    ⑤ 상담교사가 활용할 기술, 즉 강의, 안내, 상담, 자문, 검사, 기록 유지, 조정, 정보 서비스 등
    ⑥ 대상자의 선정 기준, 즉 발달과정에 따라 모든 학생들을 대상으로 할 것인가? 아니면 반응적 활동의 일환으로 해당 학생만을 대상으로 할 것인가?
  (3) 일반교사들의 적극적인 관심과 수용을 필요
3) **실행단계**: 학습한 내용을 실제 장면에 전이할 기회를 제공한다.
  (1) 실행을 통해 프로그램이 잘 계획되고 설계되었는지 알 수 있다.
  (2) 프로그램의 문제점이 나타나는 경우에는 수정, 보완을 통해 효율성을 높일 수 있다.
  (3) 교안: 전체적인 운영방법에 관한 사항, 즉 세부목표, 자료, 참석 대상, 진행절차, 과제, 평가방법 등으로 구성
  (4) 바람직한 기술을 습득시키는 일은 상담교사의 감독 하에 일련의 행동을 일정한 단계를 거쳐 반복함으로써 이루어질 수 있다.
  (5) 격려는 다른 어떤 도구보다도 효과적이므로 가급적 자주 활용한다.
  (6) 피드백은 참여자에게 연습과 노력의 질에 대한 정보를 제공한다.
  (7) 적절한 과제부여는 참여자들이 바람직한 기술과 지식을 획득하도록 도와주며 바람직한 생각을 형성하는 데 기초가 될 수 있다.
  (8) 프로그램을 실행하는 동안, 기초적인 상담기술과 직면기술을 사용한다.
  (9) 프로그램의 궁극적 목표: 일반화이기 때문에 이것이 가능하도록 돕는다.
4) **평가단계**: 프로그램 효과를 평가하고 분석하며 보고서를 작성한다.
  (1) 프로그램의 목표가 충족된 정도, 프로그램과 관계있는 사람들의 반응, 프로그램의 효율성
  (2) 올바른 평가를 위해서는 목표에 적합하고 타당한 준거를 적용해야 하고, 지속적이고 일관성 있게 이루어져야 한다.
  (3) 목표평가: 학교의 교육목표, 전체 학생들의 요구, 목표 달성의 가능성, 효용성 등을 토대로 이루어진다.
  (4) 과정평가: 프로그램이 계획한 대로 기능을 하고 있는지를 평가
  (5) 효과평가: 참여 학생에게 미친 영향에 관한 모든 자료를 수집해서 평가하는 방법. 프로그램의 효과의 평가는 목표에 따른 평가라고 할 수 있다.
  (6) 내용평가: 사전 사후 평가방법

5 전문상담교사의 역할

1 개요

- 미국학교상담자협회(ASCA, 1990)는 학교상담자를 '자격증을 갖춘 전문 교육자로서 학생, 교사, 행정가들을 돕는 일에 종사하는 사람'으로 정의하였다. 그리고 상담(counseling), 자문(consulting), 조정(coordinating)을 학교상담자가 일반적으로 사용하는 조력과정으로 보았다.

상담	• 상담은 크게 학업, 진로, 예방적 발달상담의 세 가지 영역으로 나눌 수 있다. - 학업상담은 학생들의 학습동기를 높여주고 학습의 즐거움을 북돋아주는 활동이다. - 진로상담은 학생들로 하여금 직업의식을 고양시키고 기본적인 의사결정 기술을 익히도록 도움으로써 장기목표를 설정하고 추구하는 데 활용할 수 있도록 하는 활동이 포함된다. - 예방적 발달상담은 보다 적극적인 학교상담 전략으로써, 학생들에게 의사소통 기술, 대처전략, 문제해결 기법, 인간관계 기술 등과 같은 사회적 기술을 사전에 가르침으로써 성장발달을 기하는 한편, 사회적 기술의 부족으로 인한 문제 발생은 미연에 방지한다.
자문	• 상담교사가 교사, 학교행정가, 학부모들이 다른 사람들과의 상호작용을 보다 명확하게 이해할 수 있도록 도움으로써 협력해 나가는 과정을 말한다. • 자문의 목표는 피자문자로 하여금 다른 사람들, 특히 학생들과 보다 효과적으로 교류하는 데 활용할 수 있는 정보를 얻고 기술을 증진시키기 위함이다.
조정	• 상담교사가 학교상담 프로그램과 관련된 활동을 조직하고 관리하는 것을 돕는 리더십의 과정이다.(ASCA, 1990) • 조정 활동에서 상담교사는 학교와 지역사회의 각 기관 사이를 이어주는 역할을 한다. 또한 또래 학습조력자 프로그램을 운영한다거나 각종 학생들의 학업 모임을 이끈다거나 등의 활동들을 한다.

▶ 초등학교 상담교사와 중·고등학교 상담교사의 역할

초등학교 상담교사의 역할		중·고등학교 상담교사의 역할
• 개인상담 • 집단상담 • 진로발달 • 자문 • 의뢰 • 교직원 발달 • 학생평가 • 학부모 교육 • 점심시간 지도, 운동장 지도, 표창 학생 선정 등	• 또래 도우미 프로그램 운영 • 아동활동 후원 • 연구 • 교육과정 계획 • 신입생 오리엔테이션 • 홍보 • 변화촉진 • 학교상담 프로그램 계획, 조정, 평가	• 개인상담 • 집단상담 • 진로상담과 지도 • 자문 • 의뢰 • 교직원 발달 • 학생평가 • 학교상담 프로그램 계획, 조정, 평가

2 자문

1 정의

(1) 브라운 등(Brown, 1991): 자문은 자문자나 피자문자에 의해 시작되고 종결될 수 있는 자발적인 문제해결 과정이다. 기본적으로 피자문자가 책임을 맡고 있는 집단 또는 내담자를 보다 효과적으로 기능할 수 있는 태도와 기술을 개발시킬 목적으로 시작된다. 자문의 목적은 제3자에 대한 서비스 향상과 그들의 관심 영역에서 기능하기 위한 피자문자의 능력 개발이다.

(2) **자문이란** 전문적인 교육과 훈련을 받은 자문자가 비교적 구체적인 방법으로 피자문자에게 전문적인 도움을 제공함으로써 내담자에게 보다 효과적으로 도움을 제공할 수 있도록 도모하는 과정이다.

2 자문의 모형 2011 기출

> **자문자로서 상담교사의 역할**
> - 피자문자에 의해 의뢰된 구체적인 문제에의 해결책 처방
> - 문제해결을 위한 계획 수립에의 조력
> - 문제 정의와 해결책 제시에 대한 직접적 책임 감수

(1) 정신건강 모형
① 자문자가 피자문자로 하여금 내담자와의 상호작용을 보다 잘 이해할 수 있도록 돕는 것으로, 자문자는 피자문자의 치료나 문제해결을 위한 방안과 전략을 분석하고, 내담자에 대한 피자문자의 반응을 점검한다.
② 피자문자를 지지하는 데 초점이 있다.
③ 피자문자로 하여금 현재의 문제 상황에 대한 이해도를 높이는 데 역점을 둔다.
④ 미래에 일어날 수 있는 유사한 문제에 대처할 수 있도록 돕는다.

(2) 행동주의 모형
① 피자문자의 내담자 행동에 체계적인 방법으로 변화를 주기 위해 자문자가 피자문자에게 제안하거나 가르쳐 준 행동관리 기법들의 활용에 초점이 있다.
② 행동주의 심리학을 기초로 한 학습이론에 토대를 둠. 즉, 피자문자의 행동도 소거시키고 새로운 행동을 획득하게 할 수 있다는 원리를 자문과정에 적용한다.
③ 간접적인 접근을 활용한다는 점에서 정신건강 모형과 유사하나, 자문자가 보다 많은 통제권을 행사한다는 점에서 다르다.
④ 행동주의 자문자는 피자문자가 따라야 할 일련의 행동을 계획하고 결정하며, 필요한 기법과 접근을 피자문자, 즉 교사들에게 가르친다.
⑤ 상담교사는 자신의 역할 정도나 너무 지나쳐 피자문자인 교사들이 원치 않은 영역까지 침범하지 않도록 유의해야 한다.
⑥ 주로 교실 관리와 학생의 문제 행동이 의뢰된다.
⑦ 자문과정은 문제 확인(측정 가능한 세부 목표 협의), 문제 분석(관련 변수 검토), 계획 실행(세부 목표와 각 전략의 효과를 평가하기 위한 기준 필요), 문제 평가 단계(달성 정도 확인)로 나뉜다.

(3) 조직발달 모형

① 조직의 변화에 대처 능력을 향상시키고, 조직의 효율성을 유지 및 강화하기 위한 목적으로 조직 내외의 개인이나 집단에게 기술적 또는 처방 성격의 조력을 제공하는 과정이다.
② 교육기관에서 가장 빈번하게 활용. 주로 교육과 훈련을 통한 접근이다.
③ 대상 집단의 구성원들로 하여금 특정한 영역에서의 효율성을 증진시키는 것이 최우선 목표이다.
④ 자문 절차는 욕구 측정, 교육 활동 계획 수립과 실행, 평가로 구성되어 있다.
⑤ 해당 학교의 상담교사를 자문자로 활용할 경우 생겨날 수 있는 문제점: 조직발달 모형에서 자문자는 전문가의 역할을 담당하게 됨으로써 동료교사들의 저항을 불러일으킬 수 있음. 자문자는 동료 교사들을 특정 영역에 대해 가르치고 실습을 주도할 뿐만 아니라 평가자의 역할까지 담당하게 됨으로써 자문의 본질이 왜곡될 수 있다.
⑥ 학교 외부 전문가에게 자문을 의뢰하는 것이 바람직하다.

(4) 과정적 모형

① 자문자는 피자문자가 근무하고 있는 곳의 체제와 의사결정, 문제해결, 목표설정 과정에서 그가 개인적으로 적용하는 체제에 대한 통찰을 얻도록 도움을 제공한다.
② 흔히 학교에서 일어나는 학생의 문제는 그 학생만의 것이 아니라 그를 둘러싸고 있는 환경이 원인이 된다고 보는 관점이다.
③ 학생이 속한 체제나 환경이 제 기능을 발휘하지 못할 때는 교사가 노력을 해도 헛수고가 된다.
④ 자문자는 피자문자를 체제의 구성원으로 보면서 그의 강점과 약점, 체제 내의 다른 사람들과의 의사소통 방법에 초점을 맞춘다.
⑤ 조직을 구성하고 있는 구성원 상호 간에 영향을 주고받는 인간관계와 의사결정과정의 행태에서 문제원인을 찾아, 문제 일부가 체제 자체에 있다는 분석이 나오면 자문은 체제 변화에 초점을 맞춰야 한다.

(5) 협력적 모형

① 자문자와 피자문자가 서로의 정보와 자료를 공유하는 한편, 자문 과정에서 동등한 동역자로서 함께 일하는 협력적인 관계를 이루는 모형이다.
② 보통 직접적으로 제공한다.
③ 문제를 명백히 파악하고 대안적인 해결책을 찾고 서로 동의할 만한 전략을 선택하고 이를 실행하기 위한 방법을 모색하는 것 등을 해 나간다.

(6) 해결중심 모형

① 해결중심모형은 해결방법과 강점에 초점을 맞춘다.
② 문제해결적 접근은 컨설티의 결함, 약점, 또는 문제의 원인에 초점을 두고 있는 반면, 해결중심모형은 문제가 없었던 상황 또는 문제해결 경험에 초점을 맞춘다.
③ 해결중심모형 적용절차
  ㉠ 회기 전·초기 구조화 단계: 컨설턴트는 컨설티가 문제 상황에서 강점과 자원을 발견하도록 돕는다. 이를 위해 컨설턴트는 '변화 언어'를 활용하여 컨설티에게 미래지향적인 질문을 던진다. 이는 미래 변화를 위한 발판 마련으로 컨설티에게 희망을 불어넣어 주기 위함이다.

> **+ 변화 언어를 활용한 질문의 예**
> - 선생님은 학생이 어떻게 되기를 원하세요?
> - 선생님은 학생(학급)과의 관계에서 어떻게 되기를 바라세요?
> - 컨설팅이 성공적이었다는 것을 어떻게 알 수 있을까요?

ⓒ 목표설정 단계: 컨설팅의 목표를 설정할 뿐, 문제해결적 접근에서처럼 문제탐색을 위해 시간을 허비하지 않는다. 문제탐색은 문제가 발생하지 않았다고 할 경우의 예 또는 예외상황을 탐색하는 경우에 한하여 실시한다. 왜냐하면 문제탐색에 집중하게 되면 해결방안 탐색을 위한 시간을 허비하기 때문이다. 해결방안은 다음과 같은 질문을 활용하여 행동적·구체적 용어로 기술한다.

> **+ 해결중심 컨설팅의 목표설정을 위한 질문의 예**
> - 선생님께서 기꺼이 수용할 수 있는 최소한의 변화는 어느 정도인가요?
> - 좀 더 편안한 학교생활이 되기 위해 어떤 변화를 시도해 보시겠어요?

ⓒ 시도했던 해결방안 및 예외상황 탐색: 컨설티가 이전의 해결방안 또는 예외상황을 잘 기억하지 못하는 경우, 컨설턴트는 "그 문제가 가장 적게 발생했던 때가 언제였나요?"라는 질문을 통해 변화를 위한 발판을 마련한다. 예외상황을 발견하지 못할 경우, 다음 회기까지 예외상황을 찾는 숙제를 부과하거나, 관찰과제 등을 제시한다.

ⓔ 컨설티의 해결방안 결정 돕기: 컨설턴트는 컨설티의 해결방안 결정을 돕기 위해 3가지 규칙을 적용한다.
첫째, 특별한 문제가 없는 한 고치지 말 것
둘째, 효과가 있으면 다 할 것
셋째, 효과가 없으면 다시 하지 말 것.
이 과정에서 컨설턴트는 컨설티에게 해결방안을 구체적인 행동중심의 언어로 기술하게 한다. 컨설티가 최적의 해결방안을 선택할 수 있도록 돕기 위해 컨설턴트는 다음과 같은 질문을 활용한다.

> **+ 컨설티의 최적의 해결방안 선택을 돕기 위한 질문의 예**
> - 어떤 해결방안이 선생님의 자원에 가장 적합할까요?
> - 학생이 자원에 적합한 해결방안은 무엇인가요?

ⓜ 요약·지지단계: 컨설팅을 통한 성과를 요약해주고 적극 강화해 준다. 이는 컨설티가 성과를 내적 귀인하는 데 도움이 된다. 단, 컨설티의 성과에 대한 진술은 구체적인 행동상의 업적에 관한 것이어야 한다.

[2011년 기출]

다음에서 설명하고 있는 학교 상담의 자문 모형으로 옳은 것은?

> 자문자는 피자문자 소속 기관의 체제와 의사결정, 문제해결, 목표설정 과정에서 피자문자가 자신이 속한 체제에 대한 통찰을 얻도록 도움을 제공한다. 이 모형에서는 학교에서 일어나는 학생의 문제는 그 학생만의 것이 아니라 그를 둘러싸고 있는 환경으로 인해 발생한다고 본다.
> 이 모형에서는 조직을 구성하고 있는 구성원 상호간의 인간관계와 의사결정 과정의 형태에서 문제의 원인을 찾으려 한다. 그러므로 자문자가 피자문자를 체제의 구성원으로 보면서, 그의 강점과 약점, 그리고 그 체제 내의 다른 사람들과의 의사소통 방법에 초점을 맞추어야 학생의 문제를 해결하려는 피자문자의 노력이 성과를 거둘 수 있다.

(1) 과정적 모형　　　　(2) 협력적 모형　　　　(3) 행동주의 모형
(4) 조직발달 모형　　　(5) 정신건강 모형

5 전문상담교사의 역할

3 정보제공

상담교사는 학생, 학부모, 교사, 학교행정가들에게 필요한 정보를 제공하는 역할을 함으로써 의사결정 경험이 부족한 학생들을 도울 수 있다.

1 정보제공 활동의 요소

(1) 학생의 요구 이해
① 상담교사는 사전에 학생들이 필요로 하는 정보를 파악하여 정보제공 활동을 주의깊게 계획하는 한편, 정보제공 활동을 통해 학생들이 무엇을 학습했고 어떻게 동화시켰는지를 확인하기 위한 피드백을 받아야 한다.
② 단편적이거나 단회성으로 끝나는 것이 아니라 일련의 과정. 유치원에서 고등학교에 이르기까지 발달상황에 따라 연계성 있게 계획되고 실행되어야 한다.
③ 학생들은 발달과정에 필요하고 유용한 정보를 얻음으로써 보다 안정적으로 성장 발달하며, 특정 영역에 대한 시야를 넓힐 수 있어 결과적으로 현명한 의사결정 능력을 함양하게 된다.

(2) 폭넓은 지식 소유
① 정보 제공과 처리에 관한 상담교사의 폭넓은 지식은 학생들의 욕구에 부응할 수 있게 한다.
② 상담교사는 우선 자신의 지식에 한계를 알아야 한다. 상담교사들이 직면하고 있는 어려운 현실 중 하나는 학생들에게 모든 적절한 정보를 제공할 수 없다는 점이다.
③ 상담사의 역할
  ㉠ 다양한 경험을 할 수 있는 기회가 제공된다.
  ㉡ 의사결정과 관련된 요인들을 이해하도록 도와 정보를 이용하여 구체적인 의사결정을 할 수 있도록 돕는다.
  ㉢ 모든 의사결정의 과정의 일부. 연속적으로 선택, 결정하는 과정에서 유용한 정보를 활용하도록 돕는다.
  ㉣ 학생 개개인은 자기결정을 할 수 있는 능력이 있음을 믿고 미래 선택에 영향을 미칠 정보를 활용하도록 돕는다.

2 정보제공 활동의 절차

(1) 정보수집: 꼭 필요한 정보가 무엇이고 어디에서 찾아야 하는지를 신속히 파악하여 효율적으로 정보를 확보할 수 있어야 한다. 이를 위해 교사는 전산화 시스템을 잘 다룰 수 있어야 한다.
(2) 정보의 조직화: 학교 상담실 내에 정보자료센터나 직업정보센터를 운영하여, 각종 정보와 자료들을 체계적으로 조직하고, 학생들의 이용을 지도 감독해서 조기에 진로의사 결정을 내릴 수 있도록 돕는다.

3 정보 제공 활동의 방법

인쇄물, 일 대 일 면접, 컴퓨터

4 | 의뢰

1) 상담교사도 지식과 식견, 경험에 한계가 있기 마련이다. 그럴 때는 다른 전문가들에게 학생을 의뢰할 수 있어야 한다. 그러므로 상담교사의 활동은 학생들의 가정과 지역사회까지 확장이 된다.

2) 상담교사가 능력이 있음에도 자신의 업무를 줄이기 위해 의뢰를 해서는 안 되며, 반대로 능력이 없는데도 계속 상담을 진행시킬 경우, 상담자의 윤리에 어긋나게 된다.

3) 상담교사는 학생들의 심리적인 어려움을 해결하거나 진로 계획에 보다 전문적인 도움을 제공할 수 있는 교내·외의 다양한 자원을 확보하여 학생과 학부모, 지역사회 구성원들과 협력체제를 갖추어야 한다.

4) 의뢰가 필요할 때, 상담교사는 자신의 능력, 의뢰의 동기와 목적 의뢰할 기관 등에 대해 면밀히 검토해야 한다.

5) 평소에 의뢰의 체계를 갖춤으로써 업무의 효율성을 높이고, 학생들에게 시의적절한 도움을 제공할 수 있어야 한다.

6) 학생들은 미성년자이기 때문에 의뢰절차는 학부모의 인식과 협조를 필요로 한다. 때때로 학생을 외부 기관에 맡기는 것에 학부모들이 저항감을 느낄 수 있다. 이럴 때, 상담교사는 학부모에게 문제의 심각성을 설명하고 의뢰 제안을 받아들이도록 설득해야 한다.

7) 학회 참석, 다른 전문가의 자문, 인터넷 탐색, 서비스단체의 정보, 잠재적 서비스 제공자와의 면담, 광고 등을 통해 의뢰기관에 관한 정보들을 확보할 수 있다.

8) 의뢰를 할 때, 고려해야 할 내담자의 변수
   (1) 학생이 상담교사의 의뢰 제안을 자신을 거부하거나 버리는 것으로 해석할 가능성: 효과적인 의사소통 기술과 감수성이 필요하다.
   (2) 학생이 의뢰를 받아들이지 않을 가능성: 침착성과 인내심 필요

9) 의뢰가 이루어졌을 경우
   (1) 부분적으로 위임: 상담교사와 학생이 상담관계를 유지하면서 의뢰기관으로부터 필요한 서비스를 보충하는 방법
      예 임신문제 의뢰한 여학생, 산부인과 조력을 받음
   (2) 전적으로 위임: 학생이 다른 전문가에게 의뢰되며 의뢰를 한 상담교사는 그 사례에 대해 더 이상 관여하지 않음
      예 중독인 학생, 약물중독 치료 프로그램에 완전 의뢰

10) 의뢰할 때, 의뢰 기관에 대해 고려해야 할 점
   (1) 의뢰 제안을 하기 전에 학생의 준비 정도를 주의 깊게 평가. 학생의 심리 상태와 대처능력을 파악함으로써 의뢰 여부를 결정하기 위한 자료로 활용한다. 때때로 다른 전문가와 의뢰에 관해 상의한다.
   (2) 학생과 학부모가 의뢰 제안을 수락하게 되면 상담교사는 의뢰를 맡게 된 전문가나 기관에 학생의 문제해결에 도움이 될 만한 자료를 제공한다.
   (3) 의뢰는 조력관계의 종결이 아니라 상담이나 자문과정의 한 단계임을 명심한다.

6. 학교에서 심리치료 활용1: 학교폭력

1. 학교폭력(school violence)의 개념과 특징

1 의미

(1) **광의의 의미**: 학생과 학생 간의 폭력, 학생의 교사에 대한 폭력과 교사의 학생에 대한 폭력이 포함

(2) **보편적 의미**: 학생과 학생간의 신체적, 언어적 폭력을 의미한다.

2 법적 정의(학교폭력예방 및 대책에 관한 법률 제 2조 제 1항)

> 제2조(정의) 이 법에서 사용하는 용어의 정의는 다음 각 호와 같다.
>
> 1) "학교폭력"이란 학교 내외에서 학생을 대상으로 발생한 상해, 폭행, 감금, 협박, 약취·유인, 명예훼손·모욕, 공갈, 강요·강제적인 심부름 및 성폭력, 따돌림, 사이버 따돌림, 정보통신망을 이용한 음란·폭력 정보 등에 의하여 신체·정신 또는 재산상의 피해를 수반하는 행위를 말한다.
> 1의 2) "따돌림"이란 학교 내외에서 2명 이상의 학생들이 특정인이나 특정집단의 학생들을 대상으로 지속적이거나 반복적으로 신체적 또는 심리적 공격을 가하여 상대방이 고통을 느끼도록 하는 일체의 행위를 말한다.
> 1의 3) "사이버 따돌림"이란 인터넷, 휴대전화 등 정보통신기기를 이용하여 학생들이 특정 학생들을 대상으로 지속적, 반복적으로 심리적 공격을 가하거나, 특정 학생과 관련된 개인정보 또는 허위사실을 유포하여 상대방이 고통을 느끼도록 하는 일체의 행위를 말한다.
>
> [참고] 학교폭력으로 규정할 수 있는 3가지 성립요건: 고의성, 반복성, 힘의 불균형

3 청소년보호위원회(2002)에서 제시한 학교폭력의 형태

- 타인을 괴롭히려는 의도를 가지고 신체적 구타를 하거나 힘껏 밀어붙이는 행위
- 흉기 등을 이용해 신체적 상해를 가하는 행위
- 의도적으로 집단활동에서 따돌리거나 제외시키는 경우
- 주변의 다른 친구들의 접근과 도움을 막는 행위
- 언어적으로 별명 등을 부르며 놀리는 행위
- 악의적인 소문을 퍼뜨리는 행위
- 돈이나 물건을 강제로 빼앗는 행위
- 하고 싶지 않거나 부당한 행위를 강요하는 행위
- 신체적인 위협을 가하거나 협박하는 행위
- 빈정거리거나 조롱하는 행위
- 욕설이나 저급한 언어를 사용하는 행위
- 휴대전화나 이메일을 통해 협박, 비난, 위협하는 행위
- 원하지 않는 신체적 또는 성적 접촉을 강요하는 행위

2. 학교폭력의 유형

1) 신체적 폭력: 폭행, 금품갈취, 강제적 심부름
2) 집단따돌림
3) 사이버 폭력
4) 언어 폭력
5) 성폭력

3. 폭력발생의 기제

1. 가해학생의 심리

(1) 가해학생은 자신의 인간적 가치가 무시되거나 제대로 인정받지 못하면 모멸감을 느끼고 훼손된 자기가치를 보상받기 위해 폭력 행동을 하게 된다.
(2) 폭력발생시 가해학생은 폭력을 합리화하거나 부인한다. 폭력행동과 그 결과를 축소하고, 피해자가 폭력행위를 유발했다고 질책하는가 하면, 가해학생은 자신의 폭력행동에 대해 사과하면서 스스로 통제력을 상실하여 자신도 모르게 충동적으로 했을 뿐 다시는 이런 일이 일어나지 않을 것이라고 주장한다.

2. 피해학생의 단계별 반응

피해학생들은 반복되는 폭력 속에서 자아상이 낮아지고, 스트레스를 많이 받게 되며, 우울증 및 학습된 무기력감에 시달리게 되며, 마치 노예와 같은 상태가 된다.

단계	반응
제1기 - 분노의 시기	폭력을 당하는 초기에는 분노, 수치심, 자존심의 손상으로 가득 찬다. 수치심과 자존심 때문에 누구에게도 사실을 말하지 못한다.
제2기 - 공포의 시기	폭력이 반복되면서 또 다시 폭력을 당할까봐 공포에 떨고 보복이 두려워 어디 가서 하소연도 못하고 침묵한다. 폭력상황 또는 관련된 상황을 상상하거나 떠오르게 될 때, 자신을 괴롭힌 사람과 비슷한 모습을 보게 될 때 공포에 휩싸인다. 불면증, 호흡곤란 등을 일으키게 된다.
제3기 - 무기력의 시기	폭력에 계속 시달리면서 자존심의 손상, 공포 때문에 독립심이 전혀 없고 매우 무기력해진다. 매사에 결단을 내리지 못하고 이 핑계 저 핑계를 대고 철저한 체념 속에 산다.

3 주변학생들의 반응

(1) 폭력이나 괴롭힘을 보고 침묵하거나 방관하는 학생들이 적지 않고 때로는 이들이 가해학생에 동조하고 있다는 점에 폭력 고리의 악순환이 계속된다. 방관 학생 중에는 정의로움이 무엇인지 알고 있고 당하는 친구가 불쌍하다고 생각하면서도 자신이 해결할 수 없는 문제이기 때문에 섣불리 폭력사건에 끼어들지 않으려 하고, 자칫 잘못 끼어들다가 자신도 피해자가 될까 두렵기 때문에 못 본 척하거나 묵인해버린다.

(2) 이러한 태도는 개인주의 확산과 약자에 대한 인도주의 정신이 결여되어 가는 사회적 분위기 속에서 더 확산되고 있다. 거기에 피해학생은 괴롭힘을 당할 만한 행동을 했기 때문에, 괴롭힘을 목격한 학생은 자신이 방관하는 행동에 대해 죄의식을 가질 필요도 없다는 식으로 합리화를 하여 동정심을 갖지 않는다. 하지만 가해학생과 피해학생 중간에서 심리적 갈등을 겪는 일부 학생은 심각한 무력감과 우울, 대인관계에 대한 두려움을 경험하게 된다.

(3) 괴롭힘이나 폭력사건에 대한 방관 또는 침묵은 가해학생의 폭력을 묵인 또는 동조라는 의미로 받아들이게 되고, 또 다른 폭력을 유발하는 계기가 되는 만큼 괴롭힘 문제를 풀어나갈 수 있는 열쇠는 다수의 학생에게 있다고 볼 수 있다.

(4) 하지만 이들은 학생들 사이에 발생된 사건의 사실을 선생님이나 주위 사람에게 이야기하는 것은 비겁하다고 생각한다는 점에 문제가 있다. 인간의 생명을 위협하고, 인권이 무시당하는 학교 폭력에 대해 알리는 것은 고자질과는 다르다는 것, 나쁜 일을 나쁘다고 이야기하고 이에 대응하는 것은 용기있는 행동이라는 점을 분명히 할 필요가 있다. 반대로, 무관심하다든지 보고도 못 본 척하는 행동이 얼마나 비겁하고 창피한 일이며 방관은 중립된 행동이 아니라 가해행동을 지속시킨다는 것을 인식시킬 필요가 있다.

4 교사와 학교의 대처

(1) 무엇보다 중요한 것은 학교관계자가 학교폭력의 심각성에 대해 바르게 인식하고 문제해결을 위한 강한 의지와 균형적 사고와 개입 의지가 있는 것으로, 이를 분명하게 밝힌다면 상당수의 학교폭력 발생을 예방할 수 있을 것이다.

(2) 학교폭력은 교사의 적극적인 관심과 개입이 이루어질 때 해결의 가능성이 있다. 어떠한 폭력도 문제해결의 정당한 방법으로 합리화할 수 없다는 의식 무장이 필요하다.

4 학교폭력 사안처리 절차, 『2019, 교육부 학교폭력 사안처리 가이드북 발췌』

1 사안조사 책임자 및 담당자

(1) 조사 책임자: 학교장
(2) 조사 담당자: 학교폭력 전담기구(법적 기구) 또는 소속 교원(법률 제 14조 제 3항)

2 단계별 조치사항

단계	처리내용	비고
학교폭력 사건 발생인지	• 117 학교폭력 신고센터로부터의 통보 및 교사, 학생, 보호자 등의 신고 접수 등을 통해서 학교폭력 사건 발생 인지	
신고 접수 및 학교장·교육청 보고	• 신고 접수된 사안을 학교폭력신고 접수대장(양식1-1)에 반드시 기록하고, 학교장에게 보고하고, 담임교사에게 통보한 후 관련 학생 보호자에게 통지, 교육청(교육지원청)에 48시간 이내에 보고	업무담당자
즉시조치 (필요시 긴급조치 포함)	• 필요 시 피해학생과 가해학생 즉시 격리, 가해학생이 눈빛·표정 등으로 피해학생에게 영향력 행사 못하도록 조치 • 관련학생 안전조치(피해학생-보건실 응급처치·119신고·병의원 진료 등, 가해학생-격리·심리적 안정 등) • 피해학생 및 신고·고발한 학생이 가해학생으로부터 보복행위를 당하지 않도록 조치 • 피해학생의 신체적·정신적 피해를 치유하기 위한 조치 우선 실시 • 성폭력인 경우 「아동·청소년의 성보호에 관한 법률」에 따라 반드시 수사기관에 신고하고, 성폭력 전문상담기관 및 병원을 지정하여 정신적·신체적 피해 치유 • 자치위원회 개최 이전에 긴급한 필요가 있는 경우, 법률 제16조 제1항 및 제17조 제4항에 따라 긴급 조치 실시 가능	학교장, 담임교사 등
사안조사	• 피해 및 가해사실 여부 확인을 위한 구체적인 사안조사 실시 - 관련학생의 면담, 주변학생 조사, 설문조사, 객관적인 입증자료 수집 등 • 피·가해학생 심층면담 • 조사한 결과를 바탕으로 육하원칙에 따라 사안조사 보고서 작성 • 성폭력의 경우 비밀유지에 특별히 유의 • 장애학생에 대한 사안조사의 경우, 특수교육 전문가를 참여시켜 장애학생의 진술 기회 확보 및 조력 제공 • 필요한 경우, 보호자 면담을 통해 각각의 요구사항을 파악하고 사안과 관련하여 조사된 내용을 관련 학생의 보호자가 충분히 이해할 수 있도록 안내	전담기구, 담임교사

학교장 자체해결 여부 심의	• 법률 13조의2 제1항제1호~4호에 모두 해당하는지 여부를 객관적으로 판단
	  - 2주 이상의 신체적·정신적 치료를 요하는 진단서를 발급받지 않은 경우
	  - 재산상 피해가 없거나 즉각 복구된 경우
	  - 학교폭력이 지속적이지 않은 경우
	  - 학교폭력에 대한 신고, 진술, 자료제공 등에 대한 보복행위가 아닌 경우
		전담기구 심의

6 학교에서 심리치료 활용1: 학교폭력

```
┌─────────────────────────┐                    ┌─────────────────────────┐
│   자체해결 요건 충족      │                    │   자체해결 요건 미충족    │
└─────────────────────────┘                    └─────────────────────────┘
         ▼                                              ▼
┌─────────────────────────┐                    ┌─────────────────────────┐
│ 피해학생 및 보호자의 서면 확인 │                    │ 학교폭력대책자치위원회 개최 │
└─────────────────────────┘                    └─────────────────────────┘
• 피해학생과 그 보호자의 학교폭력대책자치위원회 미개최     • 피해 및 가해사실 내용에 관하여 종합적으로 정리하여 학
  요구 의사를 서면으로 확인(양식2)         부동의         교의 장 및 자치위원회에 보고
※ 전담기구 심의결과 자체해결 요건에 모두 해당하더라도
  관련학생 및 그 보호자가 자치위원회 개최를 요구하는 경
  우 반드시 자치위원회 소집
         ▼ 동의                                         ▼
┌─────────────────────────┐                    ┌─────────────────────────┐
│      학교장 자체해결       │                    │    자치위원회 심의·의결   │
└─────────────────────────┘                    └─────────────────────────┘
```

※ 사안 처리의 전 과정에서 필요시 관계회복 프로그램을 운영할 수 있다.

> **참고** 학교폭력이 아닌 사안의 종결처리
>
> - 전담기구 심의를 거쳐 학교폭력이 아닌 것으로 결정된 사안인 경우 종결처리
>   - 제3자가 신고한 사안에 대한 사안조사 결과, 오인신고였던 경우
>   - 학교폭력 의심사안(담임교사 관찰로 인한 학교폭력 징후 발견 등)에 대한 사안조사 결과, 학교폭력이 아니었던 경우
>   ※ 위의 경우에도 학생(학부모)이 자치위원회 개최를 요청할 경우 반드시 자치위원회를 개최하여 처리해야 함(법률 제13조제2항제3호에 의하면 피해학생 또는 그 보호자가 요청하는 경우 반드시 자치위원회를 개최하여야 하며, 개최하지 않을 시 법률 위반이 되고 이에 따른 책임을 지게 될 수 있음). 단, 자치위원회에서 '학교폭력 아님'으로 결정할 경우 '조치없음'으로 처리할 수 있음.

3 사안 조사 절차

사안조사절차(예시)

```
┌──────────────────────┐
│      사실확인         │
│ ┌────┬────┬────┐    │   ┌────────┐   ┌────────┐   ┌────┐
│ │면담 │정보 │정확 │ ▶  │ 요구사항 │ ▶ │면담일지 │ ▶ │사안 │
│ │조사 │수집 │파악 │    │   확인   │   │및 보고서│   │보고 │
│ └────┴────┴────┘    │   └────────┘   │  작성   │   └────┘
└──────────────────────┘                └────────┘
```

> **참고** 사안조사 시 유의사항
>
> - 서면 조사, 해당학생 및 목격자의 면담 조사, 사안 발생 현장 조사 등을 통해 종합적인 방법으로 신속하게 증거 자료를 확보한다.
> - 면담 조사를 하는 경우에는 육하원칙에 근거하여 구체적으로 확인서를 받는다.
> - 객관적이고 공정하게 사안조사를 실시한다.
> - 관련학생 간의 주장이 다를 경우, 목격 학생의 확인을 받거나 직·간접 증거자료 확보를 통해 적극적으로 사안조사에 임한다. 피해·가해 학생이 일관된 진술을 하는지, 증거자료와 진술 내용이 일치하는지 등을 살펴야 한다.
> - 전담기구 소속교사는 학생, 보호자, 목격자, 담임교사 등을 면담조사한 후에 확인된 사실을 바탕으로 학교폭력 사안조사 보고서를 작성한다.
> - 장애학생에 대한 사안조사의 경우, 특수교육 전문가를 참여시켜 장애학생의 진술 기회를 확보할 수 있도록 지원할 수 있다.
> - 한국어 의사소통능력이 부족하거나, 다양한 문화적 배경을 지닌 다문화학생(중도입국·외국인학생 등) 및 탈북학생의 사안조사 시, 통역의 활용 또는 관련 담당교사를 참여시키도록 한다.
> - 성 사안의 경우 비밀유지 및 대상자 신변보호, 2차 피해 방지 등에 특별히 유의한다.
> - 관련학생의 소속 학교가 서로 다른 경우에는 학교간 사안조사 내용 확인을 위해 긴밀하게 협조한다.

(1) 사실 확인
① 확인서: 피해·가해학생 확인서, 목격학생 확인서(육하원칙에 따라 기술)
② 설문조사: 피해학생 및 가해학생과 관련된 학생과 학급을 대상으로 실시
③ 증거자료 수집: 이메일, 채팅, 게시판, 눈, 피해사실 화면 온라인 상 캡쳐, 문자메시지, 관련 사진, 동영상 자료, 음성증거자료 등
④ 진단서 및 소견서: 폭력 피해를 증명할 수 있는 신체·정신적 진단서, 의사 소견서 등
⑤ 사실 확인 시 진위 파악 원칙

> - 면담결과와 관련 정보 일치: 피해측, 가해측 정보 및 주변 정황에 대한 정보 수집을 통해 결과들이 일치하는지 파악
> - 가해·피해자의 상호 인정: 면담조사 결과를 피해학생(보호자)과 가해학생(보호자)이 상호 인정하는지 확인
> - 진술 맥락의 일관성 파악: 언급한 진술에 문맥의 앞·뒤가 모순되지 않고 잘 부합하는지 살핀다.
> - 목격자 확인: 면담조사 결과와 목격 학생의 확인이 일치하는지 점검
> - 정황증거 파악: 사안의 주변 흔적이나 간접적인 정황이 있는지, 그러한 정황이 있다면 누구의 진술과 더 잘 부합하는지 살펴야 한다.

(2) 면담조사
① 면담과정에서 피해학생 및 보호자, 가해학생 및 보호자, 목격자에게 신뢰감, 안정감을 준다.
② 전문상담교사 등 상담전문가에게 학생의 심리·정서적 상태를 파악할 수 있다.
③ 초등학생의 경우, 서면조사에 무엇을 써야할지 알지 못해 충분한 내용을 기재하지 못할 수 있으므로, 기재 과정을 세심하게 도와주도록 한다.
④ 장애학생의 경우, 장애로 인한 피해를 방지하기 위하여 면담조사시 특수교육 전문가를 참여시켜 장애학생의 의견진술 기회 확보 및 진술을 조력하도록 한다.
⑤ 중도 입국·외국인 학생과 제3국 출생 탈북학생의 경우, 가급적 대면 면담을 활용하고, 서면조사 활용 시 한국어로 충분한 내용을 기재하지 못할 수 있으므로 번역된 조사지의 활용 및 모국어 작성을 허용할 수 있다. 모국어 작성된 서면조사지는 번역하여 활용한다.
⑥ 면담조사시 면담자가 녹취하는 것은 법적으로 문제가 없으나 녹취에 대한 사전동의를 받는 것이 바람직하다.

(3) 정보수집
① 피해학생: 학년, 성별, 인적사항, 피해학생 수, 교우관계, 장애유무, 학교생활, 특이사항 등
② 가해학생: 학년, 성별, 인적사항, 가해학생 수, 가해 동기, 장애유무, 다른 유사 사안 관련 유무 등
③ 폭력 유형 및 형태: 폭력유형(신체폭행, 금품갈취, 따돌림 등), 폭력형태(집단폭력, 일대일 폭력 등), 발생 및 지속기간(1회적·지속적 사안), 발생장소, 발생원인, 치료비, 피해 정도, 진단서 발급 유무

(4) 정황 파악
① 피해학생의 심리적·신체적 현재 상태 파악: 대처능력, 적응능력 등을 파악한다.
② 피해학생(보호자 포함)의 현재까지의 대처상황을 확인한다.
③ 가해학생(보호자 포함)의 대응방법 및 태도를 파악한다.
④ 힘의 불균형 파악: 관련 학생들 사이의 힘의 불균형이 있는지 파악해야 한다. 즉 물리적 체계, 체력은 물론 언어·표정·심리적 표현 및 인간관계까지 포함한다.

(5) 요구사항 확인
① 학생과 보호자의 사안 해결에 대한 요구를 파악한다.
② 피해·가해 상황에 대한 수용 정도 및 사과, 처벌, 치료비 등에 대한 합의, 재발 방지 요구(설문조사) 등을 확인한다.

(6) 면담일지 및 보고서 작성
① 면담일지 작성: 관련학생, 보호자, 담임교사와의 면담 내용을 면담일지에 기록한다.
② 보고서 작성: 사안을 종합적으로 판단할 수 있도록 사안조사 결과를 보고서로 작성한다.
③ 진위 여부의 판단 및 확정: 가해자가 가해사실을 인정하지 않거나 목격자가 증언을 거부하여도, 다른 여타 상황에서 사실로 파악이 가능하면 확인된 사실로서 사안조사서에 기록할 수 있다.
④ 양측 주장 모두 기록: 사안조사 내용 중 피·가해학생의 첨예한 의견 대립 중 사실 확인이 어려운 부분에 대해서는 양측의 주장을 모두 기록할 수도 있다.
⑤ 학교폭력 관련 정보공개 유의사항

> • 학교폭력예방법 제 21조에 따라 면담일지나 보고서는 직접적인 정보 공개 대상은 아니다. 다만, 사안관련 민원이나 쟁송 발생 시 학교 및 교사의 사안처리가 적절했는지 여부를 판단하는 근거가 될 수 있으므로 조사 과정 및 결과를 면담일지에 기록하는 것이 필요하다.

(7) 사안보고: 작성된 보고서를 학교장 및 심의위원회에 보고한다.

4 사안 조사 중점파악 요소

사안조사 중점파악요소

● 폭력 행위의 유형별 중점 파악 요소

폭력 유형	중점 파악 요소
신체적 폭력	상해의 심각성, 감금·신체적 구속 여부, 성폭력 여부
경제적 폭력	피해의 심각성(액수, 빈도, 지속성), 반환 여부, 손괴 여부, 협박/강요의 정도
정서적 폭력	지속성 여부, 협박/강요의 정도, 성희롱 여부
언어적 폭력	욕설/비속어, 허위성, 성희롱 여부
사이버 폭력	명의도용, 폭력성/음란성, 유포의 정도, 사이버 성폭력 여부

※ 사안에 해당하는 모든 폭력 유형 검토

● 폭력 행위의 경중 판단 요소

폭력 행위의 경중 판단 요소	
〈학교폭력예방 및 대책에 관한 법률 제16조의2, 제17조 제2항〉 • 피해학생이 장애학생인지 여부 • 피해학생이나 신고·고발 학생에 대한 협박 또는 보복행위인지 여부 〈학교폭력예방 및 대책에 관한 법률 시행령 제19조〉 • 가해학생이 행사한 학교폭력의 심각성·지속성·고의성 • 가해학생의 반성의 정도 • 해당 조치로 인한 가해학생의 선도 가능성 • 가해학생 및 보호자와 피해학생 및 보호자 간의 화해의 정도	〈기타〉 • 교사(敎唆)행위를 했는지 여부 • 2인 이상의 집단 폭력을 행사한 것인지 여부 • 위험한 물건을 사용했는지 여부 • 폭력행위를 주도했는지 여부 • 폭력서클에 속해 있는지 여부 • 정신적·신체적으로 심각한 장애를 유발했는지 여부

5 학교의 장의 자체해결

(1) 학교장 자체해결 사안

☞ 피해학생 및 그 보호자가 심의위원회 개최를 원하지 않고, 아래 네 가지 요건에 모두 해당하는 경우 학교장 자체해결 가능

① 2주 이상의 신체적·정신적 치료를 요하는 진단서를 발급받지 않은 경우
   ㉠ 전담기구 심의일 이전에 진단서를 제출하지 않은 경우에는 자체해결 요건에 해당하는 것으로 판단 가능
   ㉡ 피해학생 측이 학교에 진단서를 제출한 이후에는 의사를 번복하여 진단서를 회수하는 것은 불가함

② 재산상 피해가 없거나 즉각 복구된 경우
   ㉠ 재산상 피해의 복구 여부는 전담기구 심의일 이전에 재산상 피해가 복구되거나 가해 관련학생 보호자가 피해 관련학생 보호자에게 재산상 피해를 복구해 줄 것을 확인해 주고 피해 관련학생 보호자가 인정한 경우

③ 학교폭력이 지속적이지 않은 경우
   ㉠ 지속성의 여부는 피해 관련학생의 진술이 없을지라도 전담기구 위원이 보편적 기준을 통해 판단

④ 학교폭력에 대한 신고, 진술, 자료제공 등에 대한 보복행위가 아닌 경우
   ㉠ 가해 관련 학생이 조치 받은 사안 또는 조사 과정 중에 있는 사안과 관련하여 신고, 진술, 증언, 자료 제공 등을 한 학생에게, 학교폭력을 행사하였다면 보복행위로 판단할 수 있음.

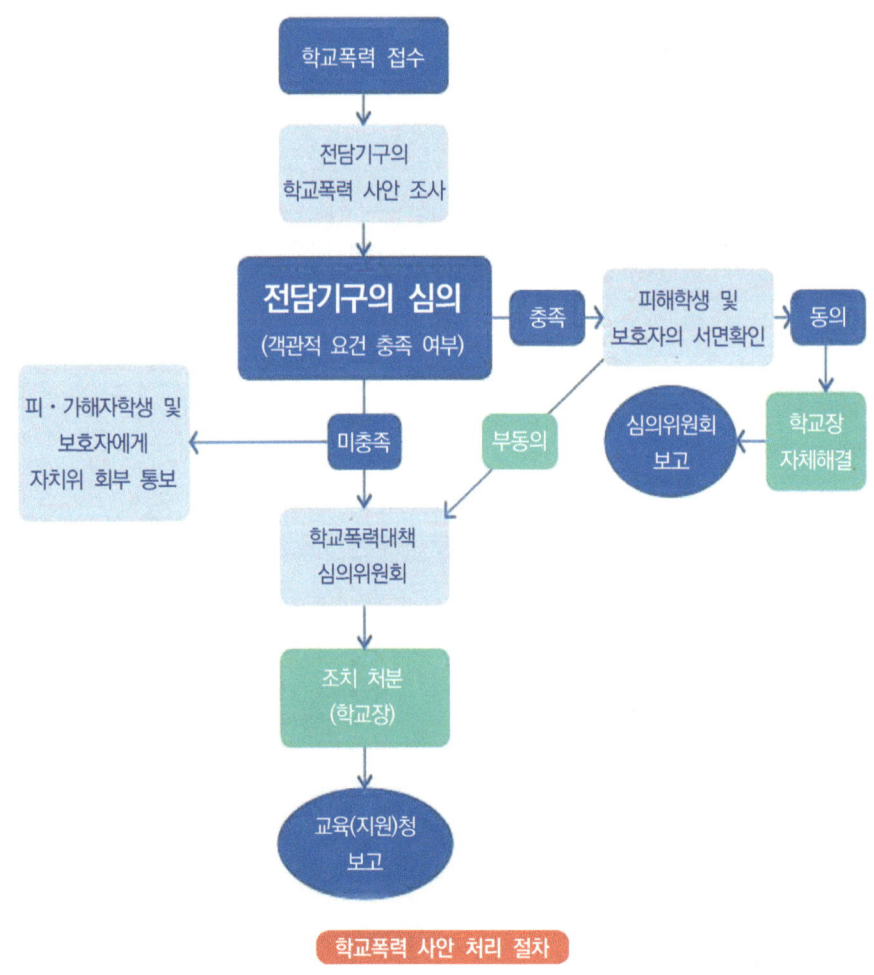

학교폭력 사안 처리 절차

6 학교에서 심리치료 활용1: 학교폭력

☞ 학교장 자체해결 이후에는 동일 사안에 대하여 심의위원회 소집을 요청할 수 없다. 다만, 가해학생 측에서 재산상 피해 복구 약속을 이행하지 않거나 전담기구의 사안조사 과정에서 확인되지 않았던 사실이 드러나는 경우, 피해학생 및 그 보호자는 심의위원회 소집을 요청할 수 있다.
☞ 사안 처리 전 과정에서 필요시 학교는 관계회복 프로그램을 운영할 수 있다.

(2) 학교장 자체해결 절차

① 전담기구의 학교폭력 사안조사
  ㉠ 전담기구의 사안 조사 과정에서 피해 관련학생 및 그 보호자를 상담할 때 학교장 자체해결을 강요하지 않도록 유의한다.

② 전담기구 심의시 유의사항
  ㉠ 학교장의 자체해결 요건 해당 여부는 전담기구 심의에서 협의를 통해 결정한다.
  ㉡ 하나의 학교폭력 사안에서 가해학생이 여러 명인 경우, 가해학생 모두가 학교장 자체해결 요건에 해당하는 경우에 한하여 학교장 자체해결이 가능하다.

③ 피해학생 및 그 보호자의 서면 확인
  ㉠ 전담기구의 심의 결과 학교장 자체해결 요건에 해당하는 사안의 경우 전담기구에서 객관적으로 판단한 기준에 대해 피해학생 및 그 보호자에게 설명하고, 피해학생과 그 보호자가 학교장 자체해결 동의서에 확인하면 학교장이 자체해결할 수 있다.

④ 학교장 자체해결 내부결재
  ㉠ 전담기구의 학교폭력 사안조사 보고서, 전담기구 심의 결과 보고서, 피해학생 및 그 보호자의 학교장 자체해결 동의서를 첨부한다.

⑤ 심의위원회 보고(정기회의 때 가능)

⑥ 관련학생 보호자 통보: 서면, 유선, 문자 등 가능

⑦ 필요시, 관련 학생 간 관계개선 의지와 동의 여부에 따라 관계회복 프로그램 운영

⑧ 관련 법안

  - 전담기구는 신고 접수 등 사건 인지 후 14일 이내에 심의를 완료하고 학교장 자체해결 여부를 결정하도록 한다. 다만, 필요한 경우 학교장은 7일 이내에서 전담기구 심의를 연기할 수 있다.
  - 전담기구의 심의 결과 학교장 자체해결 요건에 해당하지 않는 경우, 전담기구 심의일로부터 14일 이내에 심의위원회를 개최하여야 한다. 다만 필요한 경우 학교장은 7일 이내에서 심의위원회 개최를 연기할 수 있다.

⑨ 학교폭력 관련 학생의 소속학교가 다른 경우

  - **피해학생과 가해학생이 명확한 경우**: 학교자체해결 여부의 판단은 피해학생 학교의 전담기구에서 심의 후 피해학생 및 보호자의 서면확인을 받는다. 이 때 정확한 사안조사가 이루어질 수 있도록 가해학생 학교에서 조사한 사안 내용이 공유될 수 있도록 학교장 승인하에 긴밀하게 협조가 이루어져야 한다.
  - **피해학생과 가해학생이 명확하지 않거나 쌍방인 경우**: 양쪽 학교에서 자체적으로 피해 사실과 가해 사실을 조사하고 전담기구에서 심의한다. 양 기관 모두 학교장 자체해결로 판정이 날 경우 학교장이 자체해결하며 어느 한 곳의 학교에서라도 학교장 자체해결 대상이 아니라고 판단할 경우 공동심의위원회를 개최하여 처리할 수 있다.

5 학교폭력 위기개입의 필요성과 목적

1 목적

(1) 피해, 가해 학생들의 심리, 정서적 안정
(2) 피해, 가해 학생들의 학교 및 일상생활로의 적응력 향상
(3) 피해, 가해 측의 갈등 해결과 원만한 합의 도출
(4) 학교폭력 재발 방지와 재활치료
(5) 피해, 가해 및 주변 관련 학생들과의 관계성 회복

6 주요 대상별 대응요령

피해학생	• 피해를 당한 학생의 마음을 안정시키고 신변안전이 급선무다(심호흡, 안정을 취하는 말 등). • 가벼운 상처는 학교 보건실에서 1차적으로 치료하고, 상처 정도가 심해 학교 보건실에서 치료할 수 없을 때는 2차적으로 병원으로 신속히 이송한다. • 탈골, 기도 막힘, 기타 위급상황이라고 판단된 경우 자리에서 움직이지 않고 119, 1339에 도움을 청한다. (잘못 이송할 경우 척추 및 경추 손상 우려)
가해학생	• 피해학생의 상태가 위중하거나 외상이 심한 경우, 가해학생 역시 충격을 받아 예측하지 못하는 돌발행동을 할 수 있다. 그러므로 심리적으로 안정될 수 있도록 교사가 계속 주의를 기울이고 빨리 부모에게 연락을 취한다. • 이후 가해학생에게 지나친 질책 및 감정적 대처를 하지 않도록 유의한다.
보호자	• 보호자에게 사실을 빠르게 알린다. • 연락할 때 보호자들이 지나치게 흥분하거나 놀라지 않도록 연락하고, 학교에 오면 사전에 정해진 장소에 가서 자녀를 만날 수 있도록 안내한다. • 사안의 내용과 학교 측의 대처사항에 대해 보호자에게 정확히 알려준다. • 피해·가해학생이 귀가했을 경우, 학생이 가정에서 심리적 안정을 취할 수 있도록 부모에게 안내한다. 특히 피해학생인 경우, 부모가 자녀에게 정서적 지지와 지원을 아끼지 말 것을 당부한다.
목격학생	• 폭력을 목격하거나 폭력 현장에 있음으로 인해 심리적·정서적 충격을 받은 간접 피해자도 유사한 문제 반응이 나타날 수 있다. • 주변학생들의 현장 접근을 통제하고, 특히 초등학교 저학년의 경우 동화책 읽어주기, 종이접기 등 흥미 있는 활동으로 주의를 돌려 심리적 충격을 완화시킨다. • 사안에 관련된 학생 및 목격한 학생들에게 상황을 인식시키고, 차후 유사한 폭력상황이 벌어지지 않도록 예방 교육을 한다. • 사안에 관련된 학생들에 대해 낙인을 찍어 따돌리거나, 사안과 관련하여 사실과 다른 소문을 퍼뜨리지 않도록 주의시킨다.

7. 학교폭력예방 및 대책에 관한 법률, 2020. 12. 22 개정

2009, 2010, 2011, 2013, 2018 기출

1. 학교폭력대책 심의위원회 설치 및 구성 등의 내용

제12조(학교폭력대책심의위원회의 설치·기능)

① 학교폭력의 예방 및 대책에 관련된 사항을 심의하기 위하여 「지방교육자치에 관한 법률」 제34조 및 「제주특별자치도 설치 및 국제자유도시 조성을 위한 특별법」 제80조에 따른 교육지원청(교육지원청이 없는 경우 해당 시·도 조례로 정하는 기관으로 한다. 이하 같다)에 학교폭력대책심의위원회(이하 "심의위원회"라 한다)를 둔다. 다만, 심의위원회 구성에 있어 대통령령으로 정하는 사유가 있는 경우에는 교육감 보고를 거쳐 둘 이상의 교육지원청이 공동으로 심의위원회를 구성할 수 있다. [개정 2012.1.26, 2019.8.20]

② 심의위원회는 학교폭력의 예방 및 대책 등을 위하여 다음 각 호의 사항을 심의한다. [개정 2012.1.26, 2019.8.20]
  1. 학교폭력의 예방 및 대책
  2. 피해학생의 보호
  3. 가해학생에 대한 교육, 선도 및 징계
  4. 피해학생과 가해학생 간의 분쟁조정
  5. 그 밖에 대통령령으로 정하는 사항

③ 심의위원회는 해당 지역에서 발생한 학교폭력에 대하여 조사할 수 있고 학교장 및 관할 경찰서장에게 관련 자료를 요청할 수 있다. [신설 2012.3.21, 2019.8.20] [[시행일 2020.3.1]]

④ 심의위원회의 설치·기능 등에 필요한 사항은 지역 및 교육지원청의 규모 등을 고려하여 대통령령으로 정한다.[개정 2012.3.21, 2019.8.20] [본조제목개정 2019.8.20]

★ **제13조(심의위원회의 구성·운영)** (자치위원회에서 심의위원회로 제목 개정)

① 심의위원회는 10명 이상 50명 이내의 위원으로 구성하되, 전체위원의 3분의 1 이상을 해당 교육지원청 관할 구역 내 학교(고등학교를 포함한다)에 소속된 학생의 학부모로 위촉하여야 한다. [개정 2019.8.20]

② 심의위원회의 위원장은 다음 각 호의 어느 하나에 해당하는 경우에 회의를 소집하여야 한다.
[신설 2011.5.19, 2012.1.26, 2012.3.21, 2019.8.20]
  1. 심의위원회 재적위원 4분의 1 이상이 요청하는 경우
  2. 학교의 장이 요청하는 경우
  3. 피해학생 또는 그 보호자가 요청하는 경우
  4. 학교폭력이 발생한 사실을 신고받거나 보고받은 경우
  5. 가해학생이 협박 또는 보복한 사실을 신고받거나 보고받은 경우
  6. 그 밖에 위원장이 필요하다고 인정하는 경우

③ 심의위원회는 회의의 일시, 장소, 출석위원, 토의내용 및 의결사항 등이 기록된 회의록을 작성·보존하여야 한다.
[신설 2011.5.19, 2019.8.20]

④ 심의위원회는 심의 과정에서 소아청소년과 의사, 정신건강의학과 의사, 심리학자, 그 밖의 아동심리와 관련된 전문가를 출석하게 하거나 서면 등의 방법으로 의견을 청취할 수 있고, 피해학생이 상담·치료 등을 받은 경우 해당 전문가 또는 전문의 등으로부터 의견을 청취할 수 있다. 다만, 심의위원회는 피해학생 또는 그 보호자의 의사를 확인하여 피해학생 또는 그 보호자의 요청이 있는 경우에는 반드시 의견을 청취하여야 한다. [신설 2020.12.22]

⑤ 그 밖에 심의위원회의 구성·운영에 필요한 사항은 대통령령으로 정한다. [개정 2011.5.19, 2019.8.20, 2020.12.22]
[[시행일 2021.6.23]][본조제목개정 2019.8.20]

2 학교장 자체해결

★ 제13조의2(학교의 장의 자체해결): (전체 신설)
① 제13조제2항제4호 및 제5호에도 불구하고 피해학생 및 그 보호자가 심의위원회의 개최를 원하지 아니하는 다음 각 호에 모두 해당하는 경미한 학교폭력의 경우 학교의 장은 학교폭력사건을 자체적으로 해결할 수 있다. 이 경우 학교의 장은 지체 없이 이를 심의위원회에 보고하여야 한다.
  1. 2주 이상의 신체적·정신적 치료를 요하는 진단서를 발급받지 않은 경우
  2. 재산상 피해가 없거나 즉각 복구된 경우
  3. 학교폭력이 지속적이지 않은 경우
  4. 학교폭력에 대한 신고, 진술, 자료제공 등에 대한 보복행위가 아닌 경우
② 학교의 장은 제1항에 따라 사건을 해결하려는 경우 다음 각 호에 해당하는 절차를 모두 거쳐야 한다.
  1. 피해학생과 그 보호자의 심의위원회 개최 요구 의사의 서면 확인
  2. 학교폭력의 경중에 대한 제14조제3항에 따른 전담기구의 서면 확인 및 심의
③ 그 밖에 학교의 장이 학교폭력을 자체적으로 해결하는 데에 필요한 사항은 대통령령으로 정한다.[본조신설 2019.8.20]

3 전문상담교사 배치 및 전담기구 구성

제14조(전문상담교사 배치 및 전담기구 구성)
① 학교의 장은 학교에 대통령령으로 정하는 바에 따라 상담실을 설치하고, 「초·중등교육법」 제19조의2에 따라 전문상담교사를 둔다.
② 전문상담교사는 학교의 장 및 심의위원회의 요구가 있는 때에는 학교폭력에 관련된 피해학생 및 가해학생과의 상담결과를 보고하여야 한다. [개정 2019.8.20]
③ 학교의 장은 교감, 전문상담교사, 보건교사 및 책임교사(학교폭력문제를 담당하는 교사를 말한다), 학부모 등으로 학교폭력문제를 담당하는 전담기구(이하 "전담기구"라 한다)를 구성한다. 이 경우 학부모는 전담기구 구성원의 3분의 1 이상이어야 한다. [개정 2012.3.21, 2019.8.20]
④ 학교의 장은 학교폭력 사태를 인지한 경우 지체 없이 전담기구 또는 소속 교원으로 하여금 가해 및 피해 사실 여부를 확인하도록 하고, 전담기구로 하여금 제13조의2에 따른 학교의 장의 자체해결 부의 여부를 심의하도록 한다.
  [신설 2019.8.20]
⑤ 전담기구는 학교폭력에 대한 실태조사(이하 "실태조사"라 한다)와 학교폭력 예방 프로그램을 구성·실시하며, 학교의 장 및 심의위원회의 요구가 있는 때에는 학교폭력에 관련된 조사결과 등 활동결과를 보고하여야 한다.
  [개정 2012.3.21, 2019.8.20]
⑥ 피해학생 또는 피해학생의 보호자는 피해사실 확인을 위하여 전담기구에 실태조사를 요구할 수 있다.
  [신설 2009.5.8, 2012.3.21, 2019.8.20]
⑦ 국가 및 지방자치단체는 실태조사에 관한 예산을 지원하고, 관계 행정기관은 실태조사에 협조하여야 하며, 학교의 장은 전담기구에 행정적·재정적 지원을 할 수 있다. [개정 2009.5.8, 2012.3.21, 2019.8.20]
⑧ 전담기구는 성폭력 등 특수한 학교폭력사건에 대한 실태조사의 전문성을 확보하기 위하여 필요한 경우 전문기관에 그 실태조사를 의뢰할 수 있다. 이 경우 그 의뢰는 심의위원회 위원장의 심의를 거쳐 학교의 장 명의로 하여야 한다.
  [신설 2012.1.26, 2012.3.21, 2019.8.20]
⑨ 그 밖에 전담기구 운영 등에 필요한 사항은 대통령령으로 정한다. [신설 2012.3.21, 2019.8.20]

4 피해학생 보호 조치

★ 제16조(피해학생의 보호)
① 심의위원회는 피해학생의 보호를 위하여 필요하다고 인정하는 때에는 피해학생에 대하여 다음 각 호의 어느 하나에 해당하는 조치(수 개의 조치를 동시에 부과하는 경우를 포함한다)를 할 것을 교육장(교육장이 없는 경우 제12조제1항에 따라 조례로 정한 기관의 장으로 한다. 이하 같다)에게 요청할 수 있다. 다만, 학교의 장은 학교폭력사건을 인지한 경우 피해학생의 반대의사 등 대통령령으로 정하는 특별한 사정이 없으면 지체 없이 가해자(교사를 포함한다)와 피해학생을 분리하여야 하며, 피해학생이 긴급보호의 요청을 하는 경우에는 제1호, 제2호 및 제6호의 조치를 할 수 있다. 이 경우 학교의 장은 심의위원회에 즉시 보고하여야 한다. [개정 2012.3.21, 2017.4.18, 2019.8.20., 2020.12.22., 2021.3.23]
   1. 학내외 전문가에 의한 심리상담 및 조언
   2. 일시보호
   3. 치료 및 치료를 위한 요양
   4. 학급교체
   5. 삭제 [2012.3.21]
   6. 그 밖에 피해학생의 보호를 위하여 필요한 조치
② 심의위원회는 제1항에 따른 조치를 요청하기 전에 피해학생 및 그 보호자에게 의견진술의 기회를 부여하는 등 적정한 절차를 거쳐야 한다. [신설 2012.3.21, 2019.8.20]
③ 제1항에 따른 요청이 있는 때에는 교육장은 피해학생의 보호자의 동의를 받아 7일 이내에 해당 조치를 하여야 한다. [개정 2012.3.21, 2019.8.20]
④ 제1항의 조치 등 보호가 필요한 학생에 대하여 학교의 장이 인정하는 경우 그 조치에 필요한 결석을 출석일수에 계산할 수 있다. [개정 2012.3.21., 2023.3.23]
⑤ 학교의 장은 성적 등을 평가함에 있어서 제3항에 따른 조치로 인하여 학생에게 불이익을 주지 아니하도록 노력하여야 한다. [개정 2012.3.21]
⑥ 피해학생이 전문단체나 전문가로부터 제1항제1호부터 제3호까지의 규정에 따른 상담 등을 받는 데에 사용되는 비용은 가해학생의 보호자가 부담하여야 한다. 다만, 피해학생의 신속한 치료를 위하여 학교의 장 또는 피해학생의 보호자가 원하는 경우에는 「학교안전사고 예방 및 보상에 관한 법률」제15조에 따른 학교안전공제회 또는 시·도교육청이 부담하고 이에 대한 상환청구권을 행사할 수 있다. [개정 2012.1.26., 2012.3.21., 2021.3.23]
⑦ 학교의 장 또는 피해학생의 보호자는 필요한 경우 「학교안전사고 예방 및 보상에 관한 법률」제34조의 공제급여를 학교안전공제회에 직접 청구할 수 있다. [신설 2012.1.26, 2012.3.21]
⑧ 피해학생의 보호 및 제6항에 따른 지원범위, 상환청구범위, 지급절차 등에 필요한 사항은 대통령령으로 정한다. [신설 2012.3.21., 2021.3.23]

★ 제16조의2(장애학생의 보호)
① 누구든지 장애 등을 이유로 장애학생에게 학교폭력을 행사하여서는 아니 된다.
② 심의위원회는 피해학생 또는 가해학생이 장애학생인 경우 심의과정에 「장애인 등에 대한 특수교육법」 제2조제4호에 따른 특수교육교원 등 특수교육 전문가 또는 장애인 전문가를 출석하게 하거나 서면 등의 방법으로 의견을 청취할 수 있다. [신설 2020.12.22]
③ 심의위원회는 학교폭력으로 피해를 입은 장애학생의 보호를 위하여 장애인전문 상담가의 상담 또는 장애인전문 치료기관의 요양 조치를 학교의 장에게 요청할 수 있다. [개정 2019.8.20, 2020.12.22]
④ 제3항에 따른 요청이 있는 때에는 학교의 장은 해당 조치를 하여야 한다. 이 경우 제16조제6항을 준용한다. [개정 2012.3.21, 2020.12.22] [[시행일 2021.6.23]][본조신설 2009.5.8]

5 가해학생 조치

제17조(가해학생에 대한 조치)
① 심의위원회는 피해학생의 보호와 가해학생의 선도·교육을 위하여 가해학생에 대하여 다음 각 호의 어느 하나에 해당하는 조치(수 개의 조치를 병과하는 경우를 포함한다)를 할 것을 교육장에게 요청하여야 하며, 각 조치별 적용 기준은 대통령령으로 정한다. 다만, 퇴학처분은 의무교육과정에 있는 가해학생에 대하여는 적용하지 아니한다.
[개정 2009.5.8, 2012.1.26, 2012.3.21., 2019.8.20., 2021. 3. 23]
   1. 피해학생에 대한 서면사과
   2. 피해학생 및 신고·고발 학생에 대한 접촉, 협박 및 보복행위의 금지
   3. 학교에서의 봉사
   4. 사회봉사
   5. 학내외 전문가에 의한 특별 교육이수 또는 심리치료
   6. 출석정지
   7. 학급교체
   8. 전학
   9. 퇴학처분
② 제1항에 따라 심의위원회가 교육장에게 가해학생에 대한 조치를 요청할 때 그 이유가 피해학생이나 신고·고발 학생에 대한 협박 또는 보복 행위일 경우에는 같은 항 각 호의 조치를 동시에 부과하거나 조치 내용을 가중할 수 있다.
[신설 2012.3.21, 2019.8.20]
③ 제1항 제2호부터 제4호까지 및 제6호부터 제8호까지의 처분을 받은 가해학생은 교육감이 정한 기관에서 특별교육을 이수하거나 심리치료를 받아야 하며, 그 기간은 심의위원회에서 정한다. [개정 2012.1.26, 2012.3.21, 2019.8.20]
④ 학교의 장은 가해학생에 대한 선도가 긴급하다고 인정할 경우 우선 제1항 제1호부터 제3호까지, 제5호 및 제6호의 조치를 할 수 있으며, 제5호와 제6호는 동시에 부과할 수 있다. 이 경우 심의위원회에 즉시 보고하여 추인을 받아야 한다. [개정 2012.1.26, 2012.3.21., 2019.8.20., 2021. 3.23]
⑤ 심의위원회는 제1항 또는 제2항에 따른 조치를 요청하기 전에 가해학생 및 보호자에게 의견진술의 기회를 부여하는 등 적정한 절차를 거쳐야 한다. [개정 2012.3.2, 2019.8.20]
⑥ 제1항에 따른 요청이 있는 때에는 교육장은 14일 이내에 해당 조치를 하여야 한다.
[개정 2012.1.26, 2012.3.21, 2019.8.20]
⑦ 학교의 장이 제4항에 따른 조치를 한 때에는 가해학생과 그 보호자에게 이를 통지하여야 하며, 가해학생이 이를 거부하거나 회피하는 때에는 학교의 장은 「초·중등교육법」 제18조에 따라 징계하여야 한다. [개정 2012.3.21, 2019.8.20]
⑧ 가해학생이 제1항제3호부터 제5호까지의 규정에 따른 조치를 받은 경우 이와 관련된 결석은 학교의 장이 인정하는 때에는 이를 출석일수에 계산할 수 있다. [개정 2012.1.26, 2012.3.21]
⑨ 심의위원회는 가해학생이 특별교육을 이수할 경우 해당 학생의 보호자도 함께 교육을 받게 하여야 한다.
[개정 2012.3.21, 2019.8.20]
⑩ 가해학생이 다른 학교로 전학을 간 이후에는 전학 전의 피해학생 소속 학교로 다시 전학올 수 없도록 하여야 한다.
[신설 2012.1.26, 2012.3.21]
⑪ 제1항제2호부터 제9호까지의 처분을 받은 학생이 해당 조치를 거부하거나 기피하는 경우 심의위원회는 제7항에도 불구하고 대통령령으로 정하는 바에 따라 추가로 다른 조치를 할 것을 교육장에게 요청할 수 있다.
[신설 2012.3.21, 2019.8.20]
⑫ 가해학생에 대한 조치 및 제11조제6항에 따른 재입학 등에 관하여 필요한 사항은 대통령령으로 정한다.
[신설 2012.3.21]

6 행정심판 및 분쟁조정

★ 제17조의2(행정심판)(재심청구 대신 제목 개정)
① 교육장이 제16조제1항 및 제17조제1항에 따라 내린 조치에 대하여 이의가 있는 피해학생 또는 그 보호자는 「행정심판법」에 따른 행정심판을 청구할 수 있다. [신설 2012.3.21, 2017.11.28, 2019.8.20]
② 교육장이 제17조제1항에 따라 내린 조치에 대하여 이의가 있는 가해학생 또는 그 보호자는 「행정심판법」에 따른 행정심판을 청구할 수 있다. [개정 2012.3.21, 2017.11.28, 2019.8.20.]
③ 제1항 및 제2항에 따른 행정심판청구에 필요한 사항은 「행정심판법」을 준용한다. [개정 2019.8.20]

제18조(분쟁조정)
① 심의위원회는 학교폭력과 관련하여 분쟁이 있는 경우에는 그 분쟁을 조정할 수 있다. [개정 2019.8.20]
② 제1항에 따른 분쟁의 조정기간은 1개월을 넘지 못한다.
③ 학교폭력과 관련한 분쟁조정에는 다음 각 호의 사항을 포함한다. [개정 2019.8.20]
　1. 피해학생과 가해학생간 또는 그 보호자 간의 손해배상에 관련된 합의조정
　2. 그 밖에 심의위원회가 필요하다고 인정하는 사항
④ 심의위원회는 분쟁조정을 위하여 필요하다고 인정하는 때에는 관계 기관의 협조를 얻어 학교폭력과 관련한 사항을 조사할 수 있다. [개정 2019.8.20]
⑤ 심의위원회가 분쟁조정을 하고자 할 때에는 이를 피해학생·가해학생 및 그 보호자에게 통보하여야 한다. [개정 2019.8.20]
⑥ 시·도교육청 관할 구역 안의 소속 교육지원청이 다른 학생 간에 분쟁이 있는 경우에는 교육감이 직접 분쟁을 조정한다.(해당 자치위원회위원장과의 협의를 거쳐 직접 분쟁을 조정한다는 항목이 삭제) 이 경우 제2항부터 제5항까지의 규정을 준용한다. [개정 2019.8.20]
⑦ 관할 구역을 달리하는 시·도교육청 소속 학교의 학생 간에 분쟁이 있는 경우에는 피해학생을 감독하는 교육감이 가해학생을 감독하는 교육감과의 협의를 거쳐 직접 분쟁을 조정한다.(자치위원회위원장과 협의를 거친다는 항목이 삭제) 이 경우 제2항부터 제5항까지의 규정을 준용한다. [개정 2019.8.20]

7 학교장의 의무

★ 제19조(학교의 장의 의무)
① 학교의 장은 제16조, 제16조의2, 제17조에 따른 조치의 이행에 협조하여야 한다.
② 학교의 장은 학교폭력을 축소 또는 은폐해서는 아니 된다.
③ 학교의 장은 교육감에게 학교폭력이 발생한 사실과 제13조의2에 따라 학교의 장의 자체해결로 처리된 사건, 제16조, 제16조의2, 제17조 및 제18조에 따른 조치 및 그 결과를 보고하고, 관계 기관과 협력하여 교내 학교폭력 단체의 결성 예방 및 해체에 노력하여야 한다. [전문개정 2019.8.20]

8 학교폭력 예방 및 신고

제15조(학교폭력 예방교육 등)
① 학교의 장은 학생의 육체적·정신적 보호와 학교폭력의 예방을 위한 학생들에 대한 교육(학교폭력의 개념·실태 및 대처방안 등을 포함하여야 한다)을 학기별로 1회 이상 실시하여야 한다. [개정 2012.1.26] [[시행일 2012.4.1]]
② 학교의 장은 학교폭력의 예방 및 대책 등을 위한 교직원 및 학부모에 대한 교육을 학기별로 1회 이상 실시하여야 한다. [개정 2012.3.21] [[시행일 2012.4.1]]
③ 학교의 장은 제1항에 따른 학교폭력 예방교육 프로그램의 구성 및 그 운용 등을 전담기구와 협의하여 전문단체 또는 전문가에게 위탁할 수 있다.
④ 교육장은 제1항부터 제3항까지의 규정에 따른 학교폭력 예방교육 프로그램의 구성과 운용계획을 학부모가 쉽게 확인할 수 있도록 인터넷 홈페이지에 게시하고, 그 밖에 다양한 방법으로 학부모에게 알릴 수 있도록 노력하여야 한다. [개정 2012.1.26][[시행일 2012.4.1]]
⑤ 그 밖에 학교폭력 예방교육의 실시와 관련한 사항은 대통령령으로 정한다. [개정 2011.5.19] [[시행일 2011.11.20][본조제목개정 2011.5.19.]

제20조(학교폭력의 신고의무)
① 학교폭력 현장을 보거나 그 사실을 알게 된 자는 학교 등 관계 기관에 이를 즉시 신고하여야 한다.
② 제1항에 따라 신고를 받은 기관은 이를 가해학생 및 피해학생의 보호자와 소속 학교의 장에게 통보하여야 한다. [개정 2009.5.8] [[시행일 2009.8.9]]
③ 제2항에 따라 통보받은 소속 학교의 장은 이를 심의위원회에 지체없이 통보하여야 한다. [신설 2009.5.8, 2019.8.20] [[시행일 2020.3.1]]
④ 누구라도 학교폭력의 예비·음모 등을 알게 된 자는 이를 학교의 장 또는 심의위원회에 고발할 수 있다. 다만, 교원이 이를 알게 되었을 경우에는 학교의 장에게 보고하고 해당 학부모에게 알려야 한다. [개정 2009.5.8, 2012.1.26, 2019.8.20] [[시행일 2020.3.1]]
⑤ 누구든지 제1항부터 제4항까지에 따라 학교폭력을 신고한 사람에게 그 신고행위를 이유로 불이익을 주어서는 아니 된다. [신설 2012.3.21] [[시행일 2012.4.1.]]

9 비밀누설 금지

제21조(비밀누설금지 등)
① 이 법에 따라 학교폭력의 예방 및 대책과 관련된 업무를 수행하거나 수행하였던 자는 그 직무로 인하여 알게 된 비밀 또는 가해학생·피해학생 및 제20조에 따른 신고자·고발자와 관련된 자료를 누설하여서는 아니 된다. [개정 2012.1.26] [[시행일 2012.5.1]]
② 제1항에 따른 비밀의 구체적인 범위는 대통령령으로 정한다.
③ 제16조,제16조의2,제17조,제17조의2,제18조에 따른 심의위원회의 회의는 공개하지 아니한다. 다만, 피해학생·가해학생 또는 그 보호자가 회의록의 열람·복사 등 회의록 공개를 신청한 때에는 학생과 그 가족의 성명, 주민등록번호 및 주소, 위원의 성명 등 개인정보에 관한 사항을 제외하고 공개하여야 한다. [개정 2011.5.19, 2012.3.21, 2019.8.20] [[시행일 2020.3.1]]

학교에서 심리치료 활용1: 학교폭력

[2018년 기출]

다음은 「학교폭력예방책에 관한 법률(제14839호, 2017.7.26., 타법개정)」에 근거하여 학교에서 폭력 사안이 발생했을 때, 전문상담교사가 알아야 할 조치에 한 내용이다. 호 안의 ㉠, ㉡ 각각에 공통으로 해당하는 내용을 순서로 쓰시오.

- 학교폭력을 인지한 전문상담교사는 이 사실을 (㉠)에게 보고해야 한다.
- 전문상담교사는 (㉠)의 요구가 있을 때에는 학교폭력에 관련된 피해학생 및 가해학생과의 상담결과를 보고하여야 한다.
- 피해학생 그 보호자는 학교폭력대책자치위원회가 내린 조치를 받은 날부터 (㉡)일 이내에 지역위원회에 재심을 청구할 수 있다.
- 학교폭력대책자치위원회에서 내린 정학과 퇴학처분 조치에 이의가 있을 경우 가해학생 그 보호자는 조치를 받은 날부터 (㉡)일 이내에 시·도학생징계조정위원회에 재심을 청구할 수 있다.

8 학교폭력 상담에 대한 상담자의 자세

1 학교폭력 상담자의 태도

(1) 학교폭력의 특성에 대한 기본적인 이해가 필요하다.
(2) 전문적인 상담 기술이 필요하다.
(3) 객관적인 사실 파악이 중요: 내담자(피해학생, 가해학생, 학부모, 교사 등)가 누구이든 객관적인 3자 입장에서 상담에 임해야 한다.
(4) 관련 지식과 정보를 습득: 학교폭력 법, 소년법, 의료, 복지 등에 관한 전문 지식과 정보, 전문 연계기관 관련 자료 준비
(5) 학교폭력 상담의 초점은 학생들의 치료 및 상담이다.
(6) 자발적 선택의 중요성과 현실적인 한계 및 책임 부분에 대해 정확히 안내한다.

2 초기 대응 시, 사안 파악을 위해 상담자가 점검해야 할 사항

(1) **피해학생 파악**: 학교, 학년, 성별, 교우관계, 이전 폭력 피해 경험, 피해자 수, 특이사항 등
(2) **가해학생 파악**: 학교, 학년, 성별, 가해자 수, 가해의 동기, 다른 피해자 및 유사 사건의 경험 유무, 가정적 특이사항 등
(3) **피해상황 파악**: 폭력유형(신체폭행, 금품갈취 등), 피해정도(외상 및 충격 등), 사건 정황 등
(4) **학교폭력 발생의 정확한 사실 파악**: 구체적인 발생 원인, 일회성 또는 지속성 파악, 지속적 사건일 경우 그동안의 피해 사실, 피해 기간, 사건 진행 과정 및 내용 등
(5) **내담자의 상담 및 해결에 대한 욕구 파악**: 사과 및 처벌, 치료비 합의, 공감, 재발 방지 등
(6) **피해학생의 현재 상태에 대한 이해**: 대처능력, 적응능력 등 파악

(7) 가해학생 측의 현재까지의 대처 태도 확인
(8) 학교(담임 교사)의 사건 인지 및 해결을 위한 시도와 과정 확인

9 학교폭력 상담 개입 2009 기출

1 위험요소와 보호요소의 평가

(1) **위험요소**: 학교폭력을 유발할 만한 부정적 요소. 결손가정, 신체적 학대, 부모의 방임, 경제적 어려움, 우범지역 거주 등
(2) **보호요소**: 학생이 위험요소에 노출되더라도 이를 중재하거나 긍정적인 방향으로 영향을 줄 수 있는 요소. 따뜻한 부모, 친구관계, 돌봄을 제공하는 친척 등

2 가해자 상담 개입

가해학생 개인상담 방법	• 피해학생의 말만 듣고 가해학생으로 단정해서는 안 된다. • 가해학생이 왜 폭력을 사용하게 되었는지에 대한 심리 내외적 요인들을 면밀히 탐색하여 들으면서 가해학생의 인식 부분에 대해 이해해주는 공감도 필요하다. • 훈계 및 행위에 대한 평가는 가해학생에게 오히려 역효과를 줄 수 있으므로 비난이나 심문조의 상담은 자제하고, 부드러움과 강한 어조를 적절하게 사용해야 한다. • 가해학생의 반성 및 욕구파악: 가해학생이 반성을 하고 있으며 사과의 의지가 있는지 아니면 다른 방법으로 어떻게 해결되기를 바라는지에 대한 욕구를 알아보고 피해학생에게 사과를 할 의지를 가지고 있더라도 개별적으로 방문하는 것은 바람직하지 않고 되도록 교사나 중재자가 동행하는 것이 좋다. • 가해학생의 책임인식, 처벌과 징계절차 확인: 가해학생은 기본적으로 피해자에게 치료비가 발생하였을 때 이를 배상해야 하며 경제적으로 어려운 가해학생들의 경우 학교안전공제회를 통해 병원비를 지불할 수 있음을 안내해 주어야 한다. • 가해학생 학교생활 복귀: 가해학생도 역시 원만한 학교생활과 정상적인 일상생활로 복귀하는 것이 중요하다는 것을 깨닫게 해야 한다.
가해학생 상담 시 유의사항	• 객관적 증거 및 사실 조사 등의 정확한 사실 파악에 주력하기 • 가해학생의 현 상태와 특성 파악 및 선도 가능성 평가하기 • 가해학생이 현 상황에서 최선의 문제 해결 방안을 찾도록 도와주기 • 가해학생에게 가해/피해 어느 쪽의 편을 들고 있는 인상을 주지 않기 • 가해학생에게 어떤 경우에도 학교폭력은 잘못된 행동임을 인식시킨다. 즉 진정한 사과가 문제 해결의 핵심이다. • 법적인 절차와 관련하여 알려주기

6 학교에서 심리치료 활용1: 학교폭력

가해학생 학부모 상담 시 주의사항	• 가해학생 학부모의 감정을 수용하고 공감한다. • 피해/가해 사실을 객관적으로 확인할 수 있도록 도와주기 • 가해학생의 행위에 대해서 인정하지 않을 경우, 부드럽지만 단호하고 직접적으로 가해학생의 행동과 결과에 대해 알려주기 • 피해 측에 대한 가해 측의 진심어린 사과의 중요성을 인지시키기 • 사건 처리 절차와 예상되는 결과를 알려준다. • 가정에서 학생에 대해 특별한 관심으로 지도할 수 있도록 안내한다. • 가해학생의 문제 행동이 가족 체계의 문제로 파악되는 경우 가족치료적 개입과 접근을 통해 행동 원인을 근본적으로 치료하도록 권유하기
사후 관리	• 가해학생에 대한 보호조치에서 가장 중요한 것은 학교폭력의 재발방지 및 가해학생의 건강한 학교복귀라고 할 수 있다. • 가해학생에 대한 지속적인 지도 및 상담 • 가해학생의 합리적인 변화 유도 프로그램 진행 (지역인사 멘토 제도, 사제 동행 등산, 가해자 학부모 봉사 활동 등) • 알코올릭 부모나 학대부모가 가해학생의 심리상태를 지속적으로 해치는 경우라면 대안보호시설에 입소하도록 도움을 줄 수 있다. • 가해학생들 대부분 자기 인생에 대한 실망과 상실감이 크며 더 이상 인내할 수 없으며 미래에 대한 계획이 없는 경우가 많다. 지속적인 사례관리를 통해 정서적 지지와 격려를 제공함으로써 미래에 대한 희망과 긍정적 비전을 가질 수 있도록 도와야 할 것이다.

3 피해자 상담 개입

상담 목표	• 피해로 인한 정서적 고통, 불안, 공포감에 대한 수용과 지지 • 스스로 두려움을 극복할 수 있도록 정서적지지 • 인격적 성숙과 긍정적 자아의 회복 • 독립적 인격체로 성장 • 따뜻하고 원만하고 건강한 가정 및 학교환경 마련
피해학생 개인상담 방법	• 피해학생의 불안한 마음을 안정시키고 신체적, 정서적 상태 점검하기 • 피해학생이 정서적, 심리적 고통에 대해 표현하도록 돕기 • 피해학생 입장에서 이야기를 공감하기 • 피해학생의 문제 해결 선호 방안 확인하기 • 피해학생의 자존감을 세울 수 있도록 도와주기 • 자기주장훈련(I-message) 실시 • 피해문제 해결 후에 후유증 및 대처 능력에 대한 상담 제공하기
피해학생 상담 시 유의사항	• 피해자 상담 요청을 적극적으로 칭찬하기 • 피해학생의 신체적, 정신적 피해 정도를 정확하게 파악하기 • 피해 상황을 정확하게 파악하고, 피해 원인 탐색하기 • 증거자료(일기 쓰기, 진단서, 사진, 녹취록, 증인 등)을 확보하도록 돕기 • 자살 위험 체크하기: 위기적인 사례 파악 필요함 • 문제 해결도 중요하지만, 문제로 인한 심리적인 어려움을 해결하기 위한 전문적인 상담 개입이 필요함: 자존감 훈련 프로그램, 사회기술훈련 등 • 피해 신고는 정당한 권리를 찾는 것임을 인식시키기 • 보복을 두려워 말라: 실제적으로 보복율은 생각보다 높지 않음 • 가해학생으로부터의 보호에 대한 조치 병행 및 비밀 보장하기 • 주변에 도움을 요청할 수 있는 기관에 대한 정보 알려주기

피해학생 학부모 상담 시 주의사항	• 피해학생 학부모의 기본적인 심리적 상태(놀람, 분노, 원망, 아이에 대한 미안함, 죄책감, 억울함, 복수심 등)을 이해하기 • 심리, 정서적 안정을 위한 상담 치료 및 전문기관 연계하기 • 학부모가 말하는 학생의 피해사실에 대해 객관적으로 인지한다. • 학생의 피해사실을 구체적으로 메모한다. • 피해학생과 학부모가 현재 무엇을 원하는지 정확히 묻는다. 화해, 사과, 전학, 가해학생 처벌 등. 사건 처리에 대한 현실적인 한계를 명시하여 지나친 가해자 처벌이나 합의금 부분을 조절할 수 있도록 도와주기 • 추후 처리과정과 예상되는 결과에 대해 안내한다. • 진실과 사실에 근거하여 문제를 해결하는 것이 필요함을 안내한다. • 필요하다면, 피해의 재발을 방지할 수 있는 근본적인 해결책(예: 부모의 양육 태도, 가정환경 개선 등)을 부모와 함께 모색하기
사후 관리	• 유사한 학교폭력 방지를 위한 교직원 연수 실시하기 • 피해학생에 대한 이해를 위한 전 교사의 협조 체제 구축하기 • 피해학생에 대한 지속적인 지도 및 상담 • 피해학생의 사후관리 프로그램 진행하기: 수호천사 프로그램, 등하교 함께하기, 전문상담기관 연계 등 • 피해학생에 대한 신변 보호

참고 예방 프로그램

(1) RCCP(Resolving Conflict Creatively Program)
   ① 초등학교 교사와 학생들이 비폭력적인 방법으로 갈등을 해결하고 폭력적인 상황이 발생하지 않도록 예방하며 다른 문화에 대한 이해를 촉진하기 위하여 고안된 프로그램이다.
   ② 목표: 아동에게 건설적인 방법으로 갈등을 해결하도록 가르치고 긍정적인 집단관계를 향상함으로써 아동의 공격행동을 야기하는 정신적 긴장과 대인관계 행동전략을 변화시킨다.
   ③ 내용: 능동적으로 경청하기, 자기주장훈련, 정서경험, 관점채택, 협동, 협상, 문제해결, 갈등분석, 편견 억제 등.
(2) PATHS(Program Alternative THinking Strategies)
   ① 유치원에서 초등학교 5학년까지의 아동을 대상으로 정서인식, 긍정적 교우관계, 문제해결능력 등 친사회적 행동을 가르치기 위해 고안된 프로그램이다.
   ② 목적: 문제해결능력, 자기통제, 정서조절을 발달 → 학급단위 프로그램으로 학급교사에 의해 시행된다.
(3) Second Step 프로그램
   ① 학령전기부터 중학교 연령의 아동을 대상으로 교사가 폭력에 관한 태도나 행동을 변화시키는 학급단위 교육과정이다.
   ② 공격적인 행동이 사회적 기술의 결여에서 기인한다는 연구결과에 기초하고 있다.
   ③ 목적: 관점 채택, 대인관계 문제해결, 충동통제, 분노조절의 발달을 통해 아동의 사회능력을 향상 → 이 프로그램을 통하여 충동적, 공격적인 행동을 줄이고 대인관계 능력은 향상되며 긍정적, 사회적 기술을 학습한다.

학교에서 심리치료 활용1: 학교폭력

[2009년 기출]

다음 상황에서 ㉠~㉤과 관련하여 전문상담교사가 알아야 할 행동 지침으로 가장 적절한 것은?

교내 폭력 문제로 상담실에 의뢰된 민수를 상담하게 된 김교사는 ㉠민수의 징계문제로 학교를 방문한 민수의 아버지를 면담하게 되었다. 민수의 아버지는 일찌감치 민수를 포기했다고 말하면서 ㉡학교가 학생의 문제를 고쳐 줘야 하지 않느냐고 말했다. 김교사는 자신이 민수를 맡아서 열심히 상담을 할 것인데, 부모도 함께 상담을 받으면 좋을 것이라고 하였다. 완강하게 거절하던 민수의 아버지는 김교사의 간곡한 부탁에 마지못해 한 번만이라고 하면서 ㉢며칠 후 어머니와 함께 상담실에 왔다. 김교사는 ㉣민수의 가족들에게 각자 동적 가족화를 그리게 하고 그림에 대해 이야기하면서 자연스럽게 가족관계에 대해 말하도록 하였다. 상담이 끝난 후 민수의 부모는 김교사에게 매우 감사하다고 하면서 ㉤앞으로 민수를 상담하게 되면 그 내용을 민수 모르게 자신들에게 알려줄 것을 부탁했다.

① ㉠ 가해학생 부모상담 내용을 피해학생 부모에게 알려야 한다.
② ㉡ 부모에게 학생의 문제를 전문상담교사가 책임지고 해결하겠다고 약속해야 한다.
③ ㉢ 부모가 학교를 방문하면 가족상담 형태로 상담을 진행해야 한다.
④ ㉣ 부모와 자녀가 함께 상담을 받을 경우 투사검사를 사용해야 한다.
⑤ ㉤ 위기상황의 경우 학생이 동의하지 않더라도 부모에게 상담 내용을 알려야 한다

7 학교에서 심리치료 활용2: 성폭력

1 정의

- 성폭력(sexual violence)이란 강간뿐만 아니라 성추행, 성희롱, 성기노출, 음란전화, 온라인 성폭력 등 성을 매개로 상대방의 의사에 반하는 불쾌한 성적 언어나 행동으로 상대방에게 굴욕적인 신체적 손상, 정신적 고통을 느끼게 하는 모든 행위를 말한다.
- '상대방의 의사에 반하다' 함은 원치 않거나 거부하는 행위를 상대방에게 계속하거나 강요하는 것으로, 상대방으로 하여금 성폭력에 대한 막연한 불안감이나 공포감을 조성할 뿐만 아니라 그것으로 인한 행동제약을 유발하는 것도 간접적인 성폭력으로 규정하고 있다.

1 청소년 성문제의 정의

성문제는 청소년의 성과 관련된 의식적·행위적 측면에서의 규칙이나 규범을 위반한 행위로 정의할 수 있다(김진화 외, 2002).

(1) **성일탈**: 크게 의식적 성일탈과 행위적 성일탈로 구분된다.
  ① 의식적 성일탈: 성매매에 호의적인 태도를 갖는 것과 같이 성행위와 관련된 의식적 측면에서 문제를 나타내는 것을 일컫는다.
  ② 행위적 성일탈: 합의범죄, 갈등범죄, 협의의 일탈인 강간(성폭력), 성매매, 성관계, 포르노그라피 접촉 등 실제 행위적 측면에서 규칙이나 규범을 위반한 행위를 일컫는다.

2 성폭력 관련 개념

(1) 성희롱과 성폭력에 대한 관련 법률 체계

구분		관련 법령	법적 정의	법 적용
성희롱		• 국가인권위원회법 • 아동복지법 • 양성평등기본법 • 남녀고용평등 및 일·가정 양립지원에 관한 법률	지위를 이용하거나 업무 등과 관련하여 성적 언동 또는 성적 요구 등으로 상대방에게 성적 굴욕감이나 혐오감을 느끼게 하는 행위나 상대방이 성적 언동 또는 요구에 대한 불응을 이유로 불이익을 주거나 그에 따르는 것을 조건으로 이익 공여의 의사 표시를 하는 행위	기관 내 징계, 손해배상, 상위기관에 제소
성폭력	기본법	• 형법	폭행이나 협박, 위계, 위력 등을 사용하여 상대방의 성적자기결정권을 침해하는 모든 성적 행위로써 강간, 강제 추행, 공중밀집 장소에서의 추행, 통신매체를 이용한 음란 행위, 업무상 위계, 위력 등에 의한 추행, 카메라 등을 이용한 촬영 등	형사처벌
	특별법	• 성폭력범죄의 처벌 등에 관한 특례법 • 아동·청소년의 성보호에 관한 법률 • 아동복지법		

7 학교에서 심리치료 활용2: 성폭력

(2) 학교내 성희롱 성폭력의 개념

① 학교 내 성희롱·성폭력은 관련 법령에 따른 법적 개념을 기본으로 한다. 이에 더해서 학교 내 구성원이 대상이므로, 학생이 관련될 경우 「초중등교육법」, 「학교폭력예방 및 대책에 관한 법률」에 근거하여 피해 학생 보호와 행위 학생 조치 및 선도가 이루어진다. 교직원이 관련될 경우 「교원의 지위 향상 및 교육활동 보호를 위한 특별법」, 「교육공무원 징계령」 등 관련 법령에 근거하여 교권보호, 징계 및 조치가 이루어진다.

> **학교 관련 성희롱·성폭력에 대한 유네스코 개념**
>
> - 유네스코와 UN Women(2016)에서는 학교 내 성희롱·성폭력에 대한 보다 포괄적인 개념으로 '학교 관련 젠더 폭력(school-related gender-based violence)' 개념을 제시하고 있음. 이는 학교 내·학교 주변에서 일어나는 성적(性的)·신체적·심리적 폭력 행동 또는 위협을 말하며, 젠더에 대한 규범과 고정관념의 결과로 행해지고 불평등한 권력(power)의 차이에 의해 가해지는 폭력을 말함. 여기에는 언어적 폭력, 괴롭힘(bullying), 성폭력·성희롱, 강간과 같은 다양한 형태의 성적(性的)·신체적·심리적 폭력이 포함됨
> - 학교 관련 젠더 폭력은 학교 안, 학교 주변, 등굣길 또는 하굣길에서 발생할 수 있음
> - SNS, 이메일, 휴대폰 등을 통해 발생하는 사이버 성폭력·성희롱 및 온라인 길들이기(online grooming)와 같은 새로운 형태의 폭력을 포괄함

2 유형

1 성폭력 유형

(1) **강간**: 폭행 또는 협박에 의해 상대방의 반항을 곤란하게 하여 행위자가 자신의 성기를 피해자의 성기에 삽입하는 행위

(2) **유사강간**: 폭행 또는 협박에 의해 상대방에 대하여 구강, 항문 등 신체(성기는 제외)의 내부에 성기를 넣거나 성기, 항문에 손가락 등 신체(성기는 제외)의 일부 또는 도구를 넣는 행위

(3) **강제 추행**: 폭행 또는 협박에 의해 성교는 하지 않고 가슴, 엉덩이, 성기부위 및 다른 신체 부위에 접촉하거나 키스, 음란한 행위, 피해자나 행위자의 성기를 노출시키는 등 성적 침해를 하는 행위

(4) **준강간·준강제 추행**: 상대방의 심신상실(장애, 수면, 술에 취함, 의식 잃음) 또는 항거불능(심리적, 육체적으로 반항이 불가능한 상황)의 상태를 이용하여 강간 또는 추행을 하는 행위

(5) **성희롱**: 업무 또는 고용, 기타 관계에서 성적 언동 등으로 성적 굴욕감 또는 혐오감을 느끼게 하거나 성적 언동 또는 그 밖의 요구에 따르지 아니하였다는 이유로 불이익을 주는 행위

(6) **성학대**: 보호하거나 양육하는 대상인 아동·청소년에 대한 성적 가혹행위

(7) **스토킹**: 상대방이 원하지 않는데도 지속적 또는 반복적으로 접근, 미행, 연락 등을 하여 정신적·신체적 피해를 입히는 행위

(8) **사이버성폭력**: 온라인상에서 상대방의 동의를 구하지 않고 원치 않는 성적 대화나 메시지, 야한 사진, 동영상 등을 전달하거나 유포함으로써 불쾌감, 위협감 등을 느끼게 하는 행위

2 대상별 분류

(1) **아동성폭력**: 13세 미만 미성년자에 대한 간음, 강간, 강제 추행 등의 성폭력 행위(피해자의 동의가 있더라도 처벌된다. 청소년성폭력과 차이점임)

(2) **청소년성폭력**: 13세 이상 19세 미만 미성년자에 대한 강간, 강제추행 등의 성폭력 행위

(3) **장애인성폭력**: 장애인에 대한 강간, 강제 추행 등의 성폭력 행위

(4) **친족성폭력**: 법률에서 정한 친족(혈족과 인척)에 의한 성폭력으로 4촌 이내의 혈족(친부모, 친형제, 조부모, 이모, 외삼촌, 백숙부, 사촌, 이종사촌, 외사촌 등) 또는 2촌 이내의 인척(혼인으로 이루어진 친척 관계로 의붓아버지, 형부, 제부, 의형제와 같은 사실상 관계의 친족을 포함)에 의한 성폭력. 가중처벌을 한다.

> **참고** 특징
>
> 물리적 힘이나 권력, 연령이나 가족내 지위가 주는 권위 등을 이용한다. 피해자는 대부분 10대~20대이며, 아버지(친부와 의부)에 의한 피해가 가장 많다. 대부분 유아 또는 아동기 때 시작되어 청소년기 및 성인기까지 지속된다. 피해자들이 피해로 인지하기까지 시간이 오래 걸린다. 피해자가 피해를 외부에 알리기 어렵다. 피해자가 가족관계가 깨지는 것을 두려워하며 2차 피해가 발생하는 경우가 많다.

(5) **데이트성폭력**: 데이트 중에 상대방이 원하지 않는 성적인 행동을 하거나 강요하는 것.

(6) **그루밍(Grooming)**: 아동·청소년을 대상으로 한 성폭력에서 나타나는 특징적 형태로, 피해자에 대한 성적 착취를 수월하게 하고 피해자가 성폭력·성범죄를 제3자에게 폭로하지 못하도록 하려는 목적으로 이루어진다.

> **참고** 그루밍 성착취 범죄 과정
>
> 잠재적 가해자는 대인관계 및 사회적 환경이 취약한 대상을 선택→ 바라는 바(특별한 관심, 애정, 선물)를 제공하면서 피해자 신뢰를 얻는다.→ 두 사람만 함께 있는 상황을 만들면서 피해자를 고립. 관계를 성적으로 만들어 성적 관계를 정상화시킨다.→ 이후 비밀 유지 및 관계의 상실 등을 부각시키며 피해자에 대한 가해자의 통제를 계속 유지한다.

3 성폭력 피해자의 신체적 및 심리사회적 문제

1 성폭력으로 인한 신체적 문제

(1) 피해자는 성폭력으로 인해 타박상을 비롯한 여러 가지 신체적 상해와 질의 파손, 처녀막 파열, 항문통증, 출혈과 하혈, 생리중단, 두통, 피로감, 복통, 구역질 등과 같은 다양한 신체적 증상을 호소하게 된다.

(2) 심지어는 성폭력 과정에서 생명을 잃게 되는 경우도 있다.

(3) 신체적 외상이 어느 정도 치유가 되었다 할지라도 임신이 되었거나 혹은 성병에 감염된 경우는 그 후유증이 남아 심리적, 정신적 부담의 원인이 되기도 한다.

7 학교에서 심리치료 활용2: 성폭력

(4) 「성폭력으로 인한 신체적 영향과 증상」, 한국여성개발원(1997)
① 단기적 영향

- 임신에 대한 불안, 임신, 임신으로 인한 낙태
- 수일 동안 식음 전폐, 불면, 식욕상실
- 처녀막 손상, 세균감염, 온몸의 멍
- 말이 없어짐, 온몸이 쑤신다, 심한 건망증, 머리와 목이 아픔
- 상황의 재현과 회상, 두통
- 하혈로 인해 일주일간 걸어다니지 못함
- 나이에 맞지 않게 생리가 없어짐
- 속옷을 자주 갈아입고 자주 씻는다.
- 기억력이 너무 떨어져 일하기 힘듦

② 장기적 영향

- 불안증, 공포증, 신경쇠약, 머리가 아픔, 악몽
- 원치 않는 임신으로 인한 긴장, 신경쇠약 증세, 신경질과 짜증
- 가해자와 결혼 후 육체접촉이 싫어 극도로 긴장, 불면증
- 병적 식욕과다 혹은 식욕감퇴
- 신경이 예민하고 날카로와짐
- 임신중절 수술 이후 몸이 나빠짐
- 주위의 모든 사람들 피곤하게 함.
- 폐경

(5) 위기중재
성폭력 초기에 상담원과 의료인들은 신체적 손상을 치료하고 성병과 임신을 예방하며, 성폭력으로 인한 충격과 불안을 완화시켜 주기 위해 위기 중재를 해야 한다.

① **법의학적 증거물과 자료를 수집한다**: 피해자와 첫 면접이 이루어진 후에 피해자가 평온을 찾으면 먼저 목과 유방 주의의 상처 등을 치료하고 Wood's light로 피부나 옷에 붙은 정액을 찾고 두부손상 여부를 검사하며, 외음부, 대퇴부의 이상 유무를 관찰하고, 질입구에서는 처녀막의 유무나 여상을 관찰하는 것과 같은 신체적 진찰을 받도록 한다.
② 신체적 외상을 진찰한 후에는 성병의 감염여부를 확인하기 위해 인두와 직장에서 균배양 여부를 진찰한다.
③ 성폭력으로 인해 임신을 하는 경우는 임신중절로 인한 신체적, 심리적, 정신적 타격이 매우 크다. 그러므로 무엇보다 임신을 예방하는 것은 매우 중요한 절차이다. 따라서 피해자의 월경력, 피임방법, 현재의 임신 여부 등을 확인하고, 임신을 예방할 수 있는 약물을 복용한다.
④ 성폭행 피해자의 신체적 손상에 대한 응급처치가 이루어지면, 법의학적 자료들을 수집하기 위해 다양한 방법들을 활용한다. 이런 자료를 수집할 수 있는 기회는 단 한번뿐이므로, 이 과정은 당연한 절차로 다루어져야 한다. 강간의 경우 성폭력 가해자의 정충이나 정액을 채취하는 것이 중요하므로 성교 후 18시간 이내(늦어도 48시간) 이루어져야 한다.

2 성폭력으로 인한 심리·정서적 문제

(1) 급성적인 외상후 스트레스 장애 단계
① 표현된 반응들: 울기, 소리지르기, 긴장, 머뭇거림, 웃기, 분노 경련 등
② 통제된 반응들: 무감각, 우울, 부끄러움, 복수심, 더러운 느낌, 집중의 어려움, 죄의식과 불안, 부인, 자기비난 등

③ 두려움과 불안: 긴장, 신경쇠약, 두려움, 심장의 두근거림, 이유 없는 불안, 두려움의 수준은 변하지 않지만 그 대상은 혼자 있는 것, 무기, 남성이 성기, 폐쇄된 장소, 높은 장소, 어두운 거리 등 지속적으로 변하는 경향이 있다.
④ 죄의식: 자신이 성폭력을 당할 만한 원인을 제공했을지도 모른다는 생각과 저항하지 못한 점, 더 강하게 저항하지 않은 것에 대한 감정. 또 그 상황에 놓이게 된 것 자체에 대한 죄의식과 자신이 한 모든 행동들에 대한 회의감 등이 생겨난다.
⑤ 부끄러움: 자신이 더렵혀졌고 모욕을 당했으며, 모든 사람이 자신에게 그렇게 말할 것 같다는 수치심에서 생기는 것. 이러한 부끄러움은 자아 전체를 닫아버리게 만들어 결국 침묵하게 만든다.
⑥ 분노: 피해자는 자신에게 이와 같은 일이 생겼다는 사실에 대해 분노하게 되며 자신을 이해해주지 못하거나 보호해주지 못한 사회와 체계에 대해 분노하게 된다.
⑦ 우울감과 무력감: 우울은 피해자에게 매우 일반적으로 나타나는 감정이다.

(2) 해결의 단계(만성적 혹은 재조직 단계)
① 성폭력의 경험을 해결하고 통합하는 적응 및 해결의 단계
② 피해자의 연령, 성격특성, 지지체계 등과 같은 요인에 따라 몇 달에서부터 수년에 이르기까지 해결의 단계는 달라질 수 있다.
③ 성폭력이나 강간을 생활이나 사고의 핵심으로 두지 않게 된다. 그 위기사건을 결코 잊지는 못하지만 그것으로 인한 고통은 다소 완화되며, 성폭력을 자신의 생애경험의 일부로 수용하게 된다.
④ 악몽, 생활양식의 변화, 공포를 경험할 수 있다. 그러나 회복단계가 진행되면서 이 악몽은 점차 변하며 피해자는 그 상황에 대한 통제력을 얻게 된다.
⑤ 성폭력을 당한 상황과 관련 있을 때 공포심을 경험할 수 있다. 즉 혼자 있을 때 성폭력을 당했다면 혼자 있는 것에 대한 공포심을 가지게 되고 군중 속에서 당했다면 군중 속에 있는 것에 대한 공포심을 갖게 된다.
⑥ 공포심은 성생활에도 영향을 미친다. 강간의 경험을 성애 자체인 것으로 일반화할 수 있으며 성적 활동과 성폭력을 혼돈할 수 있다.
⑦ 이러한 문제들이 성폭력으로 인한 위기에서 비롯된 것이고 이런 심리적 문제를 경험하는 것이 정상적인 과정이라는 것을 이해하고 수용하게 된다면, 성폭력 피해자는 그야말로 피해자(victim)로부터 생존자(survivors)의 지위로 이전하게 된다(Fortune, 1983).

(3) 성폭력 피해자의 심리적 변화 이론
① 성폭력 피해자의 심리적 후유증의 단계

> - 1단계-충격과 혼란의 단계: 성폭력의 충격에서 벗어나지 못해 '아무도 믿을 수 없다'는 불신감과 '나는 이제 끝장이야'라는 무력감에 사로잡힌다.
> - 2단계-부정의 단계: 성폭력 피해 사실 자체를 부정하고 싶어 한다.
> - 3단계-우울과 죄책감의 단계: 수치심, 자책, 스스로에게 분노를 표출하고 절망감을 경험
> - 4단계-공포와 불안의 단계: 앞으로 건강하게 살아가지 못하게 될까봐 불안해하며, 악몽을 꾸기도 한다. 또한 자신이 큰 약점을 가지고 있다고 생각하여 다른 사람을 만나려고 하지 않는다.
> - 5단계-분노의 단계: 가해자뿐만 아니라 자신, 주변 사람, 심지어 상담자에게도 분노를 표출한다.
> - 6단계-자신을 수용하는 단계: 자신의 성폭력 피해 경험을 재조명한다. 이 단계에 이르면 성폭행이 자신의 잘못 때문에 발생한 것이 아니라는 것을 인정하고 자신의 노력 여하에 따라 삶이 바뀔 수 있음을 생각하며 새로운 삶을 계획하고 다짐한다.

② 호로비츠(Horowitz)의 스트레스 반응이론(stress response theory)

- **절규단계**: 외상 피해자는 심한 충격 속에서 극심한 고통과 스트레스를 느낀다. 이러한 고통 속에서 외상 피해자는 자신에게 일어난 외상사건을 기존의 성격체계에 통합하려고 시도한다. 그러나 외상사건은 기존의 성격과 불일치하는 많은 양의 내적, 외적 정보를 던져 줄 뿐만 아니라 일상적인 경험과 너무 동떨어진 것이기 때문에 개인의 인지체계에 의해 잘 수용되지 않는다. 피해자는 수용할 수 없는 외상경험으로 인해 심한 고통과 불안을 겪게 되면서 방어기제를 통해서 자신의 외상경험을 부인하거나 억압하게 된다.
- **회피단계**: 외상경험을 떠올리는 모든 자극을 회피하려고 할 뿐만 아니라 외상사건을 잘 기억하지 못한다. 그러나 새로운 사건의 경험을 기존의 사고체계에 통합하려는 인지적 경향성으로 인해서 외상 기억이 수시로 의식에 침투하게 된다. 플래시백이나 악몽과 같은 침투증상은 인지적으로 처리되지 못한 외상경험이 원래의 형태로 활성화된 채 의식에 침투하게 되는 것이다.
- **동요단계**: 외상 정보가 기존의 인지체계에 통합되지 못한 채 회피증상과 침투증상이 함께 나타난다. 외상후 스트레스 장애는 동요의 단계에서 나타나는 부적응 상태를 의미하며 적절한 치료를 받지 못하면 오랫동안 지속될 수 있다.
- **전이단계**: 시간이 흐르거나 외상의 상처를 치유하는 노력을 통해서 부적응 상태가 완화되고 외상경험에 대한 이해가 증가한다. 외상 정보가 조금씩 인지적으로 처리되면서 기존의 신념체계가 통합이 점진적으로 진행된다.
- **통합단계**: 외상경험의 의미가 충분히 탐색되어 기존의 신념체계에 통합된다. 그 결과로서 비교적 담담하게 외상경험을 회상할 수 있을 뿐만 아니라 기존의 신념체계가 더욱 확대되고 정교해짐으로써 자신과 세상을 확장된 안목으로 바라볼 수 있게 된다.

③ 자노프 불만(Janoff-Bulman)의 박살난 가정이론(theory of shattered assumption)

- 외상사건이 심리적 혼란을 유발하는 심리적 과정을 설명하는 이론으로 외상사건 이후 개인은 자신과 세상에 대한 기존의 신념과 믿음이 파괴된다. 즉 외상후 스트레스 장애는 외상사건으로 인한 신념체계의 파괴에 기인한다.
- 외상후 스트레스 장애를 심하게 겪는 사람들의 기본적 신념: 세상의 우호성에 대한 신념, 세상의 합리성에 대한 신념, 자신의 가치에 대한 신념을 가지고 있는 경향이 높다.
- 외상경험은 이러한 신념과 정면으로 배치되는 것으로 근간을 흔들며 파괴함으로써 심각한 혼란과 무기력감을 유발한다.
- 이러한 신념체계는 외상경험의 점진적 통합을 이루어가는 과정에서 변화하고 이로 인해 성격도 변화하는데, 현실을 고려하여 좀더 유연하고 폭넓은 신념체계로 변화하게 된다.
- 그 결과 받아들이기 어려웠던 정보들을 담담히 수용하게 될 뿐만 아니라 유사한 사건이 발생해도 과거와는 다른 인지적 정서적 행동적 반응을 하게 되어 대처방식도 변화하게 된다.

3 성폭력으로 인한 사회적 기능 및 대인관계 문제

(1) 누군가의 도움을 필요로 하거나 최소한의 책임만을 수행할 정도로 활동수준이 감소하는 것과 같은 일상생활에서의 변화가 나타난다.

(2) 학교나 직장에 나가는 것을 중단하거나 포기하며 심지어 주거지를 바꾸거나 직장을 바꾸기도 한다.

(3) 대인관계를 회피하고 친구나 가족으로부터 스스로 관계를 철회하며 이성에 대한 두려움으로 인해 남성을 기피하거나 혹은 반대로 여러 남자와 관계를 형성하기도 하는데 이것은 자신에 대한 부정적 인식과 성에 대한 왜곡된 인식 때문이다.

(4) 피해 여성의 경우, 남성의 행동을 성적인 것으로 이해하여 지나치게 의심하고 기피하게 되어 친밀감을 형성하는 문제 때문에 적절한 시기에 치료를 받지 않을 경우, 결혼 적령기를 넘기는 경우가 많다. 결혼을 한 경우에도 부부간의 성행위를 기피하거나 불감증 등을 호소하는 경우가 있다.

(5) 더욱 심각한 경우, 성적인 죄의식과 불안감, 성행위에 대한 혐오감과 두려움, 성적 자존감의 저하 등과 같은 원인으로 자신을 포기하는 경향을 보이며, 약물이나 알코올과 같은 물질을 남용하거나 혹은 가출을 시도하기도 한다.

4 성폭력으로 인한 가족관계 문제

(1) 가족은 성폭력 피해자를 보호해주지 못한 것에 대한 죄의식과 상처를 경험하며, 가족 구성원의 성폭력 피해사실에 대한 부끄러움과 무력감, 분노, 복수심을 느낀다.
(2) 가족구성원의 성폭력 피해사실을 가족의 비밀로 간직해야 하는 부담감을 경험하기도 한다. 이러한 이유로 피해자와 가족구성원 간의 의사소통이 단절되거나 경직되는 경향이 있으며, 환자가 보이는 증상을 외면하거나 덮어두려고 하는 경향을 보인다.
(3) 경우에 따라서는 피해자가 경험하는 수면장애나 두통, 식욕의 감소와 같은 문제들을 함께 경험하기도 한다.
(4) 부모들은 피해자가 경험한 성폭력을 설명하도록 하는 과정에서 피해자를 비난할 수 있으며, 남성들은 복수어린 말들을 하거나 실제 그런 행동을 하기도 한다.

4 성폭력 발생 원인에 관한 이론적 접근

구분	내용
전통적인 보수주의적 접근	성폭력 피해 대상은 한정되어 있으며, 정숙한 여자는 성폭력을 당하지 않는다고 인식. 이중적인 성윤리 규범의 결과
정신병리적 접근	개인의 일탈적 행위로 인식하고 사회문제로 보지 않음
하위문화적 접근	폭력적 환경 속에서 성장하고 생활해온 사람들이 성폭력을 행사할 확률이 높음
여성주의적 접근	피해자에게 초점을 맞추어 가부장적 사회에서 구조화된 남성과 여성의 주종관계를 그 원인으로 인식

5 성폭력 상담의 기본적 관점: 여성중심의 상담, 피해자 중심의 상담

1 여성주의 관점

성폭력이 여성 개인의 결함에 의한 피해가 아니라, 그 사회가 갖고 있는 남성중심적 성의식과 여성에 대한 남성의 지배와 통제의 수단으로 성폭력이 자행된다는 것과 가부장적 사회구조의 산물이라는 관점에서 출발해야 한다.

2 피해자 중심 상담

성폭력은 일방적으로 가해지는 폭력이고 인권을 침해한 범죄이지 성관계를 한 것이 아니며 순결을 잃은 것이 아니라는 것을 이해시켜야 한다. 잘못은 가해자에게 있지 피해자에게는 아무런 잘못이나 책임이 없다는 확실히 하고, 피해자의 우선적 관심사를 정확하게 파악하고 처리해 주어야 한다.

3 위기상담의 관점

피해자는 평상시 적응방법이나 생활양식으로는 해결하지 못할 만큼 심리적 갈등을 느끼는 상태이고, 고립감, 공포, 신체적 장해 그리고 가족과 가해자와의 관계에 극도의 혼란을 보일 수 있고, 고독감, 자살, 가출 등의 충동이 생겨 또 다른 위기상황을 발생시키므로 보다 신속한 지원과 도움이 필요한 위기상담의 관점을 취하여야 한다.

4 가족상담의 관점

성폭력은 개인뿐만 아니라 그 가족 또한 많은 피해를 입게 된다.

6 학교 성폭력 사안처리 절차 『2020, 교육부 학교내 성희롱·성폭력 대응 매뉴얼 발췌』

1 학교 내 성희롱·성폭력 발생 시 문의 및 신고절차

사후처리

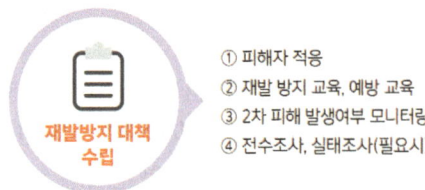

① 피해자 적응
② 재발 방지 교육, 예방 교육
③ 2차 피해 발생여부 모니터링
④ 전수조사, 실태조사(필요시)

2 대상별 학교 내 성희롱·성폭력 사건 주관위원회

(1) 학교폭력대책심의위원회(교육지원청 설치)는 피해자가 학생인 학교 내 성희롱, 성폭력 사안 발생 시 원칙상 개최되어야 한다.

(2) 학교장 자체 해결 처리는 가능하나, 전담기구(학교 설치)의 자체 해결 요건 충족 여부 판단은 신중해야 한다. 전담기구 심의결과 자체 해결 요건에 모두 해당하더라도, 피해학생 및 그 보호자가 심의위원회 개최를 요구하는 경우 반드시 심의위원회 개최를 요청한다.
   ☞ 학교장 자체 해결 처리는「아동·청소년의 성보호에 관한 법률」에 따라 수사기관에 신고 된 사안은 제외

(3) 교권보호위원회는 피해자가 교원인 학교 내 성희롱·성폭력 사안 발생 시, 침해학생에 대한 조치를 위하여 개최될 수 있다.

(4) 선도위원회(학생생활교육위원회)는 학교규칙을 위반한 가해학생에 대한 조치가 필요한 경우 개최하며, 성고충심의위원회는 사안에 따라 기능이 상이할 수 있다.

▸ 피·가해자 대상 관계별 주관 위원회

피해＼가해	학생	교원	직원
학생	학교폭력대책심의위원회	성고충심의위원회 학교폭력대책심의위원회	성고충심의위원회 학교폭력대책심의위원회
교원	선도위원회(학생생활교육위원회) 교권보호위원회 성고충심의위원회	교권보호위원회(피해교원) 성고충심의위원회(피·가해교원)	교권보호위원회(피해교원) 성고충심의위원회(가해직원·피해교원)
직원	선도위원회 (학생생활교육위원회) 성고충심의위원회	성고충심의위원회	성고충심의위원회

(5) 학교내 성희롱·성폭력 주관위원회는 다음과 아래의 표와 같이 구성의 법적 근거, 성격, 처리 사안 등이 달라짐

구분＼기구	학교폭력대책심의위원회	선도위원회 (학생생활교육위원회)	성고충심의위원회	교권보호위원회
근거	학교폭력예방 및 대책에 관한 법률	학교규칙	양성평등기본법, 공공기관의 성희롱 예방지침	교원지위법
성격	법정기구	자치기구	자치기구	법정기구
처리사안	학교폭력 사안	학교규칙을 위반하여 징계가 필요한 사안	교직원과 관련된 성희롱·성폭력 사안	교원과 관련된 성희롱·성폭력 사안 및 가해학생에 대한 조치

☞ 가해자가 일반인일 경우 사안처리는 수사기관을 포함한 외부기관을 통해 이루어지며, 학교는 피해학생이 보호 조치를 원하지 않는 경우 학교폭력대책심의위원회를 생략가능

3 학생(피해자)-학생(가해자) 학교 내 성희롱·성폭력 대응 절차

사안처리 절차 체계도

1. 상담
① 인지 및 상담

2. 신고 및 접수
① 가해 및 피해 사실 확인
② 사안 접수 및 학교장 보고
③ 교육(지원)청 보고
④ 수사기관 신고 및 지원기관 연계
⑤ 보호자 통보

3. 초기 대응
① (필요시) 피해학생 응급조치 및 긴급조치
② 관련 학생 분리 및 안전조치 및 가해학생 긴급조치
③ 2차 피해 방지

4. 조사
① 사안조사
② 증거 확보
③ 조사 결과 보고
④ 보호자 통보
⑤ 학교장 자체 해결 여부 심의
⑥ 심의위원회 개최 요청

5. 심의 및 조치 결정
① 학교폭력대책심의위원회 개최(심의 및 조치 결정)

6. 징계 및 종결
① 조치결과 이행
② 조치결과에 대한 불복절차
③ 사안관리

7. 사후처리
① 재발방지 대책 수립
② 사후 모니터링

(1) 1단계: 상담
① 담당자는 학생에게 사안 처리 절차 및 내용, 진행과정, 준비 사항, 보호 조치 등을 설명해준다.
② 2차 피해 예방을 위해 관련 학생의 상담 사실과 내용이 주위에 알려지지 않도록 유의한다.
③ 외부기관의 상담이나 지원을 받을 수 있음을 안내한다.

(2) 2단계: 신고 및 접수
① 피해자(학생, 보호자)가 직접 신고
② 피해자(학생, 보호자)를 상담하는 과정에서 인지하여 신고
③ 교내 실태조사를 통해 알게 되는 경우
④ 동료 학생이나 교직원이 성희롱·성폭력을 직접 목격하여 신고하는 경우
⑤ 타 기관(수사기관이나 외부 상담 등)을 통해서 통보를 받은 경우
⑥ 기타 사적인 통로(SNS 등)를 통해서 우연히 알게 된 경우 등
⑦ 사안 인지, 신고 및 피해자 통보는 현장 상황에 맞춰 동시에 실시한다.
⑧ 성희롱의 경우에도 신고가 들어오면, 일단 학교폭력 전담 기구에 접수를 하는 것이 원칙이며, 구체적인 성희롱 판단은 심의절차를 거치도록 해야 한다.

> **신고 및 접수 단계에서 유의사항**
> - 아동·청소년 대상 성범죄는 「아동·청소년의 성보호에 관한 법률」 제34조 제2항에 따라 신고의무를 반드시 지켜야 한다.
> - 성희롱·성폭력 사건을 숨기거나 학교 내에서 임의로 해결하려고 하지 않아야 한다.
> - 다른 교직원이나 학생들에게 비밀이 누설되지 않도록 유의하고, 침착하게 대응하여 2차 피해를 예방하여야 한다.
> - 성폭력 사안을 목격하거나 알고 있는 주변 학생들에게, 성폭력 사실을 확산할 경우 피해자 2차 피해 발생 우려와 유포 시 법적 처벌을 받을 수 있음을 주지시켜야 한다. (「아동·청소년의 성보호에 관한 법률」 제31조)
> - 교사가 개인상담 과정을 통해 성폭력 피해사실을 안 경우, 피해학생이 성폭력 사실이 알려지기를 원치 않는다 하더라도, 피해학생과 그 부모에게 신고의 의무에 대해 알리고 반드시 신고하여야 한다.
> - 성폭력 사실을 신고한 학생이 있는 경우 신고 학생의 신상이 조사과정에서 누설되지 않도록 각별히 유의하고, 신고 학생의 비밀보장을 철저히 하여 가해학생으로부터 보복을 당하지 않도록 해야 한다.
> - 신고 학생에 대해서는 사안 종료 시까지 신변의 안전을 보호할 수 있는 조치를 하되, 가해학생이 정황을 파악할 수 없도록 한다.

① 가해 및 사실 확인
  ㉠ 성희롱·성폭력 피해 사안을 신고받은 교원은 신고 사안의 가해 및 피해 사실을 확인하고, 성희롱·성폭력 사안으로 의심되면 학교폭력 전담기구에 사안을 접수해야 한다.
  ㉡ 신고받은 교원이 성희롱·성폭력 사안인지 여부를 판단하기 어려울 경우, 학교폭력 전담기구나 전문 지원기관에 문의하도록 한다.
  ㉢ 이때 사안을 인지하거나 신고받은 교원은 사안에 대한 비밀 유지를 엄수하여 2차 피해를 예방하며, 신고한 피해자와 목격자 및 관련자들에게도 비밀유지서약서를 작성하도록 하여 2차 피해 예방에 최선을 다해야 합니다.

> **가해학생이 먼저 사안을 알린 경우**
> - 신고를 받은 교사는 가해학생으로부터 우선 사실 확인을 해야 하고, 해당 사안에 대해서 우선 피해자에게 고지하고 확인을 해야 한다. 피해자로부터 사실임이 확인될 경우, 청소년성보호법의 신고의무에 따라 사안을 신고해야 하는 것이 원칙이다

② 사안 접수 및 학교장 보고
  ㉠ 다양한 경로를 통해 인지 및 신고가 된 성희롱·성폭력 사안에 대한 최초 인지자는 학교폭력 전담기구에 접수한다.
  ㉡ 학교폭력 전담기구는 신고 내용을 신고접수대장에 기재하여 최초의 신고 내용을 보관한다.
  ㉢ 접수 사실을 신고자, 보호자, 담임교사에게 통보하고, 학교장에게 보고한다.

③ 교육(지원)청 보고
  ㉠ 학교폭력 전담기구에 접수된 사건은 관할 교육청 양식 이용하여 서면보고가 우선되어야 한다.
  ㉡ 학교장이나 학교폭력 전담기구의 담당 교원은 중대하거나 긴급한 사항일 경우에는 우선 유선보고 후, 서면으로 보고한다.
  ㉢ 사안을 인지한 후 48시간 이내 보고하여 사건이 신속하게 처리될 수 있도록 한다.
  ㉣ 보고할 부서, 절차 및 내용은 교육청에 따라 다르므로 학교폭력담당교원은 사전에 교육청 담당부서와 담당자를 확인하여, 사안 발생시 신속하게 처리하도록 한다.

④ 수사기관 신고 및 지원기관 연계
  ㉠ (신고) 경찰청(☎ 112)/학교폭력 상담 및 신고센터(☎ 117), 학교전담경찰관
  ㉡ (상담) 여성긴급전화(☎ 1366), 거주 지역 해바라기아동(통합)센터
  ㉢ 수사기관의 신고는 급한 경우 우선 구두나 유선상으로 조치 후 공문으로 신고하여 신고 사실을 기록으로 남겨둬야 한다.

7 학교에서 심리치료 활용2: 성폭력

② 피해학생 및 보호자가 신고를 원하지 않더라도, 피해학생과 보호자에게 교육기관 종사자에게 법률상 신고 의무가 있음을 알리고 반드시 신고하여야 한다.
⑥ 피해학생 및 보호자가 먼저 신고를 했더라도, 학교는 법률상 신고 의무가 있다. 다만, 수사가 개시될 정도의 정보가 알려져 수사가 진행 중인 경우는 제외된다.

성폭력 신고의무

- 「아동·청소년의 성보호에 관한 법률」제34조 제2항에 따라 초·중등교육법상 학교에서 근무하는 단체장과 그 종사자는 아동·청소년 대상 성범죄의 발생 사실을 알게 된 때 즉시 수사기관에 신고해야 한다.
- 「성폭력방지 및 피해자보호 등에 관한 법률」제9조에 따르면 19세 미만의 미성년자(19세에 도달하는 해의 1월 1일을 맞이한 미성년자는 제외함)를 보호하거나 교육 또는 치료하는 시설의 장 및 관련 종사자는 자기의 보호·지원을 받는 자가 「성폭력범죄의 벌 등에 관한 특례법」제3조부터 제9조까지, 「형법」제301조 및 제301조 제2항에 따라 피해자인 사실을 알게 된 때에는 즉시 수사기관에 신고하여야 한다.
- 신고하지 않거나 거짓 신고를 할 경우 「아동·청소년의 성보호에 관한 법률」제67조 제4항에 따라 300만원 이하의 과태료에 처해질 수 있다.
- 피해자가 신고를 원하지 않는 경우에도 「아동·청소년의 성보호에 관한 법률」은 이에 대하여 별도의 예외 규정을 두고 있지 않으므로 신고의무자는 피해자의 의사와 무관하게 성범죄 발생사실을 수사기관에 신고하여야 한다.
- 즉, 피해자가 고소권을 행사할 것인지 여부와 신고의무자의 신고의무는 전혀 별개의 문제이므로 신고의무자는 피해자가 범죄의 신고를 원하지 않는다 할지라도 이와 무관하게 법률상의 신고 의무가 있다.

수사기관 신고시 유의사항

- 부모가 신고에 소극적인 경우, 담당자는 신고의무자인 학교(교장·교사)의 역할과 부모의 법적 책임을 고지해야 한다.
- 신고하기 전 피해자에게도 신고의 의미와 중요성을 설명해준다.
- 피해자와 그 보호자가 신고를 거부하는 이유는 이후 어떤 도움을 받고, 어떠한 과정을 거치게 되는지에 대한 이해가 부족하기 때문인 경우가 많기 때문에, 수사과정을 상세히 설명하고 동의를 구한다.
- 신고를 접수한 해당기관에 수시로 연락하여 학교와 기관 간의 긴밀한 협조 체제를 유지한다.

---

⑤ 보호자 통보
㉠ 가족, 친구관계 등 지지 자원을 파악하고 보호자에게 반드시 통보한다.
㉡ 사안 내용 및 관련 절차에 대해 사실 그대로 보호자에게 통보한다.

(3) 3단계: 초기대응

① (필요시) 피해 학생 응급조치 및 긴급조치
㉠ 피해학생은 필요시 응급처치를 받도록 하며, 해바라기아동(통합)센터나 전문 의료기관의 지원을 받도록 한다.
㉡ 응급이송 시 보건교사 또는 피해학생과 동일한 성을 가진 교직원 동행할 수 있도록 한다.
㉢ 상처 확인 및 치료를 위해 보건실 치료 시, 치료기록을 남겨둔다.
㉣ 병원 진료 과정은 피해자에게 공포와 불안감을 줄 수 있으므로 동행한 교사는 왜 병원에 왔는지, 진찰을 받고나면 어떤 부분을 예방할 수 있는지 설명해줌으로써 피해학생이 심리적 안정을 찾을 수 있도록 최선을 다해야 한다.
㉤ 사안 발생 현장이 교내일 경우, 모든 교원은 현장을 훼손하지 않고 그대로 보존하여 수사기관에 의뢰해야 한다.
㉥ 사안 발생 현장에 CCTV가 있을 경우 CCTV 화면을 확보한다.
㉦ 학교폭력예방법 제16조 제1항에 따라 학교장은 피해학생 보호가 긴급한 경우 심리상담 및 조언(제1호), 일시보호(제2호), 그 밖에 피해학생의 보호를 위하여 필요한 조치(제6호)를 할 수 있다.

② 관련 학생 분리 및 안전조치, 가해학생에 대한 긴급조치
  ㉠ 피해자 중심으로 적극적인 보호조치가 필요하다.
  ㉡ 피해학생이 가해학생으로부터 지속적인 성폭력이나 협박 등을 당하고 있는지 안전 여부를 파악할 필요가 있다.
  ㉢ 피해사실과 피해자 신원이 다른 학생들에게 알려지지 않도록 노력해야 한다.(비밀누설 금지 및 2차 피해 방지)
  ㉣ 피해학생이 신체적 질병이나 고통을 호소할 때 전문 의료기관이나 해바라기센터 등 외부 전문 지원 기관에 연락하여 적절한 조치를 취한다.
  ㉤ 피해학생 보호조치(학교폭력예방법 제16조 제1항)등 보호가 필요한 학생에 대하여 학교의 장이 인정하는 경우 그 조치에 필요한 결석을 출석 일수에 산입할 수 있다.(학교폭력예방법 제16조 제4항)(진단서, 의사 소견서 등 필요)
  ㉥ 사건 처리 중에 있거나 종결된 후 시설 입소 후 전학 온 학생 등의 학교 적응을 위하여 다양한 배려를 제공해야 한다.
  ㉦ 피·가해자 분리조치는 최우선적인 처리사항으로 가해자와의 적극적인 분리 조치를 통해 피해자의 심신안정, 신상정보 등에 대한 비밀유지, 인권보호 등에 주안점을 둬야 한다.
  ㉧ 피해자의 의사와 무관한 전학 강요 등 일방적인 조치는 불가하며, 피해자의 의견을 우선적으로 파악하여 가급적 수렴하고, 피해자의 보호자와도 협의하여 학교생활에 다시 잘 적응할 수 있도록 가능한 범위 내에서 최대한 보호조치를 취해야 한다.
  ㉨ 학교폭력예방법 제17조 제4항에 따라 학교장은 가해학생 선도가 긴급한 경우 서면사과(제1호), 접촉·협박·보복행위 금지(제2호), 학교에서의 봉사(제3호), 특별교육이수 또는 심리치료(제5호), 출석정지(제6호)조치를 할 수 있다.

> **가해학생 조치 유의사항**
> 사안이 처리되는 동안 피해학생이 학교 내에서 가해학생과의 분리를 원하는 경우, 가해학생에 대해 '제6호 출석정지' 조치 결정을 내릴 수 있고, 대안교실, 상담실 등을 통한 피·가해자 분리를 통해 위 조치를 대체할 만한 방안 또한 고려할 수 있다.

③ 2차 피해 방지
  ㉠ 학교폭력 전담 교사 및 성폭력 사안 업무를 담당하는 교원 이외의 사람에게 사안 관련 철저한 비밀유지를 함으로써 2차 피해를 예방해야 한다.
  ㉡ 피해학생과 가해학생 이외에 목격자 등 관련이 있는 학생들에게 사안 관련 철저한 비밀유지를 강조하고 비밀누설금지 의무 위반 시 처벌 가능성을 고지한다.

(4) 4단계: 조사

① 사안조사
  ㉠ 사건에 대해 조사 할 때, 피해 사실을 떠올리도록 종용하거나 사건과 관련한 질문을 반복하지 않아야 한다.
  ㉡ 사건을 조사하는 교원은 피해학생의 평상시 품행이나 태도 등을 근거로 피해학생을 비난하는 발언을 하거나 태도를 보이지 않아야 한다.
  ㉢ 성폭력 피해자는 심리적으로 매우 불안한 상태에 있는 경우가 많다. 따라서 사안조사에 있어서 각별히 세심한 주의를 기울여야 한다.
  ㉣ 학교폭력 전담기구는 최초로 사안을 인지한 교직원의 접수 내용을 확인한다.

7 학교에서 심리치료 활용2: 성폭력

ⓑ 학교폭력 전담기구는 피·가해 내용은 객관적이고 중립적인 관점에서 사안 처리 관련 서식 등을 활용하여 육하원칙에 따라 기록한다.
  ☞ 누가, 언제, 어디서, 피해 정도, 피해 지속 시간, 현재 상태, 관계, 또 다른 가해자 및 피해자 여부, 피해 사실을 아는 사람 여부, 신고 및 고소 여부 등을 파악한다.
ⓑ 피해학생 조사 시 가급적 외부 성폭력 전문가를 동석시켜 조사 시 발생할 수 있는 2차 피해를 최소화하고, 필요한 지원을 받도록 한다.
ⓐ 피해자 이야기의 전반적인 흐름에 초점을 맞추어 이야기하는 것을 격려하며 피해자로부터 나온 모든 정보는 기록(녹음 등)할 필요가 있다.
ⓞ 다른 학생이나 교사들에게 조사 내용 등 비밀이 누설되지 않도록 유의해야 한다.
ⓩ 사건을 정확하게 파악하고, 추가 목격자 등을 파악하기 위하여 학교장이 필요하다고 판단할 경우 전체 학생들을 대상으로 설문조사를 시행하여 추가 피해자 여부를 확인한다.
  ☞ 학교에서 자체적으로 성폭력 사안 조사가 어려운 경우 외부 전문기관에 협조 요청을 할 수 있다. 학교폭력 가해·피해학생 중 장애학생이 있을 경우 특수교육 전문가(교육지원청 특수교육지원센터에 요청)를 참여시키는 것이 바람직하다.

> **조사 유의사항**
> - 성폭력 사안조사 시 조사자는 피해학생 및 가해학생의 인권보호에 더욱 신경을 써야 하며 강압적인 분위기로 확인·조사를 실시해서는 안 된다.
> - 성폭력 사안 조사 시 조사자는 관련 학생이 진술을 거부할 경우 그 의사를 존중해 주어야 하며, 강제적인 조사로 인해 피해학생이 2차적인 피해를 받지 않도록 주의해야 한다.
> - 성폭력 사안조사 시 피해학생이 신뢰할 수 있는 자(보호자, 법정대리인 등)를 동석할 수 있게 하여 심리적으로 안정된 상태에서 조사받을 수 있도록 조치해 주고, 피해학생과 가해학생 조사 시 철저히 분리하여 관련 학생들이 대면하는 일이 없도록 주의해야 한다.

② 증거 확보
  ㉠ 아동·청소년에 대한 성폭력 사안은 인지 수사가 기본이기 때문에 수사기관(학교전담경찰관) 신고와 동시에 증거수집 등 수사가 이루어진다.
  ㉡ 교내에서 성폭력 사안이 발생했을 경우, 모든 교원은 수사를 위해 현장을 보존하고 훼손하지 않아야 한다.
  ㉢ 고소할 의사가 없더라도 이후 마음이 바뀔 수 있기 때문에 증거물을 채취해 두도록 권유한다.

③ 조사 결과 보고
  ㉠ 최초면담 일지 및 조사 결과 보고서를 작성하여 학교장 및 학교폭력대책심의위원회(학교폭력대책심의위원회의 요청이 있는 경우)에 보고한다.
  ㉡ 학교장은 사안을 인지한 후 지체없이 학교폭력대책심의위원회 보고하여 사건이 신속하게 처리될 수 있도록 해야 한다.
  ㉢ 심의위원회 개최를 요청 받은 교육(지원)청은 개최일정을 결정하여 학교 및 당사자에게 통보한다.
  ㉣ 신고된 학교폭력 사안에 대해 조사를 실시하고 조사 결과를 보고서로 작성하여 학교장에게 보고한다. 필요시 조사 결과를 심의위원회에 보고한다.

④ 보호자 통보
  ㉠ 사안 조사 결과 및 처리절차 등에 대해 보호자에게 통보하고, 학교폭력대책심의위원회 개최 절차에 대하여 안내한다.
  ㉡ 성희롱·성폭력 사건 대응에 있어 모든 과정에서 학교는 학생 보호자와 긴밀히 협력해야 한다.

⑤ 학교장 자체해결 또는 학교폭력대책심의위원회 개최 요청
  ㉠ 자체 해결 요건을 충족하고, 피해학생 및 보호자가 심의위원회 미개최(자체 해결)에 동의할 시 학교장 자체 해결로 처리한다.
  ㉡ 학교장 자체 해결로 처리되지 않는 경우, 심의위원회 개최를 요청한다.

> **피해 및 가해학생의 학교가 다른 경우**
> - (피해 및 가해학생이 명확한 경우) 학교자체 해결 여부의 판단은 피해학생 학교의 전담기구에서 심의 후 피해학생 및 보호자의 서면확인을 받는다. 이 때, 정확한 사안조사를 위하여 가해학생 학교에서 조사한 사안 내용이 공유될 수 있도록 학교장 승인하에 긴밀하게 협조가 이루어져야 한다.
> - (피해 및 가해학생이 명확하지 않거나 쌍방인 경우) 양쪽 학교에서 자체적으로 피해 사실과 가해 사실을 조사하고 전담기구에서 심의한다. 양 기관 모두 학교장 자체 해결로 판정이 날 경우 학교장이 자체 해결하며, 어느 한 곳의 학교에서라도 학교장 자체 해결 대상이 아니라고 판단할 경우, 심의위원회(혹은 공동 심의위원회)를 개최하여 처리할 수 있다.

⑥ 학교폭력대책심의위원회 개최 준비(교육(지원)청)
  ㉠ 심의위원회 출석요구서는 서면으로 관련 학생 및 보호자, 심의위원들에게 전달한다.
  ㉡ 비밀누설 금지 의무 및 2차 피해 예방을 위해 관련 학생들을 'A', 'B' 학생 등으로 익명 처리하는 것이 바람직하다.
  ㉢ 학교폭력대책심의위원회 위원은 사안의 관련성에 의해 제척되거나 기피신청 및 회피가 가능하며, 이를 미리 확인하여야 한다.
  ㉣ 관련 학생 측이 참석안내서를 통해 사안개요를 안내받고 학교폭력대책심의위원회에 참석할 수 있도록 안내해야 한다.

(5) 5단계: 심의 및 조치 결정

① 심의위원회 개최(심의 및 조치 결정)
  ㉠ 준비 단계
    - 심의위원회 출석요구서는 서면으로 관련 학생 및 보호자, 심의위원들에게 전달한다.
    - 심의위원회 개최 장소에서 피해 및 가해학생의 불필요한 접촉을 방지하도록 피해 및 가해학생의 대기 시간 및 대기 장소를 분리 운영해야 한다.
    - 사안조사 결과 보고서, 관련자 진술서, 증거자료의 사본을 준비한다.
    - 비밀누설 금지 의무 및 2차 피해 예방과 관련하여, 모든 자료는 '김OO' 또는 'A학생' 등 익명처리는 필수로 시행한다.
    - 모든 자료는 회의 현장에서 배포한다.
  ㉡ 개최 단계
    - 회의록 작성을 시작
    - 참석자 전원은 회의 내용에 대하여 비밀누설 금지 의무가 있음을 안내(서약서 작성, 위촉서 발송)
    - 피해·가해 측이 대기 상태에서 진행(진술 시에만 참석, 서면 진술 가능)
  ㉢ 사안조사 결과보고
    - 신고된 학교폭력 사안에 대해 조사를 실시하고 조사 결과를 보고서로 작성하여 심의위원들에게 보고
  ㉣ 피해자 사실 확인 의견진술 및 질의응답
    - 피해사실 확인 및 질의응답
    - 피해학생 측의 입장과 요구사항 진술(서면 진술로 대체 가능)을 듣는다.

7 학교에서 심리치료 활용2: 성폭력

- 피해학생의 2차 피해를 방지하기 위하여 외부 전문기관의 담당자가 동석할 수 있다.
- 조치결과 서면 통보(등기우편)를 위한 주소를 확인하도록 한다.

ⓜ 가해자 사실 확인 의견진술 및 질의응답
- 사실을 확인하고 가해학생이 자신의 입장을 말한다.
- 가해 측에 의견진술 기회를 반드시 주고 참석하지 않을 경우 사전에 의견제출 기회를 부여해야 한다.
- 위원들은 가해학생에게 질문하고 가해학생은 질문에 답변하도록 한다.
- 조치결과 서면 통보(등기우편)를 위한 주소를 확인하도록 한다.

ⓑ 학교폭력 해당 여부 심의 및 긴급조치 보고·추인
- 학교폭력 해당 여부 판단
- 피해학생 긴급조치 보고, 가해학생 긴급조치 보고 후 추인여부 논의

ⓢ 피해학생·가해학생 조치 결정

> **보호조치 및 선도·교육조치 결정[가해 학생에 대한 조치별 적용 기준]**
> - 행위의 심각성·지속성·고의성
> - 가해 학생의 반성 정도
> - 해당 조치로 인한 가해 학생의 선도 가능성
> - 가해 학생 및 보호자와 피해 학생 및 보호자 간의 화해의 정도
> - 피해 학생이 장애학생인지 여부

ⓞ 폐회
- 서약서를 포함한 모든 자료는 폐회와 동시에 전량 회수해야 한다.
- 회의록 작성
- 회의록은 비공개 자료. 다만, 피해학생, 가해학생 또는 그 보호자가 회의록 열람·복사 등 공개를 신청할 때에는 피해·가해학생과 그 가족의 성명, 주민등록번호 및 주소, 심의위원의 성명 등 개인정보에 관한 사항을 제외하고 공개해야 한다. (학교폭력예방법 제21조 제3항)

ⓩ 결과 통보
- 서면으로 조치결정을 통보하여야 한다.
- 결과 통보 시 피해 및 가해측에 행정심판 등의 절차를 안내해야 한다. (학교폭력예방법 제17조의 2)
- 교육청에 학교폭력대책심의위원회 조치이행 결과를 보고한다.

피해학생		
안전여부 확인 (긴급 보호조치 대비)		• 정서 상태가 안정적인지 확인 • 지속적인 성폭력, 협박 또는 보복행위 등을 당하고있는지 확인 • 긴급조치 범위는 심리상담 및 조언(1호), 일시보호(2호), 그 밖에 필요한 조치(6호)임
제1호	심리상담 및 조언	• 공감과 지지하기, 피해자에게 책임 추궁하지 않도록 유의 • 성폭력으로 인한 신체적·심리적 후유증 관련하여 상담 및 의료·법률 지원 등을 받을 수 있도록 상담 기관 안내
제2호	일시보호	• 지속적인 성폭력, 협박 또는 보복의 우려가 있는 경우 일시적으로 보호시설이나 학교상담실 등에서 보호를 받을 수 있도록 하기 위한 조치
제3호	치료 및 치료를 위한 요양	• 신체적·정신적 상처의 치유를 위하여 일정 기간 출석을 하지 아니하고 의료기관에서 치료를 받거나 집이나 요양기관에서 치료를 위한 요양을 할 수 있도록 조치

	피해학생	
제4호	학급교체	• 피해의 재발이 우려되는 상황, 정신적 상처 등에서 벗어나도록 하기 위해서 동일 학교 내 다른 학급으로 옮기는 조치(피해학생 및 보호자의 의견을 반영)
제6호	그 밖에 피해학생의 보호를 위하여 필요한 조치	• 피해학생 측이 원하거나 학교장이 피해학생을 위하여 필요하다고 인정하는 경우 그 밖에 필요한 조치 가능(치료등을 위한 의료기관에의 인도, 수사기관의 조사 및 법원의 동행, 법률구조기관 등에 필요한 협조와 지원요청, 등·하교 시간 조정 및 동반 등)
	긴급 보호조치에 따른 후속조치	• 긴급 보호조치 시 즉시 심의위원회에 보고 ☞ 긴급 보호조치에 의한 결석은 학교장이 인정하는 경우 출석일수에 산입 가능

	행위(가해학생)	
	긴급조치	• 학교장은 가해학생에 대한 선도가 긴급하다고 인정할 경우 우선 제1호부터 제3호까지, 제5호 및 제6호의 조치를 할 수 있으며, 제5호와 제6호는 병과조치 가능
제1호	서면사과	• 가해학생이 피해학생에게 서면으로 사과하도록 하는 조치
제2호	피해학생 및 신고·고발 학생에 대한 접촉, 협박, 보복행위 금지	• 피해학생 및 신고·고발 학생에 대한 가해학생의 접근을 막아 더 이상의 성폭력이나 보복을 막기 위한 조치
제3호	학교에서의 봉사	• 가해학생에게 반성의 기회를 주기 위한 조치
제4호	사회봉사	• 사회구성원으로서의 책임감을 느끼게 하기 위한 조치
제5호	특별교육 이수 또는 심리치료	• 교내외 전문가에 의한 특별교육을 이수하거나 심리치료를 받도록 하는 조치
제6호	출석정지	• 가해학생에게 학교에 출석하지 못하게 함으로써 반성의 기회를 주고 일시적으로나마 피해학생과 격리시켜 피해학생을 보호하기 위한 조치 • 가해학생 우선 출석정지 가능 ① 2명 이상의 학생이 고의적·지속적으로 성폭력 행사한 경우 ② 성폭력을 행사하여 전치 2주 이상의 상해를 입힌 경우 ③ 성폭력에 대한 신고, 진술, 자료제공 등에 대한 보복을 목적으로 폭력을 행사한 경우 ④ 학교장이 피해학생을 가해학생으로부터 긴급하게 보호할 필요가 있다고 판단되는 경우 • 가해학생 측에 의견제시 기회를 주어야 한다. • 출석정지 기간 중 Wee클래스 상담, 자율학습 등 적절한 교육적 조치
제7호	학급교체	• 가해학생을 피해학생으로부터 격리하기 위하여 동일 학교 내 다른 학급으로 옮기는 조치
제8호	전학	• 가해학생을 피해학생으로부터 격리시키고 피해학생에 대해 더 이상의 폭력 행위를 하지 못하도록 하기 위하여 다른 학교로 소속을 옮기는 조치 • 가해학생이 다른학교로 전학을 간 이후에는 전학 전의 피해학생 소속 학교로 다시 전학 올 수 없도록 함
제9호	퇴학처분	• 피해학생을 보호하고 가해학생을 선도·교육할 수 없다고 인정될 때 취하는 조치(단, 의무교육 과정에 있는 학생은 제외)
	긴급 선도·교육조치에 따른 후속조치	• 긴급조치 시 즉시 심의위원회에 보고하고 추인 • 가해학생 및 보호자에게 통지
	피해·가해학생 포함한 관련자 모두 분리·보호	• 피해학생의 심리적 안정 • 피해학생 2차 피해 예방 • 관련자 간의 증거인멸시도 예방 • 관련 학생을 보건교사, 상담교사, 담임교사 등과 같이 있다가 보호자 인계 등의 후속 조치까지 모두 분리하되 빈 공간에 혼자 두지 않음 • 사안 확인 위하여 피해·가해·목격 학생을 대면시키지 않음

(6) 6단계: 징계 및 종결

① 조치결과 이행
- ㉠ 심의위원회의 조치 결정에 대한 조치결과는 가해학생과 그 보호자에게 이를 통지하여야 한다.
- ㉡ 피해학생에 대한 보호조치는 보호자의 동의를 받아 7일 이내에 집행해야 한다.(학교폭력예방법 제16조 제3항)
- ㉢ 가해학생 선도조치의 집행은 14일 이내 집행한다.(학교폭력예방법 제17조) 초·중등교육법 시행규칙에 따라 가해학생 조치사항은 학교생활기록부에 기재한다.
- ㉣ 조치이행 거부 또는 기피 시 추가 조치가 가능하다.(학교폭력예방법 제17조 제7항, 제11항)
- ㉤ 가해학생 보호자 특별교육 조치에 불응 시 300만 원 이하의 과태료에 처해질 수 있다.(학교폭력예방법 제23조, 시행령 제35조)

② 조치결과에 대한 불복절차
- ㉠ 행정심판
  - 피해학생은 교육장이 내린 선도조치에 이의가 있는 경우 처분이 있음을 알게 된 날부터 90일 이내에 교육청 행정심판위원회에 행정심판을 제기할 수 있으며, 처분이 있었던 날부터 180일이 지나면 청구하지 못한다.(학교폭력예방법 제17조의2)
  - 가해학생은 교육장이 내린 보호조치와 가해학생의 선도조치에 이의가 있는 경우에 처분이 있음을 알게 된 날부터 90일 이내에 교육청 행정심판위원회에 행정심판을 제기할 수 있으며, 처분이 있었던 날부터 180일이 지나면 청구하지 못한다. (학교폭력예방법 제17조의2)
- ㉡ 행정소송
  - 피·가해학생은 교육장의 조치에 이의가 있는 경우 처분이 있음을 알게 된 날부터 90일 이내에 관할법원에 행정소송을 제기 할 수 있다.

③ 사안관리
- ㉠ 관련 전문기관 연계하여 피해·가해학생 또는 보호자상담 및 교육을 실시한다.
- ㉡ 피해학생 측이 제시하는 회복 방법을 최대한 수용한다.
- ㉢ 피해학생 보호조치에 따라 사용되는 비용은 학교안전공제회에서 지원이 가능하다. 다만, 심리상담 및 조언(1호)과 일시보호(2호)의 경우 교육감이 정한 기관 이용 시에만 지원 가능
- ㉣ 가해학생의 선도·교육 조치 중 특별교육이수 또는 심리치료(5호)는 성교육·성폭력 전문기관·전문가에게 의뢰한다.

(7) 7단계: 사후처리

① 재발방지 대책 수립
- ㉠ 사건이 발생한 학교의 경우, 2차 피해 예방과 조직 구성원들의 성차별적 조직문화점검 등을 위해 사건 발생 후 성희롱·성폭력 관련 실태조사와 전수조사를 실시하고 그 내용을 바탕으로 예방교육을 실시하는 등의 사후처리가 필요하다.
- ㉡ 예방교육은 학생, 보호자, 교직원 대상으로 학기 초인 3, 4월에 성교육과 더불어 시행되는 것이 좋다.

4 학생(피해자)-교직원(가해자) 학교 내 성희롱·성폭력 대응 절차

사안처리 절차 체계도

1. 상담
① 인지 및 상담

2. 신고 및 접수
① 신고 접수
② 교육(지원)청 보고
③ 수사기관 신고 및 지원기관 연계
④ 보호자 통보

3. 응급조치 및 초기대응
① 피해학생과 가해자 분리
② 2차 피해 방지

4. 조사
① 관련자 사안 조사
② 조사 결과 보고
③ 보호자 통보
④ 학교폭력대책심의위원회/ 성고충심의위원회 개최 준비

5. 심의 및 조치 결정
피해자
① 학교폭력대책심의위원회 구성 및 운영
② 학교폭력대책심의위원회 개최(심의 및 조치 결정)
가해자
① 성고충심의위원회 구성
② 성고충심의위원회 개최

6. 징계 및 종결
① 조치 내용
② 조치 이행
③ 조치 불복
④ 사안 관리
⑤ 보고 및 통지

7. 사후처리
① 재발방지 대책 수립
② 예방교육
③ 전수조사 및 실태조사

(1) 1단계: 상담

> **유의사항**
> - 교원이 가해자일 경우 학생들이 동료 교사인 담임이나 사안처리 담당자에게 피해 사실을 신고하는 것이 어려울 수 있다. 따라서 학생이 피해 사실을 신고할 경우 피해자의 입장에서 이야기를 들어주는 것이 중요하다.
> - 평소 교사는 학생들에게 관심을 갖고 평상시 모습과 다른 모습을 보인다면 면담이나 상담을 통해 확인해 보아야 한다.
> - 사안 인지, 신고 및 피해자 통보는 현장 상황에 맞춰 동시에 실시되어야 한다.

(2) 2단계: 신고 및 접수
① 신고주체: 피해자(학생, 보호자), 목격한 동료 학생, 목격한 교직원, 조력인
② 사안인지 즉시, 학교폭력 전담기구와 성고충 상담창구는 사안을 접수해야 한다.

(3) 4단계: 조사

대상	주체	조사내용
피해 학생	학교폭력 전담기구	• 피해학생으로부터 육하원칙에 따라 성희롱·성폭력 사안에 대한 구체적인 행동, 말 등을 조사, 기록 • 일회성 사안이 아닌 경우 발생 장소와 지속 기간, 피해 횟수, 피해 정도를 모두 조사, 기록 • 피해학생이 원할 경우 동성(同性)의 상담자와 상담 • 행위 교직원에 대한 요구사항 파악(사과, 징계 등)
참고인	학교폭력 전담기구/ 성고충 상담창구	• 당사자 간의 사실 관계에 대한 주장이 일치하지 않을 경우 필요함 • 당사자로부터 사실 확인이 충분하지 않을 경우 필요함 • 피해상황 시 목격한 내용을 증언하도록 함
가해 교직원	성고충 상담창구	• 가해 교직원으로부터 육하원칙에 따라 구체적인 행동이나 말 등을 조사·기록 • 일회성 사안이 아닌 경우 발생 장소와 지속 기간, 행위 횟수, 행위 정도를 모두 조사, 기록 • 행위에 대한 충분한 설명 기회를 제공하고 예단이나 선입견을 배제

성희롱·성폭력 실태조사 설문 시 고려사항

- 교내 성희롱·성폭력 실태를 파악하거나, 이미 발생한 사안의 사실 여부 파악 혹은 추가 피해자 확인을 위해 설문조사를 실시할 수 있다.
- 이 경우 사안의 성격에 따라 학교장의 판단에 근거하여 자체적으로 설문조사를 시행하거나 외부기관(교육청, 수사기관, 전문기관 등)에 설문조사를 위탁할 수 있다.
- 2차 피해를 예방하기 위해 설문조사는 익명으로 하는 것이 원칙이나, 기명으로 응답하여야 사안이 실제로 조사·수사로 이어지고 신속하게 처리될 수 있음을 설문 도입부에 명시해야 한다.

(4) 5단계: (가해 교직원 행위에 대한) 심의 및 조치 결정

① 성고충심의위원회 구성

 ㉠ 심의위원회는 성폭력 사안이 발생한 경우 「양성평등기본법」, 「남녀고용평등법」, 「국가인권위원회법」에 따라 정의하고 있는 성희롱·성폭력 사건에 대하여 심의위원회를 개최하여 성희롱 성립에 대한 판단과 조치를 심의·결정하여야 하는 것이 원칙이다.

 ㉡ 위원장을 포함하여 6인 이상의 위원으로 구성되며 위원장은 학교장이 지명한 사람이 된다. (다만 짝수 구성을 유지할 경우, 가부동수일 때는 부결로 될 수 있다.)

 ㉢ 상시 종사자 30인 미만의 학교는 성고충상담원을 제외하고 학교장 포함 3인으로 구성이 가능하다. (단, 학교장 포함 5인 이하의 기관은 여건에 따라 자율적으로 구성 가능)

 ㉣ 임기는 당연직의 경우 그 직에 재임하는 기간이 되고, 기타 위원의 임기는 1년으로 하되 연임이 가능하다.

 ㉤ 남성 또는 여성의 비율이 전체 위원의 10분의 6을 초과해서는 안 되며, 위원 중 2명 이상을 외부 성희롱·성폭력 관련 전문가로 반드시 위촉하여 성희롱 판단에 어려움이 없도록 해야 한다.

 ㉥ 학교장이 가해자일 경우 상급기관에 보고하여 조사 및 심의, 징계 결정 등을 처리한다.

(5) 6단계: 징계 및 종결

① 조치내용

구분	조치사항	비고
행위 교직원 조치	1. 서면 사과(강제할 수 없음) 2. 피해학생 및 신고·고발자에 대한 접촉, 협박 및 보복행위의 금지 3. 수업배제, 업무배제 및 수사개시 통보시 직위해제 등 4. 특별교육 이수 5. 학교장 주의 또는 경고 6. 학교장 또는 학교 법인에 의한 인사조치(학교장이 임용권이 있는 경우) 7. 지원청 및 시·도교육청에 인사조치 건의(학교장이 임용권이 없는 경우, 아래 「교육공무원 징계양정 등에 관한 규칙」 참고) 8. 수사기관 추가 신고	• 행위 교직원에 대한 조치는 여러 가지를 병행할 수 있으므로, 성고충심의위원회는 여러 가지 방안을 가지고 심의하여 의결 • 서면 사과는 가능한 조치이나, 동의 내지 자발적인 의사에 따라 이루어져야 함 • 인사조치: 학교장이 임용권이 있는 교직원의 경우 전보나 계약해지 및 해임 등 인사조치를 할 수 있음. 학교장이 임용권이 없는 교직원의 경우 상급 기관에 인사조치를 건의할 수 있음. • 사안이 위중한 경우 수사기관 신고 및 고발 가능

7 성폭력에 대한 일반적 조치

1 신체적 피해에 대한 대처

(1) 육안으로 보이는 외상은 사진을 찍어 증거를 남기고, 그 밖의 상처는 병원에서 정확하게 파악하여 기록하도록 한다.

(2) 병원 가기 전에 긴급한 응급조치 이외는 목욕이나 상처 치료 등 신체적 피해의 증거를 인멸할 수 있는 행위를 해서는 안 된다.

(3) 병원에는 피해 직후 곧바로 12시간 이내에 찾아가야 하며 늦어도 72시간 이내에 피해 내용을 확인받아야 법적 대응을 하는 데 도움이 된다.

(4) 매독, 임질 등의 성병이나 에이즈, 피부질환 그 밖의 질병 감염 여부를 정확하게 진찰받도록 한다. 성병은 시간이 지난 이후에 발견되는 경우도 있으므로 즉시 진찰을 받도록 하여 완치될 때까지 지속적인 치료가 필요하다.

(5) 임신 여부를 반드시 확인하고 임신의 경우에 필요한 대처를 하여야 한다. 본인이나 보호자가 원할 경우에 임신중절 수술도 가능하다. 임신중절을 원하지 않는 경우에는 출산과 양육, 입양 등에 도움을 줄 수 있는 전문기관을 활용한다. 이런 경우, 피해 당사자나 아기의 출생에 관한 사실은 철저하게 비밀이 보장될 수 있도록 조치를 취한다.

2 심리적 피해에 대한 대처

(1) 피해자는 손상되었다는 자기열등감과 순결상실감을 갖게 된다. → 성폭력은 성관계가 아니라 자신의 성적 자율권에 대한 침해임을 인식시키고 피해자로서 보호받을 권리가 있음을 알린다.

(2) 피해자는 성행위에 대한 책임과 피해사실 노출로 인한 가족 간의 불화에 대한 죄의식과 죄책감을 가지게 되므로 피해사실을 알린 후 결과에 대한 두려움, 육체적 손상에 대한 두려움, 성관계에 대한 두려움, 피해사실이 알려지는 것에 대한 → 두려움이 어디에서 비롯되는지를 알도록 한다. 또한 그 두려움을 자유롭게 표현하도록 격려하여 슬픔, 감정의 억제로 인한 피해자의 위축과 만성피로, 두통 등의 육체적 고통으로 나타나지 않도록 그들이 이해받고 신뢰받고 있음을 깨닫도록 하여 심각한 우울증상이나 자살기도 등을 하지 않도록 정신과 전문의의 도움을 받아 수치심과 자기 혐오감, 무력감 등 자신을 비하하는 감정에서 빠져 나올 수 있게 도와야 한다.

(3) 성폭력 피해는 어떠한 경우에도 모든 책임이 전적으로 가해자에게 있기 때문에 → 피해자에게는 어떠한 책임도 전혀 없다는 사실을 분명히 이해하게 해야 한다.

(4) 가해자에게 분노, 혐오감, 복수심, 공포감 등을 많이 지니게 되는데, → 건강한 분노의 표출은 문제 해결의 시작이므로, 분노의 감정을 억압하지 않고 충분하게 발산하게 하는 것이 바람직하다. 자신이 느끼고 있는 가해자에 대한 분노, 자신을 보호하지 못한 가족에 대한 분노는 정당하며 이에 대한 죄책감을 가질 필요가 없다는 것을 인식하게 한다. 표출방법으로는 편지 쓰기, 피해사실을 소리 내어 타인에게 말하기, 역할놀이 등의 기법을 사용할 수 있으며 가장 적극적인 분노발산은 법적 대응이다.

(5) 피해자는 한편으로는 자신을 피해자로, 한편으로는 범죄행위의 협조자로 보기 때문에 극단적인 감정 사이를 오락가락 하기도 한다. → 피해자의 아픔은 이해하여 따뜻이 위로하고 감정의 기복이나 극단적 감정폭발이라도 감싸주며 수용한다.

(6) 피해자 자신의 상황을 객관화하고 상처를 극복할 수 있는 길을 함께 찾도록 한다. → 비슷한 피해를 당하였거나 극복한 경험이 있는 사람들이 모이는 곳이나 경험이 많은 단체의 집단에서 토론과 상담을 통하여 강한 지지를 얻고 자존감을 증진시킬 수 있는 활동에 참여하는 것이 많은 도움이 되므로 기회를 제공하도록 주선하여야 한다.

3 성폭력 상담의 기본적 방향

(1) 성폭력 상담은 위기상담이다. 따라서 위기상담의 전략과 기법을 적용하여 가능한 빨리 위기적 상황에서 벗어날 수 있도록 한다.

(2) 심리적 상처와 불안에 대해 지지해 주며, 수용한 진지한 관심을 통해 피해자의 내면에 억압되어 있는 분노를 표출하도록 도와준다.

(3) 성폭력 피해자는 고통스러운 경험을 표현하고 환기하려는 욕구가 강하기 때문에 그 경험을 반복적으로 얘기하더라도 상담자는 인내하고 경청하는 태도가 중요하다.

(4) 상담자에게 적대감을 나타내거나 저항하고 방어하는 것에 대해 이해하고 공감을 해 준다.

(5) 내담자가 원하는 것이 무엇인지 파악하여 적절한 지원을 제공한다. 만약 의료적 조치나 법률적 조치를 원한다면 그에 대한 실질적 정보를 제공해 준다.

(6) 한계를 느낄 때는 보다 나은 전문적 조력을 할 수 있는 전문가에게 의뢰를 해야 한다.

8 성폭력(외상)으로부터 회복

1 테데시와 칼혼의(Tedeschi & Calhoun)의 외상후 성장(Posttraumatic Growth)

(1) 외상은 매우 고통스러운 경험이지만 인간을 성장시키는 촉진제가 될 수 있으며, 외상을 잘 극복하면 심리적 성장을 이룰 수 있다.

(2) 고통과 혼란 속에서 일어나는 다양한 긍정적 심리 변화를 의미한다.

(3) 외상후 성장(역경후 성장) 과정에서는 세 영역에서 긍정적 변화를 이룬다. 즉 자기와 세상에 대한 관점의 변화, 대인관계의 변화, 삶에 대한 철학적 인식의 변화가 일어난다.

2 네프(Kristin Neff)의 자기자비

(1) **자기자비(self-compassion)**: 고통에 처했을 때 혹독한 자기비난을 하는 대신 자신을 돌보는 온화한 태도로서 건강한 형태의 자기수용. 이는 고통을 회피하거나 그것과 단절하지 않으면서 고통을 경감시키고 스스로를 치유하려는 친절한 소망을 일으키는 것이다.
    ☞ 고통감내력(distress tolerance): 주관적으로 혐오스럽거나 위협적인 심리상태를 견디는 능력

(2) **자기자비의 세 가지 하위개념**
    ① 자기친절(self-kindness): 고통과 실패를 겪을 때도 혹독하게 자책하기보다 자신을 친절하게 대하고 온화하게 이해하는 태도로 전환하는 것. 관대함을 말한다.
    ② 마음챙김(mindfulness): 고통스러운 생각이나 감정을 억제하거나 과장하지 않고 비판단적으로 관찰하는 것. 부정적 감정과 사고로부터 거리를 두게 하고 현재의 감정을 충분히 살필 수 있는 심리적 여유를 준다.
    ③ 인간보편성(common humanity): 부정적 경험을 할 때 자신만의 부족함 때문이라고 생각하여 외로움, 단절감, 고립감을 느끼는 대신에 취약성과 고통을 인간 경험의 일부로 받아들이는 것. 자신의 경험을 객관화 또는 탈개인화할 수 있다.

(3) **자기자비와 정신건강**
    ① 학업실패에 더 긍정적 대처를 하며 우울, 불안, 스트레스 증상이 더 낮아진다.
    ② 반추, 사고억제, 폭식행동, 외상후 스트레스의 회피 증상 등과 같은 정신병리와 부적 상관. 자살사고에 대한 일종의 보호요인으로 작용.
    ③ 삶의 만족도, 행복, 낙관성, 지혜, 호기심, 탐구심 등의 안녕감이나 성격강점과 정적 상관
    ④ 뇌 속의 진정-안전체계를 활성화하여 편안하고 안정감을 느끼는 긍정 정서를 증진함. 자기자비는 결과적으로 스스로 진정-안전 체계로 전환할 수 있는 능력을 뜻한다.
    ⑤ 자비초점적 치료(Compassion Focused Therapy): 길버트(Gilbert, 2010)는 내담자가 자기자비로 전환하는 능력을 함양함으로써 심리적 고통을 극복하는 치료를 개발하였다.

8. 학교에서 심리치료 활용3: 인터넷 중독

1. 정의

중독(addiction)이란, '양도하거나 굴복하는 것'이란 뜻으로 고대 로마에선 자기 자신의 소유권을 잃어버린 사람들이었다. 물질이 개입되지 않은 상태에서 개인이나 다른 사람에게 해가 될 수 있는 행위를 수행하려는 충동이나 욕구, 유혹에 저항하지 못하는 장애를 충동조절 장애라고 하며 물질사용과 관련된 중독과 마찬가지로 금단과 내성, 사회적 직업적 손상이 뒤따르는 것으로 기술되고 있다.

2. 청소년 게임, 미디어 중독의 요인 (박성길, 2003)

위험요소군	위험요소	설명
주변 환경 관련 요인	또래문화	또래문화의 특성상, 특정 친구나 교유관계 등에 의해 인터넷에 빠져들게 되는 상황
	접근 용이성 증가	컴퓨터 구입, 인터넷 전용선 설치, 자기 방에 컴퓨터가 설치된 경우 등 인터넷에 대한 접근 환경이 달라진 경우
	고위험 상황	집에 혼자 있거나 방학이나 휴일 등 인터넷 의존의 위험이 증대되는 상황
	인터넷 매개학습	인터넷을 통해 숙제를 하려다가, 웹 강의를 듣는 등 인터넷 매개 학습의 경우
	가족 문제	가족사의 부정적인 문제나 가족들이 스트레스 원이 되어 인터넷 상에서 도피처를 찾는 경우
인터넷 관련 요인	콘텐츠 자체의 매력	재미나 흥미, 호기심 등을 채워주는 게임이나 각종 콘텐츠의 매력
	컴퓨터 관련 취미	홈페이지 만들기, 프로그래밍 등 컴퓨터나 인터넷 관련 취미 등
	다른 취미생활 통로	홈페이지를 통해 취미생활을 할 수 있는 경우, 예를 들어 연예인 팬클럽이나 축구 마니아 등
개인 요인	성격적 특성	몰입하는 성격 등 개인의 성격적 측면
	대인관계 문제	대인관계의 실패나 문제 등
	보상 경험	스트레스 해소, 현실도피, 재미없는 일상탈출 등이 인터넷에 빠져들게 만드는 경우

3. 진단기준

1 데이비스(Davis, 2001)가 제시하는 인터넷 중독(internet addiction)의 유형

(1) **특수한 병리적 인터넷 사용**: 인터넷의 특수한 기능에만 의존하는 것. 예를 들어 온라인 섹스 서비스, 온라인 주식 거래, 온라인 도박, 온라인 경매 서비스 등을 과다 사용하거나 남용하는 행위다.

(2) **일반화된 병리적 인터넷 사용**: 일반적이고 다차원적인 인터넷 과다사용. 뚜렷한 목적 없이 온라인상에서 많은 시간을 보내는 것이다. 온라인을 통해 사회적 접촉과 강화를 얻으려는 욕구에서 인터넷에 병리적으로 집착하는 현상. 일반화된 병리적 인터넷 사용자는 인터넷에 소모되는 시간 때문에 현실 생활에서 자신의 책임을 미루는 경향이 있어 생활 기능상에 심각한 문제를 초래할 수 있다.

2 (미래에 개정될)DSM-5 인터넷 게임장애의 제안된 진단기준

<인터넷 게임장애의 DSM-5의 제안된 진단기준>

A. 게임을 하기 위해, 그리고 흔히 다른 사용자들과 함께 게임을 하기 위해 지속적이고 반복적으로 인터넷을 사용하는 행동이 임상적으로 현저한 손상이나 고통을 일으키며, 다음 중 5가지(또는 그 이상) 증상이 12개월 동안 나타난다.
  1) 인터넷 게임에 대한 몰두(이전 게임 내용을 생각하거나 다음 게임 실행에 대해 미리 예상함. 인터넷 게임이 하루 일과 중 가장 지배적인 활동이 됨)
- 주의점: 이 장애는 도박장애 범주에 포함되는 인터넷 도박과 구분된다.
  2) 인터넷 게임이 제지될 경우 나타나는 금단증상(이러한 증상은 전형적으로 과민성, 불안 또는 슬픔으로 나타나지만, 약리학적 금단 증상의 신체적 징후는 없음)
  3) 내성-더 오랜 시간 동안 인터넷 게임을 하려는 욕구
  4) 인터넷 게임 참여를 통제하려는 시도에 실패함
  5) 인터넷 게임을 제외하고 이전의 취미와 오락 활동에 대한 흥미가 감소함
  6) 정신사회적 문제에 대해 알고 있음에도 불구하고 과도하게 인터넷 게임을 지속함
  7) 가족, 치료자 또는 타인에게 인터넷 게임한 시간을 속임
  8) 부정적인 기분에서 벗어나거나 이를 완화시키기 위해 인터넷 게임을 함(예, 무력감, 죄책감, 불안)
  9) 인터넷 게임 참여로 인해 중요한 대인관계, 직업, 학업 또는 진로 기회를 위태롭게 하거나 상실함
- 주의점 ; 이 장애의 진단은 도박이 아닌 인터넷 게임만 포함한다. 업무 및 직업상 요구되는 활동으로서 인터넷 사용은 포함하지 않으며, 그 외의 기분 전환이나 사회적 목적의 인터넷 사용 또한 포함하지 않는다. 마찬가지로, 성적인 인터넷 사이트도 제외한다.
- 현재 심각도 명시할 것: 인터넷게임장애는 일상적 활동의 손상 정도에 따라 경도, 중등도, 고도로 나뉜다. 인터넷게임장애가 덜 심각한 사람은 증상이 더 적고 일상에서도 손상도 더 적을 것이다. 심각한 인터넷게임장애가 있는 사람은 컴퓨터 앞에서 더 많은 시간을 보내며, 대인관계 또는 진로 및 학업 기회에 있어서도 상실이 더 클 것이다.
- 감별진단: 온라인 게임을 포함하지 않는 과도한 인터넷 사용(예, 페이스북과 같은 소셜미디어의 과도한 사용, 온라인 포르노 보기)은 인터넷게임장애와는 다른 것으로 간주되며, 다른 용도의 과도한 인터넷 사용에 대한 추후 연구는 여기에서 제시된 유사한 기준을 따를 필요가 있을 것이다. 과도한 온라인 도박은 도박장애의 진단으로 구분될 수 있다.

4. 증상(symptoms) 2012 논술 기출

1. 강박적 사용과 집착(obsess)

2. 내성과 금단현상 2021 기출

(1) **내성(tolerance)**: 중독성 물질을 사용하면 할수록 그 효과가 감소하는 현상을 말한다. 인터넷 내성이 생기면 인터넷에 머무는 시간이 점점 더 길어지고 컴퓨터를 끄고 빠져 나오기가 더욱더 힘들어지며 오래 있어도 일상생활에서의 효율성은 떨어지게 된다.

(2) **금단현상(withdrawal symptoms)**: 어떠한 물질을 사용하지 않으면 특징적인 금단 증후군이 나타나거나 이러한 금단 현상을 없애기 위해 같은 물질이나 유사한 물질이 필요한 경우를 말한다.

3. 일상생활 기능장애

인터넷 중독도 일상생활의 일면적인 변화가 아니라 행동의 총체적인 변화라는 점에서 알코올 중독이나 약물 중독처럼 가족, 대인관계, 일, 학교 등 주요 일상생활에 심각한 문제를 일으킬 수 있다.

4. 신체적 증상

(1) 어깨 결림, 피로, 소화불량, 요통 등
(2) 특히 게임 중독은 수면장애를 유발. 게임에서 본 장면의 잔상이 오래 남아 악몽으로 이어지고, 그로 인해 자는 동안 심하게 뒤척이거나 벌떡 일어나는 현상이 생기기 때문이다.
(3) 눈이 건조해지거나 충혈되는 증상. 심하면 시력이 저하되어 근시가 될 수도 있다.
(4) 척추에 부담이 가고 목 근육과 인대가 늘어나는 거북목 증후군이 발생할 수 있다.
(5) 영향결핍증, 체력 저하, 긴장성 두통, 근육경질, 관절염, 기억력 감퇴, 목 디스크, 손목 결림, 팔꿈치 관절에 생기는 통증(염증)인 테니스 엘보, 요통, 위장 장애 등을 들 수 있다.

5. 일탈행위 및 현실구분 장애

가상과 현실을 구분하지 못하는 증상은 인터넷 중독의 심각한 부분이다.

(1) **사용시간에 대한 감각 저하**: 사용 시간을 정확하게 알지 못한다. 시간 지남력이 약화되기 때문에 인터넷을 2~3시간 사용하고도 마치 1시간 정도 사용한 것처럼 느끼게 되고, 인터넷을 밤새도록 사용하는 일도 비일비재하게 일어난다.

(2) **일탈행위 및 범죄**: 현실과 가상 세계를 혼동하여 실생활에서 비행이나 범죄를 저지를 수도 있다. 게임 상의 자신을 나타내는 분신인 아바타에 과도하게 몰입한 나머지, 게임이 게임 차원을 넘어 현실로까지 연장되는 일을 벌일 수 있다. 이는 자살, 살인 등의 강력 범죄로 연결되기도 한다.

(3) **아이템 관련 범죄**: 아바타를 자신의 분신처럼 여기는 인터넷 사용자들 때문에 아이템과 관련된 범죄가 빈번히 발생한다. 그 대표적인 예가 타인의 계정 도용, 사기, 폭력, 절도 사건 등이다.

① 타인의 계정 도용은 해킹 등의 방법으로 타인의 아이디와 패스워드를 알아내어 상대방의 계정에서 아이템을 훔쳐가는 것
② 사기는 아이템을 팔겠다고 해놓고는 돈만 챙기고 물건을 주지 않는 경우
③ 폭력은 아이템을 뺏기 위해 현실의 아이템을 현금으로 사기 위해 부모의 돈을 훔치거나 도둑질을 하는 경우.

6 정신병리

- 정신병리: 게임 중독에 걸리면 강박이나 심리적인 불안 상태에 빠질 수 있다. 심지어 성격이 폭력적으로 변하는 경우도 있다. 게임 중독은 ADHD를 비롯하여 우울증, 사회공포증, 강박장애, 충동통제장애 등과 같은 정신병리를 심화시키는 경향이 있는 것으로 알려져 있다.
- 공존 병리: 인터넷 중독과 종종 공존하는 정신병리

(1) **ADHD**: ADHD는 초등학생 인터넷 중독자에게 쉽게 의심할 수 있는 장애이다. 과잉 행동과 집중력 장애를 갖고 있는 아동이 유독 게임만을 좋아하고 집착하는 것을 자주 발견할 수 있다. 주의 집중 시간이 짧고 주의력 전환이 빠른 아동일수록 학습보다는 게임에 집중하기 쉽기 때문이다.

(2) **우울증**: 우울증이 동반되는 경우, 다양한 방식으로 인터넷을 통한 자극을 갈구한다. 좌절이 많고 성취가 적으며 현실에서의 효능감이 적은 우울한 사람일수록 감정을 해방하고 현실적인 고통으로부터 탈피할 수 있는 도피처로서 인터넷 자극을 추구하는 경향이 있다.

(3) **대인기피적 성향**: 인터넷 중독과 함께 사회공포증, 회피성 인격장애, 정신분열성, 정신분열형 인격장애 등과 같은 대인기피적 성향을 보일 수 있다. 흔히 말하는 '혼자 놀기의 달인'인 이들은 검색, 다운로드, 영화감상, 쇼핑 등 다양한 인터넷 놀이를 즐기면서 외부 사람을 만나지 않고 집에서만 처박혀 지낸다. 겉보기에는 인터넷을 과다하게 사용하는 것처럼 보이지만, 사실은 인터넷을 현실로 통하는 창구로 활용하고 있는 것이다.

(4) **강박장애**: 강박장애도 인터넷 중독이 유발하는, 또는 인터넷 중독과 공존하는 정신병리다. 강박장애는 원하지 않는 생각과 행동을 반복하는 불안장애다. 강박 사고는 반복적으로 의식에 침투하는 고통스러운 생각, 충동 또는 심상을 말하며, 강박 행동은 이러한 불안을 감소시키기 위해서 반복적으로 나타나는 행동을 말한다. 마찬가지로 인터넷 중독에 의해 유발되는 강박장애도 인터넷을 계속 사용하면 해로운 결과가 있으리라는 것은 뻔히 알면서도 인터넷 사용을 멈추지 못하며, 심지어 자신이 원치 않는 경우에도 인터넷을 과도하게 사용할 수밖에 없는 증상을 보인다.

[2021년 기출]

다음은 전문상담교사와 수퍼바이저의 대화 내용의 일부이다. 밑줄 친 ㉠을 판단하는 기준을 2가지 서술하시오.

상담 교사: 다음 학기에는 인터넷 과몰입 고위험군과 잠재적위험군에 해당하는 학생들을 대상으로 집단상담을 진행해 보려고 합니다.
수퍼바이저: 위험군은 아니더라도 ㉠ 내성을 보이거나 인터넷 사용을 조절하려고는 하지만 자주 실패하는 학생들도 주의깊게 살펴볼 필요가 있습니다.

5. 청소년 게임, 미디어 중독 치료적 접근

1 인지행동치료 관점에서 본 인터넷 중독

(1) 인터넷 중독자들의 신념은 일반적인 핵심신념과 구체적인 중독적 신념으로 나눠볼 수 있다.
   ① **중독적 신념**: 불쾌한 감정이나 스트레스를 받는 상황에서 벗어나는 유일한 방법은 인터넷을 사용하는 것이다. 나는 심리적으로 문제만 있으면 항상 인터넷을 사용하여야 한다.
   ② **핵심 신념**
      ㉠ '능력'과 관련된 핵심 믿음: 나는 무능력하다, 열등하다, 약하다, 무기력하다, 실패자다.
      ㉡ '사랑과 인정'과 관련된 핵심 믿음: 나는 사랑받을 가치가 없다, 아무도 나를 좋아하지 않는다, 다른 사람들에게 거부당할 것이다.

(2) 핵심신념으로부터 중독적 신념이 활성화된다. 중독자들은 자신이 부정적으로 해석한 상황에 대한 도피수단으로 인터넷을 선택하게 된다.

(3) 핵심신념은 인터넷을 사용하는 사람들의 가장 밑바닥에 있는 신념을 말하는데, 이러한 신념은 표면에 잘 나타나 있지 않다. 그러나 중독적 신념은 인터넷을 사용할 때마다 작동하며 발견하기 쉽다.

(4) 중독적 신념의 작동 경로는 예측 신념이 활성화된 후 인터넷 사용에 대한 갈망상태가 나타나고 다시 인터넷 사용에 대한 촉진 신념이 활성화되는 것으로 이어진다.

(5) 촉진 신념과 더불어 중독자가 갖게 되는 대응적 신념을 갈등신념이다.

(6) 중독자의 인터넷 사용 여부는 갈등 신념의 정도에 따라 다르다. 내담자가 인터넷 사용에 대한 허용과 통제 사이에서 갈등하고 있다면 심리적으로 불편감을 느낄 것이고, 이러한 불편감에서 벗어나기 위해 역설적으로 다시 인터넷을 사용하게 될 수 있다.

2 대상관계 이론에서 본 인터넷 중독

(1) 마스터슨(Masterson, 1993): 성인이 된 후에도 유기불안과 관련된 정서를 해결하지 못하게 되면 이 상실된 대상을 채우기 위해 필사적으로 대상을 대체할 수 있는 뭔가에 매달리게 되고, 이 대체물이 약물이나 다른 중독성 물질 또는 행위가 될 경우 중독이라고 부르게 된다고 하였다.

(2) 마스터슨은 거짓자기가 삶을 지배하면 삶이 의미가 없고 공허하게 느껴지기 때문에 자아존중감이 현격하게 저하되고, 자신의 진짜 문제를 회피할 수 있는 껍데기 속으로 철수하여, 자신의 삶을 망친 현실적 문제들을 부인한다고 하였다.

(3) 거짓자기는 이러한 삶에 대한 공허감과 무력감, 우울증을 막아줄 다양한 병적 행위에 몰두하는데, 이러한 자기 파괴적인 방식의 회피가 마약이나 술, 학대행위를 하도록 유혹하며 백일몽, 무분별한 쇼핑, 과식, 만족감 없는 성관계 등 막다른 행위를 탐닉하게 만든다고 하였다.

(4) 청소년은 자아발달을 이루어 가는 과정에서 일차적 환경인 가정의 중요한 대상과 안정되고 일관된 관계, 즉 대상항상성을 제대로 발달시킬 수 없게 되었을 때 공허감과 무력감, 분리를 경험하며 이차적 환경인 친구관계 속에서 자신의 대상항상성을 발달시켜 나가려고 한다.

(5) 이때 인터넷은 청소년이 친구관계에 소속되는 것을 촉진하는 역할을 한다. 즉 사이버 공간은 청소년에게 견고하게 보듬어주는 또 하나의 환경을 제공하는 역할을 하기 때문에 청소년의 관계 문제가 부적응적일수록 인터넷 중독으로 빠져들 가능성이 높아진다고 볼 수 있다.

6. 청소년의 온라인 게임 탈중독 과정

각성 전 단계	게임의 부작용을 그대로 경험하면서 '저항하기' 반응을 주로 보이는 상태
각성 단계	게임을 과도하게 하면서도 조절의 동기의 자각을 못하는 상황에서 주변에 적극적 개입 또는 어떤 계기를 통해 자발적으로 자신과 주변을 돌아보는 단계. 부모의 적극적 개입, 부모 외 의미 있는 타인의 개입, 자발적 자기 각성 등.
시행착오 단계	(1) 방황과 타협의 시기 (2) 주변으로부터 지속적인 모니터링(점검하기)이 이루어짐 (3) 스스로 유혹 견디기(의지적 조절의 시작)
실행 단계	본격적으로 자신의 게임행동을 조절하기로 결심 (1) 결심하기: 방황하기, 타협하기, 견디기의 반응을 보였던 참여자들은 목표의식과 의지가 생겨나면서 변화하겠다는 결심을 하는 과정 (2) 대안행동을 찾아 실천하기: 애완동물 기르기, 컴퓨터를 다른 곳에 둠으로써 물리적 거리를 유지하기, 동생들의 컴퓨터 시간 지킴이의 역할 하기, 각각 집에서 게임을 하는 것 대신 친구와 밖에서 만나서 쇼핑을 하거나 놀러 다니기, 운동하기, 게임시간 지킴이 역할을 주변 사람들에게 부탁하기
유지 단계	대안행동의 지속적 유지, 게임에 대한 욕구와 흥미의 감소

7. 인터넷 자가진단 검사 K척도 청소년용

1 검사 특징

(1) 한국정보문화진흥원의 의뢰로 김청택, 김동일, 박중규, 이수진(2002)이 제작
(2) 대상: 초등~고등학생
(3) 구성: 7가지 증상을 측정
  ① 일상생활장애
  ② 현실구분장애
  ③ 자동적 중독 사고(긍정적 기대)
  ④ 금단
  ⑤ 가상적 대인관계 지향성
  ⑥ 일탈행동
  ⑦ 내성
(4) 구성: 40문항
(5) 척도
  ① 전혀 그렇지 않다 ② 때때로 그렇다 ③ 자주 그렇다 ④ 항상 그렇다

8 학교에서 심리치료 활용3: 인터넷 중독

2 검사 문항지

인터넷 사용에 관한 자가진단 검사

검사일: _____ 년 _____ 월 _____ 일

_____학교 ____학년 ____반 ____번호 이름

인터넷 사용에 대한 올바른 자기이해는 건전한 자기성장과 발달에 매우 중요합니다.
다음 문항들을 자세히 읽은 후 아래 항목에서 자신에게 가장 적합한 곳을 찾아 '전혀 그렇지 않다'에서 '항상 그렇다'까지 해당 란에 ○표를 해 주십시오. 응답한 내용은 **절대로 비밀이 보장**되므로 한 문항도 빠짐없이 솔직하게 응답해 주십시오.

번호		항 목	전혀 그렇지 않다	때때로 그렇다	자주 그렇다	항상 그렇다
1	1	인터넷 사용으로 인해서 생활이 불규칙해졌다.	(1)	(2)	(3)	(4)
	2	인터넷 사용으로 건강이 이전보다 나빠진 것 같다.	(1)	(2)	(3)	(4)
	3	인터넷 사용으로 학교 성적이 떨어졌다.	(1)	(2)	(3)	(4)
	4	인터넷을 너무 사용해서 머리가 아프다.	(1)	(2)	(3)	(4)
	5	인터넷을 하다가 계획한 일들을 제대로 못한 적이 있다.	(1)	(2)	(3)	(4)
	6	인터넷을 하느라고 피곤해서 수업시간에 잠을 자기도 한다.	(1)	(2)	(3)	(4)
	7	인터넷을 너무 사용해서 시력 등에 문제가 생겼다.	(1)	(2)	(3)	(4)
	8	다른 할 일이 많을 때에도 인터넷을 사용하게 된다.	(1)	(2)	(3)	(4)
	9	인터넷 사용으로 인해 가족들과 마찰이 있다.	(1)	(2)	(3)	(4)
2	10	인터넷을 하지 않을 때에도 하고 있는 듯한 환상을 느낀 적이 있다.	(1)	(2)	(3)	(4)
	11	인터넷을 하고 있지 않을 때에도, 인터넷에서 나오는 소리가 들리고 인터넷을 하는 꿈을 꾼다.	(1)	(2)	(3)	(4)
	12	인터넷 사용 때문에 비도덕적인 행위를 저지르게 된다.	(1)	(2)	(3)	(4)
3	13	인터넷을 하는 동안 나는 가장 자유롭다.	(1)	(2)	(3)	(4)
	14	인터넷을 하고 있으면, 기분이 좋아지고 흥미진진해진다.	(1)	(2)	(3)	(4)
	15	인터넷을 하는 동안 나는 더욱 자신감이 생긴다.	(1)	(2)	(3)	(4)
	16	인터넷을 하고 있을 때 마음이 제일 편하다.	(1)	(2)	(3)	(4)
	17	인터넷을 하면 스트레스가 모두 해소되는 것 같다.	(1)	(2)	(3)	(4)
	18	인터넷이 없다면 내 인생에 재미있는 일이란 없다.	(1)	(2)	(3)	(4)
4	19	인터넷을 하지 못하면 생활이 지루하고 재미가 없다.	(1)	(2)	(3)	(4)
	20	만약 인터넷을 다시 할 수 없게 된다면 견디기 힘들 것이다.	(1)	(2)	(3)	(4)
	21	인터넷을 하지 못하면 안절부절못하고 초조해진다.	(1)	(2)	(3)	(4)
	22	인터넷을 하고 있지 않을 때에도 인터넷에 대한 생각이 자꾸 떠오른다.	(1)	(2)	(3)	(4)
	23	인터넷 사용 때문에 실생활에서 문제가 생기더라도 인터넷 사용을 그만두지 못한다.	(1)	(2)	(3)	(4)
	24	인터넷을 할 때 누군가 방해를 하면 짜증스럽고 화가 난다.	(1)	(2)	(3)	(4)
5	25	인터넷에서 알게 된 사람들이 현실에서 아는 사람들보다 나에게 더 잘해 준다.	(1)	(2)	(3)	(4)

번호		항 목	전혀 그렇지 않다	때때로 그렇다	자주 그렇다	항상 그렇다
	26	온라인에서 친구를 만들어 본 적이 있다.	(1)	(2)	(3)	(4)
	27	오프라인에서보다 온라인에서 나를 인정해 주는 사람이 더 많다.	(1)	(2)	(3)	(4)
	28	실제에서 보다 인터넷에서 만난 사람들을 더 잘 이해하게 된다.	(1)	(2)	(3)	(4)
	29	실제 생활에서도 인터넷에서 하는 것처럼 해보고 싶다.	(1)	(2)	(3)	(4)
6	30	인터넷 사용시간을 속이려고 한 적이 있다.	(1)	(2)	(3)	(4)
	31	인터넷을 하느라고 수업에 빠진 적이 있다.	(1)	(2)	(3)	(4)
	32	부모님 몰래 인터넷을 한다.	(1)	(2)	(3)	(4)
	33	인터넷 때문에 돈을 더 많이 쓰게 된다.	(1)	(2)	(3)	(4)
	34	인터넷에서 무엇을 했는지 숨기려고 한 적이 있다.	(1)	(2)	(3)	(4)
	35	인터넷에 빠져 있다가 다른 사람과의 약속을 어긴 적이 있다.	(1)	(2)	(3)	(4)
7	36	인터넷을 한번 시작하면 생각했던 것보다 오랜 시간을 인터넷에서 보내게 된다.	(1)	(2)	(3)	(4)
	37	인터넷을 하다가 그만 두면 또 하고 싶다.	(1)	(2)	(3)	(4)
	38	인터넷 사용시간을 줄이려고 해보았지만 실패한다.	(1)	(2)	(3)	(4)
	39	인터넷 사용을 줄여야 한다는 생각이 끊임없이 들곤 한다.	(1)	(2)	(3)	(4)
	40	주위 사람들이 내가 인터넷을 너무 많이 한다고 지적한다.	(1)	(2)	(3)	(4)

3 채점지

( )학년 ( )반 번호 (번) 이름( )

1. 자기보고 검사로 알아본 나의 점수는?

1. 일상생활장애	점
2. 현실구분장애	점
3. 긍정적 기대	점
4. 금단	점
5. 가상적 대인관계 지향성	점
6. 일탈행동	점
7. 내성	점
전체 총점	점
1번 요인	점
4번 요인	점
7번 요인	점

※ 초등과 중등은 기준 점수가 다릅니다.

4 해석 2012 기출

(1) 고위험 사용자군(초등): 아래 점수 기준에 모두 해당

총점이 94점 이상이거나			고위험 사용자군
1요인(21점이상)	4요인(16점이상)	7요인(15점이상)	

- **고위험 사용자군(초등)의 특성**: 인터넷 사용으로 인하여 일상생활에 심각한 장애를 보이면서 내성 및 금단 현상이 나타난다. 사이버 공간에서의 대인관계가 대부분이며, 해킹과 같은 비도덕적 행위와 막연한 긍정적 기대가 있고, 현실 생활에서 인터넷에 접속하고 있는 듯한 착각을 하기도 한다. 이들의 접속 시간은 중고생의 경우 1일 약 4시간 이상, 초등생의 경우 약 3시간 이상이며 중고생은 수면 시간도 5시간 내외로 줄어든다. 대개 자신이 인터넷 중독이라고 느끼며, 학업에 곤란을 겪는다. 또한 심리적으로 불안정감 및 대인관계 곤란감, 우울한 기분들이 흔하며, 성격적으로 자기 조절에 심각한 어려움을 보이며 무계획적인 충동성도 높은 편이다. 현실세계에서 사회적 관계에 문제가 있으며, 외로움을 느끼는 경우도 많다.
    - → 인터넷 중독 경향성이 매우 높으므로 관련 기관의 전문적 지원과 도움이 요청된다.

(2) 잠재적 위험 사용자군(초등): 아래 점수 기준에 모두 해당

총점이 82점-93점 사이거나			잠재적 위험 사용자군
1요인(18점이상)	4요인(14점이상)	7요인(13점이상)	

- **잠재적 위험 사용자군(초등)의 특성**: 고위험 사용자에 비해 보다 경미한 수준이지만 일상생활에서 장애를 보이며, 인터넷 사용 시간이 늘어나고 집착을 하게 된다. 학업에 어려움이 나타날 수 있으며, 심리적인 불안정감을 보이지만, 절반 정도의 학생은 자신이 아무 문제가 없다고 느낀다. 대체로 중고생은 1일 약 3시간 정도, 초등생은 2시간 정도의 접속 시간을 보이며, 다분히 계획적이지 못하고 자기 조절에 어려움을 보이며 자신감도 낮게 된다.
    - → 인터넷 과다 사용의 위험을 깨닫고 스스로 조절하고 계획적인 사용을 하도록 노력한다. 인터넷 중독에 대한 주의가 요망되며, 학교 및 관련 기관에서 제공하는 건전한 인터넷 활용 지침을 따른다.

(3) 고위험 사용자군(중고등): 아래 점수 기준 중 하나라도 해당하는 경우

총점이 108점 이상이거나			고위험 사용자군
1요인(26점이상)	4요인(18점이상)	7요인(17점이상)	

- **고위험 사용자군(중고등)의 특성**: 인터넷 사용으로 인하여 일상생활에 심각한 장애를 보이면서 내성 및 금단 현상이 나타난다. 사이버 공간에서의 대인관계가 대부분이며, 해킹과 같은 비도덕적 행위와 막연한 긍정적 기대가 있고, 현실 생활에서 인터넷에 접속하고 있는 듯한 착각을 하기도 한다. 이들의 접속 시간은 중고생의 경우 1일 약 4시간 이상, 초등생의 경우 약 3시간 이상이며 중고생은 수면 시간도 5시간 내외로 줄어든다. 대개 자신이 인터넷 중독이라고 느끼며, 학업에 곤란을 겪는다. 또한 심리적으로 불안정감 및 대인관계 곤란감, 우울한 기분들이 흔하며, 성격적으로 자기 조절에 심각한 어려움을 보이며 무계획적인 충동성도 높은 편이다. 현실세계에서 사회적 관계에 문제가 있으며, 외로움을 느끼는 경우도 많다.
    - → 인터넷 중독 경향성이 매우 높으므로 관련 기관의 전문적 지원과 도움이 요청된다.

(4) 잠재적 위험 사용자군(중고등): 아래 점수 기준 중 하나라도 해당하는 경우

총점이 95점-107점 사이거나			잠재적 위험 사용자군
1요인(23점이상)	4요인(16점이상)	7요인(15점이상)	

- 잠재적 위험 사용자군(중고등)의 특성: 고위험 사용자에 비해 보다 경미한 수준이지만 일상생활에서 장애를 보이며, 인터넷 사용 시간이 늘어나고 집착을 하게 된다. 학업에 어려움이 나타날 수 있으며, 심리적인 불안정감을 보이지만, 절반 정도의 학생은 자신이 아무 문제가 없다고 느낀다. 대체로 중고생은 1일 약 3시간 정도, 초등생은 2시간 정도의 접속 시간을 보이며, 다분히 계획적이지 못하고 자기 조절에 어려움을 보이며 자신감도 낮게 된다.
    → 인터넷 과다 사용의 위험을 깨닫고 스스로 조절할고 계획적인 사용을 하도록 노력한다. 인터넷 중독에 대한 주의가 요망되며, 학교 및 관련 기관에서 제공하는 건전한 인터넷 활용 지침을 따른다.

(5) 일반사용자군 특성

일반 사용자군	중고등학생	전체총점 94점 이하, 1번 요인총점 22점 이하, 4번 요인총점 15점 이하, 7번 요인총점 14점 이하
	초등학생	전체총점 81점 이하, 1번 요인총점 17점 이하, 4번 요인총점 13점 이하, 7번 요인총점 12점 이하
	위 점수 기준에 모두 해당	
	중고생의 경우 1일 약 2시간, 초등생 약 1시간 정도의 접속시간을 보이며, 대부분이 인터넷 중독문제가 없다고 느낀다. 심리적 정서문제나 성격적 특성에서도 특이한 문제를 보이지 않으며 자기행동관리 한다고 생각한다. 주변사람들과의 자신이 충분한 지원을 얻을 수 있다고 느끼며, 심각한 외로움이나 곤란감을 느끼지 않는다. ⇒ 때때로 인터넷의 건전한 활용에 대하여 자기 점검을 지속적으로 수행한다.	

[2012년 기출]

한국형 인터넷중독자가진담검사(K-척도)에 관한 설명으로 옳은 것만을 <보기>에서 있는 대로 고르시오.

―〈보기〉―
ㄱ. 총점을 기준으로 고위험 사용자군, 저위험 사용자군, 정상 사용자군으로 나눈다.
ㄴ. 일상생활장애, 현실구분장애, 긍정적 기대, 금단, 가상적 대인관계지향성, 일탈행동, 내성 요인들로 이루어져 있다.
ㄷ. 고위험 사용자군에 속하는 중·고등학생은 1일 약 3시간 정도 인터넷 접속을 하며 인터넷 중독에 대한 주의가 요망된다.
ㄹ. 인터넷 사용에 대한 내성과 금단 증상이 생기고 이로 인해 일상생활의 장애가 유발된다는 인터넷 중독 정의에 근거해서 만들어졌다.

9. 학교에서 심리치료 활용4: 급식 및 섭식 장애

급식 및 섭식 장애(Feeding and Eating Disorders) `2020 기출` 급식 및 섭식 관련 행동의 지속적인 장애로서, 현저하게 신체 혹은 심리사회적 기능을 해치는 변형된 음식의 섭취를 보이는 일련의 행동으로 특징지어진다. 급식 및 섭식장애의 하위유형으로는 이식증, 되새김장애, 회피적/제한적 음식섭취장애, 거식증, 폭식증 및 폭식장애가 있다.

1 신경성 식욕부진증(거식증, anorexia nervosa)

1 진단기준

〈신경성 식욕부진증의 DSM-5의 진단기준〉

A. 필요한 것에 비해 에너지 섭취(음식 섭취)를 제한함으로써 나이, 성별, 발달수준, 신체 건강에 비추어 심각한 저체중 상태가 초래된다. 심각한 저체중이란 최소한의 정상 수준에 미달하거나 기대수치 이하의 체중미달을 의미한다.
B. 심각한 저체중임에도 불구하고 체중증가나 비만에 대한 강한 공포를 가지고 있거나 또는 체중증가를 방해하는 지속적인 행동을 나타낸다.
C. 체중과 체형을 왜곡하여 인식하고 체중과 체형이 자기평가에 지나친 영향을 미치거나 현재의 체중미달에 대한 심각성을 지속적으로 인식하지 못한다.

다음 중 하나를 명시할 것
- 제한형: 지난 3개월 동안, 폭식 혹은 하제 사용행동(즉, 스스로 토하거나 하제, 이뇨제 혹은 관장제 오용)의 삽화들이 다시 나타나지 않음. 이 유형은 주로 다이어트, 빠른 그리고 혹은 과도한 운동을 통해 성취된 체중감소로 설명됨.
- 폭식/하제 사용형(폭식/제거형): 지난 3개월 동안, 폭식 혹은 하제 사용행동의 삽화가 다시 나타남(즉, 스스로 토하거나 하제, 이뇨제 혹은 관장제의 오용)

현재 심각도를 명시할 것: 심각도의 최저 수준은 성인의 경우 체질량지수(BMI)를, 아동 및 청소년의 경우 BMI 백분위를 따름. 하기 범위는 WHO의 성인기 빈약 항목에서 발췌하였으며 아동 및 청소년의 경우는 이에 해당하는 BMI 백분위를 사용하도록 함. 심각도는 임상적 증상, 기능 부전 정도 및 관리감독 필요성에 따라 더 높여서 진단할 수 있음
- 경도: BMI ≥ 17kg/㎡
- 중등도: BMI 16~16.99 kg/㎡
- 중도: BMI 15 ~ 15.99 kg/㎡
- 극단: BMI < 15kg/㎡

2 원인

(1) 생물학적 원인

① 시상하부의 기능손상: 섭식행동을 주관하는 시상하부에 기능이상이 생기면 적정한 체중수준에 대한 설정점(set point)이 저하되어 식욕을 느끼지 못하고 절식함으로써 저체중 상태가 지속된다.

② 마라찌Marrazzi, 1986) 등의 자가중독이론(auto-addictive model): 굶는 동안 엔도르핀 수준이 증가하여 긍정적 정서를 경험하고, 이로 인해 식욕부진증 행동이 강화된다. 과도한 운동 후에는 엔도르핀 수준이 증가하는데 신경성 식욕부진증 환자들은 과도한 운동을 하는 동안 생성된 엔도르핀에 의해 입맛이 억제되고 긍정적 정서경험을 하는 의존성이 형성되어 절식행동과 과잉행동이 지속된다.

 실험실 쥐에게 하루에 한 번만 먹이를 주면, 쥐가 스스로 먹기를 억제하고 과도하게 운동하는 자가기아(self-starvation) 행동을 나타냄

③ **세로토닌 영향**: 신경전달물질의 차이로 의한 것이다. 즉 신경성 식욕부진증 환자들은 세로토닌 활동이 증가되어 있다.

(2) 정신분석적 입장

① 프로이트는 신경성 식욕부진증이 성적인 욕구의 방어적 행동이라고 보았다. 즉, 먹는 행동이 성적인 표현의 대체행위이기 때문에 성적인 욕구를 부인하기 위한 것으로, 청소년들이 육체적 성숙과 성적 욕구에 대한 무의식적 공포로 이를 억제하려는 시도로 신경성 식욕부진증이 나타난다고 보았다. 이는 성적 유혹과 임신으로부터 자유로움을 얻기 위한 시도라고 본다.

② 파라졸리(Palazzoli)와 미누친(Minuchin): 신경성 식욕부진증 환자들의 가족들은 세대간, 개인간 경계가 모호하며, 그로 인해 가족구성원들이 과도하게 관여하고 간섭하는 특성을 갖게 되고, 그 결과 환자는 가족들로부터 분리된 정체감을 형성하지 못하게 된다. 즉 어머니의 의도에 따라 움직이는 심리적 투사물로 여겨지던 자녀가 독립된 존재로 성장하는 과정에서 어머니의 규제와 간섭에 분노하고, 자신의 신체 속에 내재하는 간섭적이고 적대적인 어머니상이 자라는 것을 멈추게 하기 위해서 하는 행동이다.

③ 부루흐(Bruch)는 신경성 식욕부진증 환자들은 자신을 무능하고 무기력하다는 신념을 가지고 있으며, 부모를 기쁘게 하려고 애를 쓰기 때문에 자신과 육체를 분리된 것으로 경험을 하고 자신의 육체를 부모에 속한 것으로 느낀다고 보았다. 즉 자신의 신체기능을 통제하고 있다는 자기효능감과 자율감을 느끼지 못하는 자녀는 음식섭취 욕구에 대한 억제를 통해서 자기효능감을 높이고 부모-자녀 관계에서 자율성을 쟁취하려고 한다는 것이다.

(3) 행동주의적 입장

① 체중공포증(weight phobia)에 의한 것이다. 날씬함에 대한 강화와 뚱뚱함에 대한 처벌적 사회적 분위기에 의한 것이다.

② 홈그렌(Homgren, 1983)의 접근-회피 갈등: 체중증가에 대한 공포가 음식섭취에 대한 욕구보다 우세할 땐 음식에 대한 회피행동인 절식행동이 나타나고, 음식섭취 욕구가 체중에 대한 공포보다 우세할 땐 음식에 대한 접근행동인 폭식행동이 나타난다. 섭식장애 환자들은 이러한 양극을 오가게 되는데, 신경성 식욕부진증은 접근행동보다 회피행동이 우세하여 절식행동이 나타나는 경우다.

(4) 인지적 입장

① 왜곡된 지각이 원인으로, 신경성 식욕부진증 환자들은 자신의 실제적 신체를 실제 몸매보다 더 뚱뚱한 것으로 지각을 하며, 그 결과 실제적 몸매와 이상적 몸매 사이에 심한 괴리감을 느껴, 체중을 줄이기 위한 과도한 노력을 한다고 설명한다.

② 또한 신경성 식욕부진증 환자들은 날씬한 몸매가 성공과 애정을 얻는 가장 중요한 요인이라고 믿는 신념을 가지고 있으며, 성취나 인간관계에서 실패를 할 경우, 불만족스러운 몸매 때문이라고 잘못된 귀인을 한다.

9 학교에서 심리치료 활용4: 급식 및 섭식 장애

> **+ 잘못된 인지왜곡의 예**
> 자신의 신체나 신체의 일부를 과도하게 왜곡해서 지각 → 자신의 몸매를 실제보다 더 뚱뚱한 것으로 지각 → 실제적 몸매와 이상적 몸매 사이의 괴리감 → 성취실패 및 인간관계에서의 좌절이 자신의 못생긴 몸매 때문이라고 귀인 → 날씬한 몸매가 성공과 애정을 얻는 가장 중요한 열쇠라고 생각 → 체중을 줄이기 위한 과도한 노력

(5) 사회문화적 원인: 가족, 또래, 대중매체를 통해 날씬해져야만 사회적 또는 경제적 기회가 주어진다는 문화적 메시지이다.

(6) 그 외
① 아동기의 이식증, 편식, 소화장애 등이 청소년기나 성인기의 섭식장애의 전조증상이다.
② 비만 가족력, 개인병력이 청소년으로 하여금 체중을 지나치게 걱정하게 만들 때 생겨난다.
③ 발달적 변화와 관련된 스트레스 반응. 청소년기에 성적 특징과 자율성이 발달되는데 청소년이 미성숙한 체형을 유지하기 위해 섭취 제한을 한다.
④ 외상성 스트레스와 부정적 생활사건: 성적 학대, 정서적 학대
⑤ 가족 체중문제, 가족 지나친 기대, 가족 정서문제, 가정불화, 알코올이나 약물 중독 등의 가족문제가 원인이 된다.

3 치료

(1) 입원치료
① 대체로 영양실조 상태에서 탈수와 관련된 합병증으로 입원하게 된다.
② 체중이 3개월 간 정상체중의 30% 이상 감소하면 입원치료 필수이다.
③ 우울증이 동반되어 자살충동 위험이 있을 때도 입원치료를 해야 한다.
④ 불안에 의한 사회불안장애, 강박장애가 나타나므로 불안 치료를 해야 한다.
⑤ 알코올 문제나 약물남용 진단(7~23%)시 고려하여 치료를 해야 한다.
⑥ 50%는 1년 이내 재발: 체중이 정상 이하로 떨어지면 재입원하겠다는 서약을 미리 받아둬야 한다.
⑦ 약물치료: 식욕자극제, 항우울제, 항불안제

(2) 치료목표: 음식섭취를 통한 체중증가, 퇴원 후 정상 체중 유지

(3) 심리치료
① 행동치료: 체중증가 행동에 강화, 체중감소 행동에 부적 처벌을 한다.
② 음식일지: 식사 전후 느끼는 감정과 음식섭취에 대한 기록, 스스로를 모니터링하는 것이다.
③ 스트레스 사건을 평가한다.
④ 인지행동치료: 자신의 신체상에 대한 둔감화와 비합리적 신념 및 왜곡된 인지에 도전한다.
⑤ 가족치료: 가족 간 갈등이 많고 의사소통에 문제가 있을 경우가 많으므로, 불안, 내적 갈등, 의사소통을 다루도록 치료를 한다.

2. 신경성 폭식증(폭식증, bulimia nervosa) 2020 기출

1 진단기준

〈신경성 폭식증의 DSM-5의 진단기준〉

A. 반복적인 폭식행동이 있고, 폭식행동은 다음 2가지의 특징으로 나타난다.
  1) 일정한 시간 동안(예: 2시간 이내) 대부분의 사람들이 유사한 상황에서 동일한 시간 동안 먹는 것에 비해 분명하게 더 많은 양의 음식을 먹음.
  2) 폭식을 하는 동안 먹는 것에 대한 조절능력의 상실(예: 먹는 것을 멈출 수가 없거나, 또는 무엇을 얼마나 많이 먹어야 할 것인지를 조절할 수 없는 느낌)
B. 체중 증가를 억제하기 위하여 반복적이고 부적절한 보상행동(예: 자기유도 구토, 설사제와 이뇨제, 관장제 등의 약물남용, 금식, 과도한 운동 등)
C. 폭식과 부적절한 보상행동이 3개월 동안 최소한 1주일에 1번 이상 발생한다.
D. 몸매와 체중이 자기평가에 과도하게 영향을 미친다.
E. 이 증상들이 신경성 식욕부진증의 삽화 기간 동안에만 발생하는 것은 아니어야 한다.

현재의 심각도를 명시할 것: 심각도의 최저 수준은 부적절한 보상행동(하기 참조)의 빈도에 따라 책정됨. 심각도는 임상적 증상, 기능부전 정도 및 관리감독 필요성에 따라 더 높여서 진단할 수 있음
• 경도: 평균 일주일에 1~3회의 부적절한 보상행동
• 중등도: 평균 일주일에 4~7회의 부적절한 보상행동
• 중증도: 평균 일주일에 8~13회의 부적절한 보상행동
• 최중증도: 평균 일주일에 14회 이상의 부적절한 보상행동

하제 사용형: 폭식증의 현재의 삽화 동안 정규적으로 구토를 유도하거나 하제, 이뇨제, 관장약을 남용함

2 원인

신경성 식욕부진증 환자의 40~50%가 폭식증 증상을 가지고 있고 시간이 지나면 신경성 폭식증으로 바뀌기도 한다. 그러나 신경성 폭식증이 신경성 식욕부진증으로 발전되는 경우는 거의 없다. 신경성 폭식증 환자는 자아강도가 약하고 초자아가 느슨하여 충동조절에 어려움이 있는 반면, 신경성 식욕부진증 환자는 자아강도가 강하고 초자아의 통제력이 강해 두 장애 간 공통적 원인을 찾기는 힘들다.

(1) 생물학적 원인
① 유전적 요인: 신경성 폭식증 환자의 직계 여성의 친척들은 일반사람들에 비해 4배 발병위험률이 높다. 이는 장애 자체가 유전된다기보다는 유전적 장애 취약성이 전수되는 것으로 보인다.
② 신경전달물질 이상: 세로토닌의 기능 이상으로 본다. 신경성 폭식증이 발생할 때 세로토닌 활동이 감소하고 회복 후에는 세로토닌 활동이 증가한다.
③ 아동기 비만, 사춘기 조숙도 신경성 폭식증 예측요인이다.

(2) 심리적 원인
① 신경성 폭식증 발병 위험 요인: 체중에 대한 걱정, 낮은 자존감, 우울증, 사회불안장애, 아동기의 과잉 불안증상, 아동기의 성적 및 신체적 학대를 한다.
② 스트레스 관련성: 증상 시작 전 6개월 전 심한 스트레스를 받고 아동기 때 가족갈등과 학대가 심했다고 보고가 되고 있다.

③ 그 외 관련 요인: 청소년기 욕구 표출이나 해소가 안 될 때, 자기지각의 불안정성이 높을 때, 충동조절 능력이 떨어질 때 신경성 폭식증이 발생한다.

④ **홈그렌(Homgren)의 접근-회피갈등의 반복적 상태**: 체중증가에 대한 공포가 우세할 때 음식 회피행동(절식행동), 음식 회피행동에 대한 제지가 풀리고 음식 섭취 욕구가 체중증가 공포보다 우세할 때 음식 접근행동(폭식행동)이 나타난다. 신경성 폭식증은 절식행동과 폭식행동을 왔다갔다하는 경우다.

⑤ 정신분석: 부모에 대한 무의식적 분노가 음식으로 대치되어 이를 실현한다.
  ㉠ 정신분석에서는 억압과 부인과 같은 방어기제들이 강력한 폭식욕구에 의해서 기능을 상실할 때, 식욕부진증에서 폭식증으로 전환된다고 보았다.
  ㉡ 식욕부진증 환자들은 대인관계에서 위축되는 경향이 있는 반면, 폭식증 환자들은 타인으로부터 손상이나 처벌을 유발하는 방식의 대인관계를 나타낸다.
  ㉢ 처벌에 대한 욕구는 부모상에 대한 강렬한 무의식적 분노에 기인한 것으로, 이러한 분노가 음식에 대치되고 폭식을 통해 무참하게 음식을 먹어대는 것으로 보았다.
  ㉣ 식욕부진증과 폭식증 환자들 모두 대인관계 갈등이 음식에 대한 갈등으로 대치되는데, 식욕부진증 환자는 먹기를 거부함으로써 사람에 대한 공격적 감정을 통제하는 반면, 폭식증 환자는 폭식을 함으로써 사람들을 상징적으로 파괴하고 자기 속에 통합시키려 한다고 보았다.

⑥ 대상관계 이론: 폭식증 환자들은 어린 시절 부모와의 분리에 심한 어려움을 겪었을 것이라고 주장한다. 즉 엄마로부터 심리적 분리를 도와주는 담요나 인형과 같은 전이대상을 갖지 못해 대신 신체 자체를 전이대상으로 사용한 것으로, 음식을 섭취하는 것은 엄마와의 합일되고 싶은 소망을 나타내고, 음식을 토해내는 것은 엄마와 분리하려는 노력을 나타낸다고 보았다.

(3) 사회문화적 원인
  ① 날씬한 몸매에 대한 사회문화적 기대와 압력에 의해 그에 부응하고자 하는 욕구가 지나칠 때, 엄격한 섭식절제를 시도하게 되고 이런 자기가 정한 규칙을 지키지 못하게 되면 폭식을 하게 됨

3 치료

(1) 신경성 식욕부진증에 비해 완치 확률이 높으며, 치료받는 사람의 50% 이상이 완치가 된다.

(2) 외래치료를 통해 충분히 효과를 얻을 수 있음, 그러나 하루에 한 번씩 폭식하고 토하는 경우 입원치료를 받아야 한다.

(3) **치료목표**: 음식물을 폭식하고 토해내는 주기를 차단하여 식사습관을 정상화한다.

(4) **정신과적 문제들도 함께 치료**: 우울, 불안, 약물남용

(5) **신체 관리 상담**: 규칙적인 식사와 필요한 칼로리만큼 먹는 영양상담을 한다.

(6) **심리치료**: 체중과 몸매에 대한 비합리적 신념을 변화시키는 인지 재구조화, 신체 불만족에 대한 체형치료, 가족치료

3. 폭식장애(binge-eating disorders) 2020 기출

스턴카드(Alvert, J. Stunkard)가 비만환자 집단을 대상으로 야식증후군을 발표함에 따라 폭식장애가 관심을 받게 됐으며, 비만이 심리적 문제임을 수용되게 하는 데 영향을 미친다.

1 특징 2020 기출

(1) 폭식행동을 일삼으면서 폭식 때문에 고통을 느끼지만 보상행동(구토, 설사제, 이뇨제, 관장제 사용)은 나타내지 않는 경우이다.
(2) DSM-5에 새롭게 추가된 진단명으로 보상행동에 따라 신경성 폭식증과 구별하기 위해 도입된 것
(3) 폭식행동은 신경성 폭식증에 나타나는 폭식행동과 동일하다. 그러나 폭식장애가 있는 사람은 신경성 폭식증과 달리 자신의 몸매에 대해 과도하게 걱정하지 않기 때문에 과체중이나 비만인 경우가 많다.
(4) 자신의 체형이나 체중에 대해 심한 왜곡을 보이지 않고, 날씬한 몸매를 추구하지 않는다.

2 진단기준

〈폭식장애의 DSM-5의 진단기준〉

A. 반복적인 폭식행동이 있고, 폭식행동은 다음 2가지의 특징으로 나타난다.
  1) 일정한 시간 동안(예: 2시간 이내) 대부분의 사람들이 유사한 상황에서 동일한 시간 동안 먹는 것에 비해 분명하게 더 많은 양의 음식을 먹음
  2) 폭식을 하는 동안 먹는 것에 대한 조절능력의 상실(예: 먹는 것을 멈출 수가 없거나, 또는 무엇을 얼마나 많이 먹어야 할 것인지를 조절할 수 없는 느낌)
B. 폭식행동이 나타날 때는 다음 중 3가지 이상과 관련되어 있다.
  1) 정상보다 더 빨리 많이 먹음
  2) 불편할 정도로 포만감을 느낄 때까지 먹음
  3) 신체적으로 배고픔을 느끼지 않을 때에도 많은 양의 음식을 먹음
  4) 너무 많은 양을 먹음으로 인한 당혹감 때문에 혼자 먹음
  5) 먹고 나서 자신에 대한 혐오감, 우울, 또는 심한 죄책감을 느낌
C. 폭식행동에 대해 뚜렷한 고통을 느낀다.
D. 폭식행동이 평균적으로 1주일에 1회 이상 3개월 동안 나타난다.
E. 폭식행동이 신경성 폭식증의 경우처럼 부적절한 보상행동과 관련이 없어야 하고, 신경성 폭식증 또는 신경성 식욕부진증의 경과 중에만 나타나는 것이 아니어야 한다.

현재의 심각도의 구분(폭식행동의 1주일 평균 횟수)
- 경도: 1~3번
- 중등도: 4~7번
- 중증도: 8~13번
- 최중증도: 14번 이상

3 원인

(1) 생리적 원인
　① 신경전달물질인 세로토닌의 기능 저하가 원인이다.
　② 음식에 노출되었을 때 좌측 전두엽과 전전두엽 부위의 혈류량이 늘어나며 위의 저장 능력이 커져 포만감을 느끼는 데 장애가 있다.
　③ 뇌 속 호르몬 불균형(예: 도파민의 과잉분비)에 따른 음식중독 현상: 배고파서 먹는 것이 아니라 먹는 데서 대뇌 쾌감을 느끼기 때문이다.
　　㉠ 음식섭취에 대한 통제력 상실(알코올, 니코틴 중독과 비슷)
　　㉡ 내성(점점 더 많이 먹게 되는 것)
　　㉢ 금단(음식을 폭식하지 않으면 불안, 초조, 긴장감이 오는 것)
　④ 굶는 다이어트: 절식에 대한 반작용이 음식중독을 유발한다.

(2) 심리적 원인
　① 정서적 고통(부정적 감정)이 주요 원인: 불안, 긴장감, 초조함, 수치심, 외로움, 분노 등. 부정적 정서가 많은 사람일수록 폭식이 위안을 주고, 스트레스로부터 주의전환을 할 수 있게 해준다. 폭식 동안 기분이 개선되는 보상효과가 나타난다.
　② 지나친 섭식절제: 음식 절제의 반작용으로 폭식을 한다. 엄격한 절식은 기아상태와 비슷한데, 신체는 짧은 시간 내에 많은 양의 음식을 섭취하는 새로운 형태의 섭식행동을 준비하게 되고, 그 결과 비만인 사람들은 엄격한 절식과 폭식행동의 악순환에 빠지게 된다는 것이다.
　③ 스타이스(Stice, 2001)의 이중 경로 모델
　　㉠ 부정적 정서와 섭식절제의 2가지 요인이 상호작용하는 경우 폭식은 더욱 촉진된다고 보았다.
　　㉡ 폭식행동의 이중 경로 모델: 날씬함에 대한 사회적 압력과 마른 신체상의 내면화 → 신체 불만족 → 섭식절제와 부정 정서 → 폭식행동
　　㉢ 신체 불만족이 엄격한 섭식절제로 이어지고, 이에 대한 반작용으로 폭식행동을 촉발하게 된다.
　　㉣ 또한 신체 불만족이 부정 정서를 유발하여, 폭식행동을 유발시킨다.

4 치료

(1) 약물치료: 선택적 세로토닌 재흡수 억제제 계열의 항우울제, 항비만제, 항경련제
(2) 인지행동치료: 자기관찰, 자극조절 및 문제해결, 인지 재구조화
(3) 부정적 정서에 대한 스트레스를 폭식행동이 아닌 다른 방식으로 대처할 수 있어야 한다.
(4) 대인관계 심리치료: 가족과 친구 간의 갈등 문제를 찾고 변화시킨다.
(5) 집단치료

[2020년 기출]

다음은 전문상담교사가 수퍼바이저와 나눈 대화의 일부이다. DSM-5의 진단기준에 의거하여 〈작성방법〉에 따라 서술하시오.

> 상담교사: 수진이는 스트레스를 받으면 피자 2판, 아이스크림 2통, 그리고 라면 5개를 앉은 자리에서 한꺼번에 먹는대요. 한번 먹기 시작하면 통제할 수 없을 만큼 음식에만 몰입하게 되고, 순식간에 엄청난 양을 먹어치운다고 해요. 정신을 차려보면 수많은 라면 봉지와 빈 피자 박스가 널브러져 있고, 그런 자신의 모습이 혐오스럽지만 반복할 수밖에 없다고 하네요.
> 수퍼바이저: 일주일에 몇 번이나 그런 행동을 하나요?
> 상담교사: 지난 학기부터 일주일에 한 번 정도 엄마가 외출한 사이에 그런 행동을 한다고 했어요. 배가 고픈 것과는 상관없이 주로 혼자 있을 때요. 수진이는 어떻게 진단될 수 있을까요?
> 수퍼바이저: 일주일에 한 번 이상 3개월이 넘는 기간 동안 폭식 행동을 보이고 있기 때문에 신경성 폭식증과 (㉠)(이)라는 진단을 고려할 수 있을 것 같아요. 이 두 가지는 DSM-5의 상위 분류범주 20가지 중 (㉡)에 속하지요.

〈작성방법〉

- 괄호 안의 ㉠에 해당하는 진단명을 쓸 것.
- 괄호 안의 ㉡에 해당하는 분류범주의 명칭을 쓸 것.
- 신경성 폭식증과 구별되는 괄호 안의 ㉠의 진단적 특징을 2가지 서술할 것.

참고 거식증과 폭식증에 관한 상담자의 접근지침

(1) 섭식장애의 특성을 이해한다.
(2) 상담자는 섭식장애 이상징후 행동을 관찰을 통해 발견할 수 있다.
   ① 외모에 지나치게 신경을 쓰며, 체중 변화가 눈에 띄게 증가, 또는 감소할 경우 주의 깊게 살펴야 한다.
   ② 체중에 과도한 집착을 함으로써 다른 일상생활(공부, 생활 등)을 유지할 수 없는 경우다.
   ③ 내성적이고 모범적이며 완벽주의 성향의 학생의 경우 신경성 식욕부진증이 높다. 계획적으로 살을 빼며, 음식 조절 계획을 지나치게 수립한다.
   ④ 다른 사람들과 음식을 같이 먹는 것을 회피하거나 운동(계단 오르기, 조깅, 수영 등)을 필요 이상으로 자주 한다.
   ⑤ 빈혈, 무월경, 변비, 복통, 저체온 등의 신체증상.
   ⑥ 신경성 폭식증은 우울증을 동반하여 긴장감과 무기력감, 실패감 등을 자주 느끼며 자기비하적인 생각을 많이 한다. 대인관계, 충동통제에 어려움을 나타내기도 한다.
(3) 교사 및 상담자는 심리적, 행동적 도움을 줄 수 있어야 한다.
   ① 토하는 것을 중지시키고, 음식과 체중에 대한 비합리적 신념과 태도를 확인하고 재구성할 수 있도록 도와야 한다.
   ② 심상을 통한 신체상 둔감화나 자신의 몸에 대한 긍정적 평가기법을 사용할 수 있다.
   ③ 지속적인 영양상담과 영양학적 정보를 제공한다.
   ④ 식이요법과 운동프로그램을 설계하여 적용시킨다.
   ⑤ 자살 가능성과 다른 약물과 술에 대한 의존 정도 등을 살펴보고 가족문제와 얽혀 있을 경우 가족치료가 필요하다.

10 학교에서 심리치료 활용5: 자살문제 이해와 심리치료

1. 자살과 관련 용어

1 자살(suicide): 자신의 생명을 고의적으로 끊어서 인생을 끝내는 행위

sui(자기 자신, self) + caedo(죽인다, kill) → 죽으려는 의도 + 죽음의 결과가 초래되는 행동
(1) 세계보건기구(WHO, 1968): "치명적인 죽음을 초래하는 자해행위"
(2) 슈나이드만(Shneidman, 1964): "의도적으로 자신을 죽이는 행동"

2 자살생각(사고)

자살계획 및 자살시도 이전에 나타나는 인지적인 사고로, 자살행동에 대해 몰두하는 생각을 말한다. 광범위하게는 '인생이 가치없다', '죽고 싶다', '죽었으면 좋겠다'라는 생각부터 자살을 하려고 구체적으로 계획을 세우는 생각까지를 포함한다. 이러한 자살생각은 자살을 계획하고 실행하는데 위험요인으로 작용하므로 자살생각을 인지하고 이러한 생각을 바꾸어 주는 것은 자살을 예방하는데 중요한 역할을 한다.

3 자살시도(자살기도)

자살의도는 있지만 죽음을 초래하지는 않는 것이다. 자살에 대한 생각, 계획 등이 구체적인 행동으로 나타난 경우로, 의도적이고 실제적인 자해행동을 말한다. 또한 죽고자 하는 목적 이외에도 타인의 관심과 자신이 원하는 것을 얻기 위한 감정적이고 충동적인 방법으로 자살을 시도하는 경우도 적지 않은 비율을 나타내고 있다. 특히 청소년기에 발생하는 자살시도의 경우에는 완결된 자살로 이어지기보다는 자살시도에 그치는 경우가 일반적이다. 그러나 과거의 자살시도 경험은 완결된 자살로 나타나는 중요하고도 가장 위험한 요인임을 유념해야 한다.

4 완결된 자살

자살행동의 결과가 죽음으로 나타난 것을 의미한다. 한 연구에 의하면, 자살시도 비율은 여자가 남자에 비해 높은 반면, 죽음으로까지 이어지는 완결된 자살 비율은 남자가 여자에 비해 약 4배 정도 높다. 이는 남자의 경우 자살행동의 수단으로 치명적인 방법을 택하기 때문인 것으로 밝혀졌다.

5 자살생존자

자살생존자란 자살의 영향을 받은 사람들을 말한다. 이들은 자살자의 친구, 연인, 가족뿐만 아니라 지인, 동료, 유명인의 죽음에 영향을 받은 사람들까지 포함한다. 자신에게 중요한 사람을 자살로 잃은 후 삶의 변화를 겪게 된 사람들도 있으며, 직접적인 친분관계가 없어도 자살을 목격하였거나 혹은 자살의 징후를 알았으나 도움을 주지 못했던 사람과 같이 심리적으로 외상을 입은 사람들도 포함된다.

6 베르테르 효과

동조자살(copycat suicide) 또는 모방자살이라고도 한다. 로테를 좋아하던 소설 주인공 베르테르가 그녀의 사랑을 얻지 못할 것이라는 실의와 고독감에 빠져 자살한 내용을 모방해 당시 유럽 젊은이들이 자살한 현상을 일컫는 것으로, 이처럼 자신이 모델로 삼거나 존경하던 인물 또는 사회적으로 영향력 있는 유명인이 자살할 경우에 그 사람과 자신을 동일시해서 자살을 시도하는 현상을 말한다.

2 특징과 진단

1 자살의 오해와 진실 2021 기출

1. 자살에 대해 말하는 사람은 실제로 자살을 행하지는 않는다. (×)

자살하는 사람 10명중 8명은 자살하려는 의도를 명확하게 언급한다. 그렇기 때문에 자살에 대한 말을 진지하게 받아드리고 적극적으로 도울 수 있는 방법에 대해서 생각해야 한다.

2. 자살의 위험을 가지고 있는 사람에게 자살에 대한 이야기를 꺼내는 것은 자살을 부추기는 것이니 되도록 피하는 것이 좋다. (×)

직적접으로 자살에 대해서 고민하고 있는지 파악하는 것이 좋다. 구체적인 자살생각 및 계획(장소, 방법) 등에 대해서 솔직하게 이야기를 나눈 후 도움을 준다.

3. 자살하려는 사람들은 자살이 유일한 해결방법이라고 생각한다. (o)

자살을 생각하는 사람은 자살밖에 방법이 없다고 생각하며 문제를 바라보는 시야가 좁아져 있다. 문제를 객관화시켜주고, 해결할 수 있는 다른 방법을 찾을 수 있도록 도와준다.

4. 자살은 특징적인 징후 없이 행해진다. (×)

자살시도를 하거나 자살을 하는 대부분의 청소년은 자살 의도에 대해 주변사람들에게 여러 단서와 경고를 준다. 자살의 징후을 미리 알고 관심을 갖고 지켜본다면 도움을 줄 수 있다. (ʻ자살의 징후' 표 참고)

5. 한 번이라도 자살을 시도했던 사람은 이후로도 자살위기를 극복할 수 있다. (o)

자살을 시도하려했던 문제, 환경이 변화되고, 주변에서 관심을 갖고 도움의 손길을 내민다면 위기를 극복할 수 있다.

6. 자살하는 사람들의 자살원인은 대부분 한두 가지로 명확하다. (×)

자살은 한 가지 이유만으로 일어나지 않고, 여러 가지 사건과 감정이 오랜 시간동안 둘러싸고 있어서 자살을 생각하게 한다.

7. 자살하려는 사람은 자살의도를 부모님보다는 친구에게 먼저 말한다. (o)

청소년은 특징적인 발달단계를 겪는 시기이기 때문에 부모보다는 또래집단을 더욱 중시하는 경향이 있어 이야기와 감정을 친구들에게 많이 털어 놓는다. 그렇기 때문에 내 아이의 혹은 내 제자의 친한 친구들을 미리알고 이야기를 들어본다면 아이를 이해하고 상담하는것에 도움이 된다.

출처: 수원시 자살예방 센터

10 학교에서 심리치료 활용5: 자살문제 이해와 심리치료

2 자살의 특징

(1) 자신의 목숨을 끊거나 끊고자 시도하는 행동 및 사고에 대한 전반적 범위를 지칭한다.

(2) 자살은 실제 자살, 자살 시도, 자살 사고 모두를 포함하여 폭넓게 접근해야 하는 심리적 부적응이다.

(3) 자살은 삶에 대한 지나친 좌절과 절망감, 분노 등의 감정적 표현으로 자신의 생명을 끊거나 자살시도 행위를 통해 자신의 절망이나 좌절, 분노 등을 표현하려는 목적이 되기도 한다.

(4) 성인의 자살은 일반적으로 오랜 시간 생각하거나 계획하여 행동으로 옮기는 심사숙고형인 데 비해, **청소년 자살은 매우 충동적이며 모방성 유형이 많고** 2009 기출, 정신 이상적 원인에 기인하기보다 모멸감, 부당함, 스트레스 등과 같은 정상적 범주에 포함되는 상황으로부터 발생하기 쉬운 등 전반적으로 상이한 특성을 보이고 있다. 이를 요약하면 다음과 같다(김시업·한중경, 1999).

① 외부 자극 변화에 민감하여 충동적으로 일어나기 쉽다.
② 사소한 일에도 쉽게 충격을 받아 단순하게 자살하는 경향이 많다.
③ 오랫동안 자살생각을 한 결과라기보다는 다분히 감정적이다. 즉 인지적 요인보다 정서적 요인이 많이 작용한다.
④ 모방자살이 많다.
⑤ 자신의 심적 고통을 외부에 알리고자 하는 몸짓형이나 호소형 자살이 많다.
⑥ 가정의 불화를 자신의 탓으로 생각하는 죄책감으로 인한 자살이 많다.
⑦ 성적 및 학교생활과 관련된 문제로 인한 자살이 많다.
⑧ 친구와의 동일시로 인한 집단자살이 많다.
⑨ 남을 조종하려는 의도나 자신에게 부당하게 대했다고 생각하는 가족이나 친구에 대한 보복행위

3 청소년 자살 심리

(1) **어려운 상황 회피**: 두려운 학교 등교, 내적 고통
(2) **보복심리**: 추궁에 대한 결백 주장, 꾸중에 대한 반발
(3) **자기처벌**: 능력에 대한 회의, 기대에 못 미치는 죄책감
(4) **욕구좌절**: 의존적 욕구 불충족으로 인한 자살
(5) **죽은 가족과의 재결합**: 고통의 마무리, 죽은 사람과의 재회
(6) **관심 요구**: 관심을 요구하는 상황에서의 자살
(7) 청소년들이 자살충동을 느끼는 결정적 시기에 주변의 누군가가 함께 고민을 해 주고 문제해결을 돕기만 해도 자살충동이 많이 줄어들 수 있다.

4 진단기준: 자살행동장애(suicide behavior disorder) 2020 기출

DSM-5는 자살을 정신장애로 공식 분류하지 않았으나 DSM-5 미래 개정판에서 자살행동장애라는 진단명을 우울장애 하위범주에 추가 포함할 움직임을 보이고 있다. 자살행동장애의 진단기준은 '지난 2년 동안 자살 기도(시도)해 왔는가?'의 문제가 핵심기준이 된다. 다음은 자살행동장애의 '추후 연구 진단기준'이다.

A. 지난 24개월 내에 자살을 기도한 적이 있다.
- 주의: 자살기도는 행동착수 시점에 자살시도자에 의해 이행되며, 자신을 죽음에 이르게 할 수 있는 자발적인 일련의 행동이다. '행동착수 시점'이란 특정한 방법으로 행위가 일어나는 시점이다.

B. 이러한 행위는 비자살적(자살의도가 없는) 자해의 진단기준에 맞지 않아야 한다. 즉, 부정적인 느낌이나 인지 상태로부터 안도감을 얻기 위해, 또는 긍정적인 기분 상태를 얻기 위해 신체표면에 자해를 하는 행동은 포함되지 않아야 한다.
C. 이 진단은 자살사고나 준비 행위에는 적용되지 않는다.
D. 이러한 행위가 섬망이나 혼돈 상태에서 시작된 것이 아니어야 한다.
E. 이러한 행위가 단지 정치적 또는 종교적 목적으로 이행된 것이 아니어야 한다.

해당된다면 세분할 것
- 현재 증상 있음: 마지막 자살기도로부터 12개월이 경과하지 않음
- 조기 회복 상태: 마지막 자살기도로부터 12~24개월이 경과

3 자살 이론

1 심리학적 관점: 프로이트

(1) 인간의 자살을 리비도(libido), 죽음의 본능(tanatos), 우울증, 공격성 등의 개념을 사용하여 설명한다. 인간에게는 누구나 삶의 본능(eros)뿐만 아니라 죽음의 본능이 있는데, 이것이 특정 계기를 통해 강화되어지면 자살이라는 결과로 이어질 수 있다는 것이다.

(2) 우울증으로 인한 자살의 경우(김시업·한중경, 1999): 욕망의 대상인 사랑하는 사람을 상실했을 때 애도과정을 거치지 못했을 경우, 우울증이 발생하고 상실된 대상에게 계속 실현불가능한 리비도가 작용될 때 죽음의 본능이 증가하여 자신에게 공격적 성향이 되돌아온다.

2 블루멘탈과 쿠퍼(Blumenthal & Kupfer, 1988)의 자살에 관한 심리학적 설명모델

```
                    (자살 위험요인)
부정적 생활사건    ──────────────▶    절망감/희망상실 → 자살사고, 자살기도, 자살
 (촉발 요인)        (자살 억제요인)
```

3 사회학적 관점: 뒤르케임의 자살론

(1) **뒤르케임(Émile Durkheim)의 자살의 정의**: "희생자 자신이 그 결과를 알고 행하는 적극적 또는 소극적 행위의 직접적 또는 간접적 결과로 인한 모든 경우의 죽음"을 말한다. 그는 자살이 궁극적으로는 사회질서의 문제로 개인과 사회에 모두 저해가 되는 병리현상이며, 자살이 증가한다는 것은 그 유형과 관계없이 곧 그 사회가 무엇인가 위험에 처해 있다고 하는 신호라고 보았다.

10 학교에서 심리치료 활용5: 자살문제 이해와 심리치료

(2) 자살의 원인에 대한 뒤르케임의 가설은 동일한 조건(도시화, 계층화, 연령 등)에서는 사회(가족사회, 정치사회, 종교사회)의 통합 정도에 반비례한다는 것이다. 사회적 통합 정도가 높은 정상사회에서는 병리적 문제가 적기 때문에 자살률도 낮으며, 혹 자살이 있다면 이는 철저히 개인의 자유의지의 문제로 귀결되어지지만, 사회통합성이 낮은 병리사회에서는 사회의 병리성이 개인에게 영향을 주어 자살률이 높아지게 된다.

(3) 자살 유형 분류 기준
① 사회적 연대성: 집단과 개인 간의 관계 정도
② 사회적 구속성: 집단적 권력에 의한 개인에 대한 강제성 정도

기준	자살 유형	특징
사회적 연대성의 정도 (주요인은 '낮은 사회통합과 가족관계의 약화')	낮은 연대성: 이기적 자살	사례) 종교적 연대가 약한 신교도의 자살률이 가톨릭도보다 높은 현상, 도박 탕진으로 인한 자살 등 개인적 차원의 자살 * '이기적' = 판단과 선택의 근거와 기준이 개인적임을 의미(개인목표의 좌절)
	높은 연대성: 이타적 자살	사례) 사회적 대의를 위한 분신 자살, 테러리스트나 자살 특공대의 행동, 인민사원 집단자살사건 * '이타적' = 판단과 선택의 근거와 기준이 외재적□사회적임을 의미(집단 목표의 좌절)
사회적 구속성의 정도	낮은 구속성: 아노미적 자살	사례) 경제적 사회적 구조 변동으로 인한 실업, 가족 해체, 국가 해체 등으로 인한 자살 * '아노미적' = 사회적 규범의 혼란으로 개인적인 정체성이나 욕망 충족의 방법과 기준이 혼란스러움을 의미
	높은 구속성: 숙명적 자살	사례) 양심, 이념, 종교를 지키기 위한 자살 혹은 공부와 입시압력으로 인한 청소년의 자살 * '숙명적' = 사회규범에 의한 사회구성원에 대한 통제력이 지나치게 압제적이어서 개인의 욕망을 허용하지 않음, 희망상실을 의미

4 자살의 유형

1) **제스처형**: 자살하려는 것은 행동에서 나타나지면 해치려는 의도가 결여된 경우, 청소년의 상당수 자살행동은 여기에 해당한다.

2) **2중 감정형 자살**: 죽고싶은 건지 살고 싶은 건지 분명하게 결정하지 못한 상태를 뜻한다.

3) **결단 신중형 자살**: 자살하려는 의도가 확고하다. 자살 위험도가 가장 높다.

5. 자살의 원인: 바우마이스터(Baumeister)의 '자기로부터의 도피로서의 자살'

1) 개인의 기대수준은 높은데, 현실적인 상태가 그에 미치지 못하는 것으로 인해 기대와 현실 사이에 괴리가 있을 때 생겨나는 부정적 사고로 인한 것이다.
2) 기대와 현실 간의 괴리가 생긴 이유를 자신의 탓으로 생각하여 자기비난과 부정적인 자기평가를 하게 된다.
3) 주의의 초점이 자신에게 돌려 있어 고통스런 자기지각이 더욱 커지고 자신을 부정적으로 평가하게 된다.
4) 이러한 결과로 인해 자신에 대한 부정적인 정서상태가 초래된다.
5) 개인은 이러한 고통스런 생각과 감정을 없애줄 수 있는 강력한 수단을 갈구하게 되어 "인지적인 몰락(cognitive destruction)"상태가 된다.
   (1) 인지적 몰락: 정신기능의 협소화로서 주변의 모든 일에 의미부여하기를 거부하고 모든 것을 피상적으로, 무가치적으로 지각하고 해석하는 정신 상태를 의미한다.
   (2) 자기에 대한 고통스런 생각 및 감정으로부터 벗어나려는 충동에서 초래된 인지적 몰락 상태는 자살행위는 물론 알코올과 약물남용, 성적방종, 충동적 과식 등 다양한 자기 파괴적 행위와 관련되어 있다고 본다.

6. 청소년 자살행동의 위험요인 _2009 기출_

1. 위험 요인 단계별

일차적 위험 요인	정서장애, 과거 자살력
이차적 위험 요인	물질남용, 성격장애
상황적 위험 요인	• 가족기능과 가족력: 부모와 자녀의 갈등, 심리적 문제를 가진 부모, 자살경력 • 사회적 관계: 사회적 기술과 동료관계 • 대중매체: 잔물결효과, 베르테르 효과 • 생활스트레스: 스트레스에 대한 부적절한 해결기술과 대처능력

2. 영역별 위험요인

심리사회적 환경(촉발요인)	• 부정적 생활사건(사업실패, 학업실패, 이혼, 별거, 실연, 부당한 사건, 사회적 명예 실추) • 혐오적 환경(벗어날 희망이 없는 혐오적, 억압적 환경, 신체적 결함) • 심각한 질병(죽음 임박, 심각한 통증) • 가정 환경적(모의 불화와 파탄, 부모의 부재와 학대, 가족불화와 파탄, 부모와의 파탄적 관계, 가족응집력의 저하 및 높은 갈등수준, 적대적인 부모-자녀관계, 가정폭력, 성이나 신체적인 학대) • 청소년 발달적 요인: 집단의 모방, 이성문제, 학업 및 행동문제, 비행문제
심리(정신)장애	• 기분과 사고의 변화(슬픔 증가, 희망 상실, 자신 문제에 몰두) • 심각한 우울증(자살자의 약 70% 차지), 정신분열증, 충동조절장애, 기분장애, 품행장애, 반사회적 성격장애 • 알코올 및 다른 약물의 사용(만성 알코올 중독자, 도박자) • 과거의 자살기도 경험(자살의 가장 강력한 예측변인)

10 학교에서 심리치료 활용5: 자살문제 이해와 심리치료

신경생물학적 요인	• 유전적 취약성과 가족력(유전 비중이 약 48% 정도) • 매우 낮은 수준의 세로토닌(높은 공격성과 충동성 유도)
사회문화적 요인	• 자살에 관한 언론보도(모델링, 자살 전염성, 자살폭탄) • 사회적 고립(사회적 지지가 없는 고립자, 집단따돌림) • 사회적 아노미, 문화적 충돌, 경제적 불황기
성격특성	• 충동성과 적대감, 적응유연성의 결함, 자기-패배 신념 • 학대와 방임의 과거력 • 비관적이며 암울한 성격 • 억제적, 완벽주의
정신분석적 요인 (무의식적 요인)	• 타인에 대한 분노가 자신에게 지향 • 상실감과 자기를 향한 공격성 • 죽음 본능(타나토스)이 자신에게 내향화됨

3 청소년 자살의 위험요인과 보호요인

	위험요인	보호요인
개인요인	• 우울감 • 과도한 음주 • 낮은 성취 • 정서적, 사회적 고립 • 충동성 • 낮은 자아존중감 • 친밀한 관계의 상실 및 대화 단절 • 미래에 대한 절망 • 자아 위축 및 자기 도피적인 사고 • 이전 자살시도 경력 • 자신에 대한 비난과 부정적인 평가 • 개인의 비현실적인 높은 기대 • 반복적 생활 스트레스 및 대응 기제 부족	• 원만한 대인관계 • 문제해결 기술 • 효과적인 스트레스 대처 기술 • 도움 요청 기술 • 긍정적인 자아존중감
가족요인	• 과거 가족의 자살시도 경험 • 가족의 응집성 결여 • 부부간 또는 부모-자녀 간의 잦은 갈등 및 가족관계의 불만족 • 가정폭력 • 가족의 질병 • 경제적 빈곤과 부모의 실직 • 부모로부터의 정서적 박탈, 의사소통 결여 • 가족 구성원의 자율적 기능지지 결여	• 가족과 지역사회의 지원과 지지 • 가정폭력, 빈곤 등의 문제에 적극적 개입 • 높은 가족 응집력 • 가족 간의 원만한 의사소통 • 부모-자녀 관계가 지지적이고 친밀함 • 경제적 안정

	위험요인	보호요인
학교·사회 환경요인	• 학교 부적응 • 성적 부진 • 친구(이성, 동성 문제) • 학업, 학교 문제 • 학교에 대한 공포, 등교 거부 • 원만하지 못한 친구관계 • 학교폭력, 집단따돌림	• 또래 및 교사와의 원만한 관계 및 지지망 • 학교에서의 예방교육 및 정신건강 서비스 제공 • 멘토 • 사회적 지지망 구축
	• 미디어와 관련된 왜곡된 이미지나 정보 • 자살을 미화하는 문화적·종교적 신념 • 치명적인 자살 수단의 접근 용이성 • 정신건강 치료에 대한 장애 • 낮은 사회적 지지도	• 정신건강 치료기관의 접근 용이성 • 청소년의 우울 및 자살 예방교육 • 개인의 생명과 가치를 존중하는 사회 풍토 • 자살위기센터의 설치 및 운영 • 치명적 자살 수단에 대한 엄격한 관리

[2009년 기출]

청소년 자살의 위험성을 높이는 요소를 〈보기〉에서 모두 고르시오.

―――〈보기〉―――
ㄱ. 가족의 자살력
ㄴ. 충동성 및 반사회적 성격
ㄷ. 죽음의 개념에 대한 명확한 이해
ㄹ. 특정기념일(예. 좋아하는 연예인의 사망일)
ㅁ. 공격적 행동

7 개입하기

1 자살기도자의 치료 목표

(1) 살아있게 하는 것
(2) 심리적 고통을 감소시켜 주는 것
(3) 희망을 주는 것
(4) 스트레스 대처능력 습득

2 예방적 조치

(1) 자살 위험 평가: 과거 자살기도 여부, 현재 심리상태, 주변환경, 사회적 지지 여부, 스트레스 수준

① 자살 위험 평가 절차

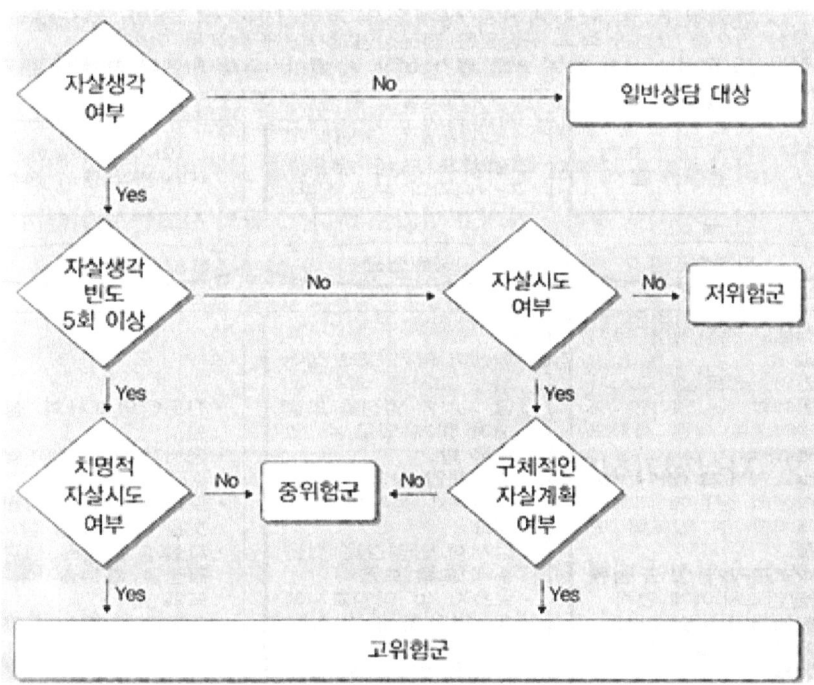

② 탐색 내용: 과거 자살기도 여부(가장 강력한 예측요인, 있을시 집중적 예방 노력), 우울증 병력 확인 (자살자의 70~80%가 우울증 병력 있음. 우울증만 치료해도 자살위험성을 상당 부분 예방)

③ 평가 도구

검사도구	대상	특징	검사 및 해석 방법	문항수 (문항)	소요 시간(분)
자살생각 척도	학생	• 지난 한달 동안 자살에 대한 생각 정도를 측정하는 검사로서 자살 위험성 예측	• 7점 척도(1~7점) • 점수가 높을수록 자살생각이 높게 예측 • 저위험군: 30점~60점 • 중위험군: 61점~120점 • 고위험군: 121점~210점	30	10
청소년 자살 위험성 예측척도	학생	• 부정적 자기 평가, 적대감, 절망감, 자살생각을 평가 • 상담을 실시할 때, 하위 구성 내용에 따른 구체적인 주제로 접근 용이	• 4점척도(1~4점) • 점수가 높을수록 자살생각이 높게 예측 • 저위험군: 31~61점 • 중위험군: 62~92점 • 고위험군: 93~124점	31	10
우울증 평가척도	학생	• Beck의 우울척도 • 쉽게 경험할 수 있는 일들로 구성되어 있으며, 우울 증상의 정도 파악 용이	• 4점 척도(0~3점) • 점수가 높을수록 우울 정도가 높음 • 우울하지 않은 상태: 0~9점 • 가벼운 우울 상태: 10~15점 • 중한 우울 상태: 16~23점 • 심한 우울 상태: 24~63점	19	10

④ 평가결과 자살 위험성이 심각할 경우 병원 입원
⑤ 평가결과 분류에 따른 개입 방향(자살 위기에 대한 예방 및 대처)

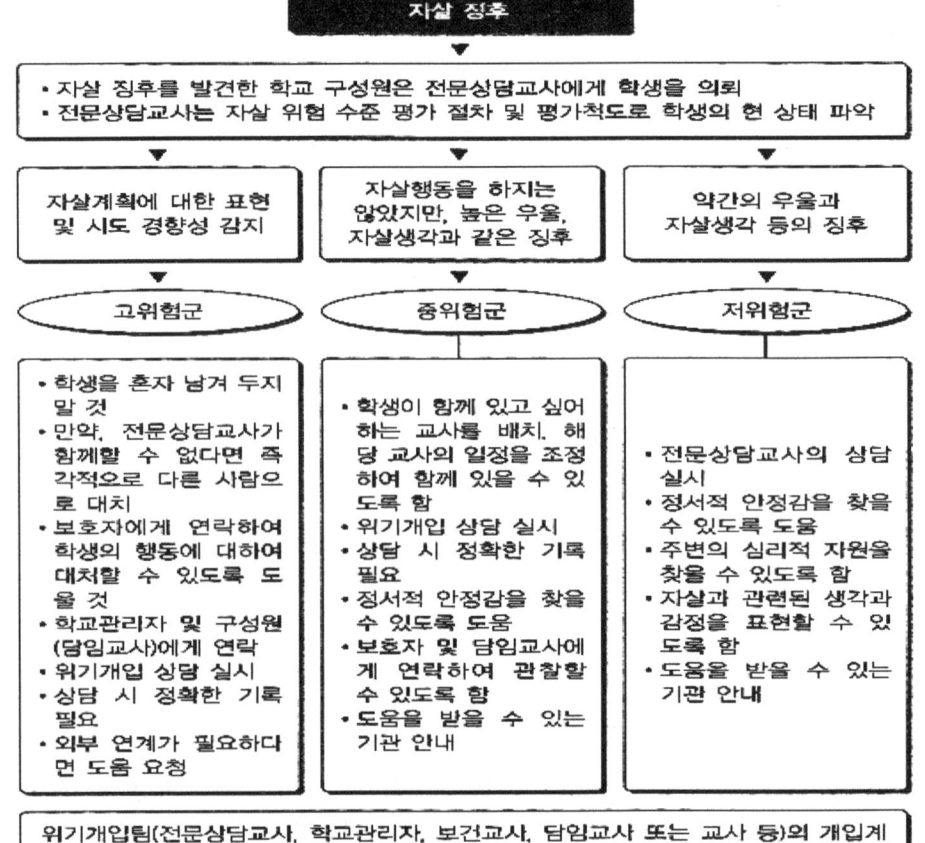

(2) 자살예방 방안

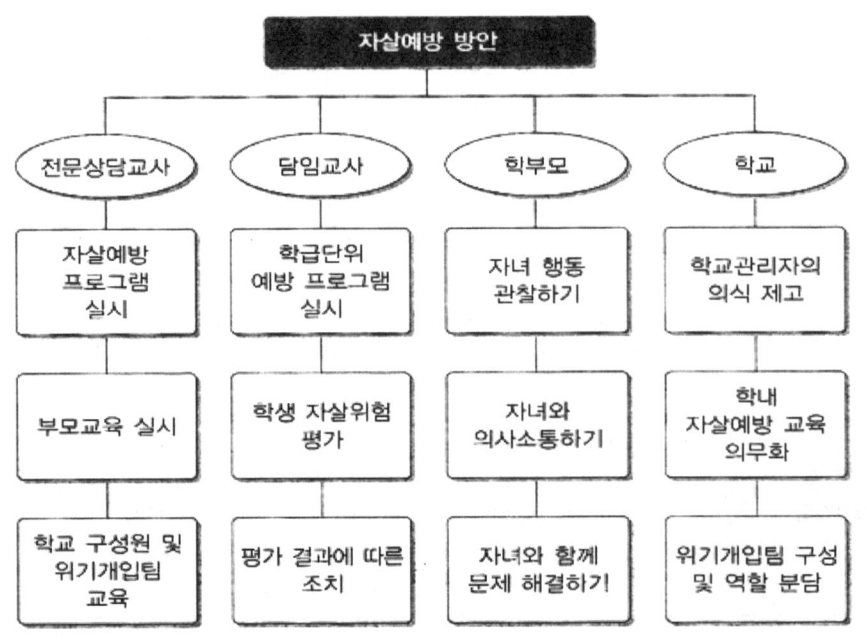

(3) 자살예방 프로그램 예

① 프로그램 과정

회기	목표	내용
3	자살위험 징후에 대처하기	• 자살징후를 보이는 친구를 인식할 수 있도록 조력하기
4	스트레스 대처방법의 중요성 알기	• 청소년이 경험하고 있는 여러 종류의 스트레스 찾아보기 • 불안 및 좌절, 스트레스 상황에 대한 대처 방법 알아보기
5	자살위험이 있는 친구 돕기	• 자살위험이 있는 친구를 돕기 위한 네 가지 방법 알아보기(경청하기, 솔직하기, 감정 나누기, 상담 권유하기)
6	자살위험이 있는 친구와 대화하기	• 의사소통 기술 연습하기(자살위험이 있는 친구를 돌보기 위한 방법, 지지하는 방법, 전문가의 도움을 받을 수 있도록 돕는 것 등 포함)
7	효과적인 의사소통 기술 연습하기	• 상황에 따른 효과적인 의사소통 기술 연습하기
8	지역사회 자원 활용하기	• 위기 상황 시 도움을 받을 수 있는 지역사회 기관 명단 만들기 • 만들어진 지역사회 기관 명단을 토대로 기관을 선정하여 방문하기
9	프로그램 정리하기	• 신뢰성 있는 기관 선별하기 • 자살위험이 있는 친구에게 상담을 권유하는 대화 방법 연습하기 • 프로그램 마무리하기

* 출처: California Department of Education(1987). *Suicide Prevention Program for California Public Schools.*

3 자살 사고 상황시 대처

(1) 자살대처 방안

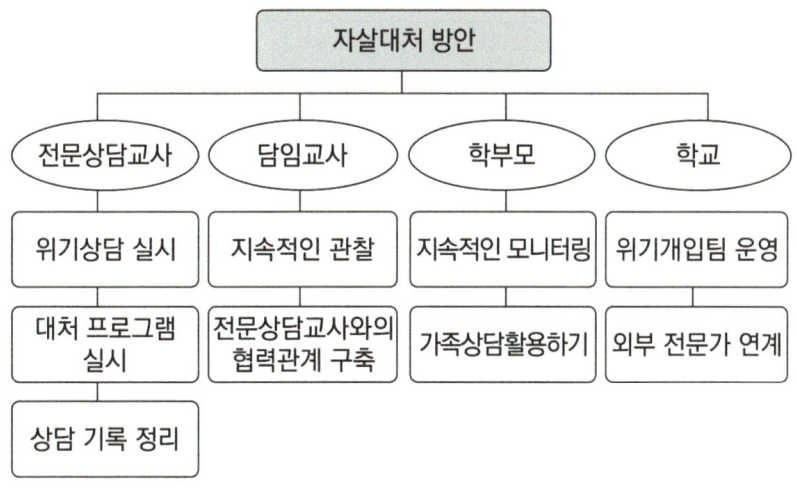

전문상담교사, 담임교사, 학부모, 학교의 자살대처 방안

(2) 길리랜드와 제임스(Gilliland & James, 1993)의 위기상담의 6단계 모델
① 문제정의: 생명 위협의 치명성/중요성/이동의 장애(immobility)/심각성 모두를 사정. 직접적/폐쇄적 질문을 사용한다.
② 안전 확보: 첫 번째 단계와 동시에 이루어져야 한다.
③ 지지 제공: 절망감, 미래에 대한 희망감 상실과 같은 정서에 초점을 둔다. 특히 충분한 애도작업을 할 수 있도록 시간과 공간적 여유를 준다.
④ 대안 탐색: 해결책을 찾기 위한 정보제공이 필요하다. 특히 내담자가 현재 성취/시도 가능한 선택 사항을 탐색한다. 또한 즉각적인 상황적 지지, 대처 기제, 긍정적 사고를 찾아내도록 촉진한다.
⑤ 계획 수립: 내담자의 강점(보호 요인)과 약점(위험 요인)을 분석하여 대처 전략에 최대한 활용한다. 스트레스 감소 훈련, 긍정적 사고 전환, 관점 변화 등의 해결책을 모색한다.
⑥ 긍정적 활동: 해결책을 실제에 적용하고 평가한다. 즉 일상생활로의 복귀를 실행한다. 상담자는 이용 가능한 자원을 명확히 하고 대처 기제를 제공할 수 있는 긍정적/현실적/단기 계획을 세우도록 돕는다.

(3) 치료기법: 인지행동치료가 가장 효과적이다.
① 고통스러운 생각, 부정적 태도, 절망감, 이분법적 사고, 빈약한 문제해결능력과 대처기술, 잘못된 행동적 특성 집중적으로 다룬다.
② 동굴시야(tunnel vision): 인지적 융통성이 크게 저하된 상태에서 상황해결을 위한 다양한 방법을 모색하지 못하고 자살만을 유일한 해결책으로 생각하는 경직된 사고방식을 말한다.
③ 항우울제, 항정신병 약물

4 자살 사고 후 대처

(1) 사고 후 대처방안

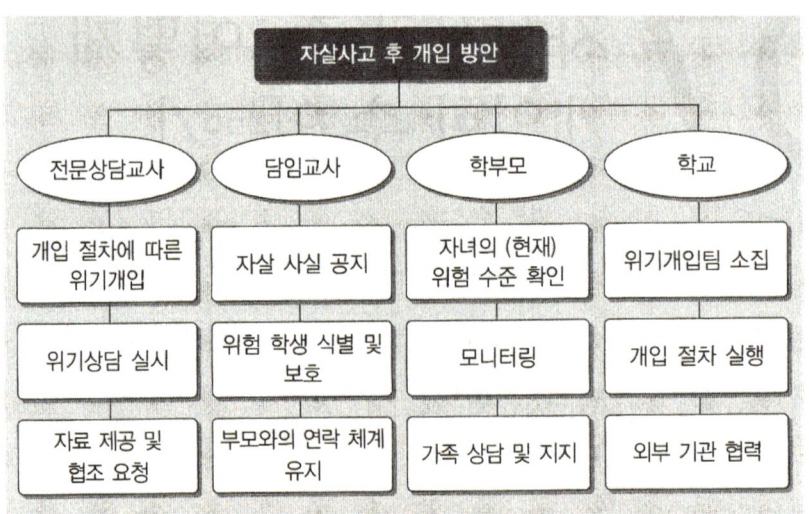

전문상담교사, 담임교사, 학부모, 학교의 자살사고 후 개입방안

(2) 심리부검(psychological autopsy)
① 사망 전 일정기간 동안 자살자가 자신의 정신적 환경에 어떻게 반응했고 왜 자살생각이 이어졌으며 왜 자살하게 되었는지 과학적으로 규명하는 것을 말한다.

② 자살자의 유서, 가족과 동료와의 면담을 통해 직업, 경제상황, 가족 및 부부관계, 대인관계, 성격 및 스트레스 관리, 건강상태 등을 평가
③ 자료의 신뢰성을 높이기 위해 통상 유족 2명 이상을 대상으로 3시간 가량 면담을 한다.
④ 심리부검을 통해 자살 향후 위험요인과 보호요인 확인, 심리부검과 생물학적 측정치들과의 상호 연관성, 특정 자살인구집단에 역학조사와 원인 등을 평가하고 사회적 차원에서 효과적인 자살예방프로그램을 도입하여 자살방지와 예방을 강구한다.

(3) 퀴블러-로스(E.Kubler-Ross)의 애도과정

① **충격 단계**: 사랑하는 사람 또는 친구의 죽음이 처음에는 사건에 대한 부인을 동반한 무감각한 상태가 된다.
② **고통/죄책감 단계**: 몹시 고통스러워하며, 곁을 떠난 사람에게 미처 하지 못한 말과 행위에 대한 후회와 죄책감을 동반한다.
③ **분노 단계**: 상실에 대한 깊은 좌절감, 공격성, 분노를 느낀다.
④ **고독/우울 단계**: 2~3개월이 지나면서 상실 대상자에 대한 그리움을 동반한 깊은 우울에 빠진다.
⑤ **훈습 단계**: 상실 후 4~6개월이 지나면, 텅 빈 느낌과 함께 절망감을 극복하고 삶을 지속하기 위한 해법을 찾기 시작하면서 점차 심한 우울은 사라지고 종전의 기분상태를 회복한다.
⑥ **수용 단계**: 상실감을 극복하기 위한 방법을 발견하면서 목표설정이 가능해지고 점차 종전의 생활패턴을 회복한다.

8 자살에 관한 상담자의 접근지침

1 자살의 주요 특성과 징후과정을 이해한다.

• 자살 위험 징후들

행동 징후	• 술이나 약물을 과용한다. • 공격적 행동 • 주변사람들에게 죽음에 관한 이야기나 죽고 싶다는 말을 자주 한다. • 수면부족 또는 과다 • 식욕부진 또는 과다 • 주의집중 곤란 • 학교성적이 떨어진다. • 외모에 무신경함(기본적 청결관리가 안된다) • 구체적인 자살계획(약을 모은다) • 유서작성 • 자살, 죽음을 암시하는 글이나 그림, 아끼는 물건을 주변사람에게 줌 • 지닌 물건을 나누어 주고 애착심이 줄어든다. • 알고 있는 사람들에게 전화, 편지, 이메일 등을 갑작스럽게 보내거나 자주 보내며 고마움을 표시하거나 덕담을 한다. • 주변사람들과 대화 단절, 학교를 그만두기도 한다.

언어 징후	• 죽어버렸으면 좋겠다 • 나 같은 건 죽는 게 나아 • 나만 없어지면 되잖아 • 만약 죽는다면 그 다음은 어떻게 될까? • 다시는 못 만날지도 몰라 • 그동안 고마웠어 • 도망치고 싶어 이젠 지쳤어
정서 징후	• 우울감, 고립감, 무망감(희망없음), 주변일에 무감각, 무기력감, 자포자기, 화, 죄책감, 외로움, 슬픔, 등을 느낀다.
인지 징후	• '난 더 이상 참을 수 없어', '내가 없어지면 모든 것이 좋아질 거야', '죽는 것이 사는 것보다 나을 거야' 등의 생각을 자주 한다.

2 교사와 상담자는 자살시도, 자살행위를 보인 학생은 병원, 전문기관, 가족에게 알려야 한다.

(1) 자살을 시도했거나 자살에 대한 생각을 반복적으로 하는 학생의 경우 위기상담을 통해 자살위기를 넘기도록 한다.
   ① 자살위험성이 있는 학생에게 자살을 실제로 시도해 보았는지, 어떤 방법으로 시도했는지에 대해 구체적인 질문을 반드시 해야 한다. 2021 기출
   ② 자살위계표를 작성하게 하여 자살가능성을 사전에 판단하여야 한다. 2021 기출

(2) 현재 자살시도, 의도를 가지고 있는 경우에는 자살포기 각서를 작성하여 자살행위를 미연에 방지하고, 보호자에게 알려야 한다.
   ① 자살포기 각서(자살방지 계약서): 자신을 해치는 행동을 하지 않겠다는 서약서에 서명을 받는 것. 서약서에는 학생이 동의하는 기간이 구체적으로 명시되어 있어야 한다.

3 청소년 자살 특성 이해

(1) 자살하려는 사람은 자살연습을 자주 한다. 자살자 중 자살의도는 20%, 자살연습과 제스처는 80%로서 지속적이고 반복적인 자살연습과 제스처는 심각한 정도임을 인식해야 한다.

(2) 자살기도와 자살은 우울감, 정신질환에서 흔히 나타나며 반항장애와 ADHD의 경우에도 가족이나 친구와 갈등이 생길 때 자살위험도가 높다.

(3) 절망감이 높을 때, 문제해결 능력이 부족할 때, 공격적 행동의 과거력이 있을 때 자살위험도가 높다. 청소년의 경우에는 친구에게 자존심이 상했을 때, 무시 받았다고 생각이 들 때, 실연, 부모불화, 진학실패 등이 있을 수 있다.

(4) 자살생각이 사라졌거나 감소되었을 때 초조성 불안이 나타나거나 우울감이 생길 경우 자살위험도가 더 높아지므로 주의해야 한다.

4 교사와 상담자는 전문기관의 도움을 받아야 한다.

(1) 전문기관의 도움이 필요한 경우, 약물 복용, 자살 가능성 등에 대해 구체적으로 논의해야 한다.
(2) 수면과 섭식패턴에 대해 안정시키고 확인해야 한다.

10 학교에서 심리치료 활용5: 자살문제 이해와 심리치료

(3) 다른 약물이나 술에 대한 의존과 남용여부를 확인하여 별도의 도움을 세울 수 있어야 한다.

(4) 자살과 관련된 생각과 감정, 계획을 말할 수 있도록 자유로운 대화분위기를 만들어야 한다.

9 구체적 자살상담 과정의 예

학생과 상담하는 과정에서 자살에 대한 생각, 의도와 계획을 가졌다고 생각이 들 때, 약물 남용 또는 손목을 긋는 행동 등이 의심이 들 때 "당신도 알다시피, 당신처럼 힘든 일을 겪으면 사람들은 종종 자살에 대해 생각해요. 당신도 지금 자살에 대해 생각하고 있는지 궁금해요."라는 질문을 반드시 한다. (육성필, 2007)

1) 호소: 무슨 일입니까? 당신의 이야기를 마음껏 해 보십시오.
2) 촉발사건: 계기가 된 사건이 있었습니까? 최근에 무슨 일이 있었나요?
3) 자살계획의 심각성 정도 평가(언제, 어디서, 무엇으로 등): 자살하기 위해 구체적인 방법을 생각해 보셨나요? 그 방법에 대해 이야기해 보실래요?, 당신이 생각하는 자살방법은 무엇입니까?, 언제 시도할 예정입니까?
4) 과거 자살경험 파악: 과거에 자살을 시도한 적이 있나요?, 자살시도에 대한 주위사람들의 반응은 어땠나요?
5) 도와줄 사람의 파악: 당신에게 중요한 사람이나 행동은 무엇입니까?, 이렇게 어려운 시기에 당신의 주요한 지지자는 누구인가요?, 지금 당장 누가 당신을 도와줄 수 있을까요?
6) 왜 지금 시도하지 않는지 인식해 주기: 왜 지금 자살을 시도하지 않나요?, 당신은 엄마에게 상처주기 싫군요?
7) 현재 도움을 줄 수 있는 방법 제시: 현재 자살행위를 하기 위해 준비한 노끈을 집 밖 쓰레기통에 갖다 버립니다. 옆의 다른 사람에게 도움을 요청하세요.

- 조용하고 비판단적이고 지지적인 태도를 유지한다.
- 청소년이 자기노출을 하도록, 특히 촉진적인 문제에 대해 노출하도록 격려한다.
- 청소년을 설득하여 그들이 계획을 하지 않도록 하는 것이 아니라 계속적으로 탐색하도록 한다.
- 많은 청소년이 많은 선택 중 하나로 자살을 생각하고 있다는 것을 인식하고, 대안적 기술과 대처전략을 탐색하도록 격려한다.
- 청소년을 돌본다는 것과 청소년이 계속해서 안전하기를 희망한다는 것을 전해 준다.
- 청소년의 고통, 절망, 희망 없음의 감정을 감정이입적으로 반영해 준다.
- 자살구상 청소년들이 바라는 것의 긍정적인 측면과 부정적인 측면 모두를 탐색한다. 한편으로는 계속 살기를 원하고, 다른 한편으로는 죽기를 원한다. 이 과정에서 긍정적인 관점을 격려해 주어야 한다.
- 위협이 즉각적인 것이라고 느낀다면, 청소년을 단 1분만이라도 혼자 있게 해서는 안 된다.
- 자신과 타협하는 방법을 배워 자기이상을 낮추도록 한다.
- 부정적 경험을 지양하고 긍정적 경험을 통해 자아존중감을 높이도록 한다.
- 민감성 제거훈련을 시킨다.
- 과거와 현재를 돌아보는 시간을 가지게 함으로써 결국 현재에 초점을 맞추는 훈련을 시킨다.
- 죽음에 대한 감상적 관념을 없애도록 도와준다.

[2021년 기출]

다음은 동료 수퍼비전에서 전문상담교사들이 나눈 대화 내용의 일부이다. 밑줄 친 ㉠~㉣의 진술 중 잘못된 부분의 기호를 2개 찾아 쓰고, 각각 바르게 고쳐 서술하시오.

양교사: 어제 의뢰된 내담자가 있는데 자살 생각을 하는 것 같아서 걱정이에요.
박교사: 어떤 점에서 그렇게 생각이 되었나요?
양교사: 자기가 사라지는 게 모두를 위한 것이라는 말을 했다고 하더라고요. ㉠ 자살을 생각하는 청소년들은 대개 자살시도 전에 주변 사람들에게 암시를 하잖아요.
박교사: 하지만 ㉡ 언어적 암시를 한 경우에는 행동적인 암시를 한 경우보다 안전하지요.
양교사: ㉢ 내담자가 먼저 표현하기 전에 상담자가 자살에 대해 직접적으로 물어보면 자살 충동을 자극할 수 있으니 물어보지 않는 것이 좋아요.
박교사: ㉣ 자살 생각을 한다고 해도 위험 정도는 다르니까 자살 위험성 수준을 잘 평가하는 것이 중요하지요.

11 학교에서 심리치료 활용6: 자해문제의 이해와 심리치료

1 비자살적 자해(nonsuicide self-injury, 자살 의도가 없는 자해)의 정의 | 2020 기출

1 자해

죽음을 목적으로 하지 않지만 고의적으로 자신의 신체조직을 손상시키는 행동을 말한다.

2 자해의 방법

손목과 팔을 칼로 긋기, 담뱃불로 지지기, 긁기, 잘라내기, 부딪치고 멍들게 하기, 핀으로 찌르기, 머리를 찧기, 스스로 때리기, 화상 입히기 등의 행동으로 나타남. 이는 자칫 반의도성 죽음(subintentional death, 의도하지 않은 죽음)에 이를 수 있다. 남들보다 일찍 죽을 수 있음을 알면서도 자신의 몸을 망가뜨리는 행동들(술, 담배, 약물남용, 약복용 거부)도 일종의 자해행위로 자살의도가 없는 자해로 볼 수 있다.

3 자살시도와 구분

특성		자해	자살시도
의도/행동의 목적		• 심리적 고통으로부터 일시적 도피 • 자기 상황의 변화 추구	• 영구적인 의식단절, 삶을 끝냄 • 참을 수 없는 심리적 고통에서 벗어남
치명성/심각성		• 낮음	• 높음
행동빈도		• 높음 • 반복적, 만성적	• 낮음
시도된 방법		• 다양한 방법	• 단일한 방법
인지적 상태		• 고통스러우나 희망 있음 • 적응적 문제해결이 어려움	• 희망 없음, 무기력함 • 문제 해결이 불가능
결과/영향	개인	• 안도감, 진정 • 일시적 고통 감소	• 좌절, 실망감 • 고통의 증가
	대인관계	• 타인의 비난, 거절	• 타인의 돌봄, 관심

2. 비자살적 자해의 진단기준과 특징: DSM-5 미래 개정판의 추후 연구 진단기준

📖 2020 기출

1 진단기준

> A. 지난 1년간, 5일 또는 그 이상, 신체 표면에 고의적으로 출혈, 상처, 고통을 유발하는 행동(예, 칼로 긋기, 불로 지지기, 찌르기, 과도하게 문지르기)을 자신에게 스스로 가하며, 이는 단지 경도 또는 중등도의 신체적 손상을 유발할 수 있는 자해 행동을 하려는 의도에 의한 것이다.(즉, 자살의도가 없음)
> - 주의점: 자살의도가 없다는 것이 개인에 의해 보고된 적이 있거나, 반복적인 자해 행동이 죽음에 이르게 하지는 않을 것이라는 점을 개인이 이미 알고 있었거나 도중에 알게 된다고 추정된다.
> B. 개인은 다음 중 하나 또는 그 이상의 기대하에 자해 행동을 시도한다.
>   1) 부정적 느낌 또는 인지 상태로부터 안도감을 얻기 위하여
>   2) 대인관계 어려움을 해결하기 위하여
>   3) 긍정적인 기분상태를 유도하기 위하여
> - 주의점: 개인은 원했던 반응이나 안도감을 자해 행동 도중에 또는 직후에 경험하게 되고, 반복적인 자해 행동에 대한 의존성을 시사하는 행동 양상을 보일 수 있다.
> C. 다음 중 최소한 한 가지와 연관된 고의적인 자해 행동을 시도한다.
>   1) 우울, 불안, 긴장, 분노, 일반화된 고통, 자기비하와 같은 대인관계 어려움이나 부정적 느낌 또는 생각이 자해 행위 바로 직전에 일어남
>   2) 자해 행위에 앞서, 의도한 행동에 몰두하는 기간이 있고 이를 통제하기 어려움
>   3) 자해 행위를 하지 않을 때에도 자해에 대한 생각이 빈번하게 일어남
> D. 행동은 사회적으로 제재되는 것이 아니며(예, 바디피어싱, 문신, 종교적 또는 문화적 의례의 일부), 딱지를 뜯거나 손톱을 물어뜯는 것에 제한되지 않는다.
> E. 행동 또는 그 결과는 대인관계, 학업 또는 다른 중요한 기능 영역에서 임상적으로 현저한 고통이나 방해를 초래한다.
> F. 행동은 정신병적 삽화, 섬망, 물질 중독 또는 물질 금단 기간에만 일어나는 것이 아니다. 신경발달장애가 있는 개인에게서는 반복적인 상동증의 일부로 나타나는 것이 아니다. 또한 자해 행동이 다른 정신질환이나 의학적 상태로 더 잘 설명되지 않는다.

감별진단

- ▶ 경계선 성격장애: 역사적으로 자살 의도가 없는 자해는 경계선 성격장애의 병리적 특징적인 증상으로 간주되었다. 2가지 병리는 몇 가지 다른 진단과 관련 있다.
- 둘은 빈번하게 관련되지만, 자살 의도가 없는 자해를 하는 개인이 반드시 경계성 성격장애가 있는 것은 아니다.
- 자살 의도가 없는 자해를 보이는 사람은 친밀감, 협동적 행동, 긍정적 대인관계 측면을 더 보이지만, 경계성 성격장애가 있는 개인은 불안정한 공격적·적대적 행동을 더 자주 보인다.
- ▶ 자살행동장애: 자살의도가 없는 자해와 자살행동장애는 개인이 보고하는 행위의 목적에 근거하여 감별된다. 자살행동장애는 죽으려는 목적에서 의도된 행동이지만, 자살 의도가 없는 자해는 안도감을 경험하기 위한 목적으로 행해진다.
- 빈번한 자살 의도가 없는 자해 과거력을 가진 개인은 칼로 긋는 시도가 단기적으로는 고통스럽지만 크게 해롭지 않다는 것을 학습한다. 그러나 이들은 자살을 시도하거나 자살을 할 가능성이 있는 위험군으로 보고 자살 행동에 대한 과거력을 확인하고 최근 스트레스 노출 수준과 기분변화에 대해 확인해야 한다.

2 발달경과

자해행동은 청소년과 젊은 성인층 사이에 흔하며, 보통 10대 초기에 시작되어 수년간 지속되며 20대에 병원에 입원하는 빈도가 제일 높고 이후에는 줄어들기 시작한다.

11 학교에서 심리치료 활용6: 자해문제의 이해와 심리치료

3 특징

비자살적 자해는 일종의 중독성이 있다. 즉, 자해로 인해 야기되는 통증이 정신적 고통의 일부를 경감시킬 수 있고, 자해행동을 함으로써 혐오적인 문제로부터 주의를 분산시킬 수 있으며, 자해의 결과로 인한 상처는 자신이 겪고 있는 고통의 표현으로 대치될 수 있기 때문이다.

[2020년 기출]

다음은 전문상담교사를 대상으로 한 '생명존중교육' 내용의 일부이다. 괄호 안의 ㉠에 해당하는 진단명을 쓰시오.

> 요즘 학교에 자해하는 학생들이 많지요? 어떤 아이들은 신체에 고통스러운 상해를 반복적으로 가하면서 부정적 감정을 해소하기도 합니다. 자신에게 상해를 가하는 도중 혹은 후에 즉각적인 안도감을 느끼게 되지요. 실제로 이러한 행동은 정서 조절의 어려움과 밀접한 관련이 있어요. 특히 이런 학생들은 도움을 구하지 않는 특성이 있어서 필요한 도움을 받지 못하는 경우가 많지요. 여기서 유의할 점은 자해행동과 자살시도는 구분되어야 한다는 것입니다. 이러한 이유로 DSM-5에는 '추가 연구가 필요한 진단적 상태'라는 영역에 (㉠)(이)라는 진단을 '자살행동장애'라는 진단과는 별도로 수록하고 있어요. 그렇지만 자해행동을 했던 사람들이 이후 자살 완수 확률이 높다는 연구 결과들도 있기에 주의가 필요합니다.

3 행동 원인

1 이론적 관점

(1) **학습이론**: 불쾌한 생각이나 느낌의 감소, 해리나 감정둔화 상태에서 감정을 느끼기 위해, 관심을 받고 필요한 것을 얻기 위해, 생활에서 부담스럽거나 불편한 상황을 피하기 위해 자해를 함

(2) **자기자극**: 적절한 감각의 부재를 보상하기 위해 감각의 자극을 제공하려는 목적

(3) **자기처벌**: 강한 초자아의 작용, 자신의 실수나 잘못, 부정적인 자기상을 처벌하려는 목적

(4) **자기통제**: 환경을 통제할 수 없어 통제감을 회복하기 위해 자신을 해하는 것

(5) **발달특성 및 사회문화적 요인**: SNS로 인하여 자해계, 자해를 통해 사회적 지위를 얻거나 타인에게 고통을 표현하려는 목적으로, 혹은 자해하는 행동이 멋있게 보이거나 좋은 해결책으로 모델링되었을 때. 또래 문화의 하나로 자리잡혔을 때 나타남

2 자해 행동의 위험 요인: 개인 취약성, 스트레스 사건이나 상황, 건강하지 않은 문제 해결방법

4 치료

1) 1차적으로 발견자인 학교선생님이나 관련자, 부모는 당황하지 않고 안정감 있게 대응하며, 차분하게 자해에 관하여 이야기를 나누고 공감하는 것이 필요하다. 또한 구체적인 상황을 탐색하는 질문을 제시해야 하며, 자해를 유발하는 요인에 대해 찾고, 이에 대한 대안을 찾으려고 노력을 해야 하며, 대상자에게 격려와 지지적 태도를 보여야 한다.

2) 학교 안에서 자해문제에 대해 전문상담교사나 학교관리자, 보건교사와 함께 협력체계를 구축해야 하며, 학교위기관리위원회를 열어 방안을 모색할 필요가 있다. 또한 가장 중요한 것은 학부모와 협력을 하는 것이 중요하다.

3) 스트레스 상황에 대한 정서조절을 할 수 있는 대안을 마련하는 것이 필요하며, 병원에서 약물치료와 외부 상담소에서 심리치료를 병행하는 것이 필요하다. 심리치료로는 인지행동치료, 변증법적 행동치료가 도움이 된다.

12 다양한 치료방법1: 사이버 상담

1 특징

단회기상담, 편리성과 신속성, 문자중심 의사소통, 익명성, 내담자의 주도성과 자발성, 경제성, 시공간의 초월성

2 사이버상담의 종류

1) 이메일 상담
2) 게시판 상담
3) 데이터베이스상담: 기존에 자주 접하였던 각종 내용과 상담 사례를 사안별로 유목화하거나 키워드로 입력된 데이터베이스로 구축하여 원하는 정보를 쉽게 얻을 수 있다.
4) 채팅상담
5) 화상상담

3 사이버상담 내담자의 호소문제 유형

문제유형	글의 특징	내담자의 요구	상담자의 대처
지지호소형	• 문장이 길다. • 감정표현이 많다. • 상담을 통해 해결하고자 하는 바가 뚜렷하지 않다.	• 상담자에게 하소연하기 • 자신의 심정을 이해받기 • 격려와지지	• 부정적인 감정 수용, 지지, 격려 • 공감과 상담자의 자기 노출 • 자신에 대한 긍정적인 시각을 갖도록 격려
문제해결 호소형	• 선택으로 인한 갈등 상황이 표현되어 있다. • 스스로 제시하는 해결책을 갖고 있기도 하다.	• 문제해결방법 찾기 • 의사결정(대인관계, 학업문제, 진로문제 등) • 대안을 찾아 현재 상황에 적응하기를 원함	• 문제 해결의 어려움을 겪는 감정을 공감 • 문제를 객관적으로 보고 합리적으로 의사결정을 하도록 도움 • 내담자가 시도할 수 있는 방법을 제시
정보 및 조언 요구형	• 문장이 짧고 간결하다. • 원하는 정보가 구체적으로 제시되어 있다.	• 사실적이고 실질적인 지식이나 조언 요구 • 구체적인 방법에 대한 요구	• 상담자의 지식이나 정보를 제공 • 전문기관이나 관련 기관 소개

4 사이버 상담의 과정 2010 기출

1 채팅상담

(1) 환영하기

(2) 경청하기 및 질문하기

(3) 반영 및 공감하기

(4) 상담목표 설정

(5) 구조화

(6) 탐색

(7) 요약 및 해석

(8) 정보제공 및 제안

(9) 직면

(10) 역할연습

(11) 마무리

2 이메일 및 게시판 상담

(1) 내담자 요구 파악하기

(2) 제목정하기

(3) 맞이하기

(4) 호소문제 명료화

(5) 공감하기

(6) 내담자의 강점 지지하기

(7) 상담목표 설정하기

(8) 격려하기

(9) 추수상담 가능성 열어 놓기

12 다양한 치료방법1: 사이버 상담

➕ 사이버 상담의 예

[약속]

[맞이하기]
반갑습니다. 사이버상담실에 있는 상담자 OOO입니다.
상담실 문을 두드려 주셔서 감사합니다. 누구나 고민은 있지만 다른 사람에게 털어놓고 이야기하는 것은 어려움을 느끼는데 용기를 내어 주셔서 고맙습니다.

[호소 문제의 명료화]
직장 생활을 하면서 여러 가지 어려움이 있지만 무엇보다 대인관계가 어려운 것 같아요. 특히 친한 친구와의 관계에서 비밀을 지키지 못하는 자신의 모습에 더 힘이 드시지요?

[공감하기]
어른이 되면서 사람의 소중함 특히 친구의 소중함을 알게 되는데 친구의 소중한 비밀을 지켜주지 못해 스스로 속상하고 안타까울 것 같아요. 더군다나 친한 친구를 잃어버리지 않을까 염려도 될 것 같고요.

[내담자의 강점 지지하기]
저만의 경우일 수 있지만 살아가다 보면 일보다 사람과의 관계가 더 어려운 것 같아요. 그래도 주변에 친구들도 많고 또 누군가는 비밀을 털어놓을 수 있을 만큼 믿음을 주는 듬직한 친구인 것 같아요.

[상담 목표 설정하기]
좋은 친구로, 듬직한 동료로 남기 위해서 서로 간의 믿음을 만들고 지켜가는 것이 가장 중요할 것 같아요. 그리고 그 일은 혼자서 할 수 있는 일이 아니고요. 그래도 믿음과 신뢰를 지키고 싶다면 다른 사람의 이야기를 좀 더 소중하게 여기는 습관을 가지는 것이 중요하다고 생각합니다. 이를 위해 해야 할 일 우선 두 가지만 정해 보세요.

[격려하기]
무엇보다 약속을 지키고자 하는 의지가 가장 중요합니다. 자기와의 약속을 잘 지키는 사람이 다른 사람과의 약속도 잘 지킬 수 있을 테니까요.

[추수상담 가능성 열어놓기]
혹시 약속을 지키는 동안에 다른 어려움이 생기거나 도움이 필요하면 언제든지 우리 상담실 문을 두드려 주세요.

[2010년 기출]

사이버 상담 방법 중 이메일 및 게시판 상담의 과정을 다음과 같은 단계로 구분하였을 때, (가)~(다)에 들어갈 내용을 순서대로 제시한 것은?

내담자의 요구 파악하기 → 제목 정하기 → (가) → 호소 문제 명료화하기 → (나) → 내담자의 강점 지지하기 → (다) → 격려하기 → 추수상담 가능성 열어놓기

	(가)	(나)	(다)
①	상담목표설정하기	공감하기	맞이하기
②	상담목표설정하기	맞이하기	공감하기
③	공감하기	맞이하기	상담목표설정하기
④	맞이하기	공감하기	상담목표설정하기
⑤	맞이하기	상담목표설정하기	공감하기

5 사이버 상담 기법

1 표현기법

(1) 정서적 표현에 괄호치기: 글 속에 숨어 있는 정서적 내용에 괄호를 친다. 비언어적 단서의 결핍을 보완할 수 있다.

① 효과
  ㉠ 상담자 내담자가 서로 쉽게 더 잘 알게 됨
  ㉡ 내담자가 자신의 감정을 더 깊이 알도록 함으로써 내담자의 자기인식 수준을 증가시킴
  ㉢ 내담자가 자기 자신과 대화를 나누는데 외재화시키기를 시작할 수 있음

> **＋ 표현기법의 예**
>
> 상담자: 정환 님, 당신 소식을 들은 지 여러 주가 지났어요(염려되고 걱정돼요). 적어도 이 메일을 접수만 해 줘도 매우 고맙겠어요(주제넘게 나선다는 느낌도 들고, 내가 너무 지나친 걸 요구한다는 느낌도 드네요.).

(2) 즉시성과 현시기법

① 목적: 상담자와 내담자간의 관계의 질을 심화시키는 것이다.
② 방법: 상담자가 편지를 읽는 당시의 자신의 심정과 모습을 생생하게 시각화시켜 표현한다. 구어체를 사용하며, 내담자와 마주하고 있음을 함의하는 용어 사용한다.
  ㉠ 강렬한 감정이 일어나는 순간을 강조하기 위해(성공적이든, 고통스러운 감정이든) 사용한다.
  ㉡ 직면으로 들어가기 전에 서로의 친밀성을 깊게 하기 위해서 사용한다. 즉 상담자와 내담자 간에 유대를 깊게 할 때 사용(예, 인사와 마무리에서)한다.

> **＋ 즉시성과 현시기법의 예**
>
> 상담자: 수진 님이 지난번에 보내 준 응답메일을 막 읽었어요. 수진 님, 내 입이 귀까지 쫙 벌어진 거 있죠. 수진 님이 죄책감을 이겨낸 것을 생각하면, 고개가 절로 끄덕여지고, 기쁨에 가슴이 벅차서 '해냈군, 해냈어.'라고 말하는 자신을 발견합니다. 수진 님이 여기에 나와 함께 있다면, 두 팔을 들고 하늘을 향해 쭉쭉 뻗치는 내 모습을 보았을 겁니다. 마치 '음, 죄책감의 위력이 이제 다 떨어졌어. 아자, 아자, 파이팅'이라고 말하는 것처럼요. 축하해요, 수진 님.

(3) 비유적 언어 사용: 내담자로 하여금 자신의 문제나 원하는 해결책을 비유로 표현하도록 하는 것으로, 내담자의 고통을 확연히 이해할 수 있으면서 상담자와 내담자 간에 관계가 깊어진다.

> **＋ 비유적 언어사용의 예**
>
> 상담자: 죄책감은 무거운 짐 같아요. 배낭에 든 액체 콘크리트 같아요. 내가 움직일 때마다 따라 움직여요. 그 무게가 항상 나를 짓누르고 힘들게 해요.", "당신에게 편지를 쓰면서, 내 몸 안에도 무거운 짐이 있는 것처럼 느껴집니다. 호수님, 어머니가 돌아가셨다니 정말 유감이에요.

(4) 마침표 사용하기: 마침표는 주로 침묵을 나타낼 때 사용하며, 채팅 상담의 경우 상담자가 생각하느라고 응답하지 못하는 순간에도 손은 메시지를 전하고 있어야 한다.

> **＋ 마침표 사용하기의 예**
>
> 상담자: '음.....', '글쎄요.....', '생각 좀 해 봅시다.....'

12 다양한 치료방법 1: 사이버 상담

(5) 글씨체: 작성된 글씨의 크기 또는 대문자의 사용여부가 내담자의 자아개념과 관계가 깊다. 이러한 글씨체는 첫인상을 형성하는 것과 같다. 필요 이상으로 편지길이를 짧게 하려는 것은 낮은 자아개념이 전달되는 것일 수도 있다. 철자가 틀린 경우, 급했거나 낮은 교육수준을 보여줄 수도 있다. 요지를 나타내기 위해서 굵은 글씨를 사용하기도 한다. 상담자는 내담자와 맞추어 줄 필요가 있다. 내담자가 작은 글씨체를 사용하면 상담자도 작은 글씨체를 사용해야 한다. 또한 청소년이 사용하는 속어, 약어, 통신언어를 1회기 상담에서 사용하면 공감대 형성에 도움이 된다.

(6) 이모티콘, 스마일리, 아바타의 사용: 편지를 생동감 있게 구성하고, 실제 만남과 같은 대화효과를 내기 위해 많이 사용한다.

(7) 문자기반 외재화: 빈 의자 기법과 유사, 의자 대신 글자로 사용하는 것이다.

> **+ 문자기반 외재화의 예**
>
> 상담자: 미소님, 나는 당신의 내면에서 일어나고 있는 전투를 알고 있어요. 이것은 미소님이 전혀 풀어 본 적이 없는 당신 자신과의 싸움을 하고 있는 것이나 마찬가지입니다. 미소님의 한 부분은 이렇게 말할 거예요. '난 참을 수 없어. 떠나야 해.' 그러나 다른 한 부분은 여전히 남편을 사랑하고, 그에게 상처 주는 일을 감행할 수 없을 것입니다.
> ☞ 위와 같이 내담자가 갈등하는 내적인 측면 각각을 드러내어 표현하도록 권장한다. 이런 외재화는 문제들을 외재화시키고, 그들 각각에 발언권을 줄 수 있다.
> - '나는 떠난다' 자아: 나는 남편이 가정사나 아이들 교육에 대해 전혀 관심을 기울이지 않는 것을 참을 수 없어. 부부는 함께 노력해야 하는 거야. 나 혼자서는 너무 지쳤어.
> - '아직 사랑해' 자아: 그래, 하지만 남편과 나는 때때로 좋은 친구가 될 수 있어. 남편은 능력이 너무 많아. 그리고 그는….'

(8) 순서 짓기: 편집기능을 활용해서 어느 지점에서 어떤 내용을 말할지 붙여넣거나 하는 등의 비언어적 표현을 조절할 수 있다.

2 상담진행상의 기법

(1) 관계 맺기 기법
  ① 채팅상담에서의 관계 맺기: 공감
    ㉠ 공감은 내담자와 라포를 형성하는 가장 탁월한 방법이다. 치료자가 자기의 말을 주의 깊게 듣고 정확하게 이해하고 있음을 알게 되면, 내담자는 자신이 경청과 존중을 받는 중요한 존재로 느끼며, 긍정적인 상담 관계가 형성된다.
  ② 이메일상담에서의 관계 맺기
    ㉠ 관계 맺기의 시작은 내담자의 주관적 세계에 대한 관심을 표현하는 글로 시작한다. 이런 관심표현은 내담자가 표현한 이슈를 재구조화하는 계기를 만들어 준다. 이는 '이해받았다'는 느낌과 앞으로 상담을 통해 자신의 문제가 어떤 식으로 해결될 수 있을지에 대한 청사진을 제공한다.

(2) 회기 계약 기법(sessional contracting): 매 회기마다 회기계약
  ① 채팅상담에서의 회기 계약
    ㉠ 매 회기 초기, 내·상은 그 회기동안의 행동계획을 수립한다. 이것은 내담자가 상담을 받게 된 이유에 대해 정확하게 표현하도록 돕는다. 초기에 가능한 한 빨리 회기 계약을 확보하는 것은 상담자의 책임이다. 채팅의 경우 주의 분산이 쉽기 때문에 상담자가 동기유발을 잘 시켜야 한다.
  ② 이메일상담에서의 회기계약
    ㉠ 중심이슈를 요약하거나 내담자로 하여금 당면 이슈에 대해 생각하게 하는 방법이 사용될 수 있다.

13 다양한 치료방법2: 미술치료

1 정의

- 다양한 미술 매체를 활용하여 어려움을 겪고 있는 사람들을 심리적으로 진단하고 치료하는 과정
- 내담자가 미술 작품을 만들고 상담자는 치료 목표에 따라 내담자의 미술 과정에 개입하면서 미술을 매개로 내담자의 심리적 문제를 해결해 나가는 심리치료의 한 유형
- 미술 작품을 만들 때는 잘 만들고 못 만드는 것에 개의치 않고 누구나 즐겁게 참여하여 자유롭게 자신을 표현하게 하므로, 미술치료는 말로 자신을 표현하는 데 어려움을 가진 대상에게 유용하다.

2 장점

1 심상의 표현
(1) 인간은 말이라는 형태를 취하기 전에 심상으로 사고한다.
(2) **원리**: 미술치료에서는 꿈이나 환상, 경험에 대해 말로 해석하기보다 심상으로 그려진다.
(3) **효과**: 예술 매체는 일차적 과정의 매체로서 심상 표출을 자극하여 창조적 과정으로 나아가게 한다.

2 내담자의 방어 감소
(1) **원리**: 내담자가 만든 특정 유형의 대상화를 통해서 상담자와 내담자 사이에 하나의 다리가 놓인다.
(2) **효과**: 저항적인 내담자의 경우는 직접 다루는 것보다 그들의 그림을 통해 접근하는 것이 더 쉽다고 할 수 있다.

3 구체적인 유형의 자료를 즉시 얻을 수 있다
(1) **원리**: 눈으로 볼 수 있고 만져 볼 수 있는 자료가 내담자에게서 생산되는 것
(2) **효과**: 내담자의 감정이나 사고 등이 그림이나 조소와 같은 하나의 사물로 구체화하기 때문에 자신도 모르게 자신이 만든 작품을 보고 개인의 실존을 깨닫게 된다.

4 자료의 영속성
(1) **원리**: 미술 작품은 보관이 가능하기 때문에 내담자가 만든 작품을 필요한 시기에 재검토하여 치료 효과를 높일 수 있다.

- (2) **효과1**: 새로운 통찰이 일어나기도 하며, 내담자 자신도 이전에 만든 작품을 다시 보면서 당시 자신의 감정을 회상하기도 한다.
- (3) **효과2**: 내담자의 작품 변화를 통해서 치료 과정을 한눈에 이해할 수 있으며 치료 팀의 회의에서도 작품을 통해 내담자의 생생한 목소리를 들을 수 있다.

5 미술의 공간성

- (1) **원리**: 1차원적 의사소통방식인 언어표현과 달리 미술 표현은 문법, 통사로, 논법 등의 언어 규칙을 따를 필요가 없다. 즉 본질적으로 미술은 공간적인 것이며 시간적인 요소도 없다.
- (2) **효과1**: 미술에서는 공간 속에서의 연관성이 발생한다. 미술에서는 모든 것이 동시에 경험된다. 미술의 공간성은 바로 경험을 복제한 것

  > 예 우리는 가족을 소개할 때 먼저 아버지와 어머니를 소개하면서 그림 속에서 두 분의 관계를 얘기하고 형제와 그들의 관계를 그린 후에 모든 식구와 자신과의 관계를 말할 것이다.

- (3) **효과2**: 가깝고 먼 것이나 결합과 분리 유사점과 차이점 감정 특이한 속성 가족의 생활환경 등을 표현하게 되므로 개인과 집단의 성격을 이해하기가 쉽다.

6 창조성과 신체적 에너지를 유발

미술작업은 신체적 운동이라기보다는 창조적 에너지의 발산이라고 해석된다.

3 미술 매체 및 재료의 종류와 활용

- 재료는 간단하고 적절하고 쉽게 제작할 수 있는 것이어야 하고 다루기 쉬워야 한다.
- 아래 표에서 보는 바와 같이 매체의 선택에서 고려할 것은 촉진과 통제다.
- 촉진을 하기에 충분한 작업 공간과 아울러 친밀감을 줄 수 있는 다양한 매체가 준비되어야 한다.
- 특히 재료를 선택할 때 내담자의 성격을 주의 깊게 고려해야 한다.

미술 매체의 특성

← 가장 낮게 통제								가장 높게 통제 →	
1	2	3	4	5	6	7	8	9	10
젖은 점토	그림물감	부드러운 점토	오일 파스텔	굵은 펠트지	콜라주	단단한 점토	가는 펠트지	색연필	연필

1 오른쪽으로 갈수록

대체로 심리적 긴장과 통제를 높게 하는 재료이고 왼쪽으로 갈수록 통제의 정도가 낮은 재료이다.

(1) 장애아나 유아 등에서는 쉽게 제작할 수 있는 도구를 사용한다.

(2) 연필은 조작하기 쉽지만, 물감이나 점토는 조작에 있어서 기술적인 문제가 있을 수 있다.

(3) 내담자의 자발성을 촉진하기 위해서는 다양한 크기와 종이, 점토와 색상 등을 준비: 너무 많을 경우 질리게 할 수 있다.

(4) 쉽게 찢어지는 신문지나 잘 부서지는 분필: 내담자의 좌절을 쉽게 유발한다.

(5) 물감, 핑거페인트, 물기가 많은 점토: 퇴행을 촉진하는 재료. 경직된 성격의 내담자에게는 유용하지만 충동적이고 자아경계가 불분명한 내담자에게는 충동적 성향을 심화시킬 수 있으므로 적합하지 않다.

(6) 색연필, 사인펜과 같은 딱딱한 재료: 높은 통제력을 지닌 재료로 충동적 성향을 통제하기 용이하다. 이렇게 내담자의 성향과 반대 성향을 재료를 제공하는 것은 내담자가 내면세계의 억압된 부분을 재통합하는 기회를 줄 수 있어 매우 중요하다.

(7) 때때로 미술매체를 바꾸어 주는 것이 내담자를 촉진할 수 있다. 상담자는 내담자의 요구에 민감해야 한다. 따라서 미술치료자는 미술 매체의 특성에 따라 친밀감을 형성하고 흥미를 부여할 수 있는 재료, 욕구표출에 용이한 재료, 정서적 안정을 주는 재료, 자발성을 향상하는 재료가 무엇인지를 끊임없이 탐구해야 한다.

(8) 내담자의 자아 기능이 미성숙한 경우에는 동시에 너무 많은 재료를 제공하면 혼란을 초래할 수 있기 때문에 내담자의 인지 수준에 따라 재료를 제한해 주어야 한다.

4 미술치료의 과정

1 도입단계

서로 친밀해지면서 편안한 분위기 조성. 긴장 이완을 위한 호흡법이나 음악 사용, 치료 목표 설정. 미술치료에 관한 전반적 설명, 준수해야 할 규칙을 정한다.

2 활동단계

내담자가 적극적으로 작업에 들어가는 단계이다. 내담자가 활동 자체에 몰입하여 깊은 경험을 할 수 있도록 불필요한 대화는 하지 않는다.

3 토론단계

내담자가 만든 작품을 살펴보는 과정이다. 토론 시 주의할 점은 작품의 진단이나 분석은 삼갈 것. 토론의 내용은 다음과 같다.

(1) 작품을 시작할 때와 만들 때 그리고 끝났을 때의 느낌은 어떠한가?

(2) 작품의 어떤 부분이 마음에 드는가? 그 이유는 무엇인가?

(3) 만약 작품을 수정한다면 어느 부분을 수정하고 싶은가?
(4) 그림의 각 요소 간에는 어떤 관계가 있는가?

5. 미술치료 기법

1. 자유화

자유화는 주제나 방법을 내담자 스스로 결정하게 하여 그리게 하는 것으로 진단과 치료에 모두 활용된다. 내담자의 자발적인 표현은 무의식을 의식화하는 데 크게 도움이 된다.

2. 꼴라쥬

주로 잡지책이나 치료자가 준비한 이미지가 인쇄된 종이를 선택해서 잘라 붙여 표현한다. 그림 그리기에 부담이 있는 내담자도 쉽게 접근할 수 있는 기법이다. 따라서 초기에 실시하면 작업 참여에 대한 어색함을 줄이고 쉽게 미술치료 장면으로 몰입할 수 있다.

3. 점토작업

만들기 쉽고 마음대로 되는 점토의 성질을 이용하여 촉각과 시각 기능 모두를 이끌어낸다. 이완을 촉진하고 유연성을 증가시킨다. 하지만 너무 강직도가 높거나 정신분열증 환자처럼 정신적 와해가 높은 환자들은 처음부터 점토를 사용하는 것이 좋지 않을 때가 있다.

4. 핑거페인팅

풀그림은 매체가 유연성을 지니고 있으므로 긴장감을 줄이고 내담자를 이완시켜준다. 반면 지나치게 과활동적인 아동은 통제가 조금 이루어진 후 풀그림을 실시하는 것이 좋다.

5. 난화(갈겨그리기법)

그림을 그린 사람의 무의식 속에 잠재되어 있는 상상을 표출시키고 저항감을 줄여주는 데 도움이 된다. 종이에 직선이든 곡선이든 어떤 것이라도 자유롭게 그린다. 그려진 선을 이리저리 돌려보면서 이미지를 떠올린다. 이미지가 떠오르면 선을 더 첨가하거나 색을 칠한다. 마블링, 실그림 등으로 응용할 수도 있다.

6. 난화상호이야기법

난화기법에 테두리법을 첨가함. 치료자와 내담자가 서로 종이 한 장씩을 나누어 갖고 서로 테두리선을 그려 교환한 후 난화를 만들고 치료자가 만든 난화에 내담자가 심상을 투영하여 형상을 완성하고 반대로 내담자가 만든 난화에 치료자가 심상을 투영하여 형상을 찾아 완성하는 것이다. 초기에 치료자와 내담자간의 관계형성에 효과적이다. 이미지화한 그림의 연상 작업을 통하여 내담자의 무의식을 의식화하고, 내담자의 현재 심리상태와 연결해 살펴볼 수 있다.

7 신체 본뜨기

전지를 바닥에 깔거나 벽에 붙여 놓는다. 내담자로 하여금 자유로운 자세를 취하게 하고 치료자가 신체를 본떠준다. 내담자가 자신의 신체를 표현할 수 있는 시간을 제공하고 작업이 끝난 후 피드백을 나눈다. 미래상 표현하기, 장점 표현하기, 집단에서의 사용 등으로 응용이 가능하다.

8 가면 만들기

내담자의 얼굴을 석고나 라텍스로 본뜬 상에 일상생활이나 특정한 상황서 자신이 어떤 모습으로 보여지고 있는지를 표현한다. 이를 통해 자신에 대한 깊은 이해를 돕는다. "당신이 어떤 모습으로 생활하는지, 당신이 생각하는 타인과의 관계 속에서 자신의 모습을 만들어 보세요. 자신의 모습을 가면으로 표현해보세요"

9 상자기법

빈 상자를 이용해서 주로 '남이 보는 나'와 '내가 보는 나'를 표현한다. 집단에 적용하기도 한다. 이 작업을 통해서 내담자는 자신에 대해 생각하게 되고, 특히 작품을 완성하고 나서 자신의 모습을 객관화하여 살펴볼 수 있는 계기를 가지게 된다.

10 생활선 그리기

자신의 생애를 연령별로 표시하고 태어나면서 현재까지를 생활 선 위에 표현한다. 내담자 에게 삶의 전 과정을 살펴볼 수 있는 기회가 된다. 자신의 삶속에서 긍정적인 부분, 부정적인 부분, 상처에 대해 그리고 과거, 현재, 미래의 모습에 대해 살펴볼 수 있다.

11 테두리기법

내담자에게 도화지를 제시하면서 용지에 테두리를 그어 건네주는 방법이다. 조형 활동을 자극하고 공포를 줄일 수 있어 자아가 허약한 내담자에게 많이 사용되고 있다. 테두리를 그릴 때에는 자를 사용하지 않으며, 도화지에 원을 그려 주고 원 안에 그림을 그리거나 채색하게 하여 과잉행동 주의산만 등을 통제할 수 있으며 심리적인 지지도 해 줄 수 있다.

12 그림완성하기(starter sheet)

그림 그리는 데 저항이나 공포, 수줍음 등을 줄여서 그림 그리기를 자극하고 촉진하는 데 사용한다.

13 만다라

만다라는 둥근 원형의 그림 안에 표현하는 것으로, 융(Jung)은 만다라를 심리치료 분야에 적용하였다. 만다라는 침착함과 고요함을 주며 자아존중감을 키워준다. 만다라는 중심 또는 초점을 지니며, 조화와 균형이 잡힌 구조적 특징을 가지고 있고, 마음의 전체성을 상징한다.

14 감정차트 만들기

도화지에 몇 개의 칸을 구분하고 최근의 감정을 그리거나 색종이로 나타내게 한다. 감정을 표현한 후에 모든 인간이 불편한 감정을 가지고 있음을 확인시킨다. 또한 칸 없이 한 장의 종이에도 표현할 수 있고 스펙트럼 형태의 띠로도 나타낼 수 있다.

15 풍경구성법

도화지에 산, 강, 밭, 길, 집, 나무, 사람, 꽃, 동물, 돌 그리고 추가로 표현하고 싶은 것을 차례로 그려 넣어 하나의 풍경이 되도록 채색하게 한 다음, 계절, 시각, 기후, 강의 흐르는 방향, 사람과 집, 밭 등의 관계에 대해서 이야기하게 하는 기법이다. 이 기법은 치료 가능성의 평가와 문제점의 추측 및 관찰에 유용하여 진단과 치료에 모두 사용할 수 있으며, 모래놀이치료 전문가들이 즐겨 사용하고 있다.

16 협동화

가족이나 내담자들이 소집단을 이루어 한 장의 종이에 협동해서 그림을 그리는 방법이다. 집단상담에 유용하며 자발성의 정도, 경험의 표출, 협동성, 그리는 위치와 내용, 그림 순서, 주의력 등을 관찰하여 분석한다. 주제를 주는 경우와 주지 않는 경우로 나누어 실시할 수 있는데, 집단치료의 장점을 함께 활용하면 효과적이다.

14 다양한 치료방법3: 놀이치료

1 정의

- Axline(1969): 놀이치료(Play Therapy)란 아동이 가장 호의적이고 알맞은 조건에서 성장할 수 있는 경험의 기회를 제공해주는 것이다.
- O'Conor(1983): 놀이치료란 훈련된 치료자가 심리적 문제를 지닌 내담자를 돕기 위해 체계적으로 놀이의 치료적 힘을 적용시키는 대인관계 과정이다.
- Webb(1991): 놀이치료란 심리역동적인 측면과 발달적인 원칙에 기본을 둔 심리치료의 한 방법이며, 아동이 인형이나 찰흙, 게임, 퍼핏, 미술 재료 등의 놀이도구를 통해 다양한 상상력을 동원하여 자신의 정서적인 어려움을 표현하고 완화하는 데 도움을 주고자 하는 것이다.

2 장점

1) 놀이는 저항을 극복하고 치료를 위한 관계를 맺게 한다.
2) 놀이를 통한 의사소통으로 아동을 쉽게 이해할 수 있다.
3) 놀이를 하면서 창조적 사고가 발달하게 되고 새로운 방법으로 문제를 해결할 수 있게 된다.
4) 놀이를 하면서 감정이 정화되고 억압된 감정은 해소된다.
5) 놀이를 통한 역할극으로 새로운 행동을 연습하고 획득하여 다른 사람에 대해 공감할 수 있게 된다.
6) 놀이를 통해 대인관계가 좋아지게 되면서 자기를 존중하고 타인과 친밀하게 된다.
7) 놀이는 아동에게 행복감을 주고 생활에서 오는 스트레스를 해소할 수 있는 해독제의 역할을 한다.

3 놀이치료의 과정

1 접수면접: 주호소문제를 듣고 아동의 현재 문제와 그 특성, 문제가 어떻게 형성되었는지 가설을 세운다.

 **다양한 치료방법3: 놀이치료**

2 아동관찰 및 놀이평가: 그림검사를 실시한다. 혹은 놀이평가를 한다.

(1) 아동이 놀이를 시작하며 아동이 무엇을 선택하는지, 선택한 장난감을 어떻게 사용하는지, 어떤 주제로 놀이를 하는지 등을 살펴본다.
(2) 이렇게 수집된 정보를 통해 전반적인 첫인상과 행동, 놀이 장면 등을 통하여 아동의 문제 원인을 평가하게 된다.

3 부모면담: 아동 문제 원인을 좀 더 구체적으로 파악하기 위한 부모 면담이다.

(1) 아동의 인적사항, 아동양육 사항, 가족 사항, 부모가 보는 아동의 문제, 학교생활, 또래 관계 등을 묻는다.
(2) 아동과 부모 면담에서 얻은 정보를 비교하면서 부모가 아동의 문제를 인식하는 정도, 아동이 부모를 보는 태도, 자신의 문제를 지각하는 정도 등의 정보들을 얻는다.

4 초기단계: 관계형성단계, 치료목표 설정, 아동이 호기심을 나타내고 창조적인 놀이를 자주 하며 행복감과 불안감을 모두 나타낸다.

(1) 차츰 공격적인 놀이가 증가하기 시작하고 자발적인 표현도 늘어나게 된다.
(2) 자신이나 가족에 대해 이야기를 하며 치료자에게 인정받으려 노력하는 모습도 보인다.
(3) 이 시기에 상담자는 아동에게 치료자는 자신을 돕는 전문가라는 인식하게 도와야 한다.

5 중기단계: 치료자가 자신을 위한 존재라는 것을 인식하게 되면서 부정적인 감정을 자연스럽게 표현하기 시작한다.

(1) 자신의 과거에서 불쾌했던 경험을 재연하게 되고 이때 상담자는 아동이 어려움을 겪었던 시기가 발달 단계상 어느 시기였는지 이해하는 것이 중요하다.
(2) 상담 과정에서 아동의 자기존중감이 향상될 수 있도록 통찰력을 높여주고, 치료를 계획할 때 아동에게 성취감을 느낄 수 있는 기회를 주도록 해야 한다.
(3) 중기단계에서 아동은 치료자와의 관계에서 부모와의 관계에서 결핍되거나 왜곡된 경험을 교정하는 경험을 하게 되고 자기의 문제를 새로운 각도에서 이해할 수 있는 과정을 거치면서 문제가 해결된다.

6 종결단계: 치료목표 달성 여부 확인. 아동은 자신의 문제를 있는 그대로 수용할 수 있으며 자신의 장점을 존중하고 자기존중감이 향상되어 현실적인 문제를 대처해 나갈 수 있게 된다.

4 치료실과 치료도구

1 놀이치료실
놀이치료실은 아동에게 안전하고 편안할 뿐 아니라 자신을 표현하기에 쉽고 적절한 곳이라는 인상을 주어야 한다.

2 놀이치료 도구
(1) 아동의 놀이는 상담과정 중 언어에 해당, 놀이에 사용되는 놀잇감이나 도구는 단어에 해당
(2) 아동 자신의 경험, 감정, 욕구, 생각을 잘 표현할 수 있는 놀잇감과 도구가 준비
(3) 놀이치료자가 신체놀이, 미술작업, 모래작업 등 어떤 치료적 접근을 하느냐에 따라서 구체적인 놀이도구는 달라진다.

3 놀이도구 유형

(1) **실생활 관련 놀이도구**

놀이도구 종류	심리적 내용
인형집, 가족 인형, 사람 퍼펫	가족관계에서 경험하는 분노, 두려움, 수치심, 경쟁심, 질투 등과 욕구
유치원, 학교, 사람 인형	유치원이나 학교에서 경험하는 다양한 감정과 욕구
소꿉도구, 아기 인형, 양육도구	양육경험과 관련되는 감정과 욕구
병원놀이 도구	• 병원에서의 부적절한 경험으로 인한 불안감 완화 • 숙달감과 통제감을 경험
슈퍼마켓 도구, 금전출납기	가게주인이 되어 상황에 대한 통제감과 조절감
탈것들	• 방 탐색을 위한 구실, 치료자에게 접근을 용이하게 함 • 탈것의 경험과 관련된 답답함, 좌절, 혼란스러움 • 움직임의 욕구와 힘

(2) **부정적 감정과 공격성 표출을 위한 놀이도구**: 놀이치료에서 치료자는 수용적인 환경을 제공함으로써 아동이 공격적인 감정을 자유롭게 발산하도록 돕는다.

놀이도구 종류	심리적 내용
공룡, 맹수, 악당, 괴물, 용사, 군인, 총, 칼, 수갑, 펀치미, 퍼펫, 점토(두드리고 던지고 뭉치고 찢기)	부정적 감정과 공격적 욕구

(3) **창의적인 표현과 정서적 해소를 위한 놀이도구**

놀이도구 종류	심리적 내용
모래, 물	• 창조적으로 자기만의 세계 표현 • 이완, 변형과 창조
블록	• 탑을 쌓고 부수면서 정서 해소 • 집이나 원하는 건물이나 보호벽 건설
이젤과 물감, 그림도구	창의적으로 표현
점토(주무르고 만들기)	정서 해소

(4) 게임 놀이도구

게임 유형	게임 종류	심리적 효과
자아향상 게임	주사위 게임, 카드 게임, 젠가, 윷놀이, 할리갈리 등	자기통제력, 좌절인내심, 규칙지키기, 기억력, 계획적이고 논리적인 사고력
대화 게임	말하기 행동하기 느끼기 게임, 이웃 사귀기 게임, 집안에서 일어나는 일 등	가족이나 또래와의 관계 문제, 부모의 이혼, 상실, 왕따 등과 관련된 경험을 이야기함. 이를 통하여 감정표현뿐 아니라 상황에 대한 이해와 대처방식에 관하여 대화하고 새로운 관점과 대처법을 배움

5 기본기법 2010 기출

- 아동의 감정을 무조건적으로 존중한다.
- 아동을 위협하는 행동에 대해서는 제한을 설정한다.
- 아동의 생각을 반영, 아동이 결정하게 함으로써 아동이 원하는 것을 할 수 있도록 → 수용과 선택권의 부여는 아동이 스스로 책임지고 조절하며 내적 동기를 갖도록 하여 아동이 주도적인 삶을 이끌도록 돕는다.

1 추적하기

(1) **정의**: 아동에게 아동의 행동을 설명하는 것이다.

(2) **방법**: 치료자의 따뜻한 관심과 아동에 대한 존중은 치료자가 아동의 놀이행동과 내용을 부드러운 목소리로 정감을 담아 매 순간 읽어줄 때 전달이 가능하다.

(3) **효과**: 아동에게 관심을 가지고 있으며 아동의 놀이를 이해하고 있다는 것을 전달하는 기법이다.

(4) **유의점**: 놀잇감의 이름을 명명하거나 아동 행동의 의도를 치료자 임의대로 단정짓지 않음으로써 아동이 창의성을 발휘하여 자신의 의도대로 마음껏 표현할 수 있는 허용적인 분위기를 만들어 주는 것이 좋다.

> **+ 추적하기의 예**
> 아 동: (길을 만들고 자동차를 꺼내서 그 위를 가게 한다) 빵빵!
> 치료자: 차가 길 위로 가고 있네.
> 아 동: (달리던 차를 다른 차와 계속해서 부딪히게 한다)
> 치료자: 차가 부딪혔구나. 또 부딪혔네…. 계속 부딪히는구나.

2 내용 재진술 하기

3 사고, 감정, 욕구 반영하기

(1) **조건**
① 아동을 있는 그대로 반영해 주기 위해서는 아동을 민감하게 이해해야 한다.
② 아동에 대한 민감한 이해를 바탕으로 치료자는 아동을 있는 그대로 수용해야 한다.
③ 치료자는 조언, 제안, 설명, 질문을 하여 아동의 행동, 감정 및 사고를 방해하지 않아야 한다.

(2) **효과**: 치료자가 아동을 이해하고 수용하고 있다는 것이 전달되면 아동은 안전감과 안정감을 느끼면서, 더욱 자기답게 마음껏 표현할 수 있을 뿐만 아니라 자신의 두려움에도 직면할 수 있는 용기가 생긴다.

＋ 사고, 감정, 욕구 반영하기의 예
아 동: (얼굴이 굳어 있고 씩씩거린다) 치료자: 네가 화가 난 것 같은데… 아 동: 네가 싫어!! (인형을 때리고 던진다) 치료자: 그것 때문에 화가 났구나! 때리고 던질 정도로… 네가 아주 많이 화가 났구나!

4 책임감 돌리기

(1) **정의**: 자신의 말과 행동을 아이가 주도적으로 이끌 수 있도록 하는 것

(2) **목적**: 아동에게 자기결정과 의사결정 기술을 강화하는 것이다.

(3) **방법**: 치료자는 아동을 믿고 아동이 스스로 의사결정을 하도록 기꺼이 허용하여 자기 안내를 위한 기회를 제공. 아동이 자기가 원하는 것을 할 수 있게 기회를 주고 격려해 준다면 아동은 점차적으로 치료자의 결정을 묻지 않고 스스로 사물에 이름을 붙이게 된다.

(4) **효과**: 아동에게 자신에 대한 책임을 돌려주어야 아동은 자신을 조절할 수 있다.

＋ 책임감 돌리기의 예
아 동: (분명히 이름을 아는 장난감 한 개를 집으면서) 이게 뭐예요? 치료자: 그건 네가 원하기만 하면 어떤 것이라도 될 수 있어. 　　　　여기서는 네가 정할 수 있단다.

5 은유 사용하기: 예 곰 가족

6 제한하기: 무비판적으로 제한하기/논리적 결과로 제한하기

(1) **목표**
① 아동이 자신의 욕구나 충동을 인식하고, 이를 사회적으로 용인되는 방식으로 해결하는 방법을 배우며, 이를 통하여 책임감을 키운다.
② 대인관계 속에서 죄의식이나 불안감을 경험하지 않도록 한다.
③ 일관성 있는 환경을 제공해 준다.

(2) 내용
① 놀이도구 이외의 다른 시설물이나 재산을 파괴하지 않아야 한다.
② 신체적으로 치료자를 공격해서는 안 된다.
③ 정해진 시간 외에 치료실에서 머물러서는 안 된다.
④ 치료실의 놀잇감을 밖으로 가지고 나가서는 안 된다.
⑤ 창문 밖으로 놀잇감이나 물건을 던져서는 안 된다.

(3) 절차: 제한을 설정할 때는 침착하면서도 단호하고 엄격하게 해야 한다.
① 1단계: 아동의 마음을 읽어 주기
　㉠ 아동의 감정이나 내면의 원망, 바람을 언어화하여 읽어 주고 알아주는 순간 아동의 감정은 약화되고, 굳이 행동으로 옮길 필요성을 덜 느끼게 된다.
　㉡ 아동은 자신의 동기가 무엇인지를 보다 분명하게 인식하게 되고, 치료자에게 수용되고 있음을 느끼게 된다.
② 2단계: 제한을 설정하기
　㉠ 제한은 분명해야 하며 무엇을 제한하는지가 정확하게 전달되어야 한다.
　㉡ 무엇이 적절하고 적절하지 않는지, 무엇이 허용되고 허용되지 않는지에 대한 애매함이 아동의 마음속에 없어야 한다.
　㉢ 제한의 목적은 행동을 중지시키기 위한 것이 아니라, 행동을 변화시킬 책임이 아동에게 있음을 배우게 하기 위함이다.
　㉣ '~하지 마라'보다는 '바닥은 물감을 칠하는 곳이 아니야.'라고 현실을 알려 줌으로써 아동으로 하여금 자기가 하는 행동의 의미를 깨닫고 스스로 조절하게 하는 것이다.
　㉤ 제한 설정의 시기는 일반적으로 제한해야 할 행동이 일어난 순간에 하는 것이 좋다.
③ 3단계: 수용 가능한 대안 주기
　㉠ 아동이 자신의 감정과 욕구가 무엇인지 인식하고 이를 현실에서 수용 가능한 방식으로 해결하는 것을 배우는 것은 아동 적응에 있어 매우 중요한 학습이다.
　㉡ 수용 가능한 대안을 줌으로써 아동은 현실에 적응하는 법을 배우게 된다. 대안을 줄 때, 가능하다면 여러 개의 현실적인 대안을 주어서 아동이 선택하도록 하는 것도 괜찮다.
④ 4단계: 마지막 선택을 알려 주기
치료자의 인내심에 따라서 3단계의 과정을 몇 번 반복하다가 마지막 선택을 알려 준다.

> **＋ 치료적 제한의 예**
>
> 다트게임을 하는 중이다. 아동은 이기고자 하는 욕구가 매우 강한 아동이다. 첫 번째는 아동이, 두 번째는 치료자가 이겼다. 세 번째 판도 치료자가 이길 가능성이 큰 상황이 되었다. 그 순간 아동이 씩씩거리면서 치료자를 향해 다트핀을 던지려는 자세를 취한다.
>
> • 1단계: "이번 판에는 네가 꼭 이기고 싶은데…. 질 것 같아서 지금 너무 속상하구나! 너무 속이 상하면 화가 나지! 그래 네가 너무 속이 상해서 지금 엄청 화가 났다는 것 알겠어! 그래서 그 다트핀을 선생님에게 던지려고 하네…."
>
> • 2단계: "다트핀은 다트판에만 던질 수 있어. 선생님은 다트핀이 아니잖아. 사람에게 던지면 다칠 수 있어." (상황에 따라 2단계 제한설정을 먼저 하고 1단계 마음 알아주기를 해도 된다.)
>
> 아동이 다트핀을 잡은 손의 힘을 빼고 치료자가 다트핀을 가진다. 아동은 여전히 씩씩거린다.
>
> • 3단계: "너무 화가 나서 무언가를 던져야 화가 풀릴 수 있다면 이 공들을 던져도 돼. 여기 있는 공들은 말랑말랑한 공이고 사람에게 던질 수도 있어."

> 치료자는 공을 아동에게 준다. 아동은 공을 잡아서 치료자에게 던지고 치료자는 공을 잡거나 피한다. 여러 번 하다가 공놀이처럼 되어 버리고 아동도 화가 풀린다. (혹은 벽에 공을 던져도 된다는 대안을 줄 수 있다. 여기서는 아동이 치료자를 향해 무언가를 던지고 싶어 하는 욕구가 강했기 때문에 사람에게 던져도 되는 대안을 주었다.) 이후에 다시 다트게임을 했으나 이런 상황이 또 반복된다. 치료자는 아동에게 마지막 선택을 알려 준다.
>
> - 4단계: "한 번 더 다트핀을 선생님에게 던지려고 한다면 오늘은 네가 다트게임을 더 하지 않겠다고 선택한 것으로 알겠어."
>
> 이후에도 아동이 다트핀을 치료자에게 던지려고 했고, 치료자는 아동에게 "오늘은 네가 다트게임을 더 하지 않겠다고 결정했구나."라고 말하고 다트핀을 치운다.

7 놀이 안에서 상호작용하기

(1) 정의: 아동이 놀이를 위해 치료자에게 어떠한 역할을 해주길 바랄 때 치료자가 철저하게 아동이 원하는 역할을 해주는 것.

(2) 방법: 아동이 어떤 역할을 치료자에게 주었을 때, 그 상황에서 가능한 보편적이면서 중립적인 반응을 해주는 것이 좋으며, 필요한 순간마다 치료자의 목소리로서 아동이 놀이 속에서 표현한 생각, 태도, 경험, 감정, 욕구를 반영해 주어야 한다.

> **+ 놀이 안에서 상호작용의 예**
>
> 치료자: (아기 목소리로) 엄마! 엄마! 무서워… 엄마 어디 있어… 엉엉….
> (치료자 목소리로) 아기는 엄마를 잃어버려서 너무 무섭구나.
> 더구나 깜깜한 숲속이라 더 무서울 것 같아.
> 아기는 너무 무섭고 불안해서 울고 있네.

14 다양한 치료방법3: 놀이치료

[2010년 기출]

다음은 지적장애 학생인 정수(15세, 남)의 놀이치료 장면이다. 상담자가 적용한 놀이치료 기법이 옳게 연결된 것은?

> 정 수: (바닥에 블록을 밀며) 붕붕, 붕붕.
> 상담자: ㉠ 자동차를 가지고 재미있게 놀고 있구나.
> 정 수: (공룡 손인형을 손에 끼웠다.)
> 상담자: ㉠ 이제 너는 공룡이구나.
> - 〈중략〉 -
> 정 수: (선반에서 장난감을 집으면서) 이게 뭐예요?
> 상담자: ㉡ 네가 원하기만 하면 어떤 것이라도 될 수 있어.
> 정 수: (그림을 그리면서) 내가 무엇을 그리는지 알아요?
> 상담자: ㉡ 그것은 네가 더 잘 알지 않을까?
> - 〈중략〉 -
> 정 수: 나는 선생님이 싫어요. 그리고 나는 이 화살총으로 선생님을 쏠 거예요.
> 상담자: ㉢ 총으로 사람을 쏘는 것은 놀이실의 규칙을 어기는 거야.

	㉠	㉡	㉢
①	추적하기	책임감 돌리기	무비판적 방법으로 제한하기
②	책임감 돌리기	내용 재진술하기	무비판적 방법으로 제한하기
③	내용 재진술하기	추적하기	논리적 결과로 제한하기
④	추적하기	책임감 돌리기	논리적 결과로 제한하기
⑤	책임감 돌리기	추적하기	논리적 결과로 제한하기

참고 옌베리(Jernberg)의 치료놀이

(1) 애착과 개입을 통해 자존심의 향상과 타인에게 신뢰를 증진시키기 위한 치료
(2) 발달놀이치료에 기초: 상호작용 활동을 구조화
(3) 구조화: 분명한 규칙과 방법이 있는 게임(콩주머니 게임, 신호등 놀이 등)
(4) 함께 참여하기: 즐거운 상호작용과 관련된 활동(바람 불어주기, 거울보기, 볼 누르기 등)
(5) 양육하기: 아동의 성장을 위해 필요한 기본적인 보살핌에 해당되는 것으로, 먹여주고 안아주고 흔들어주 는 것(상처 보살펴 주기, 솜으로 만져주기 등)
(6) 도전하기: 아동에게 새로운 것을 시도시켜 이를 숙달하도록 이끄는 활동(균형잡기, 풍선 테니스 등)

편/저/자/약/력

정혜영 교수

[학력 및 약력]
- 가톨릭대학교 상담심리대학원 석사
- 숙명여자대학교 상담학과 학사
- 현) 박문각 임용고시 전문상담 강사
- 마인드원심리상담센터 상담사
- 틔움심리상담연구소 객원상담사
- 연세드림 정신과 상담사
- 송파구 청소년상담복지센터 상담사 및 집단상담사
- 관악구 청소년상담복지센터 상담사
- 평택시 청소년상담복지센터 상담사
- 어세스타 진로 특강 강사
- 청소년 분노조절 집단 강사
- 한국상담심리학회 1급 2급 시험 지도 강사
- 상담심리대학원 입시 지도 강사

[자격증 및 교육]
- 한국상담심리학회 상담사 2급
- 한국상담심리학회 정신보건증진사 2급
- 여성가족부 청소년상담사 3급
- 한국청소년상담복지개발원 MMPI 교육수료
- 한국청소년상담복지개발원 트라우마치료 교육수료
- 한국청소년상담복지개발원 청소년위기 및 정신병리 교육수료
- 한국청소년상담복지개발원 PBIM사례개념화 모형 교육수료
- MBTI연구소 MBTI 교육 수료
- 수원시자살예방센터 자살예방 교육 수료 외 다수

2024학년도(개정판) 중등임용 전문상담교사 대비

콕콕!! 적중! 정혜영의 전문상담이론 3

2023년 5월 5일   4판 1쇄 개정판 인쇄
2023년 5월 10일   4판 1쇄 개정판 발행

편저자	정혜영
발행인	염명숙
발행처	베스트에듀
등 록	제 2014-000013호
주 소	서울시 동작구 만양로 14길 43 (노량진동)
T E L	(02) 812-0532
F A X	(02) 812-0516
이메일	ksdbdhl@nate.com

ISBN 979-11-88651-93-1 (13180)   정가 42,000원

이 책의 무단 전재 또는 복제 행위는 저작권법 제136조에 의거 5년 이하의 징역 또는 5,000만원 이하의 벌금에 처하거나 이를 병과할 수 있습니다.